Z H E J I A N G   T O N G Z H I

浙江通志

第 七十九 卷

医疗卫生志

《浙江通志》编纂委员会 编

浙江出版联合集团
浙江人民出版社

图书在版编目（CIP）数据

浙江通志. 医疗卫生志 / 《浙江通志》编纂委员会编. —杭州 : 浙江人民出版社，2018.9

ISBN 978-7-213-08592-5

Ⅰ. ①浙…　Ⅱ. ①浙…　Ⅲ. ①浙江-地方志②卫生志-浙江　Ⅳ. ①K295.5②R199.2

中国版本图书馆CIP数据核字(2017)第324550号

浙江通志·医疗卫生志

《浙江通志》编纂委员会　编

出版发行	浙江人民出版社（杭州市体育场路347号　邮编　310006） 市场部电话:(0571)85061682　85176516
集团网址	浙江出版联合集团　http://www.zjcb.com
责任编辑	孙　婧　吴玲霞
责任校对	戴文英
封面设计	厉　琳
电脑制版	杭州天一图文制作有限公司
印　　刷	杭州富春印务有限公司
开　　本	889毫米×1194毫米　1/16
印　　张	45.25
字　　数	998千字
插　　页	17
版　　次	2018年9月第1版
印　　次	2018年9月第1次印刷
书　　号	ISBN 978-7-213-08592-5
定　　价	186.00元

如发现印装质量问题,影响阅读,请与市场部联系调换。

图版 79-001-1　1958 年 1 月 5 日，国家主席毛泽东到杭州小营巷视察居民区卫生工作（1958 年 1 月，原载《浙江日报》2003 年 12 月 22 日第 2 版）

图版 79-002-1　2007 年杭州市余杭区南湖出土的良渚文化早期的药钵和灵芝(浙江省卫生厅档案室提供)

图版 79-002-2　1989 年绍兴市出土的战国时期原始瓷器香熏(浙江省卫生厅档案室提供)

图版 79-002-3　1973 年衢县樟潭镇出土的东晋青瓷点彩唾壶(浙江省卫生厅档案室提供)

图版 79-002-4　汉代碾药船(浙江省卫生厅档案室提供)

图版 79-002-5　1974 年湖州市德清县武康镇红山村出土的南朝虎子(浙江省卫生厅档案室提供)

图版 79-002-6　2002 年桐乡市石门镇南宋东园遗址出土的宋代铜捣药罐（浙江省卫生厅档案室提供)

图版 79-003-1　桐庐县桐君山桐君亭(浙江省卫生厅档案室提供)

图版 79-003-2　位于杭州市北山街葛岭的炼丹古井,东晋道学家、医药家葛洪炼丹地(浙江省卫生厅档案室提供)

图版 79-003-3　位于杭州市吴山脚下的明末清初钱塘医派活动场所侣山堂遗址(浙江省中医药研究院提供)

图版 79-003-4　南宋王介编绘的《履巉岩本草》。图为其明代摹绘本部分图例(浙江省中医药研究院提供)

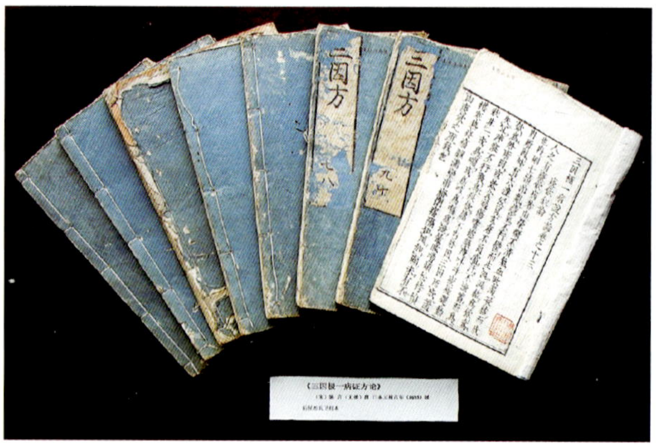

图版 79-004-1　宋代陈言所撰《三因极——病症方论》。图为其清康熙三十二年(1693 年)刊本(浙江省中医药研究院提供)

图版 79-004-2　宋代苏轼、沈括所撰《苏沈内翰良方》。图为其清乾隆四十一年(1776 年)刻本(浙江省中医药研究院提供)

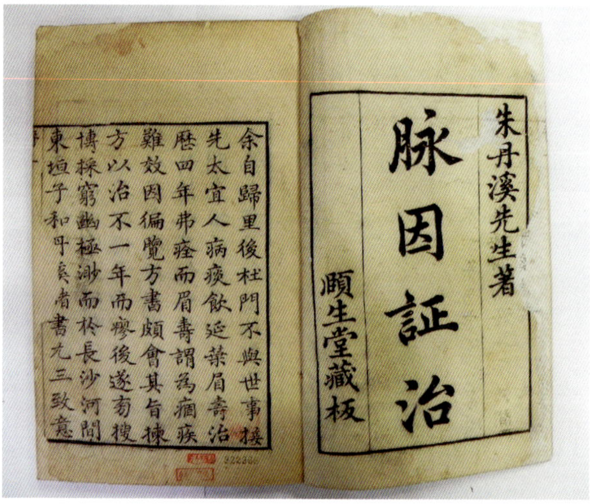

图版 79-004-3　元代朱丹溪所撰《脉因证治》。图为其清乾隆四十年(1775 年)刻本(浙江省中医药研究院提供)

图版 79-004-4　明代张景岳所撰《景岳全书》。图为其清康熙五十年(1711 年)刻本(浙江省中医药研究院提供)

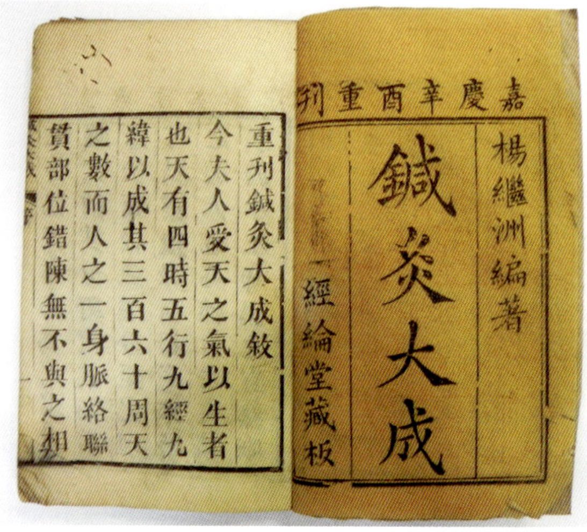

图版 79-004-5　明代杨继洲所撰《针灸大成》。图为其清嘉庆六年(1801 年)刻本(浙江省中医药研究院提供)

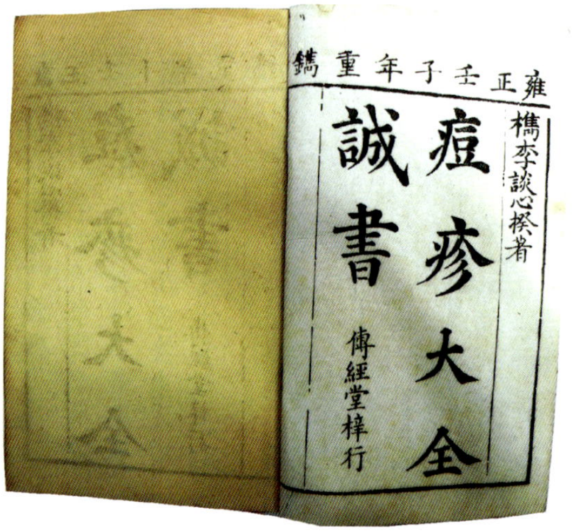

图版 79-004-6　清代谈金章所撰《痘疹大全诚书》。图为其清雍正十一年(1733 年)刻本(浙江省中医药研究院提供)

图版 79-005-1　清代五色彩绘绢本《人体经穴脏腑图》(浙江省中医药研究院提供)

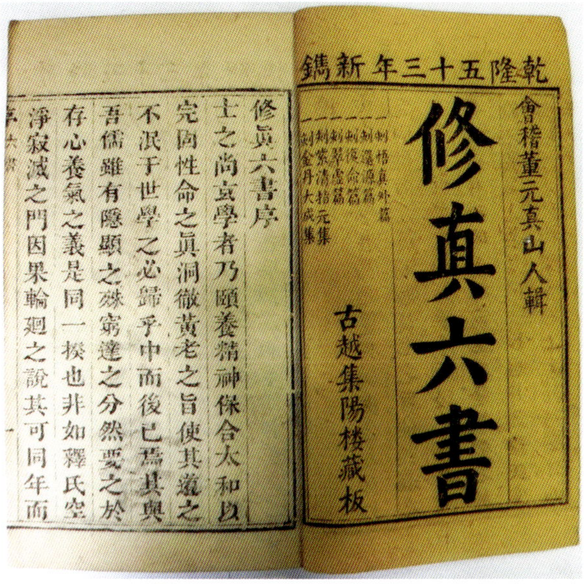
乾隆五十三年新鐫
會稽董元真山人輯
修真六書
古越集陽楼藏板

修眞六書序
士之尚玄學者乃頤養精神保合太和以
完固性命之眞洞徹黃老之旨使其歸之
不泯于世學之必歸乎中而後已焉其與
吾儒雖有隱顯之殊窮達之分然要之於
存心養氣之義是同一揆也非如釋氏空
淨寂滅之門因果輪廻之說其可同年而

图版 79-005-2　清代董德宁所辑《修真六书》。图为其清乾隆五十三年(1788 年)刻本(浙江省中医药研究院提供)

图版 79-005-3　近代切割药材刀具(浙江省卫生厅档案室提供)

图版 79-005-4　近代铁质碾药工具(浙江省卫生厅档案室提供)

图版 79-006-1　近代铁质碾药钵（浙江省卫生厅档案室提供）

图版 79-006-2　晚清浙江名医姚梦兰使用过的药箱（浙江省卫生厅档案室提供）

图版 79-006-3　绍兴下方桥里西房三六九伤科遗址（浙江省卫生厅档案室提供）

图版 79-006-4　近代药铺药柜（浙江省卫生厅档案室提供）

图版 79-006-5　杭州胡庆余堂由晚清徽商胡雪岩创办。图为胡庆余堂大堂旧影（浙江省卫生厅档案室提供）

图版 79-007-1 张同泰药店，清嘉庆十年(1805年)创办于杭州。图为张同泰药店旧影(浙江省卫生厅档案室提供)

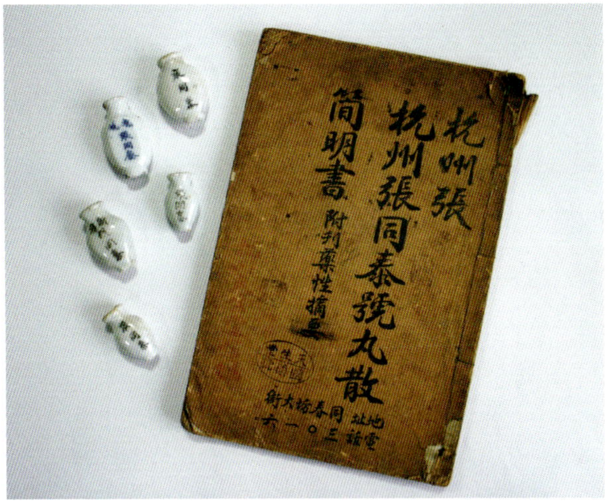

图版 79-007-2 《杭州张同泰号丸散简明书》(浙江省卫生厅档案室提供)

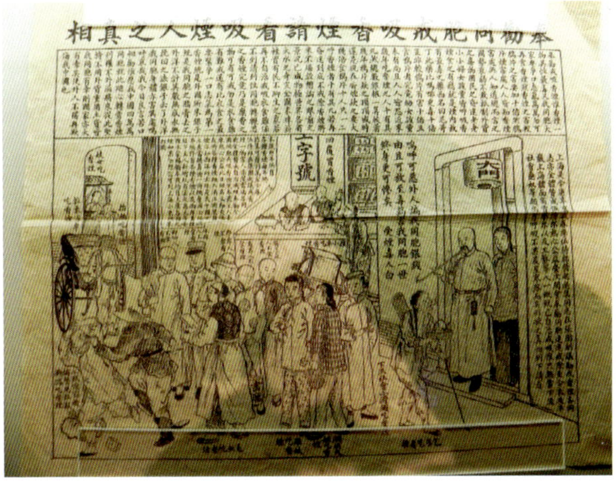

图版 79-007-3 晚清劝导民众戒吸烟草的广告(浙江省卫生厅档案室提供)

图版 79-007-4 宁波华美医院，创办于清道光二十三年(1843年)十一月。图为华美医院旧影(宁波市第二医院提供)

图版 79-007-5 浙江私立广济医学各科专门学校，清光绪七年(1881年)创办于杭州。图为浙江私立广济医学各科专门学校旧影。(浙江大学医学院附属第二医院提供)

图版 79-008-1　广济医院院长梅藤更和小患者鞠躬互敬(浙江大学医学院附属第二医院提供)

图版 79-008-3　1990 年 9 月 19 日，美国空军二战老兵访问台州，向抗日战争时期救助美军飞行员的原恩泽医局医师陈慎言颁发奖章(台州医院提供)

图版 79-008-4　绍兴福康医院于民国元年(1912 年)2 月 23 日开业。图为福康医院旧址(绍兴第二医院提供)

图版 79-008-2　台州临海市恩泽医局于清光绪二十七年(1901 年)开业。图为恩泽医局旧址(台州医院提供)

图版 79-008-5　温州瓯海医院于民国 8 年(1919 年)开业。图为温州瓯海医院旧址(温州医学院附属第一医院提供)

图版 79-009-1 吴兴(今湖州)福音医院福音楼于民国 11 年(1922 年)启用。图为吴兴福音医院福音楼旧址(嘉兴市第二医院提供)

图版 79-009-2 民国 18 年(1929 年)春,温州白累德医院院长更替,全体员工送迎时合影(温州市第二人民医院提供)

图版 79-009-3 民国 18 年(1929 年),白累德高级护士职业学校创立。图为首届学生叶兰珍、陈舜华、朱德音、施子哲等合影(温州市第二人民医院提供)

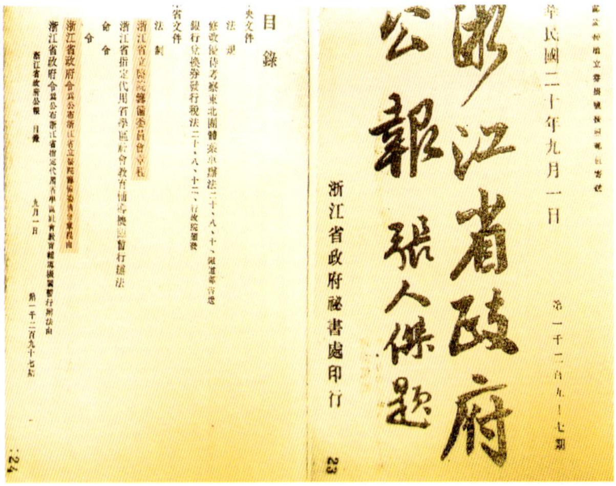

華民國二十年九月一日
浙江省政府公報
張人傑題
浙江省政府祕書處印行
第一千二百九十七期
23

目錄
法制
浙江省立醫院籌備委員會章程
浙江省指定代用省學區府會教育補助機關暫行辦法
命令
浙江省政府令
浙江省政府公報 目錄 九月一日 第一千二百九十七期
24

图版 79-009-4 民国 20 年 (1931 年),《浙江省政府公报》刊登浙江省立医院成立公告(浙江省卫生厅档案室提供)

图版 79-009-5 浙江省立杭州医院创办于抗日战争胜利后。图为浙江省立杭州医院旧影(浙江省卫生厅档案室提供)

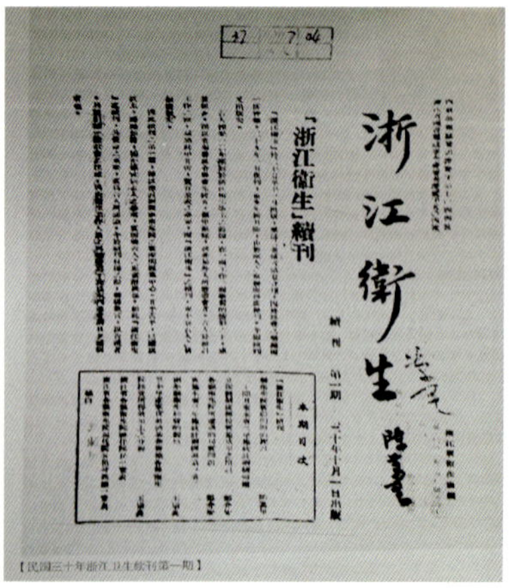

图版 79-010-1 民国 30 年（1941 年）由浙江省卫生处编印的《浙江卫生》（浙江省卫生厅档案室提供）

图版 79-010-2 民国 36 年（1947 年）11 月 1 日，浙江大学医学院附属医院开院时全体职员合影（浙江大学医学院附属第一医院提供）

图版 79-010-3 1950 年 6 月，浙江省第一次全省卫生工作会议参会人员合影（浙江省卫生厅档案室提供）

中央人民政府政務院任命通知書 政字第1617號

茲經政務院第七十次政務會議通過任命洪式閭為浙江省人民政府衛生廳廳長

特此通知

總理 周恩來

一九五一年二月二日

中央人民政府政務院印

图版 79-010-4 中央人民政府政务院 1951 年 2 月 2 日任命洪式闾为浙江省人民政府卫生厅厅长的通知书（浙江省医学科学院提供）

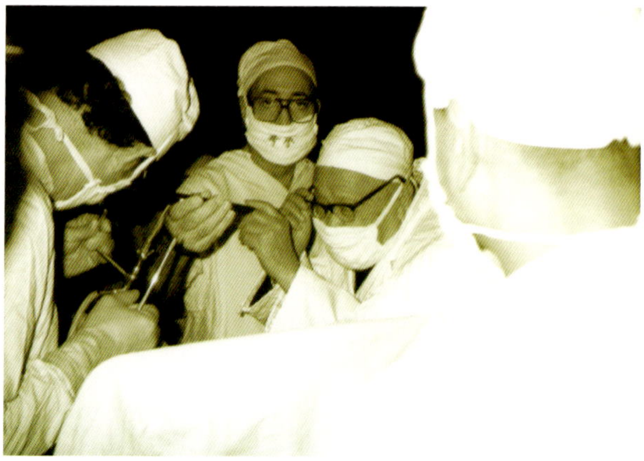

图版 79-010-5 浙江医科大学附属第二医院院长余文光（左二）为病人施行手术。他在 1957 年完成国内首例胰头十二指肠切除手术（浙江大学医学院附属第二医院提供）

图版 79-011-1　温州医学院教授缪天荣于 1958 年发明标准对数视力表。1989 年，卫生部将此表定为国家标准（温州医学院附属眼视光医院提供）

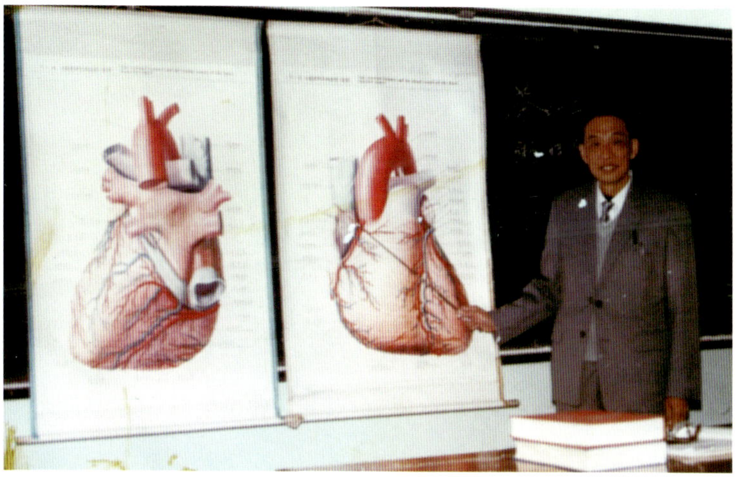

图版 79-011-2　浙江医科大学附属第二医院教授楼福庆于 1959 年在国际上首先发现茶多酚有预防动脉硬化的功效（浙江大学医学院附属第二医院提供）

图版 79-011-3　20 世纪 60 年代，浙江省开展群众性灭钉螺运动（浙江省卫生厅档案室提供）

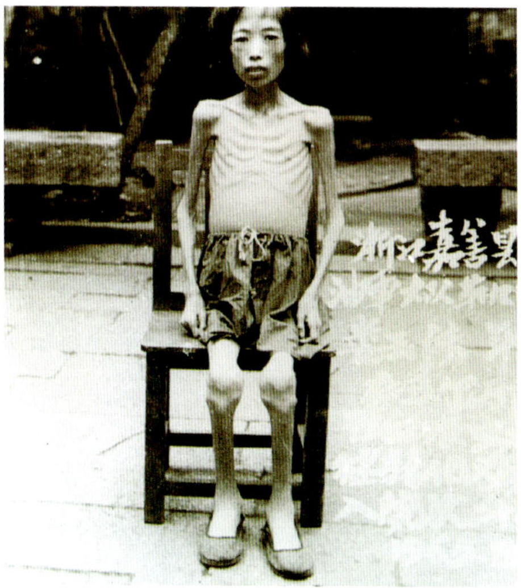

图版 79-011-4　20 世纪 60 年代，血吸虫病患者娄玉妹（浙江省卫生厅档案室提供）

图版 79-011-5　20 世纪 80 年代，血吸虫病治愈后的娄玉妹（浙江省卫生厅档案室提供）

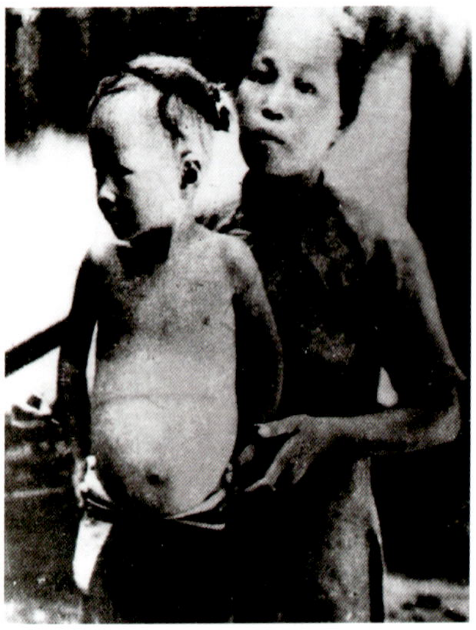

图版 79-012-1　20 世纪 60 年代，姜片虫患者吕文花（左一）（浙江省卫生厅档案室提供）

图版 79-012-2　20 世纪 80 年代，姜片虫病治愈后的吕文花（左一）（浙江省卫生厅档案室提供）

图版 79-012-3　20 世纪 60 年代，浙江省农村墙头的卫生宣传画（浙江省卫生厅档案室提供）

图版 79-012-4　20 世纪 70 年代，丝虫病（象皮肿）病人治疗前后对比（浙江省卫生厅档案室提供）

图版 79-012-5　20 世纪 60 年代，浙江省城乡大力开展“除四害、讲卫生”爱国卫生运动（浙江省卫生厅档案室提供）

图版 79-013-1　20 世纪 50 年代的江山县凤林镇卫生院(江山市卫生局提供)

图版 79-013-2　1998 年的江山市凤林镇卫生院(江山市卫生局提供)

图版 79-013-3　20 世纪 50 年代的桐乡县第一人民医院(桐乡市卫生局提供)

图版 79-013-4　1998 年的桐乡市第一人民医院(桐乡市卫生局提供)

图版 79-013-5　左上图为 20 世纪 60 年代浙江省农村到处可见的路边粪坑。右图为 20 世纪 90 年代的农村生态厕所(浙江省卫生厅档案室提供)

图版 79-013-6　20 世纪 90 年代,浙江省农民使用自来水

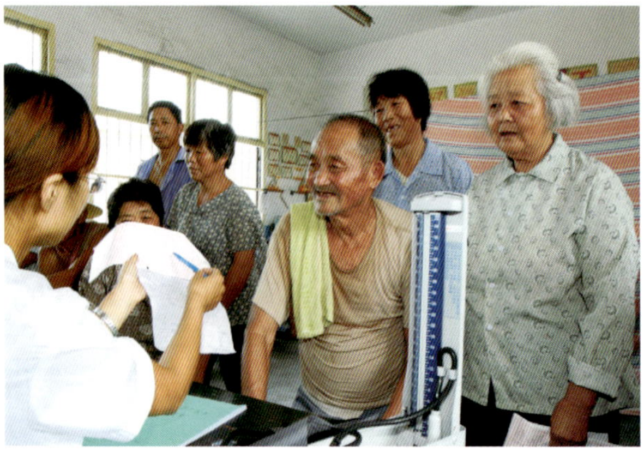

图版 79-018-1　2005 年，浙江省实施农民健康工程，为农民开展免费健康体检(浙江省卫生厅档案室提供)

图版 79-018-2　2005 年 11 月，浙江大学医学院附属第一医院教授李兰娟(左)当选为中国工程院院士(浙江省卫生厅档案室提供)

图版 79-018-3　2007 年的浙江省卫生厅卫生监督局办公大楼（浙江省卫生厅档案室提供）

图版 79-018-4　2007 年，浙江大学医学院附属第一医院被卫生部评为全国数字化医院示范单位。图为该院医务人员使用数字化设备开展工作(浙江大学医学院附属第一医院提供)

图版 79-018-5　2007 年 5 月，浙江大学医学院附属邵逸夫医院通过国际医院(JCI)评审(浙江大学医学院附属邵逸夫医院提供)

图版 79-019-1　2007 年 12 月，卫生部部长陈竺（前中）视察浙江省血液中心（浙江省血液中心提供）

图版 79-019-2　2007 年 12 月，浙江省人民政府召开全省爱国卫生暨卫生强市强县建设工作会议，全面部署卫生强省建设（浙江省卫生厅档案室提供）

图版 79-019-3　2008 年 5 月，浙江省卫生厅组织医疗救援队赴四川抗震救灾（浙江省卫生厅档案室提供）

授予 浙江省抗震救灾医疗防疫救援队
全国抗震救灾英雄集体
中共中央
国务院
中央军委
2008年10月

图版 79-019-4　2008 年 10 月，浙江省卫生厅被中共中央、国务院、中央军委授予“全国抗震救灾英雄集体”称号（浙江省卫生厅档案室提供）

图版 79-019-5　2008 年 7 月，大陆首例脐血干细胞捐赠台湾交接仪式在浙江省血液中心举行（浙江省血液中心提供）

图版 79-020-1　2008 年 12 月，副省长郑继伟（前右一）视察浙江省卫生监督所（浙江省卫生监督所提供）

图版 79-020-2　2008 年 12 月，浙江省邮电职工医院重组为浙江中医药大学附属第三医院（浙江省中医药大学附属第三医院提供）

图版 79-020-3　2009 年，浙江中医药大学教授何任（右）获全国首届“国医大师”称号（浙江省中医药管理局提供）

图版 79-020-4　2009 年 9 月，浙江省人民政府召开全省深化医药卫生体制改革工作会议，全面部署深化医药卫生体制改革工作（浙江省卫生厅档案室提供）

图版 79-020-5　2010 年 1 月，浙江医院名誉院长金宏义被评为首届“感动浙江卫生”十大人物之一（浙江省卫生厅档案室提供）

图版 79-021-1　2010 年 2 月，省政府召开全省实施国家基本药物制度工作会议，决定在 30 个县（市、区）率先实施国家基本药物制度（浙江省卫生厅档案室提供）

图版 79-021-2　2010 年的浙江医院（浙江医院提供）

图版 79-021-3　2010 年的浙江省人民医院（浙江省人民医院提供）

图版 79-021-4　2010 年的浙江省肿瘤医院（浙江省肿瘤医院提供）

图版 79-021-5　2010 年的浙江省立同德医院（浙江省立同德医院提供）

图版 79-021-6　2010 年的浙江省疾病预防控制中心（浙江省疾病预防控制中心提供）

图版 79-021-7　2010 年的浙江医学高等专科学校（浙江医学高等专科学校提供）

图版 79-021-8　2010 年的浙江大学医学院附属第一医院（浙江大学医学院附属第一医院提供）

图版 79-022-1　2010 年的浙江大学医学院附属第二医院(浙江大学医学院附属第二医院提供)

图版 79-022-2　2010 年的浙江大学医学院附属妇产科医院(浙江大学医学院附属妇产科医院提供)

图版 79-022-3　2010 年的浙江大学医学院附属儿童医院(浙江大学医学院附属儿童医院提供)

图版 79-022-4　2010 年的浙江大学医学院附属邵逸夫医院(浙江大学医学院附属邵逸夫医院提供)

图版 79-022-5　2010 年的浙江大学医学院附属口腔医院(浙江大学医学院附属口腔医院提供)

图版 79-022-6　2010 年的浙江省中医院(浙江省中医院提供)

图版 79-022-7　2010 年的温州医学院附属第一医院(浙江大学医学院附属第一医院提供)

图版 79-022-8　2010 年的温州医学院附属第二医院(温州医学院附属第二医院提供)

浙江省地方志编纂委员会

主　　任：吕祖善（2004.3—2011.9）
夏宝龙（2011.9—2013.1）
李　强（2013.1—2016.6）
车　俊（2016.7—2018.5）
袁家军（2018.5—　　）

副 主 任：茅临生（2010.2—2012.8）
张　曦（2011.4—2012.9）
葛慧君（2012.8—　　）
郑继伟（2010.2—2017.3）
成岳冲（2017.3—　　）

（以下委员名单略）

《浙江通志》编纂委员会

主　　任：李　强（2016.2—2016.7）　车　俊（2016.7—2018.5）
袁家军（2018.5—　　）

副 主 任：葛慧君　郑继伟（2016.2—2017.3）
成岳冲（2017.3—　　）

委　　员：陈　新　王　纲　宋建勋　鞠建林　蔡晓春　王喜法
孙耀铜　张学伟　来颖杰　胡庆国　刘　芸　孟　刚
徐宇宁　王　杰　张伟斌　潘捷军　盛世豪　徐立毅
裘东耀　姚高员　钱三雄　毛宏芳　盛阅春　尹学群
汤飞帆　何中伟　张晓强　吴晓东　俞文华　王良仟
童芍素　郑志耿　郑明治　王卫东　李志廷

总　　编：俞文华

副 总 编：张伟斌（2012.9—　　）　潘捷军（常务）　王良仟
童芍素　郑志耿　郑明治　王卫东　李志廷（兼总纂）
林吕建（2011.9—2012.3）

浙江省地方志编纂委员会办公室

主　　任：潘捷军

副 主 任：陈　野(2007.6—2011.3)　章其祥(2011.5—　　　)

主任助理：韩　锴(2011.9—2016.4)

成　　员：汤敏华　董郁奎　颜越虎　周祝伟　张　勤　袁新国
吕克军　赵海良　段　愿　汤　敏　李迎春　林琼华
邴　波　王兆保　周修宇　赵鹏团　徐　鹏　杨云婷
王　林　汪　珏　阎乐民　葛立朝　葛旭鹏　翁友伦
徐由由　应秀敏　章　丽　葛　伟
吴玉权(2012.11—2017.12)　白效咏(2009.9—2015.9)

《浙江通志》总纂、副总纂

总　　纂：李志廷(兼)

副 总 纂：廖曰文　章其祥　董郁奎　颜越虎　周祝伟　王　林
吴铁卿(2018.4—　　　)　倪集华(2018.5—　　　)

《浙江通志》总编室(《浙江通志》编辑部)

主　　任：董郁奎(2011.9—2012.7)　颜越虎(2018.1—　　　)

副 主 任：颜越虎(2011.9—2018.1)　袁新国(2018.1—　　　)
王　林

责任编辑：颜越虎　袁新国　王　林　汤　敏　李迎春　林琼华
邴　波　王兆保　周修宇　吕克军　赵海良　段　愿
赵鹏团　徐　鹏　汪　珏　阎乐民　葛立朝　葛旭鹏
翁友伦　白效咏(2011.9—2015.9)
刘志勇(2011.9—2012.7)　李恒悦(2011.9—2012.1)
曹爱光(2011.9—2014.9)　戴智勇(2012.7—2014.9)

《浙江通志·医疗卫生志》编纂委员会

主　任：杨　敬

副主任：张　平　包保根　叶　真　王国敬　马伟杭　蔡新光　徐润龙　徐龙仁

成　员：葛忠良　徐兆礼　申屠正荣　赵　峰　夏时畅　沈堂彪　胡崇高　王　桢　严德华　骆侃佼　吴朝晖　曹启峰　朱耀传　陈卫东　唐一青　熊志明　徐伟伟　应薇薇　胡　伟　倪　荣　柴可群　陈卫强　张乐鸣　朱锦平　施会龙　严吉丹　马国灿　徐良波　吴康良　陈根成　周春梅　郑利剑

《浙江通志·医疗卫生志》编辑部

主　　编：杨　敬

副 主 编：张　平　包保根　叶　真　王国敬　马伟杭　蔡新光　徐润龙　徐龙仁

主　　任：葛忠良

副 主 任：柴可群　陈勇毅

编辑人员：沈家贤　朱德明　竹剑平　霍万新

主任助理：陈国中

序

浙江是一片风光优美、令人神往的大地，是一个历史悠久、文化璀璨的家园，是一块创业创新、活力迸发的热土……在浙江人民波澜壮阔、跌宕起伏的奋斗历程中，浙江大地上涌现出无数勇立潮头的先进人物、可歌可泣的历史事件。这一切都真实准确、全面系统地记录在皇皇巨构《浙江通志》之中。《浙江通志》编纂工作自2011年9月启动以来，历届省委、省政府十分重视，各有关单位尽职尽责。《浙江通志》的出版，是全体编纂人员呕心沥血、辛勤耕耘的珍贵结晶，也是浙江文化强省建设的丰硕成果。

编纂地方志是我国源远流长的文化传统。地方志不仅能记述、反映历史的发展与社会的变化，而且还具有独到的“存史、资政、育人”等功能，在传承文明、开创未来的宏伟大业中具有不可替代的作用。浙江有着悠久的修志传统。早在东汉初年，被称为“方志之祖”的《越绝书》诞生在浙江；宋代，“临安三志”作为中国古代方志的定型之作，登上历史舞台；清代，浙江学者章学诚则以创立方志学闻名于世。千百年来，浙江佳志迭现，名家辈出。这些名志大家既是浙江作为“方志之乡”的最好见证，也是浙江成为“文化之邦”的重要支撑。

从上山文化、跨湖桥文化、河姆渡文化、良渚文化等史前文明，到越王勾践卧薪尝胆、雪耻复国的春秋霸业，从唐宋钱塘的富庶繁华，到明清两浙的文化昌盛，浙江先人展示的画卷光辉灿烂，令人赞叹不已。“一部民国史，半部在浙江。”民国时期，政治、经济、文化、教育、科技等领域的代表性人物成就卓著、各领风骚，推动了时代的发展和社会的进步。中华人民共和国成立后，浙江发生了翻天覆地的变化。特别是改革开放以来，经济社会全面发展，城乡各业蒸蒸日上，之江大地日新月异，人民群众安居乐业。浙江人民勇做时代弄潮儿，积极实施“八八战略”，努力践行“绿水青山就是金山银山”的发展理念，探索出了一条符合浙江实际、富有浙江特色的发展路子，形成了与时俱进的浙江精神，为今后可持续发展提供了强大的精神力量与广阔的提升空间。“盛世修志，志载盛世。”《浙江通志》把浙江人民所创造的辉煌业绩和奋斗精神记载下来，既可以激发当代浙江人励精图治、团结奋斗，更能够广泛宣传浙江，让全国乃至世界更加充分地了解浙江、认识浙江，作用巨大，意义深远。

“修志问道，以启未来。”今天，浙江人民在习近平新时代中国特色社会主义思想的指引下，按照统筹推进“五位一体”总体布局、协调推进“四个全面”战略布局的要求和习近平总书记对浙江提出的“干在实处永无止境，走在前列要谋新篇，勇立潮头方显担当”的新期望，积极投身高水平全面建设小康社会和高水平推进社会主义现代化建设伟大实践。《浙江通志》的编纂出版，既为我们提供了丰富宝贵的现实经验，也为我们提供了可资借鉴的历史启示。我们要充分重视用志工作，加强宣传力度，拓宽用志途径，采用各种形式，不断扩大地方志的服务功能，既要让方志成为决策者的案头书，又要让志书成为广大群众喜闻乐见的精神产品，使地方志在“两个高水平”建设的新征程中发挥更大的作用。

是为序。

浙江省人民政府省长

2018 年 10 月 8 日

凡 例

一、宗旨

以马克思列宁主义、毛泽东思想、邓小平理论、“三个代表”重要思想、科学发展观、习近平新时代中国特色社会主义思想为指导，遵循辩证唯物主义和历史唯物主义原理，全面、客观、系统地记述浙江省自然、政治、经济、文化和社会的历史与现状。服务当代，垂鉴后世。

二、起讫时间

上溯事物发端，下限为2010年12月31日，必要时以注释等形式作适当下延。

三、地域范围

以下限时浙江省行政区域为界，原则上越境不书。

四、体裁

采用述、记、志、传、图、表、录等体裁，以志体为主。

五、结构

以卷章结构为主。

卷的设置以科学分类与现实社会分工（现行管理体制）相结合。凡具有特别重要地位、文化积淀深厚且体量较大者，设为专志，各置为卷。

卷下设章、节，节下根据需要设目、子目与细目等。凡时代特征、地方特色显著，又难以在正文中展开记述者，设为专记。

六、文体

使用规范的现代语体文。直接引用资料使用原文文体。

七、文字

以经中华人民共和国国务院批准、1986年10月10日国家语言文字工作委员会重新发表的《简化字总表》，1955年12月22日中华人民共和国文化部、中国文字改革委员会发布的《第一批异体字整理表》及2013年6月5日中华人民共和国国务院公布的《通用规范汉字表》为准，异形词以2001年12月19日中华人民共和国教育部、国家语言文字工作委员会发布的《第一批异形词整理表》为准。

人名、地名、书名、文章篇名及引录的原著文句，凡可能引起歧义、误解者，仍用原繁体字或异体字。

八、标点符号

以2011年12月30日中华人民共和国国家质量监督检验检疫总局、中国国家标准化管理委员会发布的《标点符号用法》为准。

九、称谓

中华人民共和国成立前的国家、民族、地名、组织、机构、职官等名称，除明显带有歧视、污蔑含义者加以适当处理外，原则上仍用文献记载的原名称。

志书下限时的地名使用各级政府审定的标准地名，必要时括注俗称地名。地名古今不同者，各章首次出现时在其后括注志书下限时的标准地名；隶属地域变化者，注明志书下限时所属地域。

外国的国名、地名、人名、民族名，以及政府机构、党派团体、报刊等名称，主要依照《辞海》(第六版)译名及新华通讯社译名室常用译名。各章首次出现时，根据需要括注外文原名。

生物名称使用学名，记述自然资源涉及有关生物名称的，各章首次出现时采用二名法，必要时加注当地俗名。

十、简称

各种较复杂的名称重复出现时，各章首次出现时使用全称并括注简称，其后出现直接使用简称；有关机构、单位2010年的简称均以《有关机构、单位全称与规范化简称对照表》为准；有关机构、单位2010年前的简称及其他简称采用社会上通行、不产生歧义者，且全卷保持一致。

十一、纪年

干支纪年、年号纪年及其他非公历纪年等，以汉字书写，括注公历纪年；非公历纪年后有月日的，同时括注经换算后公历纪年的月日。

民国纪年以阿拉伯数字书写，括注公历纪年。

同一自然段中同一纪年多次出现时，只在首次括注公历纪年，其后不再括注。

括注公历纪年于年份后加“年”字；括注某一时间段，则只在后一个公历纪年后加“年”字。

括注公元前年份，年份前冠“前”字；括注公元元年后年份直接书写年份，不冠“公元”。

自1949年10月1日起，采用公历纪年。

公历纪年及公历的世纪、年代、月、日和时分，均以阿拉伯数字书写。

十二、数字

按 2011 年 7 月 29 日中华人民共和国国家质量监督检验检疫总局、中国国家标准化管理委员会发布的《出版物上数字用法》表述。凡一个数字与“以上”“以下”“以内”等连用的，均含该数字。

十三 、数据

中华人民共和国成立前的数据按文献记载入志。

中华人民共和国成立后的统计数据以统计部门公布数据为准。统计部门缺失者则采用相关部门经过核实的数据，并以注释形式说明资料来源。同一内容数据有不同者，也以注释形式加以说明。重要地理信息数据采用测绘部门公布的法定数据。

十四、计量单位

按 1984 年 2 月 27 日中华人民共和国国务院发布的《中华人民共和国法定计量单位》规定表述。行文中使用单位名称或单位符号视具体情况而定。

中华人民共和国成立前的计量单位根据需要沿用旧制。

十五、货币

中华人民共和国成立前的货币币值均按文献记载入志。

中华人民共和国成立后货币币值均指人民币币值。1955 年 3 月 1 日前后人民币各按当时币值记载，不作换算。

外国货币按文献记载入志，币值不作换算。

十六、地图

按 2015 年 11 月 26 日中华人民共和国国务院公布的《地图管理条例》和浙江省人民政府 2014 年 11 月 11 日公布、2015 年 12 月 28 日修正的《浙江省地图管理办法》的规定，采用经浙江省测绘行政主管部门审核的地图。

十七、注释

直接引用（引文）、地图、图片、表格及有关重要内容，均注明资料来源。其他需要说明者，亦酌情加以注释。

引用清代及清代以前编纂的志书，注明朝代、纪年、志书名称及卷次（或卷次与篇名）；引用民国时期编纂的志书，注明“民国”两字和志书名称、卷次（或卷次与篇名）；引用 1949 年 10 月 1 日（含）以后编纂、出版的志书，注明志书名称、出版单位、出版时间及页码。志书名称与篇名均用书名号。引用私修志书，除上述各项内容外，于志书名称前注明作者姓名。

十八、资料

取之于档案、书籍、报刊、网络及社会调查等，均经考订、核实。凡记载不一者，正文采其一说，其余说法以注释形式记述。

十九、大事记述

以编年体为主，兼用纪事本末体，专设《大事记》记载全省大事；其余各有关卷设置《大事年表》记载相关大事。

二十、人物

以“生不立传”为原则，专设《人物传》予以记载；其余各有关卷所涉人物按“以事系人”“人随事出”方法处理。

目 录

概 述

医疗卫生历史源远流长，它在人类与疾病斗争的长期实践中产生与发展。远古时期，人类在生存活动中，发现自然界的一些动植物和矿物能缓和身体不适或有毒性并致死亡，利用砭石、骨锥捶击人体特殊位置可舒缓肌体的痛楚。在漫长的历史长河中，浙江的医疗卫生事业艰难跋涉，它起步滥觞于远古先秦，蓄力奋发于两汉隋唐，拾级而上于两宋元明，吐故纳新于清末民初，居高远眺于当今盛世，不断取得进展和成效，留下踏实浑厚的足迹。

一

浙江历史悠久，远在数万年前，浙江大地就出现了晚期智人“建德人”的足迹。上山文化、跨湖桥文化、河姆渡文化、马家浜文化、崧泽文化、良渚文化以及杭州老和山遗址、杭州水田畈遗址、嵊州小黄山遗址，构筑起距今4000～10000年前浙江新石器时代的人类发展脉络。这些考古遗址和出土文物为浙江历史发展提供了难得的实物资料，以医疗卫生的视角去审视其中的一些珍贵文物，可以发觉这一时期浙江人民重视自身医疗卫生状况的端倪：萧山跨湖桥文化遗址出土有草药罐、药材、簸箕类篾编物卫生用具；余姚河姆渡文化遗址留存有芡实等药物化石和有益于保健的干栏式结构建筑遗迹，古人使用简易的医疗器械治病，陶釜煎药、簸箕挖井；余杭良渚文化遗址出土有早期药钵和已碳化的灵芝等药材。上古时期，桐君结庐于富春江畔，采药炼丹，后人尊其为“中药鼻祖”。春秋时期，越王句践重视人口发展和医政，颁布有关敕令，等等。这些都展示了浙江医药起源的光辉历史。

东汉初，生于浙江上虞的杰出思想家王充撰写传世著作《论衡》，以朴素唯物主义自然观论述人与天地、自然、万物的关系，论述人的形体和精神的关系，对人的生老病死进行合理的分析，做出符合科学道理的解释。东汉著名的炼丹理论家魏伯阳亦出生于浙江上虞，所撰论述养生之道的《周易参同契》同样传世。东汉建武二年(26年)，嵊县流行斑疹伤寒，一家母子双亡，这是浙江关于疫疠流行最早的确切记载。建武十四年，会稽大疫，死者以万数。山阴(今绍兴)人钟离意精心医治，“所部多蒙全济”。东汉元初六年(119年)四月，绍兴一带大疫，朝廷派太医前往诊疗，并赐棺木瘗葬尸体，免除当地人民的田租口赋。乌伤溪水之上(今义乌市东)疾疫大起，东阳人赵炳与徐登相约以禁咒疗法医治时疫。两汉时期，朝廷先后在中原一带确立了较为完备的医官制度，浙江医药学家人数居多，医事活动和疫疠控制等方面成效显著，但在地方医官制度建立方面仍处于萌芽状态。

三国两晋南北朝时期，浙江医药发展呈现四个特征：一是浙江籍医药学家中出现了在全国极有影响的钱塘徐氏、武康姚氏、萧山竹林寺妇科等医学世家，所占比例居全国前列，开创了医学世家传授医术的先河，对后世影响深远。南朝齐永明九年（491年），尚书令兼扬州刺史萧子良在湖州府第北面建立私立慈善医院“六疾馆”。二是国内重要的医药学著作大多出自浙江籍或寓居浙江的医药学家之手，且传统的医药学与文学、金石书画开始结缘，出现了嵇康、王羲之、谢灵运等一些文豪兼书画大师，极大地丰富了浙江医药文化的内涵。三是公共卫生方面开始注重饮水卫生，东晋郭璞、葛洪挖掘的水井至今保存完好。四是佛、道两家为浙江的医药学发展作出了贡献，擅长中医学兼精佛、道医理的人才较多，高昙禅师精妇科，葛洪和陶弘景善医药炼丹，以徐熙为鼻祖的医道世家借医弘佛，等等。这一时期，浙江的医学、药学和卫生事业的发展颇具特色。

唐代，浙江医官（生）的设置，开启了国家的医药管辖在浙江设官建制的先例。在全国占有重要地位的浙江医药学家当推宁波陈藏器，他在开元二十七年（739年）撰成本草学巨著《本草拾遗》，是一位集本草学、方剂学、海洋生物学和博物学等学科于一身的大家。“陈木扇”妇科的创始人陈仕良擅长调治妇科诸疾。翰林学士陆贽的《陆氏集验方》对后世有一定影响。《全唐文》卷四十八载：大历年间（766—779年），杭、越地区发生大疫，代宗敕：“其有死绝家无人收葬，仍令州县埋瘗”，断绝尸体传染病菌的可能。大（太）和六年（832年）五月，浙西观察使丁公奏杭州八县灾疫，赐米七万石救赈。光化元年（898年），武义县乡绅任留在县城西二里湖山潭筑长安堰，引熟溪水进城，供城区居民饮用。该时期的出土文物中，有黄釉研钵、瓷质唾壶等医药卫生器皿和保健食材。唐及以后历朝，邻国学问僧和医药学家频频来浙江学习中医药学并回国推广，浙江的医药学家也多次远赴邻国传医施药。

北宋时期，浙江各州县设立医学官制和惠民药局，掌管医药，为民治病。宁波宋氏女科、绍兴钱氏女科、绍兴三六九伤科和靳氏儿科等医家学派闻名遐迩，门庭若市。该时期名医辈出，官医辉映，在浙江留下印记的有范仲淹、苏东坡、王安石、沈括等，兴学办医，阐发中医药学术各有特色，成果累累。范仲淹任睦州（今建德）、越州（今绍兴）、杭州知州时，以兴学培训为重，对浙江医疗卫生事业倾注了心血，提出了流芳千古的“不为良相，当为良医”的名言。王安石任鄞县知县时，重视医学，反对巫术，关心民间良医，支持校刊医学。他深研《难经》《素问》《本草》，并研制善救方，治愈众多患者。苏东坡出任杭州知州时，拨出公款二千缗，连同自己捐出的五十两银子，创办了安乐坊。苏东坡常躬身病坊，安抚患者，按照病情轻重，隔离治疗，以防传染疫疠。他还亲自配制了一种圣散子药丸，治愈病人数以万计。生于浙江钱塘的沈括是中国古代伟大的科学家，亦是杰出的医药学家。他的医药研究从搜集医方起步，数十年如一日求访各种医药能人和药术，他的医药著作常被后世本草所引用，如李时珍的《本草纲目》、赵学敏的《本草纲目拾遗》，就采纳了沈括的不少研究成果。他与苏东坡编写的《苏沈良方》至今为人所用。北宋时期，城镇挖掘的水井，修筑坚固，清澈透底，博得历代仕官和文人墨客的赞誉。

南宋时期，建置浙江的中央及省的医药卫生机构较为完善，设有太医局、御药院、太平惠民局、惠民和剂局、惠民局、施药局等，在体恤民众、诊治疾病、规范行医、炮炙药物、施舍军民诸方面比前期有所进展。朝廷制定一整套选拔医官的规章制度和严格的医药法律并付诸实施。南宋十分重视医学教育，太医局负责相关教育工作，在招生和考试方面有严格规定，为浙江及其他地区培养了大量医务工作者，推动了中医教育的进步和医家学派的传承。南宋时期，浙江出现众多医家学派，受到朝廷的首肯，如海宁郭氏女科、永嘉医派等，他们均有独特的医疗方法，疗效显著，并形成独特的中医药理论体系，衣钵薪传，为祖国医药学发展作出了贡献。其时，浙江呈现医学繁荣景象，专科林立，人才济济，有内科、外科、妇科、儿科、针灸、喉科、食疗科、法医等，载入史籍的有 88 位医药学家。

南宋时期的浙江药材丰富，药市红火，药店林立，药物炮炙技术精湛，药品种类繁多，药商远涉海内外，这些都表明南宋时期是古代浙江药学发展的转折时期，极大地推动了同时期中国医药学事业的发展。中外科技医药交流频繁，浙江沿海的临安（今杭州）、明州（今宁波）、台州、温州等港口城市与朝鲜半岛、日本、东南亚、阿拉伯国家乃至非洲，通过海道都有广泛的交流，尤其是浙江与国外的药材进出口生意红火、品种繁多、数量庞大。浙江与国外的医药交流处全国领先水平，在中外医药交流史、科技发展史上占有重要的地位。南宋时期，浙江疫疠流行较为频繁。据《宋史》记载，146 年间，浙江共发生 24 次疫疠大流行，主要在以临安（今杭州）为中心的地区流行，朝廷采取了积极的预防和善后措施。政府及民间大力整治马路、清除道路垃圾、建立公共厕所、实行火葬、掘井饮水、新设澡堂，传统节日开展端午制香袋辟邪、除夕搞卫生等活动，所有这些措施使浙江迅速成为全国公共卫生综合治理的先进地区。当地的中医药学家也追古抚今、各显神通，为民排难解忧，取得了一定的防治效果。浙江各地的慈善医疗机构相继出现，如慈幼局、养济院、漏泽园，他们对全省民众的疾病救治、医疗保健及社会稳定发挥了重要作用。

元明清时期，浙江受区域性的社会经济影响，医疗卫生行政管理及机构发展出现了一些变化。元至元初（约 1264 年），杭州改施药局为医学提举司，掌考诸路医生课艺、试验太医教官、校勘名医撰述、辨验药材。据嘉靖《仁和县志》卷七载，元至元初（1270 年）始置惠民药局，官给药值，设提领一员管理局事，这是施药于民的官办慈善机构。明代，浙江的各府州县基本上都建立了医政机构，并委任医政官员。明洪武三年（1370 年），朝廷命令全国州县建立惠民药局，每局设官医提领，在医户内选拔，内外各一员。浙江省各级官员积极响应，在杭州设置局八所，其中一所置于西文锦大街西。清代中期前，浙江的各府州县惠民药局锐减，所剩无几，医学署的设置也寥若晨星，但新的医疗机构治痘局出现了，医学训科这一官职的设置遍及各地。医学教育由医学提举司和太医院专管，以世代相传的家传教育、名医带徒的师承教育为主，其中流芳千古的当推罗知悌与朱丹溪的师徒传业、侣山堂的课堂讲授，对中国教育史产生了深刻的影响。

这一时期，北方的医疗卫生机构建置规模巨大，但浙江籍医药学家得宠朝廷、荣膺国家医政机构医官者诸多。朱丹溪是金元时期中国医学史上具有开创学术争鸣的金元四大家之一，是古代中国最著名的医学家之一，世称“滋阴派”鼻祖。他的学术思想、医学理论、医疗技术成就及对国内外医学演变的影响深远，在中国医学发展史上地位显赫，余波今日。继金元以朱丹溪、戴原礼为首的“滋阴派”后，明清浙江又形成以张景岳、赵献可为主的“温补派”，以张志聪、高世栻为代表的“钱塘学派”，以俞根初、高学山为首有地域色彩而无师承关系的“绍派伤寒"等学术流派。他们从医药学的不同角度努力实践，勇于探索创新，完善学科的建设，开创了多种学(流)派。根据资料统计，杭州有医药学家 382 人，绍兴有 293 人，湖州有 246 人，嘉兴有 219 人，宁波有 145 人，嘉善有 127 人，说明浙江的医药学家主要集中在经济发达城市，涉足穷乡僻壤行医施药的人数较少，折射出经济与医学同步发展的规律。享誉全国的医学大师有元代的朱震亨、滑寿、沈好问、吴恕等，明代的杨继洲、陈司成、张遂辰、卢复、高濂、陈元赟、戴曼公、楼英、赵献可、高鼓峰、张景岳、马莳、戴厚礼、虞抟、傅懋光、许敬等，清代的赵学敏、王士雄、张志聪、高世栻、仲学辂、吴尚先、俞根初、冯兆张等，这些医药学家都名存中国医学发展史册。

这一时期，浙江的传染病流行有三大特征。其一，流行时间长、频率高，明、清两代构成高潮。从明代至清代晚期的 527 年间，每隔 3.59 年，浙江省就萌发一次传染病，共 147 次，其流行次数之多和频率之高位居全国之首，死于传染病的人数也处于全国前位。其二，流行地区呈现不平衡性，发达地区肆虐，边远地区较少，主要集中在杭州、绍兴、宁波、嘉兴等地。其三，除天花、霍乱、鼠疫、性病是随外来人员传入以外，大部分传染病都曾在本地发过，给贫病交加的浙江人民雪上加霜，场景十分悲惨。由此，元、明、清三代政府官员和浙江人民高度重视饮水卫生，在利用古井之余，继续开挖了一些新井，井水成为人们日常饮水的主要来源，井水的清洁程度直接影响周边居民的身心健康，也是阻止传染病传播的重要举措之一。

二

明嘉靖二十四年(1545 年)，葡萄牙人在舟山六横双屿港建立西医医院，采用传统的西医疗法，为海上互市的西方商人服务。鸦片战争打开了中国闭关锁国的大门，传统的中医药学受到巨大冲击，西方传教士纷至沓来，宁波华美医院、杭州广济医院、温州白累德医院等教会医院陆续开业。教会医院中，不少医师捐助个人资产，办医办学，为浙江带来了大量的西医医疗器械，培养了大批西医药学人才，促进了新的临床诊断方法和治疗手段在浙江的推广应用，由此改变了延续数千年的中医药学"一统天下"的格局。颇具完整意义上的医疗卫生管理机构及中、西医院开始建立，如规模较大的有杭州广济医院、浙江病院和省立医药专科学校附属医院等。浙江建立的名副其实的西医学校，是清光绪七年(1881 年)创办的浙江私立广济医学各科专门学校和民国元年(1912 年)建立的浙江省立医药专科学校，这是中国最早自己开办的医药专科学校之一，而在全国有很大影响的中医学校首推瑞安利济医学堂。浙江在建立完整意义上的西医院校之前，西医人才的培养主要通过出国留学和教会医院的培训。清同治八年(1869 年)，宁波的金韵梅由美国长老会的养父母携往美国，是浙江出国学医第一人，也是中国妇女赴洋学医第一人。据统计，宣统二年(1910 年)浙江赴洋学医者 1 人，民国 2—5 年(1913—1916 年)浙江籍学生考取清华留美学医者 2 人。

鸦片战争前后及 19 世纪 90 年代初，浙江出现一批新思想家，形成一股维新思潮，学习西医药学的著名人士有吴尚先、仲学辂、陈虬、傅嫩园、王士雄等，一批文豪和革命志士也涉猎医药学，如龚自珍、丁丙、俞樾、孙诒让、蔡元培、鲁迅、秋瑾、沈钧儒、沈雁冰等。西医学的许多理论和方法引入浙江，致使中西医学交相辉映，推动着医疗卫生事业向前迈进。民国 3—7 年（1914—1918 年）第一次世界大战期间，外商输入浙江的商品大为减少，促进了近代浙江民族工业的发展，此时的中医改革增添了一个新的参照系，中西医融合的新方法应运而生。曹炳章、何廉臣等意识到中医改革的新动向，他们编刊物、办讲座，为中医改革大声疾呼，成了开路先锋。中、西医药学术期刊及报纸如雨后春笋般出现在浙江一些较大的城市。

清宣统三年（1911 年）11 月 4 日，资产阶级革命党人在杭州起义，摧毁清王朝在浙江的统治，在杭州成立浙江军政府，浙江督军署成立军医课，警政和卫生归辖于民政部门管理。抗日战争时期，省政府移迁永康、丽水等地，医疗卫生管理和服务机构随之转移。民国 29 年（1940 年）9 月，浙江省卫生处单独成立，直隶于浙江省政府，首任处长陈万里，内设 3 科 2 股和 2 个委员会，10 月增设了浙西卫生院。浙江省卫生处成立前，浙江省的医疗卫生隶属管理机构 6 次更易，前 5 次隶属于省民政厅管理，第 6 次隶属于省政府直管。民国 34 年 1 月，浙江成立了省立第一、第二、第三医院和第一、第二医疗防疫队。抗日战争胜利后，浙江各方面略有复苏，医疗卫生工作略有成效，浙江省的西医药师人数逐渐增多，主要集中在传教士创办的西医院。但由于民众生活水平低下，西药舶来昂贵，习惯拜求中医，中医药师人数远超西医药师人数。20 世纪 40 年代，浙江省、市、县中医师公会先后成立，部分西医师协会诞生，甚至具有中西医结合倾向的医药学团体也应运而生，医师们切磋技艺，百舸争流。浙江中西医学术团体及刊物的创办与发展有所推进，中西医专门学校等职业教育机构逐步建立，中西医药业发展势头较好。浙江中医学术流派医灯传焰，陈木扇女科、何氏妇科和宣氏儿科等余音波及今日。“浙八味”及杭州市郊十八味药材（俗称“杭十八”）扬名海内外，胡庆余堂、叶种德堂等的创设，使中西医从互相抗衡走向结合融通之路。

民国时期，国民政府虽然制定了大量的医疗卫生规章制度，卫生监督及疾病防治有一些成效，但囿于当时的社会制度和卫生防疫水平，传染病、寄生虫病、地方病、人畜共患疾病、皮肤病及性病仍给社会和民众带来了深重灾难，一些传染病，如鼠疫、天花、霍乱、麻疹、伤寒、痢疾、回归热、猩红热、流行性脑脊髓膜炎等吞噬了大量的生命。民国 17 年（1928 年）8 月，国民政府教育部选派洪式闾在杭州西湖钱王祠建立了全国第一所寄生虫病研究机构——热带病研究所，设立了一些疾病防治控制机构和规模较大的中医院、诊所，主要集中在杭州。日本帝国主义发动的侵华战争，使浙江饱受细菌战之苦。民国 29 年，日本侵略军在浙江的宁波、衢县、金华等地使用细菌武器，用飞机撒下大量鼠疫病菌，造成惨绝人寰的鼠疫大流行，无数同胞惨死，这是日本帝国主义所犯下的不可饶恕的滔天罪行。据民国 37 年衢州 5 县防疫委员会调查统计，民国 29—37 年的 9 年中，传染病患者达 30 万人以上，病死者在 5 万人以上，在浙江史册上留下了悲惨的一页。

1949 年，浙江医疗卫生机构甚少，设备简陋，技术力量薄弱，全省仅有 288 所医疗机构、12122 名卫生人员、6081 张病床，霍乱、鼠疫、天花、白喉、疟疾、血吸虫、钩虫、丝虫、姜片虫等传染病、地方病严重流行，人均期望寿命仅 35 岁左右。以血吸虫病为例，1949 年，全省有 53 个流行县、900 多个流行村，病人总数为 204 万人，到处呈现千村薜荔人遗矢，万户萧疏鬼唱歌的悲惨景象。鼠疫也十分猖獗,1949 年,据丽水龙泉等 4 个县统计,发病 115 例,死亡 98 例。

三

中华人民共和国成立后,为改变旧社会遗留下来的贫困落后、满目疮痍的历史面貌,浙江省人民政府(以下简称省政府)采取了一系列卓有成效的措施。1949 年 5 月,由军事管制委员会接管原国民政府临时派驻的医疗防疫总队和原省立杭州、嘉兴、宁波、绍兴、金华、衢州、严州、处州医院及省和杭州市的一些医院、卫生所,8 月成立浙江省卫生厅(以下简称省卫生厅),10 月建立省医疗防疫大队。10—12 月,省政府先后发布《浙江省各级卫生业务机构经济制度实施暂行办法》《浙江省各市、县疫情报告暂行办法》,省卫生厅发布《浙江省各市、县开业医务人员及医院药商登记暂行办法》,对各类医疗卫生机构实行统一管理,对霍乱、鼠疫、天花、伤寒等 10 种传染病实行疫情报告制度。1950 年后,全省医疗卫生部门按照"整顿巩固、重点发展、提高质量、稳步前进"的全国文教工作方针,着力建设城乡医疗卫生机构,将县卫生院改建为县人民医院,有计划地发展县以上各级卫生防疫站、妇幼保健站,建立省鼠疫、麻风、疟疾、血吸虫病防治机构,积极开展严重危害人民群众的传染病和地方病的防治工作。各级医疗卫生部门结合当地防病工作实际,纷纷制定防治规划,一个以除"四害"、讲卫生,防治和消灭疾病为中心的爱国卫生运动在全省广泛和深入地开展。国民经济调整时期,全省消灭了天花、鼠疫、古典型霍乱、斑疹伤寒和梅毒,对白喉、麻疹、脊髓灰质炎等急性传染病实行计划免疫,使发病人数大幅度下降。

1958 年"大跃进"运动中,人口大流动,一度造成传染病流行。据 10—12 月统计,全省共发现麻疹 44907 例,死亡 926 例;白喉 2293 例,死亡 261 例;流行性脑脊髓膜炎 252 例,死亡 27 例;流感 125595 例,死亡 435 例。各级卫生部门积极采取防治措施,及时制止疫情扩散。1959 年,自然灾害开始影响浙江省,2 月上旬,龙泉县首先发现浮肿病,3 月中旬,在嘉兴、金华、温州等地也陆续出现了浮肿病,至 5 月 17 日,兰溪、浦江等 10 个县统计,发病 9272 人,死亡 68 人。5 月 28 日,中共浙江省委(以下简称省委)批转省卫生厅党组的报告,要求凡已发生浮肿病的地区,当地党委必须迅速采取措施进行防治和抢救,严格控制病情继续发展,没有发病的地区应引起重视,做好工作,防止此类病情发生。1960 年 2 月,因自然灾害造成粮食大量减少,农村为防止饥饿腌制了大批蔬菜食用,金华、兰溪、衢县、义乌、东阳、萧山 6 县的 27 个公社发生因食用腌菜而导致的原发性青紫病 1459 例,死亡 79 人,省卫生厅、省军区立即派出专家赴金华等县指导防治。据 1961 年底统计,全省治疗浮肿病 88.6 万人,治好的患者占 94.2%,治疗小儿营养不良症 6 万余人,治疗妇女闭经、子宫脱垂病 11.3 万人,治愈血吸虫病患者 53 万余人,疟疾抗复发治疗 68 万人,防病工作取得很大成效。1962 年,副霍乱传入中国。7 月 1 日,在瑞安县发现首例病人后,省卫生厅派专家及专业人员赴疫区开展防治,并调运霍乱预防疫苗 30 万人份去温州。至 12 月,副霍乱发病已扩散到浙江的 28 个县市,累计发病 11578 人,发病率为 43.11/10 万,病死率为 6.18%。疫情发生后,全省组织 4000 多名医务人员，投入大量药品及财力，采取预防接种、交通检疫、封锁疫点、现场消毒等措施，及时控制了疫情扩散。

三年困难时期，在经济基础较差、行政管理体制欠全、公共卫生体系薄弱的情况下，虽然有一些传染病、地方病的流行和突如其来的自然灾害，也曾遭受来势凶猛的多种瘟疫，但能在短时间内迅速控制流行，充分体现了社会主义制度的优越性。主要举措：一是省委、省政府领导高度重视卫生工作，亲临疫区体察民情。省委书记江华，省长周建人，副省长霍士廉、冯白驹等多次深入疫区，与群众土埋灭螺，与病人促膝谈心。二是靠专业卫生队伍的防治力量。省、市、县建立的卫生防疫机构，为全省开展爱国卫生、防病治病、卫生防疫、卫生宣传等提供了一支专业性的基本队伍。三是靠群众性群防群治。以血吸虫病防治为例，在流行地区有三支不脱产的血防专业队伍，一支是乡村保健员，一支是乡村化验员，一支是查螺灭螺专管员，所以在与血吸虫病的斗争中，从查螺到灭螺，从查病到治病，都可见到千军万马送瘟神的动人场面。由此，把“卫生工作与群众性卫生运动相结合”定为卫生工作的一项原则，开展以预防和减少疾病，保护人民健康为重要内容的爱国卫生运动，是卫生工作的伟大创举，反映了中国卫生工作的鲜明特色，受到全国上下的一致拥护和参与，在社会主义革命和社会主义建设的各个历史时期，显示出它在“移风易俗，改造国家”中的伟大作用。

1965年，中共中央主席毛泽东“把医疗卫生工作的重点放到农村去”的指示发表后，对农村卫生工作起到了推进作用。1968年，全省掀起了大办农村合作医疗的热潮，培训了大批“赤脚医生”。“赤脚医生”以中草药为主进行防病治病，这对保障广大农民的身体健康起到了积极作用。但在“文化大革命”时期，由于极左思潮和无政府主义泛滥，浙江的医疗卫生事业和其他事业一样受到严重干扰和破坏。医疗卫生单位的许多领导被打成“走资派”，许多医学专家、业务骨干被诬为“反动学术权威”，许多行之有效的医疗卫生规章当作“管”“卡”“压”手段被废除。1968—1969年间，由于基层防疫保健队伍松垮，疾病防治工作没有人抓，不少传染病疫情回升，甚至造成流行。如1968年，全省流行性脑脊髓膜炎发病17.8万人，死亡6500人。同年7月，仅流行性乙型脑炎发病就达1.4万人，死亡1300人，这是该病有史以来发病最严重的一年。1976年10月粉碎江青反革命集团后，全省卫生系统贯彻省政府的有关文件精神，清除极左思想影响，拨乱反正，平反冤假错案，调整、整顿医疗卫生机构，并采取一系列措施恢复正常工作秩序，全省医疗卫生工作走上振兴之路。

四

改革开放以后，中国共产党确立以经济建设为中心的工作重点，浙江医疗卫生事业进入了一个新的历史发展时期。浙江各地各级医疗卫生部门，以邓小平理论、“三个代表”重要思想为指导，全面落实科学发展观，围绕以经济建设为中心，解放思想、转变观念、大胆探索、坚持改革，全省医疗卫生事业发展的速度大大超过了前30年，取得的成绩尤为显著。

(一)适应市场经济发展,推进医疗卫生体制机制改革

医疗卫生事业是政府实行一定福利政策的社会公益事业。浙江省坚持以国家、集体为主,遵循“稳两头、放中间”的原则,集中力量办好承担基本医疗服务、代表区域医疗水平的公立医疗机构和提供“六位一体”(预防、保健、医疗、康复、健康教育和计划生育技术指导)的社区卫生服务中心(站),同时调动社会力量,发展民办医疗机构,促进医疗机构之间的公平有序竞争,提高医疗服务水平,更好地满足人民群众的医疗服务需求。1978—2010 年,浙江省的医疗机构体制机制改革经历了 4 个阶段。第一阶段是 1978—1992 年,改革的主要特点是加强医疗机构经营核算的管理。城市的医疗机构逐步实现经济责任制,改变对全民所有制医院的经济补助办法,即按床位使用率和门诊人次等工作指标实行浮动补助,医院等级按隶属行政关系划分为省、市(地)、县三级,分别确定医院床位数、人员数及医疗设备配置数。农村的医疗体制实行集体办、乡村医生联合办、个人承包以及卫生院设点等多种形式,乡卫生院坚持集体经营原则,实行任务承包、工资浮动政策。第二阶段是 1993—2000 年,改革的主要特点是改变医政不分、单纯依靠上级指令性管理医疗机构的体制和机制,转向运用计划和市场机制两种手段,建立适应社会主义市场经济的办医模式,采取中央、地方、部门、集体、个人共同办医方针,扩大医疗机构经营管理自主权,实行目标管理责任制,改革分配制度,实行年度奖、业余服务和超额服务奖的分配方法。第三阶段是 2001—2008 年,改革的主要特点是将医疗机构分非营利性和营利性两类,营利性医疗机构医疗服务价格放开,卫生行政部门转变职能,实行医疗机构分类管理,改变医疗服务模式,引入竞争机制,放管结合,规范运营。医疗机构普遍推行院长负责制,中层干部实行竞争上岗,对职工实行全员聘任制,实施会计委派制和后勤社会化改革。第四阶段是 2009—2010 年,贯彻落实中共中央、国务院《关于深化医药卫生体制改革的意见》的文件精神,浙江省制定深化医改实施意见及相关配套政策,确立全面推进深化医改的制度框架,实施深化医改目标。浙江省深化医药卫生体制改革的目标是建立全面覆盖城乡居民的基本医疗保障制度,初步建立基本药物制度,进一步健全城乡基层医疗卫生服务体系,普及基本公共卫生服务,公立医院改革试点取得突破,提高基本医疗卫生服务可及性,有效减轻居民就医费用负担,切实缓解“看病难、看病贵”问题。

为满足不同人群的医疗需求,在改革公立医疗机构的同时,浙江省积极扶持和发展非公立医疗机构和惠民医院。1989 年,浙江省在温州市设立第一家非公立医疗机构(浙南心血管医院)。截至 2010 年底,全省累计设立非公立医疗机构(含私人诊所)4687 家,其中民营医院 278 家,执业(助理)医师 10506 人,护士 5348 人,医院床位数 8360 张。同时,为进一步加大帮扶困难群众的工作力度,帮助这一群体解决医疗困难,2005 年,在浙江省十届三次人代会上,省长吕祖善提出,“在全省 11 个市各确定一所公立医疗机构作为惠民医院,为生活困难群众提供基本医疗优惠服务”,并在《政府工作报告》中将惠民医院建设工作列为为民办实事的重要内容。至 2010 年底,全省建立惠民医院或具有惠民医院性质的医疗机构共计 85 家,设立济困或扶贫病床 7618 张。

（二）坚持预防为主方针，建立公共卫生服务新体系

浙江省广大卫生人员在各级党委、政府领导下，通过不懈努力，巩固了消灭或基本消灭霍乱、天花、鼠疫、血吸虫病、丝虫病、疟疾、麻风病等传染病的防治成果。中华人民共和国成立以来，未发生人间鼠疫。1978—2008年间，曾严重危害浙江省人民群众健康的麻疹、百日咳、流行性脑脊髓膜炎和乙脑等传染病由于疫苗的广泛应用，得到了有效控制，发病数分别由1978年的92510例、23958例、13672例和1720例，下降到2008年的5448例、48例、25例和140例。副霍乱、痢疾等肠道传染病由于生活条件和农村饮用水的改善，也得到了有效控制，发病数从1978年的404例、202612例，分别下降到2008年的61例、15510例。至2010年，已持续25年没有发生脊髓灰质炎和白喉，较好地控制了麻疹、百日咳、破伤风以及流行性乙型脑炎、流行性脑脊髓膜炎等疾病的流行，乙型肝炎也从高流行区转为中流行区。全省各级疾病预防控制人员在历次重大灾情中全力开展卫生防病工作，已持续29年确保大灾之后无大疫。2010年，全省共报告法定甲乙类传染病22种、153579例，发病率为296.48/10万，死亡300例，死亡率为0.58/10万。甲乙类传染病发病率处于历史低发水平。但随着社会变迁、经济发展和人口的大流动，传染病的疾病谱也发生了很大变化，心脑血管疾病、糖尿病、精神疾病、肿瘤等慢性病已成为人民生命和健康的最大威胁，患病和死亡人数也日趋增加。

突发公共卫生事件有效处置。2003年，在抗击“非典”中，省政府采取各种有效措施，及时控制了疫情，取得了令人瞩目的成绩。“非典”后，为加快公共卫生体系建设，浙江省成立省、市、县三级政府的公共卫生委员会，整合相关部门的资源，建立乡镇卫生管理员和村卫生联络员制度，完善了公共卫生管理体系。2008年，浙江省部分地区发生麻疹和手足口病流行，为控制疫情，省政府分别启动了疫情Ⅱ级应急响应，各级政府加强了对疫情防控工作的领导，卫生和有关部门密切配合，采取有效措施，扎实抓好防治工作，遏制了疫情的流行。同年，四川汶川特大地震发生后，全省卫生系统紧急行动起来，向灾区派出医疗卫生救援队伍19批共1196人，运送医疗器械、药品、消杀用品等救援物资50余吨，价值1000多万元，收治灾区伤病员1020人，确保了灾区伤病员的及时救治和大灾之后无大疫。由于出色的救援工作，浙江省医疗防疫救援队被中共中央、国务院和中央军委授予“全国抗震救灾英雄集体”称号，被人力资源和社会保障部、卫生部授予“全国卫生系统抗震救灾英雄集体”称号。

妇幼保健工作全面加强。改革开放以来，浙江省先后通过调整产科布局、实行专项准入、开展系统保健，实施重点干预、畅通抢救体系、推广适宜技术、配备必要设备、引导规范创建等一系列工作，努力提升妇幼保健水平，确保母婴安全，提高人口素质。1999年，依据《中华人民共和国母婴保健法》，浙江省在全国率先制定《产前诊断管理办法》及相应技术规范，重点对神经管畸形、唐氏综合征开展产前筛查和产前诊断工作。同年，开展新生儿疾病筛查。对这项工作，浙江省形成了自己的特色。一是从制度化入手，出台《浙江省新生儿疾病筛查管理办法》等3项制度。二是从筛查工作内容入手，规定了先天性甲状腺功能低下症(CH)、苯丙酮尿症(PKU)和儿童听力筛查等为常规筛查内容。三是注重队伍建设和培养工作，建立新生儿疾病筛查工作队伍。至2008年，全省新生儿疾病筛查网络覆盖面达到100%，新生儿疾病筛查率达到97.17%。

2010年，浙江省孕产妇系统管理率、3岁以下儿童系统管理率、7岁以下儿童保健管理率均在95%以上，住院分娩率、新法接生率均在99%以上，这些指标居全国前列。

卫生监督体系不断完善。卫生监督不仅改善公共卫生状况，提高社会卫生水平和人民生活质量，而且在规范医疗秩序、公共场所卫生、食品卫生、职业卫生等方面发挥着积极作用。改革开放以来，浙江省不断加强卫生监督体制改革，积极开展食品安全专项整治，严厉打击无证行医等违法犯罪行为，加大对电视、广播、报纸等媒体医疗广告的监测，积极开展职业病危害企业的监督检查，规范用人单位职业卫生管理，加强民生关注的健康产品和公共卫生场所的监督执法工作，卫生监督体系不断健全，卫生监督队伍日益壮大，各种保障制度逐步建立，执法能力和水平逐年提高。1999年，省卫生厅、省编办等4个部门联合下发《关于撤销省卫生防疫站组建省卫生监督所和省疾病预防控制中心的批复》。2000年6月，组建了浙江省卫生监督所。至2003年底，全省有省、市、县(市、区)三级卫生监督所102家，县设置派出机构率达到100%，卫生监督人员4053名，在全国率先完成了卫生监督执法体制改革。

爱国卫生运动在改革开放后得到恢复和发展。1977年，浙江省恢复了爱国卫生运动委员会，使停顿10年之久的爱国卫生运动得以开展。30余年来，浙江省开展爱国卫生运动成效显著。一是除“四害”、讲卫生，移风易俗展新貌。省爱卫会把灭鼠工作作为除“四害”的重点，全省每年春秋两季开展灭鼠突击行动。二是抓改水、建新厕，城乡环境不断改善。2010年，全省农村改水受益人数达3503.27万人，农村改水受益率从1981年的7.97%提高到2010年的97.15%，农村饮用自来水人数达3364.22万人，自来水受益率从1981年的6.84%提高到2010年的93.29%。三是多形式、广渠道，普及健康教育。从卫生宣传到健康促进，从卫生课堂到健康促进学校，从健康城市到健康农村，整合各方资源，让人民群众对“合理营养、适量运动、戒烟限酒、心理平衡”等健康观念有了清楚的认识。四是抓规范、重管理，卫生创建成效显著。1989年，国务院颁发《关于加强爱国卫生工作的通知》和全国爱卫会下发《关于开展创建国家卫生城市活动的通知》。1990年2月，省政府下发《关于开展创建国家卫生城市活动有关问题的通知》。由此，浙江省的卫生创建活动蓬勃开展。至2010年，全省共创建国家卫生城市14个，国家卫生县城12个，国家卫生镇17个；浙江省卫生城市19个，浙江省卫生县城22个，浙江省卫生区9个，浙江省卫生街道37个，浙江省卫生镇190个。

(三)健全医疗保障体系，完善农村合作医疗制度

浙江省农村合作医疗始于20世纪60年代，通过培训“赤脚医生”、举办合作医疗站的方法解决农村缺医少药问题。到70年代末，90%以上的村举办合作医疗，几乎覆盖全省所有农村。改革开放后，随着农村经济体制的变革，全省农村合作医疗覆盖率一度下降，至1989年仅为2.4%。进入90年代，全省实施农村初级卫生保健，使农村合作医疗逐渐有所恢复，其间，又因受国家减轻农民负担政策的影响，农村合作医疗被认为是向农民“乱收费、乱摊派”的行为，又经波折。至2002年底，全省开展合作医疗的乡镇440个，占乡镇数的30.41%；开展合作医疗的行政村6567个，占行政村数的17.46%；参加合作医疗的农业人口数652.88万人，占农业人口数的19.28%。2003年，浙江省根据中共中央、国务院的有关决策和部署，积

极推进新型农村合作医疗工作，成为全国4个试点省份之一。与以往的农村合作医疗相比，新型农村合作医疗制度有以下几个方面的不同：一是在筹资的渠道方面，个人缴费、集体扶持和政府资助相结合，其中政府资助占大头；二是在管理体制机制方面，由政府主导推动，建立健全管理机构和工作制度，强调公开透明、群众监督机制；三是在补偿能力方面，以大病统筹为主，兼顾受益面，重点解决参合农民住院医药费用的补偿问题；四是在统筹范围方面，以县（市）为单位统筹管理，部分地区还实现了新农合和城镇居民医保的整合，统筹层次从县级逐步提高到市级。在推进新型农村合作医疗制度实施过程中，浙江省分3个阶段：第一阶段是2003年8月，浙江省作为全国新型农村合作医疗试点省份，省政府出台了《关于建立新型农村合作医疗制度的实施意见（试行）》，确定27个县（市、区）开展试点，覆盖全省农业人口的30%，参合人数831万人；第二阶段是从2005年起，省政府出台了《关于积极稳妥推进新型农村合作医疗工作的指导意见》，提出了积极稳妥推进的要求，到2006年从制度安排上覆盖全省所有农民；第三阶段是从2007年起，全省新型农村合作医疗进入巩固提高和深化完善阶段，省政府制定了《关于进一步完善新型农村合作医疗制度的意见》，健全规范制度，建立起长效的工作机制。

2009年，《中共中央、国务院关于深化医药卫生体制改革的意见》下发后，省委、省政府及省卫生厅根据“提高筹资水平、完善制度建设、增强保障能力”的总体要求，进一步巩固和完善浙江省的新型农村合作医疗制度。巩固和完善的制度包括：推行“住院统筹为主、兼顾门诊统筹”的保障方式，调整和完善补偿方案，补偿政策向基层医疗机构倾斜，引导农民在统筹区域内就医，加强对定点医疗机构的管理，采取“报销款由定点医疗机构垫付，管理部门审核后拨付”的支付方式，把医疗费用上涨幅度、医疗服务质量及新型农村合作医疗制度执行情况等纳入定点医疗机构的考核范围等。2010年，全省86个有农业人口的县（市、区）已全部实施新型农村合作医疗，参加新型农村合作医疗的人数达3009万人，参合率为90%，人均筹资水平为135.9元，住院补偿率达31.2%，并全面建立了住院兼顾门诊统筹的补偿模式。

（四）统筹城乡一体化发展，加强基层医疗卫生服务体系建设

1999年，浙江省在全国率先开展城乡联动的社区卫生服务。一是基层医疗卫生服务网络得到健全。各地按照社区卫生服务需要，坚持政府主导和区域卫生规划，立足于调整已有卫生资源，建立健全以社区卫生服务中心（站）为主体，诊所、医务所（室）等其他基层卫生机构为补充的社区卫生服务网络。2010年，全省已建城市社区卫生服务中心380余家，占应建城市社区卫生服务中心总数的72.6%，社区卫生服务站6700余个；已建立农村社区卫生服务中心1106个，农村社区卫生服务站（室）6319个（其中新建、改建社区卫生服务站1827个），社区责任医生30791人，每千名农村居民拥有责任医生数0.93人。为推进社区卫生服务工作规范、有序，全省创建全国社区卫生服务示范区4个、省级示范区和先进区20个，省级示范和规范中心126家。二是基层医疗卫生服务队伍得到壮大。随着社区卫生服务网络的不断健全，社区卫生服务队伍迅速壮大，32个市辖区的城市社区卫生服务机构有在职职工2.5万多人，其中执业（助理）医师占43.4%、注册护士占19.0%。按照每1000～1500人配备一个责

任医生的要求，各地通过有效的管理形式，选聘社区责任医生2.6万名。责任医生立足社区，通过主动上门服务开展社区门诊、家庭医护等常见病、多发病诊疗、康复护理服务和计划免疫、妇幼保健、慢病控制、健康教育等公共卫生服务。三是基层医疗卫生服务运行机制得到完善。各地根据有关要求，积极探索社区卫生服务的体制机制改革，着力发挥社区卫生服务机构的公益性质，取得一定成效。杭州市下城区长庆潮鸣社区卫生服务中心开展了收支两条线管理试点，宁波市海曙区制定《关于进一步深化社区基本医疗服务的意见》，嘉兴市的市民健康信息系统整合卫生、公安、民政等资源，设立公共卫生信息监测平台和社区卫生服务机构诊间信息管理平台等。四是基层医疗卫生服务的保障措施得到优化。2005年，省政府召开全省农村卫生工作会议，出台了《关于加强农村公共卫生工作的实施意见》，明确提出了直接面向农民的三大类12项公共卫生服务项目，并按照农村常住居民人均15元以上的标准设立农村公共卫生服务专项经费，省财政根据经济发展不同地区给予人均10元、5元和3元的补助。五是基层医疗卫生服务的成效得到肯定。2005年，全省城乡社区卫生服务机构为城乡居民提供诊疗约5600余万人次，占全省诊疗人次总数的31%，家庭出诊服务130多万次，住院人数近40万人，开设家庭病床近16万床日，对高血压病人随访达到200余万次。2005年下半年至2008年，浙江省为1441万名参合农民进行了免费健康体检，建立档案1180余万份，并将体检出来的207万名患者纳入社区卫生服务的重点对象，加强跟踪服务，基本达到“无病早防、小病早发现、大病早治疗”的目的。

2009—2010年，浙江省贯彻落实国家深化医药卫生体制改革意见，结合卫生工作实际，在基层医疗卫生服务体系建设中推进以“2+X”为主要内容的县乡村医疗卫生资源统筹改革。一是推进基层医疗卫生服务机构的定性定编。88个县(市、区)完成城乡社区卫生服务中心(包括卫生院)的定性定编工作，核定编制79853名，增加编制48172名。嘉兴、舟山、余姚市等地核编时统筹考虑流动人口的数量，按户籍人口标准的30%～50%核定。二是推进县乡村医疗卫生服务机构一体化管理。24个试点县的社区卫生服务站一体化(人、财、物)管理率为82%，村卫生室管理率为20.8%。试点县积极探索村级医疗卫生机构分类管理，对社区卫生服务站实行紧密型一体化管理，对村卫生室则实行基本型一体化管理。桐庐、玉环县出台《乡村一体化管理实施意见》，对纳入一体化管理的村卫生室业务用房全部由政府或村集体提供。三是在“X”方面，各地积极探索县乡村医疗资源统筹配置，包括县乡医疗卫生一体化、县医院托管、“一院多站”式、县乡医疗卫生人才一体化、医疗资源功能整合和管办分离等多项改革措施。通过改革，基层医疗卫生服务能力得到有效提升，基层医疗卫生队伍的素质得到有效提高，基层医疗卫生的行政管理得到有效加强。

(五)弘扬传统文化，推进中医药事业发展

中医药文化是中国传统文化的重要组成部分，在历史长河中，中医药以其独特的发展方式，逐步形成一个内涵丰富、学科多元、形式多样、特色显著的系统和完整的文化体系。改革开放以来，浙江省高度重视中医药事业发展，取得了明显的成效。全省中医药服务体系进一步健全，基础条件日益改善。中医药特色和优势趋于突出，服务能力和水平显著提高。中医药科技创新能

力持续提升，突破性成果不断涌现。中医药人才队伍逐渐壮大，素质明显提高。改革开放既为快速推进浙江中医药事业打下了坚实的物质基础，也为新形势下如何结合浙江实际推进中医药现代化建设探索了新的发展思路。为进一步提高发展中医药事业的认识，营造发展的良好氛围，省政府分别于1986年、1994年和2000年3次召开全省中医药工作会议，出台了《关于加快发展我省中医中药事业的意见》等一系列政策措施。1997年，浙江省颁布《浙江省发展中医条例》，成为全国第三个出台省级中医药法规的省份。2000年，省政府又下发《关于进一步贯彻实施〈浙江省发展中医条例〉的意见》。2004年，浙江省根据《中华人民共和国中医药条例》和全省中医药发展实际，对《浙江省发展中医条例》进行了及时修订，之后随着全省综合实力的发展，浙江省对中医的投入也逐步增加。“十五”期间，省本级中医事业经费累计2.5亿元，年均增长13%。2007年，省本级中医事业经费达1.56亿元。同时，省级中医药管理机构日趋健全。1955年，省卫生厅设立中医处，1987年改设为省中医管理局，赋予单独行文权和中医事业经费单列，2000年又改名为省中医药管理局，进一步健全了管理职能。

2009年，国务院下发《关于扶持和促进中医药事业发展的若干意见》，省政府下发《关于进一步促进中医药事业发展的意见》，省卫生厅把中医药事业发展和深化医改紧密结合起来。一是把握精神，进一步明确中医药在医改中的作用和地位，完善政策，加大投入。“十一五”期间，省级财政累计补助中医专项经费2.6亿元。二是坚持以特色优势为核心，改善服务条件，加快提升中医药服务能力。通过开展中医“三名”（名医、名科、名院）建设、中医医院等级评审和管理年活动、中医药优势病种诊疗规范推广应用等，不断深化中医药内涵建设，特色优势更加明显，服务能力显著提升。2009年，全省公立中医医院总诊疗人次达到3056万人次，比2005年增长41%，出院53万人次，增长了37%。三是坚持走继承创新之路，加强平台建设，加快提升中医药科技水平和人才素质。通过不断培育中医药科研力量，全省中医药科技创新能力和水平不断提高，血液病、肾病、风湿免疫等中医药学科居全国领先水平。国家中医临床研究基地（血液病）落户浙江省，已建国家中医药重点研究室5个，国家中医药重点学科14个，教育部中医药重点学科4个，国家中医药三级实验室20个，省政府重中之重学科4个，省中医药科技创新平台5个，省中医药重点学科57个，省中医药重点实验室26个。培养的中医药人才，全省有国医大师1名，中国工程院院士1名，省特级专家2名，全国老中医药专家学术经验继承工作指导老师69名，全国优秀中医临床研修人才28名，省级名中医129名。

2010年，浙江省拥有县级以上公立中医医院93所，95%以上的县级综合医院设置了中医科和中药房，90%以上的乡镇卫生院（社区卫生服务中心）和62.2%的社区卫生服务站开展中医药服务，中医药参与率达30%以上，中医类别全科医师和乡村医生的中医药知识培训率达到100%，中医药继续教育覆盖率达90%以上，千人中医师数达0.35人。国家级农村中医工作先进市2个（全国仅11个）、先进县（市、区）17个，省级农村中医工作先进县（市、区）42个，全国中医药特色社区卫生服务示范区4个。

（六）注重卫生科技教育，增强医疗卫生服务能力

浙江省卫生科技教育工作贯彻实施科教兴医战略，以科技教育提高卫生科研创新能力，

促进全省医疗卫生事业持续、协调、快速发展。改革开放以来，在各级领导重视和支持下，通过全省广大卫生科技工作者的不懈努力，卫生科技教育工作得到了长足的发展。一是卫生科技综合实力和竞争能力明显提高。在诸多科技研究领域取得了重大突破，如在肝、肝肾、胰肾、心脏和心肺联合移植等多器官联合移植技术及骨髓移植研究方面，居国内外领先水平。率先研制成功流行性出血热疫苗和甲肝减毒活疫苗，甲肝疫苗累计接种超过1亿人份，保护率达95%以上。人工肝支持系统使急性、亚急性重型肝炎的病死率由88.1%降至21.1%，慢性重型肝炎的病死率由84.6%降至56.6%，成果在国内外推广应用。眼视光医学、大肠癌早期诊断和预防、心脑血管病救治、环境生殖医学、职业病危害防治、药物安全性评价等基础与临床研究达到国内领先水平。二是重点学科、重点实验室等科技创新基地加快建设。1997年，“浙江省医药卫生科技创新工程”实施以来，已建设69个与浙江社会和卫生事业发展关系密切、影响重大的省级医学重点学科和扶植重点学科，其中有很大一部分重点学科已跻身国内同领域的领先水平，如肝胆胰外科学、传染病学、血液病学、眼视光医学、病原分子生物学、输血医学等学科，其特色和优势明显，在国内享有较高知名度。三是卫生科研机构改革取得成效。“十五”期间，全省完成卫生科研机构体制改革任务，省医学科学院普康公司顺利改制，为深化浙江省科技体制改革和高新技术企业实行科技股份制做出了示范。宁波市微循环与莨宕类药物研究所实行一所两制、浙江大学医学院传染病研究所与浙江大学医学院附属第一医院传染病科成功联合，省精神卫生研究所与省中医药研究院、省第二中医院合并成立省立同德医院等改革措施取得了显著成效。通过改革，优化了科技资源的配置和合理利用，使科研机构人员的思想观念发生了变化，有效实现了体制、机制、观念和管理方式上的进一步创新。四是卫生科技成果得到推广应用。为加强医药卫生科技成果推广应用，省卫生厅成立省医药卫生科技成果推广中心，设立了省医药卫生科技成果推广计划，推动卫生科技成果推广应用，“十五”期间，推广各类医药卫生成果150余项。2004年起，浙江省承担“十五”国家科技攻关计划“浙江省农村卫生适宜技术推广示范研究”工作，通过建立健全组织管理体系，制定和完善配套政策，加大投入，探索建立农村卫生适宜技术推广应用长效机制。浙江省在推广适宜技术的示范县中启动技术项目25项，培训各类农村卫技人员1900余人次，县、乡级培训率为100%，示范县中有市（区）级医疗卫生单位12家，乡（镇）卫生院、社区服务中心45家，村医务室、计划生育服务指导站710家参加了适宜技术推广应用。五是医学教育事业迅速发展。“十五”期间，浙江省在深化医学教育改革、规范医学教学行为、调整医学教育结构、提升办学层次的思想指导下，停办医院护校5所，10所卫校并入当地综合大学、职业技术学院或医学院校，浙江省卫校、宁波卫校分别经教育部和省政府批准，易址新建升格为高等医学专科学校和高等医学职业技术学院。“十五”期末，浙江省拥有独立设置的高等医学院校、综合性大学医学院和地方性大学医学院14所，比“九五”期间增加了9所。医学院校设置专业学科门类齐全，有20余个专业、博士点12个、硕士点59个、博士生导师154名、硕士生导师824名。“十五”期间，研究生、本科生、专科生招生人数大幅攀升，由初期的2045人上升到期末的13000余人。六是全科医学教育工作走在全国前列。为规范全科医师教育和培训，浙江省先后成立了全科医学教育培训中心和11个市的分中心，组织国内外专家编写了适合中国国情的全科医学教材。全科医学教育累计招生达23500余人，有15000余人获得全科医生培训合格证书。社区护士岗位培训工作全面展开，累计招生5000余人。为加强全科医学师资培训和基地建设，省卫生厅委托省全科医学教育培训中心，聘请了20余名国内外全科医学专家来浙江讲学，先后培养了400余名全科医学师资，为浙江省建立起一支全科医学教师队伍。七是科研项目和成果成效显著。2001—2005年，浙江省共承担国家"十五"攻关、"十一五"支撑、"863""973"等重大研究项目35项，省部级项目268项，获各级政府科技奖励261项，其中，国家科学技术进步奖二等奖3项，国家技术发明奖二等奖1项。八是医学学术交流与合作十分活跃。仅以中医药学术交流为例，2000—2010年，省卫生厅先后接待来自美国、加拿大、日本等30多个国家和地区的国(境)外人士1000多批、4000余人次。同时，省中医药部门和单位先后选派专家学者300批500余人次，赴30多国家和地区参加国际学术会议、技术培训、合作研究、考察访问、项目洽谈及医疗援外等，开展各类各级中医药国际科技合作项目30余项。

2010年，浙江省共组织申报国家科技重大专项新药创制和传染病防治项目5项，申报医疗卫生行业基金9项，省科技厅重大专项4项，累计申报科研、科技计划项目1700余项。全省医疗卫生系统荣获国家科学技术进步奖二等奖3项，浙江省科学技术进步奖一等奖4项，二等奖16项，三等奖28项，各类奖项累计获奖164项。全年共培养、培训全科医生1000名，社区护士1000名，全科知识培训10000余人次，心电、检验、B超、放射等医技人员1784人次。推广适宜技术85项，推广应用各类适宜技术5000余例。

(七)利用现代信息技术，推进医疗卫生信息化发展

信息化是推进医疗卫生变革的重要途径和载体，也是深化医疗卫生体制改革与发展的必然要求。20世纪80年代，省级医疗卫生机构开始配置计算机用于医疗服务和公共卫生管理。1985年，浙江医科大学附属一院配置微机用于财务管理。1986年，省卫生厅给省卫生防疫站配置一台IBM计算机，省卫生防疫站于1988年6月利用这台计算机进行传染病月报的汇总，并通过计算机将汇总信息传送至国家有关部门。2004年，浙江省疾病预防控制中心建立"中国疾病预防控制信息系统"网络直报系统。2007—2008年，又在全国率先开展传染病和突发公共卫生事件时间、空间的自动预警，基本实现了纵向到底、横向到边的疫情监测报告的目标。2007年，全国开展数字化医院示范单位评审，浙江大学医学院附属第一医院的信息化指数获总分第一，被卫生部命名为全国数字化医院示范单位。同年，全省医疗卫生系统拥有计算机4.5万台，比2000年增加8.2倍。局域网建设基本普及，县级以上卫生局、事业单位和医疗机构建立局域网669个，比2001年增加了420个。卫生电子政务和医院信息系统应用全面启动，省、市卫生行政部门和事业单位电子政务软件应用率由2001年的16%增加到2005年的85%以上，县级以上医疗机构使用医院管理信息系统由2001年的37%上升到98%以上，高出全国平均水平45个百分点。《浙江省卫生系统信息化建设规划(1999—2010年)》中提出的目标基本实现，制定的任务基本完成。2006—2008年，卫生部组织第三方测评机构评测全国卫生系统网站，浙江省卫生政务网站连续3年获得测评总分第二名。在省政府

组织厅局和地市一级的政府网站测评中，浙江省卫生政务网站在2005—2006年连续获得测评总分第三名，2007—2009年连续获得第一名。省卫生厅连续5年被省政府评为电子政务优秀厅局。卫生部将浙江省作为全国示范样板，给予了“要看省级卫生信息化到浙江”的评价。2010年，浙江省推出全国首个省级医院预约诊疗服务平台，9月27日正式启动，首批接入的医院有浙江省人民医院、浙江大学医学院附属第一医院、浙江大学医学院附属第二医院等7家省级医院，截至12月31日，该平台注册会员59474人，成功预约专家号57148个。

（八）全面建设小康社会，着力推进卫生强市强县工作

提高全民族健康素质是建设小康社会的目标之一。2004年，省委从建设文化大省、提高综合竞争软实力的战略高度出发，提出“卫生强省”建设的构思。2005年，“卫生强省”写入省委《关于加快建设文化大省的决定》，并纳入《关于制定浙江省国民经济和社会发展第十一个五年规划的建议》中。2006年，省政府颁布《浙江省卫生强省建设与“十一五”卫生发展规划纲要》，“卫生强省”建设的“六大工程”被编制到《浙江省“十一五”国民经济和社会发展规划》中，使“卫生强省”建设成为全省各级党委、政府发展卫生事业的共同纲领和行动。“卫生强省”建设的六大工程是“农民健康工程”“公共卫生建设工程”“城乡社区健康促进工程”“科教兴卫工程”“强院工程”和“中医药攀登工程”。这“六大工程”涵盖了卫生事业发展的重点领域，使浙江省成为全国第一个提出并全面推进卫生强省建设的省份。为推进卫生强市强县建设，2007—2008年，省政府设立了浙江省卫生强市强县考核管理办公室，制定和下发了《浙江省卫生强市、卫生强县考核标准》和考核细则。到2010年，浙江省完成首批卫生强市卫生强县考核工作，并由省政府发文命名杭州市、宁波市、绍兴市3个市为首批浙江省卫生强市，余姚市、慈溪市、桐乡市、海宁市、温岭市、诸暨市、绍兴县、桐庐县8个县（市）为首批浙江省卫生强县。

随着社会和经济发展，人民群众从“生存型需求”向“发展型需求”转化，对改善生活品质、提高健康水平的要求越来越高。中华人民共和国成立后，浙江医疗卫生事业虽然得到快速发展，但仍面临着严峻挑战。一是公共卫生形势十分严峻，新发和传统的传染病预防控制难度明显增加，“非典”、人禽流感和艾滋病对人民群众的健康造成严重威胁。二是工业化、城镇化、气候变化、生态环境问题等带来的影响健康的因素增多，人口老龄化进程加速，居民生活环境、工作环境和生活习惯发生新变化，居民疾病谱随之发生改变。三是人民群众“看病难、看病贵”问题依然存在，医患关系不和谐，医疗纠纷时有发生。四是医疗卫生本身长期积累的体制性、机制性、结构性矛盾和公共投入不足、医疗保障制度不健全、医药生产流通领域无序竞争问题突出。五是医疗卫生事业与经济社会的发展、公共卫生与医疗服务、医疗服务与医疗保障、城乡与区域之间的卫生发展不相协调。这些问题有待于通过全面深化改革逐步解决。

健康是促进人的全面发展的必然要求。医疗卫生事业关系亿万人民健康，关系千家万户幸福，关系经济发展和社会和谐，关系国家前途和民族未来，是一个十分重大的民生问题。在经济社会发展的基础上，不断改善医疗卫生服务，保障人民群众健康，是各级政府的重要工作

职责，也是卫生系统全体卫生人员的工作内容和目标。改革开放以来尤其是进入21世纪后，浙江省委、省政府把维护公众健康权益作为改善和保障民生的重要内容，省卫生厅认真贯彻国家和省深化医改文件精神，围绕卫生强省建设目标，着力构建民本卫生、和谐卫生，浙江医疗卫生事业取得突破性进展。2010年，浙江省卫生机构数16298个（含私人诊所），卫生人员数335552人，其中卫技人员282155人，千人医生数为2.41人（全国为1.79人），千人护士数为2.09人（全国为1.52人），千人床位数为3.88张（全国为3.56张），全省卫生总费用1143.3亿元，诊疗服务32658万人次。世界卫生组织（WHO）确定人均期望寿命、婴儿死亡率、孕产妇死亡率作为衡量一个国家或地区居民健康水平的三大指标。2010年，浙江省人均期望寿命为77.29岁（全国为74.83岁），孕产妇死亡率为7.44/10万（全国为30/10万），婴儿死亡率为6.06‰（全国为13.1‰）。以上3项指标表明，浙江省人群健康指标位居全国前列，已达到中上收入国家的水平。

第一章 卫生行政

春秋时期，浙江境内的越国在筹措伐吴时出台了一系列医政敕令。《吴越春秋》卷十载，越王句践曰："士有疾病，不能随军从兵者，吾予其医药，给其糜粥，与之同食"；"将免者以告于孤，令医守之"；"令孤子、寡妇、疾疹、贫病者，纳宦其子。"浙江卫生行政历经秦、汉、晋，直至唐代开始有设官建制的卫生行政管理。南宋时期，浙江卫生行政出现雏形。民国时期，浙江省各市县的卫生行政隶属民政、警察部门管理。中华人民共和国成立后，浙江省卫生行政机构不断健全，管理逐步科学，人员配置日趋合理，医疗水平显著提高，居民健康指标位居全国前列。

第一节 卫生行政组织

考查编纂史料，唐以前未见浙江有官府设置的卫生行政组织。唐代开始设有医官、医学生，到北宋，浙江各州县设立了医学官制和惠民药局。南宋时期，建置在浙江的中央及该省医药卫生机构有御药院、太平惠民局、惠民和剂局、惠民局、施药局等。元、明、清时期，医学提举司、医学提领所相继设置，惠民药局遍布各府州县。清末民初，浙江省卫生行政管理隶属警政机构，警政又归辖民政部门管理。民国16年(1927年)，浙江省政府民政厅设立第五科，主管卫生。[①] 民国29年，浙江省卫生处单独成立，直属于浙江省政府。1949年5月，杭州市军事管制委员会接管了原浙江省卫生处。8月，浙江省卫生厅成立(以下简称省卫生厅)。11月，浙江省人民政府(以下简称省政府)任命洪式闾为厅长。"文化大革命"期间，省卫生厅改名为浙江省卫生局(以下简称省卫生局)。1980年5月，恢复原名省卫生厅。省卫生厅是主管卫生工作的省政府组成部门，主要职责是拟订全省卫生改革与发展战略目标、规划和相关政策，起草卫生相关的法规、规章草案，依法制定有关地方性标准和技术规范并监督实施等。浙江省卫生行政组织除省卫生厅外，还包括浙江卫生行政执法、监督，传染病、慢性病、地方病预防控制，学会协会和行业中心等专业机构以及临时性的组织和协调机构。不同时期的行政组织和协调机构，其管理职能自有差异。

---

① 朱德明：《浙江医药通史》(近现代卷)，浙江人民出版社2013年版，第7页。

一、古代卫生行政组织

（一）唐代

唐贞观三年（629年），浙江的府州县置医药博士、助教1～2人，负责医药和教学管理，官秩从九品下。开元元年（713年），浙江的府州县把医药博士改为医学博士，除负责医药和教学管理外，还要用百药医治民疾或需执刀除病，官秩升为九品上。医学助教职掌本草验方的收集、撰写。医学生从事偏远贫困地区的巡回医疗。当时的越州（今绍兴市）属于中都督府，设医药（学）博士1人、医学助教1人，医学生有15人。①

（二）宋代

1. 北宋

北宋时期，朝廷在府州县设立惠民药局。北宋初年，在临安府（今杭州）的行宫（即钱王旧宫址）设有御药院，抚民的“养病坊”“施药局”由此诞生，出售成药的药局“太医局卖药所”与“和剂惠民局”相继问世。北宋仁宗天圣年间（1023—1032年），台州府设医学长官和药局，管理医政和防疫，元祐元年设惠民局，在县南百步街西。嘉祐年间（1056—1063年），海宁县在县治西百步处建养济院，名安养院。临安府设有二处养济院，一处在钱塘县界西石头北面（今宝胜院），另一处在仁和县艮山门外，又设性质类同的善化坊四所。於潜县（今临安）在县城南面二里的寂照寺设养济院。象山县在县城东面一百五步处设置安济坊。定海建养济院。崇宁二年（1103年），绍兴设有官药局，管理药品制作。大观元年（1107年），鄞县在西门里建安济坊。嘉兴县在春波坊天马桥直建广惠院（后改称养济院）。金华县在城北面2里处建居养院。石门县（今属桐乡市）治东三百步处设安养院。诸暨县设居养院。临安县养济院在县城西罗村。瑞安县安养院在清泉乡横山。萧山县居养院在县城西社稷巷内。政和五年（1115年），浙江各府州县设立医学官制，负责医疗工作。嘉兴设惠民药局，有监局官医一名、副使二名。台州府县设医官管理医政。衢州府县、浦江、兰溪、於潜、象山等县都设置了医学机构和惠民药局，掌治药物，为民治病。② 东阳县在县城南侧150步处设有惠民药局，用官缗购药济民。兰溪县设医学正、惠民药局等官员和官办设施。

2. 南宋

南宋时期，浙江各府州县除完善卫生行政机构外，对医官的设置和选拔有严格的规定和考核标准，朝廷及时整顿医药队伍，颁布相应的法令。南宋建炎三年（1129年），朝廷依北宋律制在都城临安府（今杭州）设熟药所。绍兴五年（1135年），户部侍郎王俣奏请置太平惠民局，设在吴山书院侧，下设五局。南局在临安御街南段三省前，西局在御街北段众安桥北，北局在御街中段市西坊南，南外局在嘉会门外浙江亭北，北外二局以余杭门外北郭税务兼领惠

---

① 《二十五史·旧唐书》（第五册），上海古籍出版社1986年版，第3708页。

② 〔清〕乾隆二十四年（1759年）《象山县志》（第六卷），第9页。

民药局收赎。朝廷对官药局很重视，在《临安城图》中有特殊标记，如图 79-1-1-1。是年，又并行另置惠民和剂局，在临安府太府寺右侧。绍兴二年，翰林医官院定额 43 名。绍兴六年，临安府又置 4 所熟药局，即东、西、南、北 4 所，将其中一所以和剂局(制药工场)命名，由翰林医官院选保医官辨验药材。绍兴十八年，将熟药所改作太平惠民局，是一个官方的成药发售机构，售膏丹丸散和诊病付药。绍兴二十一年二月，朝廷令各州仿照临安府太平惠民局制度设立惠民药局。绍熙二年(1191 年)，复置太医局，局以百员为额，仍隶太常寺。咸淳八年(1272 年)，临安府(今杭州)改施药局为医学提举司，始置惠民药局，官给药值，设提领一员主持局务。绍兴元年，高宗诏："命太医局试补并募草泽医人。"[①]意为从各地区官府或民间选拔优秀医生，但做了医官后，不够条件或不称职的医官，可以罢黜，如南宋乾道元年(1165 年)，令太常寺"考校翰林医官艺术……绌其艺不精者二十二人"。乾道三年，"东宫医官杜辑除名"。

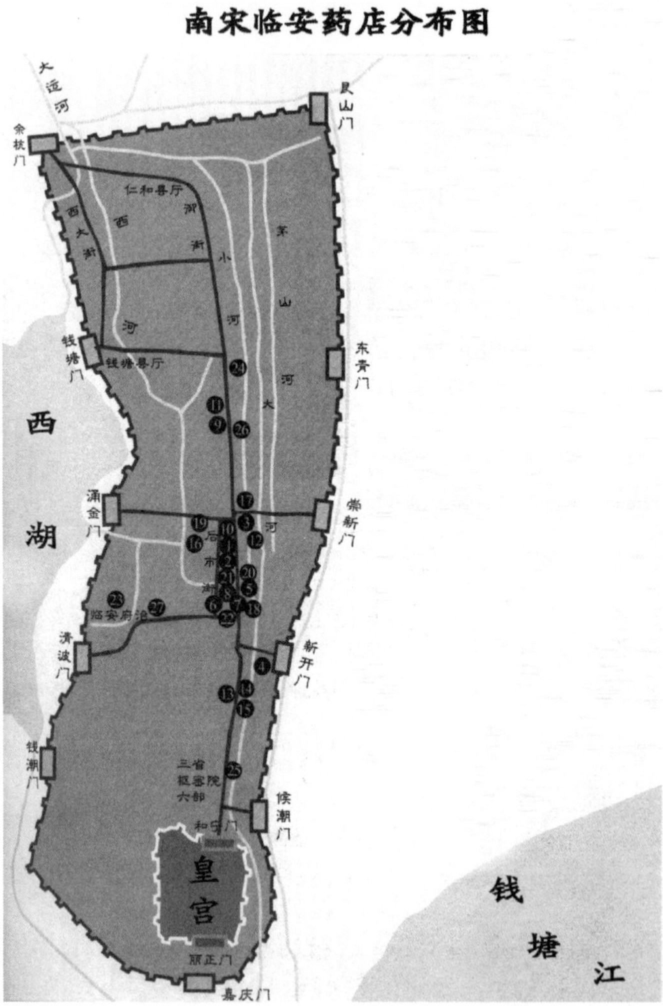

①市西坊南太平惠民北局
②坝头榜亭安抚司惠民坊熟药局
③猫儿桥潘节干熟药铺
④狮子巷口观复丹室
⑤保佑坊前讷庵丹砂熟药铺
⑥中瓦子前陈直翁药铺
⑦中瓦子前梁道实药铺
⑧金子巷口杨将领药铺
⑨官巷前仁爱堂熟药铺
⑩修义坊三不欺药铺
⑪官巷北金药臼楼太丞药铺
⑫漆器墙下李官人双行解毒丸
⑬太庙前陈妈妈泥面具风药铺
⑭大佛寺疳药铺
⑮大佛寺保和大师乌梅药铺
⑯三桥街毛家生药铺
⑰沿桥下郭医产药铺
⑱外沙皮巷口双葫芦眼药铺
⑲石榴园张省千金马杓小儿药铺
⑳五间楼前张家生药铺
㉑赏新楼前仙姑卖食药
㉒太平坊卖麝香糖
㉓临安府治后和剂局
㉔众安桥北太平惠民西局
㉕三省前太平惠民南局
㉖炭桥药市
㉗戒子桥西施药局

图 79-1-1-1　南宋临安药政、药铺分布图(朱德明:《浙江医药通史》(古代卷)，浙江人民出版社 2013 年版，图版)

---

① 〔清〕徐松:《宋会要辑稿·职官》，中华书局 1957 年版，第 2881 页。

南宋绍兴二十五年(1155 年)十月,高宗下诏戒饬民间医药。诏曰:“访闻今岁患时气人,皆缘谬医例用发汗性热等药,及有素不习医,不识脉证,但图目前之利,妄施汤药,致死者甚众,深可悯怜。据医书所论,凡初得病,患头痛身热恶风肢节痛者,皆须发汗,缘即今地土气令不同,宜服疏涤邪毒如小柴胡汤等药,得大便快利,其病立愈,临安府可出榜晓示百姓通知。”①绍兴二十六年,高宗诏令和剂局对所存药物进行检查,凡属陈坏质劣者及时废弃。绍兴二十八年六月,高宗诏:“时当盛暑,恐细民缺药服饵,令翰林院差医官四员,遍诣临安府城内外看诊,合用药令户部于和剂局支拨应副,候秋凉日罢。”乾道元年(1165 年)二月,从中书门下请,诏:“临安府见行赈济饥民,访闻其间多有疾病之人,窃虑阙药服饵,令医官局于见赈济去处,每处各差医官二员,将病患之人诊视医治,其合用药,于和剂局取拨。”同年五月,诏:“临安府内外有全家患病贫民,令本府差官抄札,予放房钱一月,毋致失实作弊。”淳祐八年(1248 年)五月,因盛暑,民间病者颇多,朝廷令临安府尹赵与筹创置施药局,命职医分行巷陌,诊视给药,一月花费数万贯,治愈了许多患者。

南宋淳祐十年(1250 年)二月,朝廷益以钱 10 万贯,令多方措置,以赏罚课督医员,为民悉心诊视疾病,是后民多赴局请药,接踵填咽。南宋吴自牧《梦粱录》卷十八对设在临安戒子桥西的施药局有详细记载:“民有疾病,州府设施药局于戒子桥西,委官监督,依方修制丸散㕮咀,来者诊视,详其病源,给药医治,朝家拨钱一十万贯下局,令帅府多方措置,行以赏罚,课督医员,月以其数上于州家,备申朝省。或民以病状投局,则畀之药,必奏更生之效”。设在临安的施药局通过 70 个遍布城区的分支机构施舍药材。宝祐五年(1257 年)十一月,御批申饬军民五事,官药局为其中之一。令台阁严督所部,恪共奉行,剂料必真,修合必精,使民被实惠。截至南宋开庆元年(1259 年)四月终,管在钱药共计四十四万七千一百三十九贯一百一十一文。

(三)元代

元代,朝廷为强化卫生行政组织,一边鼓励开设惠民药局,一边提升惠民药局管理级别,同时给予机构和人员银锭补助。元太宗九年(1237 年),朝廷开设的惠民药局“官给钞本,月营子钱,以备药物,仍择良医主之,以疗贫民”。大德三年(1299 年),朝廷“始提燕京等十路置局,给银五百锭为规运之本。……江浙行省(治所杭州)二千六百一十五锭”。②

元至元元年(1264 年),杭州改施药局为医学提举司,掌考校诸路医生、课艺、试验太医教官、校勘名医撰述、辨验药材。据嘉靖《仁和县志》载:至元初始置惠民药局,官给药值,设提领一员管理局事,是施药于民的官办慈善机构,后各路设惠民药局。药政管理,曾一再下令禁止售卖毒药、堕胎药和假药,凡卖毒药致人死者处死。至元二十三年,浙江有些府设置了惠民药局,内设医学提领一员,掌管医政。如是年,刘光大任衢州府医学提领后升本学教授。至元二十五年,又设官医学提举司一个,官阶从六品,内设提举一员、同提举一员、副提举一员,掌管

① 〔宋〕潜说友:《咸淳临安志》卷四十,钱塘汪氏振绮堂道光十年(1830 年)版,第 3723 页。

② 《二十五史·元史》(第七册),上海古籍出版社 1986 年版,第 7245—7284 页。

医户、差役、词讼等事宜。同年，省置官医学提举司。鄞县设立官医提领所，设三名医官。至元二十九年，昌国州（今舟山）建立官医提领所，许若璧任该州医学提领。元元贞、大德年间（1295—1307年），庆元路（今宁波）建惠民药局。此期，温州、富阳、临安、於潜（今属临安）、新城（今富阳市新登镇）、余杭、昌化（今属临安）、海宁、鄞县、诸暨、新昌、浦江、武义、平阳、瑞安、乐清、泰顺等县亦相继设惠民药局，择良医主之。

元大德三年（1299年），朝廷根据各地民户多少拨给资金，拨给江浙行省局钱二千六百一十五锭，又准旧例于各路置惠民药局，有杭州（在惠民巷）、宁波、绍兴、衢州、台州。海宁州惠民药局（在嘉泰桥北）、余杭县惠民药局（在县前三皇庙侧）、临安县惠民药局（在县东仁寿街）、新城县惠民药局（在县东凳贤坊）、於潜县惠民药局（在西后街）、昌化县惠民药局（在县东门三皇庙左）。婺州路的浦江县惠民药局（在县治四牌坊南，大德二年置，大德十一年复置药室）。大德五年，衢州路医学提领刘光大儿子刘咸创建济民药局，设太子神祠以驱疫，后废。除建立惠民药局外，医学官员设置较多，如陈瑞孙任温州路医学正、蔡伯仁任桐乡医学训科、何凤任金华医学教授、贝元瓒任上虞医学教谕、蔡济仁任桐乡医学训科，至正元年（1341年）倪居敬被荐补杭州路医学正，旋升江浙官医副提举，至正年间陈公亨任江浙行省医学提领。余姚县元代儿科名医张径设“生意垣”诊所，为余姚境内史载最早的私立诊所。泰定元年（1324年），昌国州侯“遵诏旨为惠民药局”。奉化州在至治二年（1322年）建惠民药局。

（四）明代

明代，浙江卫生行政组织的完整性普遍高于宋元两代，各府州县基本上都建立了相关组织，并明确机构职能和人数。洪武年间（1368—1398年），朝廷令全国州县建立惠民药局，每局设官医提领，在医户内选拔，内外各一员。浙江各府州县积极响应，杭州置局八所（后并为一所），设置于西文锦大街西，万历年间（1573—1620年），改惠民局为医药署，掌管考试医生、审查编辑医药书籍、考查辨验药材，直至清朝。宁波四明桥西的即时亭故址重设惠民药局，洪武三十一年焚毁。洪武二年，永康县设立惠民药局。洪武三年，瑞安县治前建惠民药局，设官医领管，时授郑作新（字谷谦）居官治其职事。正统年间（1436—1449年），知府郑珞重建。洪武四年，余杭县设惠民药局，又设医学，在三皇庙侧。洪武七年，金华设惠民药局，名医制剂、疗疾。洪武八年，温州（今市区）建惠民药局，名“养济院”，遇岁疫官府令医生开局于城隍庙（今温州影剧院）施药。洪武九年，湖州府设惠民药局，所配提领官医3名，并设医学正科，从九品，各县设医学训科，天启、崇祯年间（1621—1644年），名医卢明铨等人在湖州设施药局。洪武十五年，嵊县设惠民药局。洪武二十五年，慈溪县建惠民药局，为该县最早药政机构。

明洪武十七年（1384年）开始，浙江的府州县开设医学训科，管理民间医药。其间，萧山县在城区惠民桥西南，创设惠民药局，施医施药，万历年间废。桐庐县设立“惠民药局”。武义县设医药机构，地点在东百步许，还设阴阳学。新昌县设医学训科和惠民药局，万历年间（1573—1620年），新昌县有5户从医家庭。诸暨县置“惠民医学”于县前西街。上虞县城（今丰惠镇）有惠民药局，经营中药材。海宁县盐官设惠民药局。嘉善县置惠民药局，给贫病者施药。泰顺县城西设公馆，掌管考试医生，审编医药书籍，考查辨验药材品。明宣德二年（1427

年)，象山县设惠民药局，督医制药。宣德五年，崇德、桐乡两县均设医学训科。宣德六年，嘉善始设医学训科一名。景泰三年(1452年)，云和建县时，县署设医学训科，管理医药事业。天顺二年(1458年)，义乌县设惠民药局，给军民贫病者医疗。成化十五年(1479年)，乐清县建惠民药局于城隍庙。弘治五年(1492年)平阳县惠民药局为医药科署，请名医王约延给官钱买药，以济军民。嘉靖二十五年(1546年)，在庆元县城丰山门内(今松源镇东门巷)设惠民药局，隶属医学训科。万历年间，开化县知县褚维垣设施药局，捐俸施药，聘郑年、蔡应麟名医主持其事，至清康熙年间(1662—1722年)废。万历四十四年，余杭县疫疠大作，知县戴强文开局施药救治，设医生和药室于县城内外，分立四处，给患病者治疗。

惠民药局的组织完善于明代，机构均位于县城，其主要职能为民服务，治疗贫穷患者，这反映浙江各地政府官员比较重视医疗卫生事业，关心民疾。同时，绝大多数府州县除设置惠民药局、医学署和官员外，积极开展管理医药行政事务及医学教育。

(五)清代早中期

清代早期，浙江省各府州县的惠民药局和医学署的设置有所减少，但新的卫生机构治痘局、育婴院开始出现，医学训科这一职官的设置较为完善。清康熙十年(1671年)，总督刘兆麒设惠民药局于杭州佑圣观，选择名医张文启、沈晋垣、尚絅、华鸣凤、潘士韶等坐局治病，两个月内治愈众多患者，并创立了育婴院。余杭县药局由知县龚嵘开设，康熙二十二年六月建置三所，选择儒医沈士璋、许懋庚、吴培宗施药并医治民疾。宁波府、鄞县设阴阳医学，城区成为浙江药材集散地，药行街药铺林立。嵊县惠民药局在府治左侧，康熙六年县内疫病四起，知县张逢欢延医施药，用寅宾馆作药局。康熙十年，衢婺疫病流行，守道梁万骥设局治疫，由名医张友英主持，康熙三十九年后撤除。康熙二十九年，山阴县(今绍兴)设药局。诸暨医学署在县城前西街，康熙五十一年重修，清乾隆五年(1740年)知县秦襄设局施医，改名为惠民药局，监生赵骧捐田十亩九分作为局址，后被他人占据，经赵氏后裔追回，改为牛痘医局。清光绪年间，孙瑗再捐市房一所，坐落在中水门外西侧，用作施种牛痘。奉化县的四所牛痘局分别在城内的育婴堂内、县北乐善堂内、县东北财神殿内、县东侧庆源堂内。康熙六十一年，由衢州市协镇(副将)马璘倡议创立“育婴堂”保护弃婴。乾隆三十年，缙云知县令狐亦岱主持创建卫生堂，地处县城北门，有屋五间，以所捐三百金生息购药物，免费医治过路病人。这时期的医学署在减少，乾隆年间留存下来的有温州府的医学署在州府前，瑞安县的在县府西侧，平阳县的在岭门，泰顺县的在公馆右侧，处州府(今丽水)的医学署在州府南面，青田县的在县府前，庆元县的在县府仁丰门内左侧。卫生行政其他方面的设置，嘉庆年间(1796—1820年)，武义县设有医药司，清代宣平县设有阴阳医学。监狱的医疗卫生，禁木笼之刑。康熙二年御史姚延启奏：“江浙等省，有狱卒苟索不遂，创为木笼，上下分数层，纳囚其中，不能屈伸，天时炎暑，秽气熏蒸，转成疫疠，多致监毙，请敕部严禁。”上从之。①

清代中期，浙江各府州县的医官设置较为完备，省设医学提举，府设医学正科，州设医学

① 〔清〕马端临：《文献通考》第一九六卷，清光绪二十三年(1897年)版。

典科，县设医学训科，职掌分明。浙江设有医职的府州县：省府（嘉庆、道光年间，薛明道任省医学提举）；杭州府、仁和县、钱塘县、临安县、余杭县、富阳县、新城县、於潜县、昌化县、海宁州；湖州府、归安县、乌程县、长兴县、德清县、武康县、孝丰县；嘉兴府、嘉兴县、秀水县、嘉善县、海盐县、平湖县、石门县、桐乡县；宁波府、鄞县、慈溪县、象山县、奉化县、定海县；衢州府、西安县、江山县、开化县；金华府、金华县、东阳县、义乌县、永康县、浦江县、兰溪县、武义县、汤溪县；绍兴府、山阴县、会稽县、诸暨县、上虞县、嵊县、新昌县、萧山县、余姚县；温州府、永嘉县、瑞安县、乐清县、平阳县、泰顺县；台州府、黄岩县、大平县、仙居县、临海县、天台县、宁海县；严州府、建德县、淳安县、遂安县、寿昌县、桐庐县、分水县；处州府、丽水县、松阳县、云和县、龙泉县、景宁县、宣平县、青田县、庆元县、缙云县等。县志有记载担任医学训科：王懋学（1648年）、毛凤仪（1651年）、沈郁文（1663年）、周师尚（1665年）、经佑章（时间不详）、沈振发（1725年）、姚山仪（1731年）、倪莘友（1739年）、张公望（时间不详）、张临川（1759年）、张雨苍（1784年）、屠冠群（1792年）。

二、近代卫生行政组织

清光绪二十九年（1903年），清朝廷在浙江警察机构中设卫生警察掌管医药卫生行政。宣统二年（1910年），清朝廷裁并警务处，改警务长公所为巡警道衙门，内设第四科掌管医药、卫生、保健和防疫等事项。宣统三年，辛亥革命后，浙江督军署成立军医课，留日医科毕业生蒋可宗为浙江督军署军医课课长，负责部队军医管理。光绪三年，温州署同知郭钟岳倡议月捐若干资金创办惠民药局，分设在府城隍、三港庙、天后宫三处，贫穷者免费取药，以济贫病，开办年数不详。同年，温州瓯海海关成立。光绪三十三年八月，瓯海海关首次对进港船舶实施卫生检验。

民国初期，浙江省卫生工作归辖于浙江省民政部门管理。民国16年（1927年）7月，浙江省政府民政厅第五科主管卫生，内设医政、防疫、保健3股，附设机构有民国18年7月创设的省卫生试验所、省立传染病医院和省立助产学校及其附属医院等业务机构。民国20年4月，浙江省政府民政厅第五科改为第二科警政科，内设卫生行政股，原第五科附设的3个机构由该科接管，增设了省立医院。民国22年1月27日，浙江省国医分馆成立，范耀雯任分馆长，王泽民、应鉴清任副馆长。民国24年4月，浙江省民政厅第二科改名为浙江省政府民政厅卫生实验处，内设总务、技术2股，附设机构除延辖了原3个机构外，民国25年8月增设了绍兴安昌卫生所、嘉兴防治血吸虫病工作队和民国26年9月设置的临时护士讲习所。是年底，省会沦陷，浙江省政府迁往金华，省政府民政厅卫生实验处改为省政府民政厅卫生实验室。民国27年1月，省政府迁往方岩，省政府民政厅实验室改名为浙江省政府民政厅技术室，办理一切卫生事宜，附设机构有是年1月设在丽水的浙江省战时救护总队（办理军民救护工作）和7月成立的民政厅战时医疗防疫总队（办理前后方军民医疗防疫工作）。同年9月，民政厅将技术室扩组为卫生处，内设总务、技术2组办事，原有医疗防疫总队隶属于该处，另一方面，恢复卫生试验所，开办方岩、碧湖、仙都等处卫生事务所，以办理卫生行政及推动乡保卫生。

民国29年（1940年），省民政厅卫生处设置直属卫生院两处，一是设丽水卫生院于松坑口，病床50张，在丽水城区及碧湖，则分设卫生所，在九龙设卫生分所。二是在迁移后的省会所在地方岩，设方岩卫生院。在省会的附近，筹设象瑚卫生所及五峰路门诊部。萧山事变，方岩卫生院停顿，裁撤象瑚卫生所，五峰路门诊部则直属本处，即改称为方岩门诊部，而院本部转移至缙云，更名缙云卫生院，原在仙都的卫生所，隶属该院。同时，在松阳设松阳卫生院，为便于处理战区医疗防疫工作，组织了巡回医疗防疫队，分驻海盐、孝丰。“萧山事变”后，除海盐队予以撤回外，孝丰队则移驻义乌工作。卫生试验所按以往分组办理细菌化学各项检验工作，同年，增设制药组，研制国医药品，7月，办理卫生人员训练班，训练调剂员及卫生助理员各1班。同年，浙江省省会卫生事务所成立。

民国29年(1940年)9月1日，浙江省卫生处单独成立，直隶于浙江省政府，首任处长为陈万里，孙实甫继任，办理医药人员及医院、药商注册登记事项，内设第一科管理医政，第二科管理保健防疫，第三科管理总务，兼设材料库和统计及人事2股、秘书室、医药器材经理委员会等。同时，浙江省医药器材经理委员会成立，附设于浙江省卫生处。10月1日，浙西行署在临安县天目山成立了浙西卫生院，隶属浙西行署，受省卫生处监督指挥，浙西卫生院除辅导辖区22个县卫生行政、办理医疗保健事项外，还辅导各县卫生行政工作，内设有主任医师、医师、药师、护士长、公共卫生护士、护士、卫生稽查、检验员、药剂员、卫生员、事务员、书记、会计员等40多人。浙西卫生院分总务、医防、保健3股及会计室，并设有病床20张，收容重病人。浙西卫生院的工作主要为5个方面：第一，医事行政。第二，卫生保健。第三，卫生防疫。第四，医药救济。第五，进行卫生人员训练。

图78-1-1-2　浙江省卫生处首任处长陈万里，该机构于民国29年(1940年)设置(浙江省卫生厅档案室提供)

民国30年(1941年)，浙江省卫生处附属机关略有调整。1月，浙江省巡回医疗防疫队改编为临时第一、第二防疫队，分驻庆元、衢县等处，防治鼠疫；在方岩设省卫生事务所；一部分人员和药械并入丽水卫生院；碧湖卫生所及缙云的卫生分所裁并，在丽水成立第九区中心卫生院，负责第九区行政督察区各县卫生工作，原有丽水城区卫生所即改为该院门诊部；改组浙西卫生院为浙西中心卫生院，负责第一、第二、第十行政督察区中的县卫生工作。缙云卫生院扩充设备成立住院部，由仙都卫生所归并该院。松阳卫生院改为县办。浙江省卫生试验所，由丽水移设于方岩附近，并计议筹设药品供应所，以统筹供应浙江省卫生材料。4月，宁波、绍兴相继沦陷，浙江省卫生处奉令迁移松阳，附属机关有所变更。省会卫生事务所由方岩退出时，先将人员编组为临时卫生工作站，先后成立5个站，分驻宣平柳城、桃溪，遂昌北界以及松阳城区等。缙云卫生院由于空袭频发，停止收容病人，门诊工作如旧，随后时局好转，遂即恢复原状。浙西及第九区中心卫生院，迭遭轰炸，房屋药械被毁，损失浩大，诊疗工作曾短暂停顿，药品供应所亦未成立。4月15日，浙西卫生院遭受敌机狂暴轰炸，院舍全部被毁。浙西卫生院暂移，为便于疏散物资及扩展业务，考虑住院病人安全，5月间，在昌化河桥设立分院，恢复原有病床。浙西卫生院总院移驻天目山，除办理辅导卫生行政工作外，并开设天目山门诊。6月，奉浙江省政府令，浙西卫生院改称浙西中心卫生院，内改设总务、医政、防疫3课及会计室。7月，省卫生处举办了护士训练班。8月，浙江省卫生处随省府迁回方岩，各附属机关如卫生试验所、省会卫生事务所等均同返原岗位。

民国31年(1942年)，浙江省卫生处内部组织稍有变更，除增设秘书1人外，原第二科改为第一科，原第三科改为第二科，原第一科则改为第三科，并添设材料库、人事股、统计股等，工作人员酌情增加，业务量比民国30年更大。1月，设置了省立医院、省医疗防疫队和第一、二、三辅助医院及第五区中心卫生院。2月，在第一区专署所在地於潜成立第一区中心卫生院，内分第一、第二两科，第十区专区公署亦在嘉兴设置中心卫生工作队1队，兼负该行政督察区卫生技术辅导，而各县除平湖、海盐、海宁外，均设立县卫生院或卫生工作队，浙西战时卫生行政组织较为完备。4月，成立浙西巡回卫生工作队，隶属于浙西卫生院。6月，实施中心卫生院制度，浙西卫生院改称为浙西中心卫生院，附设的浙西卫生巡回工作队设在天目山，由盛光远任队长。8月，成立第四区中心卫生院。9月，成立第八区中心卫生院。10月，成立省卫生处医药器材经理委员会，统筹药品供应，结束临时建立的第一、第二防疫队，并改设浙江省医疗防疫队。浙江省县级卫生工作队有余杭、崇德、桐乡3县，嘉兴曾一度成立县卫生工作队，桐乡亦将桐乡县卫生工作队改为桐乡县卫生院，旋以遭敌军扫荡，即告停办，德清则于民国31年7月将洛舍医院改组成立德清县卫生院。而杭县、嘉兴、嘉善、崇德、桐乡、德清、海宁、海盐、平湖、定海等县，依照民国29年省行政会议决议，均改设卫生工作队。

民国32年(1943年)1月，浙西中心卫生院改组为第十一区联合中心卫生院。4月，民国政府中央明令废止各省区中心卫生院，浙江在浙西成立医疗防疫队及巡回卫生工作队。6月，改设第一、第二、第三传染病院3所，分设在永嘉、丽水、云和，暂由省立医院管理，另于浙西设立浙西医疗防疫队，浙西卫生巡回工作队裁撤，又设第一、第二巡回卫生工作队，以协助地方卫生工作。省立医院除本部在景宁外，在云和设一分院，设住院部、传染病部。第九区所属各县卫生院建设，省政府拨款50万元，由浙江省卫生处直接办理，又因该区疾病流行，特请中央赈济会拨振济款50万元，专作医疗费用，由浙江省卫生处代购药品统筹分配。10月10日，浙江省卫生处成立卫生材料厂。

民国33年(1944年)，浙江省卫生处依照该年度卫生施政计划，将前设的医疗防疫队及卫生工作队撤销，于1月1日开始合并成立浙西卫生事务所，除办理医疗保健技术工作外，作为辅导浙西各县卫生行政的核心组织，以领导浙西卫生机构。浙西卫生事务所内设第一、第二、第三科及会计室，分掌医政、防疫、总务及会计事项，并设诊疗室，办理医疗保健技术事宜。为推进卫生业务，浙西卫生事务所曾在於潜及河桥两处各设置分所，但又奉浙西卫生事务所裁员之令，于6月撤销於潜及河桥两分所。5月，省医药器材经理委员会改组为战争医药器材管理委员会，其主要任务是充实医药器材的征购和对各级卫生医疗机构器材的供应，该机构至民国35年4月结束。民国34年1月，浙江省卫生处成立省立第一、第二、第三医院，第

一、第二医疗防疫队。

民国 34 年(1945 年)8 月 15 日,日本宣布无条件投降。8 月 25 日,浙江省政府主席行辕卫生组抵淳安,在淳安计划准备接收原日伪卫生机关事宜,拟订各项办法,并调用浙西卫生事务所所长盛光远及职员 5 人,参加卫生组工作,担任行辕医疗工作。另电告浙江省立第一医院快速推进杭州,并电告先期赴杭的梁笏樵主任,对原日伪卫生机关详加调查,做好接收准备。行辕全部人员于 9 月 7 日抵达省城,浙江省政府主席行辕于 9 月 8 日 8 时,接收伪浙江省长公署。伪政务厅由行辕民政组接收伪政务厅卫生股的部分文卷移交卫生组,虽是全部案卷,但十分简略,对日伪卫政措施无可稽考。同年,伪浙江省级卫生机构计有伪浙江省立医院、伪杭州卫生试验所,遣派浙江省立第一医院院长毛咸、行辕卫生组盛光远对其接收,并册报行辕,转呈核备。伪浙江省立医院业务及财产,均令浙江省立第一医院接管,原有人员择优留用。该院于同年 10 月 1 日开始诊疗业务。伪杭州卫生试验所的设备,令浙江省立第一医院暂行保管。同年,日方卫生机关在杭州者,计有同仁会医院(在广济医院原址)1 所及日伪经营的天山医院 1 所,经第三战区司令长官司令部受降日军第一接管组接管。卫生署电告接收日方卫生机关办法,即经卫生组签请主席,分电各县市遵照办理,并电请长官部转各接管组知照协助。

三、现代卫生行政组织

1949 年 5 月 7 日,中国人民解放军华东军区杭州市军事管制委员会政务部设立卫生处,管理杭州市清洁卫生大队和清肥管理所。[①] 5 月 30 日,由杭州市军事管制委员会接管了原浙江省卫生处及杭州市卫生局,并成立杭州市防疫筹备委员会。6 月,浙江省卫生管理部门开始接管原中央临时派驻的卫生部医疗防疫总队和浙江省立杭州、嘉兴、绍兴、金华、衢州、严州(今建德)、处州(今丽水)医院及杭州市的一些医院、卫生所。

1949 年 8 月,省卫生厅成立,地址在杭州市民生路 1 号,设医政、药政、防疫、保健、教育处。10 月 19 日,省政府任命李蓝炎(同"李兰炎")为代理厅长,主持工作。

1950 年,浙江省各专区(市)相继成立卫生局,主要负责卫生行政管理,对各县及市内医务人员调查、个体医开业审批、传染病疫情报告及组织开展除"四害"、讲卫生的爱国卫生运动。1952 年,各县(市、区)开始建立卫生科,有的与教育行政机构合并,称文教卫生科,至 1954 年,全省各县(市、区)都设立了卫生局。

1950 年 4 月,浙江省编制委员会卫生厅支会成立,调整全省各级卫生医务单位的组织编制。4 月 3 日,省卫生厅成立评薪委员会,评定全省卫生医务单位员工薪金,省政府指示将卫生业务教育领导关系转省卫生厅。9 月 10 日,省政府整编浙江省卫生院(所),实施定额定员方案。11 月,泰顺、磐安两县成立卫生院,至此浙江全省 77 个县都有了卫生机构。11 月 12 日,省人民政府决定,洪式闾为省卫生厅厅长。1951 年 2 月 2 日,中央人民政府政务院任命洪式闾为浙江省人民政府卫生厅厅长。3 月,省卫生厅接管美国等外国医疗机构

---

① 杨敬:《喜沐春雨——浙江公共卫生 60 年》,浙江人民出版社 2010 年版,第 6 页。

11 所，医务人员 323 人、工作人员 86 人、外籍人员 12 人，并接管附设护士学校 6 所，在校学生 298 人。

1952 年 4 月，浙江省防疫委员会成立，为全省反细菌战爱国卫生运动的领导核心。8 月 21 日，浙江省公费医疗委员会成立。11 月，省卫生厅成立基本建设委员会，下设办公室。

1953 年 1 月，浙江省卫生厅调整机构编制，设康复医院管理处，秘书、管理 2 室，医疗预防、药政、妇幼保健、防疫、医学教育、财务、人事、基本建设 8 科，接办外资津贴的温州白累德医院。3 月，浙江省爱国卫生运动委员会（以下简称省爱卫会）成立，主任委员霍士廉。

1953 年 3 月 10 日，浙江省卫生防疫站成立。3 月 26 日，省爱卫会颁发《浙江省各专区、市、县爱国卫生运动委员会组织通则》，就浙江各地爱国卫生运动委员会的组成人员结构、职责任务、下属办公室设置、爱国卫生队设置及任务、会议规范、行文用章、经费来源与使用、各地会址厘定 12 条规则。

1954 年 4 月，省卫生厅调整机构设置，撤销防疫科并入省卫生防疫站。撤销药政科、妇幼保健科、医政科，成立医疗预防处，下设城市医疗预防、乡村医疗预防、妇幼保健、药政 4 个组。撤销基建科、财务科，成立计划财务处，下设计划统计、财务、基建 3 个组。设党委办公室、人事处、医学教育处、康复医院管理局。12 月，撤销嘉兴、衢州、绍兴 3 个血吸虫病防治（血防）所，建立宁波、衢州、嘉兴 3 个专署血防办公室，将原有 16 个血防站扩大为 23 个市县血防站，将原有 200 个血防小组并为 40 个血防办公室。

1955 年 2 月 14 日，浙江省人民委员会（以下简称省人委）第一次会议任命洪式闾为省卫生厅厅长。4 月，浙江省工业卫生工作委员会成立。4 月 24 日，洪式闾因高血压症复发，医治无效，于当日晚 8 时 49 分在杭州逝世，省卫生厅党组书记、副厅长李蓝炎主持工作，任代厅长。

1956 年，省卫生厅大力加强国防卫生工作，建立人民卫生防空行政机构，积极训练防空救护专职干部及救护人员，协助红十字会进行整顿和大量发展红十字会会员，并积极筹备防空救护方面应用物资。1 月 20 日，浙江省除“四害”指挥部成立。2 月初，浙江省成立省血吸虫病防治五人小组及办事机构，流行地区也相应成立领导小组，从组织上、技术上为全面开展血防工作打下了基础。2 月 12 日，经中共浙江省委（以下简称省委）同意报请中央批准，撤销康复医院管理局。4 月 26 日，省人委发出《关于改变县以下卫生机构组织加强防疫工作的通知》，指出各县从 5 月起设人民医院、防疫站、妇幼保健站，原有的爱国卫生站、爱国卫生大队改名为防疫站、防疫大队，县卫生院和设在县区的医院改为县人民医院、县血吸虫病防治院。6 月，浙江省西医学习中医学术委员会成立。

1957 年 6 月，省人委任命李蓝炎为省卫生厅厅长。9 月 2 日，省人委确定省卫生厅是其工作部门之一，在省人委的直接领导和中华人民共和国卫生部的领导下，根据卫生工作四大原则，贯彻卫生工作方针、政策，主管浙江省卫生行政和卫生技术及组织人民进行卫生保健工作。根据工作需要，省卫生厅机关设办公室、人事处、医疗预防处、药政处、妇幼保健处、计划财务处、医学教育处、中医处、中共省卫生厅基层委员会。为适应当时工作情况，省防疫站仍为省卫生厅的一个组成部门，除负责卫生防疫技术措施外，组织部分人员专管卫生防疫行政和工矿、学校卫生工作。11 月，省卫生厅增设妇幼卫生处、药政处。1958 年 2 月 3 日，省委决定撤销防治血吸虫病五人小组办公室，成立省委除“四害”办公室。12 月 13 日，省委决定将原浙江省血防领导小组，改为除“四害”讲卫生领导小组。1959 年 3 月，浙江省自然疫源地委员会成立。

1963 年 11 月 26 日，为加强计划生育工作的领导，省委决定成立浙江省计划生育委员会，其办公室设在省卫生厅，归省卫生厅领导。

1966 年 6 月 5 日，省委发文（中共浙江省委〔1966〕44 号文件）任命王博平为省卫生厅厅长。1967 年 1 月 16 日，“浙江省卫生厅革命造反总部”宣布接管省卫生厅的一切权力。1968 年 6 月 1 日，浙江省革命委员会（以下简称省革委会）确定成立省卫生厅生产领导小组，颁发了新印章。9 月 28 日，省革委会批准成立省卫生厅革命领导小组。1969 年，省爱卫会重组，主任委员王子达。

1970 年 2 月 9 日，省革委会决定生产指挥组辖属建立卫生局等 14 个局，各局建立革委会。省卫生局的工作范围为“卫生、防疫和计划生育等”，明确浙江省中西药公司归卫生局领导。1971 年 6 月，筹建浙江省医药卫生科技情报站，11 月正式成立，此后市地县相继建立科技情报站、组和小组，全省初步形成医药卫生科技情报网。

1972 年 11 月，省委任命李蓝炎为省卫生局革命领导小组组长。1973 年 1 月 12 日，浙江省革委会生产指挥组决定，浙江省医药公司划归浙江省商业局领导。1975 年 11 月，省卫生局成立浙江省医疗器械工业公司。

1976 年 10 月后，各市、县卫生局逐步得到恢复与重建，卫生管理工作得到加强，各市、县的医疗卫生事业得到了快速发展。

1979 年 4 月 7 日，省委同意撤销公费医疗管理委员会，在省卫生局内设立公费医疗办公室。4 月 20 日，卫生部批文同意建立中华人民共和国杭州卫生检疫所。

1979 年 12 月 5 日，省委任命王祥长为省卫生局局长、党组书记。

1980 年 5 月 10 日，省委决定省卫生局改为省卫生厅，任命陈过为厅长。1981 年 3 月，浙江省医疗事故鉴定委员会成立。9 月 5 日，省委决定重新成立浙江省计划生育委员会。1983 年，浙江省医学卫生学会办公室成立，1997 年 10 月 15 日，学会办公室更名为浙江省医学学术交流管理中心，主要职能是负责全省的医学学术交流管理工作，受省卫生厅委托对其主管的医口卫生社团履行管理、监督、协调、指导、服务的职能，具体管理卫生社团的换届改选、人事管理、财务监督、年检年审和日常事务，负责管理全省的继续医学教育、医药卫生科技创新奖评审与医师资格、卫生专业技术资格的考试考务、医疗质量评估及省卫生厅委托的其他事务性工作。

1983 年 6 月 22 日，省委任命戴迪为省卫生厅厅长、党组书记。1984 年 12 月 22 日，省卫生厅设浙江省干部保健委员会办公室。1986 年 5 月 13 日，省政府批准成立浙江省中药资源普查领导小组。9 月 22 日，省委任命庄炳瑾兼任省卫生厅纪律检查组组长。12 月 5 日，浙江省编委批准同意增加省保健委员会办公室事业编制 3 名。

1987 年 1 月 19 日，省政府批准同意建立浙江省中医管理局，由省卫生厅领导，负责管理全省中医工作。8 月 25 日，浙江省编委批准同意将省卫生厅药政处改为省药政局，隶属于省卫生厅领导，机构级别不变。

1989 年 1 月 3 日，省政府批准成立浙江省医疗事故技术鉴定委员会，主任委员钱礼。4 月 26 日，省政府决定调整省爱卫会组成人员，主任委员为李德葆。8 月 23 日，省政府批准同意建立浙江省灾情、疫情、急救、药械、生活供应协调办公室，主任王永明。

1990 年 8 月 6 日，省政府决定成立浙江省救灾防病领导小组，组长李德葆。

1993 年 3 月 3 日，浙江省第八届人民代表大会常务委员会任命张承烈为省卫生厅厅长。4 月 1 日，省政府决定调整浙江省初级卫生保健委员会组成人员，主任委员徐志纯，办公室设在省卫生厅。

1995 年 12 月 27 日，省政府印发《浙江省卫生厅职能配置、内设机构和人员编制方案》，明确省卫生厅是省政府主管全省卫生工作的职能部门，主要职责是：研究制定全省卫生事业发展的总体规划和战略目标，拟定有关卫生工作法律、法规、技术标准，制定部门的规章制度。负责实行医务人员资格认可和医疗机构从业许可证制度。组织重大医药卫生科研的攻关。负责中医工作的行政管理。协调有关部门开展爱国卫生工作，组织实施全省农村改水、改厕规划，开展全民健康教育。制定全省医药卫技人员的职业道德规范。建立与完善全省卫生统计、信息系统，管理卫生统计与信息工作。发展、促进政府和民间的多边、双边医药卫生技术交流、合作与对外援助。协助地方政府和有关部门处理重大突发事件和防止、控制疾病的发生、蔓延。根据职责，省卫生厅内设 10 个职能处（室、局）和直属机关党委。另设省公费医疗管理办公室、省干部保健委员会办公室、省爱国卫生运动委员会办公室。省卫生厅机关行政编制 130 名（含后勤服务人员），其中厅长 1 名，副厅长 4 名，正副处长 32 名（含直属机关党委专职副书记 1 名）。

1998 年 2 月 28 日，浙江省第九届人民代表大会常务委员会任命李兰娟为省卫生厅厅长。同年，浙江省卫生信息中心成立。

2000 年 6 月 20 日，省政府印发《浙江省卫生厅职能配置、内设机构和人员编制规定》的通知，省卫生厅的主要职责是：研究起草卫生行政（行业）管理的地方性法规、规章草案，研究制定全省卫生事业发展规划和战略目标。依法履行卫生全行业管理职能和依法行使卫生行政监督职能。制订对人群健康危害严重疾病的防治规划，组织对重大疾病的综合防治，紧急处置全省重大灾情疫情、突发事件。负责中医药的继承、创新及中西医结合工作。指导、监督和管理全省社区卫生服务、农村卫生服务、初级卫生保健、妇幼保健工作，实施母婴保健专项技术服务。制订全省医学科技和教育发展规划，组织重大医药卫生科研攻关项目的实施。研究指导医疗卫生机构改革，负责医疗机构的分类管理。管理医疗机构内部的药品和医疗器械。制定卫生机构编制标准和卫生技术人员资格认定的有关规定，并组织实施。负责监管厅直属卫生服务机构的国有资产。组织指导医学卫生方面的政府与民间的多边、双边合作交流和医疗卫生援外工作。承担省爱国卫生运动委员会等日常工作。根据职责，省卫生厅设 10 个职能处室，另设省中医药管理局。省卫生厅机关编制为 81 名（含后勤服务人员编制 11 名），其中厅长 1 名，副厅长 4 名，处级领导职数 29 名（含直属机关党委专职副书记 1 名）。

2001 年 9 月，省爱卫会调整组成人员，副省长盛昌黎任主任委员，省爱卫会办公室设在省卫生厅，副厅长杨敬兼任办公室主任。

2006 年 3 月，省政府决定成立浙江省公共卫生工作委员会（爱卫会），副省长盛昌黎任主任委员，省级有关部门、厅局的 47 名领导担任委员会成员。委员会的职能是统一领导、统筹协调全省公共卫生工作任务。委员会办公室设在省卫生厅。委员会下设艾滋病性病防治、地方病防治、传染病与突发公共卫生事件防控、食品与公共场所卫生、职业病与慢性病防治、城乡社区卫生等 6 个专业工作组。

2008 年 2 月 29 日，浙江省第十一届人民代表大会常务委员会任命杨敬任省卫生厅厅长。9 月 19 日，省政府成立浙江省"三鹿"牌婴幼儿奶粉重大食品安全事故应急处置工作指挥部，副省长王建满任总指挥，成员有省卫生厅厅长杨敬等，省卫生厅相应成立工作领导小组，主要职责是处理"三鹿"牌婴幼儿奶粉重大食品安全事故工作。

2009 年，省政府成立浙江省深化医药卫生体制改革领导小组，常务副省长陈敏尔任组长，成员有省卫生厅厅长杨敬等，主要职责是加强对深化医药卫生体制改革工作的领导，制定深化医改政策，推进深化医改工作，全省所有市、县（市、区）都成立医改领导小组和办公室。3 月 31 日，省政府成立浙江省药品集中采购工作领导小组，副省长郑继伟任组长，主要职责是加强对全省药品集中采购工作的领导，制定药品采购政策等。

2009 年 10 月 23 日，省政府印发《浙江省卫生厅主要职责内设机构和人员编制规定》，明确省卫生厅是主管卫生工作的省政府组成部门，主要职责是：推进医药卫生体制改革，拟定卫生改革与发展战略目标、规划和相关政策，起草有关卫生、食品安全、药品、医疗器械等地方性法规、规章草案。负责组织实施国家基本药物制度。组织制定地方性食品安全标准。组织制订全省卫生规划，统筹协调全省医疗卫生资源配置。组织制定农村卫生和城市社区卫生服务发展规划和政策措施。组织制定新型农村合作医疗政策制度。制定并实施重大疾病防治规划与策略，发布法定报告传染病疫情信息。组织拟定公共卫生服务均等化政策措施。负责卫生应急工作，指导实施突发公共卫生事件预防控制与应急处置。制定妇幼卫生发展规划和政策措施，负责妇幼保健的综合管理和监督。组织制订中医药、民族医药发展规划。指导规范卫生行政执法工作。组织拟定公立医院改革政策措施，指导和监督民营医疗机构健康规范发展。负责医疗机构医疗服务的全行业监督管理。组织制订医药卫生科技发展规划，指导卫生人才队伍建设工作。组织实施卫生方面的国际、国内交流合作与卫生援外有关工作。承担省爱国卫生运动委员会等工作。根据职责，省卫生厅内设 16 个职能处室，另设省中医药管理局。行政编制 100 名，其中厅长 1 名，副厅长 5 名，处级领导职数 41 名，卫生监察专员 3 名，后勤服务人员 12 名。

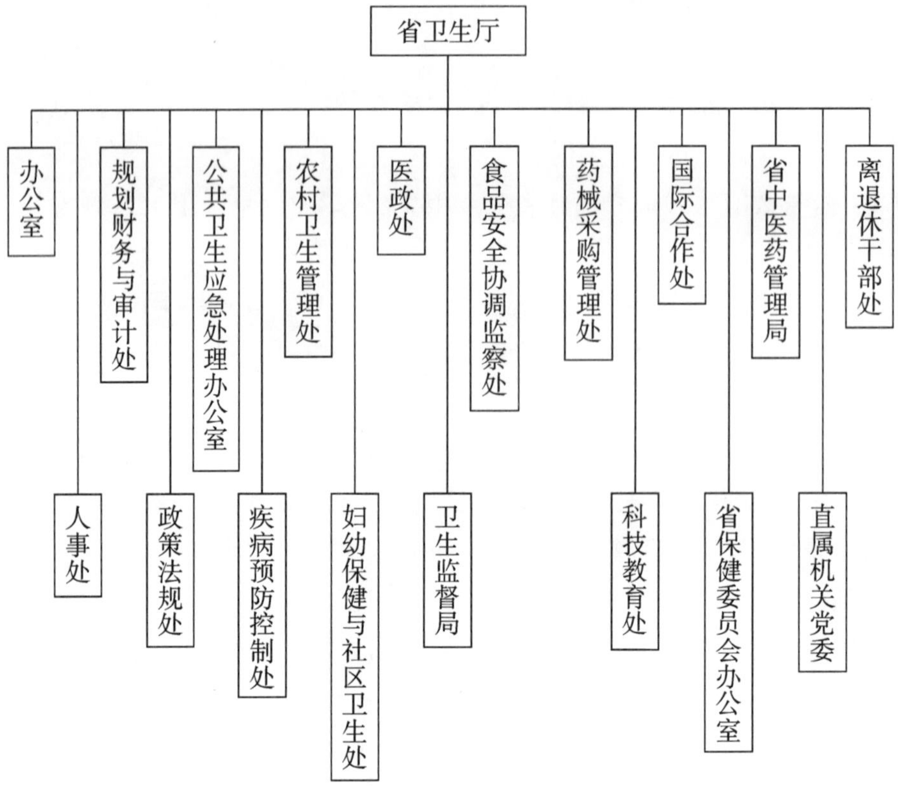

图 79-1-1-3　2009 年浙江省卫生厅内设机构图(浙江省卫生厅档案室提供)

表 79-1-1-1　　1949—2010 年浙江省卫生厅(局)历任厅长(局长)名录

姓　名	职　务	任命时间	任命机关、文号或机构
李蓝炎	副厅长(主持工作)	1949 年 10 月 19 日	浙江省人民政府秘字第 7 号文件
洪式间	厅长	1950 年 11 月 12 日	浙江省人民政府秘字 9860 号文件
李蓝炎	厅长	1957 年 6 月	浙江省人民委员会
王博平	厅长	1966 年 6 月 15 日	中共浙江省委〔1966〕44 号文件
王祥长	局长	1979 年 12 月 5 日	中共浙江省委干〔1979〕250 号文件
陈　过	厅长	1980 年 5 月 10 日	中共浙江省干〔1980〕150 号文件
戴　迪	厅长	1983 年 6 月 22 日	中共浙江省干〔1983〕58 号文件
张承烈	厅长	1993 年 3 月 3 日	浙江省第八届人民代表大会常务委员会任免决定
李兰娟	厅长	1998 年 2 月 28 日	浙江省第九届人民代表大会常务委员会任免决定
杨　敬	厅长	2008 年 2 月 29 日	浙江省第十一届人民代表大会常务委员会任免决定

资料来源:浙江省卫生厅档案室档案资料。

第二节　卫生行政管理

浙江卫生行政管理历史悠久。春秋时期，越王句践曰："越国之中，疾者吾问之，死者吾葬之，老其老，慈其幼，长其孤，问其病，求以报吴，愿以此战。"句践实施的医疗政策可解释为：越国之中，对有病的进行慰问，死去的予以埋葬，敬重老人，爱护儿童，抚养孤儿长大，访问民间的疾苦，一心想以此报复吴国。① 南宋尹穑的《庸医行》揭露庸医和广告：临安（今杭州）"南街医工门如市，争传和扁生后世。膏肓可为死可起，瓦屑蓬根尽珍剂。岁月转久术转疏，十医九死一活无。北市医工色潜动，大字书牌要惊众。偏收弃药与遗方，纵有神方亦无用"，朝廷以此实施打击非法行医和虚假广告的举措。民国时期，杭州市政府奉浙江省民政厅医令，凡符合牙医师管理暂行规则者，呈请领证，不符合者，应由该官署训练、取缔或限制其开业地域。中华人民共和国成立后，卫生行政管理日趋完善，公共卫生和基层卫生、医政和中医管理，科研教育和卫生信息化及医德医风管理不断强化，体制机制改革实现了质的飞跃。

一、公共卫生管理

公共卫生管理内容包括对重大疾病尤其是传染病（如结核、艾滋病、非典型肺炎等）的预防、监控和医治，对食品、药品、公共环境卫生的监督管制，以及相关的卫生宣传、健康教育、免疫接种等。浙江省公共卫生管理始于民国，早期局限于传染病管理，一些州、县建立了防疫组织，配备卫生警察和药物，开始实施防疫计划等。中华人民共和国成立后，浙江省公共卫生管理组织不断健全，管理范围逐步扩大，从传染病、非传染病、慢性病、地方病管理延伸到卫生监督、妇幼保健、计划免疫、爱国卫生、健康教育和促进等工作，尤其是应对突发公共卫生事件，从抗击"非典"（非典型肺炎）开始，应对人感染高致病性禽流感、麻疹、"三鹿"牌奶粉事件，到抗震救灾、抗击台风自然灾害、交通安全等突发公共卫生事件的应急处置，内容广泛、涉及面广，管理要求高、系统庞大而又复杂。

（一）近代公共卫生管理

1. 州县管理

民国初期，浙江省公共卫生管理呈点状形态，各州县自行管理。民国 17 年（1928 年），仙居县警察所设立 1 名卫生警察，兼防疫工作。民国 18 年 1 月，德清县成立公共卫生委员会，下设宣传、调查两股，民国 35 年 7 月德清县增设防疫委员会。民国 18 年，海盐县武原镇设有卫生警察和清道夫，民国 35 年成立海盐县防疫委员会。民国 18 年 9 月，温岭县卫生委员会成立，与警察局共同管理全县卫生防疫工作，民国 30 年开始由温岭县卫生院主管，民国 33 年疫病流行，临时成立防疫委员会，指导疫病防治工作。民国 28 年，庆元县建立临时防疫处，后

---

① 〔东汉〕赵晔：《吴越春秋》第十卷《句践伐吴外传》。

改称鼠疫防治委员会。同年，遂昌县卫生防疫由遂昌县民政科和遂昌县警察局兼管，民国29年后由遂昌县卫生院承担，民国32年7月成立遂昌县防疫委员会，附设卫生院，无专人管理。民国29年，衢县卫生院兼做防疫工作。11月22日，衢县成立鼠疫防治委员会和临时防疫处。民国29年，龙泉县城公共卫生由龙泉县警察局管理，设2名卫生警察。同年，永嘉成立永嘉县防疫委员会，民国36年设永嘉县鼠疫检疫站。民国30年，民国政府决定在军旅集中、人口密集的西安、恩施、衡阳、桂林、衢县设立花柳病防治所，衢县花柳病防治所设在长竿街26号，求医的有淋病46例、梅毒7例、其他花柳病10例，民国31年12月成立衢县临时防疫处。民国30年10月，义乌县成立县防疫委员会，12月改称义乌县临时防疫处，有60名员工，主要承担鼠疫防治任务，日军侵入后停顿。民国33年4月，衢县防疫委员会设总务、调查、防治3股。民国34年3月，衢县成立环境卫生督导处，具体业务由衢县卫生院、衢县警察局分管。7月，衢县、龙游、汤溪、兰溪4县联合抗疟防痢委员会成立，专管疟痢联合防治工作。民国35年，建德、寿昌两县设防疫委员会，既无经费，又无专职防疫人员。同年，舟山县沈家门组织民办防疫委员会，募集经费用于疫病防治，但预防接种并不普及。同年，长兴县成立县防疫委员会，发动各界开展卫生运动。民国36年，永康县卫生防疫由永康县警察局管理，配有3名卫生警察，在街巷设有36只垃圾箱，永康县卫生院负责预防接种。磐安县卫生院负责传染病防治和预防接种。民国36年8月、民国37年4月，桐庐、分水两县相继成立防疫委员会，行使夏令卫生运动委员会职责，下设宣传、治疗、隔离等6个组，由县长兼任主任委员，但无专职防疫人员，亦无活动经费。民国37年，长兴县专门制定《防疫委员会组织规程》，设置组织机构，制定会议制度，明确经费来源及防疫中心工作，中心工作包括预防注射、巡回医疗、饮水消毒、隔离治疗诸方面。民国20—25年间，杭州市政府秘书处编辑室对杭州市卫生科(局)颁发的卫生执照做了详尽的统计。民国24年7月，杭州市政府核发3件浴堂执照、16件屠宰执照、58件清凉饮料执照、101件理发店执照、72件私厕执照、111件家犬执照。民国25年8月，杭州市政府核发5件清凉饮料执照、17件屠宰执照、73件理发执照、104件厕所执照、52件家犬执照。民国38年，杭县卫生院设保健课，专管保健防疫工作。20世纪20—40年代，浙江省州县一级政府先后成立防疫委员会76个。

2.省卫生处管理

民国29年(1940年)9月，浙江省卫生处成立时设第三科主管保健、防疫两部门的行政事务。防疫机构又分为行政和业务两类，行政类由县卫生院主管，未设卫生院的县则由县政府管理，业务类则设第一、第二巡回医疗防疫队，以补救各县防疫设施不足。12月，浙江省卫生处处长陈万里电函龙泉县崔县长，浙江省战时警察训练所选派陈哲逵、黄重庆到龙泉工作。浙江省卫生处防疫队先到小梅区展开清洁卫生工作，然后赴县城，所有防疫工作由浙江省卫生处防疫队负责。民国30年，浙江省防疫行政主管机构仍旧，第一、第二巡回医疗防疫队改组为两个临时防疫队，各县防疫行政体制照旧。

民国31年(1942年)，浙江省卫生处组织章程修改，设第二科为主管保健、防疫的行政工作，临时防疫的2个队合并改组为浙江省医疗防疫大队，各州县设卫生防疫分队，防疫工作由其负责。3月，浙江省卫生处要求各县在卫生实施纲要中明确制定防疫事项，又奉浙江省政府及卫生署电，将防止传染病流行列为民国32年的卫生中心工作，之后浙江省卫生处另拟浙江省民国31年度防疫工作计划，缜密规定浙江省各级卫生机关防疫工作，并审核浙江省各县防疫工作的执行情况。6月，浙江省卫生处拟定《浙江省各县临时检疫设置通则》及《浙江省各县临时检疫所检疫办法》，呈送浙江省政府公布，适逢卫生署令颁非常时期交通检查实施办法，又转各所办理。民国32年，浙江省省级防疫行政及业务机构没有变动。

民国33年(1944年)，浙江省卫生处组织规章再行修改，设第三科专管防疫行政，扩充省医疗防疫队组织，省会临时防疫委员会结束，改设省会临时防疫大队，当鼠疫扑灭后撤销。同年，浙江省制定各县防疫实施纲要、浙江省加强防疫设施计划、浙江省各县防疫实施办法、浙江省各机关团体工厂学校改进防疫实施通则、浙江省会各机关临时防疫队设置办法、浙江省卫生处防疫人员训练设置办法、防疫人员短期训练课程、办理防疫工作及应注意报告事项、鼠疫防治实施重要原则、流行性脑脊髓防治实施要点等文件资料。民国34年9月，浙江省政府各机关迁回杭州，杭州市政府成立防疫委员会，接替浙江省防疫大队工作。

(二)现代公共卫生管理

中华人民共和国成立之初，浙江省的公共卫生工作力量十分薄弱，传染病、地方病流行十分严重。在人民迫切要求解决疾苦的情况下，政府所采取的对策是解决最迫切而又可能解决的问题，即对危害人民最大的急性传染病开展大规模的群众性预防和防治工作以及建立急需的公共卫生管理机构。1949年5月30日，杭州市军事管制委员会接管了原浙江省卫生处及原杭州市卫生局，并成立杭州市防疫筹备委员会。6月，霍乱流行，杭州市防疫筹备委员会动员全市私立医院、诊所的医务人员组织了7支预防注射队，对居民进行免费霍乱疫苗预防接种。10月17日，浙江省医疗防疫大队建立，下设第一、第二医疗防疫队以及第一、第二防疫站及环境卫生队。12月30日，省政府发布《浙江省各市、县疫情报告暂行办法》，规定伤寒、斑疹伤寒、赤痢、天花、鼠疫、霍乱、白喉、流行性脑脊膜炎、猩红热、回归热10种传染病暂照本办法办理疫情报告。接着，省政府又发布《浙江省一九五零年推行春季种痘实施办法》。

1950年，卫生部在《1950年工作计划大纲》中指出：“新中国卫生工作的任务是提高人民健康水平，保证生产建设。卫生工作总方针是：面向工农兵，预防为主，团结中西医”；“目前全国卫生工作百废待举，但因经费有限，人力不足，只能就现有条件，有重点地解决几个主要问题，其中首要的是防治主要传染病的流行”；“为预防鼠疫的发生，要在鼠疫原发地区(如黑龙江、吉林、辽宁、察哈尔、绥远、福建、江西、浙江、云南、广东等地)，建立与健全各种防疫机构”。

1953年1月，中央人民政府政务院第167次会议决定在全国组建各级卫生防疫机构。华东军政委员会下达了迅速建立卫生防疫站的计划指标，1953年3月正式建立浙江省卫生防疫站(以下简称省卫生防疫站)，建站初期与设在棚桥弄2号的省卫生厅防疫科合署办公，内设行政管理科、防疫科、化验科，因办公用房紧缺，化验科人员暂时在杭州市卫生防疫站开展工作。1953年，杭州、宁波、温州、绍兴市卫生防疫站相继成立。

1955年2月14日，浙江省在各市县都建立卫生防疫站(所)的基础上，召开全省第一次卫生防疫站站长会议，研究各级防疫站组织编制、职责范围、工作方法及工作关系等问题。5月

4日，省卫生厅召开肉品检验工作座谈会，讨论浙江省肉品检验处理标准试行办法、肉品卫生检验试行规则和宰牲场卫生管理试行规则。

1956年4月，浙江省卫生实验院卫生教育组并入省卫生防疫站宣教科，将省站化验科的细菌组归并浙江省卫生实验院流行病学组，将工业卫生科改建为劳动卫生科，血吸虫病防治科扩建为寄生虫病防治科。4月25日，浙江省鼠疫防治专业召开会议，传达全国鼠疫防治工作专业会议精神，讨论浙江省防治规划。6月28日，卫生部副部长崔义田和卫生部首席顾问、苏联专家柯切尔金来浙江省检查工作，检查了浙江医学院、浙江省卫生实验院、杭州第三医院、嘉兴市血吸虫病防治医院、嘉兴市东栅乡等卫生工作。

1957年10月7日，省卫生厅召开了浙江省第二次防疫站长会议，参加会议的有各市县防疫站长，鼠疫、疟疾防治所、站负责人及各专署卫生科等有关单位代表共100多人。12月，根据上级精简机构的指示，省卫生防疫站由8个科室(秘书科、卫生防疫科、化验科、宣教科、劳动卫生科、寄生虫病防治科、药品检验科、卫生通讯编辑室)裁并为5个科室(卫生科、防疫科、检验科、宣教科、秘书科)，工作人员由63人减为45人。

1958年，由于受全国“大跃进”思潮影响，行政事业单位纷纷精简，浙江省各级公共卫生机构也都进行精简或重组改制。4月，省委批准省卫生厅机关的建制为2处(人事医教处，医疗预防处)1室(办公室)1站(省防疫站)，省防疫大队建制撤销，下属4个队分别下放嘉兴(1个血防突击队)、温州(2个性病防治队)、舟山(1个海上防疫队)，回归专署领导。省鼠疫防治所迁往温州专区，省疟疾防治站建制撤销，人员并入省卫生实验院和省防疫站。省鼠疫防治所于1961年6月由温州迁回杭州，再次与省防疫站合署办公。之后，浙江省卫生部门按照“整顿巩固、重点发展、提高质量、稳步前进”的全国文教工作方针，为积极防治当时发生的严重危害人民群众身体健康的传染病、寄生虫病和地方病，又着力整顿、充实城乡医疗卫生机构，有计划地发展了县以上各级卫生防疫站、妇幼保健站，不断完善了省鼠疫、麻风病、疟疾、血吸虫病防治专业机构和网络建设。在此期间，浙江省的公共卫生机构也从精简到逐步充实，疾病防控体系逐步健全。

1960年11月12日，省委书记江华给省委常委、省委组织部部长兼监委书记郑平和省卫生厅厅长李蓝炎致信，对当时发生多种疾病问题做出指示。11月14日，省卫生厅党组立即组织人员分赴嘉兴、金华、温州等地防治疾病。

1961年夏，浙北受台风和洪水袭击，加上人口流动频繁，全省出现了疟疾大流行，原本受限于浙西北地区的疟疾传染源逐渐向浙东嘉兴、杭州、绍兴、宁波等平原地区扩散，迅速波及全省。据统计，全省疟疾发病88万余人，年发病率高达330/10万，死亡898人。当年中国医学科学院寄生虫病研究所刘吟龙等在安吉县永泰乡调查，抽血检查334人，其中发现阳性有87人，阳性率为26.05%。这次疟疾疫情来势凶猛，波及范围之广泛，为浙江省1950年以来最严重的一次疟疾流行。

1962年，根据中共中央制定的“调整、巩固、充实、提高”的方针，浙江省卫生部门进行了调整，建立省、市、县卫生防疫站，对疾病预防工作开始充实加强，在吸取近些年传染病、地方病流行的深刻教训中加强了专业防病机构的建设。针对副霍乱流行，在温州建立了技术指导中心。在丽水、龙泉成立了鼠疫防治站，加强鼠疫监测。在浙西北疟疾爆发流行区，恢复了省疟疾防治站。

1963年5月3日，浙江省卫生行政会议和防疫站长会议在杭州召开，会议提出卫生工作继续贯彻“调整、巩固、充实、提高”的八字方针，确定1963年度工作重点是疾病防治和计划生育工作，特别是夏秋季的疾病防治。

1966—1967年，由于“红卫兵”大串联，人群大量流动，引发诸多传染病疫情迅猛扩散。1966年，全省仅疟疾发病就有58万余人。1967年，浙江省又爆发了大范围的流行性乙型脑炎疫情，共计发病14597人，其中死亡1298人，全年发病率高达47.54/10万，为历史最高点。同年11月，全省又出现了流行性脑膜炎大流行，全年共发病178528人，死亡6553人，年发病率高达580.30/10万，同样也成为1950年后发病最多的一年。

1967年1月16日凌晨3时，所谓的“浙江省卫生厅革命造反总部”宣布接管省卫生厅的一切权力，各级卫生行政部门被作为“老爷卫生部”进行批斗，大批卫生专业技术人员下放到基层医疗卫生单位或到“五七干校”接受“再教育”，使城乡卫生工作遭到极大削弱。卫生防疫站等公共卫生机构受到了“以阶级斗争为纲”思潮的冲击，将其作为“修正主义”产物、“不突出政治”和“技术至上”的典型来批判，将在农村第一线防病治病工作组、在基层打血防“歼灭战”的所有同志调回本单位“闹革命”，农村卫生防病工作几乎停滞瘫痪。在1968—1969年间，多数卫生防疫、妇幼保健机构被撤并，房舍破坏、设备弃置、图书资料散失，爱国卫生、疾病控制等公共卫生工作几乎陷于停顿。卫生防疫保健机构和队伍一垮，爱国卫生运动的停滞，老鼠、蟑螂、蚊子、苍蝇等“四害”迅速回升，不少传染病疫情骤然回升，甚至造成大面积的流行，其后果十分严重。

1968年7月，浙江省发生流行性感冒，仅杭州、温州两地入夏后报告发病人数就超过万人。同时，其他如痢疾、伤寒、虫媒传染病、血吸虫病等疫情都有大幅度的回升，还受限于当时机构瘫痪、工作停滞和人员流放等因素，众多其他传染病疫情数据未得到有效保存和记录。在发生脑膜炎疫情期间，为控制疫情流行，省卫生厅组织了防疫队伍，奔赴余姚、仙居、奉化、东阳、青田等高发县，深入乡村，积极防治，大力宣传防病知识，开展预防服药，为控制流行性脑膜炎疫情和减少死亡病例起了重要作用。此外，20世纪60年代中期至70年代初期，浙江省相继爆发了4次钩端螺旋体病的大流行。

1970年10月5—11日，省卫生厅在绍兴县召开浙江省卫生防疫工作会议。1972年，国务院发出《健全卫生防疫工作的通知》，一些被撤销的卫生防疫和防治机构开始恢复或重建。1973年后，浙江省各级卫生防疫站加强了业务技术建设，浙江省还进行了疾病防治科研和试点，对主要水域和有关支流的水源系统的环境卫生进行监测，并且逐步开展了劳动卫生、放射卫生、学校卫生等监督监测工作。

1985年4月4日，中共中央政治局委员、中央地方病领导小组组长李德生在浙江省副省长李德葆陪同下，前往东阳县考察地方病工作。1986年3月24日，省政府组织的首批浙江省援藏医疗防疫队赴西藏，由6名卫生防疫人员组成，协助日喀则地区卫生防疫站工作。

2001年，省卫生厅决定建立浙江省卫生监测区，开展出生、死亡、主要慢性非传染性疾病、成人行为危险因素、居民营养和健康状态、伤害等监测，并由浙江省疾病预防控制中心（以下简称省疾控中心）负责组织指导，监测系统分布于全省 11 个市 30 个县（市、区）的 126 个街道或乡镇，覆盖人口 356 万人。

2002 年 3 月 19—20 日，浙江省卫生监督工作会议在杭州召开，会议提出各级卫生行政部门要进一步提高对卫生监督工作重要性的认识，健全和完善卫生监督机构内部运行机制，加大综合执法力度，积极探索农村卫生监督工作的新路子。3 月 21—22 日，浙江省疾病预防控制和爱国卫生工作会议在萧山召开，会议回顾总结了 2002 年浙江省疾病预防控制和爱国卫生工作，交流经验，表彰先进，部署了 2003 年的工作任务。11 月，省卫生厅印发了《浙江省重特大突发事件医疗卫生应急处理预案》，其目的是提高浙江省卫生系统应急处理重特大突发事件的整体水平和能力，有效保障人民群众的生命安全，维护社会稳定。

2003 年 4 月 14 日，省委召开常委扩大会议，会议传达贯彻全国非典型肺炎防治工作会议精神，结合浙江省实际，研究部署非典型肺炎（以下简称“非典”）防治工作。省委书记习近平强调，一定要紧密结合浙江实际，迅速传达学习和贯彻落实全国会议精神，努力把浙江省“非典”防治工作做深、做细、做扎实，确保浙江省改革开放和现代化建设的顺利进行。4 月 17 日，省长吕祖善在浙江省非典型肺炎防治工作会议上指出，要把切实做好“非典”防治工作作为各级党委、政府的重要任务，摆上重要议事日程，党政主要领导要亲自抓、负总责，分管领导要具体抓。省政府研究决定，在已建立省非典型肺炎防治工作协调会议制度的基础上，成立省非典型肺炎防治工作协调小组，省长吕祖善任组长。4 月 20 日，省委书记办公会议和省级领导干部会议专题听取杭州市发生的“非典”病例情况汇报，进一步研究部署防治“非典”工作，习近平主持会议并讲话，吕祖善通报情况。根据中央的要求和浙江省的工作预案，省委、省政府决定将省非典型肺炎防治工作协调小组转为省非典型肺炎防治工作领导小组，习近平任组长。会议对浙江省下一步“非典”防治工作做出了具体部署，提出了明确要求。4 月 21 日，习近平在杭州市检查“非典”防治工作时强调，人民健康高于一切，领导责任重于泰山，防治和消除“非典”是贯彻“三个代表”重要思想和十六大精神的具体体现，也是中国共产党和政府对人民高度负责的必然要求，浙江省各级党委、政府和领导干部要切实把做好“非典”防治工作作为当前的一项重大任务，进一步加强领导，明确责任，确保各项防治措施落到实处。同日，中国疾病预防控制中心流行病学专家组一行 3 人对浙江省“非典”防治措施的落实、疫点的隔离与消毒进行了指导检查。4 月 27 日下午，浙江省再次召开浙江省电视电话会议，通报浙江省前一阶段“非典”防治工作情况，部署进一步做好“非典”防治和维护社会稳定工作。习近平在讲话中强调，进一步加深认识，加大力度，加强领导，紧密结合实际，切实把浙江省防治“非典”和维护社会稳定的各项工作抓紧、抓实、抓好，坚决打赢“非典”防治这场硬仗。

2003 年 4 月 28—30 日，以民政部党组副书记、副部长杨衍银为组长的国务院督查组到浙江省对“非典”防治工作进行督查，先后听取了省和杭州市、宁波市、余姚市、武义县“非典”防治工作情况汇报，检查了省、杭州市疾病预防控制中心和杭州市区的医院、火车站、学校、村居、社区和部分疫点、留验观察点的防治工作，考察了余姚市镇、村两级社区卫生服务中心和服务站，并在杭州召开了由卫生部门负责人和专家、医疗机构管理人员、医务人员参加的座谈会。5月1日，国务院督查组向浙江省委、省政府反馈督查意见。督查组认为，浙江省各级党委、政府按照“三个代表”重要思想的要求，认真贯彻中共中央、国务院关于“非典”防治工作的部署和指示精神，以对人民高度负责的态度，加强领导，狠抓落实，果断处置，有效地控制了疫情的扩散和蔓延，取得了阶段性成效，并就下一步防治工作提出中肯的意见和建议。5月7日，浙江省召开卫生系统防治“非典”电视电话会议，副省长盛昌黎做了重要讲话，省卫生厅对下一步浙江省卫生系统的“非典”防治工作提出了具体要求。

2003年5月8—9日，省卫生厅领导带队的7个督查组，分别对浙江省各市和省级医院的“非典”防治工作进行再次督查。5月26日，省卫生厅首次利用省卫生网络视频系统召开会议，传达了卫生部5月25日电视电话会议和省委召开的抗“非典”促发展电视电话会议精神，并对浙江省卫生系统下一阶段“非典”防治工作提出了要求。6月11日，省卫生厅组成4个检查组，赴绍兴、温州、湖州3市及省级医疗单位，进行为期4天的传染病防治执法检查。7月4—6日，以王陇德为组长的国务院“非典”防治工作督查组先后检查了杭州萧山国际机场、杭州火车站、杭州市西湖区北山街道社区卫生服务中心、省疾控中心、省卫生监督所、杭州市第六人民医院等单位的“非典”防治工作。7月5日，省长吕祖善主持会议，副省长盛昌黎向国务院“非典”防治工作督查组汇报了浙江省“非典”防治工作情况，在7月6日的督查情况反馈会上，国务院“非典”防治工作督查组高度评价了浙江省“非典”防治工作取得的成绩。7月17—18日，浙江省市疾控中心主任齐聚杭州，在总结浙江省前一阶段“非典”防治工作的同时，分析浙江省各类疫情，研讨下半年传染病防治策略。7月31日，浙江省市卫生监督所所长例会在余杭召开，会议总结“非典”防治中卫生监督的工作经验，研究部署构筑公共卫生建设体系、加强卫生监督的重点工作，会议总结浙江省卫生监督部门抗击“非典”取得的成绩。9月25日，省委、省政府召开了浙江省抗击“非典”先进表彰大会暨浙江省卫生工作会议。会后，各市均召开会议进行传达贯彻，党委、政府主要领导带领有关部门负责人深入基层，对“非典”防治、公共卫生建设、新型农村合作医疗、城镇医药卫生体制改革等进行了深入调研，并出台了有关政策性文件。12月10日，浙江省市疾控中心主任会议在杭州召开。12月29日，省卫生厅召开了浙江省卫生系统“非典”防治工作电视电话会议，会议传达了卫生部电视电话会议精神，就贯彻落实卫生部和省委、省政府重要指示精神，扎实做好浙江省卫生系统的“非典”防治工作进行了再动员和再部署，并提出了具体的要求。12月31日，省卫生厅召开了在杭省级医院院长会议，要求省级医院医务人员防护、消毒隔离等工作要严格按文件规定查漏补缺，重点核查薄弱环节，认真做好预诊、登记、排查和转诊工作，做好发热门诊和隔离留观病区上岗人员培训工作，做好“非典”等传染病网络直报工作，医院负责人必须24小时开通手机，加强实验室管理，发热门诊、隔离留观病区标本要进行特殊处理，并决定近期将对省级医院“非典”防治工作进行暗访。

2004年2月4日，卫生部召开全国卫生系统禽流感防治工作电视电话会议，传达全国防治高致病性禽流感工作会议精神和国务院领导重要讲话。省卫生厅接着召开了浙江省卫生系统的电视电话会议，厅长李兰娟对下一步做好人间禽流感防治工作提出了要求。8月11日，第14号台风“云娜”在温岭石塘登陆，厅长李兰娟主持召开紧急会议，研究部署各项抗台医疗救治和救灾防病措施。8月12日，省卫生厅向各地发出了《关于切实做好抗台医疗救治和卫生防病工作的紧急通知》，要求各地全面启动《浙江省救灾防病预案》，省疾控中心紧急调运16吨漂白粉、漂白精片等消杀物资及5000份健康教育资料运往台州、温州两地。8月13日，省卫生厅组织派遣了4支医疗救治和卫生防病应急队伍赶赴灾区。截至8月15日，共接收伤员5290人，有1096名伤员住院救治，其中伤情严重的有76人。

2005年2月3日下午，省卫生厅召开全省传染病防控电视电话会议。3月，浙江省传染病防治业务工作会议在杭召开，会议在分析浙江省传染病防治工作的严峻形势的同时，就如何采取切实有效的措施，共同研究探讨防治策略。9月16—17日，省疾控中心召开了全省市级疾病预防控制中心主任会议，对如何进一步加大农村疾病预防控制力度，加紧落实农村公共卫生项目实施前的各项准备工作进行部署，提出多项措施。12月14—17日，省疾控中心在杭州组织召开社区疾病预防控制试点工作交流会，省卫生厅厅长李兰娟在会上做题为《大力发展农村社区卫生服务全面提高浙江省农村卫生工作水平》的专题报告，来自全省21个社区疾病预防控制、社区慢性病综合防治试点的卫生局、疾病预防控制中心、社区卫生服务中心的代表参加会议并进行经验交流。

2006年8月10日，第8号台风“桑美”在温州苍南县马站镇登陆，省卫生厅要求当地卫生部门克服一切困难，全力救治伤病员。8月11日早上6时，厅长李兰娟率领3支省级医疗队专程赶往苍南县进行医疗救援。12月20日，省委书记习近平等省委、省政府领导赴苍南县检查指导灾后重建工作。习近平充分肯定了苍南县卫生系统在伤员救治和灾后卫生防疫工作中取得的成绩，并接见了胡孝乾等15名“抗台勇士”。

2007年1月26日，省卫生厅召开全省卫生监督、疾病控制、卫生应急与爱国卫生工作会议，贯彻全国、全省卫生工作会议精神，学习卫生部领导和卫生厅领导的重要讲话，总结交流2006年的工作和经验，研究部署2007年的工作任务，卫生部卫生监督局局长赵同刚、应急办公室主任陈贤义、疾病控制局副局长白呼群专程到会指导。4月5日，浙江省公共卫生工作委员会在杭州召开第一次全体委员会议，会议指出，要从战略的高度充分认识加强公共卫生工作的重要意义，必须把公共卫生工作放在突出重要的位置，牢牢守住健康保障的“防线”，实现好、维护好、发展好人民群众的健康权益，全面促进社会主义和谐社会的构建，推动全省经济社会的可持续发展。4月13日，省卫生厅与浙江出入境检验检疫局、宁波出入境检验检疫局举行应对口岸公共卫生事件合作机制签字仪式暨首次协调会议。6月，浙江省化妆品卫生监督工作会议在杭州召开，会议就浙江省化妆品卫生监督工作面临的问题，各地在探索化妆品经营单位长效管理工作中取得的经验进行了交流和讨论，并对2007年化妆品卫生监督工作做了部署和落实。12月20日，浙江省爱国卫生暨卫生强市强县建设工作会议在杭州召开，省委书记赵洪祝做出批示，省长吕祖善出席会议并讲话，卫生部部长陈竺充分肯定浙江省卫生工作取得的成绩，并做《实施“健康中国2020”战略》的专题报告。

2008年，省卫生厅下发《关于在全省启动慢性病等监测网络直报系统的通知》，省疾控中心完成浙江省慢性病监测网络直报系统研发及试运行，2009年1月1日率先在全省30个卫生监测区启用，执行死因、慢性病、医院伤害网络直报，使浙江省慢性非传染性疾病的监测工

图 79-1-2-1　2008 年 5 月，浙江省卫生厅组织医疗救援队赴四川抗震救灾（浙江省卫生厅档案室提供）

作步入了信息化网络化管理轨道。2008 年 5 月 12 日四川汶川特大地震发生后，省卫生厅根据省委书记赵洪祝、省长吕祖善批示精神，立即行动，在第一时间组建了一支支医疗卫生救援队伍，火速赶赴救灾第一线，积极救治伤员，进行卫生防疫、心理干预、宣传健康知识等工作，浙江省共派出医疗卫生救援队伍 19 批，医疗卫生人员 1196 人，运送价值达 1000 多万元的医疗机械、药品、消杀用品等物资，出动救护车 50 辆、卫生监测车 10 辆，先后共有 1020 名四川震区伤病员送抵浙江省救治。6 月 23—26 日，浙江省支援青川县医疗卫生重建的工作人员先后到达青川县，组建了省卫生厅驻青川指挥部。据不完全统计，截至 6 月 26 日，浙江省赴川医疗卫生救援队共救治伤病员 15607 人，其中重症患者 253 人，完成手术 170 台，消杀面积达 1280 多万平方米，心理干预治疗 20000 多人。7 月 25 日，省卫生厅厅长杨敬及厅相关处室负责人等一行，在青川县副县长王志坚等陪同下，对该县卫生系统灾后重建工作进行了专题调研，并分赴青川县部分乡（镇），实地考察当地医疗卫生单位和慰问驻地浙江医疗卫生援建队。8 月 31 日，在四川视察工作的国务院总理温家宝来到青川县人民医院，看望并慰问浙江对口支援青川医疗卫生队全体医疗队员及当地的医务工作者与住院治疗的患者，温家宝参观浙江省援建的国内首个支援地震灾区的远程医疗服务平台，并与远在浙江的省卫生厅副厅长马伟杭、中国工程院院士李兰娟及医疗卫生专家通过远程平台进行了亲切交谈。2008 年 6 月 6 日，国家人力资源社会保障部授予浙江省医疗卫生救援队“全国卫生系统抗震救灾英雄集体”称号。10 月 8 日，中共中央、国务院、中央军委在北京人民大会堂举行全国抗震救灾总结表彰大会，省卫生厅被授予“全国抗震救灾英雄集体”称号。

2008 年 9 月 12 日，“三鹿”牌奶制品污染事件发生后，省卫生厅接卫生部通知，要求对浙江省部分市售奶粉进行检测，省卫生厅立即将这一检测结果上报卫生部。省卫生厅迅速成立以厅长杨敬为组长的医疗救治工作领导小组，制订《含三聚氰胺婴幼儿奶粉重大食品安全事故医疗救治工作预案》。9 月 17 日，副省长郑继伟专程到省儿童医院视察患儿的筛查和诊疗工作。9 月 18 日，省政府召开全省婴幼儿奶粉重大安全事故处置工作会议，省长吕祖善讲话。9 月 24 日，省长吕祖善，副省长王建满、郑继伟等领导前往省儿童医院视察该院食用含三聚氰胺奶粉婴幼儿的筛查和诊治工作。省卫生厅出台了《含三聚氰胺婴幼儿奶粉重大食品安全事故医疗救治工作预案》等一系列规范性文件，组织浙江省社区卫生服务机构和社区责任医生在1周内完成了3岁以下婴幼儿喂养情况摸底排查并建立数据库，浙江省共排查3岁以下婴幼儿154.9万人，筛查107.9万人次，确诊的患儿均得到了有效救治。9月22日，全省卫生应急工作研讨会在杭州召开，会议总结交流麻疹、手足口病疫情和四川抗震救灾等重特大突发事件应急处置经验和体会、意见和建议，研讨了今后应对重特大突发事件的卫生应急工作措施与策略。

2008年11月19日，由卫生部、全国爱国卫生运动委员会办公室（以下简称全国爱卫办）主办，世界卫生组织协办，杭州市政府承办的“2008中国国际健康城市市长论坛”在杭州举行，论坛学习借鉴推广国内外建设健康城市的先进经验，促进国际交流与合作。这是中国政府官方首次主办的国际健康城市市长论坛，来自北京、上海、杭州等10个全国建设健康城市试点市（区、镇），及中国香港特别行政区卫生署，澳大利亚、日本、韩国、菲律宾等国的代表共同签署了《杭州宣言》，提出了建设健康城市6点倡议，卫生部副部长、全国爱卫办主任陈啸宏，省委常委、杭州市委书记王国平，副省长郑继伟，杭州市市长蔡奇，省卫生厅厅长杨敬，世界卫生组织驻华代表韩卓升，世界卫生组织西太区健康社区与人群司司长米兰等出席开幕式。

2009年，浙江省组织开展各级慢性病社区综合防治示范点创建，全面推动和规范浙江省慢性病社区综合防治工作，全省共建立省级示范点6个、市级示范点22个、县级示范点116个，初步形成《浙江省慢性病社区综合防治省级示范点考核评估方案》。同年，武义县、开化县、平阳县、奉化市、上虞市、嘉善县、建德市、余姚市、温岭市、东阳市、桐乡市和遂昌县12个县（市、区）组织开展全省第二轮农民健康体检血样采集工作，初步建立农村居民健康基础信息库和生物样本库。1月18日，省卫生厅在杭州市召开浙江省防控传染病境外传入和通过交通工具传播的工作研讨会，省卫生厅、省交通厅、检验检疫部门、铁路部门、民航部门等相关负责人参加会议，会议对浙江省五部门防控传染病境外传入和通过交通工具传播提出了下一步工作的意见和建议。3月10日，省卫生厅在丽水市召开浙闽两省鼠疫防制联席会议，交流了两省鼠防工作开展情况，研究讨论两省联合开展鼠防有关工作，与福建省建立了跨省联合鼠疫防控机制。8月9日，第8号超强台风“莫拉克”袭击浙江省，浙江省紧急出动各级医疗救援、卫生防疫、卫生监督和心理干预等卫生应急机动队6000人次，救治伤病员1200余人，紧急调用消杀药品50吨，消杀面积1741万平方米，检查食品经营单位698家、集中供水单位120家，并查封和销毁了一批受淹食品、劣质食品，发放宣传资料20万份。

2010年，省卫生厅卫生应急管理体系基本完善，11个市及义乌市卫生行政部门均成立了卫生应急办公室，其中9个市单独成立经编办批准的卫生应急办公室，90个县（市、区）确定了卫生应急管理机构，其中28个单独成立了经编办批准的卫生应急办公室。在以往修订的各类应急预案的基础上，编制了地震救援、鼠疫疫情防控、核辐射事故、突发化学中毒防控指南，有针对性、概括性地提出突发事件处置程序、装备标准等，增强了操作性。卫生应急指挥决策系统不断完善，卫生应急协调机制逐步健全，卫生应急能力不断提高，浙江省、市、县三级成立了由5860多人参加的应急专业技术队伍，确定12个县（市、区）为省级卫生应急示范县试点县。2010年6月26—29日，卫生部疾控局在杭州召开落实2010年度医改疾控任务会议，卫生部副部长尹力到会并讲话，省卫生厅厅长杨敬致辞，副厅长叶真向大会汇报浙江省工作情况。同年，杭州市萧山区、宁波市江东区、温州市瓯海区、湖州市吴兴区、金华市婺城区、衢州市衢江区、义乌市、临海市、富阳市、慈溪市、新昌县、海宁市、常山县、岱山县、青田县15个县(市、区)组织开展浙江省代谢综合征患病率调查工作，累计完成7222户家庭，共计17437人的问卷调查、体格测量和血糖、血脂检测工作，获得了浙江省主要慢性病及危险因素流行的现况数据。6—10月，江东区、瓯海区、婺城区、萧山区、衢江区、吴兴区、富阳市、慈溪市、义乌市、新昌县、海宁县、岱山县、常山县、青田县、临海市的15个县(市、区)组织开展代谢综合征患病率调查与预防控制项目，调查目标人群为18周岁及以上的常住人口，共抽取了7571户家庭19113位居民，获有效调查问卷7222户共17437例，结果显示：浙江省成年居民代谢综合征患病率为17.83%，其中男性为13.02%，女性为22.90%，城市为18.38%，农村为17.57%。

二、基层卫生管理

基层卫生管理是指对县(市、区)以下的社区卫生服务中心、服务站，乡镇卫生院、分院，村卫生室，个体诊所等组织、人员及职能的管理。基层卫生工作是实现基本医疗卫生制度的基础，是开展医疗卫生服务的网底。中华人民共和国成立之前，并无统一的基层卫生管理规章，乡村医事主要靠郎中走村串巷、个体医应诊或坐堂接诊。中华人民共和国成立后，各级政府加快推进农村乡镇卫生院、村卫生室和城市社区卫生服务中心、服务站的建设，建立健全城乡基层医疗卫生服务体系，实现基层医疗卫生服务网络的全覆盖，加大投入、出台政策，转变基层医疗卫生机构运行机制和服务模式，建立基本医疗保障制度和基本药物制度，普及基本公共卫生服务，加强基层医疗卫生人才队伍建设，特别是全科医生培养和培训，着力提高基层医疗卫生机构服务水平和质量。

(一)近代基层卫生管理

清末民初，未见有省级统一的专职管理基层卫生的机构。民国28年(1939年)，浙江省民政厅卫生处提出并要求县建立卫生院，区设卫生分院，乡(镇)设卫生所，保设卫生员的制度。民国29年，省民政厅卫生处设置直属卫生院两处，一是设丽水卫生院于松坑口，有病床50张，在丽水城区及碧湖分设卫生所，在九龙设卫生分所；二是在迁移后的省会所在地方岩设方岩卫生院。省民政厅卫生处按照浙江省三年施政计划纲要的规定，督促各市、县成立卫生院。之后，部分市、县逐步建立县卫生院，乡镇公所设立乡镇卫生所，在所内设卫生员。民国34年，全省有县卫生院65个，县以下的区称分院，职能与县相同，大的乡镇卫生院建立中心卫生院。

(二)现代基层卫生管理

中华人民共和国成立后，县卫生院逐步转为县级人民医院，县以下的分院建立乡镇卫生院，归乡镇政府管理。1950年6月15日，省卫生厅确定县卫生院一律定名为“××县人民政府卫生院”，区卫生院或卫生所改称为“××县××区卫生所”。

1955年4月，省卫生厅转发卫生部《乡村卫生所暂行组织通则》。1956年，省人委修正后颁布《联合医疗机构管理规则》(以下简称《规则》)。《规则》共6章31条，申明联合医疗机构(包括联合诊所、联合医院、联合妇幼保健站、联合产院、联合镶牙所，下同)是医务人员自愿组织起来的合作社性质的社会福利事业，是国家城乡基层卫生组织中的一个重要的组织形式，是社会主义性质的卫生福利机构，国家不应接办和组织联合医疗机构，其目的是将医务人员由个体开业转化为集体合作事业，使参加人员分工合作，发挥集体力量，便于提高成员的社会主义觉悟和业务技术水平，有组织有计划地进行医疗卫生工作，更好地为人民服务。《规则》厘定联合医疗机构的社会责任、成员的权利义务、组织管理、具体业务范围、财务来源权属、收入分配原则等事项。

1960年8月，卫生部要求各省、市把迅速培养农村人民公社医生作为当前卫生工作支援农业生产建设中重要任务之一。1962年，浙江省根据卫生部关于调整农村基层卫生组织的意见，将398所全民所有制的区卫生所中的279所、4268名卫生人员中的2680人，转为集体所有制。

1949—1965年期间，浙江省基层卫生管理体制基本做法是坚持卫生事业集体办、共同管。大部分地区乡镇卫生院推行了乡镇政府和卫生行政主管部门共同管理。多数乡镇卫生院实行工资浮动，加强专科、专病建设，开展保健保偿和以工助医等形式，调动了卫生人员的积极性，增强自我发展能力。各级政府重视乡镇卫生院的建设，采取中央、省级和地方政府各出一点与单位自筹相结合的办法，加快了农村乡镇卫生院、县防疫站、县妇幼保健院三项建设。村卫生组织有集体办、乡村医生联合办、个人承包和卫生院设医疗点等多种形式。全省各地加强乡村医生队伍的管理，实行“两证三统一”，即行医证、购药证和处方、收费、门诊卡统一的办法，严格医生的培训和考核，实行持证上岗制度。

1970年，浙江省有21个县实行农村合作医疗，有“赤脚医生”82000多人，平均每个大队接近2人，有家庭卫生员和不脱产卫生员12万人。1975年，全省“赤脚医生”10万余人，但绝大部分未经正式培训，业务技术水平较低。为提高队伍素质，省卫生厅一方面加强培训工作，另一方面通过整顿，淘汰一部分不够条件者。

1979年1月，中央有关部门下达的《全国农村人民公社卫生院暂行条例(草案)》，明确农村公社卫生院是农村医疗卫生网的重要环节，是公社卫生工作的业务指导中心，10月又下发了补充规定，明确公社卫生院实行党支部领导下的院长负责制，按每千人口配置1.3名公社卫生人员，有计划、有步骤地加强公社卫生院建设。1979—1982年间，省卫生厅先后下发3个文件，全面实施“赤脚医生”(乡村医生)考试、考核发证工作，有64个县市的21300人获得“赤脚医生”证书，3910人获得乡村医生证书，精干了队伍，提高了素质。1982年，全省区、社卫生院拥有医护人员47257人，床位数26754张，分别比1975年增加28.8%和29.7%。

1988年6月17日，省卫生厅下发《关于禁止个体行医、个体业余行医者开展节育手术的通知》。11月25日，经省政府核准，省卫生厅颁发《浙江省村卫生室管理办法》和《浙江省农村卫生室分级标准》。

1991年，依据卫生部和省政府的要求，省卫生厅和江西省卫生厅联合开展乡村医生培训，确定了培训规划、教材编印、教学机构、教学方式、考核颁证等事宜。省政府明确由省卫生厅为培训督导机构，浙江省卫生学校和11个地市卫生学校为培训教学机构，浙江省医学会为培训辅助机构。

1992年，浙江省成立了乡村医生培训学校，由1所总校(设在浙江省卫生学校内)、11所分校、69个辅导站组成的乡村医生培训网络。学校以培养提高在岗乡村卫生人员为主，采用函授与面授结合的教学方式，按乡村医士教材施教，设普通、医学基础、专业课程12门，学制两年半，学员修完规定课程成绩合格者，由浙江省乡村医生培训学校发给经省卫生厅验印的《乡村医士》证书。

1998年，浙江省乡村医生培训学校共招学生5519人。至年底，浙江省共培训乡村医生11258人，乡村医生系统化、正规化培训达到82.02%，实现了省政府下达的乡村医生培训目标。为推进农村社区医学，首次开设了农村全科医学自学考试，有3569人参加救护队考试。

1999年，浙江省稳步推进基层卫生人员培训工作，举办农村社区卫生服务中心主任培训班2期。累计开展全科医师规范化培训3015人、全科医师岗位培训20944人、社区护士岗位培训9051人，医学检验、超声、放射、心电图等岗位技能培训8420人，完成首轮乡村医生再注册工作，16203名乡村医生领取了新的乡医执业证书。

2001年，浙江省培训全科医学师资、全科医师岗位培训和乡村医生全科医学知识培训人数分别达400人、2254人和5400人。2003年，浙江省继续加强全科医学人才和乡村医生的教育培养工作，全科医师岗位培训招生1500人，累计全科知识培训在册学员达到5700人，为加强乡村医生学历教育，招生培养中专学历乡村医生12000余名。9月，首期浙江省农村中医骨干培训班在浙江中医学院正式启动，来自浙江省11个市的乡镇卫生院和村卫生室的学员参加培训。

2003年11月24日，省委、省政府根据《中共中央、国务院关于进一步加强农村卫生工作的决定》精神，结合浙江省实际，出台《关于进一步加强农村卫生工作的意见》(以下简称《意见》)。《意见》提出，力争提前三年实现《决定》提出的各项目标，到2007年，基本建立起新型农村卫生服务体系和新型农村合作医疗制度、医疗救助制度，使广大农村地区具有基本设施齐全的卫生服务网络、专业技术素质较高的卫生服务队伍、精干高效的卫生管理体制，使农民人人享有卫生保健，主要健康指标达到发展中国家的先进水平。《意见》要求，制定县域卫生规划指导意见和农村医疗卫生机构基本设施配置标准，原则上每个乡(镇)应有一所卫生院，由政府举办，推进乡(镇)卫生院服务模式改革，积极开展农村社区卫生服务。县级以上医疗卫生机构的卫生技术人员，到乡(镇)及以下农村医疗卫生机构兼职服务，符合条件的应予注册，建立新型农村合作医疗制度和医疗救助制度，建立以县(市、区)为单位，政府组织引导，农民自愿参加，个人、集体和政府多方筹资，以大病统筹为主的农村合作医疗制度，80%以上的农民参加。各级政府应制定困难群众医疗救助办法，缓解农民因病致贫和因病返贫等问题，医疗救助对象主要是农村五保户、低保家庭和特困残疾人等困难群体，医疗救助形式可以是对患特大疾病农民给予一定的医疗费用补助，也可以资助其合作医疗个人出资部分。各级政府应逐年加大对卫生事业的投入，增长幅度不低于同期财政经常性支出的增长幅度。卫生事业经费投入占同级财政支出的比例逐年有所提高，有条件的市县逐步达到占同级财政支出比例的5%以上。

2003年12月12日，为贯彻落实国务院颁布的《乡村医生从业管理条例》（以下简称《条例》），省卫生厅出台《浙江省乡村医生执业注册暂行办法》，明确省卫生厅负责全省乡村医生执业注册监督管理工作，县级人民政府卫生行政主管部门负责乡村医生资格认定和乡村医生执业注册工作。2004年，省卫生厅部署开展乡村医生执业注册工作，同时根据《条例》第十一条规定，开展乡村医生执业注册培训考试，研发启用了《浙江省乡村医生执业注册管理系统》。2004年，全省执业注册乡村医生19187人，其中参加培训考试的3813人，全部换发了卫生部统一监制的《乡村医生执业证书》，并根据《条例》第三十四条规定，2007年和2009年，浙江省分别组织开展了乡村医生两年一次的考核工作。2009年，根据《条例》第十六条规定，省卫生厅出台《浙江省乡村医生考核及再注册工作实施细则》，组织对全省2004年起注册在岗的乡村医生进行执业再注册，共有16203名乡村医生经再注册换发了《乡村医生执业证书》。

2003—2007年，浙江省各级政府每年增加的卫生事业经费主要用于发展农村卫生事业。积极调整卫生支出结构，重点向农村倾斜，规范政府对农村卫生事业的补助范围和方式。大力加强农村卫生监督机构和队伍建设，切实落实县（市、区）卫生监督机构的编制、人员和经费，并采取有效措施，不断提高农村卫生监督队伍的整体素质，依法加强对食品、生活饮用水、公共场所、医疗机构、用人单位等健康相关产品和场所卫生质量的监管。把健全农村卫生服务体系、建立新型合作医疗制度、提高农民健康水平、保证农村卫生经费投入等工作列入农村现代化建设和全面建设小康社会的指标体系，列入各级政府工作的重要议事日程，列入县级及县以下党政领导干部目标责任制考核内容。

2004年3月，省卫生厅、省发展计划委员会、省财政厅联合出台《关于推进乡镇卫生院改革的意见》，明确规定浙江省要坚持政府履行卫生职责与运用市场机制相结合，因地制宜兴办农村卫生事业，制订县域卫生规划，调整乡镇卫生院布局，政府在每个乡镇集中力量办好一所卫生院，并将乡镇卫生院逐步改造为农村社区卫生服务中心，乡镇卫生院院长择优选聘，实行职务津贴制，也可试行年薪制，对调整后不再列为政府举办的乡镇卫生院和分院，可进行资源重组和改制。6月，省卫生厅组织全省百家医院万名医生开展“医学科普进社区”活动，全省400余家县级以上医疗卫生机构的12000多名医疗骨干深入基层社区、乡村，开展医疗咨询、义诊、发放资料等多种形式的医学科普活动。9月，省卫生厅、浙江省委宣传部、浙江省农业厅等七部门，联合举办“浙江省首届农民健康知识大奖赛”活动，在全省农村普及卫生科学知识，增强农民卫生意识和自我保健能力，引导广大农民科学防病保健康、共同致富奔小康。

2005年，浙江省城乡社区卫生服务中心贯彻“六位一体”的服务精神，要求在社区建立以居民连续、综合的健康档案为基础，开展全科诊间、妇幼保健、慢性病管理、计划免疫、健康教育等信息服务，开发了“浙江省乡镇卫生院管理信息系统”，使用这一系统的社区、卫生院达1000多个，建立居民电子健康档案600余万份。同年，浙江省行政建制乡镇卫生院网上疫情直报率达到100%，在所在乡镇发生的疫情全部通过计算机网络传送至省疾病预防控制中心，进行网上疫情直报。

2006 年，省政府关于印发《浙江省卫生强省建设与"十一五"卫生发展规划纲要》的通知，明确"十一五"期间，实施农民健康工程、公共卫生建设工程、城乡社区健康促进工程等六大工程。农民健康工程的内容之一是实施农村公共卫生服务项目管理，按人均 15 元的财政经费投入，为农民提供 3 大类 12 项公共卫生服务。内容之二是以县(市、区)为单位，每两年为参加新型农村合作医疗制度的农村居民提供一次免费的健康体检服务，建立动态、连续、综合的健康档案。体检经费按参合农民每人每年 10 元的标准由各级财政预算安排。

2007 年，浙江省为加强基层卫技队伍建设，把提升乡村卫技人员素质作为科教兴卫工程的重点任务，也是浙江省推进城乡社区卫生服务的重要举措。"素质提升工程"自启动以来，在省卫生厅的总体规划和部署下，经过浙江省、市、县三级卫生行政部门的组织实施、齐抓落实，五大类教育培训计划全面开展并顺利推进，大批基层卫技人员实现了业务知识的更新和学历、职称的提高。6 月 12 日，省政府颁发《关于加快发展城乡社区卫生服务的意见》(以下简称《意见》)。《意见》指出，要把发展社区卫生服务作为深化医疗卫生体制改革，有效缓解居民看病难、看病贵问题的重要举措，作为构建新型卫生服务体系的基础，着力推进体制、机制创新，努力满足群众基本卫生服务需求，要坚持公益性质，转换运行机制和投入方式，确保社区卫生服务的公平性和可及性，坚持政府主导，强化政府责任，鼓励社会参与，多渠道发展社区卫生服务。

2009 年 9 月 28 日，省委、省政府颁发《关于深化医药卫生体制改革的实施意见》(以下简称《意见》)。《意见》指出，深化医药卫生体制改革的总体目标是建立覆盖城乡居民的基本医疗卫生制度，基本医疗保障制度全面覆盖全省城乡居民，基本药物制度初步建立，城乡基层医疗卫生服务体系进一步健全，基本公共卫生服务全面普及，基本医疗卫生服务可及性明显提高。《意见》强调，强化政府在基本医疗卫生制度中的责任，基本医疗保险覆盖全省 90%以上的城乡居民，构建"20 分钟医疗服务圈"，推进基本公共卫生服务均等化，提高基层医疗卫生服务可及性和服务水平。政府举办的基层医疗卫生机构全部配备和使用基本药物，并按统一采购价格零差率销售。3 年内，新建(改扩建)社区卫生服务中心(乡镇卫生院)350 家以上，社区卫生服务站(村卫生室)11000 个。3 年内，完成城乡社区卫生服务机构全科医生培训 3 万人次以上，培养全科医生 3000 名、社区护士 3000 名以上。12 月 1 日，浙江省发展改革委员会颁发《浙江省农村医疗卫生服务体系建设和改革的实施方案》。

2010 年，省委书记赵洪祝对基层医疗卫生服务体系建设做专题批示，常务副省长陈敏尔对农村卫生服务体系改革和建设批示 4 次，副省长郑继伟批示要求"农村医疗卫生服务体系建设要注重与机制的结合"。省政府加强政策研究，出台试点配套政策，省政府办公厅分别转发了浙江省发展改革委员会(以下简称省发改委)《关于浙江省农村医疗卫生服务体系建设和改革实施方案的通知》，省发改委等 6 部门《浙江省农村医疗卫生服务体系建设和改革工作实施计划》，省发改委和省卫生厅《浙江省农村医疗卫生服务体系建设二期建设方案》，省发改委等 6 部门《浙江省以全科医师为重点的基层医疗卫生队伍建设规划》等文件。3 月 30 日，浙江省基层卫生工作会议在杭州召开，会议总结了 2009 年浙江省基层卫生工作，部署 2010 年工作任务。5月，在全国深化医药卫生体制改革工作会议上，浙江省领导作典型发言。6月2日，《人民日报》专文介绍了浙江省基层医疗卫生服务体系建设和改革工作情况。

截至2010年底，全省有88个县(市、区)完成城乡社区卫生服务中心(包括卫生院)定性、定编工作，核定编制79853名，增加编制48172名。乡村一体化管理有序推进，24个试点县的社区卫生服务一体化(人、财、物)管理率为82%(共1752家)，村卫生室为20.8%(共622家)。对社区卫生服务站实行紧密型一体化管理，村卫生室实行基本型一体化管理。全省完成培养全科医生1000名，社区护士1000名，全科知识培训12000人次，乡村医生培训1.5万人次，培训心电图、检验、B超、放射等医技人员1784人次，全省5所医学院校定向培养农村社区医生829人。省政府印发的《浙江省卫生强省建设与"十一五"卫生发展规划纲要》中设定的指标基本完成。

三、医政管理

医政管理是卫生行政部门依照法律法规及有关规定对医疗机构、医疗技术人员、医疗服务及相关领域实施行政管理活动的过程。古代，在没有卫生行政部门时，御旨、官府令替代医政管理。近代，浙江省逐步建立医政管理部门，制定规章和条例，颁发医师、护士执照等。中华人民共和国成立后，医政管理从弱到强，建立健全省、市、县三级医政管理部门，明确医政管理职责，制定医政管理规章文件，开展医院等级评审和对口支援活动，严格医生、护士准入制度，打击非法行医，着力提高医疗质量和服务水平。

(一)近代医政管理

民国初期，杭州市政府奉浙江省民政厅医令，由地方主管官署逐一调查各地执行镶牙业务者，凡符合《牙医师管理暂行规则》第二条第一、第二两款规定者，依照第4条的规定呈请领证，符合甄别办法第7条，得听从甄别，不符合前两项资格者，应由该官署另定训练、取缔办法，酌予登记或限制其开业地域。民国23年(1934年)，杭州市政府加强对医务工作者及医疗设备的管理，如：对中西医、牙医、药师、药剂生、助产士、接生婆、看护妇等实施管理，对中西药物、成药、毒剧品有害物、医院、诊所、药房、剂药师公会等实施管理，对在杭州市开业的医师，依据部定办法领取执照，国医开业领照，须由资望很高的3名国药师出面保证，其资格学历经杭州市政府认定合格者，方准予领照。民国24年7月，杭州市政府核发4件医师执照、1件助产士执照、5件中医执照。8月，杭州市政府核发4件医师执照、1件药师执照、12件助产士执照、2件医院开业执照、5件中医师执照、2件中药商执照、3件西药商执照。

据省卫生处统计，浙江省各县级卫生院诊疗工作情况如下：民国29年(1940年)，初诊人数116127人、复诊人数229957人、诊治新病次数137894次、诊治旧病次数221813次；民国30年，初诊人数87651人、复诊人数185165人、诊治新病次数112220次、诊治旧病次数210600次；民国31年，初诊人数114665人、复诊人数223596人、诊治新病次数146259次、诊治旧病次数246143次。民国32年，浙江省卫生处公布医药人员及医院药商注册规则，领有登记的医药人员及医院药商，想在城镇固定场所开业者，均须依照注册规则办理，取缔不合格者。民国33年1月5日，浙江省卫生处要求各医院制定医疗服务的规章制度《病人求诊须知》。

民国35年(1946年)8月至民国36年9月，浙江省的市、县医务工作者均由浙江省依照医师法、药剂师法、助产士法及其他有关法令调验证书核准，由市、县发给开业执照。如民国35年，海宁领医师证书7人，领通字医师证书4人，共计11人，如无法定资格时，在原市、县继续开业者，依照开业医事人员管理办法规定，发给临时开业执照。没有法定资格的医务工作者，依照医事人员甄训办法的规定，直接向考选委员会申请登记，听候审查，予以变通给证，使得继续开业。该项甄训，民国政府定有限期，逾限不再办理，经调查浙江省有362个药房、2458个中药铺、123个设摊零售药商，上列药商均依照管理药商规则及浙江省零售药商暂行规则，由县、市发给执照。

(二)现代医政管理

1951年1月，杭州市卫生局动员筹组抗美援朝志愿医疗队，调出杭州市卫生局所属浙江病院(床位200张)设备及部分工作人员给浙江军区卫生部使用。同年，省卫生厅将省立严州医院并入位于建德梅城的省第一疗养院，改制为省第三疗养院，1952年改称为省第三康复医院，收容伤病员。1952年，省卫生厅从浙江医学院教学人员及杭州高级医事学校、杭州卫生学校护士科的学生中选拔人员参加抗美援朝志愿医疗队。1月，浙江省立杭州高级医事职业学校52届护士班王雪蕉、吴苏笙、孔繁荣、陈菊华、赵彩凤、王祖京、王瑛7位同学成为抗美援朝志愿军护士队队员，奔赴抗美援朝前线，从事战地救护工作。同时，为持续支援中国人民志愿军，浙江省先后组织5支抗美援朝医疗手术队、2个护士队、4个疗养院医疗队、2个空海手术队，参加军事院校体格检查工作。1954年12月4日，浙江省暨杭州市抗美援朝医疗手术队被授予朝鲜民主主义人民共和国军功章，授奖大会在杭州举行，有17名个人获奖。

1955年1月，省卫生厅抽调68个县市的2236名卫生人员组成162个体检小组，开始全面进行应征公民体检工作。自动报名参军支前工作的医务干部，全省计有251人，200人下部队做防治血吸虫病工作，组织了皖北、闽北两个医防突击队，帮助省支前公路及灾区医疗工作。

1955年9月，浙江省从全省各初中、高中、卫校选拔585名优秀毕业生，他们响应党中央“到边疆去，到祖国最需要的地方去”的号召，肩负着浙江人民的委托，怀抱着青春和理想，奔赴万里之遥，支援新疆建设。在这些毕业生中，有80名卫校毕业生(其中40名助产士、40名护士，全为女生)。其中，杭州卫校毕业的学生15名，温州卫校毕业的学生12名，她们由新疆维吾尔自治区卫生厅负责接收分配，除少数几名留新疆维吾尔自治区医院外，其余都分配到南北疆各地州市(县)医院。

1957年4月3日，省卫生厅发出《改进护士工作试行方案》。4月15日，政协浙江省委员会召开座谈会，要求认真改进护士工作。1960年6月22日，省卫生厅颁布培训儿童保育护士的方案，要求每一个县达到2名相当于中级卫生学校毕业的保育护士，每公社有3～4名经过3个月训练的保育员，每个县有1名儿科医师。

图 79-1-2-2　1955 年 8 月，杭州卫生学校 15 名毕业生赴新疆前的合影（浙江省卫生厅档案室提供）

1969 年 7 月 16 日，省革委会决定派遣浙江省新疗法宣传队，于 7 月 20 日奔赴浙江各地，培训“赤脚医生”，传授新疗法技术，用新疗法治疗小儿麻痹后遗症、哮喘、支气管炎等疾病。

1972 年 11 月 7—15 日，省卫生局在丽水召开浙江省医院工作会议，来自各地、市、县卫生局(办)和县以上医院、工矿职工医院的主要负责人及特邀代表共 303 人参加了会议。丽水县委介绍了“加强党对医院工作领导”的经验，丽水县人民医院等 13 个单位和个人交流了医院斗批改的经验，并着重研究了今后医院斗批改意见。

1973 年 10 月 9 日，省卫生局发出《关于各级医院分级分工进行业务技术辅导》的通知，明确浙江省县以上医院分三级管理。

1977 年 5 月 6—10 日，浙江省医院工作座谈会在宁波市召开，参加会议的有地、市卫生局和部分省、地市及县医院的负责人共 34 人。

1979 年 9 月 28 日，省卫生局、财政局、劳动局发文同意浙医大附属二院等 7 家医院作为经济管理试点。

1984 年，浙江省组织医院管理和医学专家制定医院管理若干规定，该规定初稿经全省医政科长会议讨论修改后，由省卫生厅医政处行文下达全省各级各类医院执行。同年，浙江省开展医院工作检查，这是在 1979 年、1981 年各地市组织医院工作检查的基础上开展的全省性普查。至 1987 年，省卫生厅将中华人民共和国诞生以来所有医政管理制度、规定文件汇集成《浙江省医政管理文件汇编》第一册，要求全省各级医政管理和医疗机构遵照执行。

1985 年，全省开展创建文明医院活动，文明医院评审标准是在原有医院评审标准的基础上制定，目的是开展“争双优、上等级、创文明”医院达标上等级的管理。1986 年，浙江省有 18 所医院获“文明医院”称号，有 168 所乡镇卫生院获“文明卫生院”称号。1994 年 1 月，浙江医科大学附属第一医院获“全国卫生系统先进集体”称号。1998 年，浙江省开展创建“全国百佳医院”“浙江省级文明服务示范点”和“示范文明医院”活动，组织开展了相应的评审验收工作。浙江省共创建全国百佳医院 4 家，浙江省级文明服务示范点 4 家，示范文明医院 18 家。

1988 年 7 月 6 日，省卫生厅决定，调整省级医院承担的医疗划区业务技术指导任务，浙江省人民医院承担衢州市、丽水地区，浙医大附属一院承担嘉兴市、湖州市、舟山市，浙医大附属二院承担宁波市、绍兴市、金华市、台州地区，浙医大附属儿童医院承担浙江省儿科工作，浙医大附属妇女保健院承担浙江省妇科工作，浙江中医学院附院承担金华市、浙江省中医业务技术指导，温州医学院附属一院、二院承担温州市，浙江省肿瘤医院、省精神病院、省职防所、省望江山疗养院承担相应专科的浙江省业务技术指导工作，浙江医院承担浙江省干部保健业务技术指导工作。

1989年3月，省卫生厅、财政厅、物价局、劳动人事厅联合印发《浙江省医院评审暂行标准》的通知，通知规定，凡通过三级甲等评审的医院，其医院领导干部工资标准上升半级，即省直属医院领导正职享受副厅级工资标准待遇。6月23日，省卫生厅下发《关于成立浙江省医院评审委员会的通知》，办公室主任庄炳瑾。到1993年全省卫生系统所属的164所县（市）及县（市）以上医院，有154所医院通过了评审，占全省卫生系统所属医院的93.3%，占全省综合医院的87.2%。

1990年10月19日，省卫生厅发布《关于成立浙江省护理中心的通知》，主要任务是，了解浙江省护理队伍状况及护理工作开展情况，负责浙江省临床护理质量控制工作的组织和管理，制定护理工作质量标准，开展临床护理科研和护理人员的技术培训，制订浙江省护理工作发展规划和逐年实施计划。浙江省护理中心设在浙医大附属一院内，由浙医大附属一院统一领导，业务工作接受厅医政处指导。1995年9月12日，省卫生厅决定，从9月1日起浙江省首次办理发放护士执业证书及注册工作。2000年，根据《中华人民共和国护士管理办法》的规定，对浙江省4672名护士进行了执业资格考试，合格率为77.67%，考试合格的护士发给国家护士执业证书。

1991年，浙江省中医医院开展了支援灾区工作，在8月5日全国中医义诊日统一进行救灾义诊，共计参加义诊3170人，接收义诊22097人次，义诊时间4036个小时，义诊收入68487.53元，单位和职工捐款86644.97元，粮票13342斤。同年，省卫生厅接受卫生部指令，派出两支医疗队赴安徽灾区支援抗洪救灾，开展防病治病工作。1995年9月15日，省卫生厅批准同意成立浙江省对口支援三峡库区卫生工作领导小组。1998年，浙江省级和三级医院共派出医疗队359批，下乡医务人员1638人次，建立对口支援单位48个，诊疗43933人次，手术1395人次，抢救病人1039人次，示范查房553次，培养医疗骨干138人，帮助开展新技术、新项目86项，学术讲座或培训284次，参加人数6948人。

1995年10月11日，省卫生厅作出决定，对杭州市中心血站违法生产、销售人血白蛋白，严重违反血液管理规定的情况进行了查处和通报，责令其检查整改，并立案调查。1997年，省卫生厅将该年定为“医疗质量年”，提出了“以病人为中心，以质量为核心”的工作主题，在1月浙江省医疗质量大检查的基础上，6月又对部分医院的医疗质量进行了突击抽检复查，对存在问题提出了整改措施，8月召开了浙江省医院工作会议。

1998年，省卫生厅核发了17家浙江省级医院的《医疗机构执业许可证》，核查了医疗机构执业许可证18178家，其中国家集体举办的8360家，其他类型的3818家，取缔非法行医2664人。组织开展浙江省第三次医士、乡村医士执业考试和牙医执业考试，共有9797人参考。组织参加1998年全国护士执业考试，参考人数4260人，并完成新护士的注册登记工作。1999年，《中华人民共和国执业医师法》实施的第一年，浙江省组织对14272名医务人员进行了全国执业医师资格考试，对12277名医务人员进行了实践技能考试，培训考官、教务管理人员800多人次。2000年起，浙江省医学学术交流管理中心开始承担医师资格考试工作。

2002年4月，国务院第351号令《医疗事故处理条例》（以下简称《条例》）颁发，9月1日起施行，根据《条例》规定的入选专家库人员的要求，省卫生厅委托省医学会组建专家库，省医学会确定的首批省级专家库专家652名。为规范医疗事故处理工作，浙江省在全国率先开发研制了“医疗事故争议管理信息系统”，于2002年9月1日在全省启用。

2001年，浙江省县级以上医院诊疗人次为6988.9万人，入院人次和手术人次有所增加，县级以上综合医院内科、外科、妇产科、儿科和中医科门诊人次的比率约为3.3∶1.3∶1∶1∶1。浙江省县级以上医院年平均病床工作日、病床使用率和病床周转次数分别为282.07日/年、77.28%和22.68次/年，与2000年相比，分别缩短8.84日/年、2.42%和1.36次/年，出院者平均住院天数为12.15日，比上年减少0.58日。

2003年3月13—14日，浙江省医政工作会议在丽水召开，省卫生厅厅长李兰娟出席会议并讲话，省卫生厅公布了浙江大学医学院附属第一医院等145家首批“放心药房”医院名单，并对15家省级医院进行了授牌。2003年8月13日晚，中央电视台《焦点访谈》播出《谁为庸医撑伞》的报道，省委书记习近平、省长吕祖善当即做出重要指示，省卫生厅党组连夜召开紧急会议，组派工作组赶赴乐清市，会同温州市对《焦点访谈》报道的问题进行联合调查，对浙江省开展清理整顿医疗市场，坚决打击非法行医工作做出全面部署。8月14日上午，省卫生厅又紧急召开各市卫生局电视电话会议，李兰娟代表卫生厅党组对浙江省立即组织开展清理整顿医疗市场、坚决打击非法行医工作又做了全面部署。8月14日下午，省卫生厅派出卫生监督小分队，赴宁波等地明察暗访非法行医情况。8月15日，通过新闻媒体再次向社会公布浙江省各级卫生监督投诉举报受理中心的电话，提高公众对各地打击非法行医的参与程度。2004年6月22日，省卫生厅召开卫生监督执法电视电话会议后，宁波、温州、兰溪等地相继开展以打击非法行医为重点的医疗市场专项整治工作。6月25日，浙江省、杭州市及各城区三级卫生行政部门和卫生监督机构兵分三路，由省卫生厅厅长李兰娟带队，对医疗市场、食品卫生、行政许可和血液管理等情况开展监督执法大检查。检查发现，大部分非营利性医疗机构都能按照卫生部、省卫生厅、杭州市卫生局等的有关要求，规范医疗行为，合法经营。10月，省卫生厅组织一次医疗机构医疗行为的现场抽检，共检查20家医疗卫生服务机构，主要是中小及个体医疗诊所，其中口腔诊所3家，个体诊所4家，医疗美容诊所1家，民营医疗机构2家，社区卫生服务站2家，商业职工医院1家，门诊部6家，卫生室1家。

2004年，浙江省高级卫生技术职务任职资格业务笔试工作于10月16日顺利完成，2400余名考生在全省13个考点参加了考试，笔试共设置了57个专业，分正、副高级职务任职资格共114种试卷。2007年5月26—27日和6月2—3日，浙江省组织36090名卫生专业技术人员，分别在全省12个考点，参加了全国卫生专业技术资格考试的笔试和人机对话的考试。2009年，国家医师资格考试浙江考区考生网上报名29901人，现场报考人数27240人，经考区、考点逐一审核，获得报考资格的有26778人，通过医师资格考试实践技能考试的有20189人，通过率为80.36%。11月25日，省卫生厅在丽水开展“医疗卫生服务周”活动，省卫生厅厅长李兰娟陪同省委书记习近平、省长吕祖善、副省长金德水等领导视察医疗卫生服务活动现场。

2005年初，浙江省医学会组织举行《医疗事故处理条例》实施两周年专家座谈会，回顾总结浙江省2003—2004年来的医疗事故鉴定工作情况，两年来，共收到鉴定委托402件，受理

356件，组织鉴定279件，撤回、终止、中止56件，鉴定组织工作逐步走向成熟阶段。1月，宁波市公安局、市卫生局联合颁布《重大医患纠纷处置暂行办法》，明确规定警方可介入因医患纠纷引起的重大恶性事件，明确公安机关、卫生行政部门及医疗机构在处置重大医疗纠纷中的职责和程序。2月，省卫生厅公布了浙江省第二轮三级综合性医院名单，确认浙江省人民医院等12家医院为三级甲等综合性医院，宁波市李惠利医院等27家医院为三级乙等综合性医院，同时规定浙江医院按照三级甲等综合性医院管理。3月30日，浙江省医政工作会议在杭州萧山召开。6月20日，省卫生厅在绍兴召开了全省医院院长会议，会议内容是全面部署"医院管理年"活动，贯彻落实《医院管理评价指南》，省政府办公厅副主任马林云，厅长李兰娟等领导出席会议，各市卫生局医政处长和县以上第一医院院长参加了会议。6月13日，省委书记习近平在舟山市委、市政府领导陪同下考察蚂蚁岛乡卫生院，与卫生院院长职工交谈。7月，浙江省口腔医院和浙江省牙病防治指导组共同承担的全省第三次全国口腔健康流行病学调查工作启动，此次对杭州市区、丽水市、临海市、慈溪市、建德市及武义县开展口腔健康询问调查（口腔问卷调查）及口腔健康临床检查。8月22日，卫生部"医院管理年"督导组一行18人来浙江检查指导，督导组由卫生部医政司司长率领对浙江省开展的"医院管理年"工作，围绕医院管理、临床、护理、感染、药事、财务和行风7个方面进行为期一周的检查指导。8月31日至9月1日，卫生部部长高强视察了浙一医院、浙二医院、浙江省血液中心、杭州市三院、绍兴县华舍街道兴越社区卫生服务站、夏履镇建幸社区卫生服务站、夏履镇社区卫生服务中心和杭州市上城区社区卫生服务工作、嘉兴卫生工作。9月，全省打击非法行医专项行动共出动检查人员29126人次，检查医疗机构13569户次，查处违法、违规医疗机构2328家，取缔非法行医窝点3717家，吊销医疗机构执业许可证4家，移送公安部门处理案件33件，受理投诉举报2689起，查处2664起，有效净化了各地的医疗市场秩序。

2006年3月27日，卫生部、国家中医药管理局在浙江杭州召开东部9省（市）"万名医师支援农村卫生工程"项目工作座谈会。4月28日，省卫生厅举行"万名医师支援农村卫生工程"座谈会暨第二批派驻医师出征仪式。5月17—20日，中纪委驻卫生部纪检组组长李熙率督查组对浙江省打击非法行医专项行动和治理医药购销领域商业贿赂专项工作进行督查，省卫生厅厅长李兰娟向督查组汇报了浙江省打击非法行医专项行动和治理医药购销领域商业贿赂专项工作的开展情况。

2007年4月9日，全省医政暨院长工作会议在杭州召开。7月18—21日，卫生部疾控局、全国癌症早诊早治项目专家组来浙江省督导检查嘉善县、海宁市的中央财政转移支付项目——大肠癌早诊早治项目工作。

2008年，省卫生厅深入推进"医院管理年""惠民医疗服务"及"平安医院"等创建活动，强化临床用药、医院感染等医疗质量控制和安全监管，切实提高医疗服务质量。1月21日，省卫生厅启动2008年卫生下乡活动，由浙江大学医学院附属第一医院、浙江大学医学院附属第二医院、省人民医院等15家省级医疗卫生单位组成的11支医疗队，分赴温州、衢州、舟山、丽水等市的11个农村地区，开展为期一周的送医下乡活动。4月15—16日，全省医政工作会议在杭州召开。8月12—13日，浙江省副省长郑继伟到浙江医院、省血液中心、省人民医院调研卫生工作并看望医护人员。12月12日，浙江省司法厅和卫生厅联合在宁波市召开了“全省人民调解化解医患纠纷工作机制现场会”，推广医疗纠纷“宁波解法”，来自全省各地卫生、司法系统的共50余名代表来宁波实地取经。

2009年，根据省卫生厅、公安厅联合转发卫生部下发的《关于在严厉打击非法行医和非法采供血工作中加强衔接配合的暂行规定》，全省卫生与公安召开联席会议7次，有79个市和县(市、区)卫生局与公安机关联合下发《加强打击非法行医和非法采供血衔接配合工作》等文件，明确相互工作职责以及信息、协查、执法、宣传、案件移送等制度。截至2010年底，全省有64个市和县(市、区)设立了公安机关驻卫生监督机构联络室。同年，浙江省卫生监督局组织对30520户有证医疗机构进行监督，监督建档率达100%，监督53441户次，监督覆盖率达100%，查处1152户，其中警告373户，处罚8476户，罚款370万元，没收违法所得26.1万元，暂缓检验613户，吊销医疗机构执业许可证5家，吊销执业证书5人。截至2010年底，全省有64个中小医疗机构开展依法执业分级监管。同年，浙江省医学会受理委托194件医疗事故技术鉴定，不予受理4件，组织鉴定155件，终止28件，结案183件，在组织鉴定的155个医疗纠纷案件中，构成事故的73件，事故率为47.1%。截至年底，省卫生厅医政处共处理来信698件，网上投诉包括厅长信箱、监督投诉等投诉626件，接待来访215起，约430人次。2009年，浙江省共组织体检组102个，设体检站103个，共抽调医务人员3038人，实际参加体检应征青年75543人，终检合格40585人，终检合格率为53%。同年，浙江省自愿无偿献血占临床用血量比例继续达到100%。

2010年，省卫生厅启动第三周期医院等级评审工作，修订并出版了《浙江省综合医院等级评审标准(2010版)》，出台了《浙江省医院门诊管理暂行办法》和推出实名预约挂号制度，调研起草了《浙江省医疗纠纷预防与处理办法》并经浙江省政府常务会议审议通过。开展了医用耗材的集中采购试点工作，严格大型医用设备配置管理，全年共查处37家医疗机构违反规定配置大型医用设备41台。同年，省卫生厅出台《浙江省临床路径管理试点工作指导意见》，139家医院在24个专业的近百个病种中开展了临床路径管理试点，有77家三级医院开展了单病种质量控制，单病种病例信息共12996条，为单病种质量控制提供了大量的基础数据。省卫生厅出台《浙江省实施政事分开医疗质量监管工作方案》，成立浙江省医疗质量管理委员会，下设浙江省医疗质量控制与评价办公室，分别从准入管理、过程管理、结果管理和社会监督四方面对医疗质量进行全方位的监管。2010年底，浙江省医疗质量控制与评价办公室组织医疗管理、外科、内科、护理、院感、药事、院务公开、实验室检查、后勤管理等专业的专家，对省内三级综合医院、三级专科医院、二级医院、民营医院开展了医疗质量万里行督导检查，同时开展了对省内部分大型医院的巡查工作，围绕公立医院公益性、医院建设与发展、医疗服务、医院安全、经济管理、行业作风建设等6个方面进行了阶段检查，编写了报告，分析医院在制度建设、医疗服务、医疗管理等方面存在的问题及薄弱环节，并提出了改进意见。

同年，省卫生厅开展突发事件的医疗救治工作。(1)积极救治手足口病患儿，转发和公布卫生部《关于做好手足口病医疗救治工作的通知》《关于进一步加强手足口病防治工作的通知》，制定下发浙江省《关于进一步加强手足口病防治工作的通知》等文件，召开电视电话会议，全面部署医疗救治和防控任务，组织浙江省级专家组赴台州、金华、诸暨、安吉、余姚等地对14个重症患儿及时进行会诊，对疫情严重区域，加强技术力量，科学组织救治，及时安排院内、外会诊，加强督查和指导。（2）积极应对甲型H1N1流感疫情，成立甲型H1N1流感医疗救治专家组，研究制订并下发《浙江省甲型H1N1流感医疗救治应急预案（试行）》，对浙江省甲型H1N1流感医疗诊治工作程序、救治转运流程、重危病人会诊、信息上报、应急响应层次等做了具体规定，举行甲型H1N1流感诊治实战演练，对浙江省医疗机构的发热门诊进行抽查，通过对发热门诊的制度落实、组织领导、基础设施、内部设置、人员设备、消毒隔离等方面的检查，了解医疗机构发热门诊的管理现状，预检分诊制度落实情况，检查了浙江省75家医疗机构防控工作落实情况。截至12月13日，浙江省累计报告确诊甲流患者10521例，治愈9076例，重症病例累计报告583例，治愈278例，死亡14例。（3）妥善处理中毒事件、重大车祸事件。对于突发事件，有关人员第一时间赶赴现场组织救治，医院立即启动预案，开通绿色通道，成立专家组，腾出床位，确保病人安全、事态平稳，专家组成员对伤者进行逐一会诊并提出治疗方案，尽最大努力降低伤者死亡率。

同年，省卫生厅下发《"万名医师支援农村卫生工程"浙江省实施方案》及相关配套文件，要求省、市三级医院对口支援3家县级医院，县级医院对口支援3所乡镇卫生院，三级医院长期派驻受援单位的医务人员不少于3名，二级医院长期派驻的医务人员不少于2名，18家省级医院与山区、海岛医疗资源相对薄弱的县级医院建立了对口支援关系，90名派驻医师已长期在基层医院工作。1月29日，浙江省医政工作会议在杭州召开，会议总结了2009年浙江省医政工作，部署2010年工作任务。3月1日，《浙江省医疗纠纷预防与处理办法》在浙江省全面实施，浙江省11个地市及90个县（市、区）全部成立了医调会，共有调解人员566名，聘请医学专家1591名，法律专家460名，保险专家43名，涵盖了临床、中医、口腔、公卫等类别的医学各个专业。4月14日，由省卫生厅厅长杨敬带队、副厅长马伟杭与相关处室负责人及专家组成的调研组赴嘉兴市开展公立医院改革工作调研，省政府确定嘉兴市为浙江省公立医疗机构改革试点市。6月13日，省委宣传部、省卫生厅、省红十字会等9个部门联合举行的"全省无偿献血普法宣传活动"出征仪式在省人民大会堂举行，副省长郑继伟等出席出征仪式。

四、中医管理

中医起源于上古时期，春秋战国时期形成中医基本理论，但实施中医的管理始见于两汉。民国时期，中医管理实施审核国医资格，举行国医考试，管理中医队伍。中华人民共和国成立后，中医管理贯彻落实中国共产党的中西医结合方针和中医政策，拟订中医事业发展规划、服务规范和技术标准，负责中医、中西医结合机构和中医人员的准入管理，对中医医疗、预防、保健、康复、护理及临床用药等进行指导和管理，负责拟订并实施中医科学研究发展规划，促进中医科技成果转化、应用和推广，负责拟订和实施中医人才发展规划和培养工作，组织开展中医文化继承和传播，推动中医科普知识普及等工作。

(一)近代中医管理

清光绪三十四年(1908年),清民政部颁布了取缔医生规则,同时,太医院作为旧时代中医界在中央政府的象征机构失去作用。民国11年(1922年)5月,北洋政府颁布《医师(士)管理法令》,分中、西医两套,中医称医士,西医称医师,对开业人员进行登记,并开始举行中医考试。绍兴警察所委托绍兴医学会具体负责考务事宜,何廉臣等人编撰了《绍兴县警察所考取医生试艺选刊》等书。民国17年,民国政府卫生部设有中央卫生委员会,第一届委员会于民国18年2月23日在南京召开,会上以"中医妨碍全国医事卫生"为由,通过了余岩等人提出的"废止旧医以扫除医事卫生之障碍案",引起全国中医界组织抗议而终止实施。民国22年1月31日至2月1日,杭州市政府借址惠兴女学举行杭州市第一届国医考试,考试分为笔试和口试两部分,合格者420人,此外免考合格者12人。民国23年1月,第二届国医的口试、笔试分别开始,有29人报名参加,其中13人已领有外埠行政官署所发给的正式行医执照或曾在中医学校受过训练的有效证书,照章予以免试,经杭州市政府审查会审查,列入内科甲等者1名、乙等3名、丙等3名,针灸科乙等1名、伤科乙等1名、丙等2名,外科乙等1名、丙等1名,概由国医审查委员会申请市长核发中医开业执照。10月21日,杭州市举行第三届国医考试,22人及格、12人免试、3人不及格。同年,衢县实行中医考试制度,合格者授予中医资格。民国24年4月,杭州市举行第四届国医考试,61人报名,经召集委员会审定资格,38人参加审查,11人免除笔试,12人完全免试,笔试于4月7日在杭州市政府卫生科举行,全体委员详细审核了所有试卷,内科考试及格者有11人,7人不及格,1人未参加考试,外科考试及格者有2人,不及格者1人,2人未参加考试,还有伤科、眼科、推拿、妇科等考试,笔试及格后,4月14日口试,所有及格和免试人员,均检查试卷,经杭州市市长核准后,发给中医开业执照。民国24年9月2—21日,95人报名杭州市第五届国医考试,除36人完全免试外,其余考生于10月6日在杭州市政府卫生科举行笔试。民国25年9—10月,杭州市第六届国医考试,77人准予考试,22人免除口试,19人完全免试,合格者89人,由卫生科检查证明文件及试卷等,并呈请杭州市市长核准,发给执照。

(二)现代中医管理

中华人民共和国成立后,中国共产党和政府高度重视中医工作。1950年8月,第一届全国卫生会议制定了符合中国国情的卫生工作方针,为中医药事业发展指明了方向。中共中央主席毛泽东给会议题词中指出:"团结新老中西医各部分医药卫生工作人员,组成巩固的统一战线,为开展伟大的人民卫生工作而奋斗。"1952年,卫生部妇幼卫生司副司长、著名针灸专家朱琏来杭,邀请杭州市针灸师座谈针灸理论,鼓励学习和研究针灸技术的信心。

1954年8月,省卫生厅对中医队伍人员进行统计,全省有10111名中医从业人员,其中1200人分布在7个市区外,其余分布在农村。杭州市中医师各科人数461人,按其出身分为以下五种类型:(1)祖传师授336人,占全市中医73%。(2)中医专校毕业41人,占9%。(3)儒医15人,占全市中医3%。(4)江湖医生51人,占11%。(5)不学无术18人,占4%。以科目分类：内科205人、外科42人、妇科6人、儿科20人、针灸科54人、伤科47人、眼科15人、牙科63人、疯科3人、痔科2人、喉科2人、精神病科1人、按摩科1人。9月21日，浙江省召开中医代表会议，参会代表219人，会议传达了中央关于中医中药工作指示，检查过去5年来的中医工作，制订了今后工作方案，会议历时7天。10月20日，《浙江日报》发表了《坚决贯彻团结中西医政策，更好地发挥中医作用》的评论。12月30日，省委在批转省卫生厅党组关于中医工作的报告中指出，各级党委、政府、卫生部门必须对中医引起足够的重视，执行中国共产党的中西医政策，号召医务工作者学习中医技术。1955年3月14日，省卫生厅发出《关于开展中医政策学习的指示》，省委宣传部批转省卫生厅党组《关于在全省卫生人员开展中央对中医中药工作指示的学习计划》。

1956年1月，浙江省有中医师11692人（其中专科医师8301人，其他中医人员3391人），民间医生3244人，中药人员9798人，浙江省共有联合医疗机构917所（其中医院6所、诊所907所、妇幼保健站4所），设有病床212张（其中医院167张、诊所45张），参加联合医疗机构的中西医务人员共有4253人，其中包括中医师2369人、其他中医人员432人、西医师372人、医士464人、中药人员127人、其他卫生技术人员489人。2月12日，省卫生厅聘请曹炳章先生为省中医药月刊社名誉总编辑。5月8日，省人委批复同意创办《浙江中医杂志》。5月22日，省西医学习中医学术委员会成立。8月14日，为开展批判卫生部个别领导对待中医问题上的错误思想，省卫生厅决定重点访问116名各地知名中医。8月23日，第一批30名中医师分配到省中医药研究所、省中医院工作。10月19日，省卫生厅转发卫生部《对治疗、学习、传授研究祖国医学有成绩的医药人员给予奖励》的通知。11月，省卫生厅发布《关于开展中医带徒弟工作方案》。

1957年7月29日，省卫生厅召开全省中药管理委员会第一次全体会议，讨论了《浙江省中药管理委员会组织章程草案》，并成立办公室。8月，省卫生厅发文《改进中医带徒弟工作指示》。12月18日，省卫生厅发出《收集祖国医学研究及著作方面资料》的通知，至1958年12月，杭州铁路医院、防疫站、护士学校等单位组成70余人“采风队”，收集单方、验方、秘方、土方4万余个。

1958年11月18日，中共中央做出对卫生部党组关于组织西医离职学习中医总结报告的批示，省卫生厅发出通知，要求各地组织学习，切实贯彻。20日，省卫生厅又发出《关于西医学习中医》的紧急通知。12月19日，省委批转省卫生厅党组关于抽调西医离职参加中医班学习的报告。

1959年，浙江省又在全省范围内发动一次全民献方献宝运动，大力挖掘民间的医药技术成果，加以研究整理，编写出第二辑中医验方，此外还编写浙江中医史和收集整理图书文献，同时还要求各县人民公社组织汇编民间草药、单方、土方手册和中药手册。1月13日，省卫生厅召开汇报交流中药治疗丝虫病经验座谈会。同日，浙江省第一期西医离职学习中医班在杭开学，学员90余人，学制2年。至年底浙江省中医院完成各项医疗工作情况：门诊595970人次，住院人数6560人，出院人数6500人，平均住院天数15.45天，床位利用率为90.89％，床位周转率为19.69次/年，治愈率为65.07％，死亡率为2.59％。

1960年，省政府根据中央《关于贯彻中央关于大力开展西医学习中医运动的指示》，提出了在今后12年内努力完成中国新医学的建设任务，纠正对中医的武断和宗派主义，巩固中、西医团结。12月31日，浙江省第一期西医离职学习中医班结业，第二期招生80名学员，学制2年，系统学习内经、伤寒、金匮、本草等经典文献，夯实中医基本理论，同时除参加中医学术讲座外，可随中医师作临床学习，并阅读“医学三字经”“药性赋”“汤头歌诀”等。1960—1970年间，浙江省有140名西医离职学习中医。截至1960年底，浙江省有14000名中医人员，比中华人民共和国成立初期增加了6000多名，县以上医院一般都设中医科，浙江省还有国家办或集体办的12家中医院，举办的中医学院和医药学校各1所，各市县办的中医学校、班有11个，许多有名中医带了徒弟，据25个市县不完全统计，当年有945名中医学徒、420名中药学徒。1961年6月，省卫生厅召开著名蛇医座谈会，交流民间草药对防治毒蛇咬伤的实践经验。

1962年2月21日，为保护已出现严重不足的重要药材资源，省卫生厅、浙江省林业厅联合发出通知，对黄连、黄柏、杜仲、坪贝4个品种实行封管培育，3～5年内停止采挖，停止收购。3月，省卫生厅完成《天目山药用植物志》编写任务，收载药用植物1184种，共130万字。在省人委指示下，由省卫生厅统一组织编写以雁荡山为中心的《浙南药用植物志》。10月12日，省卫生厅提出抢救和继承名老中医药人员学术经验的意见。

1963年1月15日，省卫生厅发出调查全省名老中药工情况的通知，总结和抢救老药工在中药加工炮制等方面的经验。1964年4月，省卫生厅组织编写《浙江药用植物志》。

1970年1月，省革委会生产指挥组提出《1970年国民经济计划纲要》，要求全省每个生产大队有2名“赤脚医生”，发展草医、草药和新针疗法。6月26日至8月31日，省革委会在杭州举办中草药和新医疗法展览会。据10月30日统计，在推广中草药运动中，全省收购中草药品种从18种20万斤增加到250种221万斤。36个县办起了县属中药厂，928个社队办起了土药厂，中成药总产值比1969年增加36%。选编中草药汇编5本，发行400多万册。1971年7月20日，省卫生局要求各地组织学习19日新华社播发的《我国创造成功针刺麻醉》的报告。

1972年4月22—28日，省卫生局在杭州召开了全省攻克老年慢性气管炎工作会议。至1972年3月，全省共组织805个防治小组，有12954名医药卫技人员和“赤脚医生”参加，普查2915585人，查出气管炎患者132118人，治疗93412人。12月29日，省卫生局下发《浙江省中医和中西医结合工作情况和今后意见》中指出，浙江医科大学和温州医学院举办西医学习中医、在职学习班15期，有878人参加。嘉兴等9个县各办1期，282人参加。杭州铁路医院举办10期，159人参加。至年底统计，全省50多个县办起中草药厂，多数县市建起中草药推广小组和中草药服务部、门诊部。全省收购中草药由1970年的830种、42万担，增加到929种、52万余担，有24种草药制剂有了暂行标准，28种草药制剂进行试销。

1979年10月，浙江省为受林彪、江青反革命集团迫害的1800多名中医药人员平反昭雪，被强行下放的150多名中医师基本返回原岗位，并从集体机构和散在城乡的中医药人员中选拔500人到全民机构工作，招收200名全民指标的中医学徒，为170多位老中医(药)配备了助手，建立12所县中医院，成立了中华全国中医学会浙江分会，中西医结合工作重新展现美好的前景。10月7—14日，卫生部中医局局长吕炳奎等5人来浙江检查中医工作。

1984年8月13日，经浙江省委批准，省卫生厅决定创办《中医报》，向全国发行。10月27日，省卫生厅授予浙江医院等15个单位为中医药质量先进单位。

1986年5月，经省政府批准，省卫生厅决定成立浙江省中药资源普查领导小组。5月7日，省卫生厅下发《关于结束中医（药）学徒〈出师证书〉的通知》，至此浙江省此项工作结束，其间各级卫生部门为2981名中医药人员补发了出师证书。11月27日，省卫生厅决定，在全省试行《浙江省中医医院管理若干规定》。12月26日，经省政府批准，首届浙江省振兴中医中药大会在杭州召开。

1987年2月14日，省政府颁发了《关于发展中医、中药事业的通知》，并在全省范围内贯彻执行。1989年6月8日，省卫生厅决定，在全省中医院施行《中医内、外、妇、儿科病症诊断疗效标准》。

1990年3月6日，浙江省农村中医药人才培养工作座谈会在杭州召开，全省11个市、县的24位代表参加会议。会议分析了浙江省农村中医药队伍的现状，交流几年来浙江省在培养农村中医药人才方面的经验，讨论培养农村中医药人才的管理办法、教学内容和形式。5月24日，省卫生厅下达了《浙江省中医医院评审暂行标准》，决定成立浙江省中医医院评审委员会。

1991年4月，经国家人事部、卫生部、国家中医药管理局遴选，浙江中医学院何任、詹起荪、蒋文照、陆芷青、杨继荪、裘笑梅被确定为第一批全国老中医药专家学术经验继承指导老师，10名教师成为首批学术继承人，以继承和挖掘老中医药专家独到的临床经验和技术专长，经过3年的培养，1994年全部通过国家和省中医管理局组织的验收，顺利出师。5月18日，省卫生厅决定，成立浙江省中医医院医疗质量控制中心，挂靠省中医院，业务工作由省中医管理局指导。6月11日，省卫生厅发布《关于公布杭州市中医院等5所中医院等级文明中医院的通知》，杭州市中医院、余姚市中医院、海宁市中医院入选，同时授予“浙江省文明中医院”称号。1992年，省卫生厅公布第三批等级中医院和文明中医院，湖州市中医院等评定为二级中医院并继续保持“浙江省文明中医院”称号，临海市中医院评定为一级甲类中医院，东阳市中医院评定为一级甲类中医院。1992年6月16日，省卫生厅批准同意《中西医结合临床杂志》公开发行。12月30日，省卫生厅批准同意建立浙江省中医药对外交流人才库。

1993年，省卫生厅发布《关于确定浙江省农村中医工作重点建设县的通知》，第一批浙江省农村中医工作重点建设县13个，于1998年全部通过验收，被授予“农村中医工作先进县”称号。同年，浙江省中医院评审委员会组织检查、评审，金华市中医院等15所中医院分别授予等级和文明中医院。7月7日，经省科委批准同意，创办《浙江省中西医结合杂志》科技期刊。

1994年2月，省卫生厅召开浙江省农村中医工作重点建设县座谈会，浙江省农村中医工作重点建设县和全国农村中医工作试点县卫生局局长、市地卫生局中医科科长共30余人参加了会议。5月，省卫生厅召开浙江省中医医政管理研讨会，全省各中医院的医（教）务科科长和病案管理人员共100余人参加了会议。6月15日，省卫生厅批准同意成立浙江省老中医专家学术经验继承人结业考核评估工作领导小组和考评专家委员会，考评专家委员会主任委员陈晓非，组织浙江省老中医专家继承人的结业考试工作，20位继承人按期出师。

1995年，在全国中医药工作厅局长会议上，浙江省副省长徐志纯应邀出席，作了题为《加强领导制定政策促进浙江中医中药事业全面振兴与发展》的发言。1月9日，省卫生厅决定在全省医疗单位实施《中医内科急症诊疗规定》。1月12日，省卫生厅批准同意成立浙江省中医医疗机构评审委员会。1月16日，省政府下发《关于加快发展我省中医药事业的通知》，在全省贯彻实施。3月，省卫生厅在温岭召开了浙江省中医医院院长会议，会上传达全国中医药工作厅局长会议、浙江省卫生局长会议精神，部署了1995年中医医院主要工作。5月，省卫生厅召开浙江省中医药科研管理座谈会，浙江省级各有关医、教、研单位及各市地卫生局和中医院的代表共50多人出席会议。6月中旬，省卫生厅召开浙江省中医医政管理研讨会，浙江省中医医院的业务院长或医务科长、医疗质控骨干共250余人参加了会议。

1996年，省卫生厅召开浙江省中医医院院长会议，会议回顾了“八五”期间中医医院工作。同年，省卫生厅还召开了浙江省中医药科技工作会议和浙江省农村中医工作重点建设县座谈会，中医工作市地卫生局长会议。1996年，省政府批准同意王永钧、金亚城、洪用森等29人为浙江省名中医。

1997年，省卫生厅组织全省37位专家分3个组，对省14家市地级以上中医医院进行质量检查、考核和总结、反馈，组织对温州市瑞安、乐清两市的农村中医工作进行了验收。该两县市通过5年建设，取得显著成绩，建立了组织机构，成立了中医管理科，乡镇卫生院、村卫生室的中医中药工作得到了各级政府的重视和支持。同年，省卫生厅开展中医医院等级评审，至年底，通过等级医院评审的医院为64所，达标率为80%，省卫生厅确定浙江省中医院等21所中医医院为浙江省重点建设单位。3月，浙江中医学院王会仍、徐锡山、沈景允等被确定为第二批全国老中医药专家学术经验继承指导老师。6月27日，省卫生厅组织召开浙江省中医护理工作会议，到会代表140余人。10月，省政府批准浙江中医学院朱祥成、徐志瑛、柏超然等为浙江省第二批名中医。

1998年10月，省卫生厅在杭州召开了浙江省中医药科技工作会议，旨在贯彻落实全国、浙江省科技会议精神和“科教兴省”的战略方针，确定中医事业发展必须依靠科技进步的观念。12月，经省政府批准，省卫生厅、省人事厅公布浙江中医学院李树康、陈意、周维顺、盛丽先、俞景茂、汤金土、罗秀素为浙江省名中医。

1998—2002年，浙江省各级政府贯彻执行中国共产党的中医药政策，把发展中医药纳入当地经济和社会发展规划，40多个县(市、区)成立了由政府牵头的“中医药工作领导小组”，各级财政加大对中医药事业的投入，如省本级财政的中医经费从1997年的1508万元增长到2002年的4477万元，占卫生事业经费的14%，中医经费5年平均增长比例为24.32%。其间，浙江省实施《浙江省发展中医条例》，组织验收通过了34个国家级、省级农村中医药工作先进县，建设了一批国家级、省级中医药重点学科、重点专科和重点实验室，认真做好名老中医学术经验继承工作，培养了776名学科带头人和技术骨干，建设2个国家级中医药重点学科、25个省级中医药(中西医结合)重点学科、10个国家级中医重点专科,确定42个省级中医重点专科建设项目和58个市级中医重点专科。

2000年3月5日,省政府召开了浙江省中医药工作会议,出台《关于加快发展浙江省中医中药事业的通知》等政策文件。4月23日,浙江中医药学会组织浙江省、市中医及中西结合专家26人,在武林广场举行"庆祝浙江省发展中医条例颁布3周年大型义诊"活动,义诊及咨询达617人次。6月,浙江中医药学会门诊部举行为期一周的"弘扬中医药文化,为民服务周"义诊活动。12月,该门诊部举办"健康家园——医学科普进万家10年大行动"义诊咨询及赠书活动。

2001年,浙江省制定《浙江省中医药重点学科建设管理办法》《浙江省中医重点专科的建设管理办法》,有20个中医药重点学科及5个重点扶持学科列入省卫生厅2001年中医药重点学科建设计划,中医内科基础和中医消化内科被列为国家中医药管理局的中医药重点学科建设项目,中医肾病、中医脑病等10个项目列入国家中医重点专科建设计划,17个浙江省级重点专科专病中心正式挂牌。兰溪市、桐乡市经国家中医药管理局组织验收,授予"全国农村中医工作先进县"称号。同年,省卫生厅与浙江省人事厅(以下简称省人事厅)共同制定《浙江省名中医(含中西医结合、中药师)评选管理办法》,并确定25名名中医(药)师入选。浙江省实施的"浙江省杏林人才培养工程",将重点学科、重点专科、重点实验室、优秀青年科技人才以及学术继承人等各类人才培养项目集成,将全省600余名中医药学科带头人、后备学科带头人及技术骨干列入计划进行重点培养。

2002年,浙江省中医药管理局组织起草《中医、中西医结合病历书写要求》《中医医院护理文件书写要求》等文件,完成浙江省级中医医疗机构分类管理核定工作,实施《中医病案规范》《中医疾病诊疗规范》《医院感染管理规范》等,规范中医医疗行为。同年,浙江省组织申报国家第三批老中医药专家学术经验继承工作,共有55位指导老师和84位继承人进入浙江省级继承与发展计划。浙江省还确定了77位名中医药学术经验继承指导老师和选拔了109位学术继承人进入国家级、省级中医药继承与发展计划。同年,浙江省中医药管理局申报全国中医重点专科建设项目,浙江省的中医肾病、中医脑病等10个项目正式列入国家中医重点专科建设计划。浙江省启动20个中医药重点学科建设项目及5个浙江省级中医药重点扶持学科建设项目,组织专家对25个浙江省中医药重点学科与重点扶植学科一年来的建设情况进行了考核评估。浙江省中医药科技成果推广中心等单位举办了中西医结合急诊技术、中医肛肠外科技术、中西结合治疗疑难皮肤病技术、溶石疗法、钩针疗法、针刀技术、煎药机技术等成果推广学习班,推广中医药科技成果及适宜技术18项,对来自基层和农村的卫生技术人员进行了先进适宜技术的推广培训,共培训1000余人。

2003年,浙江省有81.05%的乡镇卫生院设有中医科,75.65%的乡镇卫生院设有中药房,乡镇卫生院和村卫生室的卫生技术人员都能运用基本的中西医两种方法防病治病,乡镇卫生院中的中医门诊占总门诊人次的18.9%,村卫生室中的中医门诊占门诊总量的24.36%。同年,浙江省启动了农村中医骨干培养计划,至2005年,浙江省共拥有农村中医骨干培养对象150人,其中包括2005年6月启动的第二批建设计划,共有94位来自农村基层的中医师参加了培养。3月21日，浙江省中医药管理工作会议在杭州召开，会议部署了当年工作任务，明确提出“1234”发展方略，来自浙江省各地的中医处(科)长和高等医学院校的科研处长参加了会议，会上，省中医药管理局通报了全国中医药工作会议的有关精神，并指出2003年浙江省中医药工作要紧紧围绕“浙江省中医药现代化工程”提出的各项任务，在农村卫生服务、城镇医药卫生体制改革、法制建设、科技创新、人才培养、信息化服务等方面加强中医药工作建设。9月，省卫生厅在东阳召开的浙江省中医院院长工作交流会，会议讨论《浙江省中医医院评审标准》。

2004年，浙江省中医药学会会长张承烈及部分专家参加了“三下乡”活动，义诊病人700余人，受到当地中医院及患者的欢迎。2005年，学会组织一支医疗队赴开化进行义诊，并对基层医院进行业务指导及开展学术报告活动。2007年，学会组织专家赴天台县中医院举办了“中医膏方节”，中医内、外、妇、儿等科专家参加了此次活动。2008年，学会组织专家赴路桥区中医院、萧山区中医院开展送医到山区、到基层活动。1月14日，浙江省举行2004年名中医迎新春团拜会，浙江省人民代表大会常务委员会(以下简称省人大常委会)副主任鲁松庭、省政协副主席徐鸿道等领导与浙江省100多位中医药专家欢聚在省人民大会堂，共商中医药事业发展大计。5月，省人大常委会发布了《浙江省发展中医条例》修正案，省卫生厅制定了《浙江省中医医院评审标准》及《浙江省中医病历书写规范》等行业内技术标准，并在全国率先贯彻实施《进一步加强中西医结合工作意见》，厘清了浙江省中西医结合工作的发展思路。6月29日，全省中医医院院长工作交流会在杭州召开，会议要求全省中医医院必须紧紧把握依法行医、质量兴院的发展主线，努力打造具有中医特色的综合性中医医院，在诊疗技术上要做到中医要领先、西医不落后，在服务功能上要把向人民提供满意的中医药服务作为工作的出发点和落脚点。

2005年，浙江省中医药管理局成立“优秀中医临床人才研修项目”专家指导组及管理工作组，专家指导组组长范永升，管理工作组组长洪雁，至2009年浙江省启动第一批全国优秀中医临床人才研修项目和第四批全国老中医药专家学术经验继承工作，和省教育厅学位办联合制定并实施《浙江省全国老中医药专家学术经验继承工作继承人学位授予管理办法》，开展国家级和浙江省级中医药继教项目191项。1月，浙江省第一批中医药重点学科建设计划的24项中医药重点学科被省卫生厅授牌命名为“浙江省中医药重点学科”。据统计，重点学科建设期间学科群共获专项建设经费920万元，单位配套经费3890万元，承担各级在研项目517项，其中有国家级项目77项，省部级项目131项，厅局级项目309项。在这些项目中，获国家科技进步奖二等奖2项，省部级奖项51项。此外，正式公开发表著作102部，公开发表论文1255篇，其中被SCI收入177篇，在国际学术期刊上发表70篇，引进、应用和推广成果104项，成果转让金额880万元，获专利34项，拥有实验室总面积17520平方米。4月，国家中医药管理局正式批准长兴、平阳两县为全国农村中医工作先进县，绍兴市被确定为全国农村中医工作先进市建设单位。截至年底，浙江省共有全国农村中医工作先进县数达到15个，在建的全国农村中医工作先进市1个、全国农村中医工作先进县6个。

2005年4月，浙江省中医药管理局召开了浙江省中医医院院长工作会议，有100多位来自浙江省各级中医医院的负责人参加会议。6月中旬，浙江省中医药管理局组织专家对浙江省中医院、浙江省立同德医院、浙江省新华医院和浙江省针推医院等4家浙江省级中医医院开展医院管理年活动情况进行了专项检查。9月5日，国家中医药管理局督查组一行3人由国家中医药管理局办公室主任王勇带队，在浙江省中医药管理局局长王玲的陪同下，对农村初级卫生保健和新型农村合作医疗试点中发挥中医药作用、充分保持和发挥中医药的特色优势、推进中医药事业的全面发展等工作进行了专项督查。11月2—4日，卫生部副部长兼国家中医药管理局局长佘靖来浙江省调研中医中药工作，佘靖一行前往浙江省中医院、杭州市中医院和赴椒江区、黄岩区进行了实地调研，召开了由浙江省中医名医名专家参加的振兴中医中药事业座谈会，在听取省卫生厅厅长李兰娟等对浙江省中医中药事业的情况汇报后，佘靖对浙江省的中医中药事业发展所取得的成绩给予了充分的肯定。2005年下半年，浙江省有10个国家级重点专科和59个浙江省级中医重点专科及112个市县级中医重点专科在建项目，省中医药管理局对国家级和省级中医重点专科的在建项目还开展了年度考核评估工作。

2007年2月13日，浙江省成立全国首家名中医研究院，省委书记习近平发来贺信，省长吕祖善接见了名中医药专家。7月，全省中医药工作分管局长会议在安吉县召开，会议的主要任务是继续学习贯彻国务院副总理吴仪在2007年全国中医药工作会议上的讲话精神，总结回顾2007年上半年全省中医药工作的情况，研究部署下半年中医药重点工作，进一步厘清和明确今后一段时期全省中医药工作的思路与方向。

2008年，浙江省推进中医药“三名”“三进”工程(培养名医、创建名科、建设名院和中医药进农村、进社区、进家庭)，中医药服务能力不断增强，有国家重点建设中医院9家、国家中医药重点建设学科2个、国家中医药重点专科建设单位32个，90%的社区卫生服务中心设置了中医科、中药房，绝大多数社区卫生服务中心中医药服务量占服务总量的1/3～1/2，中医药服务效率和效益在全国领先，中医医院职工人均年诊疗人数、日均诊疗人数以及床位使用率分别居全国的第二位、第三位和第五位。同年，浙江省中医院被国家发改委和国家中医药管理局确定为国家中医临床研究基地，共有344项课题被列为浙江省中医药科研计划，71项成果获得浙江省中医药科技创新奖，10项成果获浙江省科技进步奖，21个中医药实验室通过国家中医药管理局三级实验室专家评审，4个研究室列入国家中医药管理局重点研究室建设计划，有1位中医药专家被省政府确定为浙江省特级专家，有24位指导老师及48位学术继承人纳入国家第四批老中医药专家学术经验继承工作计划。同年，省政府成立中医工作协调小组，召开了浙江省中医药工作会议，出台《关于进一步促进中医药事业发展的意见》，推进中医药事业发展。

2008年4月，省政府成立由副省长郑继伟任主任，省发改委等有关部门领导为成员的“中医中药中国行”浙江省活动组委会，省组委会办公室设在省卫生厅，负责全省活动开展工作。省卫生厅制订《“中医中药中国行”浙江省活动实施方案》，通过在全省范围内举办大规模的中医药科普宣传活动，集中展示中医药悠久的历史、科学的理论、独特的方法、良好的疗效，促进中医药进农村、进社区、进家庭，推进中医药惠及千家万户，让广大人民群众切实感受中医药在维护人民健康、满足多样化医疗服务需求中的特色与优势。该项活动由中医大篷车万里行活动、赠书和捐赠活动、医疗义诊活动、中医药健康知识讲座活动及其他相关系列活动组成。4月17日下午，全省中医药工作汇报会在浙江中医药大学举行，副省长郑继伟听取了全省中医药工作汇报并做了重要讲话，省卫生厅厅长杨敬从浙江中医药发展概况、努力实施中医药攀登工程、积极争创"国家中医药临床研究基地"、认真举办"中医中药中国行"活动四个方面对全省中医药工作进行了汇报。10月28日，浙江省中医药工作会议在杭州召开，省委书记赵洪祝做出重要批示，省长吕祖善，卫生部副部长、国家中医药管理局局长王国强，副省长郑继伟，省卫生厅厅长杨敬等出席会议，吕祖善对全省中医药工作提出了要求，王国强根据国家中医药管理局工作统一部署和浙江中医药工作实际提出6项建议。同日，"中医中药中国行"浙江省启动仪式暨杭州站活动在杭州运河文化广场举行。这项活动共举行100多场技术培训、健康讲座和义诊活动，培训基层医生1万多人次，发放5万余份科普宣传资料，10万册中医药实用技术手册，有23家基层单位接受价值近800万元的医疗捐赠物资。10月29—31日，卫生部副部长王国强率调研组，对杭州、绍兴、宁波等地的中医药工作进行了考察调研。11月29日，由国家中医药管理局、省卫生厅和浙江省中医药管理局共同主办的"治未病"高峰论坛——"体质—肺/大肠—易发疾病"的防治专题讲坛在杭州举行，卫生部副部长王国强、总后勤卫生部副部长袁永林、副省长郑继伟、省卫生厅厅长杨敬及数百位市民到场听讲。

2009年，省政府出台《关于进一步促进中医药事业发展的意见》，协助省人大常委会开展《浙江省发展中医条例》督查，组织开展农村中医医疗服务体系建设、中医药服务项目和诊疗技术的经济学评价及补偿政策、中医医疗预防保健机构准入制度等专题研究。同年，省中医药管理局进一步推进以"中医名院、名科、名医"和"中医药进农村、进社区、进家庭"为内涵的"三名""三进"工程，7家中医医院被列入国家市地级以上重点中医院建设项目，8家中医院被列入国家农村基层卫生建设项目，争取到国家资金6400余万元，启动了首批中医医院标准化建设项目，安排中医药专项经费1000万元，宁波、衢州、丽水市中医院等改扩迁建项目交付使用或启动建设，中医医院的硬件设施和诊疗环境得到改善。同年，省中医药管理局承办了首届全国中医医院中医药文化建设经验交流会，5家医院列入了全国中医医院中医药文化基地建设项目，举办了全国中医药特色社区卫生服务示范区大运河高级论坛，组织专家参加了第七届海峡两岸中华传统文化与现代化研讨会暨首届海峡两岸医学文化与医学发展论坛，组织42名浙江省级名中医药专家赴台湾地区参加海峡两岸中医药合作发展论坛。同年，浙江中医药大学教授何任获全国首届"国医大师"称号，浙江省授予31位专家"浙江省中青年临床名中医"称号和77位专家"浙江省基层名中医"称号。浙江省12个学科被确定为国家中医重点学科建设单位。2009年底，全省公立中医医院总诊疗数3056万人次，比2005年增长41%，总出院数53万人次，增长37%。"十一五"期间，浙江省中医药领域共获国家级课题70多项，省部级课题370多项，获各级政府科技资助2.8亿元，配套投入近3亿元。

2010年，省中医药管理局根据省政府颁布的《浙江省卫生强省建设与"十一五"卫生发展规划纲要》要求，将中医药人员数和床位数作为卫生强省建设的重要指标，将"中医药攀登工程”列为卫生强省建设的六大工程之一，省政府还将中医医院标准化建设和中医药普及项目分别列入“浙江省重大项目建设行动计划”和“浙江省公共服务均等化行动计划”，予以重点建设。在新一轮机构改革中，进一步完善了由省卫生厅领导和管理的浙江省中医药管理局，增加人员编制，加强管理职能，加大对中医药事业的扶持和投入。“十一五”期间，浙江省级财政累计补助中医专项经费 2.26 亿元，全省 93 家公立中医医院资产总额达到 115 亿元，建筑面积达到 188 万平方米，实际开放床位 20447 张，中医药科技水平和人才素质得到了大幅提高。浙江省中医药科技创新能力和水平不断提升，血液病、肾病、风湿免疫等中医药学科居于全国领先水平，其中由浙江省中医院主持的“超临界二氧化碳萃取中药有效成分产业化应用技术”和由浙江中医药大学主持的“当归提取物治疗高血压病的作用机制与临床研究”分别获国家科学技术进步奖二等奖。同年，国家中医临床（血液病）研究基地落户浙江省，建立国家中医药重点研究室 5 个，国家中医药重点学科 14 个，国家教育部中医药重点学科 4 个，国家中医药三级实验室 20 个，省政府“重中之重”学科 4 个，浙江省中医药科技创新平台 5 个，浙江省中医药重点学科 57 个，浙江省中医药重点实验室 26 个，省级中医“名院”33 家，建设的数量与质量均处在全国前列，推广应用成熟的 58 个中医药单病种诊疗规范，启动 100 个病种诊疗规范修订及临床路径研究，成功创建全国综合医院中医药工作示范单位 7 家。

五、科研教育管理

浙江的医学教育始见于南宋绍兴年间(1131—1162 年)，朝廷设立翰林官医局(太医局)，负责医学教育，局设医学堂，主要职责是为朝廷培养太医。鸦片战争后，西方医学传入中国，清道光二十三年(1843 年)，美国浸礼会派玛高温(D. J. Macgowan)到宁波北门附近设立诊所，曾以西方的解剖学和生理学教授当地学徒，这是浙江最早的院校式传授西方医学的事例。光绪七年(1881 年)，英国人梅藤更夫妇来杭州创办了广济医院，并在医院内创建了医校，建有教室和实验室，进行教学。民国时期，浙江省高中等医学教育机构有浙江大学医学院、浙江省立医院、公私立中等卫生学校 15 所。浙江省高中等医学教育机构共培养了 1780 人。宁波、温州、嘉兴、丽水等地先后办起了医校。

中华人民共和国成立后，浙江省确立了中高等、研究生和进修教育等多种形式的教育结构，形成了一套完整的多层次的医学教育体系。1950 年 4 月，省政府指示将卫生业务教育领导关系转省卫生厅，省卫生厅开始接办浙江省中等医学学校，接办的有浙江省立杭州高级医事职业学校、浙江省立绍兴医院卫生技术学校、浙江省立宁波医院护士学校等 11 所医学学校。5 月，浙江省文教厅将全省中等医学教育机构正式移交给省卫生厅。

1951 年 1 月，浙江省立医学院增设医学专修科，增加省立医学院的教学医院，指定妇女保健院为第一医院，广济医院为第二医院，省立杭州医院为第三医院，指定省立金华医院，省立卫生医院各增设中级卫生技术学校 1 所，省立台州医院增设护士学校 1 所。3 月，根据省政府办公厅要求，浙江省、市卫生行政部门接管附设护士学校 6 所，在校学生 298 人。

1956 年，省卫生厅召开会议对医学教学计划进行修订，各中等医学院校在教学思想、内容、制度、方法、组织等进行了调整，把过去职业性质的学校改革为新型社会主义性质的医学教育单位。1950—1956年间,浙江省对15所中级卫校进行了整顿,合并为8所,有专任教员1848人,在校学生2569人。其间,为国家培养了4650名中级卫生技术人员,建立了浙江省卫生干部进修学校,进修培养卫生干部1147名,建立了浙江省中医进修学校,培养中医骨干228名。

1957年,浙江省、市、县各级卫生部门,均有专职或兼职干部具体负责学校卫生工作,市和部分县建立学校保健指导委员会,大专及大部分中等学校已普遍成立学校保健委员会,浙江省8所大专院校和477所中等学校(包括中等专业及师范学校)根据学生人数比例,均配备有一定工作水平的医务卫生人员,共计500多人,25918所小学,一般都有1～2名受过短期业务训练的保健老师。

1958年,浙江省制订医学教育工作规划。第一部分,高等医学教育。增加专业扩大招生,新建温州医学院和5所医学专科学校。第二部分,中等医学教育。对现有7所中等医学学校做适当调整,新办卫生学校6所,新办医院附属护校14所,新办医院附属产校5所,新办医士学校1所,在医学办学中还采取高中初、中西医、学校教育、干部教育与群众卫生知识教育一条龙的形式。同年,浙江省高等医学院校由1所增为5所,招生1174名,中级卫生学校由7所增为15所,招生2315名,卫生干校与中医学校也均由1所增为2所,业余医科大学与业余中级卫校等也相继出现,据不完全统计,浙江省共办了业余大学8所,业余中级卫校2所。8月,省卫生厅召开中等医学教育研究会,研究修订医专与中等医校教学大纲。

1959年,浙江省有5所高等医学院校、14所中等专业学校。6月,省卫生厅召开教学计划研究会,受卫生部委托,起草中等医校8个专业的教学计划。6月15日,卫生部副部长、中华医学会会长傅连璋来杭州检查医学会、教育、科研和医疗机构等工作,参观了小营巷,并在浙江省市卫生干部会上做报告。

1960年6月22日,省卫生厅颁布培训儿童保育护士的方案,要求当年每一个县达到有2名相当于中级卫生学校毕业的保育护士,每公社有3～4名经过3个月训练的保育员,每个县有1名儿科医师。

1961年,浙江省高等医学院校毕业生分配重点是加强县(市)医疗单位,共分配县(市)医疗单位高级毕业生461人,中级毕业生1272人,分配到工矿企业部门的高级毕业生140人,中级毕业生182人。4月5日,根据卫生部关于动员应届毕业生到农村思想教育工作的通知,浙江省计委确定医学院校的应届毕业生70%到农村,其中50%到县医院工作。

1962年,浙江省卫生事业发展规划提出,必须有计划地培养各级各类卫生技术人员,计划10年培养高中级技术人员15401人,其中高级4814人,中级10587人。同年,浙江医科大学校发展规模调整为医疗系五年制,每年招生360名,共为1800名,药学系四年制,每年招生40名,共为160名;中医学院六年制,每年招生60名,共为360名。6月5日,省卫生厅向省委整编精简委员会汇报1960年以来浙江省卫生部门的整编精简情况,专业学校由83所调整为14所,并精简出一批劳动力支援农业第一线。到1962年底,浙江省实有本科在校学生2650名,教职员工与学生的编制比例为1∶3.6,另有研究生15名,夜大学学生151名(1962年不再招生),函授学生764名,教师与研究生比1∶5,夜大学教师与学生比1∶50,函授教师与学生比 1∶1000，另计算编制。

1971 年 7 月 20 日，省卫生局要求各地组织学习 7 月 19 日新华社播发的《我国创造成功针刺麻醉》一文。

1979 年 10 月 6 日，省卫生局组织力量对浙江省 10 所中等卫（护）校进行了一次教学质量检查，这次教学质量检查，形式多种多样，主要是听取情况汇报和经验介绍，参观校园建设，召开各种类型的座谈会 143 次，随班听课（包括观摩课）416 人次，对各卫校分专业、班级的 853 名学生进行理论和实际操作的抽样考核，调查学校的教学计划、教师的教案和备课笔记，观看师生的文艺演出、体育比赛和基础护理操作表演等。

1983 年 1 月 29 日，省政府召开全省卫生工作会议，省卫生厅科教处处长吴雪虹做了《要把医学教育作为战略重点来抓》的发言和宁波地区卫生局做了《努力搞好职工教育，开创卫生工作新局面》的经验介绍，代表们就加强人才培养和重视知识、尊重知识分子的问题进行了讨论。

1987 年，根据省科委关于浙江省级各主管部门可以设立相应的科学技术进步奖的规定，省卫生厅决定从 1987 年起设立“浙江省医学科学技术进步奖”。2000 年，省卫生厅设立“浙江省医药卫生科技创新奖”，出台与之配套的《浙江省医药卫生科技创新奖励管理办法》。2005 年，经省卫生厅同意，省科技厅批复，由浙江省医学会承接并设立“浙江省医药卫生科技创新奖”，2010 年更名为“浙江省医药卫生科技奖”。

1992 年，浙江省医学会与浙江省气象学会协助中国农业电影制片厂完成了科普电影《气候与疾病》的剧本制作、定稿、影片摄制工作。1995 年，省卫生厅下发《关于评选优秀教师、优秀教育工作者的通知》，各市地卫生局及有关单位进行认真推荐，经浙江省模范教师、模范教育工作评审小组评审，厅党组批准，决定授予郭常安等 10 人“浙江省卫生系统模范教师”“模范教育工作者”称号，授予徐坚等 20 人“浙江省卫生系统优秀教师”“优秀教育工作者”称号，并颁发证书，以资鼓励。1996 年，省卫生厅召开了由各市地卫生局、浙江省市医学科研机构、高等医学院校、厅直属单位等领导参加的浙江省卫生科技工作会议。同年，浙江省 11 个市地电视台均开播了“九亿农民健康教育行动”的专题卫生节目，以县（市）为单位的卫生专题节目开播率也达到 90%以上，达到了国家提出的指标要求。浙江省中小学（农村完小以上）卫生课开设率继续保持 100%。

1997—2002 年，浙江省中医药继续教育委员会审批、公布省级中医药继续教育项目 211 项，开展中医药继续教育的市（县、区）覆盖率达到了 100%，接受中医药继续教育的专业技术人员达到 85%，继续教育项目的学科覆盖率达到 85%，通过名老中医药专家的学术经验继承等，已培养学术继承人 46 名，省级专科专病技术骨干 87 名，在 25 个省级重点中医专科、17 个诊疗中心的中医药专科服务中发挥积极作用。其间，浙江省有 5 所院办护校停办，6 所卫校并入综合性大学或医学专科学校，1 所卫校易地新建高职院，3 所卫校并入当地高职院。

1998 年，浙江省成立各级中医药继续教育委员会或分中心和浙江省中医药继续教育中心，依托高等中医院校的师资和教学管理经验，承担中医药继续教育项目的组织申报、评审、实施、检查、学分授予等日常工作。

2001年,浙江省13所中等卫校除个别学校没有改制外,绝大多数已通过资源重组、机构合并、层次升格等形式提升为高等医学院校或职业技术学院,基本形成以高等医学教育为主体的办学格局。2002年,省卫生厅召开浙江省中医药继续教育工作会议,会议回顾五年来浙江省中医药继续教育工作,总结交流开展中医药继续教育的经验,研究新形势下如何深入开展中医药继续教育工作,会后根据事业的发展与要求,制定下发了《浙江省中医药继续教育"十五"计划和浙江省中医药继续教育规定(试行)》《浙江省中医药继续教育项目申报、认可办法》《浙江省中医药继续教育学分授予办法》以及《浙江省中医药继续教育基地管理办法(试行)》等有关文件,对浙江省中医药继续教育工作的相关政策与制度做了进一步的规范。

2003年,浙江省优化教育结构,提升医学教育层次,基本停止了中专医学教育的招生,完成了浙江医学高等专科学校、嘉兴学院医学院和宁波卫校异地迁建任务。7月16日,省卫生厅在萧山召开2003年浙江省卫生科技教育工作会议,会议回顾了过去5年浙江省卫生科教工作取得的主要成绩,表彰了一批科教管理先进集体和先进个人,部署了之后几年卫生科教工作的任务。

2006年5月20日,浙江省卫生系统组织开展了以"卫生服务新农村(社区)"科普大行动为主题的医学科普活动,组织浙江医院、浙江省人民医院、浙江省医学科技教育发展中心等11家省级医疗卫生单位60余名医护人员,在武林广场开展医疗卫生咨询义诊、宣传现代社会健康文明生活方式、介绍医学科技新成果及面向农村和社区的卫生保健适宜技术、宣传试管婴儿和血液安全知识,分发科普资料。全省各级医疗卫生单位和卫生行政部门1万余名医护人员赴农村和社区,开展健康咨询、医疗维权、食品和化妆品宣传、心理健康咨询等形式多样的科普宣传活动。浙江中医药大学附属第三医院(浙江省针灸推拿医院)组织中医针灸专家、博士和硕士研究生、学生志愿者组成下乡医疗队,到笕桥人民医院,为该镇的居民做健康知识宣教、医疗咨询和诊治、免费测量血压和针灸推拿治疗。

2007年5月22日,省卫生厅召开全省卫生科技教育工作会议,总结2005年以来的工作,交流各地各单位的先进经验,分析面临的形势和任务,部署下一阶段工作,省卫生厅厅长李兰娟、浙江省科技厅厅长蒋泰维、省卫生厅副厅长杨泉森到会并讲话,省教育厅、省人事厅、省财政厅等有关部门领导出席会议,各市卫生局分管局长、科教处处长,各省属医疗卫生单位领导、科教科科长,医学院校领导、科教处处长、成教处处长,全省三级甲等医院分管院长以及卫生科技教育有关单位负责人共计200余名代表参加了会议。

2008年9月1日是全国第一个"全民健康生活方式日",省卫生厅、绍兴市卫生局、绍兴市越城区政府联合在绍兴市城市广场举办"浙江省全民健康生活方式日暨绍兴市和越城区全民健康生活方式行动启动仪式"大型活动,省卫生厅、绍兴市人大、政府、政协及有关部门领导现场为7支健康生活方式行动讲师团授旗,向市民代表分发了装有健康用具的"大礼包",活动现场展出了宣传健康知识展板,开展了健康咨询和调查评估工作。

2009年,浙江省医学会与杭州市卫生局、杭州电视台生活频道联合建立《相约健康》电视科普栏目,该栏目当年播出104期,收视率稳步上升。同年,省医学会组织开展了世界肾脏病日大型科普讲座、世界疼痛周大型广场义诊、世界精神卫生日大型广场义诊等活动,并在专科分会年会期间组织科普活动专场，全年共举办科普讲座22场，受益群众达3000余人。4月15日，省卫生厅与省教育、人事、财政等部门联合出台了《关于开展定向培养农村社区医生试点工作的通知》，启动浙江省定向培养农村社区医生工作，全省以浙江医学高等专科学校、湖州师范学院、金华职业技术学院等3所院校为平台，由各县（市、区）卫生局根据区域卫生发展规划提出定向培养计划需求，列入当年全省普通高考招生计划，按以市为范围的户籍所在地生源定向招生，安排在第3批提前录取，学生毕业后定向到乡镇、村社区卫生服务机构工作，服务期不少于5年。该年全省填报志愿和签订就业协议的考生共2830名，录取502名，其中欠发达地区235名，全省平均录取比为5.6∶1，顺利完成了当年定向培养的各项计划任务。11月26日，全国医学高职高专教育研究会临床医学教育分会年会在浙江医学高等专科学校召开，教育部高职高专医学类专业教学指导委员会主任委员教授文历阳、全国医学高职高专教育研究会理事长涂明华以及来自全国各地50余位医学高职高专校长、专家学者参加了会议。

2010年，浙江省继续教育办公室组织开展了浙江省"十一五"继续医学教育评估工作，对各市卫生局、省级医疗卫生单位"十一五"继续医学教育的政策与制度、组织管理、实施情况及完成情况等进行检查评估，对收集的资料进行统计和分析，组织编写了《浙江省"十一五"优秀继续医学教育项目选编》和完成《浙江省继续医学教育"十二五"发展规划（征求意见稿）》编写任务。据统计，"十一五"期间，浙江省共开展继续医学教育项目1779项，总完成率达94%，每年参加培训的继教对象达8.5万人次，继续医学教育工作县级以上医疗卫生单位覆盖率达100%。4月1—2日，浙江省卫生科教会议在杭州召开，会议总结交流2009年浙江省卫生科技教育工作，部署2010年工作任务。

六、卫生信息管理

卫生工作在为社会公众服务中产生大量信息，实施卫生信息管理旨在为患者医疗服务、提高临床工作水平，为卫生行政部门制订规划、计划提供科学依据，为促进医学科学研究、医学教学与培养人才服务。卫生信息管理也是随信息科学与计算机技术在医学领域中的广泛应用而发展起来的一门新兴学科。

1972年4月10日，第一届浙江省医药卫生科技情报工作座谈会召开。1973年，浙江省医药卫生科技情报网得到了进一步巩固和发展，浙江省9个地区建立了情报站，有49个县建立了情报组，不少县在社区和基层单位建立了情报小组和情报联络员，各地围绕防治常见病、多发病、计划生育等重点项目，广泛地开展了医药情报的交流工作。1974年12月13日，浙江省召开第四次医药卫生科技情报工作座谈会，会议拟订《浙江省医药卫生科技情况工作情况和今后意见》。1979年4月29日，浙江省医学情报工作会议在杭州召开，参加会议的有各地区和部分县的医学情报机构、浙江省高等医学院校和部分厅局直属单位的代表共29人，中国医学科学院医学情报研究所、浙江省科技情报研究所等有关单位的代表应邀到会指导，会议传达了全国医学情报工作会议精神，交流了浙江省医学情报工作的经验，讨论和明确了今后医学情报工作的任务。1987年6月24日，浙江省中医药情报协作委员会会议在杭州召开，出席会议的有来自省、市、县级22个中医单位和8个情报站(所)的代表34名。

1991年4月24日,省卫生厅批准成立省卫生厅计算机领导小组,省卫生厅厅长戴迪任组长,职能是负责全省卫生系统计算机应用发展规划、系统设计、人员培训、技术推广应用等工作。

1998年,浙江省卫生信息中心成立,隶属省卫生厅,事业单位,核定事业编制6名,其职能是研究制定浙江省卫生信息化建设规划、建设项目管理办法、医疗卫生单位计算机应用开发规范和评审标准以及相关系统的管理条例。建设、维护和管理浙江卫生信息网络平台,承担国家卫生信息网、省政府政务网、市县卫生信息网、在杭医疗卫生单位、社区卫生信息网站的联结任务。开发利用浙江卫生信息资源,建立电子政务、卫生监督管理、疾病预防控制、医疗服务、医学科研和教育,以及社区卫生信息数据库,面向社会开展网上咨询、教育和信息服务工作。负责省卫生厅机关办公自动化系统的建设和维护,保障厅机关局域网正常运行。组织、协调浙江省卫生领域重大信息化建设项目。宣传、引导、规范、管理全省卫生系统计算机应用工作。负责浙江省卫生信息统计、处理和上报工作。同年,省卫生厅信息化工作领导小组成立,由李兰娟任组长,领导小组下设办公室和专家技术组。

1999年,省卫生厅制定《浙江省卫生系统信息化建设规划(1999—2010年)》,提出了“建立一套以科学管理为基础,以计算机及网络、信息技术为手段的卫生现代化体系,建成与医疗卫生服务、卫生监督执法等相适应的覆盖全省医疗卫生的网络系统,有效开发和利用卫生信息资源,为政府、医疗卫生单位、社会及大众提供医疗卫生信息服务”的总体目标。省卫生厅网站(www.zjwst.gov.cn)开通并投入运行。同年,省卫生厅成立以厅长为组长、分管副厅长为副组长、10余个相关处室领导为成员的卫生厅信息化领导小组,明确领导小组的主要职责。在浙江省事业单位改革、机构缩编的情况下,省卫生厅积极向省政府及人事编办部门争取编制,每年安排一定的专项经费,部署卫生信息化建设工作,落实卫生信息化开发项目,为浙江省卫生信息化建设提供了基础条件。

2000年,省卫生厅制订《浙江省国家卫生信息网总体实施方案》《浙江省卫生防疫信息系统建设规划》《浙江省卫生监督信息网建设规划》等5个规划方案。这些规划方案的制订,为浙江省卫生信息化建设工作提出了指导性意见。为确保目标方案得以实现,省卫生厅还制定了《浙江省卫生信息化建设管理办法》《浙江省卫生系统计算机软件评审细则》《浙江省医院信息系统功能规范》等10项规章制度,促进了浙江省卫生信息化建设工作健康、有序的开展。同年,浙江省451家县级以上的医院中,拥有小型机的占1.6%,拥有工作站的医院每一所平均10台左右,研发了门诊挂号、收费和住院管理等应用信息系统。2000年起,省卫生厅机关公文起草、流转、审批、查阅全部实现了无纸化,会议纪要、工作安排、机关事务性公告或通知实现了电子化、网络化。

2001年,浙江省卫生信息网通过广电网接入公共数据网,省卫生厅机关行政审批系统与省政府和19个厅局实现了网上并联审批,参加国家卫生信息网招标的400余万元网络设备在浙江省卫生系统安装调试完毕并投入使用。省卫生厅机关和11个市卫生局办公自动化系统投入使用,社区卫生、卫生防疫、医政管理等多个系统管理软件编制完成,在试点的基础上推广应用。按照卫生部《国家卫生信息网项目建议书》要求，浙江省完成了国家卫生信息网从省到市、县的疾病控制机构局域网和工作站建设任务，实现了与国家卫生信息网虚拟专网连接。

2002 年，浙江省启用“国家疾病报告管理信息系统”，在全国率先向卫生部传报了“疾病信息数据”。同年，省疾病预防控制中心建立了局域网，连接了互联网以及连接了省卫生厅机关行政网，应用“实验室资源管理系统(LRP2000-CDC)”，实现了实验室人、机、料、法、环等资源的一体化管理。浙江省 408 家县级以上的医院有 322 家医院实现了计算机管理，63%的中医医院对中医病案首页、医保结算、中医院综合数据统计等也实行了计算机管理。浙江省立同德医院及金华、温州、青田等中医院还实行了电子处方、HIS 系统和其他软件的应用，使医院的管理与服务水平上了新的台阶。浙江省自行研制和开发了卫生妇幼保健、计划免疫信息管理软件，医师资格登记软件，医疗机构登记管理软件，医师执业注册软件，医疗事故纠纷管理软件，医疗质量控制软件，血液管理软件，卫生防疫检验检测管理软件，医疗单位成本核算软件等一批适用卫生领域的计算机软件。4 月，国务院副总理李岚清在视察杭州市潮鸣街道社区和嘉兴秀洲区乡镇卫生院时，详细了解了全科医生如何利用“社区卫生服务信息系统”为城乡居民建立健康档案的情况。李岚清称赞：“这是符合卫生体制改革的需要，是件为民办实事的好事。”6 月，省卫生厅成立浙江省中医药信息监测中心，对全省中医药基本信息进行监测和管理，并组织开发和利用中医药信息资源，推进有关中医药医政、教育和科研管理等软件系统的应用。7 月，浙江省卫生监督专用电子邮件群开通，该电子邮件群是用于各级卫生监督所包括食品卫生监督信息专报、卫生监督统计、专项整治等各项专业工作及信息传递的专用信箱。9 月 1 日，省卫生厅医政处和省卫生信息中心组织浙江联众卫生信息科技有限公司研制开发的“医疗事故争议管理信息系统”正式启用，该系统分行政版、医疗机构版、医学会版，为全国率先研发和应用，至 2003 年在全省 99 个卫生行政部门和近 200 家县级及县级以上医疗机构投入使用。

2003 年，浙江省卫生信息化已渗透到医院、社区、血站以及疫情报告、政务办公、医政管理、卫生监督、医学科研、医学教育和中医管理等领域。医院信息系统(HIS)在浙江省 365 家县级和县级以上的医院应用，普及率达 90%以上，超过全国 45%的普及率，为全国最高。社区卫生服务、血液管理、疾控系统实验室检验检测资源管理、病案统计、医院成本核算、乡镇卫生院管理、卫生监督管理等软件在杭州、宁波、温州等市的医院、社区卫生服务中心和乡镇卫生院投入使用。在卫生厅机关，《浙江省卫生系统文件收发软件》在县以上卫生行政部门、医疗卫生机构等 425 个部门和单位使用，科研项目网上申报和评审、职称网上申报和局域网评审、门诊发热病人情况监测、血液管理等一批应用软件已投入使用，使浙江省卫生系统的信息化率高于全国的平均水平，浙江省卫生监督网站(www. zjphis. com)、浙江省中医药网站(www. zjtcm. gov. cn)投入运行。3 月，给浙江省群众求医问药带来方便和实惠的医疗卫生专业网站“浙江健康网”正式开通，“浙江健康网”(www. zjjk. net)是浙江省卫生厅利用现代信息网络技术建成的省内各级医疗机构互联互通、信息共享的网络平台，旨在整合浙江省医疗服务、医疗技术、药品信息等信息资源。4 月，抗击“非典”期间，省卫生厅利用卫生信息网的电子邮件系统，每天接受全省各地卫生系统上报的最新疫情，依靠卫生信息网的视频系统，实现医生与病人、病人与家属、医生与会诊中心专家面对面的对话，开设了电子公告板(BBS)，卫生厅及疾控中心领导上网与隔离区居民进行实时会话，让隔离区居民“无隔离”接触外界，了解“非典”疫情最新防治情况。至2003年底，浙江省医疗卫生系统共有计算机34955台，比2000年的4500台增加6.8倍。局域网建设日趋普及，县级以上卫生局、事业单位和医疗机构共建立局域网669个，占机构的比率达83%，比2001年增加420个。卫生电子政务和医院信息系统应用全面启动，浙江省、市卫生行政部门和事业单位电子政务软件应用率由2001年的16%增加到2003年的85%以上。全省507家县级以上的医院中，拥有PC服务器的医院达到91.9%，拥有交换机的医院达到90.5%，这些医院普遍建立了局域网，平均每个医院的工作站提高到46.5台，拥有门急诊挂号、收费，药品、住院管理和院长查询等应用系统达到91.1%，手术麻醉、病案、物资设备、财务等管理应用系统达到58.6%，医生、护士工作站、临床检验、医学影像等应用系统达到18%。

2004年，省卫生厅建立的网络视频会议系统，实现了卫生部与浙江省、市、县(市、区)卫生局102个视频会议点连接，利用这一系统每年召开50余次卫生部和全省卫生系统视频会议，节省了会议成本，提高了会议效率。浙江省突发公共卫生应急指挥中心建成并投入使用，每当浙江省疫情处于非常态(温州麻疹、嘉兴霍乱等)时或在抗台期间，都是利用应急指挥中心的网络、视频、传真、电子邮件、短信等多种途径，为全省卫生系统抗击疫情和应对突发公共卫生事件提供信息支撑。该系统在2004年浙江省政府“百亿信息化建设”项目考核中，被评为优秀工程，在2005年举行的浙江省核事故医学组专业演练中，该系统得到了国家、省核事故演练考评组的好评。2004年，浙江省制定《浙江省卫生厅、省财政厅关于加强新型农村合作医疗信息化管理工作意见》和《浙江省新型农村合作医疗信息化管理系统基本功能规范(试行)》时，设计了县市级新农合信息系统硬件和软件配置方案，截至2005年，浙江省新农合信息化管理软件已投入运行的县(市、区)有70多个，占全省的80%以上。2004年开始，浙江省37个血站、血库全部采用统一的血液管理信息系统软件，规范了全省血液管理报表，实现了采供血机构血液资源的共享和网络化管理，缩短了找血、供血时间，强化了安全用血的力度，保证了采供血和用血的质量。

2005年，省卫生厅机关各处室的业务处理基本实现了信息化，应用软件达到50多个。省卫生厅门户网站在省政府考核市地、厅局政府门户网站中，于2004年被评为综合优秀网站，2005年省政府对所属单位的电子政务和网站建设进行综合测评，省卫生厅被评为电子政务优秀厅局。同年，卫生部对31个省、自治区、直辖市卫生局及部直属单位的门户网站进行测评，省卫生厅网站综合排名第二。同年，浙江省县级以上的医院信息化率已达到98%以上，高出全国平均水平35个百分点，几乎所有医院都实现了计算机管理，每个医院的工作站提高到了60.2台，拥有门急诊挂号、收费，药品、住院管理和院长查询等应用系统98%以上，手术麻醉、医疗纠纷、病案、物资设备、财务等管理和门诊触摸屏、门户网站等应用系统达到78%，医生、护士工作站，临床检验、医学影像等应用系统达到38%，部分医院开展电子病历试点工作。在药品市场流通方面，进行了网上招标、投标、开标和评标，实现了从分散采购向集中采购转变，网下交易向网上公开采购转变，政府传统方法监管向以信息数据交易平台基础上实时监管转变。2005年，首次实现了省市联合招标采购，减少了交易的中间环节，最大限度上消除了人为因素的影响，保证“公开、公平、公正”原则的落实，使之成为真正的“阳光工程”。9月14日，全省卫生信息化工作会议在杭召开，会议总结了浙江省卫生信息化建设所取得的成绩和经验，讨论《浙江省卫生信息化建设“十一五”规划》和《浙江省卫生信息化建设管理办法》等有关文件，部署下一阶段全省卫生信息化建设主要任务，并对“十五”期间卫生信息化工作的先进集体和个人进行了表彰。“十五”期间，浙江省卫生信息化建设与发展取得了可喜成绩。全省县级以上卫生行政部门、事业单位和医疗机构投入信息化建设经费约4.42亿元，全省卫生系统拥有计算机3.27万台，人均0.16台，县级以上卫生行政部门和医疗卫生机构设置信息化建设专职机构256个，配置专业技术人员1115人。省、市、县卫生行政部门和事业单位电子政务软件应用率由2000年的10%增加到85%，门户子网站由35个增加到230个，县级以上医疗机构信息化管理普及率由1999年的20%增加到98%，比全国平均水平高出35个百分点。县级以上的医疗机构网上疫情直报率达到98.9%，比全国平均水平高31%，建制乡镇卫生院网上疫情直报率达到80.36%，比全国平均水平高43%。同年，卫生部将浙江省列为省级卫生信息化的示范样板，在全国卫生信息化工作会议上，卫生部领导给予了“要看省级卫生信息化，到浙江”的高度评价。

2006年，温州市投资200余万元建设了全省第一个全市统一的新型农村合作医疗网络平台，建立了集挂号就诊、出院结算、费用报销于一体的网络体系，该系统将市区各大医院、11个县(市、区)新型农村合作医疗办公室以及各级卫生行政部门的网络连接起来，实现了互联互通、数据共享。据年底统计，浙江省96家县、市、省级中医医院共有346台服务器，627台交换机，139台路由器，70台触摸屏，43台大型电子显示屏和8266台PC机，均采用医院信息管理集成系统(HIS系统)，有90%的中医医院接入了互联网、70%以上建立了医院网站、82%建立了医院内部局域网，浙江省中医医院信息化队伍基本形成，97%的中医医院设有分管信息化建设的院级领导，84%建立了专门信息管理部门，从事信息技术专业人员115人。

2007年，省卫生厅办公自动化实现升级换代，重点在公文处理、流转、交换、发文、存档等模块功能的升级，新版的办公自动化系统在2000年的二层(C/S)结构改为三层(B/S)结构，在功能和性能等方面得到了很大的改善，使界面更友好、形式更逼真、操作更简单。在数字化档案方面，将1994年以前的纸质材料扫描成电子文档，全部完成扫描5432卷(册)579566页资料，全部进行OCR识别并实现了全文检索，建立4371条目录。7月，温州医学院启动“全国医疗卫生信息技术培训与认证(NMIE)管理中心指定培训基地”项目，这是浙江省首家全国性的医疗卫生信息化教育基地。10月24日，由加拿大艾伯塔省高教科技部副部长费登森(Bob Fessenden)率领的代表团访问了浙江省，费登森副部长简要介绍了目前艾伯塔省在发展农村数字卫生领域存在的问题，浙江省卫生信息中心负责人向加方介绍了浙江省农村数字化卫生服务现状以及未来发展的方向，双方同意就如何提升农村数字卫生服务开展进一步的探讨与合作。

2008年1月，浙江大学医学院附属第一医院建成了浙江省首个网络医疗服务平台，并成功地与基层协作医院、社区医疗服务中心实行了对接和运行，边远、海岛等地区的疑难病人不出县城就能享受到省城专家的会诊。11月13日，全省卫生系统信息员和《健康报》通讯员培训班在桐乡市召开，来自全省各市、县(市、区)卫生局的信息员共120余人参加了培训。12月，省卫生厅档案室率先在省级机关档案室中完成档案数字化工作，省卫生厅档案数字化项目工程完成1967—2005年39年的档案数字化扫描、核对及上网等工作，顺利通过了专家组的验收。

2009年，省卫生信息中心组织全省卫生系统主管信息化领导进行《浙江省卫生系统网站群信息发布技术规范》(1.1版)和《2009年度浙江省卫生系统网站群测评标准》的培训，组织关于执行《全国卫生资源与医疗服务调查制度》的培训，数字化档案完成2006年到2008年卫生厅所有馆藏档案数字化加工，累计15万余页，并实现了省卫生厅内网网上共享利用。7月3日，国家数字卫生项目示范区启动会在省卫生厅召开，与22个示范区签署任务书。“居民电子健康档案系统”软件于2009年6月通过国家级评审，在浙江省部分示范区投入使用，上传了200万份个人电子健康档案。“远程医疗服务系统”投入使用，“远程健康服务”开始在常山县、江山市等地试点，建立了覆盖全省的“医联远程医学教育平台”，开展了350余次基于临床案例的远程教学讲课，2017名全科医师学员实现网上报名、网上学习，共培训了16万小时的课程。临床路径管理系统完成24个临床科室的71种疾病临床路径初稿和临床路径管理规范的研究与设计。12月6日，浙江数字医疗卫生技术研究院揭牌暨国际数字卫生项目——浙江大学医学院附属第一医院良渚文化村数字化健康服务示范社区启动仪式在良渚文化村举行。

2010年，浙江省卫生信息中心完成《浙江省卫生信息化建设“十二五”规划》(送审稿)编制工作、浙江省29023家(含村卫生室)卫生机构网络直报的年报任务、33家卫生部样本医院出院病人调查、2009年度浙江省卫生统计数据审核、汇总、分类等工作，研发了“医疗服务价格管理信息系统”“医院门诊和住院收费管理系统”“收费查询管理系统”“临床用药和药库管理系统”等10多个软件并投入使用。浙江移动、浙江电信、浙江在线、浙江生活365等单位合作，共同建立浙江省统一的预约挂号服务平台，9月27日平台启动试点工作。截至2010年底，已注册用户63639人，成功预约68655人次。同年，浙江省全面实施“十一五”国家科技支撑计划“国家数字卫生”项目，首个符合国家标准的“居民个人电子健康档案系统”通过国家级评审，并在6个示范区推广应用，“远程医疗服务系统”投入使用，有9家省级医院组成医疗专家团队，与浙江省内130多家市县级医院及数十家城乡社区卫生服务中心实现临床、教学、科研的全面合作。在“浙江省卫生监督信息网”上建立了全省无证行医“黑名单”信息平台，“黑名单”信息平台包括“无证行医”信息和“刑事追究”信息。该信息平台的建立，实现全省执法信息共享，使各地卫生行政部门能及时掌握2次以上无证行医者的基本信息，对各地移送无证行医案件起到了快捷作用，有效地遏制了无证行医和非法采供血的生存空间。2010年4月11日，国内首个数字卫生领域省级专业技术委员会——浙江省数字卫生标准化技术委员会在杭州成立，首届委员会由中国工程院院士李兰娟等16名知名专家组成。

七、医德医风管理

医疗卫生担负着维护和促进人类健康的使命，关系到人的健康利益和生命。医德医风建设和管理自医学和医疗服务产生开始，古而有之，且有不同形式，明确提出医德医风建设和管理是在现代。1955年6月，省卫生厅颁发《浙江省卫生工作人员奖惩暂行办法》，提倡优良作风，确立模范标准。改革开放以来，浙江省卫生厅加强医德医风管理，强化医务人员的职业素养，牢固树立以病人为中心的服务理念，扎实开展医德医风教育，建立健全各项规章制度和监督机制以及评价考核体系。1983年6月14日，浙江省医德学术讨论会在普陀县召开。1985年7月，省卫生厅开展医德医风建设活动。(1)把社会主义精神文明建设列入医院工作重要内容。(2)认真执行卫生部颁布的《医院工作人员守则》。(3)要求医务人员作风正派，不开人情方，不开与病情不符合的诊断书，不接受病人的礼物，不借职业之便谋私利，不抢开院内紧缺或滋补药品，坚决杜绝不正之风。(4)要求医务人员文明行医，礼貌服务，做到不冷、不顶、不气、不推诿病人，接待病人使用文明用语，在诊疗工作中做到"五心""四个一样"(诊断精心、护理细心、接受批评虚心、解答问题耐心、让病人和家属放心，干部群众一样、熟人生人一样、院内院外一样、城市农村病人一样)。(5)开展"学雷锋，做好事"活动。(6)要求医务人员掌握病人心理。(7)要求医院设置意见箱、意见簿，院领导要重视人民来信来访工作，重要的信访要亲自处理。1988年5月8日，省卫生厅批准同意成立厅机关直属单位纪律检查监察案件联合审理小组。

1991年11月，省卫生厅开展了医疗机构行业作风调查，卫生部指定抽查的有浙江医院、浙二医院、杭州市一院、杭州市三院、宁波市一院、宁波市保黎医院、温州医学院附属医院、温州市鹿城区人民医院。1995年，根据卫生部〔1995〕第7号《关于1995年度全国医疗机构行业作风检查的通知》精神，浙江省确定样本医院是浙江省人民医院、浙医大附属二院、温医附二院等8所医院，通过检查，这8所医院在抓行风和职业道德建设方面，做了大量卓有成效的工作，取得了较好效果。1996年12月至1997年12月，浙江省卫生系统开展第二轮职业道德建设，除医院、卫生防疫站、药品检查所继续深入开展外，第二轮职建单位又增加了卫生行政部门、妇幼保健所(站)、卫生学校、医学科研单位、乡镇(街道)卫生院等5条线，据上报统计，县以上开展的单位达680个，乡镇卫生院开展单位达1414个。省政府联合检查组抽查了6个市地共8家医院，国务院检查组、浙江省检查组、市地检查组抽查了6家浙江省级医院，在上述各个检查组的抽查和案件查处中，认定为非法所得的金额全部上缴财政。1998年，据146497份住院门诊病人满意度问卷调查显示，病人对医院满意的117930份，占80.5%；较满意的20620份，占14.79%；满意和较满意的共占95.29%。

2001年，浙江省县级以上医疗机构普遍开展"病人选医生"活动，根据对14家浙江省级医院住院病人的问卷调查，病人对医疗服务态度的满意率达到95%，医疗收费满意率达到85%，医疗质量和服务需求满意率达到95%，医疗费用满意率比上年提高13%。4月开始，浙江省医疗机构全面开展以"优质医疗、优良服务、规范收费、依法行医"为主要内容的"满意工程"活动，具体内容是：医务人员医风医德，就医流程便捷，诊疗环境优雅，便民措施切实可行，承诺服务到位，医疗费用合理透明，深入开展“病人选医生”活动，加强医疗质量管理，药品质量放心，严禁医务人员不正之风发生，依法行医，投诉途径畅通，每季对病人进行问卷调查等12项工作。6月，省纪委驻卫生厅纪检组组长李凤英就行风建设等问题，到杭州、金华、舟山等地的基层医疗卫生单位进行明察暗访。2002年下半年，省卫生厅组织的对省市36家医疗机构出院病人的随机问卷调查显示，病人对医疗质量、服务态度和服务需求的满意率达到95％，对医疗收费的满意率达到90％。

2003年2月24日，省卫生厅举行《浙江省卫生工作者职业道德规范》首发仪式，并向全省各地的卫生行政部门、医疗卫生单位、高等医学院校附属医院发放5.4万余册《规范》。省卫生厅研究制定了《浙江省卫生厅关于严禁索要和收受“红包”的规定》文件，严禁医务人员在医疗活动中索要和收受红包，对患者或亲属（朋友）在医疗单位诊疗期间，向经治医务人员主动赠送的钱物，医务人员应予以谢绝，并做好说服和解释工作，对一时难以谢绝的，应在两个工作日内上交所在单位的组织。8月，据省纠风办和省卫生厅联合组织的大型问卷调查，出院病人综合满意率达到了91.8％，省、市级医院“医疗收费满意率”分别达到87％和92％。8月19日，省卫生厅在省人民医院举行“浙江省医务工作者廉洁行医卡”发放仪式，向浙江省16万医务工作者发放人手一张的廉洁行医卡。

2004年5月26日，省卫生厅和杭州市卫生局联合召开省市医学专家“维护医学圣洁”座谈会，会上省和杭州市的20位著名医学专家向全省广大医务人员发出了“维护医学圣洁，树立行业新风”的倡议。6月，省卫生厅和省纠风办联合组织全省卫生系统行风情况问卷调查，涉及218家省、市、县级医疗机构，被调查的对象为2003年6月至2004年3月间出院的病人及在上述医院就诊的门诊病人，共发放问卷调查表38925份，回收22772份，回收率为58.5％。其一对医院医德医风“总体评价”的调查显示，有96.8％的病人感到满意和基本满意；其二对到医院就诊“是否送过钱物”的调查显示，有93％的病人没有送过钱物，有1.4％的病人反映送过；其三对“医疗费用是否清楚”的调查显示，有94％的病人认为医疗费用清单是清楚和基本清楚的；其四对“服务态度”的调查显示，有96.5％的病人认为医务人员的服务态度是好的和比较好的。这次问卷调查同时还对医疗机构的服务态度、医疗质量、不合理收费、过度检查、过度用药、导诊指示不清等群众关心的热点问题进行了测评，病人对上述各方面的问题共提出意见和建议10146条，其中反映比较集中的三个问题依次是过度检查、服务态度和医疗质量。8月10日，省卫生厅在绍兴召开全省卫生局长工作会议，会议传达卫生部全国卫生系统纠正医疗服务行业不正之风专项治理工作会议精神，总结全省上半年卫生工作，部署下半年工作任务。9月，由浙江省纠风办组织、浙江省卫生厅纪检组共同参加，对全省218家医疗机构进行行风测评，共向出院及门诊的病人随机发放问卷调查38925份，综合满意度达到96.82％。11月12日，卫生部召开了全国卫生系统行风建设电视电话会议，部署全国卫生系统纠风专项治理检查工作，11月25日以监察部驻卫生医药部门监察局局长郁德水为组长的全国卫生系统纠风检查小组来到杭州，对浙江省卫生系统进行专项检查，省卫生厅副厅长杨泉森向检查组汇报了浙江省卫生系统纠风工作情况，检查组对浙江省卫生部门围绕当前群众反映强烈的“看病贵”“看病难”，个别医务人员收受回扣、红包以及开单提成、乱收费等热点难点问题，推出的一系列行之有效的措施给予肯定。

2005年9月14日，浙江省纠风办和省卫生厅共同组织对全省276家县级以上非营利性医疗机构行风问卷调查的结果进行公布，在对“医院医德医风总体评价”的调查中，患者综合满意率达97.8%，此次调查，由行风监督员和纪检监察人员到各医院随机抽取出院病人和当日门诊病人发放问卷调查表，共发问卷调查表61113张，收回33185张，回收率为54.3%，调查结果显示，综合满意率持续上升，在对“医院医德医风总体评价”的调查中，有32448位患者感到“满意”或“基本满意”，综合满意率达97.8%。

2008年，根据省政府和省纪委的统一部署，省卫生厅开展了全省卫生行业民主评议行风活动，共有818家医疗单位参加了卫生行业民主评议行风活动，接受评议的医疗单位人员数达到15.1万余人，各级机构派出明察暗访人员2726批次，梳理出反映体制机制、服务流程、看病难看病贵等评议意见5451条，整改落实的有3657条，推出便民惠民举措2399项，修改相关制度2861项，建立长效机制1769项，据浙江省纠风办明察暗访结果显示，社会对卫生行风综合满意率为98.6%。8月5日，全省卫生行风评议工作领导小组汇报会在杭州召开，省卫生行风评议工作领导小组及各市、省级医疗单位的行风评议领导小组组长共50余人参加了会议。9月，浙江省卫生行风评议办公室召开全省各市卫生局纪委书记(纪检组长)工作会议，总结交流各市第二阶段卫生行风评议工作的做法，梳理存在的问题，落实便民惠民措施，部署第三阶段行风评议和总结工作，浙江省卫生行风评议工作领导小组副组长、驻省卫生厅纪检组组长蔡新光出席会议并讲话，各市卫生局纪委书记(纪检组长)、监察室主任参加会议。11月12日，浙江省卫生行风评议工作领导小组办公室再一次召开全省各市卫生局纪委书记(纪检组长)会议，会议总结交流各地在行风评议中的经验，梳理存在的突出问题，进一步落实便民惠民措施，同时还重点讨论了《加强医德医风建设的实施意见》和《省医疗卫生机构接受社会捐赠资助管理暂行办法》。12月1日，省级各医院先后召开行风评议工作总结大会，对各医院行风评议活动情况进行总结，驻省卫生厅纪检组到会指导工作。12月3日，全省卫生行业民主评议行风大会在杭州召开，会议以科学发展观为指导，紧紧围绕构建社会主义和谐社会，民主评议全省卫生行业的行风建设情况，进一步推进卫生行业行风建设，努力创建人民满意行业，副省长郑继伟出席会议并讲话，省市县纠风办、卫生部门和各被评议单位组织7161名行风监督员参与了此次行风评议，明察暗访2726次，举行各类公开评议活动1845次，梳理出评议意见5451条次，其中反映体制机制问题1460条次，反映服务流程问题2325条次，反映看病难看病贵问题1666条次，已整改3657条次，制(修)订相关制度2861项次，建立长效机制1769项次，推出一大批便民惠民新举措，并从中推选出10项医疗服务便民惠民新举措和2项医疗卫生改革新举措在全省推广。

2009年5月，省卫生厅印发了《浙江省医院门诊管理暂行办法》，对首诊负责制、会诊制度、服务流程、服务窗口限时承诺、预约就诊、多种形式挂号、专家门诊、医疗服务信息公示等方面进行了规范。此《办法》从2009年6月1日起，在浙江省二级以上的医院施行，并列入对医院的考核指标。省卫生厅会同浙江省物价局联合下发《关于规范完善医疗服务价格政策的通知》，督促医疗机构落实医疗服务价格公示和医疗费用明细清单等制度。浙江省各级中医医院开展了自查自纠工作，省和市卫生行政机构开展了督查，各级中医医院行风建设得到进一步加强，满意度不断提高。同年，各地各单位按照《浙江省医务人员医德考评实施办法》，结合实际开展医德考评，医务人员的医德医风考评结果与其个人的职务晋升、岗位聘任、奖惩等直接挂钩，发挥制度的约束和激励作用。继续开展浙江省行风评议问卷调查，群众对就医服务满意率为88.24%，满意率比上年提高6.74个百分点；基本满意率为10.80%，下降6.3个百分点；不满意率为0.51%，下降0.89个百分点。

2010年8月2日，省卫生厅举行了第二届效能与行风监督员聘任仪式暨座谈会，厅长杨敬、驻厅纪检组组长蔡新光等出席聘任仪式。

八、卫生体制机制改革

改革卫生体制机制是提高卫生行政管理效率的有效途径和方法。1950年8月，第一次全国卫生工作会议召开，会议要求逐步建立起由公费医疗、劳保医疗、合作医疗组成的福利性医疗保障制度。1952年7月26日，浙江省全省卫生工作会议召开，研究讨论国家工作人员公费医疗问题。1954年6月，省卫生厅党组召开扩大会议和浙江省第六届卫生行政会议，贯彻中国共产党的七届四中全会和第三届全国卫生行政会议精神，落实“预防为主”方针，为生产、为政治服务，并需大力整顿组织，发掘潜力，以适应需要。8月23日，浙江省第一届工业卫生会议召开，传达全国第一届工业卫生会议精神，贯彻积极领导、稳步前进、面向生产、依靠工人，贯彻“预防为主”的工业卫生工作方针。1955年4月4—11日，第七届浙江省卫生行政会议召开，确定了1955年工作任务，认真做好国防建设卫生工作，在城市首先加强工业卫生，在农村有计划逐步开展国营农场、农业生产合作社卫生工作，继续开展爱国卫生运动。5月13日，浙江省卫生系统第三次卫生工作会议确定卫生系统厉行节约方案，修改财务管理办法及开支标准。1956年8月，省卫生厅召开卫生系统工作会议，讨论贯彻卫生部《关于1956年全国卫生事业机构各类工作人员工资标准及有关规定》，研究卫生系统工资改革问题。1957年4月26日，浙江省卫生行政会议在杭州举行，贯彻全国卫生会议整顿巩固，提高质量，充分依靠群众，发挥群众力量勤俭办好卫生事业的方针，讨论贯彻群众运动与科学技术相结合原则等问题。9月4日，浙江省第一次少数民族地区卫生工作会议在丽水县召开，检查了少数民族地区卫生工作。1958年，浙江省改进医疗制度，推行苏联模式，在浙江省较大城市有条件的工厂重点推行门诊预约制、车间巡回医疗制、月经卡制度。1959年7月，省卫生厅召开全省卫生行政会议，讨论抓好夏秋季传染病、医疗机构整顿、药品管理及增产节约问题。1960年3月2—6日，浙江省卫生行政会议在临安召开。此次会议主要是贯彻全国卫生厅(局)长会议精神，围绕卫生部提出的1960—1962年卫生工作总任务——“坚决贯彻党的总路线，切实鼓足干劲，以便有效地开展以除‘四害’、讲卫生、消灭疾病为中心的群众性除害灭病运动，继续组织卫生工作跃进，更好地为总路线、人民公社、工农业生产继续跃进服务”展开讨论，总结了浙江省1959年的卫生工作，布置了1960年的任务。11月17日，省卫生厅党组发出关于在全省卫生系统开展社会主义教育运动的意见。1962年6月5日，省卫生厅向浙江省委整编精简委员会汇报了1960年以来浙江省卫生部门的整编精简情况，专业学校由83所调整为14

所,并精简出一批劳动力,支援农业第一线。1963 年 5 月 3 日,浙江省卫生行政会议在杭州召开,会议提出卫生工作继续贯彻“调整、巩固、充实、提高”的八字方针,1963 年度工作重点是疾病防治和计划生育工作,特别是夏秋季的疾病防治。8 月 14 日,省卫生厅和浙江省人委民族事务处联合发出通知,提出了加强少数民族卫生工作的意见。1964 年 10 月 31 日,省委批转省卫生厅党组贯彻执行中共中央主席毛泽东关于干部保健工作问题的指示的意见,决定撤销各级保健委员会,浙江医院向群众开放,坚持实行划区医疗等。1965 年 12 月 31 日,卫生部通知,县医院、防疫站、妇保站等卫生机构应适当调整合并,简精人员,但应兼顾三方面工作。

1969 年 11 月 20 日,浙江省卫生工作会议在杭州召开,会议分析了中华人民共和国成立以来浙江卫生战线两条路线斗争概况。1970 年 10 月 25 日至 11 月 1 日,浙江省卫生革命现场会议在安吉县章村公社召开,出席会议的代表共 300 人。1971 年 12 月 16 日,省革委会生产指挥组要求浙江省卫生局机关战备组织分设随指挥部、留机关、随机关疏散 3 个组,疏散地址为临安县某公社桥东大队。1975 年 11 月 16 日,浙江省卫生工作会议预备会议召开。22 日,省革委会卫生工作会议召开,各地、市、县革委会的卫生行政领导,医院、防疫站、医学院校、药检所、“血防”机构、计划生育办公室等负责人及其他医药卫生工作人员共计 503 人出席了这次会议。会议由省卫生局党的核心小组组长李蓝炎主持,省委常委陈冰做了大会动员报告。会议以毛主席关于学习理论反修防修、安定团结、把国民经济搞上去 3 项重要指示为纲,认真学习了全国农业学大寨会议的重要文件,认真学习了中共中央主席毛泽东圈阅的中央〔1975〕16 号文件,认真学习了中共中央主席毛泽东、中共中央对卫生工作和计划生育工作的一系列指示,传达贯彻了全国卫生工作会议和全国卫生工作学大寨现场会精神。

1978 年 1 月 12 日,全省卫生工作会议在杭州召开,会议传达了中共中央中发〔1977〕50 号文件和全国卫生局长会议精神。1981 年 4 月 21 日至 5 月 5 日,省卫生厅召开了全省卫生局长会议,省委常委王家扬、教卫部部长商景才到会讲话。

1986 年 2 月 25 日,全省卫生局长会议在杭召开,会议研究加强卫生战线精神文明建设的措施,重点研讨如何加快农村基层预防保健体制改革,发展中医和中西医结合工作、人才培养及浙江省卫生事业发展等有关问题。11 月 24 日,首次浙江省卫生技术人员职务评审委员会会议在杭州召开。12 月 12 日,首届浙江省高级卫生技术职务评审工作会议在杭州召开。1987 年 1 月 2 日,经省编委批准,省卫生厅核定省属各医院人员编制分别为:浙江医科大学附属第一医院 1043 人,浙江医科大学附属第二医院 1171 人,浙江医科大学附属妇女保健院 832 人,浙江医科大学附属儿童医院 706 人,浙江医院 550 人,浙江省人民医院在病房楼建成前人员控制在 600 人以内,浙江省肿瘤医院 520 人,浙江省望江山疗养院 360 人,浙江省精研所 310 人,浙江武康疗养院 115 人,浙江中医学院附属医院 1015 人,浙江中医学院附属门诊部 65 人,温州医学院附属第一医院 1014 人,温州医学院附属第二医院 528 人。1 月 21 日,省编委批准,核定省卫生厅事业单位人员编制:浙江省防疫站 400 名,浙江省医科院 520 名,浙江省中研所 200 名,浙江省卫校 211 名,中华医学会浙江分会 8 名。1 月 31 日,浙江省编委批准同意浙江省防疫站劳动卫生科建制并入浙江省医科院职防所,从浙江省卫生防疫站划出 21 名人员编制给浙江省医科院。浙江省防疫站编制为 379 名,浙江省医科院编制为 541 名。2

月10日，全省卫生局长会议在杭州召开，会议内容是贯彻全国卫生厅局长会议精神，总结交流浙江省1986年卫生工作改革情况。1988年2月26日，全省卫生局长会议在杭召开，省卫生厅厅长戴迪做题为《加快和深化卫生改革，为浙江四千万人民健康服务》的卫生工作报告。9月15日，省卫生厅下发《关于试行省级医院深化改革方案的通知》，率先与浙一医院、浙二医院签订了医院改革方案协议，并确定浙二医院为浙江省首家省级医院改革试点单位。

1990年5月23日，全省卫生局长会议在杭召开，会议重点研究治理整顿医疗卫生秩序，加强农村卫生建设和精神文明建设，深化卫生改革的措施。3月20日，全省卫生局长会议在杭召开，会议研究以初级卫生保健为重点，加强农村卫生工作的具体意见和措施，讨论和修改“八五”期间卫生事业发展规划，研究今后加强预防保健、农村卫生、振兴中医、初级卫生保健、整顿治理医疗秩序、深化卫生改革等有关问题。1992年3月7日，省卫生厅决定将金华市、杭州市上城区、桐庐县、萧山市、嘉兴市、桐乡县、海宁市、平湖县、海盐县、湖州市、德清县、长兴县、绍兴市、嵊县、武义县、浦江县、兰溪市、东阳县、临海市、温岭县、龙泉县、舟山市普陀区、舟山市定海区、江山市、遂昌县中医院及富阳县中医骨伤科医院等26所中医院转为全民所有制单位。3月23日，全省卫生工作会议在杭召开，会议讨论部署今后如何加强和发展农村卫生事业，研究加快卫生改革的步伐，深化卫生改革的途径和办法。1994年9月15日，全省卫生工作会议在杭召开，会议研究讨论“九五”期间浙江省卫生改革的措施和发展规划，部署下阶段救灾防病工作和1994年卫生工作任务。11月5日，省人事厅、省卫生厅联合下达《关于浙江省医疗卫生事业单位工作人员工资制度实施补充意见的通知》，在全国率先实行按医院等级确定行政管理人员工资标准的办法，其中三级甲等医院院长起点职务工资按副厅级标准执行，对麻风病院、传染病院、结核病院、肿瘤医院工作人员给予实行浮动一档工资和提高5%津贴比例。

1995年3月4日，全省卫生局长会议在杭州召开，会议研究进一步深化卫生改革、突出妇幼卫生、加强农村卫生工作、推进浙江省卫生事业发展的措施，部署1995年卫生工作任务。1998年，省卫生厅根据医学科研机构实行“一院两制”“一所两制”科技体制改革方针，对浙江省医学科学院创办的高新技术企业、宁波市微循环和莨菪类药研所的“一所两制”、温州市实验动物中心实行股份制等科技改革试点进行了调查和指导，使这些机构不断发展壮大。2000年，省卫生厅制定出台《浙江省深化城镇医疗机构人事制度改革的若干意见》《关于积极推进了人事代理工作的通知》，成立了浙江省卫生人才交流分中心，对新接受的毕业生、新调入人员、新建机构人员实行人事代理制。浙江省普遍推行了院长负责制，通过公开招聘等多种形式选派院长，为进一步明确院长的责、权、利，制定了《关于浙江省属医院实行院长负责制的若干规定》。2001年1月5日，浙江省人民政府下发《关于推进城镇医药卫生体制改革的意见》。3月6日，省卫生厅、省编委联合下发《关于进一步推进市、县(市、区)卫生监督和预防保健体制改革的意见》。

2001年，省卫生厅研究编制了《浙江省卫生现代化建设纲要(2001—2020年)》(以下简称《纲要》)，12月26日，省政府以浙政发〔2001〕79号文下发各地。《纲要》重点提出：深化卫生改革，优化资源配置，加强疾病预防控制，实行卫生综合执法，建立新型医疗服务体系。坚持以农村为重点，全面提高农村卫生水平。加强中医药创新，推进中医药现代化建设。加快卫生信息化建设和科技创新，促进卫生可持续发展。加强领导，完善卫生经济政策。同年，浙江省各地积极探索整体出让、股份制改造、合作经营等多种形式的公立医疗机构产权制度改革。金华三院、平阳三院，嵊州眼科医院等进行整体出让，宁波光明眼科医院引进外资 150 万美元，进行中外合资合作经营，通过温州中西医结合医院、台州中心医院、义乌中心医院等规范的股份制改革，建立法人治理结构，探索医疗机构经营权和所有权分离的途径和方法。2001 年初，省卫生厅制定下发了《浙江省医疗机构分类管理实施办法》和《关于做好浙江省医疗机构分类管理的实施意见》，明确了医疗机构分类核定的政策性问题，举办培训班，至年底，浙江省完成了县及县以上医疗机构的分类核定工作，共核定医疗机构 9445 家，政府办非营利医疗机构 2096 家，非政府办非营利性医疗机构 4010 家，营利性医疗机构 3339 家。2002 年，浙江省绝大部分中医医院已进行医院运行机制的改革，94％的中医院实行了院长负责制，75％的中医院进行了中层干部竞争上岗和全员职工聘用制，82％的中医院进行了分配制度改革，83％的中医院实行了病人选医生，70％的中医院实现了住院一日清单制，90％的中医院参加了药品集中招标采购，7％的中医院实行了后勤服务社会化。5 月 10 日，卫生部副部长王陇德率卫生部综合调研组来浙江省调研城镇医药卫生体制改革，先后听取了省卫生厅以及杭州、绍兴、宁波、温州等市和有关县（市、区）卫生局的工作汇报，实地考察了所在城市的医疗机构，王陇德充分肯定了近年来浙江省在卫生改革和发展方面所取得的成绩，就有关卫生资源配置、卫生行政部门职责以及公立医院管理体制等问题发表了自己的观点和看法。5 月 22 日下午，省委书记张德江等省委、省政府领导到省卫生厅视察指导工作，在听取省卫生厅党组书记、厅长李兰娟关于近年来全省卫生工作情况汇报后，张德江对省卫生厅和全省卫生工作给予充分肯定，并就下一步全省卫生改革与发展做了重要指示。7 月 23 日，全省各市卫生局局长会议在杭州召开，会上，省卫生厅厅长李兰娟通报了上半年全省卫生工作情况，部署了下半年主要工作任务，其他厅领导就卫生监督和疾病预防控制体制改革、信息化建设、“满意工程”活动以及行风评议等情况进行了通报，11 个市的卫生局局长分别汇报和交流了各地卫生改革与发展的进展情况。

2003 年，省卫生厅实施公共卫生三年行动计划，对浙江省 120 多家疾控中心进行新建或改扩建，并在全国率先完成卫生监督执法和疾病防控体制改革，构建省、市、县三级疾病防控、应急救治和卫生监督体系。2 月 27 日，全省卫生工作会议在杭州召开，会议认真分析卫生工作在全面建设小康社会进程中面临的新形势、新任务，部署当年的卫生工作，努力开创卫生改革和现代化建设的新局面。3 月，省卫生厅、省发展计划委员会、省财政厅等五部门联合制定《浙江省县域卫生规划编制实施指导意见》。11 月，省委、省政府出台了《关于进一步深化医药卫生体制改革的若干意见》（以下简称《意见》）等重要文件，《意见》明确鼓励发展民营医院的有关政策，之后外资、民资来浙江省投资办医有所增加，至年底，浙江省共有民营医院 79 家，总床位 9470 张。12 月 19 日，省委书记习近平等省委、省政府领导到省卫生厅视察指导工作，并就全省卫生体制改革和卫生事业发展做了重要讲话。2004 年 3 月 5 日，省卫生厅出台了调整民营医疗机构设置审批权限的有关规定，审批权限由原来的省级卫生行政部门统一审批，调整为视其设置规模分别由省、市、县卫生行政部门负责审批。温州市卫生局出台《温州市民营医疗机构审批管理暂行办法》（以下简称《办法》），这是浙江省首个针对民营医院的管理暂行办法。《办法》指出，任何境内外资本投资方，凡是符合要求，都可在温州投资举办合资、合作医院，或参股、收购现有公立医院，参与公立医院经营管理，民营、公立医院享受同等政策优惠。4月21日，全国卫生监督体制改革座谈会在绍兴市举行，卫生部副部长马晓伟专门听取了绍兴市卫生局宋梅玉局长关于绍兴市卫生改革与发展情况的汇报，深入细致地了解了该市民营医院发展情况，并实地察看了市公共卫生中心、市妇保院和华宇医院。10月27—29日，浙江省委十一届七次全体（扩大）会议在杭州召开，全会高度重视医疗卫生等社会事业的发展，系统阐述了建设"卫生强省"的战略构想。

2005年1月27日，省卫生厅召开全省卫生工作电视电话会议。会议提出，要按照省委十一届七次全会提出建设"卫生强省"的要求，采取切实有效措施，努力加快建设"卫生强省"步伐，全面提升医疗卫生事业发展水平，不断增强卫生工作对经济社会发展全局的促进和保障能力。7月29日，省卫生厅党组书记李兰娟主持召开省卫生厅党组会议，全面深入学习省委十一届八次全会决定和省委书记习近平在全会上的报告，围绕加快"卫生强省"建设要求和"六大工程"的实施及2005年度工作计划，提出了下半年重点抓好的几项工作任务。2006年1月23日，全省卫生工作会议在杭州召开，会议主要任务是：以邓小平理论和"三个代表"重要思想为指导，深入贯彻浙江省委十一届八次、九次全会和全国卫生工作会议精神，总结"十五"期间卫生工作成绩和经验，部署"十一五"期间卫生强省建设和2006年工作任务，统一思想，明确目标，为浙江省经济又快又好发展、全面实现小康社会的宏伟目标提供有力的卫生保障，提高人民健康水平。9月12日，省政府下发了《浙江省卫生强省建设与"十一五"卫生发展规划纲要》，①提出了卫生强省建设的总体规划和目标，并对未来5年乃至15年内全省卫生事业发展提出了新的要求。2007年1月18—19日，全省卫生工作会议在杭州召开，省卫生厅厅长李兰娟传达了胡锦涛总书记在中央政治局第35次集体学习会议上的重要讲话精神，做了题为《重民生　办实事　创和谐　持续保持浙江卫生又好又快发展》的工作报告。5月31日，省委举行"浙江论坛"报告会，卫生部党组书记、部长高强应邀做《发展卫生事业，构建和谐社会》专题报告，省委书记赵洪祝、副书记夏宝龙等浙江省委理论学习中心组全体成员出席会议。2008年1月24—25日，全省卫生工作会议在杭州召开，省卫生厅厅长李兰娟做题为《重民生实事图改革创新办人民满意的医疗卫生事业》工作报告。8月24—25日，省卫生厅召开各市卫生局长会议，会议总结交流了上半年卫生工作所取得的成绩和经验，研究分析当前卫生改革发展面临的困难、问题和对策，部署下半年卫生工作任务，听取各市对《浙江省卫生强市考核细则（征求意见稿）》和《浙江省卫生强县考核细则（征求意见稿）》的修改意见，讨论研究对口支援四川省青川县卫生系统重建的有关工作。

2009年，省委、省政府成立浙江省深化医药卫生体制改革领导小组，制定了浙江省深化

---

① 浙江省人民政府《浙江省卫生强省建设与"十一五"卫生发展规划纲要》，浙政发〔2006〕55号文件。

医改实施意见及相关配套政策，确立了全面推进浙江省深化医改的制度框架。① 浙江省卫生工作紧紧围绕深化医药卫生体制改革、卫生民生工程建设、民本和谐卫生创建这三条主线和争取尽快实现公共卫生安全保障的要求，通过启动实施“卫生三强行动(强龙头、强基层、强保障)”计划，积极推进了基本公共医疗卫生服务均等化，进一步提高了城乡居民享有卫生服务的公平性和可及性，促进了浙江省卫生事业稳步发展。4 月 20 日，省卫生厅颁发了《关于成立浙江省卫生厅机构改革工作领导小组及其办事机构的通知》，决定成立厅机构改革工作领导小组及其办事机构，领导小组组长杨敬。领导小组下设办公室，设在厅人事处。9 月 1 日，省政府召开浙江省深化医药卫生体制改革工作会议，省长吕祖善明确提出，浙江省深化医药卫生体制改革的总体目标是，建立健全覆盖城乡居民的基本医疗卫生制度，为群众提供安全、有效、方便、价廉的医疗卫生服务。同年，全国人大常委会副委员长、农工党中央主席桑国卫对浙江省台州恩泽医疗中心集团化模式、浙江大学医学院附属邵逸夫医院和东阳市人民医院法人治理结构和运行机制改革、宁波市医疗补偿机制和医疗纠纷处理机制进行调研，了解浙江省公立医院改革现状。

2010 年，按照中央的决策部署，在省委、省政府领导下，有关部门各司其职、各负其责，成立医改组织机构，建立统筹协调机制，加强制度研究，完善政策体系，先后制定出台深化医药卫生体制改革意见和 35 个配套政策，加大筹资力度，建立财政投入保障机制，全省安排医改资金 200 亿元，其中省财政安排 42 亿元，落实目标责任制，签订医改责任书，全面推进三年五项重点改革任务。省政府出台《关于公立医院改革试点的指导意见》，明确公立医院改革的总体目标和发展方向，全面指导浙江省公立医院改革工作，要求各级各类公立医疗机构在 2010 医改年度实施住院和门诊均次医疗费用零增长，从 16 家浙江省级医疗单位的统计数据看，两项均次费用增长势头得到一定控制。1 月 12 日，省卫生工作会议在杭州召开，会议学习贯彻全国卫生工作会议精神，总结交流卫生改革与发展取得的成绩和经验，部署 2010 年卫生工作任务。6 月 3 日，省卫生厅召开电视电话会议，厅长杨敬向全省卫生系统传达了中央组织部举办的各省医改工作领导小组成员培训班精神，要求全省卫生系统认真学习贯彻胡锦涛总书记重要讲话精神，认真推动卫生事业又好又快发展。7 月 1 日，省长吕祖善主持召开省政府会议，研究全省公共卫生和基层医疗卫生事业单位实施绩效工资相关工作，听取了基本药物制度实施情况、城镇居民医保和新型农村合作医疗有关情况的汇报。7 月 27 日，浙江省深化医药卫生体制改革工作会议在杭州召开，会议就贯彻 2010 年全国医改工作会议精神、进一步推动浙江省医改工作会议做出全面部署，省委常委、常务副省长陈敏尔到会讲话，副省长陈加元、郑继伟出席会议，省卫生厅厅长杨敬做工作汇报。7 月 28 日，省卫生厅召开全省卫生系统医改会议，贯彻落实省医改工作会议精神，并部署下一步工作任务。

---

① 中共浙江省委、浙江省人民政府《关于深化医药卫生体制改革的实施意见》，浙委〔2009〕81 号文件。

第三节　卫生事业发展水平

一个国家或地区的医疗卫生事业发展状况如何，通常反映在这个国家或地区人民的健康水平上。按照世界卫生组织确定的标准，衡量一个国家或地区人民的健康水平，主要有三大指标：人均期望寿命，婴儿死亡率，孕产妇死亡率。依照这三大指标衡量，无论是与过去做纵向比较，还是与全国平均水平或兄弟省市做现实的横向比较，浙江省医疗卫生事业发展所取得的成就都是巨大的，浙江省居民健康指标位居全国前列，达到中等以上收入国家水平。

一、医疗卫生资源配置

医疗卫生资源包括医疗卫生部门所拥有或使用的人、财、物、技术、服务能力等多种要素的总和。医疗卫生资源要发挥效益必须实现合理配置和分配，能够公平、可及、有效地为人民提供医疗卫生服务，单位投入能够获得最大限度的医疗卫生服务产出，医疗卫生服务供求平衡，实现最大的社会效益和经济效益。

（一）民国时期的医疗卫生资源

据浙江省卫生处统计，民国29年（1940年）6月，浙江省55个县有公、私立医院177家，诊所199个，产院（所）11个，病床3799张，每月诊病平均人数95306人，每月住院人数19713人。民国29—32年间，浙江省卫生处转呈卫生署核准给证的医师计有22人、护士3人、助产师13人，医师服务期满经核准者有4人，经审查合格给证的中医有115人。民国35—36年，浙江省有1566名医师、61名牙医师、6491名中医师、药剂师40名、护士360名、助产士404名、药剂士215名、镶牙士117名。

在市县一级的医疗卫生资源配置中，民国22年（1933年），杭州市政府用于卫生事业的经费208012元，具体分项：病院及诊察所经费44940元，各医院代行诊查津贴7800元，卫生稽查薪金5292元，兽医俸金960元，防疫1650元，捕捉野犬360元，卫生运动360元，学校卫生2316元，救护汽车660元，杂项600元，卫生牌照费1278元，服装2582元，公共垃圾箱1500元，公共厕所便池1500元，工资56850元，杂支7782元，清河清道64632元，卫生设备6950元等。这笔经费占杭州市政府1933年全年经费的10%。至民国25年，杭州市登记有83名男西医师、8名女西医师（护士领证数没有统计）、641名男中医师、6名女中医师，43名助产士、7名旧式接生婆，18名药剂师，32所医院，33家西药房，68家中药铺。民国24年，嘉善县登记有中医99人，其中内科47人、外科13人、妇科6人、儿科8人、咽喉科10人、伤科5人、疯科1人、牛痘科2人、眼科2人、针灸科2人、臌胀科1人、花柳科1人、痧科1人。至民国35年，嘉善县有10所私人医院、诊所，72张病床，239名开业医生，其中西医31人、中医131人、药剂5人、助产15人。民国36年12月，湖州市有6个医疗机构、162张床位、112名工作人员。民国38年初，天台县有185名卫生技术人员、20张病床，平均千人中有0.73名卫技人员、0.08张病床。龙泉县有28名西医士(龙泉县医院9人、私立机构19人),其中龙泉县城20人、八都镇6人、小梅镇2人。龙游县内有27名西医药人员。慈溪县有20名西医师、3名药师、13名护士、3名助产士。

(二)中华人民共和国成立后的医疗卫生资源配置

中华人民共和国成立之初,浙江省公立医院、预防机构140个,病床2183张,其中综合医院14个、病床1308张,传染病院3个、病床124张,卫生院67个、病床751张,县区卫生所51个,门诊部(所)5个,公立卫生组织有2145人。1949年10月至1950年5月,浙江省开业医师915人、中医师2931人、牙医师92人、药剂师22人、药剂生181人、镶牙生18人、助产士299人、护士57人,医院45所、诊所84所、西药房123所、中药铺405所。1952年,浙江省医疗卫生系统人员14944人(不包括康复医院工作人员),其中卫生技术人员9476人(高级1396人、中级5215人、初级3113人)、行政管理人员2046人、后勤1974人,在高级卫生技术人员中有中医师71人。[①] 1949—1954年,浙江省城市医疗预防工作队伍有3998人。

1950年5月,浙江省有省级医院7个,传染病医院3个,县卫生院78个,浙江省立医学院1所,浙江省立杭州高级医事职业学校1所,护士学校2所。至年底,改建12个浙江省立医院,病床增至980张,增设2所护士学校,浙江省77个县都建有卫生机构。1951年3月16日,根据省政府办公厅要求,浙江省、市卫生行政部门接管美国等外国医疗机构11所(其中美国6所),医务人员323人、工作人员86人、外籍人员12人。1956年,浙江省有联合医院6所,联合诊所2014所,设有病床212张,参加联合医疗机构的医务人员4126人,其中有中医师2236人,西医师372人,其他卫生技术人员622人,还有127个中药人员参加了联合医疗机构,联合起来的各种医务人员占浙江省社会医务人员总数(不包括民间医)的20%。11月,浙江省民政、卫生、财政厅联合颁布历年病人欠医药费处理办法,由浙江省拨款79万元作为历年欠费的贫病医疗补助。12月31日,省卫生厅发布城乡人民贫困医疗补助办法。1957年,浙江省公立医院、预防机构502个,病床10431张,其中,医院34个,病床5099张(综合医院25个,传染病院3个,红十字会医院、精神病院、妇女保健院、产院、儿童保健院、麻风病院各1个),卫生院83个,病床2702张,市区及县区卫生所、站361个,门诊部、所10个,疗养机构8个,床位总数630张,部队疗养院(康复医院6个,2000床)。

1958年9月5日,浙江省卫生人员的配备和病床设置比例为:(1)医药人员与公社总人口的比例,总的比例是以每万人口可配备卫生人员30～50人,其中医生占1/3或多一些(即约每千人中有1名医生,包括中、西医师及医士),其他卫生人员占2/3左右(包括中、初级的护士、助产、药剂等人员,不包括小队的保健员、接生员等),一般1万人口的公社医院配备医生4～5人,护理人员4～6人,助产人员2～3人,药剂人员1～2人,化验人员1人,生产大队保健站:2000人口以下的可配医生1人,助产1人,护理2人(其中1人兼配药),2000人口以上及郊区较分散者,可配医生2人,助产1～2人,护理2人(其中1名兼配药)。(2)病床按总人

---

① 浙江省经济研究中心:《浙江省情概要》,浙江人民出版社1986年版,第537页。

口的4‰～6‰设置，即每1000人口中设置4～6张病床，其中包括1/3左右的产床，如1万人口的公社，则社区医院设病床15～20张（其中产床5～7张），每一个生产大队（按2000人口计算）保健站设病床5～7张（其中产床2～3张）。（3）生产小队不配备专职卫生人员，不设病床，但每一个生产小队需根据人员多少，培养训练不脱产的保健员3～5名，接生员2～4名。以上人员配备，按组织军事化的要求，公社医院即是团的卫生队，生产大队的保健站即是团的卫生所。公社一般不需再另设卫生科的组织机构。

1959年4月7日，省财政厅、省卫生厅发出《关于调整公立医疗单位部分项目收费标准》的联合通知，降低总的幅度约5%。1961年5月12日，省卫生厅通知各地，为解决当前疾病防治中的实际问题，对防治浮肿病、妇女病、小儿营养不良症的医药费用原则上免费。1960年，浙江省卫生事业经费计划总数2720万元，分项的比重分别是：医院经费26.9%，疗养院经费3.7%，保健机构补助经费5.6%，防治防疫事业费13.6%，公费医疗经费37.4%，科研经费2.8%，中教经费4.1%，干训经费0.9%，其他卫生事业费5%。1962年3月1日，为了继续防治浮肿病、妇女病、小儿营养不良症，省卫生厅、财政厅增拨补助经费50万元。

1965年，浙江省各类医疗机构6249个，比1949年288个增加5961个，为1949年的21.7倍。至年底，浙江省各市、县都有县级医院，334个行政区有342所区卫生院、所，3033个公社有集体保健院所3949个，病床总数38167张，比1949年6081张增加32086张，为1949年的6.3倍，病床与人口比例由1949年的每万人口的2.95张增至每万人口12.91张，专业工作人员1965年底有53705人，比1949年12124人增加41581人。

1966—1975年，浙江省各级医院建设计划总投资1960万元，计划前3年投资480万元，中3年600万元，后4年880万元。计划包括：（1）新扩建500个区医院，每所2万元。（2）县、专科医院改建15个，每个14万元，计210万元，扩建30个，每个5万元，计150万元，配套40个，每个3万元，计120万元。（3）改建城市医院2个，扩建5个，共260万元。（4）改建传染、妇产医院60万元。（5）疗养院30万元。（6）防疫60万元，医教40万元，其他30万元。建筑面积规划为：通过10年投资，新增建筑总面积43万平方米，其中县以上医院和疗养院新增15.5万平方米，连同原有68.5万平方米，共达到84万平方米，旧房利用从当时的55%降为40%左右，区级医院每所有房屋500平方米以上。

1978年，浙江省有医疗卫生机构6939所，医疗卫生技术人员97734名，病床61800张。1988年，浙江省医疗卫生机构已达8790个，其中医院3298个、门诊部所5025个，医院床位达到82563张，比1987年增加3934张，增长5%；卫生专业人员达到149839人，增加4213人，增长3.3%。该年末，浙江省每千人口拥有医院床位1.98张，每千人口拥有卫生技术人员2.91人，医生1.35人，护师、护士0.58人。

1995年，浙江省卫生机构数为8723个，其中各类医院3437个，卫生防疫站104个，妇幼保健站（所）80个，药品检验所（站）76个，医学科研机构6个，高等医学院校4所，中等医药卫生学校19所，急救站6个，输血站10个，每千人口拥有医院床位数2.23张，拥有卫生人员181160人，每千人口拥有医生数1.47人。

1996年，浙江省有医疗卫生机构8970个，其中医院3370个（含中医院76个），卫生防疫站103个，妇幼保健所、站76个，药品检验所、站76个，医疗科研机构20个，高等医学院校4所，卫生专业人员186102人（其中卫生技术人员148856人），床位数106246张，平均每千人拥有床位2.3张、卫生技术人员3.4人、医师1.1人、护师（士）0.8人。

1997年，浙江省有医疗卫生机构8415个，其中医院3403个（含中医院75个），卫生防疫站100个，妇幼保健院、所73个，药品检验所、站76人，医疗科研机构20个，高等医院校4所，中等医药学校86所。1997年，浙江省共有卫生专业人员191356人（其中卫生技术人员153315人），床位数107732张，平均每千人拥有床位2.44张、卫生技术人员3.47人，获得高级卫技职称的人员有5831人。

1998年，浙江省有医疗卫生机构7524个，其中医院3341个，乡镇卫生院2926个，疗养院（所）19个，卫生防疫站98个，妇幼保健院（站、所）70个。高等医学院4所、中等卫生学校16所，其他卫生事业机构112个。浙江省医疗卫生机构共有床位110059张，拥有各类卫生专业人员194224人，分别比中华人民共和国成立初期增加18.19倍和16.02倍。

表79-1-3-1　　2000—2010年浙江省卫生机构数量一览表　　单位：个

年份	机构总数	医院	社区卫生服务中心（含卫生院）	村卫生室（含服务站、诊所等）	其他类型医疗机构	疾控中心防疫站	妇幼保健机构	卫生监督所	医学科研机构	其他卫生机构
2000	38632	434	2736	31167	3707	283	68	—	104	133
2001	37271	451	2557	29535	4134	255	57	—	95	187
2002	31461	486	2721	27058	495	102	88	84	30	384
2003	27562	480	2574	23241	541	104	88	93	59	382
2004	28186	519	2474	23989	494	138	88	100	59	325
2005	28910	555	2405	24769	489	98	87	102	54	351
2006	30668	606	2270	26613	595	97	87	95	56	249
2007	30861	636	2145	26821	666	98	87	97	54	257
2008	29498	635	2015	25589	674	100	87	98	57	243
2009	29023	652	2006	25115	658	101	87	99	55	250
2010	29941	687	1860	26072	751	101	87	100	55	228

资料来源：《浙江省卫生统计资料汇编》（2000—2010年），浙江省卫生厅档案室编印。

说明：（1）2002年起执行2002年版新的卫生统计调查制度，其中村卫生室和其他类型机构的统计口径更改，导致数字变化较大。

（2）2007年起全省执行2007年版调查制度，并实行全省网络直报系统。

表 79-1-3-2　　2000—2010 年浙江省卫生人员数和千人比例一览表　　单位:人、张

年份	卫生人员总数					千人医生数	千人护士数	床位总数(实有)	千人床位数
	合计	卫技人员数			其他人员				
		小计	医生	护士					
2000	200307	157875	54679	40115	42432	1.65	0.89	113667	2.52
2001	201968	163336	56862	43085	38632	1.70	0.95	115336	2.55
2002	198335	163205	74668	47075	35130	1.65	1.04	119522	2.63
2003	207937	173010	79310	49298	34927	1.74	1.08	126678	2.78
2004	221539	185376	83052	54874	36163	1.81	1.20	135139	2.95
2005	236197	198148	88050	60259	38049	1.91	1.31	141221	3.07
2006	255057	214622	94524	66615	40435	2.04	1.44	148584	3.21
2007	275047	230452	100423	72008	44595	2.15	1.54	155622	3.34
2008	288344	242912	101897	78284	45432	2.17	1.67	161203	3.44
2009	309451	260028	107930	87843	49423	2.29	1.86	170187	3.61
2010	335552	282155	114450	99273	53397	2.41	2.09	184097	3.88

资料来源:《浙江省卫生统计资料汇编》(2000—2010 年),浙江省卫生厅档案室编印。

说明:(1)以上人员总数皆不含村卫生室相关从业人员。

(2)千人数都是以户籍人口为分母。

(3)其他人员指的是除卫技人员外的卫生人员。

表 79-1-3-3　　2000—2010 年浙江省卫生总费用和医疗服务人次一览表

年份	卫生总费用(亿元)	政府卫生支出(亿元)	社会卫生支出(亿元)	个人卫生支出(亿元)	医疗机构总诊疗人次(万人次)	入院人数(万人)
2000	256.55	32.70	75.81	148.03	12226.18	210.96
2001	291.68	40.16	87.02	164.50	12634.92	219.66
2002	332.93	46.23	96.90	189.80	13579.58	252.87
2003	384.31	53.92	119.14	211.24	14232.67	286.48
2004	441.66	59.60	138.65	243.42	15976.45	304.30
2005	487.29	83.00	145.89	258.40	18040.22	325.85
2006	557.43	103.40	172.74	281.30	19060.19	344.93

续表

年份	卫生总费用（亿元）	政府卫生支出（亿元）	社会卫生支出（亿元）	个人卫生支出（亿元）	医疗机构总诊疗人次（万人次）	入院人数（万人）
2007	684.07	123.70	263.94	296.42	21314.96	383.41
2008	877.86	175.92	356.85	345.09	26851.24	418.87
2009	977.02	210.57	292.23	394.22	30304.81	451.29
2010	1143.3	265.36	440.63	437.31	32658.39	500.48

资料来源：《浙江省卫生统计资料汇编》（2000—2010年），浙江省卫生厅档案室编印。

二、居民人均期望寿命

人均期望寿命可以反映出一个社会生活质量的高低。寿命的长短受两方面的制约。一方面，社会经济条件、医疗卫生水平限制着人们的寿命，所以不同社会、不同时期人类寿命的长短有着很大的差别。另一方面，由于体质、遗传因素、生活条件等个人差异，每个人的寿命长短相差悬殊。人均期望寿命也是衡量一个医疗保障体系的重要指标，与当地的医疗卫生状况、经济状况、营养水平、不良习惯（如吸烟）、传染病的防控水平和环境污染等有关。如果这项指标较高，也间接说明该地区医疗卫生保障条件（环境和政策体系）比较完好，或者也可以这么说，社会的综合因素水平较高。由于期望寿命指标在衡量卫生发展水平时存在上述诸多优势，世界卫生组织也将人均期望寿命作为衡量一个国家或地区居民健康水平的三大指标之一，近年来越来越多的国家和地区用期望寿命来评价人口健康水平。

中华人民共和国成立前，中国人均期望寿命低。1900—1949年，在经济落后、战火不断的环境条件下，中国人均期望寿命只有35岁。

中华人民共和国成立后，浙江省加快卫生事业发展，加强疾病预防和控制，着力改善医疗服务质量，提高医疗服务水平，居民健康状况得到显著改善，人均期望寿命位居全国前列。1950—1965年，中国人均期望寿命为44～45岁，1970—1980年为64.6～66.3岁，2010年，中国人均期望寿命为73.5岁。2001年，浙江省居民人均期望寿命达到75.56岁。2003年，浙江省居民人均期望寿命75.61岁。2005年，浙江省居民人均期望寿命达到75.84岁。2008年，浙江省居民人均期望寿命为76.70岁。2010年，浙江省居民人均期望寿命为77.29岁，比全国人均期望寿命高出3.79岁。

三、孕产妇死亡率

从妊娠开始到产后42天内，因各种原因（除意外事故外）造成的孕产妇死亡均计在内。由于其比例较小，因而分母多以万或十万计，即每万例活产或每十万例活产中孕产妇的死亡数为孕产妇死亡率。改善孕产妇健康是联合国于2000年通过的八个“千年发展目标”中的一个。根据千年发展目标第五条，各国承诺在1990—2015年间，孕产妇死亡率减少四分之三。

自1990年以来，世界各地的孕产妇死亡率下降了34%。中国孕产妇死亡率从1990年的94.7/10万下降至2010年的30/10万，比1990年降低了68.3个百分点。浙江省除贯彻落实国家有关保障孕产妇健康的基本政策和措施外，特别加强了流动妇女的孕产妇和卫生保健服务，逐步实现流动妇女享有与流入地妇女同等的孕产妇和卫生保健服务，不断地研究完善相关政策措施，来保障流动妇女健康权益。

1949年，浙江省孕产妇死亡率为1500/10万。

1990年，浙江省孕产妇死亡217例，死亡率为42.0/10万，死亡孕产妇中计划外生育的孕产妇死亡比例较高，占孕产妇死亡总数的33.2%。由产科直接原因引起死亡的，占死亡孕产妇总数67.3%。非产科直接原因引起死亡的，占总数的32.7%。孕产妇死因顺位：第一位是产科出血占48.82%，第二位是妊娠合并心脏病占12.80%，第三位是妊娠高血压综合征，第四位是妊娠合并肝病。1996年，浙江省开展孕产妇系统管理为77.47%，产妇住院分娩率96.02%，高危孕产妇住院分娩率99.54%，新法接生率99.83%，孕产妇死亡率24/10万。1997年，浙江省孕产妇死亡率控制在33/10万以上，浙江省住院分娩率达到95%以上。1998年，浙江省孕产妇死亡率为25.18/10万，住院分娩率为97.94%。

2000年，浙江省孕产妇死亡率为19.59/10万。2001年，浙江省孕产妇死亡率为19.11/10万，比全国平均水平低36个千分点，孕产妇保健覆盖率为97.48%、孕产妇系统管理率为88.67%、住院分娩率为99.03%。2001—2005年，浙江省母婴健康工程取得了明显成效，各项目县孕产妇死亡率从35.62/10万下降到15.17/10万，危重孕产妇、新生儿抢救成功率分别从94.89%、73.12%提高到97.90%和86.79%，孕产妇保健覆盖率、住院分娩率、3岁以下儿童管理率均达到或接近了全省平均水平。全省孕产妇死亡率也从2000年的19.59/10万下降到2005年的13.4/10万，婴儿死亡率从15.5‰下降到7.3‰。2004年6月，全省2003年孕产妇、围产儿死亡评审会议在杭召开，会议通报了2003年全省孕产妇死亡情况，2003年孕产妇死亡总数为89人，其中户籍人口54人(漏报1人)，流动人口35人，全省孕产妇死亡率为15.19/10万。2003年，作为第一年报告流动人口孕产妇死亡情况，其孕产妇死亡率为66.87/10万，分析表明，全省2003年孕产妇死亡最主要原因为直接产科原因，占60.4%。会议就死亡原因进行分析，可能在家庭接生、途中转送、医院抢救三个环节中存在延误情况，经济欠发达地区丽水、衢州高于浙江省平均水平10个10万分点。2004年12月，孕产妇死亡率为14.44/10万，比全国平均水平低33.86个10万分点。2005年，浙江省孕产妇死亡率为13.40/10万。2007年，浙江省孕产妇死亡率为8.08/10万。2008年，省卫生厅着重抓“母婴健康工程”和“婚检孕检两免工程”，浙江省孕产妇死亡率为6.57/10万，11个市中有3个市高于平均线，4个市实现零死亡。2009年，浙江省流动人口孕产妇死亡率下降到21.76/10万，比2008年下降7.9个百分点，流动人口住院分娩率为98.4%，建册率为79.30%。2010年，浙江省孕产妇死亡率为7.44/10万，浙江省流动人口孕产妇死亡率下降到11.88/10万，比2009年下降9.88个10万分点。

四、婴儿死亡率

(一)婴儿死亡率概况

婴儿死亡率是指婴儿出生后不满周岁死亡人数同出生人数的比率。一般以年度为计算单位,以千分比表示。在婴儿死亡率较高的地方,也有用百分比表示的。婴儿死亡率是反映一个国家和民族的居民健康水平和社会经济发展水平,特别是妇幼保健工作水平的重要指标。该指标的统计在本年内登记统计的不满周岁死亡人数中,有一部分是上一个年份出生的,同本年出生人数口径不一致,致使计算结果不够精确,需要进行调整。最常用的简单调整方法是调整分母的出生人数。依据出生规律,通常在本年死亡的不满周岁婴儿中有 2/3 是本年出生的,1/3 是上一年出生的。中华人民共和国成立之前,中国的婴儿死亡率非常高,约 200‰左右。中华人民共和国成立后,婴儿死亡率已大大降低。1954 年,对全国 14 省 5 万余人的调查得出,婴儿死亡率为 138.5‰。1973—1975 年,全国婴儿死亡率为 47.0‰。1981 年,据第三次全国人口普查统计,婴儿死亡率已降到 34.68‰。农村地区婴儿死亡率高于城市地区。2010 年,中国婴儿死亡率已降至 13‰,提前实现了联合国千年发展目标。浙江省在降低婴幼儿死亡率方面,依靠科技进步,开展了与妇女儿童保健相关的基础研究和应用研究,如:出生缺陷监测、儿童智力低下和高发严重遗传病、先天畸形的流行病学研究,宫内感染的诊断对胎儿发育的影响,现代辅助生育技术的研究,妇科肿瘤的防治,小儿精神发育迟滞和颅脑先天畸形的病因研究等,这些研究为提高浙江省出生人口素质,增加母婴保健技术服务科技含量,提高生殖健康水平具有积极的意义。

(二)1978 年以来的婴儿死亡率

1978 年,浙江省婴儿死亡率 24.7‰(1978 年开始婴儿死亡率列入浙江卫生统计)。1996 年,浙江省婴儿死亡率 17.59‰,5 岁以上儿童死亡率 21.94‰。1997 年,浙江省婴儿死亡率控制在 22‰以下,7 岁以下儿童保健覆盖率达 85%,均在原定的指标范围之内。1998 年,浙江省婴儿死亡率为 11.99‰,7 岁以下儿童保健覆盖率为 87.55%。

2000 年,浙江省婴儿死亡率和 5 岁以下儿童的死亡率,分别为 9.95‰、19.94‰,提前达到国家和省定指标。2001 年,浙江省婴儿死亡率为 8.99‰,3 岁以下儿童系统管理率为 89.67%,5 岁以下儿童死亡率为 10.65‰,7 岁以上儿童保健覆盖率为 90.41%。全省 5 岁以下儿童中重度营养不良率为 1.52%,远低于全国 3.09%的平均水平。2002 年,省卫生厅对省监测地区 5 岁以下儿童死亡漏报进行调查,调查对象为浙江省 30 个监测县(市、区)内所有监测点当年活产数和 5 岁以下儿童死亡数。这次漏报调查自查为 30 个监测县(市、区)。省级抽查 11 个监测县(市、区),覆盖浙江省 11 个地区。浙江省监测点总人口 3564152 人,活产数 26478,漏报 802 例,漏报率为 2.94%;农村高于城市,5 岁以下儿童死亡 252 例,漏报 48 例,漏报率为 16.00%;城市明显高于农村,其中新生儿漏报 16 例,漏报率为 10.06%,婴儿漏报 25 例,漏报率为 11.36%,1～4 岁儿童漏报 23 例,漏报率为 28.75%。2003 年,浙江省新生儿疾病筛查率达到60%以上，婴儿死亡率为7.90‰。经济欠发达地区丽水、衢州市的13个县(市)婴儿死亡率以及5岁以下儿童死亡率分别为12.83‰、17.71‰，分别比浙江省平均水平高出2个千分点和7个千分点。2004年6月，全省2003年孕产妇、围产儿死亡评审会议通报了浙江省2003年1—6月围产儿死亡监测情况，监测结果显示全省围产儿死亡率为11.51‰，前三位死因分别为早产、出生窒息、先天性脑积水。2004年12月，浙江省婴儿死亡率为6.97‰，比全国平均水平低10.87个千分点。2005年，浙江省婴儿死亡率为6.46‰。2007年，浙江省婴儿死亡率为5.45‰，5岁以下儿童死亡率为9.9‰。2008年，浙江省5岁以下儿童死亡率为7.28‰，11个市中有6个市高于平均线。2009年，浙江省婴儿死亡率为6.73‰，5岁以下儿童死亡率为9.49‰，其低死亡率继续位居全国前列。2009年，浙江省流动人口5岁以下儿童死亡率下降到10.52‰。2010年，浙江省婴儿死亡率为6.06‰。浙江省5岁以下儿童死亡率为6.07‰。浙江省流动人口5岁以下儿童死亡率下降到11.72‰，比2009年下降了3.3个千分点。

表79-1-3-4　　2000—2010年浙江省居民健康指标一览表

年份	人均期望寿命(岁)	孕产妇死亡率(/10万)	婴儿死亡率(‰)	年份	人均期望寿命(岁)	孕产妇死亡率(/10万)	婴儿死亡率(‰)
2000	74.70	19.59	9.95	2006	76.14	10.29	6.12
2001	75.56	19.11	8.99	2007	76.38	8.08	5.45
2002	75.54	12.74	7.91	2008	76.70	6.57	5.09
2003	75.61	14.91	7.90	2009	76.94	9.54	6.73
2004	75.99	14.44	6.97	2010	77.29	7.44	6.06
2005	75.84	13.40	6.46				

资料来源：《浙江省卫生统计资料汇编》(2000—2010年)，浙江省卫生厅档案室编印。

第二章　卫生机构

浙江医疗卫生机构的设置始见于南北朝，明清时期成为全国医疗卫生机构设置最齐全的省份之一，近代出现了疾病预防控制机构，规模较大的中医院和诊所、西医医院和诊所相继设立。中华人民共和国成立后，以专病防治、卫生监督和妇儿保健为主要任务的公共卫生机构迅速发展，中医、西医和中西医结合医疗机构数量逐年增加，功能日趋完善，规模越来越大。

第一节　公共卫生机构

公共卫生机构种类较多，源于实施公共卫生管理和服务，主要包括：疾病预防控制机构、专病防治机构、采供血机构、妇女儿童保健机构、卫生监督机构等。医疗机构、计划生育机构、药品食品安全机构、环境保护机构等从广义的范畴虽属公共卫生机构，但通常被列为其他专业机构。在各类公共卫生机构中，按其定义，其机构的职能、人员、设备等为实现公共卫生职能和公共卫生目标进行规划和配置。浙江省早期建立的公共卫生机构见于南宋时期的慈幼局、养济院、漏泽园，疾病预防控制机构、专病防治机构、妇女保健机构、卫生监督机构先后在清末、民国时期有建立，采供血机构等在中华人民共和国成立之后开始建立。

一、疾病预防控制机构

疾病预防控制机构的宗旨是通过对疾病、残疾和伤害的预防控制，创造健康环境，维护社会稳定，保障国家安全，促进人民健康。其职责是拟订并实施与疾病预防控制和公共卫生相关的法规、政策，拟订并实施疾病预防控制和公共卫生服务的规划、计划和方案，开展疫情和公共卫生信息监测，实施国家免疫规划和计划，处置重大疫情和突发公共卫生事件等。

（一）近代疾病预防控制机构

近代疾病预防控制机构早期在县级建立的较为普遍，有牛痘局、防疫委员会等。民国29年（1940年），浙江省卫生处成立后，建立浙江省防疫委员会，并且分区域、分序列建立。各级各类疾病预防控制机构根据各地疾病流行情况，为开展疾病的预防和控制需要而建。

1.市县级防疫机构

清末民初，浙江省卫生防疫机构大多在市县级开始建立。

清光绪十二年（1886年），上虞县创办牛痘局。

民国5年(1916年),武义县柳城耶稣堂设牛痘局。民国16年,武义县专设牛痘局。

民国7年(1918年),松阳县境内时疫大作。民国20年5月,松阳县城脑膜炎流行,成立临时防疫所。民国31年,侵华日军窜犯松阳,鼠疫、天花、流脑、赤痢、疟疾等传染病连年不断。民国35年,松阳县成立防疫委员会,日常卫生防疫业务由县卫生院负责。

民国13年(1924年),上虞县政府设立民治科,有卫生专员及稽查,主管上虞县卫生防疫事务,民国30年后,防疫工作改由上虞县卫生院负责。民国35年,上虞县成立防疫委员会,开展夏令卫生运动,组织防疫队下乡巡回宣传。

民国14年(1925年),奉化县民政部门管理防疫工作,在县城东门外文昌阁、棠岙村设临时防疫所。民国16年,西坞、方桥设临时防疫所和防疫医院,后视疫病流行,设临时防疫所时疫医院。民国18年,奉化县设防疫委员会,县长率有关人员赴疫区演讲,散发卫生传单,注射防疫针,分发药品。从民国30年开始,每年夏季在大桥、西坞、方桥等地临时设时疫(霍乱)医院。民国32年,医院由县卫生院管理,主持卫生防疫事宜,登记传染病流行情况。

民国15年(1926年)8月,杭州城内霍乱猖獗,杭州市政府成立时疫急救站30多处。民国18年,杭县在临平、瓶窑、三墩各设防疫分会。

民国16年(1927年),舟山沈家门警察分局设卫生警5人、清道夫班8人。

民国17年(1928年),浦江县曾设牛痘局,到民国36年复设,均为临时机构。民国17年2月,松阳县设牛痘局。民国17年3月,德清县成立牛痘局,设新市分局。

民国19年(1930年),龙游县救济院所兼管防疫,当年秋季至民国21年,施种疫苗1243人次。民国21年,龙游县成立龙游县临时防疫所。民国29年,龙游县卫生院兼管防疫业务。民国30年4月3日,龙游县防治鼠疫委员会成立。

民国20年(1931年),淳安卫生防疫工作由淳安县卫生院和警察局共管。民国31年,淳安县成立防疫委员会。

民国21年(1932年),武义县成立卫生委员会,主管卫生防疫。民国29年,武义县卫生院兼管防疫工作。民国35年,武义县建立防疫委员会。

民国22年(1933年),江山县施医所开始兼做卫生防疫工作。民国33年,县域内疫病流行,江山县成立临时防疫委员会,指导疫病防治工作。

民国25年(1936年),永嘉县卫生事务所成立,承办防疫工作,疫病大流行时,成立临时防疫委员会。

民国29年(1940年)前,龙泉县城镇公共卫生由龙游县警察局管理,设2名卫生警察。民国31年12月,龙泉县成立龙泉县临时防疫处,县长兼处长,有33名兼职人员,民国32年5月裁撤。民国32年,龙泉县发生鼠疫,省会结合其他地区发生鼠疫情况,临时成立浙江省防疫委员会与浙江省防疫大队,各县卫生院成立巡回医疗队和清洁队,各乡镇设防疫委员会及防疫队,并在赤石、局村设检疫站,由浙江省卫生事务所派员执行工作。

民国29年(1940年),慈溪县政府曾先后建立县防疫委员会和县卫生院,配备3名医务人员。民国29年,金华县成立防疫委员会,民国30年12月1日,成立金华县防疫处。民国29年,萧山县卫生委员会和警察局共管防疫工作。民国30年,萧山县卫生院管理防疫工作,从事购备防疫疫苗和痘苗，并调遣巡回医疗队分赴城乡各地免费为民众接种。

民国30年(1941年)4月8日，江山县防疫委员会鼠疫检查站及检查队成立，专事鼠疫检疫工作。

民国31年(1942年)，云和县防疫工作由云和县卫生委员会和警察局等联合组织临时性医疗机构管理。

民国35年(1946年)，浦江县防疫委员会建立，无固定人员和经费，防治药物向省卫生处申请拨给。民国35年，衢县设立防疫委员会，卫生局在石室街设东南防疫站，有防疫人员5人负责防疫工作。

民国36年(1947年)，遂安县建立防疫委员会。

20世纪20—40年代，浙江省从省到县先后建立一些防疫组织。到民国29年(1940年)，呈报成立防疫委员会的县达76个。

2.省级防疫机构

民国27年(1938年)，浙江省设战时医疗防疫总队。民国29年，设第一、第二浙西巡回医疗防疫队等机构。民国30年，由第一、第二浙西巡回医疗防疫队改组为浙江省医疗防疫队。民国31年1月4日，浙江省医疗防疫队设在义乌，后移驻龙泉。

民国29年(1940年)，日军在衢县空投带鼠疫杆菌跳蚤及食物等，造成鼠疫流行。① 为此，民国29年12月10日，浙江省医疗防疫队35人驻衢州，专事鼠疫防治，地址在城内道贯小学。民国30年3月5日，卫生署医疗防疫总队第二大队及附属第一防疫医院共54人驻衢州，专事鼠疫防治，地址在衢城街(中山公园对面)75号。民国31年10月，浙江省沿海各县霍乱流行，龙泉、庆元一带鼠疫流行，浙江省卫生处饬令该区中心卫生院及龙泉县政府筹设检疫站，实施交通检疫工作。民国34年7月，衢县成立抗疟防痢委员会，接着衢县、龙游、汤溪、兰溪四县成立联合抗疟防痢委员会。浙江省医疗防疫队第二队15人驻衢州，地址在衢城棋坊巷，专事疟疾、痢疾、鼠疫防治。民国36年1月，浙江省医疗防疫队第二防疫站27人驻衢县，专事鼠疫防治，地址在衢城小西门五圣巷。11月31日，卫生部医疗防疫总队第四大队第六中队50人进驻衢县，专事鼠疫防治，地址在衢城新桥街75号。民国37年3月2日，卫生署医疗防疫总队第三大队第一分队25人，及该大队附属第一防疫医院(又称消防医院)17人相继进驻衢县，专事鼠疫防治，地址在衢城棋坊巷。10月，浙江省卫生处在省立衢州医院内设浙东血吸虫病防治所。

民国32年(1943年)，浙江省卫生处为健全各级防疫机构，扩大浙江省医疗防疫队，并整饬疫情严重县筹设临时防疫处，由浙江省政府酌拨经费补助，指派技术人员参加工作，其他县均整饬依照规定设置防疫委员会，专责防疫工作。3月，龙泉城厢发生鼠疫，云和县与龙泉县水陆交通频繁，唯恐传播，浙江省卫生处呈准浙江省政府拨款，会同云和县各机关组织临时防疫委员会，由浙江省卫生处主持，积极实施检疫、预防注射、奖励捕鼠、清洁运动、防疫宣传等，该临时防疫委员会于民国32年5月结束，将节余经费移拨夏令卫生运动委员会。民国32年

① 邱明轩:《罪证——侵华日军衢州细菌战史实》，中国三峡出版社1999年版，第7页。

秋，杭州城内鼠疫流行，浙江省省会临时防疫委员会设立并负责防治鼠疫。民国33年，浙江省卫生处又增设省医疗防疫队二队。至此，全省各地防疫机构结合本地疫情的流行基本建立，有的防疫机构认真落实了防疫工作，有的则形同虚设，既无经费又无防疫人员，导致防疫工作出现不平衡性。

（二）现代疾病预防控制机构

1. 省级疾病预防控制机构

（1）浙江省卫生防疫站

1949年10月17日，浙江省医疗防疫大队成立，下设第一、第二医疗防疫队及第一、第二防疫站和环境卫生队。1950年，浙江省医疗防疫大队在杭州成立大队部，分别设置医疗防疫队4队，除一队派驻嘉兴、一队派驻温州外，其余两队暂驻杭州。1951年10月7日，经浙江省人民政府（以下简称省政府）批准，将原各防疫部门人员混合编为浙江省医疗防疫大队，并派两个分队赴永嘉、衢县设置防疫站。1952年8月28日，浙江省医疗防疫大队及环境卫生工作队改组为浙江省卫生工作大队，下设5个卫生工作队，共120人。

1953年3月，浙江省卫生防疫大队与浙江省卫生实验所、浙江省卫生厅（以下简称省卫生厅）防疫科合并成立浙江省卫生防疫站（以下简称省卫生防疫站），编制50人。1954年，浙江省医疗防疫大队奉上级指示，将原144人编制缩编成为60人编制，计大队部员工12人、驻杭州第一队员工14人、驻嘉兴第二队员工14人、驻温州第三队员工20人。1953年3月，浙江省卫生试验所撤销，并入省暨杭州市卫生防疫站，计有省、市、县级卫生防疫站9个（省站1个、市站7个、县站1个）。杭州、宁波、温州、绍兴市卫生防疫站成立。1955年7月18日，浙江省各级卫生防疫站改名为爱国卫生站，浙江省防疫大队改名为浙江省爱国卫生大队。1956年4月26日，省人委发出《关于改变县以下卫生机构组织加强防疫工作的通知》，指出，各县从5月起设人民医院、防疫站、妇幼保健站，原有的爱国卫生站、爱国卫生大队改名为防疫站、防疫大队。县卫生院和设在县区的医院改为县人民医院、县血吸虫病防治院。嘉兴县卫生院、嘉兴市第一医院、浙江省第四康复医院合并为嘉兴市血吸虫病防治院。杭州市第三医院改称为杭州市血吸虫病防治院。1957年6月，省卫生防疫站药品检验科独立建制，成立浙江省药品检验所。

1958年3月，省卫生防疫站与省卫生厅合署办公。1963年，省卫生防疫站恢复独立建制。省卫生防疫站的职能是：根据国家的卫生工作方针政策和有关规定，组织指导、监督和执行辖区内的卫生防疫业务工作，对工农业劳动卫生、环境卫生、食品卫生、学校卫生进行经常性和预防性监督，改善卫生条件，预防急性传染病、职业病、寄生虫病、食物中毒等的发生和流行，提高人民健康水平和劳动生产力，为社会主义建设服务。省卫生防疫站内设行政管理科（秘书科）、卫生防疫科、化验科、宣传科、血吸虫病防治科（寄生虫病防治科）、工业卫生科（劳动卫生科）、药检科等。

（2）浙江省疾病预防控制中心

2000年，浙江省卫生防疫站一分为二，分别建立浙江省疾病预防控制中心和浙江省卫生监督所。1月7日，浙江省疾病预防控制中心（以下简称省疾控中心）成立，是直属省卫生厅的社会公益一类事业单位，行使政府疾病预防控制技术管理与服务职能，是全省疾病预防控制工作业务技术指导中心、检验检测中心、科研培训中心、信息管理中心。

2006年6月，省疾控中心拥有省"151人才"工程专家6人、各类学科带头人11人、硕士生兼职导师9人、享有国务院特殊津贴人员11人、省部级有突出贡献中青年专家2人，建有流行性出血热重点实验室、浙江省公共卫生应急检测关键技术重点实验室、艾滋病确认实验室、二噁英检测实验室等国家和省级重点实验室。该中心的630项检测项目通过国家级计量认证和国家实验室认可，在预防医学和公共卫生领域，取得包括国家科技进步奖一等奖在内的国家级科技成果17项、省部级科技成果115项、厅级科技成果47项，流行性出血热疫苗研制等一批科研成果已转化为生产，取得了显著的社会效益和经济效益。省疾控中心采用SARS、禽流感及病毒性脑炎等病原分子生物学快速检测体系，运用系列荧光定量PCR核酸检测技术，能够从容应对SARS、禽流感等病毒性疾病和突发公共卫生事件；建立了快速、准确、稳定、可靠的核酸检测体系，能够在较短时间内对常见的突发疫情做出病原学诊断，使实验诊断时间由原来的7～10天缩短到2～3小时，为及时明确病因，防止疫情蔓延提供了科学依据，赢得了控制的有利时机。

2007年，省疾控中心迁入杭州市滨江区，总建筑面积45082平方米，使用面积29241平方米。2010年，省疾控中心在编人员339人，各类专业技术人员310人，占职工总数的91.45%，其中高级职称108人，占34.84%，中级职称132人，占42.58%，享受国务院特殊津贴12人，省部级突出贡献中青年专家2人，全国人大代表、省政府参事1人，全国及省级劳模5人，拥有1个P3实验室、23个P2实验室、6套标准的PCR实验室、保健食品功能测试实验室等专业实验室。

2.市县级疾病预防控制机构

2002年底，浙江省市县疾病预防控制机构全部建立。

2003年，绍兴市公共卫生中心由绍兴市疾控中心、绍兴市卫生监督所、绍兴市中心血站3家单位组成，总征地面积85亩，土建计划总投资6400万元，工程三位一体。其中，绍兴市疾控中心建设项目占地面积34亩，建筑面积16500平方米；绍兴市卫生监督所建设项目占地21亩，建筑面积12000平方米；绍兴市中心血站建设项目占地30亩，建筑面积16200平方米。中共绍兴市委、绍兴市人民政府对公共卫生中心建设安排财政专项资金3000万元。

2003年底，嘉兴市公共卫生中心开工建设，总投资6000余万元，中心占地面积45860平方米，建筑规模近21万平方米，包括市疾病预防控制中心、试验楼、市卫生监督所、市公共卫生应急指挥中心和市卫生局，为全市公共卫生管理、卫生监督、疾病预防与控制的指导中心。2005年6月16日，嘉兴市集卫生行政、突发公共卫生事件应急指挥、卫生监督、疾病预防控制等功能于一体的公共卫生中心正式落成启用。省卫生厅厅长李兰娟、副厅长杨敬和嘉兴市委、市政府领导出席落成启用仪式。

2005年，浙江省有73个疾病预防控制机构建设项目被列入省"五大百亿"工程，投资11.42亿元，已建成投入使用22个，占30.14%，在建13个，占17.8%，立项将建的38个。浙江省各级疾控机构加强实验室建设，11个市、85个县(市、区)获得省级计量认证资格，省和16家市、县疾控机构实验室通过国家实验室认可，省公共卫生应急检测关键技术重点实验室、省食品安全重点实验室建立并投入使用。同年，全省省、市、县都建有疾病预防控制、卫生监督机构。全省有疾病防治专业人员5189人、卫生监督执法人员3206人，比“文化大革命”前增加10%。全省有32个县级卫生监督机构在乡镇设立了派出机构，占全省县级卫生监督机构总数的36%，各地派出机构运作良好。

2010年，浙江省有疾病预防控制机构101所(省属1所、省辖市(地区)属11所、地辖市属49所、县属39所、其他1所)，在职人员共有5835人，其中省级442人、市级1276人、县级4117人、大学本科及以上学历比例，省级为71.4%，市级为62.5%，县级为4.7%；人员的高、中级专业技术职称比例，省级为28.6%和39.8%，市级为22.5%和34.3%，县级为11.3%和38.8%。市、县两级疾控中心财政拨款分别占71.0%和54.8%。全省疾控机构工作条件全面改善，市县级疾控机构平均使用面积分别为14276.1平方米和4950.0平方米，人均建筑面积分别为144.2平方米和134.7平方米，高于全国平均水平。

3.突发公共卫生事件应急管理办公室

突发公共卫生事件是指突然发生，造成或者可能造成社会公众健康严重损害的重大传染病疫情、群体性不明原因疾病、重大食物和职业中毒以及其他严重影响公众健康的事件。为有效预防、及时控制和消除突发公共卫生事件的危害，保障公众身体健康与生命安全，维护正常的社会秩序，国务院设立全国突发事件应急处理指挥部，省、自治区、直辖市人民政府成立地方突发事件应急处理指挥部。2005年，省卫生厅机关设立公共卫生应急处理办公室(挂“突发公共卫生事件应急指挥中心”牌子)，负责组织、协调、处置浙江省突发公共卫生事件应急工作。县级以上地方人民政府卫生行政主管部门，具体负责组织突发事件的调查、控制和医疗救治工作。2009年，全省11个市及义乌市成立了卫生应急管理办公室，其中有9个地市成立经市编办批准的应急办公室，90个县(市、区)也确定了卫生应急管理机构，其中有27个县(市、区)单独成立了经市编办批准的应急办公室，占29.67%，其他县(市、区)也指定科室负责卫生应急的日常管理工作。省与市级疾病预防控制中心和卫生监督所也成立了应急办公室或应急科。

2009年，全省建制乡镇卫生院和县级以上医疗卫生机构全部实行传染病及突发公共卫生事件网络直报，建立了流感、不明原因肺炎、霍乱、鼠疫、SARS、人禽流感疫情、居民死亡原因等监测网络和预警体系，开展对全省20个鼠疫历史疫区的监测工作。省级建立了由26人组成的流行病学组、临床救治组、检验检测组、公共卫生组和中医中药组的专家咨询委员会，各地结合实际也组建了相应的专家咨询委员会和专家库。同年，浙江省卫生应急指挥信息系统卫生应急基础数据库的录入工作完成，并对省指挥中心进行改建，在全国率先建成省级突发公共卫生事件应急指挥决策信息网络和信息平台，并投入使用。浙江省疾病预防控制中心、杭州市、宁波市、绍兴市、义乌市卫生局已建成突发公共卫生事件应急指挥信息系统，其他市卫生局也在建设中。

2010年，省级公共卫生应急队伍有6支195人，省级医疗救援队有10支172人，市级公共卫生应急队伍有 11 支 602 人，市级医疗救援队伍有 11 支 601 人，加上各县（市、区）级医疗卫生救援人员，全省应急卫生救援人员累计达 1860 人。

4. 卫生检疫机构

为防止传染病从国外传入或从国内传出，1978 年 7 月 5 日至 1984 年 5 月，经国家卫生部批准，先后设立中华人民共和国宁波卫生检疫所、中华人民共和国杭州卫生检疫所、中华人民共和国沈家门卫生检疫站、中华人民共和国海门卫生检疫站、中华人民共和国温州卫生检疫所。①

二、专病防治机构

专病防治机构大多因发病的流行性、严重性、普遍性等因素而设置。在浙江流行的病种，如麻风病、血吸虫病、结核病、鼠疫等，发病人多、面广，流行的时间早，因此建立专病防治机构也较早，大多在清末民初就开始建立，后逐渐发展和完善。职业病、精神疾病和疟疾等病种因在人群中患病率高且流行，为加强对这些病的预防、控制和治疗，设置了专病防治机构。这些机构大多数在中华人民共和国成立之后开始建立。

（一）麻风病防治机构

麻风病在全国流行甚广，浙江是主要流行区之一。清光绪年间，英国安立甘会委派梅藤更夫妇到杭州管理杭州广济医院，并在广济医院内创办杭州广济麻风病院。该院在中华人民共和国成立之初并入浙江省麻风病院，后更名为浙江武康疗养院。1986 年，浙江省皮肤病防治研究所（浙江武康疗养院、浙江省皮肤病医院、浙江省性病预防控制中心联合体）成立，隶属浙江省卫生厅，为公益一类事业单位，主要承担全省麻风病性病的防控、人员培训、健康教育、实验室质控和技术指导、麻风病现症病人确诊及危重病人救治、麻风病畸残康复者的康复、医疗、护理和关怀照料等公共卫生管理职能。

1. 广济麻风病院

清光绪七年（1881 年），英国安立甘会委派梅藤更夫妇到杭州管理杭州广济医院，并在广济医院内开设麻风病门诊。② 光绪十三年，在杭州大方伯医院产科的旧址上，正式创办杭州广济麻风病院，苏达立医师主持医院工作。医院隶属英国圣公会、英国麻风救济会，时有住院麻风病人 7 人。光绪十八年，国际麻风协会的工作扩及中国，梅藤更在报告中写道："杭州沿街路边有不少麻风病人请求赈济，在美国麻风协会的资助下，杭州设立了麻风病院，开始收治麻风病人，同时为女患者建有楼房，为了照顾患者的健康子女，为孩子们提供了专门房间。"光绪二十一年，杭州广济麻风病院住院麻风病人渐多，医院又地处杭州繁华市中心，麻风病人难以管理，社会意见甚大，医院董事会在西湖之滨的宝石山麓购得土地六亩五分建造麻风病院。

---

① 《浙江检验检疫志》，浙江人民出版社 2005 年版，第 33 页。

② 浙江省皮肤病防治研究所、浙江武康疗养院编：《浙江省皮肤病防治研究所（院）史（1887—2011 年）》，2011 年编印，第 23 页。

光绪二十二年，一幢西式麻风病院在保俶塔与来凤亭之间落成，新院医疗用房20余间，医疗设施较为完善，收容麻风病人30余人。

图79-2-1-1　清光绪十三年(1887年)创办的杭州广济麻风病院(浙江省卫生厅档案室提供)

民国3年(1914年)，政府整治西湖，杭州广济麻风病院被迁移至松木场许家湾山上，医院新址与宝石山相峙，蜿蜒的山间公路与新院相连，男女病人分院而居，男院楼高3层，病房10多间，宽敞明亮，女院平房3间。民国13年6月，杭州广济麻风病院平房改建成西式楼房，内设病房10多间，共收治麻风病人60多人，其中患病较轻能经营工作者占总数的6%，其完全治愈可离院回家。6月10日，杭州松木场广济女麻风院及其他病院4所举行开幕典礼，200多人到会，由保庆医院院长张葆卿致开幕词。民国15年12月，梅藤更夫妇退休回国，谭信接任杭州广济麻风病医院院长。民国16年3月，北伐军占领杭州，院长谭信和医院的外籍工作人员提前逃往上海租界。4月，杭州广济麻风病医院被浙江省政府接管，医院每月所需经费全部由政府承担，西方人暂不接济。医院成立医院管理委员会，洪式闾博士任委员长，由陈万里(浙江省民政厅卫生科科长)等6名委员组成的医院管理委员会管理。

民国17年(1928年)5月，杭州广济麻风病院呈请民国政府归还杭州广济麻风病院院产。8月，浙江省政府发布《浙江取缔麻风病实施之文告》。10月，浙江省政府将杭州广济麻风病院归还杭州广济病院管理，时有麻风病人50余人。民国20年，杭州广济麻风病院在杭州松木场建立麻风病房、注射药房及礼拜堂，年住院麻风病人70余人。民国22年，杭州广济麻风病院住院麻风病人85人，其中“住院不到一年新麻风病人有25人，其余60人为老麻风病人，住院病人中1人症状消失，11人大有进展，29人已有进展，8人病象如旧，5人则较前加重(其中3人为不加医治者)，6人则已属残废，男病人占住院总数的63%，女病人占37%，类结节性者占25.8%，神经性者占47%，混合性者占27%，治疗方式为口服大枫子油及樟脑油、木焦油、橄榄油和Ethyl Esters肌肉注射”。① 民国23年，杭州广济麻风病院住院麻风病人有99人，其中男性85人，女性14人，每周一由杭州广济医院副院长沙大卫·赫度医师、叶熙华医生等查房，给病人施以大枫子油等药物治疗，时有病人护士5人，专以洗换病人烂疮、换药、发药等医疗工作。民国28年，杭州广济麻风病院由苏达立医生负责管理，时有住院病人91人，女性13人，小孩4人，小孩病人与女病人同室居住。

民国31年(1942年)9月，杭州广济麻风病院被日军占领，院长苏达立因“救治中国军队伤兵”被日军逮捕，关押于上海海防路战俘集中营，后关押于北京丰台战俘集中营。医院更名为杭州同仁会医院，日本同仁会委派日本医生岗田实充管理医院。日本人接管医院后，原广

① 浙江省皮肤病防治研究院、浙江武康疗养院编:《浙江省皮肤病防治研究所(院)史(1887—2011年)》，2011年编印，第23页。

济麻风病院大部分医务人员不愿为日本人供事，纷纷逃离医院。民国 34 年 8 月，抗日战争胜利后，杭州广济麻风病院重新由英国人接收，苏达立复任院长，但此时的杭州广济麻风病院已是满目疮痍，财产被抢劫一空，屋宇也破败不堪。民国 37 年 5 月，杭州广济麻风病医院董事会在武康县上柏鸿渐岭向农民许阿根等租地，租用田 10.3 亩，地 87.7 亩，开办麻风农场。

1949 年 5 月，杭州解放，杭州广济麻风病医院仍然由英国人管理，浙江省人民政府供给杭州广济麻风病医院病人每人每日口粮 20 两。12 月，杭州广济麻风病医院在上柏农场建立房舍、医务室和礼拜堂，首批 23 名杭州广济麻风康复病员迁赴上柏农场，医院派驻徐绍颐医生每日对农场病人巡诊，医务部主任马雅各医师每两个月到上柏麻风农场巡诊一次。麻风病人李石平任农场管理员，组织麻风康复病人饲养家畜、家禽、垦殖耕耘，实现自我管理，从事农业生产。1952 年 1 月，杭州广济麻风病院拒绝英国圣公会、麻风救济会的援助，申请浙江省人民政府接管。4 月，受浙江省人民政府卫生厅委派，姚雨冰与杭州广济麻风病医院院长余文光办理交接手续，接管后的杭州广济麻风病院隶属浙江省卫生厅，由浙江省麻风病院代管，经费由华东军政委员会的处理美国津贴救济机关委员会供给，住院麻风病人每人每月生活费 10.5 万元（旧币），医药费 3 万元（旧币），医院工作人员按原待遇（工资分）供给，医院时有麻风住院病人 117 人、农场康复病人 61 人、工作人员 9 人。

1952 年 5 月，省卫生厅接办外资津贴的杭州广济麻风病院。省政府决定将杭州广济麻风医院外迁，由浙江省麻风病院负责选择医院新址，在武康县政府的支持下，姚雨冰等领导勘察了适宜建院的智果寺、宝华寺、铜山寺等寺庙，最终决定选择易于修缮和隔离的下柏宝华寺作为医院外迁新址。经过一个月的修缮改造，宝华寺麻风病区建成，杭州广济麻风病院的 128 名麻风畸残病人迁往武康县下柏宝华寺旧址改建的麻风住院病区，61 名有劳动力的麻风病人迁往位于上柏鸿渐岭的麻风农场，寄医于杭州广济麻风医院中的 10 名军政麻风病员转入浙江省麻风病院。杭州广济麻风病院物资除不动产外，悉数迁入浙江省麻风病院。1952 年 12 月，浙江省民政厅和浙江省卫生厅联合发文，原杭州广济麻风病医院特种资金管理自 1953 年 1 月起改由浙江省卫生厅供给。至此，杭州广济麻风病医院正式并入浙江省麻风病院。

2. 浙江省麻风病院

1951 年 5 月，中国人民解放军华东军区军政委员会委托浙江省人民政府在浙江筹建麻风病院，收治中国人民解放军部队中的麻风病员。浙江省卫生厅成立浙江省麻风病院筹建委员会，省卫生厅医管科科长徐高友任主任委员，姚雨冰负责实施具体工作。筹委会经多处选址，最后定在浙江省武康县上柏区山民乡金车山麓报恩寺建院。8 月，省政府拨款 100 万元筹建浙江省麻风病院，以姚雨冰为首的 6 人筹建工作组，正式启动麻风病院的基建工作，基建工程由浙江四联营造厂承建，省卫生厅建筑师鲍咸仁负责监理，随着基建工程的进展，省卫生厅陆续调来行政、医务、后勤等基层工作人员 18 人。12 月底，拥有 200 张病床的浙江省麻风病院竣工验收。

1952 年 1 月，浙江省麻风病院正式建成启用，开始收治麻风病人，来自华东地区的 180 余名军人麻风病患者陆续入住医院，其中有江、浙、皖、沪地方政府干部 10 余人。医院时有医疗技术人员 43 人（医生 15 人、护士 22 人、药剂 4 人、检验 2 人），行政事务人员 60 余人，合计

100余人。1953年初，由于社会对麻风病人普遍存在恐惧和歧视，军籍住院麻风病患者为康复后的工作和生活，不愿在档案中留有在麻风病院的住院史，联名上书朱德总司令，要求更改麻风病院名称。当时部队医院转入地方医院时统一称“康复医院”，于是上级决定将浙江省麻风病院更名为浙江省第六康复医院。1953年3月，浙江省人民政府拨款30万元，在浙江省武康县上柏原杭州广济医院鸿渐岭麻风农场旁，104国道东、西两处征地18亩，按国家甲等县级综合性医院标准筹建浙江省麻风防治院，104国道东侧建拥有100张床位的麻风住院部，104国道西侧建办公、职工生活用房。11月，浙江省麻风防治院竣工并通过验收。12月，正式投入使用，原住浙江省第六康复医院病区内的政府干部、事业单位的麻风病人转到浙江省麻风防治院进行治疗，医院分三大病区，由医务、行政人员组成工作组，实行病区包干负责制。

1954年1月，省卫生厅决定将浙江省第六康复医院更名为浙江省麻风病一院，浙江省麻风防治院更名为浙江省麻风病二院，两院由浙江省康复医院管理局统一领导，其编制、干部配备均由浙江省康复医院管理局管辖。浙江省麻风病二院的财务收支仍按特种资金管理，医疗等一般业务由省卫生厅直接管理，收容对象为干部和群众，这些病人必须以治疗为主，且有传染性。

1956年8月，浙江省麻风病一院和浙江省麻风病二院合并，医院更名为浙江武康疗养院，为全省麻风病防治的业务技术指导中心。院总部设在报恩寺，鸿渐岭为分院。总部主要收治军籍麻风病人以及有眼科并发症和外科手术症的麻风病人，分院收治享受公费医疗的麻风病患者(称“寄医病人”)，农场收治能参加生产劳动的麻风病人。

3.浙江省皮肤病防治研究所(浙江武康疗养院)

1957年，省卫生厅将浙江武康疗养院的党团、人事、财务、业务下放，由德清县人民政府相关部门管理。1958年10月，经省卫生厅核定，浙江武康疗养院有病床550张。1966—1976年“文化大革命”期间，浙江武康疗养院也受到冲击，人心涣散，医院发展停滞不前，医疗工作陷于半瘫痪状态。1972年，浙江武康疗养院下柏宝华寺麻风病区拆除，房舍的砖瓦、门窗等拆迁至上柏住院部(报恩寺)，原住在下柏宝华寺的麻风病人同时迁往。1974年，浙江武康疗养院派出18名专业技术人员，分赴杭州、金华、丽水、台州、舟山5个地区的22个县，进行麻风病线索调查，历时3个月，共调查近百万人，发现麻风新病人218人。

1980年4月，浙江省人民政府决定将浙江武康疗养院的业务、人事、财务三权收归省卫生厅直接管理，党团仍由德清县人民政府代管，实行省、县双重领导。1986年，浙江省皮肤病防治研究所为了拓展对外医疗服务业务，解决职工子女求学难的问题，经省卫生厅批准，将总院(鸿渐岭)的房产、土地转让给德清县出口产品股份有限公司，在德清县武康镇征地建造门诊办公大楼和职工宿舍，住院部迁报恩寺。

1985年，省卫生厅先后批准增挂浙江省皮肤病防治研究所、浙江省性病防治监测中心两块牌子，单位业务扩大为麻风病、性病和皮肤病的防治。医院一部分迁至武康镇(现德清县县城)。改革开放的春风给医院发展带来了新的机遇，医院的面貌有了巨大的变化。该所已拥有大批先进的医疗诊断仪器，门诊大楼、住院大楼和综合大楼相继拔地而起，固定资产从20年前的不足100万元增加到2000余万元。

1987年，浙江省麻风防治协会在杭州成立，首任浙江省麻风防治协会理事长陈德友，机构挂靠浙江省皮肤病防治研究所。1988年，位于德清县武康镇英溪南路16号的浙江省皮肤病防治研究所的门诊办公综合大楼及宿舍建成并启用，对外开设皮肤病专科门诊，有规模地对社会开放皮肤病诊疗业务。1990年1月3日，省卫生厅批准同意撤销余姚市皮肤病防治站。1992年，德清县武康镇被列为莫干山经济技术开发区，根据开发区城建规划的需要，浙江省皮肤病防治研究所门诊办公综合大楼被拆迁，在德清县武康镇武源街61号重新征地建造门诊综合楼。

1994年5月，浙江省皮肤病防治研究所新门诊大楼竣工并投入使用，单位行政、业务科室迁入新大楼办公，对外开设医疗业务。1995年，浙江省皮肤病防治研究所在新门诊大楼后面建造住院大楼。1996年，住院大楼竣工并投入使用，行政科室从门诊楼搬迁至住院大楼五楼办公，省卫生厅核定，住院床位为150张，其中内、外科床位50张，主要收治皮肤病、性病和内、外科病人。1997年，省卫生厅核定浙江省皮肤病防治研究所总床位数为570张，其中上柏住院部为420张，主要收治麻风康复、现症和手术病人，武康住院部为150张，主要收治社会病人。1998年2月，浙江省编委同意浙江省皮肤病防治研究所增加事业编制60名，连同原定编制共计175名。同年，省卫生厅向浙江省皮肤病防治研究所等15家省级医疗单位颁发中华人民共和国医疗机构执业许可证。

2000年，随着机构的改革和调整，浙江部分病人数较少的麻风院(村)将麻风晚残康复者撤并至浙江武康疗养院，麻风病防治工作职能也转入当地疾病预防控制中心。

2001年8月，浙江省皮肤病防治研究所被列为浙江省非营利性医疗机构，事业编制名额由175名减为170名。同年，制剂室通过浙江省药监局换证验收。2002年6月，浙江省皮肤病防治研究所首届职工代表大会召开，选举产生第六届工会委员会，会议审议并通过《内部行政管理制度》。

2003年1月，省卫生厅同意浙江省皮肤病防治研究所增挂“浙江省皮肤病医院”牌子，所需床位指标在医院床位配置标准中调剂。3月6日，浙江省皮肤病研究所增挂“浙江省皮肤病医院”牌子，中国工程院院士陈洪铎担任医院名誉院长，应邀参加挂牌仪式的有辽宁省政协副主席、中国工程院院士陈洪铎、省卫生厅厅长李兰娟等领导和有关专家。成立当日，陈洪铎做了题为“银屑病研究进展”的学术报告，介绍了皮肤免疫学的最新进展及银屑病药物治疗的最新进展，5位省内的皮肤病专家为闻讯慕名赶来的300多名患者进行了义诊。

2007年，浙江省把浙江武康疗养院和分别位于绍兴、慈溪和桐乡的3家麻风病院(村)的改扩建工程列为重点建设项目，投入资金1835.1万元，拆除旧房面积2174平方米，新建8571.5平方米，2009年竣工并投入使用。2007年4月，嘉兴市麻风病院的12名麻风病休养员并入浙江省皮肤病防治研究所上柏住院部，实行集中收治，原嘉兴市麻风病院撤销。12月，浙江省皮肤病防治研究所在杭州召开全省性病防治工作会议。2008年，浙江省皮肤病防治研究所启动杭州市上城区、奉化市、平阳县和东阳市4个国家级性病监测点的监测工作，以进一步加强对性病的主动监测。5月，浙江省皮肤病防治研究所上柏住院部麻风村改扩建基建工程公开招标，工程总建筑面积2773.4平方米，投入建设资金471万余元，工期180天。9月，根据《2007年中央补助地方公共卫生专项资金——麻风病防治项目实施方案》要求，受省卫生厅委托，浙江省皮肤病防治研究所在浙江平阳举办了一期麻风病防治骨干培训班。12月，浙江省皮肤病防治研究所与桐乡市皮肤病防治院组建协作医院挂牌仪式在桐乡举行。

2009年，浙江省皮肤病防治研究所召开由武康疗养院、绍兴三院、桐乡市皮肤病防治院和慈溪市皮肤病防治站4家单位领导参加的麻风院(村)改扩建工程基本建设情况座谈会；对湖州、兰溪和萧山等地的麻风病院(村)进行了调研，商讨撤并和集中收治等事宜；对绍兴市、上虞市、余杭区、桐乡市和海宁市的麻风病防治工作及中央财政转移支付资金落实使用等相关工作进行考核；分组对宁波市、鄞州区、慈溪市、绍兴市、绍兴县、上虞市、萧山区、余杭区、桐乡市和海宁市的麻风病防治和中央转移支付麻风病防治项目资金工作进行中期评估检查。根据省财政厅、省卫生厅联合下发的《关于下拨其他传染病防治等专项补助经费的通知》和《2009年中央补助地方公共卫生资金——麻风病防治项目管理方案》要求，及时下发关于开展麻风病防治项目的通知，同时结合当地实际，做好补助资金的安排使用工作，其中，麻风可疑者筛查8个县(市、区)、138个重点乡镇，筛查人数为20万人，发现麻风可疑者542人，确诊2例，密切接触者检查15个县(市、区)、181个乡镇，共计1961人，发现可疑者近百人，确诊2例，新病例的诊断及现症病人治疗133例，发现并治疗神经炎7例、Ⅱ型麻风反应病例7例，编印麻风病宣传小折页8万份、麻风病宣传画1.5万份，预计受益人数达600万人次，举办省级麻风病防治知识培训班和疫情监测培训班2期，开展重症病人医学处置4149例，其中溃疡清创2481例、提供防护鞋151人、安装和维修假肢41条、手术矫治畸残病例4人、提供自我护理用品1472人次。2009年1月，浙江省皮肤病防治研究所上柏住院部麻风村改扩建项目任务基本完成。2月，浙江省皮肤病防治研究所与中国医学科学院皮肤病医院(研究所)签署医疗合作意向书。3月，浙江省皮肤病防治研究所正式列入湖州市级医保定点医院。

2010年5月，经省卫生厅党组研究决定，调整浙江省皮肤病防治研究所领导班子。6月，在所党委的领导下，浙江省皮肤病防治研究所上柏住院部休管会顺利完成换届选举工作，产生5名新的休管会班子成员。

(二)血吸虫病防治机构

浙江省曾是全国血吸虫病严重流行的省份之一，历史上有9个市、55个县(市、区)流行血吸虫病。为预防、控制和消灭血吸虫病，保障民众健康，浙江省在民国时期就开始建立防治机构。民国32年(1943年)8月，浙西地方病防治所建立，主要任务是防治血吸虫病，初设在浙江省立嘉兴医院内，后迁址原清大营。民国37年4月，浙东血吸虫病防治所在衢县成立，中央卫生实验院寄生虫学主任徐锡藩博士来衢州协助工作。民国38年初，浙西地方病防治所扩充为浙东、浙西两所(宋代置两浙东路，辖区包括现浙江省绍兴、衢州、宁波、台州、温州、金华、丽水。两浙西路，辖区包括现江苏省苏州、镇江、江阴、常州，浙江省杭州、嘉兴、湖州)，在嘉兴的命名为浙西地方病防治所，步云乡设立分所。6月，浙西地方病防治所由浙江省派军代表接管，易名为浙西血吸虫病防治所。

1950年1月15日，浙西血吸虫病防治所在嘉兴改组成立。9月，浙东血吸虫病防治所在衢县正式成立。同月，衢州地区血吸虫病防治所成立，设于衢县，负责衢县、龙游、开化、江山、常山5个县的血吸虫病防治工作，联系各县卫生院成立防治站，设置病床100张，并在各流行乡村建立防治小组100个。绍兴地区血吸虫防治所由浙江省卫生实验院诸暨三环畈实验区的人员组成，设于绍兴，负责绍兴、诸暨、萧山、上虞、嵊县、新昌、天台7个市县的血吸虫病防治工作，联系各县卫生院成立防治站，设置病床100张，在各流行乡村建立防治小组累计100个。1951年，全省血防机构统计：省立卫生实验院驻点在杭州市，派员35人；浙东血吸虫病防治所驻点衢县，派员12人；浙西血吸虫病防治驻点嘉兴，派员18人；三环畈血吸虫病防治实验区驻点诸暨三环畈，派员30人。1952年，衢县增设江山、常山、开化3个县级血防站及46个血防小组（中心组）。1956年，衢县建立血防院。

（三）皮肤病防治机构

皮肤病种类繁多，据统计大约有1000多种皮肤病，是严重影响人民健康的常见病、多发病之一，如疥疮、真菌病、皮肤细菌感染等。民国30年（1941年），卫生署饬令浙江省设置3处灭虫治疥站，经浙江省卫生处报准，在於潜、兰溪、金华3县各设1站。6月17日，卫生署衢县花柳病防治所成立，有防治专业人员7人，专事皮花科疾病防治，址在衢城长竿街26号，所长周振（兼）。民国31年，於潜、兰溪的灭虫治疥站建成站房开始工作。

中华人民共和国成立初期，省卫生厅特别重视性病防治，成立了浙江省性病防治大队，还从各医院抽调人员深入农村，特别是少数民族地区、部队（国民党投诚部队）治疗性病病人，各个医院都开设性病门诊，全社会取缔娼妓，比较快地控制了性病。1970年冬，温州地区麻风病防治站建立，1977年改称温州市皮肤病防治站，2000年与市卫生防疫站合并成立市疾控中心皮肤病防治科，后并入艾滋病性病防治所。

1995年，浙江省皮肤病防治研究所增挂“浙江省性病防治监测中心”牌子，并在杭州、奉化、瑞安、海宁、义乌、江山、临海设立7个省级性病监测点。2002年，浙江省皮肤病防治研究所对性病监测点进行了调整，分别在11个市各设立1个省级性病监测点，在奉化、平阳、上虞、湖州、桐乡、东阳、开化、普陀、云和和椒江，设县级监测点。2006年5月，经省卫生厅批准，浙江省性病防治监测中心更名为浙江省性病预防控制中心，原行政隶属关系不变，中心挂靠浙江省皮肤病防治研究所。

（四）结核病防治机构

结核病又称痨病和“白色瘟疫”，是一种古老的传染病。清光绪二十五年（1899年），杭州建立西湖肺痨院。① 民国15年（1926年），杭州广济医院内设立肺痨疗养院。民国16年，杭州西湖断桥边设立西湖医院，内部设立25张床位，专收肺痨病人，病人来自各地，主要由杭州正式医师介绍或本院诊察收治，每月费用标准为30元～120元。民国17年，杭州设立西湖肺病疗养院，院址在杭州市里西湖葛岭山脚三号智果寺旁，院长厉绥之为日本金泽医大毕业生，医务主任瞿炀时为浙江公立医药专门学校毕业，医院有20张床位，专收肺结核病人，每月费

① 从黎明等：《浙江省防痨协会60周年（1954—2013）》，浙江科学技术出版社2014年版，第4页。

用标准为45元～180元，手术费和特殊药料费除外。同年，杭州莫干山疗养院建立，位于浙江莫干山冈头路，院长周君常为德国医学博士，医务主任张士琦为同济大学医学士，疗养院最多收治30人，对象包括肺痨及其他疗养者，收治须先向上海静安寺路七十弄四号驻沪事务所接洽，每月费用标准为100元～200元。民国36年，浙江省第一医院成立呼吸科，是省内最早设立的呼吸科，收治肺结核病人。1949年，宁波防痨协会和嘉兴防痨协会开设诊疗所、门诊部和疗养院。

图79-2-1-2 清光绪二十五年(1899年)建立的西湖肺痨院(浙江省卫生厅档案室提供)

1951年，杭州市人民医院内设立防痨科，并在厂矿、学校、机关医务室配合下开展团体防痨工作，以后省、市医院相继开设防痨科。1955年10月，杭州市第八人民医院(原杭州市象山疗养院)、五云山疗养院成为杭州市结核病人住院治疗的主要疗养院，其中五云山疗养院收治对象为享受公费医疗行政二十级以上干部及外地县团级以上干部中的肺结核病人。

1956年10月25日，杭州市结核病防治所正式成立，李庆昌任所长，位于圣塘路3号，1957年迁址平海路97号，建所初有职工33人，其中卫技人员19人，设有门诊及X线室、化验室、药房。1969年8月，杭州市结核病防治所、市象山疗养院、市五云山疗养院合并为杭州市结核病防治院。1979年，杭州市结核病防治院又更名为杭州市结核病防治所，该所为防治结合的具有独立建制的单位。1987年1月10日，省卫生厅批准同意建立临安县结核病防治所。

1990年8月16日，省卫生厅批准同意撤销浙江省结核病防治研究中心，并同意恢复杭州市结核病防治院。2001年，浙江省88个县(市、区)中已有60个县(市、区)(占68.2%)在卫生防病机构内设立了结核病防治所，并开设肺结核门诊。

(五)鼠疫、疟疾防治机构

鼠疫是以鼠疫杆菌借鼠蚤传播为主的烈性传染病，是广泛流行于野生啮齿动物间的一种自然疫源性疾病。鼠疫在浙江历史上有多次流行，病死率极高，尤其是侵华日军在浙江发动细菌战后，浙江人民饱受鼠疫带来的灾难。在日军的细菌战中，衢州、宁波是浙江的重灾区。浙江鼠疫的另一个重灾区是浙南地区，包括丽水、龙泉、庆元、云和及永嘉等地。《浙江鼠疫调查报告》的结论说明，浙南的鼠疫是从闽北传入，而研究表明，福建的鼠疫也与日军的细菌战有关。因此，浙南疫区应是由福建疫区的扩大和日军细菌战的人为传播共同造成的。1950年9月，浙江省鼠疫防治所遵照华东卫生部指示，就原有的第一、第二防疫队及环境卫生队组成一所两队，所部设衢县，两站分设温州、丽水。1958年3月18日，浙江省鼠疫防治所迁往温州。1961年6月15日，省卫生厅发出通知，决定将省鼠防所从温州迁回杭州，与省卫生防疫站合署办公，归站领导。1964 年 2 月 25 日，浙江省丽水、龙泉两县成立鼠疫防治站。

疟疾在浙江历史上曾经广为流行，是严重危害人民健康的一种传染性寄生虫病，浙江的疟疾以间日疟流行为主，恶性疟也曾有流行。1954 年 11 月，青田疟疾防治站迁往舟山，改名为浙江省舟山疟疾防治站。1958 年 5 月 14 日，中共浙江省委员会（以下简称省委）同意将舟山疟防站调至建德县，改称为浙江省疟疾防治站，加强新安江地区的防疟工作。1959 年 11 月，浙江省疟疾防治站撤销，人员分配到省卫生防疫站和浙江省卫生实验院工作。

（六）职业病防治机构

职业病是指企业、事业单位和个体经济组织等用人单位的劳动者在职业活动中，因接触粉尘、放射性物质和其他有毒、有害物质等因素而引起的疾病。一般来说，法律在职业病的预防方面有规定，符合法律规定的疾病才能称为职业病。1949 年 9 月，杭州市人民政府卫生局成立，设保健科工业卫生组。1950 年 3 月，杭州市成立工厂卫生管理委员会，制订、颁布《杭州市厂矿卫生管理暂行规则》，逐步开展工业卫生工作。1953 年 11 月，杭州市职业病防治院建立，是一所全民所有制的职业病防治专业机构，隶属杭州市卫生局。该院前身是杭州市中心门诊部，1963 年前称公费医疗预防中心门诊部，1963 年 5 月设职业病门诊，1965 年改为职业病科，1980 年 5 月改为职业病防治所。1955 年，杭州市卫生局设工业卫生科，6 月公布《杭州市工厂企业医疗卫生组织机构设置办法》。局工业卫生科积极协助工厂企业建立保健组织，充实技术力量，培训基层人员，开展职业病防治。1957 年，根据卫生部要求，杭州市工厂企业建立和实施《职业中毒和职业病报告制度》。1983 年 5 月，杭州市中心门诊部建制撤销，1984 年 12 月改为现杭州市职业病防治院。该院承担杭州市劳动卫生、放射卫生和职业病防治任务，设劳动卫生科（包括毒化室）、中毒科、尘肺科、放射卫生科、物理因素科，床位 40 张。

1953 年，浙江省卫生防疫站成立，第二年即成立工业卫生科。1954 年，浙江省卫生防疫站内设立工业卫生科（后改为劳动卫生科）。1955 年，卫生部发文进一步明确工业卫生处（科）和卫生防疫站劳动卫生科之间的职责范围。1956 年，将工业卫生科改为劳动卫生科，主要从事矽尘、有机磷农药、石棉尘等职业危害因素的防控工作。1988 年底机构调整，浙江省卫生防疫站劳动科并入浙江省医学科学院劳动卫生职业病防治所，根据省卫生厅〔95〕185 号文件，1995 年 7 月 1 日机构又作调整，部分人员从浙江省医学科学院劳动卫生职业病防治所调到浙江省卫生防疫站，设立劳动卫生职业病防治所，1999 年与放射卫生所合并，成立劳动卫生与放射防护所，后改为职业卫生与辐射防护所。

1975 年 11 月，经省委批准，浙江省职业病防治研究所、浙江省结核病防治研究所、浙江省精神病防治研究所开始筹建。1979 年 10 月 31 日，省卫生局决定成立省职业病诊断组，分设职业中毒、矽肺、放射病诊断三个小组。1982 年 6 月 29 日，浙江省人民政府同意将省职业病防治研究所并入省人民卫生实验院。2000 年，省疾控中心成立职业卫生与中毒控制所，承担全省职业卫生与中毒控制工作，于 2003 年取得职业卫生技术服务乙级资质，2006 年 8 月获得卫生部职业卫生技术服务甲级资质。

（七）精神病防治机构

1949年前，浙江省无一所精神病防治机构，中华人民共和国成立后，在各级政府的重视下，先后在湖州、杭州、宁波等地建立了精神病院，开始收容病人。

1. 浙江省精神病院

该院前身是浙江省公安厅劳改局职工医院，隶属于20世纪60年代成立的钱江公司劳改局（1960年至1970年5月），1970年5月更名为浙江生产建设兵团工业一团卫生队（1970年5月至1975年12月14日），隶属于浙江生产建设兵团。1975年12月，浙江省精神病防治研究所成立，隶属于省卫生厅，时有职工227人，设精神科病床250张、普通病床50张。1988年4月2日，省卫生厅将浙江省精神病防治研究所更名为“浙江省精神病院”，内设精神卫生研究所，时有职工318人。1991年2月2日，省卫生厅同意省精神病院同时挂“浙江省精神卫生研究所”牌子，成立浙江省药物依赖治疗康复中心。1993年12月22日，省卫生厅同意将浙江省精神病院、浙江省精神卫生研究所、浙江省药物依赖治疗康复中心更名为浙江省第二人民医院、浙江省精神病医院、浙江省精神卫生研究所、浙江省药物依赖中心（省自愿戒毒中心）。2007年10月后，经省中医药管理局同意后，停止收治戒毒病人。2001年3月，浙江省精神鉴定委员会靠挂在浙江省第二中医院（浙江省精神卫生研究所），由该院冯斌担任浙江省精神病鉴定委员会主任。

2. 杭州市第七人民医院

该院为1952年筹建，1953年9月20日开始建设，1954年2月竣工，当时医院总建设面积3345平方米。1954年6月，原设于省立杭州医院的精神科并入医院，充实了医院的医护队伍。1954年底，医院拥有床位100张、医院职工91人，其中医师3人、医士2人、药房2人、护理30余人、化验1人。当时医院设备简陋，化验室有显微镜、离心机、恒温箱、烤箱各1台，能做三大常规、血糖和康氏反应，有1辆接近报废的救护车，年门诊3516人次，年收入2.4万元。1972年，经省卫生局拨款，建造了一幢二层楼病区，增加了150张床位，又利用原睡眠治疗室开设“6·26”病区，解决经济困难的农村病人需求，医院实际开放床位达到300张，解决了精神病人住院难的问题。1978年后，医院先后邀请国内享有盛誉的精神病学专家伍正宜、夏镇夷、刘贻德及沈其杰、刘协和、徐韬光、赵耕源、张维锡教授讲学，举办全国精神医学毕业后教育学习班，与美国、日本、加拿大等国的专家教授进行交流，不断提升医院知名度。医院成为首届中华医学会浙江分会精神病学会主任委员、首届浙江省心理卫生协会理事长单位。1988年，医院新建四层病房楼，建筑面积4826平方米。同年，省卫生厅认证医院具有精神病司法鉴定资格。1993年，医院设有普通精神科、神经科、康复等8个病区，医院核定床位400张，实际开放475张。1994年，医院提出“坚持以精神科为主，发展与精神科医学相关学科”的发展定位，开设省内第一个老年心理康复病区。随后陆续开设杭州市首条“心理热线”、全省首个儿童心理门诊，成立杭州市心理康复中心、市心理危机研究与干预中心等。2010年，医院核定床位680张，占地面积3.9万平方米，有职工637人，其中卫生专业技术人员536人。高级职称98人，其中二级正高1人、三级正高4人。博士及硕士生导师9人、博士后2

人、博士13人、硕士76人、硕博在读40余人、省“151人才”1人及省医坛新秀1人、市“131人才”5人，医院柔性引进钱江特聘专家、双聘专家、特聘专家共计12人。医院设有精神科专家门诊、心理咨询特需门诊、儿童心理咨询门诊、睡眠障碍门诊、老年记忆门诊、抑郁症门诊、中西医结合门诊、精神分裂症早期干预门诊、心理创伤咨询治疗门诊及精神科、老年精神科、医学心理科、儿童心理科等12个病区，开展精神医学司法鉴定、精神残疾鉴定、智力残疾鉴定、心理危机干预等服务。医院配备螺旋CT、全自动生化分析仪、全自动睡眠分析仪、多参数生物反馈系统、全自动免疫发光仪、数字化脑电图仪、液相色谱仪、经颅磁刺激仪、彩色多普勒超声仪、CR(X线处理系统)等先进的设备仪器及神经生理信息工作站。

3. 宁波市精神病专科医院

宁波市精神病专科医院创建于1978年10月，原名为宁波市精神病管教所，1981年2月改名为宁波市精神病专科医院，是宁波市民政局直属的社会福利事业单位，也是一家三级乙等精神病专科医院，位于浙江省宁波市江北区庄桥街道童家日兴房11号。1978年，医院开始筹建，房屋总面积为4181平方米，根据“因陋就简”原则，医院改建简易男女病区各一个。1979年1月，医院招收第一批职工，下乡知青38人作为护理员和后勤人员，当时仅医士1名。1979年6月11日开业，医院医疗设备简陋，设医务、总务、财务三室，对病员以关、爱、养为主，治疗为辅。1980年5月，医院拆改一病区，建成一幢800平方米的楼房作为病员医疗用房，9月又扩建行政办公综合楼，面积660平方米。1982年，医院设立化验室、心电图室、放射室。1984年，浙江省复员退伍军人精神病疗养院(以下简称精疗)被批准立项，同年8月11日，浙江省民政厅发函给宁波市人民政府(浙民函字〔84〕75号)，在宁波市精神病院原址基础上扩建精疗。1984年9月，扩建精疗的工作开始筹备，项目总投资137万元，于1985年开工建造，1987年底完工，建筑面积为6700平方米，核定床位100张、正式职工200人，主要负责对全省复员退伍精神病患者进行治疗、康复、疗养，并整合宁波市精神病院已有的医疗资源，对省民政优抚精神病对象进行全方位的治疗、康复、教研等服务，两院实行的是对外两块牌子、对内一套领导班子的管理模式。1989年，精疗员工共63名，其中卫生技术人员47名，医院总面积约为20000平方米，建筑面积16000平方米，总开放床位250张，主要收治各类精神障碍患者。2000年11月15日，根据宁波市计划委员会(甬计社〔2000〕54号)立项批复，1号住院楼在原住院大楼的原址基础上改造，工程总投资453.6万元，其中省卫生厅出资200万元，于2001年10月10日竣工，2002年3月投入使用。同年，医院实现信息化管理，准确、快捷的电子化操作使医院管理提高了一个档次。2004年，该院成立心理科，包括心理咨询门诊和心理测量室，主要为抑郁症、焦虑症、强迫症等各类神经症患者和其他心理障碍患者提供服务。2007年5月，医院被省司法厅列为首批精神病司法鉴定机构。2010年，医院占地面积21712平方米，建筑面积21500平方米，医疗用房面积17000平方米，拥有职工347人，核定床位300张，实际开放精神科床位350张，床位使用率约为98%，医院年门诊量30000人次，年出院量约1500人次，设8个临床科室、8个医技科室和17个职能科室。

4. 温州市第七人民医院

医院创建于1959年，创建时浙南地区的精神卫生工作一片空白，没有一所精神病防治机构。为维护城市秩序，收容流浪精神病人和退伍军人，1959 年 8 月，温州地区精神病人收容所成立，隶属温州行政公署公安处管辖。1959 年 12 月，该所改名为温州地区精神病疗养院暨复退军人疗养院，1984 年 5 月又改名为温州市精神病院。2005 年 11 月，该院增挂“温州市民康医院”牌子。该院是温州市开办最早、规模最大、最具影响力的三级公立精神卫生专科医院，承担全市的精神卫生医疗、教学、科研、预防、康复、心理咨询和对外学术交流等任务，并成为温州医学院教学医院，厦门大学研究生教学与实习培训基地，国家心理咨询师培训基地，温州市精神卫生办公室挂靠单位，上海市精神卫生中心、香港理工大学协作医院。医院先后获评全国民政系统行风建设示范单位、浙江省行风建设示范单位、浙江省群众满意基层站所（服务窗口）、浙江省社会治安综合治理先进集体、浙江省平安医院、浙江省绿色医院、浙江省省级青年文明号等。2010 年，医院占地面积 16 亩，核定床位 300 张，实际开放床位 1100 张，设 12 个病区，职工 627 人，各类卫技人员 397 人。医院设有普通精神科、心身医学科、老年精神科、行为医学（成瘾行为）科、临床心理科、康复科、司法鉴定科等，其中行为医学科、心身医学科、临床心理科、老年精神科为温州市医学重点学科（群）。同时，开展精神医学司法鉴定、精神残疾鉴定、智力残疾鉴定、心理危机干预等服务。医院在以治疗精神疾病为主的基础上，形成了精神卫生中心、心理咨询中心、老年康复中心三中心一体发展的格局。

5. 湖州市精神病院

该院前身是浙江省第一康复医院精神病防治所，地址在诸暨县平安乡郑家村。1951 年，时值抗美援朝，华东军政委员会卫生部为收容部队精神病员，决定在浙江建立精神病院，建院时有 55 名工作人员，其中医师 2 名、医士 5 名、护士 16 名。1956 年，该院从诸暨迁到湖州，改称浙江省精神病院；1984 年 3 月，改称湖州市精神病院。1959—1988 年，湖州精神病医院先后派出医务人员 377 人次、103 个医疗小分队，赴桐乡、慈溪、天台、金华、永康、义乌、绍兴、宁波、舟山、温州、丽水、杭州、嘉兴、湖州 14 个市（县）开展巡回医疗，普及精神病防治知识，协助桐乡乌镇、金华、绍兴、天台、宁波、温州西山、瑞安、慈溪、永康、义乌等市（县）、长广公司建立精神病防治机构。1960—1984 年，该院又先后派出调查组 167 次，赴绍兴、金华、温州、舟山、丽水等地区及慈溪、天台、桐乡等县，对城镇和农村的工矿、学校、机关、渔业、林业等部门的共 281.9 万人作了精神病患病情况的调查，为全省开展精神病防治提供了依据。1975—1977 年，又协助安吉、德清、嘉兴、长兴等县开设精神科门诊。1989 年 5 月，湖州市精神病医院承办全国情感性精神病家系调查协作组工作会议，上海、辽宁、哈尔滨、湖北等地的共 40 余名代表在会上交流情感性精神病家系研究的学术经验，研究家系调查协作课题的有关工作。1990 年以后，湖州市精神病医院开始接待来自省内温州康宁医院、温州安康医院、乐清中医院、嘉兴康慈医院、永康精神病院、东阳南上湖精神病院、建德精神病院、萧山精神病院、海宁精神病院、仙居精神病院、江山精神病院、长广精神病院等医院医护人员的临床进修，还有来自苏州大学、齐齐哈尔医学院、湖州师院医学院与嘉兴医学院的毕业生，衢州卫校、桐乡卫校、海宁卫校、长兴卫校等的学生实习。至 2005 年，前往湖州市精神病医院的实习生累计达 115 人。2001 年 6 月 26 日，湖州精神病医院参与完成上海精神卫生中心的临床科研课题“国家 863 多基因研究计划——精神分裂症和情感性障碍患者及家属的基因检测”。2002 年 4 月，湖州精神病医院参加国家“十五”科技攻关计划“帕金森病早期诊断指标的研究”。9月3日，湖州精神病医院由沈鑫华副主任医师负责的科研项目《广泛焦虑障碍心理社会因素、神经内分泌免疫学相关研究》完成并获奖。2010年，湖州市精神病医院核定床位410张，实际开放600张，在岗工作人员465人。

6. 绍兴市第七人民医院

该院创建于1956年，是一所既具有精神、心理专科优势，又具有综合医疗服务功能的三级甲等专科医院。1956年4月，绍兴市疯人院经省公安厅、省民政厅、省财政厅批准，在绍兴市区和畅堂秋瑾故居内成立，核定床位100张，绍兴市精神卫生事业由此迈开了前行的步伐。1964年12月，因秋瑾故居对外开放，加上病人数量剧增，医院由市区迁至绍兴县兰亭镇薛家坝，改名绍兴市精神病院，设5个病区、200张床位。1986年6月，绍兴市精神病院改称绍兴市第七人民医院，1996年5月，又从兰亭整体搬迁至市区马臻路，设8个病区、350张床位。2003年12月，医院实施整体易地迁建，2006年8月，一座以精神心理卫生服务为特色，具备综合医疗服务能力，集医、教、研、防、康复于一体的现代化三级甲等医院落成启用，占地面积50000平方米，建筑面积55000平方米，功能设施齐全，环境优美、布局合理，开放床位810张，设有14个病区和精神科、心身障碍科、临床心理科、老年精神科、儿童精神科、药物依赖科、司法鉴定科、康复科、特检科、放射科、药剂科等22个临床、医技科室，拥有西门子CT、富士CR、DR、彩色多普勒B超、血药浓度检测仪、植物神经功能检测仪、睡眠分析仪等先进仪器。医院职工517人(在编在岗392人)，其中卫技人员345人，具有正、副主任医师及相应职称的高级卫技人员48人(卫技42人)、中级职称人员109人(卫技98人)，全国“五一劳动奖章”获得者1人，心身疾病科、精神科为绍兴市医学重点学科。医院主要承担绍兴市及周边地区精神心理疾病的医疗、教学、预防、康复、科研和危机干预等工作，是绍兴市政府确定的全市社区精神病防治康复工作技术指导中心，上海交通大学附属精神卫生中心协作医院、浙江大学医学院附属第一医院协作医院，设有绍兴市精神卫生研究所、绍兴市心理卫生协会、绍兴市未成年人心理健康指导中心等常设机构，是浙江省精神疾病司法鉴定定点医院、浙江省司法厅所属的司法鉴定所。

7. 金华市第二医院

该院创建于1958年3月，始名金华专区精神病人教养院，系精神病专科医院，承担金、丽、衢所属15个县的防治任务。1962年，医院开始应用胰岛素休克治疗，并逐步形成精神病的药物、物理、工娱、教育四大疗法，1969年11月改名为金华地区精神病医院，1985年9月更名为金华市第二医院。1990年，医院开始对精神疾病患者开展行为治疗、认知疗法，1991年3月开设医学心理科。1993年3月，金华市精神卫生中心成立，挂靠金华市第二医院。同年10月，医院被省委、省政府授予“省级文明单位”称号。1998年5月，医院开设分院为城北医院。2000年2月，金华市心理卫生协会成立，挂靠金华市第二医院。2001年5月，医院开设老年科，又名金华市老年保健护理院，是全市首家集医疗、护理、保健、康复、科研、教学等多功能于一体的老年专业医疗机构。2002年9月，医院心理科与浙江师范大学教育科学与技术学院合作成立心理健康研究所暨浙师大教科院心理系教学基地。2003年8月，医院与上海市精神卫生中心合作成立上海市精神卫生中心金华市第二医院协作医院、上海市心理咨询中心金华市合作中心。同年,医院被省爱卫会授予“省级卫生先进单位”称号。2005年7月,医院与省监狱管理局合作开设监管病区。11月,医院心理综合大楼落成启用,金华市心理咨询治疗中心开诊。2006年6月,老年保健护理院被中国老龄事业发展基金会列为首批“全国爱心护理工程试点单位”,全国人大常委会副委员长顾秀莲在北京人民大会堂为护理院授“全国爱心护理试点工程金华市老年保健爱心护理院”匾牌。2007年10月,医院成立金华市精神病防治康复技术指导中心和金华市第二医院司法鉴定所。2008年,医院获省“平安医院”称号。2010年,医院占地面积6.13万平方米,建筑面积2.98万平方米,核定床位300张,实际开放床位650张,开设病房11个。医院有职工348人,其中卫生技术人员207人、高级职称19人、中级职称87人。

8.衢州市第三医院

该院创建于1989年,是以精神卫生、康复医疗为特色的浙江省三级乙等专科医院,是衢州市老年康复医院,隶属于衢州市卫生局,为衢州市精神卫生中心、医学心理咨询中心、老年康复中心和衢州市社区戒毒治疗定点医院,承担医疗、康复、教学、科研、司法鉴定等工作,是衢州学院、衢州职业技术学院的教学医院,与浙江省立同德、宁波市康宁等医院建立长期的协作关系。医院占地面积2.97万平方米,建筑面积2.3万平方米,总资产1.3亿元,职工247人,其中卫技人员187人、高级职称26人、市级名医4名,核定床位300张,实际开放床位300张,设有7个病区(精神科2个、心身科1个、老年科1个、内科1个、康复科1个、安康病区1个),10个辅助检查科室,以及门诊部、康复(工娱疗)科、心理咨询治疗中心、心理测量室、司法鉴定所,科室设置齐全,学科建设不断增强,精神科和康复医学科被市科技局确定为全市重点学科,医疗设备有全身螺旋CT、CR、彩超、经颅多普勒、肌电图仪、视频脑电图(动态脑电图)仪、动态心电图(血压)仪、骨密度测定仪、全自动生化分析仪、药物监测仪、血球计数仪、生物反馈治疗仪、多导睡眠检测仪、失眠治疗仪、脑功能障碍治疗仪、无抽搐电休克治疗仪(MECD)及全套先进的康复治疗设备。

9.舟山市精神病医院

该院是一家集医疗、预防、康复、科研、教学于一体的具有“大专科、小综合”特色的全民所有制非营利性专科医院,建筑面积13483平方米,医疗用房面积8876平方米,在职职工199人,拥有硕士研究生4名、副高职称以上卫技人员18名、中级卫技人员52名,核定床位300张,设精神科、心身科、老年康复科、自愿戒毒科等5个病区,有内科、眼耳鼻咽喉科、口腔科、针灸推拿理疗科等多个门诊科室和心理咨询、失眠症、儿童精神科等多个特色专科门诊。医院拥有DR、全自动生化仪、重复颈颅刺激仪、多导睡眠仪、音乐治疗仪、多普勒彩超、MECT等先进医疗设备。2004年,经卫生部、公安部、国家药品监督管理局批准,医院成为全国8家首批“海洛因成瘾者社区药物维持治疗试点”单位之一。2005年,医院与上海市精神卫生中心合作,成立上海市心理咨询中心舟山市合作中心,2007年增挂“舟山市老年康复医院”牌子,2008年增设博爱心理工作室。2010年,医院开设舟山市睡眠障碍诊疗中心,经省人民政府批准,具有精神病医学鉴定资格,浙江省司法厅批准具有精神疾病司法鉴定资格的医院。

建院20多年来，共有百余篇论文在国家级、省级、市级等医学期刊上发表，多次获省、市级科技进步奖。2004年，医院被评为“绿色医院”。2007年，医院护理部被评为全国“巾帼文明示范岗”，2009年被评为全国“巾帼建功标兵岗”，连续16年获得市级“消费者信得过单位”称号。

10. 台州市第二人民医院

该院创建于1966年6月，是台州市唯一的市级脑系疾病专科医院，承担着全市精神神经疾病的医疗、预防、康复、教育和科研任务。医院挂靠台州市心理卫生协会和台州市精神（心理）研究室等机构，为复旦大学神经科基层临床基地，并由省政府指定为具有精神疾病司法鉴定资格的精神病专科医院。根据“内强管理，外拓市场”的发展战略，2002年6月，医院经台州市卫生局批准，在市区（椒江）设立建筑面积近800平方米的台州市心理咨询中心。该中心的成立，在一定程度上完善了市区心理咨询的整体功能，保障了市民的心身健康。2006年3月15日，经台州市卫生局批准，会同路桥区政府及相关部门协商决定，医院承接了建筑面积近3500平方米的台州市路桥区精神康复院（路桥）的建设任务，开展以“五疗一教”（药疗、工疗、体疗、娱疗、农疗和加强基本素质教育）为主要内容的精神病人康复工作，在省内外具有特色。2010年，医院有职工200余人，各类专业技术人员占75%以上，实际开放床位数300张。医院设有精神科、心理咨询（治疗）、综合内科、神经内科、皮肤科等门诊科室，有精神科、神经内科的住院科室，有生化检验、动态脑电图、脑电（地形）图、心理测验、脑循环动力学检测、颈颅多普勒、B超、肌电图、诱发电位等特检科室和音乐治疗、生命信息治疗、激光治疗等特色门诊的治疗室。医院连续多年获市县级消费者信得过单位和治安安全先进单位等多项荣誉，医院在全市和周边其他县（市、区）有较高的信誉度。

11. 丽水市第二人民医院

该院于1982年筹建，1984年开诊，系丽水市心理医院、丽水市老年病医院。医院又是丽水市精神卫生中心、老年病防治中心、心身疾病防治中心、自愿戒毒中心、精神疾病司法鉴定中心和心理咨询中心，丽水市精神卫生办公室挂靠该院。1998年，医院在坚持精神疾病防治为主的同时，开展一些为区域人群的其他医疗服务。2010年，医院建筑面积10212平方米，在职职工总数426人，其中高级职称56人，开放床位550张，有6个精神专科病区、3个老年病区、1个保健康复中心，拥有螺旋CT、DR、高分辨率彩超、大型生化分析仪、高档呼吸机、中心供氧吸引系统等先进诊疗设备，年门诊病人近20万人次，出院病人5000余人次。医疗服务覆盖丽水九县（市、区），辐射温州、福建闽南等地区。医院不断加强文化建设，以“仁爱 精诚 卓越”的医院精神和先进的文化激励人、鼓舞人，努力培育仁爱和谐、精勤治学、敬业奉献、开拓创新的工作氛围，在医院运行和管理各个方面取得了好的成绩。

截至2010年底，嘉善、富阳、东阳、龙泉、建德、嵊县、江山等县（市、区）也办有精神病专科医院。浙江省有精神病医院34所，床位8837张，卫生技术人员5587名。

三、采供血机构

采供血机构指采集、储存血液，并向临床或血液制品生产单位供血的公共卫生机构，分为血站、单采血浆站和血库。1974年6月20日，浙江省卫生局向浙江省革命委员会上报的《关于要求重新批转〈组织人民志愿献血队伍宣传提纲〉的报告》中提到，杭州市现有大小医院38家，每月用血量为60万～80万毫升，而助血员为1800多人，实际健康助血员仅1500多人，按每个助血员3个月间隔献血300毫升计算，也只能供血15万毫升，远远不能满足病人需要。

1979年9月5日，省卫生厅批准同意成立浙江省中心血站。1989年1月3日，省卫生厅批准同意成立浙江省血源管理中心，挂靠在浙江省卫生系统培训中心，业务工作隶属省卫生厅医政处。1992年12月10日，省卫生厅批准同意浙江省血源管理中心管理体制由现挂靠在浙江省卫生系统培训中心改为挂靠在浙江医科大学附属第一医院，业务工作仍由省卫生厅医政处指导，经济上独立核算，自收自支，暂定人员编制10人。1995年1月20日，浙江省机构编制委员会同意建立浙江省血液中心，为省卫生厅直属实行差额补贴的事业单位，暂定人员编制30人，所需经费在卫生事业费中统筹安排，人员从本系统内调剂解决，机构规格相当于县处级，1996年12月27日通过评审验收，1997年4月10日正式运转，主要职责是根据浙江省公共卫生管理委员会无偿献血工作领导小组的工作要求，协助有关部门制定献血工作有关政策、法规和行政规章等，负责制定全省公民献血规划和计划，负责无偿献血宣传、发动、组织和实施等，具体指导各市、县的无偿献血工作，负责公民用血和还血管理及全省血源调配及承担省卫生厅交办的其他事项。1995年5月26日，省卫生厅成立浙江省整治采供血机构领导小组，组长喻华芝。1996年，浙江省人民政府办公厅下发《关于成立浙江省献血工作领导小组的通知》，组长徐志纯。浙江省献血工作领导小组下设办公室，办公室设在省卫生厅。

1981年10月6日，浙江省杭州中心血站成立。1986年5月31日，省卫生厅批准同意建立宁波中心血站。1987年11月2日，省卫生厅批准同意建立舟山市血站和嘉兴市血站。1988年12月18日，省卫生厅批准同意湖州市、金华市建立血站。1992年4月22日，省卫生厅批准同意建立衢州市血站。同年11月16日，省卫生厅批准同意温州市中心血站血液制品生产部增挂“浙江省血液制品所”牌子。1993年12月31日，省卫生厅批准同意建立平湖市血站。1994年5月4日，省卫生厅批准同意建立绍兴市红十字血站。1995年4月8日，省卫生厅批准同意金华市红十字血站更名为金华市中心血站。7月17日，省卫生厅批准同意设立瑞安、建德、义乌、文成、永嘉县5个县(市)级血站，隶属于当地卫生局。11月16日，省卫生厅批准同意设立天台县血站。11月29日，省卫生厅批准同意温州市血站更名为温州市中心血站。1999年5月3日，经省卫生厅研究，同意设置中心血库，批准设置的中心血库有：萧山市、临安市、慈溪市、余姚市、奉化市、宁海县、象山县、乐清市、苍南县、平阳县、泰顺县、嘉善县、平湖市、海盐县、海宁市、桐乡市、诸暨市、上虞市、新昌县、嵊州市、兰溪市、东阳市、磐安县、永康市、浦江县、武义县、庆元县、江山市、龙游县、开化县、常山县中心血库。

2000年2月24日，浙江省血液中心与原杭州市中心血站成建制合并，组成新的浙江省血液中心，主要负责省会杭州市及市属各县(市、区)的无偿献血者的招募、血液的采集与制备、临床用血供应和医疗用血的业务指导，承担全省的应急血液供应保障，开展集中化检测工作，承担浙江省采供血工作的业务指导、质量管理、教育培训和输血医学科研任务。2002年，浙江省血液中心国债投资综合大楼建设项目落成，正式迁至杭州市武林路办公。2005年2月，浙江省血液中心“卫生部血液安全重点实验室”正式组建成立。这是当时全国唯一有关血液安全研究的国家级重点实验室，著名输血医学专家教授严力行担任重点实验室主任，中国工程院院士、著名血液病学专家教授陆道培担任学术委员会主任委员。2005 年 4 月 12 日下午，省委书记、省人大常委会主任习近平，省委副书记梁平波，省委常委、宣传部部长陈敏尔，副省长盛昌黎等一行到浙江省血液中心实地视察调研，对浙江省的无偿献血工作给予高度评价。习近平一行在浙江省血液中心视察时，详细询问了浙江省无偿献血的基本要求、献血流程和志愿者招募等情况。在听取了有关血液安全，严格控制艾滋病、病毒性肝炎等重大疾病经血液传播等情况的介绍后，习近平强调，血液安全是关系到广大人民群众身体健康和生命安全的大事，关系到经济发展和社会稳定大局，不得有半点马虎，要依靠科技进步和创新，深入研究防控艾滋病等经血液传播疾病的有效手段和途径，加大宣传力度，切实为人民把好健康关口。

2009 年，浙江省血液检测中心按计划参加了澳大利亚 ERAS、卫生部临检中心组织的血型检测、血液传染病检测和全血细胞计数的室间质控以及浙江省血液质量管理委员会组织的室间质控，均取得了满意的成绩，同时协助浙江省血液质量管理委员会重点考评全省采供血机构血液检测实验室低值血清检测能力，特别是对抗 HIV 低值血清检测能力考评，修订形成了质控品制备操作规程，并改进了以往制备方法，质控品 S/CO 值基本取得预期效果，共制备并向全省 13 家采供血机构发放 4 次室间质控血清，其中 1 次为实地检查，对各实验室质评结果进行统计、分析，对各实验室的检测能力进行评估和评比，制备并为全省各采供血机构提供血液检测室内质控品共计 400 余份，对各采供血机构的合格样本进行 2 次质量抽查，每次随机抽检各采供血机构库存合格血液中不同血型、不同批次样本共 50 份，合计血液样本 1300 份，样本复核结果符合率为 100%。同年，浙江省血液中心共派出 5 批 8 人次赴加拿大、美国、日本、澳大利亚、中国台湾等国家和地区，与输血界同行开展交流合作，另有 3 人次参加了浙江省输血协会组织的赴美国、加拿大学术会议。

2010 年，浙江省血液中心总面积 4546 平方米，其中业务用房面积 3177.4 平方米，内设综合办公室、人事科、业务科、财务科、总务科 5 个行政职能科室和质量管理科、公共关系科、体检采血科、临床输血服务科、血液制备供应科、血液检测中心、输血医学研究所 7 个业务科室和 1 个临安采血点，下设建德分站、萧山采供血点 2 个分支机构，职工总数（不含分支机构）164 人（编制 132 人），卫生技术人员 133 人，占职工总数的 81.1%，其中高级职称 17 人、中级职称 43 人、初级职称 63 人，分别占卫技人员总数的 12.8%、32.3%、47.4%，行政工勤人员 31 人，占职工总数的 18.9%。同年，全省拥有政府办的采供血机构 21 所，浙江省血液中心全年无偿献血 169491 人次，较 2009 年（176957 人次）降低 4.22%，年采集全血 152925 人次，较 2009 年（159109 人次）减少 3.89%，全血采集量 230021 人份，比 2009 年（243773 人份）减少 5.64%，机采血小板 16566 人次，比 2009 年（17848 人次）减少 7.18%，机采血小板 20924 人份，比 2009 年（22860 人份）减少 8.47%，检测标本总数 176304 人次，比 2009 年（180267 人次）下降 2.2%，为在杭 90 余家医疗机构及省内医疗机构（应急供血）共提供临床血液（红细胞类）46.25 吨。在科学合理用血方面也卓有成效，临床红细胞成分使用率达 99.8%，临床成分供应率均达到 99.9%。

四、妇女儿童保健机构

妇女儿童保健是公共卫生的一项重要内容，妇女儿童保健机构是公共卫生服务体系的重要组成部分。妇女儿童保健机构通常由政府举办，不以营利为目的，具有公共卫生性质的公益性事业单位，是为妇女儿童提供公共卫生和基本医疗服务的专业机构。

（一）妇女保健机构

民国 29 年（1940 年），浙江省卫生处在抗日战争期间的临安天目山建立浙西中心卫生院，设妇产科，配有妇产科主任医师。民国 31 年 8 月，该院为县卫生院培训改造旧接生婆，开展新法接生，随后，临安、於潜、昌化三县卫生院相继开设产科，开展产前检查、新法接生、产后访视、育婴指导等工作。同时，杭州城区省立杭州高级医事职业学校附设有产院。台州公立医院、县卫生院等医院设有妇产科，开展新法接生。丽水市个别城镇有产科诊所，设备十分简陋。1949 年前，浙江省公立妇女保健机构只有 1 个产院，床位 2～3 张。1951 年 9 月，以浙江省立医学院附属医院、省立杭州医院妇产科及省立杭州高级医事职业学校附设产院的人员、设备为基础，成立浙江省妇幼保健院，设床位 100 张。

1. 市地一级妇女保健机构

（1）台州市。1950 年，台州专区各级医院设有妇产科、小儿科，1953 年起，各县建立妇幼保健站。1978 年 7 月，台州专区妇幼保健站建立，位于临海城关镇，1991 年 12 月站改为所，编制 20 人，开设保健门诊，1994 年改名为台州市妇幼保健所。2002 年 6 月，台州市妇幼保健所迁址台州经济开发区。2003 年，台州市共有妇幼保健机构 10 个，其中临海、仙居、温岭、黄岩为妇幼保健院，台州市及其他 5 个县（区）为妇幼保健所，全市妇幼保健人员 431 人，其中卫技人员 386 人，有主任医师 1 人、副主任医师 24 人、主管（治）医师 135 人、医师 110 人、医士 84 人。

（2）舟山市。1953 年 3 月，舟山专区成立定海县妇幼保健站，1962 年 11 月改名为舟山专区妇幼保健站，1987 年 3 月改名为舟山市妇幼保健所。1995 年 1 月，省卫生厅批准，舟山市妇幼保健所，定海区人民医院，舟山医院儿科、妇产科合并成立舟山市妇幼保健院（舟山第三人民医院）。

（3）温州市。1956 年，温州市妇幼保健所创建，担负着温州市妇女儿童的保健、临床、科研、教学和宣传任务，设有优生保健、妇女保健、儿童保健、计划生育技术指导、宣教、化验等科室，开展优生优育、婚前检查、围产保健、产前诊断、优生遗传疾病咨询和出生缺陷监测，妇女儿童常见病、多发病的治疗、研究。

2. 等级评审

1998 年，浙江省全面开展妇幼保健机构的等级评审工作。各级妇幼保健机构在扩大工作用房，改善院容院貌，加强内涵建设，拓宽保健服务内容，加强对基层的管理和指导方面做了大量的工作。富阳、瑞安市妇幼保健院新大楼落成开诊，德清、桐庐、平阳、上虞、开化、丽水、庆元、龙泉、缙云等县扩建了工作用房，改善了妇幼保健机构工作条件。浙江省已有三级乙等妇幼保健院2家，二级甲等妇幼保健机构3家，一级甲等妇幼保健机构8家。2000年，浙江省有妇幼保健院（站、所）67个。2010年，全省已有妇产（科）医院19家，2283张床位，3612名卫生技术人员；妇幼保健院（所、站）87家，5491张床位，11294名卫生技术人员。

（二）儿童保健机构

清康熙三十年（1691年），金华一都大寺庄朱惟正在双岘门外舍基二亩另五厘建育婴堂，岁久荒废。清乾隆十四年（1749年），知县刘居敬将通济桥捐款盈余置产入堂，重修屋宇，雇佣乳媪。清道光年间（1821—1850年），知县党仅横带头捐资1000两，倡议重修，朱惟正后裔朱兆麟独资建房39间，耗用工料银2300余两。清同治八年（1869年），知县黄文登又重建。清光绪三十三年（1907年），金华城区首设蒙养院1所，有蒙童30人。民国12年（1923年），蒙养院改成幼稚园。1938年，因日本侵略军飞机几次轰炸金华城区，为避免损伤而停办。民国19年，奉省令在金华南门外建救济院，内设育婴所，院长杜憩荣。民国29年遭日机炸毁停顿，民国35年复建，因无房，所收10名女婴均寄养乡间，月给食米22.5公斤，其他费用均由领养之奶娘承担。民国17年2月，省立第七中学附属小学设幼稚园1所，收幼儿23人，有教养员1人。民国19年，东阳歌山桥北建育婴堂，由歌山村王志岩发起，歌山桥会将其田地40余亩、房屋30余间捐助给育婴堂，并在金华买田60余亩，雇佣奶娘10余名，月饷3元大洋（养2个婴儿者月饷5元），婴孩抚养至10岁，农户若从育婴堂领养继子继女，则不领抚养费。民国30年5月15日，该育婴室因日军扰乱而废弃。民国22年，汤溪县8所公、私立小学均附设幼稚班，共收幼儿252人。民国29年，金华县商业公会在竹马馆设难童教养所，金华被日军侵占前期迁宣平县咸宜村，改名浙江省儿童教养团，后又改称儿童教养院，其中有幼稚班1个。民国37年，筹建金华幼稚园，有混合班1个，入园幼儿33人，教养员1人。1949年前，杭州、宁波、温州、嘉兴、台州等地有教会医院的地方，基本上都设有育婴堂，以收养病残、遗弃儿童为主。

民国36年（1947年），浙江医学专门学校购置杭州孩儿巷民房2间，修缮后作附属医院，医院规模极小，并无儿科医师，幼儿疾病皆由内科医师诊治。

1951年5月，浙江省人民政府决定，以浙江省立医学院附属儿科、妇产科为基础，将省立杭州医院的儿科、妇科并入，在孩儿巷164号附属医院原址成立浙江省立妇幼保健院，儿童医院的历史由此开始。1954年2月，经省政府批准，浙江省立妇幼保健院的儿科和妇科分别建制，浙江省儿童医院成立。2010年，浙江省有专科儿童医院2家，床位832张，卫生技术人员1323人，县级以上综合性医院都设立儿科门诊及病床。

图79-2-1-3　1955年的浙江医科大学附属儿童保健院（浙江省卫生厅档案室提供）

五、卫生监督机构

卫生监督是对所辖区内的企业、事业单位贯彻执行国家的卫生法令、条例和标准的情况进行监督和管理，对违反卫生法规并造成危害人体健康的情况进行严肃处理。各地各级政府根据实际需要设立卫生监督机构，在卫生行政部门的领导下，对医疗卫生、公共卫生、环境卫生、学校卫生和职业卫生等行使预防性或经常性监督。

民国18年(1929年)7月，浙江省立卫生试验所成立，是浙江省最早创建的一所卫生检验机构，浙江省民政厅厅长朱家骅重金聘请德国籍犹太人罗赛为顾问，由省民政厅第五科负责人陈万里协同罗赛筹建该所。卫生试验所最先择址里西湖智果寺前，原西湖博览会的一个展览馆里。① 试验所的重要仪器设备有显微镜、电冰箱、孵箱、电离心机等，均购自德国。成立之初，所内设细菌和化学两科，细菌科主要工作为临床细菌学及血清学检验、疫苗制造及地方性寄生虫病(姜片虫、肺吸虫、日本血吸虫)的调查研究等，细菌科的工作除罗赛亲自负责检验外，还有徐良董、楼融等人员，化学科主要工作为药品鉴定、毒物分析等，由留学德国的药学博士黄鸣驹负责。该所事务工作初由留德陈宗棠博士担任，后由兼任罗赛翻译的留德学者张鸣皋继任，为了研究姜片虫及肺吸虫病，试验所派人多次去萧山、绍兴一带的流行地区进行实地调查，为了研究日本血吸虫病，该所曾在杭州市郊区古荡设立卫生所进行临床研究。

1950年2月，浙江省卫生实验院成立，由洪式闾教授任院长。1951年4月，省卫生厅决定将杭州市下城区卫生所改名为浙江省城市卫生实验区，受卫生厅直接领导。1975年11月，省委同意建立浙江省环境和食品监测站。1979年11月，省卫生厅决定省环境和食品监测站和省卫生防疫站合并，对外两块牌子，内部为一套班子。

1980年5月20日，根据卫生部《关于进一步改革完善监督执法体制的通知》的意见，经浙江省机构编委批准，决定成立省卫生厅公共卫生监督所。1991年9月9日，省卫生厅发出通告，从1991年10月1日起在浙江省使用统一的卫生监督证章证件，进行卫生执法工作。1996年，省卫生厅成立浙江省卫生厅公共卫生监督所，由省卫生厅副厅长兼任所长，办事机构设在浙江省卫生防疫站内，行政上受省卫生厅领导，并行使省卫生厅交付的卫生监督执法任务。浙江省卫生厅公共卫生监督所内部按职能或专业设立综合性和职能科室，其人员从浙江省卫生防疫站从事食品(包括碘盐)卫生、环境卫生、劳动卫生、放射防护、学校卫生的监督管理人员中统一调配，行使省卫生厅交付的食品(包括碘盐)、化妆品、劳动、放射防护、学校卫生监督执法任务，撤销浙江省食品卫生监督检验所、浙江省环境卫生监督监测所、浙江省放射防护监督监测所建制。市、地也根据卫生部要求，并参照浙江省卫生厅公共卫生监督所的设置形式和职责，设立相应的卫生局公共卫生监督所，由卫生局局长或主管局长兼任所长，卫生局卫生监督处(科)或卫生防疫监督处(科)长担任常务副所长，卫生防疫站站长、主管站长担任副所长，县(不包括新批准的设区市以及批准设区但尚未设立卫生防疫机构的区)级也根据上述要求，设立卫生局公共卫生监督所，所长由卫生局局长或主管局长兼任，副所长由主管公

---

① 朱德明:《浙江医药通史》(近现代卷)，浙江人民出版社2013年版，第16页。

共卫生监督的科长（股长）、卫生防疫站站长、主管站长担任，统一挂“××卫生局公共卫生监督所”牌子。已从卫生防疫站独立出来的公共卫生专业防治机构（如劳动卫生职业病防治院等），按照卫生部文件规定，加挂“××卫生局公共卫生监督所××卫生分所”牌子。设立卫生防疫处（站）的大型厂矿企业，由所在地的市地级卫生行政部门从其卫生防疫部门聘任有关专业人员担任卫生监督员，作为卫生行政部门派出人员行使卫生监督职责。

2000年，浙江省有28个市、县新组建卫生监督所，占市县数的31.8%。2001年，浙江省在全国较早实施浙江省卫生监督体制改革的同时，研究制定了《关于进一步推进市、县卫生监督和预防保健体制改革的意见》。2002年，浙江省全面完成卫生监督和疾病预防控制体制改革，并被卫生部表彰为卫生监督体制改革先进集体。2002年1月28日，卫生部副部长马晓伟一行考察宁波市卫生监督和疾病控制工作。2006年，省政府组织省编办、省卫生厅、省财政厅、省人事厅制定《浙江省县级卫生监督机构编制配备和经费保障参考标准》，并对各地政府实施情况进行督导。至2007年12月底，浙江省的72个县级卫生监督所共设立了297个乡镇派出机构，占全省县级总数的80%，覆盖了浙江省近2700万的农村人口。2008年11月，浙江省按浙编办〔2006〕8号文件的要求，在90个县级卫生监督机构共设置了352个卫生监督派出机构，建设完成率达100%，投入800万元为县级卫生监督派出机构装备193辆卫生监督执法工作用车。

2010年2月，省级层面顺利完成食品安全职能调整，食品安全综合协调职能由省食品药品监管局移交至省卫生厅，省农（林、渔）业、质监、工商、食品药品监管等部门分别承担种植养殖、生产加工、食品流通、餐饮服务等环节的食品安全监管职能，从“农田到餐桌”的分段监管模式得以依法建立。随后，省政府对省食品安全委员会及其办公室组成成员进行了调整，成员单位从22个增加至24个。省政府与各市政府连续5年签订年度食品安全工作目标责任书，各级政府层层细化和分解落实食品安全监管责任。针对《食品安全法》实施后出现的监管空隙问题，省政府办公厅出台了《关于部分领域食品安全监管职责的意见》，进一步明确了监管部门的职责，积极推进食品安全地方立法工作，经过大量调研和征求意见，起草了《浙江省实施〈食品安全法〉办法（草案）》，当时已通过省政府常务会议审议并递交省人大常委会初审，《浙江省实施〈生猪屠宰管理条例〉办法》已通过政府令形式颁布实施。2010年底，全省有卫生监督所100个，专业人员3746人。

第二节　中医（中西医结合）机构

古代，中医给人看病有的在自己寓所，有的在药店内坐堂，有的挂牌几处轮流坐诊，少数游医郎中奔走江湖、跑码头流动行医，没有比较完整的医院和诊所。到了近代，尤其是民国时期，浙江出现了规模较大的中医院和诊所。清光绪十一年（1885年），陈虬等在温州瑞安创办利济医院，为浙南首所具有相当规模和较高水平的中医医院，拥有40间房屋。中华人民共和国成立之后，中医（中西医结合）机构建设得到较快发展，各级中医医院、中医院校及中医研究机构附属医院、中医专科医院、中医康复医院、中医门诊部、中医诊所诊室等主营中医（中西医结合）医疗业务的单位遍及浙江各地。

一、中医（中西医结合）医院

（一）清代及清代前中医机构

北宋元祐四年（1089年）七月，苏东坡出任杭州知州。次年，苏东坡拨出官银2000缗，连同自己捐出的50两金子，在城市中心地带众安桥建置病坊，取名“安乐坊”，派寺院僧医管理坊事，聘请名医坐堂治病。苏东坡从在黄州担任团练副使起便十分讲究医道，精通药理。他还亲自配制了一种圣散子药丸，既可退烧又可止汗，既可开胃又能滋补，苏氏用这种药治疗疫病患者数以万计。① 后来，在两浙漕臣竭力禀报朝廷的情况下，皇帝“赐紫衣及祠部牒一道”，嘉奖管理病坊的医僧。苏东坡选任朝官之际，近臣馈送5两金子、150两银子，他全部转送给病坊，用作扩建购地经费。苏东坡离杭前将此病坊搬到西湖边，改名“安济坊”，继续为民治病，病坊由公立变为自负盈亏的私立医院。清嘉庆元年（1796年），岱山县泥峙邬氏自学中医，在泥峙油车开设万应堂，兼营中医药业，擅治妇女月经不调、不孕症等。道光十年（1830年），嵊县李锡简创设青藤医馆于县城仙姑庙弄。道光十五年，中医张宏业在舟山东沙角开设德心堂，自任中医师。同治六年（1867年），张应羲在温州市铁井栏首先建立通济医院。同治十三年，中医殷芝仙在海盐县沈荡镇挂牌行医。光绪元年（1875年）五月，镇海县公善医院设在南门米行街南面。光绪二年，武义岩坑设伤科。

（二）近代中医（中西医）机构

近代，浙江的中医（中西医）机构以私人、个体诊所为主，遍布全省城乡各地。

1. 杭州地区

民国时期，杭州的中医院有保庆医局、三三医院、惠孚病院、时和医局、锦标伤外科医局、南阳施医局、龙彪医局、庐湘云医局、胡氏医局、祥林医局、克济医局、何志姜医师诊所、艮山医局、宽德医局、守白医局、志成伤外科医局、保德医局、显真道院医局、开元伤外科医局、同济医局、寿安医局、湖墅医局、陶荚生医局、崇德施医局、胡氏医舍、平阳医舍、中和医舍、新东医局、桐荫医舍、潘氏医室、言惠澜医舍、姚镕泉医庐、郑一锋医室、徐万清医舍、庐氏医寓、浙江省国医分馆、同善堂医药局等。杭州市中医诊所有章仁瑞诊所、曹树百诊所、娄俊才诊所、殷总郇诊所、费念祖诊所、丁馥泉诊所、孙逢吉诊所、郑步云诊所、冯大礼诊所、方秋槎诊所、江云山诊所、钟海侠诊所、田宝永牙医诊所、金汉照诊所、美德生诊所、张景龄诊所、石君培诊所、高泰兴诊所、陈德铭诊所、李郁文诊所、盛颂恩诊所、王壶隐诊所、王泽民诊所、方氏女科诊所、王小珊诊所、来樟盛诊所、章选青诊所、翁成甫诊所、徐闲庵诊所、张子濂诊所、沈仲来诊所、施稷春诊所、张绥臣诊所、包元吉诊所、金宝珊诊所、沈启新诊所、戎宋谦诊所、阮义超诊所、秦菊如诊

① 朱德明：《浙江医药通史》（古代卷），浙江人民出版社2013年版，第68—69页。

所、潘颂先诊所、僧清华诊所、沈叔野诊所、方善长诊所、孔恺琛诊所、陈少卿诊所、孙里千诊所、唐绍曾诊所、黄雨金诊所、徐嘉才诊所、陈卓生诊所、周风山诊所、韦上林诊所、庐耀鋆诊所、李椿荣诊所、沈保庆诊所、邵云孙诊所、张蕙藜诊所、冯智堃诊所、单懋清诊所、陈绍裘诊所、陈道隆诊所、詹子翔诊所、李天球诊所、王筑孙诊所、周子祥诊所、骆晓初诊所、陈公典诊所、高林森诊所(萧山竹林寺传人,诊所在青年路尚农里一弄)、何樨香诊所、杨仰山诊所、王一仁诊所、莫聚垣诊所、严少山诊所、郑健庵诊所、冯隐先诊所、陈祖尧诊所、谢寿田诊所、孔保寅诊所、徐究仁诊所、王春泉诊所、沈蓉舫诊所、杜述庵诊所、郑达程诊所、章勉旃诊所、傅风池诊所、孙芝舫诊所、滕鹤丰诊所、黄坚白诊所、宓华璋诊所、叶颂夷诊所、李云泉诊所、徐桂云诊所、孙伯仁诊所、蔡燮阳诊所、胡开培诊所、王福堂诊所、余少棠诊所、董曼仙诊所、宋一心诊所、朱玉麒诊所、朱指南诊所、朱焕章诊所、张湛源诊所、费溥泉诊所、潘之安诊所、李清涟诊所、盛懋勋诊所、裘祖安诊所、金觉记诊所、董志仁诊所、韩崧灵诊所、叶颂夷诊所、诸哲生诊所、朱子清诊所、田礼君诊所、宣振元诊所、王子惠诊所、秦又和诊所、霞逸庐诊所、梁日初牙科、四明花柳医局(在孝女路口)等。民国20年(1931年),中央国医馆成立,杭州市成立支馆。这一时期,萧山县的医务人员以个体行医和中医为主,萧山中医师行医方式有定点自由开业,家设诊所,受聘于药店的;有多处挂牌,兼营药品,以售药为主兼治病的;还有流动的郎中。

2. 宁波地区

清同治十一年(1872年),宁波的柴桥镇开设了一家养正斋药店,时有一名中医师坐堂治人目疾。该店创始人自行研制,合理配方,精心加工,创出“养正水眼药”品牌,养正水眼药对于眼部疾病十分有效,久负盛名,远销东南亚国家。民国时期,宁波地区的中医专科、流派逐步创立,陆士逵开创陆氏伤科,范文虎开创范氏内科,严诲葆开创严氏伤科,董丙辉开创董氏儿科,都颇有名气。宁波地区的私属医院、中医诊所逐步建立。民国13年(1924年),宁波区内人士李挹芬、陈后周等35人倡捐设办了位于大碶埯头的同安医院,向贫病者酌收药费,免收诊金。民国22年11月,该院在堰头新建楼房1幢,时有医生、护士6名,普通病床6张。1951年,与灵岩公立医院合并,称大碶联合医院。民国13年,医师胡坤祥于柴桥镇东首(现柴桥卫生院地址)建立芦江医院,时有楼房5间、床位7张、卫技人员5名,是柴桥最早的一所私人医院。民国25—26年间,在郐隘开设中医博平诊所,有房舍2间、临时床位1张,请1名儒医为帮手,以“富取贫济”为办医宗旨,行医一年半,赢得“小王好医生”的口碑,后又在大碶设中医门诊,突出公益济民。民国27年,医师方西畊在原柴桥汽车站附近设柴桥医院,后迁薛家桥,有平房9间,床位6张,医护人员及学徒8人,1950年与芦江医院合并,为镇海县最早的联合医院,仍称柴桥医院。民国29年,宁波的林山森、林国瑜、贺至善等在大碶新庙建立灵岩公立医院,时有医护人员7名,民国34年7月曾名镇海县卫生院,时有医护人员8名,1951年迁入大碶汤家桥,同年与同安医院合并为大碶联合医院。民国33年,宁波枫林宝镜庵设立崇邱医院,时有医护人员3名,民国34年并入镇海县卫生院。民国35年,郑光熙在柴桥镇薛家桥设立光熙医院,有楼房5间,床位3张,医护人员及学徒6人。至1949年,宁波市有中医药人员360多人,大部分为私人诊所,也有联合行医,有联合诊所6家,其中大的诊所有医护人员 16 人左右。

3. **温州地区**

清光绪十一年(1885 年),陈虬等创办瑞安利济医院,院址在瑞安杨衙里,为温州首家具有相当规模和较高水平的中医院,后在温州城区及平阳等地设立分院,院设董事会,董事陈介石、何迪启。院长陈虬,院监有陈粟庵、池志澂。医院有较完善的规章管理制度,门诊、病房、药房、收费、招工、奖罚等均有规定。其中奖罚规定,对有大贡献者,给予院内塑像;对行止卑污、违反院规者,予以除名。光绪三十年陈虬去世后,医院逐渐衰落停办。民国时期,又设瑞安国医支馆。民国 2 年(1913 年),白文俊、白仲英兄弟在温州建卫民医院。民国 6—29 年,温州市区私立中医院(诊所)有卫民医院、中和医院、永嘉慈善医院、健民施医施药局、佛慈诊所等。民国 12 年,温州工商界人士蔡冠夫、陈子明、陶履臣、陈庆新、王文卿、林桂生、张一鸣、叶善臣、李永兢等 40 多人发起捐募,募得银圆 1140 元创办永嘉普安施医施药局,医院“专以施医施药,救济贫民者”为宗旨,善款来自温州地区各县和福建、上海、宁波的工商界人士。最早租定府城殿巷(今广场路)黄家 3 间房屋为局址,自制丸散膏丹,饮片配方,施医施药,以济贫民。民国 13 年 4 月,又筹资银圆 1 万元,租用府城隍一座民房开诊。民国 16 年冬,以慈善组织“永善福”名义,筹募银圆 14005 元,在扬名坊购地建房,民国 17 年 7 月建成使用,局设董事会,蔡冠夫任董事长,临床科设中医内科、儿科、妇科门诊,特约开设中医外、伤、骨、眼喉、痔疮、针灸等科,医师实行聘任制,分常驻医师、义务医师、特约医师 3 种,前后聘任 29 名常驻医师、11 名义务医师、10 名特约医师,求诊者甚多,对贫病者免费医治,候诊室宽敞明亮,药房设计高雅,从事业务项目有中西医药结合、组织医疗队、照顾产妇、建立鲜药圃、开办中医图书馆、协助有关困难单位解决医疗问题、修编中药丸散膏丹簿、访问病家查询治疗效果、协助举办妇孺收容所、局设永宁社水龙(消防队)、服务社会。1949 年后改为温州市中医院。清光绪六年前后,洞头县始有中医行医,至宣统三年(1911 年),有 7 名中医。民国期间,洞头县中医增多,有外地来洞头定居行医的,也有洞头赴外学医后回乡行医的,其中大门岛吴庆权、洞头岛叶芸就是九三学社温州市委创办的“国医国学社”三年制中医班的第一、第二期毕业学员。民国 25 年 4 月,叶芸被著名针灸专家承淡安在无锡创办的中国针灸研究所吸收为研究员,参加为期 3 年的针灸函授。1949 年,洞头有 30 多名中医师。民国 14 年,平阳县医药联合会成立,并设立诊所,联合会设在县城西门节孝村,诊所设在县城南门雕楼殿,诊所设内科、外科、妇科、儿科。夏令时,以“施医药局”名义为病人免费诊治。民国 16 年因人事变动,经费无着,诊所停办。

4. **湖州地区**

民国 8 年(1919 年),湖州南浔浔溪医院创建,院址在南浔镇东栅,庞氏宜园东侧,由庞元济、张钧衡创办。吴研澄、沈晓帆任院长,聘请周君常医师(上海同济医学院毕业)支持医务,任职 2 年左右,后因去德国留学,推荐同济同学、时在南通医学院任教的杨辑五医师来浔溪医院接替他的工作。杨辑五又先后聘请郁冠球、隋兆祥来浔任职。医院设门诊、住院两个部门,有割症、化验、消毒、药房等室,设病床 80 张,工作人员有医师 3 人、护士 9 人、助产士 2 人、办事员 3 人、调剂员 2 人、工友 9 人,日平均门诊 50～60 号,日平均出诊 6～10 号,日平均住院病人 30～50 名。1937 年日军侵华，医院停办，人员各自分散。11 月 19 日，日军侵占南浔时，浔溪医院被毁。民国 12 年，湖州丝织业、绸业、钱业公会发起创办吴兴医院，成立董事会筹集资金，从出口绸缎的利润中提取一定金额作为经常费用，聘请沈阶平医师任院长，院址设在湖州局前巷仁济善堂后面原养济院旧址（现广场后路 2 号），院舍有二层楼房和三层楼房各 1 幢，并在两侧建造数间平房作为门诊室，全年门诊达 1 万人次左右。民国 26 年，日军入侵，湖州沦陷，医院停办。民国 36 年，由上海湖社及地方绅士组成董事会集资募款筹建吴兴公立医院，次年 5 月举行建院开幕式，6 月正式开诊，院址在湖州市广场后路 5 号。民国 2 年，德清县成立模范医局，设内科、外科、伤科、针灸科、儿科，租赁民房为局址，这是德清县最早的医院。民国 15 年，德清县设救济院中西医诊所。据民国 37 年私立西医诊所登记，德清有惠黎、视同、济民、大同、福音、生生等 7 所诊所，武康（今德清）有建设、黄萍、惠民、张铺洲、王彤轩、任少卿等 6 所诊所。

5. 嘉兴地区

清光绪三十三年（1907 年），海盐县知县李思敬创办官医局。民国元年（1912 年）夏季，崇德县在崇福镇西寺内设志诚堂施医所，有 2 名内科医生、1 名外科医生，为病人免费诊治。民国 2 年，名医张艺城等曾集合当地医家成立乌镇施诊所，每年夏初开诊，至秋末停止，施诊施药经费由医生劝募或自助，每年约费数百金。民国 14 年，海宁人陈远斋在崇福镇堂宅创设同仁医院。民国 22 年，台湾医生陈清奉、张容东等 3 人在桐乡县崇福镇北坛弄开设大众医院。民国 26 年，旅沪邑人张元济、吴麟坤、王申甫等集资在海盐县澉浦北大街创办澉浦义务医院，设手术室，有 10 多名职工、30 张病床。日军侵占后遭毁，民国 35 年 5 月重建，移址西大街。1949 年前夕，因接济断绝而停止义务施诊。1952 年，并入澉浦联合诊所。民国时期，海盐县城内“三朱”医术各树一帜，著称于时，朱让卿擅经方诊治伤寒，朱乐三善用时方治温热病，朱鸣周精内妇科及善治虚损劳瘵，其他如沈氏推拿、高氏伤科、平氏喉科、冯氏伤科、胡氏眼科、王氏儿科也深受群众信任。民国 16 年，朱乐三发起在海盐县武原镇三官堂（大棚桥南堍）设立普济施医局，每年 4—10 月由朱鸣周等中医轮流施诊。抗日战争开始后停办，民国 25 年重建，称施诊所，民国 27 年分设 6 处，后因经费无着落而停业。民国 31 年，嘉善县有从医人员共计 100 人，其中西医 17 人，中医 54 人，护士助产士等 26 人，药剂生 3 人。1949 年前，海盐县中医多自设医寓，部分应聘于中药店坐堂。民国 37 年，有 119 名中医师公会会员，其中祖传师授 111 人，占 93.3%。1949 年，海盐县有 88 名中医师。

6. 绍兴地区

民国 4 年（1915 年），绍兴设有施医局、康济医局、枫桥施医局等。绍兴施医施药机构较多，以同善施医局、凌霄社施医局规模较大，时间较长。前者在民国 9 年 5 月创办，后者在民国 28 年夏季开张。同善施医局创办人为同善施医局董事长张琴荪，局址在绍兴城内开元寺，该局聘请城乡名医轮流坐诊、施医施药。张氏曾出钱刊印《绍兴县同善局医方汇选》一书，书中收录了在该局坐诊的医生医案 300 多则。裘吉生、何廉臣、胡宝书、曹炳章、凌春生、傅伯扬等数十人曾在该局坐诊。凌霄社施医局在绍兴府山北部脚下，聘王幼槎、宣耀禄两位医生来社门诊，次年按内科、儿科、喉科、眼科、伤科及西医安排日期，轮流门诊。绍兴市内还有同义、仁寿、存仁、善庆等施医局。同义施医局成立于清光绪二十九年(1903年)初春,位于上大路,是绍兴医局的最早组织之一,存仁施医局先在城内,后移至五云门外胡源源灰栈内,门诊广告是“内科只取号金24文,外科疑难杂症药资随送”。和济药局创办于民国2年,地址在绍兴县西桥脚南首台门,由曹炳章、何廉臣创设。民国17年,绍兴建立处仁医院。仁寿施医局成立于民国35年春,地处东街章家台门,存在3年,其创办人为陈子乔先生。仁寿施医局内设有内科、儿科、眼科、外科、药铺等。绍兴朱阆仙在绍兴东昌坊设永庆医局,专治跌打损伤。民国12年,嵊县神州医药分会创设清节堂施医所,有中医内科、妇科、伤外等科。抗日战争前,每年施诊3个月,李念瑜、宋心谷等医生先后参加施诊。民国17年,钱源济生善会施医所开办于嵊县县城东前街,设中医内、伤、外、妇、眼、针灸、痘麻等科,后增西医科,丁伯荪、张诗观等轮流施诊,初有7名医师,民国35年增至11人。民国时期,上虞县较有名的中医诊所眼科有余姚寿明斋眼科传人胡家璠、紫光耀,胡氏吸收寿明斋眼科传统疗法,中西医结合,疗效更为显著,能作青光眼、白内障、斜视、眼球摘除等手术,用中药治疗结膜炎等眼疾。小儿科有百官俞氏疳科,清代中叶,百官俞时和以小儿科开业兼营药店,民国时传至俞成泰、俞均泰兄弟已历6代,俞氏设老怀生堂药店,自制药剂,治小儿皮肤湿疹(疳疮),以清热解毒为主;治小儿消化、营养不良(疳积),以消食健脾为主,外敷、贴脐、内服兼施,疗效显著,县内外久享盛名。伤科有章镇塘岙伤外科王者香,内科有丰惠胡仲宣,东关邵佐清、胡德辉,虞东朱汝君,崧厦朱泼尘,章镇丁福康、何春生。妇科有崧厦连淦香、连少兰、陈觉轩,东关马儒珍等。上虞县章镇塘岙伤外科,擅治骨折、脱臼、丹毒、流火等,以第二代王者香最有名。子王士芹悉得真传,晚年虽双目失明,仍有登门求治者。丰惠草医医生祝柏仁早年移居绍兴下方桥,医术高明,远近闻名。

7. 金华地区

民国元年(1912年)5月,永康成立施医所。民国10年,汤溪县城东门建立义门医院,民国30年改称东门医院。民国14年,义乌县佛堂镇开办孙伯仁诊所。民国19年,金华县各界捐资在城区东岳殿、玉泉庵、李皇殿3处设施医处,在城区稚堂衔、横街、兰溪门、净渠头、酒坊巷、文昌巷、小码头等地段设中医诊所。民国19年,浦江县中医师朱绍珂创建贫民诊所。民国25年,义乌县建立义乌国医馆(施诊所),地址在稠城镇西门育婴堂,为民众义务看病,民国26年初解体。民国28年,义乌县民众施诊所建立,地址先设在梅麓公祠,后迁至湖清门民众教育馆,日军侵占后停办。民国25年,衢县中医诊疗所成立,址设衢城中河沿。民国29年7月1日,衢州非常时期中医诊疗所成立,址设衢城柴家巷。

8. 衢州地区

清光绪五年(1879年),由永生堂药店老板邀集诸葛霁云、王聚兴、祝永年等人合股开设阜通药栈,栈址衢城宁绍巷,专营配方药材零售及批发业务。光绪九年,龙游籍人余恩开设滋福堂药店,店址龙游城关石板街(今清廉路)。余氏在广东番禺、潮州、连州等地任道员等职,曾聘任兰溪名中医姜本耕任经理,全权经营。姜氏坐堂门诊,精通切脉。清末,衢县、龙游、江山、常山、开化5县有中药店16家,药材批发行栈2家。民国4年(1915年),衢州王辑斋成立衢州城南济生施药局。民国6年,汪洋在衢城开设汪氏医室。民国16年,衢县县立医院成立。民国18年之后的20年间，衢州城区先后开设中法、济华、新华、万国、五洲、建中6家中药房。民国29年，衢县、龙游、江山、常山、开化县相继成立县卫生院。民国37年，衢州设立省立医院。至民国38年初，衢州5县有省立医院1所、县卫生院5所、乡（镇）卫生所（分院）2所、病床73张、医务人员92人，另有私立医院11所、私人诊所110个、私人开业医务人员160人。

9. **舟山地区**

清光绪十一年（1885年），普陀山法雨寺设化育堂，由定悟、化文两僧主持中医门诊，设有中药房，自制大悲膏等丸、散、膏、丹、酒等中药制剂，为僧侣、香客和浙、闽、台渔民行医施药。光绪十七年、光绪三十四年，高亭先后开设精心斋、同德堂，中医坐诊。光绪二十四年，定海县城设立长春医局，中医师周晓岚等人应诊治病。清末，由台州中医师在嵊泗县创办回春堂，是嵊泗第一个中医诊所，有200多种药品，民国28年（1939年）因医生病故停办。民国3年，徐林生在嵊泗县开业天一堂，设中医内科，父死子传，民国29年停办。赵佑庭、王金科于民国18年在嵊泗县创办寿康斋，擅长中医内科、儿科、妇科、痘科，精于脉诊，有近500种中药、30多种西药、20多种器械，是当时嵊泗县最大的中药房，1949年后并入联合诊所。民国20年，由中医孙尺林在嵊泗县菜园镇开办同宝和中药店，备药200多种，1950年停办。孙宝康于民国26年开办于菜园镇的同德堂，备药400多种，孙擅长中医妇科、内科、痘科，人称“牛痘孙”，后加入联合诊所。民国27年，由姚阿堂在嵊泗县大洋山开办香山堂，姚擅长外科，备药100多种，后加入联合诊所。嵊泗县五龙黄沙陈氏伤科，采用祖传验方医治伤骨科病人。嵊泗县基湖陈兴法伤科，擅长挑刺针灸、伤骨、皮花科。民国3年，普陀山各寺庙集银2000元，锡麟堂法师出银5000元，并捐其祥蓬旧址建普陀医院，聘医2人，设中医内科、针灸科，后因经济不敷停办。民国11年，普陀山开如、子余两僧人发起募捐，恢复普陀医院，中、西医士各一名常住。民国29年12月4日，日军侵入普陀山，掳去僧俗10余人，焚毁普陀医院。民国9年，舟山鲍兴贤（号子贤）在沈家门缪家塘开设同善医院，时有平房3间，医务人员4人。民国18年，新建二层楼房一幢，人员5人，设床10张，1949年前歇业。1951年12月，原址开办沈家门西医第一联合诊所。民国22年夏，舟山勾山一带瘟疫大流行，李拙子夫妇将自己的一幢日式楼房辟为临时医院，组织义诊抢救。李妻松本英子写信到日本，争取到大量药品，挨家挨户分发，控制瘟疫蔓延，挽救了众多处于死亡线上的病人，很多宁波百姓也闻讯赶来求医问诊，当时《定海舟报》称李拙子夫妇为“大慈善家”。

10. **台州地区**

清咸丰十一年（1861年），方庆禄在温岭县太平县城开设方同仁药店。此后方氏历经六代，在临海章安、葭沚、县城、涌泉、杜桥、溪口、海门以及温岭县城、黄岩路桥开设中药栈（店）14家。光绪五年（1879年），仙居朱载扬开设麻科，著《麻症集成》，有“麻疹病断精华”之称。光绪六年，黄岩沈宝山中药店开业。光绪十六年，黄岩金吉轩开设中医外科，精于痈、疽、疮、疡治疗。清末，西方医学陆续传入台州，中西医并存，但仍以传统中医为主。民国时期，温岭赵兰丞善治瘟疫，杨吉人精于妇科。天台赵兰亭引种牛痘。玉环厅同知设洋痘局，防治天花。临海方一仁、遂生源，海门阜大，黄岩沈宝山，温岭方同仁，药业资产均占当地中药业资产的半数以上，经营饮片约700种，自制丸、散、膏、丹、胶、药酒等400余种，在台州各地拆兑，有的销往苏、杭、沪等地。民国32年(1943年)8月，黄岩县注册登记中医152人。

11. 丽水地区

民国7年(1918年)，景宁畲族自治县设施医局于鹤溪源太生药店内，在夏秋多病季节，延聘中医住局施诊，不收医费，药资无措者，报知事批准给予救助，民国11年停办后，浙江省卫生处派医疗防疫队到景宁接任，民国28年裁撤。民国18年，松阳县救济院设施医所，民国26年4月县国医支馆设施医所，民国28年9月设县中医诊疗所，民国37年5月中医师公会设中医治疗所。民国27年，云和县个体开业中医师组成战时救护诊疗所。民国28年6月，在缙云县五云镇首创县立诊所1所，内有医务人员3人，地址在城内育婴局。7月，箬溪镇个体开业中医师联合组成临时施诊所，免费施诊。民国31年1月，龙泉县东升镇设贫民施诊所，有中医6人。民国32年10月25日，在西平镇公所内设县名医医院。民国33年8月，在清修寺设立县隔离医院，有8名医务人员。民国34年3月18日，龙泉县中医师公会在镇东庙开设中医诊疗所，14名受聘中医师免费为伤病官兵、贫病民众及抗战军人家属施医。

（三）现代中医（中西医）机构

1954年，遵照中共中央对中医中药工作的指示，浙江各地中医除个体开业外，多数中医组建联合诊所，如杭州有26个联合诊所、1个联合中医院和208个工厂企业建立了特约诊疗关系，郊区4个联合诊所组织了4个中医巡回医疗组，深入工厂、田间为工农业生产服务。9月，浙江省召开第一届中医代表会议，219人参加，会议进一步阐明政府的中医政策，广泛征求中医意见，大力发展中医事业。10月，《人民日报》发表社论，贯彻对待中医的正确政策，接着《浙江日报》发表《坚决贯彻团结中西医政策，更好地发挥中医作用》的评论。

1. 省级中医（中西医）机构

1956年，浙江省立医院更名为浙江省中医院。1994年10月，省卫生厅批准建立浙江名中医馆。7月，省卫生厅批准同意建立浙江省中西医结合研究所，挂靠浙江省杭州市中西结合医院。2000年，浙江省中医药研究院、省第二中医院和省精神卫生研究所合并，建立浙江省立同德医院。2001年5月，省卫生厅批准同意杭州经济技术开发区医院成建制并入浙江省中医院。

2. 市县级中医（中西医）机构

1951年，舟山市中医院建立。1952年，杭州市中医院建立，由江南名医叶熙春、史沛棠、杨继荪、张硕甫、潘泽厚等集资创办，因院址设在广兴巷内，故名为杭州市广兴联合医院。1953年，温岭市中医院建立。1954年，东阳市中医院建立。1955年，兰溪市中医院、普陀中医院、桐乡市中医院、萧山中医院建立。1957年，湖州市中医院成立。1958年，温州市中西医结合医院、金华市中医院、台州市中医院建立。1959年，嘉兴市政府批准成立嘉兴联合中医院，设床位38张。1963年，嵊泗县中医院建立。1978年，临海市中医院、缙云县中医院、余姚市中医院建立。1979年，遂昌中医院、长兴县中医院建立。1980年，德清县中医院建立。1981年，平湖市中医院建立。1982年，新昌中医院、文成县中医院建立。1983年，诸暨市中医院成立。1985年，象山中医院开诊。1986年3月，省卫生厅同意建立安吉县中医院、宁海中医院、乐清市中医院开诊。1987年2月，省卫生厅批准同意建立温州市中西医结合医院、常山县中医院，为全民所有制县级医疗单位，规模为80张床位。6月，同意建立奉化县中医院、玉环县中医门诊部、衢州市中医门诊部。8月，同意成立嵊泗县中医门诊部。12月，同意建立杭州市下城区中医院。1988年3月，省卫生厅批准同意建立松阳县中医院。4月，同意筹建三门县中医院。10月，同意将庆元县中医门诊部转为庆元县中医院，同意筹建嘉善县中医院。12月，同意筹建青田县中医院、天台县中医院。同意建立常山县中医院、杭州市拱墅区中医院、杭州市西湖区中医院。1989年8月14日，省卫生厅批准同意筹建玉环县中医院。1990年3月14日，省卫生厅批准同意筹建磐安县中医院。7月，同意成立玉环县中医院。11月，同意建立景宁畲族自治县中医门诊部。12月，同意建立杭州市江干区中医院。1991年9月2日，省卫生厅批准同意筹建泰顺县中医院，平阳县中医院开诊。9月12日，省卫生厅批准同意将岱山中医院门诊部转为岱山县中医院。1992年5月18日，省卫生厅批准同意奉化市中医院增挂"奉化市陈卢翠中医院"牌子，原隶属关系、体制性质不变。7月18日，同意建立富阳县中医院。12月，同意筹建苍南县中医院，同意将衢州市中医门诊部转为衢州市中医院。1994年4月，省卫生厅批准建立萧山市中医骨伤科医院。8月，省卫生厅批准建立慈溪市中医院。1995年8月，省卫生厅批准同意建立洞头县中医院、青田县中医院。2000年，三门县中医院建立。

2010年，浙江省有县以上中医院109所，床位21687张，卫生技术人员31509名。中西医结合医院13所，床位2486张，卫生技术人员3186名。

二、医学院校附属医院(含门诊部)

浙江省医学院校附属中医医院(含门诊部)有5家：浙江省中医院，浙江中医药大学附属第二医院、第三医院，门诊部是浙江中医药大学门诊部和浙江中医药学会门诊部。

(一)浙江省中医院

浙江省中医院是一家全民所有制的中医综合性医院，为浙江中医药大学附属第一医院，系由前浙江省立杭州医院改建的综合性医院，创建于民国20年(1931年)。1956年8月12日，《浙江日报》报道：浙江省祖国医学研究所、浙江省中医院即将成立。8月11日，第一批被邀请参加这两个机构工作的30多名中医参加了省卫生厅召开的欢迎会，到会的有潘澄濂、魏长春、楼百层、黄学龙、姜一如、韦文轩、李云泉等。省卫生厅代厅长李蓝炎在会上提出，应在加强中西医团结的基础上，整理和发扬祖国医药遗产，开展中医学上的"百家争鸣"。1960年，浙江省中医院曾一度划为浙江医科大学附属医院，1964年改为浙江省中医院，回归省卫生厅领导，1981年改为浙江中医学院附属医院，同时保留浙江省中医院名称。20世纪80年代初有4个病区，职工730人，建筑面积10475平方米，共有床位400余张，正、副主任医师20人，主治医师56人，平均每天门诊量为2000余人次，病床使用率为94.13%，并承担三级医院医疗任务，指导金华地区11个县市及杭州市西湖区的医疗工作。1984年，医院开设中医急诊，仅4个月，中医急诊接待病人4356人次，承办省中医急诊会议2次，并在部分病区率先开展中医辨证施治和辨证施护。1986年末，全院职工842人，其中，卫技人员648人，行政管理人员34人，其他技术人员14人，工勤人员146人。1989年，医院设有门诊科室20个，医技科室14个，开设泌尿外科、心血管、免疫、气管炎、肾病、内分泌、老年病、痔瘘、胆道、肝炎、声学门诊等22个专科门诊。

2001年，医院拥有国家级重点学科5个，国家级重点专科8个，省中医药重点学科10个，省中医药重点专科7个。医院拥有国家中医药管理局中医药科研三级实验室3个，浙江省中医药科研二级实验室1个，浙江省中医药重点实验室2个。医院是SFDA认证的卫生部国家药品研究机构，包含呼吸、消化等12个专业，完成多项中西药品的临床研究验证工作。2009年6月，浙江省中医院占地面积75亩，分湖滨和下沙两个院区，医疗用房8万平方米，核定床位1500张，资产总值7.9亿元，职工1677人，其中正高92人、副高183人，设有36个临床科室及2个重症监护室，29个病区，专科专病门诊154个，教研室11个，拥有64层螺旋CT、1.5T核磁共振等先进的现代化医疗设备。经过几十年的传承挖掘、研究发展，医院形成了何氏内科、叶氏内科、魏氏内科、杨氏内科、裘氏妇科、罗氏伤科、柏氏眼科、宣氏儿科、金氏针灸、余氏外科等具有鲜明中医特色的"十大学术名家"，并拥有33位全国名老中医药专家学术经验指导老师及省级名中医，已成为一所集医疗、科研、教学、保健、康复于一体，具有鲜明中医特色优势的现代化综合性三级甲等中医医院。

2010年，浙江省中医院总收入10.42亿元，同比增长12.58%，业务收入10亿元，同比增长12.73%，全年总诊疗1845260人次，同比增长6.49%，出院34188人次，同比增长10.59%，手术总量18768台次，同比增长17.59%，床位使用率为91.36%，其中湖滨院区为93.70%，下沙院区为81.49%，新增设备5000万元，设备总值达3.15亿元，增幅18.86%。医院资产总值达12.39亿元，同比增长20.64%。全年省部级及以上科研项目立项9项，其中省科技厅项目3项、省自然科学基金课题6项；5个国家中医药管理局重点学科建设规划通过新一轮的专家答辩，获得1528万元建设经费；10个省中医药重点学科完成各项建设计划，通过省中医药管理局组织的重点学科建设验收；中西医结合临床医学通过省属高校"重中之重"学科中期绩效评估，获得建设资助经费2000万元；成立放射治疗科，引进全数字化直线加速器，推动肿瘤科、血液科等相关学科的进一步发展；开展学科评估，临床学科评出A级学科9个、B级学科14个、C级学科13个、D级学科4个，医技学科评出A级学科2个、B级学科4个、C级学科5个，护理学科评出A级学科4个、B级学科12个、C级学科13个、D级学科3个；开展以"繁荣学术氛围，提高学术水平"为主题的第二届"仁和学术月"活动，邀请陈赛娟、汤钊猷、阮长耿和郑树森等院士以及国内外47位医学专家到医院进行指导和交流。

（二）浙江中医药大学附属第二医院

浙江中医药大学附属第二医院前身为浙江省建工医院，成立于1960年，隶属浙江省建设厅。浙江省建工医院是一所在杭州及建工行业中很有影响的综合性二级甲等医院，建院时设病床97张，以后逐年增加，1978年为250张，医院临床科室床位配置，内科床位75张，骨科床位39张，普外科床位32张，妇产科床位20张，五官科床位18张，中医科床位10张，康复气功科床位56张，另有儿科、伤科、口腔科、耳鼻喉科、皮肤科、针灸理疗科、麻醉科、手术室、急诊科、保健科等，专科门诊设有血液内分泌、心血管内科、神经内科、下肢矫形专科，并设有康复咨询、骨科咨询、计划生育咨询门诊。1986年，医院实际开放床位265张，床位使用率为72.6%，平均住院日为30.33天，年床位周转次数8.86次，病死率为1.44%，日均门诊706人次，年业务收入185.40万元，业务支出145.70万元，住院每床日收费6.04元，门诊每人次平均收费5.87元。1986年底，全院职工368人，其中全民所有制职工341人、集体所有制职工27人。床位与职工之比为1∶1.29，医生与护士之比为1∶0.85。1979年，医院眼科首创“鼻泪管穿线法”治疗泪道阻塞与慢性泪囊炎，获省科学大会奖。1983年，医院骨科首创“下肢骨骺牵开延长术”，并自行设计“平衡插针骨骺牵开延长器”，获省科技成果奖二等奖。同年，在国内首次发表《青光眼超微结构观察》。此外，医院泌尿科在1984年与浙一医院协作，在国内首次开展“前列腺冷冻术”。眼科在1986年与外单位合作完成了“辐射法聚合亲水性软接触镜”，已于同年7月通过技术鉴定，填补了省内空白。口腔科在省内首先开展上颌前突手术整形。医院占地面积12423平方米，建筑面积9934平方米，其中病房4100平方米、门诊1620平方米、其他用房4214平方米。2003年，省政府批准成建制划转为学校直属附属医院，并与学校医学系（筹建于2001年）实行院系合一管理体制。至2010年6月，医院占地面积20余亩，医疗用房6万平方米，核定床位700张，资产总值5.5亿元，职工853人，其中正高35人、副高87人，设有2个本科专业，拥有国家中医药管理局“十一五”重点专科（专病）建设项目3个、省中医药重点学科建设项目2个、省中医药重点专科建设项目5个，是一所集医疗、教学、科研、预防、保健、康复于一体的三级乙等中西医结合医院。

（三）浙江中医药大学附属第三医院

浙江中医药大学附属第三医院是一所集医疗、教学、科研、保健、康复于一体，西医基础扎实，中医药优势明显，针灸推拿专科特色浓厚的省级综合性中医医疗机构，为浙江省首批中医“名院”建设单位。2006年5月，浙江省针灸推拿医院更名为浙江中医药大学附属第三医院，2008年，浙江省邮电职工医院并入重组。

浙江省针灸推拿医院前身为浙江中医学院附属门诊部，创建于1961年10月。2003年9月，与浙江中医学院针灸推拿系实行“院系合一”，成立浙江中医学院附属针灸推拿医院。2005年1月，经省卫生厅和浙江省编委批准，增名浙江省针灸推拿医院，2006年5月更名为浙江中医药大学附属第三医院。浙江省邮电职工医院是一所全民所有制的职工医院，隶属浙江省邮电管理局，建于1978年，建院时仅有病床60张，只收治内、外科病人。1984年后，医院有较大发展，编制床位260张，实际开放240张。临床科室及床位配置：内科床位40张、外科床位30张、骨科床位20张、五官科床位30张、康复疗养床位120张，医院门诊设有内、外、妇、儿、皮肤、口腔、眼、耳鼻喉、中医、骨伤、理疗等科室，医技科室设有检验科（附病理室）、放射线科、药剂科（制剂室、中西药房）、心电图室、脑电图室、B超室、供应室、营养室，另设有职业病防治科、病案统计室、图书资料室。1986年，医院实际开放床位240张，床位使用率为

75.31%，平均住院日数为21.92天，年床位周转次数为12.32次，病死率为1.14%，日均门诊301人次，日均急诊9.16人次，业务收入为60.40万元，业务支出为64.20万元，门诊每人次平均收费3.80元，住院每床日平均收费7.23元。1986年，全院有职工230人，其中全民所有制职工219人，集体所有制职工11人。医院占地面积10430平方米，建筑面积13494平方米，其中门诊用房1507平方米、病房4267平方米、医技用房463平方米、行政后勤用房4308平方米，平均每床占地面积42平方米，建筑面积56平方米。

2008年9月，经省政府批准，医院与浙江省邮电职工医院合并重组，成立新浙江中医药大学附属第三医院，又名浙江省中山医院。医院先后获得浙江省中医药科教管理工作先进单位、2010年度杭州市平安示范医院等荣誉。2010年，医院分为庆春和莫干山路两个院区，核定床位460张，实际开放床位322张，设有职能科室17个、临床科室27个、医技科室9个，医院现有职工549人，其中卫生技术人员438人，高级、中级、初级职称比例分别为17.57%、25.68%、42.95%，行政工勤人员111人，占职工总人数的20.22%。医院拥有卫生部"有突出贡献中青年专家"1人，浙江"海外留学英才奖"1人，"省151人才工程"重点资助1人、第三层次5人，省中青年学科带头人培养对象2人，全国名老中医专家学术经验指导老师1人，省级名中医3人，省中青年临床名中医5人，全国优秀院长1名。医院现拥有博士点3个、硕士点2个，针灸推拿学为国家一类特色专业和浙江省重点专业。2010年，医院已拥有国家中医药重点学科1个，浙江省"重中之重"学科1个，浙江省中医药重点学科2个，国家中医药重点专科2个，浙江省中医药重点专科（专病）4个，设有国家中医药科研三级实验室和浙江省重点实验室、国家中医药优势学科继续教育基地、全国城市社区中医药知识与技能培训示范基地和临床实践基地、浙江省针灸推拿国际培训中心等多个医疗、教学、科研机构。

（四）浙江中医药大学门诊部

1961年7月18日，浙江医科大学中医学院院务委员会决定建立中医学院门诊部，同年9月9日，杭州市卫生局〔61〕卫医字第208号文件《关于拟予同意你院成立中医门诊部的批复》，同意由浙江中医学院教务办公室负责筹建门诊部工作，当年10月4日门诊部正式对外门诊。门诊部设在浙江中医学院的舜水馆。门诊部属浙江中医学院领导。门诊部设有中医内科、妇科、儿科、眼科、针灸科等，先后在门诊部门诊的中医有史沛棠、何任、潘澄濂、韦文轩、詹起荪、马莲湘、宋光济、宋鞠舫、楼百层、姜一如、董浩、潘国贤、徐荣斋、朱古亭、林钦廉、吕毓春、高镇五、邵宝仁等。1977年，增设眼科、伤骨科、肿瘤科、心电图室等。同年11月，门诊部接诊部分省级公费医疗特约单位的病人。1978年建立西药房，门诊部重新承担学院本、专科学生的带教工作及省内部分进修生进修任务。1979年2月，省卫生厅浙卫政〔79〕233号文件批准浙江中医学院附属门诊部编制为50人，明确中医门诊部为学院附属单位，任免由学院统一安排，当年职工数为44人。门诊部领导和职工同心协力、发奋工作并主动地送医送药，定期到基层、特约单位龙山化工厂、震旦丝厂等。1984年，浙江中医学院门诊科目不断完善，设立了中西内科、外科、妇科、皮肤科、眼科、耳鼻喉科、伤科、推拿科、肿瘤科、心病科、肝胆科、口腔科等，配备X线室、B超室、化验室、心脑电图室、注射室、供应室等，增添了B超机、全自动尿液分析仪、半自动生化分析仪、牙科设备等。为改善门诊条件，1984年，在浙江中医学院门诊部原址(黎洲馆)处投资16万元新建一幢3层门诊用房，面积2000平方米。11月22日，全省名老中医咨询门诊和门诊新大楼开诊仪式在学院举行，省政协主席王家扬、省卫生厅厅长戴迪等领导参加开诊仪式。1986年，浙江中医学院附属门诊部已有近30个科室，开放了10个专科门诊，门诊量达12.09万人次。1987年2月，浙江中医学院门诊部与中国农工民主党浙江省委员会、杭州医疗保健咨询中心联合设立中药房，地址在庆春路尚德里1号，还联办了上塘卫生院门诊分部、潮鸣寺巷门诊分部、中医学院附属门诊部分部(中山北路)、省边防局门诊分部，通过横向联系，拓宽了服务之路。门诊部中，内科、针灸科、骨伤科、西内科、注射室等开设家庭病床。1989年3月16日，经浙江省编委批准，省卫生厅核定浙江中医学院附属门诊部编制80名。1999年2月25日，浙江省中医院门诊部经省卫生厅批准，颁发省级医疗机构执业许可证。5月1日，成立浙江中医学院与浙江大学民主党派联合门诊部，并正式对外门诊。6月14日，学院党委决定将省卫生厅批准的浙江名中医馆挂靠在门诊部，并委托门诊部具体负责管理。浙江中医学院教授何任任浙江名中医馆馆长。

(五)浙江省中医药学会中医门诊部

浙江省中医药学会中医门诊部自1987年开办至2001年，共诊治病人近20万人次。门诊部共开设有中医内科、儿科、妇科、肿瘤科、老年病科、肾内科、骨伤科、针灸科、推拿科等10多种科目和特色门诊。2000年3月13日，学会门诊部改称浙江省中医学会中医门诊部为浙江省中医药学会门诊部，学会门诊部地址(杭州大井巷18号)变更为杭州环城北路47号。6月22—23日，学会门诊部与浙江省慈善总会联合举行为期2天“发扬慈善精神，促进社会进步”义诊活动。这次义诊活动规模空前，两天共诊治505人次。12月，学会门诊部举办“健康家园——医学科普进万家10年大行动”义诊咨询及赠书活动。2001年，学会门诊部与浙江省慈善总会在门诊部联合举行“三八”节义诊活动，对60位特困家庭中的女性患者除免收其挂号费外，还帮助她们解决部分药费。2004年8月，学会门诊部搬迁至青春医院，通过3个月的试诊后，于11月28日正式开诊并义诊一周。2009年11月，门诊总量4万人次，门诊部在江干区卫生局的布置下，进行了医保检查和注册执业医师考核工作，全部通过考核。2010年，学会门诊部与江干区卫生服务中心联合举办科普宣传和义诊活动，在活动中分发中医科普宣传册和香袋，还配合“三八”妇女节等在小区组织科普宣传和义诊活动。

第三节 西医机构

明末清初，来华的传教士把基督教带到中国的同时，也带来了西方的医学。鸦片战争后，教会医院由沿海进入内地，也进入了浙江的沿海地区。明嘉靖二十四年(1545年)，葡萄牙人在舟山六横双屿港建医院2所，采用传统西医疗法，为海上互市的西方商人服务，这是浙江最早的西医院。[1] 清道光二十一年(1841 年),英国医学传教士雒魏林(W. Lockhart)随英国海军到定海开设医院。民国时期,浙江西医机构不断增加,规模逐渐扩大。中华人民共和国成立后,以西医为主、中西医结合的省、市、县综合性医院、医学院校附属医院遍布浙江,形成较完整的医疗服务体系。

一、近代西医机构

明清时期的西医机构以医学传教士、教会医院引入为主,有的开设门诊部或诊所,有规模的建成医院。这一时期,浙江有代表性的西医机构有杭州仁爱医院、广济医院,宁波华美医院、惠爱医院,温州定理医院、白累德医院等。

1. 杭州地区

(1)广济医院。清同治八年(1869 年),天主教在杭州设圣文森特(St. Vincent)医院。同年,英国安立甘会派梅多斯(Meadows)在横大方伯巷建立戒烟所,在此基础上,于同治十年创办大方伯医院,后以"广行济世"之意改称广济医院,同治二十年,改派传教士梅藤更来杭州掌管广济医院。广济医院有演讲厅、接待室、图书馆、会议室和手术中心,在宝石山顶和山下大佛寺西侧分别筹建了肺病疗养院和麻风病院。光绪三十二年(1906 年),建立广济医学堂,梅藤更任校长,广济医学堂设病理实验室。清宣统三年(1911 年),杭州广济医院(现浙江大学医学院附属第二医院)从国外进口了 X 线机,成为浙江省最早进口先进设备的医院之一,其他用于医院工作的电机、电炉、电疗器、电灯、电话机也一应俱全。梅藤更在杭州期间还担任中国红十字会杭州分会名誉会长,民国 15 年 12 月,梅藤更与夫人从上海乘坐"马其顿号"返乡。民国 15 年,广济医院拥有 500 张病床、3 个手术室,其下有男女病院、花柳皮肤病院、产科院、肺病疗养院和麻风病院、广济医校、男女护士学校、孤独院,成为当时浙江省最大的医院之一。

图 79-2-3-1 广济医院院长梅藤更夫妇
(浙江大学医学院附属第二医院提供)

(2)仁爱医院。民国 17 年(1928 年)1 月 6 日,法籍天主教修女郝格助(Sr. Hacard)在刀茅巷 222 号创办杭州仁爱医院,又名圣心医院,第一任院长为中国籍修女孙儒理,后由法籍修女大姆姆彭(Sr. Apolline Bowlby)担任。彭主持医院期间,修建了哥特式教堂和 X 线室、施诊所、免费病室、海星小学校舍等,有病床 100 多张。民国 30 年 12 月太平洋战争爆发,彭被关在上海集中营,不久病死。医院由匈牙利人和爱洁姆姆(Sr. Vulcsik)掌管,仍实行修女院长制。民国 36 年 1 月,医院设立董事会,董事长胡海秋,董事有法籍人梅占魁(Deymier)、荷兰籍人和凤鸣(Classen)及国人吴义崇、王克谦 4 人,曾聘吴义崇为院长。民国 37 年,吴义崇赴英国深造,朱人伟继任院长。1949 年 5 月杭州解放,医院仍由外籍修女掌管,后收归杭州

① 《舟山卫生志》,中华书局 2001 年版,第 192 页。

市卫生局管理，即今杭州市红十字会医院(杭州市第五人民医院)。

(3)瓯海医院。民国8年(1919年)6月，温州社会名士吴璧华、杨玉生、潘鉴宗、黄溯初与瓯海道尹黄庆澜协议发起，租赁古炉巷58号民房，创办温州首家国人办管的西医院。公推吴璧华为董事长，杨玉生为院长，正式定名为瓯海医院。民国11年仲春，医院迁到城东积谷山麓(现址)。民国22年，医院移交给永嘉协济善堂管理，由该堂承担经济扶助。抗日战争爆发，时局动荡，温州三度沦陷，医院解散。日寇溃退时，将医院设施洗劫殆尽。1949年5月7日，温州解放，市军管会聘请林镜平任院长。省卫生厅宣布瓯海医院改制，命名为浙江省立温州医院，同时委派曹坚任政治协理员随同林镜平到医院工作。

(4)其他西医机构。清同治七年(1868年)，天主教仁爱会修女在杭州天汉洲桥(今中山北路)创立仁爱会医院分院，称仁慈堂。清宣统三年(1911年)，慈溪人韩清泉在杭州羊市街租赁一幢四开间前后两进的西式楼房，开设医院，取名浙江病院。这是中国人在杭州自办的第一所西医院。该院开诊后，汤尔和主持内科，韩清泉主持外科，数月后，由于疗效显著，服务优质，收费低廉，深得社会人士的好评。辛亥革命后，请准政府将运司河下前盐运使署址数十亩地拨给浙江病院。

2. 宁波地区

(1)华美医院。清道光二十三年(1843年)，美国基督教浸礼会派玛高温到宁波一边传教一边行医。最初，他在北门佑圣观厢房向道士租借了几间房，开了诊所"浸礼老医局"。玛高温擅长眼科，常带装有24种普通药品的药箱，一边传教，一边行医，博得市民的好评。玛高温还在月湖书院传授西医，培养学生。道光二十七年，继玛高温后，白保罗(S. P. Barchet)拼盘诊所从佑圣观迁往姚江边，建男病室，设20张床位。光绪六年(1880年)，得绅士张让三等赞助，建立女病室，设10张床位，诊所改名为"大美浸礼会医院"，为国内开办最早的西医医院之一，医院医生还去溪口、江口、沈家门行医。光绪十五年，兰雅谷(J. S. Grant)继任，他将自己在宁波海关港口任检疫官的酬金全部捐给医院，并带动地方绅士募捐，医院粗具规模，有40张床位，内、外科齐全。兰雅谷和华人当年做出的业绩，留下了中美合作的佳话。

图79-2-3-2　民国27年(1938年)8月，宁波华美医院开设简陋的临时时疫医院，收治霍乱病人(宁波市第二医院提供)

图79-2-3-3　民国28年(1939年)6月，华美医院全体职工合影(宁波市第二医院提供)

民国4年(1915年)，大美浸礼会医院改名为"华美医院"，并建立手术室。民国9年，医院的宗旨为“身灵并治”“以救济贫民，传扬圣道为目的”“施诊期内凡挂号后须先入讲道处静听圣道，以为修德养心之助”。医院占地面积约5亩，医疗用房500平方米，分门诊部和住院部，住院部设男、女病床60张，还设有手术室、诊疗室、显微镜室等，临床分科有内科、外科、产科，能进行腹部肿瘤切除、唇裂修补和输尿管结石取出等手术，能采用血清疗法治疗破伤风、白喉、菌痢等，化验科除三大常规外，还开展血清学检查。医院从美国购得30毫安X线诊断机1台，开展透视和摄片，此外还对癣症、疥疮等皮肤病进行放射治疗。清同治十年(1871年)至民国29年，医院还承担了宁波海关的港口检疫工作。医院设有临时防疫所，主要开展伤寒、霍乱、天花等的治疗，民国4—13年霍乱流行期间，先后筹设临时防疫医院，救治病人。民国10年，医院设有内科、外科、手术室、眼科等科室，并装备X线机，有30名员工，其中6名医师。

图 79-2-3-4　华美医院的化验室和X线机(宁波市第二医院提供)

民国15年(1926年)，华美医院大楼兴建，于民国19年完工，耗资127000余美元，共建筑四层住院大楼、二层门诊楼和三层附设护士学校各1幢。民国19年7月4日，美国浸礼会委托美国牧师赫培德签署了医院移交文件，将医院所属的院舍、仪器设备及地基一并交给中华基督教浙沪浸礼会管理，院务仍由董事会管理，由任莘耕任院长，这是华美医院第一位华人院长。民国20年，医院增设妇科。民国23年，丁立成就任华人院长，美籍医生汤默思(Harold Thomas)仍担任外籍院长。民国24年，医院又设立营养室，9月医院设立公共卫生部，主要开展卫生宣教和市民预防接种，一年一次对宁波全体中学生进行胸透检查。此外，还向中华基督教青年会、母亲会、儿童会及其他一些社会团体进行卫生演讲。民国25年，医院增设肺结核诊所和气胸诊疗所。

民国25年(1936年)12月12日西安事变后，蒋介石在奉化养伤时，曾到华美医院作X线检查，其美籍顾问端纳患肺炎时，请华美医院医务人员前往奉化诊治。随着医院发展和临床分科的增加，除设有内科、外科、产科、放射科、化验科、眼科外，民国27年8月，医院又设立传染病科，并开设了一家时疫医院，收治霍乱病人。民国29年，医院有97名职工，其中32名医务人员。10月27日，日军在宁波市区投下带有鼠疫蚤的细菌弹，两天后，开明街口居民中突发高热且死亡的病人日益增多，患者纷纷来医院求治，浙江省和宁波市政府及医院采取一系列措施，迅速控制了疫病蔓延。

民国30年(1941年)4月20日，宁波沦陷。12月7日，在院的美国人全部撤离，为了保护医院财产和技术力量，聘请曾留学日本的夏禹民医师为医院监督。抗日战争结束，宁波局势趋于稳定，医院恢复原名，美国医护、宗教人员陆续返回医院。医院有所发展，已设有内科、外科、皮肤科、小儿科、妇产科、眼科、耳鼻喉科、放射科和化验科，有约120张床位，主要医疗设备有基础代谢机、心电图机、膀胱镜、喉镜、直肠镜、骨科、腹部手术和五官科手术器械、全身麻醉机、人工呼吸机以及200毫安X线和小型X线诊断机各2台，还有牙科X线机、深度X线治疗机、伦琴测量机，医院的放射科设备在省内处于领先地位，并在浙江省最早开展了放疗。医院在化验方面也处于领先地位，检验工作分普通检验、细菌学检验、生化检验、血清学检验及病理学检验共104项，此外还有病理组织切片和涂片检查。医院的制剂药品也很多，葡萄糖、氯化钠、肝浸膏、咳嗽合剂、抗菌痢药和仙鹤草素均由医院自制，还供应给其他医院、诊所。民国34—37年间，医院设有136张病床，分设内科、外科、妇产科、五官科、肺结核科等科室。

民国35年(1946年)11月，华美医院增建住院大楼东西两侧的第四层，民国36年4月完工，由宁波邬全顺营造厂承建。至此，从民国11年破土兴建的医院主楼历时25年终于完成。民国36年，医院的门诊人数达37820人，医院在住院大楼前盖起3间平房，供门诊使用，又在孝闻街开设一家简易诊所，还附设一家妇孺简易门诊所，但仍不能满足门诊需要，民国37年再次扩建门诊楼。

民国36年(1947年)10月4日，华美医院发起组织宁波防痨委员会，由吴元章任总干事，丁立成等任副总干事，这是浙江省最早的防痨组织。民国37年，中国善后救济总署赠送华美医院1台小型集体X线胸片拍摄机、70毫安自动化缩影集体拍片机。1949年12月18日傍晚，国民党飞机投下的燃烧弹将医院主楼四楼和华美护校烧毁。

(2)余姚惠爱医院。民国30年(1941年)4月，余姚创设惠爱医院。余姚城沦陷后，人员离散，不久汪伪政府接管惠爱医院，董事会改组，伪县长劳乃心为名誉董事长，院长施明德。次年，路荫棠复任院长，医院后改名为县立惠爱医院，劳乃心任董事长兼院长。抗日战争胜利后，医院归还教会，复称惠爱医院，聘请德籍冷格尔医师主持院务，业务日见发展。

(3)其他西医机构。清道光二十四年(1844年)，美国长老会医生麦卡第到宁波，在江北岸槐树路佑圣观内施医传教，开办了惠爱医院。道光二十八年英国圣公会、同治三年(1864年)英国循道公会先后来宁波传教，约在道光三十年至同治九年间在江北岸白沙路开办体生医院(民国11年英人燕乐拔回国后停办，民国12年吴莲艇接办改名天生医院)，在城区孝闻街开办仁泽医院(民国23年2月停办)。清咸丰六年(1856年)，美国南方美以美会泰勒在宁波开设私人诊所。咸丰九年，英国圣公会开始在宁波开展医疗活动，设立戒烟所，由高夫(F. E. Gough)主持，但不久戒烟所迁至杭州。清光绪九年(1883年)，宁波北门姚江边建起兰雅谷为院长的浸礼会医院，宁波舟山教会诊所为驻扎舟山的英军提供大量药品。宁波城内的教会医院和广州伯驾医院的大部分经费由伯驾在美国各地筹集。清道光二十三年，伯驾先后两次到上海观察建诊所的地形，经过对上海和宁波两地的对比，伯驾选择在上海从事医疗工作，于清道光二十四年二月正式进入上海工作，之前在舟山开诊所达半年。

3. 温州地区

(1)定理医院。清光绪七年(1881年)，英国传教士苏慧廉(W. E. Soothill)乘船来温州，在城西设循道公会办教堂，指导教会办医，为教徒治病，还请求英国教会前来办医，是温州西医第一人。光绪九年，英国传教士海和德(J. W. Heywood)牧师携带奎宁、阿司匹林等常规药品为人治病，与苏慧廉共办诊室。光绪十六年，在海关的劳莱(Dr. J. H. Lowry)医师亦从事医疗工作，在温州的城西礼拜堂边建立医务室。光绪十九年冬，传教士霍厚福(Dr. Alfred Hogg)到温州任专职医师，收治病人，设立数张病床，温州籍教徒李少波随他学习西医。由于医务发展快速，加上教堂要收回租房改作他用。光绪二十二年，苏慧廉通过好友华克(A. J. Walkden)牧师特邀建筑师约翰到温州。光绪二十三年，英人约翰·定理捐献200英镑，与牧师苏慧廉合作在温州杨柳巷(即现墨池小学)买地建房，建成定理医院，门上的青石匾刻“定理医院”4个大字。2010年时，该石碑仍在温州医学院附属第二医院住院大楼门前。霍厚福任院长，有20多名员工，医院正式建成。光绪二十三年，定理医院设有22张男女病床。光绪三十年，霍厚福离任，鲍来茂继任，培养了戚文梁、章梦三、郑叔鸣等西医人才。

图79-2-3-5　定理医院石碑(温州医学院附属第一医院提供)

(2)白累德医院。清光绪三十二年(1906年)，英国人亨利·白累德捐资在温州城内建白累德医院，占地面积10亩，医疗用房建筑面积2500平方米，并有X线机等医疗设备，原定理医院并入，鲍来茂(W. E. Plummer)继任院长。因定理的好友白累德为此捐款占资金总额的2/3以上，医院故命名为“白累德纪念医院”，后简称白累德医院。民国3年(1914年)，鲍来茂归国，其后3年，循道公会曾聘安格斯(Augus)、伯里(Bury)两位英国医师任代理院长。民国6年，英国医师施德福(Stedeforg)接任院长，施氏任职历时32年，业绩卓著。民国11年，教会派英人裴悟女士到医院担任护士长，第二年又派英人薛美德任护士长，护理队伍有了起色。民国18年，白累德高级护士职业学校创立，校址设在艺文学校内，薛美德任校长，培养了首届学生叶兰珍、陈舜华、朱德音、施子哲。翌年，在艺文学校内又创办肺病疗养院。民国19年，医护人员增至30人，主要设备有30毫安X线机、显微镜等。民国22年，将肺病疗养院改为产科医院。民国24年，白累德医院在兵营巷购地，筹划扩建院舍。民国31年7月11日至8月15日，温州第二次沦陷，白累德医院迁至永嘉枫林。民国33年7月，温州第三次沦陷前夕，白累德医院奉命疏散。民国34年6月，温州光复，医院同仁公推郑济时医师负责筹措，于8月1日恢复业务。1949年8月底，院长施德福一行离任回国，于施公里召集医院11名医护骨干开会，提请他们选出院长，续办白累德医院，经推选，汪起霞任院长，陈梅豪、郑求是任副院长。

(3)其他西医机构。清同治六年(1867年)，永嘉张应乾创办通济医院，地址在城区铁井栏，延革年数不详。民国20年(1931年)，永嘉县立医院建立，只有门诊，没有病房，院长张景飞，院址生府学巷，民国25年后停办。法国天主教巴黎仁爱会修女、医务工作者莱斯(Lasi)

资助，在温州岑山寺巷内购地15亩建造董若望医院（今温州市第三人民医院），民国2年建成，设有28张病床。次年改名为董若望医院，主要设备有30毫安X线机、发电机、太阳灯等，医院聘任中国籍教友4名担任医师，还有6名护士，教会先后派遣10名姆姆来担任助理。民国10年建成2幢楼房，病床增至160张，莱斯任第一任院长。

4.湖州地区

（1）福音医院。民国元年（1912年），美国在华传教的基督教监理会办的湖郡医院（今湖州南宁长路19号，原沈郎轩居所）和中华基督教浸礼会办的福音医院（原湖州东门街城门口望舟桥旁），于民国4年秋合并创立福音医院。福音医院初创时租赁马军巷吴济清的5间房屋（今马军巷213号），有60张病床，设内、外、妇、儿、五官等科，有6名工作人员，他们是孟杰（首任院长）、奈尔逊、霍贾罗（女，主持医务科工作）、沈阶平、张尚义、徐元喜（分管药剂、总务、财务工作）。民国7年，医护人员缺少，开设私立福音医院高级护士职业学校，美国人洛根女士任校长。民国10年，10名首届毕业生毕业。民国11年，福音医院得到美国洛克菲勒基金会、美国慈善家和乡绅温选臣及教会、公司、钱庄的赞助，集资购买了南门马公桥旁一块地皮，扩建了福音医院，民国13年5月竣工搬入。新院为四层水泥钢筋结构西式楼房，病房分头等、二等、三等，可住129名病人，设手术室、化验室、X线室、门诊室、药房、办公室、图书馆等。民国政府主席林森题词"今之和缓"，蒋介石和宋美龄为蒋母捐助1张免费床，宋氏姐妹为其母捐助1张免费床，戴季陶和钮有恨为双方母亲各捐助1张免费床。民国17年，浸礼会与福音医院脱离，医院由监理会和医院董事会共同负责。民国19年冬，吴兴流行脑膜炎，福音医院受县长委托协助防治，派医师下乡，办临时诊所，还与湖郡三余社开设学生体格检验所，为学生体检和种痘，长达5年。民国24年，经当地绅士、卫生署和浙江省政府资助，福音医院在织里、菱湖分设诊疗所。民国26年，湖州沦陷，福音医院被日军占领，医务工作者撤到杭州广济医院，孟杰院长奔赴上海，通过美国使馆与上海日军军部交涉，日军同意归还医院。民国27年5月，孟杰率15名医务工作者返回湖州，遭到日军拒绝，后经交涉，日军只给一座教堂（今衣裳街基督教堂）作院址。6月，医院重新开张，当时正值霍乱流行，孟杰在教堂内设60张床，两个月内收治350名病人，为1万名群众注射防疫针，9月26日才进入原医院。民国30年12月8日，孟杰因太平洋战争爆发而回国，由翟培庆主持院务。民国35年5月7日，孟杰回医院重掌院务。1949年1月，孟杰回国，由王耀勋主持院务。1949年4月，湖州解放。

（2）其他西医机构。清光绪十六年（1890年），嘉兴籍基督教传教士曹子实医生到南浔传教，初在南浔便民桥旁租赁民房设布道所，建立医局，光绪十七年又在南浔的西栅设立分医局以扩大医务。曹子实于光绪二十八年病故，据现有资料考查，他是湖州有史以来第一位国人西医师。民国37年（1948年），湖州基督教监理会请苏州博习医院毕业生陆舜道医生来湖，在马军巷河上桥该会助理牧师凌学诗宅中设立诊所。翌年，陆舜道脱离湖州监理会去常州另设诊所行医，旋即该会又请美国人韩明道医生来湖主持医务。

5.嘉兴地区

（1）福音医院。清光绪十九年（1893年），美国医生文渊博创立嘉兴福音医院，直属美国基督教长老会管辖，文渊博自任院长，最初雇用民船，停泊嘉兴大王庙前，传道行医，后租赁间前街私屋，复迁秋泾桥堍，梧桐树街樊公桥东南首租屋开诊。光绪二十四年四月，迁入新院舍（即现嘉兴市第二医院院址），有44张床位、8名卫技人员。光绪三十三年，医院建立手术室等。民国28年（1939年），医院门诊分设内科、外科、产科（含小儿科）、耳鼻喉科、眼科、花柳科、皮肤科、X线科、检验科等，每年平均大小手术473人次，门诊29420人次，有1台50毫安X线机、2架900卷老式显微镜，有电光镜、膀胱镜、消毒蒸汽高压锅、手术台各1台（架）及普通手术用具。医院占地面积17亩，院舍7470平方米。太平洋战争发生后，医院被日军占用而停办，民国35年4月10日恢复开诊，经费支出1/3靠业务收入，其余靠美国长老会拨款，以及浙江省卫生处拨款和慈善家捐助。

（2）圣心医院。民国9年（1920年），由法国天主教巴黎仁爱会在嘉兴建立圣心医院，归嘉兴仁爱堂管辖，院址嘉兴县姚家埭2号，院长由仁爱堂神父巴底希、修女白曼丽先后兼任。据民国36年4月嘉兴公、私立医院调查表记载，该院设120张床位，实际使用20张左右，有26名工作人员，设内、外、肺痨、眼、皮肤、花柳等科，平均日门诊98人次，月住院病人215人次，占地面积2032平方米，院舍1218平方米，有显微镜2架、蒸汽消毒炉、电气消毒炉各1台及普通手术用具。经费来源，1/3靠医院收入，其余靠天主教会津贴，行政院救济总署偶有少量药品捐赠。

（3）其他西医机构。清同治十年（1871年）10月14日，奥地利天主教神甫在嘉兴横山乡（今狮岭乡）车辐浜开办玫瑰医院，有内、外科及戒烟病房，诊治内科、外科、妇科、眼科常见病，并能施行截肢手术，医生系奥地利、法国、意大利人，属慈善机构。民国4年1月改迁嘉兴，嘉兴天主教神甫将医院拆迁至嘉兴（今嘉兴市第一医院前身），仅留少数人员和设备，在原址设玫瑰诊所。

6.绍兴地区

（1）福康医院。清光绪二十九年（1903年），美国基督教北美浸礼会国外宣道会派遣高福林（F. W. Goddard）从宁波到绍兴传教行医。光绪三十一年三月，高福林在绍兴大坊口（今真神堂隔壁）租用民房开设诊所施医传教，创设西药房，兼售西药。四月，他居南街，办眼科诊所。光绪三十三年初，高福林在附近购得地皮，三月动工建造医院。光绪三十六年三月十日，医院竣工并开诊，医院名为“绍兴南街基督教医院”，对外用英文称 The Christian Hospital Shaohsing China，高福林自任院长。医院以眼科为主，面积4.24亩，建筑式样为西式二层楼房。民国元年（1912年）2月23日，医院正式开张，由美国基督教北美浸礼会直接管辖，高福林被委任为院长，是绍兴第一家西医医院，院址在绍兴南街马坊桥（今延安路），医院设病床10张，时有医务人员4名，收治内科、外科、眼科、妇产科等病人。民国3年，改名绍兴福康医院，美国人毕德明到绍兴福康医院担任护士长，开始培养护理技术人员。20世纪20年代，医院开始培训助产人员，推行西法接生技术。民国10年、民国22年，两次扩建院舍，设内科、外科、妇产科、小儿科、皮肤科等病房及化验、手术等科室。20世纪30年代，绍兴福康医院设检验科、放射科和肺结核隔离病房，开展普通常规检查和胸部透视。民国25年，医院设病床90张，有工作人员27名。抗日战争爆发后，美籍院长高福林回国，民国27年，美国医生施乃德任福康医院代理院长，抢救了无数被炸伤的市民，每天医治100多人，为中国抗日战争做出了贡献。民国32年，日美交战，福康医院代理院长施乃德被日军遣送返美，国人潘连奎任院长。

20 世纪 40 年代，绍兴福康医院首先使用人工气胸术、人工气腹术治疗肺结核病，用吐根素治疗肺吸虫病。20 世纪 40 年代，放射科仅限于透视胸及胃肠。20 世纪 20 年代，检验科主要做血、尿、粪三大类检验，40 年代后期开展细菌培养、康华氏反应、肥达氏反应和胃液分析检查。民国 17 年，绍兴福康医院购置蒸气锅，药剂科开始自制生理盐水。20 世纪 40 年代，浙江省立绍兴医院和福康医院开始调配部分西药酊剂、合剂及散剂。

(2)其他西医机构。清光绪十年(1884 年)，女基督教徒何师母在诸暨县城中教堂设西医部，每日上午门诊，只取号金 30 文，不收药费，为诸暨县西医的开始，也是绍兴地区早期的西医，有外籍传教行医者，也有国人从欧美、日本学医归国，或从国内西医学校毕业后回乡行医者。清光绪三十二年(1906 年)，英籍耶稣传教士姚姑娘曾在绍兴用西药给教友服用。

7. 金华地区

福音医院。清光绪三十一年(1905 年)，美国北美浸礼会因传教需要决定在金华办一所医院，在金华八角库头(今金华市四眼井)购买了一块地，计 14 亩 5 分 4 厘 4 毫。光绪三十四年，用教会经费及向伊文思夫人募捐所得开始建筑施工。宣统二年(1910 年)五月，医院建成开业，取名为福音医院，由 20 世纪初即在金华设诊所行医的美国传教士马铿哲任首任院长兼医师，美国人胡海伦为护士总管，有几名医师护士。护士由教会吸收，采取边工作、边上课学习掌握业务知识的方法培训护士。民国 9 年(1920 年)，院长之职由伊文思夫人资助赴美国学医回国的梁寥鹏继任。民国 16 年，福音医院移交给浙沪浸礼会，并成立董事会，仍由梁寥鹏任院长。民国 26 年，由沈延斌医师代院长之职。民国 28 年，浙沪浸礼会委派金华真神教堂牧师、美国人戴斐斯任院长。5 月 17 日，在武义县耶稣堂内开设了金华福音医院武义分诊所。此时，医院组织开始扩大，设立内科、外科、宗教部、护士部。民国 31 年初，日军侵华日趋疯狂，金华也随时面临沦陷的危险，戴斐斯和沙乐满从金华逃往福州，此前，他已将金华福音医院交由院务主任陈树汉负责。民国 31 年金华沦陷后，陈树汉带领部分医务人员避迁到武义分诊所，同年 11 月中旬又搬迁到丽水，并设立金华福音医院丽水分诊所。民国 33 年，日军进逼丽水，医务人员沿瓯江水路到青田县南田村落脚。民国 34 年秋抗日战争胜利后，福音医院搬回丽水。民国 35 年 3 月，福音医院重返金华整修旧院，经过恢复准备工作，医院于 6 月 1 日重新开诊，8 月 1 日收治住院病人。9 月，教会委派绍兴福康医院(也是教会医院)外科主任施乃德兼任金华福音医院院长。是时，金华福音医院有医师、护士、工友 20 余名，床位 31 张。民国 36 年，徐君赐来医院任外科主任。民国 37 年初，施乃德辞去院长职务，由徐君赐接任。1951 年 9 月，金华福音医院由人民政府接管，徐君赐改任浙江省立金华医院院长之职至 1953 年 5 月，金华福音医院院长由时任浙江省立金华医院副院长徐坤兼任。1953 年 6 月后，徐君赐再任金华福音医院院长。1949 年金华福音医院门诊就诊人数为 12568 人次，出院病人 932 人次，接生 121 人。

8. 衢州地区

清宣统二年(1910 年)，牧师陈天福在衢州城开设仁寿医室。民国 18 年(1929 年)，衢县设医疗所，采用西医西药治病。民国 29 年，衢县医疗所改称衢县卫生院，有 4 名医务人员。民国 35 年，衢县县立医院建立，设院舍于衢州城南月山之麓。

9. 舟山地区

沈家门存济医院。民国6年(1917年),舟山地区由乡人刘寄亭等捐资创办时疫医院,后改名为沈家门存济医院。民国13年,该医院有正厅5间,余屋15间,中医、西医、护理各2人,司药、会计等共10人。民国20年,地方人士张晓耕先生因其父张子良70寿辰,斥私财5000元,在宫下地段购置地皮造二层西式楼房一幢,房后沿山开凿石梯阶50余级古径路,当作上山通道,在山上建病房20余间,设病床10张。民国28年,日军侵占舟山,医院业务衰退。抗日战争胜利后,成立医院董事会,聘请名医李企良任院长,地方各界募捐在门诊后山坡建平房为住院部,二层门诊楼加层作手术室,有病床36张,并购置X线机等设备,设检验科,开展妇产科和下腹部手术,此为沈家门存济医院全盛时期,与宁波华美、余姚阳明医院并称为"浙东三院"。

清道光二十年(1840年)九月,英国基督教伦敦公会医学传教士威廉·洛克哈特(Dr. William Lockhart,又称雒魏林)随英军到定海开设医院。道光二十一年二月,英军撤离舟山,医院关闭。道光二十二年,《南京条约》签订后,雒魏林重回舟山,于道光二十三年六月十三日重新开办该院。据不完全统计,在不到1年的时间里,该院共医治病人3502人。

图79-2-3-6 威廉·洛克哈特(浙江省卫生厅档案室提供)

10. 台州地区

恩泽医局。清光绪二十七年(1901年),英国传教士白明登创建恩泽医局,地处今临海市古城文化社区(台州卫生学校内),现属台州学院医学院,占地面积917平方米。恩泽医局由3座楼构成,北面为主楼,西侧由两座廊桥连接两幢附屋,门窗呈教堂式尖顶。民国10年(1921年),教会推荐广济医院陈泽平、陈省儿到临海县城续办。民国21年8月5日,陈省儿购买恩泽医局产权,民国29年11月,改局为院,院有50多名职工,其中5名医师、8名护士,设外科、内科、妇产科、调剂室、手术室、病房、治疗室等16个科室,有50张普通床位、20张头等病床,并附设戒烟病房。民国37年4月,陈省儿病故,其长子陈慎言继任院长,现恩泽医局在台州卫生学校内,修葺一新,环境优美,保存完好。

11. 丽水地区

清光绪二十年(1894年),龙泉县西医西药由德籍基督教徒传入。光绪二十三年,德国耶稣教会传教士在松阳县开设博爱医院,西医传入松阳县。光绪三十三年,云和县基督教会萃英学堂设医务所,为云和县第一所西医医疗所,德国女教士满志贤兼医师,治病对象为教会信徒和学堂学生。民国7年(1918年),王仁、郭路德夫妇从台州临海普济医院学习回云和县,在城镇三思桥下开办璐珈医院。医院对内科、外科、眼科、小儿科、妇产科疾病都有较好的诊疗技术,尤其擅长小儿科。3年后,医院迁至大街(新华街,原农业局内),有5名卫生技术人员、20多张病床,设内科、外科、妇产科、戒烟室、药房等,除正常门诊外(最高时日门诊达200余人次),还经常出诊、巡回医疗。民国22年,天主教会在城关镇大猷街办诊所,后称圣心医院。季步峰、蔡文蔚从上海、杭州学习西医回龙泉县办医。民国28年,外籍人创办龙泉县圣十字施诊所(白嬷嬷医院),地址在镇西街天主堂内。民国31年迁到中山路,有5名修女、5名医师、2名护士。

12.省属医疗机构

(1)浙江临时赤十字会病院。民国13年(1924年)9月11日,由高云麟、吴士铿等浙绅组织发起建立浙江临时赤十字会病院,以便收治战场受伤的将士。赤十字会总医院暂设在杭州贡院前第一中学校内,名誉院长梅藤更,院长孙云章,副院长林景平,医务长钟更生、阮其煜、吴宣、傅维德、金丕拱、陈志庄、张祝裕、张公范8人,另有调剂长1人、调剂员1人、看护6人,又设2个救护队,队长钱大阴、许祖培,每队有队长1人、医士2人、调剂员1人、看护3人、担架夫40人。浙江临时赤十字会病院公推高子白为理事长,潘赤文为总监察,孙云章为院长,暂借贡院前第一中学校舍作为院址。后陆续募到12000元经费,在贡院内设立妇孺收容所,以保障贫弱的妇孺。病院还组织救护队,杭州赤十字会第二救护分队于民国13年9月12日出发长兴,赴前线救济受伤兵民。

图79-2-3-7　盛佩葱,民国5年(1916年)毕业于日本大阪高等医学院,曾任浙江省立高等医学专门学校校长、省立医院院长(浙江省卫生厅档案室提供)

(2)浙江省立医院。民国20年(1931年)6月26日,浙江省政府委员会第411次会议通过《拟组设省立医院筹备委员会并先将原有省立卫生机关合并改组为省立医院之一部分》的议案,浙江省首家省级公立医院(筹建)宣告诞生。6月30日,陈万里被提议以浙江省民政厅技正的身份兼任省立医院院长。7月15日起,省立医院先后接收省立传染病院、省立卫生试验所和省立助产学校,并在原有基础上进行改组,改组后的省立医院分为产妇科部和传染病部,附设助产学校和卫生试验所两处。1931年7月,由原省立助产学校校长王味根任产妇科部主任兼附设助产学校主任,由原省立传染病院院长褚君穀任传染病部的主任,原来的3个医疗机构人员、地址均无大变动,维持着原来基本的日常工作,并在此基础上制定了一些具有可行性的发展计划。①设立小儿科诊治处。②设立妇婴保健事务所。③继续训练旧式接生婆。④扩大询问工作。⑤制造血清及痘苗。⑥利用现有设备人员进行研究及调查工作。民国30年(1941年),浙江省立医院再次筹建于浙江省永康县。民国31年4月宣告成立,院长为前浙江省公立医药专门学校校长盛佩葱,院址原设永康,抗日战争后移设景宁,抗日战争胜利后迁址杭州,改名省立杭州医院,这是浙江省内最早创立的国立医院之一,地处杭州长寿路23号,陈礼节和赵竞初先后任该院院长。

(3)浙江省第一临时辅助医院。民国26年(1937年)9月7日,浙江省第一临时辅助医院(俗名伤兵病院)成立于杭州市望江门外海潮寺,是浙江省第一家直接为抗日战争服务的医院。民国28年,浙江省第一临时辅助医院分院设在龙泉县商会内,于民国31年5月迁安仁镇五显大帝庙。民国29年8月28日,浙江省卫生处调派碧湖卫生所主任顾保罗为龙泉县卫生院院长,筹备县卫生院,暂借县商会为临时院址,后龙泉县县长唐巽泽等觅定县城东的中山公园中山纪念堂为卫生院院址，修理原中山纪念厅两处破屋为院舍，设病床20张。11月25日开始门诊。民国30年4月10日，龙泉县卫生院开始收容病人。

(4)浙江省卫生处建立的县乡医疗机构。民国29年(1940年)，浙江省卫生处成立临安、吴兴、孝丰、鄞县、慈溪、象山、绍兴、萧山、诸暨、新昌、嵊县、兰溪、东阳、武义、永康、浦江、衢县、龙游、江山、常山、开化、建德、淳安、桐庐、寿昌、遂安、分水、黄岩、天台、永嘉、平阳、瑞安、玉环、青田、龙泉、遂昌、庆元、云和、宣平、景宁等40个县卫生院。民国30年，浙江省卫生处成立富阳、余杭、於潜、新登、昌化、长兴、武康、安吉、余姚、上虞、义乌、汤溪、磐安、镇海、奉化、三门、宁海、临海、仙居、温岭、乐清、泰顺、松阳等23个县卫生院，连同民国29年前成立的县卫生院，共计有63个县成立卫生院。民国31年，浙江省卫生处成立金华、缙云、丽水3个县卫生院，并设置第四区联合中心卫生院，原设金华，后移宣平。1月，浙江省卫生处创办第一区中心卫生院，院址设於潜，院长朱学忠。2月，浙江省卫生处设立第五区院，由郑熊任院长。5月战事发生后，浙南人口激增，卫生工作紧迫，而就近各县卫生院财力不敷，设施不健全。6月，浙江省第八区中心卫生院建立，民国32年裁撤。9月，浙江省立绍兴医院的前身浙江省第八区中心卫生院，院址在永嘉县墨池坊。12月，第五区院改由顾保罗任院长，院址在衢县，后裁撤。民国34年，浙江省县卫生院普遍建立。杭州地区各市县卫生院：余杭1个、富阳1个、建德1个、分水1个、桐庐3个、杭县3个、新登1个、临安1个、於潜3个、萧山1个、淳安1个、寿昌1个、昌化2个；宁波地区各市县卫生院：鄞县1个、余姚1个、宁海6个、奉化1个、象山1个；温州地区各市县卫生院：永嘉2个、平阳1个、泰顺1个、乐清1个、瑞安1个；嘉兴地区各市县卫生院：海宁1个；湖州地区各市县卫生院：吴兴(今湖州)1个、长兴1个、安吉1个、孝丰1个、武康1个、德清1个；绍兴地区各市县卫生院：绍兴1个、嵊县1个、新昌1个、上虞1个、诸暨1个；金华地区各市县卫生院：金华1个、兰溪2个、永康2个、东阳1个、义乌1个、武义1个、汤溪1个、浦江1个、磐安1个；衢州地区各市县卫生院：衢县1个、龙游2个、常山4个、遂安1个、开化1个、江山1个；舟山地区各市县卫生院：定海1个；台州地区各市县卫生院：天台2个、临海1个、三门1个、温岭1个、玉环1个、仙居1个、黄岩3个；丽水地区各市县卫生院：丽水1个、青田1个、云和3个、景宁4个、庆元3个、龙泉4个、松阳6个、遂昌3个、缙云2个，总计县卫生院65个、区卫生分院10个、乡镇卫生所30个。

(5)浙江省其他省立医院。民国32年(1943年)，浙江省卫生处为实行建立区中心卫生院制度，按行政督察区划分，分别设置中心卫生院。1月，浙江省卫生处将浙西中心卫生院及巡回队撤销，与第一区中心卫生院合并组织为第一、第十两区联合中心卫生院，并在孝丰成立第二区中心卫生院。同年，永嘉霍乱，浙江省第八区中心卫生院建成，改名为浙江省立第一传染病院。9月，永嘉被日军侵占，院址迁瑞安县大峃。民国34年，浙江省立第一传染病院改名为浙江省立第三医院。5月，浙江省立第三医院从瑞安县大峃迁至龙泉东街关帝庙，住院部设在中山公园，院长赵竞初。11月，浙江省立第三医院由龙泉迁至绍兴市区东街，改名为浙江省立绍兴医院(今绍兴市人民医院前身)，其时占地面积1600平方米，设病床36张，有工作人员55名。民国36年8月，医院建成西式门诊楼，计1254平方米。民国37年，医院建隔离病房10间、普通病房40间，设病床72张，防治传染病。20世纪40年代，浙江省立绍兴医院和福康医院相继开展下腹部手术和少数胃肠吻合手术。

民国34年(1945年)9月,浙江省立第一辅助医院迁丽水县,改名浙江省立第五医院。民国35年,浙西卫生事务所改为浙江省立严州医院,院址设在今建德林场,有32名工作人员、50张病床。中华人民共和国成立前,浙江省立严州医院有1台30毫安X线机、1架2500倍显微镜、1台红白血球计数机、1台电冰箱、3张三折手术床、1台立式高压消毒器,一般设备中,有4支2毫升注射器、3支20毫升注射器、1台血压器。建德、寿昌两县卫生院只有听诊器、体温计等一般设备。20世纪40年代,浙江省立严州医院能诊治内科、五官科、皮肤花柳科常见病,外科能作截肢、关节离断术,化验室能做三大常规化验,放射科能作一般透视。建德、寿昌两县卫生院只能诊治一般常见病,外科只能作切开排脓、外伤缝合等小手术。民国35年1月,浙江省立第五医院改名为浙江省立处州医院,浙江省立卫生所改称浙江省立金华医院,3月18日从杭州迁往金华。

二、现代综合性医院

中华人民共和国成立后,各地各级人民政府高度重视医疗机构建设,卫生部先后制定《医疗机构管理条例》《医疗机构管理条例实施细则》《医疗机构执业许可证》等规章,浙江省认真贯彻执行,经过60多年的努力,省、市、县各级医疗机构得到较快发展。据统计,1949年,浙江省有医疗机构91所,其中县级及以上医院76所。1975年,浙江省有医疗机构3472所,其中县级及以上医院160所。2010年,浙江省有社区卫生服务中心(含乡镇卫生院)以上的医疗机构4613所,其中县级及以上医院687所。医疗机构根据隶属关系,可分卫生行政部门管理、医学高等院校附属和行业管理部门管理等,以下是省、市、县卫生行政部门隶属的医院和医学高等院校的附属医院以及民营医疗机构(中医医院见本章第二节)。

(一)省级综合性医院

1.浙江医院

浙江医院隶属于浙江省卫生厅,始建于1954年,建院初期以干部医疗保健及涉外医疗为主,时设床位160张,有职工104人,省老年病研究室、省心脑血管病防治办公室设在该院内。临床科室及床位配置:内科171张,外科66张,综合病区21张,设有理疗科、麻醉科。门诊设有心血管、呼吸、消化、肠道、肝病、内分泌、老年病等专科诊室和12个科系的普通诊室。医技科室设有放射线科、检验科、病理科、心电监护室、内窥镜室、脑电图室、超声图像室、血气与肺功能检查室、营养室、供应室等。1970年11月19日,根据浙江省革命委员会指示,浙江医院自11月23日起不担负对外诊疗任务。1979年,医院全面对外开放,是一所集医疗、教学、科研、预防和保健于一体的省级三级甲等综合性医院,同时也是杭州市急救中心的急救点、省内首家涉外医疗定点医院、省市首批医保定点医院、浙江省老年病防治培训基地、省全科医学临床培训基地、浙江大学及省内多家高等医学院校的教学医院、美国纽约州立医科大学合作医院、国家药物临床试验机构、卫生部《心律失常诊疗技术》培训基地、卫生部医院管理研究所临床医学工程研究基地、全球救援支援网络北京环宇国际救援中心(SOS)的网络单位、省级文明单位、省级绿色医院、明码标价示范医院。1983年7月13日，省政府决定将望江山医院改为浙江医院分院，以气功、推拿、针灸治疗为主。1986年，医院编制床位258张，床位使用率为84.6%，平均住院日数为46天，年床位周转次数为6.0次，病死率为3.8%，日均出院5人，日均门急诊593人次，医院业务收入342.0万元，业务支出338.5万元，门诊每人次平均收费10.4元，住院每床日平均收费19.2元。全院有职工486人，床位与职工之比为1∶1.9，医生与护士之比为1∶1.4。医院占地面积58700平方米，建筑面积18150平方米，其中病房8557平方米，门急诊2040平方米。2010年，医院开放床位650张，开设有35个临床专科、18个病区(包括ICU、CCU)、8个临床诊疗中心、11个医技科室，有在职职工964人，其中高级职称183人、中级职称263人，卫技人员占全院职工总数的85%以上。拥有双源CT、3.0T磁共振仪、平板减影X线诊断系统(DSA)、全数字化乳腺机、双能X线骨密度仪、全套ICU和CCU中央监护系统、新型心腹多功能彩色超声仪、消化道电子内镜系统、全自动生化仪、全自动尿液分析系统、眼科光学相干断层扫描仪、全自动视野计、眼科YAG激光诊断仪、体外循环机、骨质疏松治疗系统等先进医疗设备。拥有国家重点临床专科1个、省重点实验室1个、省医学重点建设学科群1个、省医学重点学科2个、省中医重点专科3个，挂靠有浙江省老年医学研究所、浙江省心脑血管病防治研究中心、浙江省ICU质量控制中心、浙江省胸部肿瘤研究指导中心、浙江省医院管理研究中心、浙江省医疗设备管理质控中心、浙江省医疗器械不良事件监测技术站、《心脑血管病防治》杂志社。医院门急诊368605人次，出院病人12515人次；平均住院日26.86天，年床位周转次数19.40次。医院总收入55995.64万元。

2. 浙江省人民医院

浙江省人民医院隶属于浙江省卫生厅，是一所全民所有制的综合性医院。1978年10月4日，浙江省革命委员会同意建立浙江省人民医院，规模为600张床位。1983年3月31日，经国家计委和省计委批准同意建立浙江省人民医院，规模为600张病床，暂定工作人员130人。1984年，医院建成门诊大楼、生活用房和住院大楼。临床科室床位配置：内科(心血管、血液、呼吸、消化、肾病)86张，外科(普外、脑外、泌尿、肛肠、骨科)89张，妇产科24张，小儿科30张，眼科27张，口腔科8张，耳鼻喉科8张，皮肤科5张，影像科10张，中医科10张，激光科5张。设有麻醉科、手术室及预防保健科。医技科室设有检验科、病理科、药理科、电子计算机室等。1986年，浙江省人民医院编制床位302张，床位使用率为75.4%，平均住院日数为20天，年床位周转次数为13.6次，日均出院5.6人，病死率为1.5%，日均门诊545.2人次，日均急诊15.8人次。医院业务收入422.1万元，业务支出368.6万元，门诊每人次平均收费7.87元，住院每床日平均收费12.28元。医院承担国家级课题1项、省级课题11项，与省内高校协作课题5项，与外省协作课题5项，其中属部级的课题2项，成果都已通过鉴定。建院以来，科研成果已获奖的有：眼科研究室OEMDS眼电生理检查系统，获卫生部科技成果奖二等奖、省科技成果奖三等奖；眼电生理微机软件，获省科委荣誉奖；影系科的动脉内灌注顺泊治疗晚期肺癌，通过省级鉴定，并报卫生部和省科技厅。该院占地面积65336平方米，建筑面积13095平方米，平均每床占地面积216平方米，建筑面积43平方米。医院附属机构有老年医学研究室、眼科研究室、大肠癌研究室。2010年，浙江省人民医院(浙江省立医院、浙江省望江山疗养院)拥有省级重点学科群1个,省级重点学科8个,省部级重点实验室2个,卫生部内镜诊疗技术培训基地6个,院级学科群4个。经国家人保部批准,医院胃肠病学成为博士后科研工作站,筹建了国家核辐射医疗救治基地,浙江省急救指挥中心、浙江省医学检查诊疗中心PET-CT分中心、浙江省医疗救援应急平台、浙江省腔镜(内镜)质控中心等10余个省级中心挂靠该院。医院分朝晖和望江山两个院区,占地面积18.6万平方米,医疗用房近20万平方米,拥有床位2000张、在职职工2282人,其中卫生技术人员1849人(高级职称404人、中级职称627人、初级职称818人,所占比例分别是22%、34%、44%),行政工勤人员433人,占职工总人数的19%。医院设有内、外、妇、儿等40个临床科室、38个病区和15个医技科室,全院医生与护士之比为1∶1.2。医院全年门诊急诊量为127.23万人次,其中急诊量13.03万人次,住院人数5.03万人次,手术2.71万台次,床位使用率为105.89%,床位周转次数27.48次,住院与出院诊断符合率达98.85%,手术前后诊断符合率为99.13%,危重病人抢救成功率为80.26%,业务收入12.83亿元,固定资产9.98亿元。医院微创外科开展的腹腔镜胃折叠减肥术为国内首创,介入科和神经内科、神经外科的神经介入疗法,心内科的心导管技术,肿瘤内科的生物治疗,血液科的非亲缘骨髓移植,骨科的组织工程化软骨移植,手外科的周围神经诊疗等新项目新技术的开展均形成了新的技术服务亮点。

3.**浙江省肿瘤医院**

浙江省肿瘤医院隶属于浙江省卫生厅,创建于1963年,是浙江省唯一一家三级甲等肿瘤专科医院,也是浙江中医药大学、浙江医学高等专科学校的附属医院,集肿瘤预防、医疗、科研、信息与教学于一体。1963年5月31日,省卫生厅决定将在建的原半山医院更名为杭州肿瘤医院。9月24日,省委批准省卫生厅报告,决定将原杭州市半山医院建成杭州肿瘤医院,并将浙江医学院附属二院的肿瘤科全部划归该院,隶属杭州市卫生局管理。10月22日,医院举行开院典礼,此日被定为院庆纪念日。1986年10月16日,省卫生厅批准同意杭州肿瘤医院更名为浙江省肿瘤医院。浙江省肿瘤研究所、省肿瘤防治办公室、省肿瘤质控中心、省病理质控中心、《中国肿瘤》杂志社、《肿瘤学杂志》编辑部等挂靠该院。至2010年底,浙江省肿瘤医院先后获评拱墅区文明医院、杭州市文明医院、全国卫生系统先进集体、省级“平安医院”“绿色医院”等多项殊荣。医院分半山总院和机场路分院两个院区,职工1341人,享受国务院特殊津贴13人,专业技术人员1224人,其中高级专业技术人员194人,占15.9%;中级专业技术人员356人,占29.1%;初级专业技术人员674人,占55.1%;行政工勤人员128人,占职工总数的9.6%。医院核定床位900张,实际开放床位达1374张,职能科室19个,临床科室22个,医技科室10个,医生与护士比例达1∶1.58。医院秉承“一切以病人为中心”的服务宗旨,不断提高医疗质量,不断探索新技术、新方法。医院在肺癌、大肠癌、头颈部肿瘤、乳腺癌、妇科肿瘤、食管癌、胃癌、肝癌、骨与软组织肿瘤、血液淋巴系统肿瘤的诊断与治疗上,具有明显的特色和优势,手术、放疗、化疗、介入、核索、免疫、基因生物及中医中药等肿瘤诊断和治疗方法一应俱全,并以外科和放疗技术优势著称于省内外。医院临床病理学被列为浙江省医学重点扶持学科,肿瘤外科、放疗科、化疗科、妇科以及核医学科等为医院重点扶持科室。医学教学方面,先后成为浙江大学医学院、温州医学院和浙江中医药大学的教学医院,并与多家国内外著名科研院校建立友好合作关系。医院门诊人数为24.52万人次，出院人数为4.23万人次，手术8364例。医院资产总值达12.44亿元，实现总收入9.31亿元，支出结余8494.34万元。2010年2月，医院成立临床路径管理委员会和指导评价小组。5月，启动腹部外科、大肠外科、胸外科各一个病种加入临床路径予以实施，开展乳腺癌改良根治术后放疗，术后Ⅱ、Ⅲ期结肠癌，淋巴结阴性乳腺癌术后辅助化疗及非小细胞肺癌的术后辅助化疗共4个病种的临床路径试点。2010年底，医院临床路径共涉及10个病种，全年共完成2561例，变异208例，推出临床路径324例。医院全年发表SCI文章9篇，获各级科研项目40余项，其中省自然科学基金项目3项、省科技厅科研项目2项、留学回国人员项目1项、吴阶平医学基金1项、省医药卫生科技计划项目20项、含省部共建项目1项、省中医药科技计划7项、医高专课题5项等，还与西澳大利亚大学达成科研协议，共同进行大肠癌、乳腺癌的分子流行病学研究。

4. 浙江省立同德医院

浙江省立同德医院隶属于省卫生厅，是集医疗、科研、教学于一体的中西医结合三级甲等医院。2000年，由原浙江省第二中医院、浙江省中医药研究院、浙江省精神卫生研究所重组而成，同时挂"浙江省中医药研究院""浙江省精神卫生研究院"牌子。医院为省级干部保健基地、涉外医疗机构、国家药物临床研究机构和高等医学院校教学医院，被列入全国重点中医院及浙江省中医名院建设单位。医院设有翠苑、天目山路和闲林3个院区，核定床位1100张，设有28个病区、50个临床科室、71个专科专病门诊、20个职能科室、7个医技科室、9个研究所室。医院有职工1435名，其中专业技术人员1206名(其中，国家级和省级名中医11名，省特级专家1名，享受国务院政府特殊津贴专家17名，具有副高以上职称的专家224名，占医院职工总人数的15.61%；中级职称365名，占医院职工总人数的25.44%；初级职称617名，占医院职工总人数的43%)，行政工勤人员229名，占职工总人数的15.96%，医生和护士的比例为1∶1.24。2010年，医院门急诊量首次突破100万人次，达到107万人次，其中急诊12.62万人次，出院病人1.95万人次，手术7743台次，床位使用率达92.82%，床位周转次数为18.46次。手术前后诊断符合率达99.91%，抢救危重病人数996人次，抢救成功率达81.22%，治愈率为38.22%，好转率为52.47%，病死率为1.29%，院内感染率为3.51%。医院全年总收入6.3亿元。医院学科建设着力打造"5+1"临床重点学科建设体系，即5个临床重点学科(骨伤科、消化内科、重症医学科、肿瘤科、肾病科)，3年为一个建设周期，在建设周期内，每个学科给予30万元的经费资助，努力打造成为省内领先、国内知名的优势学科，以点带面、引领医院发展。1个中西医结合脑病平台，即通过整合精神科、神经内科、神经外科、中医药、针灸、康复等学科优势，努力打造成为全省中西医结合脑病临床、科研中心，成为全国中西医结合脑病的重要基地。医院开展Ⅲ类技术1项(肿瘤热疗技术)，申报Ⅱ类技术1项(肿瘤射频消融技术)，积极开展临床新技术、新项目研究，全年共申报开展新技术、新项目70项，其中中医药项目15项。医院骨伤科在肢体复合组织修复重建、骨折中医治疗、微创脊柱外科以及创伤性骨髓炎的中西医结合治疗等方面处于省内领先水平；消化内科在逆行胰胆管造影(ER-CP)及胰胆管取石、支架置入具有独特技术，其中以中西医结合治疗重症胰腺炎为特色；重症医学科积极开展急性呼吸窘迫综合征、多脏器功能衰竭、脓毒性休克等疾病的现代治疗技术研究，为浙江省中西医结合重症医学培训基地；肿瘤科着重以肺癌、胃癌、大肠癌为主攻方向，形成了以中西医结合为特色，治疗手段多样，辐射能力较广，在全省有较大影响的中医肿瘤诊疗中心；肾病科以中西医结合治疗慢性肾小球肾炎、狼疮性肾炎及终末期肾脏病替代疗法为特长；中西医结合脑病平台整合精神科、神经内科、神经外科、中医药、针灸、康复等优势，努力打造成为全省中西医结合脑病临床、科研中心。

（二）市级综合性医院

1.杭州市

（1）杭州市第一人民医院。该院是一所全民所有制的综合性教学医院，隶属杭州市卫生局，承担医疗、教学及科研任务。该院建于民国12年（1923年）秋，原为浙江省立传染病医院，设床位20张，工作人员20人。民国17年6月，医院改名为杭州市立病院，床位增至40张。民国35年5月，上海红十字会第二医院迁至杭州，与该院合并，改名为杭州市民医院，设床位52张，属杭州市政府管辖。1949年5月，医院由市人民政府接管，设床位87张，属市卫生局领导。1954年10月，改名为杭州市第一人民医院，设床位250张，工作人员297人。1956年，改称浙江医学院教学医院，有床位400张，为浙江医科大学及其杭州分校的教学医院。临床科室及床位配置：内科104张，外科104张，妇产科33张，儿科25张，眼科24张，耳鼻喉科14张，口腔科9张，干部19张，另设急诊科、肠道科、中医科、针灸科、理疗科、皮肤科、整形外科、麻醉科、手术室、保健科和家庭病床科，医技科室设有检验科、放射科、病理科、中心实验室、药剂科、电子计算机室、供应室、营养室、中药房、血库等。1986年，医院实际开放病床332张（因基建暂停部分床位），床位使用率为98.43％，年床位周转次数23.21次，平均住院天数15.54天，病死率为2.15％，日均出院18人，日均门诊2307人次，其中急诊156人次，业务收入623.10万元，业务支出621.44万元，住院每床日平均收费14.98元，门诊每人次平均收费5.83元。2010年，医院占地面积12000平方米，建筑面积41525平方米，其中业务用房23581平方米，门急诊及医辅用房9547平方米，其他用房8397平方米。医院有职工2378人，其中中高级职称卫技人员超过50％，享受国务院和市政府特殊津贴12人，省市各级新世纪培养人才58人，杭州市钱江特聘专家6人。医院核定床位1000张，实际开放床位1592张。医院有一、二级临床医疗和医技科室50个，其中消化内科学、心血管内科学、肿瘤治疗学、妇产科学、实验诊断学为省级重点学科，心血管内科、神经外科、儿科、肿瘤科、血液内科、妇科、眼科为浙北区域专病中心，拥有浙江省中西医结合分子肿瘤重点实验室、浙江省医学科学院肺癌研究所等科研机构。

（2）杭州市第二人民医院。该院是一所全民所有制的综合医院，隶属杭州市卫生局，承担医疗、科研和教学任务。该院建于1954年10月，前身系拱墅区公费医疗门诊部，初期有病床130张，职工109人，设内（儿）科、外科、妇产科、牙科。1979年，医院成立杭州市心血管病研究所，由该院兼管，同年病床增至400张。临床科室及床位配置：外科128张（胸外科床位15张，普通外科54张，骨科36张，泌尿外科15张，烧伤科8张），内科117张，妇产科48张，肺科36张，眼科10张，耳鼻喉科10张，小儿科31张，中医科24张，肝炎科10张，另设急诊室、口腔科、针灸科、皮肤科、理疗科、推拿科，肺肝科、肠道科、麻醉科，手术室、家庭病床科等。该院有编制床位450张，实际开放床位400张，床位使用率为95.52%，年床位周转次数为19.23次，平均住院天数为18.14天，病死率为1.41%，日均门诊1266人次，其中急诊93.6人次。1986年，医院业务收入为366.02万元，业务支出为376.42万元，住院每床日平均收费11.69元，门诊每人次平均收费4.78元。2010年，医院占地面积46200平方米，建筑面积为16800平方米，业务用房面积9210平方米，其中门诊1900平方米、急诊400平方米、病房6570平方米、其他340平方米。医院核定床位1200张，实际开放床位1588张，拥有高级职称专家350余人，博士、硕士300余人。医院设有47个临床科室和13个医技科室，心血管内科为浙江省重点学科、省市共建重点学科，神经外科为省市共建重点学科。医院秉承"仁心仁术 博爱博学"的办院理念，以"治病救人、教书育人"为目标，不断创新管理思路，加强人才引进和培养力度，着力提升学科建设水平，融合高素质的优质护理及先进的医疗设备，促进医疗技术、教学质量、科技创新、服务水平的提高。医院先后获评全国模范职工之家、浙江省文明医院、浙江省和杭州市绿色医院、浙江省公众满意医疗单位、浙江省医院管理年暨医疗服务质量优秀单位等。

(3)杭州市第三人民医院。该院是一所全民所有制的综合医院，隶属杭州市卫生局。该院前身为省卫生厅直属保健院，创建于1950年7月，由浙江省人民政府疗养院、省政府秘书处卫生科、省政府门诊所联合组成，1952年移交给杭州市，更名为杭州市保健医院，1954年改为杭州市第三人民医院。临床科室及床位配置：内科57张，外科56张，骨科37张，妇产科42张，小儿科23张，皮肤科25张，眼科9张，耳鼻喉科8张，口腔科3张，中医科11张，中西医结合科29张，另设有家庭病床科、保健科、中医伤科、神经内科、急诊室，针灸、推拿、理疗室，类风湿病、肝炎、肺科、肠道、胶原性疾病、痤疮黄褐斑、银屑病、白癜风、肛痔等专科门诊，还设有麻醉科、手术室，医技科室设有药剂科、检验科、病理科、特检科等。1986年，该院实际开放床位300张，病床使用率为91.5%，年床位周转次数为19.7次，平均住院天数为16.9天，病死率为0.95%，日均门诊1550人次，日均急诊67人次。医院业务收入307.80万元，业务支出336.10万元，住院每床日平均收费8.13元，门诊每人次平均收费4.54元，有职工527人，其中卫技人员379人。该院占地面积7500平方米，建筑面积10436平方米，其中门诊2770平方米、病房3770平方米、医技1100平方米、行政2796平方米，平均每床占地面积25平方米、建筑面积35平方米。2003年9月，挂牌成立杭州市惠民医院。2008年，该院拥有床位550张，业务收入44921.1万元，总诊疗数193.6万人次。2009年6月，医院医疗用房4.0027万平方米，资产总值5亿元，设有30个临床及医技科室、1个重症医学科、23个病区、26个专科门诊；职工886人，其中正高31人、副高92人；拥有DSA、四排螺旋CT、数字胃肠造影机、彩色B超、皮肤美容激光等先进的现代化医疗设备。2010年，医院有职工952人，核定床位600张，业务收入57607.3万元，总诊疗数为203.78万人次。医院设置有内分泌血液科、呼吸内科、神经内科、心血管内科、消化内科、肾病内科、重症监护室(ICU)、血透中心、外科、肛肠科、血管外科、泌尿外科、骨科、眼科、耳鼻喉科、口腔科、妇产科、儿科、皮肤病研究所、皮肤科、中医科、肿瘤科、急诊科、理疗科、体检中心、放射科、检验科、麻醉手术科、特检科等科室，并开设白癜风、高血压、糖尿病、性病等37个专科专病门诊。其中，皮肤科是全国临床重点专科和浙江省医学重点学科，拥有6个专业实验室(真菌、免疫、性病、细胞培养、分子生物学、病理)。白癜风专科为中国中医药管理局重点专科，肛肠科为浙江省医学重点(扶植)学科、浙江省中医药管理局重点专科，肿瘤科、神经内科为杭州市级重点学科。医院拥有磁共振MR、DSA、DR、CR、螺旋CT、彩色B超、血透机等先进医疗设备，保障各科开展临床诊疗活动。

(4)杭州市第四人民医院。该院是一所以肿瘤诊断、治疗为特色的二级甲等综合性医院，隶属杭州市卫生局。该院自1959年12月成立，定名为杭州市第四医院，属市卫生局领导，1960年体制下放属杭州江干区卫生局领导，1962年回归杭州市卫生局领导至今，1967年改称现院名，建院时病床为220张，以后逐年增加。1986年，医院编制床位360张，床位使用率为92.6%，床位年周转次数19.8次，平均住院天数为17.8天，病死率为0.96%，日均出院17人，日均门诊1380人次，日均急诊16人次。医院业务总收入256.30万元，业务总支出303.64万元，住院每床日平均收费7.98元，门诊每人次平均收费3.18元。该院的科研项目，1978年成功试制了TTL集成数字逻辑电路装置的XLJ-1型数字式瞬时心律监护仪获市科学大会一等奖，1979年与建德二院合作完成"中药一次干髓疗法"的科研项目获省科技成果奖四等奖，1984年自行研制的"股骨延长矫形器"获省科技成果奖四等奖，与杭州制药厂等单位协作，进行了"杭州止血粉"的研究及临床验证获省优秀科研成果奖三等奖。医院占地面积18000平方米，建筑面积12000平方米，其中医疗用房9420平方米，其他2570平方米，平均每床占地面积50平方米、建筑面积26平方米。1989年，医院被省卫生厅授予省级文明医院称号。1994年，经杭州市卫生局审核，指定为杭州市急救分中心，杭州市肢体残疾鉴定中心。医院内设杭州市肝病实验室(通过卫生部验收)、杭州市肿瘤实验室。1995年4月，医院肿瘤专科被列入杭州市局级重点专科，肝炎科开展的中西医结合治疗慢性肝炎被批为局级重点专病。2004年，医院设有病床400余张，年出院人数6000余人，拥有中高级卫技人员180余名。2010年，医院开放床位400余张，有卫技人员438人，业务收入16427.7万元，总诊疗人次数为25.7万人次。医院设有临床、医技科室40余个，重点专科10个，其中肿瘤和肝病分别为市级重点专科和专病。医院建有ICU、产科中央监护系统(包括胎心远程监测)、肿瘤实验室、肝病实验室等临床与科研专门机构，能够满足各类疾病的诊断、治疗与康复保健的需要。配备有德国西门子全身螺旋CT，美国ATL-5000彩色B超、DSA，日本OLYMPUS胃镜及进口直线加速器、氩气电刀、多功能麻醉机、深部X线机、瑞典金宝AK-95型血透仪、全身和局部热疗机等大型先进设备。医院具备肿瘤放疗、化疗、热疗、介入等手术，中西医结合、基因治疗等多方位的综合性治疗和对肿瘤的早、中、晚期诊治有较高的水准。其中肿瘤外科、肿瘤放化疗、肿瘤全身及局部热功当量疗、肿瘤中医中药治疗、中医脾胃病治疗、中西医结合治疗肝病、妊娠合并肝病治疗、心血管病介入治疗、心脏起搏器植入、神经外科、干部病房、骨肿瘤治疗、血液透析等专科具有较高水平。

(5)杭州市第五人民医院。该院又名杭州市红十字会医院、浙江省中西医结合医院、浙江中医药大学附属中西医结合医院、杭州师范大学附属红十字会医院，是全国首家三级甲等中西医结合医院，前身为民国17年(1928年)法国天主教会修女创办的仁爱医院，迄今已有80余年历史，是一所集医疗、科研、教学、预防保健于一体的现代化综合性医院。1951年1月，杭州市救济会接管天主教仁爱医院，同年3月改名为杭州市工人保健医院，并交由杭州市总工会管辖。1952年，市总工会将该院移交市红十字会管理，改名为杭州市红十字会医院，“文化大革命”期间改名为杭州市第五人民医院，1979年恢复原名杭州市红十字会医院。1985年6月，为发展中西医结合工作，省卫生厅又命名该院为浙江省杭州中西医结合医院，同时使用两个院名。1994年，医院被评为三级甲等中西医结合医院。2007年，医院被国家中医药管理局批准为全国重点中西医结合医院建设单位，浙江省中医（中西医结合）“名院”建设单位。2010年，医院核定床位1000张，全院有41个临床科室，国家级重点专科5个，省级中医名科7个，市级重点专科9个，其中传染病科为国家中医药管理局中西医结合传染病临床基地建设单位，风湿病科、妇科（不孕不育）、内分泌科、针灸科为国家“十二五”中西医结合重点专科建设单位，在职职工1400余人，其中高级职称200余名，拥有国家及省、市名中医7人，硕士生导师12人，国家名老中医学术经验指导老师2人，国家名老中医学术经验继承人3名，设有7个临床教研室，承担学校本科、硕士研究生、国外留学生的临床教学和实习任务。医院拥有先进的磁共振成像系统（MRI）、高端飞利浦256层极速CT、数字减影血管造影X线机（DSA）、直接数字化X线摄影系统（DR）、数字肠胃机、钼靶乳腺X线机、全数字彩色心脏B超、彩色容积超声乳腺诊断仪、全自动生化仪、全自动清洗消毒机、低温等离子灭菌柜、高压氧舱等仪器设备。投入使用的19层医疗综合楼是集门诊、急诊、住院、VIP病房等于一体的现代化、智能化医疗综合大楼，每层均设有2对双向自动扶梯，各诊区采用电子叫号系统，以方便患者就诊。

（6）杭州市第六人民医院。该院前身是成立于民国26年（1937年）的杭州市立传染病院，1984年改名并成立杭州市第六人民医院。至2009年6月，医院占地面积38亩，医疗用房3.65万平方米，核定床位500张，资产总值2.77亿元，设有13个临床科室、1个重症监护室、13个病区、12个特色门诊，职工613人，其中正高32人、副高48人，拥有菲利普螺旋CT等先进的现代化医疗设备，拥有国家中医药管理局中医药传染病治疗重点研究室、国家药物临床试验基地、浙江省中西医结合肝病治疗重点专科、省中医肝病治疗重点专科、市重型肝病治疗重点专科各1个。2008年，医院年业务收入1.58亿元，年门急诊量15.56万人次，出院病人1.17万人次。2010年，医院筹建搬迁至留下西溪湿地附近，名称变更为杭州市西溪医院（杭州市第六人民医院、浙江中医药大学附属杭州西溪医院、杭州市肝病研究所），毗邻环境优美的西溪国家湿地公园，是由杭州市政府全额投资新建的公立医院，是一家以诊治肝病、感染病为特色的，集医疗、教学、科研、预防、保健于一体的现代化医院。医院开设外科、骨科、泌尿外科、妇产科、普内科、肝病科、消化内科、神经内科、内分泌科、心血管科、皮肤性病科、儿科、口腔科、眼科、中医科、针灸推拿科等门诊，已开设消化内科、心血管内科、神经内科、外科、骨科、妇产科、肝病科、VIP等12个病房，开放床位600张，职工700人，卫技人员600人，其中副主任医师职称以上人员100人。医院拥有核磁共振、CT、DR、美国贝克曼自动生化流水线、贝克曼流式细胞仪、免疫荧光分析仪、全自动药品分包机、细菌鉴定药敏分析仪、MAQUE手术室等一系列先进的医疗设备，为患者提供优质的医疗服务。

（7）杭州市第七人民医院。该院历史发展和简要情况详见本章第一节第二目“（七）精神病防治机构”中的“2. 杭州市第七人民医院”。

(8)杭州铁路医院。该院是一所全民所有制的综合性医院，隶属上海铁路局杭州分局。该院创建于民国 36 年(1947 年)3 月，初建时称浙赣铁路局总医院，管辖范围从杭州至株洲，房屋约 1000 平方米，病床 36 张。1949 年 10 月改称杭州铁路医院，隶属上海铁路局杭州分局。1955 年 9 月，医院从马市街迁至现址，病床增至 120 张，1960 年开放床位 250 张，1976 年后建成门诊部及住院部两幢大楼，1985 年病床增至 306 张，其中内科 96 张(包括中医科 15 张、干部病床 6 张)，外科 110 张，儿科 20 张，妇产科 20 张，传染科 50 张，五官科 10 张，并设有口腔科、皮肤科、麻醉科、手术室等，专科门诊设有神经内科、精神卫生、胃病、冠心病、内分泌、肝炎、肺结核、肠道、骨科、痔瘘、肿瘤，泌尿、职业病等门诊，医技科室设有病理科、检验科、放射科、药剂科(包括中药房)、功能检查室、供应室、营养室、设备科，理疗科、保健科等，行政机构设有医院办公室、医务科、防保科、人劳室、教育室、财务室、门诊部、护理部、总务室、保卫股、基建室等。医院主要医疗设备有自动生化分析仪(利用率为 60％)、B 超诊断仪(利用率为 80％)、纤维胃镜(GIF-K 型)(利用率为 100％)、X 线电视隔室透视装置(利用率为 50％)、纤维结肠镜(利用率为 60％)。1986 年实际开放床位 306 张，床位使用率为 89.89％，年床位周转次数为 15.16 次，日均出院人数为 1246 人，平均住院日数为 21.92 天，病死率为 2.05％，日均门诊 1160 人次，日均急诊 50 人次。该院卫生经费由上海铁路局和杭州分局按计划拨给，有职工 635 人，其中医院本部 465 人，卫生所、保健站 170 人。医院本部床位与职工之比为 1∶1.51，医生与护士之比为 1∶1.40。医院占地面积 13000 平方米，建筑面积 12572 平方米，其中病房 6027 平方米，门急诊 4449 平方米，其他 2096 平方米。至 2005 年，杭州铁路中心医院已是一家二级甲等综合性医院，是省、市医保定点机构，设有床位 350 张，有内、外、妇产、儿、传染、皮肤、五官、口腔、中医、肛肠、整形美容、康复、精神、ICU 等 18 个临床科室，有检验、放射、药剂、病理、特检等 9 个医技科室，全院职工 558 人，其中高级职称 30 人、中级职称 122 人。2008 年，该院归并为浙江大学医学院附属第一医院(以下简称浙一医院)，成为浙一医院城站院区。

2. 宁波市

(1)宁波市第一医院。该院是一所全民所有制的综合性医院，隶属宁波市卫生局。该院创办于民国 2 年(1913 年)6 月，先后称为鄞县公立医院、宁波市第一病院、鄞县县立中心医院、宁波中心医院、浙江省立宁波医院。1949 年 10 月，宁波市人民政府接管原鄞县县立中心医院，并改名为浙江省立宁波医院，1954 年改为现院名。1954 年，医院有职工 83 人，病床 60 张，设内科、外科、妇产科、牙科、五官科、小儿科、中医科、检验室、理疗室、心电图室、手术室、护理室、药局、总务室、会计室等科室。1958 年，市妇幼保健院并入该院妇产科，1986 年实际开放床位 468 张，床位使用率为 93.3％，床位年周转次数为 19.6 次，平均住院天数为 17 天，病死率为 1.22％，日均出院人数为 25.8 人。1986 年，全院门急诊 79 万多人次，日均门诊 1996 人次，日均急诊 182 人次。医院全年业务收入 512.00 万元，业务支出为 492.00 万元，预算收入率为 119.85％，预算支出率为 114.06％，门诊每人次平均收费为 4.54 元，住院每床日平均收费为 12.12 元。全院职工 619 人，病床与职工之比为 1∶1.3，医生与护士之比为 1∶

0.78。医院占地面积20000平方米，建筑面积23325平方米，其中病房8751平方米，门诊2427平方米，急诊500平方米，医技科室5589平方米，行政科室1249平方米，其他4809平方米，平均每床占地面积为42.74平方米，建筑面积为49.84平方米。2006年，医院成为浙江省三级甲等综合性医院。2010年，医院核定床位1125张，有在岗职工1500人，其中副高级职称以上人员421人，硕士309人，博士及博士后36人。医院业务收入74620.0万元，诊疗人次151.5万人次，其中出院病人3.1万人次。医院是浙江大学医学院、温州医学院等医学院校的教学医院，是宁波大学医学院附属医院，也是浙江省优秀教学医院。医院设立宁波大学医学院临床医学一级学位点，拥有硕士生导师34名，设有宁波市卫生系统第一个博士后科研工作站。医院血液病学为浙江省医学重点扶持学科，心血管病学为省市共建医学重点学科，中医科为全国综合性医院示范中医科，泌尿外科学、胃肠病学、医学影像学为宁波市医学重点学科，麻醉学、护理学为宁波市医学重点扶植学科，干细胞移植实验室为宁波市重点实验室。医院与上海华山医院合作成立了上海华山医院神经外科宁波分中心，建立了周良辅院士工作站。

(2)宁波市第二医院。宁波市第二医院原名华美医院，1843年，由美国基督浸礼会传教士马高温(D. J. Macgowan)兴办，迄今已有170余年历史，是中国最早建立的西医医院之一。该院的历史发展情况可见第二章第三节第一目近代西医机构中的宁波地区华美医院。1951年10月，华美医院为宁波市军管会接管，时有30名医务人员、17名职工、120张床位，随后改为宁波市第二医院。2008年，在华美楼内建成开放式医院院史博物馆。医院坐落于东海之滨、长江三角洲南翼经济中心宁波，地处三江文化长廊源头的姚江河畔，与护城河北斗河相邻，临江伴水，环境优雅宁静，是宁波地区具有重要影响力的集医疗、教学、科研于一体的现代化三级甲等综合性医院。医院注重医疗质量的内涵建设，不断完善质量和安全的监管内容，从落实核心制度、规范服务行为，到多部门合作进行各类培训、演练和督查，尤其把好手术医生资格准入、术前讨论、分级审批、安全核查及风险评估关，确保了医疗质量的持续改进。医院同时注重护理质量管理，完善护理核心制度，加大培训和考核力度，跟进护理质量监管，保证护理质量的持续提高。2010年，医院有本部院区和北郊院区，占地面积约10万平方米，建筑面积13.5万平方米，核定床位2100张，实际开放床位2010张。全院门、急诊152.63万人次，出院6.02万人次，手术3.70万例人次，平均住院日数9.71天，全年实现业务总收入12.93亿元，有职工2218人，高级职称541人，硕士及以上学历358人，有海外学习经历124人，担任医学院校硕士生导师10人，兼职教授、副教授52人。肛肠外科、胸外科、骨科、肝科4个专科纳入宁波市首批临床特色专科行列，急诊学、烧伤学及传染病学是宁波市重点学科，肿瘤学科(肿瘤外科、肿瘤内科、放射治疗科、肿瘤分子实验室)、神经病学科是宁波市重点扶植学科，骨科、神经外科、心胸外科、心内科、神经内科、消化内科、呼吸内科、肾内科、肝肿瘤科是医院重点专科，血管外科、肝胆胰外科、乳腺外科、肛肠外科是医院重点发展亚专科，肿瘤分子生物学实验室是宁波市重点实验室之一，宁波市乳癌防治研究中心、宁波市眼病治疗中心设在本院。

3.温州市

(1)温州市第二人民医院。该院是一所全民所有制的综合性医院,隶属温州市卫生局。该院前身为白累德医院,清光绪二十三年(1897 年)由英国人约翰·定理在瓦市殿巷兴建,设男、女病房各 1 间,有病床 22 张。光绪三十二年,英国人亨利·白累德捐资,在大简巷建造医院,并与定理医院合并,改名为白累德医院,时有医师约 10 人。至民国 19 年(1930 年),医院配备护士,有医护人员约 30 人。1950 年上半年,白累德医院的最后一任院长施德福回英国,由医院医师推荐,汪起霞、陈梅豪、郑求是 3 人组成领导班子,但仍沿用旧名,当时的白累德医院建筑面积为 2500 平方米,有职工 100 人左右,每日仅上午应诊,门诊日均 100 余人次,病床 90 张,有 X 线机 1 台、显微镜 2 台。1953 年 1 月,医院由温州市人民政府接管,改名为温州市第二人民医院。医院临床科室及床位配置:内一科(含消化、神经、内分泌)55 张,内二科(含心血管、呼吸、血液)55 张,外科 65 张,小儿科 50 张(含新生儿救治中心),妇科 26 张,产科 29 张,大五官科(含骨科、眼、耳鼻喉、口腔)30 张,综合病区 12 张,还设有手术室、麻醉科等,医技科室设有检验、放射、病理、药剂、医疗设备等科室。1986 年,医院编制床位 322 张,职工 537 人,占地面积 16666 平方米,全年门诊 483095 人次,业务收入为 429.45 万元。2002—2003 年,医院先后和温州市医药科学研究所、温州市第五人民医院、温州市肿瘤医院资产重组合并,成为“三院一所”格局的医疗集团。2008 年,医院成为温州医学院附属医院——定理临床学院。2010 年,医院有东、西、南 3 个院区,总占地面积 111 亩,总建筑面积 12.2 万平方米。医院有职工 1753 人,核定床位 1250 张,实际开放床位 1333 张,日均门诊量超 5000 人次,年出院超 4 万人次,年总收入 65558.3 万元。医院拥有西门子 3.0T 超导磁共振(MR)、飞利浦双梯度核磁共振(MR)、西门子数字平板血管造影机(DSA)、128 层 4D 螺旋 CT、瓦里安直线加速器、奥林巴斯大型生化分析仪、美国 ABI 3130 基因测序仪、东芝数字化多功能 X 线系统(ERCP 专用机)、奥林帕斯超声胃镜等一大批先进的医疗仪器设备。医院设有神经病学、肿瘤放疗科 2 个省市共建重点学科,神经外科、血液内科 2 个浙江省区域专病中心,肿瘤诊疗学科群、脑科中心学科群、产前诊断学科群、脑血管病中心、感染病学科群 5 个温州市重点学科群。医院承担了包括国家卫计委脑卒中筛查与防治基地医院、温州市产前诊断中心、温州市出生缺陷重点实验室等重点学术和科研任务。

(2)温州市第三人民医院。该院是一所有着建院 86 年历史的二级甲类综合性医院,隶属于温州市卫生局,为温州医学院教学医院,附设温州市感染管理质控中心、温州市计划生育指导中心、低视力矫治中心。民国 2 年(1913 年)9 月,医院建成并开诊,前身是天主教仁爱会创办的教会医院。1966 年,医院定名为温州市第三人民医院。1994 年,医院成为温州首家获世界卫生组织授牌的“爱婴医院”。2000 年,经温州市政府批准筹建温州市妇产科医院。2003 年,经浙江省卫生厅批准,与温州市妇幼保健所合署成立温州市妇幼保健院,实行温州市第三人民医院、温州市妇幼保健院“两块牌子、一套班子”的管理模式。2005 年,与温州市干部保健委员会联合组建温州市体检中心。2008 年,医院成为温州医学院第三临床学院。2010 年,医院出院病人 8762 人次,实际病床使用率为 88.49%,平均住院日数为 15.46 天,年门诊量为 380000 人次,急诊 328316 人次。医院有职工 679 人,卫技人员 540 人,其中高级职称人员 57

人、中级140人。医院设有27个病区,35个专业科室,11个医技科室。医院专科特色鲜明,人才结构合理。血液内科为省级重点学科(扶持),产科、妇科为浙南区域专病中心,妇产科和消化内科为浙江省温州市共建重点学科,围产医学学科群、消化病学科群、生殖医学学科群为市级重点学科群,妇产科、妇科、血液内科、心血管内科、普通外科、神经内科、麻醉科、骨科、急救医学、儿童保健科、口腔科、泌尿外科、新生儿遗传疾病筛查、超声医学科为市级重点学科。医院坚持公立医院的公益性质,切实履行社会责任,曾先后获得省级"文明医院"、省"优质医疗、优质服务竞赛优胜医院"、"全国百姓放心医院"等称号。

4. **湖州市**

(1)湖州市第一人民医院。该院是一所集医疗、教学、科研、预防、保健、急救、康复于一体的三级乙等综合性医院。该院前身为吴兴公立医院,民国36年(1947年),由上海湖社及地方绅士组成董事会集资募款筹建,民国37年5月18日举行建院开幕式,6月15日正式开诊,院址设在广场后路5号原吴兴病院,聘请翟培庆为院长,设内科、外科、产科、化验室、药局、挂号收费室,病床50张,有员工30名。1949年4月27日湖州解放,5月军管会接收医院,9月由浙江第一专员公署接管,10月1日改称浙江省湖州医院,1954年10月16日改称湖州市医院,1959年改名湖州第一医院,1968年改名浙江湖州第一人民医院,1978年11月改名吴兴县湖州第一医院,1981年4月2日改称湖州市第一人民医院。该院是湖州市的医疗、教育、科研基地之一,1986年,有编制床位361张,实际开放床位352张,床位使用率为92.63%,平均住院日数为14.81天,年床位周转次数为22.9次,病死率为1.11%,日均出院22人次,日均门诊1192人次,日均急诊56人次。医院全年业务收入345.7万元,业务支出327.5万元,门诊每人次平均收费5.65元,住院每床日平均收费10.54元,占地总面积23058平方米。2010年7月,湖州市政府正式确定湖州市第一人民医院为湖州师范学院直属附属医院,共有职工863人,编内职工688人,专业技术人员785名,其中卫生技术人员735名。卫生技术人员中,拥有高级职称的有111人。医院核定床位720张,实际开放床位778张。医院占地面积77.09亩,房屋总面积为74709.38平方米,其中医疗用房为64426.15平方米。医院科室设置齐全,微创外科、急诊科、骨科、泌尿外科、心脏介入科、眼科、儿科和超声医学科被确定为市级重点学科,中西医结合骨伤科是浙江省示范中医科。医院年门诊量近68万人次,住院病人2.4万余人次。医院护理部先后被全国妇联、中华总工会授予全国"三八红旗集体""全国五一劳动奖状""全国工人先锋号""浙江省工人先锋号"等荣誉。医院原护理部主任邹瑞芳获第35届"国际南丁格尔奖",姚永明等两位同志先后被卫生部授予"全国卫生系统先进工作者"称号。

(2)湖州市中心医院。该院是湖州地区规模最大的集医疗、科研、教学、预防、保健、康复于一体的大型综合性医院,是省卫生厅核准的综合性三级甲等医院。医院前身是浙江省立传染病院,建立于民国33年(1944年)1月。抗日战争时期,省政府迁至浙西山区,由于防疫工作需要,将省立医院传染病部扩建为省立传染病院,民国34年2月改省立第二医院,院址在云和县文昌阁。抗日战争胜利后,医院于民国34年10月迁至嘉兴市,并于民国35年2月易名为浙江省立嘉兴医院。1949年5月嘉兴解放,由军管会派代表田由岩等人于是年5月27

日接管医院，1954 年改称嘉兴市第三医院，1956 年 6 月改称嘉兴县人民医院，1957 年改为嘉兴市第三医院，1959 年 5 月医院随嘉兴地区行政公署迁至湖州，改称湖州第二医院，1978 年 3 月 1 日改称嘉兴地区人民医院。1983 年撤地建市，同年 12 月 12 日，易名为湖州市第二人民医院，1998 年 12 月经省卫生厅批准，更名为湖州市中心医院。2001 年 3 月，高 25 层、面积 39000 余平方米的住院大楼落成并投入使用。2005 年 2 月，医院被省卫生厅核准为三级甲等综合性医院，是当年湖州、嘉兴地区唯一的综合性三级甲等医院。2006 年 5 月，高 20 层、建筑面积 48000 平方米的新综合病房大楼落成投入使用，内设 10 个病区。医院拥有国内一流的层流手术室、装备精良的血透室，拥有 221 张床位，具有空气层流系统、四泵 CRRT 等先进设施的重症监护救治中心(ICU)。2010 年，医院开放床位 1080 张，设有 29 个病区及 ICU 室，年门诊量 56 万余人次，出院病人 2.9 万余人，承担着湖州市及省内外部分周边地市约 300 万人口的医疗、保健任务。医院在编职工 1080 人，其中高级职称人员 168 人、中级职称人员 329 人。医院拥有省、市级重点学科肝胆胰外科、骨科、神经内科、神经外科、心内科、心胸外科、血液科、感染内科、呼吸内科、耳鼻咽喉科、重症监护室、消化内科 12 个学科，还拥有肾内科、泌尿外科、麻醉科、中心实验室、妇科、甲状腺乳腺外科等 10 个院级重点学科及一大批在本地区处于领先地位、享有较高声誉的学科。

5. **嘉兴市**

(1)嘉兴市第一医院。该院是嘉兴市规模最大、设施齐全、技术力量雄厚的集医疗、科研、教学、预防、康复于一体的三级甲等综合性医院，占地面积 208 亩，总建筑面积 18.5 万平方米，核定床位 1350 张，实际开放床位 1800 余张。医院创建于民国 9 年(1920 年)，前身为法国天主教巴黎仁爱会嘉兴仁爱堂开办的圣心医院，系仁爱堂的一部分，设在嘉兴姚家埭 2 号的仁爱堂，于当年正式挂牌对外行医。民国 32 年，开放病床 20 张，职工 20 人，1951 年由政府接管。1952 年 2 月，该院与市人民政府卫生所合并，成立嘉兴市立医院，设立内、外、中医等科，有医技科室 3 个，病床 50 张，职工 35 人，属市卫生科主管。1953 年，医院编制床位 50 张，职工 50 人，1954 年更名为嘉兴市第一医院。1956 年，该院与嘉兴县医院、湖州迁来的浙江康复四院合并为嘉兴专署血吸虫病防治医院，仍保留嘉兴市第一医院名称，设病床 250 张(100 张综合病床，150 张血吸虫病科研病床)，职工 345 人，1958 年 8 月附设护士学校。1970 年医院停办，人员下乡，部分物资被调拨，同年 9 月重新开设，有病床 240 张。1979 年，医院设病床 350 张，有职工 298 人，1986 年实际开放床位 400 张，床位使用率为 87.4%，平均住院日为 14 天，年床位周转次数为 22.8 次，病死率为 2.3%，日均出院 25 人，日均门诊 1192 人次，日均急诊 114 人。1986 年，医院业务收入 384 万元，业务支出 337 万元，门诊每人次平均收费 5.50 元，住院每床日平均收费 10.00 元，有职工 441 人(包括集体编制 20 人)，卫技人员 336 人，床位与职工之比为 1∶1.10，医生与护士之比为 l∶1.6。2010 年，医院核定床位 950 张，编制人数 1530 人，其中卫生技术人员 1386 人。医院年诊疗数为 112.04 万人次，年总收入 54444.1 万元。医院设有 36 个临床科室和 15 个医技科室，开放 30 多个病区和 70 多个专家专科门诊，有内、外、儿、护、中医、眼、五官、口腔 6 个教研室，承担嘉兴学院医学院等高等院校的教学任务。医院门诊实现一人一诊间，注重保护患者隐私，门诊挂号实现分层收费，减少了病人往返，急诊科配备有独立的抢救区域，配套有CT等设备的检查、留观病房、EICU等。医院为嘉兴市唯一的传染病、结核病、血吸虫病防治定点医院，先后被评为浙江省文明单位、浙江省高等医学院校优秀教学医院、浙江省医院管理年活动优秀单位、嘉兴市十佳医院等。

(2)嘉兴市第二医院。该院前身是美国基督教长老会办的嘉兴福音医院，始建于清光绪二十一年(1895年)，是浙北地区最早的医院之一。光绪二十四年，在嘉兴北门城堍建成新院。光绪三十三年和宣统元年(1909年)，医院两度扩建。1952年3月，人民政府接管福音医院，修整后于同年6月17日开诊，时有病床120张，设4个病区。1954年7月，嘉兴福音医院改名为嘉兴市第二医院，后曾称为嘉兴市医院、嘉兴县第二医院。1981年6月，再次复名为嘉兴市第二医院。1983年，医院实行职工代表大会制。1990年，医院9层住院大楼投入使用。1999年1月，医院清河分院建成并投入使用。12月，医院通过浙江省三级乙等综合性医院的评审。2005年12月，医院举办建院110周年和成为嘉兴学院附属医院的庆典活动。2010年，医院设有40个临床、医技科室，25个病区，68个专家专科门诊，11个职能科室和11个管理科室，开设常规门诊14个。全院有职工1407人(在编职工872人，编外职工677人)，具有副高以上技术职称的207人，中级技术职称的323人，硕士以上学位的88人。医院门急诊病人89.26万人次，出院病人3.81万人次，手术1.39万台次，核定床位810张，实际开放床位986张。医院总建筑面积约8.11万平方米，拥有1.5T磁共振、16排螺旋CT、平板DSA和间接、直接数字化成像设备(CR、DR)等先进医疗仪器，设备总资产达1.75亿元。医院是嘉兴地区首家被国家卫生部确定的脑卒中筛查与防治基地和国家级康复护理专科护士培训基地，也是国家全科医生规范化培训示范基地、浙江省住院医师规范化培训基地、温州医学院研究生临床培养基地，嘉兴市医院感染、临床检验、病历管理、药事管理、临床护理、骨科、康复、儿科8个质控中心及嘉兴市创伤急救中心的挂靠单位。

6.绍兴市

(1)绍兴市人民医院。该院是一所综合性三级甲等医院，是绍兴地区的医疗中心，担负着医疗、教学和科研任务，隶属绍兴市卫生局。该院前身是浙江省第八区中心卫生院，建于民国31年(1942年)，院址在浙江永嘉，仅开设门诊。民国32年6月，永嘉瓯江一带疫病流行，因此被改组为浙江省立第一传染病院，民国34年4月随原省机关迁驻龙泉，并改称为省立第三医院，8月抗日战争胜利，迁至绍兴，改名为浙江省绍兴医院，民国36年经多方集资，建造楼房一座约800平方米、设有综合性病床52张，1954年改为绍兴市第一医院，1973年改为人民医院，1983年更名为绍兴市人民医院。医院临床科室及床位配置，骨外科50张，胸外科15张，脑外科15张，泌尿外科15张，儿外科15张，普通外科32张，肿瘤外科28张，心血管内科20张，血液病内科20张，消化科40张，呼吸科40张，中西医结合内科20张，儿科40张，神经内科10张，眼科20张，耳鼻喉科15张，口腔科5张，另设有急诊室、手术室、针灸科、理疗室、推拿科。1986年，医院编制床位400张，实际开放400张，平均住院日为15.9天，年床位周转次数为23.7次，病死率为1.8%，日均急诊30人，日均门诊1461人次，医院业务收入367万元，业务支出372.675元，门诊每人次平均收费4.4元，住院每床日平均收费10.7元。2010年，医院占地228亩，开放床位1718张，设有临床科室32个，医技科室10个，拥有直线加速器、3.0T 核磁共振仪、64 排 CT 等大型先进设备，全院职工 2225 人，其中高级职称 366 人，博士、硕士 266 人。医院年门诊量 150 万余人次，年出院病人 6 万余人次，构建了肿瘤综合治疗技术、心脑和外周血管介入技术、腔镜技术、急救监护技术、康复技术、骨与软组织重建技术等六大核心医疗技术，与浙江大学签署战略合作协议，成为浙江大学绍兴医院，设立 2 个院士工作站、8 个专家工作站，成功对接神经病学、肝胆外科学等 10 个学科，与浙江大学附属邵逸夫医院成为协作医院，与台湾义大医院结为友好医院。医院还先后与新加坡、美国、日本、荷兰、澳大利亚、德国、英国、中国香港等大学、医疗中心建立友好合作关系，打造“管理培训在新加坡，服务培训在中国台湾，技术培训在西方”的培训格局和模式，有 5 人享受国务院政府特殊津贴，4 人入选“浙江省新世纪 151 人才工程”，1 人获“浙江省有突出贡献中青年专家”称号，2 人获全国“五一劳动奖章”，2 人获浙江省“五一劳动奖章”，1 人获“全国卫生系统模范工作者”称号，1 人获“浙江省卫生高层次创新人才”称号。

(2)绍兴第二医院。该院的前身为绍兴福康医院，建立于清宣统二年(1910 年)3 月，原美国基督教北美浸礼会的基督教医院，创始人为美国基督教会的美籍教士高福林(F. W. Goaaard)。1951 年，绍兴市军管会对医院实施军管，福康医院由绍兴专署接管，同年 12 月 11 日绍兴市人民政府任命李景云为院长，潘连奎为副院长。20 世纪五六十年代，绍兴第二医院无论是技术力量、医疗水平，还是服务态度均走在绍兴市前列，特别是内、外科，在潘连奎院长的带领下，以韩颂霖主任、王济卿主任为骨干的青年医师，形成一个业务精湛、医德高尚的骨干团队，从而创造了二院的光辉历史。其知名度不仅享誉绍兴全市，而且在宁波、舟山、台州等地区也颇具影响。2000 年，绍兴第二医院通过了省卫生厅考评，成为全省县级医院少有的集医疗、预防、教学、科研、保健于一体的三级乙等综合性医院。全院有床位 800 张，设 31 个临床科室，其中省级医学重点学科(创建)2 个，市级医学重点学科 6 个，县级医学重点学科(创建)12 个。医院有 12 个医技科室，独设急诊科、市急救中心二院分站、体检保健中心等。2009 年，医院有在职员工 875 名，卫生技术人员占总编的 88.5%，有高级职称的 179 人，中级 335 人，博士、硕士 58 人。医院高度重视科研与临床相结合，积极鼓励新技术、新项目的引进、消化、应用。学科及技术水平得以较快提高。在绍兴市内率先开展肾移植术、骨髓移植术、心血管介入治疗及射频消融术、冠状动脉造影术+内支架植入术、冠心病各类介入治疗、烧伤后各类植皮术、各类腔镜器械下微创手术、体外循环下各类心脏手术、颅底脑干及脊髓肿瘤术、断指再植术等，形成明显的优势和特色。医院主动应对由县域中心迁至柯桥后所面临的新挑战，积极探索医院发展新模式，与浙江大学附属第一医院携手建立了浙江大学附属第一医院绍兴分院。2010 年，医院占地面积 56.73 亩，建筑面积 13.3 万平方米，核定床位 848 张，开放床位 1100 张，年门诊量 110 余万人次，年住院病人 4 万余人次，在编职工 1280 名，专业技术人员中，有高级职称 239 人，中级职称 360 人，硕士、博士 90 人。医院学科齐全，中西医结合肾病专科为浙江省医学重点专科扶植单位，肝胆胰外科为浙江省县级医学龙头学科，肿瘤学科、烧伤学科、中医肝胆专科、超声诊断学科、血液病学科、微创骨科为绍兴市医学重点学科，耳鼻咽喉科为绍兴市医学重点学科建设单位，微创外科、心血管学科、麻醉学科、呼吸内科、儿科、急诊医学科、内分泌科、神经内科等为县级医学重点学科，胃肠外科、医学影像学科为柯桥区医学重点学科创建单位。

7. 金华市

(1)金华市人民医院。该院是一所集医疗、预防、科研、教学、康复为一体的综合性三级乙等医院,浙江省首批高等医学院校教学医院,金华职业技术学院紧密型附属医院。该院前身是金华县卫生院,建于民国37年(1948年),1949年后改为金华县人民政府卫生院,有卫生技术人员9名,设床位3张。1958年4月,金华市区6个医疗单位及汤溪县人民医院合并,改称金华县人民医院,有卫生技术人员60人,设床位45张,1979年改称金华市人民医院,设床位300张,1986年10月划归金华县管理,卫生技术人员391人,有皮肤科、针灸科、中医肝炎专科,眼科、保健科、理疗科、老干部专科门诊,医技科室设有药剂科、检验科、放射线科、病理科、心电图室、超声波室、心动图室、胃镜室,B超室、脑电图室、供应室、营养室、制剂室,医院编制床位350张,床位使用率为87.3%,年床位周转次数26.1次,病死率为1.7%,日均门诊1257人次,日均急诊88人次,医院业务收入356万元,业务支出307万元。2010年,该院占地面积31680平方米,建筑面积12296平方米,医疗用面积9965平方米,其中门诊面积1320平方米,病房面积5145平方米,其他用房面积2231平方米。医院拥有职工1191名,其中高级职称211人,中级职称336人,博士研究生3人,硕士研究生67人,市专业技术拔尖人才3人,市级名医20人。医院核定床位数600张,业务年总收入27713.6万元,年总诊疗数619934人次。医院坚持"人民医院为人民服务"的办院宗旨,坚持院有重点、科有名医、人有专长的人才培养机制,形成了以浙中产科区域专病中心为龙头,妇产科(生殖中心)、超声科为重点学科,泌尿微创外科为优先发展创新学科。医院先后出现了全国卫生先进工作者、全国"三八红旗手"、全国"五一劳动奖章"获得者、中国共产党的十五大代表、全国百名优秀医生沈云华,全国卫生先进工作者、全国"五一劳动奖章"获得者、全国工会十四大、十五大代表、省劳动模范刘志聪2位全国劳模。

(2)金华市中心医院。该院为金华福音医院和省立金华医院合并发展而来的百年老院,是浙江中西部地区集医疗、科研、教学、预防、保健、康复为一体的综合性三级甲等医院,国家级爱婴医院,全国综合医院中医药工作示范单位,国家卫生部脑卒中筛查与防治基地,国家骨质疏松症诊疗技术协作基地,浙江省高等医学院校教学医院,浙江大学医学院硕士研究生培养基地,浙江省自然科学基金项目依托单位,浙江省住院医师规范化培训基地,浙江省文明单位,浙江省平安医院,浙江省绿色医院,金华市首批诚信医院。2008年,医院在岗人数1190人,其中卫生技术人员964人,拥有床位数870张,业务年总收入41597.3万元,总诊疗数768126人次。2010年,医院占地面积8.62万平方米,医疗用房面积12.66万余平方米,核定床位1293张,实际开放床位2000张,分设42个病区,年门急诊157万余人次,出院病人7万余人次,设有临床科室37个,医技科室13个,特色专科门诊50余个,在岗职工1540人,其中卫技人员1301人,占全院职工比为84.48%,高级职称436人,中级职称491人,博士、硕士生254人,享受政府特殊津贴8人,省优秀医师4人,省优秀护士4人,省"新世纪151人才"1人,拥有3.0T磁共振、256排CT、SPECT、DSA、医用直线加速器、彩色多普勒超声仪、全套美国全自动检验设备、全套内窥镜等百万元以上先进医疗设备,门诊、病区均配有中央空调系统。全院实行计算机网络化管理,特色服务项目主要包括胰腺外科手术、神经外科创伤救治、骨科手术、儿科诊疗和重症监护、各类中毒的急救、中医治疗等,神经外科、普通外科、儿科和重症医学科4个学科被列入省区域专病中心建设项目,骨科、神经外科、胰腺外科是省医学扶植重点学科,中医科是省中医名科,有18个市优先发展及扶持发展医学重点学科。医院承担教学、预防及康复任务,有国家卫生部筛查与防治基地2个,院士工作站3个,省级住院医师规范化培训基地核准学科18个,省药理学与生化药学重中之重学科建设基地1个。

(3)金华市第二医院。该院历史发展和简要情况详见本章第一节第二目"(七)精神病防治机构"中的"7.金华市第二医院"。

(4)金华市广福医院。该院创建于1952年,由金华专员公署卫生科科长徐坤、省立金华医院院长徐君赐筹备"省立金华医院疗养部",定址金华市罗店镇东山岗,院长姜荣生。1956年6月,经浙江省金华专员公署署卫〔56〕字第2324号文批准,将原金华第一医院疗养部改为金华疗养院。1958年,医院院长徐冰航,人员编制25人,其中管理人员3人,业务人员15人,工友7人。1970年5月,经金地革政〔70〕124号文,与金华医院、金华卫校合并成立金华地区医院革命委员会,编为金华地区医院第四连,床位60张,医师2人,护士6人,并由工宣队进驻领导。1972年8月,经中共金华地区革命委员会政工组金地革政党〔72〕46号文批准,同意建立金华地区结核病医院革委会,核定床位74张。1979年4月,经中共金华地委宣传部金地宣〔1979〕59号文批准,同意将金华地区结核病医院改名为"金华地区结核病防治院",下设防痨科,院长徐光云。1985年9月,经金华市卫生局金市卫〔85〕29号文批准,原金华结核病防治院改名为金华市第三医院,院长朱建生。1999年12月,经金华市政府办246号抄告单《关于金华市第三医院整体出让的批复》,由中国广厦集团受让组建金华市肿瘤医院,并于2000年2月28日正式成立浙江金华广福肿瘤医院。2006年8月,经省卫生厅浙卫发〔2006〕217号文批准,浙江金华广福医院增挂"浙中肿瘤诊治中心"院牌,该院牌为医院的第二名称。2010年,医院占地面积10万平方米,开放床位1000张,有员工1055人,其中专业技术人员855人、高级专业人员124人、中级专业人员181人、博士学位1人、硕士学位17人、市级名医18人。医院设有肿瘤科、呼吸科、心内科等28个临床科室、21个病区、20个医技科室,临床特色专科有肿瘤外科、呼吸内科、老年医学科和骨与软组织肿瘤学科等。

8.衢州市

衢州市人民医院。该院是一所全民所有制的综合性医院,隶属衢州市卫生局,承担医疗、教学、科研和6个县、区的技术辅导及部分医学院校的教学实习任务。该院前身是浙江省立衢州医院,建于民国37年(1948年)1月,有床位50张,职工56人,院址在讲舍街1号。中华人民共和国成立后改称衢州医院,设床位80张,职工81人,1955年3月改称衢县人民医院,设床位130张,职工141人。1958年,衢县、龙游县、常山县并县,该院改为衢县第一人民医院,设病床263张,职工178人。1973年,省卫生厅审定该院为二级医院(相当地市级医院),设病床310张,职工291人。1981年1月,衢县改衢州市(地辖),该院改为衢州市第一人民医院,设病床340张,职工420人,1986年1月撤地建市后,改衢州市人民医院,医院编制床位400张,实际开放340张,床位使用率为97.6%,年床位周转次数为27.9次,病死率为2.7%,

日均出院26人，平均住院日为12.7天，年门诊量473045人次，日均门诊1241人次，日均急诊54人次。1986年，医院业务收入305.3万元，业务支出314.2万元，门诊每人次平均收费3.20元，住院每床日平均收费9.79元，占地面积22161平方米。医院设有市临床检验、放射、麻醉、病理、护理、康复等质控中心，2005年增挂"衢州中心医院"院名，建成并启用建筑面积为25959平方米的门急诊大楼，2007年建成建筑面积为19000平方米的医院分院第一期工程，是浙西地区唯一一家三级乙等综合性医院，也是本地区及闽、赣、皖边区域的临床医疗、急诊急救、临床教学、临床科研和保健康复中心。2008年，医院年业务收入2.95亿元，年门诊量58.93万人次，年出院病人2.14万人次。2010年，医院占地面积99亩，医疗行政用房8万余平方米，核定床位820张，资产总值4.55亿元，设病区21个、重症医学科1个、门诊医技科室40余个、各级专科60个，职工在岗总人数1201人，其中正高职称57人、副高职称132人、省级名中医1人，拥有美国飞利浦16排螺旋CT、瓦里安医用电子直线加速器等先进的现代化医疗设备。医院拥有1个省医学重点扶植学科——心血管外科，还有骨科、普外科、神经外科、心内科、泌尿外科、麻醉科、放射科、肿瘤外科、妇科、肝胆外科等10个市重点学科，建有头颈外科实验室、骨质疏松实验室2个市级重点实验室。

9. **舟山市**

舟山医院。该院前身是定海县人民政府卫生院，1954年10月16日，省卫生厅命名为浙江省公立舟山医院。2009年5月12日，由原舟山市人民医院、市妇幼保健院和市中医骨伤联合医院组建成一家集医疗、科研、教学、预防、康复为一体的综合性医院，是省、市级文明单位，省级示范文明医院和三级甲等医院。该院的妇幼保健院于2005年获全国妇幼卫生领域最高奖——杨崇瑞妇幼卫生基金奖，2007年被卫生部评为全国卫生系统先进集体。医院占地382亩，建筑面积25万平方米，医疗用房面积22.2万平方米，下设3个院区，即舟山医院总部（原舟山市人民医院，三级甲等综合医院）、妇幼保健院区（原市妇幼保健院，三级甲等妇幼保健院）、中医骨伤院区（原市中医骨伤联合医院，三级甲等中医医院）。2010年，医院有职工人数2489人，其中在职职工2072人，在职职工中卫技人员1765人，其中正高职称55人，副高职称183人，中级职称430人，硕士生导师5人，博士及博士后、硕士研究生109人，享受国务院特殊津贴3人，浙江省"151"人才8人，省级名中医1人。医院核定床位1300张，实际开放床位1500张，有37个临床病区、90余个专科，年门诊量达178万人次，住院病人4.3万人次，手术1.8万人次。医院设有肺肿瘤诊疗中心、肝胆胰治疗中心、乳腺病治疗中心、肿瘤化疗中心、创伤中心和生殖医学中心等，临床学科中拥有国家中医药管理局"十一五"重点专科建设项目1个，省级医学重点扶植学科1个，市级医学重点学科4个，省级示范中医科1个，省中医药管理局重点专科建设项目3个，局级医学重点学科8个，建有细胞分子生物实验室、血液病实验室和骨科实验室。舟山市急救中心、舟山市名中医馆、舟山市惠民医院以及10个市级医疗质控中心挂靠于该院。

10. **台州市**

(1)台州医院。该院的前身为英国传教士白明登创建的恩泽医局，民国22年(1933年)改称恩泽医院，首任院长陈省几。医院附设医校，为台州最早培训西医医务人员的基地。民国31年，美国“飞虎队”与日军作战，2架战机因燃料不足迫降三门湾，机上5名飞行员受伤，医师陈慎言成功为飞行员劳逊施行下肢截肢术并一路护送至桂林、昆明，成为中美交往史上的佳话。[①] 民国35年，台州七县县长、参议长联席会议决定设立台州公立医院，省立医专（今浙江大学医学院）教授、热带病专家周文达担任首任院长，其间医院几经易名。1951年12月，恩泽医院、浙江省立台州医院合并成立浙江省台州医院。1962年7月25日，浙江省台州地委决定，台州医院划为专区医院，台州疗养院划为专区疗养院作为台州医院的附设单位。医院占地面积100亩，建筑面积9.21万平方米，设有27个临床科室、38个医技科室、14个职能科室，年门诊量60余万人次，年出院病人16余万人次。医院新建高21层、面积3万平方米的智能化综合病房大楼，于1999年底投入使用，开放床位达800张。医院有职工996名，其中高级专业技术人员95人、中级专业技术人员259人、获国务院特殊津贴3人、列入省“151”人才培养工程3人。医院设备齐全，大型医疗仪器有螺旋CT、核磁共振仪、直线加速器、彩色多普勒超声仪、荧光免疫分析仪等。2008年，医院年总诊疗人数130.5万人次，出院人数5.25万人次，手术2.99万例次，拥有职工2251人，其中高级职称人员231人、硕博士158人、硕士生导师36人、在读在职硕士研究生161人。医院拥有省级重点（扶植）学（专）科2个，台州市医学重点（扶植）学科17个，其中骨科为浙江省重点医学扶植学科，中医骨伤科为浙江省重点中医专科，骨科、心胸外科、感染科、心血管内科、ICU、血液内科、肿瘤外科、泌尿外科、肝胆外科、普外科、消化内科、微创外科、口腔科、神经内科等14个学科为台州市第二轮医学重点学科，烧伤外科、小儿内科2个学科为台州市重点扶植学科，中西医结合神经康复科为台州市中医（中西医结合）重点学科。2010年，医院在岗人数2519人，其中卫生技术人员1804人，核定床位数1623张，业务年总收入94558.3万元，总诊疗人数1476454人次。医院是浙江省三级甲等综合性医院，也是浙江大学医学院、温州医学院、台州卫校的教学医院。

(2)台州市中心医院。该院创建于2000年6月，是一家集医疗、教学、科研、预防、保健与康复于一体的大型三级甲等综合性医院。医院位于台州市主城区的核心区域，占地面积200亩，建筑面积12万平方米。医院注重新技术、新项目开发，鼓励医务人员申报研究科研项目。开诊以来，医院成功开展腹腔镜下结直肠癌根治术、胃癌根治术、腹腔镜下肝叶切除术、乳腺癌保乳根治术、乳腺肿瘤微创治疗、腹腔镜下广泛子宫切除＋盆腔淋巴结清扫（宫颈癌根治术）、腹腔镜下腹主动脉旁淋巴结清扫术、脑动脉支架植入术、急性心梗急诊支架植入术等高新技术和项目。2004年，医院投资300余万元购进西门子ECT（单光子发射型计算机断层扫描），主要用于诊断甲状腺结节功能和良恶性鉴别，寻找甲状腺癌转移灶、异位甲状腺的诊断等。2005年，医院投资1000余万元引进德国西门子高能医用直线加速器。设备具有照射深度深、射线集中、照射量高、皮肤损伤小、表浅组织受量少和能保护正常组织等优点，不仅能有效杀死瘤细胞，而且能保护正常组织少受损伤。另外，放疗配合化疗即同期放化疗能收到单纯化疗或单纯放疗所不能达到的效果。2008年，医院在岗人数820人，其中卫生技术人员733人，实有床位数800张，业务年总收入32622.4万元，总诊疗数612667人次。2010年，医

---

① 浙江省台州医院院史档案资料。

院开放床位800张，设有32个临床专科、10个医技科室，开放病区25个，有员工1516人，其中高级职称206人，博士、硕士102人，省“151”人才6人，业务年总收入36777.1万元，总诊疗人数742895人次。医院拥有省级重点扶持学科1个(中西医结合老年医学)，成功开展颅内动脉瘤栓塞、夹闭术、三叉神经、面神经微血管减压术、心脑血管介入治疗、腹腔镜下直肠癌摘除术、全髋、全膝关节置换术、增强放射治疗技术、ERCP等一系列高新技术和尖端医疗项目。医院获评省级文明单位、省级首批绿色医院、省级综合治理先进单位、省级爱国卫生先进单位、省级平安医院等。

11.丽水市

(1)丽水市人民医院。该院是一家三级甲等综合性医院。该院前身是浙江省第一临时辅助医院，建于民国26年(1937年)9月，院址在杭州海潮寺，有临时病床12张，职工10余人。10月，随国民党浙江省政府撤退至浙西南，先后辗转永康、云和、龙泉等县。民国34年9月抗日战争胜利后，该院迁至现址丽水市城关镇继光街106号，10月10日门诊正式开诊。民国35年1月，医院更名为浙江省立处州医院。民国36年，医院恢复住院部，10月13日正式收治病人。1949年5月，人民政府接管该院，设床位50张，职工42人，1954年1月划归丽水县，改名为丽水医院，1956年改称丽水县人民医院，1986年4月改称丽水市人民医院。医院临床科室及床位设置：内一科(心血管科、内分泌科、中西医结合病房)床位53张，内二科(普通内科、肿瘤科、老干部病房)床位48张，外一科(泌尿外科、骨外科)床位50张，外二科(普通外科、脑外科、胸腔外科)床位49张，传染病科床位55张，妇产科床位45张，儿科床位30张，五官科床位20张，还设有17个门诊科室和14个专科门诊，医技科室设有检验科、病理科、血库、放射线科、功能检查科(B超室、A超室、心电图室、脑电图室)、人工肾室、胃镜室、肠镜室、器械供应室、被服供应室等。1986年，医院编制床位350张，床位使用率为92.0%，年床位周转次数为24.1次，平均住院日为13.8天，病死率为1.5%，日均出院23.1人，日均门诊958.2人次，日均急诊101.6人次。医院业务收入291.4万元，业务支出300.84万元。全院有职工438人，医生与护士之比为1∶1，床位与职工之比为1∶1.3。2008年，医院拥有一家内、外、妇、儿各专科齐全的综合性医院，一家五官科专科医院，一个社区服务中心，一个畲族医药研究所，一个司法鉴定所，一所大众健康教育学校，一家医药公司，一家大药房，是丽水市规模最大的集医疗保健、科研教学、社区服务、医药研究、医药购销、司法鉴定于一体的大型现代化集团医院。2010年，医院新门诊医技综合楼投入使用，并成为卫生部电子病历试点医院。医院核定床位数900张，在岗人数1422人，其中卫生技术人员1226人，业务总收入52521.4万元，总诊疗数823722人次。医院有高中级医学专家500多人、5名医学博士、36名医学硕士，4位医学专家享受国务院特殊津贴，12人次获评丽水市中青年专业技术拔尖人才，省“151”人才和市“138”人才，1人获全国“五一劳动奖章”。同年，医院被评为全国医药卫生系统先进集体。

(2)丽水市中心医院。该院是一家全民所有制的综合性医院，隶属丽水市卫生局，承担丽水地区的医疗、教学、科研任务。该院建于1973年4月，设床位50张，1974年底床位增至190张，1976年为250张，1984年为400张。1986年，医院业务收入349万元，业务支出360

万元，门诊每人次平均收费5.32元，住院每床日平均收费14.39元。2000年，该院晋升为三级乙等综合性医院，并成为温州医学院附属第五医院、第五临床医学院。2005年，晋升为三级甲等综合性医院。2008年，医院在岗人数1096人，其中卫生技术人员961人，实有床位数800张，业务总收入40165.4万元，总诊疗数690180人次，医院占地面积7.5万平方米，医疗用房面积9万平方米。医院是全国慢性病综合防治示范点、卫生部脑卒中筛查及防控基地，市心脑血管病防治办公室、肿瘤防治办公室、抗癌协会、护理学会、康复医学会以及市医学会所属14个专业分会和10个丽水市质控中心均设在该院或挂靠该院。2010年，医院开放床位1015张，设有32个临床专科、10个医技科室，开放病区25个，有员工1434人，其中高级职称206人，博士、硕士102人，进入省"151"人才工程6人，业务年总收入54060.0万元，总诊疗人数866477人次。医院拥有128层螺旋CT、3.0T超导核磁共振、直线加速器、数字减影心血管造影机(DSA)、飞秒激光、ECT、高分辨率彩超等200余套总值超2亿元的先进医疗设备，曾开展心、肝、肾、骨髓及角膜移植，现常规开展心脏直视手术、冠状动脉搭桥，经皮冠状动脉介入治疗(包括常规急诊PTCA)、先心封堵术、各类起搏器植入、心律失常射频消融、关节镜手术、脑缺血疾病支架植入、脑血管瘤介入治疗、微创颅内动脉瘤夹闭栓塞术、脑干肿瘤切除，复杂肝胆胰肿瘤切除、腹主动脉瘤切除人工血管置换术、准分子近视激光手术等高难度手术，普外科、妇产科、泌尿外科、骨科、心胸外科等开展各种腔镜下微创手术达100余种，形成了以微创医学治疗为特色的医疗技术项目群。医院设立的心血管内科、肝胆外科是浙江省重点(扶植)学科，心血管内科、心胸外科、血液内科是温州医学院重点学科，神经内科、骨科、妇产科、儿科、急诊科、麻醉科等20个学科是丽水市医学重点学科，心血管内科、骨科分别是浙中地区唯一的心血管、骨科专病中心。

(三)县级综合性医院

县级综合性医院为县(市、区)级的医院，主要包括县(市、区)中心医院和县人民医院，2010年，浙江省有县(市、区)级综合性医院145所。

表79-2-3-1　　2010年浙江省县(市、区)级综合性医院情况一览表

序号	机构名称	床位数	在岗职工										
			编制人数	合计	卫生技术人员						其他技术人员	管理人员	工勤技能人员
					小计	执业医师	注册护士	药师	技师	其他			
1	杭州市江干区人民医院	130	123	233	194	80	71	15	11	17	1	19	19
2	杭州市江干区笕桥医院	130	224	258	235	86	112	16	11	10	2	10	11
3	杭州市西湖区第二人民医院	90	156	256	212	113	73	15	11	0	9	9	26
4	杭州市萧山区第一人民医院	1085	1281	1518	1237	431	605	63	46	92	43	93	145

续表 1

序号	机构名称	床位数	在岗职工										
			编制人数	合计	卫生技术人员						其他技术人员	管理人员	工勤技能人员
					小计	执业医师	注册护士	药师	技师	其他			
5	杭州市萧山区第二人民医院	193	296	296	247	99	94	24	17	13	16	12	21
6	杭州市萧山区第三人民医院	280	388	392	312	131	135	20	17	9	25	37	18
7	杭州市萧山区第四人民医院	239	336	336	314	121	117	21	18	37	6	4	12
8	浙江萧山医院	1019	0	955	846	329	411	46	44	16	37	17	55
9	杭州市余杭区第一人民医院	600	0	986	802	275	372	41	36	78	16	52	116
10	杭州市余杭区第二人民医院	306	434	458	398	137	180	22	18	41	19	22	19
11	杭州市余杭区第三人民医院	200	387	457	386	140	126	22	21	77	18	8	45
12	杭州市余杭区第五人民医院	122	0	386	354	143	73	28	22	88	4	13	15
13	桐庐县第一人民医院	487	560	522	444	157	203	29	33	22	21	34	23
14	桐庐县第二人民医院	134	210	228	197	51	86	20	18	22	3	11	17
15	淳安县第一人民医院	347	491	491	413	134	204	29	20	26	5	30	43
16	淳安县第二人民医院	124	196	196	181	76	69	15	17	4	7	2	6
17	建德市第一人民医院	650	672	740	638	208	317	48	33	32	13	23	66
18	建德市第二人民医院	130	270	255	205	68	88	20	13	16	2	18	30
19	建德市第三人民医院	120	200	210	174	58	69	17	14	16	3	10	23
20	富阳市人民医院	600	850	918	780	263	385	34	53	45	38	18	82
21	富阳市第二人民医院	153	360	308	245	93	105	19	14	14	12	3	48
22	临安市人民医院	732	825	622	565	227	272	38	20	8	15	19	23
23	临安市於潜人民医院	123	214	220	180	61	79	18	13	9	6	16	18
24	临安市昌化人民医院	120	180	210	174	62	67	16	16	13	17	7	12
25	宁波市江北区人民医院	297	260	268	232	88	85	11	10	38	3	15	18
26	宁波市北仑区宗瑞医院	500	685	766	697	262	281	28	25	101	12	32	25
27	宁波市镇海区人民医院	326	420	349	327	103	168	24	20	12	8	5	9
28	宁波市镇海龙赛医院	420	430	568	498	167	199	28	25	79	15	30	25
29	宁波市镇海区炼化医院	110	155	285	227	70	92	15	17	33	13	4	41

续表 2

序号	机构名称	床位数	在岗职工									
			编制人数	合计	卫生技术人员						其他技术人员	管理人员	工勤技能人员
					小计	执业医师	注册护士	药师	技师	其他			
30	宁波市鄞州人民医院	1360	991	1379	1198	416	601	61	51	69	8	74	99
31	宁波市鄞州第二医院	562	563	747	665	212	308	35	26	84	17	31	34
32	象山县第一人民医院	700	1066	856	780	257	415	33	26	49	42	6	28
33	象山县红十字台胞医院	167	292	339	254	85	102	14	9	44	55	4	26
34	宁海县第一医院	600	704	704	630	202	266	32	42	88	11	41	22
35	余姚市人民医院	1013	1037	1420	1217	364	623	52	73	105	56	14	133
36	余姚市第二人民医院	232	474	474	403	120	198	32	16	37	15	20	36
37	余姚市第四人民医院	150	185	310	262	103	105	21	12	21	2	7	39
38	慈溪市人民医院	819	1118	1463	1236	429	640	51	75	41	26	28	173
39	慈溪市第二人民医院	166	212	343	325	120	110	24	13	58	7	5	6
40	慈溪市第三人民医院	186	291	502	429	159	151	35	31	53	14	6	53
41	奉化市人民医院	610	680	681	588	252	257	36	25	18	55	6	32
42	奉化市溪口医院	100	246	201	184	89	59	11	10	15	8	3	6
43	温州市鹿城区人民医院	120	107	183	159	56	76	10	10	7	0	16	8
44	龙湾区人民医院	50	110	75	63	33	14	8	4	4	3	2	7
45	龙湾区第一人民医院	238	275	251	220	95	88	15	18	4	8	3	20
46	温州市瓯海区人民医院	110	100	181	139	61	57	10	10	1	17	2	23
47	温州市瓯海区第二人民医院	97	84	142	115	56	43	9	7	0	0	22	5
48	温州市瓯海区第三人民医院	120	0	259	222	91	87	18	10	16	30	4	3
49	洞头县人民医院	137	175	171	145	50	67	13	6	9	10	5	11
50	永嘉县人民医院	300	0	479	408	142	198	33	34	1	31	9	31
51	平阳县人民医院	600	723	848	711	229	369	48	31	34	20	45	72
52	平阳县第二人民医院	242	292	323	285	103	119	16	16	31	4	27	7
53	苍南县人民医院	506	732	732	602	213	270	35	37	47	55	4	71
54	苍南县第二人民医院	308	502	502	396	149	171	18	13	45	4	51	51

续表 3

序号	机构名称	床位数	在岗职工										
			编制人数	合计	卫生技术人员						其他技术人员	管理人员	工勤技能人员
					小计	执业医师	注册护士	药师	技师	其他			
55	苍南县第三人民医院	318	0	453	343	113	169	13	13	35	57	35	18
56	文成县人民医院	271	365	325	271	88	137	22	22	2	30	0	24
57	泰顺县人民医院	230	240	323	265	98	106	11	10	40	27	7	24
58	泰顺县第二人民医院	46	117	74	63	20	17	7	7	12	7	1	3
59	瑞安市人民医院	1221	1487	2194	1617	515	858	70	69	105	92	15	470
60	瑞安市第二人民医院	117	97	97	85	36	25	10	5	9	5	3	4
61	瑞安市第三人民医院	100	100	71	67	24	19	11	5	8	2	1	1
62	瑞安市塘下人民医院	113	0	161	140	63	38	15	6	18	15	1	5
63	乐清市人民医院	893	961	961	829	320	274	58	46	131	43	21	68
64	乐清市第二人民医院	316	643	614	467	169	187	23	24	64	67	27	53
65	乐清市第三人民医院	316	610	610	526	200	201	32	30	63	26	14	44
66	嘉兴市王店人民医院	130	196	229	209	63	82	17	13	34	3	7	10
67	浙江省嘉善县第一人民医院	410	650	763	596	213	275	43	33	32	4	53	110
68	浙江省嘉善县第二人民医院	200	270	220	189	69	88	18	9	5	3	5	23
69	海盐县人民医院	410	435	568	496	190	209	29	28	40	18	4	50
70	海盐县沈荡医院	100	139	159	148	33	49	10	10	46	0	8	3
71	海宁市人民医院	600	621	925	803	243	375	59	48	78	6	15	101
72	海宁市第三人民医院	190	200	291	265	98	109	21	12	25	3	4	19
73	平湖市第一人民医院	450	515	707	640	242	275	30	29	64	4	27	36
74	平湖市第二人民医院	180	184	269	243	82	97	21	9	34	4	14	8
75	桐乡市第一人民医院	866	450	828	698	218	330	45	42	63	12	49	69
76	桐乡市第二人民医院	280	358	550	490	140	180	25	15	130	1	25	34
77	桐乡市第三人民医院	132	186	262	232	76	70	17	9	60	0	15	15
78	湖州市双林人民医院	120	187	251	218	81	76	18	11	32	15	2	16
79	湖州市南浔人民医院	200	280	369	333	114	142	26	18	33	8	0	28

续表 4

序号	机构名称	床位数	在岗职工									
			编制人数	合计	卫生技术人员						其他技术人员	管理人员	工勤技能人员
					小计	执业医师	注册护士	药师	技师	其他			
80	湖州市菱湖人民医院	130	280	252	210	77	81	19	10	23	11	3	28
81	德清县人民医院	600	885	758	649	261	263	46	33	46	30	23	56
82	德清县第三人民医院	130	297	333	286	119	109	23	15	20	23	7	17
83	长兴县人民医院	600	0	751	650	229	328	35	26	32	57	3	41
84	安吉县第一人民医院	471	454	569	498	183	185	28	19	83	42	0	29
85	安吉县第二人民医院	100	134	144	125	44	49	11	10	11	11	2	6
86	安吉县第三人民医院	185	215	269	236	75	110	18	11	22	11	1	21
87	绍兴第二医院	848	1280	946	844	322	372	48	55	47	54	6	42
88	绍兴县中心医院	800	1280	1083	928	337	464	53	44	30	62	0	93
89	新昌县人民医院	653	750	842	768	275	395	40	25	33	35	5	34
90	诸暨市人民医院	1393	1300	1899	1524	545	749	88	82	60	77	7	291
91	诸暨市第二人民医院	150	187	240	227	118	73	18	12	6	5	1	7
92	诸暨市第三人民医院	120	160	160	142	70	41	11	14	6	8	2	8
93	诸暨市第四人民医院	120	129	312	265	91	80	20	13	61	0	40	7
94	诸暨市红十字医院	284	392	798	728	309	258	46	23	92	32	6	32
95	诸暨市第六人民医院	133	105	287	250	110	72	20	10	38	6	14	17
96	上虞市人民医院	750	772	956	782	282	403	30	40	27	38	6	130
97	上虞市第二人民医院	160	313	330	283	115	100	26	13	29	3	19	25
98	嵊州市人民医院	721	880	940	835	289	403	39	42	62	15	55	35
99	金华市婺城区第一人民医院	100	125	151	125	47	46	13	3	16	4	7	15
100	武义县第一人民医院	412	520	497	435	158	203	29	24	21	27	7	28
101	浦江县人民医院	577	523	616	555	179	261	31	26	58	25	14	22
102	磐安县人民医院	266	317	317	270	104	117	19	17	13	9	0	38
103	兰溪市人民医院	519	370	900	628	198	314	37	27	52	22	47	203
104	义乌市中心医院	911	1598	1132	1016	423	435	49	54	55	67	0	49

续表 5

序号	机构名称	床位数	在岗职工									
			编制人数	合计	卫生技术人员						其他技术人员	管理人员	工勤技能人员
					小计	执业医师	注册护士	药师	技师	其他			
105	义乌市第三人民医院	0	59	59	47	21	21	5	0	0	4	2	6
106	义乌市第二人民医院	183	240	211	198	77	72	18	16	15	5	0	8
107	东阳市人民医院	1040	995	1308	1125	369	435	47	72	202	44	3	136
108	东阳市人民医院巍山分院	206	248	308	258	98	96	15	27	22	8	2	40
109	东阳市横店医院	120	208	208	166	72	58	9	13	14	14	8	20
110	东阳市红十字会医院	101	161	161	142	82	28	11	7	14	2	13	4
111	永康市第一人民医院	887	1209	1209	1002	294	450	46	46	166	41	2	164
112	永康市第二人民医院	120	185	152	147	59	54	13	8	13	4	1	0
113	永康市红十字会医院	140	156	204	184	74	75	16	7	12	16	1	3
114	常山县人民医院	365	468	573	478	162	218	35	31	32	42	8	45
115	开化县人民医院	280	406	387	322	114	144	25	27	12	34	2	29
116	开化县第二人民医院	100	108	98	85	48	36	0	1	0	9	1	3
117	龙游县人民医院	443	432	709	604	183	282	34	35	70	28	13	64
118	江山市人民医院	502	420	666	587	192	285	35	35	40	26	4	49
119	舟山市普陀区人民医院	450	0	634	518	193	201	34	22	68	22	13	81
120	岱山县第一人民医院	240	420	330	266	96	120	19	17	14	24	11	29
121	岱山县第二人民医院	120	0	105	83	31	30	7	5	10	12	4	6
122	嵊泗县人民医院	205	270	243	182	65	80	16	11	10	9	7	45
123	台州市立医院	928	1280	1452	1191	408	573	54	50	106	51	0	210
124	台州市黄岩区第三人民医院	160	87	94	79	35	27	10	3	4	0	8	7
125	玉环县人民医院	441	360	731	623	197	298	38	53	37	24	0	84
126	玉环县第二人民医院	300	489	465	399	154	178	29	22	16	6	26	34
127	三门县人民医院	422	311	542	501	182	208	35	24	52	7	6	28
128	天台县人民医院	575	800	840	723	294	326	45	36	22	51	8	58
129	仙居县人民医院	420	0	621	527	195	263	26	24	19	3	35	56

续表 6

序号	机构名称	床位数	在岗职工									
			编制人数	合计	卫生技术人员						其他技术人员	管理人员	工勤技能人员
					小计	执业医师	注册护士	药师	技师	其他			
130	温岭市第一人民医院	1028	1530	1445	1266	440	583	71	68	104	58	14	107
131	温岭市第二人民医院	520	490	534	491	161	233	25	27	45	17	5	21
132	温岭市第三人民医院	336	361	455	400	146	165	24	22	43	22	6	27
133	温岭市第四人民医院	150	176	252	220	83	80	16	10	31	2	17	13
134	临海市第一人民医院	380	460	436	389	200	143	21	19	6	21	3	23
135	临海市第二人民医院	280	390	381	341	112	137	20	19	53	16	10	14
136	青田县人民医院	305	325	534	466	161	220	33	38	14	28	8	32
137	青田县第二人民医院	70	150	138	120	46	40	16	10	8	3	4	11
138	缙云县人民医院	400	0	437	366	124	180	21	24	17	20	7	44
139	缙云县第二人民医院	120	169	169	143	55	61	11	16	0	11	1	14
140	遂昌县人民医院	325	320	454	397	135	205	24	16	17	14	3	40
141	松阳县人民医院	185	328	370	295	104	126	27	11	27	3	30	42
142	云和县人民医院	215	293	348	294	92	139	20	21	22	21	4	29
143	庆元县人民医院	206	280	318	259	87	111	23	13	25	20	3	36
144	景宁县人民医院	210	227	300	257	87	114	17	15	24	10	6	27
145	龙泉市人民医院	290	400	400	360	149	154	25	18	14	0	20	20

资料来源:浙江省卫生厅档案室。

说明:以上县(市、区)级综合性医院不包括县(市、区)级中医院、专科医院及改制后的区级街道社区卫生服务中心。

(四)医学院校附属医院

1.浙江大学医学院附属第一医院

浙江大学医学院附属第一医院(浙江省第一医院)系三级甲等医院,是浙江省规模最大的公立医院和医疗、教学、科研指导中心之一。民国 36 年(1947 年)11 月,浙江大学竺可桢校长购置了田家园 6 号、9 号民宅作为医院用房,面积约 2770 平方米,占地 3 亩 8 分,创建了浙江大学医学院附属医院(浙大医院),立意要把医院创建成“南方协和”,员工 66 人,床位 65 张,首任院长王季午教授。1952 年 2 月,浙江大学医学院与浙江省立医学院合并为浙江医学院。

该院为浙江医学院附属第一医院。2009年,医院分为庆春、城站和大学路3个院区,占地面积150亩,建筑面积20万平方米,核定床位2500张。医院拥有职能科室27个、临床科室41个、医技科室23个,拥有职工3519人,其中卫生技术人员1537人,高、中、初级职称比例分别为25%、39%、36%,护理人员1582人。医院拥有中国工程院院士2名、国家"千人计划"入选者1名,长江特聘教授2名、长江讲座教授2名,求是特聘教授3名,国家杰出青年基金获得者2名,浙江省卫生高层次创新人才培养对象3名,浙江省海外高层次人才引进计划(即"百人计划")引进人才1名,浙大光彪学者1名,进入浙江省"新世纪151人才工程"培养人员39名。医院拥有国家重点学科2个,浙江省重点学科4个,省医学重点学科群1个,省医学重点学科17个,省中医药重点学科8个,设有传染病诊治国家重点实验室、卫生部多器官联合移植研究重点实验室、国家中医药科研三级实验室(分子生物学)、国家药品临床研究基地、全国人工肝培训基地、浙江省传染病重点实验室、省器官移植重点研究实验室、省器官移植中心、省核医学中心、省药品不良反应监察中心、省人工肝技术指导中心、省中毒急救与防治中心、省护理中心、省中西医结合移植免疫实验室、国家级继续医学教学基地等多个医疗、教学、科研机构。医院拥有PET/CT、回旋加速器、瓦单安直线加速器、3.0T MRI、多排螺旋CT、DSA、多探头ECT、Storz体外冲击波碎石机、彩色多普勒超声仪、WG自动系列化分析仪、数字胃肠机等总值逾6亿元的医疗设备。2010年,医院门急诊量2681356人次,出院病人82940人次,手术34490人次,平均住院日数为12.49日,医院总收入25.1亿元。

浙江大学医学院附属第一医院有国家级继续医学教育基地试点单位2个,卫生部专科医师培训基地26个,医院拥有一支高素质的医疗、护理、科研和教学队伍,历年来有30余位专家享受政府特殊津贴,有高级职称医护专家260余人,博士生导师19位,博士学位授予学科5个,博士后流动站5个,硕士学位授予点19个,省、厅级重点学科带头人8名。在科研方面,医院作为首席科学家单位主持国家973计划项目3项,此外,还承担国家863计划、国家攻关项目、国际重大科技合作项目、国家自然科学基金、教育部及卫生部重大项目等科研课题。医院有5个项目获国家科学技术进步奖二等奖,16个项目获得浙江省科学技术进步奖一等奖,SCI论文数逐年上升,连续6年进入"全国医疗机构SCI收录前十强"。2009年,医院到位的科研总经费达到1.03亿元,获"2009年度浙江大学科研工作特别贡献奖"。在郑树森院士主导下,2002年9月,医院创办并主编国内第一本肝胆胰疾病领域英文杂志*Hepatobiliary & Pancreatic Diseases International*,被IM/Medline,EM,BA及CA收录,2010年影响因子达1.514,居浙江4本SCI收录杂志首位,在国内临床医学类SCI收录杂志中排名第二,成为国内外具有较高影响力的国际性医学专业期刊。2007年,郑树森教授主编的《外科学》(第一、二版)、李兰娟教授主编的《传染病学》(第一、二版)、方强主编的《危重病护理学》、陆远强主编的《现代心肺脑复苏》等入选"十一五"国家级规划教材,李兰娟教授主编的《传染病学——回顾、现状、展望》、黄河教授主编的《血液内科学》入选全国高等学校医学研究生规划教材。2008年,浙江大学医学院附属第一医院外科学教学团队获评国家级教学团队。2009年,根据重大传染病防控工作需要,浙江大学医学院附属第一医院积极做好甲型H1N1流感、禽流感和手足口病等传染病的科研培训工作。由浙江省承担的传染病防治重大专项"浙江省防治艾滋病、病毒性肝炎和结核病等重大传染病规模化现场流行病学和干预研究”在浙江省实施。同时，浙江省传染病诊治国家重点实验室在李兰娟院士的带领下，开展了甲型 H1N1 流感的科学研究工作，在实验室检测、医疗救治、基层防控、检验检疫等方面开展了相关研究，为传染病防控工作发挥了重要作用，并相继支持了一批传染病重大科研项目。

2.浙江大学医学院附属第二医院

浙江大学医学院附属第二医院(浙江省第二医院)前身系英国基督教会所属杭州广济医院，创建于清同治八年(1869 年)。民国 15—16 年(1926—1927 年)，民国政府收回，交由爱国人士洪式闾等接办，当时广济医专学生并入省立医专就读，学校停办。“四一二”蒋介石叛变革命后，英国政府借口是教会财产又把医院要了回去。到 1949 年，医院有病床 117 张，设内科、外科、皮肤科、妇产科、牙科，临床科室有职工 100 余人，其间因时势变迁曾几易院名，先后创办过医、药、护、产专科学校。1952 年 3 月 24 日，由中华圣公会浙江教区代表朱天临及广济医院董事会董事邓述堃、余文光、王历、黄凌苹、陈良、徐君、石华玉等人致函浙江医学院，认为通过三自革新运动后思想觉悟提高了，将广济医院全部财产(包括礼拜堂及苏达立住房在内)无条件交还国家，经浙江省卫生厅报华东军政委员会卫生部批准接收，并决定于 1952 年底接收完毕，正式更名为“浙江医学院附属第二医院”，王历担任院长。医院根据临床教学需要调整为大外科专科医院，设普外科、胸外科、神经外科、骨外科、肿瘤外科、泌尿外科、肛门外科、牙科、皮肤科等 9 个临床科室，内科、眼科、耳鼻喉科调去浙一医院。松木场麻风病院迁至武康上柏，后改名为“浙江省麻风病院”。1956 年，邓云担任浙江医学院附属第二医院院长，为适应教学要求和有利病人的原则，1957 年医院再次调整为内外科综合性医院，医院病床扩展到 450 张，增设内外科、神内科、耳鼻喉科、口腔科等临床科室，将泌尿外科、肛肠科以及普外科部分医、护人员调去浙一医院。1960 年，医院定名为“浙江医科大学附属第二医院”，余文光担任院长。医院设有卫生部临床药理研究基地和国家食品药品监督管理局药物临床试验机构(13 个专业)、1 个教育部重点实验室、1 个国家中医药管理局中医药科研三级实验室、4 个省部级重点实验室，6 个省部级重点学科、24 个卫生部专科/住院医师规范化培训基地，12 个省质量控制和技术指导中心，7 个浙江大学医学研究所，为浙江加州国际纳米技术研究院第一分院正式挂牌单位，同时拥有人体和动物 PET 的医学 PET 中心。

浙江大学医学院附属第二医院系三级甲等医院，是一所综合性教学医院，为浙江省医疗、教学、科研指导中心之一。1984 年首批被授予省级文明医院，1989 年在全国首家通过三级甲等医院评审，1991 年被评为全国卫生系统先进集体，1994 年被卫生部评为全国医院感染管理先进单位，1998 年被评为全国“百佳”医院和浙江省示范文明医院。2008 年，获全国医院管理年活动先进单位，多次以高标准通过浙江省三级甲等医院评审。2009 年，医院科研到位总经费 3245 万元，其中获得国家自然科学基金 25 项，获得浙江省重大科技专项 9 项，姚克教授获得技术重大贡献奖、浙江省重点创新团队，肿瘤学科为国家级重点学科、眼科学为国家重点扶植学科。医院设有 1 个教育部重点实验室、3 个省部级重点实验室，24 个卫生部专科/住院医师规范化培训基地，10 个浙江大学医学研究所和同时拥有人体和动物 PET 的医学 PET 中心，卫生部临床药理研究基地和国家食品药品监督管理局药物临床试验机构(13 个专业)，承办中华系列杂志之一《中华急诊医学杂志》以及英文版*World Journal of Emergency Medicine*。2010年，全院有职工总数2440人，其中博导55人，正高146人，博士303人，其中教育部长江特聘教授4人、获政府特殊津贴专家18名，博士生导师55名，浙江省特级专家1人，拥有临床医学一级学科博士学位授予点及博士后站，拥有大陆唯一的美国外科学院荣誉院士，核定床位3200张，建有现代化的眼科中心、急诊中心、国际保健中心和门诊科教综合大楼以及附设急救直升机停机坪的脑科中心，门急诊量350万人次，住院手术量近5万人次，年出院量9万人次，平均住院日8.5天，总收入21.02亿元，收支结余率为6.66%。医院学科齐全，拥有临床和医技科室47个，拥有卫生部临床重点专科13个，教育部重点学科1个，重点培育学科1个，包括肿瘤、眼科、心血管内科、外科、骨科、神经外科、神经内科、急诊医学科、皮肤科、呼吸科、烧伤科、过敏科和护理学。医院重视医疗质量管理，院内附设浙江省病历管理、临床麻醉、急诊医学、感染管理、心血管疾病介入诊疗、高压氧医疗质量控制中心及多个医学技术指导中心。2010年，医院共到位科研纵向经费2131万元，横向经费2878万元，总经费5191万元，自2000年来获得国家科技进步奖二等奖5项、国家技术发明奖二等奖1项。

3. 浙江大学医学院附属妇产科医院

浙江大学医学院附属妇产科医院是浙江省妇产科医疗、教学、科研及计划生育、妇女保健工作的指导中心，是一所三级甲等妇女保健院（妇产科医院）。医院的前身是浙江省立医学院附属医院，首任院长是刘天香教授。1951年5月，浙江省立妇幼保健院成立。1954年，浙江省妇女保健院成立。1960年改称为浙江医科大学附属妇女保健院。1985年称为浙江医科大学附属妇产科医院、浙江省妇女保健院。1999年至今称浙江大学医学院附属妇产科医院、浙江省妇女医院、浙江省妇女保健医院。1978年批准设立妇产科学硕士点，1993年设立博士点，是全国妇幼卫生先进单位，全国计划生育先进单位、浙江省先进医院、浙江省计划生育科研先进集体、浙江省"八五"计划生育工作先进集体、浙江省文明医院、浙江省示范文明医院、浙江省"八五"计划生育先进集体、浙江省三八红旗先进集体。医院占地面积15733平方米，总建筑面积60739平方米，核定床位750张，婴儿床260张，在编职工934人，其中副高级以上150人，博士生导师8人，硕士生导师41人，毕业博士研究生3名，硕士研究生39名。2009年，医院门诊量1041536人次，年收治病人30697人次（其中分娩人数11063人次），平均住院日为7.56天，总资产74201万元，总收入52445万元。医院设有妇科、妇科肿瘤、产科、新生儿科、生殖内分泌、计划生育、妇女保健、内科、外科等专科，各科室开展了多项新技术、新项目，妇科开展恶性肿瘤保留生育功能手术等，产科开展产前诊断、胎儿医学、导乐分娩，生殖内分泌科开展单细胞基因诊断技术、胚胎植入前遗传学诊断、选择性单胚胎移植等，计划生育科对宫内节育器失败和异位原因及避孕药物进行深入研究，广泛开展腹腔镜下输卵管吻合术，新生儿科成功救治的孕周28周、出生体重550克的早产儿，2009年康复出院，创下救治成功的新生儿出生体重最低纪录，麻醉科推广实施无痛分娩、无痛人流，各医技科室开展了超声介入造影和胎儿心超检查、新生儿颅脑的超声诊断、放射DSA介入治疗等新技术、新项目。

2010年，医院业务规模居全国同类专科医院之首，临床诊治综合技术达国内领先水平、部分达国际水平，是妇产科学硕士点、博士点、博士后流动站。医院妇产科学为国家重点（培育)学科,《妇产科学》为国家级精品课程,妇科、产科均为国家临床重点专科,学科优势突出,专业特色鲜明,设有普通妇科、妇科肿瘤科、产科、计划生育科、生殖内分泌科、外科、妇女保健等专科,拥有卫生部妇产科专科医师培训基地、辅助生育技术培训基地、妇科内镜诊疗技术培训基地和浙江省母婴护理专科护士培训基地,并设有浙江省计划生育指导站、浙江大学妇产科计划生育研究所、浙江省女性生殖健康研究重点实验室、教育部生殖健康重点实验室及浙江省产前诊断中心、生殖医学中心、胎儿医学中心和宫颈疾病诊治中心,2009 年通过国家药监局组织的临床药物试验机构专家认证,有 28 人次在全国性学术组织任职,其中副主任委员 4 名,在国内享有盛誉。2009 年以来,医院承担国家"973"计划、"863"计划、国家科技支撑计划项目、国际合作项目、国家自然科学基金及省部级科研项目共 193 项,发表学术论文共 903 篇,其中 SCI 收录期刊论文 252 篇,出版学术专著 18 部,主编国家规划教材《妇产科学》(5 年制第 8 版),获得专利 29 项,其中国家发明专利 10 项,获得省部级及以上科研奖励 8 项,其中以第一完成单位获得国家科技进步奖二等奖 2 项、以第二完成单位获得国家科技进步奖二等奖 2 项。

4. 浙江大学医学院附属儿童医院

浙江大学医学院附属儿童医院(浙江省儿童医院、浙江省儿童保健院)是一所三级甲等综合性儿童医院。1951 年 5 月,以浙江省立医学院附属医院的儿科、妇产科为基础,将浙江省立杭州医院(即浙江省中医院)的儿科、妇产科并入,成立浙江省立妇幼保健院。1953 年 3 月,该院分为浙江省儿童保健院和浙江省妇女保健院,儿童保健院设床位 60 张,以儿内科为主,由儿科专家厉裔华教授任院长,直属省卫生厅领导。1954 年 2 月,经省政府批准,浙江省立妇幼保健院妇产科与儿科分开建制,分别成立了浙江省妇女保健院和浙江省儿童保健院,至此,浙江省儿科专科医院正式诞生,1955 年转为浙江医科大学附属儿童保健院,由浙江医科大学和省卫生厅双重领导,1985 年改名为浙江医科大学附属儿童医院、浙江省儿童保健院。2007 年 9 月,国家教育部公布了第三批通过考核评估的国家重点学科名单,浙江大学医学院附属儿童医院儿科学被评为国家重点学科。2010 年,浙江大学医学院附属儿童医院(浙江省儿童医院、浙江省儿童保健院)已成为一所三级甲等综合性儿童医院,拥有国家级重点学科 1 个,国家临床重点专科 1 个,省医学重点学科 4 个,省重点创新团队 1 个,省重点学科群 1 个,教育部重点实验室 1 个,浙江省重点实验室 1 个。医院是浙江省新生儿疾病防治中心、浙江省小儿心血管疾病防治中心、浙江省新生儿疾病筛查中心、浙江省基因诊断中心、浙江省听力筛查管理中心所在地,儿科学硕士学位授予点、博士学位授予点和博士后流动站。医院开放床位数 850 张,设有 19 个病区,37 个临床科室,10 个医技科室,20 个职能科室。2010 年,医院拥有职工 1452 人,其中专业技术人员 1282 人,行政后勤人员 170 人,博士 58 人,硕士 305 人,博士研究生导师 12 人,硕士研究生导师 53 人。医院拥有一支兼具医、教、研综合能力和创新意识的拔尖人才队伍,有包括中华预防医学会儿童保健分会任主任委员,中华医学会儿科分会副主任委员,中国医师协会儿科分会副主任委员,中华医学会儿科分会新生儿学组组长、消化学组组长、儿童保健学组副组长和内分泌遗传代谢学组副组长,中华预防医学会儿童保健分会新生儿疾病筛查学组组长在内的 20 余人次在全国性学术机构中任职。2010 年,医院门急诊人次152.35万，比上年增长5.34%，出院人次3.38万，床位使用率97.02%，平均床位周转次数40.67次，治愈好转率为97.28%，院内感染率为4.52%，甲级病例符合率98.50%，收治出生体重超低、极低婴儿共125人，治愈和好转率达到93.5%，开展手术15726例，其中，心胸外科体外循环手术692例，体外膜肺氧合(ECMO)技术3例，普外科手术2538例，泌尿外科手术1712例，开展心内介入治疗及诊断性心导管379例，胃肠内镜检查、治疗2521例，纤维支气管镜检查、治疗965例，成功开展造血干细胞移植10例。2010年，医院获各类科研项目89项，其中国家支持计划项目子课题2项，重点创新团队1项，自然科学基金6项，省重点学科群1项，省自然科研项目获科研总经费1078.84万元，比上年增长14.51%，获浙江省科技进步奖三等奖、省医药卫生科技创新奖二等奖各1项，在核心以上期刊共发表论文111篇，其中SCI收录论文52篇，中华级杂志发表论文40篇。2010年，医院参加卫生部国家临床重点专科评估，按照卫生部评估试点方案要求，申报重点专科9个。12月，根据申报要求的变化及时进行重新调整，以儿科重症专业为主，顺利通过评估，获得财政部、卫生部下拨的500万元建设经费。

5. **浙江大学医学院附属邵逸夫医院**

浙江大学医学院附属邵逸夫医院建于1994年，由香港知名实业家邵逸夫爵士捐资，省政府配套建设的一所现代化、综合性、研究型的三级甲等医院。2006年，邵逸夫医院首次通过国际医疗机构联合委员会(JCI)评审，2009年又以高分通过复评。2010年，医院在职职工2251人，其中医技人员1869人，高级职称270人，中级职称560人，博士学位174人，硕士学位361人，核定床位数1200张，设有32个临床科室，40个护理单元。医院拥有国家级中医药科研三级实验室1个，浙江省重点实验室2个。2010年，新增腔镜技术研究重点实验室1个，省级重点学科1个，省医学重点学科3个，省中医药重点实验室2个，省重点科技创新团队3个，浙江大学研究所2个。2010年，医院获得浙江省科技进步奖一等奖、二等奖、三等奖各1项，浙江省卫生厅科技创新奖一等奖2项，全年新获科研项目109项，其中国家科技重大项目1项，国家自然科学基金22项，省科委重大项目4项，获科研经费1937.49万元，SCI收录论文85篇，一级杂志论文90篇，出版专著1部。浙江大学医学部临床医学三系设在邵逸夫医院，临床三系有教研室26个，导师77人，其中博士生导师20人，硕士生导师57人，有临床医学博士后科研流动站和临床医学博士、硕士学位授予点，博士学位授予点14个，硕士学位授予点27个。每年承担培养硕士生150余名、博士生60余名及博士后流动的临床教学、实习和科研任务。2010年，医院全年业务收入达11.97亿元，比上年增长18.16%，门诊量达到1088456人次，比上年增长23.37%，出院人数49461人次，比上年增长11.96%，手术例次25645例，比上年增长5.9%，药品比例、平均住院日分别为38.7%和8.7天，保持在浙江省内最低水平。澳大利亚心胸外科专家钱希明教授的引进，以及多例罕见高难度心脏外科手术的完成，使医院在心脏病诊疗方面取得了一个质的飞跃。另外，医院以引进美国希望之城医疗中心黄勤教授为契机，由浙江大学副校长来茂德教授担任主任，成立了分子病理诊断中心，至2010年底已成立8个中心，之前成立的有眼科中心、牙科中心、生殖医学中心、整形美容中心、糖尿病中心和脑卒中中心。医院以“向世界最好的医院学管理”为主题，于2010年10月成功举办邵逸夫医院第五届国际学术周，美国、澳大利亚、瑞典、加拿大、日本等国在各自领域颇有建树的医疗专家和管理专家参与此次盛会。

6. 浙江大学医学院附属口腔医院

浙江大学医学院附属口腔医院（又名浙江省口腔医院）是浙江省一家三级甲等口腔专科医院，是浙江省口腔医疗、科研、教学、预防指导中心，承担浙江省口腔卫生指导中心、浙江省口腔质量控制中心、浙江省口腔正畸中心及浙江省口腔医学会的任务。1985 年 8 月，浙江医科大学向省卫生厅递交了申请建立附属口腔医院的报告。1986 年 1 月，经省卫生厅同意成立浙江医科大学附属口腔医院筹建小组。1993 年底，浙江医科大学校长会议决定了附属口腔医院建设用地。1994 年，口腔医院筹建工作拉开序幕，重设口腔医院筹建领导小组，申报项目名称改为"浙江医科大学附属口腔门诊部拆扩建工程"。同年，浙江省计经委批复同意拆扩建工程立项申请。1995 年 5 月，省卫生厅正式发文同意拆扩建项目正式立项，11 月省卫生厅、省计经委联合下文启动筹建。1996 年 6 月项目正式破土动工。1998 年 10 月，口腔医院大楼基建竣工交付使用，建筑面积 6493 平方米，共耗资约 700 万元。1999 年 7 月，医院顺利通过省卫生厅验收。省卫生厅下发同意设立浙江大学医学院附属口腔医院（浙江省口腔医院）的批复。1999 年 8 月 18 日，浙江大学医学院附属口腔医院举行正式挂牌开诊仪式。医院开张初期，基本员工由原口腔门诊部和口腔医学系系本部人员合并而成，共 64 人（副高以上 26 人），其中正式在编职工 54 名。按照当时的三级口腔医院标准，核定床位 50 张、设口腔综合治疗椅 64 台。业务科室设有口腔内科、口腔外科、口腔修复科、口腔正畸科、口腔病理科、放射科、手术室和技工制作中心等医技科室及其相配套的辅助科室。2010 年底，医院建筑面积约 6493 平方米，在院职工 250 人，副高以上职称 28 人，核定床位 50 张，开放床位 21 张，现有牙科综合治疗台（包括华家池口腔诊疗中心）112 台。医院设有口腔内科、口腔外科、口腔修复科，口腔预防科，面颌美容科等临床科室以及设施完善的辅助科室，2010 年共获得科研课题经费总额 99 万元，其中国家自然基金 1 项，卫生部科学研究基金（省部共建项目）1 项，省科技厅 3 项，卫生厅 3 项，中医药管理局 4 项，浙江省自然科学基金 1 项，共发表和录用论文 30 多篇，其中 SCI 论文 14 篇。医院积极开展国内外交流活动，接待了西班牙口腔协会主席 Araceli Morales Martin 教授一行专家的交流访问，完成美国佐治亚州牙学院的 5 名学生与口腔医学系 2005 级 3 名学生的互访交流，组织医院 50 余名医生赴厦门参加首届全球华人口腔医学大会，主办了浙江大学口腔校友及浙江省口腔同仁联谊会。2010 年 6 月 4—6 日，医院顺利承办了第九届泛太平洋口腔种植学国际会议。

7. 温州医学院附属第一医院

温州医学院附属第一医院（又名浙江省立温州第一医院）是浙江省一家三级甲等综合性医院，系温州医学院第一临床医学院，创建于民国 8 年（1919 年），前身是温州市首家由国人创办的瓯海医院。2005 年，医院占地面积 31 亩，在岗职工 3858 人，其中正高职称 153 人、副高职称 238 人、中级职称 665 人、初级职称 862 人，博士生导师 10 人、硕士生导师 138 人，行政工勤人员 824 人，医护比为 1∶1.18。医院核定床位 1800 张（含八院区），实际开放床位 1700 余张，设有 53 个临床诊疗中心和科室，8 个医技科室，23 个职能科室，1 个医科所，1 个外科实验中心和1个内科实验中心。温州医学院附属第一医院先后获得“全国百姓放心示范医院”“全国模范职工之家”“全国杰出青年文明号”“全国医院文化建设先进单位”“全国女职工建功立业标兵岗”“浙江省示范文明医院”“省级文明单位”“浙江省五四红旗团委”“浙江省卫生系统思想政治工作先进单位”“浙江省抗击非典先进党组织”等称号。2010年,医院门急诊219.7万人次,同比增长7.2%,出院5.1万人次,同比增长4.1%,住院手术2.7万例次,同比增长3.8%,平均住院日12.34天,同比下降0.11天,总收入16.8亿元,同比增长11.3%。学科建设,中西医结合麻醉学通过终期验收,成为“第三批浙江省中医药重点学科”,省医学重点扶植学科“急诊医学(急性中毒)”“临床营养学”通过终期验收。省重中之重学科外科学管理制度逐步健全,医院全年科研立项173项,其中国家科技支撑项目子课题1项,国家自然科学基金项目10项,科研获奖13项次,发表学术论文592篇,其中SCI论文56篇,影响因子125.049分,出版学术著作29部,举办国家级继续教育项目18项,省级项目12项。医院以搭建临床医疗中心为平台,发挥多学科组合的优势,提升医院整体科研水平和临床救治能力,在疾病的诊治和研究方面形成自己的特色,医疗新技术、新项目不断涌现,在肾、肝、非亲缘造血干细胞等移植。肿瘤、心血管、脑血管、外周血管、呼吸系统等介入。胆道、胸腔、泌尿、妇科等腔镜技术。辅助生殖医学、重症胰腺炎、门脉高压、复杂先天性心肌病、神经、乳腺、颌面部肿瘤等治疗。心肌梗死、大面积烧伤、创伤弧菌脓毒症等重大危重病抢救方面,均取得卓越成绩。医院担负着联系23家临床教学基地的教学指导工作任务,下设临床医学专业、医学影像学、临床医学专业专升本3个专业,临床医学专业为国家一类特色专业、浙江省重点专业,拥有3个博士点、18个临床医学专业硕士点、23个二级学科教研室、1个临床技能培训中心,有全日制在校本科生2000多人,每年承担培养博士生、硕士生500余人。浙江省中医药重点学科(中西医结合麻醉学)、浙江省医学重点扶持学科(急诊医学(急性中毒)、临床营养学)、浙江省中医药重点专科(风湿病专科)和浙江省示范中医科(中医科)通过年度验收。省卫生厅重点实验室(中医药分子生物学实验室)通过省卫生厅终期验收。浙江省重中之重学科“外科学”建设方案和经费预算通过浙江省教育厅和财政厅审核,“外科学实验室”列入温州市重点实验室并获政府资助经费50万元。

8.温州医学院附属第二医院

1982年7月10日,温州医学院附属门诊部改为附属第二医院。1985年10月,经省卫生厅批准,温州医学院附属第二医院新建6层外科大楼,1987年12月外科大楼对外开诊,医院床位增至320张。1988年2月4日,省卫生厅批准同意温州医学院附属二院同时挂“温州医学院附属儿童医院”牌子。1991年8月,温籍台胞何朝育、黄美英夫妇,捐资1500万港币,在温州医学院附属第二医院规划用地内建造一幢设床位300张的儿童医院大楼,1991年12月31日温州医学院附属儿童医院更名为“温州医学院育英儿童医院”。1993年11月育英儿童医院大楼落成对外开诊,并聘任黄美英女士为温州医学院育英儿童医院名誉院长。1993年温州医学院附属第二医院、育英儿童医院被省卫生厅评为三级乙等医院。1998—2007年,温州医学院附属第二医院和附属育英儿童医院通过内部调整和外部扩展,增加医疗用房面积,改善医疗环境,提高医疗服务能力。医院先后建造了放射医技楼、后勤综合楼,为儿童住院楼增建了病区卫浴用房，对儿童门诊进行改造，搭建儿童输液大厅，缓解儿童就医压力。1998年，在台胞何朝育夫妇再次捐资的推动下，门诊综合楼项目开工，2003年5月建成投入使用，单体总面积达3.6万平方米，内设附属二院的各科门诊、手术室和部分住院病区。2003年，附属二院租用学校学院路校区的教学综合楼，经过改造，设立急救中心、脑科中心、康复中心、检验中心和科研中心，增加了医疗用房面积1.7万平方米。2005年，附属二院整体兼并了原浙南心血管医院，出资购买了该院的房产，改造成温州医学院附属第二医院南浦院区。医院总面积约16亩，建筑面积3.7万平方米，共设病床430张。至2007年底，附属第二医院、附属育英儿童医院共开放床位1690余张，成为当时温州地区乃至浙南闽北床位数最多的综合性医院，年门急诊数超过180万人次，年出院超过4.7万人次，是温州地区服务人次最多的医院。2010年，温州医学院附属第二医院、育英儿童医院，核定床位1620张，职工2876人，有53个病区，44个临床科室、100多个专科门诊，门急诊229.12万人次，住院6.75万人次，床位使用率为106.08%，床位周转次数37.62次，出院6.76万人次，业务收入137646万元，固定资产85900万元。医院在建浙江省高校重中之重学科1个、温州市高等学校重点学科1个、温州市重点实验室2个，浙江省医学重点学科3个、浙江省中医药重点学科1个、浙江省中医药重点专科1个、7个院级重点学科通过验收，新增8个院级重点学科，2个后续资助学科，获得专利授权5项。医院课题总立项数209项，其中国家自然科学基金10项，国家社会科学基金项目1项，国家教育部2010年度高等学校博士学科点专项科研基金1项，国家科技部—国家科技支撑计划项目1项，浙江省自然科学基金13项，浙江省科技厅项目5项，共获各类科技成果15项，其中，中华医学会科技创新奖一等奖1项，中华药学会科学技术进步奖三等奖1项，浙江省科技进步奖一等奖1项、三等奖2项，浙江省医药卫生科技创新奖一等奖2项、二等奖3项、三等奖2项。

9.温州医学院附属眼视光医院

温州医学院附属眼视光医院建于1998年9月，前身为1991年1月创办的视光门诊部和视光学临床中心、眼底激光中心、眼镜质检中心。1995年，省卫生厅同意筹建温州医学院眼视光医院。1998年6月，温州医学院附属眼视光医院正式成立，9月眼视光医院大楼竣工，省卫生厅同意温州医学院附属眼视光医院开业，医院总面积约6000平方米，有4个住院病区，床位200余张，年门诊病人25万人次，出院病人8000余人次。2004年4月，经省卫生厅同意，附属眼视光医院增挂“浙江省眼视光医院”牌子。2006年12月，附属眼视光医院通过省卫生厅组织的专科医院等级评审，被评为三级甲等眼科专科医院。2010年，全院在岗职工614人(不含短期工)，其中高级职称61人，中级职称91人，博士52人，硕士134人，博士生导师14人，硕士生导师25人，职工中有卫生技术人员347人，行政工勤人员165人，1人入选国家“千人计划”，1人入选浙江省“千人计划”，1人被评为卫生部有突出贡献中青年专家，1人入选浙江省卫生高层次创新人才培养对象，1人获“钱江人才”称号，1人被评为浙江省功勋教师，1人获浙江省优秀院长称号，2人获浙江省卫生科教工作先进个人称号。医院职能科室21个、临床和医技科室21个，病区5个，实际开放床位159张，医生与护士比1∶1.26。医疗(含药品)业务收入2.031亿元，较上年增长18.56%，门诊量36.7万人次，出院11544人次，开展手术 26037 眼次，平均住院日 4.87 天，床位利用率为 83.96%，院内感染发生率为 0.08%，I 类手术切口感染率为 0.009%，漏报率为 0。医院拥有教学、科研用房 1.2 万平方米，医疗用房 3.5 万平方米（含杭州院区 1.6 万平方米），临床医疗设备总值 1.246 亿元（其中杭州院区设备总投入 4540 万元），科研教学设备总值 6600 万元，多项高新医疗技术（项目）顺利开展。全院开展了微创玻璃体切割系统主动硅油取出术、内窥镜在严重葡萄膜外伤中的应用、PDT 治疗难治性中心性浆液性脉络膜视网膜病变、后巩膜加固术治疗黄斑劈裂的疗效观察、应用 RGP 镜片矫正角膜不规则散光、Retcam 在儿童眼病诊治中的应用、内镜引导下经泪阜后径路眶内侧壁骨折修复术、个体化渐进多焦点眼镜验配等 14 项新项目、新技术。

10. **温州医学院附属口腔医院**

该院前身是温州医学院附属二院的口腔科，随着医疗服务能力的提升和医务人员队伍的壮大，1999 年 4 月口腔科升格为口腔医疗中心，2002 年 1 月口腔医疗中心从医学院附属二院剥离，正式成立温州医学院附属口腔医院。2010 年，医院成为浙南地区集口腔及颌面部疾病诊治、预防、保健和口腔医学教育、科研于一体最大的公立口腔专科医院，是全国首批专科医师培训试点基地，全国首家中国医师协会唇腭裂治疗培训基地，浙江省第一批住院医师规范化临床培训基地，也是温州市口腔医学会、温州市口腔卫生指导中心、温州市口腔质控中心挂靠单位。2005—2010 年，医院承担各级各类科研课题共 70 余项，其中国家级和省部级科研课题 10 余项，省级精品课程 1 门，获授权专利 12 项。医院有学院路、广场路及瓯海分院 3 个院区，建筑面积 6000 多平方米，职工 300 余人，90%以上的临床医师拥有博士或硕士学位，拥有牙科综合治疗台 100 多张，开放病床 18 张，设有牙体牙髓科、牙周科、口腔颌面外科、口腔修复科、口腔正畸科、儿童口腔科、口腔种植科、VIP 特诊中心、洁牙中心、义齿制作中心、口腔放射科等 11 个临床医技科室。

（五）民营医疗机构

改革开放以来，浙江省民营医疗机构的发展呈波浪式推进，时快时慢，机构数、床位数时高时低。1985 年，国务院批转《卫生部关于卫生工作改革若干政策问题的报告》中，明确指出：发展全民所有制卫生机构要国家办、地方办、部门办，同时并举。1992 年 1 月，浙江省开办第一家中外合资医院，即浙南心血管医院。① 2002 年，浙江省已有私立、股份制、中外合资举办的民营医院 48 家，100 张床位以上 12 家，200 张床位以上 11 家，其余约为 30～100 张床位，其中中外合资 2 家，除 7 家为综合性医院外，多数是骨伤、皮肤、眼科、肛肠、牙科、心血管、精神科、整形外科等专科医院。2002 年 8 月 18 日，浙江省最大的独资非营利性民营医院——绍兴博爱医院正式开业。2003 年，浙江省卫生厅注册登记的民营医院有 79 家，总床位 9470 张，占全省总床位数的 7.9%（含卫生院床位数）、全省医院床位数的 10.4%，占全省县及县级以上医院床位数的 10.8%，其中 500 张床位以上的有 4 家，这几家医院的资金投入均超过亿元，多的高达 3 亿元以上。同年，投资 3.5 亿元，占地 260 亩，建筑面积 10 万余平方米的绍兴

---

① 《浙江非国有经济年鉴·2002》，中华书局 2002 年版，第 116 页。

华宇民营医院落成。1月，浙江省首期投资5亿元、占地200余亩的大型民营医院——宁波明州医院开工兴建。2004年，浙江省共审批设置的民营医院170家，核定为营利性医疗机构有94家，占55.3%，核定为非营利性的医疗机构有56家，占32.9%，因尚未执业而未核定经营性质的有20家，占11.8%。2005年，浙江省共审批设置的民营医院有254家，已执业的207家，筹建47家，核定为营利性医疗机构的有165家，占63.4%，核定为非营利性的医疗机构89家，占36.6%。3月16日，由温州市一家民营企业投资创办的专科医院——温州同济男科医院正式开业。2007年，浙江省有民营医院(已执业)229家，床位数为13776张，占全省医院床位总数的10%，100张床位以上的有35家。2008年，浙江省民营医院有225家，床位数为15040张，占全省总床位数的9.7%。2009年，中共中央、国务院明确提出"鼓励和引导社会资本发展卫生事业，积极促进非公医疗卫生机构发展，形成投资主体多元化、投资方式多样化的办医体制"后，浙江民营医院总数为257家，其中私人医院128家、股份制医院87家、股份合作制医院16家、其他26家。2010年，浙江省民营医院为278家，床位数8360张。

第三章　疾病防治

浙江气候温暖潮湿、洪涝灾害易发，古代瘟疫常年流行。17 世纪，世界科学界先后发现细菌、病毒等病原微生物的存在，并将这些微生物引起的疾病称为传染病。浙江自清嘉庆二十五年(1820 年)、民国 29 年(1940 年)分别发现霍乱弧菌、鼠疫杆菌之后，由细菌、病毒引起的白喉、伤寒、副伤寒、结核、麻风、钩端螺旋体、天花、麻疹、肝炎、脊椎灰质炎等疾病陆续发现。尽管历代官府采取防治措施，但成效甚微。中华人民共和国成立后，浙江省坚持预防为主、防治结合的卫生工作方针，诸多传染病、地方病、寄生虫病得到控制或消灭，但随着经济、社会的发展和疾病谱的变化，非典型性肺炎、禽流感、艾滋病等新发传染病和高血压、糖尿病等慢性非传染性疾病的渐增，对医疗卫生工作提出了严峻挑战。

第一节　传染病

传染病是由各种病原体引起的能在人与人、动物与动物或人与动物之间相互传播的一类疾病。这种疾病通常可借由直接接触已感染者、感染者的体液及排泄物、感染者所污染到的物体，也可以通过空气、水源、食物、土壤等传播，有的也可通过母婴传播。其特点是有病原体、传染性和流行性，感染后常有免疫性，有些传染病还有季节性或地方性。当一个传染性疾病在一个地理区域内显著超过该病的历年发病率，就称为流行，古代称为瘟疫。自人类发现病原体(病原微生物)之后，世界上按不同病原体划分了传染病的病种，中国目前的法定传染病有甲、乙、丙 3 类，共 39 种。在浙江流行的传染病中，肠道传染病有霍乱、伤寒、肝炎等，呼吸道传染病有天花、麻疹、白喉等，动物源性传染病有鼠疫、流行性出血热、钩端螺旋体病等，还有虫媒传染病等。传染病一旦流行，如果不加以控制，除可造成死亡，甚至可摧毁城市、政治、国家，瓦解文明，可以灭绝族群、物种。因此，各地各级政府高度重视传染病的防治工作，浙江省一些早期流行的传染病已经灭绝，新发的传染病加强监测、及时防控，取得了明显的成效。

一、瘟疫

古代把沾染疫疠瘴气而造成流行的急性传染病统称“疫疠”“瘟疫”“疫病”等。疫病流行时，往往导致大批人染病乃至死亡，因此很早就引起了先民们的注意。先秦史料中有不少关于疫病的记载，如殷商的甲骨文中就有了“疟”字，《尚书・金縢》篇中有“遘厉(疠)疟疾”的句子。还认识到疫病的传染性："五疫之至，相染易也"(《素问》)，疫病的流行与季节有关："孟春行秋令，则民大疫"(《礼记》)。

西汉时期，"南方暑湿，近夏瘅热，暴露水居，蝮蛇蠚生，疾疢多作，兵未血刃而病死什二三，虽举越国而虏之，不足以偿所亡"。这是南方有关疫病流行的记载。① 司马迁在《史记・天官书》中记载东南民有疾疫，但未进一步锁定浙江瘟疫流行状况。

东汉时期，建武二年(26 年)，嵊县流行斑疹伤寒，使一家母子双亡。建武十四年，会稽(今绍兴)大疫，死者以万数。山阴(今绍兴)人钟离意精心医治，"所部多蒙全济"。永元五年(93 年)，绍兴大疫。是年 4 月，绍兴一带大疫，朝廷派太医前往诊疗，并赐棺木瘗葬尸体，免除当地人民的田租口赋。乌伤溪水之上(今义乌市东)疾疫大起，东阳人赵炳与徐登相约以禁咒疗法医治时疫。

三国吴时期，绍兴一带大疫。晋太和元年(366 年)春，富阳大疫。南朝刘宋时期，湖州一带饥疫。东晋句章(今慈溪)、鄮县(今宁波)"既有短狐之疾，又有沙虱害人"。南朝齐永明元年(483 年)，湖州水灾，疫病起发。又据《北史》记载："江浙饥荒之余，疫疠大作，死者相藉"。唐朝的《外台秘要》引崔氏蛊吐血方注："凡蛊有数种……郡县有名章者尤甚，今东有句章(今慈溪)，章安(今椒江)故乡，……无村不有，无县不有……"

唐代乾元元年(758 年)，浙江水旱重困，疫疠流行，死者众多。乾元四年十月，浙江水旱交错，疫病大起，死者枕藉。大历年间(766—779 年)，杭、越地区发生大疫，代宗敕"其有死绝家无人收葬，仍令州县埋瘗"，断绝尸体传染病菌的可能。唐德宗贞元五年(789 年)是夏，淮南浙东西福建等道旱，井泉多涸，人渴乏，疫死者众。贞元六年夏，浙西大旱，井泉竭人多且疫，死者甚众。元和元年(806 年)夏季，浙江东部大疫，大部分人死于疫疠。太和元年(827 年)春，浙西(今富阳)大疫。太和六年五月，浙西观察使丁公奏杭州 8 县灾疫，赐米七万石救赈，海宁始有疫疠流行记载。文宗开成四年夏，台州，宁波疫病大起。咸通九年，浙江大疫。

北宋庆历年间(1041—1048 年)，宁波桃源乡大疫。《桃源乡志》记载："昭惠庙灵祐桔侯黄公一日托诸巫曰：'瘟疫吾境，可令汲井水，采柏枝叶，煎汤饮之，可无虞。'寻采叶，数日即尽。祝告神曰：'柏叶已尽而病未退，奈何?'经夜，柏忽茂盛如初，卒救民得全生。"苏东坡认为："杭水陆之都会，因疫病死比他处常多。"因此，他派遣下属为百姓治病，并采取防病治病措施。元祐四年(1089 年)，苏东坡出任杭州太守，在城市中心地带(惠民路附近)建置病坊，取名安乐坊，派寺院僧医管理坊事，聘请名医坐堂治病。苏氏常躬身病坊，安抚患者，提出各种改进意见，提高了医疗水平。他还按照病人患疾的轻重，隔离治疗，以防传染疫疠。之后，宋徽宗又诏令地方官府在各郡设立安济坊，大的安济坊设有病房 11 间，隔离病人以防传染。

清嘉庆二十三年(1818 年)，平湖普济堂规定：设养老房 40 间，每间可住 3～4 人。如有偶患子恙，延医服药。倘患疫疠疮疡，易致传染诸症，即移居养病房，延请专科医治。光绪二十八年(1902 年)，温州地方官以疾疫传行，相继乃设施医局留养病人，又虑穷民乞丐体素羸弱，最易触染，故隔别安置，冀免积气熏蒸多所传染。

---

① 〔东汉〕班固：《汉书》，浙江古籍出版社 2000 年版，第 858 页。

民国21年(1932年),浙江省各县法定传染病统计死亡人数相当多:霍乱(患20350人、死1753人),天花(患7451人、死1233人),伤寒(患9871人、死1086人),赤痢(患6921人、死529人),白喉(患2711人、死253人),斑疹伤寒(患2561人、死278人),猩红热(患952人、死66人),流行性脑脊髓膜炎(患2985人、死774人)。总计8种流行病,一年之内患者达53757人,死亡达5972人。

1949年12月30日,浙江省政府发布《浙江省各市、县疫情报告暂行办法》,确定伤寒、斑疹伤寒、赤痢、天花、鼠疫、霍乱、白喉、猩红热、回归热等10种传染病暂照本《办法》办理疫情报告。

浙江省此前的疫情史料,未见有系统完整记述或专著,多散见于历代典籍、官修正史或稗官野史、小说、笔记等著作之中。

二、肠道传染病

(一)霍乱(副霍乱)

清嘉庆二十四年至道光二年(1819—1822年),浙江省有霍乱流行记载,流行持续4年,曾有"痧疫流染,朝发夕死""遭此厄运,十室八九,得生者十之一二"的记载。清嘉庆二十五年证实古典型霍乱由海外经宁波传入。同年,鄞县、慈溪、象山、温岭、玉环、乐清、平阳发生流行。自此以后至民国20年(1931年),浙江省先后经历了六次流行。第一次在清嘉庆二十一年至道光三年(1816—1823年),流行的县有:杭州、湖州、嘉善、平湖、富阳、乌程、归安、长兴、余姚、慈溪、镇海、温岭、永嘉等。第二次在清道光六年至道光十七年(1826—1837年),流行的县有:杭州、富阳、永嘉、丽水、东阳、浦江、嘉善、平湖等。第三次在清道光二十六年至同治二年(1846—1863年),流行的县有:象山、永嘉、奉化、平阳、嘉善、平湖、丽水、仙居、龙游、临安、昌化、孝丰、崇德、杭州、镇海、分水、兰溪、汤溪等。第四次在清同治四年至光绪元年(1865—1875年),流行的县有:鄞县、镇海、奉化、慈溪、平阳、玉环、嘉善、平湖。第五次在清光绪九年至光绪二十二年(1883—1896年),流行的县有:象山、慈溪、奉化、嘉善、台州、仙居、上虞等。第六次在清光绪二十八年至民国20年(1902—1931年),流行的县有:临海、平阳、松阳、昌化、汤溪、宣平、象山、分水等。霍乱的几次流行,给浙江人民带来灾难甚大,各地死亡人数当时无从统计,都以"死亡枕藉""几无孑遗"予以记载。如宣平县,该县人口不多,民国7年8月就有5600余人死于霍乱。据查证,仅民国29年和民国35年的两次流行,全省发病数就达22470人,死亡3696人,病死率为16.45%。

中华人民共和国成立后,1950年5月5日,浙江省卫生厅(以下简称省卫生厅)发布《关于一九五〇年预防霍乱流行的指示》,加大了防治力度。1951年,浙江省古典型霍乱绝迹。1962年7月16日,浙江省防疫机构运用细菌学方法确诊瑞安市一例霍乱病人为浙江省首例副霍乱病人,副霍乱不同于古典型霍乱,由埃尔托弧菌引起的是继1961年广东阳江等县发生后传入浙江。1962年在浙江沿海地区引起广泛流行,当年,全省28个县市流行,发病11856人,死亡693人,仅温州市发病10747例,死亡606例,疫情波及瑞安、平阳、乐清、永嘉及温州市郊的39个区,209个公社,1956个大队(居民委员会)。疫情发生后,浙江省人民政府(以下简称省政府)高度重视,在温州专门成立了技术指导中心站,台州、宁波、绍兴、舟山等地相继设立了分站,加强了防治工作的技术指导,严格管理传染源,普遍整顿和健全基层卫生组织和群众卫生骨干为基础的疫情报告网,县以上医院和发病地区的乡镇卫生院都建立了肠道门诊,各发病地区,在农村普遍设立治疗点,在城市专设隔离病房和临时医院,对病人和疑似病人及时进行隔离治疗和观察,对病家和污染地区进行消毒处理,对疫点按照发现一户、封锁一户,发现一片、封锁一片的要求,进行封锁处理,采取以上综合防治措施后,至10月底疫情基本平息。

浙江省副霍乱的流行可分为三个阶段:第一个流行阶段是1962—1978年。1962年流行强度大,波及面广,以后几年小川型埃尔托弧菌占绝对优势,持续发病17年。第二个流行阶段是1979—1993年,稻叶型复合株埃尔托弧菌取代了小川型,1980年为流行高峰,当年发病12333人,死亡79人,发病县(市、区)44个,其中8个县(市、区)是输入性病例。第三个流行阶段是1994—2010年。这一阶段出现多种菌株并存,优势菌株变化频繁,1994年,全省首次发现0139群菌株(杭州1株),此后几年0139群菌株所占比例逐年升高,2003年后,浙江省副霍乱疫情尽管处于低流行状态,每年发病率低于1/10万,但时有波动。2003—2010年,全省报告霍乱病例分别为24例、40例、311例、40例、61例、19例、30例、12例。疫情发生后,由于各级政府积极采取防控措施,病人及时救治,疫情也未扩散。

浙江副霍乱疫情发生主要是食源性为主,其中由进食海、水产品引起的较多。2005年全国海、水产品霍乱弧菌污染状况调查显示:海、水产品副霍乱弧菌污染率达0.23%,沿海省份的海水产品污染率普遍高于全国平均水平,如广东达2.38%、浙江达1.41%。其中甲鱼污染率最高,浙江省高达8.9%。2006年4月份,浙江省疾病预防控制中心多次接到邻省的霍乱弧菌阳性甲鱼的协查通报,5月份,瑞安市疾病预防控制中心在市售海、水产品中检出5份阳性,污染率为4.20%。2007—2010年,浙江省有些年份在水中检测到副霍乱弧菌。2010年,全省共报告副霍乱病例12例。

(二)伤寒、副伤寒

伤寒和副伤寒是由伤寒沙门氏菌和副伤寒甲、乙、丙沙门氏菌引起的急性肠道传染病。东汉建武二年(26年),嵊县流行斑疹伤寒。民国18年(1929年),《浙江民政统计特刊》刊载:"8月,龙游县发生伤寒流行"。民国23年,衢县县立医院报告首例病人。民国31年,日军侵衢后,全区各县每年发生伤寒流行。民国时期(1942—1949年),衢县、龙游、江山、常山、开化5县卫生院门诊登记347人,死亡27人,平均病死率为7.78%,而据5县调查统计实际发病约12000余人,死亡4500余人。民国29—37年,绍兴市5县统计,共报告伤寒532人,死亡18人。1949年发病1134人,死亡198人。据史料记载,民国36年,以紫微、朱家尖为甚,患者300多人,死亡40人。民国29年,浙江省开始有此疫情报告,至1949年5月,据不完全统计全省共发病6513人,死亡331人,平均每年有38～39个县有疫情报告。1949年12月30日,省政府发布《浙江省各市、县疫情报告暂行办法》,规定伤寒、斑疹伤寒、赤痢、天花、鼠疫、霍乱、白喉、流行性脑脊髓膜炎、猩红热、回归热10种传染病暂照该办法办理疫情报告。

20世纪50年代，浙江省共发病28604人，死亡518人，年均发病率为12.40/10万，病死率为1.81%。60年代共发病17845人，死亡99人，年均发病率为6.19/10万，病死率为0.14%。70年代共发病11294人，死亡16人，年均发病率为3.18/10万，病死率为0.14%。80年代共发病33485人，死亡33人，年均发病率为8.27/10万，病死率为0.10%。80年代后期，由于耐氯霉素的M1型菌传入，浙江省伤寒副伤寒发病又趋增多。1987—1994年，浙江省连续8年伤寒副伤寒发病率超过10/10万，其中1990年发病率为19.04/10万，是中华人民共和国成立以来发病率最高的一年。

2000年开始，全省伤寒副伤寒疫情有所回升，对此，全省各级疾病预防控制机构进一步加强了辖区暴发疫情的早期监测和对发热疑似病人的快速诊断，有效控制了伤寒副伤寒暴发疫情的发生和蔓延。同时，全省各地加强了对确诊伤寒副伤寒病人的隔离与规范治疗工作，减少了伤寒副伤寒慢性带菌者。此外，各地积极开展伤寒副伤寒确诊病人后3个月的带菌检测工作，并加强了带菌者的监测、治疗管理工作，有效控制了传染源，减少了伤寒副伤寒爆发流行的可能。经过60年来的综合防治，浙江省伤寒副伤寒得到了有效控制，但受耐药菌株的出现和人口流动的影响，饮水和食品受到污染等诸多因素，仍有病人发生。2010年，浙江省发生伤寒病例506例，副伤寒病例2137例。

（三）肝炎

肝炎是由病毒引起的传染病。它是由多种肝炎病毒以损害肝脏为主的全身性传染病。病毒性肝炎分为甲、乙、丙、丁、戊和未分型肝炎等，其中甲型肝炎、戊型肝炎主要通过消化道传播，乙型肝炎、丙型肝炎和丁型肝炎主要通过血液传播。

1. 甲型肝炎

1949年前，衢州曾有流行记载。浙江省肝炎的疫情报告始于1959年。20世纪60年代，浙江省肝炎报告病例年平均1.2万余例，疫情以散发为主。20世纪70年代，疫情报告渐趋正常，肝炎病例大幅度上升，年平均达4万余例，特别是1979年局部地区发生暴发流行，温岭县发病1.57万例，发病率高达1667.36/10万。黄岩、慈溪、余姚县肝炎病例也急骤增多，全年累计发病14万余例，省卫生防疫站抽调专业人员到现场调查确认为甲型肝炎流行，并积极开展防治工作。病毒性肝炎流行强度：20世纪50年代，年平均报告发病率为10.84/10万。60年代逐渐增多，发病率为65.93/10万。70年代年平均报告发病率为161.22/10万。80年代，年平均报告发病率为452.34/10万，其中1988年宁波市发生大范围甲肝暴发流行。90年代，年平均报告发病率为154.22/10万。21世纪初期，平均报告发病率为56.83/10万，2010年，甲肝报告发病率为1.39/10万。其间，浙江省肝炎发病率呈现波浪形，其中发病率最高的是1988年，达507.61/10万，最低的是1969年，为9.64/10万。疫情呈5～10年流行一次，且流行高峰逐步上移的趋势，几次流行峰分别为：1960年的9.64/10万，1965年的83.02/10万，1973年的150.09/10万，1979年的373.28/10万，1988年的507.61/10万。自1995年以来，肝炎发病率一直在100/10万左右，未出现新的流行高峰。浙江省医学科学院毛江森院士研制的甲肝疫苗于1990开始使用，1999年浙江省在全国率先将甲肝疫苗纳入计划免疫管理，至 2010 年已产生明显效果，流行周期得到控制，发病率呈逐年下降，已从 1990 年的 140/10 万下降到 2010 年的 10/10 万。

中共浙江省委员会(以下简称省委)、省政府高度重视肝炎防治工作，1960 年 7 月 15 日，省委批转卫生厅党组关于开展防治肝炎运动的报告。省委指出，防治肝炎是当前一件重大的政治任务，如果继续思想麻痹，再不动员广大干部和群众同肝炎做斗争，那么，它对人民健康和社会主义建设事业必将带来更大的危害。省卫生厅在报告中指出，1959 年以来，肝炎的蔓延发展一直没有得到控制，杭州市检查 7 万人，发病有 500 多人，占受检人数 0.7%，省级机关处以上干部中有 81 人发病，占处以上干部总数的 10%，肝炎占传染病病种第一位，并提出了防治肝炎的若干主要方法。1972 年 2 月 5 日，省革命委员会生产指挥组批转省卫生局《关于加强传染病防治工作意见的报告》中指出：1971 年全省肝炎发病比 1970 年增加 1 倍以上，望各地加强防治工作。1978 年 1—11 月，全省发生传染性肝炎 5900 多例，省卫生局发出《关于加强传染性肝炎防治工作的通知》。1979 年，浙江省卫生防疫站和浙江医科大学等单位抽调专业人员开展了浙江省肝炎调查，结果显示：浙江省肝炎患病率为 1.97%，发病率为 1.23%。乙肝表面抗原(HBsAg)阳性率为 11.28%，甲肝抗体阳性率为 48.48%。

20 世纪 80 年代，社会经济发展和人群社会活动频繁，肝炎的传播机会增多，发病率逐年提升。1981—1984 年，浙江省每年肝炎病例平均为 5 万～6 万余例。1986—1987 年每年增加到 11 万～12 万余例，杭州、宁波、温州、台州为重点流行区。1987—1988 年浙江省开展对病毒性肝炎的分型调查：以甲型肝炎为主，占 69.73%。乙型肝炎占 13.17%。非甲非乙型肝炎占 16.35%。EB 病毒感染占 0.73%。1988 年春，宁波、杭州、舟山市因居民食用江苏省启东输入的受甲肝病毒污染的毛蚶而造成甲肝暴发流行，短期内病例急骤增加，疫情迅速蔓延，其中 2 月 11—15 日 5 天内发病 9503 例，占当年发病数的 58.38%。杭州、宁波、舟山发病 8155 例，占 85.81%，发病者多数为甲肝。1988 年全省报告 21 万余例，死亡 167 例，发病率高达 507.61/10 万。宁波、杭州、舟山三市的肝炎病例数占全省的 63.62%。2 月 11 日，省卫生厅下发《关于加强病毒性肝炎防治工作的紧急通知》，并以传真电报下发《关于加强病毒性肝炎防治工作的紧急通知》，对全省肝炎疫情进行了动态监测。疫情发生后各级政府紧急动员，组织人力物力投入防病治病，严禁毛蚶上市，使疫情很快得到控制。宁波市记载的甲肝暴发疫情有 2 起，第一起发生于 1977—1978 年，共发生甲肝 2121 例，发病率为 524.79/10 万，第二起发生于 1988 年，报告病例 47313 例，发病率为 949.78/10 万。这两起暴发疫情均发生在 1—4 月，流行病学调查证实都与生食被污染的蚶类有关。

1980 年 1 月 13 日，浙江人民卫生实验院实验感染红面猴、恒河猴和用红面猴分离甲型肝炎病毒研究成功，并上报成果。1987 年 1 月，浙江省医学科学院毛江森等人研制成功的全国首批甲肝试验性减毒活疫苗和甲肝总抗体检测试剂盒，其敏感性、特异性达到了国际先进水平。1988 年 7 月，由毛江森领导的浙江省医学科学院甲肝疫苗研制攻关组和中国医学科学院医学微生物研究所，成功研制出了甲肝减毒活疫苗毒种，并在北京通过部级鉴定，具有国际领先水平。1998 年 11 月，省领导张德江、柴松岳、李金明、王永明陪同以中共中央政治局委员、上海市委书记黄菊为团长，徐匡迪、陈铁迪、王力平为副团长的上海市代表团考察省医科院普康生物技术公司。2000年6月19日，中共中央政治局常委、国务院副总理李岚清视察浙江省医学科学院普康生物技术公司，省委书记张德江，省委副书记、省长柴松岳等领导陪同。1990年以后，浙江省逐步开展了大规模的甲肝疫苗接种，提出甲肝疫苗免疫对象应为24～36月龄儿童，同时将甲肝疫苗免疫接种纳入计划免疫管理。1997年，浙江省在全国率先制定《浙江省甲肝疫苗免疫接种实施方案》，有计划、有步骤在全省推广甲肝疫苗免疫接种，主要针对1岁以上学龄前儿童（城市扩大到学龄儿童）、20岁以上青壮年（甲肝抗体阴性者）等人群，该方案得到国家卫生行政部门的认可。2008年后甲肝疫苗纳入免疫规划，对18月龄儿童实行免费接种。通过采取以接种甲肝疫苗为主的综合性防治措施，浙江省甲肝防控工作取得了令人瞩目的成果，甲肝的流行周期得到控制，发病率呈逐年下降。2005年，甲肝疫苗出口印度，成为中国第一个具有自主知识产权的出口生物疫苗制品。2010年，已出口印度、孟加拉国、菲律宾、危地马拉等国家，并在泰国、印尼、越南、巴西、俄罗斯等国家顺利注册，进一步造福世界人民。① 毛江森院士因在长期科研中做出的突出贡献，被评为2007年度浙江省科学技术重大贡献奖获得者。在“浙江省科学技术奖励大会”上，省委书记赵洪祝为毛江森院士颁奖。“浙江省病毒性肝炎血清流行病学及分子生物学研究”结果证实，浙江省人群甲肝免疫屏障已经建立，类似1988年的甲肝大暴发将不会再现。

2. 乙型肝炎

乙型肝炎发病率与甲型肝炎相比较为平稳，1990年实行分型报告以来，发病率基本上在50/10万～80/10万间，但自1993—1995年以后，发病率持续上升，1999年达到高峰，接近80/10万。为了降低乙型肝炎的发病率，省政府决定自1992年开始对新生儿开展乙肝疫苗接种，每年新生儿乙肝疫苗接种率均在95%以上，居全国领先水平。1992年，浙江省人群乙肝血清流行病学调查结果显示，15岁以下儿童乙肝感染率为49.52%，全人群乙肝病毒感染率为65.24%，乙肝病毒感染率随年龄的增加而增加。1～59岁人群乙肝表面抗原（HBsAg）携带率为11.61%。1～14岁儿童HBsAg携带率为12.90%，其中1～4岁儿童为4.3%。2000年，浙江省开展浙江省新生儿乙肝疫苗免疫现况研究，对全省68个县新生儿乙肝疫苗免疫现状进行系统、全面的分析，结果显示：浙江省首针接种率及三针全程合格接种率达96.10%和93.03%，均高于全国全程46.3%的水平，疫苗接种后人群HBsAg阳性率已从1992年的7.98%降至2006年的2%，每年可减少3万新生儿感染乙肝。该研究成果获2000年浙江省科技进步奖二等奖、浙江省医药科技进步奖一等奖。同年，浙江省全人群乙肝报告数为33581例，报告发病率达74.74/10万，发病年龄主要集中在15～54岁间（87.32%），农民与工人居多。发病前3位地区为舟山（116.14/10万）、丽水（115.95/10万）和金华市（100.10/10万）。2002年，浙江省将乙肝疫苗纳入儿童计划免疫，且在下发的《关于将乙肝疫苗纳入儿童计划免疫的通知》中要求对目标儿童免费接种5微克乙肝疫苗（酵母）。

为全面实施乙肝疫苗儿童计划免疫工作，2007—2008年，浙江省在全国率先对全省15岁以下儿童开展乙肝疫苗查漏补种工作，共计817398名儿童补种1908851针次，全程补种率

---

① 《浙江医学科学院志》，浙江医学科学院2005年编印，第48页。

达93.22%，合计针次完成率96.04%。这对建立15岁以下人群免疫屏障、有效遏制乙肝的高流行状态产生积极作用。2009—2010年，在全省范围内再次开展乙肝查漏补种工作。2007—2010年4年间共补种108.9万人，241万剂次，15岁以下人群基本达到接种要求。2008年、2009年新生儿乙肝首剂及时接种率分别为97.03%、97.97%，全省90个县（市、区）乙肝首剂及时接种率均在90%以上。自2009年7月1日起，全省统一使用10微克（代替原5微克）酵母乙肝疫苗为新生儿接种，进一步提高乙肝疫苗免后抗体阳转率和抗体滴度水平，促进了浙江省乙肝母婴阻断工作。当年，浙江省全人群乙肝报告发病率达64.830/10万，低于2000—2008年的历年平均水平。2009—2010年，浙江省开展15岁以下人群乙肝疫苗查漏补种工作，全省12个示范区共发现应补种儿童总数34126人，全程接种人数33686人，应接种剂次数64885人，实际接种剂次数64287人，全程接种率98.71%，剂次接种率99.08%。重点人群总计完成摸底人数为116738人，首针接种111661人，第二针接种99558人，第三针接种87642人，三针全程接种率为78.49%，达到指标要求。

为防治乙肝流行，浙江省加强了乙型病毒性肝炎监测工作。2005年开始，浙江省在杭州市下城区和海宁县建立了国家乙肝监测点，并选择了11家医疗机构开展乙肝报告水平调查。2006年，省卫生厅制订《2006—2010年浙江省乙型病毒性肝炎防治规划》，要求到2010年使全省5岁以下儿童乙肝表面抗原携带率降至1%以下，全人群乙肝表面抗原携带率降至7%以下以及全省乙肝发病率降至60/10万以下。2006年乙肝血清流行病学调查结果显示：浙江省1～59岁人群乙肝表面抗原（HBsAg）携带率为8.46%，虽然较1992年流调结果下降了27.13%，但高于全国7.18%的平均水平，仍然处于乙型肝炎病毒感染的高流行区。1～14岁儿童HBsAg携带率为1.32%，较1992年流调结果下降了89.77%，其中1～4岁儿童为0.71%，较1992年流调结果下降了83.5%，但仍高于全国0.96%的平均水平。2008年7月1日，国家下发了《全国乙型病毒性肝炎监测实施方案（试行）》。2009年7月1日起，国家疾控中心将乙肝监测工作纳入了乙肝重大专项项目管理，在全国乙肝监测试点工作的基础上开展乙肝报告发病率评价研究，并下发了《乙肝报告发病率评价研究方案》。2009下半年至2010年，浙江省疾病监测信息报告管理系统共报告210例，监测对象188例，监测点病例报告率100%，报告卡填写完整率100%，病例标本采集率87.82%，实验室标本检测率100%。

3. 丙型、戊型肝炎

1990年，浙江省病毒性肝炎实施分型报告，丙肝、戊肝发病数呈上升趋势。1997年，浙江省报告丙肝发病数为322例，2010年为3073例，发病率从0.73/10万增至5.63/10万。戊肝发病数从274例增加到2010年的2099例，发病率从0.62/10万增至3.84/10万。宁波市戊型肝炎病例尽管较少，但自1997年以后报告发病率有每年上升趋势，至2006年后发病率稳定在3/10万～4/10万，2010年报告发病率为2.92/10万。浙江省丙肝疫情特征表现为总体发病率较低，但呈持续上升趋势，季节性不明显，疫情散在分布，部分地区相对集中。发病以青壮年为主，发病群体主要是农民。

戊型肝炎与甲型肝炎有相同的传播途径，人群普遍易感，改变人们不良饮食卫生习惯是防治工作的重点。2004年4月27日，近500名全国肝病防治专家和工作者聚首杭州，参加由中国肝炎基金会主办的全国病毒性肝炎防治研讨会，共谋如何尽早摘掉“肝炎大国”的帽子。会上，全国人大常委会副委员长何鲁丽指出，病毒性肝炎问题早已超越医学范畴，而成为一个突出的社会问题。截至当年，病毒性肝炎发病率仍居全国传染病之首，其中甲肝、戊肝每年发病数均占全国病毒性肝炎发病数的50%。全国现患慢性乙肝病人约2000万人，全国每年用于肝炎和肝病的直接医疗费用高达2000多亿元。特别是乙肝，不仅已成为因病致贫、因病返贫的一个重要原因，也因其1.2亿人携带病毒的巨大人数而引起了一系列社会问题，近年还出现因歧视而引发的恶性事件。此次会议达成共识：预防乙肝、降低其发病率的最有效手段是接种乙肝疫苗，而相关知识普及程度及基层医务人员的防治水平是关系到乙肝疫苗接种能否顺利有效推行的重要因素。为了更广泛普及肝炎防治知识和更有效地推行肝炎疫苗接种，中国肝炎防治基金会发出劝募函，呼吁社会各界为肝炎防治、宣传、教育、科研工作，为贫困地区儿童的预防接种提供帮助，并聘请台湾影视演员赵文瑄出任中国肝炎防治基金会“预防肝炎荣誉宣传员”。

（四）脊髓灰质炎

脊髓灰质炎又称小儿麻痹症，是危害儿童健康的一种急性传染病。清光绪十四年（1888年），浙江最早记载此病。民国34年（1945年）至1949年，浙江省有间断流行，尔后几乎每年均有发生。1955年，浙江省将脊髓灰质炎列入疫情报告。1956年，温州、永嘉、乐清等地发生局部流行，发病率高达55/10万。1956—1959年，浙江省从病人、接触者和健康人大便中分离出脊髓灰质炎病毒32株，其中Ⅰ型27株、Ⅱ型4株、Ⅲ型1株。1956年，浙江省首次对脊髓灰质炎做出肯定的病原学诊断。1978年、1982年、1986年、1990年，浙江省发生4次流行高峰，每隔4年一次，原因系流动人口增多，管理难度大、部分易感儿童未能接种疫苗所致。1955—1995年，全省累计发病15379例，死亡317例，1963年为最严重，共发病1883人，年平均发病率为6.84/10万。其间，浙江省各地发病数不一，最多的是温州市，至1990年，共报告病人4027人，死亡30人，发病高峰是1982年，计862人，发病率为14.43/10万，其中永嘉县发病率为33.5/10万；其次是1987年，病人690人，发病率为12.41/10万。1985年全面实施计划免疫后年均发病率为0.93/10万，最低为1988年，仅发病3人，1989—1990年发病138人，其中116例病人未服疫苗，占发病总数的84.06%，发病年龄0～5岁占90%以上，流行毒株以Ⅰ型为主。舟山地区从1955开始有脊髓灰质炎疫情报告，每年1～8例，1963年为高峰年，发病131人，发病率为19.37/10万，1966年为次高峰年，发病117人，发病率为15.91/10万，第三个高峰年在1981年，发病70人，发病率为7.82/10万。从1955年至1999年，该市共报告脊髓灰质炎647人，年平均发病率为1.78/10万，死亡9人，年平均死亡率为0.02/10万，平均病死率为1.39%。

1960年，浙江省开始使用活疫苗控制和预防脊灰试点，之后进行推广应用和有计划突击接种及按月接种等。1961年，浙江省开始使用液体疫苗，主要用于部分城市，1961—1963年，在杭州、温州和金华等10多个县使用，年平均疫苗使用量为63.75万人份。并在杭州、金华、定海、瑞安等县对45382名儿童进行服苗后反应观察，结果表明国内自制活疫苗安全有效且反应轻。此项目是中国科学院昆明生物研制所与浙江等省的合作课题，曾获得1978年全国科技大会奖。1963年，浙江省的疫苗剂型改为糖丸，使用范围逐步扩大，在试点基础上，1964—1965年推广到55个县。1966年后全省各县普遍使用，对象为7岁以下儿童。为了提高群体免疫水平，从1973年起在全省范围内对2个月至7岁儿童进行了连续3年的普服，年平均用量为783.8万人份。通过广泛使用脊髓灰质炎活疫苗预防，全省脊髓灰质炎发病率有了明显下降。为达到1995年全国消灭脊髓灰质炎目标，1988年浙江省制定《1988—1995浙江省消灭脊髓灰质炎规划》和《1995年消灭脊髓灰质炎行动方案》。为了防止儿童疫苗漏服，1993年12月开始至2000年连续7年，规定每年12月5日和下年的1月5日为儿童强化免疫活动日，其间，省市和县、乡镇领导都亲临服苗现场，参加给儿童服苗工作。自1995年后浙江省未发现脊髓灰质炎病例。2001年10月28日，卫生部在北京召开全国消灭脊髓灰质炎总结表彰大会，浙江省疾病预防控制中心获评全国消灭脊髓灰质炎先进集体，受到卫生部表彰。2002年，省卫生厅对浙江省各地在消灭脊髓灰质炎工中涌现出来23个单位和52位工作者进行了表彰，分别授予先进集体和先进个人荣誉，弘扬他们在条件艰苦、任务繁重的平凡岗位上的无私奉献精神，激励广大卫生工作者爱岗敬业、继续奋斗，确保浙江省持续保持无脊髓灰质炎状态，直至全球实现消灭脊髓灰质炎的目标。

（五）痢疾

1.痢疾传染

痢疾是常见的法定报告传染病之一。民国29年（1940年），浙江开始此疫情报告。民国29年至1949年，全省各市县均有流行，10年间发病16894例，死亡1007例。1950—2010年，疫情间隙发生。20世纪50—70年代，全省痢疾报告发病率在41.05/10万～643.20/10万之间，其中低于100.00/10万的有7年（1950年、1951年、1961年、1962年、1968年、1969年、1991年），而高于300.00/10万的有17年（1953—1956年、1965年、1973—1975年、1978—1986年）。在这30年中，痢疾发病率居第一位的3年是1959年、1978年、1979年，居第二位的2年是1975年、1977年。病死率以1950年为最高（1.99%），1987年以后一直保持在0.02%左右。该病一年四季都有病例报告，历年的发病高峰均在7—9月，夏秋季（6—11月）与冬春季（12月至次年5月）病例之比为4.9∶1。病例分布遍及全省各个县（市、区），然而不同地区的发病率相差悬殊，浙北、浙东平原地区始终高于浙南、浙西山区。

2.痢疾防治

浙江省痢疾的防治工作，一直采取以切断传播途径为主导的综合性措施。在20世纪60至70年代，由于全省农村饮用水条件较差等多种因素影响，所以该病发病率曾一度持续上升，1979年为历史发病最多的一年，发病率高达643.20/10万。20世纪80年代后，由于各级政府重视，农村“改水”工作的广泛开展，城乡自来水覆盖面不断扩大，健康教育的广泛深入开展，群众卫生意识和自我保健能力日益提高，《食品卫生法》的贯彻执行，饮食服务行业卫生状况的改善，全省痢疾发病率呈阶梯形的下降：1980年为600/10万、1986年310/10万、1990年为102/10万，1998年为98/10，2006年为42/10万。2010年，浙江省痢疾报告病例6859例。

（六）手足口病

手足口病在世界范围广泛流行，是由肠道病毒感染引发的急性传染病，多发生于5岁以下婴幼儿，占95%以上，其中以1～2岁组发病率较高。各年龄组中男性发病率均高于女性，以散居儿童为多，占70%～75%以上，幼托及学生占25%～28%，以本地儿童为主，占70%～75%，外来儿童占25%～30%。重症病例死亡率较高，危害严重。2005年，浙江省对手足口病开始进行监测报告，对分离到的病毒进行鉴定分型。2008—2010年，全省手足口病呈高发态势。2008年，全省共报告发病34687例，发病率为69.65/10万，死亡7例。2009年，全省共报告发病69285例，发病率为135.3/10万，死亡8例。2010年，全省共报告发病110336例，发病率为215.50/10万，重症1009例，死亡37例。

2008年4月，浙江省获悉安徽省阜阳市发生手足口病疫情之后，省政府高度重视，迅速行动，省长吕祖善和副省长郑继伟多次做出重要批示，召开会议专题研究部署，为加强对防控工作的领导，省政府成立手足口病防控指挥部，组织有关部门积极参与防控工作。郑继伟还专程赴诸暨检查手足口病防控工作，提出三点要求：一是要高度重视防控工作，防止出现新的死亡病例，努力降低死亡率；二是要发动和利用各级基层组织，挨家挨户做好宣传和排查工作，尤其是要对3岁以下幼儿家庭进行重点宣传；三是要加强公共卫生建设和卫生系统自身建设，提高卫生应急水平和防控疫病的能力。4月29日，省卫生厅下发了《关于加强手足口病防控工作的紧急通知》，30日召开全省卫生系统视频会议，建立了防控工作领导小组和专家组，并召开专家组会议。全省实施手足口病疫情日报制度和值班制度。4月30日，省政府下发《浙江省手足口病暴发疫情防控工作方案》和《关于进一步加强手足口病的社区防控工作的通知》，随后省卫生厅又转发了卫生部《关于加强手足口病等肠道病毒感染性疾病防控工作的通知》及《手足口病预防控制指南（2008年版）》《肠道病毒（EV71）感染诊疗指南（2008年版）》，指导各地科学规范地开展防控工作。同日，省卫生厅通过视频系统，举办了全省各市县医疗机构1100余名儿科医生和护士参加的手足口病诊治培训班。之后，在省卫生厅门户网站设立手足口病防治知识专区，供全省医疗卫生人员学习。全省组织疾病控制和临床专家通过大众媒体开展防治知识宣传，在网站开设了手足口病专栏，连续刊登了12篇政策性、知识性宣传资料，同时还印制大量宣传册、宣传画等发放给社区群众，广泛开展健康教育。2008年5—7月，浙江省开展病原学检测（EV71、Cox A16和其他肠道病毒），显示EV71占55.2%，其他肠道病毒占40.6%。2009年1月，浙江省制定《浙江省手足口病监测方案》，全省每县、区每月采集5例手足口病病例检测病原体，对重症、死亡病例开展流行病学调查和病原学检测，结果显示全省优势病毒株为EV71 C4a亚型和Cox A16，每年10月至次年3月，流行优势株为Cox A16，4—8月为EV71。手足口病重症病例实验室确诊率为67.2%（1134/1688），其中EV71占82.7%（938/1134），CoxA16占6.3%（72/1134），其他肠道病毒例占10.9%（124/1134）。全省手足口病死亡病例实验室确诊率为88.8%（79/89），其中EV71占94.9%（75/79），CoxA16占1.3%（1/79），其他肠道病毒占3.8%（3/79）。2010年，浙江省手足口病报告病人113444例。

三、呼吸道传染病

(一)天花

天花是由天花病毒通过空气飞沫传播的烈性传染病。该病传染性强、病情严重、病死率高、病后留下终身疤痕。民间曾有“生了孩子只一半,出了天花才算全”的说法。元代名医朱丹溪《格致余论》:“至正甲申(1344年)春……邑间痘疮不越一家,幼童死者百余。”清嘉庆十年(1805年),温州有天花流行记载。道光二十年(1840年),浙江省开始此疫情登记。道光二十三年九月,杭州天花流行,死者过半。宁波《时事公报》报道:“去年冬季定海天花流行,一经传染,朝生夕死,防不胜防……全城区、道头两处死亡百余人。”民国3年(1914年),据《绍兴市志》记载,绍兴县天花流行,城区睡仙桥、长安桥、观音桥等处死亡7人。民国17年仲秋,金华武义山坑口村天花流行,罹者70余人,仅14人幸存。惨者一家数口罹患天花,如高振德家2个儿子病夭,高舍森户的长媳妇(腹中已有足月的胎儿)、次子、长孙病亡。高李荣户全家6口,仅高李荣一人幸免于难,后人以“和尚”为名呼之。村口锄头岭上一排葬有18人,今人尚以“十八坑”为地名。民国22年,衢县天花流行。民国26年,衢县、江山两县再次发生天花流行,江山廿八都镇发病400人,死亡80人。同年,江山县发病率高达350/10万。民国22年(1933年)1—6月,宣平有352人染发天花,死亡35人,200人口的菊水乡(即今新宅乡)李村有60余人死于天花,全村白天看不到玩耍的儿童,晚上家家闭户不敢出门,700余人口的岭下汤村也有60多人病死。民国33年3月,龙游城区发现2例,患者皆男性青年。嗣后,县卫生院开展普种牛痘,隔离治疗患者,消毒处理疫源地。民国35—37年,据龙游县卫生院报告数据,民国35年报告患者8例,民国36年64例,其中5人死亡,民国37年30例,其中2人死亡,1949年1例。民国33年3月13日,杭州市政府颁发公布种痘条例。民国37年2月4日,浙江省政府函电各地,加强春季种痘工作,以防天花。据统计,清道光二十年至1949年间,浙江省发病7959例,死亡1052例,平均年发病率为4/10万,病死率为13.2%,最高年份为24.1%。疫情波及全省96%地区74个县市。全年有发病,每年冬春季为流行高峰,占全年病例89%,病人以婴幼儿为主。

用接种疫苗来预防和控制传染病的发生和流行,浙江省已有很久的历史。宋真宗时(998—1002年)已用人痘接种法预防天花。清康熙年间,天花肆虐,湖州人胡璞(胡美中)首创“采痂种痘法”,成为中国天花种痘防疫的先驱,比1796年英国人琴纳发明牛痘接种早一百多年。① 清乾隆五年(1740年),诸暨县设惠民医局,后改为牛痘局,每年春季为民接种牛痘。清同治十一年,衢州基督教美籍牧师司徒传教兼施种牛痘。清光绪至宣统年间(1875—1911年),龙游、江山、常山、开花4县天主教、基督教堂亦相继在当地为婴儿施种牛痘,预防天花。清光绪十二年,上虞县创办牛痘局,开始种牛痘。同年,绍兴开始种牛痘预防天花流行。民国元年(1912年),裘吉生在《绍兴医药学报》第56期发表“种痘消毒法”。民国6年,绍兴福康医

---

① 湖州市图书馆藏《清同治十一年至十三年爱山疏远刻本》(第80卷),第38页。

院亦有为民种痘之记载。民国4年，衢县私立仁寿医院接种牛痘，每人次收银洋1元。民国7年，开化县医疗所及龙游县救济院施医所免费为儿童种痘。清光绪三十年，萧山县保婴局首次引进牛痘，但未推广。民国20年，开始在集镇春秋两季接种，但每人需收费一银圆，故广大农村仍由“痘郎中”施行“种花”。抗日战争爆发，痘苗奇缺，人民流离失所，种痘更艰难。抗战胜利后，接种牛痘菌人数也很少。民国元年，曾有宁波教会医院传入种牛痘技术但未普及。

中华人民共和国成立后，采取以种痘为主的综合性防治措施，加强疫情报告，发现病人或疑似病人时，城市6个小时内上报，农村12个小时内上报，发现病人后(包括疑似病人)，立即就地隔离治疗，对接触者，在迅速查明、登记后立即种痘，并留验观察14天，疫区及毗邻受威胁地区酌情普种一次牛痘。1950年10月起，浙江省开始有计划、有组织地分区负责实施全民义务种痘，并规定对漏种者或种痘不成功者必须进行补种，已种者暂不复种。1950—1952年，全省共接种2206.9万人次。1950—1952年，全省共发生天花1109例，死亡194例，平均年发病率为2/10万，病死率为17.5%。1951年下半年，磐安发现天花疫情，金华专区立即抽调16名医务人员赶往扑灭，补种牛痘苗7000多人。1951年7月，东阳发现3例天花病人。1952年是全省天花发病的最后一年，仅发病28例，死亡1例，当年12月扑灭最后1例天花后，从此该病在全省得到有效控制和消灭。1953年起，浙江省继续采取以下措施巩固防治成果，加强国境卫生检疫，设立杭州、宁波、温州三市为天花疫情监测点，实行定期种痘，即每年对新生儿、6岁、12岁和18岁4个年龄的人群进行初、复种。1962年，又改为婴儿每年初种，其他人群全省分六片轮流普种，每片人群6年复种一次。1953—1960年，浙江省初、复种10333.25万人次，进一步巩固、提高全省人群对天花的免疫水平。在全球消灭天花后(1977年10月26日全球最后1例天花发生于索马里)，按照卫生部指示，浙江相应由减少直至停止预防接种牛痘，1978年首次将复种推迟至7～9岁，1980年又规定婴幼儿初种后不再复种。1978年至1981年，全省初、复种牛痘1190人次。1982年起，浙江省全省停止接种牛痘。

(二)麻疹

麻疹是儿童最常见的急性呼吸道传染病之一，其传染性很强，在人口密集而未普种疫苗的地区易发生流行，早些年每2～3年就大流行一次。清道光二十一年(1841年)夏，杭州瘖疹盛行。民国25年(1936年)，嵊县“麻痘鬼”流行，许多小孩死亡，就是麻疹。据1956—1965年统计，浙江省麻疹年发病率平均为1280/10万，1959年的年发病高达3036/10万，当年发病77万多例，死亡15461人。1965年前，麻疹发病率几乎与人口出生率相当，也就是说人人易患，所以此病一直未被列入疫情报告之内。2008年，浙江省共报告麻疹确诊病例12782例，发病率25.26/10万，死亡4例，报告病例数为2007年的2.35倍，近80%的病例分布于1岁以下和15岁以上年龄组。麻疹疫情流行主要在2008年上半年，流行初期，省疾控中心及时进行了疫情预警，加强麻疹疫苗查漏补种，落实各项防控措施。流行中期，省疾控中心根据疫情专家研判结果和有关应急预案规定，及时建议政府启动了全省麻疹疫情Ⅱ级应急响应，进一步加大了防控力度。流行后期，省疾控中心及时进行总结评估，制定了以后麻疹防控的重点和策略，并在下半年组织开展了全省麻疹疫苗强化免疫，对430余万名8月龄至6岁的儿童及初三学生、大一新生进行了接种，在采取一系列综合防控措施后，麻疹疫情得到了有效控制。

在没有疫苗的年代，对麻疹的防治原则是“推迟发病年龄，减少并发症，降低病死率”，预防措施主要是隔离病儿，减少传播，对年幼及体弱易感儿童注射丙种球蛋白或成人全血(母血为主)，以达到暂时保护的目的。1965年开始，浙江省开始试用杭产M13株液体麻疹减毒活疫苗2万人份，1957年试用的是沪191株疫苗，当时接种对象主要是交通沿线城镇7岁以下未患麻疹的易感儿童。1969年，浙江省推广麻疹疫苗接种，对象仍为7岁以下未患麻疹的易感儿童，但采取有计划地按地区为单位接种一片、清一片的办法。1973年，浙江省在麻疹流行比较广的诸暨县，包括与诸暨接壤的绍兴、嵊县、东阳、浦江、桐庐、义乌、萧山、富阳等县(市)和杭州市区成立麻疹联防区，重点进行以麻疹疫苗接种为主导措施控制麻疹的研究，联防10年(至1983年)获得了丰硕成果。10年间，麻疹发病率一直控制在低水平，平均为58/10万。10年联防的主要经验是：认真推行8～10月龄儿童进行一剂(0.2毫升)麻疹疫苗接种，在几年内就能把麻疹发病率降到一个最低水平，从而达到保护绝大多数儿童免疫麻疹的目的。1974年，浙江省接种对象规定为8月龄以上儿童初种、7岁时再种一次的免疫程序。1980年，浙江省逐渐以冻干疫苗替代液体疫苗，至1984年全省全部使用冻干疫苗。麻疹疫苗的接种剂量为每人每次0.2毫升，随着储存疫苗的冷链建设不断完善和按月接种的全面推行，1984年后麻疹疫苗的接种率明显提高，1984年在44个开展计划免疫冷链的县(市、区)，对1981年7月1日至12月31日出生的儿童9216人进行调查，在18月龄时完成麻疹疫苗接种的仅62.68%，而1985年以后，12月龄的接种率迅速达到80%以上，1988年以后则一直维持在90%以上，2010年已达98%以上。

20世纪80年代，浙江省的麻疹报告发病率为50/10万，比50年代下降95%，1987—1993年，连续七年报告发病率在30/10万以下。2008年因野毒株的侵袭，浙江省麻疹发病数一度上升，当年共报告麻疹确诊病人12733例，死亡4例。为控制麻疹疫情，省政府启动麻疹疫情Ⅱ级应急响应，各级政府和卫生部门加强对麻疹防控工作的领导，采取加强疫情监测、查漏补种、应急接种、院内感染防控和传染源管理等一系列防控措施，有效遏制了麻疹疫情的流行势头。2007年7月1日起，省政府将麻疹、腮腺炎、风疹联合疫苗纳入儿童免疫规划，对2006年1月1日及之后出生的18～24个月龄未进行麻疹疫苗复种者实施免费接种。2008年后，浙江省开展的强化免疫或者集中式查漏补种采用的均为麻疹、风疹或麻疹、腮腺炎或者麻疹、腮腺炎、风疹的联合疫苗，对风疹和腮腺炎的防控发挥了一定作用。在推广麻疹疫苗应用的同时，浙江省在全国率先开展对疫苗免疫效果与控制麻疹的研究，浙江省卫生防疫站与中国药品生物制品检定所、上海长春生物制品研究所、浙江医科大学、诸暨县卫生局和防疫站协作，于1973—1988年在诸暨县对国内长47、沪191、杭M13以及美国Schwarz、苏联L-16株麻疹疫苗进行临床反应性、免疫原性、免疫持久性研究，阶段成果获省、部级奖励，上海生物制品研究所、上海市、宁波市、象山县卫生防疫站协作，在象山县开展沪191株麻疹疫苗的免疫持久性研究，获得了长达16年的效果。

（三）白喉

白喉俗称“肺花”“烂喉痧”，是由白喉杆菌引起的呼吸道传染病。清光绪十六年（1890年），温州城内白喉流行，名医陈葆善（1861—1916年）汇集诸家之长，参酌个人经验，著《白喉条辨》一书，并研制“降龙丹”，用于白喉病的治疗，贡献甚大。① 民国3年（1914年）5月，绍兴《越铎日报》载：“吾绍兴已发现喉风。”12月，《天觉报》报道：“绍兴城中八士桥、老虎桥一带喉痧死亡4人。”民国6—19年，上海《申报》每年均有嘉兴喉症流行的报道。民国8年1月11日《申报》文载：“禾邑西乡一带喉症盛行，染之者偶一不慎，辄至殒命，且传染迅速，蔓延已有七八里，该乡虹霓浜农民顾寒宝，因患喉症，旬日之间连毙父兄子女五人，邻村乡民不敢经过。”其时治疗喉症用药昂贵，每针需银圆5元，故普通乡民无以施治。民国27年，金华县发病率为164.79/10万，病死率54.3%。民国29年，浙江省开始有白喉疫情记载。民国29年至民国37年，绍兴专区共报告白喉109例，死亡14例。1949年报告发病810例，死亡302例。民国29年至1949年，全省共发病1047例，死亡83例。中华人民共和国成立后，建立了完整的疫情报告网络和制度，20世纪50年代年均发病率为17.49/10万。60年代、70年代分别为21.19/10万和4.79/10万。80年代仅为0.40/10万，较50年代下降了97.71%。1980年9—10月，浙江省组织9个地区、26个县（市）的卫生防疫站对107388人开展白喉锡克氏试验，调查结果表明：阴性率为85.41%，其中青田、普陀两县最低，分别为65.34%、69.62%。杭州、瑞安最高，分别为94.18%、94.48%。从年龄组来看，以2岁组为最低，阴性率随着年龄的增长而提高。20世纪80年代后，白喉发病有向大年龄组推移的趋势。1988年12月，开化县某中学发生白喉爆发流行，共发生6例病人（年龄均在15岁左右），死亡1例。在此次流行中，曾对密切接触者和疑似病人采咽拭子57份，培养分离到白喉杆菌11株，检出率为19.29%。

在白喉防治措施方面，1950年初，浙江省开始使用白喉类毒素，1962年改用精制吸附白喉类毒素，但接种率不高。20世纪70年代开始使用百白破三联疫苗，在全省推行对3足月以上儿童实行基础免疫，此后，白喉发病率大幅度下降，直至白喉基本消灭。1989年，浙江省对全省11个县（市）进行人群白喉免疫状况监测，共检测血清2349份，结果表明，白喉抗毒素几何均值为0.037IU/ML，抗体达到保护水平为71.99%。1990年，全省10个县（市）又开展人群白喉免疫水平监测，共检测血清2793份，采用间接血凝法，结果表明，人群白喉抗毒素几何均值为0.0396IU/ML，达到保护水平为73.04%。1990年，浙江省发生3例（温州1例、台州2例）白喉后未再出现。

（四）流行性脑脊髓膜炎

流行性脑脊髓膜炎是由脑膜炎双球菌引起的急性呼吸道传染病，常见于儿童。民国9年（1920年），杭县染病12例，死亡11例。余杭县染病46例，死亡5例。3月28日，《申报》报

① 《瑞安市卫生志》，华东师范大学出版社1999年版，第139页。

道："嘉兴时疫流行，近又加剧，邑死亡人数已达千人以上，目下之脑膜炎，染者不及半日，即行毙命……"民国16年，衢城流脑流行，患者儿童百余人。民国18年2月，杭县临平、塘栖、三墩、瓶窑发现流行性脑脊髓膜炎，染病死亡21例。余杭县东乡、北乡也有发现，死亡38例。同年，海宁、平湖、崇德、桐乡、嘉兴、吴兴、萧山、余姚、定海、奉化、嵊县、新昌、象山、天台、东阳等县相继流行，其中尤以附近海盐各县区如平湖、嘉兴、崇德、桐乡等县的乡镇疫势最盛。民国19年，吴兴县流脑流行，病势凶猛，县政府在青铜门外永福寺建传染病院，免费收治流脑病人，自2月开始至5月10日止，门诊44人，收治23人，其中死亡3人。11月，东阳中学流脑流行，死亡2人。

民国19—20年(1930—1931年)，全省发病3392例，死亡1526人，死亡率为45%。民国20年，乔司镇病者10多人，发病后2～3小时即死亡，人心惶恐。武义县城、宣平县瀛头、大应等地病死30余人。民国21年，衢县、常山两县发生流行，疫势较民国18年缓和。民国22年，《浙江民政》第5卷1期刊载："民国18年春，衢县、龙游、江山3县发生流行，疫势甚烈。"民国23年，衢县发生流脑流行，县里医院动员在校学生服药预防，民国32年全区各县相继发生流脑流行，国际赈济委员会福州分会援助衢州磺胺嘧啶药物一批，由各县卫生院组织人员赴疫区为民众送服预防药。民国26年，嘉兴南乡余贤、凤乔、石佛寺、王店等处暴发脑膜炎，县政府及省民政厅均派员前往调查、救治并设立防治脑膜炎疫区。民国27年，南浔镇流脑流行，患病者300余人，死百余人。民国31年，日军侵衢，全区各县先后发生多次大流行，仅民国33年，据衢县、龙游、江山、常山4县卫生院门诊统计，年内就诊479人，死亡103人，平均病死率为21.5%，而4县实际发病约3000余人，死亡1000人。1—2月，在遂安县岭后村发现70多人患病、42人死亡。安吉县桃城镇及杏江乡10多人死亡。诸暨县魏家坞及乐清县的东清亦有发生。民国33年，日军侵占汤溪后，1—5月发病1399人，死亡644人，3月杭县云会、东塘、金平、独山、宏磻诸乡发生317例，死亡162人，杭县卫生院防疫队巡回防治，预防注射3次，共61904次，耗用疫苗1050瓶。民国35年3月下旬，定海东乡流行性脑膜炎流行。民国36年3月，白泉等乡有脑膜炎等病流行，是年4月，大展发生20岁以下脑膜炎死亡的有数十人。民国后期(1947—1949年)，杭州连年发生流脑流行。民国36年，杭州发病64人，死7人，民国37年发生39例，死亡11人，1949年发生18例。

浙江省的流行性脑脊髓膜炎的疫情自民国29年(1940年)始有统计，民国29年至1949年，全省共发病7672例，死亡1684例，仅民国37年发病640例，死亡73例。中华人民共和国成立后，先后发生过三次大的流行，分别在1959年、1967年、1979年。全省流脑基本呈现8～10年一次大流行的周期性，与全国大流行相比，每次流行高峰约晚1～2年。流行季节明显，2—4月的发病数占全年的37.79%～90.24%，平均79.56%。发病以山区和沿海地区为多，金华、衢州、宁波、舟山发病率一直较高，而嘉兴、湖州相对较低。1967年，全省年发病率高达580.30/10万，是中华人民共和国成立后发病最多的一年，发病178528例，其中死亡6553人。在此流行期间，省卫生行政部门组织流脑防治小分队，赴高发区余姚、奉化、东阳、仙居、青田等县，与当地防疫站一起开展防治工作，深入山区，积极采取宣传防病知识、减少人口流动、进行预防服药、及时治疗病人等一系列防治措施，为控制流脑发病和减少死亡起到了重要作用。

在脑脊髓膜炎防治措施方面，1970年，浙江省开始使用菌体疫苗，1970—1971年，主要在城市及交通繁忙的城镇使用，1972年后在全省普遍使用。1979年，全省组织各地开展氢氧化铝吸附菌苗的大规模预防接种，每年约550万～590万人次。同年，浙江省流脑监测协作组成立，在常山县设立了监测点，对流脑实施连续监测，发现健康者带菌以B群为主，其带菌率与发病率高低无相关性，而A群的带菌率高低与发病率呈正相关，流行的菌株均为A群。建立了流脑预测预报模型，对全省流脑发病进行分县预报。采用3足岁儿童一针免疫并结合预测预报对高发县进行扩大年龄组免疫为主导的防治措施，大幅度地控制了流脑的发病。全省流脑的发病率从20世纪50—60年代的80.59/10万，下降到80年代的5.44/10万、90年代的2/10万，2000年以后，流脑发病数仍呈下降趋势。1983年后，浙江省改用A群多糖菌苗，每年约200万人次，除常规对儿童进行接种外，根据疫情预测也在可能流行的地区开展对15岁以下儿童接种。1990年，浙江省成为全国10个监测省份之一，在常山等地设立监测点，持续开展监测工作。2003年，浙江省首次检出C群菌株。2006年，浙江省按卫生部下发的《全国流行性脑脊髓膜炎监测方案》要求在病原学开展监测工作。2008年，浙江省实施扩大国家免疫规划方案后，采用4剂次的流脑疫苗免疫程序。为了对小年龄组儿童提供更多的保护，2008年浙江省下发了A+C群脑膜炎球菌结合疫苗预防接种的指导意见，之后还引入了A、C、Y、W135群四价疫苗以提供对其他型别流脑的保护。2010年，浙江省首次检出了W135群菌株。

（五）结核病

肺结核俗称痨病，曾有“十痨九死”之说。民国15年（1926年）和民国29年，舟山定海县医院就诊者分别为278人次和319人次。民国29年，定海县流行结核病。民国36年，定海福仁医院门诊记录肺结核387人，肠结核4人，据宁波华美医院统计，集体防痨检查70022人，患者7261例，患病率为10.37%，在门诊病人中自行要求检查的4773人，患者1564例，患病率为32.76%。民国24年，绍兴福康医院建立肺结核隔离病房，并配置一台医用诊断X线机。民国26年，绍兴福康医院徐记法医师首先使用人工气胸、气腹治疗本病。民国35年，省立绍兴医院和绍兴县卫生院门诊登记肺结核病有356例。中华人民共和国成立前，浙江省结核病发病非常严重，城市结核病患病率高达3500/10万，农村患病率高达1500/10万，结核病死亡率高达259/10万，占各类死因之首位。

中华人民共和国成立后，中国共产党和人民政府为了保障人民健康，及时抓结核病防治工作。1950年5月，省卫生厅选派吴竞美、沈瑞云两位医师赴北京参加卫生部举办的全国第一届卡介苗接种培训班，学习结束后，杭州市组成卡介苗接种工作队，深入小学和幼儿园开展儿童卡介苗接种，当年共接种卡介苗11019人，当年9月由省卫生厅牵头，邀请省、市、区等医疗单位的内科、儿科、妇产科、防疫部门和教育界的人员，组成了全省卡介苗接种推广委员会，该委员会首先举办了浙江省卡介苗接种人员培训班，培训后全省组成若干个卡介苗接种小分队，深入到全省几个主要城市，以此作为预防结核病的首项措施，后卡介苗接种在全省免费推广。经过几年的努力,使卡介苗接种从城市逐步推广到农村,从而结核病发病人数大幅度减少。据当时调查,杭州市的结核病人从1949年的5%以上下降到0.48%。半个多世纪以来,浙江省各级政府强化政府职责、增加经费投入、加强结核病法规管理、通过运用现代结核病控制策略和技术,取得了结核病基本控制和发病率逐年下降的明显成效。

1951年,杭州市人民医院设防痨科,在厂矿、学校、机关医务室配合下开展团体防痨,以后省、市医院相继开设肺科门诊。1952年,下城区卫生所调查,结核病死亡率高达259/10万,占死亡病人总数的22%,居城区人口中死因的首位。1954年,中国防痨协会杭州市分会成立。该协会在卫生行政部门领导下,积极开展防痨工作,宣传普及防痨知识,开展防痨学术交流和培训,定期进行病案讨论,统一结核病诊断及处理方案,组织开展机关、工厂结核病普查,推广自办疗养室和家庭病床,并定期进行业务指导和巡回医疗。中国防痨协会杭州分会又组织专业人员调查福华丝厂等10个工厂,调查表明:肺结核患病率,工厂职工为4%~11%,机关干部为5%~10%,高中毕业生为3.5%,大学毕业生为4.85%。1956年,浙江省按照卫生部要求,将结核病防治工作以厂矿工人为中心,并逐步扩大到农村,对象以厂矿、机关、学校等团体为主,工作重点放在肺结核和儿童结核病防治上。全省各主要的城市医院设立防痨科,除开设结核病门诊外,还在一些厂矿、机关、学校医务室的配合下建立团体防痨试点,通过集体健康检查及时发现病人和实施病人治疗管理,开展防痨宣传和对接触者检查、隔离消毒指导和举办休养所等措施,综合防治,收到明显效果。到20世纪60年代初,城市结核病患病率和死亡率分别下降到2000/10万与40/10万,较中华人民共和国成立前分别下降了43%和80%。1956年10月,浙江省成立杭州市结核病防治所,指导全市防痨宣传、卡介苗接种、门诊诊疗、早期发现病人和团体管理、流行病学调查等工作。1956—1966年间,每年婴幼儿卡介苗初种1.7万~2.9万人,市区集体儿童接种率为90%~95%。门诊检查人数:1956年为1101人,发现活动性肺结核病人95人,检出率为8.63%。1966年检查19199人,发现病人2480人,检出率为12.92%。1981年底,杭州市结核病防治所经省卫生厅批准成为省结核病防治研究中心,承担全省结核病防治任务。

1976年7月,浙江省结核病防治协作组对温岭县前进公社桥下、西汇头、九份、街龙头、新基5个大队进行流行病学抽样调查,样本6462人,结核菌素试验5458人,阳性681人,阳性率为12.47%,胸部X线透视3708人,疑似的88人经摄片确诊肺结核病79人,活动性患者痰检阳性13人,对120名3年以内死亡者回顾性调查,死于肺结核14人。20世纪60年代,宁波市成立结核病防治专业机构(庄市疗养院),据搜集的零散流行病学调查资料记载,该市结核病总患病率在4%~5%,80年代初开始执行肺结核病例登记报告制度,1984—1990年,共发现报告肺结核病例11973例,其中传染性肺结核病例2703例。1990年,宁波市肺结核病流行病学调查结果显示,肺结核患病率由60年代的4%~5%降至359/10万,涂阳患病率为94/10万,菌阳患病率为104/10万,肺结核病死亡率为26/10万。1996年,温岭市被确定为全国第四批"加强与促进结核病控制"重点县(市),3月,温岭市结核病防治所成立(挂靠在市卫生防疫站)。1998年10月,温岭市卫生局对肺结核病归口管理作出规定,市结核病防治所为定点治疗管理单位,市第一人民医院、市第二人民医院为结核病定点住院医疗单位,其他医疗机构不得收治肺结核病人,也不得出售抗结核药品。

1978年,浙江省参与卫生部第一次全国结核病流行病学抽样调查,结果显示,浙江省结核病患病率为656/10万,涂阳患病率为173/10万,结核病疫情仍很严重,其原因是观念陈旧、组织松散、投入不足,加之沿用旧的防治策略,往往重视了病人治疗而忽视了病人的管理,同时治疗方案的不合理、不规范,导致疫情下降缓慢,居高不下。温州市对市郊新桥公社进行全面检查,受检9922人,受检率97.08%,发现活动性肺结核患者63人,患病率617/10万,对15岁以下儿童进行结核菌素实验3138人,受检率为95.18/10万,其中阳性671人,占21.38%。1979年,乐清、瑞安、永嘉、泰顺等县和温州市郊各选一个大队进行流行病学调查,共检查7136人,发现活动性肺结核患者68人,患者率为953/10万,痰菌阳性25人,菌阳率为350/10万。1984年,瓯海、永嘉、瑞安、苍南、泰顺等县又各选一个大队进行抽样调查,共检查6530人,发现肺结核患者30人,患病率为459/10万,痰菌阳性5人,菌阳率为107/10万。1990年,对鹿城区、瑞安市、平阳县、苍南县、永嘉县各调查一个乡(镇)、街道的居民点(村),共检查7680人,发现活动性肺结核患者37人,患病率为498/10万,痰菌阳性10人,菌阳率为134/10万。

1984年,浙江省参加了第二次全国结核病流行病学抽样调查。这次调查共设34个调查点,抽样人口53848人,结果肺结核患病率为411/10万,涂阳患病率为117/10万,平均年递降率分别为8.9%和7.5%。全省结核病疫情有所下降,但是本次调查活动性肺结核病人复治病例占45.27%,复治涂阳占56.14%,菌阳病人原始耐药率高,与1979年相比复治病人的比例上升。

1986年,浙江省结核病防治研究所恢复,对外挂牌,隶属于浙江省卫生防疫站。1987年,浙江省开展结核病防治监测试点工作,选择奉化、富阳、绍兴三个试点县,探索结核病病人的发现、治疗、管理经验。1987年以来,浙江省结核病防治研究所开展结核病防治的健康教育与知识普及,编写了结核病防治知识宣传画、电视科普片等宣传资料,开展防痨宣教活动,编写了《结核病问题100题》《结核病防治经验教训90例》《厂矿防痨手册》共13000册,编印宣传画20000多幅,创办《浙江防痨》刊物,出版50余期,1991年拍摄电视科教片《古病今说话结核》,获部、省级奖励。1994年,省健康教育所编制的《肺科医生结核病诊治指南》《肺结核病人指南》获得全国优秀科普作品奖。从1996年开始,每年3月24日,利用电视台、广播电台、报刊媒体,开展"世界防治结核病日"的大规模宣传活动。1988年起,浙江省结核病监测试点不断扩大,重新修订监测方案,又增加了流动人员监测项目,至2000年全省结核病监测点有30个。

进入20世纪90年代以后,浙江省结核病防治工作进入前所未有的发展。1990年,浙江省参加了第三次全国结核病流行病学抽样调查,全省共抽查34个调查点,抽样人口51105人,结果肺结核患病率与1984相比下降缓慢,农村结核病疫情高于城镇,病人发现后管理仍需加强。8月16日,省卫生厅批准,同意撤销浙江省结核病防治研究中心,恢复杭州市结核病防治院。1991年,省卫生厅制订《浙江省1991—2000年结核病防治工作规划》《浙江省结核病防治管理暂行办法》《浙江省结核病报告登记办法》。为加强全省结核杆菌痰检质控,同年，省卫生厅制订《浙江省痰检质控内容和考核标准》，之后每年对浙江省各级卫生防疫站、医疗机构的结核杆菌痰检质量进行抽查考核，肺结核病人实行归口管理。1991年5月，省卫生厅批准，同意金华市结核病专科医院转为以防治结核病为主的综合性医院，命名为金华市第三医院。1993年，从富阳县开展结核病人归口管理试点起，全省开始推行肺结核病人归口管理制度，采取检查、治疗、管理一体化措施。1994年，浙江省被列入卫生部加强与促进结核病控制项目实施省份，第一批先启动的5个县是富阳、临安、宁海、慈溪、江山，同年第二批又有9个县启动。至2000年，共有57个县被列为项目县，对未被列入项目的县也按照项目县的要求开展工作。1995年，省卫生厅制订浙江省结核病分类指导方案与措施，重点抓衢州、温州、金华、丽水4个市的工作。1997年11月，国家卫生部在浙江省召开全国结核病归口管理现场会，介绍了浙江经验，代表们还参观了富阳、桐乡、萧山的结核病归口管理实施情况，至2010年底，全省11个市89个县(市、区)全部实行了归口管理制度。1994—2000年，全省共发现涂阳肺结核病人19443例，新发涂阳病人登记率从项目实施前的8.6/10万上升到20.1/10万，新发涂阳病人发现率增长57.2%。

2001年，浙江省启动浙江省结核病控制项目，省政府投入经费200万元，各市县政府投入400万元，为传染性肺结核病人免费提供抗结核药品。2001年4月5日，省政府转发省卫生厅《关于进一步加强结核病防治工作的意见》，7月27日，省卫生厅、省财政厅联合下发了《浙江省结核病控制项目实施方案》，在全省贯彻实施，并于8月8日成立浙江省结核病控制项目领导小组，周坤任组长。浙江省结核病控制项目领导小组下设办公室。2002年，浙江争取到CIDA-WHO中国结核病控制项目基金181万元，项目覆盖温州、湖州、丽水、台州、衢州五市39个县(市、区)，该项目落实配套经费500万元，对所有结核病人和疑似病人进行免费检查，向传染性肺结核病人免费提供抗结核药品，项目实施后结核病人发现率和治愈率大幅度提高。同年，省卫生厅、财政厅和省发展计划委员会联合制订《浙江省结核病防治十年规划(2001—2010年)》。2002年9月，浙江省启动CIDA-WHO结核病控制项目，获得项目资助500余万元，带动配套经费2456万元，通过项目实施，引进了国际上先进的结核病管理理念，提高了浙江省的结核病病人发现能力和管理水平，从2006年起，浙江省成功申请全球基金流动人口项目、耐多药结核病防治项目、医防合作项目，获取项目资金4318万元，带动配套经费1650万元，项目覆盖全省65个县区，通过实施该项目，建立了符合浙江省实际的流动人口结核病防治模式和跨地区转入转出机制，在6个地市构建了耐多药结核病防治体系，建立了有效的医防合作机制，培养了一批覆盖省、市、县(区)的结核病防治业务骨干。

2004年2月17日，省卫生厅召开浙江省CIDA-WHO中国结核病控制项目启动会议，会议在总结推广第一轮CIDA项目工作实施一年来成功经验的同时，部署了第二轮工作计划，并将金华市所属9个县(市、区)纳入第二轮项目范围，由原来的5市39个县扩大到6市48个县。浙江省CIDA项目工作自实施以来，所属项目范围地区，其肺结核病人发现数明显提高，涂阳肺结核新登记率达31/10万，远远高于其他地区的26/10万。为努力完成卫生部和世界卫生组织驻华代表处下达的第二轮CIDA项目目标，省卫生厅制订了第二轮实施计划，明确了指标任务，要求实施该项目的6个市48个县在项目实施的1年内，发现和治疗区域内的涂阳结核病人，并实现涂阳肺结核病人的登记目标，建立好工作制度，加强宣传，确保“双免”政策落实到位，省政府安排每年专项经费增加到400万元，于2004年起实施免费检查和治疗肺结核病人的政策。其间，全省累计为3万多例肺结核病人、疑似病人实行了免费检查，新发结核病人发现率达65.5%，新发结核病人治愈率在85%以上，以县为单位实行现代结核病控制策略覆盖率达到100%。

2006—2010年，浙江省开展了结核病防治知识知晓率调查。2006年调查结果显示，公众结核病防治知识核心信息与重要信息总知晓率为37.5%，对结核病防治相关疾病知识的平均知晓率为47.6%，结核病防治相关免费政策的平均知晓为27.5%。2010年调查结果显示，公众结核病防治核心信息总知晓率为45.66%，较2006年有所提高；在核心信息总知晓率方面，文化程度高者较文化程度低者高，城市居民较农村居民高，男性稍高于女性，学生、农民、无业人员较其他职业低，其中学生最低，20岁以下和60岁以上人群较其他人群低。2007年，卫生部开展全国结核病耐药性基线调查，全国共入选70个调查点，浙江省有2个调查点，分别为杭州市江干区和台州市路桥区，每个调查点在规定的调查区间内必须按纳入标准连续收集51例新发涂阳病人和17例复治涂阳病人，省卫生厅于3月12日下发《关于做好结核病耐药基线调查工作的通知》，成立了以副厅长杨敬为组长的浙江省结核病耐药基线调查领导小组和技术指导组调查办公室，调查点所在市、县也成立了相应的组织，2个调查点于3月初开始进行试运行。

2009年，浙江省结核病控制项目领导小组办公室出台《浙江省流动人口肺结核病人管理办法(试行)》(以下简称《办法》)。《办法》规定，对所有前来就诊的流动人口可以结合症状者给予免费痰涂片、胸部X线片检查，凡确诊为活动性肺结核患者(包括涂阴病人)一律免费提供统一方案的抗结核药治疗，由首诊的结核病诊治单位负责对所有流动人口肺结核病人或可疑病人登记和结核病网络直报，并负责确诊的肺结核病人进行治疗、追踪和督导管理。4月，世界卫生组织在北京召开的“耐多药/广谱耐药结核病的高负担国家部长级会议”，浙江省第三次耐药监测数据显示，浙江省结核病的总耐药率为29%，耐多药率为6%，流动人口患者约占1/3。浙江省于2007年争取全球基金结核病控制项目，从2008年10月开始，通过项目资金的支持在杭州、湖州、绍兴、衢州和丽水建立5个耐多药结核病诊疗中心，周期为3年，在整个周期内对浙江省耐多药防治支持经费为468099欧元，约合人民币475万余元，用于病人的免费检查、治疗和管理，以上项目所属各县(市、区)的耐药结核病可疑患者，可到当地结核病定点医院或疾控中心检查治疗，只要纳入全球基金项目的耐药肺结核病人就可享受免费检查和免费提供两次抗结核药治疗机会，还根据具体情况给予经济特别困难的耐药肺结核病人提供适当的营养和交通补助费。6月29日，浙江省疾控中心结防所召开“社区肺结核病人规范化管理试点研究项目”启动会议。该项目研究目标是创建一个具有肺结核病人社区管理能力的环境，使其能有效地参与结核病控制策略行动、规划的执行及评价过程，纳入范围包括拱墅区、绍兴县、桐乡市、长兴县、吴兴区和义乌市6个县(市、区)，按照方案的设计要求，通过实施性研究，该项目提出适合于社区卫生服务机构结核病工作手册。一是《社区卫生服务中心结核病工作手册》，内容包括社区卫生服务机构结核病防治主要工作职责，其基本框架为：(1)落实肺结核病人的督导管理。(2)报告、转诊肺结核可疑症状者。(3)追踪转诊未到位、失访肺结核或疑似肺结核病人。(4)涂阳肺结核病人密切接触者调查。(5)指导、培训社区卫生服务站。(6)开展结核病健康促进工作。二是《社区肺结核病人管理规范手册》,主要包括肺结核病人诊断与防治知识、肺结核病人服药期间的自我管理和常见抗结核药不良反应及处理方法等。通过研究,创建一个适合社区结核病人规范化管理的平台,探索一种切实可行的肺结核病人治疗管理模式。

2010年,浙江省公共卫生工作委员会制定《加强浙江省结核病健康促进工作意见》,提出加强全省结核病健康促进工作的指导思想、工作目标、基本内容、重点对象、主要对策和保障措施等方面的内容。浙江省疾控中心派结核病防治人员赴越南参加了世界卫生组织联合国际防痨协会举办的结核病防治国际培训班,国际防痨协会的专家分别从细菌学、流行病学、临床诊断治疗、管理干预措施和现场考察评估等结核病防治的各个方面进行了讲解,共有16个国家和地区的20名学员参加此次培训,全国只有浙江省和云南省得到培训名额。浙江省结核病报告网络实行信息化管理,由省疾控中心结核病防治所主持开发的浙江省结核病控制信息管理系统软件,经试运行后,在全省大部分县(市、区)推广应用。该管理系统基于目前国家结核病报告登记管理工作流程和分级报告管理的特点而设计,适合省、市、县三级使用,尤其是传染性肺结核病人治疗全过程实施统一的监控和管理。采用Windows操作系统,各县(市、区)只要输入病人情况,包括初诊病人、结核病人、实验室登记本的内容,系统即可自动生成各种相关报表并进行数据分享,实现结核病信息资源的高效利用。截至2010年底,浙江省共登记管理传染性肺结核病例33334例,对发现的病人实行免费抗结核病治疗,全省以县(区)为单位现代结核病控制策略(DOTS策略)覆盖率继续维持在100%,新涂阳病人发现任务完成率为100%,新涂阳病人治愈率为91.2%,肺结核病人系统管理率为98.3%。浙江省的耐多药结核病疫情低于全国的平均水平,估计浙江省每年新发耐多药结核病人2100例,直接疾病经济负担6000万元。

2001—2010年,全省累计发现活动性肺结核病人321123例,其中涂阳病人128592例,占发病人数的40.04%;涂阳病人中新病人111395例,病人复治比例为12.88%。全省累计免费治疗涂阳肺结核病人122116例,成功治疗107600例,总体治愈率为86.37%。新涂阳肺结核病人的治愈率达到91.20%,复治涂阳病人治愈率为77.55%。全省报告发病率自2005年始呈逐年下降趋势。2010年,全省肺结核报告发病率69/10万,涂阳报告发病率为27/10万,其中32%为流动人口患者,男性患者占70%。

(六)非典型性肺炎

非典型性肺炎(以下简称“非典”)是由SARS病毒引起的急性呼吸道传染病,具有传染性强、病情进展迅速的特点。2002年11月,广东发现疫情后,为了防止“非典”疫情传入,省政府于2003年2月14日下发《关于加强春季传染病防治维护社会稳定的通知》,随即从思想到组织乃至物资都进行了周密的准备,并制订防治“非典”预案。省卫生厅向各地发出紧急通知,对“非典”预防控制工作进行动员、部署。3月,建立专家组,开展技术培训,邀请广东专家进行学术讲座，制定应急预案和检验技术标准，先后下发有关“非典”防治的指导性文件82个，强化监测网络，落实疫情报告制度，在全省建起了一张“横向到边，纵向到底”严密可靠的疫情监测网，采取多种形式，开展“非典”防治宣传等。当时，春季广交会适逢广州“非典”流行期间，按省卫生厅《关于做好浙江省参加“广交会”返回人员的卫生防病工作的紧急通知》的要求，省疾控中心提出相关技术意见，对返回人员进行医学健康检查和医学咨询工作。4月7日，省卫生厅下发《关于要求浙江省医疗机构做好非典型肺炎防治工作的紧急通知》，要求全省各级各类医疗机构切实做好传染性“非典”隔离留验、医学观察发热病人接诊工作及开展体温测量工作。

2003年4月19日，浙江省确定3例输入性“非典”临床诊断病人。4月20日，省政府印发《浙江省防治传染性非典型肺炎应急预案》的通知，省卫生厅于4月27日发文全省贯彻执行。4月21日，省委书记习近平在检查“非典”防治工作中明确提出，百姓健康高于一切，领导责任重于泰山，要把广大人民的根本利益放在首位，要从实践“三个代表”重要思想的高度，充分认识防治“非典”的长期性、艰巨性、复杂性，要打响一场全民参与的“非典”阻击战。4月22日，省长吕祖善强调，要全力以赴把“非典”的防治工作做得更细致、更周密、更扎实，要进一步加强农村的防治工作，确保疫情不再输入和扩散、蔓延。省人大常委会、省政协也相继举行会议审议“非典”防治工作或座谈研究防“非典”工作。省纪委专门发出《关于在防治非典工作中严明纪律的通知》。

省疾控中心于2003年2—4月先后接到杭州、嘉兴、温州、台州、绍兴、宁波等地6例“非典”疑似病例、3例临床诊断病例和其他医学观察病例的报告，省疾控中心以最快的速度派出专家组赶赴现场，进行流调、复核和鉴别诊断，并先后出动应急小分队和专家38批次，共86人次。各市、县也先后出动应急小分队972批次，共5438人次。在“非典”疫情现场处置中，各级疾病预防控制机构和医疗单位都严格按照《浙江省传染性非典型肺炎应急处置预案(试行)》《浙江省预防控制非典型肺炎实施方案(试行)》和浙江省传染性非典型肺炎防治业务技术措施的规定，明确了对病人的隔离治疗、疫点的划定与管理、密切接触者的流行病学调查、隔离观察、疫点消毒、医护人员的医学防护等措施，确保现场处置工作有序进行。

2003年5月15日，省委、省政府组织12个“非典”防治工作综合督查组对全省11个市和省级有关单位的非典防治工作进行督查。9月1日，省卫生厅决定，成立“浙江省传染性非典型肺炎防治专家咨询委员会”，李兰娟任组长，成员有毛江森、陈智等。9月25—26日，省委办公厅、省政府办公厅在省行政中心三号楼一楼会议室召开抗击“非典”先进表彰大会暨全省卫生工作会议。省委书记习近平、省长吕祖善、副省长盛昌黎在全省防治“非典”工作先进集体和先进个人表彰大会暨全省卫生工作会议上分别作了专题性的重要讲话。会议总结浙江抗击“非典”赢得阶段性成果，全省除出现4例输入性“非典”病例，经抢救除1例死亡外，3例均康复出院，没有出现第二代病人，参与治疗“非典”病人的100多名医护人员，没有一人交叉感染。省疾控中心还成功培养和分离到了非典病毒，完成了对该病毒全基因序列的测定，这是继国家军事医学科学院后作为中国第二个登录国际基因库单位，研制出了“非典”实验室早期特异性诊断方法和特异性检测“非典”病毒基因的实时荧光核酸扩增诊断试剂，为“非典”病人、疑似病人的鉴别诊断提供了实验室的科学依据，也为今后抗“非典”病毒药物研制、疫苗开发等奠定了坚实的基础。

四、动物源性传染病

（一）鼠疫

1. 鼠疫流行

鼠疫被列为世界三大烈性传染病之一。浙江的鼠疫有文字记载是在民国 27 年（1938 年），但经调查证实，浙江鼠疫流行见于民国 18 年 9—12 月间庆元县境内的隆宫乡隆宫村，当时共发生鼠疫 50 余人，死亡 40 多人。此后，沿瓯江通过水陆交通扩散，传入丽水、温州 2 个地市的 14 个县（区），成为以后比较受国内鼠疫界普遍重视的一块浙南鼠疫疫源地。

民国 28 年（1939 年），中方谍战人员侦察到侵华日军准备在浙江发动细菌战的企图，时任第三战区司令长官顾祝同在致蒋介石特急电文中报告：“冬日，敌运大批毒性药前往浙东岱山，分发海匪汉奸投浙东各地井河。”民国 28—34 年间，日军以“731 部队”长官石井四郎为总指挥的细菌部队对浙江实施了细菌战，致使许多无辜平民死于非命，造成极大的灾难。第一次是民国 28 年、民国 29 年期间，日军对萧山、宁波、衢州、义乌、金华等地的攻击。第二次是民国 31 年浙赣战役期间对金华、衢州、丽水、云和等地的攻击。第三次是民国 33 年在丽（水）温（州）战役期间对丽水、衢州、温州等地的攻击。

民国 33 年（1944 年），《浙江鼠疫调查报告》指出，浙南鼠疫是从闽北传入，但研究表明，福建的鼠疫也与日军的细菌攻击有关。浙南疫区是福建疫区扩大和日军细菌战人为传播共同作用形成的，至 1950 年人间鼠疫流行终止。其间，共在丽水、温州、宁波、衢州、金华 5 个市范围内的 20 个县（市、区）转辗流行，先后有 271 个居民点，18 次流行人间鼠疫。浙江省档案馆馆藏的侵华日军在浙实施细菌战的档案有数百件，已向公众公布的 13 份档案中有往来文电 8 份、疫情报告 5 份，记录着日军细菌战在浙江的暴行。

2. 鼠疫防治所

中华人民共和国成立后，政府对鼠疫防治工作非常重视。1950 年 3 月，文成发生鼠疫，省卫生厅派 10 余名专家协助防治，4 月基本扑灭疫情。9 月，温州救治 4 例鼠疫患者。10 月，华东区浙东鼠疫防治所在衢州成立，初有人员 28 人，显微镜 3 架，常用检验、消毒器械 500 余件，杀虫、灭鼠、消毒药品 2000 余千克，首任所长章树津，址在衢城五圣巷。

1953 年 1 月，华东区浙东鼠疫防治所改称“浙江省鼠疫防治所”，担负全省鼠疫防治业务工作，鼠防人员增至 55 人，所长刘德馨。1954 年 11 月，原浙江省鼠疫防治所丽水第二防治站迁衢州，改称省鼠疫防治所衢州鼠疫防治站，初有鼠防人员 19 人，地址在衢城五圣巷（原省鼠防所旧址），首任副站长崔招娣，工作负责区域为衢县、龙游、兰溪、东阳、义乌、松阳、缙云 7 个县。1955 年 1 月，改称省第二鼠疫防治站（又称衢县鼠防站），时有鼠防人员 26 人，内有站长、防疫医师、卫生工程员、护士、助理护士各 1 人，防疫医士、检验员、环卫员各 3 人，卫生员 4 人，药剂员 2 人，行政勤杂人员 6 人。同年 7 月，改称金华地区鼠疫防治站，调邹依英任站长。

1957年,撤离衢县,迁址金华。

浙江省鼠疫防治所成立后广泛开展鼠疫防治知识宣传教育,培训鼠防人员,加强疫情报告,抓好疫区处理,大力开展灭鼠、灭蚤和鼠疫菌苗的预防接种工作,同时进行大面积的疫源调查,使鼠疫迅速得以控制消灭。在鼠疫进入静息状态之后,全省鼠疫防治工作转入以每年在鼠类繁殖高峰之前,广泛发动群众,采取以改造鼠类栖息场所,堵塞鼠洞,机械捕打,药物毒杀等方法,先室内后野外,突击与经常相结合的灭鼠措施,并在蚤类繁殖季节和环境卫生较差的地区,结合重点开展全面的药物灭蚤。1953年前主要用"二二三"油剂,以后改用"六六六"或"二二三"粉剂,重点使用在鼠洞、鼠道和阴暗墙角等地。蚤指数由1950年的2.50%下降到1965年的0.50%,印鼠客蚤由0.24%下降为0,同时开展人群免疫保护工作。1950—1966年,全省共接种鼠疫菌苗7547366人次,平均接种率为80.10%。1954—1965年,采用鼠疫细菌学"四步检验法",剖检鼠类样本308790份、蚤8种4673只、恙螨4种46632只、革螨7种14840只、硬蜱3种2311只,结果均为阴性。鼠疫防治在不同阶段开展不同工作。

3. 鼠疫监测

在开展鼠疫监测工作方面,1966年以后,全省鼠疫防治工作进入监测阶段,预防疫情复燃。50多年中,浙江先后培养了多批鼠疫防治专业队伍,各地市卫生防疫站仅2000—2010年就组织培训了200余人,7个县(市、区)卫生防疫站也组织培训了430余人,省和杭、宁、温、金、丽、衢等市先后组织鼠疫现场应急处置演习,提高了队伍专业素质和疫情应急反应能力。1976年起在丽水地区重点疫区县(市)开展鼠疫监测,监测内容:宿主和媒介种群密度、分布、结构等,病原学监测主要分为血清学检测及肝脾培养和自毙鼠"四步检验"。至1983年,丽水地区已有7个县(市)设立7个固定监测点,7个流动监测点。1984年后监测范围扩大至温州,温州专门举办了鼠疫监测培训班,当年辖区各县开展了监测工作。至1986年,全省已有5个地市15个县(市、区)开展了鼠疫监测,设立8个固定监测点,22个流动监测点,在组织实施和监测质量、数量上也都有了进一步提高。1989年在引进放免试验监测鼠疫中发现阳性动物后,全省各地共20个监测县(市、区)投入系统监测中。1989年6月,在丽水市碧湖区新合乡周巷村首次在一份黑线姬鼠血清标本中检出放射免疫法鼠疫F1抗体阳性以后,年底时又先后在义乌市、庆元县、兰溪市、龙泉市等7个县(市、区)的鼠间检出RIP鼠疫F1抗体阳性,为查清阳性抗体的真实情况并对其做出科学评价,浙江省卫生防疫站于1990年3月组建2个鼠疫小分队,重点对丽水、义乌两市的阳性点,开展专题调查。在全国鼠疫布氏菌病防治基地的指导下,浙江省制订了《义乌、丽水鼠疫监测工作方案》。根据方案,监测点分别设在义乌市楂林镇和丽水市新合乡,每个点监测范围为1万公顷。本次调查以浙江省卫生防疫站为主,义乌市、丽水市卫生防疫站共同参加,全国鼠疫布氏菌病防治基地每次派3～4人协助。调查工作从1990年开始,历时3年。每年4月下旬至5月下旬、10月下旬至11月下旬分2次调查,主要开展鼠疫地理景观学调查、宿主动物数量调查、媒介昆虫监测、血清学监测、病原学监测、鼠疫流行史调查与自然疫源地踏查等工作。地理景观学调查是以路线踏查法,以监测点为中心,半径10华里,1∶10000比例绘制地理生境图,计算生境面积。动物数量调查包括家鼠和野鼠。媒介昆虫监测包括鼠体蚤和室内游离蚤。血清学监测每个点不少于1000

份，同时每点用放免法检测30～50份狗血清。病原学监测是重点，培养基及放免药盒、血凝试剂等检测试剂，由全国鼠疫布氏菌病防治基地制备与提供。

4. **鼠疫检测**

在开展鼠疫检测工作方面，1990—1992年，浙江省使用RIP、间接血凝以及反向血凝方法对鼠类、犬等指示动物的血清标本进行检测，据浙江省卫生防疫站鼠疫监测工作年度总结统计数据，3年共检测各类鼠血清和指示动物血清标本36083份，RIP阳性73份，阳性率为2.02‰，其中，鼠类标本35755份，RIP阳性57份，阳性率为15.94/万；犬等指示动物血清标本323份，RIP阳性16份，阳性率为4.95%。所有阳性标本经血凝试验、反向血凝试验和其动物肝脾脏器培养，结果均为阴性。通过调查认为：义乌、丽水、兰溪、东阳等地，反复出现阳性血清，说明RIP检测方法的高度敏感性，由于南方鼠疫周期性流行的规律，表明鼠疫常规监测的重要性、艰巨性和持久性。调查发现：传播鼠疫主要媒介印鼠客蚤反复在历史疫区庆元、文成等地检获，庆元在鼠体蚤和游离蚤中均同时检获，提示在鼠疫监测中应予以高度重视。1997年，省卫生厅拨专款为省卫生防疫站建立了P3级生物安全实验室，为鼠疫的实验与研究提供了良好条件。2003年3月，丽水市疾病预防控制中心在参与子课题协作研究时，经对课题剩余血清标本用鼠疫被动血球凝集试验（PHA）检出龙泉市某单位退休职工郑某（男，1937年6月生）体内鼠疫F1抗体，滴度高达1∶5120，经复判确认并在复查后仍滴度不降。为排查郑某阳性是否为近期鼠疫感染，2003年6月19日至7月12日，省卫生厅组建80余人进驻龙泉市剑池街道、锦溪镇、查田镇开展专题调查，卫生部鼠疫专家组组长、中国疾病预防控制中心鼠疫室著名鼠疫专家刘云鹏研究员、俞东征研究员和云南省地方病防治所所长董兴齐主任医师亲临现场调查并指导。此次调查共采集人血清3777份，采用PHA法检出鼠疫F1抗体阳性43例（RIP法检出42份阳性），阳性率为1.14%，三地阳性率分别为0.83%、0.95%和2.46%。同时在三地开展动物鼠疫流行病学调查，PHA法和细菌分离培养均无阳性发现，RIP法检出2份犬血清阳性，滴度为1∶80。44例（含郑某）鼠疫F1抗体阳性者经流行病学个案调查，均无明显鼠疫感染症状记忆，阳性者年龄分布在38～77岁之间，30岁以下组人群共检测1806人，无阳性。

5. **鼠疫调研工作**

在开展鼠疫调研工作方面，2004年5月，浙江省根据国家卫生部要求，在龙泉市、庆元县、福建省浦城县三县（市）开展鼠疫自然疫源性调查，以进一步调查分析龙泉市无症状人群高滴度的鼠疫F1抗体的原因，共采集人血清1107份，阳性16份，阳性率为1.45%，阳性人群分布在6个村，阳性者年龄均在40岁以上，男女比为0.96∶1。对所有采血人群的可疑暴露因素，包括打猎史、垂钓史、野外旅游史、吃野味、鼠疫疫苗接种史、可疑接触史、动物饲养史等进行流行病学调查，统计学上均无显著差异。2005年6月17日，在查田镇西溪村用间接血凝试验（IHA）检出1份黑线姬鼠血清鼠疫F1抗体阳性，滴度为1∶320，这是龙泉市乃至浙江省在历史上第一次有记载的动物血清用IHA法检出鼠疫F1抗体阳性记录，按中华人民共和国国家标准《鼠疫自然疫源地及动物鼠疫流行判定标准》（GB16883-1997），血凝最高滴度达1∶160以上，似已具备判定当地有动物鼠疫流行的一项指标。2005年7月中旬，在义乌楂林采集的85份鼠血标本中检出2份鼠疫F1抗体阳性标本。14日，经省疾控中心间接血凝复判，滴度分别为1∶80和1∶160，提示存在动物间鼠疫流行的迹象。15日上午，浙江省、金华市两级疾控中心领导和专家赴楂林现场了解情况。17日，金华市近20名专业人员进驻大陈镇开展调查和落实防控措施。2006年在捕获鼠9种计479只中，鼠密度测定显示室内鼠密度为4.33%，室外鼠密度为3.25%，室内地面游离蚤指数为0.67%，鼠体蚤检测染蚤率为0.44%，蚤指数为0.00665，采集鼠血清标本451份，用放免法及间接血凝法检测血清鼠疫F1抗体，结果全部阴性，共培养捕获鼠肝脾心肺标本479份，结果全部阴性。

6. 鼠疫研究成果

浙江鼠疫科学研究取得多项成果。1991年、1995年，卢苗贵在浙江首次发现了解氏狭臀蚤、短突栉眼蚤。1995年，李梅福在浙江首次发现了长鬃蝠蚤。1999年，卢苗贵、邱胜平、李梅福、张孝和在国内外首先发现了台湾栉眼蚤浙江亚种新亚种和短突栉眼蚤永嘉亚种新亚种的新纪录。

（二）钩端螺旋体病

钩端螺旋体病（简称钩体病）是一种常见的人兽共患自然疫源性疾病。民国31—38年（1942—1949年），临海县曾有疑似病例记载。1952年秋季，临海又有局部流行，经当时浙江医学院王季午教授临床诊断和陈星若等从1例死者肾脏组织切片中找到典型的钩端螺旋体，从而，首次证实浙江省有钩体病存在。① 1954—1959年，定海、萧山、诸暨、绍兴、缙云等地相继发生钩体病流行，病人数以百计。1956年，浙江省卫生实验院钮家琪等在临海县城西区调查鼠类140只，从黑线姬鼠肾脏分离培养到2株钩体菌株（流感伤寒型和秋季热型），进一步证实自然疫源地的存在。

20世纪60年代，全省钩体病疫区扩大到9个地市53个县（区），共发生钩体病74703例，平均年发病率为25.53/10万，死亡280例，这期间曾有4次较大流行。特别是1965年，全省钩体病大暴发，病人4万余例，全省发病率为140.88/10万，死亡90例，其中瑞安县发生9615例，发病率为1457.82/10万。70年代中期以后，发病数逐年下降，2002年全省发病59例，死亡1例，发病率已降至0.13/10万。1952—2010年，全省疫区已波及11个市76个县（市、区），累计发病138489例，死亡933例。

该病在浙江流行有以下几个特点：(1)发病集中在7—9月，以夏秋季为主，以流感伤寒型为主，占76.67%，其次为黄疸出血型，占18.32%。(2)发病以10～44岁男性为多，多数在稻田生产时感染，浙江带菌鼠类有14种，野外以黑线姬鼠带菌率最高（14.39%），臭鼩鼱最低（0.66%），室内以褐家鼠为主（4.27%），其他有黄毛鼠、社鼠、针毛鼠、黑腹绒鼠、大足鼠、黄胸鼠、小家鼠、黑家鼠、安氏鼠、疏毛鼩、灰麝鼩，家畜、家禽中以猪为主，带菌率为7.86%，其他有犬、牛、羊、兔、鸡、鸭等，蛙、蛇也带菌。(3)菌型分布在全省以黄疸出血型、七日热型、爪哇型、波摩那型为主，爪哇型主要分布在温州、台州、舟山等沿海地区。1985年以后，天台、常

① 《浙江省卫生防疫站站志》，浙江省卫生防疫站1993年编印，第41页。

山、嵊县、丽水等10多个县、市发现钩体七日热型成为主要流行菌群，出现了菌群更迭现象。1996年，龙游发生一起赛罗群钩体病并局部流行。

对于钩体病防治研究和措施，在1960年后的40年中，浙江省在钩体病实验室诊断技术和防治技术研究方面取得了丰硕成果。1964—1987年，浙江省参与全国钩体分类参考标准菌株的建立，国内13群14型的参考菌株，其中流感伤寒群临6和秋季热群4系由浙江省提供。1971—1974年，由省卫生防疫站鲍行豪等研制成功的玻片炭凝集试验用于钩体鉴定，方法简便、快速，为全国首创。1987—1982年的酶联免疫吸附试验(ELISA)研究和1988—1989年的酶免疫斑点试验研究对钩体病诊断有非常高的实用价值，达到国内先进水平。1991—1995年，省卫生防疫站在全省范围内开展钩体病地理流行病学调查，摸清了浙江省钩体病的流行规律，为制定防治对策、评价防治效果、改进防治措施提供了科学依据。钩体病的防治措施除大力开展灭鼠防病活动，加强猪的圈养管理，圈猪积肥，严防猪粪、猪尿污染水源，切断传播途径外，主要抓好钩体菌苗的预防接种。1960年，全省钩体菌苗的订购量为1.5万毫升，以后逐年增加，至80年代已增至2500万毫升。1978—1984年，省卫生防疫站研制的钩体外膜菌苗经专家鉴定，认为安全可靠、副反应轻、免疫效果好、接种剂量只需1毫升，属国内领先，达到当时国际先进水平，预防接种对减少钩体病发病、防止爆发流行，保护人民身体健康起到主要作用。

（三）流行性出血热

流行性出血热国际上统称"肾综合征出血热"，是由布尼亚病毒科汉坦病毒属中的不同型病毒引起的自然疫源性传染病。1963年，嘉善县魏塘镇发现首例病人。该病人经上海仁济、广慈医院临床诊断、嘉善县卫生防疫站流行病学调查、省卫生防疫站血清学检验首次证实浙江省有流行性出血热存在。① 该病的流行历史可分为1963—1968年、1987—2000年两个阶段，前者发病呈阶梯形上升，后者逐年下降，病死率由21.23%降至1%左右，疫区由60年代的6个市17个县(市、区)波及11个市82个县(市、区)。1986年，全省发病10950例。

浙江省自发生流行性出血热疫情后，各级政府主要采取以灭鼠防鼠为主的综合性防治措施，搞好环境卫生，消除住房周围杂草，破坏鼠类栖息及减少螨类滋生场所，对群众加强宣传，提高对该病主要症状及预防办法的认识，定期对基层卫生人员进行培训，掌握防治知识，提高防治水平，认真抓好"三早一就"(早发现、早休息、早治疗、就近治疗)措施，减少发病和死亡，有计划地开展人间疫情和主要宿主动物的监测工作，掌握疫情动态，提高预测能力，为制定防治策略和及时采取预防措施提供依据。1973年，省卫生防疫站在建德县开展流行病学调查，发现流行性出血热发病有明显的地区性及沿水线分布的特点，11月至翌年1月为流行高峰，患者以青壮年农民为多，传染源为鼠类，其中以黑线姬鼠为主。1982年，省卫生防疫站通过流行性出血热病原学和血清学监测，证实感染流行性出血热病毒的动物有2目2科11种，即黑线姬鼠、大家鼠、小家鼠、黑腹绒鼠、罗赛鼠、黄胸鼠、社鼠、大足鼠、东方田鼠、臭鼩鼱及灰麝

① 《浙江省卫生防疫站站志》，浙江省卫生防疫站1993年编印，第38页。

鼩。同年，省卫生防疫站朱智勇等在黑线姬鼠肺中成功分离到4株能在非疫区的同种鼠连续传代的相关抗原，经病原学检查证实为流行性出血热病毒，除肺、肾、肝、胃、腮腺、膀胱等组织检出外，还在国内外认为不能检出的脾脏中检到阳性。1986年，省卫生防疫站朱智勇等用分离的多株出血热病毒制成试验性疫苗，免疫效果十分理想，1988年将疫苗接种2400余人现场观察，证明抗体阳转率达90%左右，接种后无明显全身或局部反应，1993年获得卫生部试生产批准文号，与杭州天元生物药业公司合作生产，1994年完成疫苗实验室研究向规模化生产的生产工艺转换，使疫苗在较短时间内达到批量生产规模，并向全国各地推广应用，2000年获得国家新药证书和正式生产文号。通过采取上述措施和出血热疫苗的研究成功，浙江省出血热疫情逐年下降，1995年出血热发病率为7.93/10万。为此，朱智勇获"全国优秀科技工作者"称号，并当选全国第九届、第十届政协委员。

五、虫媒传染病

（一）疟疾

疟疾在老百姓中被称为"寒热病""卖柴病""打半工"等，为浙江历史上的常见病、多发病。元代著名医学家朱丹溪在《丹溪心法》一书中叙述："吴、楚、闽、广之人患疟独多，谓其地卑湿，阳气素盛，长夏时人多患疟。"民众深受其苦，曾流传"七八月稻谷黄，寒热鬼上床"的说法。清光绪八年（1882年），温州疟疾流行，近半数人感染疟疾。民国20年（1931年），浙江省卫生署在杭州郊区调查记载，人群中疟原虫感染率高达39.05%，其中恶性疟占82.4%。德清武康调查，人群脾肿率为23%，原虫率为21%，恶性疟与三日疟各半。民国35年，甘怀杰在开化调查，儿童疟原虫阳性率高达43.9%，其中恶性疟占48.6%、间日疟占27.6%、三日疟占9.4%、混合感染为14.4%，可见中华人民共和国成立前浙江省3种疟原虫均有流行，不少地方以恶性疟为主。

中华人民共和国成立后，浙江省疟疾有3次较大流行。1954年疟疾发病61万人，年发病率为269.2/万，死亡1003人，病死率为0.16%。这年流行范围波及全省，发病最多的是临海县，全县50多万人中发病9万多人，发病率为16.6%。第二次大流行在1961—1964年，1961年夏，浙北受台风和洪水袭击，加上人口频繁流动，使原局限于西北山区的传染源逐渐向东南嘉兴、杭州、绍兴、宁波等平原地区扩散，从而波及全省。1962年发病88万余人，年发病率为330.0/万，死亡898人。当年据刘吟龙等在安吉永泰乡调查，血检334人，阳性87人，阳性率为26.05%，其中恶性疟占74.71%、间日疟占22.89%、混合感染占2.4%。这次流行来势凶猛，波及范围广，为浙江省自中华人民共和国成立以来最严重的一次流行。经过防治，发病率下降，但由于"文化大革命"，各级防治组织机构瘫痪，疟疾发病率又开始上升，1966年发病58万余人，金华、衢州地区发病人数占全省发病数的46.74%。1973年为一个流行高峰，年发病率为74.71/万，安吉、松阳、开化、临海、温岭等局部区乡出现了暴发点。

对于疟疾防治措施，浙江省于1953年在青田县设立浙江省青田疟疾防治站，专为防治疟疾病，编制30人。1954年，该站迁至舟山，1959年撤销，1962年恢复，后归属省卫生防疫站领导。该站一直为全省疟疾的防治起着业务指导作用。1956年,《全国农业发展纲要》提出了消灭疟疾的任务,浙江省掀起了消灭疟疾等主要疾病的群众运动,广泛开展用环氯胍、奎宁、阿的平等药物进行现症病人治疗和预防服药,使疟疾发病得到了一定的遏制。1961年,省卫生防疫站制订了《浙江省疟疾防治试行方案》。该方案根据浙江省实际情况,提出了“二根治、一预防、大力灭蚊”的综合性防治对策,明确了治疗病人、控制传染源、防止暴发流行等一整套防治措施,对全省疟疾防治起到了指导性作用。在防治过程中,全省形成了一支抗疟队伍,据1964年20个县统计,训练基层保健员39000多名,依靠这支队伍,完成了疟疾抗复发治疗105万人,预防服药472万人次。经过全省广大人民群众的反复斗争,至1974年疟疾流行得到了初步控制,发病率开始下降。1979年,浙江省开展疟疾监测,先由黄岩等四县开始设立监测试点,开展了以发热病人血检为主要手段的病源侦查工作,在此基础上,还开展媒介调查和血清学检测,血检数由1981年的1.4万人增加到1987年的30万人左右。由于病人及时发现,传染源得到有效处理,全省发病进一步得到控制。其间,虽出现了永嘉、苍南等局部乡镇的间日疟流行,由于处理及时,措施得力,发病数量很快得到控制。

1985年开始,浙江省根据卫生部《关于控制疟疾和基本消灭疟疾标准及考核方法的通知》精神,于1985—1999年对全省原有74个疟疾流行县(市),在连续三年监测的基础上通过了省基本消灭疟疾达标考核,1993年经卫生部抽查复核达到了全省基本消灭疟疾标准。在此基础上,于1994年制订《浙江省基本消灭疟疾后管理与监测方案(试行)》,建立了乡级监测站726个,并确定奉化、海盐、慈溪等15个县(市)为省重点监测哨所县,其间,举办各种培训班50多期,培训流行病学医师1458人、疟原虫镜检人员1318人,全省有了一支训练有素的疟疾管理与监测队伍,形成了一个较为坚实的疟疾监测网。浙江省基本消灭疟疾以后,全省疟疾发病数由1991年的215例减少到2000年的75例,发病率由0.52/万下降至0.17/万,1991—2000年的近10年内未出现疟疾暴发点,发病以流动人口的输入病例为主,当地病例逐年减少,传播强度明显减弱,发病率稳步下降。

(二)乙型脑炎

乙型脑炎(简称乙脑)是由乙脑病毒引起的自然疫源性疾病,它发病急、死亡率高、后遗症重。浙江省自1952年开始记载乙脑疫情,至2010年全省累计发病119833例,年平均发病率为8.94/10万,累计死亡10208例,平均病死率为8.52%。1952—2010年间,浙江乙脑发病率波动在0.11/10万～47.52/10万之间,平均为8.52/10万～11.33/10万,发病率低于平均发病率为散发,高于平均发病率为流行。其间,曾有11个流行年,最高是1967年,发病率高达47.52/10万,流行年多数集中在1963—1972年的高峰期中。乙脑死亡率随发病率高低而上下波动。1975年起全省疫情逐年下降。乙脑疫情遍及全省,以宁波为例,年平均发病率最高(12.28/10万),丽水为最低(6.53/10万)。乙脑疫情按月分布,病人明显集中于7、8两个月,这两个月的发病数占全年的89.38%,其中又以7月最多(构成比为52.80%)。据1952—1980年间收集到的全省乙脑疫情分析,病例总数的86.90%,年龄低于16岁,1～7岁病人占总数的89.03%,其中3～5岁年龄构成比最大(25.25%)。男性病人多于女性,两者比例为

1.46∶1。

对于乙型脑炎防治措施，浙江省于1953年开始使用乙脑疫苗(地鼠肾灭活疫苗—淡苗)。1953—1969年全省乙脑疫苗使用量逐年增大。1970年起全省大规模使用乙脑疫苗，1981年改用浓苗。1967—1972年，浙江省是乙脑流行的高峰年，自1970年大规模接种乙脑疫苗后，1975年起疫情处于平稳，且逐年下降，无流行年出现。1982—1983年，浙江省卫生防疫站从定海、义乌两县乙脑患者的室内及猪、牛舍捕捉的媒介蚊虫中首次分离到11株乙脑病毒，其中9株是从三带喙库蚊中分离到，结合浙江省主要蚊种，证实三带喙库蚊是浙江省乙脑的主要传播媒介。1985年，浙江省卫生防疫站首次建立酶联免疫吸附试验、单扩溶血试验检测人和哺乳动物血中乙脑IgG抗体，为大规模进行人群乙脑抗体水平调查提供了简便、快速、敏感的方法。1989年，浙江省卫生防疫站又利用杭州市气象及乙脑疫情资料，应用逐步回归与逐步判断分析，建立了乙脑预测预报数学模型，对1952—1988年的数据进行回顾预测，结果总符合率达86.11%，为掌握流行开始前疫情动态提供依据。2000年以后，浙江省疾病预防控制中心在全省设立乙脑监测点，主动监测人群乙脑抗体水平，同时开展流行季节的蚊媒带毒率监测，为后续深化乙脑工作方向奠定基础，至2010年，全省乙脑疫情明显下降，年发病率维持在1/10万～2/10万以下。

六、其他传染病

(一)松毛虫病

松毛虫病是马尾松松毛虫的毒针毛直接或间接接触人体而引起的一种疾病，人、畜均易感染，皮肤和关节炎为本病特征，愈后少数病例眼睛失明，耳郭畸形，关节功能障碍或残疾或继发感染，重者可死亡。1955年，杭州市郊农民在采松毛虫茧时，曾发生严重的手指关节炎病例，当时被误诊为骨髓炎。1970年，金华县古方乡某窑厂工人，用带有松毛虫的松枝柴烧窑而发病，重者关节强直、畸形。1972年，省卫生厅派专业人员赴金华、永康等地对该病进行了流行病学调查。1972年7月，古方乡大德垄村民们于飞机治虫后，在大量松毛虫污染的山垄田割稻，发病192例。同年8—9月，瑞安篁社乡山前村和永康云山乡马竹岭、上水碓等4个村的农民在松毛虫盛发的山上砍柴，发病575例。1973年，温州、瑞安、乐清、永嘉、平阳、金华、武义等县爆发流行，仅温州市外垟等24个乡统计，发病15000余例，此后，该病在杭州、宁波、台州、嘉兴地区先后暴发流行，因松毛虫病导致眼睛失明2例，耳郭畸形、萎缩5例，不少患者造成关节功能障碍或残疾，因并发感染死亡1例。1978年，省卫生厅陪同国家卫生部、农业部赴金华、丽水、温州三地调查，结合1976年的调查，浙江省首次在国内比较全面、系统地阐述了此病的致病原因、发生及流行规律、临床表现和防治原则等，此项研究成果获得全国科学大会奖。

(二)“哈哈病”

这是一种罕见的、原因未明的、以大笑大哭相间为主要症状的精神障碍性爆发性疾病。

1960年2月，首发病人在瑞安县珊溪镇，是初中二年级的教师。3个月间，珊溪初中学生发病169例，罹患率为39.15%；教师3例，罹患率为13.04%。3—4月为流行高峰，仅4月22日发病50例，病人主要是学生，少数是教师、农民、工人和干部；病人年龄最小12岁，最大32岁，男性罹患率为37.8%，女性为42.5%。1971年2—4月，景宁县大都农业中学女生29人中发生以精神症状为主的疾病12例。症状表现：精神状态紧张、烦躁、喜动、言语多而异常，时哭时笑、心烦、食欲亢进，患者间接触甚密，时好时发。病期3天左右，未治自愈，无后遗症。1971年2月20日至4月4日，此病又发生于缙云县新建区双川乡，3月25日至4月2日为流行高峰，仅3月22日发病13例，此次流行共发病45例，无死亡，罹患率为5.77%。疫情主要发生于双川乡鱼川村，发病44例，波及毗邻的石臼坑村，发病1例，病人有学生、教师、农民、工人和家庭妇女，鱼川初中(含小学)学生罹患率为4.64%，教师为11.11%，首发病人是初中二年级学生，病人年龄最小14岁，最大57岁，女性略多于男性。两次流行调查表明，多发年龄段为15～19岁，所有患者均有接触史，接触愈密切罹患率愈高(如护理人员罹患率高达55%)，且与作为传染源的病人的病程迟早有关，病程越早，传染危险性越大。1971年，缙云发现一家发病2例有5户、一家发病3例1户，病人潜伏期最短为5小时，最长为13天，临床症状，多数病人有半天至4天的感冒前期症状，继而出现精神症状。精神症状主要是情绪激动易变，笑笑哭哭，忽哭忽笑。1961年瑞安流行时，以笑为主。1971年缙云流行时，也以笑为主。病人动作增多、外跑、过分打扮、装怪相，少数有毁物、打人、打架行为；语言增多，随境转移，意识清楚，注意力不集中。眼底、神经系统、脑脊液和血常规检查多无异常发现。多数病人经1～2周恢复，少数可反复发作，病程可延至50天以上，但未见有后遗症，约19.9%的病人有复发性(指精神症状重现)，大部分复发1次，个别2次，多发生于病后第11～25天。

此病首次在浙江省流行时，省、地、县曾联合派出防治医疗队，采取综合性防治措施，病人隔离15天，沿交通要道设检疫站，开展爱国卫生运动，采取学校门口检疫、喷喉、戴口罩，饭前用苏尔洗手，房屋内喷洒漂白粉澄清液，食具、碗筷消毒等办法，易感人群普服清凉解毒中草药预防，一个月左右疫情开始控制，两个月后未再发现新病人。

(三)流行性喘憋性肺炎

流行性喘憋性肺炎是一种由呼吸道合胞病毒(RSV)所引起的小儿急性肺炎，简称流喘。该病通过空气飞沫传播，传染性较强，潜伏期短，起病急，有发热、咳嗽、喘憋等症状，预后差，具有明显的流行性。病人以婴儿为主，发病集中于1～4岁，最小年龄为出生后42天，最大年龄为4岁。1971年，首发于浙江省乐清县。当时，因未识此病，病人未隔离，疫情迅速向四周扩散、蔓延，波及乐清县全县95.9%的村，温州8个县市，台州7个县市，丽水、金华和嘉兴等地亦有局部流行或散发。1972年，全省流行最严重的地区是温州，其次是台州，疫情以农村为重，山区又比平原为重。据温州、台州地区15个县市报告，1971年5—9月，共发病103677例，死亡235例，其中温州地区发病23603例，死亡34例，发病率为34.4%，病死率为0.14%。流行从6月下旬开始，7月上旬达高峰，至7月底下降。1972—1973年，据不完全统计，共发病3781例，死亡14例。

对于流行性喘憋性肺炎防治措施，浙江省卫生行政部门和当地医疗卫生部门于 1971 年夏，省和当地各级卫生部门先后组织、派遣 30 余支防治医疗队，上海第一医学院和上海市卫生防疫站派专家来浙江支援，浙江医科大学传染病研究所何南祥教授在省卫生防疫站等单位配合下，在温州市卫生防疫站实验室分离出 RSV 病毒。浙江省卫生防疫站、浙江医科大学流行病教研室、省儿童保健院、浙江卫生防疫站实验室、杭州市卫生防疫站、温州医学院、省中医院、浙江医院、杭州传染病医院，以及上海第一医学院、上海市卫生防疫站等单位专业人员，在温州地区卫生防疫站和乐清县卫生防疫站等单位配合下，摸清此病的流行和发病规律，并且找到用亚冬眠加激素抢救重危病人的治疗方法。

第二节　寄生虫病

寄生虫病是由寄生虫侵入人体而引起的疾病。侵入的虫体数量越多，毒力越强，发病的机会就越多，病情也越严重。感染的人群主要是接触疫源较多的人及免疫力较低的儿童。本类疾病分布广泛，世界各地均可见到，且以贫穷落后、卫生条件差的地区为多见，热带和亚热带地区更多。浙江省属亚热带地区，寄生虫侵入人体的机会较多，发病率也较高，常见的寄生虫病有血吸虫、丝虫、钩虫、姜片虫、肺吸虫和蛔虫等。

一、血吸虫病

血吸虫病是由裂体吸虫属血吸虫引起的一种慢性寄生虫病。血吸虫病主要分两种类型，一种是肠血吸虫病，主要由曼氏血吸虫和日本血吸虫引起；另一种是尿路血吸虫病，由埃及血吸虫引起。中国主要流行的是日本血吸虫病，农村俗称“水蛊”“蛊胀病”“黄胖病”。浙江省是血吸虫病重度流行的省份，流行的历史较早。

（一）古代、近代血吸虫病流行情况

明万历二十七年（1599 年）5 月，《嘉兴许府志》有“腹胀则死”的记载。清乾隆年间，民间流传着“天怕黄亮人怕鼓胀”的说法。清乾隆四十三年（1778 年），嘉兴《王孟英医案》载有“臌胀病”治疗方法。光绪三十一年（1905 年），美国医生罗根（O. T. Logan）博士报道了中国国内第一例血吸虫病病人，从此开始了准确界定的血吸虫病预防和治疗工作。光绪三十四年六月，嘉兴福音医院凡纳勃医生首次从当地 4 名患者粪便中检出血吸虫卵，确认嘉兴有血吸虫病。

民国 6 年（1917 年），绍兴福康医院有收治本病记载。民国 12 年，美国学者福斯特和梅伦奈在嘉兴杨庙乡和绍兴陈家桥找到日本血吸虫病中间宿主钉螺，镜检到尾蚴，证实嘉兴、绍兴为血吸虫病流行区。翌年，在美国卫生杂志发表《绍兴发现日本裂体血吸虫软体动物中介》。民国 13 年，美国学者福斯特在《日本血吸虫病的研究》一书中，绘制了“长江下游和太湖地区血吸虫病分布图”，图中金华为血吸虫病流行区。民国 17 年，中国寄生虫病学专家陈方之、李

赋京等到安吉县荆湾、梅溪、递铺、三官、孝丰城东门外及王家庄等地农村作钉螺体内尾蚴寄生率、钉螺形态的研究及滋生地形和地势等调查，首次报告安、孝两县的部分地区有钉螺滋生。据良朋、白水湾、上墅、下汤、塘浦、荆湾等地调查，1949 年前血吸虫病患者占全村人口的 56.4%。上墅大竹园中，筦村共有 9 户 40 人，10 人死于血吸虫病。民国 18 年，中国寄生虫病学专家陈方之、李赋京等人在开化县池淮畈调查，首次发现血吸虫中间宿主钉螺，并从 3 例血吸虫病人粪便中检出血吸虫卵。民国 19 年，中央卫生试验所派毛惠民到衢州千塘畈调查，发现钉螺及血吸虫病人，确定衢县为血吸虫病流行区。民国 22 年，中央防治血吸虫病工作队姚永正、甘怀杰在开化县池淮畈航头村粪便检查 554 人，血吸虫卵阳性 238 人，阳性率 43%。同年，陈方之在常山县调查，钉螺阳性率为：南门外 20%，五里铺 8%，招贤镇 5%。陈方之在《血蛭病之研究续报》中，将本区所属的衢、龙、江、常、开 5 县划为全省血吸虫病流行 17 个浓厚地之列（即重流行县）。民国 22 年 1 月，中央卫生署派姚永正、甘怀杰率防治血吸虫病工作队 5 人，首次驻开化县池淮畈专事防治，浙江省卫生实验处处长陈万里、德籍卫生顾问罗塞兼任督察指导。8 月，中央防治血吸虫病工作队在衢县千塘畈叶派碓村设诊疗所，用酒石酸锑钠、浮亚丁、吐素等药品门诊治疗早、中期血吸虫病人 3521 名。同年，澳门顾问罗塞（Rose G.）在衢县发现钉螺并检出 6 名血吸虫病人，其中 2 例在粪便中找到虫卵（刊于浙江省立医院季刊 1 卷期 24 页），罗塞又到开化调查“特殊疾病”，发表《浙江省开化县池淮畈调查血吸虫病报告书》，谓“开化农民患者更重，有家散人亡，潜至灭种之虑”。同年，据中央卫生署卫生实验处处长刘瑞恒致函浙江省政府主席黄绍竑云：“自 22 年 9 月至 24 年 11 月，中央驻衢血吸虫病防治工作队诊疗所，两年中医治血吸虫病患者达六千余人……”同年，甘怀杰等在浙江省开化开展血吸虫病调查，544 名被调查人员中，血吸虫病患者占 232 例，患病率为 43%。同年，昌化县新溪乡无他村长陇山有 116 人因患血吸虫病，成年男子大多死亡，至 1949 年，仅存 11 人，成“寡妇村”。次年，在浙江千担坂的调查中，甘怀杰等利用直接涂片法、沉淀法、毛蚴孵化法 3 种粪便检查方法和皮试法对 1234 名当地居民进行血吸虫病检测，592 份粪便标本中，290 份检出虫卵，感染率为 48.99%，491 例皮试结果中，378 例呈阳性，阳性率 76.99%。

民国 21—37 年（1932—1948 年），常山县白石乡死于血吸虫病 2085 人，占当时人口的 50%。曹会关村 86 名已婚妇女中，有 82 名妇女改嫁 2 次以上，最多的改嫁过 7 次，其中有一名妇女先后改嫁过 2 个丈夫，有 9 名子女及 2 个媳妇全部死于血吸虫病，最后自己孤单一人，无依无靠，曹会关村被当地人称为“鬼门关”。民国 23 年，全国经济委员会卫生实验处德籍卫生顾问华格尔（Whiager）及技正吴光、屈应杰再赴衢、龙二县调查，钉螺阳性率分别为：衢县千塘畈毛家村 15%，小南门外 8%，下方村 5%，龙游县北门外 14%。世界卫生组织顾问约翰（John）于民国 23 年 3 月至民国 24 年 4 月，在浙江 KUTANG（千塘畈，一个典型的血吸虫病流行区）开展了中间宿主的生态学调查，内容包括：生态习性、感染率、繁殖期及其他生物学因素。调查结果显示，钉螺沿沟渠两岸分布，适宜钉螺滋生的条件是水流速较缓的沟渠两岸，且植被好、土壤疏松。钉螺的交配季节为 4 月中旬至 5 月中旬，9 月下旬至 10 月上旬也可以交配。在地面上交配，未见在水下交配，交配期间气温为 25℃左右。幼螺出现的高峰期在 5 月，其次为 9 月和 10 月。据民国 23 年《浙江省情》所载《二十一年度血蛭病（即血吸虫病）在浙江省流行区域图》标明:全省流行区有36个县(市),其中,严重者16个,较次者13个,较轻者7个,兰溪属较次者。民国23—24年,中央防治血吸虫病工作队在衢县千塘畈进行小范围查螺,并用铲草皮、撒石灰、喷洒硫酸铜溶剂等方法进行灭螺实验。民国23年11月11日,中央卫生署卫生实验处处长刘瑞恒向浙江省政府主席黄绍竑致函:"驻衢县防治血吸虫病工作队在千塘畈试用硫酸铜杀死钉螺蛳属实有效,请贵省府设法筹拨必需之款,以期工作得以扩展。扑灭此害,为农民除此恶症。"同月30日,省政府主席黄绍竑批示:"实行化学药物与铲除杂草杀死钉螺蛳应由政府组织农民冬令劳动服役为宜,技术指导由经验之人领导,人选可请驻衢血吸虫病防治所主任医师甘怀杰担任之。所须款壹仟元提会照拨,由省卫生处派员监督办理。"民国27年1月,《东南日报》报道驻衢浙东血吸虫病防治所在千塘畈使用硫酸铜杀灭钉螺消息。民国28—37年统计,衢县有5400多人死于血吸虫病,仅莲花乡就有1493人死亡。该乡赵庄有22户70多人死于血吸虫病,姓赵的村民全部死绝,有"赵庄无赵姓"之说。蓬里48户200多人,仅剩1户2人。千塘畈箬蓬村何火耀一家9口,8人被血吸虫夺去生命。石梁乡蒋家、梅村因患血吸虫病绝户的有41户。姜家山蓬上村有个妇女,招赘过7个丈夫,生了2个孩子,结果还是孤寡。高家斋堂村徐背亨兄弟5人,全部死于血吸虫病。三桥头、蓬里、赵庄、三沟桥、荷花桥头、蓬上、蔡家、田铺山、郑家田辅等27个自然村濒于湮没。疫区流传着"男子三十膨胀,妻儿离乡讨饭""种种一大畈,收收没一担,糠菜半年粮,妻离子又散"的谚语。1949年初,汪铭时筹组浙东血吸虫病防治所,限于历史条件,这些机构只做调查研究和灭螺工作,无力根治这种病害。

民国26年(1937年),嘉兴县净湘乡石蟹桥村,有120多人,到1949年仅存15人,其中,7人是患晚期血吸虫病有腹水的大肚子,6人是"童子痨"(晚期血吸虫病侏儒症),还有2人是婚后不育的妇女,水稻亩产只有100来斤,被称为"死人浜""荒田漾""寡妇村"。据民国28—37年统计,嘉兴县濒于死绝的有286个村庄,约3万人,田地荒芜达到2.89万亩以上。民国政府中央卫生部寄生虫病专家徐锡藩教授于民国37年12月19日在《大公报》上发表文章,谈到他在嘉兴步云镇墙头村的调查时称:"二十年前有十余家,一百人,现则存仅余一家四口,此四口中,一人已有腹水……"杭嘉湖平原素有"鱼米之乡""丝绸之路"的美称,因"瘟神"血吸虫病肆虐,良田荒芜,村舍废弃。中华人民共和国成立之前,全省因血吸虫病流行猖獗,造成大批人口死亡,田园荒芜,村庄毁灭,呈现"华佗无奈小虫何"的悲凉。

(二)现代血吸虫病防控措施

中华人民共和国成立后,党和政府十分重视严重危害人民身体健康的血吸虫病,立即组织力量,积极发动群众运动开展防治工作。从查螺到灭螺、从查病到治病,这60年的血吸虫病防治工作,展现了"纸船明烛照天烧"的壮丽场景,广大流行区旧貌换新颜,发生了翻天覆地的变化。回顾浙江省消灭血吸虫病的整个历程,大致可以分为调查研究、全面防治和监测巩固3个阶段。

1. 血吸虫病防治调查研究阶段

1950—1955年是浙江省防治血吸虫病工作进入调查研究阶段。1950年1月1日,浙江省成立“浙江省热带病研究所”。2月，经浙江省人民政府批准，建立了以研究和防治血吸虫等地方病为重点的浙江省卫生实验院，首任院长为中国知名的人体寄生虫学家洪式闾。同年，浙西血吸虫病防治所在嘉兴成立。浙东血吸虫病防治所在衢县成立。8月，省委书记兼浙江省人民政府主席谭震林与开化县农业劳动模范林小苟交谈，了解当地血吸虫病的危害情况。同月，华东区浙西血吸虫病防治所在嘉兴正式成立，所长李金华。浙江省抽调医学院校、医院、省卫生实验院的部分医务人员和毕业班学生，组成杭州血吸虫病防治队，由张鸿典带队，到嘉善等地为中国人民解放军某部指战员查治血吸虫病。9月，华东区浙东血吸虫病防治所在衢州成立。10月，中国人民解放军总后勤部给张鸿典记二等功。在此之前，上海市郊区血吸虫病防治委员会给陈超常等记功一次。12月，省防疫大队二队及卫生实验院联合组成省血防工作队，派驻衢县姜村乡，队长孙树海。其间，全地区增设江山、常山、开化3个县级血防站及46个血防小组(中心组)。1951年初，浙西地方病防治所由华东军政委员会卫生部划归省卫生厅领导，更名为浙江省地方病防治所，随后又易名为浙江省嘉兴血吸虫病防治所。1951—1952年，防治所先后举办了7期血吸虫病防治人员短期培训班，学员来源一是从各县卫生院抽调1～3人作为骨干，二是从社会执业的中西医务人员中选拔和动员一部分思想进步、自愿参加革命工作、愿意为人民服务的人员，三是从社会上招收一批进步知识青年。经过短期的思想政治教育和血吸虫病防治专业技术培训，结业后仍返回县，原则上是哪个县选送来的，仍返回哪个县，又以卫生院选送的医务人员为骨干，组成各县的血吸虫病防治站。至此，嘉兴地区血防系统从原浙西地方病防治所的6个人发展到粗具规模的1个所、11个防治站，全区共10个县防治站和1个海(宁)嘉(兴)联防站，共计763人的血防专业队伍，其中除30人在所本部负责门诊和住院病人的治疗工作外，其余95%的人员都在农村从事基层血防工作。

1951年8月，省卫生厅厅长洪式闾、副厅长李蓝炎派秘书李进会同有关科技人员到诸暨县选点，确定该县思安乡三环畈为防治血吸虫病实验区。浙江省卫生实验院李非白、王培信率领11位科技人员和嘉兴、宁波、绍兴、衢州、台州等地派去的医务人员、省医校学生47人在实验区开展综合性查病防病工作，王培信等开始进行土埋法杀灭钉螺的实验研究。1952年春节，陈过教授与邬锦文、忻德宇率领200余名师生到嘉兴血吸虫病严重流行区为农民查病治病，1953年，衢县姜村乡用粪检法对家养动物进行血吸虫病感染率调查显示，动物感染率为：水牛11.17%，黄牛13.33%，猪9.68%，狗28.50%，猫14.29%。

1953年，浙江省卫生实验院王培信、范学理、刘世炘等首先系统地开展钉螺生殖与发育的研究。5月21日，卫生部对浙江等省发出指示，号召切实做好血吸虫病防治工作。6月，苏联寄生虫学家波德里西娃等参观浙江省卫生实验院。11月11日，华东血吸虫病研究委员会在浙江召开第一次会议。1954年6—10月，衢县修建飞机场的上千名民工陆续病倒，开始病因不明，浙江医学院副院长王季午等赶赴发病地点，经现场调查和临床检查确诊为急性血吸虫病。11月，浙江省支援武汉市血吸虫病医疗队赴武汉。12月，撤销嘉兴、衢州、绍兴3个血吸虫病防治所，建立宁波、衢州、嘉兴3个专署血防办公室，将原有16个血防站扩大为23个市县血防站，将原有200个血防小组并为40个血防办公室，将原有460张血吸虫病床划归血防地区卫生院，抽调嘉兴、绍兴等地血防人员1696人进行专题学习，根据学习情况和实际工作需要指示精神，留作血防工作的616人，转做行政工作的376人，转入卫生院搞血防的146人。该时期主要是建立防治血吸虫病的专业机构，摸索科学防治经验，先后设立嘉兴、嘉善、平湖、海宁、海盐、桐乡、崇德、江山、常山、开化、天台、诸暨、萧山、嵊县、上虞、新昌、绍兴县等血吸虫病防治站。到1953年底，全省共计建立嘉兴、衢州、绍兴3个地区级血吸虫病防治所及17个县级防治站，200个防治组，总床位460张，职工1686人。全省血吸虫病防治队伍在当地政府统一领导下，围绕中心工作，积极发动群众，掌握流行环节，贯彻"预防为主"的方针，开展血吸虫病防治工作。与此同时，浙江省组织技术力量深入开展血吸虫病防治试点研究，从1951年在诸暨县三环畈设立第一个省级血吸虫病防治实验区开始，到1954年逐步在嘉兴、萧山、衢县等设立23个防治血吸虫病实验乡，通过试点培训防治人员5100多人。另外，浙江省卫生实验院进行了钉螺生态、杀灭钉螺以及中药治疗血吸虫病等研究。试点地区还组织开展了血吸虫病防治宣传教育，进行了"两管一灭"预防工作，即管粪、管水、灭螺等预防工作。

1955年11月中旬，党中央和毛泽东主席在杭州召集的华东、中南地区省委书记研究农业问题会议上，发出了"一定要消灭血吸虫病"的号召，决定由党委统一领导，成立血吸虫病防治领导小组。11月18日，卫生部副部长、党组书记徐运北遵照毛主席的指示，来嘉兴县净湘乡、海宁县双山乡调查疫情，省卫生厅厅长李蓝炎、嘉兴县县长樊家禧等领导陪同调查。12月，省委提出"三年控制、五年消灭"的要求，成立省委防治血吸虫病五人小组，并在省委第五次代表会议上通过《关于执行中共浙江省委消灭血吸虫病及逐步提高人民健康水平的决定》的决议。12月9日，刚成立的以省委副书记林乎加为组长、省委文教部副部长杨源时为副组长的省委防治血吸虫病五人小组召开了第一次扩大会议，专题研究血吸虫病防治工作。

据1950—1955年统计，全省共查病50多万人，查出病患9.37万例，治疗血吸虫病人3.79万人；查牛828头，其中阳性75头；查灭螺投工18.21万工，查螺面积1708.45万平方米，查出有螺面积528.83万平方米，处理有螺面积387.74万平方米。这段时期的工作，为全省各地从思想上、组织上和技术上全面开展血吸虫病防治工作打下了坚实的基础。

2.血吸虫病全面防治阶段

1956—1995年，浙江省消灭血吸虫病工作进入全面防治阶段。1956年2月，浙江省召开了全省防治血吸虫病会议，落实五年消灭血吸虫病的规划和措施。5月7日，浙江省血吸虫病防治科学研究委员会成立。6月15日，上海市18个医疗单位组成的上海志愿者防治血吸虫队抵杭，18日分赴嘉兴、金华、杭县等地。6月28日，卫生部副部长崔义田和卫生部首席顾问、苏联专家柯切尔金来浙江省检查工作，检查浙江医学院、省卫生实验室、杭州第三医院、嘉兴市血吸虫病防治医院、嘉兴市东珊乡等血吸虫病防治工作。9月，卫生部通知将血吸虫病、钩虫病、丝虫病、黑热病、恙虫病、出血热列入乙类传染病中进行管理。9月26日，诸暨县中村乡为全省第一个宣布基本消灭血吸虫病的乡，《浙江日报》为此发表文章《第一片土地》。11月，日本防治血吸虫病医学者代表团小宫义孝教授等到浙江省卫生实验院参观访问。1957年3月19日，省委防治血吸虫病五人小组办公室转发水利部《关于兴修水利结合消灭钉螺的指示》。4月20日，国务院发布消灭血吸虫病指示。4月23日，中央发布《关于保证执行国务院关于消灭血吸虫病指示的通知》。8月26日，全国血吸虫病研究委员会临床、药物两组座谈会在杭州举行。

1958年1月，浙江省第一届人民代表大会第六次会议通过了《关于消灭血吸虫病的决议》。中共中央主席毛泽东十分关心嘉兴等地区消灭血吸虫病的问题。他在视察杭州小营巷卫生工作之后，由霍士廉陪同到嘉兴、桐乡调查怎样消灭血吸虫病。他对当地历史很熟悉。他说，嘉兴地区经过太平军与清军的战乱，地多人少，又是水网地带，容易滋生、传播血吸虫病，根治的关键是消灭钉螺。霍士廉汇报了金华用茶籽饼灭螺的经验。毛泽东说，要重视民间的创造，人多办法多，要发动群众，彻底根除钉螺，消灭血吸虫病，并指示用茶籽饼灭螺，集中治病，采取在祠堂管饭、用门板管睡、治好回家的办法，把大肚子细胳膊的病人，一个个治好。1958年2月8日，中共中央防治血吸虫病九人小组批转浙江省防治血吸虫病五人小组《关于棠棣乡基本消灭血吸虫病的总结报告》。2月17日，省委、省人委召集卫生、水利、共青团、妇联及杭州市等单位负责人，传达中央防治血吸虫病九人小组在上海召开的扩大会议精神，研究浙江省除四害讲卫生，消灭血吸虫病工作，会议要求1958年治疗血吸虫病人80万。2月25日，全省防治血吸虫病工作会议在绍兴召开，传达全国第四次血防会议精神，布置浙江省血防任务，确定全省血防工作的口号："苦战二年，一年扫尾，三年消灭。"《浙江日报》发表《任家坂是榜样》的社论，会后扩大了防治队伍，组织医务人员和卫校师生414人，深入疫区普查普治。3月，省委书记处书记霍士廉到绍兴县解放乡检查血防工作。6月30日晚，毛泽东主席在杭州西湖国宾馆一号楼书房内读了当天《人民日报》报道江西省余江县消灭血吸虫病的消息后，于7月1日晨写下诗作《送瘟神二首》。《送瘟神二首》诗篇发表后，全省广大干部群众受到极大鼓舞，迅速掀起了防治血吸虫病的第一次群众运动高潮。7月，由省长周建人、省委常委周荣鑫率领省委、省人民委员会验收团，对海宁、嘉善两县进行检查。8月，海宁、嘉善两县经省委、省人大验收正式批准为基本消灭血吸虫病县。11月，苏联、朝鲜、越南、捷克斯洛伐克、民主德国五国寄生虫病学者13人，由卫生部血防局局长陪同，来绍兴参观血防工作。11月，《浙江省消灭血吸虫病规划(草案)》出台，提出两三年基本消灭血吸虫病的目标。1958年，省卫生厅、省农业厅联合在常山县用粪检法对15个乡进行耕牛血吸虫病调查，检查4983头，其中阳性1051头，阳性率21.1%。

1964年1月，浙江省副省长冯白驹在绍兴县召开全省血防工作会议，贯彻第九次全国血防会议精神。2月，中共中央华东局书记处书记、中共中央血防九人小组副组长魏文伯，中央血防九人小组办公室主任鲁光，中共中央候补委员、浙江省副省长冯白驹，卫生厅厅长李蓝炎到湖州出席嘉兴地区工作会议。3月14日至4月30日，农业部邀请南方十二省、市的防治家畜血吸虫病专家和兽医工作者，在常山县白石公社开展家畜血吸虫病查治工作试点。5月14日，省委转发副省长冯白驹《关于血吸虫病防治工作情况和今后意见的报告》。随后，召开全省血防工作会议，提出综合性防治措施，以灭螺为重点，集中力量打歼灭战，灭一块，清一块，巩固一块，做好样板，由点到面，分期分批消灭血吸虫病的部署。1964年，常山县白石公社粪检耕牛247头，母猪154头，山羊12头，阳性率分别为17.4%、15.05%和8.2%，其中黄牛阳性率高达63.1%。1965年，农业部农业科学院、浙江省农业厅农业科学院、浙江农业大学畜牧医专家，以及全省34个流行县血防科研人员100余人，共同组织在常山县21个公社(乡)开展耕牛血吸虫病普查普治，受检耕牛7926头，阳性1274头，阳性率16.9%，治疗926头，受治率72.6%。1966年6月，由钟大萍、林代号领队的浙江省血防队宣传工作队赴上海汇报演出，被中央血防九人小组领导誉为浙江的“乌兰牧骑”。6月18日，《解放日报》刊登新华社上海分社专稿《学白求恩，为农民送药治病，学乌兰牧骑，为农民唱歌演戏》长篇文章，并加了“编者按”，《文汇报》作了转载。8月1日，省财政厅、省卫生厅转发卫生部、财政部联合通知，对血吸虫病人的检查，治疗实行免费。

1970年初，中共中央主席毛泽东和国务院总理周恩来下达防治血吸虫病的指示，要求把消灭血吸虫病作为保护人民身体健康，巩固国防，促进生产的政治任务来抓。全党动员，全民动员，消灭血吸虫病。1970年，在中共中央〔1970〕2号文件的指引下，在20世纪50—60年代血吸虫病联防工作的基础上，相继在苏浙沪8县市、苏浙皖5县、浙赣4县市等相邻地区广泛开展血吸虫病联防工作。同年5月，省委在嘉兴召开血防工作会议，参观了平湖钟埭公社及嘉兴县七星公社血防现场。同年，浙江省军区及驻浙陆、海、空三军组织医疗队，分赴血吸虫病流行地区，支援地方开展查治病工作。

美国总统尼克松于1972年访华，中美建交后，首批访华的是美国国会血吸虫病访华代表团。代表团于1975年4月8日由约翰·霍普金斯大学的安·布丁教授(E. Bueding)为团长率领来华，因地市不能接待，故仅到了杭州。安·布丁教授早在1963年就曾根据嘉兴周学章在《中华医学杂志》英文版发表的有关南瓜子、呋喃丙胺治疗血吸虫病等几篇论文，重复进行动物实验，证实了周学章所写的论文科学可靠，并由施贵宝药物研究所根据呋喃丙胺的化学结构仿照合成了治疗血吸虫病药品。1973年秋，广州举办的第37届中国出口商品交易会的卫生馆大厅里，在“千军万马送‘瘟神’——防治血吸虫病群众运动的事迹”一栏内，一幅题为《她就是我》的彩色照片吸引了许多中外来宾。照片上有两个人像：“她”瘦成皮包骨头，肚皮胀得像只鼓，猛一看，犹如一具骷髅；“我”是一个中年女性，圆圆的脸蛋，壮实的手臂，目光炯炯，满脸笑容，显得十分健康。“她”和“我”很不相像，但其实就是同一个人，这位姑娘叫娄玉妹，家在嘉兴市郊区七星乡东进村，照片显示的是她治疗血吸虫病前后的对照。

1975年4月6日，苏、浙、皖三省五县第一次血防联防会议在江苏省溧阳县召开。这次会议由中共溧阳县委书记李永月主持，参加会议的有5个县县委分管血防工作的副书记、各县血防办负责人及血吸虫病流行公社党委、生产大队党支部负责人共120多人，三省镇江、芜湖、嘉兴地区血防办负责人也参加了会议。1975年4月下旬，美国血防考察团一行12人，经上海、苏州、无锡到杭州访问。1978年3月15日，省委转发《浙江省消灭血吸虫病规划(草案)》，提出1980年前全省基本消灭血吸虫病。1981年9月，省委批转《省委血防领导扩大会议纪要》中提出，1985年前全省消灭血吸虫病的目标，要做到思想不松，机构不撤，队伍不散，工作不停。1983年，金华县山桥乡洞殿下村在钟乳石中发现钉螺化石，经南京大学地理系实验室碳十四测定，系钉螺胶结层，距今已有3680多年历史。① 该乡清末民初死于血吸虫病的在万人以上。据隋代巢元方《诸病源候论》记载推算，浙江省血吸虫病流行至少已有1300多年历史。1984年5月14日，第37届世界卫生大会授予中国医学科学院寄生虫病研究所所长毛守白教授“里昂·伯尔纳奖章”，以表彰他对中国血吸虫病防治研究的杰出贡献。1985年8月10日，经考核确认嘉善、绍兴、鄞县等四县血吸虫病流行已终止。

1986年3月，根据中央血防领导小组1985年12月修订的《消灭血吸虫病标准》，省委地方病防治领导小组和省卫生厅下发《浙江省消灭血吸虫病标准（修订）实施细则》。1987年5月10—24日，浙江省组织有150人参加的全省血防工作大检查，重点检查规划在1978年实现基本消灭血吸虫病的10个县。25—28日，在杭州召开汇报会，省委宣传部副部长钟儒，省爱国卫生运动委员会副主任、省卫生局副局长强世贤听取汇报。9月1日，省委地方病防治领导小组批准，安吉、开化两县达到基本消灭血吸虫病标准。至此，全省实现了基本消灭血吸虫病的目标。1990年9月9日，省政府下发《贯彻国务院关于加强血吸虫病防治工作决定》，在全省贯彻实施。1992年8月，浙江省第一部反映浙江省40年来防治血吸虫病工作的历时专著《浙江省血吸虫病防治史》出版。1995年，全省达到了血吸虫病传播阻断标准。

3. 血吸虫病消灭后的监测巩固阶段

1996—2010年是浙江省消灭血吸虫病工作进入监测巩固阶段。1996年开始，浙江省广大血防人员继往开来，继续巩固“送瘟神”的光辉业绩与丰硕成果。一方面，继续实施分类指导，实行“清内防外、标本兼治、常抓不懈、巩固提高”的策略；另一方面，根据各地实现血吸虫病传播阻断达标年份的长短、达标时血吸虫病防治工作情况和历史流行程度轻重，将全省流行区重新划分3种类型，制定针对性的工作策略。2006年以后，根据调查和监测情况，采取了“查灭残存钉螺和防控外来传染源为主的综合性防治”，继续加强本地钉螺监测、输入传染源监测和粪便管理，巩固和发展血吸虫病防治成果。这段时期，浙江省陆续制定血吸虫病监测巩固方案、查灭残存钉螺技术方案、查治血吸虫病技术方案、血吸虫病防治工作检查标准、流动人口血吸虫病监测技术方案和血吸虫病突发疫情应急处置预案等一系列技术方案，坚持以查灭钉螺和防止输入性血吸虫病病人为重点，加强技术培训，以科研指导防控，使血吸虫病防治工作管理不断规范化、技术标准化。钉螺监测采取3年内有螺村全面普查，连续3年以上未查到钉螺村进行轮流普查，开展残存传染源、新感染和输入性血吸虫病传染病监测，同时开展医院报病，对血清阳性者进行扩大化疗，检查有螺地区的放牧牛和输入牛，适当地给予扩大化疗。全省达标以后，虽然浙江省钉螺面积徘徊在100万平方米左右，输入性病人时有发生并略有上升趋势，但至2010年，浙江省仍未发现有本地的急性感染病人和新感染病人（畜），也没有发现感染性钉螺，防治成果得以持续巩固。

二、丝虫病

丝虫病又称血丝虫病，俗称“大脚疯”“象皮脚病”。该病在浙江流行已久，台州民间曾流

---

① 《金华县卫生志》，浙江人民出版社1992年版，第85页。

传“仙居癞头对打对，黄岩粗腿用船载”“河西头灯笼、马辅桥蚊虫”“洋渡三百大水站，上沙三百大脚肚”的谚言。清同治十年(1871年)，美国学者梅多斯(Meadows)在中国首次报告浙江宁波有象皮肿病人。① 民国18年(1929年)12月，《浙江民政特刊》刊载：“衢县大南乡属象皮脚病流行分布地区。”民国19年，龙游县卫生院报告：“在县境南部畲族集居村发现患‘流火’‘大脚疯’病甚多。”民国20年，浙江省民政厅德籍卫生顾问罗塞(Rose)和葛福臻氏在开化县调查发现邦克绿夫脱氏丝虫。民国22年，冯兰洲等学者曾在浙江发现马来和班氏丝虫病患者，民国24年，冯兰洲和姚克方氏对湖州医院病人2112名进行检查，发现微丝蚴阳性44人，阳性率2.08%。民国29年，陈超常从23例丝虫病中，检出3例班克罗夫氏丝虫。民国31年，浙江省部分地方进行丝虫病分布调查，发现舟山群岛定海流行班氏和马来丝虫病，宁波、绍兴、萧山发现的微丝蚴也属马来丝虫。1952年8月，衢州血吸虫病防治所在全地区进行丝虫病流行情况抽样调查，血片检查3032人，微丝蚴阳性率情况如下：龙游县杜家乡0.2%，开化县路口乡4.6%，梅川乡14.5%，篁岸乡8.0%，江山县方家乡2.1%，经鉴定属马来丝虫。1954年10月，江山县廿八都乡丝虫病普查，血片检查4595人，微丝蚴阳性率0.08%。1956年，《全国农业发展纲要》和《国民经济建设计划》提出防治丝虫病任务后，各县始将丝虫病防治工作列入政府工作议事日程，卫生部门专门组织防治人员深入疫区开展防治工作，对查、治病实行免费政策。同年，开化县19个乡开展丝虫病普查，血片检查30934人，微丝蚴阳性796人，平均阳性率2.57%。江山、开化两县分别在廿八都、杨林、川南三地开展防治试点。据1960年调查，全省有丝虫病流行的65个县、市中，流行乡2081个，流行村24583个，2749万人生活在流行区内，直接受到该病的威胁。东阳、义乌县为输入性病灶点。缙云县为非流行区。全省平均微丝蚴率为7.53%，虫种分布：65个县、市(按1975年辖区)中，38个县、市属马来丝虫病流行区，占58.46%。3个县属班氏丝虫病流行区，占4.62%。24个县、市属混合流行区，占36.92%。地区分布：浙西北部、中部的杭、嘉、湖、宁、绍平原地带形成一大片马来丝虫病流行区。台州黄岩、临海平原地带为马来丝虫病中度流行区。东部沿海、舟山群岛24个县市为两种丝虫混合流行区。班氏丝虫病分布在东南沿海玉环，温岭、永嘉三个毗邻的县。浙西黄土丘陵及山区地带的江山、常山等11个县，微丝蚴率低于1%。浙江省丝虫病流行程度颇为不一，平原和沿海岛屿高于山区及丘陵地带，人群微丝蚴率高低差异也很显著。全省以村为单位，微丝蚴率1%以下的村8122个，占33.04%；1%～5%的7800个，占31.73%；5.1%～20%的6906个，占28.09%；20.1%～30%的1322个，占5.38%；30%以上的432个，占1.76%。媒介蚊种：中华按蚊为浙江省马来丝虫病主要传播媒介，致倦库蚊为班氏丝虫病主要传播媒介。1960—1987年，全省累计血检56963759人次，查出微丝蚴阳性者1376906人，下肢象皮肿等体征病人297432人。全省服海群生片防治444666人，体征病人治疗1915330人次，服“药盐”778706人。

浙江省丝虫病防治历程可分为5个阶段：第一阶段是1952—1969年培训与普查、普治阶段。首先进行普查，基本查清流行范围、程度及虫种，同时对病人进行普治，在查治前每乡选

① 中华人民共和国卫生部：《中国消除淋巴丝虫病报告》，人民卫生出版社2007年版，第217页。

拔2～3名不脱产卫生骨干进行业务培训，保证查治工作质量。第二阶段是1970—1980年复查复治阶段。在普查普治的基础上，根据不同流行程度采取不同防治对策，微丝蚴率低于1%的地区，查治进行1～2次；1%～5%需2～3次；5%～20%以上需3～5次。以村为单位，把人群微丝蚴率降到1%以下。第三阶段是1981—1988年考核阶段。各县、市在自行考核合格的基础上，向上级及卫生主管部门申报考核，省地(市)组织专业人员，按卫生部规定的基本消灭丝虫病方案标准进行考核验收。第四阶段是1989年以后监测阶段。基本消灭丝虫病后，有计划、有步骤地对残存传染源和媒介进行监测，实施纵、横相结合的整群抽样监测技术措施，全面开展巩固监测。第五阶段是1995—2000年，在全面监测的基础上，对卫生部消灭丝虫病标准进行量化分解，由地方组织对各县市进行消灭丝虫病审评，再由省组织专家进行审评。

浙江省在丝虫病防治策略上主要采取以消灭传染源为主导的方法，阻断丝虫病传播。20世纪50—60年代，采取海群生1.5克顿服或一天疗法。20世纪70—80年代，则根据微丝蚴率及虫种确定药物剂量疗程，对马来丝虫病流行区人群微丝蚴率在1%以下，且呈局部或散在性病灶点分布，采用海群生1.5克一次顿服或2.0克两天疗法，一般为两个疗程。微丝蚴率在5%～20%的地区，连续三个疗程，对班氏丝虫病采用4.2克七天疗法，连续三个疗程。温岭、永嘉县部分区、乡人群采用海群生食盐防治。在防治的同时开展了试点、科学研究工作，其中纤溶素加绑扎治疗1638例丝虫病象皮肿病人，疗效显著，经4～5年考核，腿围缩小率达45.28%，轻型病例可基本治愈，1978年获全国医药卫生科学大会奖。防治效果评价，各县、市在自行考核合格的基础上，由省，地(市)组织专业人员考核。自1977—1988年6月止，按卫生部规定各项指标分期分批对65个县、市578个乡，779个村进行考核，共血检574573人，查出微丝蚴阳性者394人，平均阳性率为0.07%，被考核的779个村，微丝蚴阳性率均在1%以下。1989年5月初，卫生部组织专家组对浙江省基本消灭丝虫病的工作进行了抽查复核，在马来丝虫病流行区的余杭县和班氏丝虫病流行区的永嘉县血检3469人，平均微丝蚴率为0.06%，4个行政村的微丝蚴率分别为0、0、0.11%和0.13%。5月20日，卫生部防疫司王钊司长代表卫生部宣布“浙江省达到基本消灭丝虫病标准”。同日，浙江省基本消灭丝虫病表彰大会在杭州召开。

为防止丝虫病死灰复燃，浙江省在实现基本消灭丝虫病后，按卫生部《基本消灭丝虫病地区监测工作技术方案》要求，有计划开展病原学、蚊媒和血清学的纵、横向结合的系统监测。各流行县(市)在达到基本消灭丝虫病标准后次年起，共病原学横向监测1682604人次，查出残存微丝蚴血症者178例。全省病原学横向监测检出微丝蚴血症者的最后年份为1994年(班氏丝虫病流行区的温岭)。在608个蚊媒监测点，共解剖蚊媒178495只，查出蚴丝虫阳性蚊19只，蚊媒蚴丝虫阳性最后年份为1992年(班氏丝虫病流行区的永嘉县)。各流行县(市)于无微丝蚴血症者后，按达到基本消灭丝虫病标准后10年内和10年后分别统计，累计病源学监测768个乡镇918714人和480个乡镇448130人。其中，24个县(市)在基本消灭血丝虫病10年后病源学监测流行乡镇和流行区人口覆盖率分别高于30%和3%。41个县(市)在基本消灭丝虫病10年内病源学监测流行乡镇和流行区人口覆盖率分别高于30%和3%，于10

年后在监测流行乡镇和流行区人口覆盖率分别高于10%和1%。各流行县(市)在末次病源学阳性次年起,均在3个以上的病源学监测点进行蚊媒监测,在567个点解剖致倦库蚊46888只,中华按蚊119026只,以县(市)为单位班氏丝虫病流行区解剖致倦库蚊超过3000只,马来丝虫病流行区解剖中华按蚊超过1000只,班氏丝虫病为主的混合流行区解剖致倦库蚊超过3000只,以马来丝虫病为主的混合流行区解剖中华按蚊超过1000只,均为阴性。

三、钩虫病

钩虫病,因水土中的钩虫幼虫钻入人体皮肤寄生于消化道而致病,民间称“黄胖病”,浙江流行范围广,受害人口多,民间流传“一年黄,二年胖,三年钱花光,四年拖去葬”的悲惨歌谣。中华人民共和国成立以来,浙江省钩虫病感染率:20世纪50年代,据余杭、临安、安吉等55个县(市、区)的统计,检查3657272人,钩虫感染973986人,平均感染率为26.63%,最高感染率为64.9%(220/339,瑞安县),最低感染率为1.96%(572/29187,嘉兴县)。20世纪60年代,据长兴、天台等11个县、市的统计,检查1136927人,感染259015人,平均感染率为22.78%,最高感染率为78.49%(6568/8367,余杭县),最低感染率为17.51%(88113/503321,临安县)。20世纪70年代,据桐乡、吴兴等64个县、市统计,检查19221127人,感染3090781人,平均感染率为16.08%,最高感染率为51.44%(2004/3896,缙云县),最低感染率为0.53%(357/66946,嵊泗县)。1980—1983年,据海宁、海盐等50个县、市统计,检查3588542人,感染668926人,平均感染率为18.64%,最高感染率为61.28%(527/860,吴兴县),最低感染率为1.86%(38/2041,余姚县)。1987—1989年,浙江省对象山等28个县(市、区)进行人体寄生虫感染情况的抽样调查,美洲钩虫与十二指肠钩虫比为1.18∶1。全省钩虫总感染率为28.19%,钩虫以轻度感染为主,为91.92%,其后以学校为主要目标,进行重点人群服药驱虫治疗活动,钩虫等土源性寄生虫感染率大幅度下降。浙江省感染度调查大都采用改良洪代虫卵计数法,虫种调查一般采用小试管培养法。钩虫病的调查在血吸虫病流行地区粪检普查的同时结合进行,非血吸虫病流行区单独普查,一般采用饱和盐水漂浮法检查。浙江省为十二指肠和美洲钩虫混合感染地区,没有发现纯十二指肠或纯美洲钩虫感染的乡或县,但在混合性感染地区有纯十二指肠和纯美洲单独感染的患者存在。从各地调查情况来看,钩虫感染率,重度感染地区一般高达30%~50%,中度为10%~20%,轻度为10%以下。

为防治钩虫病,浙江省的一些市、县防治措施略有差异。1958年,杭州市在“送瘟神”灭“四病”(血吸虫病、疟疾、丝虫病、钩虫病)群众运动中,对钩虫病进行全面调查,钩虫病粪检123470人,钩虫阳性36593人,阳性率29.64%。20世纪60年代初,中国医学科学研究院寄生虫病研究所、省卫生实验院寄生虫病研究所、市卫生防疫站在梅家坞进行防治钩虫病试点工作。1955—1958年,舟山、普陀、岱山医院住院病人中收治钩虫病患者236例,占收治寄生虫病人数的32%,以男性、青壮年为多。舟山钩虫病流行普遍且相当严重,尤以农村为甚。据《定海县志》记载:定海县居民钩虫感染率曾高达46%,1958—1960年,在全县范围大规模查治,反复查治110.1万人次,1958年突击治疗钩虫病患者约18万人,至1961年平均感染率从1953年的60%下降到30%以下,基本控制钩虫病流行。1998—1999年,宁波北仑等10个县(市、区)进行人体寄生虫分布抽样调查,调查实验15698人,钩虫总感染率为8.18%,美洲钩虫与十二指肠钩虫感染率分别为4.76%和3.24%,仍以轻度感染为主。1980—1983年,据海宁、海盐等50个县、市统计,检查3588542人,感染668926人,平均感染率为18.64%,最高感染率为61.28%(527/860,吴兴县),最低感染率为1.86%(38/2041,余姚县)。1955年11月14日,武义县人民政府发布《关于重点开展钩虫病防治和有计划地进行保健,接生员短期补课工作的通知》,卫生科专门抽调了7人,组成白阳区茭道乡钩虫病防治小组,赴茭道乡逐村查治钩虫病。1956年结合血吸虫病防治工作,在履坦和茭道乡对粪检中发现的钩虫病患者免费施用四氯乙烯、灭虫宁等药品治疗,共治钩虫病人2052例。1957年1—11月,县防疫站粪检5697人,其中阳性2634人,阳性率为46%。1962年查治钩虫病7418例。1963年查治9606例。1964年政府免费调拨给区、社医疗单位钩虫病专用药品四氯乙烯丸328200粒,实治2734人。1985年8月16日,县卫生防疫站在履坦村进行钩虫皮炎普查,应检704人(15～60岁),实检699人,查出皮炎患者105人,占受检人数的15.1%。1952年,义乌县钩虫病防治站在吴店成立,开始全面查治。1953年冬,在义亭区王阡乡吴村首先试点,采用生理盐水涂片法镜检,共查245人,发现虫卵阳性150人,阳性感染率为61.22%。1954年10月,浙江省卫生实验院又在杭畴、王阡、黄山3个乡用饱和盐水漂浮法,共查1148人,发现虫卵阳性680人,平均阳性率59.23%。11月,中国医学科学院寄生虫病研究所举办的寄生虫防治医师进修班到义乌实习,会同浙江省卫生实验院和义乌县钩防站,对稠城镇部分农村进行普查,确定全县需治疗的钩虫病对象有18.6万余人。1957年10月,波兰留学生到义乌县作钩虫病短期现场实习。1961年11月,义乌县专门制定《义乌县防治钩虫病工作条例》,对防治钩虫病组织领导、调查统计、预防治疗、改水管粪等工作制订制度,1975年又在吴店公社寺口蒋大队建立综合防治试点,1977年感染率由19.2%下降到1.3%,达到消灭指标。

浙江省钩虫病经过近60年较大规模的防治,各地的患者病情普遍减轻,重度贫血、异嗜症等已极为少见。1958年6月28日,宁波宣布基本消灭钩虫病。同年7月20日,普陀县基本消灭丝虫病。1970年11月至1971年3月,在义乌平畴乡进行基本消灭钩虫病防治试点,反复查治病人,结合粪管、水管观察,虫卵率减少。1979年,在吴兴妙西乡用单剂噻嘧啶与灭虫宁加驱虫净4片进行疗效与副反应的对比观察,感染率下降。1985年,武义县卫生防疫站进行钩虫病普查,感染率减少。杭州市于1985年基本消灭钩虫病。2009年调查显示,浙江省钩虫病感染率已低于2%,达到基本消灭钩虫病的目标。

四、姜片虫病

姜片虫病主要流行于水网地带,农家善种水红菱、茭白、荸荠等作物,这就为该病的流行提供了条件。虫卵随病人的粪便排出,作肥料施入水田孵化成毛蚴,毛蚴寄生于栖身在水红菱叶下的平卷螺中,发育成尾蚴而逸出,成为囊蚴。人若生食红菱,囊蚴在肠腔发育成色如赤肉形似姜片的姜片虫,病起腹痛痢下,面黄肌瘦,贫血、发热,遂之腹部膨大,全身浮肿,重则危及生命。姜片虫病的流行历史已久,最早在东晋时就有记载,隋代巢元方在《诸病源候论》曾十分生动准确地描述:“赤虫状如生肉,片如鸡肝。”清朝初年,萧山竹林寺僧第37世妇科名家邵钟,曾用槟榔、红枣各二两煎服,治疗了被众医误诊为干血痨而医治无效的姜片虫病患者。《艺林见闻录》中对病症有“南门外某室女,经停4年,脐腹胀痛,面色金黄,形瘦神疲。求治邵钟,服药后,翌日吐出并便出血块样软物无数,放入冷水中犹蠕蠕活动”的描述,与以后了解的姜片虫病相似。

绍兴和萧山是浙江省也是国内姜片虫病严重流行区,尤其萧山最为严重,故姜片虫病又被称为“萧山虫病”。民国14年(1925年),绍兴福康医院美籍医师鲍罗氏对该病作系统研究,研究姜片虫的发育过程。根据鲍罗氏报告,绍兴福康医院的病人中,40%~50%的病人有姜片虫。绍兴安昌镇的居民,约有90%以上有姜片虫感染。民国18年,洪式闾检查萧山湘湖师范附属小学学生466人,阳性者355人,感染率为74.2%。民国19年4月,中央卫生试验所所长陈枋之来萧山调查地方病,在南门江一带菱草中,发现姜片虫囊蚴附着的很多。9月,中央特派医生陈熙辉来萧山检验小学生粪便,计受检小学28所,学生1508人,发现南乡儿童患病率为58%,塘里儿童患病率为93%。民国23年,医生陈超常检查萧山湘湖师范附属小学学生466人,阳性达355人,感染率为74.2%。5月,衢县县立医院门诊病人粪便直接涂片检查,首次发现3例姜片虫卵阳性病人,均系北乡云溪、王家等地人。

民国24年(1935年),浙江省姜片虫主要传染区域,南面界线自百官经绍兴柯桥而至萧山,东面至百官一线向北,西面则取同一面,自绍兴起点而北则至钱塘江,在此区域内居民患者占90%~100%。民国26年,洪式闾与屠宝琦在《姜片虫病之流行病研究》一文中提到:绍兴人群感染率在40%~60%,其中安昌达90%,感染者年龄以青年、儿童为多。绍兴小西庄菱塘内螺类感染率为19%,菱角上附有本虫囊胞17~19个,个别多至200余个。是年,县政府提倡“除四害、兴三利”,姜片虫病列为第一害,城区卫生所检查县立第一、第二小学、绍兴中学附属小学1300余名儿童,阳性72%以上,给予免费治疗。同年,屈荫杰在萧山湘湖检查1120人的粪便,有939人发现虫卵,感染率为83.84%。民国37年10月,浙东血吸虫病防治所为衢县皖江小学学生粪便检查255人,姜片虫卵阳性15人,阳性率5.88%,嗣后,用雷锁辛免费为学生驱虫。民国38年,萧山县西蜀区东蜀乡吕才莊,曾发现一大批腹泻病人,先后死亡50余人,甚至有一家8人死亡6人、一家5人死亡3人和5家死亡12人的惨事。当时,萧山县专门组织医疗队下乡防治,据医疗队调查,这批长期腹泻的病人,就是严重的姜片虫病患者,大部分发现已全身浮肿,经医疗队初步治疗后,驱下1000余条虫体的病人很多,可见萧山姜片虫病的严重性。民国时期,萧山市场上出售的打姜片虫药品日益增多,城内大弄口百利医药局的打虫药,陈秀堂打虫药水,姚大成药店的打虫丸,瓜沥镇极鸿诊所出售的瓜沥药粉每天销售达百余包。

1951年,萧山农民和居民姜片虫感染率为36.19%。1951年10月,由省卫生实验院、县卫生院、杭州卫校环卫专业学生和萧山县基层卫生工作者及小学教师共130人,组成3个姜片虫病防治队,在县区姜片虫防治委员会的领导下,首次在城厢及周围乡村进行了姜片虫病流行病学调查,检查2.37万人,阳性者8678人,感染率为36.62%。1958年以后,萧山县经过15次反复查治,先后检查200余万人次,发现阳性1.8万人次,治疗病人9057人次。特别是1971—1975年,跟踪普查6次,姜片虫病流行面积大大缩小。1952年,衢州地区寄生虫病抽样调查结果，姜片虫平均阳性率为3.7%，其中：衢县姜村乡0.4%，常山白石乡0.31%，开化星口乡0.35%，江山陈家、班溪乡各1.6%，龙游灵山乡18.0%，杜家乡3.3%，衢州中等学校学生1.4%，衢州国营工厂工人1.4%。1953年，衢州地区在进行血吸虫病普查时结合开展姜片虫病普查，受检154757人，姜片虫平均阳性率0.64%，其中，衢县0.7%，常山县0.5%，江山县1.3%，龙游县0.02%，开化县0.4%。从1954年开始，各县推广对姜片虫病治疗实行免费政策，使用四氯乙烯、山道年及槟榔等药物驱虫。1953年，绍兴县开展姜片虫病查治，抽查安昌镇658人，阳性率为53.2%。翌年，配合浙江省卫生实验院调查猪感染状况，感染率为2.20%～14.85%，证实猪为姜片虫宿主。1955年9月，绍兴县钱清区中心小学500名学生健康检查，姜片虫卵阳性率为90%。此后，结合其他寄生虫病调查和重点地区抽查，发现钱清、齐贤、安昌、东浦、柯桥、斗门等地普遍流行，尤以安昌、钱清最为严重。至1959年，绍兴县共查出病人8479例，经运用中西药物治疗病人、改变耕种品种、结合农田建设降低扁卷螺密度、改善个人卫生习惯、加强粪便管理等综合性措施，20世纪60年代起，病人明显减少。1981年，绍兴县防疫站在南钱清公社开展第一中间宿主扁卷螺密度调查，茭白田平均密度在12.5只/平方市尺，五亩水稻田仅检获扁卷螺2只，与1958年前当地水稻田扁卷螺密度100～200只/平方市尺相比已大幅度下降。1982年，检查安昌旗山大队居民粪便394份，猪粪30份，均未发现姜片虫卵。1983年，调查平江、平水两公社9个村3830名居民，姜片虫感染13例，感染率为0.34%，抽查猪粪72份，阳性27份，阳性率为37.5%。茭白田、水塘检获扁卷螺，荸荠、茭白根等水生植物未找到囊蚴，证实平水、平江仍有轻度流行。1983年10月，调查绍兴县平江、平水两个乡9个村，检验居民粪便3830份，检出姜片虫卵13份，感染率0.34%，抽查母猪猪粪50份，阳性22份，阳性率为44%，证实平水区姜片虫病仍有轻度流行。1979年，温岭县第一人民医院肠道门诊确诊1例姜片虫病患者后，县卫生防疫站立即组织流行病学调查队，对江洋公社上汇头大队7个生产队进行调查，共抽查3岁以上居民705人，查出姜片虫阳性129例，感染率为18.29%，经过治疗，感染者转阴性率为88.9%。

1987—1989年，浙江省进行人体寄生虫感染情况的抽样调查，全省调查28个县市，仅萧山、平湖、绍兴发现有姜片虫感染者，感染率分别为0.05%、2.18%和0.19%。1997—1999年，浙江省进行第二次人体寄生虫感染情况抽样调查，在1987—1989年调查的28个县市中抽查10个县市，结果仅在瑞安发现2例姜片虫感染者。经过60多年来的经济建设，特别是改革开放后，浙江城乡建设同步发展，种植结构改变，人民居住条件改善，生态环境变化，姜片虫失去滋生条件，因而该病逐渐减少或基本消灭。

五、肺吸虫病

肺吸虫病是一种严重危害人民健康的寄生虫，也是一种人兽共患的自然疫源性疾病，其病原为并殖吸虫或称肺吸虫。该虫是浙江省主要的人畜互通寄生虫，某些地方的山区居民，有生食、腌、醉食溪蟹的习惯，因而得病。肺吸虫引起的肺型患者以咳嗽、胸痛、咳铁锈色血痰为主要症状，颇似肺结核，该虫除在肺脏内发育成熟外，还可侵入肝、脑、脊髓、眼眶、睾丸、心包及肌肉等处。民国19年(1930年)，绍兴福康医院内科主任应元岳首先报告两例来自绍兴兰亭的肺吸虫病患者，为中国大陆首次发现。[①] 同年，浙江省立医院陈万里皆同罗塞博士在兰亭董坞村，对6例病人痰检，均查到肺吸虫卵，随后调查兰亭、兰渚两地的29个自然村685人，痰检虫卵阳性134人，阳性率19.5%。民国23年，吴光、屈荫杰在兰亭进行肺吸虫史研究，证实该地肺吸虫第一宿主为川卷螺，第二宿主为溪蟹（石蟹），溪蟹囊蚴感染率为7.4%～27.0%，并对虫卵大小作测量。民国25年，吴光又报告在兰亭检查55只猫，肺吸虫感染率为20%。金华发现肺吸虫。1956年，洪伟杰首次发现丽水有肺吸虫病。

1950年5月10日，浙江省卫生实验院在绍兴兰亭、清水桥以上一带调查，人群肺吸虫感染率为60%，家猫感染率为55.5%，溪蟹囊蚴感染率为99.5%。翌年冬，浙江省卫生实验院李非白、宋昌存教授带领省防疫大队10余人到绍兴抽调省立绍兴医院、绍兴福康医院、县卫生院、医务工作者协会医务人员8名，共同组成肺吸虫病防治队，在兰亭34个村庄开展调查研究及防治工作。1951年冬，省、地、县共同组织绍兴肺吸虫病防治委员会和肺吸虫病防治队，分别在兰亭、大庆等34个村开展调查研究及防治工作。绍兴兰亭乡调查，痰检3718人的虫卵阳性率高达31.09%，家猫的感染率为55.5%，1017例病人中，出现咯血的占83.87%，咳嗽的占93.7%，癫痫或瘫痪的占10.71%，说明当时肺吸虫病严重地损害劳动人民的健康，甚至威胁生命安全。

1959年，永嘉县发现抗日战争期间的肺吸虫病人1例。1979年，永嘉县成立肺吸虫病防治研究小组，次年，在温州地区医药科学研究所的配合下进行调查，发现痰虫卵阳性病人37例，同时进行治疗。1981年，永嘉县肺吸虫流行区有34个乡镇，在岳盛乡发现儿童皮下包块中有一条肺吸虫。1960年，温州市卫生局开始对梧埏区大罗山系进行流行病学调查，后又进行三次追踪复查，至1990年共发现痰排卵患者119例，对有咯血史的988例拍胸片600多例，确定有肺吸虫病灶或残留病灶者413例，乐清、文成县山区亦有肺吸虫自然疫源地。1962年，温州医学院黄文德率师训班在临海县花园区调查自然疫源性疾病，于筱溪乡香年溪的石蟹中找到肺吸虫囊蚴，证明临海县有肺吸虫病的自然的疫源地存在。衢（龙）县报告发现首例肺吸虫病人（该病人是龙游运输段驾驶员，在浙江医科大学附属第一医院确诊为肺吸虫病人）。

1976年，开化县相继报告发现5例肺吸虫病人。1974年，武义第一人民医院发现首例病人。1979年，金华地区开展肺吸虫病普查，武义21个公社37条溪的溪蟹中均有肺吸虫囊蚴。永康新楼乡方山口村有临床症状43人，胸透、痰检确诊4人。同年11月，金华高儒公社六沟村从一只猫中检获肺吸虫54条，全市确诊肺吸虫病110人，其中武义占50%。1978年，仙居县朝阳公社报告2例肺吸虫病人（浙一医院、台州医院各诊断一例）。1979年9—10月间，台州地区、仙居县组织人员，选择朝阳公社西角村进行流行病学调查，初步鉴定当地肺吸虫为卫氏并殖吸虫，其第二中间宿主为浙江华溪蟹。本次调查共检查溪蟹135只，检出阳性蟹97只，溪蟹阳性率为71.85%，检获本蚴2189个，平均每只阳性蟹含本蚴22.57个。本次共调查207人，皮试阳性87人，皮试阳性率为42.03%。其中，"＋"60人，占68.96%；"＋＋"19人，

① 《浙江省卫生防疫站站志》，浙江省卫生防疫站1993年编印，第52页。

占 21.84%；“+++”8 人，占 9.20%。询问 160 人，除 15 人不清楚有无吃过蟹外，其余均吃过，有生吃、煨吃。1981—1983 年，对肺吸虫病开展调查，共查 44 个乡 46 条山溪，其中 41 个乡的山溪查到川溪蜷螺，经鉴定为“放逸短沟蜷”和“立格短沟蜷”，解剖中，未发现肺吸虫尾蚴；在 44 个乡检查到“浙江华溪蟹”，其中东北及西南山区 19 个乡（镇）发现卫氏并殖吸虫囊蚴，在对大同乡小直溪村人群调查中发现肺吸虫病患者 8 例。

1978—1979 年，浙江省卫生实验院寄生虫病研究所宋昌存教授等到绍兴兰亭考察防治效果，农民痰检肺吸虫卵阳性率降至 0.07%，说明当地人群已基本控制流行。1979 年，在宁海县深甽找到斯氏肺吸虫的第一中间宿主拟钉螺，系省内首次发现。1979 年 9 月，黄岩县卫生防疫站在宁溪区开始肺吸虫中间宿主及人群感染情况调查，至 1984 年 11 月，共调查宁溪、头陀、院桥、路桥等 5 个区 22 个公社（乡），在有溪蟹生长的 9 条溪流中共捕捉并解剖淡水螺（放逸短沟螺）2327 只，均未发现肺吸虫感染，捕捉的 2496 只溪蟹均属浙江华溪蟹，其中宁溪、头陀、院桥 3 区的溪蟹中肺吸虫囊蚴感染率为 53.51%，幸福公社冷水坑大队的感染率达 100%，平均每只蟹含囊蚴 219.18 个。同时，抽查光明、屿头两公社 9 个大队和 1 个地质大队共 3506 人作肺吸虫成虫抗原皮内试验，阳性 1213 人，阳性率为 34.6%，有生食或半生食溪蟹史的皮试阳性率 74.49%，无生食或半生食溪蟹史者皮试阳性率为 28.62%，对有食溪蟹史和皮试阳性以及间接碳凝集、酶联吸附试验均无阳性的人采用别丁进行治疗，此后陆续捕捉并解剖狗、猫、香斑猫等家养和野生动物 23 头，仅在上郑乡石墩村的一头家犬中发现肺吸虫感染。

1980 年、1983 年，临海县开展了肺吸虫病自然疫源地和可疑病人的调查。在花园、双港两个区的 3 个公社，捉到短沟蜷螺 2460 只，未发现肺吸虫的胞蚴、母雷蚴、子雷蚴；在 8 个区 38 个公社的 78 条溪流中，发现 30 个公社 56 条溪流中的石蟹有囊蚴；在双港区调查家犬 7 只、阳性 1 只，检得成虫 6 条；野猫 3 只、阳性 1 只，检得成虫 4 条。用人工感染法以肺吸虫囊蚴饲养各区的家犬 7 只均获成功，虫体鉴定定为卫氏并殖吸虫。人群调查工作采用抗原皮内试验，对 6 个公社的 10 个大队及 2 所中学、5 所小学和部分机关单位人员，用 1∶2000 肺吸虫抗原注射 2932 人，阳性反应的 1090 人（其中“++++”29 人，“+++”124 人，“++”126 人，“+”811 人），阳性率为 37.18%，平原地区 235 人全部阴性，丘陵地区 1090 人，阳性 398 人，阳性率为 36.51%，山区 1607 人，阳性 692 人，阳性率为 43.06%，还对 5 个公社 15 个大队中凡皮内试验阳性者及临床上和流行病学上认为可疑的 275 人，痰检 585 份，检得可疑虫卵 1 例。1984 年，天台越剧团在大同乡演出，因食用半生不熟的溪蟹，急性感染肺吸虫 24 人，经县卫生防疫站治疗痊愈。1985 年，应用成虫生殖细胞作抗原进行间接荧光抗体试验探索肺吸虫的诊断研究，永嘉卫氏并殖吸虫染色体研究显示永嘉现今流行的肺吸虫病为二倍体卫氏并殖吸虫所致。1987 年，浙江省肺吸虫病学术报告会在丽水地区召开，会上报告了浙江省对 55 个县（市、区）开展调查的情况。调查结果：共放逸短沟蜷螺 47190 只，平均感染率为 0.05%，浙江华溪蟹和长江华溪蟹 74811 只，平均感染率为 24.9%，家畜和野生动物 933 只，平均感染率为 25.8%，人群皮试调查 70237 人，平均阳性率为 28.2%，皮试阳性做痰检 4097 人，发现肺吸虫虫卵者 176 人。

2000—2004 年，宁波市疾病预防控制中心共检测可疑病人血清 1923 份，检出肺吸虫抗体阳性血清 369 份，阳性率为 19.18%，病例多来自靠近山区有溪涧分布的乡(镇)，经流行病学调查，多数有生食或食用半生不熟的溪蟹史，特别是近年来到风景区旅游的游客也屡见发病，调查发现，鄞州区、奉化市和宁海县溪蟹中肺吸虫囊蚴自然感染率高达 16.67%～21.82%，同时对历史流行村村民的调查表明，人群肺吸虫感染率为 2.04%。同时发现，境内肺吸虫第一中间宿主主要是放逸沟蜷螺，第二中间宿主有浙江华溪蟹和长江华溪蟹，肺吸虫虫种以卫氏并殖吸虫为主。2000—2006 年，省疾病预防控制中心对庆元、景宁、天台、绍兴 4 县 9 村问卷调查 778 人，有生吃蟹史 293 人，占 37.66%，其中绍兴兰亭乡谢家桥村和陈村生吃蟹率最高，分别为 82.29%和 72%，其次是庆元五大堡乡岩下村和百山祖乡桥陌村，生吃蟹率分别为 55.81%和 31.15%。同时在调查县开展宣传活动，要求当地居民不生食或不食半生不熟的溪蟹、蝲蛄及生水等，预防感染肺吸虫病，及时发现并彻底治疗患者，对病畜、病兽加强调查和捕杀。

2010 年，查证有肺吸虫病人的地区：绍兴、诸暨、乐清，永嘉、宁海、镇海、泰顺、象山、永康、温州市郊、平阳、龙泉 12 个县(市)，有病人和仅有病原(无病人)的共 58 个县(市、区)、231 个乡，分布在温州、丽水、台州、金华、绍兴、嘉兴、湖州、杭州、宁波等地区。

为防治肺吸虫病，浙江省于 1953 年 12 月成立浙江省肺吸虫病治疗研究技术委员会，拟定肺吸虫病治疗研究工作计划，并在绍兴康复二院开展肺吸虫病治疗研究工作。1955 年 4 月 11 日，全国肺吸虫病治疗研究学术座谈会在杭州召开，会上对 26 篇论文作学术交流，并举办展览会。1993 年 11 月 6 日，应卫生部邀请，世界卫生组织(WHO)顾问克劳斯(Dr. John Cross)和山纳尔(Dr. Nichael Cencell)偕全国食物源性人畜共患寄生虫病防治讲习班人员共 35 人，到绍兴县考察肺吸虫病防治。2008 年 9 月，宁波市与浙江省医学科学院合作开展“肺吸虫病快速诊断试剂盒的现场应用”项目，获得浙江省医学卫生科技进步奖三等奖。经过 60 余年的防治以及生态环境的治理，至 2010 年，浙江省仍有一些散发肺吸虫病例存在，这是因为居民在聚餐时食用生或半生的溪蟹，导致群体性发病的食品安全问题仍有可能发生，因此仍需对居民开展宣传活动，做到不生食或不食半生不熟的溪蟹、蝲蛄及生水等，居民一旦发现患有肺吸虫病要及时治疗，存有肺吸虫病的地区要采取对病畜、病兽的带虫调查和捕杀等防控措施，预防感染肺吸虫病的发生。

六、蛔虫病

(一)蛔虫病流行情况

蛔虫病是肠寄生虫病，为中、小学生的常见病，农村尤多，由于重复感染，对青少年生长发育危害很大。清光绪三十三年至民国 36 年间(1907—1947 年)，一些外籍医师和中国学者对浙江桐庐、余杭、绍兴、杭县、武康 5 县的学童蛔虫病流行情况进行调查，其阳性率分别为 86.30%、78.70%、64.30%、52.40%和 81.70%。但由于调查范围较小，调查人数不多(其中有部分为住院患者)，且调查方法各异，因此，无从全面了解流行范围和流行程度。民国 18 年

(1929年)12月,《浙江民政特刊》刊载:“衢县城乡有蛔虫病流行。”民国22年,衢县县立医院对门诊检查发现蛔虫病人,均予以驱虫治疗。民国37年10月,浙东血吸虫病防治所,发现中小学生阳性率高达99.2%,嗣后,用山道年片予以集体驱虫。

1950年,浙江省卫生实验院在杭县调查学生543人,蛔虫感染率为53.0%。1952年,省立衢州医院为首例蛔虫梗阻病人吴某施剖腹取蛔虫手术,取出蛔虫317条,对衢州地区蛔虫病抽样调查结果,受检3086人,阳性率分别为:衢县姜村乡96.8%,莲花乡85.6%,下方乡91.7%。龙游县杜家乡92.0%,灵山乡86.0%。江山县陈家乡95.0%,班溪乡85.0%。常山县开明乡97.7%,白石乡92.2%。开化县星口乡82.2%,梅川乡80.7%。衢州中等学校学生83.9%。1953年,衢州地区粪便普查154757人,蛔虫卵平均阳性率为94.1%,其中,衢县92.9%,常山县93.4%,开化县97.8%,江山县93.2%,龙游县93.4%。阳性的32189人,都进行驱蛔治疗。为解决大便普检困难,进行粪检与体征检查对照试验(即脸上蛔虫斑、指甲白点、球结膜蓝斑),符合率79.7%,以后每年推广应用。1953年11月,桐乡县崇福镇小学生粪检结果,蛔虫感染率为69.39%(449/647)。1955年3月对补充兵员(524名18—23岁男性公民)体验,蛔虫病感染率为87.60%。1958年全县普查197883人,蛔虫感染者有164618人,感染率为83.19%,治疗72411人。1954年抽样调查,金华、义乌等5县共5250人,其中蛔虫感染率为80.80%。1956年,普陀县开展寄生虫病调查(抽查),粪检24192人份,检出蛔虫感染者20747人,感染率为81.58%。1958年,开始在全县范围内开展寄生虫病查治,对检出蛔虫感染儿童实行药物驱蛔。20世纪80年代初期和中期又进行2次规模较大的查治,蛔虫感染率有明显下降。1991年,全区小学生(包括学前班)驱蛔服药32059人,排虫率为32.67%。1997年,小学生粪检960人,感染者94人,感染率为9.79%。1998年,小学生粪检2687人,未检出感染者。

(二)蛔虫病治疗

1965年,杭州治疗蛔虫病人1.3万人。1974年11月5日至12月6日,文成县黄垣雅梅新楼大队粪检567人,受检率94.18%,钩虫阳性255人,感染率44.45%;蛔虫卵阳性454人,平均感染率80.27%。1976年,全省调查农村中、小学217所,蛔虫病学生34780人,阳性率为73.8%,驱蛔半月后复查,阴转率为78.8%,但半年后复查,基本上都重复感染。1977年,浙江医科大学在东阳县调查小学生702人,感染率为81.90%。1978—1979年,缙云县集中培训后各区、乡组织粪检查73373人,钩虫、蛔虫、鞭虫感染分别为16.27%、68.95%和10.42%,受检率近50%。1989年3—4月,在外舍乡、张春乡、白鹤乡进行人体肠道寄生虫分布抽样调查,结果钩虫、蛔虫、鞭虫感染率仍高达40.93%、63.17%和30.82%。缙云县五云小学学生蛔虫卵检查552人,蛔虫阳性率57.6%。1985年,浙江省医学科学院寄生虫病研究所在平湖等5县(市)共调查9877人,感染率在52.95%~79.02%,平均感染率为67.15%。丽水县仙都乡查出蛔虫感染率70.14%。

1986—1997年,浙江省对在读中小学生进行集体驱虫,通过11年的防治,学生蛔虫感染率从39.84%降至3.19%。1988—1992年,全国人体寄生虫调查组第一次在浙江省调查人群蛔虫病感染情况，调查人数55284人，感染率为60.03%，标化率为59.52%；第二次于2002—2004年调查调查浙江省人群蛔虫病感染情况为调查人数15863人，蛔虫病感染人数190人，其中，轻度感染173人，中度感染15人，重度感染2人。感染率1.20%，标化率1.14%。1988年4—5月，根据国家卫生部〔1986〕卫地字第14号及卫生部办公厅(丝)卫办地字第5号文件精神，瑞安市组织力量对上望乡街路头村、新江乡四甲村和清鲜乡泮山村进行人体寄生虫分布情况调查(系全国性抽样调查)，共调查2314人，实检1599人，阳性1470人，寄生虫感染率为91.93%。其中，蛔虫感染率为64.8%，钩虫感染率为9.1%，十二指肠钩虫感染率为9.5%，美洲钩虫感染率为4.3%，鞭虫感染率为74.6%，蛲虫感染率为13.4%，溶组织内阿米巴感染率为0.3%，结肠内阿米巴感染率为1.3%，哈氏内阿米巴感染率为8.9%，微小内蜒阿米巴感染率为19.8%，蓝氏贾弟鞭毛虫感染率为11.1%，结肠小袋纤毛虫感染率为0.1%。

1989年5月，全国人体寄生虫分布调查结果，衢县、江山、常山3县(市)抽样粪检10个群体5283人，蛔虫平均感染率为69.7%，衢州市蛔虫感染率已呈下降趋势。1993—1998年，在浙江省建德市连续5年对中小学生进行驱虫普治，服药率为96.23%，蛔虫感染率从1988年的58.77%下降至1997年的2.08%。1999年，宁波市开展学生健康监测，蛔虫调查人数23745名，患病率为3.64%。2009年5月，宁波市以市公共卫生工作委员会的名义制定下发《宁波市土源性线虫病监测工作方案》，在11个县(市、区)设点开展了居民土源性线虫病感染情况调查，全市共调查样本11734人，粪检阳性198人，土源性线虫病总感染率为1.69%。其中：蛔虫、钩虫、鞭虫感染率分别为0.72%、0.92%和0.04%，3～12岁儿童蛲虫感染率为4.91%。

(三)蛔虫病防治措施

20世纪50—60年代，宁波市第一医院放射科主任楼垂久开展小儿因患蛔虫导致的急性肠套叠在X线下整复技术在宁波地区推广，使约2000例急性肠套叠患儿免受手术之苦，并开展胆道蛔虫症的钡透诊断，在《中华医学杂志》外文版发表《胆道蛔虫症在爱克斯线显影》一文，8个国家的学者来函索稿。1977年，为有效地控制学生重复感染，杭州市把中小学生的驱蛔列入学校卫生常规工作，中、小学每年10—11月开展集体驱蛔，以后感染率逐年下降，1977年为48.09%，1980年降到23.03%。1989年，省卫生防疫站制定《浙江省学生寄生虫病防治方案》，全省学生先后统一使用杭州药厂生产的噻嘧啶、丙硫咪唑进行每年普服一次，使全省学生肠蛔虫感染率大大下降。1995年，根据卫生部《学生常见病防治中期考核方案》要求，浙江省开展了以市、区、县为单位进行以“组织领导、健康教育、肠道蠕虫感染率、贫血患病率”等为主要内容的自查评估活动，据74个市、县(区)上报的自查考评结果：(1)98%的市、县(区)成立了学生常见病防治工作领导小组，并把学生常见病防治工作纳入当地卫生教育部门的工作规划。(2)健康教育已纳入学校教学计划，并有校医及专(兼)职卫生老师、体育老师授课，卫生保健课开课率达95%以上，学生健康知识知晓率为72.3%，健康行为形成率为93.1%。(3)肠道蠕虫感染率蛔虫：城市监测学校点与非监测学校点分别为1.70%、3.44%，农村分别为5.85%、16.55%。钩虫：城市监测点校与非监测点校分别为0.51%、0.02%，农村分别为0.81%、0.29%。鞭虫：城市监测点校与非监测点校分别为1.19%、0.32%，农村分别为4.22%、3.13%。(4)贫血患病率：城市监测点校与非监测点校分别为19.09%、22.88%，农村分别为29.43%、33.97%。

第三节　地方病

地方病是指具有地方性、区域性特点的一类疾病。由于人类生长和发育与一定地区的化学元素含量有关，出于地质历史发展的原因或人为的原因，地壳表面的元素分布在局部地区内呈异常现象，如某些元素过多或过少等。因此，在当地居民人体同环境之间元素交换出现不平衡，人体从环境摄入的元素量超出或低于人体所能适应的变动范围，就会患地方性疾病。地方病主要发生在广大农村、山区、海岛等偏僻地区，病区呈灶状分布。浙江流行的地方病主要有碘缺乏病、地方性氟中毒等。

一、碘缺乏病

碘缺乏病(原名地方性甲状腺肿，简称地甲病)。该病在浙江省流行主要由外环境缺碘以致机体碘缺乏所造成的一种地方性疾病。浙江农村曾有“一代肿，二代傻，三代四代断根芽”之说。民国30年(1941年)，龙游南部山区发现甲状腺肿患者较多。民国36年，青田县鹤城镇30人患甲状腺肿。1952年，宣平县卫生院在接受婚检和其他体检的1575人中，发现有263人患甲状腺肿，其中男性84例、女性179例。1979年2月，兰溪调查55.96万人，其中患病2944人。1982年，义乌调查10366人，患病1042人。1983年，温州市调查95786人，查出地甲病人953人；1984年，调查各县497个乡(镇)计617645人，查出地甲病3466人；1985年，确定瑞安县的桐溪、江溪、海安、清垟，平阳县的南雁、晓坑、新田，永嘉县的黄南、西源、五尺、表山，文成县的东垟、岙口、西坑、南田，泰顺县的黄坑、南溪17个乡镇为地甲病区，病区总人口141207人，Ⅰ～Ⅳ度病人3505人。1984—1985年，台州地区卫生防疫站开展碘缺乏病抽样调查和重点普(复)查，调查389个乡(镇)、1249071人，查出地方性甲状腺肿病区62个，丽水地区普查发现有地方性甲状腺肿病乡170个，占乡数的51%，病人51965人，1986年用碘油丸进行防治，1987年12月在病区推广食盐加碘，1988年供应碘盐乡170个，遂昌、龙泉、缙云、丽水县(市)观察，疗效在50%～80%。1984年6月，武义县进行人群抽样调查，共查34024人，查出甲状腺肿病人2480例，患病率为7.29%，甲状腺肿大10680人，肿大率31.39%。1985年春该县开展地甲病普查，共查277476人，查出甲状腺病人15039例，患病率为5.4%，其中以弥漫性甲状腺病人居多，占90.19%；混合型和结节性分别占2.97%和6.84%，查出疑似克汀病患者14例。1985年，衢州市(地级)开展地甲病普查，受检1982097人，占全市总人口的92.7%，查出甲状腺肿大者291540人，其中生理性肿大170317人，占58.4%，属碘缺乏病121223人，占41.5%，平均患病率为6.1%。江山市玉坑口乡有碘缺乏病人1474人，患病率高达34.3%。全市187个乡(镇)，有145个乡(镇)属碘缺乏病区，其中重病区6个，中病区43个，轻病区96个。患碘缺乏病人中，按肿大程度分度：Ⅰ度107307人，Ⅱ度11967人，Ⅲ度1710人，Ⅳ度239人；按性质分型：弥漫型115973人，结节型3532人，混合型1718人。

1983年5月，中央地方病防治办公室组织专家赴金华双龙、城南、安地等乡调查，证实为碘缺乏病流行区。同年，中央地方病办又派专家组到临安、金华、东阳等地考察，确认浙江省有碘缺乏病区存在。为此，浙江省的地甲病普查普治工作开始有领导、有组织地全面展开。1983—1985年调查证实，地甲病在杭州市广泛分布，是主要地方病之一。根据全市386个乡(镇)、1227个受查村的调查结果，按病区乡划分标准，有12个乡(镇)为重病区，60个乡(镇)为中等病区，197个乡(镇)为轻病区，合计269个乡(镇)，占全市乡(镇)总数的69.69%。病区村占受查村的69.1%，患病率最高的乡(镇)和村分别为42.2%和56.81%，从受检人群总数1081719人中(3岁以上)，查出甲状腺肿大者167185人，其中7～14岁儿童108687人，肿大率为28.33%，人群平均患病率为6.4%，病区人口占全市总人口的43.7%。其间，宁波市共查出病区36个乡(镇)，分别为奉化市10个，鄞州区7个，余姚市19个，病区内共有病人13064例，平均患病率为5.04%，7～14岁儿童甲状腺肿大率为22.14%，病区外环境水碘含量均值为1.97微克/升，人群尿碘几何均值为22.08微克/升，证实系环境缺碘所致。1984年，全省抽样调查和局部地区全民普查确定全省9个市(地)52个县(市、区)的1245个乡(镇)为碘缺乏病病区，共查出地甲病患者831206人，病区居民甲状腺肿患病率为8.10%，7～14岁儿童甲状腺肿大率为32.6%，发现地方性克汀病病人134例，病区总人口数为1214万人。1984年3月中旬，省地方病防治领导小组在义乌召开了全省地方病防治工作会议。同年，省卫生厅决定在省卫生防疫站内成立省地方病防治所，负责全省地方病防治的业务技术指导工作，在各级卫生防疫机构和地方病防治机构的共同努力下，全面开展了查病工作，通过抽样调查和普查，确定全省划为地甲病病区的乡有1208个，分布在9个市(地)中的52个县(市、区)，病区总人口1118万余人，病区乡共有地甲病患者831206人，居民平均患病率为8.10%，7～14岁儿童甲状腺肿大者532020人，肿大率为32.6%，同时发现地方性克汀病人134人。通过普查，建立了一套较为完整的地甲病普查原始资料，搜集、整理、选编了《浙江省地方病防治资料汇编》第一辑和第二辑。1989年10月，浙江省新生儿甲低筛查协作组对本省12个碘缺乏病病区县(市)的16所医院10126例新生儿进行脐血滤纸片TSH检测，甲低发生率为1/5063。1990年，浙江省对不同程度的碘缺乏病病区的8413名7～14岁儿童进行了瑞文智商测验的调查研究，结果表明，非病区儿童智商水平的正常值为108.74±15.17，病区儿童的智商均值为101.21±16.39，两者相比有显著性差异。1995年，浙江省基本普及碘盐，至1999年底，全省碘盐覆盖率达到95%以上，尿碘中位数大于100微克/升，甲肿率低于10%。

通过对病区水碘、尿碘检测表明，浙江省病区外环境缺碘是病区人群碘摄入不足致病的主要原因。1984年3月，省卫生防疫站与东阳县卫生防疫站在东阳大爽村进行了地甲病、地克病防治试点和肌注碘油或口服碘油丸防治地甲病的疗效观察试点，通过六年防治与观察，患病率从64.06%下降至4.74%，居民尿碘从防治前的10微克/升上升至2000微克/升。

T_3、T_4、TSH 吸碘率均已恢复正常水平，12 例克汀病人经过防治后，生长发育已得到明显改善，如克汀病人楼云华防治前身高为 0.95 米，现已长至 1.22 米，智力从原不认得家门，现可以在村里独自来回走动。临安县的碘盐监测对碘盐浓度及各环节的保存方法和碘盐监测试剂等方面作了调查和半定量测定试剂的研制，为浙江省全面铺开供应碘盐后的监测工作提供了依据。在综合性防治的基础上，除各病区县(市、区)都相应地设立地甲病纵向观测点外，东阳、临安、新昌三县(市)同时设立国家级重病区监测点 1 个，省级重病区监测点 3 个。东阳市佐村乡 1989 年被列为国家级碘缺乏病重病区监测点，监测点每年进行两次人群尿碘测定，一次人群患病率和全乡 7～14 岁在校学生肿大率调查，分别在加工场、销售点、用户一年两次碘盐全定量和一月一次半定量测定，以指导面上的防治工作。

浙江省地甲病防治措施主要分两步。第一步碘油防治。1984—1985 年间，对Ⅰ度以上病人和生理性肿大者，需生育妇女和重病区 30 岁以内，轻病区 14 岁以内的重点人群用常规剂量投服碘油胶丸或微囊冲剂一次，据统计全省服药人数达到 308 万人。第二步食盐加碘。1985 年先在东阳县试点，然后全省病区逐步推广食用 3/10 万～5/10 万碘盐，同时对缺碘严重病区用碘盐加服碘油胶丸或微囊冲剂进行防治，以加快全省达到基本控制标准的步伐，除病区少而分散，食盐来源复杂的奉化等 8 个县(市)采取定期服用碘油丸或微囊冲剂外，其余均开展食盐加碘。据统计，全省有 44 个县(市、区)供应碘盐，供应碘盐的病区乡占全省病区乡的 97.2%，供应碘盐的人口占全省病区总人口的 97.12%。全省年供应碘盐 8 万余吨，为保证碘盐质量，碘盐加工方式已逐步机械化，经过 8 年努力，至 1992 年底，全省 52 个县(审、区)通过了省级考核验收，达到了基本控制碘缺乏病的标准。

2000 年 6 月，卫生部等五部局组织的国家实现消除碘缺乏病阶段目标评估组对浙江省碘缺乏病防治监测工作进行了全面评估。结果表明：浙江省在碘缺乏病防治工作中全面落实以食盐加碘为主导的综合性防治措施，初步建立健全“政府重视、部门协作、群众参与”的可持续发展的消除碘缺乏病工作机制，达到了消除碘缺乏病的阶段性目标。2007 年，浙江省完成食用碘盐监测 2692 份，合格率为 97.67%，遂昌、松阳两县碘盐监测各项指标合格率达 100%，抽检景宁畲族自治县 8～10 岁学生 124 名，检出甲状腺肿大学生 9 名，肿大率为 7.25%，低于国家基本消除的标准。2007 年 9 月 13 日至 10 月 12 日，浙江省组织相关职能部门对全省 11 个地市的碘缺乏病防治工作进行了中期考核评估。结果显示：各市、县(市、区)综合评分均达到 85 分以上，儿童甲状腺肿大率、尿碘、碘盐监测数据均达到《实现消除碘缺乏病目标国家考核评估方案》要求。通过《实现消除碘缺乏病目标国家考核评估方案》中期考核评估后，浙江省每年按《全国碘缺乏病监测方案》要求开展碘缺乏病的病情和碘盐监测工作。2007—2010 年，历年的碘盐覆盖率分别为 97.62%、97.86%、97.88%、97.32%，合格碘盐食用率分别为 95.42%、95.51%、95.35%、95.41%，儿童甲肿率分别为 4.33%、6.05%、5.08%、4.00%，尿碘中位数分别为 232.34 微克/升、175.3 微克/升、220.16 微克/升、182.10 微克/升。

二、地方性氟中毒

地方性氟中毒(简称地氟病)是一种地球化学性疾病,因长期从饮水或食物中摄入过量的氟所致。地方性氟中毒具有明显的地区性,是一种全身性慢性疾病,主要表现在牙齿和骨骼上,即氟斑牙和氟骨症。氟斑牙的主要表现为釉质的白垩、着色、缺损以及严重的磨损等。氟骨症的主要表现为腰腿痛、全身关节疼痛、关节活动受限、骨骼变形乃至瘫痪。浙江省地方性氟中毒流行区分布:饮水型氟中毒病区共有 33 个县(市、区),即杭州市为拱墅区、西湖区、富阳区、余杭区、建德市,宁波市为奉化市、象山县,温州市为瑞安市、文成县,湖州市为德清县、安吉县,绍兴市为嵊州市、新昌县,金华市为婺城区、义乌市、东阳市、金东区、永康市、武义县、浦江县、磐安县,衢州市为柯城区、衢江区、常山县,丽水市为莲都区、龙泉市、青田县、缙云县,台州市为临海市、路桥区、黄岩区、仙居县、天台县。燃煤污染型氟中毒病区为常山县。

1966 年前,永康、武义发现地氟病病例。1982 年,衢州市卫生防疫站在花园乡上祝村进行氟斑牙病调查,受检小学生 63 人,患氟斑牙 58 人,患病率为 92.06%,对当地水体、土壤、蔬菜、稻谷采样调查,全市共发现柯城、衢县、常山 3 个县(区)13 个乡(镇),58 个村为地氟病区,受检 44168 人,患氟斑牙病 3981 人,患氟骨症 77 人,平均患病率为 9.18%。1983 年,温州市摸底调查 95361 人,氟斑牙患病率为 4.15%。1984 年,全市对 8～15 岁学生全面开展调查,共调查 497 个乡镇,计 708543 人,查出氟斑牙病人 31893 人,患病率为 4.5%。1987 年经复查,划为地氟病区的有文成县双垟乡屿根村、大岙镇沙湾村、东背乡太场村,人口合计 1453 人。瑞安市丰和乡棠梨袋村,人口 1100 人。1984 年,金华市全地区开展普查,义乌塔山乡塔山、云山两村 1126 人中,有氟斑牙病的 1034 人。至 1988 年,查清永康、金华、东阳、义乌、武义、浦江、磐安、婺城区 41 个乡、118 个村为病区,查出氟斑牙病人 5571 人,氟骨症病人 98 人。同年,台州市调查 380 个乡(镇)9431 个村的 8～15 岁共 655954 人,查出病区 85 个村,分布天台、仙居、临海、黄岩和路桥,1990 年有 75 个村改用低氟水或迁村。2001—2003 年,调查路桥、黄岩、仙居 2142 人,查出氟斑牙 108 人,患病率为 5.04%。2004 年,三门县角塘小学检查 8～12周岁小学生 129 人,查出氟斑牙 6 人,患氟斑牙率为 4.65%。2006 年,路桥区调查桐屿镇中心小学 8～12 岁学生 124 人,中后村饮用水样 5 份,结果检出原地氟病流行村 4 名学生患氟斑牙。1984 年 5 月,杭州市地方病防治办公室举办地氟病防治业务培训班,开展对全市地氟病的调查,调查结果:8～15 岁儿童氟斑牙患病率在 300‰以上的病区自然村有 80 个,其中半山区 22 个,西湖区 2 个,余杭区 48 个,富阳区 2 个,建德县 6 个。1984 年底,浙江省有 57379 个自然村开展了地氟病的普查工作,普查对象为 8～15 岁儿童,氟斑牙患病率在 30%以上定为病区。全省共检查了 483 万余名儿童,患氟斑牙病者 11.9 万人,确定 33 个县(市)的 386 个自然村为地方性氟中毒流行区,病区总人口为 19.4 万人。病区水氟含量在 1 毫克/升以上,最高达 22 毫克/升。1987 年,德清、象山、安吉等 11 个重点地方性氟中毒流行县(市)进行氟中毒临床症状和氟骨症 X 线摄片调查,共调查 1174 人,其中 480 人有不同程度的骨质改变,查出氟骨症病人 574 人。2001 年,东阳市对大联镇、巍山镇、黄田畈和佐村镇的 15 个村进行了外环境水质情况和学生氟斑牙患病调查,检测深井水水样 212 份,饮水氟含量大于国家标准的88份，占总数的41.51%，检查8～12岁学生617人，查出氟斑牙者274人，患氟斑牙率为44.41%。2002—2004年，根据省、市联合调查确认东阳市新增加33个病区村，同时苍南县新发现3个病区村。

地方性氟中毒关键在于预防，减少机体对氟的摄入，增加对氟的排泄，改善生活条件，增加机体抵抗力，同时针对不同的原因，采取不同的措施预防地方性氟中毒。1986年，浙江省卫生防疫站对安吉县姚坵村、象山县大塘乡中站村等进行了改水降氟防治地氟病的效果观察，并对由氟矿污染所引起的德清县莫干乡、武义县蒋马洞村地方性氟中毒进行了防治试点工作。常山县居民用石煤烧饭、烧水，水氟含量虽不高，而空气中氟含量较高，属于燃煤污染型氟中毒病区，为观察灶降氟措施防治地氟病的效果，在该县部分病区乡进行了防治试点工作。1986年，宁波市大塘乡和梅园乡南岙村改用自来水后，未发现新病例。1987年，温州市病区通过改水后，水含氟量由原来的1.28～4.40毫克/升降至0.1毫克/升以下。1989年，金华市全市36个乡(镇)109个村完成改水降氟任务，受益人口占病区人口的82%。1990年，象山县中娄乡地氟病改水工程完成，耗资50余万元，改善了地氟病流行村的饮用水条件，使地氟病病情得到有效控制。1992年12月，宁波市地方病防治领导小组办公室组织专业人员对本市地氟病县(区)考核，各项指标达到省地方病防治领导小组规定的“基本控制地氟病标准”。2003年9—11月，浙江省和衢州市、常山县的疾控中心对常山县地氟病情况进行专题流行病学调查，根据1990年常山县地氟病流行病学调查结果显示，家居环境空气氟污染严重，属于中度流行，而2003年复查结果表明，该镇大力推行改炉改灶降低室内空气含氟量，减少食物和饮水氟污染，同时改善生活居住环境，氟斑牙患病率已从1990年调查的75.96%下降到7.43%，降幅达68.53%。改炉降氟后，该病区2464户完成改炉改灶2423户，改灶率为98.34%，达到改灶降氟的卫生行业标准。根据调查结果，2004—2005年由省卫生厅批复撤销燃煤污染型的常山县10个病区村以及饮水型的柯城区1个病区村。2004年11月25日，浙江省疾控中心、衢州市疾控中心和柯城区计生卫生局对该区的花园乡上祝村进行了饮水型(三废污染)地氟病的流行病学复查并将结果上报省政府地方病防治领导小组办公室，省地办按照国家《地方性氟中毒病区划分标准》(GB17018-1997)，于2005年撤销了柯城区花园乡上祝村饮水型氟中毒病区。

2002年12月9日，省疾控中心对三门县沿赤乡中学、三角塘小学学生氟斑牙患病情况和外环境饮用水氟含量、学生尿氟水平开展调查和现场检测，沿赤乡三角塘村外环境水氟含量为0.15～0.17毫克/升，均小于1.0毫克/升的国家标准，尿氟水平分别为0.15～1.64毫克/升。8～12岁学生215人，检出氟斑牙患者58人，患氟斑牙率为26.96%，认为地氟病未造成对当地群众的严重危害。2002年底，全省乡镇再次撤扩并后，共有饮水型地氟病病区33个县(市、区)，294个病区村，总人口数为1691.28万人，其中，轻病区265个，中病区22个，重病区7个，受威胁人口数为44.49万人，患氟斑牙人数13672人，氟骨症患者220人，已实施改水降氟措施有285个病区村，占总数的96.94%，实际受益人口42.5万人。2001年6月25—28日，省疾控中心在温州苍南县举办“全省地氟病防治工作研讨会”，全省11个市33个水源型地氟病流行县(市、区)的地方病防治专业人员参加会议。2005年，浙江省通过监测发现，一些地区地方性氟中毒情况又有流行，如：苍南县龙港镇抽查6所学校2994名学生，氟斑牙患病率达到48.5%，饮用水氟含量高达4.12毫克/升，金东区5个原病区村8～12岁儿童平均氟斑牙患病率达到57.62%，一些原非地氟病病区发现水氟含量超标和患氟斑牙率高的现象。东阳市发现原非病区4个乡镇，学生患氟斑牙率为44.41%，检测212份深井水有88份超标，81份浅井水有12份超标，说明浙江省部分地方性氟中毒原非病区仍然存在高氟水源和氟斑牙病情的情况。

2005—2008年间，浙江省对象山、苍南、嵊州、德清、东阳、衢江、青田、仙居、义乌、新昌、常山、龙泉、临海、建德、奉化、安吉、浦江、武义、路桥、缙云、衢江、永康、富阳、文成、金东区、瑞安、黄岩区、三门28个原病区县和海宁、定海2个非病区县开展了不定期的随机抽查监测，外环境共采集不同水源292份，氟含量均值0.5～1.14毫克/升。检查28所农村乡镇中心小学9000名学生，氟斑牙患者301人，平均患氟斑牙率为3.34%，学生尿样1154份，尿氟水平0.89～1.42毫克/升。专题调查16岁以上村民氟骨症临床症状调查5694人，发现有临床症状者534例，临床氟骨症患病率为9.38%。X线检查425人，成人氟骨症患病率为7.05%。2005年底，义乌、象山、龙泉、仙居、天台、德清、婺城、金东、武义、东阳、永康、磐安、莲都、青田和苍南15个项目县（市、区）开展改水工程检测的村达到168个，正常和间歇使用的改水工程为156个，直接受益的村数有458个，受益人口数为385524人。

2006—2007年，浙江省结合卫生部疾病控制司中央补助地方公共卫生专项资金地方病防治项目，分别对原地方性饮水型氟中毒的32个病区开展了饮水氟含量检测、改水设施运转情况、儿童氟斑牙检查和尿氟检测工作，通过对病区饮用水、空气、石煤、污水等氟含量的测定，结合流行病学调查，确定浙江省地氟病主要有以下4种类型：一是氟矿地带水氟含量过高，有27个县335个村，16.27万人口；二是沿海深井水含氟量过高，有2个县15个村，1万人口；三是工厂、矿山排放“三废”引起的环境污染，使水源、空气、土壤含氟量增高，有3个县26个村，1.27万人口；四是燃煤污染引起空气氟含量增高，有常山县10个村，0.86万人口。监测结果表明：全省原地方性饮水型氟中毒的32个县（市、区）改水工程231个村，正常使用村数为205个，占88.7%，不正常使用村数26个（间歇13个、报废13个），占11.2%。8～12周岁儿童氟斑牙筛查29220人，患氟斑牙率为7.7%。改水工程情况，供水自然村数733个，覆盖人口数575660人，改水前氟含量均值2.72毫克/升，改水后出厂水氟含量均值0.36毫克/升，末梢水氟含量均值0.35毫克/升。

2009—2010年，浙江省对原33个地氟病病区（市、区）进行现场外环境居民饮水监测与病情评估调查，外环境水氟含量监测水样1405份，均数为0.52毫克/升，有76.45%的病区村居民生活饮用水水氟含量和8～12岁学生患氟斑牙率（9.25%）低于国家地氟病控制标准，其中建德、象山、新昌、东阳、永康、武义、莲都、龙泉、临海、天台10个县（市、区）30个病区自然村6438名16岁以上成人的氟骨症临床症状患病率为6.06%，检查成人尿样676份，尿氟水平几何均值为1.02毫克/升，经调查核实还余18个地氟病病区县（市、区）77个病区村。2010年，全省在地氟病防治方面的监测结果显示，浙江省通过改水，全省原饮水型氟中毒病区33个县（市、区）329个村已有15个县252个村消除了地氟病威胁。

第四节 人畜共患病

人畜共患病是指人类与人类饲养的畜禽之间自然传播的疾病和感染疾病。传播的途径有:通过唾液、飞沫、粪溺及畜禽的皮毛和皮肤垢屑等传播。全世界已证实人与动物共患传染病和寄生性动物病有250多种,其中较为严重的有89种,中国已证实的人与动物共患病约有90种。浙江省流行人畜共患病的种类主要有:布鲁氏菌病、炭疽病、狂犬病、禽流感等。

一、布鲁氏菌病

布鲁氏菌病(简称布病)是由布鲁氏菌属的细菌(简称布氏菌)侵入机体,引起人畜共患的传染变态反应性疾病,是《中华人民共和国传染病防治法》规定报告的乙类传染病。1949年,金华地区的部分县屠工中有发现布病,但未列入传染病报告。1953年6月,江山县淤头区新塘边村报告首例病人。1955年,畜牧部门首次在杭州奶牛场检测到布病血清阳性畜以后,陆续在全省范围内开展畜间布病检测工作。1963年,余杭县南湖农场检查180头奶牛,查出阳性42头,阳性率为23.33%。同年,杭州市奶牛公司检查奶牛556头,检出阳性122头,阳性率为21.94%。1964年,全国家畜布病防治会议之后,由农牧、卫生部门在杭州等7个市、县的16个国营农牧场、12个种畜场、41个公社集体奶牛场、20个生产队的羊群、645户农户的部分家畜进行布病血清学调查,共检查牛、羊、猪3176头,检出布病阳性畜95头,阳性率为2.99%。1965—1984年,省农业部门在瑞安、瓯海、乐清、永嘉等县的奶牛中发现病牛,并作淘汰处理,据1987年调查,仍有少数散发病牛。1967年,宁波市曾对112名从事畜牧、兽医工作的人员开展职业体检,进行布病血清学检测,查出布病血清阳性2例(牛场饲养员和兽医),经宁波、杭州等医院住院治疗,症状逐渐消失。20世纪60年代中期,宁波市农业部门先后从内蒙古、宁夏、新疆、贵州等地引进未经检疫的奶牛,即进场混群饲养,1965年经农业部门监测发现奶牛布病抗体阳性率达25%。1967—1968年,宁波市对所属国营和集体奶牛场557头奶牛进行检查,检出阳性68头,阳性率为12.21%。

1970—1982年,全省21个县(市)、区先后开展奶牛、奶山羊布病疫情调查,共检查50247头次,查出阳性290头次,阳性率为0.58%。1979年,金华市城郊五星大队发现"布病牛",系外省牧场引进,后又发现病畜6头。1979—1985年,兰溪市从外地引进的奶山羊、奶牛、种猪中检测出布病血清阳性牲畜30头。1986年,省布病防治中心在中国预防医学科学院的指导下,在余杭县临平、瓶窑及杭州市近郊作了犬布病试点调查,采家犬血清303份,检出阳性犬18只,阳性率为5.94%,并分离出9株犬种布氏菌株,首次证实犬种布病在浙江省的存在。1987—1989年,全省11个市85个县(市)区的奶牛场、种猪场和湖州市郊、桐乡的湖羊,采用试管凝集试验,共检查牛、湖(绵)羊、种猪等家畜78038头(只),检出布病阳性169头(只),后经浙江省家畜防检站用补体结合试验检出阳性25头(只),其中奶牛2头、羊23只,平均阳性率为0.03%。20世纪90年代后期开始,浙江省存栏奶牛布病阳性率有上升趋势,先后在杭州市的西湖区、建德市，金华市的婺城、金东等地出现布病奶牛。

1991年，根据农业部、卫生部颁发的《布鲁氏菌病诊断方法、疫区判定和控制区考核标准》，浙江省确定杭州拱墅区、余杭县、宁波海曙区（以上曾分离到布氏菌），杭州建德县、温州瓯海区、湖州市区、金华兰溪市、台州临海市（以上畜间血清阳性，伴有临床症状），温州瑞安市（系血清阳性，人间又有可疑病人）等6个市的9个县（市、区）为浙江省历史布病疫区。1992—1994年，对上述9县（市、区）进行了为期3年的达标考核前的人畜间布病监测工作，畜间共抽查家畜38818头（只），其中牛27167头，羊8383只，猪3318只，结果检出5只羊血清阳性，牛和猪均未检出血清阳性；人血清共检测4853人，检出血清阳性者4人，阳性率为0.08%，其中余杭县检查1226人，血清阳性2人，阳性率为0.16%，拱墅区检查470人，阳性2人，阳性率为0.43%，其余7县未检出阳性者，4例布病血清学阳性者经临床综合诊断未发现与布病相关的临床症状和体征，确定为布病感染者。

2001年，宁波市个别奶牛养殖场从北方引进了一些未经检疫的奶牛，在未采取任何措施的情况下，进场混群饲养，在次年农业部门“两病”（布病、结核病）检测中发现布病抗体阳性奶牛28头。2003年，在宁波鄞州区奶牛养殖场从业人员中，发现了近20年来浙江省首例人间布病急性感染病例。2005—2010年，全省共监测职业人群4240人，检出布鲁氏菌病病例32例，感染者37例。2004年5月，金华婺城区首次在奶牛饲养员、挤奶工等职业人群中发现2例布鲁氏菌病感染者，均为病牛密切接触者，同年从业人员中检出布病抗体阳性血清2份。2004年，婺城区被列入全国人间布病监测区，检出布病抗体阳性血清10份，其中1份血样布鲁氏菌培养阳性，经省布病中心鉴定为牛种、血清分型7型。2005年10月，余姚市发生1例非职业人员布病感染病人，流行病学调查结果表明患者所患布病系人与人传播。布病人传人传播病例国内报道罕见，该病例的发现也是国内少数证实人与人传播病例之一。2008年，杭州市第二医院发现1例医院实验室工作人员感染布病病例。2009年，杭州市第六人民医院发现1例实验室感染布病病例。

对于布鲁氏菌病的防治，1981年前浙江省处于初级阶段，无专业人员从事布病防治工作。1982年，卫生部下文要求在全国范围内开展布病本底调查工作，浙江省被列为调查省份之一，省卫生厅指定由已有布病防治专业人员的杭州市卫生防疫站负责全省人间布病调查指导工作，了解全省人间布病感染本底情况。1983—1984年，浙江省在全省范围内开展了布病感染状况调查，次年开始，全省开展常规的人间布病监测与防治工作，经省卫生厅同意在杭州市卫生防疫站设立了浙江省布病防治中心，指导开展人间布病监测与防治工作。1983至1984年，浙江省根据卫生部要求，在全省开展人间布病感染情况调查，累计调查11个市42个县（市、区）342个单位的15996人，发现皮试阳性308人，阳性率为1.93%。此后，全省开展的重点人群的布病监测，未发现人间布病疫情。各地市畜牧医站在省农业厅统一部署下，对全区奶牛、部分耕牛、种猪及奶山羊开展两次布氏杆菌病的血清学普查工作，采用平板凝集法或琥红平板凝集法作初检，试管凝集法复检，共完成普查家畜1465头次，其中奶牛538头次，耕牛77头次，种猪771头次，奶山羊79头次；查出阳性反应共10头，其中，奶牛1头，种猪6头，奶山羊3头，病畜分布于定海、普陀两县的洋岙、白泉、紫微、北蝉、马岙、双塘、蛟头7个乡

(镇),对检出的阳性病畜均及时进行扑杀高温处理,消灭了疫源。1995年,省卫生厅地病办、省农业厅畜牧兽医局、省布病中心等有关领导和专家组成联合考核组,对9县(市、区)进行了考核,各项指标均达到了农业部、卫生部颁发的控制区考核标准,全省历史疫区全部达到国家规定的布鲁氏菌病稳定控制区标准。1996年,根据省卫生厅《关于下发浙江省布鲁氏菌病监测巩固方案(试行)的通知》,全省开始转入监测巩固阶段。2004年,省布病防治中心开展布鲁氏菌病快速诊断技术及其应用研究,建立布鲁氏菌病滴金免疫渗滤技术(DIGFA),具有快速、简便和准确的优点,其敏感性和特异性分别达到95%和98%以上,未发现与血吸虫、乙肝病毒和疟原虫感染的人血清有交叉反应,研究成果获省医药卫生科技创新奖。同期病原学实验室先后在人、羊、犬中,分离到布氏菌,优势菌以羊种3型布氏菌为主。2007年,根据全省布病疫情情况,省卫生厅下文《关于印发浙江省疾病预防控制监测点管理办法的通知》,设立9个布病省级监测点:杭州余杭区,宁波鄞州区,绍兴上虞区,金华婺城区(国家级监测点),湖州南浔区,舟山岱山县,温州瓯海区,衢州江山市,嘉兴海宁市。2003—2010年,全省共监测54848人,确诊病例数323例,新发感染者612人。

二、炭疽病

炭疽系人畜共患的急性传染病,传染源主要是病畜,其次是病人,一般由直接、间接接触病畜或死畜皮毛,病菌经破损或黏膜侵入机体感染,以皮肤炭疽为多。民国30年(1941年)至1952年,温州市郊7个乡曾发病40例,死亡12例。1949年前,衢州5县流行。1951年,定海县百泉镇先后有两头生猪发生鼻孔出血,不到一日死亡,经部队兽医诊断为炭疽。1956年,金华市(县级)、东阳、永康共发病17人,死亡2人。同年8月,开化县报告首例病人,是年,共发病4人(均为屠工),年发病率2.75/10万。1957年,舟山六横地区部队一匹马急性死亡,经兽医检查认为除无浆液膜出血症状外均像炭疽,后经深埋处理,不幸夜间被当地群众所偷,结果偷食群众有4人发生高热、肠炎症状,其中1人死亡,经普陀医院诊断为人炭疽病。同年,嘉兴县首发2例炭疽病人,以后又陆续有散发病例出现,共发生病人24例。每次发病,因其周围耕牛、猪、羊等牲畜的炭疽病样死亡,病人因接触或食用死牲畜得病。1957年8月,义乌徐村乡毛店村两头病牛宰杀出售后,有5个乡38人发病,死亡6人。1957年、1963年,嵊县各发生1例。

1960年4月22日,长兴县仰峰村发生牛炭疽病,死亡6头牛,由于有500多名农民食用死牛肉得病,如不及时抢救,就会发生炭疽病而死亡。从第一头牛死后群众分吃牛肉起,到长兴县卫生科接到紧急报告,已经过去4天多时间,地委、县委立即做出紧急指示并采取应急措施,急调10名医生、护士和畜医组成医疗防疫大队,于当晚8时赶到现场,医务人员苦战通宵摸清了具体情况,省卫生厅、省农业厅也派员赶赴出事地点。杭州第一医院李容教授提出,这批病人急需注射人用抗炭疽血清,但当时人患炭疽病非常罕见,杭州、上海均无此药,只能求援于卫生部,卫生部接到电话后,立即特派专人乘飞机前往兰州组织药品。原定这批药品空运至上海,省人委也及时协调驻上海办事处,安排专车送长兴,但事不凑巧,因天气原因飞机无法在上海降落,于25日下午1时降落在南京。有关部门当机立断,急电江苏省卫生厅请求支援。江苏省卫生厅急事急办，随即调用专车从南京启程，终于在25日晚11时将人用抗炭疽血清送达长兴。人用抗炭疽血清在医务人员皮下安全试验后，马上分头给500多名村民在潜伏期内注射血清。这一夜，医生、护士和干部全部通宵达旦守护农民兄弟身旁，一直到潜伏期过去，最终吃了死牛的村民无一人发生炭疽病。

1963年，东阳发病21人，死亡1人，至1975年8月，辖区共发病110人，死亡9人，后禁止宰杀、销售、食用病死牛肉。1970年9月，上虞县蒿坝公社发病1例，1976年该地发病3例。1973年，舟山市食品公司冷库屠宰场于11月13日发现疑似猪炭疽病一例，经地、县卫生防疫站确诊，11月18日和22日又经省卫生防疫站、省食品公司进一步鉴定为“败血型猪炭疽”。此后直至2010年底，全省尚无发现炭疽病患者。

三、狂犬病

狂犬病是一种人畜共患的自然疫源性疾病。浙江最早见于《乐清县志》中记载（1891年）有本病发生，但其流行情况无从考证。1955年，嘉善县发生首例狂犬病后，疫情时起时伏。1955—1965年，全省统计该病死亡人数29人。1973年，与江西毗邻的常山流行，而后，以金华为中心向全省各地蔓延。

20世纪80年代，城乡养犬成风，恶犬、狂犬伤人时有发生，狂犬病流行范围不断扩大，疫情日趋严重。全省除温州、舟山未报告病例外，疫情已布及杭州、宁波、金华、台州等9个市的54个县(市、区)，尤以长兴、安吉、诸暨等市县发病较多。省卫生防疫站对1986—1989年149例狂犬死亡病人调查，病人多为散发性，95.5%在农村发病，以男性为多，尤以青少年居多，潜伏期一般为20～60天，无明显季节性，犬为狂犬病的主要传染源。1991年，省卫生厅协同有关部门对杭州市一奶牛场发生的奶牛狂犬病疫情，及时制定应急性防治措施，经浙江医科大学病理切片检查，在该病牛小脑浦氏细胞和大脑神经细胞浆内发现内基氏小体，并结合兽医所提供的发病资料，诊断为奶牛狂犬病，属浙江省家畜中首次检出。

1979年，省卫生防疫站在防疫科设有专职人员分管“狂防”工作，各级防疫站亦相应有兼管该项工作的人员。1981年，浙江省使用由羊脑疫苗改为地鼠肾组织培养人用狂犬病疫苗成功，经33万人应用尚未发生严重的异常反应，免疫效果满意。1981年以来，遵照国务院有关文件精神，全省广泛、深入地开展群众性“狂防”知识的普及教育工作，省卫生防疫站先后绘制、印发《积极预防狂犬病》幻灯片600套，《加强防治狂犬病》《积极预防狂犬病》《警惕狂犬病》宣传画、卫生墙报9万余张，购置4部《预防狂犬病》科教影片在全省巡回放映，结合“五讲四美三热爱”活动月，运用图片、文字等形式，上街宣传“狂防”知识，与金华地区防疫站合编《狂犬病的防治》小册子，印发3000本。1982年，省卫生防疫站与诸暨县防疫站协作，在该县街亭乡进行犬用狂犬病疫苗免疫效果试点工作，共免疫家犬391只，经一年现场观察结果，其对人群保护率达47.8%～58.6%，对犬群的保护率达63.28%～78.1%，从中初步摸索到犬免疫是预防狂犬病的有效途径。1985年12月10日，省卫生厅、省农业厅和省公安厅联合在金华县召开全省预防狂犬病工作会议。1986年，省政府办公厅颁布《浙江省狂犬病预防工作暂行规定》和《浙江省犬类管理办法》，从此“狂防”工作有章可循。当年12月，省政府办公厅组织省卫生厅、省公安厅、省农业厅对诸暨、东阳、龙游、衢州、安吉等县(市)进行重点抽查,促使各地“狂防”措施的具体落实。1987年11月,省政府办公厅在长兴县召开全省部分市、县狂犬病防治工作会议。1990年5月21—27日,浙江省在首次运用间接免疫荧光技术检测免后血清抗体的基础上,会同上海市光学仪器厂,在杭举办狂犬病免疫荧光抗体测定和荧光显微镜使用学习班,部分市、县防疫站开展免后测定狂犬病毒抗体工作,即对免疫失败出现免疫裂隙者及时加强免疫,提高其免疫成功率。

2003年11月12日,台州市委上报省政府临海市发生2例狂犬病例1人死亡的紧急信息,省政府领导批示要求省卫生厅做好犬类防疫工作。省卫生厅当即派专家前往台州调研,给予技术指导,并动员该市曾被狗伤过的群众到医疗卫生单位补种狂犬疫苗。此事件后,省卫生厅印发50余万份预防狂犬病宣传资料,向全省群众发放,宣传预防工作和措施。2008年9月26日,省卫生厅转发卫生部办公厅关于开展世界狂犬病日宣传活动的通知。在转发的通知中,分析杭州、宁波、温州、湖州、台州五个市监测点的数据,2007年犬伤就诊人数为36万人次,比上一年上升28%,估算全省犬伤就诊人数达75万人次。被犬伤的人群约60%未进行伤口处理,约40%没有注射狂犬疫苗。这一现状说明有必要呼吁全社会引起关注。各级卫生部门要充分认识狂犬病防控工作的重要意义和作用,并协调农业、公安、食品药品监管部门做好世界狂犬病日的宣传活动和狂犬病防治工作。2010年2月22日,省卫生厅转发《卫生部关于印发〈狂犬病暴露预防处置工作规范(2009年版)〉的通知》,并提出浙江省贯彻该通知的意见,要求加强全省犬伤门诊规范化建设,对门诊评审标准得分在80分以下要立即进行整改,达到合格标准后才可执业。对从事狂犬病暴露预防处置的工作人员要进行培训,考核合格后实行挂牌上岗。

四、禽流感

禽流感,全称禽类流行性感冒病毒感染,是由A型流行性病毒引起禽类的一种呼吸系统到严重全身败血症等多种症状的传染病,其中由高致病性禽流感病毒株引起的禽流感,病死率很高。历史上曾记载禽间有多次禽流感爆发流行,但首次证实人类感染H5N1禽流感病毒是在1997年中国香港地区发生由禽流感H5N1亚型引起的一次人间流行。香港地区发生禽流感后,2003年2月4日晚上,卫生部召开全国卫生系统禽流感防治工作电视电话会议,传达全国防治高致病性禽流感工作会议精神和国务院领导重要讲话。广西、湖北、湖南、上海卫生厅(局)通报了防治禽流感及人间疫情监测的有关情况,卫生部领导对禽流感防治工作进行了部署。全国会议一结束,省卫生厅接着召开了全省卫生系统的电视电话会议,厅长李兰娟对全省下一步做好人间禽流感防治工作提出了以下要求:一是提高认识,切实加强组织领导;二是加强部门合作,及时沟通信息;三是实施严密监测,及时处理疫情;四是落实定点医院,开展诊治工作;五是加强技术指导,开展业务培训;六是加强食品卫生监督,开展食品卫生专项执法检查;七是开展爱国卫生运动,加强健康教育。

2004年,省政府成立防治禽流感工作领导小组,由省长吕祖善任组长,常务副省长和主管卫生的副省长任副组长,18个部门的主管领导为成员,同时制定并下发《浙江省防治高致病性禽流感应急预案》。根据省防治禽流感工作领导小组明确卫生部门负责人间禽流感监测和防控的职责分工，省卫生厅以厅非典防治领导小组及其办公室为基础，成立了省卫生厅人间禽流感防治工作领导小组及其办公室，及时制定《浙江省人禽流行性感冒应急处理预案》，并在省"非典"防治专家基础上，充实部分儿科专家，建立省人间禽流感防治专家组，负责对各地防治工作进行技术指导。全省各市、县相应成立机构，制定了应急预案。省防治禽流感工作领导小组成立伊始，浙江省个别地方报告发现禽类禽流感疫情，省长吕祖善、常务副省长章猛进、副省长盛昌黎即率有关部门负责人赶赴现场指挥和部署防控工作，举一反三，对全省禽流感防控提出进一步要求。2004 年 2 月，省卫生、工商、质检、农业、公安等部门联合组织对禽类养殖、贩运、宰杀、销售环节的督导检查。2004—2006 年，省政府和省防治禽流感工作领导小组共召开 8 次禽流感防控会议，常务副省长章猛进、副省长茅临生多次在会上作出指示，部署工作，提出要求。省防治禽流感工作领导小组指挥部共编印 102 期动态信息，先后组织 4 次全省性督导检查。

在防治禽流感工作领导小组的统一领导下，省卫生厅加强了与农业、经贸、公安、出入境检验检疫、药品监管、工商等有关部门的密切合作和信息沟通工作。省卫生厅、省农业厅共同下发《关于人畜共患传染病防治合作机制方案》，明确合作机制的双方领导，建立了定期例会、互通信息、合作防控及督导检查等制度。省卫生厅与省交通厅、省出入境检验检疫局、省民航管理局、杭铁办事处也根据卫生部等五部委联合下发的《关于加强预防控制传染病境外传入和通过交通工具传播的通知》精神，商定成立联席会议制度，加强部门协调，建立信息沟通制度，加强传染病疫情和传染病防控工作信息交流。5 个厅局就此发出文件，要求全省各市卫生局、检验检疫局、民航、交通等部门认真贯彻落实文件精神，加强传染病防控，防止境外传入和通过交通工具传播。

为有效防控一旦发生的人间禽流感疫情，2004 年，全省各级卫生部门组建了应急队伍，其中在疾病预防控制系统，省、市、县级应急机动队共 2200 多人。省卫生厅公共卫生应急办公室还不定期对各级应急队伍进行通信网络畅通测试，以保证发生疫情时，能指挥应急队伍在第一时间赶赴现场有序开展各项防控工作。按照《卫生部关于开展在职卫生人员禽流感防治知识全员培训的紧急通知》的要求，省卫生厅在多次组织全省禽流感防治技术师资培训的基础上，部署各级卫生部门开展了禽流感防治基本知识、流行病学调查、消毒、隔离、防护等知识和技能以及相关法律、法规的培训。据 2004 年统计，全省卫生系统培训超过 20 万人次，培训合格率达 95%以上。

2004 年 3 月 20 日，浙江省开始正式实行发热呼吸道病例监测，监测范围包括 16 家省级哨点医院和每县 1 家哨点医院。在省级哨点医院中，还开展了不明原因发热病例监测工作，至 2005 年 10 月 9 日止，共监测 76 周，每周的监测报告都以书面形式存档，以电子邮件的方式将信息反馈给各哨点医院。到年底，省政府就全省禽流感防控工作进行了表彰。2005 年 3 月，根据《全国卫生系统人间禽流行性感冒疫情应急处理预案(试行)》和有关防治方案，省卫生厅在衢州市组织了一次全省性禽流感应急预防控制模拟演练，从病例的发现和报告、病人流调采样、各级专家组会诊、预案启动、指挥部成立、病人转运救治及终末消毒、病家疫点和动物疫点处理、物资准备和外部支持等，检验卫生行政部门的指挥协调和技术队伍应对人禽流感疫情的处置能力。4 月，省卫生厅又在杭州市举办了禽流感疫情应急处置的现场模拟演习，省政府有关领导和参加全国卫生应急工作会议的卫生部官员、各省专家观摩了现场演练。为防患于未然，省卫生厅重视加强重点人群的卫生防病工作，组织专家对流感疫苗进行论证推荐，积极推广流感疫苗在全省高危人群中的使用，2004 年度组织供应流感疫苗计 25.32 万人份，2005 年组织供应流感疫苗计 11.63 万人份。

2005 年 6 月，省卫生厅委托省疾控中心在宁波市举办浙江省流感哨点医院监测网络培训班，针对急性呼吸道传染病基本知识、流感和禽流感国内外疫情动态及研究进展概述、浙江省流感和人禽流感监测方案及流感流行病学监测与防治工作要点、流感样病人采样和流感病毒检测等内容进行了培训。为努力提高全省各级疾控中心病毒性疾病的应急检测能力，省疾控中心还连续 2 年举办“荧光定量 PCR 在公共卫生突发病毒性疾病应急诊断中的应用”全国继续教育培训班，将已探索建立的常见病毒性暴发疫情的实验室诊断技术以及针对 H5N1 型禽流感，甲 1、甲 3、乙型流感、呼吸道合胞病毒和 SARS 等一系列病毒的荧光定量 PCR 检测方法及时推广应用到全省各级疾控机构并分别指导衢州、金华、温州、宁波等市级疾控中心现场正确使用仪器设备、开展病毒核酸检测、采集、运输和保存生物样本的相关技术。在科学技术研究和技术储备方面，重点做好应对人禽流感暴发的实验室诊断技术开发。省疾控中心在常规病毒学检验的基础上，探索建立呼吸道传染病以及人禽流感的分子生物学快速诊断技术，已建立反转录 PCR 方法用于快速诊断人禽流感、流感、呼吸道合胞病毒、腺病毒等呼吸道疾病，并建立应对 H5N1 型禽流感与甲 1、甲 3、乙型流感病毒及呼吸道合胞病毒、SARS 病毒、麻疹病毒等荧光定量快速诊断方法，可以在 3 小时内完成样本的全程检测，特异性灵敏度高于以往的基因扩增方法，大大缩短了检测时间，为控制人禽流感疫情提供了实验室快速诊断的可靠技术保证。2005 年 11 月，省政府召开禽流感防控工作会议，并与各市政府签订了关于做好有关防控工作的责任书，要求各地加强禽流感领导小组工作，完善防控禽流感预案，明确部门职责和任务，组织应急机动队伍，积极开展禽流感防治工作。

2006 年 2 月 20 日，安吉县发生 1 例人禽流感病例。2009 年 1 月，北京、山西、山东、湖南分别发现人禽流感病例，省卫生厅进一步加强人禽流感防控力度，向全省卫生系统发出橙色预警和关于加强不明原因肺炎病例监测工作的紧急通知，组织召开全省卫生系统人感染高致病性禽流感防控工作视频会议，部署浙江省人禽流感防控工作，与省农业厅联合开展对舟山、宁波动物禽流感防控工作的督查。2010 年 11 月 17 日，浙江省卫生厅接到卫生部传真，通报香港确诊一例人感染高致病性禽流感病例，该患者曾于 10 月 25—26 日入住杭州，要求浙江省做好相关防控工作。接到报告后，省卫生厅组织省疾控中心、杭州市卫生局的专家前往现场开展调查，对接触者进行医学观察，对酒店进行消毒和开展人禽流感防控宣传工作。截至 2010 年底，全省累计报告 46 例确诊病例。

第五节 慢性非传染性疾病

慢性非传染性疾病(简称慢性病或慢病)是指从发现之日起超过3个月的非传染性疾病。这些疾病主要与职业、环境因素、不良行为和生活方式密切相关,如心血管疾病、糖尿病、肿瘤、精神疾病等,一般无传染性。浙江省的慢性非传染性疾病防治工作始于20世纪50年代。70年代,部分地区开展一些与慢病相关的死亡统计和健康教育工作。80年代末,省卫生防疫站成立疾病监测所,从此与慢病相关的死亡统计和慢病监测工作在部分地区逐步开展。1998年12月,省卫生防疫站成立慢性非传染性疾病防治所,开始负责全省慢病防治工作的归口和协调管理工作。20世纪70—90年代,以医院为依托,浙江省相继成立了肿瘤、心脑血管病、精神卫生、糖尿病等专业防治机构,开展慢病防治工作。

一、高血压

高血压是世界最常见的心血管疾病,常引起心、脑、肾等脏器的并发症,严重危害人类的健康。1986年,浙江省心脑血管病防治办公室成立,挂靠在浙江医院,负责制订浙江省心脑血管病防治规划,组织、协调全省心脑血管病防治、科研、人才培训工作,1988年,在全省范围内建立了55万人群的疾病监测区,动态观察心脑血管病的发生和死亡的变化,先后完成"浙江省27万人全高血压抽样调查""浙江省监测区人群冠心病、脑卒中发病死亡动态观察""浙江省学龄儿童风湿热流行病调查和风心病的一级预防""心血管病社区人群综合干预研究""浙江省高血压社区人群综合干预研究""浙江省队列人群脑卒中、冠心病发病、死亡影响因素前瞻性研究""高血压治疗研究——非洛地平降低心脑血管病终点事件的研究""血压与血管弹性功能"等课题研究,多次在国内和国际会议上交流,其研究方法和结果达到国内领先水平,为心脑血管病防治事业做出了突出的贡献,获得国家及政府多项科研成果奖。

1990年,浙江省统计15岁以上成人高血压患病率为8.88%(男性8.0%、女性9.72%)。1992—1995年,浙江省五地区冠心病、脑卒中三年监测结果,全省冠心病率为72/10万,脑卒中率144/10万。1998年,浙江省25岁以上成人高血压患病率为25.5%(标化率),主要危险因素为高血脂、超重、高血糖。2001年,省心脑血管防治研究所主办《心脑血管病防治》专业杂志,开辟了相关学术论坛,在全省范围内定期举办各级医生的心脑血管病知识更新培训班,有数万名医务人员参加了培训,提高医务人员的心脑血管病防治知识水平,使浙江省的心脑血管病防治工作走在全国的前面。2003年,杭州、湖州、嘉兴、宁波等11个市进行了第三次高血压抽样调查,随机选择了11个市1988年9月1日前出生的自然人群11916人,调查结束后,省卫生厅与省心脑血管病防治办公室联合公布了浙江省第三次高血压抽样调查结果,高血压患病率为33.4%,标化患病率为18.7%,其中:城市居民高血压患病率为35.4%,农村为31.5%,与1990年相比,高血压患病率增长275%,城市居民增长185%,农村增长320%。调查还发现,40岁开始就有发现高血压,患病年龄提前了10年,高血压患病率,不论是农村还是城市，男性高于女性，与1990年的调查结果相反。同时发现，有43.4%的患者根本不知道自己有病。专家分析，高血压的发生与年龄、体质指数、血脂、血尿酸、血糖、家族史、心脑血管疾病史、吸烟、饮酒、摄盐量等有关。浙江省许多农民从事二、三产业后，劳动强度明显下降，而随着经济收入的增加，饮食结构和生活方式也发生了改变，这些变化是导致高血压患病率急剧上升的主要原因。省卫生厅以科研带动防治，组织心脑血管病防办及有关单位完成了浙江省第三次高血压调查项目的总结课题，并通过鉴定。

2004年12月，省心脑防办改名为浙江省心脑血管病防治研究中心（以下简称省心脑中心）。省心脑中心以及11市心脑防办的专家、领导和防治工作人员注重对社区人群的健康教育、健康促进工作，通过电台、电视台、报纸、杂志等新闻媒介进行健康宣传，并经常举办大型咨询、义诊活动，推动了社区人群的自我保健及心脑血管病的防治意识。浙江省的心脑血管病防治工作一直走在全国前列，省心脑中心连续3年被卫生部心血管病防治研究中心评为《全国高血压社区规范化管理项目》优秀集体，社区防治在全国起到领头和示范的作用，得到卫生部和全国同行的肯定和赞扬。2005年，湖州市在吴兴区东林镇开展了以“社区健康教育”和“慢性病综合防治”为切入点的试点工作。该市建立了全市首个农村糖尿病患者“健康俱乐部”，并对农村高血压患者开展“同伴教育”。

2005年3月17日，浙江省心脑血管病防治研究所中心在浙江医院正式成立。这是全国首家省级心脑血管病防治研究中心，来自全国和省内各地区的70多位专家和医务界代表出席了成立仪式，中心主要职能包括研究、发展、制定和规范浙江省心脑血管病防治领域中适宜、有效的政策、信息、方法、技术及行业标准，探索“以人为本、预防为主、防治一体、全程管理、终身服务”的心脑血管病防治健康管理服务模式并开发相应技术，构建全省心脑血管病防治技术合作网络，培养心脑血管病防治专业人才，推动学术交流，增加国内国际合作。

2007年，浙江省出台《高血压、糖尿病社区综合防治工作方案》。2008年，浙江省完成8个慢性病社区综合防治重点探索项目的总结评估分别是“城乡接合部社区居民高血压健康教育模式探索”“湖州市东林镇高血压患者管理质量控制的探讨”“城市社区卫生服务的糖尿病规范化管理探讨”“开化县社区高血压病人规范化管理探索”“社区高血压非药物干预效果的探讨”“社区高血压病例管理模式探讨”“农村高血压病人健康教育方式探讨”和“拱墅区高血压病人体育锻炼行为干预”。浙江省疾病预防控制中心（以下简称省疾控中心）对此专门编印并下发《慢性病社区综合防治8个重点探索项目汇编》，将经验在全省推广。2008—2009年，杭州市拱墅区、宁波市江东区和湖州市吴兴区开展高血压、糖尿病规范化随访管理效果评价工作。2009年，武义县、开化县、平阳县、奉化市、上虞市、嘉善县、建德市、余姚市、温岭市、东阳市、桐乡市和遂昌县为摸清农村居民高血压发病情况，组织开展全省第二轮农民健康体检血样采集工作，初步建立农村居民健康基础信息库和生物样本库，样品共计60818份。

2010年，浙江省出台《高血压社区综合防治工作规范》（以下简称《规范》）。《规范》参照《国家基本公共卫生服务——高血压患者健康管理服务规范》（2009年版），并根据浙江省实际出发，提出了实施高血压社区综合防治工作的规范要求，即通过对一般人群、高血压高危人群与患病人群三类人群的管理，现阶段力争达到下列目标：以城乡社区（街道、乡镇）为单位，

35 岁以上常住人群管理率达到 60%，高血压患者检出率达 8%以上。检出的高血压患者管理率达到 90%以上，规范管理率达到 60%以上，血压知晓率达到 70%以上，服药率达到 60%以上，高血压控制率达到 30%以上，常住人群健康教育覆盖率达到 95%以上，脑卒中、冠心病发生、死亡率逐年下降。《规范》明确了卫生行政部门、专业防治机构、综合性医院及社区卫生服务机构的职责分工，强调了分类指导与管理，并对高血压危险因素、急性时间发病和死亡监测、人群健康教育、人员专业培训、考核评估等内容作了详细规定，为浙江省进一步科学、规范、高效地开展高血压社区防治工作提供了技术保障。

二、糖尿病

糖尿病是一组以高血糖为特征的代谢性疾病。高血糖是由于胰岛素分泌缺陷或其生物作用受损或两者兼有引起，糖尿病时长期存在的高血糖，导致各种组织，特别是眼、肾、心脏、血管、神经的慢性损害、功能障碍。1976 年 7 月，浙江省成立省糖尿病防治中心，挂靠在省人民医院，每 1～2 年召开一次全省糖尿病防治工作会议，交流各地糖尿病防治工作经验，并就糖尿病及其并发症的防治进行学术交流。1997 年，浙江省召开首届糖尿病防治工作会议，对各市的糖尿病防治骨干进行培训、学习和交流，明确任务。2000 年，省糖尿病防治中心组织各市的糖尿病防治骨干参加卫生部举办的糖尿病学习班，温州、绍兴、丽水等地先后举办学员培训班，省疾病控制中心也对慢性病防治骨干进行了业务培训，为糖尿病防治工作的全面开展打下基础。

2001 年，省糖尿病防治中心进行的营养和健康调查显示，全省人口 15 岁以上年龄组内，糖尿病的发病率是 3%，省疾病控制中心制订了《浙江省糖尿病防治规划》，并于 2002 年起在全省 30 个综合卫生、疾病监测区内试行，为提高工作效率，实现信息管理现代化，省糖尿病防治中心与省卫生信息中心合作，研制了糖尿病患者管理软件，适用于基层、社区的登记管理，将有助于糖尿病防治信息系统的建设。2004 年，桐乡市作为全国 10 个项目点之一，开展中国慢性病前瞻性项目研究(CKB)，省疾控中心与桐乡市疾控中心合作完成了 57704 名研究对象的基线信息收集、血样采集和监测随访工作。2006—2009 年，湖州市吴兴区开展农村糖尿病社区综合防治模式探讨工作。

2007 年，浙江省糖尿病防治中心与加拿大艾伯塔省卫生厅联合开展集糖尿病预防、监测、科研、治疗于一体的工作，由临床科研人员采用“爱德蒙顿方案”，该方案被公认为世界糖尿病治疗最佳方案。2008 年 9 月 24—26 日，第一届“浙江—艾伯塔生命科学暨糖尿病论坛”在杭州召开。论坛由省卫生厅、浙江省科技厅、加拿大艾伯塔高教科技厅和艾伯塔省卫生厅联合主办，浙江中医药大学附属第一医院承办，艾伯塔省高教科技厅副厅长罗卫红参加论坛。通过此次论坛，中加双方专家学者就糖尿病科研、临床、监测以及中医中药研发等领域达成合作意向，建立科研和相关领域的长期战略伙伴关系。

2010 年，丽水市莲都区、泰顺县开展农村 2 型糖尿病危险因素与综合干预项目的危险因素开展社区 2 型糖尿病干预研究，分析不同干预模式的可行性和有效性，初步探索农村地区 2 型糖尿病综合干预适宜的评价指标体系。

三、肿瘤

肿瘤是指机体在各种致瘤因子作用下，局部组织细胞增生所形成的新生物，多呈占位性块状突起。根据新生物的细胞特性及对机体的危害性程度，又将肿瘤分为良性肿瘤和恶性肿瘤两大类，癌症即为恶性肿瘤的总称。2008 年，卫生部开展《第三次全国人口死因调查》，调查数据显示，中国城乡居民恶性肿瘤死亡率处于世界较高水平，而且呈持续的增长趋势，死亡率分别比 20 世纪 70 年代和 90 年代增加 83.1%和 22.5%。恶性肿瘤是城市首位死因（占城市死亡总数的 25.0%），农村为第二位死因（占农村死亡总数的 21.0%）。癌症已经成为威胁中国居民生命健康的主要杀手。

1971 年，浙江省肿瘤防治中心成立，隶属于省卫生厅，挂靠在浙江省肿瘤医院。该中心的任务是制定全省肿瘤防治研究规划，组织协调全省的肿瘤防治研究工作，包括肿瘤登记等，先后制定"七五""八五""九五"浙江省肿瘤防治规划，并协助全国肿瘤防治办公室制定《全国肿瘤防治规划纲要 1986—2000 年》，制定了《中国肿瘤登记试行规范》。1975—1978 年，浙江省肿瘤防治办公室组织全省各级医疗机构在全省范围开展以恶性肿瘤为主的全死因调查，摸清了 20 世纪 70 年代浙江省恶性肿瘤的死亡情况，出版了《浙江省恶性肿瘤地图集》等文献，调查结果被收录入《中国恶性肿瘤死亡调查研究》专著之中，此次调查首次为全省肿瘤防治工作提供了重要决策依据，该项课题获全国科学大会奖。1986 年，浙江省肿瘤防治办公室又组织全省 15 个县市（杭州下城区、萧山市，宁波海曙区，嘉兴海宁市、嘉善城区，绍兴上虞县，湖州城区，金华婺城区、武义县，衢州开化县，温州瓯海县、洞头县，台州仙居县，舟山岱山县，丽水缙云县）开展以肿瘤为主的全死因调查，15 个县市覆盖人口约占全省人口的 15%，通过对 15 个抽样县市的全死因回顾性调查，摸清了 80 年代中期全省恶性肿瘤发病死亡情况，与 70 年代肿瘤资料对照，揭示了肿瘤发病、死亡的变化趋势，进一步明确了肺癌和消化系统肿瘤是浙江省肿瘤防治的重点，在大肠癌高发现场海宁市、嘉善县及其他一些市县相继建立了肿瘤登记机构，开展癌情监测和科研工作。1987 年，全国肿瘤防治研究办公室在萧山市举办了全国第二次全死因调查学习班，在全国推广萧山市全死因调查的现场工作经验，推动了全国的第二次全死因调查工作。

1996—2000 年，浙江省肿瘤防治办公室参加卫生部卫生统计信息中心和全国肿瘤防治研究办公室组织的"九五"国家医学重大科技项目"常见恶性肿瘤的发病、死亡与危险因素监测方法研究"，在全国大肠癌高发的嘉善县开展结肠癌的病例对照研究和病因学研究，研究成果列入《中国恶性肿瘤危险因素研究》一书，并帮助和指导嘉善县肿瘤防治所进一步完善恶性肿瘤的发病和死亡登记报告制度，使嘉善县肿瘤登记工作达到世界卫生组织国际癌症研究机构的要求，资料被收入《五大洲癌症发病率（第八卷）》《中国试点市、县恶性肿瘤的发病与死亡》等书籍，被卫生部有关部门列为国家肿瘤登记示范基地。

2002—2008 年，浙江省肿瘤防治办公室开展了杭州市、嘉兴市、海宁市和嘉善县恶性肿瘤发病、死亡监测工作。2006 年，浙江省肿瘤防治办公室在 1973 年、1990 年两次以癌症为重点的死因回顾调查的基础上，在杭州市下城区、奉化市、桐乡市、安吉县、金华市婺城区、遂昌县,杭州市萧山区、嘉兴市秀城区、嘉善县、海宁市、义乌市、兰溪市共12个县(市、区)开展第三次以肿瘤为重点的死因回顾调查,调查对象为2004年和2005年各样本县、区户籍人口中的死亡者,调查内容为死者死亡原因及相关信息。调查结果,2004—2005年调查样本县(市、区)共收集死亡个案85534人,其中恶性肿瘤死亡个案22089人。死亡率处于前十位的恶性肿瘤分别是肺癌(41.16/10万)、肝癌(32.91/10万)、胃癌(28.37/10万)、食道癌(12.98/10万)、结、直肠癌(11.49/10万),白血病(3.98/10万)、乳腺癌(3.32/10万)、宫颈癌(2.69/10万)、膀胱癌(2.03/10万)、鼻咽癌(1.80/10万)。2010年,浙江省(监测点)城乡居民死亡人数居前10位的疾病中,恶性肿瘤排在第一位,占前10位死亡人数的28.33%。①

四、重症精神病

重症精神病是指精神活动严重受损导致对自身健康状况或者客观现实不能完整辨认或者不能控制自身行为的精神疾病。患者由于大脑功能失调导致认知、情感、意志和行为等精神活动出现不同程度障碍,表现为幻觉、妄想、思维障碍、行动紊乱等和社会生活能力严重受损。卫生部将此病列为慢性非传染性疾病。1988年,在浙江省精神卫生研究所防治科的基础上成立了浙江省精神卫生工作办公室(简称精卫办),负责对全省精神卫生工作的全面指导,也包括对重症精神病的管理。

2000年,浙江省精神卫生办公室由省卫生厅疾病控制处进行业务管理,挂靠在省立同德医院。2007年3月11—17日,浙江省派代表参加全国重性精神病管理项目(即“686”项目)第三期培训,并组织杭州、台州、绍兴、宁波、义乌、海宁、桐乡精卫办相关人员参加。2007年3月14日,浙江省召开2007年重性精神疾病管理治疗项目浙江省示范区项目管理工作暨2006年项目总结会议,总结2006年项目工作,讨论和布置2007年重性精神疾病管理治疗项目工作,杭州市、拱墅区、台州市、路桥区、绍兴市、绍兴县项目单位30余人参加。2008年5月16日,石其昌主任、傅永利医师赴武汉参加全国心理危机干预培训暨全国重性精神疾病管理治疗项目培训班,会上介绍浙江省的经验与做法。2009年,浙江省有63个县(市、区)开展了社区精神病防治工作,共检出重症精神病人11.26万人,监护精神病人11万人,监护率为97.7%,治疗率为67.3%。3月,浙江省精神卫生办公室承办卫生部2009年中央补助地方重症精神疾病管理治疗项目Ⅴ期培训班,来自全国28个省、市(直辖市)的277名代表参会培训。6月,国务院妇女儿童工作委员会来浙江调查,调查主要内容:儿童青少年精神疾病和心理行为问题防治,卫生部疾控局副巡视员张立,国务院妇女儿童工作委员会办公室副调研员兰星荣参加。8月28日,2009年中央补助地方重症精神疾病管理治疗项目新增示范市(州)个案管理、信息管理与质量控制培训班在杭州举办。11月12日,公安部治安总局领导来浙江省调研浙江省对肇事肇祸精神病人的管控情况。12月21日,省精卫办举办全省重性精神疾病防治管理培训班,来自全省94个县(市、区)的188位代表参加,会上布置了卫生部疾控局重症精神疾病管理治疗成本分析与财政保障机制调研事宜。

① 《2010年浙江省卫生统计资料汇编》,浙江省卫生厅2011年编印,第19页。

2010年，省政府办公厅转发省公安厅、省卫生厅联合制定《浙江省预防处置精神病人肇事肇祸行为实施意见》。省教育厅和省卫生厅联合下文成立浙江省高校心理危机干预研究中心，以更好地提升浙江省高校心理健康服务工作水平，确保浙江省高校教职员工与在校学生心理健康工作的有效性和科学性。同年，浙江省参与中央综治委“国民心理健康问题专题调研”和国家卫生部“重症精神疾病管理治疗成本分析与财政保障机制调研”等在浙江省的调研，参与省政府组织的“大学生心理卫生问题”调研，完成卫生部《心理热线管理办法和方案》书面修改意见。7月，省卫生厅制定《浙江省重症精神病人排查行动实施意见》，在精神卫生法律缺位的情况下，为浙江省开展重症精神病人的排查提供了重要依据，同时，省精卫办还制定了《浙江省重症精神病人排查行动技术方案》，统一和规范了全省的排摸行动。浙江省科协和心理卫生协会共同研究制定《浙江省心理素质与心理健康工程》方案，并作为实施全民科学素质行动计划纲要的浙江省特色项目，也是全国唯一的“4＋1”模式。10月22日止，全省通过各种线索发现疑似精神疾病患者21.20万人，确诊精神疾病患者20.93万人，其中19.36万人确诊为6类重症精神疾病，17.81万患者信息与国家重性精神疾病信息管理系统对接。11月，省精卫办根据财政部、卫生部《关于下达2010年公共卫生专项资金的通知》和卫生部《关于印发全国重症精神病人排查行动经费使用方案的通知》，协助省财政厅、省卫生厅制定资金使用方案和全省资金分配，参加了由省公安厅、省卫生厅组织的浙江省重症精神病人排查行动督导检查。

第六节　皮肤病及性病

皮肤病一般都是单纯皮肤病变。性病是容易通过性接触传染的疾病，有皮肤病变的症状，治疗方法和顽固性往往比较接近，通常归于一个科治疗，即皮肤病及性病科。

一、麻风病

(一)麻风病流行情况

麻风病是一种严重危害人民身心健康的慢性传染病，曾与结核、梅毒并称为世界三大慢性传染病。据文史资料记载，浙江在汉代就有麻风病人。传说绍兴为越国故都时，越太子诸咎患麻风病。[①] 南宋淳熙元年(1174年)，青田县儒医陈言，字无择，在所著《三因极一病证方论》中就谈到麻风病的精辟论述：“然亦有传染者，又非自致，此则不谨之故。气血相传，岂宿业缘会之所为也，原其所因，皆不内外所因而成也。”元宝祐五年(1257年)，定海县城重建养济院，收养鳏寡孤独与疠人(麻风病古称疠症)。元代婺乌(今浙江义乌)金元四大医家之一的朱震亨，人称丹溪翁，在《丹溪心法》书中率先使用“麻风”这一病名，他的药学专著《本草衍义

① 《浙江麻风防治60年》，浙江省皮肤病防治研究所2011年编印，第6页。

补遗》中就有使用大风子制剂治疗麻风病的记载:“佐以大枫子油,殊不知此药性热,有燥痰之功而伤血,至有病将愈而先失明者。”大明成化时期,浙江就有了专门集中收治麻风病人的“麻风病院”。

明朝末期,会稽(今浙江省绍兴)的张景岳,又名张介宾,字会卿,对麻风病的发病机理研究颇有贡献。他认为:“疠风即大风也,又谓之癞风,俗又名为大麻风。此病虽名为风,而实非外感之风也,实以天地间阴疠浊恶之邪,或受风木之化,而风热化虫,或受湿毒于皮毛,而后及营卫,或犯不洁,或因传染,皆得生虫,盖虫者厥阴主之,厥阴为风木,主生五虫也。虫之生也,初不为意,而渐久渐多,遂致不可解救,诚最恶最危最丑证也。”

民国24年(1935年)10月,慈溪县发现病例,以后续有发现,在市区街头乞讨常有所见,但无确切统计。民国27年,金二乡(今大丰乡)发现患者,在上海治愈。民国32年,温州瓯海医院首次在城区发现麻风病人。民国36年11月,衢县高家乡报告林家村(13保)有麻风病10余人。同年,该乡又报告斋堂、王家村各发现1例病人,且有麻风病人被活埋之惨剧发生。同年,衢城峥嵘镇报告发现1例麻风病人。同年,衢县卫生院在城厢、高家、莲花、后溪、航埠5个乡(镇)调查共发现患麻风病5人,其时,除对病人采取隔离外,无其他防治措施。

20世纪50年代初期,世界著名麻风病专家、英国的马雅各博士根据杭州广济麻风病院住院的250名病人档案分析,在给省卫生厅的报告中估计“浙江省约有21000名麻风病人”(当时浙江省人口为2100万人),麻风病患病率在1‰左右。同时他提出:“一个地区出现了麻风病人,在周围人群中会逐渐蔓延发病,浙江的麻风呈点状或小片状分布,又有散在病例存在,绍兴、萧山、崇德(现为桐乡县)、杭县(今余杭)、义乌为麻风病高发地区。”1973—1974年,浙江省对全省53个县400多个重点乡镇进行了麻风病线索调查,共调查400余万人,发现麻风病人956人。1974年,浙江武康疗养院派出18位专业技术人员,分赴杭州、金华、丽水、台州、舟山5个地区的22个县,进行麻风病线索调查,历时3个月,共调查近百万人,发现新病人218人。1982—1984年,浙江武康疗养院组织浙医大附属二院,温州等9县市皮防站、卫生防疫等单位的专业技术人员,对28个县市进行小面积普查和线索调查,共调查220余万人,查出麻风病310例,占受检人口的0.14‰。1984年,全省有晚残病人约1110人。1985年底,尚有麻风病现症患者135名(其中新发病人11例)。1989年,衢州市累计发现麻风病446人(柯城区49人、衢县177人、江山市44人、龙游县124人、常山县36人、开化县16人),分布于109个乡、镇(柯城区12个、衢县34个、龙游县23个、江山市22个、常山县12个、开化县6个),累计收治432人,收治率为96.86%,治愈356人,治愈率为82.4%。死亡67人,病死率为15.5%。误诊2人,误诊率为0.46%。外迁及联系中断7人,占1.62%。

(二)麻风病防治措施

清光绪七年(1881年),英国安立甘会委派梅藤更夫妇来杭管理杭州广济医院,开始在广济医院内开设麻风病门诊。光绪十三年,英国圣公会在杭州大方伯医院产科的旧址上正式创办杭州广济麻风病院,开设了麻风门诊和住院病房,在门诊选择性收治一些麻风病人。苏达立医师主持杭州广济麻风病院工作,医院隶属英国圣公会、英国麻风救济会,当时有住院麻风病人 7 人。光绪二十一年，杭州广济麻风病院住院麻风病人渐多，医院董事会在西湖之滨的宝石山麓购得土地六亩五分建造麻风病院。光绪二十二年，一幢西式麻风病院在保俶塔与来凤亭之间落成，新院医疗用房二十余间，医疗设施较为完善，收容麻风病人 30 余人。据史料记载，光绪二十九年收治麻风病人 7 人，民国 7 年(1918 年)收治麻风病人 35 人，民国 21 年住院麻风病人 85 人，其中 46 人为浙江籍[绍兴市 15 人，宁波市 10 人，杭州市 6 人，诸暨县、萧山县、义乌县、杭县(今余杭)各 2 人，黄岩县、桐庐县、东阳县、浦江县、温州市、余杭县、富阳县各 1 人]。由此可见，当时浙江省已有 14 个县、市有麻风病人存在，以绍兴、宁波、杭州地区麻风病人最多。

民国 3 年(1914 年)，杭州广济麻风病院迁移至松木场许家湾山上，男女病人分院而居。民国 13 年 6 月，该院共收治麻风病人 60 余人，其中患病较轻能经营工作者占总数的 6%，还有不少完全治愈而离院回家。民国 20 年，杭州广济麻风病院在杭州松木场建立麻风病房、注射药房及礼拜堂，时年住院麻风病人 70 余名。民国 22 年，医院住院麻风病人 85 名，其中，住院不到一年新麻风病人有 25 人，其余 60 人为老麻风病人，住院病人中 1 人症状消失，11 人大有进境，29 人已有进境，8 人病象如旧，5 人则较前加重(其中 3 人为不加医治者)，6 人则已属残废。男性病人占住院病人总数的 63%，女性病人占 37%，类结节性患者占 25.8%，神经性患者占 47%，混合型患者占 27%。治疗方式为口服大枫子油及樟脑油、木焦油、橄榄油和 Ethyl Esters 肌肉注射。民国 23 年，杭州广济麻风病院住院麻风病人有 99 名，其中男性 85 名，女性 14 名。每周一由杭州广济医院副院长沙大卫·赫度医师、叶熙华医生等查房，给病人施以大枫子油等药物治疗，当时有病人护士 5 人，负责洗换病人烂疮，换药、发药等医疗工作。民国 28 年，杭州广济麻风病院由苏达立医生负责管理，时有住院病人有 91 人，女性 13 人，小孩 4 人，小孩病人与女病人同室居住。

1951 年，省政府和华东军政委员会在浙江省武康县上柏金车山麓报恩寺建院筹建浙江省麻风病院，1952 年初浙江省麻风病院建成并投入使用，至年底收治麻风病人 180 余人。1953 年，省卫生厅新建浙江麻风防治院，在德清县武康镇鸿渐岭麻风农场附近，100 张病床的住院部和医疗用房。1957 年，浙江省麻风病一院和浙江省麻风病二院更名为浙江武康疗养院，核定病床 550 张，为全省麻风病防治工作的业务技术指导中心。1975 年，省革委会下发〔75〕78 号《关于加强麻风病防治工作》的文件，成立了浙江省麻防工作领导小组负责领导全省麻防工作。1977—1980 年，全省组织 55 批防治小分队、393 人次，历时 10525 天，对 46 个县、市的基层卫生人员进行专业培训，开展“三病”(麻风、头癣、疥疮)的普查，于 1981 年在兰溪召开“三病”(麻风、头癣、疥疮)防治工作总结会。1978 年，省卫生厅在桐乡县召开全省规模较大的麻风病防治工作现场经验交流会，并批转了会议制订的 1978—1980 年间的麻风病防治规划。浙江省计划委员会批复了省卫生厅《关于要求扩建一批麻风村、站的请示报告》，同意新、扩建一批皮肤病防治站和麻风村。新扩建 13 个麻风防治院(站)、27 个麻风村。到 1980 年，全省已有皮防站(院)24 所，拥有床位2400余张，麻风村 27 个，从事皮防专业人员 440 人。全省累计有麻风病人14777例，治愈 4893 例，死亡2988例。

1981 年 12 月，全国第二次麻风病防治会议提出，到 20 世纪末，全国基本消灭麻风病。当时浙江省病人数占全国第6位，患病率为全国第8位，年新发病人平均为200人，麻风流行面也比较广，为加快全省麻风病防治工作步伐，根据浙江省实际制定《浙江省麻风防治规划(1981—1985)》。经过5年努力，全省现症病人从1980年的5943人减少到1985年的1090人，患病率从0.15‰下降至0.027‰，发病率从0.319/10万下降到0.146/10万，6个县市无现症病人，29个县市患病率小于0.01‰，达到基本消灭指标，31个县市患病率小于0.05‰，达到控制指标，14个县市患病率小于0.1‰，达到基本控制，基本上实现了规划提出的指标。对麻风病人的治疗，浙江省采取"普遍治疗、规则服药"的基本原则。1982年前，浙江省对新发现病人，主要采取集中在麻风院、村治疗。全省麻风院、村建立最多达到45处，起到控制、减少传染源的目的。进入20世纪80年代，为消除群众对麻风病的恐惧和歧视，浙江省逐步改变由院内治疗为院外治疗。1986年，浙江省根据卫生部下达的全国麻风病防治"七五"规划要求，结合本省实际，又制定了《1986—1990年浙江省麻风病防治规划》，规划提出在1995年争取全省实现基本消灭麻风病指标的总体目标。1986年10月11日，卫生部顾问马海德陪同笹川保健纪念协力财团代表到武康疗养院视察麻风病防治工作，省爱卫会副主任王祥长陪同。1986年底，全省按市辖区确立9个麻风病防治机构为中心院(站)，负责辖区内麻风病防治工作。1987年，浙江省麻风病联合化疗会议在杭州召开，会上传达了全国麻风联合化疗座谈会精神，决定在浙江省全面推广应用世界卫生组织推行的麻风病联合化疗方案。1987年3月9日，省卫生厅批准，同意成立"浙江省麻风病防治协会"，设在省皮肤病防治所。1988年，中国举办首届防治麻风病日活动后，全省各地每年在世界防治麻风病日前后，利用各种传媒，对麻风病防治知识进行宣传，党和政府及社会各界人士走进麻风村，慰问麻风病人和麻风病防治工作者。

1990年底，浙江省麻风病患病率下降到0.98/10万，已达到基本控制指标。1991年7月10日，卫生部批准，同意浙江建立麻风康复分中心，作为比利时王国援助的麻风康复分中心之一。1991年底，浙江省共有晚残患者950例，其中819例住院村，为总数的86.21%。1992年，浙江省被列为卫生部与比利时政府合作麻风畸残康复合作项目的扩大省份之一，在全省范围内开展了国际合作的麻风畸残康复项目。1993年，浙江省制定《浙江省麻风康复项目工作计划》，实施计划和方案，培训业务技术骨干，在全省范围内开展麻风畸残摸底调查，确定浙江省皮肤病防治研究所为康复基地，湖州、桐乡、绍兴和义乌为康复现场，并逐步向全省推广。1994年，浙江省在桐乡、绍兴、湖州、义乌四市设立康复工作现场，开展麻风病眼、手、足自我护理、复杂性足底溃疡防治、麻风畸残矫形手术等康复工作。同年，召开全省麻风康复研讨会，各县、市皮防站、防疫站代表40余人与会，学习和研讨麻风康复专业知识。3月17日省卫生厅决定在省皮肤病防治研究所设立浙江省的"中国—比利时麻风病康复合作项目"基地，确定湖州、桐乡、义乌市、绍兴县为项目推广工作现场。1995年，全省进一步明确提出治疗与康复并重的工作原则，在随后的几年中，浙江省与英国国际麻风救济会合作，完成了全国第二期和第三期中英麻风医疗康复合作项目，累计实施麻风畸残矫治手术700余例，使全省3000余名现症病人和治愈者得到了康复医疗。1995—1998年，浙江省圆满完成了与国际麻风救济会合作的全国第二期中英麻风医疗康复合作项目，使浙江省千余名现症病人和治愈者得到了康复医疗,200余例病人做了矫治手术,通过国外专家的评估,认为浙江省的康复工作做得好而实,帮助一些畸残病人解决了困难。项目中评结束后,继续着手落实了第三期中英麻风医疗康复项目,使更多的患者从中受益。

1995年12月,经卫生部组织考核,宣布浙江省达到“基本消灭麻风病”要求,取得了全省以县(市)为单位“基本消灭麻风病”这一阶段性成果。基本消灭麻风病考核指标后,为巩固麻风病防治成果,浙江省制定了《浙江省1996—2000年麻风病防治规划》《浙江省麻风病防治五年规划(2001—2005)》和《浙江省麻风病防治五年规划(2006—2010)》,明确工作目标,各市也分别制定并下发符合当地麻风病防治工作实际情况的工作规划,进一步明确辖区内麻风病防治工作的原则、目标、组织管理、工作任务、人员培训、宣传教育、经费落实与使用及考核评价等内容。2000年,随着机构的改革和调整,部分住村病人数较少的麻风院(村)将麻风晚残康复者撤并至浙江武康疗养院,麻风病防治工作职能也转入当地疾病预防控制中心。2001—2005年,浙江省与英国国际麻风救济会合作,在桐乡和海宁开展麻风社会经济康复试点合作项目,项目旨在通过向麻风治愈者家庭提供用于发展生产的无息贷款,依靠麻风治愈者及其家庭成员的劳动,增加其经济收入,提高其生活水平,使麻风治愈者及其家庭成员在经济、心理、社会等方面得到康复,经合作双方5年的共同努力,共有43位项目人受益,在生活上得到了不同程度的改善,产生了广泛的社会效应,为在低流行形势下继续做好麻风防治工作提供了新的防治模式。

2002年,全省累计病人数为16504例,临床治愈11974例,现症死亡及外迁等4461例,累计复发335例,复发再愈及死亡313例。2002年底,全省尚有14个麻风康复村,住院(村)病人537人,其他一些小规模的麻风村计划陆续撤并至武康疗养院。2003年,浙江省实施中国—荷兰麻风合作项目,在全省范围内开展麻风畸残矫形手术,共实施矫形手术115例(99人),其中防盲、治盲手术38例,功能重建术12例,防癌变手术21例,因溃疡引起的足趾摘除术和植皮术27例,其他手术17例。2004年,省卫生厅出台了《浙江省麻风病防治五年规划(2006—2010年)》,要求全省现症病人减少20%以上,年递减3%以上,到2010年底力争把麻风病现症病人控制在80名以内。出台《浙江省麻风病监测方案(试行)》,通过监测掌握浙江省麻风病的疫情动态和流行规律,分析流行因素,及早发现麻风反应和神经炎病理,减少麻风畸残的发生,制定有效的防治对策和措施提供科学依据。出台《浙江省麻风病防治工作考核标准》,每年定期对全省各市以及重点县(市、区)麻风病防治工作进行考核。2006年2月,中国疾病预防控制中心性病麻风病技术指导中心张国成、严良斌教授等一行,在省皮肤病防治研究所为浙江省50位麻风病人免费实施了66例麻风畸残矫治手术。此次实施的麻风畸残矫治手术为卫生部—荷兰麻风合作项目之一。2007年,为提高麻风病人这一弱势群体的生活质量,提高资源使用效益,中央和地方政府共同出资对部分麻风病院(村)进行改造和整合,浙江省把浙江武康疗养院,绍兴、慈溪和桐乡4家麻风病院(村)的改扩建工程列为重点建设项目,2009年全部完成竣工并投入使用。

2010年,为了全面统筹全省麻风病防治工作,浙江省皮肤病防治研究所制定《全省麻风病性病防治业务指导书》,促进全省麻风病防治与监测工作的持续发展,继续落实各项策略和措施，规范麻风病防治管理制度，加强对麻风病新发病人的早期发现，控制传染源，进一步巩固全省麻风病防治成果，消除麻风病危害。至2010年底，全省有麻风病防治专业机构9家，其中省级1家，市级1家，县(市、区)级7家，除这9家专业防治机构外，其余市、县(市、区)麻风病防治功能均转归到当地疾病预防控制中心。全省历年累计发现病人16686例，尚有现症病人104例(其中外省流动病人50例)，患病率为0.20/10万。

二、性病

(一)性病流行情况

性病俗称“花柳病”“杨梅疮”，1949年前在浙江省广为流行，以梅毒为主，主要分布在城市和少数贫困山区。清咸丰二年(1852年)，景宁县发现首例。民国10年(1921年)，鄞县县立中心医院收治272例，占总就诊病人的3.9%；民国20年至民国22年，收治性病699例，占总就诊病人的4.1%。民国23年，衢县县立医院门诊收治性病77人(男51人，女26人)，其中，梅毒10人，淋病67人。民国24—28年，衢县县立医院门诊收治性病156人，其中，梅毒48人，淋病108人。民国29年，衢州各县私立台湾、仁山、真美医院及私人诊所有20余处开设花柳病专科门诊。民国29年6月17日，中央卫生署衢县花柳病防治所成立，日就诊15～20人次，以外埠商人与驻军兵居多。据衢县卫生院门诊后期统计：“民国34年治疗梅毒150人。35年治疗梅毒193人，淋病125人。36年治疗梅毒99人，淋病126人。37年，治疗梅毒216人，淋病226人。”江山县卫生院门诊统计：“民国33年花柳病治疗1372人。”龙游县卫生院门诊统计：“民国33年治疗梅毒13人，淋病6人，其他花柳病26人。35—37年，治疗性病611人，其中梅毒214人、淋病182人、其他花柳病215人，在畲族集居区此病颇为多见。”民国28—36年间，武义县卫生院诊治花柳病1586人次。民国29年，舟山渔区性病较多，全区有门诊患者369人。民国36年，定海福仁医院门诊记录有梅毒14例，梅毒并发症29例。《嵊泗县志》记载，1949年嵊泗县发病率大于524.50/10万，部分小岛、港口患病率达1100.00/10万。民国35年，宁波华美医院就收治2924例梅毒、1410例淋病、676例花柳病。民国20—23年，据鄞县县立中心医院门诊病例统计，有梅毒、淋病等花柳病977例，占门诊病例的3.03%。民国35—37年，崇德县卫生院受诊142例性病，其中梅毒72例、淋病55例、其他性病15例。民国36—37年间，桐乡县卫生院受诊85例性病，其中梅毒29例、淋病13例、其他性病43例。

1951—1958年，舟山统计资料登记梅毒患者共71例，其中定海25例(城关17例，临城3例，盘峙2例，白泉、干览、金塘各1例)，普陀25例，岱山9例，嵊泗12例，这些病人主要是通过门诊或住院收治病人中发现。1949年后，舟山取缔娼妓，对患有性病、梅毒者进行系统治疗，至1964年已基本绝迹。1955年，青田县万山乡调查3.5万人，发现现症梅毒患者450人，患病率为1.29%。1956年，泰顺、文成两县进行梅毒检查(血清康氏检验)，泰顺县检查2797人，阳性1004人，阳性率为36%，其中少数民族检查1098人，阳性率为44.5%。文成县检查1377人，阳性352人，阳性率为25.7%。平阳县对平阳亢、高楼、湖岭等偏远山区做性病调查，共发现梅毒病人16例。1957—1959年，景宁县检查11218人，康氏反应阳性1831人，阳性率为16.32%。1959年，对北麂、北龙二岛海匪活动十分猖獗地方进行性病调查，共发现性病病人241人，全部给予治疗。

1963—1964年，瑞安福利医院进行性病调查，发现梅毒病人50例，其中晚期梅毒39例，先天性梅毒11例。1972年，在海安乡凤山村开展梅毒流行性病学调查，血检36人，其中康氏反应阳性13人，华氏反应阳性9人，两者同时阳性7人，血检36人中有5人有性病史或阳性体征。1979年，温州市发现"文化大革命"后第一例急性淋病。1980—1983年，温州发现少数淋病，其他市县尚无性病病例报告。1983年开始，全省其他地区陆续出现性病病例。1982年9月至1983年4月，瑞安县各地开展抽样性病调查，共检4009人，确诊为梅毒2例，检出率为0.05%。1990年开始，性病报告、管理逐渐走向正规化，遵照执行《浙江省性病管理办法》规定，建立对8种性病的报告，性病病人324例，其中淋病306例。1987年，温州市发现性病患者84例，其中梅毒8例，淋病76例。1988年，全市报告性病174例，1989年819例，1990年增至1768例。对性病的防治，卫生部门开设性病防治门诊，治疗现症病人，加强进口血制品的检验，加强对海外国外来客的口岸卫生检疫，对外籍人员一经发现性病患者立即劝其出境。

1983—1987年，全省年均新发性病病例708例，流行于27个市县。1988年，新发现2306例，为前5年平均发病人数的3.26倍，流行范围扩大到30个县(市)。1990年底，全省已累计报告各种性病病人16715例，相当于前9年报告病人总和的70%，说明发病人数明显上升。2010年，全省共报告5种性病病例100432例，报告发病率为193.88/10万，与2009年比较，除梅毒报告病例数增长13.74%，其余4种性病均有不同程度下降。

(二)性病防治措施

民国23年(1934年)8月28日，衢县县政府下达管理花舫妓女训令，责成县立医院、县公安局对花舫实行登记与检验。训令称："案查停泊在本先西安门外各花舫，近因市面不景气，花舫妓女滥行留客，漫无范围，花柳病之传染，在所难免，兹为防止流毒起见，特决定从9月份起，对花舫妓女实施登记检验，以重卫生，而杜流毒。除分令县公安局，县立医院遵照办理外，合行签发检验方法，届时将各该花舫妓女列表具据核夺，分别传送县立医院听候检验，三日内办理完毕，并将办理情形及被传造册据查，毋稍违误，此令。"并具体规定花舫妓女每月检查一次，凡患有花柳病者，留院治疗，病未痊愈不得营业。民国30年9月，省卫生处训令各县对娼妓实施卫生检查，强行治疗，但未能有效地控制流行。民国34年12月31日，浙江省第四区专员公署行政会议根据宣平县参议会会长的建议，拟出三条防治花柳病办法：(1)请省政府通知各县分乡调查花柳病等患者，并强迫医治。(2)由省卫生处购买药品分发各县卫生院以便治疗。(3)对不接受检查或注射者由县政府酌情惩处。中华人民共和国成立之前，西南部山区有妇女患病率高达60%，造成孕妇流产多，早产多，婴幼儿死亡多，民间有"只见娘肚大，勿见孩儿长"之谣。

1957年9月4日，全省第一次少数民族地区卫生工作会议在丽水县召开，检查了少数民族地区卫生工作，特别是性病防治情况，研究了防治方案，要求少数民族地区各县选定一个重点，以防治性病为中心，加强妇幼卫生工作，开展爱国卫生运动，创造经验，全面推广。1957年9月15日，宣平县防疫站拟定《宣平县畲族地区以性病为中心的防治试点方案（草案）》组织防治小组，查治性病，被确诊为性病患者可凭检验卷免费救治。1962年，宣平县防疫站又组织12名医生和检验人员赴重病区查治性病。1982年11月28日，县卫生局向各区、社发了《关于对少数民族人民进行健康检查的通知》，并根据省皮肤病防治工作会议精神，结合当地实际情况，制定出对畲族村进行性病检查的具体步骤和规划。至1983年3月，对柳城、大源、泽村、陶村等11个乡(镇)48个大队5670人口的畲族村民作了健康体检，受检人数4229人，受检率为80%，查出康氏反应阳性74人，占少数民族人口的1.2%，查后对阳性者作了普治。1957年10月18日，省性病防治队成立，并前往泰顺、景宁、平阳、云和等县开展性病防治工作。

20世纪50年代以来，浙江省从事性病防控工作的业务机构主要是省卫生防疫站，承担全省的性病预防与控制、疫情危害因素监测管理、健康教育与健康促进、实验室检测与评价、防控策略及技术研究、人员培训与技术指导等公共卫生职能。1950年，衢州专属所属各县人民政府下达取缔娼妓指示，并通过思想教育，安排劳动就业，对患有性病者予以治疗，将妓女改造成为自食其力的劳动者。同期，各县人民政府卫生院专门开展防治性病宣传，此后，性病逐年减少。据衢县人民医院门诊性病治疗人数统计，1959年231人，1960年115人，1961年20人。1957年、1962年龙游县先后三次在畲族集居区开展性病普查普治，平均患病率分别为5.2%、1.5%、0.8%。1983年，该县对畲族及畲汉通婚家庭共9694人进行性病普查，发现梅毒16人，患病率下降为0.16%。同年，对性病与疑似性病均予以治疗。为加强性病防治工作，1989年成立衢州市性病防治监测中心，与衢州市皮肤病防治站合署办公，实行一套班子、两块牌子，担负全市性病防治监测。各级医疗单位建立性病疫情报告制度，至1990年，全市共报告性病561人：柯城55人，衢县85人，龙游县104人，江山县69人，常山县38人，开化县28人，衢化生活区21人，外地进境61人。1990年8月，全市检查路边店（饮食、宿店）638家，受检从业人员1234人，查出性病51人（淋病50人，尖锐湿疣1人），患病率为4.13%。1991年4月，江山市对99家路边店与市区91家旅馆、招待所、理发店369名从业人员进行性病检查，查出淋病8人，患病率为3.2%。同年，常山县对路边店可疑卖淫人员突击检查14人，查出淋病8人，尖锐湿疣1人，患病率为64.28%，对性病患者及时予以治疗。同年8月，衢州市组织举办性病防治知识图板展览，市电视台播放《欲念与惩罚》录像片，有200个单位12000余人参观展览，收看性知识与性专题故事片等节目有50万人。同年9月，江山市举办性病防治知识图片、录像片展览会，有9000余人参观。1987—1991年，全市累计查出性病1137人，其中淋病974人，尖锐湿疣159人，其他性病9人，凡查出性病者，均予以治疗。1991年7月6日，衢州市人民政府召开性病防治工作联席会议，制订出台《实行综合治理，制止性病蔓延实施意见》，颁布《衢州市性病防治综合治理部门职责》，由各级政府主持，对性病防治实行行政监督管理。

1987年，浙江省第六届人民代表大会常务委员会第二十七次会议通过《浙江省取缔卖淫、嫖宿活动的若干规定》。1988—1991年间，省卫生厅每年召开全省性病防治工作会议，各市、县(市、区)卫生行政部门和业务单位负责人参加会议,商讨全省性病防治工作。1989年12月25日,省卫生厅批准,同意省人民医院、省性病防治协会联合开设浙江省性病防治门诊,设在省人民医院内。1990年3月14日,省卫生厅、司法厅、公安厅、财政厅下达关于《认真做好卖淫妇女、嫖客性病检查治疗的通知》。1991年,省政府令第7号发布《浙江省性病防治管理办法》,强调性病防治是全社会的工作,应当贯彻预防为主,防治结合,综合治理的方针。1992年,宁波市在市政府及卫生局的支持下成立了性病检测中心,各县(区)建立了多个性防监测点,如象山防疫站、鄞县皮防站、慈溪皮防站、市妇教所等,全市的性防队伍不断壮大,性防网络系统不断完善。1994年,在杭州市、奉化市、瑞安市、海宁市、义乌市、江山市、临海市设立7个省级性病监测点。1994年9月21日,省卫生厅批准同意将浙江省性病防治协会更名为"浙江省性学和性病防治协会",撤销"浙江省性病防治协会"。同年11月17日,省卫生厅批准将浙江省性学和性病防治协会更名为"浙江省性病艾滋病防治协会",撤销浙江省性学和性病防治协会,实行"一套班子、两块牌子",服务内涵不变。1995年,浙江省皮肤病防治研究所增挂"浙江省性病防治中心"牌子,2006年更名为浙江省性病预防控制中心。

2000年,省卫生厅下发《关于加强艾滋病、性病防治培训工作的通知》,要求各级卫生行政部门采取有效措施,加强对培训工作的组织领导,并对培训的要求、形式和方法作了调整。组织省内性病防治骨干一行9人赴美国考察性病防控工作。同年,省卫生厅组织相关防治人员一行12人赴澳大利亚考察性病艾滋病预防控制工作。省皮肤病防治研究所制定《规范化性病诊疗考核管理方案》,要求各地结合实际情况,开展规范化性病门诊考核管理工作。从2000年开始,各级卫生防疫站相继更名为疾病预防控制中心,全省尚有5家皮肤病防治专业机构承担性病防控工作职能。2001年,省防治艾滋病、性病协调会议办公室印发《浙江省预防控制艾滋病、性病有关部门(团体)工作职责(试行)》,确定了各有关部门(团体)工作职责。全省性病上报病数首次出现负增长,但生殖器疱疹、非淋菌性尿道炎和梅毒仍呈增长趋势,尤其是非淋菌性尿道炎在2002年首次超过淋病跃居第一。2002年,省卫生厅对性病监测点进行了调整,在11个市各设立1个省级性病监测点,分别为杭州、奉化、平阳、上虞、湖州、桐乡、东阳、开化、普陀、云和和椒江,使监测点的分布更趋合理化,对指导全省性病防治工作起到了十分重要的作用。2003年,省政府第15次常务会议审议通过《浙江省艾滋病性病防治办法》,并于2004年3月1日起施行,1991年6月3日颁布的《浙江省性病防治管理办法》同时废止。2月10日,省卫生厅下发《关于进一步规范和加强性传播疾病医疗服务管理工作的通知》,规定对已开办的性传播疾病医疗机构和开设性传播疾病诊疗科室的医疗机构进行审核并重新核发医疗机构执业许可证。制定《浙江省艾滋病性病监测方案》,进一步规范性病防治工作,提高工作质量。

2005年,省卫生厅制定《浙江省性病监测点监测工作考核方案》,进一步促进全省性病监测点的规范化、制度化建设,加强对性病的监测工作。省皮肤病防治研究所根据《浙江省性病监测点监测工作考核方案》,每年年底组织有关专业人员对全省性病监测点和部分重点市、县(市、区)性病防治工作进行考核,通过监测,隐性梅毒首次超过一期和二期梅毒,胎传梅毒从1996年报告以来,上报病数年均增幅高达29.25%,到2010年梅毒报告病例数达最高50311

例，占性病报告病例总数的近50%，报告发病率97.13/10万。同年，浙江省开展国家性病控制中心组织的淋球菌耐药监测。2006年，浙江省开始独立完成淋球菌的耐药检测工作，2010年，扩大耐药株检测范围，分别在桐乡和慈溪增设两家省级菌株收集实验室，并积极参与由全国性病参比实验室组织的室间质量评价活动，不断完善工作机制，为了解浙江省淋球菌对抗菌药物的敏感性及耐药谱的变化提供了科学的依据和指导全省临床用药积累了经验。

2007年，省卫生厅下发《关于进一步加强性病监测工作的通知》，制定《浙江省性病监测方案》，规范浙江省性病监测工作。在杭州市余杭区开展基本控制梅毒试点项目，重点针对高危人群的干预和监测。同年，还争取到国家级的基本控制梅毒试点与推广项目。省皮肤病防治研究所制定《浙江省性病病例报告实施方案》，规范全省性病疫情报告工作。2008年1月1日起，全省实行新的性病病例报告试行方案，性病监测报告病种由原来的8种调整为淋病、梅毒、生殖道沙眼衣原体感染、尖锐湿疣、生殖器疱疹，报告方式由原来的每月各县市上报性病疫情月报表改为网络直报。2008以来，省卫生厅每年对上城区、奉化市、平阳县和东阳市四个国家级性病监测点和部分非性病监测点县(市、区)辖区内的医疗机构上报的梅毒和淋病报告病例的信息进行现场复核，提高性病诊断符合率，促进病例报告的规范化。2009年，省卫生厅对部分县(市、区)医疗机构梅毒病例的报告情况进行调查，抽取杭州和温州两个地区的11家医疗机构，其中包括4家省级医疗机构、4家市级医疗机构和3家县(区)级医疗机构，在原有余杭区梅毒控制试点项目的基础上，新增了桐乡市为梅毒控制工作试点，重点以梅毒病例定点免费治疗为主，再配合宣传培训、高危干预、性伴追踪和检测等工作。

2010年，省皮肤病防治研究所印发《浙江省性病疫情监测工作要求》，加强和规范全省性病疫情的监测，明确工作任务与要求。全省11个市上报性病防治专业人员共805人，其中专职287人、兼职518人；高级职称184人，中级职称369人，初级职称252人。各地在暗娼人群中开展高危行为干预工作，发放宣传资料119949份，发放安全套268292只，进行面对面干预86527人次。

三、艾滋病

(一)艾滋病流行情况

艾滋病是一种危害性极大的慢性传染病，由感染艾滋病病毒(以下称HIV病毒)引起，被称为“20世纪的瘟疫”。艾滋病主要通过血液、不正当的性行为和母婴传播三种途径传播。在中国大陆地区，第一次发现艾滋病是在1985年6月，从一名阿根廷游客身上发现，最后这名患者在北京协和医院因并发症死亡。20世纪90年代末，全国所有省份都有艾滋病案例报告，同时艾滋病感染人群也从高危人群开始扩散到一般人群。

1985年10月，浙江省在对使用过美国进口第八因子浓缩制剂的血友病病人检测中发现4例艾滋病病毒感染者。[①] 1988—1996年间，浙江省陆续发现从外国人、华侨和归国人员、献

---

① 《浙江省疾病预防控制60周年》，浙江省疾病预防控制中心2013年编印，第57页。

血员中发现感染者。1988 年,浙江省报告首例异性性行为感染病例。1995 年发现首例既往采血(浆)艾滋病病毒感染者。1997 年发现首例注射毒品感染者。2002 年发现首例母婴传播感染者。2004 年,浙江省报告首例男男同性恋性行为者(MSM)感染病例。截至 2010 年 12 月 31 日,累计报告艾滋病病毒感染者和病人(HIV/AIDS)6931 例,其中感染者 2244 例,病人 4687 例,死亡 74 例。舟山市于 1997 年 10 月 17 日首次报告 1 例艾滋病病毒感染者,系中国水产总公司委托普陀区水产局派出境外从事捕鱼劳务人员。

(二)艾滋病防治措施

1987 年,浙江省被列为全国 8 个重点省市之一,实施对外国人、归国华侨、性病患者、劳务输出人员、涉外宾馆服务人员等重点人群开展艾滋病防治监测,对重点人群共检测了 8141 份血清标本,发现回国探亲华侨 3 人为艾滋病毒抗体阳性,对西班牙产的进口丙种球蛋白检测 5 份,全部呈阳性。之后,每年监测重点人群数为 5000～20000 人。1987 年,浙江省卫生防疫站设立艾滋病检测中心,1995 年 2 月卫生部正式批准为 HIV 确认实验室,承担全省初筛阳性标本的确认工作,为各级 HIV 筛查实验室提供技术指导,对 HIV 筛查实验室的进行审批、检查,定期进行考核,开展对省内艾滋病抗体检测初筛试剂的临床评估工作。全省经卫生行政部门审批的艾滋病筛查实验室有 118 家,其中,疾控系统 51 家,血液系统 23 家,医院 29 家,皮肤病性病防治院 6 家,其他系统 9 家。1987 年 2 月 25 日,浙江医科大学对一例艾滋病抗体阳性血友病人的尸体进行了国内首例艾滋病尸体病理解剖和病理学的研究。7 月 20 日,省卫生厅颁发《关于浙江省艾滋病疫情报道等有关问题的规定》,对浙江省艾滋病疫情的采访、血制品的管理、来华定居、出国留学人员检查及艾滋病预防等工作作了预防管理方面的具体规定。11 月,浙江省预防艾滋病领导小组成立。11 月 5—7 日,省卫生厅邀请省内外 18 位病毒病理解剖、微生物、流行病等方面的专家、教授,在杭州浙医大召开"浙江省首例艾滋病抗体阳性血友病人死亡病例诊断评议会",进行了专题性艾滋病病理学研讨。12 月 4—6 日,世界卫生组织西太区艾滋病顾问日本鸟取大学医学部病毒系木村教授来浙江访问,进行学术交流及实验示范,并帮助建立 AIDS 快速实验室。1988 年,建立由省卫生厅、省教委、省外办、省公安厅、有关高等院校、卫生检疫、性病防治等单位组成的艾滋病防治联席会议制度。

1990 年,浙江省制订《浙江省预防和控制艾滋病中期规划》,于 1991—1993 年实施。1991 年起,全省扩大艾滋病监测范围,监测数量也逐年增加,监测对象重点为性病门诊就诊者、吸毒人群、暗娼、嫖客、娱乐场所女服务员等。1995 年,省卫生防疫站被卫生部防疫司批准为全省首家艾滋病确证实验室,率先组织开展了艾滋病检测技术培训班,15 年来举办 21 期省级培训班,共培训 2100 余人,平均一个实验室有近 4 名工作人员接受培训。1995 年开始,浙江省设立艾滋病监测哨点,浙江省皮肤病防治研究所为全国首批监测哨点,开展性病门诊就诊者艾滋病血清学监测。2004 年,设立 4 个行为监测哨点,对暗娼、吸毒人群、渔民、商贸人群开展艾滋病高危行为监测。2008 年,浙江省国家级和省级哨点扩大至 44 个,2010 年扩大至 85 个。监测人群包括吸毒者、男男性行为者(MSM)、暗娼、性病门诊男性就诊者、长卡司机、流动人口和孕产妇、青年学生等 8 类人群。1996 年,浙江省在平湖、天台、文成县

(市)的献血员中开展 HIV 血清流行病学调查。1999 年,对浙江省吸毒人群行为学特征及 HIV 感染现况进行专题调查。2003 年,参与全国艾滋病流行病学调查,首次对浙江省性病门诊就诊者、暗娼和劳务输出渔民进行 HIV 感染率和危险行为因素调查。2005 年,对全省监狱和劳教场所的被羁押和收教人员、既往有偿供血者进行筛查检测。

1997 年 6 月,浙江省首次从吸毒人群中发现 HIV 感染者,随后静脉注射毒品成为主要传播途径,HIV/AIDS 中 20～39 岁年龄组占 73.84%,以外省流动人口为主,主要来自新疆、广西和河南的流动人口,本省户籍散在分布在全省的 46 个县(市、区),存在个别集中区域。1998 年,浙江省防治艾滋病性病协调会议发展到 34 个成员单位,由副省长担任主席,在省卫生厅设立办公室,承担召集任务。1999 年,省政府印发《浙江省艾滋病预防与控制中长期规划》。1999 年起,省疾控中心每年组织开展对省级招标采购试剂和省内常用的 HIV 抗体检测试剂的临床评估工作,每年抽取 6～8 种不同厂家不同批号的试剂,按照《全国艾滋病检测技术规范》的要求进行评估,为全省各级实验室采购试剂提供保障和参考。之后,省疾控中心每年开展一次全省艾滋病实验室室间质评工作,1999—2001 年,有个别实验室发生漏检的情况,2002 年以后均获得较好的成绩。在全省实验室网络不断壮大的同时,检测质量也不断提高。2002 年后,全省艾滋病实验室室间质评参加率和合格率连续多年达到 100%。1999—2000 年,浙江省在杭州市西湖区、海宁市硖石镇和许村镇设立艾滋病/性病防治示范社区健康教育干预研究试点,在全省 11 个地市均建立了艾滋病性病防治社区。2001 年,在绍兴市越城区对娱乐场所女性服务员开展艾滋病干预研究。

20 世纪 90 年代以后,浙江省陆续制定《浙江省艾滋病性病防治办法》《浙江省预防和控制艾滋病中长期规划(1998—2010 年)》《〈中国遏制与防治艾滋病行动计划〉浙江省实施意见》等一系列政策文件,明确了浙江省艾滋病防治工作的目标和原则,同时对艾滋病病毒感染者和患者的救治关怀提出了更加具体的要求。2001 年 7 月 3 日,浙江省政府同意,省防治艾滋病性病协调会议办公室印发《浙江省预防艾滋病、性病有关部门(团体)工作职责》,在全省试行,并于 10 月 9 日调整了浙江省防治艾滋病性病协调会议成员和联络员。2001 年 8 月 7 日,省卫生厅决定,确定浙江大学医学院附属第一医院等 12 家医院为浙江省艾滋病临床指导医院,确定余姚市人民医院等 26 家医院为浙江省艾滋病临床诊治医院。2002 年,省疾控中心成立艾滋病与性病防治所。2003 年,浙江省与美国芝加哥霍华德·布朗卫生中心签订《艾滋病防治国际合作项目协议》,双方专家合作,组织开展对高危人群的艾滋病预防行为干预工作。浙江省与日本京都大学合作,对宁波两所大学共 22493 名学生开展大学生性病/艾滋病关联知识、危险意识、性行为及态度的研究,研究结果在国内首次阐述大学生性行为、性意识可能正经历着急剧变化,有性行为大学生正处于性病/艾滋病感染危险之中。2004 年,浙江省开始对艾滋病病人实行免费治疗。截至 2010 年 12 月底,免费抗病毒治疗人数共计 1725 人,累计退出治疗转诊和死亡的病人有 204 例,仍在接受治疗的病人有 1521 例(其中有 13 例为儿童)。2003 年开始,浙江省实施艾滋病阳性告知制度。2007 年,省卫生厅出台浙江省艾滋病阳性告知规范,提供规范的阳性告知、随访咨询、CD4 检测及支持转介服务。

2004 年,省疾控中心在杭州市开展了 MSM 人群干预活动试点工作,调查掌握同性恋人群活动场所和规模，开展咨询服务和检测工作。2006 年，除杭州外，宁波、温州、嘉兴、绍兴、台州、衢州等地疾控中心开展了针对 MSM 的干预试点工作。2007 年，省疾控中心先后在绍兴、嘉兴、衢州等地开展中小城市 MSM 干预试点，初步探索中小城市主要通过志愿者及利用网络和 QQ 群开展干预的工作方式。2008—2009 年，浙江省在杭州、宁波、温州三个市开展了三轮 MSM 疫情调查和干预试点，对艾滋病患者开始实施“四免一关怀”政策。其间，省卫生厅、省财政厅联合转发《卫生部、财政部关于艾滋病抗病毒治疗和办法的通知》和《卫生部办公厅关于艾滋病自愿咨询检测工作实施方案等文件的通知》，省疾控中心制定《浙江省免费艾滋病抗病毒治疗药品管理规程》《浙江省艾滋病自愿咨询检测技术方案（试行）》，指导各地开展规范的免费艾滋病抗病毒治疗工作。

2005 年，浙江省在温州鹿城区、舟山普陀区建立 2 个国家级艾滋病综合防治示范区，在此基础上，在杭州市下城区、萧山、镇海、秀洲、吴兴、上虞、东阳、龙游、黄岩、青田建立 10 个省级综合防治示范区。2009 年，启动第二轮示范区工作，其中下城区为国家级示范区，镇海、鹿城、秀洲、上虞、龙游、普陀、黄岩为省部共建示范区，萧山、富阳、鄞州、南湖、德清、安吉、绍兴县、义乌、东阳、永康、柯城、温岭、青田、松阳 14 个县区为省级示范区，通过示范区创建，各示范区纷纷建立了艾滋病防治领导协调机构，推进政府主导的多部门合作，加强队伍建设，探索以县区为单位的艾滋病防治策略和措施，引领全省防治工作的开展。在卫生部、公安部、国家药监局的支持指导下，全国海洛因成瘾者社区药物维持治疗试点工作在浙江省启动，试点的温州、舟山开展美沙酮维持治疗工作，每天约 300 人接受治疗。

2005 年，浙江省制定下发《浙江省高危行为干预工作实施计划》，在丽水市开展暗娼人群干预试点，通过发放宣传资料，普及健康教育知识，免费发放安全套等多种方式开展干预，并将暗娼干预工作扩展至全省 11 个市及拱墅、富阳、慈溪、乐清、海宁、安吉、义乌、永康、江山、云和、温岭、玉环、定海、绍兴县等 14 个县（市、区）共 25 个项目点。同年 9 月，浙江省党政领导干部艾滋病防治策略培训工程（简称 1233 工程）全面启动。2006 年，省政府制定出台《浙江省遏制与防治艾滋病行动计划（2006—2010 年）》。浙江省防治艾滋病性病协调会议办公室等 12 个部委、厅局联合下发《关于联合实施浙江省农民工预防艾滋病宣传教育工程的通知》和《浙江省农民工预防艾滋病宣传教育工程实施方案》，明确各部门职责，启动农民工预防艾滋病宣传教育工程，组织大型广场宣传和农民工预防艾滋病签字仪式。同年，省人大通过《浙江省艾滋病防治条例》，自 2007 年 3 月 1 日起施行。

2007 年之前，全省报告艾滋病传播途径主要为注射吸毒，2007 年之后，异性性传播成为报告主要传播途径，约占 60%，之后几年的新报告 HIV/AIDS 中，异性性行为传播占 60.8%，男男性行为传播占 35.3%，注射毒品占 2.9%。2007 年开始，浙江省每年组织开展针对外来婚嫁女、外来务工人员、外出务工返乡人员、娱乐场所从业人员、监管场所被监管人员等重点人群的 HIV 抗体筛查，年检测量达 50 万人，并逐步将男男性行为者、低层次暗娼、性病就诊者等高危人群纳入重点人群检测范畴，提高检测人群的针对性。2007 年 3 月 1 日，《浙江省艾滋病防治条例》正式实施。《条例》共七章六十条，明确了各级政府和相关部门在艾滋病防治工作中的法律责任，进一步明确了社会公众为营造有利于艾滋病防治的社会氛围应承担的义务和责任。2008 年 7 月，中美防治艾滋病项目在浙江省杭州市启动，该项目是以促进艾滋病病毒感染者和病人的发现和管理，加强非政府组织参与防治工作的国际合作项目。2009 年，省卫生厅下发《浙江省艾滋病确诊实验室管理办法（试行）》，进一步规范了全省艾滋病检测实验室四级管理模式的管理要求，省疾控中心下发《浙江省艾滋病阳性标本管理要求（试行）》，规范了全省阳性标本相关管理程序和要求，同时省疾控中心被批准为全省唯一的艾滋病确证中心实验室。

2010 年，全省经批准开展艾滋病检测工作的有 684 家单位，其中疾控系统 96 家、医疗系统 474 家、妇幼系统 66 家、公安司法部门 20 家、采供血系统 13 家、出入境部门 5 家、其他 10 家。

第七节　精神病

精神病指严重的精神障碍，患者的认识、情感、意志、动作行为等心理活动均可出现持久的明显的异常，不能正常的学习、工作、生活，动作行为难以被一般人理解，在病态心理的支配下，有自杀或攻击、伤害他人的动作行为。

浙江省精神卫生工作经历了从无到有，并围绕“预防为主、防治结合、重点干预、广泛覆盖、依法管理”的工作方针，由单一的专科医院诊疗到综合性精神病院，由医院诊疗到社区精神卫生防治康复全面发展，并在部分开展社区精防工作的市（县、区）为精神病人提供免费服药、门诊或住院救助，同时也为精神疾病患者初步建立了社会保障体系，设立较低的起报点，提高门诊与住院的报销比例等一些举措，其防治工作取得了显著成效。

一、精神病防治

1959—1988 年，湖州精神病医院先后派出医务人员 377 人次，103 个医疗小分队，赴桐乡、慈溪、天台、金华、永康、义乌、绍兴、宁波、舟山、温州、丽水、杭州、嘉兴、湖州 14 个地（市）县，开展巡回医疗，普及精神病防治知识，协助桐乡乌镇、金华、绍兴、天台、宁波、温州西山、瑞安、慈溪、永康、义乌、长广公司等建立精神病防治机构。1960—1984 年，湖州精神病医院先后派出调查组 167 次，赴绍兴、金华、温州、舟山、丽水等地区及慈溪、天台、桐乡等县，对城镇和农村的工矿、学校、机关、渔业、林业等部门的共 281.9 万人作了精神病患病情况的调查，为全省开展精神病防治提供了依据。1989 年 5 月，湖州市精神病医院承办了全国情感性精神病家系调查协作组工作会议，上海、辽宁、哈尔滨、湖北等地共 40 余名代表在会上交流了情感性精神病家系研究的学术经验，研究了家系调查协作课题的有关工作。1990—2005 年，湖州市精神病医院接待来自省内温州康宁医院、乐清中医院、嘉兴康慈医院、永康精神病院、东阳南上湖精神病院、建德精神病院、萧山精神病院、海宁精神病院、仙居精神病院、江山精神病院、长广精神病院等医护人员的临床进修，还有来自苏州大学、齐齐哈尔医学院、湖州师院医学院与嘉兴医学院毕业生，衢州卫校、桐乡卫校、海宁卫校、长兴卫校等学生实习，到湖州市精神病医院实习生累计 115 人。

1975—1977 年,湖州精神病医院协助筹建浙江省精神病防治研究所,协助安吉、德清、嘉兴、长兴等县开设精神科门诊。浙江省精神病防治研究所的前身是浙江省公安厅劳改局职工医院,隶属于 20 世纪 60 年代成立的钱江公司劳改局(1960 年至 1970 年 5 月),1970 年 5 月更名为浙江生产建设兵团工业一团卫生队(1970 年 5 月至 1975 年 12 月 14 日),隶属于浙江生产建设兵团。1975 年 12 月,浙江省精神病防治研究所和浙江省精神病防治院成立,隶属于省卫生厅,时有职工 227 人,设精神科病床 250 张,普通病床 50 张。

1988 年 4 月 2 日,省卫生厅将浙江省精神病防治研究所更名为浙江省精神病院,内设精神卫生研究所,时有职工 318 人。1991 年 2 月 2 日,省卫生厅同意省精神病院同时挂"浙江省精神卫生研究所"牌子,成立浙江省药物依赖治疗康复中心。1993 年 12 月 22 日,省卫生厅同意将浙江省精神病院、浙江省精神卫生研究所、浙江省药物依赖治疗康复中心更名为浙江省第二人民医院、浙江省精神病医院、浙江省精神卫生研究所、浙江省药物依赖中心(省自愿戒毒中心)。1995 年,全省精神病专科医院实际开放床位 5760 张(其中精神科为 5009 张),较 1990 年增加 13.1%,综合医院精神科设床位 240 张,全省平均每 10 万人口占精神科床位 13.6 张,达到全国平均水平。

2000—2005 年,省卫生厅下拨专项经费约 2000 万元,其中一部分用于购买仪器设备,加之省卫生厅直接下拨的和各医院自筹资金购买的仪器设备,使许多精神病医院有了经颅多普勒、脑电地形图、进口 B 超、高效液相色谱仪、全自动生化分析仪等先进或较先进的设备,使浙江省精神病院的医学影像诊断和实验室检查水平有了明显的提高。"森田疗法""穴位刺激制御法"、电子治疗、氯氦激光血管内照射治疗等新的疗法已被多家医院使用。全省所有的精神病医院都增设了与精神卫生相关的服务项目,开设老年病房、儿童病房、神经内科、心身疾病专科、失眠专科、戒毒病房、戒酒病房、心理咨询门诊、心理治疗门诊、疼痛门诊、神经症门诊、皮纹诊断门诊、性功能障碍门诊、综合治疗门诊等。一些设备条件较好的医院还开设了综合科,有的还设置了一定数量的综合科病床,将传统的单一服务模式改变为"大专科小综合"的办院模式,收到了较好的效果。据 2000—2005 年统计,全省精神科门诊病人为 2620222 人次,平均每年较 1990 年增加 53.4%;共收治住院病人 91810 人次,平均每年较 1990 年增加 15.8%。

2001 年 3 月,浙江省精神鉴定委员会挂靠在浙江省第二中医院(浙江省精神卫生研究所),由该院冯斌担任浙江省精神病鉴定委员会主任和召集人。6 月 26 日,湖州精神病医院参与完成了上海精神卫生中心的临床科研课题《国家 863 多基因研究计划——精神分裂症和情感性障碍患者及家属的基因检测》。2002 年 4 月,湖州精神病医院参加了国家"十五"科技攻关计划《帕金森病早期诊断指标的研究》。9 月 3 日,湖州精神病医院,由沈鑫华副主任医师负责的科研项目《广泛焦虑障碍心理社会因素、神经内分泌免疫学相关研究》完成并获奖。2008 年,杭州市出台第一部有关精神卫生的地方性法规《杭州市精神卫生条例》,于 3 月 1 日起正式施行。这部地方性法规对精神疾病的防治、精神病人的权利保护和一般人群的心理健康促进等做出了明确规定。这是全国继上海和宁波之后第三个出台精神卫生条例的城市,并首次对政府部门开展心理卫生工作提出了系统性的要求。

2009年，浙江省有63个县(市、区)开展了社区精神病防治工作，共检出重性精神病人11.26万人，监护精神病人11万人，监护率为97.7%，治疗率为67.3%。当地政府为精神疾病患者提供免费服药，对重性精神病人中的贫困人群提供免费住院和“三无”精神病患者免费治疗服务。湖州第三医院作为湖州市精神卫生服务的技术指导中心，承担全市精神病防治、突发事件和特殊人群心理危机干预、社区卫生服务等大量具体工作。医院防治科和社区精神卫生服务专家指导组工作人员，常年深入县区，开展精防人员和患者家属精防知识培训、低保精神病人社区免费治疗、肇事肇祸精神病人筛查与管理等相关工作，指导并建立重性精神病人专项档案。每季为2500多名低保精神病人进行免费诊疗、送药。每年应急诊疗绿色通道精神病人100余人次，收住入院近70人次，常年为监狱、学校、驻地部队等提供心理卫生讲座和培训，广泛宣传精神卫生知识。

二、精神卫生

随着社会生活节奏和城市化、老龄化进程的加快，以及疾病谱和死因谱的改变，精神卫生问题日益突出，已经成为一个重要的公共卫生问题和较为突出的社会问题。据2000年统计，心理问题和心理障碍在浙江省人群中的发生率约达10%，精神分裂症患者约达30万人，抑郁症患者达120万人，老年痴呆患者达20万人。此外，妇女、老年人、受灾群体等特殊人群的各类精神和行为问题，也都不容忽视。

(一)精神卫生省级工作机构

1988年4月14日，省卫生厅批准，同意成立浙江省精神卫生工作办公室。该办公室设在省精神病医院内，省编办批准编制10人，1988—2000年挂靠原浙江省精神卫生研究所，属省卫生厅医政处管理；2000年后挂靠浙江省立同德医院，划归厅疾病控制处管理，负责执行国家及浙江省有关精神卫生工作的方针、法规、政策，负责起草全省精神卫生工作规划和工作计划，检查督促工作规划和计划的具体落实情况，组织协调全省精神疾病的防治、科研工作，了解和掌握全省精神卫生工作的开展情况，及时反馈给决策部门，当好领导的参谋和助手，负责对全省各级精神卫生专业机构和社区精神卫生工作的行政业务指导，具体组织全省精神卫生宣传、普及精神卫生知识及专业人员的技术培训工作，并在社区逐步开展社区精神卫生工作。1990年10月，浙江省心理卫生协会成立，有注册会员1292名，团体会员13家，协会针对大众心理卫生读本相对匮乏，组织专家着手编制科普读本，调研在校师生及企事业单位职工的心理卫生需求，了解他们的心理状况，反复论证，反复查阅资料，相继编制出版了《职工心理卫生》《学生心理卫生》《心理卫生学》等著作，《考试焦虑的识别与心理应对策略》《社交焦虑障碍的识别及心理应对技巧》《心理与健康》等读本，以及大量的单页及折页的宣传资料，在全国引起了强烈反响，也为公众获得心理卫生知识提供了极大的方便。2003年底，浙江省成立台州市、温州市两个地市级精神卫生工作领导小组，成立绍兴县、诸暨市、嵊州市、新昌县、上虞县、义乌市、东阳市、岱山县、衢江区、龙泉市、路桥区、嘉善县、瑞安市13个县市级精神卫生工作领导小组。

2006年5月1日，经省卫生厅批准，浙江省精神卫生中心在省立同德医院挂牌成立。中心依托省立同德医院，在浙江省精神卫生研究院的基础上，增挂“浙江省精神卫生中心”牌子。2007年，浙江省组织筹建浙江省精神卫生培训中心，拟定省精神卫生培训中心挂靠浙江省精卫办，另设临床精神医学培训中心、综合医院精神医学培训中心、社区精神医学培训中心和心理咨询培训中心4个培训中心，分别挂靠于省立同德医院、浙一医院、杭州市七院与浙江省精卫办。浙江省心理卫生协会集中省内专家，专门研讨制定《心理素质与心理健康工程的实施方案》和《浙江省心理素质与心理健康工程实施细则》，并下发到各市、县人民政府，省全民科学素质工作领导小组办公室及其成员单位，确定了工作目标和具体措施，并确定公务员、大学生、老年人、青少年、外来务工人员为重点人群。

2010年，省教育厅和省卫生厅联合下文成立浙江省高校心理危机干预研究中心，以更好地提升浙江省高校心理健康服务工作水平，确保浙江省高校教职员工与在校学生心理健康工作的有效性和科学性。同年，浙江省参与中央综治委“国民心理健康问题专题调研”和国家卫生部“重性精神疾病管理治疗成本分析与财政保障机制”等在浙江省的课题调研，参与省政府组织的“大学生心理卫生问题”课题调研。

（二）精神卫生流行病学调查

1981—2001年，浙江省精神病防治研究所、浙江省精神卫生工作办公室进行了4次精神卫生流行病学调查。第一次为1981年8—9月底，对舟山海岛渔民进行的流行病学调查，参加人员为孙晓山、寿梅隆、陈建华、王翠莲、陈红、毛菊丽、顾卫等，湖州精神病院和当地医生、护士参加调查。第二次为1982年9—10月，对余姚和慈溪棉区进行流行病学调查，参加人员为寿梅隆、陈建华、石其昌、王翠莲、王素珍、顾卫等，当地医生、护士参加调查。第三次为1983年3—4月，对衢州化工厂进行了精神病流行病学调查，参加人员为寿梅隆、陈建华、王翠莲、陈红、吴伟、顾卫，金华市精神病院张弓医生和当地的医生、护士参加调查。第四次为2001年进行的WHO精神卫生流行病学调查。调查内容包括精神疾病的流行病学、青少年心理卫生、精神卫生服务的便利性、自杀等18项，省精卫办及全省各专科医院抽调80余名医生护士参加调查，通过分层随机抽样（全省选14个点15000人）调查，采用一般健康问卷（GHQ-12）和确诊工具（SCID-Ⅱ）。调查表明：浙江省各类精神障碍病人约60万人，其中约20%需要住院治疗，而浙江省年度平均收治病人仅2万余人次，现症病人中只有近1/30得到了住院治疗，如果考虑精神病反复发作、反复住院的特点，实际住院的比例可能不到1/30，除各类精神病外，浙江省尚有约32万名智残病人和约100万名各类神经症病人。老年痴呆、青少年犯罪、吸毒、卖淫、赌博已日渐成为突出的医学、公共卫生和社会问题，其所致的心理卫生问题，以及社会剧烈变革带来的一系列心理卫生问题，远非目前的精神卫生服务机构所能及。2001年，浙江省15岁以上人群精神疾病总患病率为17.29%，以此推算，浙江省15岁以上人群中约772万患者有不同程度的精神障碍，其中各类抑郁障碍为0.51%、双向情感障碍为0.47%。2006年3月，浙江省精神卫生领导小组、省卫生厅在杭州召开了浙江省精神疾病流行病学调查结果情况通报会，世界卫生组织西太区官员汪向东，卫生部疾病控制局严俊，中国精神卫生中心刘津，中南大学公共卫生学院肖水源，北京回龙观医院费立鹏，浙江省民政、教育、公安、残联等有关领导和专家出席情况通报会，省卫生厅副厅长杨敬代表省精神卫生工作领导小组，公布了浙江省精神疾病的流行病学结果以及精神卫生服务与需求情况，研究结果得到世界卫生组织与卫生部疾病控制局有关领导的高度肯定以及媒体的广泛关注，《健康报》、《浙江日报》、《杭州日报》、《每日商报》、浙江电视台、杭州电视台等14家媒体给予了长篇报道。

2010年，根据世界卫生组织和卫生部精神卫生项目要求，浙江省完成规定调查任务，掌握全省精神卫生总体情况和精神疾病流行病学发生情况，完成项目调查主报告和分报告编写任务，开展了全省各系统精神病专科医院综合性调查与评估工作，在15个市、县启用了《浙江省社区精神病防治计算机管理》软件，使精神病防治工作走上信息化管理的轨道。全省精神卫生服务调查显示，至2010年底，浙江省共有精神卫生专业机构40家，其中，隶属卫生部门32家，公安部门3家，民政部门2家，民营(企业)3家，核定床位8228张，实际开放床位10647张，卫生专业人员4789人，其中医生1520人、护士2596人、药剂人员329人、医技人员377人，专业人员中：正高级职称103人(1.6%)、副高级376人(5.9%)、中级1465人(30.9%)、初级2780人(61.7%)，年门诊量27.75万人次，住院5.85万人次，平均住院天数88.16天。

(三)精神卫生其他工作

开展精神病社区康复和预防工作。2001年，全国精神病社区康复工作开展以来，浙江省有3个试点，即杭州市、余杭市、海宁市被纳入全国确定的64个试点县、市和7个省级试点。“八五”结束后，浙江省的3个全国试点县、市均被评为全国试点先进县、市。“九五”期间，随着全国精神病社区康复工作覆盖面的进一步扩大，浙江省精神病社区康复工作也在“八五”基础上扩大试点县、市达23个，其中9个为全国试点县、市，覆盖人群达1500万人，管治精神病人10余万人，监护率为97.17%，显好率为72.18%，社会参与率为74.86%，肇事肇祸率为0.02%，年度平均精神卫生经费投入在100万元以上，其中80%～90%的经费用于救济贫困精神病患者，年度平均救济达3000人次以上。“九五”中期，全国对此项工作作了评估，浙江省杭州市、海宁市参与评估达标，成绩名列全国前茅。2003年，浙江省精神卫生工作办公室举办了社区精神卫生学习班，全省新增试点中98名学员参加培训，自编《浙江省社区精神病防治康复工作培训讲义》，学习班聘请国家“九五”试点专家作会议讲座，收到良好的培训效果。同年，临安县、桐庐县、建德市、淳安县、萧山区等县(市、区)已全部启动社区精神卫生防治康复工作，宁波市、台州市等部分县(市、区)开展试点工作，另一部分县(市、区)在2004年根据当地计划展开工作。2005年，省卫生厅、省民政厅、省公安厅和省残疾人联合会制定下发《浙江省社区精神卫生工作实施方案》。该方案按照《浙江省精神卫生工作“八五”规划》要求，对开展社区精神卫生工作的基本策略、原则、机构建设、人员培训、摸底调查、资料建档、落实管理、防治康复措施、经费等问题提出具体要求，同时明确社区精神病防治网络工作职责和精神病人社区管理对象及分级管理标准和要求，并针对《方案》内容出台《浙江省社区精神卫生工作评估标准和方法》，为顺利开展此项工作提供工作标准。12月，浙江省精神卫生工作办公室组织全省精神卫生工作人员培训。培训期间，邀请美国南加利福尼亚大学社会心理学

John Bola 教授为学员进行“非住院化心理社会干预”的讲座，来自全省各精神卫生工作办公室和疾病预防控制中心的 50 余位学员参加培训。2005 年底，浙江省为纳入精神卫生服务对象的 23238 名病人建立了管理档案，对其中的 69.4%的病人实行分级管理，有 80.9%的乡镇使用全省统一制定的表卡，建立随访制度，通过随访及时发现病人的病情变化，及时转诊治疗和保证抗精神病药品得到及时供应，通过随访实施因人而异的康复计划，鼓励病人参加力所能及之事和由精防医生检查治疗康复情况以及对治疗康复计划提出修改意见等。2006 年 11 月，国家卫生部在北京召开国家“686”项目总结评估会上，浙江省的农村示范区台州市路桥区，城市示范区杭州拱墅区代表城市和农村组分别参加了全国会议交流。2007—2009 年，全省共投入 2000 余万元用于社区精神卫生防预工作，精神病人肇事肇祸率从开展社区精神卫生工作前的 5%下降到 0.2%。

开展精神卫生工作研讨。2001 年 3 月 12 日，浙江省精神卫生工作领导小组委托省精神卫生工作办公室在杭州召开浙江省精神卫生工作研讨会，研究和讨论《浙江省精神卫生工作“十五”规划（征求意见稿）》，同时介绍世界卫生组织/卫生部精神卫生项目在浙江省实施的准备情况和将要开展的工作，会上代表们就《浙江省精神卫生工作“十五”规划（征求意见稿）》和世界卫生组织/卫生部精神卫生项目的具体调查内容展开热烈的讨论并提出许多中肯的意见。2001 年 4 月 7 日是 21 世纪第一个世界卫生日，受浙江省精神卫生领导小组委托，浙江省专门邀请世界卫生组织精神卫生顾问、北京回龙观医院流行病学研究室主任、美国哈佛大学社会医学系费立鹏教授参加浙江省 2001 年世界卫生日纪念活动，并为代表们讲授《中国精神卫生——21 世纪的挑战和选择》。5 月，中国著名精神卫生专家、中国工程院院士、北京大学医学院精神卫生研究所教授沈渔邨来浙江省做专题讲座，来自浙江大学医学院附属第一医院、杭州市第七人民医院、杭州市安康医院、萧山红十字会医院及浙江省第二中医院的共 100 名代表参加专题讲座。2003 年，浙江省精神卫生工作办公室先后三次邀请省卫生厅、省残联领导分别至富阳、海宁进行社区精神病专案计算机管理试点的现场办公，对计算机使用的方法和可行性进行了研讨，结合省疾控中心对社区精神病人报病管理的内容、方法、时间进行指导，组织完成计算机管理软件研制工作。7 月，浙江省精神卫生工作办公室在海宁组织召开全省精神卫生工作会议，全省卫生局分管局长、残疾人联合会分管理事长及精神卫生工作人员共 217 人到会，中国残疾人联合会康复部主任薄绍晔到会并做了讲话，省卫生厅副厅长周坤和省残联理事长陈晓菲做工作报告和会议总结，浙江省立同德医院院长吴章穆进行《精神病专科医院发展中的若干问题及相关对策》的专题发言，本次会议对全省精神卫生防治康复工作起到了积极的推动作用。2006 年 7 月 18 日，浙江省邀请英国伦敦大学帝国理工学院初级卫生保健与社区医学系名誉高级临床讲师 Grant Blair 先生进行学术讲座，来自全省的 26 名社区精神卫生管理和专业人员参加。10 月，澳大利亚精神卫生考察团来浙访问，其间赴温州、台州实地参观社区精神病防治康复。2007 年 4 月 6 日，浙江省精神卫生工作办公室组织省内十余个市县区精卫办相关人员召开“浙江省社区精神病专案管理系统研讨会”，讨论通过建立浙江省精神病人计算机网络化管理系统。

制定精神卫生工作规划和条例。2004 年，浙江省根据世界卫生组织提出的“将精神卫生工作纳入初级卫生保健"这一战略性目标，结合浙江省的实际情况，起草《浙江省精神卫生工作"十一五"规划》，规划目标是将社区精神卫生工作纳入浙江省初级卫生保健工作的范畴，同时提出全省初保工作分三步走的设想，第一步先在省级示范县进行初保试点，第二步在地市级示范县开展初保试点，第三步试点成功后在全省推开，力争在"九五"期间全面实施。2005年9月19日，宁波市人大第十二次常委会通过《宁波市精神卫生条例》并报省人大审议，12月23日省人大常委会审议通过。宁波市成为继上海市后全国第二个精神卫生地方立法城市。2008年，杭州市出台地方性法规《杭州市精神卫生条例》，并于3月1日起正式施行。这部地方性法规对精神疾病的防治、精神病人的权利保护和一般人群的心理健康促进等做出了明确规定。6月18日，国务院法制办来浙进行精神卫生立法调研。2006年，浙江省制定出台《浙江省精神卫生工作"十一五"规划》和《浙江省精神卫生工作"十一五"规划实施细则》。在制定《规划》和《细则》的基础上，省卫生厅、省财政厅、省民政厅、省残联和浙江省立同德医院、义乌市精神卫生中心、衢州市第三人民医院配合卫生部疾病控制局开展了"2005年度中央补助地方疾病预防控制项目经费使用情况调查""中国精神卫生防治财政保障制度研究现场调查"和"全国精神病院医疗危房情况调查"，调查表明：浙江省进一步拓展了社区精神病防治康复项目的试点县市，在原覆盖人口2483万人的基础上，又新增象山等15个县市，新增覆盖人口数达781.1万人。

开展精神卫生危机干预和工作培训。2003年，"非典"造成大众恐慌，杭州弥漫着紧张的气氛，个别民众甚至闭门不出、强迫洗手。省心理卫生协会反应迅速，及时组织专家编制心理读物《面对SARS，我们应持有的心态》，第一时间免费发放到被隔离人群手中，同时派出心理专家进驻SARS病房，进入被隔离社区，为群众进行心理危机干预，开通SARS心理咨询专线，提供心理调节知识，之后又针对甲型H1N1流感编制《甲型H1N1流感心理应对手册》，受到大众的欢迎，帮助他们渡过了心理危机，稳定了情绪。2004年的"云娜"台风，破坏力极强，造成极大的生命财产损失，协会理事长赵国秋主动要求前往灾区进行心理危机干预，开始了在浙江省历史上的第一次灾后心理危机干预，并取得成功。以后，协会连续参与省内外的多次重大灾后及重大突发事件后的心理危机干预，包括"桑美"台风、"麦莎"台风、温州文成泰顺地震、东南亚海啸（杭州游客）、中小学校学生集体癔症样发作、临安清凉峰失踪登山驴友家属、冰雪灾害（滞留旅客）、学生自杀事件、千岛湖游艇相撞事件、高校甲型H1N1流感大暴发等。2008年，浙江省组织省内精神卫生专家共4批次40余人赴四川地震灾区进行受灾人群心理危机干预，得到卫生部、省政府和省卫生厅领导的高度肯定，包括中央电视台、浙江电视台以及《浙江日报》等媒体进行关注与报道。6月6日，由省精卫办主办，宁波市康宁医院协办浙江省第二次心理危机干预培训班在宁波举行，会议讨论灾区现场干预方法和四川伤员在浙江省治疗期间的心理干预工作。7月18日，省精卫办在杭州举办"浙江省危机干预经验交流会"，赴四川灾区进行心理危机干预的精神专科人员、部分专科医院院长、综合医院精神科主任等60余人参会。会议进行了抗震救灾经验交流，并讨论《浙江省灾后心理危机干预现场试用手册》。7月21日，省精卫办对玉环社区精神卫生医生进行社区精防工作启动前培训，对26名精防人员进行常见精神疾病的诊断与处理、精神病社区管理表卡使用与管理、肇事肇祸评估等方面知识培训，并启动玉环县社区精神病人生活质量和残疾水平调查。同年，心理健康促进工程启动，确定余杭区为公务员心理健康促进工程的试点区，之后在省直机关公务员中开展“心理健康促进”工作，时任省委书记、省人大常委会主任赵洪祝就此项工作连续做出3次重要批示。

第八节　免疫规划

免疫规划是预防和控制传染病最有效、最经济的手段。浙江省认真贯彻国家以“预防为主”的卫生工作方针，各级政府和卫生部门高度重视预防接种工作。1978年，全省开始实施计划免疫，30多年来，浙江省免疫规划疫苗接种率逐年提高，分别实现普及儿童免疫接种率以省、县、乡“三个85%”为目标。2000年实现无脊髓灰质炎目标，5岁以下儿童乙肝表面抗原携带率降至1%以下，多数疫苗针对疾病的发病率降至有记录以来的最低水平。

一、接种疫苗

2010年前，浙江省曾经使用过的疫苗主要有以下几类。

（1）牛痘苗。1950—1961年，平均每年用量为296万人份，主要接种对象为新生儿初种，6岁、12岁、18岁复种。1962年后，除保证新生儿初种外，全省以市、县为单位分成6片，每隔5年对55岁以下人群普种一次，平均每年用量为571.9万人份。由于全世界已消灭天花，1982年，浙江省停止使用牛痘苗。

（2）百日咳菌苗。1953年开始使用，至1960年平均每年用量为86.375万毫升。1961—1971年未使用。后因部分县百日咳发病较多，无其他预防办法故又使用。1972—1988年，年平均用量为12.59万毫升。1989年后未使用。

（3）鼠疫菌苗。1950年开始使用，至1966年年平均用量为58.13万毫升。1967年后使用范围逐渐缩小，至1978年年平均用量为3.91万毫升。1979年后未使用（但每年订1000人份备用）。

（4）霍乱菌苗。1955年开始使用，至1962年平均每年用量为39.75万毫升。1963年后用量增加，至1980年平均每年用量为1930万毫升，主要用于沿海地区、出海渔民、船民及其他重点人群。由于效果不理想，1981年后改用霍乱类毒素，每年仅用10万毫升。1983年后停止使用。

（5）破伤风类毒素。1955年开始使用，接种对象为基干民兵，至1966年平均每年用量为10万毫升。1967年开始因加强战备，接种对象扩大，1970—1973年全民普种，每年平均用量为4520万毫升。1978年开始用于水库工地及武装警察等重点人群，每年用量为5万毫升，现已停用。

（6）斑疹伤寒疫苗。1961年开始使用，主要用于流行区监狱、劳教部门，至1967年年均用量为24.67万毫升。1968—1970年未使用。1972年以后每年用2000毫升。随着监狱卫生条件的改善，1970年以后全省停用。

(7)伤寒、副伤寒甲、乙三联菌苗。1954年开始使用，至1966年平均每年用量为160.73万毫升，主要用于流行地区及重点人群。1967—1969年未用。1970年后用量减少，平均每年40万毫升。由于该菌苗反应严重，1990年改用吸附菌苗，1991年又改成单价菌苗，每年用量为50万毫升。

2010年，浙江省使用的一类疫苗有以下几类。

(1)流行性乙型脑炎疫苗。1953年开始使用，1969年以前平均每年用量为45万毫升，主要用于流行区10岁以下儿童及重点人群接种。因用的是鼠脑疫苗，所以反应较重，用量也较少。1970年，改用地鼠肾细胞培养疫苗后，流行区10岁以下儿童普通接种，平均每年用量为699.79万毫升。1981年改用浓方疫苗，免疫程序规定为出生6个月初种，第二年及4岁、7岁、10岁各加强一针，平均每年用量为208.02万毫升。1999年，停止使用乙脑死疫苗改用乙脑减毒活疫苗至今，接种对象为8月龄初种，24月龄加强一针。平均每年用量140万剂次。

(2)白喉类毒素、白破二联。1954年开始使用，至1961年全省用普通白喉类毒素，平均每年用量为92.625万毫升。1962年开始用精制吸附白喉类毒素。1966—1981年全省划成4片，除新生儿每年接种外，每隔3年，4个月至10岁儿童普种一次(杭州市区除外)，平均每年用量为232.656万毫升。1982年以后取消轮种。重点地区10岁以下儿童用精制吸附白喉类毒素加强，平均每年用量为144万毫升。1987年后采用精制吸附白破混合制剂(简称白破二联)，给7岁儿童加强，平均每年用量为90万剂次。

(3)百白二联、百白破三联。1960—1966年部分市县使用百白二联，接种对象为重点地区10岁以下儿童，平均每年用量为317.857万毫升。1970—1975年改用全细胞百白破三联淡苗，平均每年用量为238.33万毫升。1976—1986年改用浓苗，平均每年用量为192万毫升。1987年后改用原方吸附百白破三联，平均每年用量为234.4万毫升，接种对象从1981年开始改为新生儿初种，第二年加强一针。2008年引进无细胞白百破三联疫苗，3～5月龄的儿童各接种一针，18～24月龄的儿童的第四针仍用全细胞百白破三联疫苗，2010年7月1日起，18～24月龄的第四针也用无细胞白百破三联疫苗。现每年用量285万剂次。

(4)结核菌素。1982年开始使用，因液体卡介苗各县自订，旧结核菌素也是自订并和卡介苗一样由省结核病防治所管理。1987年开始由省卫生防疫站管理，至1991年，年均用量在200万人份左右。1992年部分改用PPD，1994年以后全部改用PPD。至1997年，PPD年均用量为275万人份，1998年卡介苗取消复种后PPD用量减少，1998—2010年年均用量为50万剂次。

(5)脊髓灰质炎糖丸及液体活疫苗。1961年开始用液体疫苗，主要用于部分城市，年平均用量为63.75万人份，1963年改用糖丸疫苗，使用范围逐步扩大，对象为7岁以下儿童。1970年以前只有Ⅰ型(红色)、Ⅱ型(黄色)，1971年以后增加Ⅲ型(绿色)，年均用量为238.5万人份。1973年后全省7岁以下儿童普服，连服3年，年平均用量为783.8万人份。1977年后，列入计划免疫常规制品，免疫程序为:2个足月初服，每服1个型间隔1个月，一年服足3个型，连服3年，小学一年级加服3个型。1978年后，改成Ⅰ型和Ⅱ+Ⅲ型(蓝色)，先服Ⅰ型间隔一月服Ⅱ+Ⅲ型,年均用量为397.5万人份。20世纪80年代年均用量为475万人份,全省从1986年开始改用三型(Ⅰ+Ⅱ+Ⅲ混合苗,白色)。1982年以前集中在冬季服苗。1983年以后增加春、秋季服苗。1987年,冷链全面运转后实行常年接种。2009年,引进脊髓灰质炎液体型活疫苗,包装10人份/支,普遍用于强化免疫。

(6)麻疹、麻疹风疹二联和麻腮风三联减毒活疫苗。1965—1966年在杭州市试用杭产麻疹疫苗,对象为7岁以下麻疹易感儿,每年2万人份。1967年开始由城市到县镇逐步扩大接种。1970年全省铺开。1973年在诸暨进行麻疹疫苗免疫持久性观察,1974—1975年,诸暨联防区9县1市及诸暨全县对15岁以下儿童进行一次麻疹疫苗普注,年均用量238.3万人份。1977年后列入计划免疫常规制品,对象为8个月以上儿童,小学一年级复种一次,至1983年年均用量为277.64万人份。1980年前使用液体疫苗。1981—1983年液体及冻干苗各半。1984年以后全省全部改成冻干麻疹疫苗,年均用量为340万人份。2008年起8月龄儿童由原来的麻疹疫苗改用麻风二联减毒活疫苗接种一针,每年常规用量为60万剂次。同年,18～24月龄儿童由原来的麻疹疫苗改用麻风腮三联减毒活疫苗接种一针,每年常规用量60万剂次。

(7)A群流脑菌苗、A+C群多糖流脑疫苗。1970年开始使用菌体菌苗,接种对象为15岁以下儿童。1970—1971年主要在城市及交通频繁的城镇使用,年用量为350万毫升。1972年全省铺开。20世纪70年代,平均用量为700万毫升。1980年改用提纯菌苗。1982年后又改用多糖菌苗。1980—1982年,年均用量为733万人份。1983年后改变免疫程序,除新生儿初种外,其他根据疫情预测情况有可能流行的地区,15岁以下儿童接种A群多糖流脑疫苗,年均用量为248.88万人份。2008年起,6～18月龄儿童接种2针(间隔3个月接种第二针)A群多糖流脑疫苗,每年平均用量为125万剂次(3剂次/支)。3岁、6岁年龄组儿童各接种A+C群流脑疫苗一针,年平均用量为61万剂次。

(8)卡介苗。1957年开始使用,对象为新生儿及结核病多发地区的重点人群,到1967年年均用量为84.81万人份。由于液体卡介苗效期较短,从省运送到县,再到使用点,有的已过期,浪费很大。从1968年起,改为各县自行订购并直接去上海提货。从1987年开始,部分改用冻干卡介苗(10人份/支),当年用150万人份。后逐年增加,1990年为300万人份,1991—1999年年均为450万人份。初种对象新生儿,复种对象7岁儿童,1998年起浙江省取消卡介苗复种。2000年卡介苗规格改为5人份/支,每年平均用量为135万剂次。

(9)钩端螺旋体菌苗。1961年开始在流行区使用,接种对象为劳动力及其他接触疫区的人。1961—1963年年均用量为270万毫升,但因菌型和流行型不太相符,所以保护率不高。1964年停用一年。1965年使用浙江地方株制造的菌苗,效果较好。1966年后使用量逐年加大,1971年1200万毫升,1974—1979年年均用量为2460万毫升。后来使用量随疫区的缩小而减少,1980—1986年年均用量为1371.85万毫升。通过疫源试点,注射针次减少(由注射2针改成注射1针),1987年后使用量减少到每年272.6万毫升。2009年起每年采购2000支(5人份/支)为储备之用。2010年起,该苗工艺改进为综合菌株。

(10)炭疽活疫苗。1960年开始使用,对象为流行区的重点人群及从事畜牧和皮毛加工工作等重点人群，年均用量为2万人份。1987年后减少到0.5万人份。现每年采购500人份(5人份/支)备用。

(11)甲型H1N1流感疫苗。按《2009年浙江省秋冬季甲型H1N1流感疫苗预防接种实施方案》要求，2009年采购浙江天元公司生产的甲型H1N1流感疫苗382万人份，上海生物所生产的甲型H1N1流感疫苗200人份，北京科兴甲型H1N1流感疫苗7100人份(为铁路系统代购)，合计购苗382.73万人份(含宁波45万人份)。

(12)乙型肝炎疫苗。1986年开始使用血源乙肝疫苗(10微克/剂次)，初期使用3000剂次。1987年用苗3万多剂次，引进30微克/剂次血源乙肝疫苗3000剂次。到1995年年平均用量递增为180万剂次，同年引进5微克/剂次基因乙肝疫苗(啤酒酵母)586人份。后基因乙肝疫苗(5微克/剂次)使用逐年增加，而血源乙肝疫苗用量逐年减少。1998年全部使用5微克/剂次基因乙肝疫苗(啤酒酵母)，2000年开始使用(10微克/剂次)基因乙肝疫苗(啤酒酵母)79814人份。2002年起将5微克/剂次基因乙肝疫苗(啤酒酵母)列入免疫规划，并由政府招标采购，接种对象为新生儿。2007年起对乙肝表面抗原阳性母亲所生的新生儿使用(10微克/剂次)基因乙肝疫苗(汉逊酵母)，2010年起10微克/剂次基因乙肝疫苗(汉逊酵母)纳入免疫规划，每年常规用量189万剂次。

(13)甲型肝炎减毒活疫苗。1994年开始使用浙江省医学科学院生产的甲型肝炎减毒活疫苗(简称国产甲肝疫苗)5000人份(早几年省医科院已在嵊泗、椒江试点)。1995年用量为6万多人份，以后逐年增加，至1998年，用量增加到21万人份。1998年后，除用国产甲肝疫苗外，开始使用葛兰素史克公司生产的甲肝灭活疫苗(简称进口甲肝疫苗)，用量为1120人份。1998—2001年，国产甲肝疫苗用量每年在30万～58万人份，进口甲肝疫苗在1万～2万人份。2008年起，在宁波、嘉兴、温州等重点地区(覆盖全省30%的地区)率先实行甲肝疫苗免疫规划，接种对象是18～24月龄的婴幼儿，用量为13.5万剂次。2009年，甲肝疫苗免疫规划覆盖全省50%的重点地区：包括宁波、嘉兴、温州、绍兴、湖州、衢州、丽水，接种对象是18～24月龄的婴幼儿，用量为26.5万剂次(包括北京科兴灭活疫苗10.45万剂次)。2010年7月1日起，在全省范围对18～24月龄的儿童全部实行甲肝疫苗免费接种，用量为43.58万剂次(其中北京科兴灭活疫苗3.53万剂次)。

(14)流行性出血热灭活疫苗。从1997年开始使用，用量为5103人份(其中双价苗为25人份，单价苗为5078人份)。1998年用量为12205人份(其中双价苗为3738人份、单价苗为8467人份)。1999年用量为15284人份(其中双价苗为7878人份、单价苗为7406人份)。2000年用量为21322人份(其中双价苗为18122人份、单价苗为3200人份)。2008年起，纳入国家扩大免疫规划，对疫区(宁波象山、鄞州、奉化，绍兴诸暨、新昌，衢州开化、常山，丽水龙泉、缙云，台州椒江、临海、仙居、三门、天台)的重点人群进行接种，2008年用量为25.81万剂次，2009年用量为38.39万剂次，2010年用量为20.62万剂次。

全省自20世纪50年代起引进使用国内外二类疫苗产品达50多个。

20世纪50年代使用狂犬疫苗，1953—1980年使用羊脑疫苗，1980年开始使用地鼠肾组织培养狂犬疫苗，90年代起使用VERO细胞淡苗、浓苗，1999年改为精制苗，同年引进赛诺菲巴斯德公司出品的VERO细胞疫苗，2004年引进意大利凯龙公司出品的纯化鸡胚细胞疫苗，2006年应用无佐剂的VERO细胞疫苗，年使用量约50万人份。

20世纪90年代使用的疫苗有：(1)冻干风疹减毒活疫苗(1994年北京生物制品研究所、1998年曾使用4.8万支为赛诺菲巴斯德产品，后未再购入)，(2)冻干腮腺炎减毒活疫苗(1995年上海所)，(3)抗狂犬病血清(1995年武汉所)，(4)甲肝减毒活疫苗(1994年浙江普康、1998年史克、2005年昆明所)，(5)基因乙肝疫苗(啤酒酵母，深圳康泰所、北京所)，(6)流行性出血热疫苗(1997年浙江天元)，(7)麻疹、腮腺炎、风疹联合疫苗(1997年默沙东)(1999年史克)，(8)肺炎疫苗(1998年默沙东、2005年巴斯德)，(9)水痘疫苗(1998年史克)，(10)流感疫苗(1998后引进巴斯德和意大利产品)，(11)气管炎菌苗(1996年上海所、北京所，2001年后未使用)。

21世纪初使用的疫苗有：(1)口服痢疾双价活疫苗(2000年兰州所)，(2)水痘疫苗(2000年上海所、2002年长春所)，(3)B型流感嗜血杆菌疫苗(2000年巴斯德、史克、2003年兰州所)，(4)无细胞白百破疫苗(2000年成都所、武汉所，2005年北京所、2006年史克)，(5)轮状病毒疫苗(2002年兰州所)，(6)麻腮风三联疫苗(2003年北京所、2008年上海所)，(7)甲肝灭活疫苗(2004年北京科兴、2009年昆明所)，(8)甲乙肝联合疫苗(2004年史克、2005年北京科兴)10微克汉逊酵母乙肝疫苗(2004年大连汉信)，(9)20微克乙肝疫苗(2008年CHO华北制药)，(10)A+C群多糖流脑疫苗(2007年兰州所)，(11)A+C群结合流脑疫苗(2008年无锡罗益)，(12)肺炎疫苗(2005年巴斯德、2006年成都所)，(13)口服霍乱疫苗(2005年上海联合赛尔)，(14)七价小儿肺炎疫苗(2008年美国辉瑞)，(15)抗狂犬病免疫球蛋白(2007年武汉所、泰邦、2008年广东双林)。

2010年使用的疫苗有：(1)灭活脊灰疫苗(2010年巴斯德)，(2)ACWY流脑疫苗，(3)60微克乙肝疫苗，(4)兰菌净，(5)乙脑灭活疫苗，(6)无细胞百白破B型流感嗜血杆菌疫苗联合疫苗，(7)无细胞百白破B型流感嗜血杆菌灭活脊灰五联疫苗，(8)戊肝疫苗。

二、计划免疫

浙江省计划免疫工作从无到有，由弱变强，使许多传染病得到控制、基本消灭或绝迹。

民国25年(1936年)，吴兴县接种牛痘和霍乱菌苗。民国31年，浙江省卫生处颁布春季普遍种痘实施办法，指示各县依照中央颁布的预防天花办法及防治霍乱方案等，切实做好预防接种工作，并分别向赣、闽两省采购需要的痘苗、鼠疫、霍乱、伤寒等疫苗分发各县应用。民国32年，浙江省卫生试验所生物制品部出产牛痘苗，供应全省，同时生产出霍乱疫苗、伤寒霍乱混合疫苗和开始研制其他疫苗及血清。

1949—1977年，浙江省逐步开展牛痘、卡介苗、百日咳、白喉等11种疫苗预防接种。20世纪60年代开始使用脊灰、麻疹等疫苗，到1965年使用的疫苗扩大到15种。由于当时无冷链设备和健全的乡级预防接种保健组织，预防接种一般均安排在自然温度较低的冬、春季，且往往采取突击接种或分片轮种等形式进行预防接种，接种率和免疫成功率均较低。1950年，杭州市防痨协会徐道安护士等被派往北京参加“全国卡介苗接种骨干培训班”的培训。培训回来以后，便在杭州、嘉兴等结核病防治专业机构(原防痨协会)开展卡介苗接种。与此同时，预防天花的牛痘疫苗也逐步在浙江省普及接种，从此揭开全省通过接种疫苗来预防和控制传染病的序幕，迅速控制了大中城市天花的发生。由于卡介苗、牛痘疫苗接种的逐步普及，预防效果明显，受到了群众的广泛欢迎，群众把预防接种俗称为“种花”“种痘”，甚至现在还有一些人这么称呼。

1973—1988 年，省卫生防疫站与中国药品生物制品检定所，上海、长春生物制品研究所，浙江医科大学，诸暨县卫生局和防疫站协作在诸暨县对国内长 47、沪 191、杭 M13 以及美国 Schwarz、苏联 L-16 株麻疹疫苗进行临床反应性、免疫原性、免疫持久性研究，上海生物制品研究所，上海市、宁波市、象山县卫生防疫站协作，在象山县开展沪 191 株麻疹疫苗的免疫持久性研究，获得了长达 16 年的结果。

1974—1986 年，浙江省不定期组织对各地上送血清标本进行麻疹抗体水平监测，人群麻疹抗体平均阳性率在 90%以上。1987—2003 年，不定期选择 2～4 个县采集不同年龄组人群，每次采集 100～250 份标本进行麻疹、脊灰、白喉等抗体水平监测，麻疹抗体平均阳性率在 95%左右，脊灰Ⅰ、Ⅱ、Ⅲ型中和抗体阳性率均在 90%以上，白喉抗体水平在 63%～88%。2004—2007 年，全省每年选择 2～3 个市进行 7 个年龄组人群的麻疹、百日咳、白喉、破伤风、乙肝、乙脑抗体水平监测，麻疹抗体阳性率为 90%左右，百日咳、白喉和乙肝抗体阳性率为 70%左右，甲肝抗体阳性率为 35%。2008 年开始，全省固定 5 个监测县开展麻疹、风疹抗体水平监测，麻疹和风疹抗体阳性率分别为 90%和 70%左右，其中小于 8 个月婴儿的麻疹阳性率不足 50%，其次为 20～30 岁人群的抗体水平较低。

1978—1988 年，浙江省开展麻疹、脊灰疫苗效果监测，不定期选择 1～4 个县区进行效果评价，麻疹免疫成功率平均在 95%以上，脊灰疫苗免疫后对Ⅰ、Ⅱ、Ⅲ型中和抗体阳转率均达 85%以上。1989—2003 年，在麻疹和脊灰疫苗效果监测的基础上，增加开展百白破疫苗免疫效果监测，不定期选择 2～4 个县区开展，每次监测对象约 50～100 人，结果均达到标准。2004—2010 年，增加开展乙肝疫苗免疫效果监测，并在 2009 年后开展了麻疹风疹以及麻疹腮腺炎风疹等联合疫苗免疫成功率监测，每年在 2～3 个市组织开展，每次样本量 100～200 人。监测结果显示，乙肝疫苗免后抗体阳转率为 93%～100%。2004—2008 年，麻疹疫苗基础免疫后抗体阳转率为 97.92%～100%，2010 年麻疹基础免疫后的抗体阳转率分别为 100%和 98.46%，2010 年检测风疹免疫成功率为 97.66%，均符合标准。

1980 年，国家卫生部《函发开展计划免疫工作两个办法》(即《预防接种工作实施办法》《预防接种后异常反应和事故处理试行办法》)，此后浙江省各地开始推行计划免疫，逐步建立了从省到乡村的各级免疫服务体系。1984 年，省卫生厅下发《浙江省计划免疫工作实施细则(试行)》，规定了浙江省儿童免疫程序。与此同时，浙江省在卫生部与联合国儿童基金会的冷链合作项目支持下，分批逐步装备了从省到市地、县级的冷链设备：冷藏车，疫苗运输车，低温冷库，普通冷库，冰排速冻器。各级政府也为此配套装备，购置了普通冰箱、疫苗冷藏箱、冷藏包等设备，装备乡村接种点使用。全省建立和完善了计划免疫冷链系统并开始进行疫苗质量、效果和人群抗体水平监测。早期由于受到设备、技术条件及方法等局限，资料不全面，工作缺乏系统性。1998 年卫生部《计划免疫技术管理规程》初步规范了免疫监测工作。2005 年卫生部颁布《预防接种工作规范》，进一步明确疫苗质量、免疫效果及人群抗体水平监测等内容，浙江省的各项工作也日趋规范。

1985 年省政府投资 80 万元，1988 年省卫生厅投资 10 万元，购置普通冰箱、疫苗冷藏箱、冷藏包等设备，装备乡村接种点使用。全省建立和完善了计划免疫冷链系统，已有冷藏车 5 辆，疫苗运输车 27 辆，低温冷库 8 座，普通冷库 24 座，低温冰箱 634 台，普通冰箱 2821 台，冷藏箱 410 只，冷藏包 7445 只，每乡都有 1 台以上普通冰箱。1986 年，浙江省 98.7％以上的乡推行了按月接种，其中 5.6％的城镇推行按周或常年接种门诊或按旬接种。到 2002 年底，全省各地每年提供免疫服务 12 次以上，按月接种覆盖人口占总人口的 66.1％，按旬、按周、按日接种，覆盖人口分别占总人口的 17.5％、8.7％和 7.16％。1987 年 10 月，省卫生防疫站设独立计划免疫科，下设流行病管理、实验室监测与生物制品冷链管理 3 个组，有工作人员 14 人。站内参与计划免疫工作的除计划免疫科外，还有行政科（负责交通运输）、药品器械科（负责疫苗领发、仓库保管及冷链维修）和结核病防治所（负责卡介苗有关工作）等，当时全站参与计划免疫工作的人员计有 25 人以上。各地（市）、县（市、区）也相继成立计划免疫组织，1994 年全省各级卫生防疫站从事计划免疫的专（兼）职人员计有 355 人，其中冷链维修人员 41 名。至 2008 年底，全省 11 个市及义乌市疾病预防控制中心有 8 个市设立了免疫预防科（所）、县级疾病预防中心，在乡、镇、街道成立预防保健科（组），培训了一大批预防接种人员。乡、镇、街道及村逐步设立计划免疫接种站（点），负责对辖区内儿童的预防接种，逐步实行按月接种制度、预防接种证制度。各级预防接种服务机构逐步建立健全，专业队伍不断壮大。1988 年，浙江省以省为单位儿童免疫接种率达到 85％；1990 年，以县为单位儿童免疫接种率达到 85％；1995 年，以乡为单位儿童免疫接种率达到 85％，三个普及儿童免疫的目标均实现。1989 年 3 月，经联合国儿童基金会、世界卫生组织和卫生部联合组成检查组，对浙江省计划免疫第一个 85％目标进行全面评审，评审结果：浙江省提前完成国家规定的以省为单位麻疹疫苗、脊灰疫苗、百日咳混合制剂、卡介苗 4 种制品单苗接种率有 84 个县（市、区），实现浙江省计划免疫第一个 85％目标。1991 年，全省实行四苗基础免疫和加强免疫的年报制度，1995 年起建立常规免疫接种率监测系统，实行常规免疫月报告制度。常规免疫接种率监测系统由省、市（地）、县（市）卫生防疫站、各乡镇（街道）的计划免疫接种点（站）组成。1991 年 12 月 9 日，省卫生厅下发《浙江省乙肝疫苗接种实施办法》，决定于 1992 年 1 月起在全省推广新生儿乙肝疫苗接种工作。

1995 年，浙江省有效控制疫苗可预防疾病的传播，计划免疫针对疾病的发病率大幅度下降。麻疹发病率从计划免疫前（1978 年）的 248.08/10 万下降至 6.15/10 万，百日咳发病率从计划免疫前的年均 118.39/10 万下降至连续 8 年 1/10 万以下，白喉已多年无病例报告。1992 年以来未发现本土脊髓灰质炎野病毒引起的临床麻痹病例，实现了无脊髓灰质炎省的目标。1998 年，在省、市、县开展创建等级防疫站的同时，浙江省提出了在浙江省开展以创建规范化接种门诊促进乡镇级防疫工作上等级的思路，认为这是进一步强化计划免疫工作的管理，提高计划免疫工作的效益和质量的有效措施和保证，制定《浙江省计划免疫接种门诊规范化建设实施细则》，由省卫生厅下发全省组织实施，规范化接种门诊对硬件建设和配套标准、接种工作人员、疫苗的供应与管理、注射器材的供应与管理、接种实施及反应处理及资料报表管理等各环节都制定了规范的要求和指标。省卫生厅制定三类门诊的评审标准、审核验收的条件和审批权限，规范化接种门诊的验审程序，规范化门诊由县级卫生行政部门考核，符合条件后向市级卫生行政部门申请验收。示范接种门诊由市级卫生行政部门验收合格后报省卫生厅，经核查合格，发给相应证书。卫生部计划免疫评审组联合10个省级审评组，对浙江省富阳市等10个县(市、区)进行了计划免疫评审，充分肯定了浙江省的计划免疫工作，认为浙江省计划免疫工作目标明确、职责分明、策略完善、管理规范，工作水平在全国处于领先地位。

2000年4—5月，浙江省成功实施了消灭脊灰"扫荡"式免疫活动。2001年，浙江省通过无脊髓灰质炎的证实，实现了无脊灰省的目标，并连续保持无脊灰状态，在继续开展脊灰监测并保质保量完成AFP监测系统各项指标的基础上，实施了麻疹、新破伤风等监测工作。2001年，依据卫生部下发的《计划免疫技术管理规程》《全国疾病预防控制机构工作规范》等文件精神，省卫生厅起草了《浙江省计划免疫接种实施规范(试行)》《市、县级免疫预防工作报表规范样式》《浙江省流动儿童免疫预防工作管理方案(试行)》《浙江省计划免疫工作评审办法(试行)》4个规范性文件。

2001—2003年，全省计划免疫接种门诊共2729个，被认定省级示范接种门诊325个，占12%；各市卫生局验审的规范化接种门诊748个，占27%；已达到合格标准的接种门诊904个，占33%。省卫生厅为各示范门诊授予"浙江省预防接种示范门诊"的铜牌。2002年，省疾控中心举办计划免疫管理师资培训班，组织对全省县及县以上计划免疫专业人员150多人进行专题业务技术培训，市、县级培训覆盖至各乡、镇、街道及医院产房接生人员，总共培训接种点数3591个，其中医院产房接种点1154个，受培训人数7226人，组织修订《浙江省规范化接种门诊评审标准》。

2003年，全省规范了各级所有计划免疫的表、卡、册、管理台账的样式，除省印制下发的报表以外，要求各地参照省印发统一的表式、表样自行印制报表，在此基础上省、市、县各级的免疫规划管理也进一步规范，正式启动"中国免疫规划监测管理信息系统"并在全省范围内推广使用，形成覆盖省、地、县的监测网络体系。3月，中国疾控中心李艺星女士陪同日本国际事业协力团(JICA)专家帖佐撤考察浙江省规范化接种门诊建设和安全注射工作，充分肯定浙江省规范化接种门诊建设工作。11月，中国疾控中心和联合国儿童基金会组织了部分省的卫生行政部门和疾控中心的领导来浙江省专题考察规范化接种门诊，此后经常有兄弟省份组织到浙江省的部分县区参观考察。2004年，省卫生厅通过评标方式，确定江苏沈苏公司为"浙江省儿童免疫规划信息化管理系统"软件开发单位，在省卫生厅和省疾病预防控制中心的业务指导下，沈苏公司完成了该软件的开发，由省疾病预防控制中心购置供全省统一免费使用。12月，省卫生厅下发《关于建设浙江省儿童计划免疫信息化管理系统的通知》。

2005年，浙江省与卫生部和联合国儿童基金会合作在北仑区、上虞市和嘉善县设立了为期五年的"外来流动儿童免疫预防管理策略与服务模式"项目，通过基线调查、项目干预，逐步在3个试点地区探索出了3种模式："政府主导、长效管理"的嘉善模式，"主动搜索、现场建卡”的北仑模式，以及“企业配合、以外管外”的上虞市模式。2010年项目中期评估结果表明，建证率、单苗接种率和五苗全程接种率都比项目基线调查有较大幅度提高，建证率从88.01%提高到99.54%，单苗接种率也从50%～60%上升到90%以上，五苗全程接种率也从34.42%上升到95.86%。流动儿童家长的免疫规划知晓率、满意度也有了明显改善。2005年7月，省卫生厅在宁波召开了由各市和各试点县(市、区)分管主任和科所长参加的“浙江省儿童免疫规划信息化管理系统建设试点启动会”，每个市选择推荐1个县(市、区)开展试点，逐步扩大到所有接种单位。2005年8月，省卫生厅下发《浙江省儿童免疫规划信息管理系统建设实施方案》，提出在全省推广使用儿童免疫规划信息管理系统，计划到2007年底，覆盖全省所有城乡的预防接种单位，建成省、市、县、乡镇(街道)信息畅通、监测灵敏、数据准确的免疫规划管理网络体系。

2006年，全省免疫规划五种疫苗基础免疫的报告接种率继续维持在较高水平，卡介苗、脊髓灰质炎疫苗、麻疹疫苗、百白破疫苗、乙肝疫苗的接种率分别达到98.90%、98.45%、97.74%、98.24%、98.49%。2006年，全省加强免疫的报告受种人数分别为：脊髓灰质炎疫苗374754人，接种率为97.47%；百白破疫苗471625人，接种率为98.03%；麻疹疫苗488560人，接种率为98.32%；白破疫苗405002人，接种率为96.07%。

2007年，省政府将“麻疹—腮腺炎—风疹三联疫苗”纳入免疫规划，作为当年省政府为民办十件实事之一，由省级财政购置疫苗和注射器，对适龄儿童实行免费接种，浙江省的儿童免疫规划已包括8种疫苗，可以预防11种传染病。省卫生厅、省教育厅、省财政厅联合下发《2007—2008浙江省乙肝疫苗查漏补种工作实施方案》，分两年完成对15岁以下儿童乙肝疫苗查漏补种工作，2007—2008年共计补种136万剂次，接种率达到95%以上。2006年将乙脑、流脑疫苗的接种形式从季节性接种调整为常年接种。2008年，省疾控中心组织起草并由省卫生厅下发了《浙江省扩大国家免疫规划实施方案》，陆续使用10微克乙肝疫苗替代5微克乙肝疫苗，使用无细胞百白破疫苗替代全细胞百白破疫苗，在全省范围内提供免费甲肝疫苗接种，同时加强社会动员，开展免疫规划30周年成就展览，普及预防接种知识，扩大免疫规划社会影响。2009年，为有效应对甲型H1N1流感疫情，浙江省开展针对重点人群的甲型H1N1流感疫苗接种工作，相继完成三个批次接种方案、人员培训、社会动员、不良反应处置、数据汇总等工作，全年接种338万剂次。同年，浙江省举办“浙江省预防接种岗位知识竞赛”，激发了全省预防接种人员学习免疫规划知识的主动性和积极性，提升了各接种点预防接种人员的理论水平和操作技能。

2010年，根据卫生部下发的《全国疑似预防接种异常反应监测方案》，浙江省规范开展了AEFI监测各项工作，对监测系统报告数据进行管理，经常性审核监测系统信息质量，加强了对基层人员的培训和指导，异常反应监测工作有序开展。浙江省制定并下发了《浙江省预防接种异常反应补偿办法(试行)》和《浙江省预防接种异常反应补偿受理程序》，规范预防接种异常反应补偿工作，此项工作得到卫生部的充分肯定。省财政投入3000万元用于更新扩容全省冷链设备，共增添50辆疫苗冷藏车、3座低温冷库、49座普温冷库、65台低温冰箱、1805台普温冰箱。

第四章　卫生监督

卫生监督是卫生行政部门依据卫生法律、法规的授权，对公民、法人和其他组织贯彻执行卫生法律、法规的情况进行督促检查，对违反法律、法规，危害人体健康的行为追究法律责任，基本任务是保障市场经济和各种社会活动的正常卫生秩序，预防和控制疾病的发生与流行，保护公民的健康权益。民国时期，浙江省卫生监督主要在饮用水源、学校卫生等方面设立机构，开展饮用水和学校卫生管理。中华人民共和国成立后，卫生监督工作受到各级政府的重视，浙江省在省、市、县建立卫生监督机构。各地各级卫生监督机构在卫生行政部门的领导下，依据《中华人民共和国传染病防治法》《中华人民共和国职业病防治法》《中华人民共和国执业医师法》《公共场所卫生管理条例》等法律、法规，对所辖的环境卫生、学校卫生、职业卫生以及医疗机构卫生和传染病防治等方面加强了卫生监督和管理。同时，在大型企事业单位派驻卫生监督人员，重点在饮用水安全、公共场所、学校、职业病危害、传染病防治等方面开展卫生监督。

第一节　环境卫生

环境卫生通常是指人类身体活动周围的所有环境内，控制一切妨碍或影响健康的因素。环境卫生涵盖的内容非常复杂且广泛，大致包括：饮水卫生、公共场所卫生、环境污染（包括空气、水、噪音等）以及预防性卫生监督等。

一、饮水卫生

民国时期，浙江省城乡居民饮用的是池塘水、河水、湖水、溪沟水和少量井水。20 世纪 50 年代，采用分塘、分段用水。60 年代，探索多种形式改水，平原地区以小型家庭灶边井为主，在山区丘陵地带开始建筑雨水柜和山泉水、溪涧水引流式的管道供水。70 年代，以农户独家独用的打井、建插管井或有一定净水工艺的“三池一塔”式的管道供水的小水厂为主。80 年代，开始推广德清、金华两县的农村率先采用的自来水，以后遍及全省各地。

民国 13 年（1924 年），杭州市有 2000 多口水井，因霍乱流行，检查井水发现，霍乱弧菌已有数处，每处由卫生署派员轮流消毒两次。每天有十多家井户函请消毒，卫生署派专员携带消毒药水，前往井户消毒，并收取消毒药水材料费。民国 19 年，杭州市有水井 4842 口，平均每 20 户合用一口水井。这些水井的水质差，且年久失修，不少已湮塞，多数居民只得取河水饮用。河道舟楫往来，居民洗涤衣物，阴沟污水流入，因而连年疫疠流行。民国20年，杭州市清泰门自来水厂建成投产，市区开始集中式供水。民国24年，浙江省卫生处奉令转颁改良饮水实施办法，加强饮水消毒、改良水井、清除河道、疏浚沟渠等工作，计有嵊县等58个县经呈报遵办实施，尚有杭县、嘉兴、嘉善、崇德、桐乡、海盐、平湖、金华、德清、上虞、海宁、武义、鄞县、慈溪、象山、镇海、奉化、定海18县未据呈报，卫生处严加督促。

图79-4-1-1 开凿于南宋的杭州西溪古井金鱼井[《浙江医药通史》(古代卷)，浙江人民出版社2013年版，图版]

1950年，杭州市约有生活用水井8000多口，主要分布在上城、下城区，其次为江干区。至此开始，杭州市坚持专业队伍与群众骨干相结合的办法，分段、定点、定人、定时，每年4—11月对井水进行消毒。根据历年资料，全年井水消毒合格率保持在85%～98%。20世纪50年代，杭州市根据国家《生活饮用水卫生标准》要求，坚持对自来水水质设点、定期进行经常性的卫生监督监测，严格执行新建水厂选址、设计、竣工验收和试生产卫生审查，自来水公司建立水源水、出厂水、末梢水的常规、全分析制度，以保证水质卫生。1984年、1985年，杭州市卫生防疫站还配合城乡建委对市区自来水厂水质进行检查、考核、评比，并定为常制。据历年杭州市管网末梢水质监测资料(余氯、细菌总数、大肠菌群等)，合格率为98%～100%。

1977年，卫生部发布《生活饮用水检验方法》，中央爱卫会提出“两管五改”(管水、管粪，改水井、改厕所、改畜圈、改炉灶、改环境)的要求，为拟订浙江省水改、粪管的卫生基本要求和研究下一步工作计划，省卫生防疫站于1978年在德清县组织召开部分市县的“两管五改”座谈会，来自25个县防疫站的专业人员参加会议。1978年，为有效控制介水传染病疫情，减少疾病的传播因素，国务院发出《关于坚持开展爱国卫生运动的通知》，浙江省爱国卫生运动委员会(以下简称省爱卫会)和卫生部门在农村广泛开展“两管五改”活动，首次以系统工程的理念开展农村环境卫生综合治理，浙江省开始建造有一定供水规模的农村自来水。1979年，省卫生防疫站连同7家县卫生防疫站组成引泉(溪)水给水站的定型设计科研协作组，开展引泉(溪)水给水站试点工作。省卫生防疫站还联合省城建局等单位组织开展全省86个水厂水质的检验工作，促进供水企业提高供水卫生质量。

1981年，省卫生防疫站组织筹办全省首期农村改水工程学习班，全省47个地、市、县卫生防疫站的专业人员参加了培训。1982年，省爱卫会办公室和省卫生防疫站牵头，温州市、金华市、德清县、瑞安县等爱卫办和防疫站参加，成立浙江省农村改水科研协作组，开展水网地区饮用水污染与健康关系调查研究和饮用水污染对居民夏、秋季肠道传染病发病率影响调查。同年，浙江省人民政府(以下简称省政府)转发省爱卫会、浙江省卫生厅(以下简称省卫生厅)《关于改善农村饮水和卫生条件的几点意见》。该意见提出，“希望各市、县人民政府加强领导，做出规划，组织有关部门，密切配合，分期分批地解决农村饮水卫生问题”，首先搞好沿海及平原水网地区的36个县(市、区)。1983—1985年，浙江省组织开展生活饮用水水质和水性疾病调查。前期生活饮用水基本情况普查，摸清了全省城乡居民生活饮用水水源类型、供水方式、供水范围、供水人口及其集中式供水普及率、农村水厂规模、人均用水量、缺水情况、采样点水源卫生状况等。中期水样采集分析，共设采样点888个，丰水期、枯水期共采水样12342份，分别进行16～19个项目的监测。后期对调查和水质分析资料进行整理、审核汇总和总结，于1986年秋完成，并编写了《浙江省饮水水质和水性疾病调查报告》《浙江省饮水水质和水性疾病图案》《浙江省水分析质量控制总结》《浙江省饮水水质和水性疾病调查工作总结》等成果报告。1985年8月，省卫生防疫站组织指导各级卫生防疫站和供水企业，对全省城镇集中式供水水质开展定期、定点、定项目的水质卫生监测。1987年，对绍兴、上虞等地10座以地面水为水源的城镇水厂供水中的氯仿、四氯化碳含量进行调查和监测。1987—1990年，省卫生防疫站与瑞士联邦水资源、水污染控制研究所国际废弃物处理咨询中心(IRCWD/EAWAG)合作，在德清、桐乡及嵊县等地进行平流粗滤/慢滤工艺在农村小型水厂给水处理中的应用研究。1989—1991年，省卫生防疫站与省水利总站等单位协作，开展省科委资助课题“海岛屋面集水水质卫生技术措施研究”；在舟山市普陀区葫芦岛，研究建造了屋面集水家庭自来水供水系统。

1991年，浙江省开展城市和农村饮用水卫生监督监测工作。1992—2002年，全省生活饮用水城市监督水源41.6万个，农村为275.7万个，城乡共监测样品22.1万份。1997—2002年，集中式供水实际监督3.4万个，分散式8.2万个，集中式和分散式供水水样监测数分别为12.3万个和1.3万个，保障了城乡居民饮用水的卫生和安全。1992年，浙江省开展农村饮水水质与水性疾病监测工作，有6个县上报水质结果。1993—1995年，扩大上报点至24个市县。为保证饮水水质监测结果质量，浙江省采取了一系列质量保证措施，包括统一测试方法、建立健全实验室管理制度、组织开展实验室内分析质量控制考核等。1995年10月，省卫生厅出台《浙江省生活饮用水水质处理剂、器管理办法》，要求全省各市、地、县贯彻实施。1996—2004年，在前期基础上继续开展城乡水质卫生监测工作，不定期开展实验室内控考核工作。

2005年，浙江省确定26个县(市、区)作为相对固定的水质监测县，对水源水、出厂水、管网末梢水分冬、夏(枯水期、丰水期)两季进行采样监测，收集各县(市、区)的水源类型、水处理工艺、饮水消毒、管理情况、饮水受益人数等基本资料。2006年，全省推广嵊州市“饮水安全计划”(WSP)。2007年，浙江省在龙游县、舟山市普陀区、义乌市进一步开展农村家庭储水风险因素调查研究；选择嵊州市、慈溪市的12家不同规模、不同条件的农村供水设施开展风险评价与应急技术研究，提出相应的预防控制措施及应急预案，提高各类供水突发事故的快速处理能力；选择玉环县、富阳市、海宁市、德清县、常山县、淳安县开展农村学校水与环境卫生设施现状调查，为改善学校饮水水质和环卫设施提供基础数据。2007年4月，根据卫生部《关于开展城市饮用水卫生监测网络试点工作的通知》，浙江省确定10个市(县、区)为试点，开展全国城市饮用水卫生监测网络工作。6月，省卫生厅制定下发《浙江省饮用水供水单位卫生行政许可规定》，8月，又下发《浙江省饮用水供水单位卫生监督量化分级管理实施办法（试行）》。2007年9月3—7日，全省组织开展“关注饮用水卫生安全，构建和谐社会”和贯彻《生活饮用水卫生标准》宣贯活动。省卫生厅卫生监督局联合杭州市、江干区卫生监督所开展“卫生标准到社区，宣传手册进万家”居民社区现场宣传活动。2008年7月，根据卫生部《关于开展城市饮用水卫生监测网络试点工作的通知》和《浙江省城市饮用水卫生监测网络试点工作实施方案》要求，浙江省开展全国城市饮用水卫生监测网络工作的试点扩大到16个单位。同年，根据卫生部《关于开展全国饮用水卫生专项监督检查的通知》要求，全省开展水质检测能力和水性疾病监测能力的专项调查。

2009年，浙江省发放饮用水供水单位卫生许可证532份，应量化分级饮用水供水单位430家，已量化416家，应量化分级普及率为96.7%。12月31日，根据卫生部关于印发《省级涉及饮用水卫生安全产品卫生行政许可程序》的通知要求，省卫生厅下发《关于印发浙江省涉及饮用水卫生安全产品卫生行政审批工作程序的通知》，并于2010年1月1日起实施。截至2009年12月31日，全省生活饮用水供水单位为3381户，其中集中式供水单位570户，二次供水单位2811户。集中式供水单位中，市政供水129户，乡镇供水398户，自建水厂43户。共向供水单位发放有效卫生许可证580份，其中市政供水132份，乡镇供水399份，自建水厂43份，二次供水6份。供水单位中，共有职工25589人，其中从业人员数为7149人，占职工总数的27.9%，持健康证人数为6999人，从业人员持证率为97.9%。570户集中式供水单位中，有检验室的单位为442户，占总数的77.5%。2009年，全省新发卫生许可证47份，变更26份，延续141份，注销25份。2009年，全省卫生监测样品数13283份，其中市政供水6630份，乡镇供水5228份，自建水厂360份，二次供水1065份，平均合格率为84.51%，其中市政供水为94.0%，乡镇供水为72.17%，自建水厂为75.56%，二次供水为89.01%。

2010年，浙江省共发放饮用水供水单位卫生许可证526份，应量化分级饮用水供水单位435家，已量化432家，应量化分级普及率为99.3%。2010年，为了解欠发达地区农村饮水卫生状况，省改水办在15个经济欠发达县开展农村饮水卫生调查工作，并提出提高饮水水质卫生安全的建议和意见。截至2010年11月20日，浙江省按卫生部城市饮用水卫生监测网络数据库统计，录入的6528份报告中，合格报告6005份，不合格523份，水质总体合格率为91.99%，通过了卫生部卫生监督局城市饮用水卫生监测网络试点评估组的评估。

二、公共场所卫生

清光绪三年（1877年），浙江省成立瓯海关。① 光绪三十三年八月，瓯海关首次对进港船舶实施卫生检验。

清光绪二十三年（1897年），杭州开始设立清道局，雇用清道夫打扫街道。光绪二十九年润五月，清洁事宜改由警察局管理，规定垃圾必须在清晨8点以前清扫完毕，粪担不得在大街上行走，并设置木箱清倒垃圾。

---

① 《温州卫生志》，华东师范大学出版社1998年版，第6页。

民国元年(1912年),上虞县政府制定的《修改城镇乡地方自治章程决议》中,列有“本城镇之卫生,清洁道路、蠲除污秽”的条文。翌年,该县百官镇、崧厦镇、章镇警察分所增设卫生警。民国11年,诸暨县警察所配卫生警。民国15年5月,瓯海关公布《温州港暂行卫生章程》,对船舶卫生检疫事项作出规定。民国17年,浙江省民政厅派视察员视察上虞县城(丰惠镇)环境卫生。民国23年,嵊县政府训令在城的33个机关、团体、学校承担所,划分地段的清洁工作。同年,民国政府卫生部规定5月15日和12月15日分别为夏季和冬季全国大扫除日,杭州市政府积极响应民国政府的号召,在5月15—21日、12月11—17日先后举行卫生运动宣传周,推行新生活,督促市民厉行清洁,传达杭州市政府的卫生工作计划和向民众宣传卫生知识。民国29年,上虞县警察局将改善公共场所卫生列为本年度警务工作中心之一。民国31年,新昌县卫生院、警察局联络城区各小学组成防疫队,对行道、巷弄的环境进行检查指导。民国36年,上虞县卫生院派员赴乡镇整顿环境卫生,检查理发店、旅馆等场所,对不符合卫生管理规定的,勒令改善或予以取缔。

中华人民共和国成立之后,浙江省将公共场所卫生列入爱国卫生的主要内容之一,1980年列入卫生监督检测,初期的公共场所卫生工作仅局限于旅馆、理发、游泳场所、浴室、影剧院5个行业。1985年1月,省卫生防疫站举办全省第一期“浙江省公共设施卫生监督监测学习班”,这是浙江省公共场所卫生监督工作由单纯感官检查向科学化的卫生监督监测迈出的第一步。随后成立全省公共场所卫生监督监测协作组,并相应开展普陀海水浴场的卫生学调查等工作。1986年2月,浙江省第一张公共场所卫生许可证——浙江省游泳场所卫生许可证发放。1987年4月,省卫生防疫站设计制作全省统一的公共场所卫生许可证(88年版)及卫生许可证申请书,编写印制《公共场所从业人员卫生知识读本》和《条例》小册子各10余万册,其中《读本》还发行至四川、安徽、江西、广西、贵州、福建等省区。1988年,省卫生防疫站举办第一期“浙江省公共场所卫生监督学习班”。1989年3月,举办第二期“全省公共场所卫生监督学习班”和全省“红外分析器操作学习班”,修订印制《公共场所从业人员卫生知识读本》1万余本,并更名为《公共场所卫生讲座》。根据执法工作的需要,浙江省又拟定一套执法用表,在全国较早地进行了执法文书规范化的尝试。省卫生防疫站派遣卫生监督员分两组检查浙江省国家级风景旅游区的公共场所卫生情况,随后又组织全省各市(地)的公共场所卫生大检查。

1990年,浙江省开始着手公共场所卫生监督的分级管理,10月,省卫生防疫站直接对西湖国宾馆、西子宾馆、柳莺宾馆、南屏俱乐部、省级机关浴室和杭州剧院6家省级公共场所实施卫生监督。同年,省卫生防疫站接受卫生部的委托,进行了全省公共场所卫生监督执法效益的分析调查工作。1991年,省卫生厅开始着手制订一系列实用消毒工作规程,当年完成《浙江省公共场所茶具消毒工作规程(试行)》,充实了《公共场所卫生讲座》一书,新增加“公共场所从业人员的个人卫生及健康教育”的内容。2006年度,省卫生监督所制定了《浙江省公共场所卫生监督量化分级管理试点方案》并下发各试点单位,开展旅店业、游泳场所、公共浴室业和理发美容业卫生管理的试点。2007年,省卫生厅卫生监督局组织开展浙江省公共场所卫生监督信息公示试点工作,及时向社会公布公共场所卫生监督监测结果,积极探索公共场所卫生监督信息公示制度。2008 年，为进一步完善集中空调通风系统卫生监督管理措施，切实保障公众身体健康，省卫生厅卫生监督局确定杭州市上城区、江干区和宁波市江东区、鄞州区四区为试点单位，通过试点摸清公共场所集中空调通风系统的基本情况，加强公共场所集中空调通风系统卫生监督和服务能力建设，探索公共场所集中空调通风系统卫生监督管理手段。2009 年，全省在住宿、游泳等场所实施公共场所卫生监督量化分级管理制度，量化的公共场所经营单位 21006 家，共评定 A 级单位 375 家，B 级单位 2714 家，C 级单位 16887 家，完成全年公共场所卫生监督量化分级管理工作目标。

2010 年，浙江省根据卫生部要求并结合浙江实际，要求住宿场所应量化分级，分级率要求推广 90%以上(其中省会城市为 100%)，游泳场所应量化分级率达 100%，有条件的地区可在沐浴场所、美容美发场所同步开展，完成了修订浙江省公共场所卫生监督量化分级管理工作手册。截至 2010 年 11 月 30 日，浙江省已量化的公共场所经营单位 33097 家，共评定 A 级单位 376 家，B 级单位 3666 家，C 级单位 27300 家，不予评级 1755 家。其中，住宿场所量化分级率达 98.36%，游泳场所量化分级率达 100%，沐浴场所量化分级率为 62.07%，美容美发场所量化分级率为 39.10%。2010 年，杭州市、宁波市、嘉兴市卫生监督机构共对 43 家公共场所(其中杭州 23 家，宁波 10 家，嘉兴 10 家)的集中空调通风系统卫生开展了监测，主要监测指标包括风管内积尘量、细菌总数、真菌总数、冷却水嗜肺军团菌等。2010 年 6—8 月，省卫生厅对全省所有营业性游泳场所的卫生管理情况进行监督检查，并对池水水质进行了抽检，对 728 家游泳场所(其中社会性 466 家、宾馆饭店内设 143 家、学校内设 82 家、体育系统使用的 37 家)进行了卫生监督检查，检查内容包括:持卫生许可证、从业人员持健康证明、卫生管理制度制定及执行情况、消毒设施配备及其运行状况等。同时，对 683 家开放期间的人工游泳场所和 14 家天然游泳场所的水质进行了监督抽检，共检测游泳池水水质 697 家，合格 486 家，合格率为 69.73%。2010 年底，全省共有公共卫生场所 95993 户，其中住宿场所(宾馆、饭店、旅店、招待所)26878 户，文化娱乐场所(咖啡馆、酒吧、茶座、影剧院、录像厅室、游艺厅室、舞厅、音乐厅)13352 户，美容美发场所(理发店、美容店)47056 户，沐浴场所 5188 户，游泳场所 727 户，体育场馆 665 户，购物场所(商场、书店)1691 户，候车(机、船)场所 144 户，其他场所(公园、展览馆、博物馆、美术馆、图书馆、候诊室、公共交通工具)292 户，有效卫生许可证总计 96073 份。同年，浙江省发放卫生许可证 39732 份，其中新发证 19231 份，变更 2213 份，延续 13434 份，注销 4854 份；对 36591 户公共场所进行了量化分级管理等级评定，其中 A 级 379 户，B 级 3340 户，C 级 30118 户，不予评级 2754 户。

三、预防性卫生监督

预防性卫生监督工作(预监)的任务是保证建设项目符合卫生要求，为人们提供安全舒适、卫生无害的生产与生活环境。中华人民共和国成立后，浙江省预防性卫生监督工作大致分 4 个阶段。1954—1966 年主要是劳动卫生。1972—1979 年主要是环境保护。1980 年后，以城市规划及公共场所设计卫生审查为主。预防性监测工作的开展，对除害防病、改善环境质量、防止建设中产生新的有害因素起到了积极的作用。

1954年，省卫生防疫站设立工业卫生科，协助厂矿改善劳动作业场所的卫生条件。省政府通过了对衢州4605工地及纺织、丝绸厂等提出改进环境卫生及劳动环境等意见，使劳动环境极大改善，多数纺织厂、丝绸厂夏季车间温度达到了纺织部规定的95℉(35℃)的要求。

1956年，省城市建设局与省卫生厅联合发布《关于城市规划和城市建设中有关卫生监督工作的联合指示》。1957年，省人民委员会发布在杭、宁、温等七市重点试行《浙江省工业企业预防性卫生监督实施细则》等文件后，各市、县站积极开展了预监工作。省卫生防疫站对新安江水库(水电工程)做出的《库底卫生清理及卫生防护要求实施办法》，对湖州石英磨粉厂、嘉兴化工厂等进行预监工作。同年，浙江省卫生干校办起首届预防性卫生监督学习班，培训了各级卫生防疫站的预监队伍。1960年，浙江省将预监列为重要工作之一，至20世纪70年代中断停止。

1972年，浙江省开展"三废"治理监督监测，预监工作得以恢复。1973年，审查了9个厂矿的工程设计施工方案。1978年，浙江省环境食品卫生监测站成立，设置预防性卫生监督科，承担全省大中型建设项目环保"三同时"及环境卫生、劳动卫生等的预监，参与了浙江炼油厂、衢州化工厂等设计审查及验收评价，其中在衢化102分厂的工作获国家城乡建设环境保护部奖状。省卫生防疫站还整理了全省2539个厂矿的"三废"基本情况，一厂一卡调查表，举办"三同时"预监学习班，培训防疫站学员30名、环保系统学员14名。1978年，省卫生厅开始对医院污水进行预监工作。1979年，省卫生厅决定将省环境食品卫生监测站并入省卫生防疫站，不再承担环保"三同时"工作。

1980年，省卫生防疫站成立环境卫生科设预防性卫生监督组管理预监工作，参与衢州化工厂102分厂、镇海石化总厂尿素厂、杭州祥符桥水厂、715所、包玉刚游泳池等近30个项目的预监工作。1982—1991年，预监工作主要是进行城镇总体规划审查和鉴定，开展了杭、宁、温等18个市、3个县总体规划的审查鉴定(包括参加宁波小港开发区规划调查)以及莫干山风景区总体规划评审、黄泽镇等集镇规划调查与居住小区规划调查。

1983年，卫生部《医院污水排放标准》颁布后，省卫生厅落实专人负责预监及协助一些医院治理污水，组织专人到80余所医院调查污水排放状况，在3所医院作了污水性状监测，并选用氯、臭氧等不同消毒方法的效果监测。

1983—1989年，省卫生防疫站开办环境卫生预监学习班两期，培训人员157名，环监所还编印《预防性卫生监督资料汇编》供基层参考，1992年，编写《环境质量报告书(1981年度)》，参与《环境质量年鉴》中有关卫生资料的收集及审定工作，到近200个单位、基层调查了解环境污染现场，提出改进意见，对浙江省环境污染状况进行综合整理研究，制作了14个城市的683个重点污染源分布的资料及现状图。2000年后，公共场所的预防性卫生监督主要是对新建、改建、扩建公共场所的设计进行预防性卫生监督，同时对其卫生防护设备、竣工验收开展预防性卫生监督。

2009年，全省对70个新、改、扩建项目进行了建设项目卫生审查，其中，选择(预评价)卫生审查通过63个、未通过3个，设计卫生审查通过60个、未通过10个，竣工验收通过49个、未通过3个。

四、环境污染监测

环境污染是指环境中出现因其化学成分或数量而阻碍自净过程并产生有害于环境和健康的物质，导致生物体或环境产生不良反应的现象。环境污染监测是通过对人类和环境有影响的各种物质的含量、排放量的检测，跟踪环境质量的变化，确定环境质量水平，为环境管理、污染治理等工作提供基础和保证。20世纪70年代前，浙江省环境污染监测工作仅对一些局部地区或水域的零星污染事件进行调查处理。70年代以后，环境污染问题逐渐突出，环境污染监测和调查研究工作成为浙江卫生监测的重要任务。

（一）水质污染监测

1971年，根据国务院131号文《关于工业三废对水源、大气污染程度调查的通知》，省卫生防疫站于8月参加浙江省卫生局（以下简称省卫生局）组织的“三废”调查组，开展“三废”污染调查。1972年，省卫生防疫站组织有关市、地卫生防疫站，先后对浙江沿海及钱塘江、甬江、瓯江的河口区及上游水体开展调查。1973年，增加椒江水系、杭嘉湖运河水系以及丽水等地内陆河流。1976年，又增加鳌江、飞云江、曹娥江及舟山群岛附近海区的水质污染调查。为争取在浙江炼油厂投产前取得该厂排污口附近海区的水体本底资料，省卫生防疫站和国家海洋局二所、宁波地区站等开展此区潮间带调查。1978—1979年，苏、浙、闽、沪三省一市的环保、卫生、海洋部门联合进行沿海水质调查，省环境食品卫生监测站（与省卫生防疫站合署办公）参加此项目中的浙江沿海水域的污染调查工作。此项工作量大、面广，通过十年的调查工作，较系统地掌握浙江省主要水系及沿海的水体污染程度范围、主要的污染来源以及清洁河段的本底资料，为浙江省水体污染防治工作提供全面系统的科学数据，并锻炼和培养了一批环境卫生和水质分析的技术人员队伍。以1974年为例，浙江省调查水域全长1953千米，监测水质指标16项，监测站位339个，采集水样773份，底质229份，监测数据17213个。

（二）大气污染监测

1972年，国家计委在上海召开全国消烟除尘现场经验交流会，自此在全国范围内开展了以消烟除尘为中心的大气污染防治工作。省卫生防疫站受省计委委托，先在杭州、宁波等地开展管道烟尘监测和消烟除尘效果的监测评价工作，为推动浙江省消烟除尘工作、优选和改进消烟除尘装置提供了科学依据。除各类锅炉的烟气净化效果测试评价外，省卫生防疫站还扩大开展了中、小型水泥厂的水泥粉尘测试，为控制水泥粉尘的环境污染、资源的回收、除尘器的改造起到了积极作用。1973年，中国支援阿尔巴

图79-4-1-2　卫生监测人员深入工厂进行废气测定（浙江省卫生监督所提供）

尼亚的铜冶炼厂工程，省卫生防疫站应北京有色金属设计院和富春江冶炼厂的邀请，分别在1973年底和1974年春两次对富春江冶炼厂的大气污染开展专题调查。1973年4月，省卫生防疫站对杭州钢铁厂球团烧结车间的大气污染开展监测评价，此结果为该厂的技改扩建的废气治理工作提供了重要依据。1975—1976年，省卫生防疫站会同杭州市卫生防疫站在杭州市区内按功能分区布设了10～13个点，在冬、夏两季开展以飘尘、二氧化硫和氮氧化物调查为重点的大气污染监测工作，基本反映了浙江省城镇大气污染的现状，取得并积累了较宝贵的历史监测资料。1978—1979年，省卫生防疫站先后两次应衢州化学公司的邀请，对该公司101分厂的大气氟污染开展监测评价，调查揭示了该厂氟污染的范围、程度和污染规律，为该厂电解铝生产技术改造提供了科学依据。

（三）其他污染监测

噪音污染监测。1981年5月，省卫生防疫站在杭州市开展城市交通噪音污染监测，调查了29条主要干道，设监测点98处，这是浙江省内首次开展城市交通噪音污染的监测。

人体生物材料污染监测。1983年，省卫生防疫站参加由中国预防医学中心卫生研究所组织的人体生物材料中污染物对人体健康影响及危害的监测，在杭州调查了人奶中有机氯及血中铅镉浓度，结果表明，杭州人奶中有机氯含量水平为全国之首，提示有机氯在人体中蓄积严重，这与浙江省历年来大量使用有机氯农药密切相关。

工业污染源监测。1977年，省卫生防疫站在金华举办省工业“三废”污染源调查学习班，对全省地、市(县)卫生防疫站及部分环保办骨干进行了调查前的技术培训。通过两年的调查，首次建立浙江省工业“三废”污染源档案，较全面地掌握了全省工业“三废”污染源状况，为环境污染监测评价、污染源治理、工业布局及区域防治规划等提供了必要的基础资料和科学依据。

事故性环境污染监测。1970年，建德化工厂的黄磷废水及磷泥排放污染波及整个新安江、富春江，鱼类大量死亡，误食死鱼者中毒。据渔民估计，渔业资源损失约占上述江段鱼类总量的70%，须经3年以上时间的养息才能恢复至原有水平。1985年，省卫生防疫站又与萧山市卫生防疫站协作，对萧山龙山化工厂区开展大气污染及人群死因回顾调查和监测。

环境污染和人体健康影响的调查研究。1977年，浙江省与中国医学科学院卫生学研究所联合，对台州地区的205铅锌矿周围环境开展了镉污染探索调查。1980—1982年，省卫生防疫站承担省科委下达的浙江省环境镉污染及人群健康影响的研究课题，组织绍兴地区站、台州地区站，诸暨、三门、临海、黄岩、遂昌、龙泉县卫生防疫站及温州市环保站，对五矿一厂周围环境的农田、土壤、稻谷、小麦、家禽、家畜进行调查，并在诸暨开展人体健康指标的监测，系统地提供了浙江省有关环境镉污染的科学资料。

第二节　学校卫生

学校卫生是一门包含有环境卫生、营养卫生、学生疾病防治等方面的综合性工作。学校卫生的主要任务是卫生管理，监测学生健康状况，对学生进行健康教育，培养学生良好的卫生习惯，改善学校卫生环境和教学卫生条件以及对学生传染病、常见病的预防和治疗等。

一、学校卫生管理

清光绪三十三年（1907 年），绍兴府中设调养室，即校医室。宣统三年（1911 年），绍兴设专职校医。民国 12 年（1923 年），康济医局医士义务担任成章女校、第二县校校医。民国 21 年、民国 32 年，绍兴稽山中学、简易师范成立，先后设兼职校医及医务室。①

民国时期，浙江省重视学校卫生工作。浙江省教育会颁发《校医职务规则》，对校医的资格要求甚高，必须由医学专门学校医科毕业生，并从医 2 年以上，获得有关部门证书的人才能充任。校医必须专职，不得兼职或业余在外开业。校医每月工资至少 50 元以上，并应开设生理卫生课，另发课时费。校医一旦受校长聘用，必须认真执行校内卫生及医治事务，具体职责有 7 条：第 1 条，校医每月必须两次对学校卫生进行检查、登记，提出整改措施，向校长汇报。第 2 条，校医必须定期检查教室空气新鲜度、光线明暗度、桌椅适宜度、教室内前排和后排与黑板的距离适当度、冬季暖炉与学生的距离尺度、教室内的温度、校园清洁度、饮水卫生程度及其他有关卫生事项。第 3 条，校医每月至少 1 次去教室查看学生的健康状况，及时医治患者。第 4 条，每学年初校医必须对学生进行体格检查，详细登记结果。第 5 条，校医对周边发生的传染病要及时调查，告诫学生及时预防。第 6 条，校医如发现校内有传染病患者，必须及时消毒、隔离或全校停课整顿。第 7 条，走读生居住地如发生传染病，校医须向校长提出隔离该生的请示，以防在学生中传染。

民国 9 年（1920 年），省立第七中学设专职校医和调养室，经校医批准可入室调养，订立《学生卫生须知》12 条。民国 11 年，金华县小学开设卫生课；民国 18 年 5 月，学校加强环境卫生、预防保健和疾病诊治工作。民国 17 年 3 月，上虞县教育局通知，各校学生未出天花及距上次种痘年数较长者，仍应种痘以防传染，并附《防治天花办法》；同月下旬，转发《小学讲授关于白喉的教材》，令各小学讲授白喉病及预防知识。民国 19 年，省教育厅视察诸暨县学校教育的训令中，指出“区间同文小学，尚知注重卫生”，“鉴秀小学教学训练与卫生，俱不合法”。民国 20 年 3 月，金华、汤溪两县有关部门派医生为学生接种牛痘。

民国 23 年（1934 年），杭州市政府在各学校设 1 名医师、2 名护士，共计 80 所学校，管理 15000 多名学生。3—5 月间，重点种痘，受种学生计有 6500 多人。4 月，杭州市政府为改进学校儿童健康及学校卫生，组建杭州市学校卫生委员会，从事筹划，成员为 2 名教育科职员、2

① 《绍兴市卫生志》，绍兴市卫生局 1990 年编印，第 112 页。

名卫生科职员、1 名实验小学校长、1 名城区市私立小学校互选出者、1 名乡区市私立小学校长互选出者、2 名学校卫生专家，4 月下旬举行互选。7 月起，指定第四学区为学校卫生试验区，有 13 所学校及 3100 多名学生参加。9 月至 10 月 15 日举行健康检查，检查学生达 3000 多人，计其疾病的百分比例，耳病为 2.4%，沙眼为 44.3%，牙病为 37.2%，扁桃腺疾病为 4.3%，营养不良为 6.4%，皮肤病为 3.1%，心肺病为 0.25%，其他病症为 2.4%。检查发现，沙眼最多，次为牙病及营养不良、腺病、耳病、皮肤病、心肺病等。关于病症矫治，因限于经费及人员，矫治范围指定眼耳病、皮肤病及临时小外科。民国 23 年 8 月至民国 24 年 1 月，矫治人数为 1054 人，矫治总例数为 16236 人。民国 24 年，杭州市教育界发布《小学校令》《国民学校令》《高等小学校令》，强调注意儿童的身心发育。杭州市政府采取的相应措施有：在行政组织上设立小学卫生委员会，卫生局派员长驻教育科，协助管理小学的环境卫生和医疗设施。小学日常工作中的卫生工作有：早晨检查学生的衣着整洁和身体状况，检查环境卫生，督促儿童重视个人卫生和维护环境卫生。杭州市内比较大的学校设有医务室，各小学每年进行学生体格检查。

民国 25 年(1936 年)3 月 25 日，由卫生部派司长朱章庚自江西陪同端纳博士来杭考察浙江省教育卫生事业，市长周象贤派卫生科技士陈士翼、医师翟培庆等到车站欢迎端纳博士。因时间短，仅视察浙江大学、医药专校、省立助产学校和杭州市著名小学，后乘车赴南京参加卫生署召开的全国学校卫生技术会议。10 月，浙江省开展乡镇卫生状况调查，结合巡回诊疗，为学生进行健康检查，注射霍乱、伤寒预防针。民国 26 年 8 月 1 日，浙江医专(今浙江大学医学院)建立浙江省最早的卫生实验区，开展学校卫生及矫治工作。

民国 29 年(1940 年)，为粉碎日本侵略军罪恶的细菌战，省卫生处要求学校与社会共同进行防疫知识教育。同年，新昌县举办小学保健老师训练班，对该县 4 所学校 734 名学生进行健康检查，矫治各类疾病 752 人次。民国 33 年，新昌县对 18 所学校开展学生体格检查，矫治各类疾病 42 人次。民国 36 年 3 月，新昌县对 30 名师范毕业生进行卫生知识培训，充入各校任卫生员。同年，汤溪县礼义、延兴等乡疫疠流行，学校被迫停课。民国 30 年，台湾医院为流亡于灵岳乡的杭州贫儿院 40 余名学生体检，发现每个学生都患有不同的病症。民国 35 年，上虞县城乡各级学校开展学生体格检查，受检学生 1672 人，其中体格不合格需矫治者 88 人。同年，绍兴稽山中学健康检查 520 人，查出近视眼 16 人、听力障碍 12 人、沙眼 344 人、牙病 18 人、缺点矫治 13 人。民国 36 年 2 月，金华普济医院为金华二湖乡第一保校学生体格检查，发现 14 名学生因营养不良而患贫血。至 1950 年，县境内虽有几所中等学校设有专职医务室，亦多缺医少药，一般完全小学只备红汞、碘酒、药棉之类外用药和一只保健箱，且小学校舍大多借用祠堂、庙宇，光线极差，课桌椅不合规格，影响儿童视力和身体健康。

1949 年前，杭州市卫生局第二科设学校卫生室，有医师 2 人、中级医护人员 6 人，负责学校卫生管理工作，工作对象仅市区 15 所小学，工作内容是对学生进行疾病矫治、预防注射以及卫生教育。1949 年 9 月，杭州市卫生局保健科设学校卫生组，7 个区卫生所共有学校卫生技术干部 10 人，开始对学校卫生状况进行调查研究并开展工作。1955 年，市区中、小学校普遍建立学校保健工作指导委员会，统一领导学校卫生工作。全市各中等学校设保健室，小学设置保健老师。1957 年，杭州市开始在各中、小学组建红十字卫生站，培训班级卫生员，每个班级 2 人。为提高其业务能力，每年举办学校卫生保健老师培训班，采取集中学习、定期座谈、学术讲座等形式，内容有卫生统计、近视防治、体育卫生结合、学生常见病和多发病中草药防治等。各级学校保健组织和技术骨干在开展学校卫生工作、增进师生健康方面起着积极作用，成为学校卫生工作的有力助手。据 1985 年统计，全市有校医 156 人，保健老师 400 人，其中市区校医 80 人，保健教师 110 人。

1952 年，浙江省学校卫生专业机构设在省卫生厅卫防科内。1953 年，学校卫生工作在省卫生防疫站劳卫科、卫生科中有人兼职。1978 年起，在卫生科中有 2 人专职。至 1979 年底，省卫生防疫站成立学校卫生科，由 6 人组成。随后几年，杭州市、宁波市、台州地区、温州市、湖州市、嘉兴市、绍兴市等地相继在卫生防疫站成立学校卫生科。1977 年，浙江省学校卫生工作接受卫生部考核，位列小组第一名，获得了卫生部颁发的荣誉证书及奖品。

1979 年底，省卫生防疫站成立学校卫生科，使学校卫生工作在 20 世纪 80 年代得到较大发展，工作范围扩大到学校卫生监督，学校卫生监测，健康教育，学生心理卫生，学生常见病、多发病、传染病防治以及校医、保健教师业务培训等诸多方面。1980 年，省卫生防疫站编写《学校卫生工作手册》由浙江科学科技出版社出版，发行 43500 册供全省系统化、规范化培训校医、保健教师用。1984 年，省卫生防疫站学校卫生科与宣教科协作，编写了浙江省第一套小学卫生课本 1～5 册，在部分市、县试点使用。1986 年，经修订推广到 200 余所小学，同时编印了小学卫生课本参考资料。1985 年，省卫生防疫站制订《浙江省学校卫生工作档案》，下发到各级卫生防疫站。

1986 年，省卫生厅结合浙江省实际情况，制定《浙江省学校卫生工作考核细则》，并于 1986 年 11 月 20—30 日对 11 个市（地）学校卫生工作情况进行全面考核。经考核，评出宁波市、杭州市、台州地区学校卫生工作先进单位，通过考核，进一步推进了全省学校卫生工作。

1991 年 9 月，省卫生防疫站与金华县卫生防疫站在金华县设立农村学校卫生工作试点，以探讨符合浙江省实际的农村学校卫生工作模式。1992 年，为更好地学习贯彻《学校卫生工作条例》，省卫生防疫站编印了条例学习参考资料 6000 册，下发至各级卫生防疫站及各类学校，并在全省范围内开展学校卫生知识竞赛。1982—2001 年，省卫生防疫站分别举办了 17 期全省学校卫生专业人员学习班，内容有学校卫生监督（预防性卫生监督、经常性卫生监督）、学生健康监测、生长发育调查、心理卫生、眼镜卫生质量监测、学生常见病防治、卫生统计等，参加培训的人员达 1400 人次。1993 年，各级卫生防疫站加强了学校卫生管理人员的内涵建设，对各类涉及学校卫生保健人员进行业务培训，有关卫生防疫站专业人员培训率达 65.1％，基层防疫人员达 66.5％，校医达 63.7％，保健教师达 57.2％。学校卫生工作任务也由当初的学生体格检查、预防检查、常见疾病的矫治、卫生教育等扩大到学校卫生监督（预防性卫生监督、经常性卫生监督、学生用文具、娱乐器具、保健用品的卫生监督），学校卫生监测（生长发育监测、常见病监测、营养状况监测、因病缺课监测），健康教育，学生心理卫生，学生常见病、多发病、传染病防治，校医、保健教师业务培训等诸多方面。

2000 年，省卫生防疫站撤销，成立了浙江省疾病预防控制中心和浙江省卫生监督所，学校卫生监测和指导工作划入省疾病预防控制中心卫生与健康研究所，设置学校卫生专业人员3人。学校卫生监督工作划入省卫生监督所，在环境卫生监督科内设置2名兼职人员。

2005年，浙江省监督学校卫生工作的总数为3720所，监督合格学校2843所，监督覆盖率为100%，监督合格率为76.42%。其中，普通高等学校52所，监督合格学校50所，监督合格率为96.15%；中专技校和中学1358所，监督合格学校1106所，监督合格率为81.44%；小学2310所，监督合格学校1687所，监督合格率为73.03%。在分项经常性卫生监督中，学校生活饮用水、学校食品卫生、学校图书馆、洗浴设施、旅馆招待所、体育游泳池（馆）的监督合格率较高，分别为47.41%、45.16%、97.65%、97.01%、100%和87.88%。而教师人均面积、课桌椅、黑板、教室照明、教室微小气候、环境噪音、厕所的监督合格率相对较低，分别为25.90%、22.65%、27.27%、27.16%、21.65%、24.09%和26.85%。

2009年，省卫生厅与省教育厅下发《关于印发浙江省学校卫生工作合作机制的通知》，联合开展校园卫生健康综合治理专项整治行动，制定《浙江省普通高校卫生综合评价表》《浙江省中、小学校卫生综合评价表》。2010年，浙江省应监督学校7245所（含分校、教育点），实际监督7218所，监督覆盖率为99.63%，完成卫生部监督局《卫生监督员手册—学校卫生分册》编写，举办全省学校卫生监督员培训班进行讲解培训。

二、学生健康监测

民国27年（1938年），瞿培庆调查杭州市19所学校7582名儿童，统计了7～15岁男、女学生的身高、体重，写出《关于杭州市儿童体质之初步调查》一文，为杭州市儿童少年生长发育状况调查的最早资料。

1956—1960年，国家有关部门选择浙江省18所中学和部分小学进行学生视力与教学照明调查，结果表明：中小学生视力减退现象逐年增多，视力减退与年龄、年级成正比，而且易发于12～15岁，女生高于男生，其中小学生以轻度近视占多数，年龄愈大，程度愈深。其主要原因是：教学照明差，阅读、书写姿势不正确，视力过度疲劳。1956年，杭州市卫生防疫站在杭二中进行学生营养卫生调查，结果表明，蛋白质、核黄素等营养物供给量不足，学生三餐热量分配也不合理，中、晚餐各占40%，早餐仅占20%，热量偏低（要求为30%）。

1957年8月，省卫生防疫站举办体育卫生监督学习班，来自杭州、嘉兴、宁波、温州、金华、台州、舟山7个专区的146人参加了学习，提出体育运动安全教育、运动员健康分组、运动员自我安全监督和做好体育伤害事故的处理等意见。1964年，杭州市教育、卫生、文化、公安、交通、团委、体委、总工会、妇联、红十字会、科协和中华医学会浙江分会12个单位组成保护青少年视力委员会，领导开展宣传教育，进行防治研究，落实防护措施。1965年，杭州市防疫站、上城区防疫站在浙医大眼科教研组协助下，试用滴缓解痉挛液，服用鱼肝油、乳酸钙及雾视法进行治疗，对假性近视效果较好，视力轻度减退的效果更好。1977年，试用毛莨矫治213人，恢复正常者56人，恢复率为26.3%；有进步的89人，进步率为41.7%；有效的145人，有效率为68%。1981年，胡庆余堂制药厂根据省中医院眼科名医柏仲英经验，配方制成“益视冲剂”，应用于近视矫治。1984年，杭州市卫生防疫站又以“麦得林眼药水”供应全市中、小学校学生矫治近视。

1972年、1981年，浙江省先后对近2万名中、小学生视力减退及其有关因素和不同地区(平原区、半山区、山区)学生视力状况进行调查，并对历年学生视力资料进行综合分析，结果表明，1960—1964年，中小学生视力减退逐年上升。1979年，杭州对中、小学校学生生活和疾病状况进行调查，发现早餐热量普遍不足，胃病发生较多。1980年，首先在安吉路小学试行课间加餐，受到欢迎，以后逐年推广，有些学校自办食品厂，以解决课间食品供应问题。1985年，杭州市调查120所小学和27所中学，课间食品由校方集体供应者，小学为100%，中学为44%。对1980年与2005年的数据进行比较，25年中，杭州市7～17岁男女学生平均身高增高3.75厘米，平均体重增加1.86千克。前后两代同龄人，子代比上代身长增高1.94厘米，体重增加1.75千克。自1962年开始，身长、体重开始逐步增长，1972年增长显著，1980年优于1972年。对1980年与2010年的数据进行比较，30年中，杭州市男、女学生平均身高分别增长8.46厘米和10.91厘米，平均体重分别增加4.67千克和6.48千克。

1980年，省卫生防疫站组织全省第一次系统性生长发育横剖面调查，杭州市、宁波市、新昌县等16市、县卫生防疫站参加，共调查6～18岁男、女学生52556名，进行了形态、机能、第二性征17项指标的测试，根据调查数据制定《浙江省7岁～18岁儿童少年生长发育评价标准》，下发全省各级卫生防疫站供各类中、小学校使用，该项工作总结报告于1981年获"浙江省自然科学较佳论文奖"。1981—1991年，在浙江省儿童少年青春发育横剖面调查的基础上，省卫生防疫站与余杭县卫生防疫站协作在余杭临平、塘栖镇进行236名学生青春发育十年追踪调查。1984年，省卫生防疫站对2130名杭州市大、中、小学学生和学龄儿童进行营养卫生调查。受查者均为三餐在校用膳的3～20岁的学生，其中，大学生452人，中专生724人，中学生507人，小学生150人，部分受查者同时进行体检和生化测定。调查结果表明：各类学生对各种营养素摄入，除铁的摄入量足够需要外，维生素A和胡萝卜素甚少，中学、中专、大学学生蛋白质和热量普遍不足，则在全托幼儿和中学生的钙摄入量普遍不足。三餐热量分配比例，大学生基本相等，中小学早餐热量偏低，中晚餐相等，全托儿童和小学女生晚餐较高。1985年，浙江省教育厅、省卫生厅、省体委、省民族事务局联合成立浙江省学生体质健康调研领导小组，省卫生防疫站负责调研的组织、培训、数据统计、资料分析工作，撰写的《浙江省60年来学生身体形态的变化(1925—1985)》收入《中国学生体质与健康研究》(人民教育出版社1987年版)一书。省卫生防疫站在杭州、宁波、台州等市、地开展学生健康监测试点，监测结果显示：浙江省学生常见病以视力低下、龋齿、肠蛔虫症、贫血、沙眼为主，脊柱弯曲异常、肝炎、肺结核基本控制，学生身体瘦长型有所改善。1986年，省卫生厅制定《浙江省学生健康监测试行方案》，对全省11市(地)192所中小学校的115200名学生进行健康监测，其中生长发育、营养状况监测，每5年一次；疾病、因病缺课监测，每年一次。1986—1990年监测结果显示：城市学生视力不良有所控制，农村学生视力不良率仍呈上升趋势，学生沙眼罹患率农村高于城市。2010年监测结果发现：浙江省学生常见病以视力低下、龋齿、贫血为主，营养不良和肥胖情况同时存在，且肥胖呈现增长趋势。而学生身高、体重等形态发育指标继续呈增长趋势。肺活量、速度、下肢爆发力、耐力等身体素质得到显著提高，提高幅度均高于全国水平。龋患率得到有效控制,发病率出现明显下降。上肢肌肉力量、柔韧性等身体素质呈下降趋势。

1985年、1991年、1995年、2000年、2005年和2010年,省疾控中心组织专业人员协助省教育厅、省卫生厅等部门开展6次全国大样本的学生体质健康调研工作。根据浙江省不同经济状况、地理条件,选取能代表本省学生体质、健康状况的3个城镇片、3个农村片(1985年为杭州、宁波、丽水城乡各一片,其后调整为杭州、宁波、金华),每片选择生活水平和体育锻炼为中等水平的中小学和能代表本省籍学生体质、健康状况的大中专学校(1985年为浙江大学、杭州大学、浙江水产学院、省交通学校,其后调整为浙江工业大学)作为调查点,进行身体形态、生理机能、体能素质和健康状况等方面的调研。1986年,浙江省学生体质健康状况监测领导小组由省卫生防疫站、杭州市卫生防疫站组成体检队,于4月2—23日对杭州市区及萧山县、浙江大学等13所学校的9700余名学生进行形态、机能、素质测定,共20项。同年,根据省卫生厅、省教委《关于开展学校卫生监督、监测和扩大卫生课教学试点的通知》,全省开展学校卫生监督工作,内容包括预防性卫生监督和经常性卫生监督,如办学条件、采光照明、课桌椅合格率、教学卫生、体育卫生等。

1986—1990年,全省共监督2055所中、小学校,城镇覆盖面为69.17%,农村覆盖面为34.27%。根据方案要求,对城镇和农村乡中心以上中、小学分别划分三类进行监督,省卫生防疫站每年对在杭5所高校、5所中专学校进行经常性卫生监督。同时,各地还积极开展学校预防性卫生监督,1988—1990年全省城乡新、扩、改建学校1029所,预防性卫生监督369所,监督率为35.86%。1989年,省卫生防疫站制定《浙江省学生寄生虫病防治方案》,全省学生先后统一使用杭州药厂生产的噻嘧啶、丙硫咪唑进行每年普服一次,使全省学生肠蛔虫感染率大幅下降。1994年,采用学生集体服药、粪检阳性服药或间隔服药等渐变式手段来驱虫。杭州市在上城区、下城区小学生中开展六龄齿窝沟封闭试点工作。为防止肠道传染病在学校流行,1994年8月,省卫生防疫站召开大中专院校肠道传染病防治紧急会议,并对措施落实情况进行了抽查。1995年,省卫生防疫站在嘉善市对宁波某公司生产的驱虫外涂药“海密克”进行了效果观察。同年,省卫生防疫站在杭州市区、台州地区的临海市、椒江市、黄岩县、温岭县的113个眼镜厂、店、摊进行了卫生质量抽检,共抽检镜片1486片,合格率为33.2%。抽检成镜890副,合格率为24.5%。抽检杭州市两所中学学生戴的眼镜108副,合格率为3.7%。根据调查情况,省卫生防疫站起草了《浙江省眼镜卫生质量监督管理暂行办法》。1991年,根据省卫生厅要求,省卫生防疫站组织学校卫生监督员对杭州市部分在售的隐形眼镜(包括市场上和医院的)进行调查,对市场销售的隐形眼镜清洗消毒液进行抽检。1999年,省卫生防疫站对杭州、宁波、嘉兴等9个市的100家专业眼镜店进行隐形眼镜配戴场所卫生调查,配戴场所中空气合格率为22%,操作人员合格率为39.0%,配戴台面合格率为42.0%。

1990—1999年,省卫生防疫站按照卫生部《学校经常性卫生监督评价标准》,开展经常性卫生监督工作,每年监督学校达1000余所。1993年监督合格学校占72%,1999年为90.8%。1991年9月,省卫生厅制定《中专学生体质健康检查规程及技术规范》,在杭州市文教区9所学校进行联片体检试点，并按照卫生部统计报表卫统项目及填报技术规范，设30所高校、中专、城市中学、城市小学、农村中学、农村小学为全国监测学校。1995年，确定省学生健康状况综合监测学校为52所。1993年，确定嘉兴市、金华市、平湖市、诸暨市，余姚市、黄岩市、松阳县等为全国学生常见肠道蠕虫感染监测点，丽水云和县为省监测点，在嘉兴郊区用甲苯咪唑片（为省卫生厅、教委首批认定的全省学生集体驱虫药物）进行学生集体驱虫的效果观察。据监测资料，学生肠道蠕虫病防治集体服药率为99.0%，感染率由1992年的14.32%降为7.9%，杭州、湖州、嘉兴、舟山等市区已控制在5.0%以下，提前达到了卫生部、国家教委提出的2000年控制指标。1995年，浙江省学生体质健康调研领导小组组织4个检测队，对3个不同经济状况、地理条件的地区——杭州市、宁波市、金华市的城乡学生进行测试，全省共确定了16所中、小学和1所高校作为观测点学校，共检测城、乡男女7～22岁各16个年龄组，汉族学生15万余人的形态、机能素质和健康等四类20余项，获得32万个科学依据。1997年，省卫生防疫站下发《浙江省学生健康状况综合监测方案》《浙江省学生健康状况综合监测技术规范》，明确每年开展学生健康监测工作，监测内容主要包括：学生常见疾病（视力低下、蛔虫、龋齿、营养不良、肥胖、贫血、沙眼）、生长发育、因病缺课、营养状况、学生因病休退学和死亡监测。学生健康状况综合监测点分省、市（地）、县三级，省级学生健康状况综合监测点每年采用随机的方法确定城市点和农村点。至1999年，监测点达67所。

图79-4-2-1 20世纪90年代，省卫生防疫站开展学校学生健康监测（浙江省疾病预防控制中心提供）

2005年，浙江省学生健康状况综合监测与常见病防治工作正式以财政项目管理方式实施，在增加学校饮用水监测和教学环境监测等内容的同时，明确了监测过程的质量控制，并在全省设立相对固定的监测点。2007—2010年，省疾控中心组织对全省11个市每年3万余名学生生长发育、现时营养状况、常见疾病、因病缺课、饮用水和教学环境等健康危害因素方面综合监测的结果进行分析，并以省疾控中心蓝皮书中业务技术报告的形式向社会发布，建议卫生和教育部门加强协作，通过政策支持、健康教育和行为干预等综合措施促进学生健康。2007—2010年间，通过学生因病缺课监测工作，全省各地及时发现和处理了多起学校传染病事件，如流行性腮腺炎、风疹、急性出血性结膜炎、诺如病毒感染腹泻病等，有效开展了传染病防控工作。2008年，省疾控中心作为全国监测省份，开展了青少年健康危险行为监测等。2009年，省卫生厅、省教育厅联合下发《关于印发中小学生健康状况综合监测与常见病防治工作方案的通知》。2010年，省疾控中心对浙江省11个市99个县区的5820所中小学校校医（保健老师）及卫生室配置情况进行调查，结果显示：校医或保健老师配备达标率为25.31%（城区学校为17.58%、乡镇学校为28.96%）。同年，省疾控中心对浙江省学校突发公共卫生事件进行汇总分析，结果显示，2004—2010年浙江省学校传染病事件占突发公共卫生事件数的 84.0%，占总传染病事件数的 75.7%。每年 4—6 月报告的传染病事件较多，占学校传染病事件的 44.0%。病种以水痘最多，占 29.56%。发病例数最多的是流行性腮腺炎，占 24.98%。学校呼吸道传染病主要集中在农村，且主要分布在小学和幼托机构。肠道传染病以城市居多。并分析指出，学校仍是当前传染病防控工作的重点场所，尤其要关注小学和乡村学校，要重点加强呼吸道传染病的防控工作。应加强卫生、教育部门间的协作，落实学校传染病事件防控的各项措施。

三、学生常见病防治

浙江省中、小学生的常见病，1949 年前后以肠道蛔虫、蛲虫感染为主，其他有头虱、疥疮、沙眼、龋齿等，这与学生的生活环境和不良的卫生习惯有关。1970 年以后，由于生活条件的改善和生活习惯的改变，学生的常见病以近视、乙型肝炎病毒感染为多。改革开放以来，由于政府重视、社会进步、科技发展、学生防治知识的提高，学生的常见病得到逐渐控制或灭绝，发病率明显降低。

在开展驱蛔和肠道蠕虫病防治方面，省卫生防疫站于 1976 年调查农村中、小学 217 所，学生 34780 人，蛔虫阳性率为 73.8%；驱蛔半月后复查，阴转率为 78.8%；半年后复查，基本上又都重复感染。为有效控制学生重复感染，1976—1977 年，省卫生防疫站与杭州市、西湖区卫生防疫站联合在杭州市梅家坞小学开展农村学生常见病防治试点工作。1962 年，杭州市体检学生 42271 人，蛔虫阳性 32189 人，都进行了驱蛔治疗。之后，杭州等地市把驱蛔工作列为中、小学校卫生常规工作，中、小学每年 10—11 月开展集体驱蛔，以后感染率逐年下降。杭州市 1977 年的感染率为 48.09%，1980 年降到 23.03%。1994 年，全省各地认真贯彻实施《全国学生常见病综合防治方案》，积极开展学生常见病防治工作，学生集体服药驱虫，大部分地区从开始的一年两次改为一年一次，有的地区过渡到粪检阳性服药或间隔服药。11 月，省卫生厅、省教委组织进行全省学生常见肠道蠕虫感染综合防治工作阶段考核和先进评比，杭州市被评为第一名，宁波市、嘉兴市为第二名，台州市、舟山市为第三名。1997—1999 年，全省各级卫生防疫站结合学生体检积极开展常见病查治工作。学生肠道蠕虫感染防治，主要采取集体口服阿苯达唑、甲苯咪唑或海密克乳膏外涂驱虫，部分感染率低的地区对粪检阳性者用药治疗。1999 年，根据省卫生防疫站“1998 学年浙江省学生常见病防治实施计划”要求，各地防治学生常见肠道蠕虫感染选用阿苯达唑片和复方甲苯咪唑乳膏（外涂），感染率低于 15%的地区采用选择性治疗，受治率达 100%，感染率较高的地区采用集体服药防治的方法。2002 年，全省各地对 89624 名学生进行了粪便检查，阳性率为 2.07%；对 101905 名中、小学生进行了肠道蠕虫预防性服药，服药期间未发生严重的药物副反应。

在开展眼屈光和近视眼防治方面，1964 年，根据卫生部等 8 个单位《关于试行〈中小学校保护学生视力暂行办法（草案）〉的联合通知》，省卫生防疫站组织杭州、宁波、温州、绍兴、临海等市、县开展相关工作。1983—1988 年，省卫生防疫站在杭州市胜利路小学设立了防“近”试点。通过 6 年的小学生眼屈光动态观察，认为小学生的近视以遗传为主，后天形成为次，在小学低年级主要以假性近视为主，故防治近视眼应在小学低年级进行预防矫治。1989 年，省卫生防疫站与绍兴市卫生防疫站一起，对绍兴市区500余名视力低下的中小学生进行了眼屈光筛选调查。调查显示，在视力低下的学生中，真性近视达50.75％，假性近视达37.98％，弱视为4.13％，远视为3.82％，单纯散光为3.32％。1993年，省卫生防疫站起草《浙江省近视眼综合防治方案（试行）》，由省卫生厅、省教委联合下发，在全省设立防“近”监测点，确定每学年开学的第一周为防“近”宣传周，推广应用“双星明”眼药水治疗边缘视力，控制新发病例。1994年，省卫生防疫站在“全省保护学生视力宣传周”中开展“保护学生视力大型义诊”活动，制作下发学生防“近”专刊4万份。2006年，在教育学生注意用眼卫生的同时，用“双星明”眼药水治疗假性近视，对真性近视指导合理配镜，边缘性视力采用“珍视明”眼药水预防，沙眼采用“利福平”眼药水治疗。

在开展其他常见病防治方面，1987年，省卫生防疫站对杭州市4所小学374名学生进行缺铁性贫血调查，为防治儿童缺铁性贫血提供科学依据。1988年，省卫生防疫站在杭州商学院对18～22岁的224名本省籍大学生进行了乙型肝炎病毒感染及血清总胆固醇测定，为早期预防高脂血症和乙肝防治工作提供依据。1989年，为做好学生龋齿防治工作，省卫生防疫站先后采购保健牙刷10万余支，印制宣传卡片5万张发放至各地，于9月20日“爱牙日”上街宣传口腔卫生知识。1995年，全省开展“爱牙日”宣传活动，杭州市在上城区、下城区的小学生中开展六龄齿窝沟封闭试点工作，嘉兴市在“全国爱牙杯口腔卫生知识有奖竞赛”活动中，获全国牙防指导组颁发的三等奖4个、纪念奖11个。1996年，省卫生防疫站与浙江医科大学口腔门诊部联合制作“刷牙操”录像带，在杭州市大学路小学开展刷牙操训练试点。2002年，全省各级疾控中心在当地卫生、教育部门的大力支持配合下，在各地疾控机构改革、人员紧张的情况下，克服了时间紧、任务重的困难，按照全国学生常见综合防治方案以及技术规范的有关要求，积极开展学生常见病的防治工作。2005年，省疾控中心开展《浙江省高中生网络成瘾心理社会因素研究》，积极促进学生心理健康。2010年，全省对474602名中、小学生进行了有关常见病矫治，矫治率达65.54％。在“5·20”学生营养日宣传活动中，省卫生厅疾控处、省疾控中心编印19万册宣传资料下发全省各级疾控中心及学校，加强对学校卫生和学生常见病防治工作的宣传。

在学生常见病防治综合性工作方面，1993年，省卫生厅、省教委在金华市召开全省学生防病工作会议，具体部署全省学生防病工作。会后，由各市（地）卫生、教育行政部门召开相应的会议，各市（地）成立学生防病工作领导小组，把学生防病工作列入议事日程。根据《学校卫生工作条例》，浙江省卫生和教育行政部门健全主管学校卫生的专业干部，教育部门重视校医和保健教师的配备工作，学校卫生保健队伍不断扩大。1992学年，浙江省学校有校医649人，保健教师2254人。1993学年，学校校医人数为1019人，保健教师达3432人。1995年，浙江省的县（市、区）开展以“组织领导、健康教育、肠道蠕虫感染率、贫血患病率”等为主要内容的自查评估活动，自查考评74个县（市、区）。考评内容：（1）县（市、区）是否成立学生常见病防治工作领导小组，是否把学生常见病防治工作纳入当地卫生教育部门的工作规划。（2）健康教育是否纳入学校教学计划，是否有校医及专（兼）职卫生老师、体育老师授课以及卫生保健课开课率、学生健康知识知晓率、健康行为形成率。（3）肠道蠕虫感染率情况。（4）贫血患病率情况。1996 年，省卫生防疫站举办一期全省“考核评估方法学习班”，据 74 个县(市、区)上报的自查考评结果：(1)98%的县(市、区)成立了学生常见病防治工作领导小组，并把学生常见病防治工作纳入当地卫生教育部门的工作规划。(2)健康教育已纳入学校教学计划，并有校医及专(兼)职卫生老师、体育老师授课，卫生保健课开课率达 95%以上，学生健康知识知晓率为 72.3%，健康行为形成率为 93.1%。(3)常见病患病率。肠道蠕虫感染率，农村中小学下降到 17.32%，城市中小学下降到 8.89%。沙眼患病率，农村中小学下降到 9.76%，城市中小学下降到 10.44%。贫血患病率，农村中小学下降到 25.66%，城市中小学下降到 14.89%。营养不良率，农村中小学下降到 20.04%，城市中小学下降到 18.85%。龋齿，农村中小学下降到 0.83%，城市中小学下降到 0.50%。视力低下新发病率，农村中小学下降到 6.96%，城市中小学下降到 7.71%。结果表明，浙江省学生“六病”防治和健康教育大部分指标已达到国家第一阶段防治目标。

四、学生营养

1982 年，省卫生防疫站开展了全省青少年营养状况的摸底调查，发现学生蛋白质的摄入量仅占供给量标准的 70%，钙的摄入量占供给量标准的 53.2%，同时存在着早餐质量差、数量少问题，致使学生上午学习和正常活动所需的能量得不到满足。为此，自 1983 年起，在部分中小学试行课间加餐工作，收到了较好的效果。1986 年 9 月至 1987 年 7 月，省卫生防疫站在杭州天长小学建立全国首家学生营养午餐试点研究室，率先制订了每餐食谱中蛋白质、钙、铁营养素达到儿童每日膳食营养素供给量的营养午餐食谱。该食谱的研制课题在 1989 年通过了省卫生厅科技成果鉴定，1992 年获省医药科学进步奖三等奖。至 1989 年，全省城关镇以上中小学基本开展了课间加餐。2008 年，省疾控中心积极组织动员学校申报创建由中国学生营养与健康促进会命名的“学生营养与健康示范学校”。2008—2010 年间，浙江省有 15 所学校创建成功。除此之外，还结合“5·20”学生营养日主题，每年开展学生营养宣传工作。

第三节 职业卫生

职业卫生是人类从事各种职业劳动过程中与健康相关的卫生工作，它以职工的健康在职业活动过程中免受有害因素侵害为目的，其中包括劳动环境对劳动者健康的影响以及防止职业性危害的对策。职业卫生的主要任务是通过向职工提供职业卫生服务和向雇主提供咨询来保护和促进职工健康，加强职业危害因素监测，改善劳动条件和工作环境，防治职业病发生和职业中毒，从整体上维护职工健康。

一、职业卫生监督与管理

民国初期，浙江省没有专门的工厂卫生管理机构，没有劳动卫生、职业病防治工作，工人的安全和健康得不到保障。民国 18 年(1929 年)，民国政府颁布了《工厂法》。民国 19 年，绍兴县政府公报连续转载《工厂法》第三、第五章医生与看护、伤害与疾病等有关规定。民国22年，又转载《修正工厂法》中关于安全与卫生设备等条例。民国24年4—6月，杭州市政府认识到增加生产产量必从工人健康做起，遂派员分往市区各工厂，调查工人的职业病，统计备考。

1949年9月，杭州市人民政府卫生局专设保健科工业卫生组。1950年，市区工厂中仅14家有简陋的医疗设施，7家厂有特约医师，市政府卫生局积极帮助厂矿建立联合保健站和自建厂矿医务（保健）室，至1952年，市区厂矿医疗保健机构达到62所，医疗卫生人员383人。1950年3月，杭州市成立工厂卫生管理委员会，制订、颁布《杭州市厂矿卫生管理暂行规则》，逐步开展工业卫生工作。1955年，杭州市卫生局设工业卫生科，6月公布《杭州市工厂企业医疗卫生组织机构设置办法》，局工业卫生科积极协助工厂企业建立保健组织，充实技术力量，培训基层人员，开展职业病防治计划。1957年，根据国家卫生部要求，全市工厂企业建立和实施《职业中毒和职业病报告制度》。1958年，市区工厂企业医疗保健室（站）有107所，病床497张，医疗卫生人员603人，联合保健站于是年撤销。1971年，市区厂矿保健站（室）增至244所，医疗卫生人员916人。1983年，市区有工矿企业医疗机构655所，卫技人员4921人，病床2202张。1985年，市区有工矿企业医疗机构747所，其中，医院12所，卫生所10所，医务室（保健站）725所，共有卫技人员4856人，病床2536张。

1953年，浙江省卫生防疫站成立，第二年成立工业卫生科。1956年，又改为劳动卫生科，主要从事矽尘、有机磷农药、石棉尘等职业危害因素的防控工作。1982年6月29日，省政府同意将省职业病防治研究所并入省人民卫生实验院。1988年，浙江省卫生防疫站劳动卫生科合并至浙江省医学科学院劳动卫生职业病防治所。根据省卫生厅〔95〕185号文件，1995年7月1日机构又作调整，部分人员从浙江省医学科学院劳动卫生职业病防治所调整到浙江省卫生防疫站，设立劳动卫生职业病防治所。1999年，该所与放射卫生所合并，成立劳动卫生与放射防护所，后改为职业卫生与辐射防护所。2000年，省疾控中心成立职业卫生与中毒控制所，承担全省职业卫生与中毒控制工作，并于2003年取得职业卫生技术服务乙级资质。2006年8月获得卫生部职业卫生技术服务甲级资质。2010年，省疾控中心成立环境与职业卫生所职业卫生科，负责全省职业病危害因素监测、研究、业务指导和职业病网络直报，参与并指导全省职业中毒事件现场调查处置工作。

1954年8月23日，浙江省第一届工业卫生会议召开，传达全国第一届工业卫生会议精神，贯彻积极领导、稳步前进、面向生产、依靠工人、预防为主的工业卫生工作方针，总结检查浙江省5年来工业卫生情况，交流了经验。20世纪50—60年代，杭州市先后颁布《杭州市旅馆业卫生管理规则》《旅馆、理发、浴室业卫生要求和注意事项》《杭州市公共场所卫生管理暂行规定》以及《公共场所的卫生要求和卫生标准》，对服务性行业加强经常性的卫生管理，逐步开展卫生监测监督，进行剪刀、浴巾、面巾、茶具等消毒效果考核和池水水质检测等。1985年，杭州市制订《杭州市化妆品卫生管理暂行条例》，对全市化妆用品开展卫生调查，对部分产品进行卫生监测，发现问题及时做出处理。2001年，为迎接《中华人民共和国职业病防治法》正式颁布实施，省卫生厅组织编写培训教材《卫生法规与卫生知识培训系列手册》（职业卫生

一、二分册，供用人单位负责人、劳动者培训使用），制作《职业病防治法》系列宣传展板（30块/套）、挂图（2张/套）等宣传资料。2002年4月30日，省卫生厅、省总工会、杭州市卫生局、市总工会等在杭州武林广场举行《职业病防治法》大型宣传咨询活动。2002年5月1日，《中华人民共和国职业病防治法》正式颁布实施，全国进入了依法管理职业病防治工作的阶段。

2003年，浙江省卫生监督所成立职业卫生监督管理科，根据省卫生厅的要求，组织全省开展职业危害项目申报的专项执法检查，建立全省有毒有害申报制度，指导全省对13595家有毒有害企业开展督查，组织对全省2560家制鞋、箱包等六类重点职业病危害企业的执法监督检查，开展有害因素监测31213点，监督抽查全省职业中毒事故多发企业9574家。2004年，省卫生监督所制定专项整治工作方案，开展对有毒有害作业场所的专项整治，组织对全省胶黏剂供应单位进行专项检查，全省共出动卫生监督员619人次，检查生产经营单位311家，发放宣传资料2169份，对69家企业给予警告，罚款1家，罚款2万元。组织对全省制鞋、蓄电池、人造革生产和使用、蔺草席制造等重点职业病危害企业的执法监督检查，共监督检查3064家，罚款282.3万元。开展乡镇企业、农村个体工商户职业病危害专项整治工作，共监督检查3682家，责令限期改正及治理的企业1872家，警告590家，罚款158家，罚款金额283万元，关闭企业32家。《职业病防治法》宣传周活动期间，全省出动卫生监督员上街宣传1189人次，利用媒体报道219次，设计宣传展板1622块，分发宣传资料197621份，现场接受群众咨询48385人、投诉59起。

2005年，在重点粉尘危害企业专项监督检查中，全省共出动卫生监督员6468人次，组织对1552家用人单位进行了职业病防治法规知识宣传培训，对2092家粉尘危害企业进行了执法检查，对904家未按要求申报职业病危害项目、未及时组织工人职业健康检查的用人单位出具限期整改通知，警告273家，其中465家企业按要求进行了整改，整改后体检人数增加了4775人，同时，对44家用人单位进行了行政处罚，罚款金额62.92万元。在苯危害企业专项监督检查中，全省共组织对2897家用人单位进行了职业病防治法规知识宣传培训，出动监督员9722人次，对4316家苯危害企业进行了执法检查，对1925家未按规定申报职业病危害项目、未按规定组织受害工人职业健康检查的用人单位发出了限期整改通知书，其中1488家企业已按要求落实了整改，整改后体检人数增加了15414人，对尚未按要求按时整改的企业警告338家，罚款115家，罚款额232.22万元。同年，对521个新、改、扩建项目进行了预防性卫生监督，其中选址项目审查合格89个，设计项目审查合格148个，不合格64个，卫生防护设备审查合格181个，不合格20个，竣工验收项目合格数为43个，不合格3个。

2006年，浙江省开始推广实施用人单位职业卫生台账管理，在全国率先制定了《用人单位职业卫生管理台账使用指南》，并印制1.5万册《用人单位职业卫生管理台账使用指南培训教材》，下发全省推广使用。制定并下发《浙江省2006年国家职业卫生重点监督检查实施方案》，确定化工、冶金、建材、轻工（家具制造、制鞋、皮革加工）等职业病多发行业的职业健康监护情况进行检查，特别是上述行业中的中小企业职业人群健康监护情况进行重点检查。制定下发《浙江省职业健康检查工作规定（试行）》等5个规范性文件，进一步规范全省职业健康检查、职业病诊断和鉴定相关工作。根据卫生部《关于加强职业病报告工作的通知》要求，职业病报告统计汇总工作改由全省各级疾控中心承担，省疾控中心对全省各市级疾控中心及具有职业病诊断资质的医疗机构进行了培训，全省职业病网络直报管理体系初步建成，对465个新、改、扩建项目进行预防性卫生监督，其中选址项目审查合格128个，不合格0个；设计项目审查合格175个，不合格13个；卫生防护设备审查合格85个，不合格22个；竣工验收项目合格55个，不合格0个。2006年，全省职业卫生行政处罚情况为：限期治理2140户次，警告856户次，责令停产或者停业1户次，处罚280户次，全年共罚款567.548万元。

2007年，浙江省职业病网络直报逐步规范，制定了《浙江省职业病危害因素监测网络直报质量调查评估方案》，开展了质量评估。继续在全省范围内逐步推广用人单位职业卫生管理台账，各市、县根据各地实际，以举办培训班和现场指导等各种形式指导企业实施职业卫生台账管理。在全省已申报的22348家企业中，培训企业12226家，并确定4304家重点职业病危害企业开展职业卫生管理台账，全省推广职业卫生管理台账企业数达到了平均每县20家以上的预定目标。在重点职业病危害企业专项监督检查中，全省出动监督员33326人次，对19116家企业进行了监督检查，并对3754家存在违反《职业病防治法》以及相关法律法规行为的职业卫生重点危害企业进行行政处罚，罚款金额984.16万元。全省共有建设项目265项，投资规模1253451.55万元，其中新建项目239个，改建项目5个，扩建项目21个。选址卫生审查通过183项，未通过2项。设计卫生审查通过57项，未通过7项。竣工验收通过37项，未通过6项。组织开展2007年职业健康检查和职业病诊断机构监督检查，各市检查组共检查全省77家取得职业健康检查资质的医疗卫生机构、16家取得职业病诊断资质的医疗卫生机构，省检查组共抽查了6个地市(杭州市、温州市、舟山市、衢州市、金华市、丽水市)的11家体检机构、7家诊断机构。

2008年，浙江省创新职业病危害监控工作机制试点，通过试点制定《浙江省职业病危害监控处置工作规范》，对职业病危害信息进行了分类处理，对未按规定开展职业病危害因素检测与评价的用人单位进行了针对性监督检查。在全省范围内组织开展为期1年的以职业病危害多发企业为重点的“保障劳动者健康权益——职业病防治万家企业行”专项行动，全省共出动卫生监督员25385人次，对14372名企业负责人进行了职业病防治法规知识宣传、教育与培训，加强建设项目职业卫生审查，通过建设项目控制效果评价项目数为234个。职业健康检查中，发现职业禁忌、疑似职业病病人的处理意见落实率在90%以上。专项行动中，发现违法企业5189家，要求限期整改的有4931家，改正的企业数4103家，改正率为83.21%。整改后，新增职业病危害项目申报企业数2000家，增加体检人数56911人，增加建设项目职业病危害控制效果评价数107个，对702家企业做出警告处理，罚款处理的有108家企业，罚款金额达到281.22万元，2家企业被责令停业，1家企业被提请关闭。通过此次行动，进一步规范了职业病危害项目申报工作，推广了用人单位职业卫生管理台账工作，职业健康检查率、疑似职业病诊治率、职业禁忌人员调离率等基本达到预期目标，对于提高企业主和劳动者的职业病防治意识，进一步规范用人单位职业病防治工作，有效遏制重大职业中毒事故的发生，切实保障劳动者的健康权益取得了很好的效果。同年，浙江省完成国家职业卫生重点监督检查任务，组织开展粉尘、石棉、有机溶剂及其他职业病多发行业的国家职业卫生监督检查，检查上述行业的企业12008家，职业健康检查检出在岗职业禁忌人员4918人，调离4917人，调离率为99.98%。对866家存在违法行为的单位做出警告，罚款129家，罚款金额366.12万元；对取得资质的职业卫生技术服务机构、职业健康检查机构和职业病诊断机构，在《浙江日报》公布名单。同时，通过抽样对20家职业健康检查机构和职业病诊断机构、体检机构进行5个规范性文件执行情况的监督检查。全省共检查职业卫生技术服务机构49家，其中建设项目职业病危害评价甲级机构1家、建设项目职业病危害评价乙级机构46家和化学品毒性鉴定机构2家，检查率达100%。制定并下发《浙江省2008用人单位职业卫生台账管理实施方案》，印制《用人单位职业卫生管理台账使用指南培训材料》10000本。2008年，全省共有建设项目891项，投资规模6699297.45万元，其中新建项目751个，改建项目82个，扩建项目58个，选址卫生审查项目通过673项，未通过8项，设计卫生审查项目通过587项，未通过77项，竣工验收通过497项，未通过57项。

2009年，浙江省加大《职业病防治法》宣传力度，于4月24日至5月1日在全省范围内集中开展《职业病防治法》宣传周活动。宣传周以“保护农民工健康是全社会的共同责任”为主题，面向农民工、让工人直接参与的宣传理念。在杭州一建筑工地举行2009年《职业病防治法》宣传周活动暨浙江省职业病防治“万家企业行”出征仪式、《农民工卫生知识》首发仪式。据统计，在宣传周活动期间，全省共发放宣传资料17.6万份，深入企业宣传2386次，现场咨询1782次，接受咨询人数25823人，培训151班次，接受培训人数8002人，出动宣传人员2881人，出动宣传车723次。另外，在公交车、长途汽车站、火车站、广场等地点张贴宣传画3743张，在广播电视等媒体报道187次，新闻通报90次，公益广告展出152天。同年，浙江省继续开展“保障劳动者健康权益——职业病防治万家企业行”活动和浙江省2009年国家职业卫生重点监督检查工作。专项行动中发现违法企业5650家，要求其限期整改的有5571家，改正的企业数4943家，改正率为88.73%。整改后，新增职业病危害项目申报企业数1246家，增加体检人数62708人，增加建设项目职业病危害控制效果评价数75个，对449家企业做出了警告，罚款的有61家企业，罚款金额达到172.17万元，1家企业被责令停业。全面推广有毒有害企业职业卫生台账工作，全省组织对13354家企业进行了职业卫生管理台账培训，对13868家企业进行现场指导。至2010年，全省已有13701家企业实施职业卫生台账管理，通过监督检查后增加的健康检查人数为22777人。对5个市级职业病诊断鉴定工作的检查与指导，规范职业病诊断与鉴定工作，对100余名卫生监督员进行建设项目职业卫生审查与监督管理培训。

2010年11月17日，省政府办公厅下发《浙江省职业病防治规划2010—2015》，明确了浙江省职业病防治工作的目标、任务和主要措施，建立和完善了相应的工作机制，为下一个五年全省贯彻落实《职业病防治法》、加强职业病的防治工作、努力降低职业病危害提供了有效依据。全面推进用人单位职业病危害申报工作，建立有毒有害企业信息库，在全省重新全面实施职业病危害企业网上申报备案工作，建立健全职业病危害企业数据库。积极开展粉尘与高毒物品危害治理专项行动，从2009年10月开始，省卫生厅、省人力资源和社会保障厅、省总工会联合在全省开展为期一年半的以分布在制鞋、化工、印刷和五金电镀等20个主要行业的企业为治理对象的专项行动，经过全省各级、各有关部门一年多的共同努力，专项行动取得了明显成效。据统计，截至2010年9月30日，全省出动职业卫生监督员59790人次，投入专项经费1658.8万元，组织企业职业病防治知识培训班1556期，共培训企业负责人、职业卫生管理员29765人次，培训劳动者50.6万人次，签订《用人单位职业病防治工作承诺书》1.6万份，完成职业健康体检企业1.4万家，共体检工人46.0万人，发现各类职业禁忌人员4758名，疑似职业病人531例，已诊断各类职业病人218例，均得到了相应处置。1.5万家企业与劳动者签订了劳动合同，办理了工伤保险。依法对违法企业做出相应的行政处罚：警告616起，罚款136起，计507.99万元，责令停产整顿4家，提请关闭1家。对1.6万余家粉尘与高毒物品危害企业进行专项治理，治理基本达标企业11470家，其他被列入整改计划，将重点监管。全面推广用人单位职业卫生台账管理，继续在全省范围内推广使用用人单位职业卫生台账管理，全省各级卫生行政部门组织对19512家企业进行了职业卫生管理台账培训，对17186家企业进行了职业卫生管理台账现场指导。全省有职业病诊断机构32家，职业健康检查机构178家，每个市至少有1家职业病诊断机构，每个县至少有1家职业健康检查机构，职业健康检查机构的覆盖率达到100%，全省职业健康检查和职业病诊断机构网络已基本形成。2010年度，全省共有职业卫生建设项目476项，投资规模达8107347.2万元，其中新建项目378个，改建项目17个，扩建项目66个；选址卫生审查项目通过183项，未通过97项；设计卫生审查项目通过28项，未通过0项；竣工验收项目通过128项，未通过3项。

二、职业危害因素监测

1953年，浙江省曾发生高温停工事件，从此做好厂矿的防暑降温成为职业卫生重点工作之一。浙江省厂矿企业防暑降温采取自然通风、低温水送风、屋顶喷水、隔绝热源等多种降温措施，有效地降低了车间温度，保障了工人健康，这一研究项目获得了全国科学大会奖。当时，浙江工矿企业中的职业危害因素还有粉尘、采光、通风及其他化学因子。1955年，浙江省开始调查和防治缫丝女工手部皮肤炎，成立了以皮肤科专家为主组成的缫丝女工皮肤炎调查防治研究组，在受调查的919名女工中，皮肤炎患病率为80.74%，患者年龄在25～29岁居多，患病工龄以第5年为最高。1957年，总结推广“低温、清汤、低水位缫丝法”，结合上班搽药、下班洗手，使手部皮肤炎得到控制。同年，在杭州水泥厂进行矽尘与矽肺的重点调查，200多名操作工人胸片检查，发现水泥尘肺2例、疑似尘肺3例。在杭州棉纺织厂、杭州利群烟厂、浙江麻纺厂、华丰造纸厂有关棉尘、烟尘、麻尘、造纸原料（稻草）尘的危害情况和致病因素进行专题调查，并落实防治措施，同时提出水泥尘肺的X线形态学特征、肺功能损害程度及其对上呼吸道的影响和“纱厂热”“棉尘症”的病因学依据。1957年，《杭州市职业中毒和职业病报告实施细则》公布实施。春季，杭州市组织力量对市区职工25人以上，有铅、氯、苯、粉尘等作业的工厂企业职业中毒进行调查防治，对市区3家主要印刷厂和杭州汽车修理厂蓄电池车间接触铅害的工人进行体检，检出铅吸收、铅中毒患者41例，占受检人数的63%。随后，各厂分别安装排铅设备，加强设备管理，同时组织治疗病人，大部分患者得以治愈。大同电化厂、浙江印染厂为氯毒害重点厂，曾先后发生氯气急性中毒14例。经建议，大同电化厂修建漂粉塔采用密闭加料、自动出料等流程，在浙江印染厂增添排毒设备，改用次氯酸钠作为漂白原料。采用这些措施后，氯浓度达到国家规定标准，急性氯中毒不再发生。同年，在浙江制药厂、通用机器厂、杭州铁工厂、省公路运输局修理厂等苯作业车间和杭州汽车修配厂喷漆门市部进行调查，体检发现苯中毒、可疑苯中毒者 14 人，占受检人数的 39.5%，经采取安装局部通风设备、改变工艺流程等技术措施，危害程度得到控制。1959 年，为减少工人汞中毒机会，将原始炼汞法改为现代高炉炼汞法。

1960 年开始，浙江省组织力量对有矽尘作业的工厂进行全面普查。1963 年，杭州市成立市防尘工作领导小组。据统计，市区矽尘作业工厂共 106 家，接触矽尘作业工人 3098 人，以矽尘危害最大。1964—1984 年，省尘肺科研协作组以武义硥矿为基地，进行了长达 20 余年的科研工作，其中，劳动卫生科负责现场劳动卫生调查、接尘工人 X 线摄片工作。通过研究和防尘工作，该矿矽肺发病率明显降低，粉尘浓度基本达到国家卫生标准，取得了明显的社会与经济效益。“浙江东风萤石公司防尘效果评价及社会效益分析”研究项目于 1984 年通过省级鉴定，并获卫生部 1985 年科技成果乙等奖。1965 年，全省石棉尘危害日益严重，根据《关于本省石棉加工石棉尘危害情况和处理意见报告》，开展对慈溪、余姚农村手纺石棉危害的调查。20 世纪 70 年代，浙江省结合全省有机汞的调查，对无机汞行业，如灯泡厂、仪表厂、温度计厂、冶炼厂等也开展调查，并提出改进意见，测定了浙江省人群的正常值及驱汞试验数值。1974—1976 年，根据卫生部要求，浙江省在全省范围内开展矽肺普查，共查出各期矽肺患者 5658 人，矽肺患病率为 5.6%，另有可疑矽肺 5399 人。1979—1981 年，对接触铅、苯、汞、有机磷和三硝基甲苯的职工进行一次健康状况检查和生产环境卫生学调查的职业病普查工作。

1979—1981 年间，根据卫生部《关于开展职业病普查工作通知》要求，浙江省成立省职业病普查办公室，组织全省专业人员对接触铅、苯、汞、三硝基甲苯和有机磷农药的工人进行体检和生产环境毒物浓度测定，同时开展的研究工作获卫生部甲级科学成果奖。1993—1998 年间，浙江省组织人员完成多起职业中毒事件的救治指导工作，包括 1993 年新昌县发生 177 例急性氯气伴氯化氢中毒事件。1995 年，嵊州市某建筑工地施工过程中发生一起急性一氧化碳中毒事件（施行高压氧疗法）。1996 年，温岭市龙门乡和石塘镇连续发生两起渔业作业人员急性硫化氢中毒事故。杭州某化工厂 4 名工人发生二硝基苯急性中毒事件。1997 年，嵊州公路路段货车翻车，3 名驾驶员因吸入高浓度溴发生急性溴中毒事件。同年，上虞松厦喷胶棉厂发生一起急性硫酸二甲酯中毒事故，慈溪无线电元件厂 2 名工人氰化氢中毒死亡事件。1998 年，指导余姚调查处理急性职业性中毒肝病，宁波渔业作业中硫化氢中毒及黄岩塑料厂接触二异氰酸甲苯酯工人中毒诊断及鉴别诊断工作等。同年，省劳动卫生职业病防治所与杭州铁路医院联合开设职业病门诊。

1994 年，浙江省开展“乡镇企业职业卫生需求及对策”研究项目，在试点县（金华）对有职业危害的企业进行劳动卫生学调查，共确定 201 个监测点，严格按照劳动卫生工作规范进行职业危害因素的选点、采样、监测、检验等工作，结果发现有害作业工人 1278 人，职业病和观察对象总检出率为 8.31%。2002 年，根据国家颁布的《中华人民共和国职业病防治法》，省疾控中心开展主要职业病危害因素监测调查工作，并在全省先后对矽尘、电焊烟尘、铸造尘、陶瓷尘等主要粉尘危害进行监测，对接尘工人进行职业健康检查，对作业场所粉尘浓度进行检测。在职业接触抗癌药物人群中开展抗癌药物对工人健康影响监测调查。在长兴、鄞州、金华对蓄电池制造业铅危害状况进行监测。对海宁市、平阳县制革行业职业病危害进行监测。在湖州开展家具行业作业场所重点有机溶剂的监测。其中“职业性接触抗癌药物人群的分子流行病学调查”课题获2008年度浙江省科学技术奖三等奖和浙江省医药卫生科技创新奖二等奖。同年，省疾控中心对10个市县养路公段随机抽样16个作业点，进行粉尘浓度测定，84个样品最高粉尘为277.01毫克/立方米，平均35.21毫克/立方米，养路工矽肺发病率达10.40%，结果表明公路粉尘是可以致病的。2005年，全省职业危害有害因素应监测点94303个，实监测点33713个，合格点25443个，全省监测率及合格率分别为35.7%和75.5%。2006年度，全省职业病危害有害因素应监测点94550个，实监测点35309个，合格点27843个，全省监测率及合格率分别为37.3%和78.8%。2007年起，浙江省与美国纽约州立大学合作开展个体噪声暴露水平的测量评价，开展噪声诱发听力损失的统计学模型预测研究，对在不同的噪声类别下进行个体噪声监测与评价进行调查研究。2008年，在舟山市、杭州市萧山区开展电焊作业相关疾病监测，开展纳米材料职业人群健康调查及毒理学监测，对纳米颗粒进行颗粒特征鉴定和化学成分分析，开展工作场所超细颗粒、细颗粒测定方法及其对人体健康研究。其中，“纳米二氧化钛诱导的氧化应激反应及其机制研究”和“膨润土颗粒的细胞遗传毒性体外实验研究和职业暴露人群调查”分别于2008年和2009年获得省自然科学基金立项。

三、职业病与职业中毒防治

民国时期，浙江省内一些县的厂矿卫生条件极差，导致工人身体健康每况愈下。如平阳县矾矿，由于工艺落后，设备条件差，资本家不顾工人劳动条件，井下工人接尘致病率很高，患者占工人总数的97.22%。龙游县开采石煤，煅烧煤炭、石灰，劳动卫生条件不好，工人患硅肺者很多。

1952—1966年，省卫生厅等部门每年召开会议，部署夏季防暑降温、冬季防寒保暖工作并下达文件，定期进行监督检查，提出整改措施，建立中暑报告制度。职业病中的尘肺病是严重危害浙江省工矿工人健康的职业病，省卫生防疫站成立以来就重视尘肺病防治工作。1954年，调查了浙江省个别地区已有的小型矾矿、萤石矿、蜡石矿、石板矿、煤矿等，从事开采破碎作业的工人达500余人。1955年后逐渐扩大调查面。1956年，武义萤石矿发现矽肺4人，可疑6人，长兴石矿发现矽肺4人，可疑4人，海盐角里石料厂发现矽肺2人。经省有关单位派员现场测定，长兴石矿粉尘浓度超过允许浓度的21倍，搬运处超过允许浓度的48倍。之后，又对浙江氟矿、湖州临时石英磨粉厂、温州西山窑厂、平阳矾矿进行粉尘测定并提出改进意见，同时，对遂昌黄铁矿改用湿式风钻后进行效果检查。1958年后，浙江省工业迅速发展，因而保障作业工人健康、防止矽尘危害工作的任务更为繁重。为此，1958年，由省卫生厅、省劳动局、省总工会联合召开首次防治矽尘危害工作会议，贯彻国务院《关于防止厂矿企业中矽尘危害的决定》并传达全国防治矽尘危害工作会议精神。同年，省卫生厅、省劳动局、省总工会下发《关于我省开展矽尘危害工作的意见》批转到各市、县卫生、劳动、工业局(科)，要求各重点市、县立即成立防治工作小组，以利工作开展，地方劳动部门及工会明确分工，密切配合进行该项工作，加强对新建、扩建有粉尘厂矿的预防性卫生监督。同时，为加强全省工矿企业矽尘危害防治工作，专门成立省矽尘肺诊断小组，由省卫生防疫站、浙江医科大学、杭州市结核病防治所等单位专家7人组成。1958年，因杭州半山钢铁厂发现铅中毒病人，浙江省对省内的印刷、蓄电池、国防工厂、铅锡制品行业的厂家进行现场检测、体检、诊断与治疗。1958年，为制定工业企业气象卫生标准，省卫生厅组织对高温作业环境工人进行调查，得出高温耐受上限为35℃，此限值被国家制定的《防暑降温措施管理办法》所采纳。

20世纪60年代，浙江省农药中毒报告事件数位于全国前列，开展农药中毒防治工作，成为浙江省劳动卫生的一项艰巨任务。1960年，在省卫生厅统一组织下，省卫生防疫站开展对慈溪浒山、五洞闸两公社的307名成人和199名儿童的调查。同年，开展了全省12个地区食用作物施用农药后残留量的测定工作。1963年，慈溪县发生3000余人的有机磷农药急性中毒事故，省卫生防疫站立即组织人员进行中毒原因分析和处置指导工作，并于同年制定《浙江省有机磷农药中毒防治方案》，建立农药中毒报告制度。1964年，省卫生厅组织宁波、慈溪、余姚的有关人员开展防治有机磷农药中毒试点工作，并开展“安全使用有机磷农药的研究”工作，1966年编制了《常见有机磷农药中毒防治手册》。1962年，浙江省防治矽肺委员会召开座谈会，总结1958年以来矽肺防治工作经验，针对存在的问题研究了今后工作意见。省卫生防疫站组织有关人员讨论举办矽肺防治训练班、开展矽肺普查、制定矽肺防治科学研究规划、摸索中医治疗矽肺。23名高中级卫生人员参加了首届矽肺防治训练班，举办了3期矽肺摄片训练班，提高了矽肺防治专业人员的业务水平。据1964—1969年统计，省卫生厅流动车为厂矿职工共摄胸片42728张，省矽肺诊断共会诊52480人次，结合浙江省实际情况又成立了矽尘危害科研协作组，制定了以武义萤石矿为基地的长期计划，进行劳动卫生学调查、接尘工人胸片X线摄片、诊断等项工作，通过采取有力降尘措施，尘肺病发病率明显降低，取得一定社会经济效益。“浙江东风萤石公司防尘效果评价及社会效益分析”课题，于1984年通过上海和浙江省专家鉴定，取得了降尘防病的重大成果，获1985年卫生部科技成果乙等奖。20世纪60年代，通过对部分厂矿矽肺普查，浙江省发现各期矽肺719人，总患病率为20.95%，并向卫生部做了汇报，在省委、省政府、省卫生厅的重视下，重点解决了矿业采掘和陶瓷企业的矽尘危害，对1094个矽尘作业点采取防尘措施，基本解决问题的有506个，其中粉尘浓度降到2毫克/立方米的有118个。

20世纪70年代，浙江省按照卫生部要求在全省部署尘肺普查工作，X线流动车为厂矿体检148679人，会诊238356张胸片。据1974—1976年全省矽肺普查总结，全省接尘厂矿数有916个，接尘总人数为141055人，患病5658人，死亡685人。1976—1978年，省卫生防疫站与重点厂矿组成省抗矽14治疗矽肺协作组，通过一段时间治疗观察，一致认为，抗矽14对改善矽肺病人症状有一定的疗效。1970年，金华县吁斯大队由于施用西力生等有机汞农药防治稻瘟病造成粮食严重污染，食用人员发生大量亚急性有机汞中毒，中毒事故引起国务院重视。1971年，国务院派出工作组19位专家来浙江指导工作。1971年，浙江省对全省的粮食进行有机汞残留量测定及处理，为后期汞的残留标准制订提供了依据。1974年，对中毒治疗资料较完整的312名不同程度的中毒患者进行随访观察及汞源污染追踪，调查提示亚急性有机汞中毒的吁斯大队，中毒期间怀孕出生的儿童，智力发育受到一定影响。1979—1981年，根据国家统一要求，浙江省对生产铅、苯、汞、有机磷和三硝基甲苯工厂企业（全民所有制和县级以上集体所有制工矿企业）的职工进行一次健康状况检查和生产环境卫生学调查，全省成立临时职业病普查办公室，派有关专业人员参加并承担汞和三硝基甲苯的技术指导。1979年，省卫生防疫站派员参加全国生产环境气象条件卫生标准科研协作会，接收地面高温作业环境综合气象卫生标准调查研究，于1980年7—9月对杭州丝绸联合印染厂、杭州玻璃厂、绍兴钢铁厂进行室内外气象测定477点，人体生理动态测定1234人次。1979年5月至1980年12月，全省有183个医疗单位、557名医疗卫生技术人员参加五种毒物职业病普查工作，普查了1901个厂矿，体检32649人，受检率达95.1%。本次普查查出各种中毒病人433人，观察对象1755人，治疗病人（包括部分观察对象）656人，测定有害作业点4465个，合格率为61.3%，其中苯合格率最低，为26.2%，苯浓度最高达4060毫克/立方米，超过国家卫生标准102倍，铅烟浓度最高达180毫克/立方米，超过国家卫生标准6000倍。普查办公室通过简报，指导全省五种毒物职业病普查工作，又先后举办10期学习班，对500名业务人员进行培训，推动普查工作保质保量地开展。1982年，普查项目被卫生部评为甲级科学成果奖。1979年5月30日，省卫生局、省劳动局、省总工会、省商工会发出《关于下达浙江省职业病普查工作计划的联合通知》，要求三年内基本搞清矽尘和铅、苯、汞等对职工健康的危害情况，力争在1986年前基本解决常见的尘毒危害条件。1979年9月7日，温州电化厂发生液氯钢瓶爆炸特大事故，造成59人死亡，779人氯气中毒住院治疗，厂房设备直接损失26万元，间接损失37万元，危害波及范围7.35平方千米，省卫生防疫站劳卫科X线流动车及有关医师奔赴现场参与抢救及现场调查工作。1979年10月31日，省卫生局决定成立省职业病诊断组，分设职业中毒、矽肺、放射病诊断3个小组。1979年11月至1980年6月，对有代表性的丝绸纺织行业的噪声进行现场测试，对1000名接触稳态噪声作业工人体检，此项目获1982年度卫生部科学技术成果奖乙级奖。

1980—1984年，由省内7个单位组成协作组，先后对乌溪江电站、东风萤石公司、杭州发电设备厂等的浇捣、风钻、造行、打磨、锻工、清铲6类工种进行局部振动病调查研究，其中主诉白指出现率为18.6%，振动性白指检出率为2.6%，白指发病率与工龄呈正相关关系。调查认为，地处江南的浙江省有局部振动病存在，在国内首次报道了浇捣工振动危害情况，1984年10月组织国内专家对该项科研成果进行鉴定。1981年9月3日，浙江省普查了1901家厂矿的职业病，应受检工人34320人，检查32649人，受检率为95.1%，查出有职业病的病人432人。环境监测，采集尘毒样品7919份，符合国家标准的合格率仅为62.6%。1983年，省卫生防疫站劳卫科参加全国“农村农药中毒典型调查”协作课题，课题成果为全国制定相关办法提供了科学依据。1986年，全省11个地市进行乡镇企业尘毒危害调查工作，为取得经验，全省确定了11个调查试点县，省卫生防疫站劳卫科确定以金华县为试点，年初召开了全省乡镇企业调查试点县座谈会，统一调查方法和内容。1986年，全省根据11个县资料统计，对

11397个厂、579624人做了一般性调查，对730个厂作了重点调查，对307个接尘厂矿、714个粉尘作业点进行测定，其中合格点78个，粉尘合格率仅为10.92%；对423个厂接触铅、苯、铬的743个作业点进行测定，合格点414个，合格率为55.72%；对4554名接触铅、苯、汞、铬作业工人体检，诊断为铅中毒25人，患病率为3.32%；铅吸收55人，检出率为7.3%；慢性苯中毒35人，患病率为1.12%；观察对象55人，检出率为1.76%；检出铬损害2人，可疑损害的27人，占4.7%；对8060接尘工人体检，查出矽肺28例，患病率为0.35%；可疑尘肺213例，检出率为2.64%。为了吸取国外的先进经验，促进浙江省尘肺防治工作的发展，1986年4月，浙江省与世界卫生组织职业合作中心在浙江东风萤石公司举办尘肺防治现场讲习班，邀请英国皇家内科学会会员、英国尘肺研究所顾问、前所长Elmes博士主讲，来自13个省、市的52家单位的70余名从事尘肺防治工作的专业人员参加了讲习班。同时，承办了全国"尘肺X线标准与尘肺高压电"学习班，来自华东六省一市的代表46人参加了学习。同年，又在富阳举办了"尘肺X线诊断标准及处理原则"和"作业场所空气粉尘测定方法"学习班，各地、市（县）从事劳动卫生专业人员100余人参加学习。1987年开始，浙江省在全省范围内开展乡镇企业尘毒危害调查，据全省86个县（区）调查结果统计，全省共有乡镇企业98690个，从业人员534万人。被调查的41051个企业中，接触各种职业危害的厂矿占40.04%，接触各种职业危害生产的工人占20.02%。受检的17079名接毒工人中，诊断中毒49人，患病率为0.28%；观察或吸收882人，检出率为15.16%。体检的34803名接尘工人中，诊断尘肺291人，患病率为0.84‰；可疑尘肺779人，检出率为2.24%。通过调查，基本摸清了浙江省乡镇企业尘毒危害现状，为做好浙江省乡镇工业职业卫生服务提供了可靠资料。

1995—1999年，省卫生防疫站对宁波、温岭渔工，德清环卫工人硫化氰中毒，杭州丁桥乡三硝基苯中毒，嵊州溴中毒，嘉兴氯气中毒，富阳、余姚、东阳二甲基甲酰胺中毒等事件进行调查处理，对各地、市（县）卫生防疫站、厂矿、医院、个人提供有关化学物中毒咨询服务。1995—1996年，浙江省承担完成联合国蒙特利尔基金赠款两项环保项目，即浙江华江塑料厂"PE/挤出发泡生产中丁烷替代氟利昂"环保项目的劳动卫生评价，并在国家环保局立标的评审会上获得通过。对浙江消防器材厂"用ABC干粉灭火器替代1211灭火器生产线"进行卫生学评价。1995年，省卫生厅参加秦山核电站一期工程竣工验收。1996年，对杭州钢铁厂投资2.6亿元的1号焦炉竣工进行劳动卫生评价。1997年，对温州发电厂二期工程进行预防性卫生评价。1997年，全省报告新发职业病417例，其中尘肺病201例，急性职业中毒52例，慢性职业中毒116例，引起急性职业中毒的主要毒物是硫化氢，慢性职业中毒的主要是铅中毒、苯中毒，且主要发生在乡镇企业。1999年，对长兴发电厂工程进行预评审。1996—1999年，全国开展"三资"企业的职业卫生调查，浙江省确定宁波市、温州市、绍兴县、杭州市拱墅区等6个市、县（区）优先开展，共调查1061家"三资"企业（即在中国境内设立的中外合资经营企业、中外合作经营企业和外商独资经营企业），已投产企业727家，存在职业危害企业占已投产企业的38.93%（283家）。对存在职业危害的283家"三资"企业生产环境中各种有害因素采点1759个进行监测，合格率为60.09%，对3774名接触有害因素职工进行了健康检查。1999年，省卫生防疫站参加全国中毒事故案例的编写工作，提供8个中毒案例被全国编委会录用。

1998—2002 年，举办“全省劳动卫生职业病防治继续教育”培训班 4 期。1999 年，主办华东区物理因素联络员会议与学术交流会。

图 79-4-3-1　2002 年，浙江省中毒控制中心成立（浙江省疾病预防控制中心提供）

2002 年，浙江省中毒控制中心正式成立，并起草了《浙江省中毒控制中心工作职责》《中毒控制中心收样程序》《突发性中毒事故调查及处理预案》等 6 个工作制度，建立中毒控制专家库。“职业性急性二甲基甲酰胺中毒诊断标准”“二甲基甲酰胺所致人体健康效应及其预防对策”“浙江省中小企业主要职业危害分析与预防控制对策”等研究被省卫生厅立为重点研究课题。2005 年，全省新发职业病例 616 例，其中尘肺病例 314 例，急性职业中毒 59 例，慢性职业中毒 200 例，物理因素所致职业病 17 例，职业性皮肤病例数 6 人，职业性眼病 1 例，职业性耳鼻喉口腔疾病 4 例，其他职业病例数 15 例。在新发职业病例中，尘肺病仍居首位，其次为慢性职业中毒、急性职业中毒。2006 年，全省有害作业厂矿接触有害因素人员 574424 人。应检人数 483866 人，受检人数 271367 人，全省总体检率为 56.1%，职业病检出人数 1083 人，检出率为 0.4%。上岗前体检人数 64775 人，合格人数 60188 人，合格率为 92.9%。全省有害作业厂矿在岗期间应培训人数 445606 人，实际培训人数 269280 人，合格人数 266859 人。2007 年，全省职业卫生被监督单位 25761 家，职工总数 2035638 人，接触职业病危害因素人员 557338 人，接触粉尘类 149700 人，化学物质类 305987 人，物理因素类 94671 人，生物因素类 2041 人，放射性物质类 6248 人。应检人数 522090 人，受检人数 316618 人，全省总体检率为 60.64%，检出疑似职业病人数 748 人，检出率为 0.24%，检出职业禁忌或健康损害人数 5972 人，检出率为 1.9%。2008 年，全省职业卫生被监督单位 26074 家，职工人数 2011551 人，接触职业病危害因素人员 557576 人，接触粉尘类 177347 人，化学物质类 280011 人，物理因素类 94594 人，生物因素类 435 人，放射性物质类 5189 人。应检人数 520184 人，受检人数 358460 人，全省总体检率为 68.91%，检出疑似职业病人数 647 人，检出率为 0.18%，检出职业禁忌或健康损害人数 10138 人，检出率为 2.83%。2009 年，全省职业卫生被监督单位 26175 家，职工总数 2118955 人，接触职业病危害因素人员 577707 人，接触粉尘类 186044 人，化学物质类 280972 人，物理因素类 104529 人，生物因素类 340 人，放射性物质类 5822 人。应检人数 536074 人，受检人数 368404 人，全省总体检率为 68.72%，检出疑似职业病人数 643 人，检出率为 0.17%，检出职业禁忌或健康损害人数 7400 人，检出率为 2.01%。2009 年 4 月 16 日，中华预防医学会劳动卫生与职业病分会成立 30 周年暨第十次全国劳动卫生与职业病学术会议在杭州召开，中华预防医学会会长王陇德、卫生部监督局局长赵同刚、省卫生厅厅长杨敬、浙江省预防医学会会长周坤到会并讲话，近 500 名职业病防治专家汇聚一堂，对职业病防治工作形势进行分析，并提出防治对策。2010 年，浙江省中毒控制中心参与上海世博会期间安全应急预案制定并实施，对职业中毒现场处置人员进行培训。同年，全省职业卫生被监督单位21082家，职工总数2040903人，接触职业病危害因素人员554136人，接触粉尘类166982人，化学物质类291779人，物理因素类130841人，生物因素类422人。职业健康体检应检人数576648人，受检人数486053人，全省总体检率为80.82%，检出疑似职业病人数775人，检出率为0.16%，检出职业禁忌或健康损害人数8353人，检出率为1.72%。

2001—2010年，浙江省共报告诊断新发职业病4794例，年均报告479例。在法定10大类职业病中，共报告9大类，不包括放射性职业病报告。在报告的4794例职业病中，尘肺、职业中毒、职业性耳鼻喉口腔疾病发病数位居前3位，其中尘肺2811例，占总报告数的58.63%。职业中毒1675例，占总报告数的35.36%，其中急性445例，慢性1250例。2001—2005年，浙江省报告的急、慢性中毒分别是382例和855例；2006—2010年报告的急、慢性中毒分别是63例和395例，急、慢性中毒报告数呈下降趋势。

第四节　放射卫生

放射卫生是保护人类免受或者少受电离辐射危害的防护工作。放射卫生的主要任务是对电离辐射的生物效应和对机体可能产生危害源的防护进行监督和卫生监测。

一、放射防护监督

浙江省放射卫生防护工作始于20世纪50年代。20世纪50年代后期到60年代前期，省卫生厅会同浙江省公安厅（以下简称省公安厅）等有关单位，对金华蒋塘、宁波、浙江大学等有关工厂、工地、医院及农业科研等部门使用、生产、加工放射性物质进行调查、监督与管理。1979年2月，卫生部、公安部、国家科委联合发布《放射性同位素卫生防护管理办法》，浙江省由浙江省卫生防疫站（以下简称省卫生防疫站）负责日常放射卫生防护和监督管理，主要工作包括：颁发《放射性同位素工作许可登记证》，对放射工作场所基建工程放射防护设施进行预防性监督，对放射事故进行监督处理，对放射性物品及其包装容器的运输实施剂量监测、出具剂量证书等。1980年，浙江省环境卫生监测站（以下简称省环境卫生监测站）撤销，并入省卫生防疫站，设立放射防护科。2000年6月，随着卫生监督体制改革，撤销省卫生防疫站，分别成立省卫生监督所和省疾病预防控制中心。省卫生监督所将放射卫生监督工作纳入医疗卫生监督科，对生产、使用、销售放射性同位素与射线装置的单位进行监督检查，对从事放射工作的人员进行职业健康监护。浙江省疾病预防控制中心（以下简称省疾控中心）设置劳动卫生与放射防护所，2003年改名为职业卫生与辐射防护所，开展职业卫生和放射卫生防护工作，重点开展全省放射建设项目的卫生学评价、放射工作场所及放射设备的防护性能的检测评价、放射工作人员个人剂量的检测评价、核电站周围环境及人群的健康监测、突发放射事件的监测评价等工作。

20世纪80年代以前，浙江省的放射性工作一直以医院的医用诊断X线机工作及同位素的科研、医院放射免疫分析为主，大型的放射工作很少。20世纪80年代以后，浙江省的放射性工作范围得到快速发展，特别是放射性同位素在工业上的应用，放射治疗设备的更新等，随着放射性设备的不断增加，不可避免地发生了一些放射事故。1982年，宁波二院发生镭226针管丢失事故，省卫生防疫站负责调查处理这起放射事故，在省公安厅的配合下，最后找到3枚，2枚下落不明结案。根据卫生部发布的《医用诊断X线卫生防护规定》，1986年，省卫生防疫站在宁波市开展“医用诊断X线机使用许可证”试点，在试点基础上，省卫生厅于1988年6月4日发出《关于实行医用诊断X线机使用许可证制度的通知》，省卫生防疫站同时制订《浙江省医用诊断X线机使用许可证发放管理办法》。1988—1989年，对省级14家医疗卫生单位的医用诊断X线工作进行了检测，对工作人员的防护知识进行培训，并组织体格检查、个人剂量监测等各项监督管理，并审发使用许可证。1987年5月，江山市老虎山水泥厂和金华化工集团公司相继发生钴-60(4.8×10^{8}Bq)和铯-137(3.7×10^{8}Bq)γ料位仪放射源丢失事故，经省卫生、公安部门联合调查，金华化工厂集团公司的铯-137(3.7×10^{8}Bq)γ料位仪放射源被找到，江山市老虎山水泥厂的钴-60(4.8×10^{8}Bq)未找到。同年8月25日，省卫生厅、省公安厅联合发文(浙卫〔1994〕353号)，对两起放射事故进行通报批评。1994年9月29日，浙江省人民医院皮肤科发生放射源锶-90(1.11×10^{9}Bq)丢失事故，后查明是余姚病人在治疗结束后顺手拿走，经过追查收回。1995年1月10日，开化县建材总厂一分厂发生放射源遗失事故，省卫生防疫站派员协助开化县卫生防疫站对放射源进行回收处理。1998年10月13日，义乌市第二水泥厂发生放射源铯-137(4.07×10^{8}Bq)丢失事故，省卫生、公安部门组成联合调查组，对放射源进行追查，后在本厂废物堆中发现放射源，且已完全暴露，后经相应处理将放射源收回贮源罐，并由省环保所回收。1998年11月19日，湖州市自强水泥厂发生放射源铯-137(2.22×10^{8}Bq)丢失事故，省卫生、公安部门组成联合调查组，对事故进行调查处理，此放射源未找到。2000年5月3日，开化天童神集团有限公司水泥分厂在机器检修过程中发生铯-137(2.96×10^{8}Bq)γ料位仪放射源丢失事故，由省卫生、公安部门联合调查组进行调查处理，后顺利追回放射源。

1987年5月15日，杭州锅炉厂X光探伤人员发生意外受照事故，受照3人，其中1人剂量较高，全身剂量为80～150毫西弗，皮肤受照剂量为3～5西弗，省卫生厅确定医院对3人进行相应的对症治疗，对该单位做出了相应处理。1989年10月，国务院发布44号令《放射性同位素与射线装置放射防护条例》，对放射工作许可、登记的基本条件、申请程序作了新的规定。省卫生防疫站按《条例》规定进一步加强放射防护法制化监督管理。截至1992年6月底，全省有212家单位领取了《放射性同位素工作许可登记证》，此外有18家工业X线探伤工作单位领取了《射线装置许可证》。1992年，对14家省级医疗卫生单位核发《射线装置许可证》。根据《条例》规定，按照《磷肥放射性镭-226限量卫生标准》和《建筑材料放射卫生防护标准》，经过检测，省卫生防疫站对39家磷肥厂审发了《磷肥生产放射卫生合格证》，指导安吉县卫生防疫站对该县20家建材生产厂审发《建材生产放射卫生合格证》，对25项放射工作场所基建工程实施放射防护设施预防性审查。1990年，根据《条例》及《放射防护监督员管理规定》，省卫生防疫站3名工作人员经卫生部考核审查后，被任命为国家级放射防护监督员，2

名工作人员经省卫生厅考核审查后，被任命为省级放射防护监督员。1990 年 11 月，省卫生防疫站举办全省放射防护监督员培训班，参加培训学员 80 名，通过培训、考核，为省卫生厅选拔、任命各级放射防护监督员创造了条件。

2002 年，卫生部发布《放射工作卫生防护管理办法》，规定对放射工作实行卫生许可制度，对放射工作单位发放《放射工作卫生许可证》。浙江省为加强对放射性同位素与射线装置生产、销售、使用、储存安全的监督管理，保障公共安全，维护社会稳定，按照卫生部卫法监发〔2002〕3 号文件《卫生部关于印发 2002 年国家卫生监督抽检工作计划的通知》要求，依照《中华人民共和国职业病防治法》《放射性同位素与射线装置放射防护条例》《放射工作卫生防护管理办法》等法律、法规的规定，组织全省各级卫生行政部门对本省辖区内放射性同位素生产、销售单位和使用伽马辐照装置、伽马探伤装置以及医用 X 线诊断设备的单位进行了监督检查，对检查中发现的违法行为依法给予行政处罚。2003 年 5 月 7 日，省卫生监督所组织人员对 7 家省级医疗单位进行放射防护监督检查，主要检查发热门诊临时设置的 X 线机机房情况，并对 X 线机房的放射防护效果进行监测，针对检查中发现的问题，卫生监督人员及时给予现场指导。

2005 年，省卫生监督所下发《浙江省 2005 年放射卫生监督抽检实施方案》，对浙江国际旅游保健中心、绍兴压力容器厂、浙江大学医学院附属第二医院、浙江省农业科学院等 10 余家单位进行了监督检查，对 157 家申请办理《射线装置工作许可证》的单位进行了资料审核，并组织人员对杭州、温州、台州市卫生监督所审核的上报材料进行了现场检查。同年 12 月，国务院颁布《放射性同位素与射线装置安全和防护条例》(国务院令第 449 号)，对放射性同位素与射线装置的监督职责主体进行了调整，生产、销售、使用放射性同位素和射线装置的单位向环境保护部门申请领取辐射工作许可证。

2006 年，浙江省根据卫生部颁布的《放射诊疗管理规定》(卫生部第 46 号令)，对开展放射诊疗工作的医疗机构发放《放射诊疗许可证》。同年，为保障放射工作人员和公众的健康和安全，浙江省卫生监督所组织全省各级卫生监督机构对辖区内的放射诊断、放射治疗、核医学的医疗卫生机构和核电站、加速器、γ 辐照、工业 X、γ 探伤等非医用辐射机构进行放射卫生监督重点抽检，全省共重点抽检医疗卫生机构 864 家，其中放射诊断、放射治疗和核医学机构分别为 808 家、31 家和 25 家，其中有违法情节的 95 家，依法查处进行警告、限期整改的有 95 家，依法罚款的有 10 家，罚款金额总额为 2.2 万元，无责令停业。抽检了非医用辐射机构 107 家，其中核电站、加速器、γ 辐照和工业 X、γ 探伤机构分别为 3 家、2 家、4 家和 98 家，其中有违法情节的 33 家，依法查处进行警告、限期整改的有 33 家，依法罚款的有 10 家，罚款总额为 2.9 万元，无责令停业。对 107 家非医用辐射机构，主要检查了新建、改建、扩建的放射防护设施建设项目，职业病危害(放射防护)预评价和控制效果评价及卫生审查，放射工作人员个人剂量监测，放射工作人员培训，岗前、岗中、离岗体检，辐射警示标志设置，事故应急准备情况。经检查，2006 年核电站新建、改建、扩建建设项目 1 个，经过职业病危害预评价审核。加速器和 γ 辐照新建、改建、扩建建设项目各 1 个，均未经职业病危害预评价审核和防护效果竣工验收。工业 X、γ 探伤新建、改建、扩建建设项目总数 12 个，经职业病危害预评价审核和防护效果竣工验收的分别为3个和4个，预评价审核率和竣工验收率分别为25%和33.3%。核电站、加速器、γ辐照和工业X、γ探伤机构操作现场放射工作人员总人数分别为1967人、30人、62人和475人，其个人剂量的监测率分别为100%、100%、100%和81.5%。应设置辐射警示标志的机构数，核电站、加速器、γ辐照和工业X、γ探伤机构分别为3个、2个、4个和98个，设置率均为100%。

2007年，根据《2007年国家公共卫生监督检查计划》，省卫生厅结合实际制定《浙江省2007年放射卫生重点监督检查实施方案》，要求全省各级卫生监督机构认真部署，做好年度放射卫生重点监督检查工作。据统计，全省共检查核设施3家、医疗机构2134家、建设项目职业病危害评价机构7家、放射卫生防护评价和检测机构6家、职业健康检查机构7家、职业病诊断机构3家，其中存在违法行为的有270家，依法查处231家，罚款总额为16.4万元。2007年11月，卫生部颁布《放射工作人员职业健康管理办法》（卫生部令55号），进一步强化了对放射工作人员的职业健康管理，对放射工作人员发放《放射工作人员证》。2008年，全省有2165家医疗机构开展放射诊疗工作，各级卫生监督机构对2079家放射诊疗机构进行监督检查，经检查，新建、改建、扩建的放射治疗、核医学、介入放射学和X射线影像诊断项目评价审核率分别为75.0%、100%、44.4%和44.8%。控制效果评价审核分别为71.4%、100%、76.9%和60.9%。放射治疗、核医学、介入放射学和X射线影像诊断机构《放射诊疗许可证》发证率分别为27.0%、11.1%、71.2%和63.3%。放射诊疗人员培训率分别为81.9%、97.1%、83.7%和80.6%。个人计量监测率分别为99.9%、98.0%、99.8%和87.8%。设备性能检测分别为67.5%、53.8%、93.0%和74.9%。放射工作人员健康监护率分别为30.8%、92.2%、7.7%和85.4%。开展介入放射治疗的医疗机构对工作人员和受检者全部配备了个人防护用品，X射线影像诊断单位工作人员防护用品配备率94.4%，受检者个人防护用品配备率为92.9%，并对存在问题的345家医疗机构给予警告，罚款15家，罚款金额6.35万元。同年，委托中国疾病预防控制中心对浙江省15家医疗机构的核医学诊疗设备（ECT、PET-CT）进行了性能检测，结果显示，检测合格率为23.5%，对不合格的设备经厂家工程师调试后，再次检测的合格率为100%。

2010年，全省有2165家医疗机构开展放射诊疗工作，各级卫生监督机构对2079家放射诊疗机构进行监督检查，经检查，新建、改建、扩建的放射治疗、核医学、介入放射学和X射线影像诊断项目评价审核率分别为75.0%、100%、44.4%和44.8%。同年，全省对2113家放射诊疗机构进行许可核查，对符合要求的1923家核发了《放射诊疗许可证》，持证率为91.1%。对6991名放射工作人员进行培训，培训率为92.3%。应参加在岗放射工作人员职业健康体检的有8048人，实际体检7082人，体检率为88.0%。应进行检测的放射诊疗设备有4045台，实际检测了3181台，检测率为78.64%。应配备工作人员防护用品的2113家放射诊疗机构中共有1799家配备了个人防护用品，配备率为84.1%。应配备受检者个人防护用品的机构2113家，实际配备机构数为1855家，配备率为87.8%。同年，全省应进行建设项目预评价的放射治疗、核医学、介入放射学和X射线影像诊断新、改、扩建项目共有103个，经过建设项目职业病危害预评价审核的项目数共有47个，预评价总审核率为45.63%，应进行建设项目竣工验收的放射治疗、核医学、介入放射学和X射线影像诊断新、改、扩建项目共有121个,经放射诊疗项目职业病危害竣工验收项目共有77个,验收率为63.64%。

二、放射卫生监测

1961年,作为全国45个放射性污染监测站之一,浙江省开展对国外核试验落下灰尘情况的监测工作,主要内容有大气沉降物、大气气溶胶、大米、小麦、青菜、萝卜、菠菜、茄子、土壤、自来水、西湖水、钱塘江水、井水及海水中锶-90、铯-137和总β放射性。1964年10月16日,中国第一颗原子弹爆炸成功,从此转入对国内大气层核试验的监测工作。至1980年10月13日,对核试验的监测内容除上述内容外,还增加了地表γ照射量率、大气沉降物中核爆炸信号核素——放射性碘、钡、钼等多种元素的分析测量,并用衰变速率法测定n值以推算核爆时间,对放射性烟羽经高空大气抵达杭州地区的时间、沉降峰值,出现异常值的天数、放射性粒子、信号核素的变化情况等进行了较系统的观察和研究,掌握变化规律。与此同时,温州、舟山监测点也开展了部分工作。其间,7次派员赴核试验现场参与防护、监测及生物效应方面的全国性研究工作。

20世纪70年代,浙江省先后参加全国食品放射性水平调查和测量分析工作,建立了铯-137的标准分析方法,参与全国8类食品、8种核素的测量和分析,在黄海、渤海、东海、南海的海产食品调查中,参与铁-59、铁-55、钴-60、锌-65联合分析方法研究,并提供了苔菜、带鱼等5个海产食品的标准样品,参与完成全国海产食品中放射性核素含量的分析工作。

1983年,随着中国大陆第一座核电站秦山核电站的开工建设,浙江省在核电站周围和杭州、舟山作为对照点,持续开展环境媒介物中放射性物质污染情况的监测工作,同时随着国内大气层核试验次数的减少,工作内容有所转移,在有关地(市)、县(市)卫生防疫站的配合下,1980—1985年,开展对全省天然辐射外照射水平调查,调查结果分别绘制浙江省室内外和道路天然辐射外照射剂量区域分布图。同时,对全省11个地(市)和秦山核电站附近的海盐、平湖两县进行水、食品天然放射性水平调查,其中食品有大米、面粉、蔬菜,肉、蛋、鱼等19个品种,水样有全省八大水系不同流域、主要湖泊和自来水等样品43个,并据此估算了本省居民的内照射剂量,完成了全省土壤中天然放射性核素含量及分布的调查。

1985—1987年,全省11个地(市)进行了室内外氡的水平和α潜能的调查,对居民受照剂量进行了估算。秦山核电站位于海盐县秦山镇,是中国第一个自行设计、自主建造的核电站,首期工程30万千瓦压水堆于1983年动工,1991年12月15日正式并网发电。1986年5—7月,省卫生防疫站对苏联发生的切尔诺贝利核电站事故的影响进行全面监测,发现放射性碘和铯等人工放射性核素在大气沉降物、空气气溶胶、羊甲状腺和叶菜等样品中明显升高,在大气沉降物中观测到了沉降高峰,但通过剂量估算发现,该事故造成的污染还不足以给杭州地区的居民健康带来明显影响。

1991年4月,全国放射性污染监测调整工作会议上将原先全国放射监测站由54个调整为34个,浙江省列在其中。1998年1月19日,卫生部发文《关于调整和加强全国放射性污染监测工作的通知》将全国34个放射性污染监测站调整为重点监测站15个和一般监测站19

个，浙江省站列入重点监测站，并对监测方案和监测频度作了具体的调整。1999 年 9 月 30 日，日本茨城县东海村一核燃料加工厂发生核事故，浙江省接到卫生部应急通知后，加强环境监测，并将检测结果及时上报卫生部工业卫生实验所。

2004 年，依据《核设施放射卫生防护管理规定》、《核事故医学应急管理规定》的要求，浙江省制定了实施秦山核电厂周围环境检测工作计划，每年对秦山核电厂周围环境进行放射性水平监测。主要检测内容有全国放射性监测网杭州监测站的日常检测工作（大气沉降灰、自来水、西湖水、牛奶、蔬菜、海产品、大米等样品，分析测定其放射性指标锶-90，铯-137 等），秦山核电厂周围 20 千米范围内设立放射性监测点，对 20 千米范围内的源水、饮用水、粮食、蔬菜、海产品、牛奶、热释光个人剂量计（TLD）累积剂量等进行采样监测、检验分析和剂量检测。

2007 年，随着三门核电站的立项与开工建设，省卫生厅在三门核电站周围设立监测点，开展食品、饮用水、沉降灰和 γ 外照射累积剂量等内容的监测工作。

三、放射工作人员健康管理

1968 年 2 月，浙江省首次开展全省放射工作人员的健康检查工作，检查对象是从事同位素科研、应用和放射性铀矿勘探、开采、冶炼等的工作人员，共检查 60 多人。1981 年 6 月，由省卫生厅抽调省卫生防疫站相关业务人员，对全省范围内从事 X 射线诊断工作人员进行全面的体格检查，对检查中发现的血细胞异常对象进行定期复查，共复查 40 多人次。1988—1990 年，由省卫生防疫站指导各地市卫生防疫站分别对辖区内从事医用诊断 X 线的工作人员进行全面体格检查，全省共检查 3201 人，建立了省、市、县三级健康档案网，并对在检查中发现的 300 多例疑难病例分期分批安排到省放射病诊断小组进行复查，结果表明，初等级医院比高等级医院问题要多，年轻的放射工作人员比年长的放射工作人员问题要多，做介入治疗和检查工作的放射工作人员存在问题较大，计划生育部门照环的女性放射工作人员问题较大。随着 2000 年卫生防疫体制改革，放射工作人员的健康检查工作转向有资质的医疗机构承担。

对放射工作人员的常规个人剂量监测在全国卫生系统是从 20 世纪 80 年代初开始的。1985 年底，卫生部颁布《放射工作人员个人剂量监测规定》，对放射工作人员的常规性个人剂量监测工作在全国相继开展。浙江省于 1986 年开始筹建实验室，1987 年参加了全国质控比对，各项指标符合质控要求。1987 年底，浙江省在杭州市选择了省、市、区级医院中的 134 名放射工作人员进行了个人剂量监测试点，同时在全省书面调查了 3789 名放射工作人员，并根据国家标准《放射工作人员个人剂量监测方法》，对其进行个人剂量监测，为今后全省全面开展个人剂量监测工作做好准备。到 1988 年底，浙江省个人剂量监测工作已推广到全省县级以上医院，于 1989 年普及到区、乡级卫生院。在省、市、县卫生防疫站的互相配合下，至 1991 年底，浙江省共监测 2434 人，监测人数占总人数的 64.2%，并对所有监测人员建立了个人剂量档案。省卫生防疫站分别于 1986 年、1987 年举办了两期浙江省放射卫生防护技术培训班，市（地）、县（区）卫生防疫站及省属企业的 80 余名放射防护技术人员参加了培训。1988 年，又举办了 X 射线及个人剂量监测知识学习班，共有 50 余人参加了培训。同年，浙江省制定《个人剂量实施细则》，确定本省个人剂量监测分为省、市、县三级管理，明确了各自的职责范围，使热释光个人剂量计(TLD)的发放、佩戴、回收、测量工作有计划、有步骤地进行。1996年，按照全国第四次医用诊断放射工作人员恶性肿瘤流行病学调查的要求，浙江省配合天津放射医学研究所，对浙江省各级医疗单位医用诊断相关人员进行恶性肿瘤流行病学调查，调查工作于1997年底完成，个人剂量监测工作逐年加大，特别是《放射工作人员健康管理规定》(卫生部令第52号)的颁布实施，以及各级卫生防疫站的上等级工作，促进了个人剂量监测工作的开展，1996年监测1042人，1998年监测4752人，1999年监测5641人，2000年监测6334人。

2003年以前，浙江省各地(市)中，仅杭州、宁波和舟山疾病预防控制中心有开展放射人员个人剂量监测工作，因此省疾病预防控制中心承担了大量工作。2003年以后，民营检测服务机构出现，承担了部分个人剂量检测工作。2000—2010年，省疾控中心每年个人剂量监测人数在3005～4650人，年均剂量在0.519～1.805毫西弗。并对监测中发现的问题及时调查核实，对确系防护上的问题，提出了改进意见，要求采取相应的防护措施，有效地保护了放射工作人员的健康与安全。2009年，应进行职业健康体检的放射工作人员共6104人，实际体检4663人，体检率为76.39%；放射工作人员应培训人数为6727人，实际培训4912人，培训率为73.02%；应进行个人剂量监测的放射工作人员有8834人，实际监测8360人，监测率为94.63%；应配备工作人员防护用品的2135家放射诊疗机构中，共有1981家单位配备了个人防护用品，总配备率92.79%；受检者个人防护用品应配备机构数为2136家，实际配备机构数为1831家，配备率为85.72%。

2010年，浙江省共有放射工作人员9225人，持有《放射工作人员证》的共有8702人，持证率为94.33%，进行个人剂量监测的有9014人，监测率为97.71%。2010年度，应参加放射工作人员培训的有7519人，实际参加培训6991人，培训率为92.88%；应参加在岗放射工作人员职业健康体检的8048人，实际体检7082人，体检率为88.00%。

四、核事故医学应急

1987年4月15—19日，卫生部卫生防疫司在浙江海盐召开“全国核电站应急卫生防护医疗技术准备工作研讨会”，会议介绍了苏联切尔诺贝利核电站事故发生的原因及造成的后果影响等情况，专题研讨了今后中国核电站应急防护措施和医疗急救技术等，探讨了秦山核电厂事故应急和医学救援等有关问题。8月，卫生部正式发文批准浙江省卫生防疫站、卫生部工业卫生实验所、海盐县卫生防疫站共同起草的关于《秦山核电厂预想事故厂外卫生防护应急计划》。此后，省卫生防疫站与海盐县卫生防疫站一起对厂址周围20千米范围内的环境基础资料、医学卫生资料、放射性本底资料等进行全面系统调查，并将这些数据资料输入计算机，建立秦山核电厂周围环境和居民医学卫生调查数据库。

1990年3月13—15日，卫生部卫生防疫司在杭州召开核事故卫生医疗应急工作研讨会，对制定核设施事故应急规范、快速监测方法、卫生防护和医学救治程序进行了分工讨论，并具体落实编写。省政府对秦山核电厂事故应急也十分重视，于1991年4月成立浙江省核电厂事故场外应急委员会，下设11个专业组，卫生系统组建医学救援专业组，省卫生防疫站属医学救援专业组中防护监测小组，其任务是负责对应急人员的碘片发放、个人剂量元件发放与测量、食入污染区的划分、食品和饮用水的污染监测等。

1991年8月，浙江省医学救援专业组根据省核事故场外应急委员会的要求，首次进行了核电厂预想事故的实地应急演习，通过演习，进一步完善有关碘片发放、水和食品采样、测量、处理等应急程序。省疾控中心承担卫生行政部门交办的各类核与放射性突发事件的调查处置工作，负责调查江山老虎山水泥厂、金华化工集团放射源丢失事件，省人民医院发生的锶-90放射性皮肤敷贴器被盗事件等。1999年9月30日，日本发生核泄漏事故，省疾控中心及时对浙江省上空的大气进行放射性监测，并将监测结果上报卫生部核事故医学应急中心。2000年8月、2009年3月、2010年12月，省疾控中心分别对储存的稳定性碘片进行更换，储备碘片总计30万人份，为碘化钾片剂，每片含纯碘100毫克，具体由省疾控中心储存稳定性碘片5.016万片，海盐县22万片，嘉兴市3万片。省疾控中心每年定期参加省卫生厅组织的核应急医学救援演练。

2002年4月11—13日，卫生部核事故医学应急中心一行3人在中心常务副主任苏旭的带领下，来浙江进行核电站周围地区核事故应急可动员医疗资源情况调查，调查组考察了秦山核电厂，并在海盐市第一人民医院召开了秦山核电厂核事故医学应急准备与响应工作座谈会。7月9日，浙江省参加国家核应急办公室组织的核应急演习，由省卫生监督所、省疾控中心、嘉兴市卫生监督所、海盐县卫生监督所组成的医学救援专业组放射防护监测小组。根据《浙江省核电基地核事故场内外应急联合演习方案》的要求，在通信联络、现场监测、防护、实验室和后勤保障等方面进行全面演习，整个演习按照工作程序化、文书格式化开展。12月28日，浙江省核电厂事故场外应急委员会医学救援专业组应急防护监测小组在杭州召开了核事故医学应急防护监测工作总结交流会，会议进一步明确了应急防护监测小组各成员单位承担的工作任务。

2006年，按照卫生部办公厅《关于开展全国核和辐射应急医学资源调查的通知》要求，浙江省组织开展核与辐射应急医学资源调查工作，对全省154家所有市级以上医疗机构和部分县级医疗机构、卫生监督所、疾病预防控制中心进行了调查。同时，按照卫生部卫生监督中心的要求，组织开展对全省所有辐射中心的资源调查，并参加了由省卫生厅、省公安厅、省环保局组织的对全省56家重点放射工作单位的监督检查。

第五节 医疗机构卫生监督

医疗机构卫生监督是指对各级各类非营利性、营利性医疗机构，包括血液中心、血站、计划生育服务机构等，以及在这些机构中工作的医护、卫技人员执行有关法律、法规、规章和标准的情况进行监督、检查和指导。监督的范围包括：是否取得《医疗机构执业许可证》，医疗机构名称是否符合规范，是否有超范围执业，医护人员是否按规定在注册地点执业或及时变更执业注册地点,医疗废弃物是否按规定处置,是否有效控制院内感染问题,是否按规定及时上报疫情,是否有发布违规医疗广告等。

一、打击非法行医

针对游医假医的打击活动,古已有之。“非法行医”这一概念,始于1978年卫生部发布的相关文件。现代对非法医疗广告、医疗机构超范围行医、非法聘用非医技人员、非法承包诊疗科室等现象打击面更广,力度更大。2003年8月14日,省卫生监督所根据全省打击非法行医电视电话会议的精神,提出把打击非法行医、整顿医疗服务市场的卫生监督工作作为一项任务来抓。8月14—18日,该所先后派出6支卫生监督小分队,赴绍兴、宁波、舟山、温州、台州、金华、衢州、丽水8个地(市)检查和指导各地严厉打击非法行医的整顿工作,共检查15个县(区)的55家医疗机构,与当地卫生部门联合取缔了5家无证行医窝点。2005年5月23日,浙江省启动打击非法行医专项行动,由省卫生厅发起,省公安厅、省人口计生委、省食品药品监督管理局等8个部门联合参加,仅杭州市内就端掉了3个无任何行医资格的行医窝点,卫生监督执法人员当场没收了这3家地下“黑诊所”的药品和医疗器械,并现场予以取缔。另有6家省、市、区级医疗机构及门诊部接受了卫生监督执法检查。2005年,浙江省卫生监督所组织全省各级卫生监督机构重点对辖区内取得《医疗机构执业许可证》的单位和个人的下列行为进行监督检查:《医疗机构执业许可证》是否及时校验,是否未经批准擅自开展义诊,从事医疗执业活动医师是否具有执业资格,计生机构是否超范围开展诊疗活动等。同时,重点打击和取缔城乡接合部未取得《医疗机构执业许可证》擅自开展诊疗活动的地下“黑诊所”、游医、假医,及借助虚假宣传、招摇撞骗或打着医学科研、军队、武警的幌子误导和欺骗患者,严重危害人民群众身体健康和生命安全的非法行医活动。截至2005年12月20日,全省共出动卫生监督员25000余人次,检查持有《医疗机构执业许可证》的医疗机构21235家,取缔无证行医5387户次,查处违法、违规医疗机构2572家。全国打击非法行医督查组充分肯定了浙江省打击非法行医行动取得的成效。

2006年,浙江省卫生监督所按照上级卫生行政部门的要求,依据《浙江省2005年度打击非法行医和非法采供血液专项行动实施方案》,组织全省各级卫生监督机构开展打击非法行医活动,同时,积极与公安、人口计生、药监、省军区、省武警等部门合作,发挥部门联动机制、严厉打击非法行医活动。截至11月底,浙江省卫生部门共出动检查人员107724人次,车辆20421车次,取缔非法行医窝点11637家次,没收医疗器械17366件,没收药品13299箱,移送案件180件,人民法院以“非法行医罪”判刑33人。公安部门共立案114件,刑事拘留83人,移送起诉43人,及时将非法行医的不法分子绳之以法,提高了打击非法行医的力度和效果。通过全省卫生监督统一投诉举报电话(96301)加大社会监督力度,各级“专项行动办公室”对举报信件均认真组织核查并严格依法处置。专项行动开展以来,全省共收到群众举报非法行医信件(电话)3962件,做到件件投诉举报有回复。通过举报处理和打击,取缔了一大批无证行医的诊所和游医。

2007年,为进一步巩固浙江省打击非法行医专项行动两年来取得的成果,贯彻落实卫生部于4月27日召开的打击非法行医与非法采供血电视电话会议精神，省卫生监督所编印《帮你识别非法行医》等宣传小册子供各地开展宣传活动。8月，省卫生监督所会同杭州市打非领导小组、江干区政府在杭州开展了以“珍惜生命、远离非法行医”为主题的浙江省暨杭州市打击非法行医宣传咨询活动，浙江电视台、“明珠新闻”、“1818黄金眼”、宁波电视台、《杭州日报》、《每日商报》、《都市快报》等各大新闻媒体在第一时间全程全面地报道了这次活动，广大群众给予了高度评价。据不完全统计，2005年5月至2007年12月，全省在打击非法行医专项行动中，各部门共出动检查人员170184人次，车辆36816车次，取缔非法行医窝点18208家次，查处案件7970件，没收医疗器械22884件，没收药品68706箱，检查有证医疗机构75545家次，查处违法、违规医疗机构和项目6609家次，没收违法所得162.1万元，行政罚款1392.3万元，吊销《医疗机构执业许可证》20家，移送案件306件，经人民法院以“非法行医罪”判刑59人（判刑最高者为有期徒刑11年，并处罚金2万元）。在2005—2007年3年的“打非”专项行动中，浙江省各成员单位公安、药监、科技、计生、监察、部队等部门领导高度重视，按照职能各司其职，通过召开打击非法行医领导小组成员联席会议等形式，密切配合，形成合力，紧紧围绕专项行动的工作目标，分层次、分步骤地对各种形式的非法行医进行严厉打击，查处了一批社会影响较大的案件。

2008年，全省各地卫生监督机构继续以打击无证行医为工作重点，加大了对辖区内特别是农村集贸市场和城乡接合部等重点区域的巡查和打击力度。2008年1—11月，全省共取缔无证行医窝点2648户次，没收医疗器械和药品4851箱，行政处罚796户次，罚款金额343.32万元，没收非法所得32户次，没收金额27.52万元，责令暂停执业活动102人。2008年11月1日至2009年10月31日，全省共取缔无证行医窝点2698户次，没收医疗器械和药品4282箱，行政处罚809户次，罚款金额363.72万元。没收非法所得59户次，没收金额23.04万元。移送行政案件10宗，移送公安部门案件47宗，以“非法行医罪”追究刑事责任20人。

2009年，省卫生厅、公安厅联合制定并下发《转发卫生部、公安部〈关于在严厉打击非法行医和非法采供血工作中加强衔接配合的暂行规定〉的通知》，建立了打击非法行医和非法采供血违法犯罪行为工作协调小组和联席会议制度，及时交流信息，共同研究执法中遇到的新情况、新问题，协调解决疑难问题，做好非法行医和非法采供血涉嫌犯罪案件的移送工作。为加强卫生部门与公安部门的配合，全省各级公安部门设立驻卫生监督机构联络室，建立工作联系机制。每年对打击非法行医和非法采供血的十大优秀案例给予奖励，及时总结推广经验，对工作不力、无证行医和非法采供血问题突出的地区予以通报批评，追究相关责任人的责任。

2010年，全省53个县（市、区）卫生局与公安机关联合印发《加强打击非法行医和非法采供血衔接配合工作》等通知，明确相互工作职责以及信息、协查、执法、宣传、案件移送等制度，明确公安派出所日常治安管理中注意发现和搜集非法行医信息，并积极配合卫生行政部门在查处非法行医行动中遇到查处困难及阻碍执法的行为。全省有64个县（市、区）设立了公安机关驻卫生监督机构联络室。4月，为了便于全省各级卫生行政部门及时掌握无证行医信息，实现全省无证行医信息共享，省卫生监督所在“浙江省卫生监督信息网”上建立了全省无证行医"黑名单"信息平台,"黑名单"信息平台包括"无证行医"信息和"刑事追究"信息。到10月31日,有1557条无证行医黑名单信息上网。同年,各地卫生局与工商行政管理局等多部门开展联合打击无证行医活动,以有效打击和遏制无证行医者活动,如兰溪市根据黑名单的有效信息,将在桐乡被处罚两次后转移至兰溪继续非法行医的非法分子移送至公安局。安吉、海宁等10个县(市、区)卫生局与工商行政管理局联合下文,从源头上加强出租房管理,以杜绝房屋所有者将房屋出租给无证行医人员。杭州市卫生与工商等部门联合整治71家无证行医窝点,取得了较好的打击效果和社会效应。全省各地卫生局与人口计生委联合开展非法鉴定胎儿性别和非法选择性别人工终止妊娠专项整治,2008—2010年,共立案163件,实际查处结案145件。食品药品监督管理局联合开展整治非药品冒充药品专项行动,共查处各类问题非药品品种批次1274个,通过多部门的联合,有效整合了打击非法行医的力量。

二、医疗机构监督

医疗机构监督是卫生监督工作中的一项重要内容,为加强此项工作,2000年8月成立浙江省卫生监督所。2004年,省卫生厅组织对医疗机构进行以依法执业、联合医疗、医疗广告为内容的综合执法检查,联合省工商管理局对违规发布医疗广告的杭州民康医疗门诊部、杭州长城门诊部进行综合执法检查,对有关违法事实立案移送杭州市卫生局查处。6月和9月,连续两次对《钱江晚报》《都市快报》《浙江日报》《浙江工人报》《浙江广播电视周报》的医疗广告逐一进行检查,对存在的非法医疗广告依法进行处理。

2005年,依据《浙江省2005年度打击非法行医和非法采供血液专项行动实施方案》,全省各级卫生监督机构积极与公安、监察、人口计生、药监、省军区、省武警等部门合作,发挥部门联动机制,对医疗机构执行执法检查。科技部门积极开展医药类技术贸易机构的清查,多家不符合要求或打着医学科研幌子从事非法诊疗活动的机构被清理。人口计生部门认真组织计生技术机构进行依法执业和依法行医情况的自查清理,积极开展打击非法B超鉴定性别和非法终止妊娠专项行动,查处非法B超鉴定性别案件数十起,情节严重者均判有期徒刑并处罚金。省军区和省武警总队对下属医院和卫生所进行专项检查,取缔不符合要求的3个对外合作专科,清退4名外聘医生。

2006年,全省共调查186家医疗机构,其中,三级医院6家,二级医院18家,一级医院(包括乡镇、街道卫生院)29家,门诊部28家,社区卫生服务站28家,村卫生室5家,个体诊所38家以及疾病预防控制机构34家,其中2家医疗机构使用了未经核准的机构名称、31家超范围执业、2家未按规定对《医疗机构执业许可证》进行校验。抽查的1451名现从事诊疗活动的医师,能提供《医师执业证书》的有1395人,无《医师执业证书》的有56人。抽查护士1302人,符合《中华人民共和国护士执业证书》的有1250人,没有证书的52人。开展性病诊疗活动的有28家,其中有4家医疗机构未经核准擅自开展性病诊疗活动,开展母婴保健技术服务的有50家,其中有5家医疗机构未经许可擅自开展母婴保健技术服务。各地在总结打击非法行医行动工作经验的基础上,针对各类医疗机构存在问题的多少及其社会危害程度,提出医疗机构"分类管理"模式。对各类社会医疗机构,以监督指导为主要形式,加强监督检查频次，及时对存在的问题进行“回头看”，督促其规范经营。对公立医疗机构，以建立依法执业制度、提高自律行为为主要形式，引导其加强内部制度建设，做到科学管理，规范执业。

2007 年，省卫生厅开展对医疗机构、疾病预防控制机构的传染病防治监督专项检查工作。全省共检查医疗机构 10929 家，其中，三级医院 75 家，二级医院 206 家，一级医院 216 家，乡镇卫生院 827 家，妇幼保健院 85 家，社区卫生服务中心（站）1317 家，门诊部 311 家，诊所 1072 家，村卫生室 4684 家，民营医院机构 2136 家。检查疾病预防控制机构 104 家，其中，省级 1 家，市级 11 家，县级 92 家。检查发现浙江省绝大多数医疗机构重视传染病防治工作，传染病防治工作的意识有了进一步加强。各单位设有疫情报告管理部门与人员，有较完善的管理制度，并定期开展自查自纠工作，疫情网络直报系统通畅。在二级以上综合医院设立感染性疾病科，较好地执行预检分诊制度、传染病病例处置工作制度，开展医务人员手卫生监测及消毒灭菌监测。

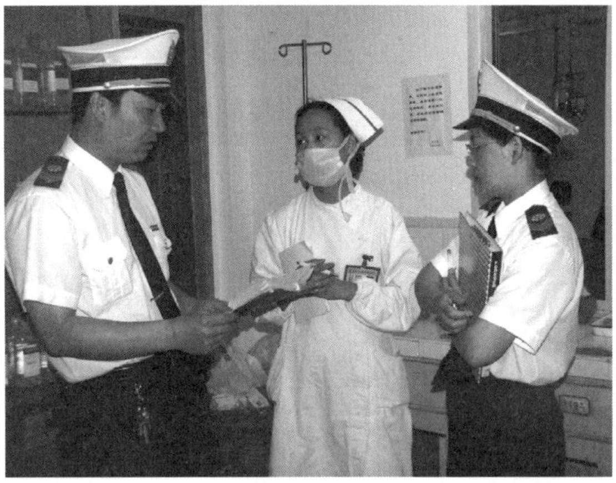

图 79-4-5-1　浙江省卫生厅对医疗机构开展专项检查（浙江省卫生厅档案室提供）

2008 年，由省卫生厅牵头，联合省科技厅、省公安厅等七部门制定下发《关于继续深入开展打击非法行医和非法采供血专项行动通知》，全省各地卫生部门联合公安、城管等部门，形成上下联动、部门联动、地区联动等综合整治局面的态势，加强对无证行医的打击力度，以进一步净化和规范医疗服务市场秩序。据不完全统计，全省共出动执法人员 42693 人次（其中卫生部门 39795 人次），检查医疗机构 17817 家，检查所有采供血机构和全省 297 家二级以上临床用血医疗机构，取缔无证行医 4815 家次，立案 900 起，处罚 961.24 万元，吊销《医疗机构执业许可证》4 家，吊销《医师执业证书》1 人，追究刑事责任 10 人。截至年底，全省应监督医疗机构 29780 家，实监督医疗机构 29780 家（监督覆盖率达 100%），建立医疗机构监督档案 29780 户（建档率达 100%），对存在违法行为的医疗机构均已及时立案处罚并要求其整改，共警告 704 户次，罚款 817 户次，罚款金额达 325.57 万元，没收非法所得 32 户次，没收金额达 30.75 万元，没收药品器械 169 箱，吊销医疗机构执业许可证 2 户，责令暂停执业活动 41 人，吊销医师执业证书 1 人，取缔违法诊所 5 户。全年共受理投诉举报 2149 次，处理结案 2144 人，行政案件移送 10 宗，刑事案件移送 33 宗，追究行政责任 52 人，被追究刑事责任 8 人。

2009 年，浙江省进一步建立健全医疗机构监督管理档案，全省 30386 家医疗机构已经建档的有 29697 家，建档率达 97.73%，全省 13 家采供血机构建档率达 100%。在医疗机构底数清的情况下，不断加大日常建档监督巡查力度，对全省 30386 家医疗机构实行全覆盖（监督覆盖率达 100%），全年共监督检查医疗机构 47239 户次，平均每家医疗机构监督检查 1.55 次，对存在违法行为的有证医疗机构共警告 373 户次，罚款 659 户次，罚款金额达 260.5 万元，没收非法所得 26 户次，没收金额达 20.75 万元，没收药品器械 13 箱，吊销医疗机构执业许可证3户，责令暂停执业活动26人，吊销医师执业证书1人，取缔违法诊所1户。根据不同等级(规范级、合格级、不合格级)对中小医疗机构开展分级管理，截至2009年10月，全省已开展分级管理的医疗机构21547家，分级监管率达75.10%。全省在中小医疗机构依法执业分级监管工作中，做出警告的有431家，责令限期改正的有1家，医疗机构执业许可证暂停校验312家，吊销医疗机构执业许可证1家，注销机疗机构执业许可证34家，注销执业科目22家，行政罚款为166.32万元。通过依法执业分级监管，强化中小医疗机构准入管理，中小医疗机构的依法执业行为得到进一步改进。

2010年，在加大日常监督力度的基础上，浙江省建立了医疗服务市场监管的长效机制，对全省30520户有证医疗机构进行监督，监督建档率达100%，监督53441户次，监督覆盖率达100%，查处1152户，警告373户，处罚9476户，罚款370万元，没收违法所得26.1万元，暂缓检验613户，吊销医疗机构执业许可证5家，吊销执业证书5人。据统计，全省共出动卫生监督员12406人次，取缔各类无证行医4054户，予以行政立案953起，共计行政罚款716.5万元，没收违法所得108户，共计124万元，全省移送公安机关127人，追究刑事责任58起。同年，浙江省实行依法执业分级管理的中小医疗机构共25890家，占中小医疗机构总数的92%，评定为规范级2908家，合格级22054家，不合格级928家。对查处有违法行为的医疗机构警告351家，责令整改1028家，立案处罚268.6万元，没收违法所得14.8万元，注销医疗机构执业许可证52家，注销科目12家，门诊部降级为诊所4家。

三、采供血机构监督

自1993年卫生部颁布《采供血机构和血液管理办法》以来，浙江省卫生行政部门加强了采供血机构的监督。2005年，根据《中华人民共和国献血法》《血液基本标准》《血液管理办法》《血液制品管理办法》《单采血浆站基本标准》等法律法规要求，省卫生监督所组织各级卫生监督机构对全省36家采供血机构进行监督检查，其中，省级1家、市级10家、县级6家(独立法人单位)、县级中心血库19家(挂靠在医疗机构)，重点检查了上述采供血机构和人员的资质，血源档案管理，血液的检验、储存、发放、运输，废血的处置以及相关的岗位责任制度和工作制度，事故应急预案等。

2006年，为进一步巩固浙江省非法采供血和单采血浆专项整治成果，加强血液管理，规范采供血机构依法执业行为，保证医疗临床用血和原料血浆的质量安全，有效控制经采供血途径传播疾病，保障人民群众身体健康和生命安全，浙江省继续开展对全省36家采供血机构的机构职业资格、从业人员情况、血液管理情况、血液检测发放运输情况、实验室管理，对258家二级以上医疗机构的输血科(库)工作人员的执业资质、血液来源、血液储存发放管理、紧急用血、自采自供、用血审批、管理制度等进行专项监督检查。

2007年，根据《浙江省人民政府办公厅转发省卫生厅等部门关于浙江省采供血机构调整实施方案的通知》文件精神，浙江省进行了采供血机构体制改革。至2007年11月，已全部改制到位，取消县级中心血站。省血液中心1个(内设脐带血造血干细胞库1个)，市级中心血站11个，其中10个市级中心血站下设采供血分支机构，共有分站2个，采供血点21个，储血点35个。全省二级以上医疗机构临床用血单位297家，其中综合性医院三级50家，二级182家，专科三级医院26家，专科二级医院39家。全省各级卫生监督机构都建立了采供血机构和临床用血机构的基础档案，为全省临床用血安全提供可靠的保障。全省临床血液全部来自无偿献血，特别是义乌市的临床血液已全部来自街头无偿献血。

2008年，采供血机构体制改革后，经过一年的运行，浙江省在采供血机构的监督检查中仍发现一些问题，主要是各地市中心血站和采供血点是同一法人单位，但采供血点的人事、仪器设备、工作用房等因设置在医院且由医院管理，中心血站仅对采供血点进行业务指导。为确保医疗机构临床用血安全，保障人民群众的健康权益，根据卫生部下发的《卫生部关于进一步加强医疗服务与血液安全监督工作的通知》精神，浙江省组织全省各级卫生监督机构于2008年5—6月，对辖区内所有采供血机构及562家医疗机构临床用血情况进行监督检查，对存在问题的82户给予责令整改。省卫生监督所在各地检查的基础上，于6—9月对全省所有采供血机构进行专项督查，共检查1家血液中心、11家市级中心血站、1家单采血浆站、21个采供血点。

2009年，浙江省对采供血机构的监督检查覆盖数为36家（监督覆盖率和建档率均为100%），监督检查采供血机构总数为54户次，其中血液中心和中心血站26户次、分支机构23户次、单采血浆站5户次。7月2日，卫生监督员接到群众举报后，依法对浙江海康磐安单采血浆站进行监督检查，发现该单采血浆站跨区域采集血浆21人，存在消毒管理不规范等情况，当地卫生局依法责令当事人立即改正违法行为，给予当事人警告、罚款人民币5.8万元的行政处罚。

2010年，全省36家采供血机构（包括分支机构、采供血点、单采血浆站）均已纳入省血液中心质量管理体系，并按照GB/T19001-2000要求进行管理，全省无偿献血率达到100%，没有发现或接到举报有非法采供血行为。同年，全省各级卫生监督机构共检查采供血机构59户次，抽查临床用血机构37户次，临床用血医疗机构血液来源于中心血站或中心血站的采供血点，有独立设置输血科，有成立输血管理委员会，有意外防范和应急处理预案、岗位责任制度、技术操作规程、工作人员被阳性血液耗材刺伤处理预案等各项管理制度，抽查输血技术资料比较完整清楚，HIV初筛检验室已认证，设置有专用冰箱保存血液，血液（浆）按不同品种、血型、规格分别存放，有设备档案、定期校验及监测记录，有储血冰箱温度监测记录，有指定专人负责血液领取、发放、查对、签字的核查工作，抽查部分工作人员对采供血相关法律法规知识，知晓率达100%。采供血机构在制度落实，人员上岗、培训及硬件设施比较完整，采供血过程比较规范，献血者体检、采血间隔、采血量、血液检测、使用等符合《血站管理办法》和《血站基本标准》的要求。

第六节　传染病防治卫生监督

传染病防治卫生监督是指县级以上地方卫生行政部门及其综合监督执法机构依据传染

病防治相关法律法规，对医疗卫生机构传染病防治工作进行监督执法的活动。监督工作依据是《中华人民共和国传染病防治法》、卫生部《传染病防治日常卫生监督工作规范》等。传染病防治卫生监督的任务是：开展辖区内医疗卫生机构预防接种、传染病疫情报告、传染病疫情控制措施、消毒隔离制度执行情况、医疗废物处置及病原微生物实验室生物安全管理等传染病防治日常卫生监督工作，查处辖区内传染病防治违法案件，负责辖区内传染病防治卫生监督信息的汇总、核实、分析和上报工作等。

一、传染病预防卫生监督基本情况

1989年，国家颁布施行《中华人民共和国传染病防治法》，1991年12月，经国务院批准，卫生部颁布《传染病防治法实施办法》，标志着全国传染病防治工作开始全面走上法制化管理轨道。1992年，根据卫生部《关于宣传学习贯彻〈传染病防治法〉及其〈实施办法〉的意见》，浙江省卫生厅对地方卫生行政部门推荐的传染病管理监督员予以聘任并发放证书。自此，传染病防治卫生监督工作有了一支相应的管理监督队伍。

2001年，卫生部印发《关于卫生监督体制改革实施的若干意见》和《关于疾病预防控制体制改革的指导意见》，两项体制改革的实施是传染病防治监督的分水岭，即由以往多为临时性或突击性的开展某一方面的检查转为经常性及疫情发生后应急性的监督检查。

2003年，在"非典"疫情控制中，全省各级卫生监督部门依照《传染病防治法》《消毒管理办法》等卫生法律法规，围绕防输入、防感染这两个重点，加强依法和科学管理，加大卫生监督执法力度，先后开展了消毒剂生产企业和使用单位的专项整治，医疗机构感染控制、传染病报告管理的监督检查，深入医院发热门诊和留观隔离室就"非典"预防控制措施落实情况进行依法检查，组织对学校、托幼机构、餐饮、车站、码头等公共场所的"非典"防治措施的落实情况开展专项检查。全省共出动卫生监督员49.81万多人次，监督检查医疗机构、消毒产品生产经营单位、公共场所等相关单位37.93万家，责令整改单位56713家，责令停业3372家，处罚金额684余万元。各级卫生监督机构面对突如其来的新的传染病，通过积极开展调研和在专项检查中发现问题，为行政部门起草了《浙江省学校、托幼机构预防非典型肺炎工作指南》《浙江省SARS防治中医院发热门诊和隔离病房的设置要求》《浙江省高考期间防非典考点考场卫生和消毒要求》《浙江省SARS病人手术、分娩管理及预防医院内感染指南》等十几个文件，为卫生行政部门当好参谋和规范非典型肺炎的预防控制工作发挥了重要作用。

2004年，根据卫生部《关于开展全国今冬明春传染病防治执法检查的通知》的精神，依照《中华人民共和国传染病防治法》等法律、法规，省卫生厅对全省传染病防治工作进行了执法检查，共检查卫生行政部门44家次，疾病预防控制机构84家次，医院、乡镇卫生院1612家次，村卫生室、社区卫生服务站、个体诊所11959家次，为有效预防和控制"非典"疫情以及其他传染病暴发流行打下基础。

2005年，针对浙江省部分地区麻疹、流行性腮腺炎、水痘、伤寒副伤寒疫情频频发生，省卫生厅先后组织开展医疗卫生机构传染病疫情网络直报、发热呼吸道门诊、医院感染控制、疾病预防控制机构免疫规划工作质量、学校及托幼机构预防接种证查验等工作。全省出动卫生监督员1906人次，检查医院592家、疾病预防控制机构64家、预防接种点141家、小学(民工子弟学校)及幼托机构386所，规范了有关单位的传染病防治工作。在部分地区发生霍乱疫情后，有针对性地开展以防控急性肠道传染病为主的卫生监督突击周行动，重点加强食品卫生、饮用水、学校卫生、医疗机构等的卫生监督及宣教工作。据不完全统计，全省共出动卫生监督员24813人次，检查食品经营单位31447家、饮用水单位2601家、医疗机构4249家，共发放宣传资料134282份。2006年，根据省卫生厅《关于做好当前禽流感防控工作的通知》精神，切实加强全省呼吸道、肠道重点传染病防治监督执法工作，控制疫情的扩大和蔓延，及时组织开展医疗卫生机构传染病疫情网络直报、发热呼吸道门诊、肠道门诊、医院感染控制、疾病预防控制、传染病防治、实验室生物安全等监督检查。

2006年，国务院《艾滋病防治条例》颁布实施后，浙江省认真贯彻执行，2007年出台《浙江省艾滋病防治条例》，各地卫生监督机构加强对艾滋病防治的监督执法，开展对公共场所艾滋病防治法规和知识的培训。绍兴、舟山等地开展了对宾馆、娱乐场所等重点公共场所安全套放置及防艾滋病宣传资料发放情况等检查。绍兴市以住宿业、洗浴业、歌舞娱乐业、理发美容业为重点场所，以服务人员健康体检、公用物品和器具的消毒及安全套(自动售套机)的设置、艾滋病防治知识的宣传培训等为重点内容，对全市公共场所艾滋病防治进行专项检查，出动卫生监督人员500余人次，监督监测公共场所经营单位1344户次。绍兴市公共场所中安全套放置率达90%以上，通过对公共场所服务人员体检，市属公共场所服务人员中，两年内发现HIV感染者10人，共立案105户，罚款15.6万元。杭州市下城区与宾馆、旅店、桑拿、娱乐场所等公共场所单位签订《下城区艾滋病防治工作责任书》，督促场所业主履行预防艾滋病职责，卫生监督员参与娱乐场所服务小姐和男同性恋人群的高危行为干预。为了进一步探索浙江省艾滋病防治卫生监督执法工作，省卫生监督所在了解各地工作开展的基础上，选择了10个市、县，进行公共场所艾滋病防治高危场所和高危人员卫生监督综合管理工作试点，并对各试点单位进行指导。公共场所艾滋病预防工具放置率纳入“平安浙江”考核指标。2008年，浙江省艾滋病防治工作的监管不断深入，对全省重点公共场所、医疗机构、疾控机构和采供血机构进行艾滋病防治工作的专项监督检查，共检查重点公共场所13113家次，基本摸清了公共场所服务人员健康管理、安全套放置和公用物品消毒状况。

2007年，省卫生厅对各地卫生行政部门肠道传染病防控工作的组织领导和肠道门诊的组织管理，卫生监督机构对系统内开展传染病执法检查，疾病预防控制机构的肠道传染病防控工作开展情况和对医疗机构的指导培训情况，医疗机构是否按照《浙江省医疗机构肠道门诊设置规范(试行)》要求进行全面检查，共检查11个市和22个县(市、区)的卫生局、疾控中心、卫生监督所、医疗机构114家。通过检查，了解和掌握各地在肠道传染病防控工作中存在的主要问题和薄弱环节，并将检查结果在全省进行了通报，促进和规范了医疗卫生机构肠道传染病防治工作。

2008年春季以后，浙江省对麻疹、手足口病相继发出Ⅱ级预警。省卫生厅制定印发了《手足口病防治卫生监督工作要点》，指导各地开展对医院、托幼机构的检查，与省教育厅联合开展以学校食品卫生、饮用水卫生和传染病防治为内容的“校园卫生健康行动”。在手足口病疫情的防控工作中，全省出动卫生监督员 47357 人次，检查托幼机构 17593 家次，县级以上医院 1315 家次，社区卫生服务中心 5056 家次，民营医疗机构 2350 家次，社区卫生服务站 18645 家次。同时，结合卫生部的工作要求，全省对医院内镜消毒灭菌进行了专项检查，监督覆盖了全省开展内镜诊疗的所有医院，共检查医院 431 家次，检查内容涉及医院消毒制度的执行、清洗消毒操作程序的规范，对消毒灭菌的硬件设施状况进行调查和检查，同时采集各种内镜作细菌菌落总数和致病菌的检测，评价消毒灭菌的效果。开展医疗废物处置专项行动，全省共检查县级以上医院、妇幼保健院、乡镇卫生院、社区服务中心(站)、其他医疗机构、疾病预防控制机构以及采供血机构 16041 家(次)，监督总覆盖率达 53.9%。各类医疗卫生机构监督检查覆盖率均大大超过本专项检查的要求，发现有违法行为的单位 1032 家，立案 203 件，处罚款 24.23 万元。

2009 年，省卫生厅开展对手足口病、甲型 H1N1 流感、霍乱等重大传染病防治工作的检查和督导，疾病控制、医政、教育行政等部门建立传染病防治工作协同机制，进一步加大传染病防治监督执法力度。传染病防治监督检查覆盖全省所有二级以上综合性医院、疾控机构和采供血机构，对社区卫生服务中心(站)的监督覆盖率达 92.5%，其他医疗机构监督覆盖率达 50.3%，对学校、托幼机构的监督覆盖率达 86.1%。在甲型 H1N1 流感防控工作中，省卫生监督局及时印发了《浙江省甲型 H1N1 流感防控卫生监督检查要点》，各级卫生监督机构根据疫情防控不同阶段的不同要求，围绕疫情防控的重要环节、重点部门，对医疗机构传染病报告、预检分诊、发热门诊等制度落实情况，疾控中心疫情报告管理，学校、托幼机构的晨检及因病请假登记追踪制度落实情况等开展检查，并通过各种形式和途径加强对学校及托幼机构、公共场所人员的培训和管理。4 月底，组织对全省 5 个口岸城市的医疗卫生机构及托幼机构、学校实行专项监督检查，严防甲型 H1N1 流感病例的输入。5 月底，针对监督检查发现的问题，全省就疫情防控的应急重要物资、加强对消毒剂生产企业的日常监管，开展了流通领域和学校、托幼机构使用的消毒剂卫生质量专项检查，保障消毒剂的有效提供和防控措施的落实。全省共检查消毒产品生产企业 153 家，约占全省消毒产品生产企业总数的 1/3。56 家抗(抑)菌制剂生产企业全部覆盖，在能够采集到产品的 24 家生产企业中，采样 31 批次，按卫生部规定的检验方法检测 13 个药物指标，阳性结果 4 批次。检查药店 2231 家，检查产品数达 6651 批次，发现不合格产品 1153 批次，其中抗(抑)菌制剂 1089 批次。抽检作药物检测的抗(抑)菌制剂 6 批次，发现违规添加药物产品 1 批次。

2010 年，全省各级卫生监督机构加强对学校、托幼机构传染病防控监督检查，重点对晨检、因病缺勤病因追查与登记制度，公共用具、餐具的消毒等防控措施的落实进行监督检查，共检查各类学校 5530 家，占总数的 81.7%。同年，在对全省餐饮具集中消毒单位进行摸底排查的基础上，省卫生监督局积极组织开展以餐饮具集中式消毒单位的选址、布局、消毒工艺流程、使用的消毒产品以及消毒餐饮具的产品包装和标签等为重点的专项监督检查。据统计，全省共出动车辆 1103 车次，卫生监督人员 3039 人次，监督检查 337 家餐饮具集中消毒单位和 3247 家餐饮服务单位，抽检餐饮具集中消毒单位消毒后餐饮具 2974 批次，合格 2333 批次产品，合格率为 78.4%，抽检餐饮服务单位消毒后餐饮具 948 批次，合格率为 90.1%，处罚

21 家餐饮具集中消毒单位，罚款 3.8 万元，责令限期整改 160 家，处罚餐饮服务单位 16 家，在媒体公告抽检不合格产品的餐饮具集中消毒单位 17 家。副省长王建满在《我省餐饮具集中消毒单位整治工作现况及建议》专报信息上批示："餐饮具的集中消毒，事关人民群众的健康。请省工商局加强与省卫生厅等部门的合作，共同确保浙江省集中消毒餐饮具的卫生质量和安全。"

二、医疗废物卫生监督

2001 年，浙江省开展一次性医疗用品专项整治工作，对 7 个市 21 家一次性注射器、输液器、输血器生产企业进行"地毯式"检查，对 9 个市近 100 家各级各类医疗机构使用一次性医疗用品情况进行监督执法检查，取缔东阳某地一非法收购废旧一次性使用输液器集散地，注销 1 家企业的产品卫生许可证。通过一系列的检查、摸底，针对发现的问题，省卫生厅起草了《医疗卫生机构一次性使用医疗用品使用管理办法》《一次性使用医疗卫生用品定点回收单位管理办法》等管理措施和标准，严格对一次性医疗用品的管理，规范了一次性医疗用品的行为，查处杭州某公司非法经营预防用生物制品案，多次会同工商、公安等执法部门联合行动，对涉及浙江、江苏、安徽、江西 4 省的医疗卫生机构进行调查取证，查清了违法事实，涉案金额达 2000 余万元，涉案人员被公安机关逮捕。该案件被国家整顿和规范市场经济秩序办公室列为大要案之一。

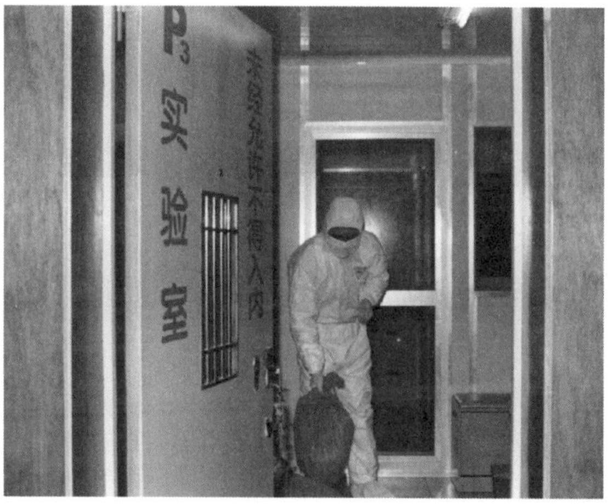

图 79-4-6-1　医疗废物处理（省卫生监督所提供）

2007 年，浙江省各地把对医疗卫生机构医疗废物的监督作为监督检查的重点，全省共检查医疗机构 12076 家，对检查中发现问题的，依法及时加以纠正，共责令医疗卫生机构整改 228 家，立案 106 起，处罚款 23.05 万元。全省开展医疗机构口腔诊疗器械消毒灭菌专项检查工作，由卫生行政部门组织，监督、疾控联合，分工明确、职责到位、配合紧密，共检查口腔诊疗机构 888 家，涉及省、市、县医疗机构口腔科、口腔专科医院、社区卫生服务中心、个体口腔诊所，不仅检查了口腔诊所的消毒管理制度、人员培训、硬件设施、消毒操作程序、个人防护等，还开展了消毒灭菌质量的监测，全省共出动检查人员 2542 人次，出动检查车辆 624 次，发现违法违规医疗机构 483 家，其中责令立即整改 415 家，立案查处 68 家，共处罚款 11 万元。

2009 年，全省对 15459 家各类各级医疗卫生机构的医疗废物处置情况进行了监督检查，立案查处违规单位 162 家，处罚款 26.17 万元，较 2008 年的立案数减少 20.2%，罚款金额增加 8.0%。浙江省医疗废物监管工作得到省政府领导的高度重视。3 月，两位副省长在省卫生监督局的"我省医疗废物监管基本情况、存在问题及建议"专报信息上批示，"环保部门要会同卫生等部门，加快推进相关设施的建设，完善医疗废物收集处置网络，强化对医疗废物收集处置的监管”。由此，浙江省加快了医疗废物处置实施的建设，全省医疗废物集中处置率均保持在 90%以上。

2010 年，浙江省全面实施农村医疗机构医疗废物分类收集规范工作，在全省 11 个地市均已建成医疗废物集中处置设施并投入运行的基础上，结合卫生部医疗废物监督检查要求，启动乡镇(街道)卫生院(社区卫生服务中心)医疗废物处置 2～3 年规范化建设计划，要求全省以县(市、区)为单位的医疗废物处置规范化水平达到总体目标的 85%，并根据《医疗废物管理条例》等相关法规、规范，制定了医疗机构医疗废物处置监管检查评估标准，列出“管理职责和相关制度建设，人员培训和职业安全防护，分类收集、运转和处置，暂时贮存设施、设备”等方面 14 项量化指标。

三、病原微生物安全卫生监督

2007 年 4—8 月，浙江省开展对医疗机构、疾病预防控制机构、病原微生物实验室的传染病防治监督专项检查工作。全省共检查医疗机构 10929 家[其中，三级医院 75 家，二级医院 206 家，一级医院 216 家，乡镇卫生院 827 家，妇幼保健院 85 家，社区卫生服务中心(站)1317 家，门诊部 311 家、诊所 1072 家，村卫生室 4684 家，民营医疗机构 2136 家]，检查疾病预防控制机构 104 家(其中，省级 1 家，市级 11 家，县级 92 家)，检查病原微生物实验室 446 家(其中，医疗机构实验室 353 家，疾病预防控制机构实验室 88 家，大专院校、科研单位实验室 5 家)。检查发现，浙江省绝大多数医疗机构重视传染病防治工作，传染病防治工作的意识有了进一步加强。各单位设有疫情报告管理部门与人员，有较完善的管理制度，并定期开展自查自纠工作，疫情网络直报系统通畅，在二级以上综合医院设立感染性疾病科，较好地执行预检分诊制度、传染病病例处置工作制度，开展医务人员手卫生监测及消毒灭菌监测。

2008 年，省卫生厅积极完成奥运医疗保障工作，各地卫生监督机构根据省卫生厅《浙江省奥运会期间医疗卫生保障工作方案》，认真做好浙江省奥运火炬传递全程的医疗保障工作，切实加强实验室生物安全管理、菌(毒)种管理。为进一步加强对各级卫生监督机构生物安全管理的执法能力，7 月 16—18 日，省卫生厅监督局举办全省生物安全管理培训班，就生物安全的管理体系、通用安全防护、奥运期间生物安全的管理要求进行培训，并实地考察了省 CDC 的生物安全管理情况。省卫生厅监督局会同杭州市、温州市卫生监督所对省级医疗卫生单位的生物安全工作进行了全面检查。各级卫生监督机构对辖区各级各类医院、疾病预防控制机构、有关医学科研机构开展生物安全管理的执法检查。据统计，是年全省共出动卫生监督员 2300 余人次，检查病原微生物实验室近 900 家，确保了奥运会和残奥会期间浙江省的公共卫生安全。

第五章　爱国卫生

爱国卫生是由政府领导、群众参与的一项运动。它是具有中国特色的卫生工作方式，是把群众运动用于卫生工作的社会主义事业发展的重要组成部分。1952年，毛泽东主席发出“动员起来，讲究卫生，减少疾病，提高健康水平”的号召，浙江省爱国卫生运动自此开始。爱国卫生运动初期的主要任务是“动员全省人民行动起来，‘粉碎美帝国主义’细菌战争，消灭传播鼠疫、霍乱、伤寒等传染病的媒介动物”。60年来，爱国卫生运动通过组织开展除“四害”、改水改厕、卫生创建、健康教育和健康促进、城乡环境卫生整治等一系列工作，为改变旧中国落后的卫生状况，降低传染病的危害，提高人民健康水平，促进两个文明建设和经济社会发展发挥了巨大的不可替代的作用。

第一节　除“四害”、讲卫生

1952年，根据中央政务院“关于继续开展爱国卫生运动”的指示，中央防疫委员会改为中央爱国卫生运动委员会（以下简称中央爱卫会），领导反细菌战及群众性爱国卫生运动。3月26日，浙江省成立省爱国卫生运动委员会（以下简称省爱卫会），由浙江省人民委员会（以下简称省人委）副主席霍士廉任主任，副主任及委员由省级机关部门负责人组成，下设办公室，接着发布《浙江省爱国卫生运动委员会组织法》及《浙江省各专区、市、县爱国卫生运动委员会组织通则》，指示各地以原防疫委员会为基础，组建好各级爱国卫生运动委员会，制订1953年工作计划，立即开展春季爱国卫生突击月活动。突击月活动的工作重点是：开展卫生知识宣传教育；防治季节性传染病、血吸虫病和地方病等；继续反细菌战，发现敌机撒布毒虫毒物立即扑灭并按级上报；改善环境卫生，加强食品卫生，扑灭“五毒”；进行预防接种，对环境卫生和消灭蚊、蝇、鼠、跳蚤等改善措施和消灭方法进行调查研究。

1952年4月，中共浙江省委员会（以下简称省委）召开全省防疫工作会议和全省防疫宣传广播大会，部署反细菌战的卫生防疫工作，其要点是：建立地、市、县各级防疫委员会，组织和动员反细菌战争；开展卫生宣传活动；搞好环境卫生，保护水源，管理粪便，清理垃圾，保持公共场所清洁；捕杀鼠、蚊、蝇、跳蚤、臭虫、虱子；提倡个人卫生；建立疫情报告制度，防治疾病，强制预防注射，各医院建立隔离病床；组建省、市级防疫队进行防疫训练；组织检查评比。轰轰烈烈的反细菌战群众运动，取得了显著成绩。4月9日至8月底，台湾飞机侵扰浙江省28批，涉及55个县（区），撒布昆虫、蝇、反动传单、画报、肥皂、皮球、棉花、糖果等杂物36种。

7月24日，台湾飞机在武义县飞过后，当地政府动员干部和群众3000多人对发现的昆虫、杂物进行清理，除留作标本的外，全部就地烧毁。

1952年底，全省上送检验标本1025次，组织卫生宣传队36支，有1900人参加。省卫生厅制作“清洁卫生”“饮水卫生”“蚊蝇之害”“灭鼠灭蚤”等幻灯片5种，接受宣教1400万人次，占当时全省总人口的65%左右。培训报告员、宣传员、民兵防疫员、检验员、医务人员共11万多人。进行预防接种，种牛痘1000万人，注射霍乱、伤寒疫苗700万人，鼠疫疫苗700万人，白喉疫苗25万人，卡介疫苗5万人。省组建防疫队300人，每县(市)组建的不脱产防疫队不少于30人。参加爱国卫生防疫运动人数达1200万人，占全省总人口的56%左右。消灭了大量鼠、蚊、蝇、跳蚤、虱子等害虫，清除了大批垃圾污物。

1954年，爱国卫生运动的主要内容是：城市环绕工业建设，改善劳动条件，保障工人健康。农村围绕《农业发展纲要》的实施，开展以除“四害”、讲卫生、消灭疾病为中心的爱国卫生运动。

1957年12月25日，浙江省一届六次人民代表大会通过了《关于开展除“四害”、讲卫生为中心的爱国卫生运动决议》和《关于消灭血吸虫病的决议》，在省委和省人委的领导下，省爱卫会制定了行动计划，在吴兴南浔镇和绍兴县先后召开全省第一次除“四害”、讲卫生积极分子大会和血吸虫病防治工作现场会。宁波市、庆元县等17个县、市和197个镇被评为除“四害”、“讲卫生”先进，43个县被评为血防工作先进，涌现出28万多名积极分子和模范人物。通过开展爱国卫生运动，发动全社会共同参与疾病预防控制，主动应对重大疫情和自然灾害伤亡，浙江省先后消灭了天花、霍乱、鼠疫等烈性传染病，阻断了血吸虫病、疟疾、丝虫病等地方病的传播，有效控制了副霍乱、肝炎、伤寒等肠道传染病在浙江省的流行。

图79-5-1-1　20世纪50年代广泛开展消灭蚊蝇的爱国卫生运动(浙江省卫生厅档案室提供)

图79-5-1-2　成堆被消灭的老鼠准备深埋(浙江省卫生厅档案室提供)

1958年，全国人大常委会委员邵力子率领爱国卫生检查团，检查了杭州、宁波、绍兴、金华等市、县的爱国卫生工作。省组织卫生检查考核验收团，由省长周建人、省委常委周荣鑫带领检查考核了海宁、嘉善县的血吸虫病防治工作和宁波市、庆元县的除“四害”、讲卫生工作，召开由各地、市(县)领导参加的现场会议，交流经验，由点到面推广先进经验。7月，舟山蚂蚁岛基本消灭“四害”后，又消灭了丝虫病、钩虫病及疟疾，成为全国首个“四无”健康岛。

20世纪60年代后期，爱国卫生运动从组织到活动几乎陷于停顿，一些传染病，如烈性肠道传染病、钩端螺旋体病和出血热等又有发生和流行。70年代，根据周恩来总理继续开展爱国卫生运动，搞好“两管五改”(管水、管粪，改水井、厕所、畜圈、炉灶、环境)的指示，浙江省结合当时卫生工作实际，重点抓了农村管水、管粪工作，带动“五改”工作的开展。

1977年，浙江省恢复了爱国卫生运动委员会。12月，在杭州召开了全省爱国卫生运动会议，部署了任务，停滞近十年之久的爱国卫生运动重新发动起来，并取得了好成绩，还涌现出一批爱国卫生先进单位。1978年，浙江省革命委员会授予爱国卫生红旗单位24个，授予奖状单位147个，表扬单位250个。中共十一届三中全会后，省委、省革委会调整和加强了省爱国卫生运动委员会的领导班子，省委常委王家扬为主任，浙江认真贯彻国务院〔1978〕208号文件精神和中央爱卫会提出的“加强领导，动员群众，措施得力，持之以恒”的方针，于1978年底在湖州召开了经验交流会。会后，省革委会批转了会议纪要，明确爱国卫生运动委员会一年中要部署4次工作，组织5月、10月两次检查汇报，全年发动4次大的卫生突击活动，农村以“两管”为重点，夏、秋季加强预防肠道传染病等。一批老的先进单位，如杭州小营巷、吴兴南浔镇、普陀沈家门镇等几十年如一日，持之以恒，使爱国卫生运动不断深入，同时新涌现出一批“两管”的先进单位。

20世纪80年代，浙江省的改水改厕工作有了快速发展。90年代后，以创建卫生城市活动为抓手，全省形成以创卫为龙头，健康教育、城区除“四害”和农村改水改厕全面发展的新局面。进入21世纪，随着城乡居民生活水平的提高，群众对健康保健知识的需求不断提高，健康教育与健康促进逐渐成为爱国卫生工作的重要内容。

第二节 农村改水改厕

农村改水是让人民群众喝上安全卫生水，预防肠道传染病(如伤寒、副伤寒、痢疾、霍乱、甲型肝炎、脊灰等)和地氟病、地甲病、地方性砷中毒等疾病发生，供给量足质优的饮用水，对于维护和提高人民的卫生水平，增进人民健康都有重要意义。农村改厕是在农村建造卫生厕所，能及时将粪便进行处理，杀死或减少粪便中的寄生虫卵、致病微生物，这既是预防肠道传染病和寄生虫病的主要措施，又能增加肥源，提高肥效，促进农业生产发展，是小康生活中不可缺少的卫生设施，也是新农村社会文明的重要标志。

一、农村改水过程

1950年前，浙江农村的农民多数饮用的是塘水、河水、湖水、溪沟水和少量井水，而由水源污染导致的地方病、寄生虫病及肠道传染病常年发生，甚至造成严重流行。中华人民共和国成立以后，政府十分重视农村的饮用水问题。20世纪50年代，浙江省农村采用了分塘、分段用水。60年代，结合副霍乱防治工作而探索多种形式的改水，平原地区以小型家庭灶边井为主，在山区丘陵地带开始建筑雨水柜、山泉水、溪涧水引流式的管道供水。70年代，以农户独家独用的打井、建插管井，或采取有一定净水工艺的“三池一塔”式的管道供水的小水厂为主。80年代，开始推广德清、金华两县建农村水厂（站）的做法，让农户用上自来水，农村水厂（站）后逐渐遍及全省各地。

1978年，为有效控制介水传染病疫情，减少疾病的传播因素，国务院发出《关于坚持开展爱国卫生运动的通知》，省爱卫会和卫生部门在农村广泛开展“两管五改”活动，首次以系统工程的理念开展农村环境卫生综合治理，开始有计划地加速农村改水工作的实施，并着手建造有一定供水规模的农村自来水厂。1979年，全省农村能喝上自来水的仅10余万人，很多农村居民饮用河塘水成习，不少用大口井、庭院井、灶边井，但因水层浅而易污染，加上管理不善，许多井水水质不好。全省介水肠道传染病发病人数高达68万多例，甚至出现死亡病例。1980年，德清县当地群众和卫生部门在总结以往改水经验的基础上，利用山坡修筑高位水池接管引流，在河边建“三池一塔”（沉淀池、过滤池、净水池和水塔），用水泵供水，因地制宜建设小型自来水厂，继而金华县农村又出现建自来水厂的典型。德清县、金华县的探索和创新启示了爱卫会和卫生部门，通过一系列的社会、经济、卫生及工程等方面的调查研究和综合分析，从而下决心组织力量，推广农村自来水。

1981年9月，浙江省人民政府（以下简称省政府）转发省爱卫会、省卫生厅《关于改善农村饮水和卫生条件的几点意见》的通知，“希望各市、县人民政府加强领导，做出规划，组织有关部门，密切配合，分期分批地解决农村饮水卫生问题”，首先搞好沿海及平原水网地区的36个县（市、区），并决定从这一年起，省财政、计划部门每年度安排200万元～250万元经费和数千吨钢材水泥，城建、农业、水利、轻工等部门也从多方面予以协作配合。农村改水得到广大农民的积极拥护，当地群众为办自来水奔走相告、集资出力。不少乡村为兴办自来水，把原先计划盖办公楼、大礼堂或者买彩电、自行车的钱都留下来，群众还把卖鸡蛋花生、砍柴挖藕换来的钱筹集起来，基建需要材料，大伙就组织起来挑黄沙、开石片、烧砖头，这些都有力地推动了全省农村改水工作的开展。

1983年9月，省政府积极响应联合国“国际饮水供应和环境卫生十年（1981—1991年）”活动，要求各级政府要把农村改水作为建设农村物质文明和精神文明的重要事项来抓，并争取到首批“世界银行贷款——中国农村供水项目”支持，有关项目县的农村开始正规水厂建设。自此，浙江省农村改水进入适度规模、有一定净水工艺的农村自来水厂为主的建设阶段，并尝试按市场经济规律运营操作。当年，浙江省成立了专门机构——省爱卫会农村改水项目办公室，各有关项目市、县成立了相应机构，大大加快了农村改水工作的进程。1985年5月9日签约至1991年6月30日项目执行完毕，浙江省获得8300多万元无息贷款，在德清、余杭、慈溪、乐清、金华5个项目县共建成水厂390座，使1776个村的161.22万家农民用上了自来水。1989年起，世界银行贷款项目的还贷资金扩大到浙江省33个县（市、区）进行周转，增加了124.25万人受益。借助于这一项目，浙江省乡镇规模性、城乡一体化供水逐步推进，并促进项目法人制、施工监理制、材料招标制、财务监管制的形成，浙江省农村自来水厂在规模、规范和管理水平上都有了质的飞跃，如总投资3900万元的乐清柳市水厂于1991年建成，日供水 3 万吨，解决了 8 个乡镇 32 万人的饮用水问题。

1986 年 10 月 30 日，全国爱卫会在宁波市首次召开全国农村改水工作会议，这是全国农村改水事业史上的一次重要会议。全国爱卫会主任廖汉生主持会议并发表《农村改水是一项伟大的事业》的讲话，全国爱卫会副主任崔月犁作《统一认识，加强领导，用改革的精神促进农村改水"七五"规划任务的完成》的工作报告。到 1989 年底，浙江省已兴建农村自来水厂 2.6 万多座，使 1880 多万人饮用上自来水，自来水受益率达到 52.09%。随着农村改水普及率的大幅度提高，农村改水服务性机构也应运而生，全省县(市、区)农村改水指导站、改水服务站多达 50 多家，它们绝大多数不占编制、自食其力、自负盈亏，尽力为农村水厂提供技术指导、信息咨询、人员培训、物资采购等服务。

2000 年，联合国千年首脑会议上，各国国家首脑郑重承诺，到 2015 年前将无法获得洁净饮用水和基本卫生条件的人口减少一半。① 对此，省政府高度重视农村饮用水安全问题，为使浙江省生活饮用水达到国家标准，从 20 世纪 90 年代初开始，逐步建立全省饮用水水质监测网，经过十余年的努力，全省形成了以省、市、县爱卫办为网络的农村改水管理和技术指导体系及以疾病预防控制中心为网络的水质卫生监测体系。2003 年，省政府提出实施"千万农民饮用水工程"，该工程被列入省政府确定的"五大百亿工程"实施内容，工程规划用 10 年左右时间，进一步巩固和完善农村饮用水供水工程体系和将农村生活饮用水水质卫生监测纳入健康危害因素监测系统，解决浙江省农村饮用水不安全问题。2004 年，根据国务院的部门职能分工，省政府农村改水职能进行调整，省卫生厅负责给水工程建设的卫生学评价、水质监测及技术指导，省水利厅负责农村改水的供水水源和给水工程建设。

2005 年，全省 11 个市 26 个县(市、区)设立监测点，开展农村生活饮用水水质卫生监测工作，收集饮用水水源类型、取水方式、饮用水消毒等基础数据，开展丰水期和枯水期的水源水、出厂水、管网末梢水的水质卫生监测，掌握了浙江省农村生活饮用水水质卫生现状。2001—2005 年底，浙江省农村改水累计投资 81.81 亿元。"六五"至"九五"期间，农村改水资金中，政府、集体、个人的投入比约为 1∶5∶4。在"十五"期间，全省累计投入近 40 亿元，三者投入比约为 2∶5∶3。2006 年约为 3∶4∶3，2008 年约为 4∶4∶2，国家投入达 8 亿元。政府、集体、个人的投入结构比的变化，表明各级政府对农村改水的财政投入不断增加。

表 79-5-2-1　　1981—2010 年浙江省农村改水投资情况一览表　　单位:亿元

年　份	总投资	国家	集体	个人	其他
1981—1985	3.19	0.28	2.91	0	0
1986—1990	7.02	0.67	5.37	0.73	0.25
1991—1995	12.88	1.35	4.64	6.51	0.38

① 叶真等:《沧桑巨变——浙江爱国卫生 60 年》，浙江大学出版社 2013 年版，第 19 页。

续表

年　　份	总投资	国家	集体	个人	其他
1996—2000	18.90	1.74	8.23	7.98	0.95
2001—2005	39.82	6.96	18.84	13.43	0.59
2006—2010	85.88	39.07	28.55	16.24	2.02

资料来源:浙江省公共卫生工作委员会办公室。

2007年,中央财政安排专项资金,支持浙江省开展农村饮水安全工程的水质卫生监测。水质卫生监测对于及时掌握农村饮用水卫生的动态变化,指导农村改水规划和策略的制定,预防和应对农村饮用水污染事件的发生,以及预防介水肠道传染病的发生和流行起到了积极的作用。至2008年,全省农村改水的投入达19.72亿元,与1981年全省一年投入4000万元相比,20多年来增加了48.3倍,这显示了浙江省农村改水从村级兴办小型、简易供水设施向城镇化规模、正规水厂发展的历程。

2008年,全省监测农村自来水厂4987座,监测水样7477份,监测率为41.71%,合格率为82.67%。在44个县(市、区)、725个监测点开展的中央补助地方农村改水改厕项目、农村饮水安全工程水质卫生监测工作,监测样品2900份,饮用水总合格率为52.93%,居全国第九位。2008年底,全省农村改水受益人口达3516.59万人,农村改水受益率从1981年的7.97%提高到2008年的97.04%,全省农村饮用自来水人口达3288.26万人,农村自来水受益率从1981年的6.84%提高到2008年的90.74%。饮用手压机井、雨水和其他形式的受益人口共220.84万人,占农村总人口的6.09%。至2010年,浙江省农村改水进展成效明显。

表79-5-2-2　　1981—2010年部分年份浙江省农村改水进展情况一览表

项　　目	1981年	1985年	1990年	1995年	2000年	2005年	2010年
农村人口(万人)	3362.00	3461.00	3696.00	3704.00	3714.00	3667.00	3606.17
改水总受益(万人)	267.90	1845.90	3164.80	3470.10	3591.80	3556.30	3503.27
改水受益率(%)	7.97	53.30	86.27	93.68	96.72	96.97	97.15
自来水受益(万人)	230.00	1164.50	2017.50	2760.70	3089.60	3231.50	3364.22
自来水受益率(%)	6.84	33.65	54.99	74.53	83.20	88.12	93.29

资料来源:浙江省公共卫生工作委员会办公室。

2010年,浙江省农村改水受益人口达3503.27万人,受益率为97.15%,农村自来水受益人口为3364.22万人,受益率为93.29%。农村自来水建设的主要形式有3种,一是自流式自来水(利用山泉水、山涧水、溪水等,往往以重力流为主),二是水塔式自来水(平原地区有沉淀池、滤池、清水池等净水或调节构筑物),三是高位水池式自来水(丘陵地区,以地表水和浅层地下水为水源,或经过沉淀滤池,以高位水池的重力流供水方式为主)。在发展自来水的同时，也注重其他形式的改水，如改良大口井、手压机井、坑道井、雨水柜工程，使更多的农村人口的饮水条件得到改善。为加强对农村水厂(站)的运行管理，省爱卫会改水办制定了一系列改水工作管理条例和考评办法，重点是把好农村水厂规划设计和建成投产中的水源、工艺、运行、检验关。

二、农村改厕过程

浙江省农村改厕起步于20世纪50年代，结合预防控制血吸虫病和肠道传染病，重点实行粪便卫生管理，根据粪便厌氧发酵原理，在农村推广过粪缸加盖、三格式化粪池、三联通沼气池等形式。

1990年，德清县试制成功家庭三格化粪池厕所，成为南方地区农村改厕的主要推广模式之一。其间，正值全面实施初级卫生保健达标工作，在政府的统一领导下，卫生、建设、土管及文明委等部门紧密配合，在大力清除露天粪缸、简陋棚厕的基础上，因地制宜地推行三格化粪池式家庭厕所、沼气式的家庭厕所以及联户公共厕所等，有些尚无条件全面改造户厕的村庄，也成立环卫组，挨家挨户倒马桶，将粪便集中于大型化粪池。在改厕进程中，农村粪便无害化处理率逐步得到提高，尤其是2005年浙江省局部地区发生肠道传染病流行，各地更加注重改厕中的粪便无害化处理。同年，为推动10个初级卫生保健示范县开展改厕工作，省财政拨出50万元，带动地方政府及农村集体、农户共投入120万元，全省农村建起家庭三格卫生户厕3000座，农村用上类似城市的抽水马桶和三格卫生户厕，对于富裕起来的农民产生了极大吸引力。

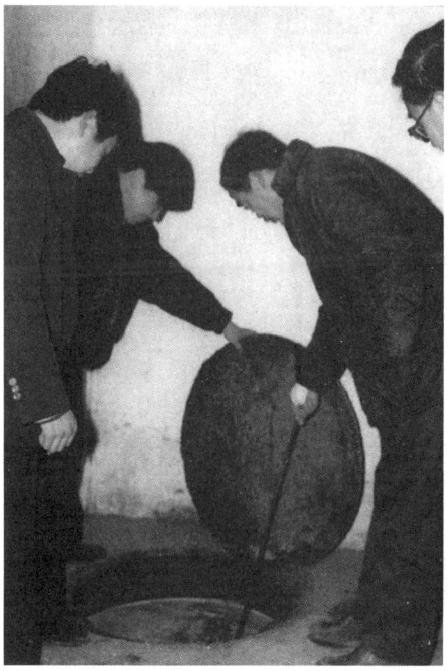

图 79-5-2-1 1991年，副省长李德葆考察德清县农村改厕工作(浙江省卫生厅档案室提供)

2001—2005年统计，全省农村改厕工作共投入约18.15亿元，其中各级财政资助3.52亿元，农村集体投入6.83亿元，农户出资7.8亿元。政府、集体、个人的投入结构比约为1∶2∶2.2。2005年，随着城市化和村镇环境整治进程的加快，市郊农村家庭厕所的粪便污水逐步纳入城市污水处理系统，净化沼气池作为小型污水处理系统，在农村集镇及禽畜饲养场(户)中推广应用，一些地方还发展无动力厌氧湿地处理系统，推动了农村粪便污水走上循环式生态处理轨道。

2006年，各地纷纷把农村改厕作为为民办实事的重要工作来抓，全省农村改厕力度明显加大。2007年，中央公共卫生专项资金对浙江省农村改厕项目按照每户250元标准对1万座无害化卫生户厕进行补助，2008年提高到每户300元标准，建设1.4万座无害化卫生户厕，有效推动农村改厕进程，引导地方财政资金的投入。

2008年，省委、省政府将农村改厕列为新一轮新农村建设“千村示范万村整治”工程建设四大项目之一，每年投入8000万元，在3500个待整治村(包括宁波)建造46.55万户无害化卫生厕所，每个行政村至少建有一座公厕。据农村改厕统计年报显示，2008年全省农村改厕总投入达8.50亿元，政府、集体、个人投入结构比约为4∶3∶4，政府投入所占比重有了显著增加。到年底，全省1166.54万户农户，建有卫生厕所的为977.03万户，卫生厕所普及率为83.75%；建有无害化卫生厕所的为802.12万户，无害化卫生厕所普及率为68.76%。六种改厕类型中，三格式化粪池、双瓮漏斗式、三联沼气式、粪尿分集式、完整下水道水冲式和双坑交替式厕所普及率分别为55.78%、1.56%、1.86%、0.30%、9.17%、0.09%，其他类型卫生厕所占14.99%。全省共有31243个行政村，建有公共厕所的村有15127个，共建有公共厕所55364座。

2009年，浙江省争取到国家重大公共卫生服务项目（即农村改厕项目）的支持，完成94872户无害化卫生厕所的建设任务，有的市、县配套投入当地财政资金，推进了农村改厕进程。2010年，浙江省继续做好中央农厕项目管理工作，全省已建成国家项目户厕90416户，完成国家下达项目的100.46%。全省共建成无害化卫生厕所48.83万户、卫生厕所普及率达88.93%，无害化卫生厕所普及率达77.21%。至2010年，全省农村改厕受益户达366.1万户。

表79-5-2-3　　1995—2010年部分年份浙江省农村改厕进展情况一览表

项　目	1995年	2000年	2005年	2010年
农村总户数（万户）	1081.91	1128.99	1149.35	1163.48
改厕受益（万户）	366.10	719.54	920.48	1034.73
卫生厕所普及率（%）	32.20	63.73	80.09	88.93
无害化卫生厕所普及率（%）	17.32	33.87	52.85	77.21

资料来源：浙江省公共卫生工作委员会办公室。

三、农村改水改厕成效

在疾病预防控制有效性方面，改善农村饮用水和厕所卫生状况，是农村居民应享有的基本卫生条件和预防控制传染病的关键治本措施，也是新农村建设的重要内容。农村改水改厕阻断了肠道传染病的传播，地氟病、副霍乱、伤寒、副伤寒、血吸虫病等相关疾病的发病率呈明显逐年下降趋势。1980年，浙江省肠道传染病处在一个发病高峰，不但痢疾发病率近600/10万，而且当年的副霍乱发病也有12300多例，其后明显下降。1994年，与全国流行趋势一致，出现一个小高峰，其他年份都降到历史较低水平。1988年，受上海“甲肝风暴”影响，甲型肝炎形成一个发病高峰，之后发病率也逐步走低。据统计，浙江省甲、乙类传染病总发病率已从1980年的1840/10万下降到2006年的356/10万，其中肠道传染病发病率从1980年的1123/10万（全省共发病427910例）下降到2006年50/10万（全省共发病24608例），降幅达94%。2008年，甲、乙类传染病总发病率为345/10万，其中肠道传染病发病22554例，肠道传染病发病率为 44.57/10 万。浙江省肠道传染病在传染病总发病数构成比也发生了明显变化。1980 年，肠道传染病占甲、乙类传染病的 61.06%，1986 年高达 81.72%，但以后几年持续走低，到 2006 年，仅占全省甲、乙类传染病总发病数的 14.12%。

在农村农户环境改善方面，随着农村经济建设的不断发展，人们对生活环境质量提出了更高的要求，改水改厕是加强农村基础设施建设、改善农民基本卫生条件的主要内容，并由此带动农村环境卫生改造，不仅直接提高农民的健康水平和生活质量，而且极大地改善和提高了农村群众生活的环境质量，有力地推进了农村奔小康的步伐和城市化的进程。让群众喝上卫生水、上卫生厕所，改善了整体卫生环境，农村投资环境得到改善，很多地区农村改水不但保证了农村居民饮用水，还解决了工业用水和外来流动人口的饮用水问题。通过农村改水改厕，其生活环境得到明显改善。绍兴县为做到"不将露天粪缸带进 21 世纪"，到 2000 年，全县 20 多万只露天粪缸全面清除。慈溪市在全市开展农村居民点、交通要道、河流两侧及风景点沿线的环境整治。许多县(市、区)也积极推行这一做法，从而成为农村点、线、面实施环境整治的经验。同时，农村改水改厕的实施，促进了农村改灶、改厨、改卫生间，许多农家配用了卫生洁具、洗衣机、太阳能热水器。一些村镇利用供水工程，在村镇街道周围、房前屋后植树种花，使环境卫生有了明显改观。一些地方禁止采集地下水，控制了地下水位下降和地面沉降的发生。

在社会发展和环境优化方面，农村改水改厕促进了农村产业结构的调整和工农业企业产品质量的提高，在改善农村居民的卫生条件和文明程度的同时，对社会经济发展也起到了积极的推动作用。农村改水改厕降低了与水有关疾病的发病率，减少了患者医疗费用、患者误工、陪护误工等经济损失，对于减少因病造成的经济损失、保护劳动生产力、促进经济发展具有重要作用。农村改水改厕需要投入大量的财力物力，仅以 2001—2010 年统计，全省农村改水改厕总投入就达 110 多亿元，这对拉动内需、扩大消费、促进第三产业的发展都起到了积极的作用。改水改厕还使农民从繁重的挑水、背水劳动中解放出来，致力于发展养殖业、种植业，许多农村农户因为有了饮用水，办起了农家乐等旅游项目，拓宽了致富门路。

在全民卫生意识增强、农民健康水平提高方面，通过加强卫生宣传和积极推广农村改水改厕，提高了人民群众卫生防病意识，改变不良卫生行为，对农村居民健康意识、卫生行为产生深远的影响。此外，通过农村改水改厕，大大减少了"四害"孳生地，有效控制了"四害"密度和传染病的发病率，保障了广大农民的身体健康，为农村的经济发展起到了保驾护航的作用。

60 多年来的实践证明，广泛深入地开展农村改水改厕工作，着力解决农民饮用卫生水、使用卫生厕所、改善居住环境，在有效预防控制农村的地方病、介水传染病和人畜共患疾病的发生与流行等工作中发挥了巨大作用，为保护农村生产力、促进农村经济和社会发展作出了不可替代的历史贡献，并将取得公众健康带来的更大持续效益。

第三节　创建卫生城镇

创建卫生城镇是城镇居民为改善物质生存空间和精神享受空间而进行的实践活动。创建卫生城镇将极大地改善城镇卫生面貌和形象，是建设城镇、管理城镇、改善人居环境、构建和谐社会的重要手段。通过创建卫生城镇，能更好地加强城镇管理，优化人居环境，改善城镇生态，治理城镇污染，美化城镇面貌，提升城镇形象，促进经济社会又好又快发展。开展创建卫生城镇活动，也是在总结爱国卫生工作的基础上，走向治本为主、分步实施、科学管理的轨道，这一转变也标志着城镇爱国卫生运动跨入了一个新的阶段，具有重要的现实意义和深远的历史意义。

一、创建要求

浙江省创建卫生城镇工作始于20世纪90年代初。1989年3月，国务院颁发《关于加强爱国卫生工作的决定》。同年，全国爱卫会先后下发《关于开展创建国家卫生城市活动的通知》和《关于开展全国城市卫生检查评比活动的通知》，要求在全国范围内组织开展创建国家卫生城市活动和城市卫生检查评比活动，并在山东省威海市召开了现场经验交流会，推广创建国家卫生城市的成功经验。省政府高度重视卫生创建工作，1990年2月，省政府办公厅下发《关于开展创建国家卫生城市活动有关问题的通知》，明确各市人民政府要把创建国家卫生城市纳入经济社会发展规划和任期目标，并对全省创建国家卫生城市活动提出了具体要求，以改善城市卫生面貌，促进两个文明建设，增强人民健康为目的的创建国家卫生城市活动在浙江省正式启动。

1993年，省爱卫会下发《关于我省开展创建国家卫生城市活动的意见》和《关于开展创建卫生城镇、卫生村活动的通知》，由此卫生创建活动在全省各地蓬勃开展。10多年来的卫生创建历程，按照工作重点，大致可以分为三个阶段。

第一阶段是制定卫生城镇标准阶段。根据国务院颁发《关于加强爱国卫生工作的决定》精神，对照全国爱卫会《关于开展创建国家卫生城市活动的通知》要求，结合浙江卫生城镇创建工作实际，先后制定了《浙江省卫生城市（县城）标准》《浙江省卫生区标准（试行）》《浙江省卫生街道标准（试行）》《浙江省卫生镇（乡）标准》《浙江省卫生村标准》。这些标准的制定过程中，先后多次组织卫生、建设、环保等有关部门，对卫生创建标准和相应监督管理的规定进行讨论、研究，征求多方面的意见进行修改，并随着经济社会的发展动态地予以完善，不断规范卫生创建程序，确保卫生创建活动科学有序开展。

第二阶段是卫生城镇创建阶段。各地对卫生创建活动的认识普遍提高，各级政府逐渐把卫生创建工作与精神文明建设、构建和谐社会和解决民生问题有机结合起来，开展卫生创建的主动性和能动性明显增强。为了使卫生创建工作更加科学、规范，国家和浙江省的卫生创建活动均由原来的卫生检查评比形式，调整为自愿申报创建的形式，并加强了技术指导和监督管理，在全省形成了“自愿申报—调研指导—考核命名—监督管理”的城乡卫生创建工作模式，卫生创建的范围也从卫生城市扩展到卫生县城、区、镇(街道)、村。

第三阶段是城市卫生检查评比阶段。卫生创建活动主要采取了统一组织城市卫生检查评比竞赛的形式。通过城市卫生检查评比竞赛活动，鼓励先进，鞭策落后，推动城市卫生工作深入开展，这是爱国卫生工作的基本方法。按照全国爱卫会对各省每年组织城市卫生检查评比活动的要求，浙江省先后组织了全国城市卫生检查评比活动4次，全省城市卫生检查评比活动5次，浙江省风景名胜区(点)卫生检查评比活动1次。这些活动，有效地促进了全省的城市建设与发展，使城市卫生整体水平上了一个新台阶。

二、创建过程

浙江省卫生城镇创建工作由省爱卫会组织、协调并命名。创建的标准和程序：首先是地区申报。申报城市(县城)必须具备以下10个基本条件，方可由地级市向省爱卫会提出申请。10个基本条件是：(1)城市(县城)清扫保洁建立长效管理机制，生活垃圾及粪便无害化处理率达80%以上；(2)城市(县城)必须有污水处理厂，生活污水集中处理率达30%以上；(3)建成区绿化覆盖率达30%以上，绿地率达25%以上，人均公共绿地面积在7.0平方米以上；(4)全年空气污染指数(API)小于100的天数占全年天数比例达60%以上；(5)鼠、蚊、蝇、蟑螂有两项达到全国爱卫会规定的标准(鼠密度必须达标)，另两项不超过国家标准的3倍；(6)建成区辖村的省级卫生村达到20%；(7)城市(县城)建成区无烟草广告；(8)近两年未发生重大食品安全事故或特大环境污染事件；(9)近两年无重大甲、乙类传染病暴发疫情；(10)建成区居民对卫生状况的满意率在90%以上。为确保卫生创建工作科学性、公平性、公正性和严肃性，省爱卫办在各市爱卫办推荐的基础上，经征求省建设厅、省环保局、省卫生厅等部门的意见，专门建立了“浙江省爱国卫生专家库”，对专家库成员进行培训后，随机抽取专家库专家参与卫生创建工作调研指导、评估考核等活动，并在参与工作过程中签订卫生创建工作责任书。同时，制定下发《浙江省爱国卫生专家库管理办法》，对专家库的使用与管理工作进行规范。这些标准和管理办法的制定和实施，促进了卫生创建工作的科学化、制度化、规范化，保障了浙江省卫生创建和爱国卫生工作的健康发展。

其次是评审工作。为客观、公正地做好浙江省卫生城市(县城)评审工作，增加透明度，评审程序如下：(1)审核调研。省爱卫会办公室接到有关地级市爱卫会对申报城市的推荐申请后，将组织省爱卫会专家库成员进行资料和有关情况审核，如无否定意见，在接到申请后两个月内组织暗访调研，其结果形成书面反馈意见。(2)考核鉴定。对经过调研已具备考核鉴定条件的城市(县城)，省爱卫会办公室将组织未参与之前调研的专家在两个月内组织考核鉴定。考核鉴定由省爱卫会专家组成员和省爱卫会办公室派员参加。考核鉴定包括听取创建工作汇报，查阅有关文件、技术资料和现场随机抽查，抽查范围为城市(县城)建成区。(3)社会公示。对经考核鉴定已达到《浙江省卫生城市(县城)标准》的城市(县城)，省爱卫会将以适当的形式进行为期一个月的公示，广泛听取社会各方面的意见，对发现有弄虚作假的城市，视具体情况推迟或取消命名。再次是命名。省爱卫会根据考核鉴定意见和无重大分歧意见的公示结果，对申报城市(县城)予以命名。最后是监督管理。浙江省卫生城市(县城)每4年复审一次，由省爱卫会办公室组织，采取暗访、明查的方式进行。省爱卫会根据复审结果，对符合标准要求的城市(县城)予以重新确认。对未达到标准要求的，规定改进期限。再次复查仍不合格者，取消其命名。省级卫生城市(县城)由于巩固工作滑坡，出现因防控措施不力而导致重大传染病疫情蔓延流行或其他公共卫生事件，由省爱卫会给予警告，限期整改仍不符合要求的，取消其命名。整改工作到位的，撤销警告。

三、创建成效

创建卫生城镇是爱国卫生运动的延伸。在创建中，人民群众把卫生创建与改善自身的生产、生活条件结合在一起，与建设自己的美好家园结合在一起，主动支持和参与卫生创建活动。各级政府把卫生创建工作与执政为民、关注民生、以人为本结合在一起，把卫生创建作为社会主义精神文明、物质文明、生态文明建设的重要组成部分，纳入经济社会发展规划和目标管理。各级党委政府和人民群众把卫生创建由原来的“让我创卫”，转变为“我要创卫”，各地普遍加快了卫生创建的建设速度。

卫生创建标准是一套法律框架下的科学评价体系，是由与人民健康密切相关的指标组成的，涉及国家和地方的法律法规、政府部门的规章和规范性文件。加强对卫生创建工作的指导至关重要，省爱卫办多次协调建设、环保和卫生部门因地制宜，采取多种形式对基层卫生创建工作进行技术指导。通过举办全省培训班的形式，集中对卫生创建标准进行解读；根据各地需求，选派专家到基层进行现场培训；组织专家组进行现场检查和技术指导；通过电话、网络等形式解答疑难问题。在精心指导的基础上，严格控制考核鉴定进程，通过暗访和明查相结合的形式，了解创建城镇的真实情况，并严格对照标准，认真核查。在考核鉴定过程中，转变工作方法，将单纯的“考核”转变为“考核指导”，对存在的问题进行现场帮助和指导，并限期整改，不达标准绝不通过。对现有的卫生城市、县城、乡镇，也严格按照有关监督管理办法要求，省爱卫办每年进行部署，提出工作意见，充分发挥各级爱卫会办事机构的作用，加强日常监督与管理，定期检查与指导，督促建立长效管理机制，整改存在的问题和不足，巩固卫生创建成果。从检查情况分析，卫生城市、县城、镇(乡)创建质量明显提升，创建成果得到了较好的巩固。各地的许多做法，如“门前三包”责任制、“一把扫帚”和扫管分离的保洁管理机制、病媒生物控制和清理“牛皮癣”的市场化运作机制、建设与管理同步的建设机制、多城同创的合作机制等，以及一些新的创建理念和方法，均为浙江省卫生创建和爱国卫生工作积累了宝贵的财富。

图79-5-3-1　2003年10月，湖州市创建国家卫生城市考核鉴定通报会(浙江省公共卫生工作委员会办公室提供)

全省所有市、县(市、区)均参与了卫生创建活动。通过卫生创建活动，以市政建设、环境综合整治、“五小”行业治理等民生问题为突破口，切实解决了一批群众关注的热点、难点、焦点问题。截至2010年底，全省共有国家卫生城市14个、国家卫生县城12个、国家卫生乡镇17个、浙江省卫生城市19个、浙江省卫生县城22个、浙江省卫生区9个、浙江省卫生镇（乡）190个、浙江省卫生街道37个、浙江省卫生村2026个，浙江省卫生先进单位3914个。为了顺应经济社会发展的需要，丰富和深化爱国卫生的内涵，创新工作方法，响应全国爱卫办号召，2008—2010年，省爱国卫生运动委员会开展了建设健康城市试点工作，杭州市、义乌市、桐乡市和杭州市上城区、下城区、拱墅区为浙江省第一批试点城市，各试点的成功经验得到全国爱卫办高度肯定，并多次在全国交流和推广。

第四节　健康教育与健康促进

健康教育是通过有计划、有组织、有系统的社会教育活动，使人们自觉地采纳有益于健康的行为和生活方式，消除或减轻影响健康的危险因素，预防疾病，促进健康，提高生活质量，并对教育效果作出评价。健康促进是指运用行政的或组织的手段，广泛协调社会各相关部门以及社区、家庭和个人，使其履行各自对健康的责任，共同维护和促进健康的一种社会行为和社会战略。卫生宣传是健康教育早期的一种表现形式，也是推进健康教育与健康促进工作的基础。

一、卫生宣传

1950年，为了反对细菌战，除采取卫生大游行，卫生标语、集会、广播、发传单等宣传手段外，卫生部门还购置了照相机、电影放映机等电教设备，开始制作卫生宣传传单、小册子、宣传画，下乡巡回放映卫生科教电影等，通过这些卫生宣传工作，群众的卫生知识在较短的时间内得到普及，卫生意识有了较大提高，以除“四害”为主的环境卫生活动的开展，使城乡卫生状况明显改善，传染病发病得到有效控制。

1953年，浙江省卫生防疫站设置卫生宣教科，省卫生实验院的卫生教育组并入该科。它主要承担全省卫生宣传教育工作的业务技术指导，当时一项很重要的任务是运用大众传播媒介向社会各界传播卫生保健知识，配合爱国卫生运动宣传“四害”的危害及杀灭方法。1953年7月，为配合全国开展夏季爱国卫生运动宣传月，省委宣传部指示各地党委开展夏季爱国卫生宣传月工作，省卫生厅举办了由76人参加的各县卫生科科长训练班，研究部署具体宣传内容及形式。1954年，为配合反细菌战，省卫生厅

图79-5-4-1　20世纪50年代，省卫生厅开展爱国卫生运动宣传活动（浙江省卫生厅档案室提供）

举办了反细菌战展览会，运用图片、实物、标本等形式，教育和动员群众行动起来消灭细菌，取得了明显成效，同时在杭州举办“劳动卫生展览”，后赴温州、嘉兴等地巡回展出。1955 年，卫生宣教人员深入基层创作的《土埋钉螺》《粪便管理好处多》《南瓜子治疗血吸虫病》等宣传画，对指导和推动当时卫生工作起到了积极作用，受到基层群众的欢迎和兄弟省市的赞扬。1957 年，为歌颂中华人民共和国成立以来卫生工作取得的成就，宣传卫生科学知识，筹备全省卫生工作成就展。该展览于 1958 年 4 月在杭州市平海路 24 号展出，展览会规模宏大，参观者有 10 万余人。展览受到社会各界的普遍好评，会后所有展品送北京参加全国卫生展览会。

20 世纪 80 年代末至 90 年代初，全省 2.6 万余名卫生宣传员活跃在厂矿、企事业、商店、学校、居民区、村等基层卫生宣教第一线，卫生宣教网络粗具规模。其间，创作编印卫生宣传资料是向广大群众传播卫生科学知识，提高人们卫生知识水平和自我保健能力的主要形式和途径，省卫生防疫站共创编发行卫生科普小册子、健康小丛书、卫生宣传画、墙报、挂图、图片、传单、标语等 90 余种 2000 多万份（张、册），不少作品获得国家级、省级奖励。1981 年 4—5 月，省卫生厅在杭州举办“南方八省区卫生摄影、美术、书法作品展览会”，观众达 2 万多人次。1988 年 7 月至 1989 年 1 月，省卫生厅在杭州、绍兴、象山、定海等地举办“性与性病防治知识展览”。这是中华人民共和国成立后首次开展的大型专科疾病防治知识宣传。展出期间，先后有《钱江晚报》、《杭州日报》、《光明日报》、《健康报》、《人民日报（海外版）》、省电视台等新闻单位对此进行了报道和专题评论，从不同角度介绍展览会的盛况，观众充分肯定这次展览的社会教育功能，为时半年的展览，参展观众达 95 万余人次。

二、健康教育

健康教育概念的出现是在 20 世纪 80 年代初期。随着社会进步，中国由传统的农业社会向现代工业社会转变，转型时期的中国经济与文化环境发生了较大改变，人群整体生活水平得到较大的提高，人群疾病谱也发生了重大变化。传统的卫生宣传方法与手段已不太适应人群对健康的需求，与卫生工作的发展要求也有一定的差距，科学化、系统化、规范化是建设现代化国家的要求，更是卫生宣传转型、发展的需要，因此从相对简单的，以口号、标语为特征的卫生宣传转向设计系统、科学规范、实施严谨、评估科学、完善的健康教育成为卫生宣传新时代的需要。

1987 年，省卫生厅完成“大中学生心理卫生问题对策研究”课题。1989 年，世界银行卫Ⅲ贷款项目“浙江省健康教育中心规划”实施，确定金华县、余杭县为浙江省农村健康教育监测试点。1990 年，完成了两个县 4 个乡 8000 人的农村健康教育监测对象的体检和卫生知识本底调查，进而于 1991—1995 年实施各项干预措施，1995 年底至 1996 年初进行了干预后的总结调查，进行近期、远期的一些指标分析，总结出了浙江省农村健康教育的有效途径和若干种方法，促进了全省健康教育事业的发展。

1990 年，省健康教育所承担“全省健康教育现状调查和发展策略研究”项目，完成全国健康教育现状调查浙江省预调查任务。1991 年，省健康教育所与中国健康教育研究所合作开展卫生知识广播在农村健康教育中的作用研究。1996 年，省健康教育所作为协作单位，参加中国健康教育研究所“全国七千人群性病、艾滋病健康教育干预研究”项目，浙江省完成打工者和妇女收容教养(暗娼)人群的研究工作。1998年，省卫生厅承担中国健康教育研究所与世界卫生组织协作开展的“以预防烟草使用为切入口发展健康促进学校”的课题研究。1999年，省卫生厅承担卫生部“性病、艾滋病社区健康教育干预示范区研究”课题研究。2001年，省健康教育所成功中标卫生部、联合国儿童基金会“预防农村小学生伤害健康促进学校”项目。

三、健康促进

1986年11月21日，在加拿大渥太华召开的第一届健康促进国际会议上，第一次明确提出了“健康促进”的概念。这次大会上通过的《渥太华宪章》指出：健康促进是促使人们健康素质提高，维护和改善他们自身健康的过程，划分了健康促进的五个工作领域。中国学者适时地介绍和引进了这一概念，健康促进作为新词汇正式走入中国卫生工作者的视野，而这项工作在中国受到社会的关注则与社会发展有着密切的关系。20世纪80年代末至90年代，健康促进策略在中国正式付诸实施。进入90年代以来，浙江省健康教育工作开始转型为健康促进行动，大力开展健康促进场所建设工作，至2010年，健康促进学校已发展至400余所，健康城市建设在杭州、义乌、桐乡正式启动，一大批健康社区、健康医院、健康企业开始兴起，使广大群众的健康受益。2010年，省爱卫会下发了《浙江省全民健康促进行动方案(2011—2015年)》，要求省爱卫会成员单位和各地爱卫会组织实施。

(一)健康进学校

关注青少年健康，使广大中小学生接受健康卫生知识教育。1984年，省卫生防疫站卫生宣教科组织编写小学生卫生课本5册。1985年，全省各地市、县(市、区)部分小学开设卫生课试点，共17万名小学生接受卫生课的系统教育，并在缙云、三门、普陀、龙游4个县对800名小学生进行一次卫生课效果监测评价，结果表明实验组知识水平明显高于对照组。1988年，省健康教育所组织编写小学《卫生》教材10册，该年开始在全省区、乡中小学普遍开设卫生课。20世纪90年代中期，浙江省被国家教委列为教材改革试点省，体育与卫生课合并，改为体育保健课，编写了小学1—6年级《体育与保健》教材，作为正规课程列入教学计划，每周1次，开课率接近100%。1999年，省健康教育所组织编写《学生生存发展能力丛书・健康教育读本》，浙江大学医学院组织编写《青春期卫生读本》。

健康促进学校是指通过学校及学校所在社区成员的共同努力，提供能促进并保护学生健康的组织机构，这里包括正式和非正式的健康教育课程，创建一个安全和健康的学校环境，提供适当的健康服务，同时促使家庭和社区更广泛参与，以便最大限度地促进和保障学生和社区成员的健康。健康促进学校在浙江省的发展经历了两个阶段，试点项目阶段和推广发展阶段。自1995年健康促进学校(HPS)的概念引入中国后，健康促进学校在国内的一些城市得到实施和发展，在世界卫生组织和其他国际组织的支持下，浙江省于1998—2003年在4个市的19个城市和农村的中小学校中开展了以预防烟草使用、营养教育或预防伤害为切入点的健康促进学校项目试点，包括1998—2000年在嘉兴地区开展的“以预防烟草使用为切入点发展健康促进学校”项目，2000—2002年在杭州市、温州市两地开展的“以营养教育为重点发展健康促进学校”项目，2001—2003年在嘉兴地区开展的“以预防农村小学生意外伤害为切入点发展健康促进学校”项目。项目参与学校均达到了《发展健康促进学校地区指导标准(WPRO,1996)》的铜奖标准。2003年10月，省卫生厅和省教育厅联合下发《关于推广发展健康促进学校的通知》，这为全省推进和发展健康促进学校的工作打下了坚实的基础，提供了有力的保障。

（二）健康进农村

20世纪90年代初，浙江省实施了世界银行卫Ⅲ贷款项目省级延伸项目《浙江省健康教育中心规划》，确定金华县、余杭县为浙江省农村健康教育试点县。1990年，完成了两个县4个自然村共8000人的农村健康教育监测对象的体检和卫生知识本底调查工作，进而于1991—1995年实施农村社区健康教育与健康促进综合干预措施，1996年进行了干预后调查，进行近、远期干预效果观察，探索浙江农村社区健康教育与健康促进的途径和方法。1998年，该项研究在波多黎各召开的国际健康教育和健康促进联盟大会上作了交流。

1994年开始，浙江省根据全国爱卫会、卫生部、广电部、农业部联合发起的“全国九亿农民健康教育行动”(后改称为“全国亿万农民健康教育促进行动”)，结合浙江实际，建立了四厅(委)联席会议制度和行动小组办公室，小组办公室开展相关行动。据统计，行动至2000年底，全省下发录像带、录音带2000多盒，下发《九亿农民健康教育广播稿》4万余册。2003年，省健康教育所对全省8个地市农民开展调查，结果表明，农民的卫生知识知晓率达70%，对于“近亲结婚可影响后代智力发育”等类似问题的正确认识达到了80%以上。2009年，对全省近万农民做了健康知识知晓率调查，农民的健康知识水平达到75%以上。2005年，以“亿万农民健康促进行动”为平台，组织全省农民开展首届农民健康知识大奖赛，这不仅在浙江省是第一次，在全国也是首次。至2010年，农民健康知识大奖赛已举办3届。各地通过层层选择，发动数十万农村居民，让全省农民朋友通过大型活动的举办而得到卫生知识的普及。

2008年，浙江省开始创建农民健康学校。龙游县塔石镇被列为创建“农村居民健康教育学校”的试点，各个村的教室经常是座无虚席。镇卫生院院长为来自四面八方的村民上卫生防疫课《怎样预防甲流》，讲课内容图文并茂，语言浅显通俗，专业知识和生活实例相结合，老百姓听得津津有味，深受教育，许多听课的群众都说：“家门口来了健康指导老师，方便咨询，讲课内容又实在，我们都很欢迎。”村主任兼校长则表示，这样的讲座消除了部分群众的恐慌心理，增长了见识，防患于未然，所以今后除了常规教学外，还将和镇卫生院联合举办更多实用的活动。“农村居民健康教育学校”通过近一年的运作，初见成效。这是浙江省在开展农民健康教育工作中的一个剪影，在农村社区建立农民健康学校，学校每两个月开课一次，按节令、农事等安排授课内容，教师由当地农村社区卫生服务站医生、当地医疗机构专家和县健康教育所工作人员担任，各学校根据实际情况，讲授冠心病、高血压、狂犬病等农村常见疾病防治知识课，全省各县都已开展试点工作并取得了以下一些成功的经验。

(1)配齐学校设施。在创建农民健康学校的过程中,省健康教育所下发了一系列指导性的创建工作指标,要求各地始终围绕“创人民满意的健康学校,让人人树立起健康理念”这一主题,搞好校园硬件环境建设,全面提升各村“农村居民健康教育学校”的教学水平和办学效益,各行政村严格按照居民健康学校创建标准,立足实际,因地制宜地进行资源整合,部分村将办公场所、大礼堂等作为校舍,合理配置功能空间,教室外挂有居民健康教育学校牌,室内有教学制度、教学计划、组织成员及职责上墙,配备讲台、黑板、可供100人左右使用的课桌椅、功放、音响、话筒、VCD、电视机等硬件设施,并将其布置得实用、美观、和谐、统一,学校开辟阅报栏、黑板报、图书室等宣传阵地,在活动期间悬挂、张贴标语口号,使老百姓随时随地受到教育,体现出“健康校园处处皆教育,健康理念人人入心间”的深刻内涵。

(2)明确领导职能。学校建立《居民健康教育工作制度》《健康教育管理人员职责》等制度,校长由村支部书记担任,教导主任由社区责任医师担任,严格按照职责要求开展工作。学校配备素质高、业务精、口才好的医护人员作为健康教育师资队伍,制定切实可行的教学计划,合理组织开展健康知识宣教,常规活动是每两个月开展一次农民健康教育活动,在突发公共卫生事件发生时期则及时入村宣讲。

(3)优化课程设置。课程建设贯彻以服务为宗旨、以培养健康理念为导向的指导方针,内容以百姓的健康需求为切入点,常安排高血压防治、冠心病预防与保健、脂肪肝防治等老百姓常见病多发病方面的知识,教学形式多样化,讲课以老百姓听得懂的方言或普通话为主,通俗易懂,避免生硬,每次活动均有记录。

(4)加大宣传力度。指定专人负责健康教育宣传栏,社区卫生服务中心按时提供健康教育宣传资料,每季度至少更新一次宣传栏,并结合医院每两年一次的农民健康体检,有针对性地安排开展各种健康教育活动。另外,还利用报纸、广播、政府网站、健康教育宣传栏等媒介,对百姓进行宣传,并与社区卫生服务机构等单位联手开展健康教育宣传图板巡展巡讲活动,拓宽宣传渠道,加大宣传力度。

(5)完善激励机制,加大考核力度。首先对普通百姓,争取上级或相关部门的支持与协作,通过开展评选优秀学员、积极分子等奖励活动,调动村民的听课兴趣和积极性,同时不定期组织健康知识竞赛,对优秀者进行物质奖励。其次对村干部,要求其进行村级投入改造,镇党委、政府采取以奖代补方式进行激励,纳入校长工作目标考核之列,给予个人奖励,在学校经费安排上予以倾斜,调动村健康学校建设改造积极性。另外针对教师,根据绩效确定优秀人选,分批定员定向参加各级培训,对参加培训人员进一步明确进村服务职责和任务,鼓励各地表彰一批师德标兵,树立宣教典型。

图 79-5-4-2　2010 年,浙江省举行农民健康教育知识竞赛(浙江省疾病预防控制中心提供)

在发展农民健康学校的过程中,浙江省坚持“成熟一个,落实一个,完善一个”的办学方针，进一步把老百姓的身心健康作为发展之本，在全省各行政村，村村建有不同形式的“农村居民健康教育学校”，通过多种形式的教学活动，提高居民的健康意识与自我保健意识，促进全省农村卫生事业的健康发展。

(三)控制烟草

1989年，省卫生厅建议通过学校这个阵地，发动中小学生劝阻父母吸烟，起到了良好的社会效果，国内同行都给予了极高的评价。1995年，杭州出台关于公共场所禁止吸烟的市长令，实施《公共场所禁止吸烟暂行规定》，对市区范围的主要公共场所实行禁烟。1998年，浙江省引入世界卫生组织健康促进学校项目，其主要的切入点为烟草控制，省内有数万名中小学生通过横幅、纸张、网络等形式签名，表明拒绝烟草。

2004年，省卫生厅对浙江省烟草使用调查的结果表明：15岁以上成人吸烟率为29.40%，其中男性吸烟率为57.31%，女性吸烟率为1.08%。2006年，省卫生厅、共青团浙江省委和省疾控中心联合举办以“崇尚健康、远离烟草”为主题的大学生辩论赛活动，浙江大学、浙江理工大学等多所知名高校参与此次活动。通过健康主题辩论赛的形式，将吸烟有害健康等理念深入大学生心中，在校园内起到良好的宣传效果。2008年，杭州市、台州市和云和县开展对医生、教师、公务员三类重点人群的吸烟及控烟能力调查。

每年5月31日是“世界无烟日”，省卫生厅组织宣传吸烟的危害，劝阻吸烟成为卫生工作者的职责。2009年第22个世界无烟日，省卫生厅、省爱卫会在省疾控中心宣布，浙江省20家卫生行政部门和医疗卫生单位在全国首批创建无烟医疗卫生单位，其中有省卫生厅、省疾控中心、省儿童医院和省人民医院等单位。省人民医院领导代表无烟医疗单位发出倡议：不在医院病房、就诊区内抽烟，不乱扔烟蒂。请相互监督，及时制止身边抽烟的人。吸烟的职工要强化保护他人健康的意识，不在公共场所吸烟，不在同事、朋友和家人面前吸烟，特别是不在病人面前吸烟，并逐步戒烟，等等。浙江省的医疗卫生机构根据卫生部和全国爱卫会《关于印发〈无烟医疗卫生机构标准(试行)〉的通知》要求，积极创建无烟医疗卫生单位。《无烟医疗卫生机构标准》的实施要求，从政策措施、场所干预、人群干预和社会动员四个方面入手，创建无烟医疗卫生单位。同年，省爱卫会开展浙江省无烟单位和控烟积极分子评选，表彰83个无烟单位和51名控烟积极分子。杭州市人大常委会公布立法计划，《控烟草案》是5个立法条例之一。

2010年，省卫生厅和11个市以及义乌市卫生局签订《创建无烟医疗卫生系统协议》，在卫生部组织的由第三方实施的无烟医疗卫生系统控烟暗访工作中，浙江省排名位列全国第二。

专记：毛泽东视察小营巷

小营巷居民区地处杭州市上城区小营街道，1958年有617户人家，居民1783人。1949年前，这里垃圾成堆，污水积存，蚊蝇孳生，疾病流行。民国35年(1946年)，一次麻疹流行，病死许多小孩，居民宋玉英先后生育8个孩子，只有3个长大成人。中华人民共和国成立后，党和政府号召开展清洁卫生工作，特别是开展爱国卫生运动以来，铲平了“垃圾山”，清除“蚊蝇窝”，改造下水道，改进防蚊设施，建立了卫生保洁制度，按照“三保”（保无、保洁、保健）、“四定”（定人、定时、定任务、定措施）、“三扫、二管、一监督”（早中晚打扫，痰盂、果壳箱专人管理，群众性监督）、“五勤”（勤换衣、勤洗澡、勤剪指甲、勤理发、勤洗晒被服）、“五不”（不随地吐痰、不随地大小便、不乱丢果皮纸屑、不喝生水、不吃变质不洁食物）等要求，成立了保健站，建立家庭病床，设立健康档案，实行计划免疫，未再发生疟疾、乙型脑炎、伤寒、白喉、麻疹等传染性疾病。同时，绿化美化环境，建立小营公园，办起了托儿所、红十字站，推行文体活动，增强居民体质，文明卫生成为群众的自觉行动。1954 年，小营巷居委会被评为上城区卫生模范单位；1956 年，被评为杭州市卫生模范单位。

1958 年 1 月 5 日，国家主席毛泽东来到杭州市小营巷居民区。这一天，天气晴朗，小巷里如同往日一样清清爽爽，居民们刚吃过午饭，正忙着洗刷碗筷。

毛泽东首先走进 61 号墙门，居民何天瑞和中学生戴桂芳正在聚精会神地下棋。毛泽东和蔼地问道：“我到这里来看一看你们的卫生工作，好吗？”“好！好！欢迎！”低头下棋的两个女孩子随声应道，抬头一看，竟然是毛泽东主席，不觉满面通红。这时毛泽东已经伸出手，一面和她们握手，一面说：“你们做向导，带我参观好吗？”

于是毛泽东走过通道，看到那里的饭桌、菜橱都很干净，锅灶、煤球炉和周围的一切也很整齐，他对这里 10 家合用的厨房卫生满意地点点头，并询问：“你们这里有没有苍蝇？有没有蚊子？”当得到“没有苍蝇，也少有蚊子”的回答后，毛泽东点头表示满意。

毛泽东折向另一户居民家，站在门口仍然问道：“这里可不可以参观？”居民此时已经知道来的是毛主席，连忙说：“毛主席！欢迎你来。”走进房子，看到收拾得很整齐，桌上放着几叠书，毛泽东便坐下来，关心地问房主郑肇基看些什么书，做什么工作。当得知郑肇基的哥哥是先进生产者时，毛泽东高兴地说：“你们一家都很好。”随后，毛主席和这里的男女老少们一一握手道别，满意地离开了他察看的第一个墙门。

接着他走进 56 号墙门，这里的房子比前面的墙门还好一些，客厅、卧室窗明几净，一尘不染。毛泽东走过擦洗得干干净净的地板，在天井旁边停下来，揭开天井里五只水缸中的一只缸盖，仔细瞧了瞧，看到缸中有几条鱼在游，居民区卫生主任程瑜向他解释：“这是天落水缸，里面养着鱼，鱼会吞食孑孓。”毛泽东称赞这个办法好。接着他又走进屋后的菜园，在菜园一角看到一只粪缸，贮存着浇菜用的人粪尿，程瑜揭开粪缸盖子说：“这粪缸夏天也不生蛆。”“怎么不生蛆呢？”毛泽东问。“用石灰洒在上面，三天洒一次。”程瑜答道，毛泽东笑着点头，亲切地握着程瑜的手，说：“不错。”

最后，毛泽东走进 42 号院子，这是一座太平天国时期建造的古老房屋，房子虽然陈旧，但泥地上没有垃圾，高低不平的碎石路上也没有杂草。毛泽东看了两户居民的卧室后，来到军属居素吾的家里，看到两张床都没有挂帐子，便关切地问：“不挂帐子，没有蚊子吗？”居民说：“就是夏天，这里的蚊子也很少。”毛泽东对这个院子的经常性卫生工作表示满意。

这时候，毛主席到来的消息已经传遍了这条巷子的家家户户，男女老少都涌到屋外。毛泽东一在门口出现，人群中立即响起一片欢呼声，人们同声问候：“毛主席好！毛主席好！”毛泽东微笑地走着，不断向大家挥手致意。人群中一个胡须雪白的老人伸着手，总挤不到前面来，毛泽东看见了，立刻向前两步，握住老人的手。

车子已经开动了，毛泽东回过头来，频频向人们挥手告别。

毛泽东主席视察小营巷居民的卫生工作，极大地鼓舞了浙江人民消灭“四害”、卫生防病的积极性，推动和促进了全省爱国卫生运动和“学小营、赶小营”的比、学、赶、帮、超竞赛活动的深入开展。消息传开，在全国也引起热烈反响。辽宁、黑龙江、山东、安徽、山西、江苏、河南、福建、北京等省、市负责人，通过广播向群众进行动员，各地收听人数均在百万以上。吉林、河北、浙江、四川、上海等省、市召开全民誓师大会。有些省、市还通过电话会议、先进积极分子会议、劳模奖励会议等多种形式，进行广泛动员，提出口号和奋斗目标，大大鼓舞了群众的热情，推动了爱国卫生运动的深入发展。

毛泽东视察小营巷卫生工作的第九天，省委举行地委、市委负责人电话会议，要求全省掀起除“四害”新高潮。2月4日，省委、省人委举行以除“四害”、讲卫生为中心的爱国卫生和消灭血吸虫病广播大会，有30个县市共82万人收听了广播。12日，中共中央、国务院发布《关于除四害、讲卫生的指示》(以下简称《指示》)。省委、省人委在21日发出关于学习《指示》的通知，杭州市开展了万人爱国卫生运动大检查，省委书记霍士廉、副省长任一力参加检查。毛泽东视察小营巷卫生工作后，更加鼓舞了全省人民，各地都召开誓师大会，订出规划，掀起了声势浩大的除害灭病运动。据当年1—11月统计，全省灭鼠3400万只，灭麻雀3900多万只，灭蚊93万多斤，灭蝇380多万斤，灭钉螺2600多万平方米，卫生积肥57亿多担，清除垃圾34亿多担，治疗血吸虫病患者75万多人，治疗疟疾患者8万多人，治疗钩虫病患者132万人，治疗丝虫病患者7万多人和治疗血吸虫病耕牛3万头。

小营巷爱国卫生运动的先进经验在省内和全国得到了普遍推广，中央和许多城市的党政领导和爱卫会组织纷纷前来杭州参观取经。杭州市成为全国闻名的卫生先进城市。

自此以后，每年1月5日，小营巷居民及杭州市人民都以深入开展爱国卫生运动的实际行动，来纪念毛泽东主席到来的这个日子。1960年1月5日，在毛泽东来到小营巷两周年的时候，中央和省、市联合组织检查组对杭州市进行卫生大检查。小营巷居民写信给毛泽东主席，汇报在除“四害”、讲卫生、改造环境、美化家园和创办集体福利事业各方面所取得的成绩。1978年1月5日，浙江省暨杭州市隆重纪念毛主席视察小营巷卫生工作20周年大会召开。会上，浙江省革命委员会授予小营巷等24个爱国卫生运动先进单位红旗奖。

第六章　妇幼卫生

1949 年前，浙江省妇幼卫生工作不被重视，虽然教会医院、私人诊所设有妇幼卫生组织，但机构、人员、设备极少，工作仅仅是新生儿接生、儿童痘苗接种等。中华人民共和国成立后，浙江省妇幼卫生工作得到各级政府的普遍重视，然而在“文化大革命”时期又受到影响。改革开放以来，浙江省妇幼卫生工作得到全面加强。

第一节　妇女保健

妇女保健是以维护和促进妇女健康为目的的事业。它以群体为服务对象，以预防为主，密切结合临床，以实现妇女保健和提高妇女身心健康水平为目标。中华人民共和国成立后，浙江省妇女保健事业从无到有、从小到大、从弱到强，得到了快速发展，但也有起伏。1952 年，省、市、县三级妇幼保健机构全面兴建。1966—1976 年“文化大革命”时期，大多数妇幼保健机构撤并，人员被分散到防疫、医疗部门，妇幼保健工作停顿。到 1978 年，浙江省的妇幼保健机构开始恢复和振兴，队伍不断壮大，技术不断提升。在婴儿出生方面，从 1949 年前的土法接生、改造土产婆、培训接生员、招收助产士、推广新法接生到建立产院、提倡定点住院分娩，解决了人民群众最关心的“生小孩的问题”，浙江省妇幼保健事业实现了跨越式的发展。全省孕产妇死亡率从 1949 年的 1500/10 万、1978 年的 37/10 万(不包括孕妇)下降到 2010 年的 7.44/10 万，婴儿死亡率从 1978 年的 14.7‰下降到 2010 年的 6.07‰，健康指标名列全国前列，达到中等发达国家水平。

一、新法接生传入

东汉末年，北方大量人口南迁浙江，带来了北方先进的文化，妇儿医学及婚育有关习俗等传入浙江。杭州历来物产丰富，经济繁荣，妇儿医学也比较发达，五代后，寺僧高昙开创萧山竹林寺妇科学派，传至民国时期已有 108 世代。南宋妇科学有陈木扇妇科世医学派，与竹林寺妇科学派齐名。南宋时期，临安出嫁的女儿分娩，母亲采集益母草前去探望，把这种草药煎熬后让产妇服饮。对出生的孩子，在浙江有洗“三朝”的民间习俗，小孩出生的第三天，请接生婆用槐枝、艾叶煮水，洗完后用姜片、艾团擦关节，用葱打三下。

清光绪二十七年(1901 年)，杭州广济医院设立产科，有一幢独立、综合性的产科病房。广济医院的产科最早有 5 间病房、1 间手术室、1 间报告厅、1 间护士长室。当时的中国妇女还是习惯于在家中生孩子，为了改变这一传统习俗，广济医院在报纸上多次刊登免费上门接生的广告，且允许产妇在广济医院免费住院一个月。此举推出后，越来越多的家属愿意请广济医院的助产士接生。广济医院助产士用氯仿麻醉，使用简单的器械和技术，让许多产妇化险为夷，广济医院也在该院办的刊物上大力倡导新法接生，提倡女学，倡导妇女儿童的权益。

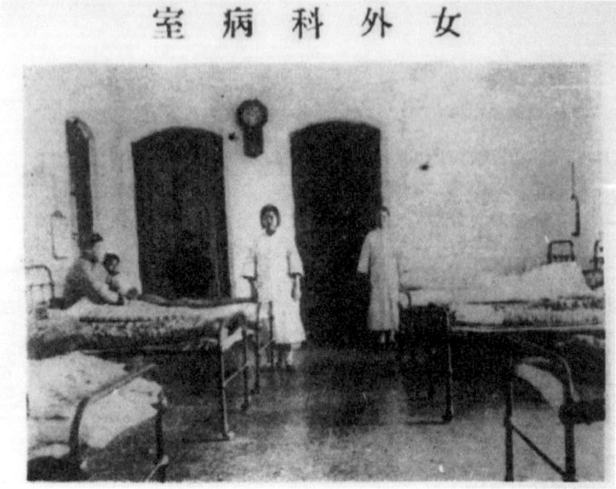

图 79-6-1-1 广济医院的女外科病室（浙江大学医学院附属第二医院提供）

图 79-6-1-2 广济医院产科的助产士（浙江大学医学院附属第二医院提供）

民国早期，杭州市没有设立专门的妇幼保健机构，大多数产妇仍然由传统接生婆接生，难产及产后并发症多见，新生儿死亡率高，儿童体质普遍较差。民国 29 年（1940 年），杭州城区省立杭州高级医事职业学校附设有产院，有产床 30 张，妇产科医师 2 人，助产士 15～20 人，开展妊娠诊断、产前检查、接生、产后访视及婴幼儿预防接种等。同年，浙江省卫生处在临安天目山建立浙西中心卫生院，设妇产科，并配有妇产科主任医师。民国 31 年 8 月，该院为县卫生院培训改造旧接生婆，开展新法接生。随后，临安、於潜、昌化三县卫生院相继开设产科，开展产前检查、新法接生、产后访视、育婴指导等工作。民国 35 年元月，浙西卫生事务所改组成立省立严州医院（今建德梅城），设有妇产科。

民国元年（1912 年），西法接生传入绍兴，中国绍兴基督教医院（福康医院前身）开展西法接生。民国 7 年，绍兴病院专设产科及床位，聘助产士开展住院接生。此后，私人产科诊所渐兴，由于封建迷信影响及西法接生费用昂贵，仅为城区少数人接受。民国 10 年，绍兴病院办绍兴女子接生传习所，招收学生 20 余人，为绍兴第一所培养助产人员的民间机构。民国 14 年，绍兴封育仁创办妇孺医院，设专职妇产科医生治疗妇科疾病和开展平产西法接生，并行产钳助产、死胎穿颅等技术。民国 22 年，县立产科诊所附设助产讲习所，强制县内土产婆入所学习新法接生，期满合格者方准执业。民国 23 年，福康医院设产科病床，开展住院接生。民国 35 年，省立绍兴医院开设产科门诊和免费病床。

民国 9 年（1920 年），龙泉县郭奉召赴上海宝隆医院妇产科学习，回县后施行新法接生。民国 16 年，衢州各地孕妇在分娩时邀请接生婆（俗称洗生老娘、稳婆）或有分娩经验的妇女操作接生，产妇以坐、跪、抱等姿势进行分娩，接生用剪刀等器具，接生婆双手均无消毒措施，因难产、产期感染、初生儿断脐感染等而造成孕产妇及婴儿死亡的情况甚为多见。民国 18 年，由社会半集资、助产士陆益寿负责在鄞县孝闻街敦安公所创办贫民产院，民国 23 年 7 月改由政府与省立医院合办，更名为平民产院，有 8 名助产士、1 名事务员，置 20 张床位，收住院费每天 2 角，免接生费。民国 19—24 年，丽水县新法接生 593 人。民国 23 年，舟山沈家门存济医院设产科，推行新法接生，实行“斗米接生”，即交一斗米价可享受产前检查和接生，响应者寥寥。民国 28 年，宣平县华塘助产士甘震球为一村妇施行新法接生。民国 35 年，宣平卫生院采用新法接生。民国 36 年，武义卫生院首次培训新法接生员。

民国 23 年(1934 年)，浙江省立医院统计了 5 年(民国 19 年 1 月至民国 23 年 12 月)住院产妇人数 4013 人，其中，正常分娩人数 3659 人，占 91.2%；异常分娩人数 354 人，占 8.8%。民国 25 年，杭州有省民政厅卫生实验处附设助产学校附属产科医院、平民产科医院、安吉产科医院、济生产科医院、杭州产科医院、新民产科医院、济生助产学校附属医院，总床位 140 张。民国 29 年，全省有助产士 32 名，接生员 1224 人，产前检查 2226 人，产后访视 2905 人。民国 31 年，全省实施妇女保健计划第三年，全省接生人数 1777 人，产前检查次数 2678 次，产后访视次数 3602 次。

1950 年前，浙江各地产妇分娩多由接生婆接生，也有婆婆、丈夫自行接生，分娩姿态有坐、跪、吊，仅少数躺着生。婴儿有的娩在柴间、畜栏里，断脐用剪刀、柴刀、破碗片。难产常用手挖、钩拉，婴儿死亡率高，其中死于“脐风”(破伤风)居多。

1951 年，浙江省妇幼保健院和杭州市妇幼保健所(简称市妇保所)先后成立，市辖各区组建妇幼保健站共 10 家，由市妇保所统一进行业务指导。翌年，杭州市区各私立产院在自愿的基础上联合组成妇幼保健站 25 所，设有产科的综合性医院有 7 所，妇幼保健系统始得形成。7 月 17 日，为协助各市县办理改造旧式接生婆工作，浙江省组织旧式接生婆改造工作队。1952 年，浙江省卫生厅(以下简称省卫生厅)推广金华县孝顺区施行新法接生 319 例的经验，并在金华卫生学校培训 50 名妇幼保健员。1953 年，妇保员朱秀锦受到全国妇联领导人邓颖超、康克清的接见和鼓励。1956 年，浙江的省、市、县三级妇幼保健机构全面建立。

1976 年 1 月 6 日，全省新法接生现场会在嘉善召开。会议提出的任务是：1976 年新法接生率达到 95%以上，新生儿破伤风发生率控制在 1%以内，两年内开展一次以防治子宫脱垂为重点的妇女病普查普治工作。

1978 年，浙江省认真贯彻落实国务院批转卫生部《关于普及新法接生工作的报告》，在全省范围内大力培训、整顿接生员，建立规章制度，选拔优秀的妇女干部和“赤脚医生”充实接生员队伍，给接生员配备接生包，取缔旧法接生。为推动普及新法接生工作，市、县(市、区)卫生局都有一名分管副局长，并配备一名专职或兼职的妇幼卫生干部，开展以县为单位的新法接生的验收，对达到普及新法接生标准的县颁发证书。1979 年，全省新法接生率达到 99.71%。同年，浙江省计划生育技术指导组成立，卫生部门负责计划生育、晚婚晚育、少生、优生等有关科学知识的宣传教育，做好节育技术指导和技术人员的培训，负责并发症的治疗和病残儿的鉴定，组织计划生育科研成果项目的实施等。

1987 年，全省城市新法接生率达 100%，住院分娩率为 93.97%，农村为 89.75%。2005 年，全省住院分娩率达到 99.58%。2010 年，全省住院分娩率达到 100%。

二、妇女保健管理

中华人民共和国成立之后，浙江省人民政府（以下简称省政府）高度重视妇女保健工作。在计划经济进入改革开放时期，浙江省妇幼保健工作坚持预防为主、以农村为重点的方针政策。改革开放以来，浙江省妇幼保健工作注重管理体制、运行机制方面的改革，探索妇女保健管理薄弱环节，完善管理体系，积极开展文明妇幼保健机构的创建活动。

1956 年 12 月，全省第一次妇幼卫生工作会议在浙江省康复医院（诸暨县）召开。各市、县、区妇幼保健所（站）所（站）长和省妇幼工作队全体成员参会，省卫生厅医疗预防处副处长赵伟主持会议。会议总结妇幼卫生工作经验、交流典型经验，与会领导就开展避孕技术指导和加强农村幼托机构儿童卫生保健指导工作作专题发言，邀请专家作“提倡母乳喂养”的学术报告。会议特别强调各级妇幼保健所（站）在做好新法接生员辅导工作的同时，还要做好两项工作：第一是开展农村妇女“四期”劳动保护的宣传指导和农村托幼机构儿童卫生保健指导工作，培训农村保育员；第二是开展避孕技术指导工作，帮助妇女学会避孕方法，正确使用避孕工具，开放人工流产和输卵管结扎手术。1957 年，省卫生厅在省卫生学校举办全省农村保育员师资培训班，厅长李蓝炎在培训班上讲话。

1978 年，省卫生厅要求各市、县（市、区）卫生局都有一名分管副局长，配备一名专职或兼职的妇幼卫生干部。全省妇幼保健机构全面恢复。1978—1980 年，全省各级妇幼保健机构承担大量的计划生育工作，省卫生厅没有设妇幼处，妇幼卫生工作由计划生育办公室承担。1978 年，浙江省计划生育技术指导组成立，卫生部门负责计划生育、晚婚晚育、少生、优生等有关科学知识的宣传教育，做好节育技术指导和技术人员的培训，负责孕产妇并发症的治疗和病残儿的鉴定，组织计划生育科研成果项目实施。1984 年，省卫生厅提出创建文明妇幼保健站（所）基本要求，组织开展争创文明单位活动。

1986 年，省卫生厅、浙江省劳动人事厅转发卫生部颁发的《妇幼卫生工作条例》以及卫生部、劳动人事部颁发的《各级妇幼保健机构编制标准》，浙江省按照文件精神，明确妇幼保健机构的级别、待遇、人员配置标准，要求县级妇幼保健机构以保健为中心，坚持妇幼保健和计划生育工作结合。省卫生厅对 1/3 县的妇幼保健机构开展重点建设工作，从充实领导班子、队伍建设、人员培训到房屋和设备的建设，发挥业务指导中心的作用，要求县级妇幼保健站开展门诊业务，提高预防保健工作质量和人员的积极性，并明确在妇幼保健院内设立保健部，一名院长分管保健工作，使保健工作进一步得到重视。

1987 年，全省农村建立了一支有 5000 多名区、乡妇女保健专业人员和 3.8 万余名村级妇幼保健员或接生员的队伍。嘉善县妇幼保健所被评为第一家省级文明妇幼保健所。萧山、海宁、上虞、慈溪、椒江、义乌、丽水妇幼保健所为省级先进妇幼保健所。

1988 年，省卫生厅下发《浙江省高危妊娠管理办法（试行）》，进一步明确三级医疗保健机构的职责任务，规范高危妊娠的管理程序，孕产妇系统保健全面实施，高危孕产妇的筛选、追踪、监护、应急抢救的指挥和救治能力有了提高，成立省围产保健协作组，确定全省每年两次的孕产妇死亡评审制度，并在杭州召开首次孕产妇死亡评审会议。

1988—1995 年，省卫生厅下发《浙江省助产技术管理办法》《浙江省县级以上医疗保健机构助产技术服务基本标准》《关于家庭接生员考核发证的通知》等规范性文件，要求对基层卫生院的产科布局进行合理调整，加强产科基础设施建设，建立和健全产科逐级转诊等各项规章制度。强化医务人员的培训，加强工作责任心和职业道德的教育。为保障母婴安全，有效降低孕产妇、围产儿死亡率，除交通不便的边远山区外，逐步取消家庭接生，提倡住院分娩。对继续从事家庭接生的接生员，经县级以上卫生行政部门考核合格，取得《家庭接生员技术合格证书》后，才能从事家庭接生工作。省卫生厅开展了第二次、第三次产科质量大检查，对产科质量先进单位进行表彰，同时，严格的准入制度为促进县以上医院和基层医疗机构的产科建设，改善产科条件，提高产科质量，起到了积极的作用。

1989 年，省卫生厅授予海盐、鄞州、嵊泗、奉化、江东、富阳、开化、遂昌、松阳 9 个县（市、区）的妇幼保健所"省级文明妇幼保健所"称号。9 月 8 日，省卫生厅批准同意成立中国优生优育协会浙江分会筹备组，组长庄炳瑾。1991 年，省卫生厅根据卫生部 1989 年 11 月颁发的《实行医院分级管理的通知和办法》要求，下发《关于各市、地、县妇幼保健院办院方向的若干意见》文件，开展浙江省妇幼保健机构的等级评审工作。为强化保健职能，把握办院方向，明确工作范围，理顺隶属关系起到了积极的指导作用。省卫生厅先后下发《关于转发〈妇幼保健院评审标准〉的通知》《关于下发浙江省妇幼保健院评审管理办法的通知》《关于下发妇幼保健机构评审实施规范》《三级妇幼保健机构等级评审细则的通知》，于 1997 年发文成立浙江省妇幼保健院评审委员会和浙江省母婴保健医疗技术鉴定委员会，对医疗保健机构的规划布局和设置审批、登记、执业、监督管理以及相关法律责任作出规定。

1990—1995 年，浙江省青田、景宁、云和、永嘉、泰顺 5 个县参加卫生部与联合国儿童基金会、人口基金妇幼卫生合作项目。1996 年，又新增常山县、天台县为 1996—2000 年周期妇幼卫生合作项目县，项目宗旨是为提高妇幼卫生综合服务功能。省卫生厅成立项目协调领导小组和省级技术指导小组，主要负责省对地市、县（包括中心卫生院）的师资培训，师资由省妇女儿童保健院承担。县卫生局负责县对乡、村妇幼保健人员的培训，培训的内容主要是安全分娩、产后出血处理、婴幼儿急性呼吸道感染、小儿腹泻防治及母乳喂养等适宜知识与技术。省卫生厅组织项目县医务人员到省、市、县进行临床进修，为项目县的妇幼保健机构、乡镇卫生院装备医疗器械和车辆。项目的实施改善了项目县妇幼保健机构的条件，提高了服务能力，健全了县、乡、村三级妇幼保健网络。

1991 年，省卫生厅根据卫生部实行医院分级管理的办法要求，下发《关于各市、地、县妇幼保健院办院方向的若干意见》，开展浙江省妇幼保健机构的等级评审工作。2 月 5 日，浙江省优生优育协会在杭州成立，旨在推动浙江省优生保健工作。12 月 1 日，浙江省人民代表大会常务委员会公告第 31 号，颁布《浙江省优生保健条例》（以下简称《条例》）。该条例于 1992 年 6 月 1 日起施行。

1995 年 9 月 18 日，省政府印发《关于印发浙江省妇女发展规划（1996—2000 年）的通知》，提出：目前浙江省妇女受教育的程度和参与社会发展的程度还不够高，法律上关于男女平等的规定还没有完全落实，社会上轻视、歧视妇女的现象仍然存在，侵害妇女合法权益的事件时有发生，贫困地区妇女的健康状况有待改善，妇女的整体素质亟待进一步提高，妇女发展的任务还很艰巨。对此，各级政府、各有关部门、各社会团体和各企事业单位要充分认识促进妇女参与发展的重要意义，密切配合，采取有力措施，确保实现本规划的各项目标。2001年，省政府编制出台《浙江省妇女发展规划(2001—2005年)》(以下简称《规划》)。《规划》要求，以培养高素质妇女群体为重点，以保障妇女权益为根本，以促进妇女平等参与和发展为目标，提出21世纪第一个5年浙江省妇女发展目标和策略措施。2005年，浙江省人民政府印发《浙江省妇女发展规划(2006—2010年)》(以下简称《规划》)，《规划》总体目标是，妇女人力资源在浙江经济发展中的作用进一步发挥，妇女参与社会管理和基层民主建设的程度明显提高，妇女科技文化素质和创新能力得到提升，妇女卫生保健状况普遍改善，妇女法律保障机制和社会保障体系进一步健全，努力使浙江妇女总体发展水平继续走在全国的前列。

1998年，浙江省妇幼卫生事业适应改革开放的新格局，建立起逐步能满足广大妇女儿童保健需求的城乡三级妇幼保健网络。据1998年统计，设置县级以上妇幼保健机构95个，其中妇幼保健院40个，开设床位3547张，妇幼保健人员7300余人。乡镇妇幼卫生人员和村级妇幼保健员35000余人，平均每个乡镇卫生院有妇女保健专业人员2.51人，80%以上的乡镇卫生院配备了专(兼)职儿童保健医生。截至2008年，浙江省已建立以省级为龙头、市级为中心、县级为基础的城乡三级妇幼保健网络。设省级妇幼保健机构2个，市级妇幼保健机构11个，县级妇幼保健机构84个。妇幼保健专业队伍逐渐壮大，妇幼保健机构基础设施不断完善，妇幼保健院平均业务用房面积约4680.97平方米，平均固定资产达到1802.77万元。妇幼保健机构的功能进一步完善，服务能力进一步提高。

1999年，国务院办公厅转发卫生部《关于做好提高出生人口素质工作意见的通知》后，浙江省积极采取措施，在2000年11月17日发布《浙江省产前诊断管理办法(试行)》，并根据卫生部《产前诊断技术管理办法》作了修改，于2003年6月6日发布了新的《浙江省产前诊断技术管理办法》，规范和加强了产前诊断技术管理。

2000年，浙江省启动产前诊断工作，制定《浙江省产前诊断管理办法》和《浙江省产前诊断中心基本标准(试行)》，按照"合理规划、积极引导、逐步推进"的原则，对产前筛查机构的设置、审批、质量控制等都做出具体的规定。浙江省在全国率先开展产前诊断的准入和人员考核发证工作，依托省妇女保健院成立省级产前诊断专家技术指导组，设立省级产前诊断中心，地点设在省妇女保健院。

2001年，根据《中国妇女发展纲要(2001—2010年)》和《中国儿童发展纲要(2001—2010年)》的要求，省政府制定并印发了《浙江省妇女发展规划》和《浙江省儿童发展规划》，明确了浙江省妇女儿童发展的目标、任务及相关政策措施。浙江省妇女儿童工作委员会牵头，省卫生厅具体负责实施，在浙江省13个经济欠发达县(市、区)(后扩展为25个县(市、区))实施母婴健康工程项目。项目主要是建立孕产妇、新生儿抢救中心、分中心，健全急救网络，增添相应设备，加强基层妇幼人员的培训等措施，提高抢救能力，降低孕产妇、新生儿和婴儿死亡率，省财政每年为项目县补助10万元，项目县政府以1∶1配套。6月20日，《中华人民共和国母婴保健法实施办法》(以下简称《实施办法》)以国务院令公布，《实施办法》明确了新时期母婴保健工作方针为“母婴保健工作以保健为中心，以保障生殖健康为目的，实行保健和临床相结合，面向群体、面向基层，预防为主的方针”。

2002年，卫生部发布《产前诊断管理办法》及其相关配套文件。浙江省于2000年11月17日下发《浙江省产前诊断技术管理办法》，是全国最早制定产前诊断管理办法和产前诊断中心基本标准的省份。通过资格认证、培训、考试合格，浙江省有87名产前诊断专项技术人员获得母婴保健专项技术合格证书，批准(浙江省妇女保健院、宁波、嘉兴、温州、湖州、舟山、台州)7家产前诊断机构。据统计，全省开展血清学筛查25609例，风险率为7%，羊水穿刺581例，其中核型分析异常20例，产前B超诊断发现一些胎儿体大畸形，有效地避免遗传性疾病和残疾婴儿的出生。同年，省卫生厅与省残联联合下发《浙江省提高出生人口素质、减少出生缺陷和残疾行动计划的实施方案(2002—2005年)》(以下简称《方案》)。《方案》要求，到2005年，全省70%以上的设区市、50%以上的农村地区落实“行动计划”，初步形成一、二、三级预防网络，设区的市产前筛查率达20%，实施产前诊断、遗传病诊断和追踪。

2003年6月，浙江省根据卫生部《产前诊断技术管理办法》，结合本省实际重新修订并下发《浙江省产前诊断技术管理实施办法》及《浙江省产前诊断技术标准》和《浙江省21三体综合征和神经管缺陷产前筛查技术标准》。文件规定产前诊断技术只限市级以上医疗机构，各市只设一家产前诊断机构，有条件县(市)设一家产前筛查机构。

2004年，浙江省已审批许可8个产前诊断机构，设区的市产前诊断覆盖达72%，开展产前筛查的县(市、区)34个，产前筛查覆盖达到37.7%。共设118个产前筛查采血点，采血点设在各级医疗保健机构内。2005年，全省90%的地市开展产前筛查工作，以县为单位的覆盖面达84%，初步形成了产前筛查、产前诊断网络。2007年，全国产前诊断会议、全国新生儿疾病筛查进展学术会议在浙江省召开，浙江省的经验得到了卫生部领导和兄弟省、市的充分肯定。

2006年，浙江省组织开展对《浙江省“十五”妇女儿童发展规划》实施工作的监测和评估，对存在的问题进行分析，提出改进的意见和对策。2008年，浙江省对“十一五”妇女儿童发展规划进行中期监测和评估，由副省长陈加元以及5名厅(局)级领导带队分组赴各地监测和评估。监测和评估的开展为推动浙江省“十一五”妇女儿童发展规划如期全面达标，力争卫生重要指标继续走在全国前列提供保障。截至2008年，浙江省妇幼卫生各项工作指标位居全国前列，孕产妇住院分娩、孕产妇系统管理率、高危孕妇住院分娩率、7岁以下儿童保健管理率、3岁以下儿童系统管理率分别达99.94%、93.63%、99.99%、94.87%、94.52%。

2010年，省卫生厅组织开展第二轮的医疗机构的等级评审，下发《浙江省妇幼保健院评审标准》《关于印发浙江省妇幼保健规范门诊和规范工作等四个标准的通知》，创建等级保健院及省级规范化妇儿保门诊，突出妇幼专科特色，逐步壮大妇幼保健机构规模和功能。全省有35所妇幼保健院通过等级评审，其中，三级甲等妇幼保健院2家，三级乙等妇幼保健院5家，二级妇幼保健院28家，有18家妇幼保健所被确定为省级示范妇幼保健规范门诊单位。

三、妇女保健服务

中华人民共和国成立后，浙江省妇幼保健服务领域不断拓展，从妇女病的防治到婚前保健、孕产妇保健服务、产前筛查、产前诊断到出生缺陷监测服务和生殖健康服务，深入调研、积极探索，为保障母婴健康，提高妇幼保健水平发挥积极作用。

1960 年 12 月初，卫生部门到嘉善县陶庄公社进行了一次妇女病的调查。调查结果显示，全公社 4520 名 18～45 岁的妇女中，闭经病患者 1982 人，占成年妇女总数的 43.8%；子宫脱垂病患者 271 人，占约 6.0%。其中，对陶南生产队 51 位闭经病人体检后，结果显示体重均低于正常标准，其中 54.4%的患者乳房萎缩、42.5%的患者子宫萎缩，严重影响了妇女的身体健康和生育能力，致使全社新生儿由 1958 年的 1100 人下降到 1959 年的 820 人，降了 34%。1961 年 1—11 月出生 366 人，又比 1959 年下降 44.7%。1972 年 2 月 24 日，吴兴县对 2 个公社的 7339 名妇女开展普查，查出患各种妇女病的有 2426 人，占 33.05%，对查有妇女病的妇女进行了治疗。

1978—1982 年，浙江省开展已婚育龄妇女尿瘘和子宫脱垂“两病”的免费治疗，成立省级协作组，培训“两病”技术人员，查清患病人数，随访复查治疗病人，开展科研，控制和降低严重影响妇女身心健康的产科并发症。全省治疗尿瘘病人 691 例，治疗率达到 80.17%，子宫脱垂 22586 例，治疗率达 82.67%。其间，全省共查出各种妇女病 56 万人，治愈 54 万人，治愈率达 96%以上。

1980 年，省卫生厅分析全省孕产妇死亡的原因，其中第一位是产后大出血，死亡地点在产妇家中、接生员接生的占 47%。为降低孕产妇死亡率，其关键的环节是在产时，让产妇从家中由接生员接生转变为到乡以上医院由受过正规培训的助产士和妇产科医生助产，对发现的异常情况能及时得到处理、抢救和转送，要提高产科服务水平和质量，其中医务人员的业务素质、设备条件是影响产科质量的主要因素。1984 年，省卫生厅采用统一制定的产科质量检查评分册（市、县、区、乡四级），在全省范围内开展产科质量检查，共检查 498 所医疗机构的产科，评出省级产科质量优胜单位 59 个，优良单位 25 个。通过产科质量检查，促进产科建设，改善产科条件。

1981 年，省卫生厅把提高住院分娩率作为衡量妇女保健服务质量指标来抓。1982 年，全省卫生局局长会议上提出，全省住院分娩率要达到 60%，并列入全省卫生工作的重点任务。省卫生厅对山区、海岛、平原提出不同指标要求，进行分类指导。1984 年，全省召开 14 个住院分娩率在 30%以下的山区县座谈会，进行专题研究。1985 年，这 14 个山区县的住院分娩率达到 30%以上。开展住院分娩不仅提高产科质量，同时也促进妇幼保健机构建设。各级妇幼保健机构加强业务指导，制定产包装备标准，制定分娩室消毒隔离、产包消毒以及接生员管理等制度，对乡镇卫生院的产科配置必需的设备，对乡镇接生员实行服务内容的转变，由接生转为产前保健、产后访视，对在山区和交通不便的村保留接生员或设立接生站。全省举办助产士业务提高培训班、产科并发症防治学习班等各种形式的学习班，培训、提高基层人员的技术水平。妇保人员业务技术水平提高，得到了群众信任和社会承认，也改善了妇保人员在卫生院中的地位，有的同志被选为市、县人民代表。

1982年，省卫生厅组织56个县、市对1980年1月1日至1981年12月底农村围产期情况进行随机抽样回顾性调查，65808名围产儿中死亡1363例，死亡率为20.71‰。为此，省卫生厅在抓住院分娩的同时，又提出开展孕产妇系统保健服务。妇女保健工作以提高产科质量为中心，以筛选高危孕产妇为重点，积极开展农村孕产妇的保健工作，降低孕产妇死亡率。据1982年底统计，全省51个县、市中有26个县(市、区)开展孕产妇系统管理试点，1985年全省铺开。1987年，全省孕产妇建卡率为87.21%，早孕建卡率为50.75%，产前人均检查5.89次，产后访视率为95.69%，42天检查率为64.25%。

1988年，省卫生厅成立省围产保健协作组，确定全省每年两次孕产妇死亡审查制度，并在杭州首次召开孕产妇死亡审查会议。这次会议对1988年1—6月死亡的108例孕产妇进行了分析，死亡率为48.5/10万。审查认为，不可避免的死亡占19.32%，可以避免、创造条件可避免的死亡分别为44.32%和36.36%。会议下发纪要，就如何降低孕产妇死亡率提出意见，要求各市、县做好分级审查工作，就当地孕产妇死亡的原因确定工作重点，采取切实有效措施降低孕产妇死亡率。省卫生厅下发《浙江省高危妊娠管理办法(试行)》，进一步明确三级医疗保健机构的职责任务，规范高危妊娠的管理程序。

1993年，省卫生厅、省民政厅联合印发《浙江省婚前健康检查管理办法(试行)》，开展规范婚检门诊创建工作，设立男检室、女检室、咨询室和健康教育室，要求做到设置区域化、环境温馨化、服务人性化，推动全省婚前健康工作的开展。

1995年3月，省卫生厅在杭州召开浙江省妇幼卫生统计信息协作组会议，对妇幼卫生信息工作进行交流，对年报信息进行审核、分析。会议提出，今后每年召开妇幼卫生信息会议，每年编印《浙江省妇幼卫生统计资料汇编》。同年6月1日，《中华人民共和国母婴保健法》施行，浙江省在全省范围内认真贯彻执行。据1998年统计，浙江省设置县级以上妇幼保健机构95个，其中妇幼保健院40个，开设床位3547张，妇幼保健人员7300余人，乡镇妇幼卫生人员和村级妇幼保健员35000余人，平均每乡镇卫生院有妇女保健专业人员2.51人，80%以上的乡镇卫生院配备了专(兼)职儿童保健医生。

2001年，由浙江省妇女儿童工作委员会牵头，省卫生厅具体负责实施，在全省13个经济欠发达县(市、区)[后扩展为25个县(市、区)]实施母婴健康工程项目。项目主要是建立孕产妇、新生儿抢救中心、分中心，健全急救网络，增添相应设备，加强基层妇幼人员的培训等措施，提高抢救能力，降低孕产妇、新生儿、婴儿死亡率。省财政每年为项目县补助10万元，项目县政府以1∶1配套。截至2008年，项目县各项健康指标均达到规定要求，孕产妇死亡率较项目实施前下降27.73/10万，5岁以下儿童死亡率较项目实施前下降7.23‰。项目实施期间，抢救危重孕产妇1586例、危重新生儿3050例，抢救成功率分别从项目实施前的97%、79.3%上升到2001年的98.57%、96%，其中抢救新生儿窒息1981例，抢救成功率达96.55%。省财政先后落实资金2129万元支持该项目，各地配套资金2409万元，健全了县级孕产妇、新生儿抢救中心40个，乡级孕产妇、新生儿抢救分中心80个，重点配备了新生儿和产科急救设备。开展新生儿窒息复苏等适宜技术培训45次受训3835人次，落实县级培训

681次,受训3.5万余人次,组织1600余人参加省、市级临床进修。项目实施提高了孕产妇、儿童的保健水平。2007年,为进一步保障妇女健康权益,提高妇女尤其是农村、城市贫困妇女的健康水平,启动了"妇女健康促进工程"项目,为全省已婚妇女(20～60岁)进行每两年一次的妇科病检查。通过完善组织,建立网络,逐级培训,落实职责,确保质量。截至2008年,浙江省完成育龄妇女妇科病检查约400万人次。

2002年和2003年,浙江省婚前检查率分别为97.66%和94.33%,疾病检出率分别为14.36%和14.66%。自2004年新《婚姻登记管理条例》实施以来,婚前医学检查率急剧下降,2004年和2005年全省婚检率分别为1.57%和3.17%。

2004年,省卫生厅组织科研人员研发的"妇幼信息管理"软件投入使用,通过信息技术建立省级"出生医学证明数据库",对妇女儿童健康问题进行信息收集、整理、存储、分析应用,为决策提供依据。规范完善妇幼卫生信息,制定孕产妇死亡、婴儿死亡和出生缺陷报告制度及《浙江省卫生监测区统计工作手册》。通过网络技术实现出生医学证明信息实时传输,建立较为完善的妇幼保健监测体系。省财政每年投入80余万元用于30个县(市、区)开展孕产妇、围产儿、婴儿、5岁以下儿童死亡和出生缺陷监测工作。召开妇幼卫生监测暨年报工作会议,加强监测和年报的相关人员培训,稳定信息人才队伍。省卫生厅成立省妇幼卫生监测质控组,每年对1/3的妇幼卫生监测区的工作开展质量控制检查,对11个地市卫生行政部门进行监测管理工作的考核,根据考核结果落实补助经费。

2005年,中共浙江省委员会(以下简称省委)、省政府提出"卫生强省"建设这一创新性发展战略,下发《浙江省卫生强省建设与"十一五"卫生发展规划纲要》,把妇幼卫生的孕产妇、婴幼儿死亡率作为卫生强省、强市、强县建设的主要指标。降低孕产妇、婴幼儿死亡率,省卫生厅要求在孕产妇管理的各个环节上采取多种措施来确保母婴安全。一是进行孕产妇的系统管理。二是在城市和农村建立和健全三级妇幼保健网。三是调整乡镇卫生院产科设置。四是定期开展产科质量检查。为监督该标准的实施情况,省卫生厅组织各地专家对各助产服务单位进行定期监督检查,提高了各级助产机构对产科质量的重视。截至2005年底,浙江省已设立省级妇幼保健机构2个,市级妇幼保健机构11个,其中市级妇幼保健院10个,市级妇幼保健所1个,县(市、区)级妇幼保健机构78个,其中县(市、区)级妇幼保健院49个、县(市、区)级妇幼保健所27个、县(市、区)级妇幼保健站2个。

表79-6-1-1　　1990—2005年部分年份浙江省孕产妇死亡率情况一览表①

年份	全省(1/10万)	城市(1/10万)	农村(1/10万)
1990	41.98	40.90	42.80
1995	23.72	23.42	24.10

① 李兰娟:《医防整合——医疗机构公共卫生工作理论与实践》,浙江科学技术出版社2007年版,第165页。

续表

年份	全省(1/10 万)	城市(1/10 万)	农村(1/10 万)
1996	23.15	20.75	26.95
1997	24.89	20.45	31.95
1998	25.44	18.61	36.27
1999	22.10	20.57	24.56
2000	19.59	18.64	21.14
2001	19.11	17.54	21.84
2002	12.74	11.13	15.69
2003	15.19	13.37	17.81
2004	14.44	13.03	17.08
2005	13.40	12.44	15.17

资料来源:浙江省卫生厅档案室资料。

随着流动人口大量增加,浙江省外籍孕产妇、5 岁以下儿童死亡率明显高于户籍人口,已成为实施《母婴保健法》中的热点难点问题。为此,浙江省积极探索建立以现居住地为服务区域的妇幼保健管理模式,探索流动人口信息交换机制和对贫困流动人口孕产妇补助机制,使外籍孕产妇和儿童享有户籍地居民同等的妇幼保健服务。对流动人口中的贫困孕产妇,住院分娩实行定点限价分娩、救助等减免措施,将流动人口孕产妇保健及死亡情况纳入统计报告范围,列入目标责任制。2006 年 12 月,杭州市下城区被卫生部、世界卫生组织、联合国儿童基金会确定为城市流动人口妇幼保健服务试点项目地区。项目实施一年来,较好地完成了预定任务,初步建立了适于流动人口妇幼保健服务的管理模式,积累了宝贵的经验,针对流动人口中贫困(家庭人均月收入低于 750 元)、一般和高收入三个不同层次,提供限价、基本、特需三种妇幼保健服务。

2006 年,浙江省认真贯彻《卫生部关于加强预防艾滋病母婴传播工作的指导意见》以及《卫生部关于艾滋病母婴传播工作实施方案(试行)的通知》,在全省范围内启动了预防艾滋病母婴传播工作,把预防艾滋病母婴传播工作纳入妇幼保健常规工作。在抓全国预防艾滋病综合防治示范区普陀区和鹿城区工作的同时,以点带面,充分发挥三级妇幼保健网络作用,建立符合本地区的预防艾滋病母婴传播的服务模式。加强领导、提高认识,加大投入、落实措施,明确职责、加强合作,因地制宜、规范服务,加强培训、提高素质,分类管理、监督指导,部门配合、加强宣传,建立信息管理系统,提高阳性孕产妇及婴儿传染病疫情报告的及时性和准确性。截至 2008 年上半年,为 79%的孕产妇提供孕期预防艾滋病母婴传播的咨询,为 75%的孕产妇提供艾滋病检测,检出艾滋病阳性孕产妇为 36 例,并为 6 例艾滋病阳性孕产妇所生的婴儿提供相关治疗。

2007年，省卫生厅启动“妇女健康促进工程”项目，为全省已婚妇女(20～60岁)进行每两年一次的妇科病检查，通过完善组织，建立网络，逐级培训，落实职责，确保质量。截至2008年底，浙江省完成育龄妇女妇科病检查400万余人次。

2008年，浙江省建立了以省级为龙头、市级为中心、县级为基础的城乡三级妇幼保健网络，设省级妇幼保健机构2个，市级妇幼保健机构11个，县级妇幼保健机构84个。妇幼保健专业队伍逐渐壮大，妇幼保健机构基础设施不断完善，妇幼保健院平均业务用房面积约4680.97平方米，平均固定资产达到1802.77万元。妇幼保健机构的功能进一步完善，服务能力进一步提高，孕产妇住院分娩率、孕产妇系统管理率、高危孕妇住院分娩率、7岁以下儿童保健管理率、3岁以下儿童系统管理率分别达99.94%、93.63%、99.99%、94.87%、94.52%，浙江省妇幼卫生各项工作指标位居全国前列。

2010年，全省结婚登记69万人，婚前医学检查55.9万人，婚检率为80.39%，超额完成省政府下达的任务指标。据不完全统计，通过婚检，共检出乙型肝炎等传染性疾病12492例，其中艾滋病、梅毒等性传染性疾病2468例。通过有效干预，传染性疾病可能引起的梅毒儿等出生缺陷得到了控制，遗传性疾病引起的出生缺陷风险下降。通过婚检检出有遗传性疾病的病人169人，精神病病人98人，建议不宜结婚11人，不宜生育201人，减少了遗传可能导致的出生缺陷的发生，常见病可能引起的出生缺陷风险得到减轻。通过婚检，检出宫颈炎等疾病11万人次，建议暂缓结婚5946人(含传染性疾病)，收到了一定的防治效果，病毒性疾病导致的出生缺陷发生风险下降。通过开展孕前优生检测，共检出风疹病毒易感者5万人，巨细胞病毒、弓形虫等近期感染者1643人，建议接种风疹疫苗、观察和治疗近6万人，取得了一定的效果。同年，全省产前筛查率为68.75%，其中嘉兴市高达93.4%，舟山市与杭州市接近90%。全省产前诊断率为5.28%，其中嘉兴市与湖州市产前诊断率超过30%。2010年12月，省卫生厅、省妇联、省总工会联合下发《浙江省常见妇科疾病筛查工作管理办法》，提出对已婚妇女进行常见妇科疾病的筛查，要求各级卫生行政部门制定区域规划和加强管理，工会、妇联加强对筛查工作的监督检查，各级妇幼保健机构负责承担筛查工作，筛查经费在劳保、合作医疗、集体福利基金或保健保偿等经费中支出或由本单位酌情解决。同年，省妇儿工委检查评估组对省卫生厅《“十一五”妇女发展规划》和《“十一五”儿童发展规划》的实施情况进行评估，两个发展规划中卫生监测统计指标为36项，有35项指标达标，而孕产妇死亡率和5岁以下婴儿死亡率分别为7.44/10万和6.07‰，继续稳定在较低水平。

第二节 婴幼儿保健

中华人民共和国成立之前，浙江省没有一所公立婴幼儿保健机构，也没有婴幼儿保健制度和卫生保健措施。古代时，一些州县建有育婴堂，民国时期建有幼稚园。中华人民共和国成立之后，中央和地方各级政府高度重视婴幼儿保健工作，召开婴幼儿保健工作专题会议，制定婴幼儿保健机构卫生制度和工作条例，积极开展婴幼儿保健工作。

一、育婴堂

清康熙三十年(1691年),东阳一都大寺庄朱惟正在双岘门外舍基二亩零五厘建育婴堂,这是浙江历史上最早建立的育婴堂,岁久荒废。① 乾隆十四年(1749年),知县刘居敬将通济桥捐款盈余置产入堂,重修屋宇,雇用乳媪。清道光年间(1821—1850),知县党仅横带头捐银1000两,倡议重修,朱惟正后裔朱兆麟独资建房39间,工料耗银2300余两。同治八年(1869年),知县黄文登又重建。民国19年(1930年),奉省令在南门外建救济院,内设育婴所,院长杜憩荣。民国29年遭日机炸毁停顿。民国35年复建,因无房,所收女婴10名均寄养乡间,月给食米22.5公斤,其他费用均由领养之奶娘承担。民国19年,东阳歌山桥北建育婴堂,由歌山村王志岩发起,歌山桥会将其田地40余亩、房屋30余间捐助给育婴堂,并在金华买田60余亩,雇用奶娘10余人,月饷3元大洋(养2个婴儿者月饷5元),婴孩抚养至10岁。农户若从育婴堂领养继子继女,则不领抚养费。民国30年5月15日,育婴堂遭日军扰乱而废弃。

清道光二年(1822年),绍兴八县富绅捐资舍田,在市区美政坊建成育婴堂,开始收纳弃婴,寒则给衣,病则给药,并向农民宣传勿溺死婴儿。民国13年(1924年),市区凌霄社开始收容孤儿。此后,又有绍兴福安培童院、维德孤儿教养院、绍兴难童教养所等一批慈善机构收容弃婴,但各院仅是收容,无积极的卫生保健措施,天花、麻疹、白喉等传染病仍严重威胁着儿童的健康和生命。光绪三十三年(1907年),金华城区首设蒙养院1所,有蒙童30人。

民国17年(1928年),衢县救济院育婴所、孤儿所分别聘西医任婴幼儿保健指导,定期对保育人员进行卫生保健知识教育。民国19年8月,开化县救济院育婴所设立病婴诊疗室、病婴隔离室,改进寄养办法,增加婴儿营养,减少婴儿死亡。民国25年,衢县县立医院派医护人员定期到县育婴堂访视婴儿,开始予以保健指导。同年8月,衢县县立医院受衢县儿童年实施委员会委托,为1100名儿童提供免费健康检查。民国26年4月4日,衢县举办儿童健康比赛,134名儿童参赛,县政府为30名优胜者颁发奖品与奖状。民国29年,据省卫生处工作报告记载:"衢、龙、常三县儿童健康检查6484人(衢县5267人、龙游333人、常山884人),缺点矫治1058人(衢县911人,龙游112人,常山35人)。"民国30—37年,全区各县卫生院每年儿童节均为儿童进行免费健康检查,并按省卫生处规定,分别对婴儿(4个月至1周岁)、幼儿(3周岁以内)、少儿(5周岁以内)三个年龄组儿童,以县为单位组织开展一年一度的儿童健康比赛,对优胜者分别予以奖励。

民国17年(1928年)2月,省立第七中学附属小学设幼稚园1个,收幼儿23人、教养员1人。民国22年,汤溪县8所公、私立小学均附设幼稚班,共收幼儿252人。民国27年,日本侵略军飞机几次轰炸金华城区,为避免损伤,幼稚园停办。民国29年,金华县商业公会在竹马馆设难童教养所(金华被日军侵占前期迁宣平县咸宜村,改名浙江省儿童教养团,后又改称儿童教养院),其中有幼稚班1个。民国37年,金华再建幼稚园,有混合班1个,入园幼儿33人,教养员1人。民国期间,嘉兴县(市)无儿童保健机构,加上战乱与灾荒,儿童营养不良,罹

---

① 《东阳卫生志》,东阳市卫生局1992年编印,第77页。

脚气病、软骨病者较多，患麻疹、天花、流脑等急性传染病无力医治而死亡者不计其数，婴儿夭折，父母悲泣，哀号之声遍及嘉兴城乡。民谚云："十五六岁做姆妈，养得多，活得少，死耶？活耶？听天由命。"

二、新生儿疾病防治

1979年，中共中央、国务院颁发《全国托幼工作会议纪要》，卫生部召开中华人民共和国成立以来第一次全国儿童保健工作专业会议，浙江省贯彻并转发了卫生部《全国儿童保健工作会议纪要》的精神，召开全省托幼工作会议。省卫生厅、省教育厅联合转发《托儿所、幼儿园卫生保健制度（草案）》《城市托儿所工作条例（草案）》《城乡开展儿童保健工作的要求（草案）》。省政府托幼领导小组办公室、省卫生厅、省总工会在椒江市联合召开九市托儿所保教工作现场座谈会，会议根据中共中央〔1979〕73号文件精神，确定了各部门对托儿所的分工，卫生部门负责托儿所的业务领导及托幼园所的卫生保健指导，培训托儿所所长、保教、医务、炊事等人员，提高卫生保健、营养等知识，办好示范性托儿所，加强对儿童保健科研工作的领导，会后印发会议纪要，在先进托儿所的示范和带动下，浙江省托儿所保教工作逐步推开。

1982年，省卫生厅印发《关于加强婴幼儿腹泻防治工作的通知》，成立浙江省小儿腹泻协作组，制定《小儿急性腹泻的诊断名称和标准》《口服补液盐（ORS）治疗急性小儿腹泻脱水方案》，并落实口服补液盐的推广和科研计划，在全省开展培训，推广应用，开展小儿"四病"（佝偻病、营养性贫血、肺炎、婴幼儿腹泻）的防治工作，通过试点，摸清情况，采取措施，积极防治。

1990年，省卫生厅转发卫生部《散居儿童卫生保健管理制度》《关于进一步加强儿童保健工作的通知》，要求各地重视和加强对基层儿童保健工作的领导，建立健全基层儿童保健网，培训儿童保健专业队伍，建立基层儿童保健门诊工作制度，开展儿童保健系列服务，根据小儿不同时期的生理特点和保健要求，结合本地区的实际情况对儿童进行系统的保健管理，降低儿童常见病患病率和婴儿死亡率，提高儿童健康水平。省卫生厅制定《浙江省小儿急性呼吸道感染监测方案》，成立浙江省小儿急性呼吸道感染监测协作组，确定萧山等7个县（市）为浙江省小儿急性呼吸道感染监测点，要求培训基层卫生人员，推广使用标准病历管理。

1991年，省卫生厅下发《新生儿疾病防治项目实施方案》，加强新生儿疾病防治工作，通过培训、改善条件、开展家庭健康教育等手段，达到降低新生儿发病率和死亡率。其间，还在妇幼卫生机构开展儿童弱视防治工作，下发《儿童弱视防治技术服务规范》，提高治愈率。

1993年，依据卫生部、国家教委颁发的《托儿所、幼儿园卫生保健管理办法》《幼儿园工作规程（试行）》《幼儿园管理条例》等文件的有关要求，结合浙江省实际，省卫生厅、省教育委员会、省总工会、省妇女联合会联合制定《浙江省托儿所、幼儿园卫生保健工作管理办法（试行）》《浙江省托儿所、幼儿园卫生保健合格标准》，在全省开展卫生保健人员和保育员的培训，建立托幼机构职工年度体检制度，对托儿所、幼儿园卫生保健工作实行检查和督导，对卫生保健合格单位颁发托儿所、幼儿园"年度卫生保健合格证"，从而提高托儿所、幼儿园卫生保健工作质量，保障儿童身心健康。同年，在全省开展"促进母乳喂养、创建爱婴医院"宣传活动，形成全社会积极鼓励和支持母乳喂养，创造一种爱婴、爱母的社会氛围。湖州、嘉兴、海宁市妇幼保健院被评为中国首批爱婴医院，为推动浙江省创建爱婴医院工作作出了贡献。嘉兴、宁波、舟山市参加由北京医科大学牵头的中美预防神经畸形合作研究项目。同年6月26日，省卫生厅下发《关于实施浙江省托儿所、幼儿园卫生保健管理办法（试行）意见》，在全省托儿所、幼儿园实施。7月，宁波市实施托儿所、幼儿园"年度卫生保健合格证"制度，规定从1994年起，全市托幼机构保健医师和保育员都要经过岗前卫生保健相关知识培训考核，颁发合格证。

2000年6月28日，国内首例坐骨联体分离术在浙江省儿童医院顺利实施。接受手术的联体婴儿联接部位为脐部至会阴，共用一脐，联接部分横径、直径均为7厘米，共有四上肢和四下肢，检查结果显示她们拥有独立的心脏、肝脏、肾、膀胱，而远端小肠相连并共用一条结肠，两婴儿分离难度较大，且为国内首例坐骨联体的分离术。

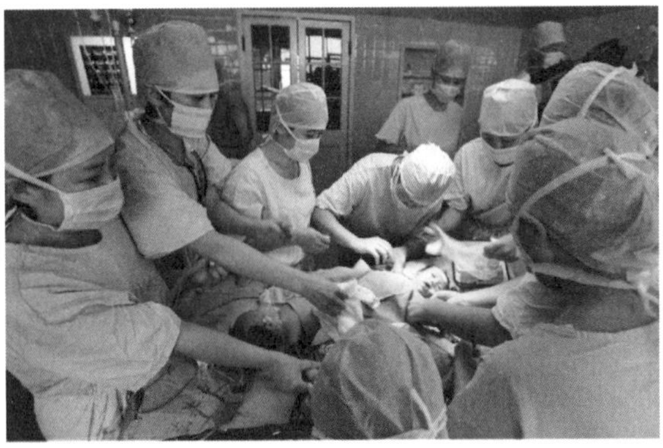

图79-6-2-1　2000年6月28日，国内首例坐骨联体分离术在浙江省儿童医院顺利实施（浙江大学医学院附属儿童医院提供）

2001年，省卫生厅认真贯彻实施《国务院办公厅转发卫生部关于做好提高出生人口素质工作意见的通知》，省卫生厅、浙江省残联、省妇女儿童工作委员会办公室联合制定和印发了《浙江省提高出生人口素质、减少出生缺陷和残疾行动计划的实施方案》（以下简称《方案》）。该《方案》强调了出生缺陷的现状不仅是严重的公共卫生问题，而且已经成为影响经济发展和人们正常生活的社会问题，提出做好婚前保健、孕产期和儿童保健是提高出生人口素质的前提和基础，是促进经济繁荣和社会健康发展的有力保障。

2008年，浙江省将《实施出生缺陷综合干预、提高出生人口素质研究》列为省委、省政府领导年度重点调研课题，是由分管副省长郑继伟任组长，省政府副秘书长马林云和省人口计生委、省卫生厅、省残联主要负责人任副组长，省政府办公厅、省人口计生委、省卫生厅、省残联为牵头单位，省财政厅、民政厅、统计局、公安厅、浙江大学人口与发展研究所等部门和单位共同参与的多部门协作课题。在调研的基础上，省政府印发《关于实施免费婚前医学检查和免费孕前优生检测的意见》，相关部门联合制定了《浙江省免费婚前医学检查和免费孕前优生检查实施方案》，推动了全省出生缺陷一级干预工作的开展。

2009年7月23日，由卫生部发起、中国宋庆龄基金会主办的第四届"宋庆龄儿科医学奖"颁奖仪式暨2009宋庆龄儿科医学论坛在西宁举行，省卫生厅推荐的省儿童医院党委书记赵正言领衔的课题《先天性甲状腺功能低下症和苯丙酮尿症的筛查及基础与临床研究》，成为六个获奖项目之一，省卫生厅获得组织奖，省卫生厅副厅长王国敬、赵正言分别代表省卫生厅和获奖者上台领奖。

三、新生儿疾病筛查

1981年，在北京医科大学第一医院教授左启华的牵头下，卫生部对北京、浙江等11个省、市的20余万名新生儿进行统一的苯丙酮尿症(PKU)筛查,浙江省共筛查新生儿2万余例,结果无发现1例苯丙酮尿症,这也是浙江省首次开展新生儿疾病筛查工作。

1996年,浙江省建立出生缺陷监测网,开始对出生缺陷实施监测。1996—2003年,浙江省15家医院连续监测8年,共监测150461名新生儿,刚出生时发现有畸形的2284名,缺陷率为151.8/万。浙江省每年约有40万名新生儿出生,估计每年新生的先天畸形婴儿约5000~6000名,还有一部分畸形是在出生后一两岁才逐渐查出。

1998年,浙江省成立省新生儿疾病筛查中心,确定了浙江省新生儿疾病筛查管理模式,制定了《浙江省新生儿疾病筛查管理办法》。同年,金华市新生儿疾病筛查中心成立,挂靠金华市妇保院,于2000年启动新生儿先天性甲状腺功能低下病(CH)的筛查。同时,经金华市卫生局批准,金华市妇保院在全省地(市)级率先成立产前筛查中心,开展孕期胎儿先天愚型及神经管畸形的筛查。2002年,除金东区、磐安县外,金华市进行新生儿“两病”(新生儿苯丙酮尿症、新生儿先天性甲状腺功能低下)的筛查。2003年,金华市本级、兰溪等地开展新生儿先天性听力异常的筛查。2005年,“两病”筛查率为95.18%,累计查出“两病”患儿125例,均及时得到治疗。金华市除婺城区外,其余各县(市、区)进行新生儿先天性听力异常的筛查,筛查率为52.20%,累计查出患儿40例,均得到及时治疗和矫正。金华市新生儿疾病筛查中心连续三年被评为浙江省新生儿疾病筛查工作先进集体。

1999年,省卫生厅制定《浙江省新生儿疾病筛查实施方案》和《浙江省儿童听力筛查管理办法》。1月15日,省卫生厅在杭州举行新闻发布会,浙江省新生儿疾病筛查中心宣布成立,地点设在浙江省儿童保健院内,赵正言任主任,正式在全省范围内开展新生儿甲状腺功能低下症和苯丙酮尿症筛查工作。4月,省新生儿疾病筛查中心对全省县及以上的新生儿疾病筛查管理人员和质检员140人进行师资培训,为浙江省新生儿疾病筛查工作的启动奠定了基础。宁波市于1999年1月成立宁波市新生儿疾病筛查中心,挂靠宁波市妇幼保健院,在全省率先开展新生儿疾病筛查工作。2005年,全市有97%的助产技术服务单位开展新生儿疾病筛查。对在宁波辖区内助产技术服务机构出生的每位新生儿进行先天性甲状腺功能减低症和苯丙酮尿症两病筛查,6年来共筛查278681例新生儿,新生儿疾病筛查率为96.3%。查出先天性甲状腺功能低下症190例,苯丙酮尿症9例,并为这些患儿建立了病历档案,使其得到及时的治疗与随访。7月底,筛查中心收到舟山市的第一批滤纸血斑,标志该市的新生儿筛查工作正式启动。截至2008年,浙江省连续10年筛查了328万余例新生儿,筛查率为97.17%,新生儿疾病筛查项目由原来的2种扩大到26种,建立了以省为集中筛查单位的新生儿疾病筛查网络体系。

2000年,浙江省成立儿童听力筛查管理中心及诊治中心。省卫生厅下发《关于浙江省儿童听力筛查管理办法(试行)的通知》《关于同意成立浙江省儿童听力筛查管理中心的批复》《关于同意成立浙江省儿童听力诊断和治疗中心的批复》等文件。

2003年,浙江省新生儿筛查中心研发的信息系统软件(病例管理与追访、实验室质控、短信信息平台)投入使用。该系统具有新生儿筛查信息管理、筛查实验室质量管理、移动电邮服务等功能,并充分利用计算机技术、多媒体技术与网络技术,开展先天性甲状腺功能低下症和苯丙酮尿症基因突变研究，发现了22种基因突变，其中，3种突变为国际上首次发现，1种突变为国内首次发现，丰富了基因突变谱。经过基础与临床研究，阐明了先天性甲状腺功能低下症和苯丙酮尿症对心、脑的损害机制，收集的328万余份新生儿滤纸血标本，成为国内最大生物标本库，为遗传学等研究提供了丰富的生物标本资源。

2005年，浙江省在全省妇幼保健机构中建立一支信息监测工作队伍，制定《浙江省五岁以下儿童死亡监测方案》，定期组织培训，建立5岁以下儿童死亡监测、孕产妇死亡、出生缺陷监测网络，建立全省统一的妇幼卫生信息收集、汇总、整理、上报制度。

2006年，浙江省产前筛查和新生儿疾病筛查两个网络不断健全。据全省妇幼保健统计报告，全省完成产前筛查15.1万人、B超产前诊断各种异常1423例，共检出高风险病例7477人，异常胎儿1565例，其中，先天性甲状腺功能减低症36例，苯丙酮尿症15例，无脑儿18例，脊柱裂14例。在新生儿疾病筛查方面，共筛查约48万人，筛查率为90.71%，检出甲状腺功能低下病例376人、苯丙酮尿症病例8人；儿童听力筛查42.5万，筛查出听力异常631例。绍兴市在这方面成绩突出，被评为浙江省新生儿疾病筛查工作先进集体和浙江省妇女儿童工作先进集体。宁波市11个县(市、区)所有助产技术服务机构均开展新生儿疾病筛查工作，筛查网络覆盖率达到100%。宁波市新生儿疾病筛查还实施解困扶贫和治疗救助方案，对甲状腺功能低下患儿特困户进行免费治疗，对本地户籍的苯丙酮尿症患儿，由宁波市慈善总会实行医疗补助(8周岁及以下3万元/年，8周岁以上2万元/年)，苯丙酮尿症患儿随访由筛查中心提供一年四次免费检测血苯丙氨酸(Phe)浓度。

2007年3月29日，全省新生儿疾病筛查工作总结表彰会议在杭州召开，会议回顾和总结浙江省2006年新生儿疾病筛查工作情况，分析了存在的问题及原因，部署2007年度工作任务，对13个先进集体和16名先进个人进行了表彰。全省开展新生儿疾病筛查工作取得的显著成效：一是网络健全，二是专业队伍强大，三是学科建设迅速，四是社会效果显著。2002—2006年，全省共筛查出可疑新生儿共计14000名，筛查率从1999年的6.4%上升至90.71%，增加了84个百分点。确诊阳性病例1500余人(其中甲状腺功能低下患儿1426名，苯丙酮尿症77名)。绝大多数患儿得到及时治疗、随访和追踪，有226名甲状腺功能低下患儿经省中心正规治疗已恢复正常而终止治疗，另73名停药后3个月内甲状腺功能持续正常。

2008年6月1日，全国开始实施《新生儿疾病筛查管理办法》，为做好贯彻、实施工作，卫生部于5月10—12日在杭州举行了《新生儿疾病筛查管理办法》培训班。全国各省、市、自治区卫生厅有关领导和各省新生儿疾病筛查中心的主任共128名代表参加会议，观摩了浙江省新生儿筛查中心现场。卫生部妇社司司长杨青、省卫生厅副厅长王国敬出席会议并讲话。杨青充分肯定了近几年来全国新生儿疾病筛查工作所取得的成绩，同时指出了面临的挑战和机遇。全国每年出生缺陷有100万人，中西部地区新生儿疾病筛查率还较低，尤其是农村贫困地区由于各种原因，影响了此项工作的开展。筛查工作的目标是遵循自愿和知情选择的原则，每一个接产单位都要对新生儿疾病进行筛查，以降低出生缺陷的发生率。当前的任务是扩大筛查范围，提高筛查覆盖面和技术水平，逐步使每个新生儿都能享受新生儿疾病筛查的卫生保健服务。王国敬汇报了浙江省新生儿疾病筛查情况，报告浙江省建立了新生儿疾病筛查的网络，构建了新生儿疾病筛查的信息体系，培训了一支新生儿疾病筛查的队伍，开展了新生儿疾病筛查的科研工作，取得了新生儿疾病筛查的管理经验，形成了新生儿疾病筛查的氛围。截至2008年底，全省共对328万名新生儿进行了筛查，筛查网络覆盖率达到100%，筛查率达到97.17%，已累计筛查出PKU和CH患儿2122例，2000余名患儿得到了有效治疗，避免了儿童智力障碍的发生，取得了良好的社会效益。

2010年，浙江省新生儿疾病筛查网络覆盖面达到100%，新生儿疾病筛查率达到98.44%，儿童听力筛查率达到93.42%，筛查出的PKU和CH患儿均得到了有效的治疗。省儿童医院开通了浙江省新生儿疾病筛查网站，网址为www.zjxsesc.com.cn。网站设有浙江省新生儿疾病筛查中心简介、筛查病种介绍、新闻动态、国内外学术交流、政策法规、留言建议等栏目。新生儿疾病筛查网站的开通，不但扩大了浙江省新生儿疾病筛查中心及医院在国内外同行中的影响，而且方便了新生儿监护人通过网络争取更多的人了解新生儿疾病筛查的必要性和重要性，让全社会各界人群支持新生儿疾病筛查，更有利于促进提高人口素质，减少出生缺陷目标的实现。

第三节 辅助生殖

辅助生殖亦称医学助孕，是指利用现代医学的最新成果，用人工的手段代替自然生殖过程的一部分或者全部的技术。此类技术可在一定程度上治疗不育夫妇以达到生育的目的，也是生育调节的主要组成部分，包括人工授精、体外受精—胚胎移植、卵胞浆内单精子注射、胚胎植入前遗传学诊断、精液冷冻、卵子冷冻和胚胎冷冻等技术。1978年，世界第一例试管婴儿在英国诞生，试管婴儿一诞生就引起了世界科学界的轰动，甚至被称为人类生殖技术的一大创举，也为治疗不孕不育症开辟了新的途径，世界各大医院纷纷投入人力、财力，致力于此项技术的掌握。1985年4月和1986年12月，分别在中国台湾和香港地区成功诞生的试管婴儿，使这项前沿技术离中国大陆越来越近。1988年，中国大陆第一例试管婴儿诞生于北京医科大学第三医院，来自兄弟医院的科研成果激起了浙江医科大学附属妇产科医院（浙江省妇女保健院）医生们追赶这项世界前沿技术的雄心。

一、辅助生殖技术研究

1994年，浙江医科大学附属妇产科医院成立辅助生殖技术攻关小组，10月，开始进行体外受精—胚胎移植的临床研究。1995年11月13日，浙江省"礼物婴儿"诞生。1996年7月10日，浙江省第一例试管婴儿诞生。[①] 这两者都填补了浙江省空白，在省内医学界和患者中引起了很大的轰动。

1997年，浙江医科大学附属妇产科医院由省卫生厅确立为浙江省生殖医学中心。3月，

① 《浙江医科大学附属儿童医院院史》，浙江医科大学附属儿童医院2013年编印。

该院在全省首先开展胚胎冻存技术研究。2000年，该院的浙江省生殖医学中心入选为浙江省医学重点学科，2001年11月成为卫生部首批可以开展体外受精—胚胎移植(IVF-ET)、单精子卵细胞浆内显微注射(ICSI)、胚胎着床前遗传学诊断(PGD)、夫精人工授精(AIH)和供精人工授精(AID)等各项辅助生育技术(ART)研究，也是全国首批可以开展需准入的全部辅助生殖技术的单位。2005年9月，该院首批通过卫生部对ART各项技术的校验，2007年1月成为首批通过卫生部批准的ART培训基地。

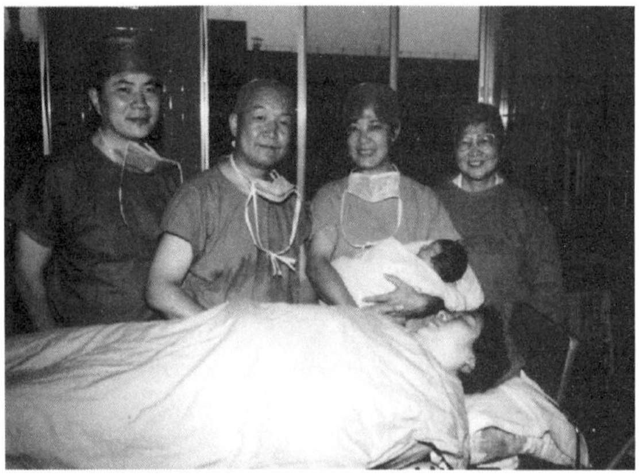

图79-6-3-1 1996年7月10日，浙江省首例试管婴儿诞生(浙江大学医学院附属妇产科医院提供)

1999年，浙江大学医学院附属妇产科医院开展单精子卵泡浆内注射技术研究。该项技术主要用于治疗男性少弱精子症、严重畸形精子症、先天性梗阻性无精子症，通过该项技术的实施，妊娠获得成功，至2000年6月，已行冻融胚胎移植超过50例，妊娠率达29%，居国内领先水平。1999年底，浙江省开展男科小手术，开创微创性睾丸活检术，结合单精卵浆内注射技术，使一些无精症患者获得下一代，首例用该技术的婴儿于2000年9月出生。

2000年1月，浙江大学医学院附属妇产科医院PGD技术攻关课题组开始对PGD新技术开展系列研究，建立了技术全面的PGD技术平台，开发了单个卵裂球荧光原位杂交(FISH)、多色FISH、多重FISH等用于染色体PGD的单细胞荧光原位杂交技术以及单细胞巢式PCR、单细胞多重巢式PCR等单细胞基因分析技术，创建了扩增前引物延伸(PEP)、简并寡核苷酸引物PCR(DOP-PCR)等全基因扩增技术，建立了PEP结合巢式PCR，DOP-PCR结合巢式PCR等一系列基于单细胞的多个基因位点、多个染色体的检测技术，优化组合植入遗传学诊断(PGD)多项技术，有效拓宽了基因病和染色体病的诊断范围，提高了PGD的诊断率。2000年9月，第二代试管婴儿获得成功，该项技术主要用于先天性阻塞性无精症、弱精症、少精症、畸精症患者，该项技术成功率达40%。

二、辅助生殖技术应用

2001年7月30日，省卫生厅成立“浙江省人类辅助生殖技术和人类精子库评审专家组”，由陈绍典、黄荷风、王曼等组成。8月7日，下发《浙江省人类辅助生殖技术管理办法》和《浙江省人类精子库管理办法》。之后，浙江大学医学院附属妇产科医院研究人员着手建设临床应用平台，在临床上进行规模化的染色体病PGD的同时，课题组收集了进行性肌营养不良(DMD)、家族性腺瘤性结肠息肉(FAP)、X连锁的无丙种球蛋白血症(XLA)及肝豆状核变性(HLD)等，进行遗传病家系的基因突变筛查，建立了相应的PGD技术平台，并获得了临床妊娠，使浙江大学医学院附属妇产科医院的PGD中心成为国内规模最大、技术最全面的中心之一，其中多项成果为国内外首创。(1)在国内外首次开展了XLA的PGD。(2)在国内首次开展了肿瘤家系中实施PGD。(3)在国内首次将单细胞比较基因组杂交技术应用于PGD,由徐晨明和黄荷风等建立和改良间期核转化技术获得国家发明专利。PGD使众多有遗传病史的家庭看到了新的希望,浙江省已对200多对有高风险出生染色体异常和单基因遗传病的夫妇实施胚胎植入前遗传学技术,诊断正确率达100%,妊娠率达34.1%,进入世界先进行列,该项技术已辐射全国25个省、市。

2002年2月,浙江省首例植入遗传学诊断试管婴儿在浙江大学医学院附属妇产科医院获得成功。11月,卫生部人类辅助生育技术生殖专家检查团一行13人来浙江检查,黄荷风、金帆教授分别向国家检查组介绍了浙江辅助生育技术工作开展情况及申报浙江省人类精子库的有关情况,经卫生部专家组审查、考核、评审,批准浙江大学医学院附属妇产科医院生殖医学中心可以开展体外受精—胚胎移植(IVF-ET)、单精子卵细胞浆内显微注射(ICSI)、胚胎着床前遗传学诊断(PGD)、供精人工授精等多项辅助生育技术应用。

2005年9月,卫生部组织专家到浙江大学医学院附属妇产科医院对人类辅助生殖技术进行现场论证校验,专家认定浙江大学医学院附属妇产科医院生殖医学中心开展AID、IVF-ETI、ICSI、PGD校验结果为合格,校验合格期限为两年。

三、辅助生殖技术准入

2010年,根据卫生部和浙江省人类辅助生殖技术区域卫生规划要求,结合医疗需求和技术条件等实际情况,浙江省制定《医疗机构和计划生育技术服务机构开展人类辅助生殖技术申报评审管理办法》(以下简称《办法》)。该《办法》规定,开展生殖技术单位必须具备以下条件:(1)列入上级主管部门或市卫生行政部门规划。(2)开展丈夫精液人工授精技术(AIH)的单位应具备住院和开腹手术条件,具备处理辅助生殖技术相关并发症的条件。(3)开展供精人工授精技术(AID)的单位一般应为省级单位,具有较高的质量管理和随访能力。(4)申报开展体外受精—胚胎移植技术(IVF-ET)的单位,应为三级乙等以上(含三级乙等)综合性医院或专科医院,其中妇产科床位数不少于50张,并具备丈夫精液人工授精技术资质,一般连续开展该项技术不少于4年,且校验成绩优良。(5)开展胚胎着床前诊断技术(PGD)的单位必须具备遗传咨询和产前诊断技术条件。开展人工授精技术的生殖机构,总人数不少于8人,其中,临床医师不少于4人(包括男科执业医师1人),实验室人员不少于2人,专职护士不少于2人;开展体外受精—胚胎移植及其衍生技术的生殖机构,总人数不少于15人,其中,临床医师不少于8人(包括妇产科医师6人,男科执业医师2人),实验室人员不少于4人(包括男科实验室1人),专职护士不少于3人;所有生殖机构的医技人员应在卫生行政部门指定培训基地进行3～6个月的培训。生殖机构设总负责人、临床负责人和实验室负责人,其中临床负责人与实验室负责人不得由同一人担任。2010年1月,国家科技部组织专家到浙江大学医学院附属妇产科医院考察拟建“生殖安全国家重点实验室”,省委书记、省人大常委会主任赵洪祝专门批示,浙江省副省长毛光烈、郑继伟先后陪同考察,浙江大学校长杨卫、省卫生厅厅长杨敬和巴德年、段树民院士以及省科技厅、省卫生厅、浙江大学相关部门负责人,浙江大学辅助生殖与生殖安全研究团队骨干人员等出席考察现场会。

2010年底，浙江省经卫生部批准的浙江省计划生育科研所人类精子库1家，开展人类辅助生殖技术（IVF－ET）的机构有浙江大学医学院附属妇产科医院、温州医学院附属第一医院、浙江大学医学院附属邵逸夫医院、宁波市妇女儿童医院、金华市人民医院、温州医学院附属第二医院、嘉兴市妇幼保健院、湖州市妇幼保健院等8家单位，其中1家开展植入前遗传学诊断技术（PGD），1家开展供精人工授精技术（AID）；经省卫生厅批准开展丈夫精液人工授精技术（AIH）的机构15家。所有开展人类辅助生殖技术和人类精子库的机构均按照国家有关生殖技术管理的要求进行建设，并接受国家相关部门的监督检查和技术校验。

表 79-6-3-1　　2001—2010年浙江省人类辅助生殖技术准入机构和项目一览表

机　构　名　称	准入技术项目	运行情况	准入时间
浙江大学附属妇产科医院	夫精人工授精（AIH）	正式运行	2001-11-23
	供精人工授精（AID）	正式运行	
	体外受精—胚胎移植（IVF-ET）	正式运行	
	卵泡浆内单精子显微注射（ICSI）	正式运行	
	植入前胚胎遗传学诊断（PGD）	正式运行	
浙江大学附属邵逸夫医院	夫精人工授精（AIH）	正式运行	2002-09-24
	体外受精—胚胎移植（IVF-ET）	正式运行	2005-09-26
	卵泡浆内单精子显微注射（ICSI）	正式运行	
浙江省计划生育科研所	精子库	正式运行	2005-02-18
宁波市妇女儿童医院	夫精人工授精（AIH）	正式运行	2002-09-24
	体外受精—胚胎移植（IVF-ET）	正式运行	2006-05-13
	卵泡浆内单精子显微注射（ICSI）	正式运行	2006-05-13
宁海县妇幼保健院	夫精人工授精（AIH）	正式运行	2008-08-07
温州医学院附属第一医院	夫精人工授精（AIH）	正式运行	2001-11-23
	体外受精—胚胎移植（IVF-ET）	正式运行	
	卵泡浆内单精子显微注射（ICSI）	正式运行	
温州医学院附属第二医院	夫精人工授精（AIH）	正式运行	2005-10-28
	体外受精—胚胎移植（IVF-ET）	正式运行	2007-05-28
	卵泡浆内单精子显微注射（ICSI）	正式运行	
温州市中山医院	夫精人工授精（AIH）	正式运行	2002-09-24

续表

机 构 名 称	准入技术项目	运行情况	准入时间
绍兴市妇幼保健院	夫精人工授精(AIH)	正式运行	2002-09-24
湖州市妇幼保健院	夫精人工授精(AIH)	正式运行	2002-09-24
	体外受精—胚胎移植(IVF-ET)	正式运行	2009-09-02
	卵泡浆内单精子显微注射(ICSI)	正式运行	
嘉兴市妇幼保健院	夫精人工授精(AIH)	正式运行	2002-09-24
	体外受精—胚胎移植(IVF-ET)	正式运行	2007-09-30
	卵泡浆内单精子显微注射(ICSI)	正式运行	
金华市人民医院	夫精人工授精(AIH)	正式运行	2002-09-24
	体外受精—胚胎移植(IVF-ET)	正式运行	2006-10-25
	卵泡浆内单精子显微注射(ICSI)	正式运行	
东阳市人民医院	夫精人工授精(AIH)	正式运行	2005-10-28
舟山市妇幼保健院	夫精人工授精(AIH)	正式运行	2002-09-24
台州医院	夫精人工授精(AIH)	正式运行	2008-08-07
丽水市人民医院	夫精人工授精(AIH)	正式运行	2005-10-28

资料来源:浙江省卫生厅档案室档案资料。

第七章　中　医

浙江省中医药发展源远流长。新石器时期，在浙江先后出现河姆渡文化、马家浜文化、崧泽文化和良渚文化等，这些文化遗址上均有中医药的痕迹。两晋时期，浙江中医药已处领先地位，极有影响力的姚氏、徐氏等开中医学世家之先河，专科医家亦崭露头角，中医药学与儒学、佛道结缘，吐蕊结果。宋室南渡后，浙江的经济、文化、科技、教育、学术和文艺发展居全国前茅，中医药更是成为全国的中心，妇科世医家族萧山竹林寺女科以及宁波宋氏女科、绍兴钱氏女科、海宁陈氏女科等誉满民间。明清时期，浙江中医世家林立，代有名医。中华人民共和国成立后，在省政府的领导和支持下，浙江中医事业发展的改革日趋完善，特别是改革开放以来，全省中医事业蓬勃发展。

第一节　中医基础

中医以阴阳五行作为理论基础，将人体看成是气、形、神的统一体，通过望、闻、问、切四诊合参的方法，探求病因、病性、病位，分析病机及人体内五脏六腑、经络关节、气血津液的变化，判断邪正消长，进而得出病因，归纳出证型，以辨证论治原则，制定汗、吐、下、和、温、清、补、消等治法，使用中药、艾灸、针刺、推拿、按摩、拔罐、气功、食疗等多种治疗手段，使人体达到阴阳调和而康复。中医基础的理论研究是浙江省中医学术特色之一，从古迄今，涌现出一大批名人名著，在全国享有较高的声誉。

一、中医经典

中医经典著作包括《内经》《难经》《伤寒论》《金匮要略》。浙江自古多儒医，其中进士、举人出身的就有朱肱、王执中、高武、吴尚先等22人，至于贡生、廪生就不计其数了。这些知识渊博的儒医受儒家“尊经崇古”思想的影响，对中医经典著作非常尊重。在浙江，历代医学书目中也都以医经注释类著作最多，这种以经典的注解作为研究医学、表达思想的方式，对继承中医传统学术思想大有益处。

（一）《内经》

《内经》分《灵枢》《素问》两部分，为古代医家托轩辕黄帝名之作，通常认为成书于春秋战国时期，以黄帝、岐伯、雷公对话、问答的形式阐述病机病理，主张不治已病而治未病，同时主张养生、益寿、延年，是研究人的生理学、病理学、诊断学、治疗原则和药物学的医学巨著，也是中国现存医书中最早的典籍之一。浙江历史上曾出现以研究《内经》为主要目标的“医经学派”。他们治学严谨，博学闻达，大多既通儒学又精通医术。他们行医治病，细致入微，而且学识和经验都很丰富，并留下了大量的图书资料，为中医药的发展作出了巨大贡献。

早期研究《内经》的当推元末明初的吕复。吕复，鄞县人，字元膺，晚年号沧州翁，幼丧父家贫，从师受经，因母重病求医问药，遇名医郑礼之，始从郑学医，得郑之所传医书，内多药方及药物、脉理等书，吕复每每亲验之，搜罗医书，昼夜研读，医术大进，外出行医取效若神，对《内经》等前代医书有精辟的辨析评论，著有《内经或问》《灵枢经脉笺》(均已佚)等。

明清时期，由于《内经》文字繁多，内容深奥，浙江医家对其研究出现了全注、节注、分类研究、专题学术探讨和文字校勘五个方面。

对《内经》进行全注研究的首推会稽(今绍兴市)人马莳(字元台，号仲化)。他于明万历八年(1580年)撰写出版《灵枢注证发微》9卷，这是最早的《灵枢》全注本。万历十四年，又撰写出版《素问注证发微》9卷，对原文中一些难解的医理、词义，逐篇、逐节给以注释和发挥。这两本书对研究《内经》很有价值。清康熙三年(1664年)，钱塘(今杭州)人张志聪(字隐庵)著《素问集注》，复又注释《灵枢》(成书于康熙十一年)，前后共历时5年，完成了《内经》全书的集注。张氏认为《内注》“经义渊微，圣词古简，苟非其人，鲜有通其义者”①，因此，他逐条精研，昼夜悟思，著成《素问集注》《灵枢集注》，对研究《内经》贡献甚大。张氏推崇以经释经，即从阴阳五行之理、五运六气之化来阐发经文，这种尊古的治学方法对后世医家影响较大。他的学生钱塘高世栻(字士宗)，参加过《素问集注》的参订工作。因此，他在吸取张氏优点的基础上，对其不足之处加以改正。于康熙三十四年，撰写出版《素问直解》9卷。高氏注释思路较广，不囿于旧说，见识超群，注释时力求直接明白，质朴易懂，不尚浮华，其言多中肯启人，并可合正文诵读，注解也力求完整，校勘审慎精细，其质量之高，得清代名医陈修园赞许：“超出诸群之上”，堪称可贵而难得的研究《内经》的重要文献。

对《内经》进行节注研究的则为绍兴人姚绍虞(止庵)。他于清康熙八年(1669年)辑《素问经注节解》9卷，分内、外两篇，内篇包括阴阳、脉象、治法等51篇；外篇包括针灸、俞穴22篇，岁运元气7篇，共计80篇。基本上按《素问》的内容，以篇为单位，进行分编，每篇各有提要，点题极精，提示新而议论确，在读王冰(唐代人，著有《补注黄帝内经素问》)注疑而莫能明，或明而不能彻时，多可从姚注中获得解决。

对《内经》进行分类研究的是山阴(今绍兴)人张介宾。张介宾，字会卿，号景岳，又号通一子。他于明天启四年(1624年)著《类经》32卷。该书将《灵枢》《素问》分作摄生、阴阳、藏象、脉色、经络、标本、气味、论治、疾病、针刺、运气、会通12大类，390节，是继隋代杨上善《太素》之后，对《内经》进行全面分类研究的又一著作。他多从易理、五运六气、脏腑阴阳气血的理论来阐发经文蕴义，颇能启迪后人，深为后世所推崇。后又以图解形式阐述《内经》中运气学说，编成《类经图翼》11卷，阐发“医易同源”原理，写成《类经附翼》4卷。

---

① 〔清〕张志聪集注：《黄帝内经素问集注・序》，浙江古籍出版社2002年版，序一。

对《内经》开展专题学术探讨的是嘉善(今嘉善县)的沈又彭(字尧封)。他博览医经,历时10年,于清乾隆二十九年(1764年)完成《医经读》的撰写,并于次年出版。该书分成“平”“病”“诊”“治”4集,删繁就简,由博返约,阐发经旨,简要精当。以后归安(今湖州市)人莫枚士(字文泉)博极群书,精研医理,于咸丰六年(1856年)撰写《研经言》4卷。全书150篇,内容丰富,是莫枚士研究《内经》的心得,着重于对某些问题的考证和析义,解释脉征含义,辨析古今病名,疑似病症的异同,提出相应治疗方法,并纠正前人注释中的一些错误,有独到的见解,是人们学习《内经》的参考读物。

清乾嘉时期,考据之风盛起,受其影响,浙江医家对《内经》也开始了文字校勘。道光三十年(1850年),德清人俞樾(字荫甫,号曲园)写成《读书余录》。俞樾是清末著名国学大师,精通经史百家,也非常精通医术。该书校注《素问》19篇48条,探微索隐,辨讹正误,广征博引,考辨精详,是研究《素问》必备的参考书。后来上虞人俞鉴泉将其改名为《内经辨言》。光绪十九年(1893年),瑞安的孙诒让(字仲容,晚号籀庼)著成《札迻》12卷。其中第十一卷为《札迻·素问王冰注校》,是他30多年研读《内经》的心得集录,对《内经》校勘训诂有重大贡献。

(二)《难经》

《难经》传说为战国时期秦越人扁鹊所作。“难”是“问难”之义,或作“疑难”之解;“经”乃指《内经》,即问难《内经》。全书以问答解释疑难的形式编撰而成,共讨论了81个问题,故又称《八十一难》,对人体腑脏功能形态、诊法脉象、经脉针法等诸多问题逐一论述。全书内容简扼,辨析精微,在中医学典籍中常与《内经》并提,被认为是重要的古典医籍之一。相对于《内经》而言,历代医家对《难经》的研究比较少。浙江对《难经》开展研究的医家是元代末期的陈瑞孙(字廷芝),鄞县人,曾任温州府医学学正,与其子宅之同撰著《难经辨疑》。该书对《难经》中一些疑问进行了辨析,如《五十七难》谓大瘕泄的症状为里急后重,数至圊而不能便,茎中痛。《难经辨疑》指出大瘕泄即是肠澼,也就是后世所说的痢疾。以后余姚人滑寿(字伯仁)于元至正元年(1341年)撰《难经本义》2卷。滑寿鉴于《难经》有文字缺漏、编次错乱、历代注本又不够理想的情况,遂参考元以前《难经》注本及有关医籍诠注《难经》,对其中部分内容进行考订辩论,释义能融合诸家,结合个人见解予以发挥,在《难经》注本中影响较大。鄞县的张世贤(字天成,号静斋)是全国采用图注《难经》的第一人,鉴于《难经》一书文义隐奥,历代学者所作的注本除诠解文义外,附图解较少,故重新为之增绘图表,使每难一图,以帮助读者理解原文蕴义。明正德五年(1510年),张世贤编写出版《图注八十一难经》8卷,为全图注释《难经》,且注文较通俗,刊本又多与张氏注释的《图注叔和脉诀》合刊(称《图注难经脉诀》),故流传较广,影响较大,成为浙江研究《难经》最有成就者。

(三)《伤寒论》

《伤寒论》为东汉张仲景所撰,是一部阐述外感热病治疗规律的专著。伤寒在中国古代是对外感病的通称,包括多种流行性热病。《伤寒论》不仅为诊治外感疾病提出了辨证纲领和治疗方法,也为中医临床各科提供了辨证论治的规范,被后世医家奉为经典。浙江治“伤寒”医家遵循古训，沿用古方，尤其是明清时期，由于大批儒生加入到医家队伍中，随着自身素质的提高，从临床实际出发，浙江涌现出一些具有全国知名度的研究《伤寒论》的医家，同时还形成了各种研究《伤寒论》侧重面不同的学术流派，比较有名的是按证分类、维护旧论、三纲鼎立、辨证论治、绍派伤寒五大流派，促进了伤寒研究的学术发展。

“按证分类”者当推归安（今湖州市）的朱肱（字翼中，号大隐翁，别号无求子），他也是浙江较早全面系统研究《伤寒论》的医家。朱肱于宋崇宁元年（1102 年）因进谏被黜，侨居杭州大隐坊，潜心医学，精研伤寒，费时近 20 年。宋大观二年（1108 年），撰《伤寒百问》3 卷，后于政和元年（1111 年）增补至 22 卷，更名为《南阳活人书》，又名《类证活人书》。全书对仲景学术颇多发明，分四部分，对伤寒各证和其他一些杂病予以详细的论述。卷一至卷十一以问答体例剖析伤寒的各种相类证候；卷十二至卷十五释《伤寒论》113 方；卷十六至卷十八载各家伤寒方，计 126 首；卷十九至卷二十一介绍妇人和小儿伤寒及治疗方药，并论小儿疮疹；卷二十二为伤寒十劝。朱氏在书中首先提到温病，“尝谓因春温之气而发也”，治温病与冬月伤寒、夏月热病不同。后人基此发展温病学说。以后余杭（今杭州市）陶华（字尚文，号节庵）受其影响，于明正统十年（1445 年）将所撰写的《伤寒琐言》《伤寒家秘的本》《伤寒杀车捶法》《伤寒一提金》《伤寒证脉截江网》《伤寒明理续论》合辑为《伤寒六书》，又名《陶氏伤寒六书》（6 卷），在治法、分证等方面，较《类证活人书》有所发展，流行较广。但这六种著作的内容颇多重复，有些证候的辨证条理不够清楚，所选方药也有杂乱之弊，后世颇多论评。

“维护旧论”派代表人物为钱塘（今杭州）张遂辰（字卿子，号相期），早年他曾进国子监读书，因体弱多病而经常翻阅医书，慢慢就精通了医术。他不仅给自己医治，而且也为其他人看病，取得了很多经验。张遂辰先居住在武康（今德清县）三桥埠，明朝灭亡后回到杭州，住在城东菖蒲巷（后称张卿子巷），以明代遗民自居，晚年因为擅长证治伤寒，全国闻名。明万历、清康熙年间，编写《张卿子伤寒论》7 卷。该书以《注解伤寒论》为蓝本，又集合了朱肱、许叔微、庞安时、王履等各家学说，选论很是精当，而且又有自己独到的见解。他认为“仲景之书，精入无比，非善读者未免滞于语下，初学不能舍此途也。悉依旧本，不敢专取”①，提出应维护《伤寒论》原有编次，与错简重订说形成在整理《伤寒论》中的对立观点，成为明末清初以前历代医家中尊王（叔和）赞成（无己）之最力者。清康熙十二年（1673 年），钱塘的张志聪（字隐庵）著《伤寒论纲目》9 卷，复集《伤寒论》各家注而为《伤寒论集注》，书未成而卒，由门人续纂为 6 卷。张氏祖籍河南，系张仲景第 43 代嫡孙，曾跟随张遂辰（卿子）学习医术，并且得到名医卢之颐的教益。张氏对《伤寒论》进行了卓有成效的研究，为弘扬光大仲景学说作出了重大贡献。在学术上他推崇成氏，维护原书旧貌，明确反对“三纲鼎立”，注重以经解经，重视顾护胃气，并用“五运六气”“标本中见”来解释六经，他说：“夫本论虽论伤寒，而经脉脏腑、阴阳交会之理，凡病皆然，故内科、外科、儿科、女科，本论皆当读也”，是最早提出《伤寒论》中的六经辨证体系适用于临床各科疾病的注家之一。清康熙五十一年，钱塘张锡驹（字令韶），撰写并出版了《伤寒论直解》6 卷。张锡驹曾拜张志聪为师，钻研伤寒，医术大进，治疑难重症，药到病

① 〔明〕张遂辰：《张卿子伤寒论・凡例》，《中国医学大成・伤寒分册》，中国中医药出版社 1999 年版，第 753 页。

除。故该书基本上“依隐庵《集注》之分章节”，只是删去了“伤寒例”，移“痉湿”于“易复”篇后，并于书末另附《伤寒附余》1卷，以图发挥。张锡驹注重以经解经，即以《内经》理论阐述张仲景的学说，深入浅出，联系实际，有很多启示。故后世又有“钱塘二张”之誉称。此外，他还特别重视顾护胃气，专门写了“胃气论”一篇，附在书后。

“三纲鼎立”自江西喻昌(字嘉言)倡导后，浙江医家在其基础上又有所发挥。如其学生嘉兴徐彬(字忠可)，对张仲景的学说很有研究，提纲挈领，分析形证，阐发病机，言简意赅，辨证立法，丝丝入扣，于清康熙六年(1667年)撰写出版了《伤寒一百十三方发明》(又名《伤寒方论》)1卷。此外，还有《伤寒图说》《伤寒论注》等专著传世。康熙年间，会稽(今绍兴市)高学山(字汉峙)认为喻嘉言《尚论篇》各条文中多有似是而非、未尽恰当之处，遂反复详辨，并以“辨似”为书名。全书辨注很详细，虽然有很多不到之处，但其中不乏超出前人之见，还是有很大的参考价值。康熙三十二年，槜李(今浙江嘉兴市)沈明宗(字目南，又名明生)，写成《伤寒六经辨证治法》8卷。沈氏深研仲景之学，推崇方有执、喻嘉言等医治“伤寒”的学说，故该书编排次序仿照《尚论篇》，认为《伤寒论》中所谈六气外感，主要是风伤卫、寒伤营，而括燥湿于寒伤营、春夏温热赅于风伤卫，批评王叔和整理的《伤寒论》编次不明，故在编注时，突出六经主病，有很多个人的见解。

“辨证论治”派的代表医家是慈溪柯琴(字韵伯，号似峰)。柯氏生活于清康熙、雍正年间(1662—1735年)，博学多闻，能诗善文，同辈皆以大器期之。科举失败、明清鼎革后，矢志学医，研究《伤寒论》颇具心得，撰有《伤寒论注》4卷、《伤寒论翼》2卷、《伤寒附翼》2卷，后人汇为《伤寒来苏集》。柯氏首次采用六经分篇，以证分类，以类分方之方法，对伤寒及杂症，据六经加以分类注释，使辨证论治之法更切实用，且说理明晰，条理清楚，使仲景之作从此一新，对后世有较大影响。

“绍派伤寒”创始人为绍兴俞肇源(字根初)。俞氏生于世医之家，早承家学，遍读古今医书，汲取各家之长，对仲景学说研究尤深，多有发挥。他于清雍正、乾隆时撰《通俗伤寒论》12卷。该书融合古今有关论著，结合临床经验阐析伤寒证治较详。在辨证外感时病，遵张仲景之旨，兼参温病学说，结合六淫致病理论，以六经统摄三焦、气血辨证，从表里寒热论治外感病，既不同于伤寒学派，又异于温病学派，独能探微索奥，自成一家之言，对后世辨证外感病有较大影响。现代的通印本内容，前后曾经几位医家加工，如何秀山按语，多系经验之谈。其孙何廉臣等复为增订，在编述体系方面，综合张仲景以后直至近代各家的伤寒、温热学说(其中包括杂病)，加以分析归纳，近人曹炳章又补其中缺漏，徐荣斋复序重订，改写为《重订通俗伤寒论》。

其他还有嘉善屠人杰(字俊夫)，撷取众家的长处，于清乾隆五十三年(1788年)，写成《伤寒经解》10卷。该书辑集前代名医对《伤寒论》的解释，并附有自己的见解，是一部有价值的研究张仲景学说的参考读物。

(四)《金匮要略》

《金匮要略》为东汉张仲景著述，属原撰《伤寒杂病论》16卷中的“杂病”部分，所述病证以内科杂病为主，兼有部分外科、妇产科等病证。《金匮要略》也是中国现存最早的一部诊治杂病的专著，是仲景创造辨证理论的代表作。古今医家对此书推崇备至，称之为方书之祖、医方之经、治疗杂病的典范。书名“金匮”，言其重要和珍贵之意，“要略”，言其简明扼要之意，表明本书内容精要，价值珍贵，应当慎重保藏和应用。

元末明初，浦江赵良仁(字以德，号云居)，受学于丹溪，并从丹溪临症视疾，切脉处方，由是尽得丹溪之传，操术精良，治多奇效，沉疴悉能起，名动浙东西，著《金匮方论衍义》3卷。该书对张仲景的《金匮要略》作了比较详明的注释，但刊本流传较少。现所见者，系经清代周扬俊评介的《金匮玉函经二注》为流行本，后世医家(包括日本的丹波元坚)注《金匮》多引赵氏之说，是注释《金匮要略》的第一家。日本汉医大家丹波元坚所编《金匮玉函药略述义》一书，引据其学术论点颇多。以后嘉兴徐彬(忠可)于清康熙十年(1671年)撰《金匮要略论注》24卷。该书根据明代徐镕《金匮》之条文次序诠注，解释之处，文显义畅，发明仲景原书蕴奥，有关阐发补论，对后学研究《金匮》一书确有启迪，日本人丹波元坚颇为推赞。

中华人民共和国成立后，在《金匮要略》校注方面，浙江中医学院何任主持的《金匮要略》整理研究，首次采用国内现存最早的元代邓珍仿宋刻本《新编金匮方论》为底本，以明万历年间赵开美《仲景全书金匮要略》作为主校本，以明《医统正脉》等作为旁校本，以《备急千金要方》《外台秘要》等为参校本，对《金匮要略》进行了系统的校勘、训诂、注释，做到不漏不误、校而有据、训释有理、细致严谨。全书共出校767条、注释400余条，基本上达到了恢复张仲景《金匮要略》原书原貌的目的。该项研究达到国内领先水平，校注本成为《金匮要略》的第一流版本，获1992年度国家中医药管理局中医药科技进步奖二等奖。此外，浙江中医学院在1982年筹备仲景学说研究会，《学报》第二期出版了仲景学说研究专辑，编印了《仲景研究文集》《金匮摘要》等，参加了全国仲景学说学术讨论会的交流。参加仲景学说研究的，不仅有老一辈的名老中医，更有新一代的后起之秀。在全国仲景学说讨论会筹备中，共征集论文2000多篇，最后审定118篇，其中浙江中医学院5篇；大会交流的44篇论文(有日本代表团11篇)中，浙江中医学院有3篇。何任和徐荣斋合写的《读经读注，经注并参》论文，系统地分析了《金匮》注本，指明了经注并参的正确学习和研究方法，大会简报作了很高的评价。会前，浙江中医学院中青年学者范永升主持编著《金匮文摘》，许多中青年教师和学生自愿组成课题组，发挥了集体智慧和力量，在短短4个月时间内完成了20万字的收集整理任务，并编印成册。1997年8月，范永升主编出版《金匮要略现代研究文摘》。

二、基础理论

中医基础理论包括阴阳五行、运气、脏象、经络等学说以及病因病机等内容，浙江的中医学家非常重视对基础理论的研究。

在病因病机研究方面，青田陈言(字无择)于南宋淳熙元年(1174年)著《三因极一病证方论》15卷。他把复杂的病因分为三类：一为内因，即喜、怒、忧、思、悲、恐、惊，内伤七情，内发自脏腑，外形于肢体。二为外因，即风、寒、暑、湿、燥、火，外感六淫，起于经络，发于脏腑。三为不内外因，实际上的六淫之外的外因，包括饮食饥饱、呼叫伤气、虎狼虫毒、金疮压溺及其他偶然性因素之类。每类有证有论，有法有方，论从证出，法随论定，方法一致，辨析严谨。这种分类虽与张仲景略同，但内容有所发展，即对各类病因概括得更加具体，其范围亦较全面，更符合临床实际，使中医病因学说更加系统化、理论化。三因分类的原则，一直为后世病因著述所遵循。以后，衢州刘全备（字宝善、克用）于明正德、嘉靖年间，撰《注解病机赋》1卷，作《病机赋》自为注解，盛行于世。

东瓯（今温州）陈虬于清光绪十八年（1892年），撰《利济元经》教材丛书8卷，分8门，有表52张，内容包括运气、藏象、经脉、脉法、病因等，是全国第一本自编的新式中医基础理论教材。

民国时期，浙江涌现出若干所新式中医院校，这些中医院校大都开设中医基础理论课程，采用自己编写的中医基础理论教材。如民国4年（1915年）创办的浙江中医专门学校等。

中华人民共和国成立后，浙江中医界非常重视中医基础理论的教学和研究。1988年，浙江中医学院程志清承担的八纲辨证电视教学片，获浙江省高校电教片一等奖。该课题根据《八纲辨证》教学大纲要求，收集大量典型病例，运用取类比象的手法，编辑成剧本，摄成教学录像片，有助于提高学生的学习兴趣和效果。2008年，浙江省中医院宋康负责的中医病理生理实验室成为浙江省中医药科研三级实验室。该实验室开展细胞实验、蛋白表达、定位和激酶活性分析检测、呼吸生理5个方面的研究，通过研究掌握了细胞实验技术、蛋白表达、定位和激酶活性分析检测、呼吸生理、生化检测技术6项技术并投入应用。该实验室科研能力较强，多项国家级、省部级科研工作取得了较好的成效，其中获省级科研成果奖7项，培养研究生10余人。同年，浙江中医药大学陈民利负责的中医药实验动物学实验室成为浙江省中医药科研三级实验室。该实验室开展动物实验、模型、筛选3个方面的研究工作，通过研究掌握动物实验操作、动物模型制作、药物筛选评价等主要技术。该实验室科研能力较强，开展的多项国家级、省部级科研工作，均取得了较好的成效，其中获省级成果奖励2项。

三、中医诊断

中医诊断学是研究诊察病情、辨别病证的基本理论、基本知识和基本技能，主要包括诊法、诊病、辨证和病案等。

南宋时期，浙江医家就开展了中医诊断学的研究。淳熙元年（1174年），陈言（字无择）在《三因极一病证方论》中总结前人诊察舌觉的辨证经验，指出舌觉变化有苦、淡、咸、酸、涩、甜6种。嘉定年间（1208—1224年），鄞县高衍孙，曾为上虞令，官至直阁，知处州，精岐黄，专脉学，撰有《脉图》1卷，首次创造性地绘制了脉象图。淳祐元年（1241年），永嘉施发（字政卿），在《内经》《难经》《甲乙经》等有关诊断的基础上，撰《察病指南》3卷，明白易晓，切于实用。其内容以脉诊为主，脉象沿用"七表八里九道"二十四脉分类法。卷下载有审诸病生死脉法。除脉诊外，尚有听声、察色、考味等诊法，为现存较早的诊断学专著。该书是一部以脉学内容为主的诊断学专著，比较全面地阐述了脉诊的基本方法和原理，对望、闻、问诊有论述，对疾病诊断学的发展作出了突出的贡献。余姚滑寿（字伯仁）具有丰富的临床经验，专精脉学，他会通了元以前的脉学，结合自己的心得，于元至正十九年（1359年）撰成《诊家枢要》1卷。该书首论脉象大旨及辨脉法，有颇多独到见解，继而阐析沉、迟、数等29种脉象及主病，后述妇人及小儿脉法。

明清时期，浙江医家对中医诊断学研究较多，比较有名的如平湖李延昰（字我生），他鉴于当时广为流传的高阳生《脉诀》之言辞鄙俚、谬误颇多，遂汇集古今有关脉学论著，结合其叔父李中梓所传的脉学予以辩驳订正，于清康熙三年（1664 年）辑《脉诀汇辨》10 卷。该书卷一所述多属作者研究脉学之心得；卷二至卷六以崔嘉彦《四言脉诀》为基本内容，予以增删，并采撷古典巨著及名家学说诠释脉理；卷七通过望、闻、切三诊，以示四诊合参的重要意义；卷八以运气联系脉法；卷九选录李中梓医著若干条以脉参证，体现脉诊在临床诊治方面的灵活应用；卷十为经络脉象，摘选有关诊法的纲领，并附脉案图式。再如乌程（今湖州市）林之翰（字宪百，号慎庵，别号苕东逸老），以《内经》诊病"色脉并重"为依据，认为医家专以脉称，而略望、闻、问，违背了"色脉合参"的宗旨，于是抉取古今有关四诊名著的精微，参合切身体会，于清雍正元年（1723 年）编纂《四诊抉微》8 卷。书末有《管窥附余》1 卷，重点介绍原脉体用，有关脉证之分析，大多是林氏的经验之谈，切实可法。其他还有清代末期武康（今德清）如春（字越亭）以世医，究心岐黄，认为《脉诀》乃宋人委托之书，而非王叔和《脉经》真本，故著《脉理指掌》2 卷。

民国时期，绍兴曹赤电（炳章）于民国 9 年（1920 年）撰《辨舌指南》，又名《彩图辨舌指南》。该书广泛收集古今有关舌诊文献，参阅部分现代医著并结合个人见解编纂而成，分 5 编，共 6 卷。首编（卷一）为辨舌总论；二编（卷二）为观舌总纲；三编（卷三）为辨舌论治，介绍诸家察舌辨证方法及舍病治法；四编（卷四、卷五）为辨舌各论，介绍各种舌苔的病理，并附舌苔彩色图 119 幅；五编（卷六）为杂论方案，选辑诸家辨舌论述及有关察舌辨病的医案，末附辨舌诊治要方。全书内容较丰富，但间有附会或不切实际的论述。

中华人民共和国成立后，浙江中医界开展对中医诊断学的研究，取得了较好的成绩。浙江中医学院徐珊负责的《中医诊断学》中脏腑辨证内容计算机程序，获 1987 年浙江省医药卫生科技进步奖二等奖。该课题将《中医诊断学》中脏腑辨证内容编译成计算机程序，使繁多的征候和症状按照中医的理、法、方、药原则系统化组合，通过人机对话形式，提高学生的学习兴趣和效果。浙江省中医药研究院文献信息所盛增秀等于 2010 年完成《脉学类聚》的整理研究。该研究在搜集自秦汉至清末近一百种有关脉学论著的基础上，采取"以类相聚"的类书编撰方法，编成《脉学类聚》，具有很高的实用价值。

四、医史文献

受儒家考据学风的影响，浙江医家一直热衷于中医医史文献方面的考证和研究。南宋时期，浙江收藏医书之风盛行，当时宁波月湖周边藏书楼林立，刻书藏书渐成风尚，清全祖望《湖语》中有南楼北史的记载，即指鄞县两大藏书家楼钥的东楼和史守之的碧沚。钱塘（今杭州）周守忠（字榕庵）于嘉定十三年（1220 年）撰《历代名医蒙求》2 卷。该书记述宋以前医人医事，资料大多辑自历代史书、医籍及其他杂著。书中不仅叙述了历代名医事迹和医林掌故，也记载民间治疗某些疑难病症的案例。

清康熙十年（1671 年），余姚大儒黄宗羲撰名医《张景岳传》。此前 33 年，即明崇祯十一年（1638 年），黄宗羲曾于樟平子座上认识景岳，当时景岳为人治病，沉思病原，单方重剂，莫不应手霍然，故为之作传。嘉善俞震（字东扶，号惺斋）于清乾隆四十三年（1778 年）著成《古今医案按》10 卷。卷一至卷八为内科、杂病，卷 9 为女科，卷 10 为外科、幼科。全书大概编辑了医案 1060 多例，分 108 证（门）。俞震治学，主张读书与治病，时合时离；古法与今法，有因有革。强调“善读书斯善治病，非读死书也”。他为了探索临证时的有效方法，遍览古今医案，分析古今医案同中之异，历时 5 年写成该书。嘉庆、咸丰年间（1796—1861 年），瑞安东乡李岙（今塘下）吴一勤（字箴之），著《医林逸史》。

近代浙江医史文献界出了一批名家，如嵊县（今嵊州市）裘吉生（字庆元），于民国 13 年（1924 年）编辑刊行《三三医书》。该医学丛书共 3 集，每集 33 种，共 99 种，所辑内容包括内、外、妇、儿等临床各科，针灸、本草、方书、医案、医话、医论等各类医著，以明、清两代较有影响、较有代表性的医学著作为主，并收录少数日本人所撰的“汉方医学”著作，所辑诸书大多篇幅短小，切于实用，民国 25 年又择珍本、善本、稀有本，精选 90 种，经批校后，由世界书局出版，书名为《珍本医书集成》（另有 99 种本），从众多的中医学文献中选取较实用的精本、孤本、抄本、未刊稿等 90 种，分门汇聚而成此书，计医经类 5 种、本草类 5 种、脉学类 3 种、伤寒类 4 种、通治类 8 种、内科类 12 种、外科类 3 种、妇科类 4 种、儿科类 2 种、方书类 17 种、医案类 15 种、杂著类（医话、医论）12 种，内容丰富，校勘较为精细，尤其可贵的是，有一些著作不见于《四库全书》《永乐大典》《古今图书集成》，也被辑到本书中来，对保存中医药学文献有重要意义。鄞县曹炳章（字赤电，又名彬章、琳笙），于民国 26 年主编出版《中国医学大成》。该丛书拟汇集汉唐至明清一百几十位医家及日本汉医家著述的珍本、善本，共 2082 卷，辑成 1000 册，皆详加校勘，撰有作者行略与内容提要，后又出版续集和三集，合计新旧医学书籍 4185 种，药物考证类图书 655 种，其中，孤本、珍本、明刻、清抄、明抄等及其日本旧刻本有 400 余种，惜因战乱，刊印未半即停。湖州傅岩（字稚云，一字耜颖），民国 34 年临终时遗言，将所有珍藏的医籍捐献给吴兴中医师公会，其中包括鸿篇巨制《医方类聚》，为后人留下了珍贵医籍。鄞县周岐隐（1897—1968 年），字利川，号稚翁，世代业医。早年受父教，20 岁到上海师从慈溪人张和棻学医，先后在宁波等地行医。中华人民共和国成立后，被聘为浙江省中医研究所顾问，查稽群籍，勘察方志，编撰成数十万字的《浙江历代名医录》。镇海刘泗桥（？—1930 年），字疑甫，幼聪颖，后攻研医学，师从江阴曹家达，学成于沪上悬壶，技艺精娴，善用古方，后任教于国医学院，参与编辑《皇汉医学》。《皇汉医学》为日本汉医学家汤本求真（1867—1941 年）所著。该书以中医理论为基础，阐述中医治疗的效用，前部以注解东汉张机的医学著作为主，后部分述中医方剂的主治证候。

中华人民共和国成立后，浙江医史文献学的研究已成为优势，在全国享有较高的知名度。1978 年，浙江省中医药研究所成立中医文献研究组，1980 年改为文献研究室，1995 年扩建为中医文献信息研究所。该所在 2001 年、2004 年分别被列为浙江省中医药重点学科建设单位，2010 年又被国家中医药管理局列为重点学科建设单位。该所负责的《萧山竹林寺秘方妇科考》，于 1979 年获全国医药卫生科学大会科技成果奖。中医古籍《医方类聚》的整理与校点，获 1984 年度浙江省科技成果奖二等奖、1985 年度卫生部科技成果奖乙级奖。《近代名医学术经验选编》于 1990 年获浙江医学科技进步奖二等奖。《丹溪医集》获 1994 年度国家中医药管理局科技进步奖三等奖、1993年度浙江省科技进步奖优秀奖。大型中医珍贵古籍《医方类聚》的深入整理与研究课题，获2008年度浙江省人民政府科学技术奖二等奖。

浙江中医学院于1982年9月成立了中医文献研究室。1984年9月，中医文献研究室改为古籍文献研究室。在继承老中医学术经验方面，浙江中医学院出版了24位老中医27万字的《老中医医案选》，以及《何任医案选》《裘笑梅临床经验选编》《柏仲英眼科医案》等。

浙江省卫生厅(以下简称省卫生厅)张平等于2009年组织编写了《浙江省中医药文化博览》。该书从历史演变、医学特色、医学流派、医学世家、中医教育等方面，图文并茂地呈现了浙江中医药文化的发展历程，反映了浙江中医药文化深厚的底蕴和鲜明的特色，是中医药文化研究领域的一项重要成果，也是中医药文献研究领域的一项成果。杭州师范大学教授朱德明于1999年编写的《浙江医药史》、2005年编写的《南宋时期浙江医药发展》等，对考证浙江医药史的发展有重要的参考价值。此外，温州医学院教授刘时觉历时20余年，于2008年撰成《浙江医籍考》一书，他在对清末以前浙江古医籍进行深入系统的收集、考订、整理的基础上撰成该书。该书将2039种浙江古医籍，分为医经、本草、食治、养生、藏象、病机、诊法、明堂经脉、伤寒、金匮、温病、临床综合、方法、内科、外科、伤骨科、妇产科、儿科、喉科、眼科、法医、医治医论、医案、丛书全书、史传书目、运气及其他共26个门类。门类下按照一定规律，以书名为条目顺序介绍每种古医籍。每条书名之后，多首先标明存、佚、未见、阙等情况，次行介绍作者。正文则转录或节录原书的序、跋、原作者的传记、文集、墓志铭，各种目录学著作中关于该书的提要、按语、史传、地方志、家族宗谱中关于该书有关内容的记载等，不少书目下附有本书作者按语。全书末附有书名索引、著者索引、浙江省古今地名对照、与浙江地名相同的外省地名及主要参考书目等。该书资料丰富，内容精专，考证周密，立论严谨，学术挖掘深透，为中医学术研究提供了可靠的资料。

第二节　本　草

本草，即中国传统药物学，是中国医药遗产中一个很重要的组成部分，内容广泛、成果丰硕。历朝历代医药学家主要研究本草的三项基质：药物、药效、药理。药物是单纯围绕药用物品本身的内容，如名称、形态、产地、采收、加工炮制等；药效是药物作用于人体所产生的效应，并由此决定它所主治的各科疾病；药理则是古人对药物在人体产生效应所作出的理论解释，它包括性味、归经、升降浮沉等，形成了各个朝代研究本草的主流，并且也成为划分本草发展时期的重要依据。

一、中药

浙江土地肥沃，气候温和，药物众多，有驰名世界的“浙八味”，还有许多动、植物药，因此，历来浙江研究中药的医家不少，为中药的发展作出了贡献。从出土文物来看，就有晋代越窑青瓷研钵，唐代越窑黄釉研钵，两宋药瓶、药坛等，这些都是调制药物和保管药物的工具。

相传东晋时期名医、炼丹家葛洪在乌程(今湖州)炼丹，并在吴兴、长兴一带种植中药黄精、白术等。东晋大将军刘裕，在守宁波三江口时，从四明山民间发现并推广六月雪草药，后人遂称刘寄奴，至今四明山人仍以此物煎汤以代保健茶饮。

唐代鄞县陈藏器(约687—757年)曾任陕西京兆府三原县尉，素好医道，专心攻研药学，尤喜读本草之书。他认为《神农本草经》虽有陶、苏补集之说，而由朝廷在唐显庆四年(659年)颁布的《新修本草》虽载药844种，但遗逸尚多，且在成书后的几十年间，民间单方、验方又大批涌现，因此他广集诸家方书及近世所用新药，于唐开元二十七年(739年)撰成《本草拾遗》10卷。该书吸收了众多的民间医学成就，他勇于实践，无论是理论还是临床应用都有自己的创见。其内容丰富和广博，著录的药物产地广阔，自海滨到内陆，从汉族地区到少数民族地区，还大量记载了唐代的外来药物，是继《新修本草》之后唐代贡献最大的民间药物学专著。该书最早提出了宣、通、补、泄、轻、重、滑、涩、燥、湿等十剂方剂分类法，为后世方剂学按功能分类奠定了基石。按药物功用，分为解毒、破气、疗温、理风、主脾等数类，此为后世中药按功用分类之起源。陈藏器还尝试用动物实验方法观察偏食副作用，通过给骨折的六畜服用铜化合物，解剖验证铜对骨折的治疗功能，这是世界上最早的动物药理实验记录，是国内动物药理实验先驱。

鄞县日华子，也称日华子大明，姓氏无考，好道术炼丹，谙药性，精于医。他根据自己在浙江各地的实地考察和医疗实践，在宋开宝年间(968—976年)撰《日华子本草》(后世也称《大明本草》)20卷。该书总结了唐末五代的药学成就，内容丰富，学术价值较大，受到后世本草派的重视，与陈藏器《本草拾遗》相提并论，但更注重本草的实用。该书早佚，其佚文散见于后代各家本草。通过佚文可见其所收各药分别介绍正名、别名、性味、药效、主治、用法、七情畏恶、产地、形态、采收时月、炮炙等，尤以药性论述、药物炮炙记载详细为特色，分类法也自成一家。

黄岩陈衍，字万卿，自号丹丘隐者，博通经史，留心医药，发现《本草》所列出的药，异同杂糅，泛用混淆，于是参校南宋各家《本草》，删繁纂要，立志诠评，于元太祖二十一年(1226年)完成初稿，定名《本草精华》，接着又广泛采药访查，反复订正，经过20多年，在元定宗三年(1249年)定稿，改名为《宝庆本草折衷》，在宪宗七年(1257年)刊印。该书保存了南宋前的一些本草孤本。前3卷相当于总论，叙本草发展、医效、辨药、制剂、药物名实、用药大法、名医传赞等；后17卷为药物各论，分类及药物排列与《证类本草》相近，共载药789种。各药正文首先节取前人本草诸说，继在“续说”之后申论作者补充资料及见解。书末附“群贤著述年辰”，为宋代12部本草之解题。

明清时期，随着儒医的涌入，浙江本草研究发展到了鼎盛时期，出现一大批本草研究名著。如绍兴徐彦纯在客居苏州时，于明洪武元年(1368年)辑成《本草发挥》刊行。该书综合阐述张元素、朱丹溪、李东垣、成无己等人有关本草的论述，在总论部分引述各家的药性理论，再分论270种常用药物的药性，成为明初医者的用药依据，影响较大。钱塘(今杭州)医官方谷著《本草集要》(一作《本草纂要至宝》)7卷。该书载药178种，在简述药物功效的同时，间附药论及单方，主张用药必使补泻升降得宜，寒热温凉有准。四明(今宁波)张梓(字隆阳)著有《药性类明》2卷，他将药物分为20门，各门以经为纲，介绍诸药性味、主治及同类药之鉴别，亦有少数用药经验，约载药500种。东阳卢和（字廉夫，号易庵）因父病疟，误于医，痛亲伤感，遂致力于医，尝取本草中可食和之品，于正统、正德年间（1436—1521年）编次《食物本草》，所自实际经验，并收载了多种浙江的食用本草。慈溪王纶（字汝言，号节斋）于明弘治十三年（1500年）撰写出版《本草集要》8卷，这是一部很有影响的本草著作。该书分作三部：上部为总论，将《证类本草》序列内容与金元医家药性理论糅为一体进行综述，间附个人见解。中、下部为各论。中部取本草及东垣、丹溪诸书，参互考订，删其繁芜，节其要略。分类上，一反传统方法，把草、木、金、石诸无知之物排在前，将兽、禽、虫、鱼有知之类列于后，终以万物之灵的人。下部取药性所治，分为12门，即气、血、寒、热、痰、湿、燥、风、疮、毒、妇科、小儿，门下又分细目，如治气门分为补气清气温凉药、行气散气降气药、温气快气辛热药和破气消积气药4类。每药采用提要式按语，简洁明快。由于这种新的分类法简便实用，因此该书一问世就受到临证医者的欢迎。钱塘倪朱谟（字纯宇），于明天启四年（1624年）著《本草汇言》20卷。倪氏生当明末，周游各地，遍访通晓医药人士，卷首记载就有148位，他既重"登堂请益"，也重实地考察，曾到晋、蜀山谷查看龙骨产区，到温州、处州（今丽水）观察山农种植茯苓。书中载药81种，附图530多幅。全书资料来源广泛，内容新颖，保存了大量民间的用药经验。此外，注重临床用药经验，也是其显著特点。钱塘卢复（字不远，号芷园）历时14年，将万历年间（1573—1619）所见各种医籍之中散载的《神农本草经》资料加以收集整理，于明万历、天启年间（1573—1627年）辑成《神农本草经》，这是现存《神农本草经》的最早辑复本，为明以后学习研究本草学提供了很大便利。卢复家为世医，幼习岐黄，遍习古今医书，兼通大乘佛法，好以佛理阐述医理。一生著作颇多，计有《芷园医种》等14种，所撰著作，多论及药物，且论述常有新义。他考据功底深厚，博学文史哲医，数本草学研究最深、贡献最大。其子卢之颐，原字晋公，字子繇（一作子由）、繇生，自称芦中人。在其父《本草纲目博义》未完稿的基础上，用了18年时间编成《本草乘雅半偈》一书，成书于清顺治四年（1647年）。他在该书自序中说道："岁在庚午（1630年），武林诸君子大集余舍，举仲景而论及《灵》《素》秘奥，期余一人为之阐发。余谢不能，然亦不敢自秘其师承也，而前所称武林诸君子而咸以是书出，殊可为人师承，余不敢冒其称也。"此书选《神农本草经》药物222种，后世收载药物143种，合为365种，每药考证药性，记录形态，参以诊治之法。其体例为各药之前，注出本经某品，次行列药名，气味良毒，功效主治。注文低一格首列"核曰"，下述别名、释名、产地、形态、采收、贮存、炮炙、畏恶等内容。次列"参曰"一项为作者对该药功效、形态等有关内容的发挥。武林（今杭州）皇甫嵩，于明万历六年（1578年）著《本草发明》6卷，该书将临床常用药列在上部，稀用品列于下部，共收药物600多种，每药下设"发明"一项，介绍主治、配伍要点，分专治、兼治两法，简明实用，是本《内经》宗旨、参阅各种本草著作及金元诸家之说撰成的一部实用性著作。皇甫嵩继承父祖之业，于习儒之暇究心医学，因见当时医者不深究药理，惟仗药性歌括以治病，投剂往往无效，均由"药性不用，制用未当"所致，于是有斯书之作。

鸳州（今嘉兴）贾所学（名九如），博学善文，平素留心于药物性味的考究，与李延昰相交，于清顺治元年（1644年）著《药品化义》（一名《辨药指南》）14卷。卷首诸论系李延昰补出，计载有本草论（简史）、君臣佐使论、药有真伪论及药论。卷一为药母及辨药八法，卷二至卷十三共收

148种药品，分气、血、心、肝、脾、肺、肾、痰、火、燥、风、湿、寒等13类，每药按辨药八法分别说明，每卷之末，有综述概括该卷之要点。余姚施雯（字澹宁，又字文澍），清乾隆二十六年（1761年）与同邑严洁、洪炜同撰《得配本草》10卷。该书选药647种，数量不亚于《本草纲目》，除明各药功用外，特详药物间之配伍应用，标出药品的得、配、佐、和，书后附有《奇经用药考》。

澉浦（今海盐县）吴仪洛（字遵程），清乾隆二十二年（1683年）编写出版《本草从新》18卷。吴氏鉴于《本草备要》"有承误之失"，故作重新修订，半数保留，半数增改，并补充了《本草纲目》未载药物，简明实用。全书载药721种，较《本草备要》多240余种。钱塘（今杭州）赵学敏（字恕轩，号依吉）用了40多年时间，查阅600多种文献，深入民间，到各地巡行，甚至亲自种植药材，在乾隆三十年编成《本草纲目拾遗》10卷。该书共收载药品921种（包括附记的205种），分18类。其中，716种是《纲目》没有记载过的，161种药品据《纲目》又加补订，所以命名为"拾遗"，符合实际。赵氏曾经学文，后弃文学医，专心于医药文献的搜集，夜以继日地潜心研究医术，对李时珍的严谨尤其敬仰，仔细披览《本草纲目》后，感叹它还有遗漏，于是编成该书。鄞县张德裕（字巨标，号术仙、目达子），熟读本草之书，对历代本草著作进行分析，删其丛冗，究其专一，在体例上不以物品分门，而以攻补归列，比类而陈，易于观晓。其有不类者，取寒热性同，亦总为杂列类，于道光八年（1828年）写成《本草正义》2卷，分12类，载药361种。钱塘（今杭州）仲学辂（字昂庭），于宣统元年（1909年）著《本草崇原集说》3卷。该书是在张志聪、高世栻《本草崇原》基础上，增补了《本草经读》《本草经解》《神农本草经百种录》《医学真传》及《侣山堂类辨》等书的有关内容，故称"集说"，凡所新增，均标明出处，附加按语，还对《本草崇原》一书的某些文字进行了删订。

此外，在此期间，还出现了单味本草研究专著，如余姚黄百家（原名百学，字主一，号不失，别号黄竹农家，黄宗羲第三子），博览群书，能传父学，在清顺治、康熙年间撰《种茯苓记》一文，详尽介绍茯苓的栽培、采取和性质。鄞县郑昂（字轩哉），武生，擅长医术，数十年间留意人参，于嘉庆七年（1802年）著《人参图说》，述人参地道、形体、皮纹、神色、芦蒂、粳糯、空实、糖卤、镶接、铅沙、真伪等。

中华人民共和国成立后，浙江省中药资源得到保护，相关研究进一步深入，中药事业迅速发展。1954年2月，杭州药物种植场成立，拥地4000余亩。1957年，省卫生厅发出广泛搜集中药材有关资料、总结各地药工经验、积极编写中药手册的指示，组织全省中医中药人员，把浙江省出产的各种家种（养）的、野生的药用动、植物、水产和矿产广泛收集，编写成《浙江中药手册》4集，使之成为一部叙述浙江中药材产销工作方面较为完备的资料，用以指导中药材生产、鉴别真伪、提高质量、保证疗效。1960年3月，卫生部提出在3年内基本摸清全国野生药材资源的要求，浙江医科大学等单位组成浙江省天然药物普查队，开展普查工作。"文化大革命"期间，在全国开展的"中草药运动"影响下，省卫生厅在1969年编发了农村"三土"（土药、土医、土办法）上马，自采、自种、自制、自用中草药，并促进中草药进城市医院、工矿医务室。杭州市卫生局于1970年6月在市第五医院召开中草药进城市医院现场会。6月22日，市卫生局召开市卫生系统大会，传达全国中草药学习班精神。7月，杭州市中草药服务部迁设原种德堂药店，半年中接待问病卖药近10万人次。有的医院、卫生院、工矿医务室自制中草药成药。

农村社队合作医疗站办起“百草园”。随着农村合作医疗制度的建立和“赤脚医生”的普及，该年全省各地掀起推广“一根针一把草”活动，公社卫生院、管理区保健站，普遍开展调查和发掘中草药资源，开辟中药场、百草园和土药厂，逐步形成种植和应用中草药热潮。

改革开放后，浙江积极开展中药科研工作，取得了丰硕的成果。浙江省中医药研究所李世俊负责“蝮蛇抗毒素和五步蛇抗毒素的实验和临床研究”，获得1976年浙江省科技成果奖。该课题精制蝮蛇抗毒素和五步蛇抗毒素，通过马匹免疫，反复测定效价。蝮蛇抗毒素通过530例蝮蛇咬伤临床验证，治愈524例，治愈率为98.9%，平均住院3.5天，13例出现血清过敏反应，经抗过敏治疗后很快消失。五步蛇抗毒素临床验证62例，治愈61例，治愈率为98.4%，药后症状的控制多在1～4天内消失，特别对出血症状的控制尤为迅速。6例出现血清过敏反应，经抗过敏治疗后，症状很快消失。浙江医科大学方瑞英于1977年完成“八角枫注射剂”课题研究。该课题根据遂昌县蔡溪公社一位老农的秘方，将八角枫须根用于骨折复位，并对八角枫科植物的全国分布、品种进行调查，进行药理作用研究，证明为双向骨骼肌松弛剂，并提取了有效成分八角枫碱，制备成注射剂，配合中药麻醉，进行外科手术1000余例，证明肌松作用满意，可用于辅助外科手术，使肌松完全。浙江省人民卫生实验院桑国卫于1978年完成“丹参及复方丹参注射液实验研究”项目。该项目研究表明，丹参及复方丹参注射液对家兔及豚鼠离体心脏具有扩张冠脉、增加冠脉流量的作用，对小鼠有明显的镇静、安定作用，并能显著延长环乙烯巴比妥的催眠作用。复方丹参静脉和肌肉注射能预防对抗垂体后叶素引起的急性缺氧性T波高耸和S、T段太高。小鼠腹腔注射LD_{50}，丹参为36.73克/千克，复方丹参为61.55克/千克。家兔亚急性毒性试验表明，丹参和复方丹参注射液无明显毒性。同年，桑国卫完成“千里光实验研究”项目。该项目研究表明，千里光对金黄色葡萄球菌、伤寒杆菌、副伤寒杆菌、痢疾杆菌、大肠杆菌、变形杆菌等均有较强的抑菌作用。千里光临床治疗各种炎症性疾患及细菌性传染病有良好疗效，对上呼吸道感染、急性扁桃体炎、急性菌痢、急性阑尾炎、急性肠炎等有效率达90%，且副作用小。1979年，桑国卫完成“野百合碱实验研究”项目。该项目在完成野百合碱分离的基础上，进行了野百合碱对实验肿瘤疗效和毒性观察，同时进行了野百合碱对25例白血病的疗效观察及对21例恶性肿瘤临床试用观察，最后完成了野百合碱的毒性观察(家犬中高剂量亚急性毒性和对家犬毒性病理形态学观察)和野百合碱所致干细胞中毒的解毒研究。同年，浙江省人民卫生实验院张罗修完成“泽泻降血脂的研究”项目。该项目研究证明了泽泻对家兔和豚鼠有明显的降血脂及抗脂肪肝作用，其醋酸乙酯提取部分亦有明显作用。此外并有降压、松弛兔胸主动脉平滑肌、增加离体兔心灌流量等作用。临床治疗193例，血清胆固醇平均下降44毫克、甘油三酯平均下降32毫克，治疗后自觉症状明显好转，未见毒副反应。浙江省人民卫生实验院钱伯初完成“山苍子油防治慢性气管炎研究”项目。该项目研究证明，山苍子油对豚鼠药物性哮喘有明显保护作用，能松弛离体豚鼠气管平滑肌，增加离体豚鼠肺灌流量，并抑制大鼠被动皮肤过敏反应，对慢性物质有拮抗作用，还有祛痰、抑菌作用，临床用0.18毫升/日治疗慢性气管炎的总有效率为85%，平喘作用明显，能改善通气功能，治疗中未见明显副反应。浙江省人民卫生实验院胡长鸣于1980年完成“单味紫金牛抗结核片的研究”项目。该项目研究的单味紫金牛抗结核片，是在广西民间发掘“抗痨丸”大蜜丸有效基础上，对其成分分别进行分离提取，并经体外抑制结核杆菌试验和动物内抑制试验，设计了单味紫金牛抗结核片，经临床验证，取得较好效果。该片剂缩小剂型，服用方便，无明显毒副作用。浙江中医学院金贻郎于1981年完成“浙江动物药资源及利用研究”项目。该项目通过在本省各地药材收购部门、医疗单位和民间调查访问，并分批进行以平原、丘陵、山区、沿海为重点的资源调查工作，充分了解了浙江省应用动物药防治疾病的经验，并确定了浙江省分布的动物药资源共353种，根据调查所得资料，结合历代本草文献记载，归纳各种药物的疗效，对部分动物进行了制剂、药理与临床应用研究，发现蔓足动物藤壶、腔肠动物海葵、环节动物沙蚕等4种海洋动物能显著降低小白鼠在负压缺氧环境下的死亡率，延长其存活时间，为寻找防止冠心病药物提供了线索。同年，浙江医科大学胡步清完成《中国蛇类图谱》课题研究。该课题搜集全国所有毒蛇和无毒蛇标本绘制成彩色图谱，对每种蛇的生态、生物特性进行详细描述，并进行蛇种分类等。浙江中医学院教授胡长鸿申报并中标1986年国家中医药管理局课题“中药微型灌肠剂的研究”。浙江中医学院王任在1986年9月至1987年6月期间负责“浙八味微量元素含量测定及其产品开发”项目，采用原子吸收分光光度法、端视感耦等离子光谱分析法，气谱、质谱、红外三联机检测，对采自原产地的浙八味进行了微量元素分布差异和疗效差异提供了初步数据。

1978年9月，浙江中医学院建立中药系并成立中药学系筹备小组。1981年1月，浙江中医学院中药学系筹备小组撤销，筹备组的任务由中医系中药方剂教研室承担。1984年9月，浙江中医学院党委决定成立中药系筹备组，负责筹建中药系工作，林乾良任组长，学院投入开办费50万元。1985年8月，浙江中医学院党委调整中药系筹备组成员，施顺清任筹备组组长。1985年9月，浙江省教委同意浙江中医学院筹建中药专业，学制三年(专科)。1986年2月，浙江中医学院党委任命施顺清为系主任，3月15日召开中药系成立大会，中药系下设中药、药理、基础化学、数学、专业化学、制剂、炮制、中药资源及鉴定(含标本室)等教研组，成立之初全系有教职工23人，至1987年9月，教职工达53人。由浙江中医学院林乾良任主编的《养生中药学》作为中药函授系列教材之一，于1989年出版。20世纪90年代，浙江中医学院开展了中医中药对恶性肿瘤的治疗和研究工作，重点选择应用中医药抗肿瘤复发、转移，对化疗增效减毒的作用，创新研制了具有驱邪扶正功能的抗肿瘤中药经脉注射乳剂——康莱特注射液(中药二类新药)。研究项目先后被列为卫生部、国家中医药管理局“七五”“八五”重点攻关课题，国家新药研究与开发基金A级资助项目和国家科委火炬计划项目。康莱特注射液是国内第一只纯中药治疗肿瘤的注射液，于1995年获得中国和美国发明专利，被国家科委、卫生部、国家医药局等8个部委联合评为“95中国医药科技十大新闻”之一。“薏苡仁乳剂药学研究和治疗肿瘤的研究”项目于1995年完成，因该项目的成果推广，1996年，浙江中医学院科研处获省卫生厅颁发浙江省中医药科技成果推广奖集体一等奖，1997年被国家科委列为“九五”国家科技成果重点推广计划项目。1998年，浙江中医学院研发新药“姜黄素降脂”，签订了260万元的技术转让合同。同年，吕圭源主编《中药新产品开发学》出版，被南京、上海、广州、北京、浙江等的10多所中医药大学(学院)作为中药类博士、硕士及本科生教材使用，并被许多中药研发、医疗、企业单位的研究管理人员使用。

2005年，温州医学院附属第一医院“中医药分子生物学实验室”成立，主要从事中西医结合治疗慢性肺动脉高压、肺间质纤维化、睡眠呼吸暂停综合征的研究，中药疗效的分子生物学机制研究以及骨关节疾病的中医治疗及其作用机制研究。实验室配备了二氧化碳孵箱、流式细胞仪、快速细胞分析仪、核酸蛋白分析仪、荧光显微镜等设备。2006年1月，温州医学院附属第一医院“中医药分子生物学实验室”被列为浙江省中医药重点实验室。经过3年建设，于2009年7月通过验收并正式挂牌。当时在心、肺缺血再灌注损伤的中西医结合保护作用及其分子生物学机制研究方面形成了自己的特色，获得7项国家自然科学基金资助，两次获得省科技进步奖，成功申请专利1项。

2007年12月，浙江中医药大学研究员、“重中之重”学科带头人李大鹏当选为中国工程院院士。

2008年7月16日起，浙江省建立中药研究的实验室。浙江省中医药研究院魏克民负责“蚕业资源药用实验室”，下设蚕副产物在中医药领域药用研究开发、中药新资源研究开发2个主攻方向，掌握蚕蛹提取复合氨基酸研制中药新药和保健品、蚕沙提取物研制中药新药等方面的技术，科研能力较强，已开展多项国家、省部级科研研究工作，并取得了较好成效，获国家科技进步奖二等奖1项、省部级科技成果9项、中药Ⅱ类新药1项。浙江大学医学院附属第一医院钱文斌负责“恶性血液病抗肿瘤天然药物筛选试验室”。该实验室下设抗肿瘤天然药物的筛选、临床前研究2个主攻方向，掌握抗肿瘤药物体外和动物实验研究方面主要技术，科研能力较强，已开展多项省部级科研研究工作，并取得了较好成效，获得科技奖励1项。浙江大学楼宜嘉负责“中药药理学与毒理学实验室”。该实验室下设心脑血管与肝脏药理中药新药研究、神经退行性改变机制及产品开发等5个主攻方向，掌握干细胞定向分化技术、中药新药药效学研究技术、中药毒理系统生物学技术等4个主要技术，科研能力较强，已开展多项国家、省部级科研研究工作，并取得了较好成效，获得科技奖励2项、SCI收录100余篇、发明专利5项、一类新药临床批件1项、西药三类新药证书1项、中药三类新药证书1项，培养了40多名研究生。浙江大学曾苏负责“中药分析与中药代谢实验室”。该实验室下设中药分析、中药代谢两个研究方向，掌握现代中药分析、中药代谢及动力学、细胞与分子生物学技术等主要技术，科研能力较强，已开展多项国家、省部级科研研究工作，并取得了较好成效，其中SCI收录论文50余篇。获成果奖励4项、发明专利2项、培养研究生15名。浙江中医药大学张云负责“中药炮制工艺技术实验室”，该实验室以中药炮制规范化及质量标准为主攻方向，科研能力较强，已开展多项国家、省部级科研研究工作，并取得了较好成效，其中获省级成果奖励。浙江中医药大学吕圭源负责“中药抗高血压药理实验室”，该实验室以中药药理及中药新产品开发为主攻方向，掌握病理及降压机制研究技术、动物模型及中药动力学研究技术等主要技术，科研能力较强，已开展多项国家、省部级科研研究工作，并取得了较好成效。

2010年，浙江中医药大学的研究课题“当归提取物治疗高血压病的作用机制与临床研究”获国家科学技术进步奖二等奖。

表 79-7-2-1 浙江省历代主要本草著作一览表

时期	著作名称	作者及籍贯
隋唐五代	《本草拾遗》	陈藏器（四明，今宁波）
	《本草音义》	姚最（吴兴武康，今德清）
宋代	《本草辨证》	李中（奉化）
	《本草经注节文》	淳熙（诸暨）
	《本草之节》	陈衍（温州）
	《本草发挥》	徐彦纯（绍兴）
明代	《本章节要》	叶子奇（龙泉）
	《药性赋》	傅滋（义乌）
	《药性准绳》 《本草略要》	贺岳（海盐）
	《本草发明》	皇甫嵩（杭州）
	《饮馔服食笺》	高濂（杭州）
	《神农本经》	卢复（杭州）
	《本草正讹补遗》 《本草辨疑》	徐昇泰（绍兴）
	《养生要括》	孟笨（绍兴）
	《药性辨疑》	姚能（海盐）
	《本草会编》	靳起蛟（杭州）
	《药镜》	蒋仪（嘉善）
	《药性便览》	契日旻（丽水）
	《金华药物镜》	商大辂（金华）
	《本草发微》	金时望（金华）
清代	《本草发明纂要》	刘默（杭州）
	《本草摘要》	俞汝言（嘉兴）
	《本草经注》	李无垢（钱塘）
	《本草从新》	吴仪洛（海盐）
	《得配本草》	严洁、施雯、洪伟三人（余姚）
清代	《本草注》	黄百谷（余姚）
	《本草丹台录》	陆圻（杭州）
	《山农药性解》	钱捷（象山）
	《本草类证》	沈好问（杭州）
	《本草纲目摘要》	莫熺（杭州）
	《本草谱》	张园真（桐乡）
	《本草纂要》	闵珮（义乌）
	《本草万方针线》	蔡烈先（绍兴）
	《药性歌括》	沈懋官（吴兴）
	《用药时宜》	盛熙（嘉善）
	《本草类集》	朱雝模（海宁）
	《药性考》	柴允煌（杭州）
	《本草补遗》	徐视三（海盐）
	《桐雷歌诀》	张德奎（湖州）
	《本草集说》	陈卿（海宁）
	《本草正义》	张德裕（鄞县）
	《本草分队发明》	吴古年（湖州）
	《药性考》	刘恒龙（桐乡）
	《随息居饮食谱》	王孟英（杭州）
	《草本害利》	凌奂（湖州）
	《本草补注》	方耀（海盐）
	《本草考证》	翁机（杭州）
	《汤液本草经雅正》	钱艺（湖州）
	《本草撮要》	陈其瑞（平湖）
	《本草摘要》	陈楚湘（鄞县）
	《本草晰义》	徐汝嵩（桐乡）
	《南阳药证汇解》	吴槐绶（杭州）
	《东瓯本草》	李芑（瑞安）

资料来源：浙江省中医药研究院档案室档案资料。

二、方剂

宋朝皇室南渡，建都临安(今杭州)，浙江成为全国政治文化中心。因频繁的战争，加上灾荒、劳役，疫病流行，于是设立药局。由于当时宋朝版图缩小，人口又相对密集，药材资源贫乏，偏僻之地从医的人又很少，为了使有限财物充分发挥作用，寻找简、便、廉、验的药方，并求选药的规范，已成当务之急。因此，当政者下诏书，制定药典，制备成药，大量设置药局，以便治病、用药。南宋官办惠民和剂局，是最早的中成药制作所。《太平惠民和剂局方》(一名《和剂局方》)10 卷，是北宋太医局的一种成药处方配本，初刊于北宋元丰元年(1078 年)，以后该书曾多次增补修订刊行，而书名、卷次也有多次调整。北宋大观年间(1107—1110 年)，临安裴宗元、陈师文奉命与陈承等，校正医方，编辑《校正太平惠民和剂局方》，成为现存通行本，共 5 卷。后经宝庆、淳祐年代，陆续增补而为 10 卷，分为诸风、伤寒、一切气、痰饮、诸虚、痼冷、积热、泻痢、眼目疾、咽喉口齿、杂病、疮肿、伤折、妇人诸疾及小儿诸疾 14 门 788 方，均系收录民间常用的有效中药方剂，记述了其主治、配伍及具体修制法。其中有许多名方如至宝丹、牛黄清心丸、苏合香丸、紫雪丹、四物汤、逍遥散等，是一部流传较广、影响较大的临床方书。南宋绍兴元年(1131 年)，王俣集《本草》诸条下所载单方，得 4206 方，辑《编类本草单方》35 卷。王俣，字硕夫(一作硕父)，宛邱(今河南淮阳县)人，进士，官监察御史。南宋建炎初，扈驾南渡，遂定居余姚。绍兴初中蜚语免官，秦桧专国，俣家居十八年，桧死，起知明州，官至工部尚书。庆元二年(1196 年)，山阴(今绍兴市)王璆(字孟玉，号是斋)，精研医药，尤其喜欢采集行之有效的单、验方，非常崇尚实践，所藏方书很多。他从有关文献中用心选择单、验方，凡是试验有效的，都选用记载，经过数十年，一共选方 1000 首，分为 31 门，概括了男、妇、小儿各科病症，列出屡试有效的单、验方，辑集成《是斋百一选方》。嘉定九年(1216 年)，温大明著《温隐居海上仙方》1 卷(今存)。该书原名《隐居助道方服药须知》，百家名书改作《海上仙方前集》，内容广泛，涉及中医内、外、妇、儿各科，分述 77 证。每证先赋诗 1 首，正文或言病因、或析病机、或述病状，继则提出治方。温大明，世居南京，因高祖宦游四明，遂为鄞县人，家世医，初得王承宣之传，其父随侍魏丞相入都城，遂以儒医名于时，遍游京师，曾任保义郎差兼和剂局监收买药材官，晚年问四方名医良法，作者善于运用《和剂局方》，且多有化裁。

明清时期，浙江中医药在临床上的需求旺盛，使得方剂得到了蓬勃发展。鄞县董宿，于明成化六年(1470 年)著《奇效良方》70 卷。该书将临床各科方剂按不同的病症分为 64 门，门下再分小类，每类均先论后方，共载 7000 余方，尤以宋代至明初的医方收罗最多。董宿为太医院使，深察药性，博究医书，治疗立方，辄有奇效，成化中召至殿前，考医论 3 篇，加通政使右通政。鄞县张时彻(字维静，号东沙)，于嘉靖二十九年(1550 年)撰《救急良方》《摄生众妙方》(二书合刊)。《救急良方》2 卷，为荒村僻壤不谙医术者设，全书共分五绝死、虚劳诸风、伤寒时疫、中诸毒等 39 篇。《摄生众妙方》11 卷，汇辑诸方分为通治诸病、危病、补养、诸风、伤寒、感冒等 47 门。各门因病证列举有效成方。张时彻为嘉靖二年进士，历官至南京礼部主事、兵部员外郎、布政使、兵部尚书。鄞县万表(字民望，号鹿园，学者称鹿园先生)，于万历三十七年(1609 年)辑《万氏济世良方》《万氏积善堂集验方》。《万氏济世良方》又名《万氏家抄方》《医学入门良方》，共6卷，卷一至卷五分别用以方带证的方式论述临床各科98类病证，卷六为痘疹、麻痦、脉诀及小儿脉诀。《万氏积善堂集验方》共3卷，卷上收男女服药论、调元、调经、安胎等医理短论，并录金锁思仙丹、五子衍宗丸等嗣育方近50首，卷中载补益剂50首及王隐君两篇医论，卷下录各科杂方60余首。清康熙、乾隆年间，澉浦（今海盐县）吴仪洛（字遵程），鉴于《医方考》和《医方集解》各具优缺点，《医方考》虽然海内盛行，但搜集不无阙略，而《医方集解》采搜甚富，但不能无承讹袭衍之说，且于新方，总未收录。因此综合两书内容，进行了删改补充，编成《成方切用》14卷。该书收藏古今成方1100多首，首列方制总义与《内经》方，次将成方分成补养、涩固、表散、涌吐、攻下、消导、和解、表里、祛寒、消暑、燥湿、泻火、除痰、杀虫、经带、胎产、婴孩、痈疡、眼目、急救等24门。每方列适应症、药物组成和加减法、方义及附方，影响亦较广。值得一提的是，在此期间，浙江各地相继开办了不少中药店铺，出售自己制作的中成药，如余姚朱养心，明万历元年迁居杭州，在清河坊、大井巷东首开设蜚声江浙的朱养心药室，专攻外科，手到疾愈，流传至今有五灵五香膏、阿魏狗皮膏、铜绿膏、珍珠八宝眼药、三仙丹等15种，医技高明，医德高尚。其膏药对跌打损伤、痈疽疮疡卓有效验，闻名遐迩，求者门庭若市。

20世纪50年代初，浙江省开展了献方运动，如杭州市在1956年开展采方献方活动，医务人员上山、下乡、下厂，深入群众访问、调查、了解、发掘民间验方、秘方、单方，同时动员群众献方。收集民间秘方、验方、单方3000多个，经临床验证，去伪存真，弃粗存精，编辑出版《杭州市中医验方集锦》第一、第二册。1959年，省卫生厅号召全省中医工作者献出秘方与验方，1961年编印的《浙江省中医秘方单方集》，受到了好评。

20世纪60年代，浙江省对中成药进行剂型改革，走“创、仿、改”的道路，整理、筛选、发掘单方、验方、医院协定处方，创地方特色的新品种，如丸剂改成片剂、浸膏、颗粒剂等。1962年，浙江省中医院开展对中草药的剂型改革，试制了数十种新型中草药制剂用于临床，取得了良好成效。为了给肿瘤患者增加生存的机会，1967年医院肿瘤科在吸取民间验方基础上研制成功“三根糖浆”，该药对消化道肿瘤、妇科的恶性肿瘤，通过近50例的临床观察，获得比较好的疗效。中央电视台及中央人民广播电台都对此作了新闻报道。

改革开放后，在中成药进行剂型改革基础上，又积极开展了科研项目。浙江省台州地区药品检验医药研究所李德英于1983年完成“连香冲剂治疗肝炎的研究”项目。浙江中医学院余土根在1988年完成“中药面膜的研制”项目。该项目采用PBA等高分子有机化合物与中药有效成分结合，研究制成中药面膜，经4家医院临床327例观察，其中对痤疮总有效率达86.36%，黄褐斑总有效率达90.76%，手足皲裂总有效率达95%，与临床使用的硫磺霜、氢醌霜、尿素霜及普通面膜等对照组比较，疗效有显著的差异（$P<0.01$），并经药理药化证实无毒性、无致敏性，各种理化指标均符合国家标准，为中医中药外用开辟了新的途径，为治疗皮肤病提供了一个新的剂型。浙江省中医药研究院孙静芸于1989年负责的“用体外模拟对中药复方不同剂型作用原理”课题被列入国家中医药管理局科研基金。浙江中医学院于1996年6月研制成的消星障滴眼液（中药二类新药），首创纯中药制剂治疗单纯疱疹病毒性角膜炎，经初步临床试验有良好的治疗效果，获得卫生部药审办Ⅱ期临床研究批文。浙江省中医药研

究院沈汉澄于1998年主持的“长必安冲剂抗大肠癌术后转移研究”课题被列入“九五”国家中医药科技攻关项目。浙江中医药大学李范珠于2008年负责中医制剂实验室。该实验室建立了脑内药动学研究平台及中药复方药效物质基础及其作用机制的研究平台，形成了新型药物输送系统的研究、中药新剂型新技术的研究和中药复方现代化的基础及作用机制研究3个方向，承担了多项以组合微透析技术为基础的国家级、省(部)级项目课题，研究成果较为丰厚，其中发表多篇SCI论文、获多项成果奖励和发明专利。

为了更好地开展中药新药研究开发，浙江省医学科学院、浙江省中医药研究院于2001年联合成立浙江省中药新药研究开发中心。研发中心的主要任务：(1)开展针对常见病、多发病、疑难病的预防、诊断、治疗的中药及天然药物的新药研究开发工作。(2)开展有关中药及天然药物的药理、药效及毒副作用等研究工作。(3)开展对民间单方、验方的挖掘整理及研究开发工作。(4)开展中药及天然药物的临床验证及评价工作。(5)开展中药及天然药物开发的研究方法、技术路线等优化及筛选工作。

第三节　中医流派

中医在数千年漫长的历史发展过程中，涌现出了扁鹊、张仲景、孙思邈等一大批著名医家。他们在学术上各领风骚、独树一帜，形成了不同的学术流派，而相互之间的争鸣与渗透，又促进了中医学术的发展，使中医理论不断完善，临床疗效不断提高，最终形成了中医学“一源多流”的学术及文化特色，使中医学好似一枝与众不同而又争奇斗艳的奇葩，绽放在偌大的世界医苑之中。综观中医流派，全国有伤寒派、脾胃派、滋阴派、寒凉派、温补派、火神派、学院派等，在浙江大地上流行的中医派别有丹溪学派、温补学派、钱塘学派、绍派伤寒等。

一、丹溪学派

“丹溪学派”的创始人是元代著名医学家朱丹溪，字彦修，名震亨，婺州乌伤(今浙江义乌市)人。世居义乌市赤岸镇，因此地有一条名丹溪的小溪，故尊称为丹溪先生。朱丹溪曾从理学大师许谦(系朱熹四传弟子)学习，两次参与乡试均不中，深感仕途艰难，30岁时，因母病和许谦的劝说而弃儒习医，40岁时专力于医药，时盛行《太平惠民和剂局方》，曾昼夜研习，后外出求师，43岁时去武林，师从李杲学生罗知悌，授以刘完素、张从正、李杲的医药书籍。通过对上述人的著作研究，朱丹溪体会到湿热相火为病甚多，而古典医书对此缺少详尽的论述，经过临床实践与思考，进一步地体会到人身阴不足而阳有余。于是创立新说，自成一家之言，越一年半，学成归里，已47岁，在故乡义乌行医济世，课徒著书，著有《格致余论》《局方发挥》《本草衍义补遗》等，以阐明自己的这一见解。由于他卓越的医学思想和医疗实践，名动一时，其主要理论有“阳有余而阴不足”“相火论”“气血痰郁四伤学说”“阴升阳降论”“治未病论”等。朱丹溪亲传弟子众多，仅学而有成、有名姓可考者即有20多人，还有无数私淑弟子，盛极一时。通过他众多的弟子，形成了强大的丹溪学派，广播全国各地，影响海外，铸成一代大师。

除他自己次子朱玉汝、侄子朱嗣汜、孙子朱文据、孙女婿冯彦章、玄孙朱宗善等亲属外，弟子有贾思诚、虞诚斋（虞抟曾叔祖）、赵道震、戴士垚、赵良本、赵良仁、戴思恭等。私淑丹溪的弟子更不计其数，开始形成“丹溪学派”，导致明代医家率以丹溪为宗的学风。“丹溪学派”中比较有名的浙江籍医家有以下数人。

图 79-7-3-1 元代医学家朱震亨
（浙江省中医药研究院提供）

赵良本，字立道，号太初子，为宋宗室后裔。自淳安迁浦江，遂入籍，自幼聪敏，其父爱之，命从丹溪游，受教医学，并深得养生之道，所治辄验，医德高尚，清贫自乐，监察御史荐于朝，授医学正，笑不就，独僻一室居，隐居学道，人以为“真神仙人”，研究养生，赵氏发扬了丹溪有关养生之学说，至老须发不少白，娶妻乃原礼之姑，著有《丹溪药要》行世。

戴士垚，字仲积，浦江九灵山（今诸暨马剑）人，元至元四年（1338 年）以母病死于庸医之手而弃儒习医，率子思恭（原礼）、思温、侄思乐，同师事丹溪，均受青睐，不数年，名动吴越，遐迩慕名求诊者日众，惜早卒，其道未得大行，亦无著作传世。明建文元年（1399 年），以原礼显贵，而追赠太医院使，弘扬丹溪学，其功不可没。

赵良仁，字以德，号云居，为良本弟，浦江人。元至正三年（1343 年），与戴氏父子一起受学于丹溪。丹溪授以《素》《难》，良仁质疑问难，读之三年，先生见其笃志，尽以前人所发明者而极言之，并从丹溪临症视疾，切脉处方。又两年，凡有求治者，先生令诊视，然后切脉，问以得何脉征，合用何药，对毕，先生则曰某是某非，必加校正，由此也可见丹溪课徒授业的认真态度和方法。由于尽得丹溪之传，操术精良，治多奇效，沉疴悉能起，名动浙东西，著有《医学宗旨》《丹溪药要或问》《金匮方论衍义》。

楼英，一名公爽，字全善，号全斋，萧山人。楼英与戴原礼为姻表兄弟，曾一度同师丹溪先生之门，幼习儒，于《周易》尤有心得，辩论古文词，口若悬河，众叹莫及，于道学早有所闻，曾专心于经史、天文、地理，后则邃于医学。明洪武中期，游金陵，临淮丞孟恪荐于明太祖朱元璋，召其诊病，“具合上意”。欲官以太医院，以老病固辞，获重赏而归，隐于仙岩洞。细勘东垣、丹溪不传之秘，揣摩有得，积 30 多年功力，编成《医学纲目》39 卷巨著，另有《内经运气类注》4 卷和《参同契药物火候图说》等医学论文。

戴思恭，字原礼，号肃斋，浦江九灵山（今诸暨马剑）人，与父士垚同游丹溪门下共 20 多年，多所请益。明洪武七年（1374 年），思恭被荐于朝，因不循古方，退隐于家，宋濂为之作《送戴原礼还浦阳序》。明洪武十九年，燕王朱棣患瘕聚，召思恭诊之，获奇效。洪武二十五年，授太医院御医，后以年高不任事，屡请归乡，又屡次奉召进京。明建文四年（1402 年），乞归，奏章四上，方准其请。明永乐二年（1404 年）夏，再次征入朝。永乐三年卒于家中，终年 82 岁。戴氏在学术上继承了丹溪“阳常有余，阴常不足”的观点，独得其秘，后世称为“震亨高弟”，并有所发挥，提出“阳易亢，血易亏”气血盛衰理论，重视火的病机，郁证责诸中焦，强调顾护胃气，辨证精到，施治圆活，为三朝御医，名震朝野，誉为“国朝之圣医”，著有《证治要诀》12卷、《推求师意》1卷、《丹溪医论》，并校补丹溪的《金匮钩玄》《类证用药》《本草摘要》(后二者均已佚)。

徐用诚，字彦纯，会稽(今绍兴)人，业儒而精于医，早岁洪武五年(1372年)客吴中，以教授《春秋》著名，后私淑从名医朱震亨学，曾博取金、元时期成无己、张元素、李杲、王好古、朱震亨诸家关于本草方面的论述和发挥，编成《本草发挥》一书，又采摭其方论，折衷其要，引申其义，撰《医学折衷》，后经刘纯续增为50卷，并改名为《玉机微义》，大行于世。

赵友同，字彦珠，浦江人，良仁之子，医承家学，是丹溪再传弟子。精儒善医，弱冠拜宋濂、戴良为师，讲究圣贤之学，寒暑不辍，晓夜攻读，明洪武时授太医院御医，辨证极精，尤通理学，明永乐初选入史馆，任总裁官，召天下儒臣纂修大典、四书、五经、性理大全，后以事左迁松江府华亭县，官儒学训导，著作有《存斋集》若干卷，藏于家。

明代永乐、成化年间(1403—1487年)，东阳(今东阳市)名医卢和，字廉夫，号易庵。私淑丹溪之学，对当时流传的《丹溪心法》(包括蜀版、陕版、徽版)作了详细研究，认为“遗漏尚多”，于是在其叔父卢安泽广求丹溪遗稿的基础上，对《心法》诸书删正裁取，更加润色，以归于一。又取朱震亨门人所编朱氏诸书，删正裁取，辑《丹溪先生医书纂要》(又称《丹溪纂要》)4卷，刊于明成化二十年(1484年)。该书收载以内科杂病为主兼及外感、外伤、妇人小儿等病证共78门，论述简要，方治详备，并附有丹溪不少医案，则是《心法》诸书所未见。

王纶，字汝言，号节斋，先世居陕西铜川，五代时迁居浙江慈溪，出生于官僚家庭，明成化二十年(1484年)举进士，历官礼部郎中、广东参政、湖广右布政使、副都御使、湖广巡抚。因父疾而精医，王氏从政期间，私淑丹溪之学，并参合己见，坚持医事活动，进而形成自己的学术思想，著有《明医杂著》《本草集要》《医论问答》《节斋胎产医案》《节斋小儿医书》《节斋医论》《补阴丸论》等。王氏在《补阴丸论》中承袭丹溪养阴学说精华，并加以发挥，使滋阴学说更趋完善和切合临床。

黄济之，字世美、世仁，余姚人，代父从军陕西，以孝闻于朝，诏旌旗门，初以医为衣食，业鸣于乡，后以医术显于京，著有《本草权度》3卷，刊于明嘉靖十四年(1535年)。全书160篇，虽名本草，兼备临证各科常见病之脉、因、证、治。以朱丹溪“阳有余、阴不足”学术思想为中心，论述气血痰郁诸杂病脉因证治，并论述五脏虚实、脉法、脉体升降、经络图等，颇多心得，治法简要有效，内容丰富。

二、温补学派

“温补学派”的创始人为张介宾，字会卿，号景岳，又号通一子，山阴(今绍兴)人。14岁随父进京，学医于京畿名医金英(梦石)，得其传，青年时期从军，游燕冀间，从戎幕府，出榆关，履碣石，经凤城，渡鸭绿，因无成就，返京师，专心于医术。张氏医名噪京师，后返会稽(今绍兴)行医，明天启四年(1624年)撰《景岳全书》64卷。该书系综合性医书，仿《尚书》等典籍，以典、谟、钤等为篇名，博采诸家之书，结合个人学术见解及临床经验，提出“天之大宝，只此一丸红日，人之大宝，只此一息真阳”①。张介宾早年崇丹溪“阳有余阴不足”之说，中年后以《内经》“阴平阳秘，精神乃治”为据，并法东垣、立斋，发挥“命门之火为元气，肾中之水为元精”，提出“阳非有余，真阴亦常不足”之说，成为“温补学派”的主要学术思想之一。2009 年 11 月 1 日，由绍兴市人民政府、省卫生厅、浙江省中医药管理局、浙江中医药大学主办，绍兴市卫生局、绍兴市中医药文化研究所、绍兴市中医院承办的首届越医文化论坛暨张景岳学术思想研讨会在历史文化名城绍兴举行。该论坛的主题是弘扬千年越医文化，传承景岳学术精华。卫生部、国家中医药管理局、各地中医药大学的领导，全国越医文化、景岳学说研究的专家、学者 180 多人参加了会议。论坛对越医文化的发展背景、思想内涵、学术特色，张景岳学术思想及其对中医学术发展的影响诸论题进行了广泛深入的探讨。

“温补学派”的代表人物是赵献可和高鼓峰。赵献可，字养葵，自号医巫闾子，鄞县人，好学博览，除医之外，儒、道、释均有涉猎，曾游历于山西、陕西等地，在哲学思想上受《易经》影响较大，医学上遵从李东垣、薛己，并有所发挥，主张肾间命门学说，与绍兴张景岳（创水火命门学说）同时著称于世。赵献可提出“命门为人一身之主”，而不是心，命门的水火即人的阴阳，主张以“养火”为主，故撰《医贯》，突出阐发其“命门”学说。此外还著有《邯郸遗稿》（又名《胎产遗论》），亦论宗命门之说，认为月经与命门关系甚密，提出温阳法作为调经的一大法则，为妇科专著。高鼓峰，名斗魁，字旦中，自号鼓峰，鄞县人。明季为诸生，明亡弃之，为人任侠好义，家世以医名，行医初在四明，后侨居石门。其医术多得于《景岳全书》及《医贯》。他继承赵献可医术，兼取薛立斋规范，认为“人以气血为本，病以内因为主”，治疗当不忘顾护正气，故谓：“补不嫌早，攻不嫌迟，盖由人之元气有限。”②主张用药偏于温补，扶正以祛邪，不仅将温补法广泛运用于内伤杂病，并用于外感热病，用参、附等温热之药以治热病伤阳者多效，著有《四明医案》《医家心法》（亦名《四明心法》）。

三、钱塘医派

“钱塘医派”是以钱塘（今杭州）医家卢复、张卿子为开山祖，以张志聪、张锡驹和高世栻为中坚人物，仲学辂为传承代表，以侣山堂为主要活动场所，集讲学、研经与诊疗活动为一体的，以尊经复古、维护旧论为学术主张的医学流派。钱塘学派形成于明末清初，延续到清末光绪年间，亘绵 200 多年，其阵容强大，杰出人物众多，在历朝医学流派中罕见。

“钱塘医派”的创始人物之一为卢复，字不远，号芷园，钱塘（今杭州）人。家为世医，幼习岐黄，遍习古今医书，兼通大乘佛法，好以佛理阐述医理，常与当时名医王绍隆等彻夜论医，探讨学术，善疗奇疾，一生著作丰厚，计有《芷园医种》等 14 种。卢复考据功底深厚，博学文史哲医，认为医家习《素》《灵》《难》与《本草经》是第一要义，由此才能衍生各种医学种子，故在《芷园医种》的医经种子中收入《本草经》《难经》，在医论种子中收入《伤寒论》与《金匮要略》，在医方种子中分析经方，在医案种子中则取《薛立斋医案》，由此可见其极重医学经典学习，尊经也

① 〔明〕张介宾：《类经附翼・求正录》，人民卫生出版社 1957 年影印（附刊）本。

② 〔清〕高鼓峰：《医宗己任编・颤振》，学苑出版社 2011 年版，第 121 页。

就成为“钱塘医派”的学术特色之一。其子卢之颐，原字晋公，字子繇（一作子由）、繇生，自称芦中人。幼承其父学医，年轻时即精于医学，论医多参以佛理禅机，学风严谨，著述刻苦，父亲在世时曾编《金匮要略摸象》，因父催促，草草而成，但觉不满，竟烧之，并在10年后才开始编撰《伤寒金禅疏钞》。他夜以继日著述，体力消耗过甚，在完成父亲遗著时已右目失明，疏钞《伤寒金禅》时左眼又花，其父卢复晚年撰《本草纲目博议》遇有疑义不能自决是，之颐常为之判定，是书未成，卢复病重，之颐遵父续编，时年仅27岁。在其父《本草纲目博议》未完稿的基础上，之颐用了18年时间编成了《本草乘雅半偈》一书。其间，明代南都（南京）沦陷，鲁王朱以海监国于绍兴，浙江的反清义士纷纷响应，之颐亦前往拜谒，并为鲁王重用，授予职方郎。鲁王入闽，他又跟随，事败后归家，重操医业，闭门著书。此时，之颐两眼失明，而论疏《金匮要略方论》才及一半，于是，瞑目而坐，摸索其义，如有所得，便口授记录，如此5年后书成，并命名为《摩索金匮》。

“钱塘医派”的另一名创始人物是张遂辰，字卿子，号相期、西农老人，原籍江西，后随其父迁居杭州。早年为明代诸生，后因幼年体弱多病，不能医愈，故自检医方而名。晚年隐于城东，潜心行医，擅长治疗伤寒病，研究医道，著有《张卿子伤寒论》，首倡“维护旧论”，提出应维护《伤寒论》原有编次，也是“钱塘医派”的学术思想之一。

“钱塘医派”的中坚人物是张志聪、张锡驹和高世栻。张志聪，自署西陵隐庵道人，后世称隐庵先生，自称为张机后裔，先祖为河南南阳人，后迁徙钱塘（今杭州）。少年时丧父，后弃儒习医，广学博览，先受业于遂辰，后又追随之颐，尽得两位老师之真传，故医学功底基础深厚，对《灵枢》《素问》《本草经》等经典医籍均有独到研究，对《伤寒论》的钻研致力尤深，不仅继承了先师遂辰在编次上“维护旧论”的观点，而且有许多独到之处与精辟的见解，其著作曾三易其稿，初稿为《伤寒论宗印》，二稿为《伤寒论纲目》，三稿为《伤寒论集注》。《集注》是他研究《伤寒论》的最终结晶，也是“钱塘医派”的代表作，故对后世影响最大。志聪仿效老师卢之颐，在侣山堂论医讲学，其盛况比之颐有过之而无不及。清康熙九年（1670年），志聪在其60岁花甲年之际，将其与学友同道及门生弟子在侣山堂探讨医理、讲论方药、钻研学术的内容，以医论、医话的体例撰成了《侣山堂类辩》一书。志聪在“侣山堂”论医讲学，不仅培养了一大批医学人才，而且首创了对经典医著集体探究、合力注释阐述之先河，用5年时间编撰的《黄帝内经集注》是影响久远的《内经》全注本，注解屡出新见，对后世启迪很大。张氏领衔编撰的《伤寒论集注》，后由高世栻完成，是清代研究《伤寒论》的力作，故其声望实在两位老师之上。高世栻（生卒年不详），字士宗，钱塘人，少时家贫，童年丧父，因科举不中，就在倪冲之门下学医，倪授以《药性全生集》《明医指掌》《伤寒五法》与诸方歌诀等。世栻于23岁时挂牌行医，时颇有称许者，28岁时患痢疾甚重，自治未见好转，请他医治疗无效，最后竟不药而自愈，于是发愤再学，穷究医理，时闻志聪之名，乃投奔之，一学就是10年，尽得真传，而后医术大进，每遇一证，必究其本而探其原，处方用药，不同流俗。康熙三十五年，志聪故世第二年，世栻虽已年过花甲，不惜以年迈之躯邀集弟子吴嗣昌、王子佳等十多人，在侣山堂继续志聪的论医讲经事业达4年之久。高世栻并不注重自己的著述，而是集毕生心血协助志聪编注《伤寒论集注》，晚年仿效志聪《侣山堂类辩》体例，请学生们将其在侣山堂论医讲学的内容整理成《医学真传》一书。该书近百余论，补充志聪《侣山堂类辩》之遗，是钱塘医派论医讲学内容与特色的又一传世之作。张锡驹(生卒年不详)，字令韶，钱塘人，与志聪同乡又同师，虽不及志聪才智有名，但其学术观点均秉承遂辰之学，主张维护《伤寒论》原有编次，故后世有“钱塘二张”之誉称。张锡驹一生致力于《伤寒论》研究，鼎力协助师兄志聪编撰《伤寒论集注》。为发扬志聪养护胃气治伤寒重要法则的学术思想，还著述了《胃气论》一书。晚年所撰《伤寒直解》刊于康熙五十一年，亦基本上“依隐庵《集注》之分章节”，只是删去了“伤寒例”，移“痉湿暍”于“易复”篇后，并于书末另附《伤寒附余》一卷，以图发挥。是书文字通俗，质朴不浮，问世后流传较广，深为医家所重，对后世医家重视《伤寒论》等经典医籍的研习与指导临床的作用产生了很大的影响。

对“钱塘医派”医著搜集与校刻方面作出重要贡献的是王琦。王琦，原名士琦，字载韩，一字载庵，号绛庵，又号琢崖，晚号胥山老人。王琦长年居住在侣山堂附近，和张志聪、高世栻平生虽未能晤面，但对张、高二氏侣山堂聚徒讲学事迹十分崇敬。本欲重刻张、高二氏所有著作，由于“力未逮”，乃取切要者，即张志聪的《侣山堂类辩》、高世栻的《医学真传》、张高二氏的《本草崇原》，又取卢复的《芷园臆草存案》与卢之颐的《学古则诊》《痎疟论疏》，并分别为之作跋，加以宣传，再选其他医家著作 6 种，合刻成《医林指月》丛书。该书初刊于清乾隆三十二年(1767 年)，所收钱塘医派医著 6 种，除《侣山堂类辩》在此前有单刻本外，其他 5 种均自《医林指月》汇刻后方有历代翻刻本。

后世传承“钱塘医派”的代表是仲学辂。仲学辂，字昂庭，清末钱塘(今杭州)人。清光绪年中举，光绪六年(1880 年)任浙江淳安县教谕，为人正直清廉，晚年弃官一心学医。学辂博学多识，对医学经典钻研很深，医学基础理论扎实，本草功底尤为深厚，临证又悟于灵活变通，疗效卓著，在当时名重于世。据清代名医薛宝田的《北行日记》记载，光绪六年六月，慈禧太后患病，太医们医治无效，乃从大臣建议，广召天下名医，浙江巡抚谭仲麟举荐仲学辂与薛宝田两人进京，先受太医院测试，认定两人医学、脉理均极精通，两人拟养心汤和保元汤加减，不出一个半月，即治愈慈禧顽疾。为此，两人颇受清廷赞许，并着内务府招待游西苑(时为皇家花园)。值得一提的是，“钱塘医派”的几部重要著作，如《内经集注》《伤寒论纲目》等因战乱至清末竟罕有存者，大有失传之险，学辂与同道弟子不遗余力广为搜集，终于获完本付官医局重刊，使本派重要著述得以流传。学辂著作有《本草崇原集说》，是在志聪、世拭的《本草崇原》基础上增补校订并另加按语而成。

四、永嘉医派

“永嘉医派”活动于南宋淳熙至淳祐年间，它以陈言为龙头，以其弟子王硕、孙志宁、施发、卢檀、王玮为骨干，以《三因方》为中医理论基础，以《易简方》为学术中心。

“永嘉医派”的创始人为陈言。陈言，字无择，青田鹤溪(今景宁县鹤溪镇)人，为永嘉医派创始人，曾客居温州开设医馆，治病救人，在治病之余广收徒弟，开展医学教育，传授医学知识，所著《三因极一病证方论》(简称《三因方》)，对当时医学界产生了极大的影响。《三因方》全书共 18 卷，按照病因来分类，列为 180 门，记载了 1000 多首方，包括内、外、妇、儿、五官各科病症的临床诊治，由于这部书内容丰富充实，分析病理细致详尽，后人给予很高的评价。其特点是在继承张仲景病因三因说的基础上，进行了发挥和创新，重点论述了致病的内因、外因、不内外因的三因学说，强调了明确区分三种不同的致病原因，以求得治病求本这一目的，成为医学发展的必然趋势和要求。陈无择的得意门生王硕，字德肤，永嘉人，继承并发扬了陈无择的学术思想，完成了《易简方》的编写工作，约刊于12世纪末期。《易简方》在选方用药上以简便有效为原则，仅收录了30首验方及其加减变化方法，用于应付治疗临床千变万化的各种疾病，由于实用性强，救治了众多的危急病人，尤其适用于那些缺医少药的穷乡僻壤，所以很快被推广开来，盛行于民间，风靡一时，掀起了围绕研究《易简方》的热潮，从而形成了务实的永嘉医派。与王硕也有交往的南宋温州医家施发（1191—1194年），字政卿，号桂堂，年轻时儒而兼医，中年过后则专心医道，行医著书。施氏精于脉学，讲究辨证。他出于对《易简方》"于虚实冷热之证无所区别，谓之为简，无乃太简乎"①的看法，于南宋淳祐三年（1243年）著成《续易简方论》。

陈无择的另两位学生孙志宁和王玮，也成为"永嘉医派"维护和支持王硕《易简方》的代表人物。孙志宁是南宋时期的温州名医，编著了《增修易简方》。他广泛地补充和完善了《易简方》书中的内容，添加方剂，以更加切合临床实际的需要，对书中的条文进行认真的注释和详细的说明，使得全书清晰易懂，为王硕的《易简方》问世和传播做了大量的宣传工作，起到了推波助澜的作用。王玮（字养中）撰写了《续易简方脉论》，这本书不是仅仅局限于对书中方剂的整理和发挥，而是别出心裁，自成体系，形成了完整的理法方药内容和以诊法、治法为主的理论体系，其特点是有论有方，论述简略，选方精当，通过方剂加减配伍的变化而适应证候的变化。

"永嘉医派"中也有对《易简方》提出批评的人，就是与陈无择有师生之谊的卢檀，字祖常，号砥镜先生，永嘉人，著有《易简方纠谬》，后改名为《续易简方后集》。卢祖常认为，作为一名技术高明的医师要有广博的学识，关心民众疾苦、生命安危，不图钱财名利，要根据病情的变化合理用药，因此，在治疗疾病的时候，决不可仅以《易简方》作为选药的唯一标准。《易简方纠谬》一书记载了卢檀的许多医案和效验方剂，具有很高的临床价值。

五、温病学派

外感热病，自从仲景《伤寒论》后，"六经辨证"就订定了证治规范，是医生们临床医病的准则。随着学科的发展，知识的充实，到明清之际，江浙一带医家根据地理特点、人体禀赋差异等各种因素的促进，逐步形成和完善了"温病学派"，写入史册的有叶（天士）、薛（生白）、吴（鞠通）、王（孟英）四大家，其中浙江的王孟英则是这个学派的集大成者。

浙江早期开展温病研究的当推吴贞，字坤安，吴兴（今湖州市）人，曾经亲自给吴中叶天士、薛生白做针灸，深入研究医治"伤寒"的秘密，因此对时令感证的证治多有阐发。根据他总结其师的经验，并且参合临床心得，主张热病分为正伤寒、类伤寒两大门，并认为属类证者十

① 〔日〕丹波元简：《中国医籍考》卷四十八《方论》，人民卫生出版社1956年影印本。

居八九，强调张仲景的113方都是为救误而设，尤其提出救逆之“述古”“新法”，对热病论治很多创新见解，著《伤寒指掌》4卷，详察知辨证、伤寒救逆等内容，于嘉庆元年(1796年)刊印。以后是生活于清乾隆、嘉庆年间(1736—1820年)的茅钟盈。茅钟盈，字配京，号雨人，世居归安(今湖州市)，后迁武林(今杭州市)，终老平湖乍浦。其博采《内》《难》《伤寒论》等有关内容，并系统地辑集叶氏《温热论》、薛氏《湿热条辨》等，于嘉庆二十一年写成《感证集腋》4卷，于伤寒之学多有创见，如认为《伤寒论》立法虽以伤寒为主，外感六淫之邪皆可统之，是一部研究温病学说难得的文献资料。清嘉庆、道光年间(1796—1850年)，上虞人章楠(字虚谷)因幼年体弱多病，成年后性情淡泊，不求功名，只是潜心究医，并没有老师传授，因此他的医学理论，不局限于一家之言。章楠最欣赏《叶天士医案》，还去江苏、广东、河北等地遍访名医，复游吴门，求教众名家，对刘河间、朱丹溪、张景岳、李东垣等医著钻研尤深。自此医术日精，融会百家，自成理论体系，于道光九年(1829年)写成《医门棒喝》4卷，道光十五年出版《医门棒喝》2集，对温病学说有很多发挥。

浙江对“温病学派”贡献最大者莫过于王士雄。王士雄，字孟英，号梦影(隐)、半痴、潜斋、随息居士、华胥小隐、睡乡散人。始祖安化(今湖南安化)，籍贯海宁，他的祖父曾经迁到杭州居住，自幼失去父亲，家境清贫，14岁时，就到婺州理盐务，同时自学医药，并给当时同仁治疗疾病，很有医声，后迁回杭州，居住长达24年，以治病为生，因为战乱而又回到故籍，辗转于桐乡、嘉兴之间，“随居随息”，最终居住上海，一生漂泊不定，景况凄凉，但立志行医，终身不懈，对温热病及霍乱的防治，有很多创新的见解，遗著很多，《温热经纬》《霍乱论》是治疗当时流行病的书，《饮食谱》《四科简要方》《潜斋医方》等是方药之著，《仁术志》《回春录》《归砚录》等是行医治疗的实情记录，另外有参校的书很多，后人归辑的《潜斋医学丛书》有14、15、16种不等，至今还有遗漏的。

其后对“温病学派”贡献较大的又有雷氏父子。雷逸仙，名焕然，字春台，原籍福建，后来迁到衢州，因为家境窘迫，弃文学医，师从新安程芝田，尽得他的真传。道光年间，全家迁到龙游，行医治病，他医德高尚，凡是来看病的人，无论病轻、病重，无论贫穷、富贵，都竭力治疗，一视同仁，写有《医博》40卷、《医约》4卷。其子雷丰，字松存，号侣菊，自名少逸。从小跟随父亲学医，禀性聪颖，因此医名超过他的父亲。雷少逸治病，善于观察、总结，他阅读各家的医书，能触类旁通，知常达变。他于清光绪八年(1882年)著《时病论》8卷。该书以《内经》“冬伤于寒，春必病温”(《阴阳应象大论》)一节作为纲领，以论四时温病为主，并兼及疟痢泄泻诸证，参考先圣、后贤的经验，结合个人心得，看病之后又附有个人验案，亦为温病学中重要而切合实用之著作。

其他还有山阴(今绍兴市)娄杰(受之)，在温病学术上崇尚叶天士《临证指南》、吴鞠通《温病条辨》，参合《千金要方》《伤寒类证活人书》《景岳全书》《温疫论》等书，融以自己的临证经验，于清光绪二十九年(1903年)撰《温病指南》一书。该书重点是对《温病条辨》进行了删繁就简的整理工作，其主要特点是将温病分成“温热”与“湿温”两大类，其理由是：温病“名目甚繁，而究其治法，只需细审温邪之病湿与否，及湿、温孰多孰少，以为用药之差别”。每类又分上焦篇、中焦篇、下焦篇辨治，并从理法方药上通俗简要地加以阐述，确实抓住了要领。是书具有较高的实用价值，对温病学说的传承与发展做出了积极的贡献。

值得一提的是绍兴何炳元(廉臣)，他在学术上十分推崇叶天士，在温病学上卓有成就，清末(1911年)著《重订广温热论》，这是何氏在戴麟郊原著、陆九芝删定的《广温热论》基础上再予重订而成。此书专为伏气温病而设，非为新的温暑而论，为一部伏气温病学说的专著，其对伏气温病病因、病机、证候和治疗的论述，不囿前人之说，多有创见，对温病学说的传承发展做出了贡献。近代中医文献学家和临床家曹炳章，对温病学说的传承与发展也作出了较大成绩，所撰《暑病证治要略》《伏病证治要略》《喉病证治要略》，采取近代的编写体例，章节分明、条理清晰，很切实用，尤为可贵的是，书中还对历来有争议的问题，发表自己不同的见解，其对温病学说的继承和发扬功不可没。

中华人民共和国成立后，浙江对“温病学派”的研究取得了许多成就。1978年，浙江省中医药研究所负责的《瘟疫论评注》获全国医药卫生科学大会科技成果奖。《瘟疫论》原书系明代著名医学家吴有性所著，是一本论述急性传染病的专著。吴氏在前人学术成就的基础上，提出了传染病病因学的新概念“戾气学说”，对传染病感染途径、流行过程以及病理机转等问题，有不少新的见解，特别在防治上，创制达原饮等方剂，强调通里攻下法在治疗急性传染病上的重要价值。不仅对中医温病学说的发展，起到承前启后的作用，而且在国际上亦有一定的影响。但由于历史条件的限制，原书也存在不足之处，同时文句比较古奥，不易理解。《瘟疫论评注》以唯物辩证法为指导，结合临床实践经验和体会，对原书进行了注释和评述，着重反映其学术特点，推崇其精华，扬弃其糟粕，有分析，有评议，力求通俗易懂，使之“古为今用”“推陈出新”，以供当时医疗、教学和科研工作之参考。本书初稿写成后，曾广泛征求各地有关中西医人员的意见，还专门召开座谈会，普遍反映该书有重要的学术价值，对于继承发扬祖国医学遗产，促进中西医结合，起到积极的作用。

六、绍派伤寒

“绍派伤寒”以俞根初《通俗伤寒论》而得名。它发端于明代，成熟于清末民初。绍派伤寒基于绍兴的地理、气候、民风习俗等多种因素，人们感时邪而发病者，当有温、暑、湿、寒诸异，而统称之曰“伤寒”，但又分别按临床见证冠名曰“漏底伤寒”“夹胀伤寒”“夹痛伤寒”“大伤寒”“小伤寒”“脱脚伤寒”“暑湿伤寒”“湿温伤寒”等绍兴当地民间的俗称，其病名、说理、立方、选药，均具浓厚的本土气息。其用药崇尚轻灵，主张治疗宜“辛、苦、淡并用，上、中、下同治”，所以拟方选药注重轻、灵、验。病中、瘥后的调护及膳食“忌口”，总以养护胃气为要。绍派伤寒以研究仲景学说为中心，主张以六经钤百病、以三焦为变通。根据南方真伤寒少，绍地卑湿，温热多挟湿邪为患的特点，主张六经融三焦，寒温成一统，其辨治感证理论自成一体，既别于一般伤寒学派，又异于吴门温病学派。绍派伤寒以其通俗易懂、切实可法，且有不少临床医家，其治病疗效卓著，而为当地民众所认可，著称于杏林。其与吴门之温病学派虽同治热病，但其辨证纲领及论治内容却迥然不同，而又与一般仲景学派相异，自成一体。

绍派伤寒的确立，首先要推崇的医家应是俞根初。俞根初，名肇源，因其排行第三，故称俞三先生，系山阴(今绍兴)人，是著名医家，享年66岁。其先世祖俞日新公，早在明代洪武间即有医名，传至根初已十多代。俞氏幼承庭训，因其生性颖悟，谦逊好学，弱冠即通《内》《难》，而于伤寒一门，则更显功夫。他首先研读仲景之书，继则考究方中行、陶节庵、张景岳、吴又可诸家之说，并参合临床，融会贯通，深得其中要领，凡论病验证，恒多卓识，行医40多年，屡起沉疴、力挽危夷。毕生因忙于诊务，故无暇著述，仅就其临证心得，编撰手稿3卷，名曰《通俗伤寒论》，邑中习医者争相传抄，后经同邑名医何秀山氏整理、评按，并于乾隆四十一年(1776年)付梓。嗣后，何廉臣再予勘订，陆续刊载于《绍兴医药月刊》(1928年)。因廉臣于民国18年(1929年)谢世，全书未竟，越3年，由曹炳章补苴续成，并由上海六也堂书局正式出版。俞氏之《通俗伤寒论》所述，系有鉴于绍兴临江滨海，所处地卑，气偏乎温、湿，加之人们善饮，故凡居其地感邪而为病者，见证自然与中原(黄河流域)地区之感证迥异，亦当与吴中所发之温病、瘟疫有别。书中明确提出"浙绍卑湿，凡伤寒恒多挟湿，夫湿为阴邪，可从寒化，当于辛温中佐以淡渗者，防其停湿也。湖南高燥，凡伤寒者最易化燥，仲景于辛温中佐以甘润者，防其化燥也。辛温发汗虽同，而佐使之法则异"。[①] 于是，结合临床之经验积累，制订了不少清灵稳当的效方，诸如玳瑁郁金汤、羚羊钩藤汤等均是。全书共载录101方，堪称"方方切用，法法灵通"，是书颇多灼见，无愧乎是一部诊治热病、感症的专门著作，即使对后世之治学，亦多启发。

继俞氏之后，有任沨波、何秀山、章虚谷、何廉臣、胡宝书、傅嬾园、曹炳章、裘吉生等名家，分别从理论到临床，加以扩充，使绍派伤寒渐臻完善，其中何廉臣和胡宝书贡献较大。何廉臣，字炳元，号印岩，晚号越中老朽，绍兴县平乐乡人，一生精研岐黄，阐扬医理，汇通中西，理精业勤，学验俱丰，著作宏富，一生最主要的贡献集中体现在绍派伤寒和伏气温病两大方面，成为清末年间著名的医学家。一生勤于著述，计有《增订通俗伤寒论》《重订广温热论》《全国名医验案类编》《湿温时疫治疗法》《廉臣医案》《喉痧证治汇通》《肺痨汇辨》《何氏医学丛书》《勘病要诀》等。何廉臣通过研究《通俗伤寒论》继承发展绍派伤寒的学术思想，在他的晚年历时13年，对《通俗伤寒论》进行了深入的研究和校勘整理，将原来的3卷扩编为12卷，引用古今百家经验以及先师樊开周医论，结合何氏40多年临床经验，逐条添加按语，深化了对每一个病的认识，其按语中体现出何氏对东南水乡时病的治疗规律和用药方法的认识，整理手法独具一格，大大充实和丰富了《通俗伤寒论》的理论，为绍派伤寒第一次集大成，对绍派伤寒的发展以至于完备做出了极大的贡献。胡宝书，名玉涵，别名治安，以字行，绍兴人，为著名临床实践家，"绍派伤寒"医家中之杰出代表。7岁就开始随祖父恭钊(云波)、父道高正式学医，年未及冠，已能代祖应诊，光绪年间，初出问世，即膺时誉，每日应诊百余人，多时逾三百，辄见舟楫塞港，车马堵道。胡宝书精研经典及诸家之说，对仲景之《伤寒杂病论》及叶天士、薛生白、吴鞠通、王孟英、雷少逸等温病大家的著作尤为推崇，毕生致力于时病的研究，认为南方无真寒，多系温热，而绍兴地处卑湿，纯粹之温热亦少见，多类湿邪为患，治病能因地因时因人而施，疗效卓著，有"小叶天士"之称，其"辨证重湿，施治主化，用药轻清，制方透灵，治病以朴实、稳健见长"的辨治特色，丰富了"绍派伤寒"的学术思想，在浙东影响颇大，著《伤寒十八方》，点

---

① 〔清〕俞根初：《通俗伤寒论》，上海六也堂书局民国23年(1934年)版，第3页。

校、整理其祖父遗著《校正药性》,并有大量医话、医案等逸稿留世。

第四节　中医临床

临床医学是研究疾病的病因、诊断、治疗和预后,提高临床治疗水平,促进人体健康的学科。它根据病人的临床表现,从整体出发结合研究疾病的病因、发病机理和病理过程,进而确定诊断,通过预防和治疗以最大限度地减弱疾病、减轻病人痛苦、恢复病人健康。中医临床学科主要包括:内科、外科、妇科、儿科、喉科、眼科等学科。

一、内科

古代中医没有中医内科之称,当时只分"大方脉"和"小方脉"两种。中医内科即包括在"大方脉"之中,因此,以前从事中医内科的医家,大都兼妇、儿科。

浙江中医内科最早记载的是东汉、三国时期(25—280 年)的余姚人虞翻。虞翻,字仲翔,少好学,有傲气,初为孙策功曹,任富春(今富阳)县令,孙权即位,任为骑都尉,吕蒙图取关羽,以虞翻兼知医术,征得孙权同意后,虞翻作为随军医师同行。到南朝时期,其同里(余姚)虞悰,字景豫,晓医术,善辨滋味好调饮食,和剂皆有方法,武帝尝光顾虞悰家请教菜肴食疗之道,谓其家之肴为太官鼎味所不及,武帝酒醉后,悰予醒酒方醒之,著有《食珍录》,是国内一部较早的食疗专著。

北宋年间,罗适(1029—1101 年),字正之,号赤城,宁海溪南罗家村人,早年受学于四明学者楼郁、吴中名儒胡瑗,并结识苏轼等名士,精于理学。北宋治平二年(1065 年)中进士,任桐城县尉,禁巫医,毁神像,请医施诊,又自研医术,著《伤寒救俗方》,并出私俸买药济民。旅居浙江鄞县的臧中立,字定民,毗陵人,善医,诊治如神,日求医者多达数十人,为人治病多获良效。崇宁年间(1102—1106 年),宋徽宗皇后病重,诏求良医,定民应诏至京,诊之,帝问何症,对曰:"脾脉极虚,殆呕泄之疾作楚。"和药以进,曰:"服此得睡,为效。"至夜半,果思粥食,不一月痊愈。徽宗赐宅臧中立于明州城之南湖,曰迎凤坊(今宁波海曙区迎凤街)。

南宋时期,由于皇室南迁,大批高素质的医生随之定居浙江,使得临床医学发展迅速。如蔡渊斋,原籍河南,初扈跸来桐乡,居凤鸣里(今梧桐镇),为时名医,传其子梅友、竹友。梅友在宋中医科,仕至防御使,名其堂曰同寿。竹友子君实,尝著《同寿秘宝方》于元大德年间(1297—1307 年)。程迥(约 1173 年前后在世),字可久,应天府宁陵(今河南唯阳县)人,家于沙随,人称沙随先生,靖康之乱迁居余姚,15 岁时成孤儿,20 多岁才开始读书,南宋隆兴元年(1163 年)中进士,历扬州、泰兴,改知隆兴府进贤县,卒官朝奉郎兼知医,著有《医经正本书》8卷,为论述医政、医事之专著。

元至元年间(1264—1294 年)有衢州刘光大,字宏甫,以五运六气,阐述精深,甚称帝意,名噪一时,即授衢州府医学提领,后升医学教授,在柴家巷神农殿设讲堂,教授医学,创衢州医学教育之先,并以医传家,子孙皆为名医,又创惠民药局,其子刘咸创济民药局,造福于民。

明代有“温补学派”实践者吕留良，又名光轮，字庄生，号晚村，崇德县(今桐乡市崇福镇)人，在内科《东庄医案》中录集30条临证治验笔记，主张随证论治，师古而不泥古，注重辨证论治，辨析脉理，治法偏重于温补，立法处方颇有特色。吕氏治学甚严，对医学名词概念清晰，不允模棱不清，如对阴症论曰：“阴症者，寒邪直入三阴之经，以三阳气衰，去热拒寒故也，三阴各有分症，今人却以房劳后得病，不分阴阳脉症，辄命曰阴症，致令病家讳言，恶闻此二字，亦可笑矣。房劳得病，乃挟虚感邪，有阴有阳，非必为阴也。”①此言切中时弊，观点明确。还有倡导内科疾病辨证论治者李用粹，字修之，号惺庵，鄞县人，承父李赞化之医术，初行医甬上，后移居上海，医名颇盛，为康熙年间上海四大名医之一，入门弟子很多，著有《证治汇补》。该书首述《灵枢》《素问》，下注诸书，冠以提要，附以己见，尤详于辨证审治，以脉法为投治之本，后世重之。

清代有周尔皇，字文宁，奉化人，著声于缑城(今宁海)甬水间，于清康熙十四年(1675年)著《医宗要略》《痢症秘诀要略》等。《痢症秘诀要略》所载之方救活痢疾病人甚众，嘉庆年间(1796—1820年)，吴开育用此书之方救人痢疾也奏效，因为之增补并跋。

近代浙江出现了一批享有声誉的内科医家，如慈溪张和棻，字性如，号莘墅，后改名禾芬，两次应乡试不中，改而钻研医学，博闻强记，医理锐进，初在宁波行医，后至上海行医，专治伤寒、时疫、喉痧、脚气等流行病，名闻遐迩，尤以劳损诸症见长，善用经方，认为病无定式，法莫拘泥，效者为当，著有《急治汇编》《医语》《医案》《戒烟善后策》等。嘉善吴炳(字云峰)，于清光绪二年(1876年)，辑《证治心得》12卷。书成后但以抄本流传，至民国14年(1925年)由其孙参校而刻印。全书论107证之辨治，录古今方剂659首，援引前人医著64家，博采众说。吴炳家贫勤学，习儒之余，兼通医术，尝从名医张希白学，尽得其传，善治内、外诸科杂症。慈溪张生甫，字国华，由文通医，精于虚损调治，认为今人其心不古，以妄为常，百端丛集，内外交困，故虚劳之烈，在所必然，于民国5年著《虚劳要旨》一书，上溯《灵》《素》，下采各家，以五劳、七伤为纲，以虚劳各症为目，并参己见，提出虚劳为内伤之重症，以甘温为正治，并须重卫生，静守调养。民国13年，著《医学达变内外篇》。该书“内编”系作者临诊心得，“外编”为作者采集古今精颖超特的要旨。所以名为“达变”者，以“达”为运用，以“变”为推理。他与盐山张锡纯、兰溪张山雷，鼎足而成三达，人们有“海内三张”之称誉。嘉善陈良夫，名士楷，字良夫，号静庵，少怀远志，读书勤奋，每至半夜方休，清光绪十三年(1887年)中秀才，后弃儒习医，师事同邑名医吴树人。先生授以祖师张希白、吴云峰等著作，良夫皆亲自抄录，朝夕诵读，更博览《内经》《难经》《伤寒》《金匮》等中医经典，深得奥旨，对刘(河间)、李(东垣)、朱(丹溪)、张(景岳)四家学说，融会贯通，手录吴树人《延陵医案》，时时温习，控其精微，悬壶不久，名声日噪，嘉兴、平湖、金山、上海等地慕名延请求治者，踵趾相接。良夫精于诊切，长于时症，亦擅调理，治疗杂病，极重七情六气，对肝病更为擅长，其审证立方，每有独到之处。行医30年，名盛当时，及门弟子近30人，传其衣钵，有声于时，惜生前诊务繁忙，未暇著作，所遗《颍川医案》12册，系门人孙凤翎、陈昌年等随诊记录、整理而成，后由其子陈可南保留至今，其中部分医案收

---

① 〔清〕高鼓峰：《医宗己任编》卷三十四《明心法》(下)，学苑出版社2011年版，第64页。

入秦伯未《清代名医医案精华》。嘉善徐琴圃，名鸿基，字琴圃。清光绪年间县试中头名秀才，后从师本邑中医张少泉，擅长内科时症，亦精儿科，为民国时期魏塘名医，与陈良夫齐名，有“北陈（良夫）西徐（琴圃）”之誉，平湖、嘉兴、上海郊县等地前来就诊延请者，踵趾相接，收门生50余人，用药以祛邪为主，善用攻邪少用补剂，家中藏书颇多，凡阅读之书，朱圈眉批本本皆有，惜所留医案大多散失，仅为陈耕道《疫痧草》一书重刊作序存世。桐乡金子久，名有恒，祖籍杭州，后迁到桐乡大麻镇，因此称为“大麻金子久”。金子久个性敦厚，喜好读书，开始跟随父亲学习医术，但父亲不幸早逝，他的医学全靠自学。金子久在学术上得力于江西喻昌，十分推崇《寓意草》《医门法律》，他给人治病的时候，常参照喻氏相关论说，灵活运用，获得奇效。此外，金氏对温病的辨治，既按“卫、气、营、血”层次辨法，又强调注重保护津液，提出“热病以津液为材料，立方以甘寒为扼要”的认识。金氏因为擅长对热病的治疗，因此名震江南，登门求学的人很多，先后大概有100多人，如海宁名医王和伯、杭州名医张硕甫等，都是他的传人。遗著有《问松堂医案》《金子久医案》。慈溪颜芝馨，青林渡（今属江北区）人，为江浙名医张和棻入室弟子，悬壶宁波市鼎新街，通文精医，长于内科，尤擅温热病治疗，行医以谨慎称，颇负盛名，编撰《温病条辨歌括》，刊于《中国医学大成》，另著有《志过集》，详述自己生平医治不效之症，藉此以书吾过也，尚有教学医言及部分医案留存。

钱塘（今杭州）叶熙春，名其蓁。早年从名中医莫尚古习医，研考医学典籍，深得其旨，随师临诊，虚心好学，不数年即能独立行医。晚清名医姚梦兰见叶年少有志，延其侍诊两年，得传心要，医术大进。初行医于瓶窑镇，后悬壶于余杭镇木香弄，名诊室为“问苍山房”，以治病救人，问心无愧自勉。诊治之余，博览群书，治学严谨，对金、元、明、清医学家学说兼收并蓄，冶于一炉，又吸收现代医疗技术，参考民间验方，取长补短，自成一格，识症遣药，自出机杼，治病注重卫气营血与六经结合，辨证施治，处方丝丝入扣，出险入夷，精通内科、妇科，对外感时症、内伤虚劳、痰饮、鼓胀诸病均有独到之处，蜚声浙北。民国18年（1929年）至上海行医，连接治愈若干疑难绝症，名声益振，江、浙、皖诸省慕名求医者亦众，著有《叶熙春医案》。20世纪50年代，叶熙春较系统地提出了胃脘痛的治法治则，即注重胃府和降通达与脏腑间的相互影响，在气分血分上详尽辨病。秀水（今嘉兴市）李树滋，曾任嘉兴医师工会副干事长，系晚清禾城名医李子牧嫡子。幼年随父习医，弱冠即侍诊，人称“小先生”。李氏家素有藏书，李氏又酷爱读书，故其学识渊博，根底深厚。观李氏医案，不但析理透彻，而且医文并茂，其用药主清灵轻透，治郁症则师法其太夫子陈莲舫之“五花汤”（玫瑰花、代代花、厚朴花、枇杷花、梧桐花）加减出入，取“轻可去实”之义，其治温热病博采众长，而多阐发，尤其对热病后存津液，用药非常谨慎，喜用“三鲜”即鲜生地、鲜芦根、鲜石斛捣汁频饮，而和胃健脾，又常用“焦三仙”，即焦六曲、焦鸡金、焦谷芽。慈溪魏长春，字文耀，魏家桥（今属余姚三七市镇）人。民国3年，到桐乡石门湾天生堂药店当学徒，3年后回宁波问业于颜芝馨，21岁起在慈城开业行医，熟读中医经典著作，博采众长，医名渐显，民国24年出版《慈溪魏氏验案类编初集》。1956年应聘至杭州，次年出任浙江中医院副院长。治学严谨，熟谙经典，善于汇通诸家，又吸取民间医药，遣方有道，选药精当，疗效显著，80岁后仍坚持临床和教学，著有《魏长春医案》等多种，校订有《范文虎医案》等。鄞县王庆澜，师事范文虎，尽得师传，长疡科，悬壶甬上，负医名，遣方用药有范氏遗风，娴熟经典。平生服膺王清任，对《医林改错》一书研究有素，认为王清任提创“活血化瘀”，以及所创诸方，补前人所未备，于临床杂证之治，用之切实，所传门人多为甬上之佼佼者。吴涵秋，字朝绅，原籍上虞。早年师事宁波范文虎，学医8年，民国14年在宁波开设诊所，曾倡中西医结合，疗效显著，民国26年与庄云庐、钟英等创办宁波国医专门学校，自任校长，以培养中医人才。民国31年移居上海，继续行医，历任四明医院、第十人民医院、第十一人民医院中医师，并任上海中医学院曙光医院院长，上海中医学会常务委员等职，从医50余年，授徒50余人，其所办医专，为中医界输送了大批后继人才。吴氏善用经方，博采时方，用药善以峻剂起沉疴，擅治伤寒热症，又长于虚弱症之调理。吴氏受西医学影响，主张中西参合，取长补短，发展中国医药学。许勉斋，字勤勋，号半农，余姚人。民国17年毕业于浙江中医专门学校，并在该校执教，中华人民共和国成立后曾任余姚县中医协会主席，1956年奉调至浙江医学院执教，后去南京中医学院全国中药师资班进修，毕业后任浙江中医学院内科教研室负责人，学识渊博，其所著有《勉斋医话》，对肾炎颇有独到之研究，另有《病理学》抄本行世，尚有《景岳新方摘要歌诀》《金匾方诀类编》等。陈道隆，字芝宇，慈溪人。幼年多病，立志学医，14岁时，正值浙江中医专门学校招收新生，规定18岁以上才可报考，他虚报4岁应试入学，民国15年毕业，因成绩名列榜首，按规定被任命为该校附属医院院长，19岁被浙江大学聘为哲学系教授。不久，杭州流行疫病，陈氏除主持教学外，采用自拟处方，积极为病家诊治，治愈者甚多，医名大噪，即在杭州行医，善治湿病，有伤寒专家之称，民国26年迁居上海行医。中华人民共和国成立后被聘为广慈医院（今瑞金医院）、华东医院中医顾问，著有《伤寒临床介绍》《中医临证备要》《陈道隆医案》等。乐清南宗景，名振镛，自称“雁荡下工”。其曾祖南金、祖父南琴舫皆以医名噪温州，少承家学，民国17年又就业于上海中国医学院，毕业后悬壶温州，任永嘉中医公会主席，民国20年1月，南宗景创办“温州宗景国医专修社”，民国25年春任教于苏州国医学校，同年秋任教于上海中国医学院，曾编著《中医内科全书》，作为教学课本，于民国25年出版。他还热心办学，毕生为培养中医后继人才不懈努力。绍兴傅再扬，家为世医，祖傅文钊、父傅伯阳均有医名，人称“傅氏内科”。自幼随父习医，既承家学，又有发挥，在仓桥直街开设诊所，擅治伤寒疾病，辨证重湿，施治主化，用药轻灵，精研舌诊，医誉颇佳。其性端庄诚实，乐善好施，颇受同道好评，1951年任绍兴市医务工作者联合会副主任委员，1955年应聘绍兴市第二医院中医科，任副院长。业务上兢兢业业，精益求精，勇于探索，1955年7月，省卫生厅通报表扬其用鱼虱子治疗直肠癌。遗有增纂其祖傅文钊《医家经纬》稿本及大量医案。池如勋，瑞安塘下前池人，17岁时曾从师池虬，民国29年毕业于上海中国医学院，1961年又于浙江医科大学第十二期中医师资班学习一年，后在温州医学院中医班从事教育工作3年，擅长内科，精通《伤寒》，曾用芍药甘草汤治愈“肠套叠”，大承气合小陷胸汤治愈“不全性肠梗阻”，白虎汤加味治愈数例“乙脑”，四逆散加薤白治疗腹泻，真武汤治疗眩晕、水肿、便秘等，对张氏《衷中参西录》极为推崇。池氏学识渊博，辨证精详，经验丰富，疗效卓著，深受群众敬仰。

中华人民共和国成立后，中医内科的发展得到了很大的进步，在流行性疾病、心脑血管疾病、消化系统疾病等方面都取得了很好的成绩，尤其还逐步开展了中医急诊工作。

(一)在流行性疾病防治方面

中华人民共和国成立初期,浙江省各地展开了大规模的防治工作,中医内科在其中发挥了重要作用。如1959年冬至1961年底,湖州市中医院承担县、市肝炎病人隔离治疗任务,用中医中药治疗急性黄疸型肝炎1000余例,疗效显著,得到浙江省中医药研究所的重视;抢救急性、亚急性肝坏死肝昏迷18例,存活5例(存活率为27.78%)。1967年春季,湖州市中医院弁南分院收治流行性脑脊髓膜炎200余例,其中爆发型占40%以上,仅2例因来院过迟,已丧失抢救时机而死亡。1984—1987年,湖州市中医院针对多元耐药伤寒菌株引起的伤寒流行,病人毒血症症状较重,有效抗菌药药源紧张,发挥中西医结合的优点,取得较好疗效,伤寒发生急性播散性血管内凝血(DIC)重症一例,抢救成功。

(二)在血液病防治方面

1967年开始,浙江省中医院血液病组在国内最早开展中药三尖杉对白血病的治疗作用研究,HOP/HOAP方案对急性髓细胞性白血病完全缓解率达61%,该研究成果获得省科技成果奖二等奖。后来血液病组在此方案基础上改良,运用HA方案治疗急性髓细胞性白血病,取得了显著的疗效。该方案与DA方案被写进了西医内科学教材,成为治疗急性非淋巴细胞性白血病的经典化疗方案。1976年分离出三尖杉和高三尖杉酯碱单体,由浙江民生药厂生产,单独应用使白血病缓解率达18.4%。1982年,浙江中医学院老中医吴颂康长期坚持对血液病的辨证施治研究,应用二仙温肾汤治疗再障82例,取得较好疗效,其中周围血象正常,临床症状消失了3～5年以上的20例,总有效率达85.4%,而且对缺铁性贫血疗效更为满意。1984年,浙江省中医院马逢顺等进行短期细胞培养法,预测高三尖杉等五种药物对急性白血病敏感性课题的研究,经35例试验,与临床效果的符合率为88.6%。

(三)在肿瘤防治方面

浙江中医学院潘国贤在20世纪60年代就应用中医药系统治疗数十例肿瘤患者,取得较好疗效,治疗7例脑肿瘤,存活最长者达18年,最短者有7年多。1968年,富阳县上里乡新新村吴宏贤用猫人参试治肿瘤偶尔有效。1970年,吴宏贤进三山公社卫生院,专以此药治肿瘤,并整理成复方猫人参汤,因患肿瘤至该院求治的患者远及上海市、黑龙江省等地。1975年,杭州市中医院杨少山以养阴清肺法治疗肺癌,病案105例,均属晚期,延长生存率5年以上者占39%,有3例达9年。1977年,浙江省中医院钱明山等开展选择性动脉插管化疗结合中医中药治疗晚期食管癌、胃癌近期疗效观察的研究,把选择性动脉插管化疗与中医中药治疗紧密结合,治疗205例358人次,近期症状改善率达90.77%。同年,浙江省中医药研究所王锦云、赵树珍等根据中医"养正积自除"原理,开展人参香茶片治疗中晚期胃癌(术后)的研究,临床疗效验证101例,Ⅱ、Ⅲ、Ⅳ期病人的一年生存率分别为100%、88.01%、68.96%,化疗组78例,Ⅱ、Ⅲ、Ⅳ期一年生存率分别为94.33%、70.58%、41.37%,一年生存率较化疗组高。

（四）在消化系统疾病防治方面

1977年5月，浙江省中医药研究所李世俊等进行益胃膏治疗胃、十二指肠溃疡病及慢性胃炎的研究，制成益胃膏，总有效率为81.7%。1981年，通过省卫生厅成果鉴定，认为益胃膏原料均为常见中药材，具有廉价、方便、有效及治疗面较宽的优点，在国内同类制剂中达到先进水平，1982年李世俊等开展养胃冲剂治疗慢性萎缩性胃炎的研究。1980年，杭州市第三人民医院金亚城以单味番泻叶研粉口服治疗上消化道出血109例，完全止血103例，有效率为94.5%，平均止血时间为2.68天。1982年，浙江医科大学附属第二医院洪允祥等，按Astrup氏法对胃脘痛103例胃组织纤溶活性进行观察，发现血瘀与纤溶及血凝增高密切相关，并随着病程延长，血瘀兼证的发生率及胃组织纤溶活性均成比例增高，证实“久痛”与“入络”确有关系，为临床治疗提供了依据。同年8月，由浙江省中西医结合研究会牵头，与辽宁省协作成立胆道残石协作组，从事胆石成因分析和溶石治疗研究。1983年，由浙江省中医药研究所研制出溶石乳剂，并在橘油成分中提出组成橘油复方胆酸钠乳剂治疗胆道残石共69例，显效31例，有效30例，无效8例。1984年，浙江省中医院项伯康、周亨德等开展经内窥镜乳头括约肌切开加中药排石的疗效研究，对55例胆系疾患经内窥镜下乳头括约肌切开手术后加服中药治疗，有效率为96.2%。2008年，浙江大学医学院附属邵逸夫医院姒健敏主持建立中医药肠胃实验室。该实验室下设胃肠癌及癌前病变监测、干预及阻断研究2个主攻方向，掌握分子生物学各项技术、实验动物模型建立技术及消化道动力检测等主要技术，科研能力较强，已开展多项国家、省部级科学研究工作，并取得了较好成效，获得省级科技成果奖3项，发表SCI/EI/IM论文30余篇，获发明专利2项，实用专利2项。

（五）在泌尿系统疾病防治方面

1978—1980年，杭州市红十字会医院洪用森等在10例肾病患者肾移植手术前加用中药治疗，结果存活7例，比单纯用西医方法治疗的疗效要高。1979年，浙江中医学院陆芷青在长期临床中总结出尿路结石的虚实之辨证在于舌苔与脉象的辨识，并根据本病的5种症状分别施治，取得较好疗效。该院蔡鑫培通过对本病的长期治疗，研制出尿石八味汤专方，临床根据病情酌加清热利尿中药，获得较好疗效。同年，浙江中医学院马莲湘发现脾肾不足是产生慢性肾炎尿蛋白的主要原因，辨证治疗分为三型：脾虚湿困型用益气健脾与渗湿利尿法，脾肾阳虚型用益气、温肾、利水法，肝肾阴虚型用滋阴益肾并佐以利尿法。浙江中医学院据此研制成“电子计算机模拟马莲湘老中医对肾炎辨证论治系统”，经210例上机验证，处方准确率达95%以上，该项成果1980年12月通过鉴定，达国内先进水平。1980—1981年，杭州市红十字会医院王永均对100例原发性肾小球疾病患者在中医辨证分型基础上，检测甲皱微循环、血液流变学、心肾功能及免疫指标，发现阳虚型肾炎免疫功能降低，全血黏度升高，外周循环郁滞，易致心肾功能不全，提出本病的瘀血证与阳虚有关，具有“虚中有瘀”特征，采用温肾、益气、养血及化瘀方法能提高疗效，同时还进行慢性肾小球疾病肾虚证实验与临床诊治研究，经对505例患者应用多项指标临床综合分析，发现在本病发生、发展过程中，都存在肾失封藏，导致蛋白等精微物质随尿流失的病理环节，通过采用塞流、澄源、复本三法，提高疗效。该项研究1984年8月经省级鉴定，达到国内领先水平。1983—1984年，浙江中医学院对马莲湘对急性肾炎、肾病综合征、肾结石等10种病的辨证施治思维过程与技术方法进行系统研究，编制成“马莲湘教授多病种电脑诊疗系统”，经144例回顾性抽样验证和83例应用，符合率为99.4%。该系统于1984年10月投入门诊，疗效良好。1984年，浙江中医学院朱古亭运用健脾益肾法，以参苓白术丸为主方随症加减治疗肾病，收到较好疗效。1984—1987年，湖州市中医院开展中西医结合加中药煎剂灌肠治疗慢性肾功能衰竭，疗效逐年提高。1985年，杭州市红十字会医院洪用森等以六味地黄汤加减为主方，收治10例原发性痛风性肾病伴慢性肾功能不全患者，发现疗效明显好于西药对照组。2008年，浙江大学医学院附属第一医院陈江华主持建立肾病、移植免疫中医药实验室。该实验室下设中西医结合肾脏病、中西医结合肾脏移植基础与应用基础研究2个主攻方向，掌握中药分离与纯化技术、分子病理技术、分子生物学技术等3个主要技术，科研能力较强，已开展多项国家、省部级科研研究工作，并取得了较好成效，SCI收录40余篇，培养省级青年名中医1名、博士后3名。

（六）在心脑血管疾病防治方面

1981年，浙江省中医药研究所、杭州红十字会医院樊良卿等，对冠心病中医辨证分型的客观指标进行临床与试验研究，研究表明以心的阴阳气血失调为主的中医辨证分型治疗方法确有病理基础和预后作用，对临床有一定的指导作用。9月，浙江省中医院徐志瑛以“通理攻下”“活血化瘀”法则治疗急性期肺心病，有利于血气的提高和二氧化碳的下降，达到活血化瘀的效果。1984年，浙江中医学院何任治疗急性心力衰竭，对急性传染病所致者从强心升压入手，用人参、麦冬、炙甘草、大枣(去皮核)急煎服，如身体不受人参之温者代之西洋参。对心脏瓣膜病所致证见哮喘、水肿等兼证者，用参麦饮与济生肾气丸合用煎服，临床表明以上方法疗效较好。

（七）在呼吸系统疾病防治方面

1979年10月，浙江省中医院杨继荪治疗急性期肺心病，根据热、痰、瘀、虚四个病理特点的主次，分别采用清热化痰、活血行瘀、益气养阴方法，选用黄芪等十多味中药加减，经长期临床验证，有较好疗效。浙江省中医院王会仍等研究中医肺气虚与现代医学肺功能的变化规律，通过105例患者的临床观察并与正常人对照，提出肺气虚可参照现代医学评定通气功能损害五级标准，分为尚虚、轻度虚损、中度虚损、重度虚损与极度虚损，为中医肺气虚的诊断与治疗提供了应用经验。杭州市中医院研制唐福安诊疗咳喘电脑中医专家系统，课题重要内容：根据省名老中医唐福安辨证治疗咳喘的多年临床验证，通过统计总结，模拟辨证规律，编制电脑程序，达到电脑模拟唐老诊病处方的目的。

（八）在急诊方面

1968—1971年，湖州市中医院抢救脑出血、中毒性菌痢、有机磷农药中毒、急性左心衰竭、感染中毒性休克等重危病人成功，解决了当地缺医少药的困难。1983年，湖州市中医院开展热、血、痛、厥、脱、闭的中医急诊工作。

二、外科

浙江中医外科起源于新石器时代。余姚河姆渡新石器时代遗址中发现的骨器，说明早在六七千年前，生活在那里的人们就掌握了简单外科工具的制造技术，并学会用它们穿刺引流，治疗简单的外科疾病。骨器分三种：骨锥（其尖打磨极精细，可作砭刺用），骨簇（分挺、锋两个部分，锋甚易刺入皮肉），管状针（其中一些无眼孔者，显然不是用来缝制兽皮衣服，而是用作刺砭）。这和史料记载的中国早在新石器时代至奴隶社会时期即已发明"砭针"等外科医疗工具的论述是相一致的。

浙江中医外科医疗活动大约出现于南北朝之际，最早的外科医生当推上虞人孙溪叟。孙氏初为家奴，南朝宋文帝元嘉初年（424年）逃入建安，后行医民间。孙氏对疮疡有独特疗法，凡疮疡流血不止者，应手即止，疮疡敛口而愈。稍后，武康人姚僧垣总结当时外科诊治经验，编著《集验方》13卷，这是浙江最早的一部外科专著，惜已亡佚，但《外台秘要》中引有其部分内容。《集验方》记载了当时对痈疽的独特治疗方法，如指出对痈的治疗要切开排脓，切口应在痈疽的下方，并要注意引流，对石痈（骨肉瘤）与瘰疬、痈和瘤的鉴别诊断也颇有独到见解。

南宋时期，浙江比较著名的外科医学家有浙东鄞县的史源。史氏字文翁，一字建安，鄞县人，补修职郎监绍兴曹娥盐场，孝母而精医，擅治背疮，著有《背疽方》1卷（已佚），系其临症经验总结。

金元四大家之一的朱丹溪对浙江外科医学的发展贡献较大。他运用自己广博扎实的医学理论知识和丰富的实践经验，对宋代陈自明的《外科精要》进行评述发挥，系统论述外科的理、法、方、药，撰成《外科精要发挥》一书，从而将外科学术推进了一步。丹溪强调外科疾病治疗要和内科辨证相结合，认为疮疡痈疽虽多生于体表某一部位，但与内脏功能失调有关，是整体病变的局部的反应，故治疗上应明辨经络，用药要突出扶养胃气。这些精湛的论述对后世外科医家的影响无疑是很大的。

元明时期，浙江战乱频繁，劳役严重，造成疡、疮、痈、疽等外科疾病蔓延，从而也要求有较多的外科医家来适应治疗的需要，提高外科在医学界中的地位。外科被承认为十三科之一，其理论与方药也日趋完整，并且出现了外科世医。据《钱塘府志》记载，浙江的外科世医开始于元代。医术高超、名盛一时的有钱塘人倪垕以、倪居敬父子，尤其是居敬，于元至正元年（1341年）荐补为杭州府医学正，后又升为医学教授，浙江官医副提举、医学提举，其主事期间，尽瘁于医疗，活者甚众，有口皆碑。朱元璋反元初起时，士卒多病，遂遣使者邀请居敬。居敬弃元高官厚禄，为义军行医，疗疾多愈。元璋建明朝初，居敬却辞归乡里，优游湖山以老。此时，浙江外科医家还开始采用当时国内比较先进的治疗方法，如鄞县人李生采用挂线疗法医治痔疮。李氏外科医术神奇，为人治病既多奇效而不矜功，不责极，人以是尤重之。李世英，字少颖，号雪岩，鄞县人，世攻外科，壮年从学于陆从老，诊脉明彻，医术高明，尝供职为明保义郎权殿司机宜及太医，行医50余年，用药多出奇制胜，尝坚持以附子、雄黄等剂治阴疽症获效，后将其治疗经验整理成《痈疽辨疑论》（日本有抄本残卷）刊行，将治疗恶疮之法广为流传，深愿家家尽晓，人人自会。浙江著名的伤寒学家陶华不但在伤寒学上为世人所重，其对外科的研究也是值得一提的。陶氏根据痈疽的若干兼证制定了内服和外用方共70余首，撰为《痈疽神效秘验方》1卷。该书对当时外科医家颇有裨益，后为薛己收入《薛氏医案》。天启、崇祯年间（1621—1644年），浙江外科医学甚为兴旺，其间贡献最大的医家当为海宁陈司成。陈氏世操疡科，传至司成已八代，在杭嘉湖一带名声很大。此时期，海口通商，交流颇频，岭南广疮（梅毒）患者流涉，司成经数载观察医治，同时悉心研究方药，于明崇祯五年（1632年）著成《霉疮秘录》，这部是全国最早的性病治疗专著。司成认为：梅毒是两性交媾而得，在治法上宜清热解毒杀虫为主，并首先采用砒与轻粉（砷剂）医治。司成在外科学上的突出贡献不但为浙江，而且也为中国争得了殊荣。崇祯元年，钱塘（今杭州）王茵用浙江丰富的桑树皮制成外科手术缝合线，就地取材，独具一格，同邑姚应凤也以疡医知名，《钱塘县志》称其"割皮刺骨，一见洞然知表里……人皆以为神"①。明崇祯年间，温州抚军喻思恂患发背剧甚，当地无人能医，召应凤至，封腐肉二大碗，敷以丹药，二日痈平。姚氏后为太医院院判。此外，鄞县尤敬宗、嘉兴陆承宣、嘉善刘仰松、丁凤梧等，皆为明代浙江外科名医。

清代，浙江外科不仅出现了一批外科名医，而且产生了许多外科专著，如邹存诠的《外治寿世方初编》、汪华山的《外科易知》、孙震元的《疡科汇治》、邵澍的《外科摄要》、张千里的《外科方案》、沈志裕的《疡科遗编》、王绍征的《外科图说》、袁峻的《外科验方》、曹光熙的《外科要览》、叶氏的《七十四种疔疮图说》、卢真人的《疔疮紧要秘方》、祁坤的《外科大成》等。特别是《外科大成》一书，清代官修的《医宗金鉴·外科心法要诀》即以此书为蓝本。钱塘人吴尚先集20年之经验，系统总结了清光绪以前历代外科医家及民间流传的外治方法，以骈体文写成了国内第一部理疗性外科专著《理瀹骈文》，对中医外科理、法、方、药的完善和外治法的广泛流传及普及应用作出了杰出的贡献。

民国时期，浙江外科也出现了历史上从未有过的繁荣景象，外科名医辈出，学术水平达到了较高的层次，不少方面在国内居领先地位。当时学术流派众多，并形成了以家传数代为特点，遍布全省的外科世家。这些外科世家在医术上各有千秋，他们或以刀法独特著称或以辨证精确闻名，或以方药灵验享誉。他们的学术思想与医疗经验一直延续至今，为现代浙江中医外科学的不断发展奠定了坚实的基础。如潘氏外科起源于德清县戈亭乡曲溪湾村，经过近200年的流传和六代发展，成为江南重要的外科学术流派。潘氏外科学术观点崇尚《医宗金鉴·外科心法要诀》。潘氏自家编辑，作为传授弟子的启蒙书《疡症歌诀》是以《外科心法要诀》为蓝本，参考《疡医大全》，由《外科心法要诀》的330个病名，缩成为290个，并作了文字上的修改，使之诵读顺口，容易领会。据现有资料，世系排列暂以潘鼎为第一代，潘鼎以善治疗疮著名，第二代潘旭，字东阳，博览群书，医术精深，为道光间吴兴名医。潘旭长子吉甫，次子申甫，皆能克承家业，从学弟子均近百人。吉甫编著《疡症歌诀》《外科汤头歌诀》《内证方药歌诀》《内科汤头歌诀》《分经用药性赋》《七言脉诀》《经络歌诀》《外用方药》《潘吉甫医案》等，申

---

① 〔清〕蒋廷锡等：《古今图书集成医部全录·综录·医术名流列传》，中华书局民国23年（1934年）版。

甫曾与王彤轩、张彦英、吴谱农等弟子成立曲溪湾国医研究会，每逢农历三、六、九聚会一堂，注重学术经验总结与医著，撰有《周身名位骨度》《内经十二官》《六淫问答》《七情论》《揣摩集》，编辑《运气要诀》《时用妙方》《游丹十症》等著作，医案委曲详尽，独具风格。经其子青时、孙鉴清及曲溪湾国医研究会收集验案 360 余例，编成《潘申甫医案》，基本形成曲溪湾潘氏外科学术经验和特色的书面资料，此为第三代。第四代有青泉、莲舫、青时等继业，业务地域均有所扩大，青泉尤精内科，莲舫曾中举，清光绪二十五年（1899 年）迁居湖州。第五代为潘氏外科鼎盛的一代，同辈八人行医，各自发展，各具特色，鉴清擅长刀法，芹波自制导灵丹，疗效显著，澜江善治肠痈而著称，更有潘春林擅治疔疮，及头疽、流注、肠痈、无头疽等疗效卓绝，治愈疑难重症不知其数，并设稻香书屋藏有传徒课本及医籍百数余部，弟子 100 余人，遍及江浙皖三省，传其衣钵亦有声于时。第六代柏年、瑾、梓章、斌章、兆康、嘉矿、再初等承家传内外科。外支有东南湾、前镶、袁家汇等，均颇负盛名。潘氏诸医家注重实效，不尚空谈，既承家学，广撷众长，为后人留下了宝贵的学术经验。严氏外科创始人为严海葆，镇海人，其早年得天童寺挂锡之僧师传，专疡科，后转中医外科，尤擅治乳腺炎等症，内服、外敷并用，创立严氏外科。其女严瑞卿继承家传，毕业于苏州中医专门学校。其弟子闻茂康、刘中柱、邱嗣康分别行医上海、宁波，邱嗣康整理其师医学经验，编有《乳房疾患》。夏墨农，德清人，五世业医，悬壶于菱湖，抗日战争时迁沪，擅长外科，精于疔、疖、痈、疽、流注、瘰疬等证治，重视整体，内外兼施，因人因地因时制宜，采用多样治法，如以盐腌法外敷治疗“鳝拱头”，挂线法治疗瘘管，熏洗法治皮肤病等，均简便有效，行医 40 余年，门生颇多。杨咏仙，字天喜，湖州人，少年师从李梦莲，19 岁在东门圣堂湾行医，抗战时迁居东街，1952 年带头组成东街中医联合诊所，历任湖州联合中医院副院长、湖州市政协委员、湖州镇人民代表、镇人民委员会委员。杨氏精外科，对疡科痰证及阴证的诊治有丰富经验，临证常循内治外，执内科之理以治疮疡，结合临证实践，修配外治经验方，如消散肿疡之“白灵丹”，治疗臁疮的“白调药”，治疗湿风疮的“青黄调”，治疗霉菌的“青云散”，都达到简、廉、验的要求。杨氏医风严谨，医嘱殷勤恳切，贫富一视同仁，对赤贫病者不但免收诊费，还施送内服中药。杨氏传授弟子甚众，遍及江、浙、皖，不少已成为当地知名医家，著有《杨咏仙医案》。郭问农，禾城（嘉兴市）人，嘉兴中医院中医科痔科名中医，初习妇科，后因工作需要去福建进修中医痔科，回院后在南湖门诊部从事内科兼职痔科，积 60 年丰富临床经验，尤其在肛肠领域有很多治瘘痔经验，如内服凉血地黄汤治初期内痔出血，补中益气汤治晚期痔疮脱出，止痛神汤治术前、后肛痛，因人而异选用枯痔法、压缩法、挂线法、外治法、熏洗法等每收良效，如用红升药线治疗内痔，明矾压缩治混痔，中药内服外敷治肛瘘，中药汤剂熏洗治肛门瘙痒等，在几十年的临床实践中，以显著的疗效赢得病家信任。余步卿，杭州人，浙江省中医院外科名老中医，早年曾师从杭州中医外科名家费元春（湖州外科名家潘生甫弟子），学术上推崇《医宗金鉴·外科心法要诀》，兼取温病学说，擅长通过调理脾胃来达到外科疾病的转归作用，重视整体观念和辨证论治在外科治疗应用，善于随症变通，采用消、托、补治疗外疡的三大法则，对疔疮、脑疽、乳痛、流疽、外伤血肿等有独到的治疗技术，在长期的临床实践中还创制出正灵丹、迎春散等 13 种外科用药，撰有脑疽、乳痈、喉风痰毒、骨疽、疔疮走黄论治等论著，行医 50 余年，治人无数，深受百姓信仰，曾多次任省人大代表，1962年评为浙江省名中医师。

中华人民共和国成立后，各地相继办起了中医医院，中医外科作为中医医院的主要科室之一，对发展中医工作起到重要作用。如湖州市中医院在1956年建院时，潘春林、杨咏仙、潘澜江三家外科外用药经验方无私地献出，然后融三家流派的外治经验于一炉，制订为该院外科外用药协定处方。1958年，湖州市中医院病房开展枯痔法、枯痔疗疗法，治疗二、三期内痔，结扎疗法治疗外痔，挂线疗法治疗肛门瘘管。1965年，湖州中医院与浙江省中医研究所合作，开展中草药治疗毒蛇咬伤、蛇毒中毒的临床和科研工作，1970年，蛇伤工作先由湖州市中医院外科单独承担蛇伤治疗和研究任务，应用中药搜风解毒，清火泻毒与抗蝮蛇毒血清治疗蝮蛇咬伤蛇毒中毒病人近1000例，治愈率达95%以上，1979年设立蛇伤科，用“抗腹蛇血清”及中药搜风解毒、清火泻毒治疗腹蛇咬伤蛇毒中毒病人近千例，治愈率达95%以上。名老中医潘春林和潘澜江是五代相传外科，遐迩闻名，1963年起对潘春林的学术经验进行整理总结，1978年《潘春林医案》由浙江人民出版社出版并获奖，《杨咏仙医案》于1980年内部刊印，编著《外科方药集》，收集潘、杨二氏外科外用药经验秘方100多张。1980年起，湖州市中医院受省卫生厅委托举办多期外科进修班、外科外用药炮制班、中医外科诊疗标准讲习班，先后为来自49个县市的40多所中医院培训了中医外科专业人才96名。据1985—1989年统计，接受各地医院外科临床进修及省内外中医院校毕业实习128人次，外科专业撰写论文及经验总结192篇，分别参加全国、省、市学术交流，其中30多篇为省级杂志刊用，对乳病、脱疽、骨髓炎等疑难病症有较好的治疗经验，乳病中的乳痈、乳漏、乳癖、乳悬、附乳等均有临床报道。

宁波市中医医院蛇伤科1980年开诊，承业名老蛇医徐祖青，以中草药治疗蛇伤病人1014例，除一例病重死亡外，余皆愈。1983年，宁波市中医医院刊印《徐祖青治疗蛇伤经验集》，收入省卫生厅编《医林荟萃》，其弟子沈鹏年撰《徐祖青治疗蛇伤经验集》。1985—1987年，在内科协助下用人参、参麦针加呼吸兴奋剂治疗蛇毒中毒危重症，抢救成功率达90%以上。

湖州市道场卫生院于1986年10月20日改建为“痔瘘专科医院”。该院设有专科病床53张。采用内痔套扎、外痔切除、混合痔外剥内扎、肛裂侧切扩肛、肛瘘挂线及切除，以及消痔灵注射和激光等多种方法，痔瘘专科医院多次参加省举办的学术交流会及医疗咨询活动等。

1998年，浙江省中医院潘午印把皮肤病的外因总结为风、湿、热、虫、毒五种，重视审证求因，内外兼治，在长期的临床实践中总结出临证七法，即益气养荣法、调和肠胃法、重镇软坚法、活血化滞法、冻血散瘀法、清热利湿法和养血祛风法。1999年，浙江省中医院皮肤科完成“皮炎消净饮2号治疗异位性皮炎的临床和实验研究”项目，该项目完成后获奖并推广应用。

三、妇科

浙江历代医家不仅积极从事妇科医疗实践，且善于总结经验，勤于著述，为后世留下了大量的妇科著作，提供了宝贵的临床资料，所编撰的妇科著作见于史料记载的就有百余种，现存于世的约计60余种(包括未刊本)，占全国中医妇科古籍1/4左右。这些著作内容丰富，记载翔实，论及经、带、胎、产等诸方面，既有系统之理论，又有典型之病案，尤其是收入了历代名医的经验方，从中充分反映出浙江历代医家较高的妇科诊疗水平。

早在东汉时期就有道士于吉（一作干吉）专为妇人治疾。公元9世纪，钱塘人郭照乾（字汝端）以治疗妇科疾病名闻四方。宋朝迁都临安后，大批北方名医南迁来浙，促进了南北医学交流，浙江中医妇科得到了很大的发展，出现一些妇科名医，如奉化人陆曮，以妇医名重于世，时“闻新昌徐氏妇病产，涉二百里至之，及门，妇已死，但胸间犹微热。陆入视良久，曰：此血闷也。即以红花数十斤，大锅煮之，候汤沸，以大木桶盛之，取窗格籍妇人寝其上，汤气微又复进之，又顷，妇人指动，半日遂苏”。① 可见其产后用活血法之异特与大胆。特别需要指出的是，当时浙江开始形成中医妇科世家，其中誉满民间、盛名最著者有以下几家：

（一）萧山竹林寺女科

南朝南齐年间（479—502年），竹林寺建立，位于萧山县城厢镇东门惠济桥北堍，始名古崇寺。至五代后晋天福八年（943年），寺僧高昙得异授而兴医业，遂振兴寺院，在古崇寺旧址扩建屋宇，更名为资国看经院，到北宋太平兴国七年（982年）改赐惠通院。南宋绍定六年（1233年），医僧静暹（晓庵）治愈了理宗赵昀皇后谢道清的重病，受封为十世医王（自静暹上溯4代，下延5代），理宗赵昀御书“惠济寺”，又敕赐“晓庵”“药宝”两匾，从此医名著于全国。因寺宅紫竹成林，风景清丽，寺院虽四易其名，仍以竹林寺为后人所著称，尔后，寺院历经沧桑，几度毁建，至清初，第37世绍钟（即空）禅师重建，较旧为壮观，道光年间，第32世莲尘师徒以医金所积，复加修建，大小屋宇达百十余间，占地面积8亩左右。其时，传奇纷纭，门庭若市、就诊者众。直至清末，第107世寺僧绪辉（俗姓陈，人称阿五和尚）还俗，改奉天主教，又在民国初年，藏经楼事益堂失火，以后日军侵华，寺院大殿毁于炸弹，连遭洗劫，竹林寺妇科日趋衰落，原竹林寺大殿的废墟，现已成了居民新村。萧山竹林寺妇科传今已109世，竹林寺妇科擅长治疗疑难杂症，治疗方法与用药记载于历代所刻和传抄的《萧山竹林寺女科秘方》中。1958—1959年，浙江省中医药研究所实地调查，各方搜集，经版本校勘研究，编撰成内容比较全面、收方最多的《萧山竹林寺妇科秘方考》一书。

（二）宁波宋氏女科

唐代开元年间（713—741年），河南商丘宋广平及其妻余氏所创宋氏妇科，传至宋代的宋钦，随宋室南迁，定居四明。宁波宋氏女科，是浙江四大（嘉兴陈氏、宁波宋氏、萧山竹林寺、绍兴钱氏）妇科世系之一，负盛名于浙东，历史悠久，学业俱丰，代有名医。宋氏祖居湘之郢州（今湖南郢县），为当地望族，官宦人家，素习儒，非以医为业，至广平公宋璟，儒而精医，每见堂下吏有疾，则审视之，诊断无不中鹄，药之亦莫不速痊，世人神视之，其夫人余氏，窃其术，专究妇人病，而济于世，虽闾间小民之妇，靡不被其泽，宋氏女科实从而肇其端。宋代，建炎初，有祖名钦者，由进士任七子城使，扈驾南跸，卜居于四明（今宁波）。嗣后，或有科举而显于朝，或

① 《浙江医林人物》，浙江省中医学会1983年编印。

有以医术鸣于时，居甬者则世代相亲，于医之道者，亦代不乏人。至明代万历时（1573—1620年），有宋林皋，已属20余世之医者，精于女科胎、产、经、带的调治，疗效卓著，名闻遐迩，医名冠浙东。林皋体会女科之书，自《产宝》《全书》之后，间有发明，然亦挂漏甚多。于是，集历代女科之书，芟支陈言，独存精义，参合己见，并特经筛选，取灵验、切要之方226首，撰成《宋氏女科秘书》，此书成于万历四十年（1612年），用传后世。清代中叶，宋氏妇科在甬开设杏春堂。清末，宋金熙在小尚书桥堍一幢民房内开辟诊所，人称小尚书桥宋家，亦称老宋家，成为宁波妇科疾病诊治中心。另一支脉宋凤远分设济世堂，亦称新宋家。民国时期，宋光祯、宋光泰兄弟在梅兰坊开业，由于治病擅用经带胎产验方，疗效显著，被誉为十八张方子，名扬江浙一带。宋氏妇科，自唐、宋、明、清，迄今传人不绝，堪称渊源久远，代不乏人。且初时仅传子、孙辈，后亦授外姓弟子，而今其传人分布在宁波、舟山、杭州等地，桃李遍布江浙。其后裔第37代传人宋光济，宁波市人，浙江中医学院教授、主任医师，师承其叔宋溪云先生，20岁行医，1956年后二次结业于浙江中医进修学校师资班，擅长对月经病、产前产后病及不孕症等的治疗，辨证治疗崩漏分为四型：血热妄行用清热凉血止血，气虚不摄用益气固经，气血瘀阻用活血化瘀止血，冲任虚寒用调养冲任、温肾止血。辨证治疗不孕症分为五型：肾虚宫寒用补肾培元、养血温宫法，肝郁气滞用舒肝理气、养血调经法，脾虚血少用益气健脾、养血调经法，痰湿阻滞用理气化痰、养血调经法，阴虚内热用养阴清热、理气止痛法。其1983年研制的“妇宝冲剂”曾获省金鹰奖与进步奖，撰有《宋光济女科经验集》等，1983年被评为省名老中医。

（三）绍兴钱氏女科

绍兴钱氏女科，世居山阴（今绍兴）石门槛，故又称石门槛女科。钱氏第11代女科始操女科业（北宋末年），是钱氏女科鼻祖。迄今22代，代有传人，有《大生秘旨》《胎产要诀》两书作为世传衣钵。南宋初年，康王赵构在绍兴行宫称帝期间，浙东女科只有钱氏一家，因此后、妃、嫔染疾都请钱氏女科诊治，因每能应手取效，颇得皇家青睐，钱氏医名鹊起，并世代相传。钱氏女科第14代钱象垧，字承怀，荟萃先世情蕴，医名显著，声誉远播，著有《胎产要诀》。象垧之子廷选（第15代世医）、孙登谷（第16代世医）、曾孙琦瑶（第17代世医）俱能绍先业、精妇科。第18代世医茹玉承家学，精胎产，且不外传，其传者，亦只传子而不传女。直到清代，第19代世医钱宝灿，破除陈规，收授外姓徒弟二人，一为绍兴徐绍忠，一为杭州何九香（何氏妇科创始人），皆有医声，且已枝茂叶盛，迄今已22世。有家传《胎产要诀》，代代珍藏。

（四）海宁陈氏女科

陈氏女科，起源于唐代。晚唐乾宁年间（894—898年），陈仕良，钱塘（今杭州）人，以善于医术闻名，尤其擅长调治妇科各病，后又任剑州（今四川剑阁县）医学助教，写有《食性本草》。后裔有陈沂者，字素庵，于宋建炎间治疗康王妃危疾有奇效，赐宫中掌扇，以便出入禁闼，子孙刻木为记，世为女科，称“陈木扇”。陈木扇女科，家学薪传，治病中的，疗效如神，深受患者信仰，传承不绝。清初，有梦熊，字宇春，继承家业，精通经典，他的儿子德潜，也有医名。道光年间，陈善南，字加言，是陈沂第22世裔孙，写有《医案略综》。加言之子宜南，继承父业。宜南之子维枚，字叔衔，熟谙典籍，博通诸家，名动一时，被称为八百年世医。叔衔子司叔，侄韶舞，精通医术，传给后代。陈氏子孙辈的传承，都仿照宫赐的木扇刻扇，作为嫡传的凭证，上面写有“宋赐宫扇，陈氏女科，君惠不忘，刻木为记”16 字，这就是陈木扇。陈氏妇科，世相沿袭，至今已有 24 世，经历 1200 多年。目前，继承家业的还有桐乡、海宁、嘉兴三支，形成了独具风格的妇科世医系统。陈氏女科后裔陈长元，17 岁从父陈宏勋学医，后又从当地名医吴苍霖习内科，开业于崇福镇，传徒六人。陈氏女科，世代相传，驰名浙北地区。

（五）海宁郭氏妇科

郭氏妇科渊源很长，开始于宋代郭昭乾。郭昭乾，字汝端，唐代汾阳王的后代，祖籍河南，由儒学医，擅长诊治妇产各病，享誉汴京，北宋大中祥符六年（1013 年）徙临安（今杭州）。宋高宗南渡，郭氏全家南迁，居住武林（今杭州），相传郭府男女都通医理。昭乾之子郭敬仲（系第 3 代传人），一向乐善好施，闻名遐迩。一天，有个道长病倒在郭家门前，敬仲听到后，马上叫家人把道长抬到中厅，给他调治，调养一个月，道长康复以后，不辞而别，只留下一朵大牡丹在桌上。这牡丹共有 13 个花瓣，每瓣写着药方，共 13 个药方，凡是妇科各病，依据这些药方辨别医治，马上奏效，于是称为“郭氏妇科十三方”，成为传医的秘本。“十三方”实际是郭氏几代行医的经验积累，是临床有效的药方。郭氏医名自昭乾始三传至曾孙郭时义。南宋建炎元年（1127 年），孟太后疾召医，时义以母冯氏应召，奉诏进宫，依牡丹方治好了孟太后的病，被封为“安国夫人”，赐田，赐葬，赐药碾如铁舟，并赐国姓“赵”，在海昌（今海宁）建了府第，于是世代居住在那里，至今称赵郭里。此后郭氏妇科历代相传，至今海宁还有继承人，经历 20 多代。

元明清时期，浙江妇科名家辈出，代有闻人，在海内声誉卓著，影响甚大。许多医学大家以其深厚的医理基础和丰富的临床经验探索妇科医术，编撰妇科著作，大大提高了浙江中医妇科的学术水平。清初单南山，山阴人，精妇产科，有专著《胎产指南》（8 卷）、《明易产科》（6 卷）、《广嗣真传》（1 卷），论及女科诸症，理论极为鲜明，阅之洞若观火。清雍正、乾隆年间，周文楷，字崇仁，晚号苏园。《鄞县通志》称“周文楷以善治带下称于里中，妇女就视者，日必满座”。乾隆六年（1741 年），因友人邀请赴菲律宾，曾治愈国王之病，后被挽留，定居吕宋（菲律宾），在当地以业妇科为主，将中医妇科传播邻邦，扩大了祖国医学的影响。清乾隆年间，嘉兴人计楠，字寿桥，其学折中诸家，尤擅妇科，治郁善用逍遥散论治，凡胎前之病以安胎饮为主，产后诸病以生化汤为主，颇具特色。安胎、崩漏力主补益，尊崇张景岳、朱丹溪，产后调治活用生化汤，且标本兼顾，其所撰《客尘医话》（3 卷）中论及妇科称：“诊胎产证二十余年，大险大危者十挽七八。”①鄞县人周秉乾，字品纯，号遁园，时有妇每孕辄流产，诊其脉沉而滑，决为水饮结于胞宫，宜攻逐之，处以十枣汤。然病妇畏惧，不敢服用，秉乾云：“经云有故无损亦无殒也，放心服之，祛其饮，方能安保其胎。”病妇服后，泻下十余次，去痰涎甚多，而胎竟安，后产一子。同邑李祖镛，字萼亭，时闻某富家妇多病，积十年不下楼，后孕年余不产，众医技穷，祖镛诊之

① 〔清〕计楠：《中国医学大成》（第 3 册），中国中医药出版社 1997 年版。

曰:“土为万物之母,无土则不生化也”,令坐卧泥地,以土炒白术煎饮,逾月即产。嘉善沈又彭(尧封)撰《女科辑要》2卷,内容为经水、崩漏、带下等几类,并附治疗方剂等。民国22年(1933年),张寿颐补注是书,名《沈氏女科辑要笺正》。

近代,浙江中医妇科医家数量众多,医术精湛,除誉载海内的世家之外,尚有其他名家高手以其医道造福于乡里,影响于医界。如嵊县竹氏妇科,作为越医的十大专科世家之一,声播远近、代代相传。其世居幸福乡紫竹蓬。第一代秉仁,子忠高,孙箓甫均传家业。箓甫传子芷熙、芷源,授徒张禹川,芷熙传子余祥、侄余芳、庆成等。《绍兴史志》记载“嵊县竹氏妇科,以芷熙医术最精……至城中后,先后在昌后堂、天德堂坐堂行医,诊务频繁。”竹芷熙中秀才后,弃儒行医,迁王山头村开业,既承家学之长,又能博采众长,于医理多有创见。曾受聘《绍兴医药学报》为特约撰稿人,发表“胎前忌用熟地说”“产后忌用黑姜说”等论著,《社友治验录》中载有其“产后小便出粪”“对口治验”“产后中风”等文章。后来随着名气渐大,竹芷熙来到剡城,先后在昌后堂、天德堂坐堂行医,诊务频繁。河北名医张锡纯十分赞赏好友竹芷熙的医德医术。竹芷熙曾注释《医学备要》,惜已散佚,现存《妇科医案问答》一书,在子孙、学徒间传抄,书中可窥竹氏妇科理论与方治特色。杭州何氏女科问世至今已有百余年。何氏女科形成于清末,原为绍兴钱氏女科外姓第二支脉。先祖何九香从业钱宝灿,学成即悬壶杭城,不久便以医名誉满钱塘。二世何稚香尽得家传,医术与九香先生齐名,载誉沪杭,其重视整体,尤讲究脏腑经络辨证,以调整奇经为调治妇疾之重要手段,对月经、崩漏、妊娠病症有独到的治法。现杭州市中医院妇科老中医何子淮、何少山先生,为何氏女科三世传人,又是何氏女科集大成者。何氏女科上宗仲景,更得力于陈良甫、张景岳、傅青主诸家,临床上有自己的独特风格,临床突出脏腑经络辨证,以调整奇经作为治疗妇科病的主要手段,治血病擅长调气机,治杂病善于理肝、脾、肾,治疗中敢于创新,形成自己的特色,对月经病、崩漏及妊娠病等有较好的疗效。杭州市中医院何子淮创制治疗月经病各种症状的调冲十法,即疏理、理气、平肝、凉血、温理、化湿、益气、补养、化瘀与清邪调冲法,辨证治疗崩漏分血热沸溢、中虚堤决与胞络瘀滞三型,提出清、补、散是论治的关键,具体治法为遏流、塞流与畅流。何氏对妊娠病治疗提出应从健脾运、固肾气、清营养血与开郁理气入手,具体根据症状不同分别采用平肝镇逆法、健脾安胎法、益肾固胎法、渗湿胞胎法、凉肝护胎法、熄风止痉法、润肺清火法、清邪安胎法。杭州市中医院何少山补其不足,以扶弱、通其有余以去滞为基本治则,治疗不孕症分为阴阳两虚、肾虚肝郁、寒湿凝滞、瘀滞积症与痰阻气郁型,分别采用温肾填精、补肾调肝、荡涤胞脉、养正除积与醒脑化痰方法。何氏女科近世来医名日著,是浙江妇科世家中的后起之秀。浙江省中医院裘笑梅,从事妇科临床50多年,对妇科血症、痛经、闭经、胎漏、滑胎及产后病症等治疗收效显著,在长期实践中创制了40多则经验方,有的开发成中成药。裘氏辨证治疗血症,根据病变的不同阶段,掌握塞流、澄源、复旧三个步骤,以调脾胃、补肝肾、行气血与消瘀血为环节,分别采用补血摄血法、清热凉血法、养血止血法、调气止血法和逐瘀止血法。1982年4月,裘笑梅在长年治疗妇女盆腔炎验方基础上,开展妇乐冲剂治疗妇女盆腔炎的研究,临床验证该冲剂具有清热凉血、消肿止痛的明显功效,对盆腔炎等引起的带下腹痛总有效率达94%,且药源丰富、廉价、实用安全、未发现明显的副作用,1983年12月通过省卫生厅、省医药总公司鉴定。

1984 年 6 月，浙江省中医院研制成名老中医裘笑梅诊治闭经、崩漏电脑两项应用系统，该系统经 1083 例回顾性验证和临床双盲验证，总有效率达 99.28%，并建立有独立的病例管理和药库管理系统，与诊疗系统有机结合，具有综合性特色，通用性强，使用方便，对中医妇科临床和教学都有较高的实际应用价值。

中华人民共和国成立后，浙江中医妇科得到快速发展。1985 年，湖州中医院与浙江省中医药研究所、湖州市医学科技情报站协作，共同研发“朱承汉老中医诊治月经不调专家系统”电脑软件，1988 年 1 月通过省级鉴定，获省级电子计算机软件科技成果奖三等奖、市级科技成果奖三等奖。该院开设“朱承汉诊治月经不调”电脑门诊，此软件并在丽水、普陀、龙游、文成、仙居等地推广应用。同年，湖州市中医院又对朱承汉经验方宁坤液浓煎剂治疗崩漏、月经过多、经期延长等病进行临床验证，据记录完整的 52 例统计，总有效率为 93%。

四、儿科

浙江中医儿科历史悠久，素来发达，代有闻人，名家辈出，其医术精湛，著述丰富，在当时及现在对全国中医儿科事业均有较大的影响。

早在南朝梁代，浙江就出现了名闻于时的儿科医家姚菩提。姚菩提，武康（今德清县）人，官至高平令，幼时因患病多年，对医药尤其儿科颇为倾注，梁武帝常诏他讨论方术，言中肯綮，颇得武帝器重，其子姚僧垣亦承父钵。

北宋移都临安，不少颇有名望的北方儿科医家随高宗南渡来浙，充实了浙江儿科医家力量，其中医名卓著者如：靳豪，原籍开封，迁居杭州，因治儿疾屡验而名重一时，遂为太医，后世靳从谦精祖业，亦为宋翰林医官，曾受赐“百子图”，后人称其所居之巷为“百子图巷”，至今仍存。李信，原籍开封，迁居杭州，精通儿科，任太医院判。在浙江本地出现了一批名闻于时的儿科医家，如范防御，名佚，钱塘（今杭州）人，世精儿科，因治儿疾名噪四方，人多以其官名“防御”直接呼之，其名反不为人知，后代均操儿科，尤以五世孙范思贤名重于世。据《东皋隐若传》云：“其先世在宋时有为防御者，医小儿名。思贤为防御五世，传其业，益精。居旁近人无贫与富，有小儿疾，辄趋思贤求医，其为医，务利人不务利己，名愈益。”①东阳汤民望，精小儿方脉，著有《婴孩妙诀论》，其孙汤衡尤邃祖业，著有《博济婴孩宝书》。四明（今宁波）僧释奉真，号普济，精儿科，民间传其能决患儿生死。据《鄞县通志》载：“熙宁中，曾遇一小儿疾亟，瞑而不食，掇掇欲死，使奉真视之，曰：脾已绝，不可治，死在明日……若急泻肝气令衰，则肝可缓，可延三日。越三日，果卒。”②

元代，浙江儿科因受战乱影响，发展比较缓慢，名家反不如宋时众多。元太宗七年（1235年），嘉兴闻人规（字伯圜）撰成《闻人氏痘疹论》4 卷。闻人规广求古人议论，证以己所见闻而撰成。书中提出小儿痘疹八十一问，并列述治法方剂，对当时痘疹治疗促进颇大。杭州沈好问，字裕生，号启明，善治儿科，尤精痘疹，曾授太医院判，著有《痘疹启微》。其子允振，字慎

---

① 〔明〕田叔禾：《钱塘逸闻遗事》，杭州六艺书局民国 17 年（1928 年）版，第 35 页。

② 〔清〕钱惟乔、钱大昕：《鄞县志》卷十八《方技卷》，清乾隆五十三年（1788 年）刻本。

伯，传其业。黄岩林恺祖，字景仁，以幼科闻名，相传得神授保婴秘方，患儿得其诊治，无不立愈。

明代时期是浙江儿科的全盛时期。一则由于社会安定，经济文化发展，二则许多内科医家转业儿科，一些医学名家重视儿科，对儿科医理多有阐发，这显然利于儿科医家素质的提高，如明代浙江医学大家张景岳著《小儿则》(2卷)，专论小儿杂病，另外还有《小儿则古方》(1卷)，《景岳全书》中尚有《麻疹诠》(1卷)、《痘疹诠》(1卷)。至于儿科名家，则层出不穷犹如群星争辉，如钱塘葛林，字茂林，成化时为太医官。诊疾洞若烛照，著有《杏坞秘诀》1卷。陈氏，佚其名，鄞县人，擅儿科，著有《小儿按摩经》1卷(今存)，被收集在杨继洲所编《针灸大成》卷10内，填补了自《汉书·艺文志》记载《黄帝岐伯按摩》10卷(大约是秦汉作品)以来1500余年推拿专著的空白。萧山魏直，字廷豹、号桂岩，明嘉靖间人，治痘疹独具心得，所著《博爱心鉴》(3卷)，以"血气送痘气"立论，认为痘本于气血，治痘急于扶正抑邪，主张气血充足，则痘毒轻而易出。① 钱塘吴元溟，字澄甫，先世精儿科，其尽得所传。万历年间(1573—1620年)，痘大行浙，吴治之奇验，著有《痘科切要》《儿科方要》。杭州任二畸，字瑞庵，系儿科世家，观患儿啼叫，即知其痛苦所在。其子允谦、懋谦均传其业。杭州仇凤翔，字敬寰，自幼习医，治小儿病常不用药饵，但视患儿经络所急，以手按摩令汗出，病即愈。湖州王中立，精孺婴方脉，其子奎，字文融，尤以儿科著名，正德间辑家传经验成《幼科类萃》38卷，文融子以勤、曾孙元吉均袭其业。长兴朱惠民，字济川，万历间人，曾以《博爱心鉴》为蓝本，撰有《痘疹传心录》《慈幼心传》《采痂种痘法》传世。海盐石涵玉，字启泰，治痘疹奇效，认为"惊开心窍"，主张使痘随汗泄之，可谓别出心裁。嘉兴徐谦，字仲光，号澄光，治痘擅长清解，主张按五脏所主及经络传变，观形察色诊治，治法着重审证，不偏于攻或补。衢州徐用宣，永乐间人，儿科世医，医宗钱乙，著有《袖珍小儿方》10卷。宁波赵贞观，字如葵，名医赵献可之子，精儿科，撰有《痘疹论》等书，惜已佚。湖州费启泰，字建中，精痘疹，认为痘疹流行与诊治和天时运气关系密切，如泥守古法成规，必贻误病情，晚年著《救偏琐言》10卷传世。

明末清初，浙江儿科开始流传国外，时有钱塘人戴笠，字曼公，曾从名医龚廷贤游，尽得其传，后业儿科，明亡后赴日本崎岙行医，在当地以擅治痘疹闻名。《日本医学史》载其著有《痘疹百死形状传》《痘疹唇舌秘诀》《痘疹论》《痘疹唇舌图诀》《痘疹口诀》，在日本儿科医学史上颇有影响。② 海盐冯兆张，字楚瞻，精医，擅长儿科，积30余年经验撰成《冯氏锦囊秘录》一书(内容含儿科)，梓行不久便流传越南，深获越南医家崇赏。③

清代的浙江儿科由于明鼎盛期的良好基础，开始形成各种流派和儿科世家，名医很多，儿科专著也很多。这些名医学术上多有创见，临床上各具特长。如余姚杨予桔，号臞仙，提出"不明天元甲子五运六气者，不可以业痘科"之说。④ 绍兴李菩，字东白，号梅山，主张诊治应重视辨别证之虚实和小儿禀赋之厚薄，认为痘内发于脏腑，外应乎气运，需结合五运六气加以

① 〔清〕黄钰:《萧山县志》卷三十一《人物卷》，清乾隆十六年(1751年)初刻试印本。

② 〔清〕王彬、徐用仪:《海盐县志》卷十六《人物卷》，清光绪三年(1877年)刻本。

③ 〔清〕姚光宇、叶廉锷:《平湖县志》卷十七《人物卷》，清光绪十二年(1886年)刻本。

④ 〔民国〕杨积芳、张宝琛:《余姚六仓志》卷二十一《艺文卷》，民国9年(1920年)铅印本。

辨证。以王肯堂《幼科准绳》中之痘疹阐论有繁冗之弊，学者难于检阅，遂于康熙四十年(1701年)撮其要而成《痘疹要略》一书。仙居朱丹山，字载阳，采集各家之说，撰成《麻疹集成》，主张麻疹无须切脉，只需察形观色，随症应变，即可决其顺逆吉凶。桐乡陆紫箦著《分经察纹法》，专门论述小儿指纹诊断，颇有独到之处。上虞王国器，字君鼎，生当康熙年间，精痘科，治危症若神，凡出痘三日前即能决生死，著有《痘科私存》。宁波李莼舫注重四诊，尤善望诊，每望形体、审官窍、观指纹，即知其病之所在，预知善恶，用药简洁，向忌大苦、大寒、大辛、大热及有毒之品，治多奇验。《鄞县通志》称："近数十年来，浙东中医儿科，以李氏为第一也。"①桐乡刘恒龙，字兰亭，以用药峻猛名著四方，人称"火药刘"，著有《痘疹全书》《小儿心蕴》等书。兰溪吴佩龄，字继鹤，世传儿科，毗邻三县妇孺皆知，立法处方，往往以轻灵收效，著有《秘传家藏幼科》3卷。其子寿堂承其业，自制"化凤丹"治疗小儿外感，收效甚捷。德清胡璞，字美中，善治痘。据传其于雍正间托名峨眉山人所授，以种痘术行遍江浙。东阳周显江，精幼科，尝饮友人家，闻妇人哭甚哀，问之，曰：儿死半日矣。显江药之遂苏。其弟显岱辑其遗作《痘疹自得论》。道光咸丰年间，归安(今湖州市)费养庄精于儿科，著有《幼科金鉴评》《痧疫指迷》等书。天台赵廷海，字兰亭，道光咸丰年间，台州因无痘种而患儿死者相继，廷海数次只身负籍千里，至鄂传痘种，辑有《邱赵牛痘三书》。鄞县陈季桐，赵廷海门人，同治间痘疹流行，陈在鄞设牛痘局施种治痘，活人无算。曾著《牛痘余论》，以补《邱赵牛痘三书》之遗漏。

清代浙江比较著名的儿科世家有：湖州王氏儿科，起源于明永乐年间(1403—1422年)，迄今有570余年，王氏世居谢溇，系明北平都指挥使谢贵之后裔。因谢贵永乐靖难而其子改王姓，并迁居小湖里，属吴兴常乐乡三十一都殆字一圩。圩分南北两部分，居于南圩(即今药隐里)的为南王族，居于北面湾里(今称郎中湾)的为北王族。南王族在明代行医者居多，如王中立，精孺婴方脉，疗效奇验，求治者若市，名重当时，应召入觐，留太医院。子宠，号秋泉，精幼科，善望诊，著《或问》百余篇。孙以勤，为安吉训科。曾孙元吉，名銮，一字文融，继业尤精，名动四方，辑其世传经验而成《幼科类萃》28卷。中立后裔钟世、祯(字沧庭)，亦均享有盛誉，惜南王族无医史传记，所传代数难详。北王族中王士忠(号莀)，为谢贵长子公权之子，生于永乐，卒于弘治，行医兼耕读，为小湖里王氏儿科医家之始祖，业传其侄譓(字子章，号桔泉，公权之次子士杰之子)，行医有盛名，此即二世。三世淮(字乐闲，号大川)，克承家业，传其子恩(字子治，号心湖)、思。士忠之玄孙时钟(号芝田，字惟一)，与恩、思为堂弟兄，精儿科，更有发展，享有盛名，有王太公之称，著有《寿婴集要》多卷，为王氏儿科发展打下了良好基础。名人茅鹿门曾有题咏"夜半投仙草，朝来饮上池"之句，载入《湖州府志》，此为四世。五世元晖(号绍云)，乃恩之子，亦负盛名。六世有素行(字德卿)、沛霖(字长发，芝田之孙，素云之族弟)。沛霖著有《荷叶十八方》，精于孺婴症。七世振未行医，八世姚声(字雍熙，号芹芳)精儿科。姚声之侄中立(宸进子)承家业，后迁居大钱行医，尚有宠(字锡三)、从龙(字熙载，从父姚声行医)同为第九世。十世圣阶(从龙之子)未行医。十一世杏园受祖父和族兄弟影响，克承祖业。杏园传子人芳(号星波)，撰《六气析疑论》，同辈春岩著有《麻疹汇纂》，此为十二世，王氏儿科得

① 〔清〕戴抗沛：《鄞县志》卷三十五《人物卷》，清光绪三年(1877年)刻本。

到发展，十三世荣兰（字韵梅）为人芳之子，克承父业。翼群长子家燮（字理斋）在湖州行医，名重当时。尚有兰（号者香，字秋佩）初习医，后入仕途。至十四世，更有发展，同辈四人行医，荣兰传子徽廉（字纯伯）、徽孝（字蓉伯）、徽贤（字咏伯），徽廉与父同负盛名。徽贤初学儿科，后至俞家埭朱氏习外科。同时在湖州行医的尚有荣藻之子徽基（字申伯）。第十五世徽孝之子铸时（乃鼎）承父业，徽贤之子更生（字乃琛）初习儿科，后又师承潘春林习外科。北王族儿科绵延达十五世之久，在浙北一带颇负盛名。

（一）平湖戈氏儿科

创始人戈朝荣，字瑞斋，庠生，精岐黄。祖籍河南，其先世随宋室南渡，后居平湖占籍。朝荣受业于岳家，尤长于幼科，群医所不能疗者，治之立效，清乾隆十三年（1748 年）大疫，倾囊制药以施，全活无算，为人谦谨和易，好善乐施。其后辈镜庐、竹圃、秋堂、芸岩、杏庄、菊庄、似庄、恺君均相沿袭，迄今已历七代，以儿科专门而负时誉。戈氏治学严谨，谦逊好学，遍览各家医著，潜心钻研。对儿科大家钱氏之说，及陈文中、李东垣之论能撷长抑短，朝荣对小儿体质之特点，积其毕生经验，究前人之说，独创纯阳阴虚之说，颇有新解。著述录：《育婴常语》3 卷，二世戈恩著。遗案五卷，四世孙书涛医案。《诊余随笔》（未付梓），七世孙仲栽著。传学：至六世孙戈鸣和（似庄）方改戈氏不授学生之旧例，及至仲栽亦然，既有家传，又授门人，先后授徒有嘉兴李省吴、金山周春三及平湖毛永良等。授学以自学与辅导结合，理论与临床并进，常以《内经》《汤头歌诀》《药性赋》及《伤寒论》《温病学》及各家儿科专著为主修课。

（二）余姚周巷景氏儿科

创始人景瑞璇，字佩玉，号朴庵，余姚周巷（今属慈溪）人。善治小儿疾，医门若市，著有《幼科证治真传》6 卷。其子景炼之，字心丹，号补堂，亦精儿科，著有《医学知新》4 卷。

（三）慈溪花墙门吴氏儿科

吴锦赉，慈溪人。吴氏儿科始于明末，至此已为八世，医名更著，其所居地称花墙门，故人称花墙门儿科，与余姚景氏儿科齐名。

（四）嵊县喻氏儿科

始创者为喻恭校，清《嵊县志》称其“居西隅，善医，尤精痘科。邑富室某，延治妾子痘，甚危，获效”。喻氏儿科在当地颇有名气，其七世孙喻晓承医术尤精，对麻、痘、惊、疳等常奏捷效。

（五）天台齐氏儿科

始创者齐君镕，字叔皇，以儿科名闻于世。其子钉麟，字纯长，尽得其传。康熙四十九年（1710 年），天台大行痘疫，纯长自制丸药施治，活人甚多，名声更噪。

（六）宁波李氏小儿针科

传至李张冬英时，已相传七世，以小儿推拿针刺配合方药治疗为主，颇具特色，擅长惊风、疳积以及不乳等新生儿疾病。冬英字奉李氏后，从其翁祖李镜清授李氏世传之小儿针术，尽得其术，悬壶应诊，屡起沉疴，声誉日隆，病家尊称“李老娘”。

（七）鄞县董氏儿科

创始人为清末鄞县人董丙辉，子董水樵，字乾增，号质仙，鄞县人。以儿科名，其学受自其父丙辉而加精研，察食指关纹即能知所受病，方宗叶天士。弟子张芝光、陈宗炎、董德标传其术，子、孙、曾孙皆以儿科名于时，民国《鄞县通志》有传。其子董廷瑶，字德斌，号幼幼庐主，鄞县人，出身中医世家，15岁起受父亲教医经典籍及汉唐方书，精读《素问》《灵枢》、仲景学说，继而各家学说。又遍访名师，博采众长。弱冠之年，父逝而继祖业，独立应诊，以其家学渊源，医术精湛，名闻江浙。抗战避难迁沪，悬壶上海，专擅幼科，名闻遐迩。1959年晋升为沪上首批主任医师之一，从事中医70余年，学识渊博，医术精湛，医德高尚，救治危重病儿无数，被尊为现代中医儿科泰斗。1996年上海市卫生局拍摄录像片《儿科泰斗》以志业绩，著有《幼科刍言》及《幼科撷要》专著两本，另发表论文近百篇。董维和，字味和，号纯学，宁波人，董延瑶子，擅儿科，著有《麻疹的防治》。

（八）衢州龚氏儿科

创始人龚香圃，原名龚时瑞，别号六一子，衢城人，13岁到江山清湖镇一家布店跟随业师高寅初习艺，高师傅通晓医药，见他年少有志，就热心教他读《药性赋》《汤头歌诀》等。后失业在家，父亲支持他攻读外公雷少逸的《时病论》《医家四要》以及《内经》《伤寒论》《神农本草》等。10年后，在岳丈王辑斋（中医）济生施医局行医，后又在城南自办“六一堂”中药店，并坐堂门诊，主治内外科和妇科。民国12年（1923年），衢州麻痘流行，其小女急病夭折，于是立志专攻儿科，钻研《痘症金境录》《麻科活人书》等医学专著，从此，以儿科为主兼行内妇科，民国24年创办儿科诊所，后又在新驿巷旧居开设六一子诊所，并整理出版《麻科证治》一书，1956年任衢县人民医院儿科医师。《医林荟萃》为他出了《龚香圃儿科经验专辑》，另有《小儿疳积》《麻疹经验谈》《小儿疰夏》《有效验方随笔》《方药玄机》等专著。他亲授门生12人，儿子和孙子多人学成中医。

延至民国时期，省内各地均活跃着儿科医生，其中尤以治疗痘、麻为长。如舟山郑莱苏，字阿来，强调小儿病应预防早治，常年不辞辛劳奔波乡村海岛为幼儿种痘，民间呼其“痘疸阿来”。东阳陈永松善治麻疹，名及永康、缙云间。龙泉许银汉而立中举后专攻岐黄，擅长儿科麻疹，著《儿科麻疹辑要》。德清高沚芊世业儿科，技精而名更震，家传化痰散，救治小儿惊风痰热甚效。鄞县吴晓山，出身秀才，虽无名师传授，发愤攻读岐黄，终成良医，于瘖疹尤有心得，尝谓：病瘖疹之受害于无识也。于是采撷良方，编成《病瘖科指南》一书。萧山孔赏斋，世以儿科名家，时已薪传八世。初悬壶时，因年轻胆壮，每用大刀阔斧之剂治疗小儿之疾，以致夭折者有之，连八世儿科门帖亦几被捣毁。由此益自责学术粗疏，遂发愤苦读，精研《幼科发挥》，并结合祖传儿科经验，再悬壶行医，起死回生，于是医名大噪，在40岁后（19世纪20年代）鼎盛一时。绍兴徐仙槎（1881—1954年），世业儿科，传至仙槎已12代。聪颖过人，勤奋好学，15岁随父习医，尽得其传。悬壶后屡起危症，用药少而精，剂量轻重有方，誉满浙东，著《婴科证治概要》等。瑞安张正佩，随父学医，擅长麻、痘科，著有《保名堂麻痘集要》。云和周泳涟，师承祖传，擅长麻痘，民国时盛名浙西山区。奉化毛耕莘，浙江中医专门学校毕业，擅长麻、痘科，著有《麻疹汇编》。青田陈林呈，三代业医，善治小儿痘疹、惊风，乡里有"陈一帖"之誉。杭州宣志泉，善用时方，药喜清凉，长于时症，亦擅调理，而以治儿科"惊风"闻名。詹起荪，善治小儿常见病、多发病，著有《中医儿科临床手册》《婴幼儿泄泻辨证论治》《麻疹证治》等。

中华人民共和国成立后，浙江中医儿科事业得到党和政府的重视，相继成立的浙江中医进修学校、浙江中医学院等均设立中医儿科课程，在全省各地中医医院也专门设立中医儿科门诊，使得浙江中医儿科事业迅速蓬勃发展，展现出美好的发展前景。1980年2月，浙江中医学院马莲湘主持电子计算机模拟马莲湘老中医对小儿肾炎辨证论治系统。该课题经过210例验证和10例现场表演，处方正确率在95%以上，证明是继承了马莲湘用中医中药治疗肾炎的经验，基本符合马莲湘用中医中药治疗肾炎的思维规律。马莲湘对百日咳治疗采用清润肺金、化痰降逆治法，研制百龙汤治疗37例，服药后痉咳缓解时间最快3天，14～21天控制。1983年，浙江中医学院马莲湘等在马氏40多年临床积累验方基础上，研制成具有健脾燥湿、消积止泻作用的"小儿止泻冲剂"，经485例临床验证，有效率达86.4%。1981年，浙医大附属儿童保健院在林钦廉经验方基础上，开展"儿童健脾益胃药物健儿膏"的研究，研制成治疗小儿消化功能障碍引起的营养紊乱症，且便于患儿口服的膏滋型药物"健儿膏"。1982年，林钦廉等又研制成对儿童营养不良性贫血具有良好疗效的升血膏。同年，浙江中医学院对詹起荪治疗小儿腹泻疾病的技术方法进行全面系统研究，并编制成"治疗小儿腹泻电脑模拟系统"，经196例回顾性验证和107例"双盲"验证，符合率分别达99.48%和98.13%，自1984年9月起应用于门诊。

五、伤科

浙江骨伤科最早记载出自南宋时期，即当时的稽清，字仁伯，系北宋末、南宋初时仁和（今杭州）人，祖籍河南汴京，家传整骨秘术，善疗金疮、骨损，由于当时战争频繁，金兵进犯江南，军中伤损者众多，便请稽清父子随行。稽清父子，随驾扈跸南渡，始卜居湖上。稽清少时继承家业，故年未及冠，而已熟谙整骨、续断技术，当时，高宗爱好骑射，故常有损折之虞，而召稽清，入宫后以手法治之，每能应手而痊，因得上宠。宫中有折肱者，无人可医，必请稽氏入宫，手到病除，宫廷内外人士都尊重稽清，以整骨悬壶，能续断起废，立见奇功，杭州人都称他为"稽接骨"。其家门前的桥被命名为"稽接骨桥"，位于杭州太庙南侧，桥以医名，至今保存完好。

南宋绍兴年间（1131—1162年），定都临安（今杭州），从北方带来一大批太医院医官及家属安置绍兴，使绍兴成为南宋时期医药业的中心之一，出现了闻名绍兴民间的“三六九”伤科。据《下方寺里西房秘传伤科》序中记载，其鼻祖稽幼域，字霞坡，早年拜少林武师徐神翁为师，授其武功及医术，后护驾绍兴，悬壶行医，开设“善风草堂”，不久医名鹊起。稽公幼域收授孤苦贫孩，传艺授徒，创下方寺里西房伤科，著《秘传伤科》为寺中传钵。子稽绍师承其业，直至明清间，代有传人，形成绍兴“三六九”伤科，闻名于世。

明末清初，浙江成为主要战场，伤骨科作为社会需要，迅速得到发展，并达到鼎盛时期。这时期，一方面由于从事伤骨科专业的医生人数的增多，其中一些内科医生也开始转向伤骨科，医生队伍的素质得到提高，临床经验不断积累和丰富。另一方面，医学基础理论的发展，尤其是朱丹溪的气血痰郁学说、赵献可的命门学说、张景岳的温补学说、王与的法医学等，直接指导了伤骨科的诊疗，促进了伤骨科医术的进步，从而使浙江伤骨科得以迅速发展，并开始形成两大流派。

一派为少林寺派，平时重视武术，以经络穴位为诊疗依据，强调手法复位和点穴疗法及其功能锻炼，以武术接骨为主。其中出现了许多著名拳师兼伤科医生，代表人物为陈元赟、王瑞伯、汤御龙、赵廷海等。陈元赟，原名珦，字义都，杭州人，生于明万历十五年(1587 年)，卒于清康熙十年(1671 年)。27 岁时至河南少林寺出家学拳术，寺中藏有珍贵医籍和伤科草药，陈氏在寺管理药材，有暇研读医书，后以擅长伤骨科闻名。明万历四十七年东渡日本，将中国伤科知识传播到日本，被誉为“介绍中国文化之有功者”。王瑞伯，原名征南，又名来咸，瑞伯是字，以字行。祖上居宁波灵桥门外，王瑞伯 8 岁时，举家迁居宝幢同岙村，与武当派拳师单思南为邻居。单见王聪明机警，遂招为徒，悉心传授。数年后，王瑞伯尽得单之秘传，凡南派十三路长短拳、十八般兵器使用及点穴之法，均已精通。之后，又到武夷山，在原少林寺方丈碧眼禅师处深造五年，内外武功更为精湛。一度任镖局镖头，威镇江南。中年在甬城设帐授徒，兼治跌打损伤诸症，秘方特效，远近称善。其性任侠好义，常替人报仇，均激于不平而为之。平时遵循师嘱，不伤无辜。其拳法、点穴法、治伤法均极为高超。曾一人与七八个营兵搏击，徒手击败持刀营兵。其点穴有死穴、晕穴、哑穴之分，一切如铜人图法。有恶少侮辱他，被其点穴，恶少数日不能溺小便，登门谢罪，王瑞伯才对其解穴复原。有大汉被人打伤，不得动弹，王瑞伯取针在伤者悬钟、神门诸穴扎刺，又于项背击拍，伤者即能四肢活动，张口说话。清兵入浙时，王瑞伯从钱肃乐抗清，任都督佥事副总兵。抗清事败后，其销声匿迹，在乡间锄田务农。年 53 卒，葬于故乡同岙村。王瑞伯集一生治伤经验，著《秘授伤科实验良方》1 卷，另述辑《接骨秘方》一书，均传授于弟子陆士逵。汤御龙，字荼光，乌程(今湖州)人。清乾隆三十三年(1768 年)武举人，治疗伤科多巧思。赵廷海，字兰亭，天台人。“少好勇，薄游四方，遇技击之良者必止而请教焉”。他收集了流传民间的技击家跌打损伤秘方，于清咸丰三年(1853 年)编成《救伤秘旨》，介绍了拳击伤和骨折的处理步骤和治疗方剂，治疗手法颇有创新。如肋骨骨折，赵氏主张复位后不必夹，用黏膏固定，至今仍用于临床。对足踝关节骨折脱位，他提出超关节的外固定方法。对手骨骨折应采用功能锻炼的方法。该书还载有“十二时气血流注歌”“36 穴位救治方药”“少林寺内外损伤方”“轻重损伤按穴治法”等，可以说是少林派伤科经验的高度概括。

另一派是受薛己的影响，在注重伤骨科手法的同时又重内治，强调八纲脏腑辨证，用药以平补为主。其代表人物是陈文治、胡廷光等。陈文治，号岳溪，明末秀水(今嘉兴)人，著有《疡科选粹》8卷，其中包含的伤科内容宗薛己内治之说，结合自己临床体验，强调治伤以补气养血为主。胡廷光，字耀山，号晴川主人，清嘉庆年间(1796—1820年)萧山人。自幼随其父专习伤科，于嘉庆二十年辑成《伤科汇纂》。该书遵《医宗金鉴·伤科证治心法》为经，以危亦林等诸家为纬，博收伤科诸要，更参以家传之法，汇集而成。胡氏在宗薛己平补学说的基础上，不囿于成方，还收集了当时的民间验方、单方用药。在诊断上，他提出功能检查方法，如肘关节脱位复位后合掌检查法，较原来的摸法更为进步。在方法上又多有创新，如对关节部位的骨折外固定，危亦林等都采用绢布包扎，方法粗糙，胡氏提出正副夹缚外固定法，即用杉树皮代替绢布，至今仍在沿用。再如髌骨脱位，胡氏提出推髌盖骨归原法，成为后世治疗髌骨损伤的常法。此外，胡氏所绘的十四幅骨折脱位手法复位图，是伤骨科史上一套比较完善的骨折复位图谱。

以上浙江两大流派在各自的发展过程中，又相互吸取了对方的长处，出现了逐步融合的自然倾向，并随着中国封建社会的对外开放，西洋武器的传入，习武之风下降，清末民初，两派最后融合为既重手法又重内治的伤科新派。当时出现了大批伤科名医、名著以及世医家族。如遂安(今淳安县)余俊修，嘉庆时著《跌打精英》一书。海宁许梿，字叔夏，道光十三年(1833年)进士，著《折骨补遗考证》。绍兴俞应泰，字星阶，著《伤科秘诀》。黄岩沈国才，字楚藩，《黄岩县志》谓其“得伤科手术于闽人，接骨续脉，奏效如神”。浦江洪继凭，尝从太平军学得伤科整复手法，行之于世，遂有名望。更值得一提的是，清道光年间，姚德豫，襄平(今辽宁省辽阳市)人。慈溪代理县事，精于伤科，对《洗冤录》、《灵枢》之注、《内经》、《检骨图格》等提出质疑，于骨骼结构及解剖有独到见解，订正旧医著之有关解剖与骨骼错误，著《洗冤录解》(又名《洗冤录解未定稿》)1卷，为伤骨科发展提供了第一手解剖学资料。浙江伤骨科世家比较有名有以下几家。

(1)绍兴“三六九”伤科。世居山阴(今绍兴)下方桥禅寺里西房，故又称下方寺里西房伤科，为浙江著名的伤科世家，沿袭已20多代，迄今已有800多年历史，支派繁衍，代有传人，在民间深负盛誉。清末民初传人张梅亭，因家道贫寒，自幼入寺，因敏悟超群，颇得住持青睐，故独得秘传，医名渐噪。他不但医术高超，而且医德高尚，为照顾远道百姓求诊方便，亦解决下方寺应诊不暇的局面，特遣师弟、徒弟，或亲自出门远诊。每逢农历二、五、八赴萧山县城坐诊，一、四、七在寺中候诊，三、六、九亲自到绍兴府宝珠桥河沿坐诊，因而得名“三六九”。有民谚为证：“清明时节雨潇潇，路上行人跌一跤。借问伤科何处有，牧童遥指下方桥。”可见其声誉之一斑。

(2)余姚劳氏伤科。为余姚周巷劳家村(今属慈溪)人劳双龙创始，劳双龙，字天池，不事章句之学，胆识绝伦，少游江湖，遇到一精伤科异人，上折有术，接骨有法，劳氏侍奉如父，随行一世，终得异人倾心传授。中年回乡悬“济危斋”之匾行医，以接骨入穴名闻两浙，成为劳氏伤科的鼻祖，子孙世传其业。劳双龙深感“骨科一门遍阅诸书，不得其详”，遂将临床经验著成《劳氏家宝》(又称《劳氏传授录》)一书(今存)。劳祥和为劳双龙十世孙，16岁起学医，21岁自设诊所于师桥，擅长跌打损伤、头颅外伤、刀斧伤、破伤风、正骨人穴等，民国8年(1919年)移诊余姚城，医名扬及邻县，时人誉其医技“横进直出”。曾任余姚中医师协会主席，参与创办《余姚中医师协会会刊》。民国31年设诊所于周巷，曾数次为浙东游击纵队救治伤员。1955年参加周巷联合诊所，次年任慈溪县人民医院伤科主治医师，先后培养劳建民等20余人，并破祖训而授秘术于异性，更是一代名医。其同辈劳翔舞、劳修德，晚辈劳建民、劳月花、劳月兰等皆长伤科。周巷劳氏伤科在三北(上虞、余姚、慈溪)地区家喻户晓，劳氏伤科独特的正骨手法、诊疗技术和祖传医学理论、秘方，为一方百姓造福。

(3)宁波陆氏伤科。为清顺治年间陆士逵始创，陆士逵，字鸿浙，原籍河南，明末清初随父避兵灾至江南，初居慈溪，后迁鄞县，父在县城江东开香烛店，遂定居。陆士逵幼年时耍戏伤臂，求医于拳师王瑞伯，得愈，遂拜王为师，尽得王之武艺与医术。其习武勤苦，吃饭用石碗铁筷，吸烟用铁烟管，均取其重而锻炼臂力。曾任绍兴鲁王府侍卫官，后不愿为官，退居业医。壮年时北游齐赵之间，广交奇术异能之士，获众多秘方，专业伤科，医名日隆。被誉为浙东第一伤科。其著有《伤科》一书，详述各种损伤的治法，对于皮伤缝合、脱臼复位、骨折正原等治疗记载尤详，其所撰《医经通考》1卷，考证各经典医籍的条文，亦为医界所重视。其首创麻醉剂“麻药水”，以减轻患者在受术时痛苦。又自制各种伤膏、散剂，疗效卓著，而其方守秘，不肯示人。陆家伤科世代相传，陆士逵为开山始祖，以后每代皆衣食于此业，陆银华为陆士逵六世孙。陆银华号廷鉴。自其六世祖陆士逵起，累世精理伤科，医术纯精。陆银华幼时习文练武，深得家传之秘，又涉猎名家著作，医术精益求精。民国元年(1912年)春，一渔民髋臼脱位，他只身巧用腰腿之力，徒手为之复位，声名大振，求诊者纷至沓来。北伐时，陆银华曾任国民革命军上尉军官，北伐胜利后重操医业。其整骨上骱，手法娴熟，常能解病人痛苦于须臾间。重危伤损，多能化险为夷。抗战时期治一胫骨开放性骨折患者，伤肢血肉模糊，断骨戳出皮肉之外，陆银华仓促中未备器械，急中生智，取大号铜笔套管一枚，蘸香油擦拭干净，将楔形一端插入断骨间，猛力上撬，戳出之骨当即复位，敷药包扎，调治而愈。民国32年，国民党部队俞济民(时任浙江省第六专区专员)堕马手臂骨折，延请陆银华去宁海冠庄驻地为其治疗，经治俞臂得愈。由此，抗战胜利后，俞济民安排陆银华任鄞县江东镇镇长。中华人民共和国成立后，在镇反运动中被判刑劳动改造。其间仍发挥其医术特长，继续治疗伤科病人。陆银华伤科医术，继承发展祖传独特的整骨复位技巧，把膏、丸、汤、散秘方与拳术、击技相结合，收到很好疗效，抢救了一些垂危病人。特别对医治头部内伤(脑震荡)、海底伤(泌尿系统损伤)、骨折尤为效验。服刑期间，诊治患者日至上百人，并传授医道，培植后学，屡受司法部门嘉奖。对其家人也打破只传子媳不传女儿的陈规，使陆氏伤科后继有人。其家人和学生分布沪甬各地。其有《陆银华治伤经验》一书出版。

(4)奉化严氏伤科。严瑞雯，字灿云，号炼石，习岐黄业，得割皮解肌、决脉结筋不传之谜。时有杨制军至奉，某书记曹某，坠马折胫，邑令延瑞雯治之，不日而愈。旋有扬州僧与邑人斗伤足骨，他医治之，足能履而跛，僧讼之于官，复延瑞雯为其重结，足端正如故。邑令益奇其术，以“秘授青囊”四字赠之。

(5)衢州黄氏伤科。黄圣科，字仁安，《衢州县志》云：“洪杨革命时，衢城大军云集。圣科得某军医传，善治枪炮伤及骨折、腹裂濒死者，危症经其手，无不起死回生。"其配合金创药中必用活土鳖虫，如拇指大，雌雄一对，方著神效。且手法纯熟，以刀圭擅誉于一时，人疑华佗再世。

(6)海宁袁氏伤科。袁镜蓉，生于清光绪十三年(1887 年)，手法娴熟，精整复，对于软组织损伤有"敷涂"秘方，效果良好，著《伤科摘要》1 册。

(7)绍兴顾氏伤科。顾士圣，早年承袭少林寺学派，兼收南北伤科之长，擅长调筋接骨，能机触于外，巧生于内，手随心转，法从手出，应手捷效，名盛浙东，至今八代。传有《顾氏医案》《祖传药录》成为传家秘籍。

(8)萧山茶亭伤科。传自永春和尚，永春俗称柳名溪，台州人，石匠出身，会武技，精医术，平生见义勇为，好打不平，后因打死一名恶棍而削发为僧，潜往绍兴。清同治九年(1870 年)，萧山后溪人汤怡林，头患疮疡经永春治愈，便于同年 11 月邀永春来后溪作客。后汤氏舍田两亩，留永春在静修庵中行医。永春擅长伤科，自制丸散膏丹，对跌打损伤有独特疗效，在萧、绍一带享有盛名。永春医德高尚，对求诊者总是悉心医治，负责到底。且又怜贫恤老，凡病人家境困难的，不收诊金，少收药费。此外还在静修庵前设点施茶(茶亭的名字源此)。光绪三十四年(1908 年)，76 岁的永春圆寂，医务由他生前助手瞿迪夫主持。瞿病故后由瞿之弟子陈德谊继承医业。茶亭伤科以其秘制伤科膏药名传于世，自制"敦煌消肿四黄膏"、外敷"永春膏"、小夹板外固法及内服方药等综合治疗方法，达到了不开刀、疗程短、痛苦少的目的。在治疗筋伤疾患时充分运用针灸、推拿、穴位注射、小针刀等诊疗方法，配合经方内服、内外兼治的原则，有独特疗效。现在茶亭伤科发祥地(杭州市萧山区戴村镇三头村)兴建了萧山茶亭伤科医院。

(9)萧山何家桥伤科。历史悠久，传至第 12 世李汝安，已有 300 多年。相传李氏始祖原是农民，某日去看田水，见蛇捕蛙，即用泥锹铲蛇，蛇被铲得骨断皮连，但没有死，只见它游至一棵草旁，咬断草茎，使草汁滴入伤口，便匍匐不动，片时骨合血止，蛇即逸去。李氏见状大喜，便将此草拔回捣烂，拌入糯米饭中，再将家犬尾巴砍断，试以此药敷扎，犬尾果然复合，接着治疗人体骨折，效果也很理想。这也就是何家桥李氏伤科的由来。李氏伤科，重在手技，所用药物采自道地，且配制精良，因此疗效显著。

(10)富阳张氏伤科。始于富阳东图张土芳(约 1860—1921 年)，下传 5 代，授徒 40 余人，经百余年实践，积有丰富经验，现富阳市中医骨伤科医院临床治疗即以张氏骨伤科传统技术为主。张氏骨伤科，特色是：在诊断上循问、望、摸、比四诊，注重望、摸两诊。在外治中，手法整骨、百草膏外贴、杉树皮小夹板外固定为其特色。主要整骨手法有：拔伸牵引、旋转屈伸、提按端挤、摇摆触碰、夹挤分骨、折顶回旋、按摩推拿。手法整骨的原则为：先离后合，合则勿离，宜早不迟，功能对位。百草膏由 34 味中药组成，经拌料、炼油、下丹、去火毒、摊膏等步骤制作而成，主要用于软组织损伤、闭合性骨折和气滞血瘀诸症。杉树皮小夹板临用时削剪成形，作凹凸塑性，具有随形切体、刚柔并济的特点。

值得一提的是，中医骨伤科名医虞翔麟于民国 17 年(1928 年)在杭州创办全省第一家骨伤专科医院——祥麟医院。虞翔麟师事下城二圣庙僧达芦。达芦原籍义乌，36 岁出家杭州望江门外海潮寺，后为二圣庙住持，治疗上以无痛手法接骨，一次上骱成功为显著特色。该院设病床80多张，邀当时名医王邈达、裘吉生、何公旦、陈道隆等为特约医师，并引进X光机和西医骨科器械。因医院中西齐备，诊疗水平较高，在国内颇有声望，一些政界要人均去求诊。后又在上海老闸桥畔设上海分院，获上海市民好评。该院还专门举办中医骨伤科护士培训班，这在全国骨伤科护理史上是最早的记录。该院的治疗技术与经验，由浙江省中医药研究所董志仁编撰成《国医军阵伤科学概要》一书。虞氏研制的接骨丹以扶助正气为主，对加速骨病复合功效显著，浙江省中医院和杭州市中医院一直沿用。

现代浙江中医骨伤科得到了迅速发展。20世纪70年代，浙江省中医院以手术结合中医辨证施治挽救中晚期坏死的股骨头，浙江中医学院多年来采用旋髂深动脉髂骨移植手术，也都取得良好效果。1989年3月，浙江中医学院获批设置中医骨伤科学专科专业并招生。杭州市中医骨伤医疗引进边缘学科，在创伤、骨病、脊柱等领域开展临床新技术、新药物与新器械的研究。杭州市中医院开展同种异体骨移植研究取得进展，该院黄良夫论文《深低温冷冻同种骨——关节在骨科临床移植的应用》被选为国际学术交流论文。在创伤方面，富阳中医骨伤科医院采用改良丝线环扎内固定方法，用传统的杉树皮衬托板外固定法治疗骨折，比用石膏固定效果更好。杭州市第四人民医院以中药填充治疗骨髓炎11例。杭州市红十字会医院采用经皮穿针外固定架治疗四肢感染性骨折、骨不连、畸形愈合近100例，获良好疗效，对各种胫骨陈旧性骨折患者，行骨板滑移植骨术后再用复位固定器外固定治疗，骨折平均愈合时间快，质量高，功能恢复佳，后遗症少，以病灶清除术配合中医辨证治疗骨髓炎67例，均获满意疗效。1978年10月，东图医院张绍富所撰《杉树皮小夹板固定治疗骨折》获杭州市优秀科学技术成果奖二等奖。1980—1982年，浙江人民卫生实验院郑永兴负责体外穿针牵引加压固定器治疗下肢骨折课题。该课题治疗下肢骨折的医疗器械，具有牵引、加压、固定、复位等多种功能，既具有牢固的局部固定作用，又可使肢体早期活动，有利于骨折愈合和功能恢复，减少并发症。1984年，人民卫生出版社出版《陆银华治伤经验》一书，分内伤、伤筋、腰痛、骨折、脱位、杂症医话、常用方剂共7章20节108万字。5月，富阳县中医骨伤科医院开始筹建，为浙江省第一家中医专科医院。1985年，湖州新建中西医结合骨科，开展手术与推拿、中药相结合治疗骨病，骨肿瘤切除，椎间盘髓核摘除，慢性骨髓炎，骨结核病灶清除术，肌腱修复术，小儿麻痹后遗症矫形术等。浙江省第二中医院张培祥负责的"杉树皮外固定治疗伸直型桡骨下端骨折临床研究"，列入国家中医药管理局中医临床诊疗技术整理与研究项目。浙江省富阳市中医骨伤科医院张亚军负责的"手法整复杉树皮外固定结合皮牵引治疗小儿股骨干骨折"，列入国家中医药管理局中医临床诊疗技术整理与研究项目。2008年7月16日，浙江省中医院童培建负责骨系细胞代谢与干预实验室。该实验室下设骨单位内细胞代谢研究、中医药干预骨系细胞代谢研究4个主攻方向，掌握骨系细胞培养及动态细胞分析技术、骨组织形态学技术、显微电影、摄影技术等8个主要技术，科研能力较强，已开展多项国家、省部级科研工作，并取得了较好成效，获国家发明专利2项，省级科技成果5项，培养研究生30多名，吸引博士后1名。

六、针灸推拿科

浙江针灸的起源可以追溯到上古时代，2000多年前的医学经典著作《内经》中就有“东方之域，其民食鱼而嗜咸，其治宜砭石”的记载，“砭石”就是最早的针灸器具。浙江地处东海之滨，也是针灸的发源地之一。1972年，在余姚河姆渡文化中就有数枚类似“砭石”的文物。另外，尚有数十枚大小不等的骨针，其制作精细，锐而锋利，柄后无孔，因此不可能是缝制衣服的工具，而是古代医疗工具，可进行点刺放血。

浙江针灸名家辈出，著作宏丰。如南宋绍兴、开禧年间的王执中，字叔权，浙江东嘉（今瑞安市）人，南宋乾道五年（1169年）进士，官从政郎、将作丞，澧州（今湖南常德）、峡州（今湖北宜昌）教授。他博览群书，精通医术，曾参与校编宋以前针灸文献，补缺、正误，并结合长期临证经验，写有《针灸资生经》7卷。针灸取穴的“同身寸”法，自古说法各不相同，到王氏才作定论，至今800年，相沿不变，已成针灸家取穴的标准。该书还详细记录艾灸的方法，并补出很多有效腧穴，在元、明时期，流传到日本、朝鲜，清代乾隆间又收入《四库全书》。宋淳熙、开禧年间（1174—1207年），闻人耆年，槜李（今嘉兴）人，生卒年不详，在乡间长期从事医疗活动，所著的《备急灸论》成书于南宋宝庆二年（1226年）。据其在书中自序称：“仆自幼业医，凡古人一方一技，悉讲求其要，居乡凡四五十载，虽以此养生，亦以此利人。”由于灸法施行方便，艾叶等八木之火可就地取材，可作为应急救治，因此，闻人耆年将他自己行之有效的灸法编述成集，名为《备急灸论》，即他所谓“每念施药惠人，力不能逮，其间惠而不费者，莫如针艾之术。然而针不易传，凡仓卒救人者，惟灼艾为第一”。该书收载了22种急症灸治方法，所用灸法除了艾炷直接灸以外，尚有隔盐灸、隔蒜灸等隔物间接灸法，常用穴位16个，其中属于后世所称的“经外奇穴”7个，如灸肘尖穴治肠痈、霍乱吐泻，灸内踝尖治霍乱转筋，灸大骨空治鼻衄，灸掌后4寸两筋间治疔疮、附骨疽，灸手小指甲治急喉痹，灸手足大指趾横纹中治自缢，灸外踝尖治风火牙痛，应用经穴施治者，如曲池主皮肤瘙痒，间使主心痛、卒忤死，大敦治疝气，至阴治难产等已为后世所习用。《备急灸论》一书在发展古代灸法，特别在急症用灸方面对后世有深远的影响，是现存专论灸法的一本重要著作。元至元、至正年间（1278—1347年）的王开，号锦潭（一作镜泽），兰溪人，致力学医，曾跑到大都（今北京），拜在当时针灸名医窦太师汉卿门下20多年，尽得窦汉卿的真传，回乡后继续行医。他善施针砭之术，治病无不立愈。元朝初年，朝廷请他担任扬州教授，王开不肯就职，又任他为太医院御医，后来因母亲年老多病而辞职回家，居住在锦潭之上，人称“锦潭先生”。王开著有《重注标幽赋》《针灸全书》《增注针经密语》等。其子名迪，字子吉，号国瑞，继承父业，继承窦汉卿的医学，在流注针法、飞腾八法以及透穴针法等方面另有建树，后担任太医院吏目，著有《扁鹊神应针灸玉龙经》，确实可以说是“青出于蓝而胜于蓝”。《扁鹊神应针灸玉龙经》是一本综合性的针灸著作，记载120穴的“玉龙歌”，并附释文计85首、78证，举证见穴，再是载注解“标幽赋”“天星十一穴歌诀”“人神尻神歌诀”“太乙日游九宫血忌诀”“六十六穴治证”等，都是王国瑞针灸学术思想及医疗经验的代表作。元末明初的滑寿，字伯仁，一字伯本，号撄宁生，从河南襄城迁居余姚，生性警敏，工文辞，学医初从王居中攻《素问》《难经》。《素问》虽详而多错简，《难经》所博亦多缺误，滑寿融会诸说，为之订误疏义，复取张仲景、刘守贞、李明之诸家所长，医术锐进，尝谓“道莫大于医，医莫先于脉”，撰《诊家枢要》，后从高阳洞学针灸，尽得其术，创立一套针灸理论，确定人体647个穴位，用针砭法治疗难产等多种疾病，治疗中针灸药剂并用，辄奏奇效，世以为神，人争请之，“以得撄宁生一决生死为无憾”，在吴地人知“伯仁氏”，在鄞地人称“撄宁生”，内科诊治精于诊而审于方，治愈沉疴痼疾甚众，亦长妇科，采《素问》《灵枢》之经穴专论，著《十四经发挥》，后成为日本针灸取穴依据，提出对早期麻疹患儿检查“口腔黏膜斑”进行诊断，尚著有《痔瘘》《医韵》《读伤寒论抄》《撄宁生要方》《医学蠢子书》《医家引彀》等多种，其医学理论继承发展忽公泰《金兰循经》(已佚)，影响后世较大，年70余行步矫健，好饮酒，容色如童孺，江浙一带家喻户晓，《元史》《明史·方伎传》有传，今余姚龙泉山建有滑寿亭，余姚市区有滑寿路。明嘉靖年间(1522—1566年)的高武，字梅孤，鄞县(今宁波市)人，著名针灸家，自幼好学，通晓天文、乐律、兵法，善于骑射，明嘉靖时考中武举人，官至总兵，因为难以一张抱负，便弃官回归故里，专门研究医术，治无不效，名声大振。因感叹当时针灸取穴多有偏误，于是铸造男、妇、童子三个铜人，用来研究针灸取穴。高武认为，《素》《难》典籍的问世，为针灸理论奠定了基础，大大促进学术的发展，但世上使用针灸的人，以为学针灸只须实践，无需理论，即使读书也仅限于玉龙、金针、标幽等歌赋而已，于是，高武节集《内经》《难经》等有关针灸的章节，重加编次、整理、删繁、解释，写成“针灸节要”，并辑集《铜人》《明堂》《子午》等相关内容，再掺入自己的学术见解，命名为《针灸聚英发挥》(又称《针灸聚英》)，使针灸理论更臻完善。

明代浙江针灸界名动天下莫过于“二杨”(杨继洲和杨敬斋)。杨继洲，名济时，衢州上宇乡六都杨人，生活于明嘉靖、泰昌年间(1522—1627年)，世代从医，祖父任太医院御医，著有《集验医方》刊行于世，家藏丰富的秘方、验方与医学典籍。继洲科举失意后，潜心攻读医术，钻研医术，行医46年，经嘉靖、隆庆、万历三朝，历任楚王府良医和太医院御医，“巡按山西御史赵文炳得痿痹疾，百医不治，继洲三针而愈”，于是名扬朝野。他精心搜集明以前针灸文献和成就，结合实践经验，以家传《卫生针灸玄机秘要》一书为基础，编著《针灸大成》，由赵文炳作序，于明万历二十九年(1601年)在山西平阳刊行，同时还立铜人像，详细刻画穴位，并绘图提示。书中收继洲应太医院试“策”四篇，主张“病以人殊，治以疾异”“治法因乎人，不因乎数”“变通随乎症，不随乎法”，表达了他辨证施治的学术思想。《针灸大成》收入《四库全书总目》，历代医家尊为针灸经典，多次再版重印，近代已译成德、法、拉丁等多种文字出版，受到国内外医学界的推崇。杨敬斋，常山人，他的生卒年无从考查，所写的《秘传杨敬斋针灸全书》在明万历十九年出版发行。该书分上下两卷，上卷共29项内容，包括十二经脉歌、禁针、禁灸歌、逐日人神歌等，下卷内容共列病症104种，常用穴位113穴，并绘制的经穴及病症图共137幅，都是治症取穴图，每病(症)一幅图，每图都是全身图形，随症标明应取穴位，一边注明穴名，图的右上角标明病症名，病症包括伤寒、中风、杂病以及妇人、小儿等，检索十分方便。由于《秘传杨敬斋针灸全书》收载宋元以来不少针灸学术文献，而绘制大量人形图来标明治症取穴，便于学习针灸的人临证急用，随图取穴，方法快捷明了，这在现存古代针灸书中是极为罕见的。

浙江针灸从明代起就出现了针灸世家，如凌氏针灸，始祖凌云，字汉章，号卧岩，归安双林(今湖州市双林镇)人，生活于明成化、弘治年间(1465—1505年)，幼业儒为诸生，其术于“北游泰山时为一道人所授”。明洪武年间以针灸术名噪一时，医名闻于孝宗，召至京，乃授太医院御医，为凌氏针灸之始祖，有《秦康王送名医凌汉章还苕诗》曰：“寻常药饵何曾效，分寸针艺却奏功……”凌氏针术之精，足见一斑，明史亦载“海内称针法者，曰归安凌氏”，有《步穴歌》《经外奇俞撷英歌》各一册，皆署名为凌汉章定本，世传尚有《卧岩凌先生得效应穴针法赋》，著有《流注辨惑》一卷，专刊本有《子午流注图说》《经学会综》（或称《医学会综》）两书，治病重医德，有《家训》一则，示后人必具仁济之心，堂兄天章有医名，以“针术神灵，擅名吴浙”。凌氏针灸，世代相传，流传甚广，历久不衰，为国内外有影响的医学流派。凌氏医家在湖州的有双林支、苕溹支、晟舍支，外迁的有濮院支、青浦支等。一是双林支（为凌泰之后）。凌氏针灸，代有传人，自凌云始，连续四代为太医院御医。二世曷（字元伯，号爱仁）为云之子，诰赠太医院御医，尚有昊（字钦伯，号味清）、春（字伯仁），皆从汉章习针术。三世琇、瑄为曷之子。琇（号双溪），邑庠生，袭太医院御医，瑄（字子完，号双湖），邑增生，施诊浙闽，疗效卓著。奉慈寿太后诏，晋登仕郎，授太医院御医。四世巨卿（字以道，号观溪）乃琇之子，邑庠生，袭太医院吏目。仲郁（字以文，号藻湖）为瑄之子，待诏太医院。五世士桥（巨卿子），允中（仲郁之子）。六世文明（士桥之子），一鸿（允中之子）。七世宸世，属双林东支，系一鸿之后，于康熙间迁桐乡濮院，是为濮院支。东支之流在双林者及双林西支传人待查证。汉章后裔尚有士麟（号振湖）善针灸术，名重公卿，待诏太医院。另有机，封承德郎太医院左院判，其子一凤（字子威），康熙己巳特召，授太医院院判，同时有昌言（字介虹）、千一、贞候皆精针灸术。千一著《针灸秘要》4 卷。贞候常召入禁中治病，著《针灸集要》，已佚。另有江，工医，尤精女科。坤（堃），字仲讷，号厚堂，道光辛卯举人，著《医宗宝籍》。二是苕溹支。凌氏医家继汉章之后最负盛名的要属归安苕溹支后代十一世奂，谱名维正，字晓五，号壶隐，晚号折肱老人（1822—1893 年），时值清廷太医院废针灸一科，故改从其舅父吴古年习内外科，其针药兼擅而以内科闻名遐迩，从游者百余人，门人中如朱皆春、王香岩、李季青及侄永言等皆有医名，撰有《医学薪传》《饲鹤亭集方》《饲鹤亭藏书志》《外科方外奇方》《凌临灵方》《本草利害》《良方集要》等医籍。其弟德，谱名维嘉，号蛰庵，字嘉六，寓居上海，著《咳论经旨》《妇科折衷纂要》《内经素灵要旨》《温热赘言》《麻痧专治初编》《温热类编》。另一弟及甫，精外科术，著《外台方选》《疡科正名》。十二世绂曾，乃晓五之长子，字公赤，号初平，攻举子业，博学能文，有医名，光绪年间曾两膺特召为醇亲王治病，后入仕途，曾续辑华岳（芳伯）之《急救腹痛暴卒病解》，并撰有《白喉丹痧述要》《时疫救急十六方》《示弟庸言百廿名方》等著述，藏书两万余卷，著有《鸿术堂藏书目录》，后由其哲嗣铭之（十五世）悉数捐赠吴兴图书馆，于抗日战争期间散失。晓五次子绶曾（字爽泉）亦传父业。三是晟舍支。为凌谦之后，有十四世溶清、有容（字銮臣），十五世慧医、哲人（拙甚），承针灸医业，拙甚于民国 35 年（1946 年）6 月被选为吴兴中医师公会双林分会理事长，擅针灸，名重当时，业传其族侄家声，有医名，此为十六世。凌氏家传针法，以手抄本形式传世，目前尚存 5 种：《集成撮要砭针全书》（又称《凌氏汉章针灸全书》）、《针灸内篇》、《经学会宗》、《凌门传授铜人指穴》、《子午流注图说》。

浙江有名的针灸世家还有平湖严氏针灸，始祖严耀堃，祖籍青浦（今上海市青浦县），曾随双林（浙江吴兴县治）凌真人（名云，字汉章）后裔深造，后于清道光年间（1821—1850 年）来平湖行医，其后即世居于北门城内松凤台。耀堃有子友篁、友彰、友陶，同业针灸。三世孙小苍、次平、杏山。次平生活俭朴，为人友善，临证处方严谨，字迹、墨迹清淡，一如其人。四世孙有子和、海珊，子和英年有为，于医理及临床均承先贤而有创新卓见，传世医业，鼎盛当时，医道之外，兼擅金石，惜以劳乏过度，终年未及50。严氏针灸五世孙肃容，字不阿，曾用名严正，民国11年（1922年）悬壶，1958年进城关镇医院，1962年被省命名为地区级名中医，曾任省政协第二届委员，县政协第一、第二、第三届常委。世业针灸，擅冷针，攻“化脓灸”，治疗蛊毒、侏儒症、哮喘等尤为所长，其选穴精确，誉满浙北，名重苏南，曾有外国留学生及专家至门观摩，倍加赞赏，有临床医案等均散失于文革。肃容极为推崇明代杨继洲之《针灸大成》，认为《针灸大成》集《内》《难》之精华，汇徐凤《针灸赋》、刘瑾《种应经》以及李梴、高武等诸家之说，结合其本人之学验编著而成，为业针灸者，不能不学。肃容善学各家之说，亲手抄录秘本《窦太师一〇八穴》，日人平井之《名家灸选》、原志灸大郎之《灸法研说》及西医学著作，亦一一购之，尝谓他山之石，可以攻玉，技术无国界也，各有所长，各有所用，取长补短，唯治病救人为第一要义也。严氏针灸六世孙严定梁（1924—2004年），民国33年（1944年）毕业于上海中华国医专科学校，主任中医师，国家级名中医，曾任浙江省高级职称评委会考评委员，浙江省针灸学会常务理事，浙江省中医院针灸科主任，浙江省针灸学会顾问，浙江省政协委员。严氏针灸家学渊源，针药兼修，对唐代孙思邈认为医者必须既擅于针灸又长于用药，深得要领。浙江平湖严氏针灸自清代至严师已六世，始祖严耀堃曾随明代针灸名家双林凌真人（名云，字汉章）之后裔学业，于清朝道光年间到平湖定居松风台医寓。传承至严肃容已经五世，名闻江、浙、沪地区，当地群众咸尊称为严针灸。严氏自幼随父习医应诊，勤求家训，20世纪40年代初又考入上海中华国医专科学校，毕业后从事临床和教学几十年，学验俱丰。严氏治病以其针与灸为主要手段，主张或针或灸，或针药并用。针法以敏捷、流利、舒展、顺遂为尚。补泻手法不拘一格，主张因人、因病、因时制宜。他善于应用透针法，可以一针透二穴或二穴以上，多为浅表刺激，认为透针能同时发挥几个穴位的作用，其取穴精、手法轻的特点亦符合针灸现代化、国际化的要求。严氏还擅长用灸法，继承唐代《千金要方》《外台秘要》的古老灸法，治疗病人数以万计，形成了一套独具特色的化脓灸法。严氏化脓灸源于凌氏，但代有改进，用穴静而少，壮数以九壮为度，艾柱以铜模压制，施灸季节以每年小暑至白露，贴灸用太乙薄贴膏药，发灸、养灸均有严格要求，取穴亦有其特点，非常重视取穴的准确性。严氏认为针刺取穴每随手可得，而灸治取穴，则需煞费推敲。学术方面，早年发表《浙江平湖严氏化脓灸法简介》《针灸强壮疗法之选穴与应用》《针刺治疗血吸虫病脾切除后血小板过高症的临床观察》《读杨氏灸法札记》《透针十二则》等论文十数篇，晚年之季又经中国史文献研究所，受日本株式会社ォリェント出版社之邀，前往北京为日本学者讲学。次年，又应邀前往日本大阪大学作学术交流。

中华人民共和国成立后，针灸医学有很大发展，经络和俞穴研究的深化，针灸疗法的广泛应用，针刺麻醉的诞生与发展，针灸用具的改进，针灸著作的出版，针灸教育的发展，都对促进人民健康发挥着越来越大的作用。1954年，松阳叶时荣在杭州把人体经穴标于石膏模型上，制成全国第一具针灸石膏经穴模型。1955年，杭州市第一人民医院夏贤闽发现新穴位——球后穴，1956年在中华医学会第十届大会眼科学会上公布，目前国内及日本、美国、韩国、德国等均将球后穴列为眼科治疗主穴，见于各国针灸挂图及针灸书籍。夏氏随后发现的新穴位——星状穴，也被部分针灸书籍所记载。1956年至60年代，中医针灸与中央中医研究院血防工作队合作开展了“针刺治疗锑剂反应”“化脓灸治疗晚期血吸虫病肝脾肿大”“化脓灸治疗晚期血吸虫病巨脾症”“化脓灸治疗晚期血吸虫病肝硬化”等课题的探讨，对当时治疗血吸虫病起到了积极作用。1965年，又开展针刺麻醉的临床研究与应用，十年间仅甲状腺瘤摘除术使用针麻达424例，优良率达90%以上。1977年，浙江中医学院高镇五、虞孝贞等开展针刺纠正心律失常106例临床观察研究，总有效率为84.9%。同年，浙江中医学院高镇五等进行针刺治疗心律失常220例临床观察，总有效率为80%。1978年9月，浙江中医学院党委决定筹备建立针推系并成立针推学系筹备小组。1979年，浙江中医学院增设针灸研究室，开始招收针灸学研究生。

1980年7月，浙江省中医药研究所楼百层等开展电脑智能模拟楼百层老中医针灸治病及经穴图像处理研究。该系统具有人机对话、图像显示、使用方便、直观形象、正确率高等特点，经40个病种109例观察分析，模拟看病结果与楼百层看病结果相符合，疗效显著。1981年，浙江省中医药研究所研发“电脑智能模拟楼百层老中医针灸治疗及经穴图像处理系统”。该系统用微型机较完整地模拟实现了楼百层老中医的学术思想和临床经验(包括尤为擅长的102个病种的经验)，还提供了子午流注的治疗方法。该系统具有人机对话、经穴图像处理显示功能，使用方便，直观形象，在电脑显示屏上可看到经穴图像、穴位，能打印包括相应经穴图像在内的地方，经6个医疗单位门诊验证，观察分析了40个病种的109个病例，模拟看病的结果与楼老看病的结果相符合，疗效显著，可供临床教学和科研应用。1982年，浙江中医学院针灸研究室的“针灸纠正心律失常106例”列入卫生部和省卫生厅计划的针灸治疗心律失常，作系统临床观察，已累计170例，其中，过早搏动42例，治疗有效率为85.6%；心动过缓37例，有效率为78.4%；针刺内关、足三里穴，治疗心气虚证44例，应用超声心动观察，能提高搏血量，有效率达91%，并发现上两个穴位有相对的特异性。1983年8月，浙江省教委同意浙江中医学院增设针灸专业，不久，国家教育部批准学院秋季先办针灸专科专业(三年制)。学院于1983年秋开始，连续三年招收针灸专科专业新生90名(每年30名)。1984年8月，学院党委决定成立针灸推拿系筹备组，高镇五任组长。

1985年9月，浙江省中医药研究所杨楣良等开展微电脑多功能灸疗仪研制工作，经30多种疾病152例811人次验证，有效率均在90%以上。杭州市针灸专科医院罗诗荣，擅长“辅灸”治疗痹证，治疗时间为暑夏的三伏天，治疗寒湿痹痛型39例，总有效率为94.8%；治疗湿热痹痛型26例，总有效率为73.1%。杭州市中医院马石铭，承祖传“浅刺多捻”针法，擅长治疗面瘫、乙脑后遗症、小儿麻痹症等疾病。1985—1989年间，杭州市中医院骨伤科以牵引大推拿法治疗腰椎管狭窄，获满意疗效，采用“三位八法”推拿手法牵引，针灸椎间孔阻滞、水针、理疗、中西药内服等，治疗腰椎间盘突出症404例，获较好疗效。杭州市中医院推拿科徐岩等以肘臂揉压法治疗肩凝症1888例，治愈率为90.46%。1986年，湖州市中医院开展耳压治疗胆石症，排石率在75%左右。3月，省教委同意浙江中医学院增设针灸学本科专业，学制五年，当年招收本科生30名。

1986年6月至1988年6月，浙江医科大学张荣宝负责“针灸机制研究”课题的研究。该研究根据实验室多年研究形成的各种动物模型(包括心肌缺血及各种心律失常模型)，集中观察不同穴位对实验性心肌缺血与心律失常的治疗作用，并对其机制作深入比较与分析，证明厥阴俞及内关穴的治疗效应比足三里更强，其原理与脊髓心血管中枢的阿片肽有关。1988年，杭州市红十字会医院接受澳大利亚悉尼自然疗法中医学院8位毕业生进行3个月的针灸临床实习。湖州市中医院开展磁旋疗法治疗胆石症。1989年，文成县医科所夏景清所长与工科所合作研制的“子午流注”等系列针灸器材，由进出口公司送往意大利都灵，在全欧医师大会及意大利医师会议上展出，得到意大利AMC公司签订包销合同，出口325台仪器。夏本人曾先后参加过在北京召开的第一次世界针灸大会。1989年12月，浙江中医学院针推系申报省属高校第二批重点扶植学科——针灸学，经省教委评审通过，成为学院第一个重点学科。1989年12月7日，第38届布鲁塞尔尤里卡世界发明博览会公布评奖结果，平阳激光仪器厂生产的HY氦氖激光针灸仪获产品金杯奖，激光针灸仪发明者黄明荣获骑士勋章。

2000年，浙江省第二中医院杨楣良负责的“杨氏钩针治疗肱骨外上髁炎(气滞血瘀型)临床研究”、浙江省第二中医院孔尧其负责的“头皮针抽气法提高脑血栓形成后偏瘫瘓肢肌力的临床研究”、浙江中医学院叶德宝负责的“邻点透刺加缠针震颤法治疗瘀血型偏头痛急性发作的临床客观化评价”、浙江中医学院方剑乔负责的“经皮穴位电刺激治疗瘀滞型肩关节周围炎的临床疗效评价”、浙江中医学院陈华德负责的“耳尖放血法治疗高血压病肝阳上亢证的临床疗效评价”、杭州市中医院韩崇华负责的“韩氏针法治疗前列腺增生引起排尿困难症的多中心临床评价”被列入国家中医药管理局中医临床诊疗技术整理与研究项目。浙江中医学院詹红生负责的“仰卧拔伸手法治疗神经根型颈椎病的多中心临床评价”，列入国家中医药管理局中医临床诊疗技术整理与研究项目。

2008年7月，浙江中医药大学方剑乔主持的针灸神经生物学实验室，为中医药科研三级实验室。该实验室下设针灸镇痛与神经免疫相关调节研究、针灸治疗脑血管疾病的作用机理研究、针灸调节经络脏腑相关功能的研究等3个主攻方向，掌握生理及电生理记录分析、分子生物学相关技术、免疫生化学技术等6个主要技术，科研能力较强，已开展多项国家、省部级科研研究工作，并取得了较好成效，获省级科技成果5项，发表SCI文章3篇。

七、喉科

中医喉科在浙江有着悠久的历史，已逐渐形成了完整而独具一格的理论体系，尤其是明清时期，由于白喉、烂喉痧等瘟疫的流行，浙江中医界出现一批临床经验丰富的喉科医生，并出现了喉科世家。如鄞县包氏喉科，清初肇始，传至嘉庆间包永泰(字镇鲁)已五世，著有《喉科杓旨》4卷(今存)、《喉科大纲论》(今存)。查氏喉科起源于双林苕南西阳村，自清季中医喉科名医查集堂(字鹤亭)氏起，传桔甫为第二代，筱梅、仲梅为第三代，筱梅子杏江承其业，为第四代，仲梅无子，传婿张禹九。查氏治学严谨，注重望诊，详评病机，内治用药以轻灵见长，外治以自制喉科吹药为主，诊治喉症，颇具特色。诊断施治：一是四诊合参，注重望诊。二是注重病因，详察病机。三是遣方用药，轻灵见长。四是善用吹药，贵在炮制。张禹九(1892—

1957年)，字国襄，吴兴溇西人，从业于著名西阳喉科查仲梅，后为子婿，得查氏喉科嫡传，清宣统三年(1911年)迁居湖州黄沙路自设诊所，1952年参加联合诊所，1957年参加湖州中医院工作，平生孜孜好学，不仅精喉科，亦擅治内、妇科，其门人桐乡凌煦之、乌镇朱琢成、湖州徐荷章，俱为当地名医，在查氏喉科基础上更有发展，非但重视喉症局部病变，更重视脏腑经络和八纲辨证，对病症的转变趋向有决断，诊治急症每有化险为夷，疑难杂病往往能起沉疴，尤其对喉科吹药，制作精良，药物炮制有一套完整方法，主张中西医相互为用，使继承和发挥西阳喉科学说之专长，又结合西医理论和诊断方法，其影响深远，在苏、浙、皖一带颇有声誉。

清光绪二十七年至光绪二十九年间(1901—1903年)，甬上剧发喉痧，其症有发红痧，有不发红痧，慈溪人张和棻重刻陈耕道《痧疫草》，附以张绍修《白喉捷要》，按法施治，救人甚众。

中华人民共和国成立后，浙江中医喉科取得了长足的发展。1990年，浙江中医学院朱祥成主持的"嗓音宝"课题，在中医传统咽喉保健用药特色的基础上，结合自己多年临床经验开发研究成新颖嗓音保健茶，通过省级鉴定和成果转让。1998年，浙江中医学院朱祥成在长期临床经验基础上开发利用古方"四宝丹"，研制成具有显著清热解毒、消肿止痛作用的喉科吹药"喉症消毒散"，经临床325例验证，对116例急性咽炎总有效率92.24%，对120例慢性咽炎总有效率为75%。浙江中医学院王永华应用内窥辨证分型施治常见声带疾病，获较佳疗效。

八、眼科

南宋在临安(今杭州)沿袭北宋设太医局从事医疗及医学教育，就将眼科列为九科之一，自此眼科独立成科，并开始得到发展，尤其在近代，浙江中医眼科达到了兴盛时期。如鄞县吕熊飞，字樵翁，诸生，以军功叙五品衔，能诗文兼攻医，得秘传，以眼科名，著有《眼科易秘》4卷(今存)，另有《蹉跎斋诗稿》等。余姚郑慎斋，于清同治年间(1862—1874年)创建"寿明斋眼科"，诊所设于余姚城钱家弄，医技精湛，以治疗目疾扬名于浙东，是近代余姚城首家眼病专科诊所，也是宁绍地区眼科的奠基人。郑慎斋总结出120种眼病证候的疗法，著有《眼科诊治歌诀》，研制"阳明眼药水""宝眼药""上清丸"等，由上海爱华药社销行全国。寿明斋眼科重视外治，有传统外治眼药40余种，其组方、配制有独到之处，远销北京、广州等地。弟子有赵宰元、时乐成、徐德新、姜文明、姜济明等，尤以姜氏兄弟为著。其徒于绍兴、上虞等地所开诊所亦名寿明斋眼科。余姚浒山(现属慈溪市)胡瀛峤，光绪年间曾宦游江苏，出任府同知，因不堪官场龌龊，不久便弃官回乡，与兄长在绍兴合营"胡源源灰栈"，并用所得盈余，创办"存仁施医局"。胡瀛峤在医术上吸收"寿明斋"的传统疗法，方药、刀针，兼施不拘，并配有传统外治眼药40余种，治疗效果显著，民国2年(1913年)，被推选为神州医学会绍兴分会第一任会长，立志大众医学的普及，筹资续办《绍兴医药学报》，并担当报社理事。《绍兴医药学报》发行到全国，远至檀香山、槟榔屿等地。晚年出资在绍兴五云门外散花亭开设"寿明斋眼科病院"，并亲授医术，至老不倦，其门生遍布江浙各地，著有《应验良方》。赵宰元，余姚人，30岁许回故乡坎墩(今属慈溪)开设眼科诊所，号"崇明斋"，有门徒多人，支派繁衍，以浒山胡瀛峤、石堰康焕章兄弟为最著，妇孺皆知。宁波姚和清，字仁航，号承志，早年从舅父学习中医眼科，清宣统元年

(1909年)在宁波行医,因治愈一失明20余年的患者,医名鹊起,求治者甚众,民国24年(1935年)至沪设诊,于眼科界颇有医名,1956年受聘于中国中医研究院,因水土不服于1958年重返上海,就任上海市第六人民医院中医眼科主任,兼任华东医院、铁路中心医院眼科顾问。姚氏认为眼睛与脏腑息息相关,阴阳失调,脏腑偏胜,旁及自然界的变化,人事的变迁,外来影响等均为眼病之因,故临诊强调整体观,辨证论治,内外结合,表里兼施,每多奇效。姚氏兼善针拨白内障,一针复明者不可数计,所撰《针术治疗白内障初步小结》发表于《中医杂志》,转载于《中医学概论》,引起眼科界重视,予以推广,发表有《中医对原发性青光眼的认识与治疗》《球后视神经炎及其萎缩的认识与处理》《中药治疗麻痹性斜视病例报告》《中医对角膜软化症的治疗》《沙眼简易疗法》等,学术经验曾在《近代中医流派经验选集》《海上医林》介绍,出版专著有《眼科证治经验》。子姚芳蔚传其业,曾任上海市眼科防治所所长。乐清瞿崇山,专治眼科疾患,始自其曾祖父瞿延益。清道光十八年(1838年)由永嘉县岩头村迁居乐清,父子相传,一脉继承。崇山幼承祖业,精心钻研,发掘眼科藏宝,精益求精,医术高超,声誉鹊起。他遵循祖训,积极力行"以医济人,勿以术肥私"之教导,医德高尚,博得社会好评,来诊病员,遍布浙南各地。瞿氏眼科的成就,奠定乐清县中医眼科专科基础,为发扬光大中医事业,作了不少贡献。民间传有谚语:"丁桥医瞎子,瞎子走丁桥。"医技由瞿明希等人继承。章氏眼科名播于萧山、绍兴、余杭、嘉兴、上海、宁波以及远至山东、黑龙江部分地区,民间有"凭伊一张方,眼病勿用慌。听伊三句话,眼病好一半"的赞誉。章氏眼科始于章浩水,浩水祖籍上虞东关,受业于绍兴县安昌镇光明斋眼科,学成后乃迁居该镇行医,子养生,得父真传,先后在绍兴安昌、萧山城厢镇开业,曾任瓜沥镇联合诊所所长。章氏眼科取法于传统的中医眼科,擅长金针拔瞳术。此术先用井水拍击病眼达到局麻效果,然后施术,在20分钟内使白内障移位,从而使之重见光明。

中华人民共和国成立后,中医眼科迅速发展。1955年,浙江省中医院由韦文贵创办眼科,同年11月,韦文贵调至北京中医研究院,后长期在北京广安门医院眼科主持医疗科研活动,并曾多次为毛泽东主席医治白内障。韦文贵、韦文轩为祖传三代眼科世医,传有《眼科歌诀》《韦氏眼科宝针方诀》等秘籍。韦氏眼科精于金针挑拨白内障术,并对青光眼、视网膜神经胶质病、前房积脓性角膜溃疡、视神经萎缩等有独到的医术。韦文轩长期在浙江省中医药研究所从事眼科医疗科研工作。1961年起,浙江中医院眼科由柏仲英和沈芝葳、柏超然等主持,眼科诊疗逐年兴旺。在近视眼治疗方面,1982年开始,在柏氏验方基础上进行"益视冲剂治疗青少年近视"的研究,研制成益视冲剂对学龄儿童及少年视力减退,有提高视力和延缓病情发展的明显作用,1985年由杭州胡庆余堂制药厂独家生产。在视神经萎缩治疗方面,浙江省中医院柏超然认为系正虚邪实、玄府郁闭、相火食气等因引起,以黄柏等组成"柏板清系汤"治疗,获较好疗效。1984年12月,杭州市中医院王晓东等研制成YMJ-Ⅱ型音乐脉冲近视治疗器,总有效率为91.5%。1986年,衢县人民医院张玉恢负责"青少年近视的中医整体综合方法",获浙江省科技成果奖三等奖。该课题针对青少年近视这一常见多发病,运用现代生物全息论、生物控制论、生物力学和中医的整体观、脏象经络学说探索近视病机,进行了中医整体综合疗法的试验研究,并获理想效果。1998年,杭州市第一人民医院夏贤闽在视力、视野、眼底检查和现代眼底萤光血管造影基础上，采用活血化瘀方法治愈不治之症 Coats 氏病 1 例，为本病的治疗开辟了一条新的途径。杭州中西医结合医院倪蕊芝等采用蜂蜜滴眼，治疗大泡性角膜病 31 例，治愈 28 例，改善 3 例，平均治疗时间为 41.2 天。在老年性白内障及角膜翳治疗方面，浙江中医学院马一民等在经验方基础上研制成障翳散，经 12 所院校临床验证，有效率达 78.9%和 83.9%。

第五节　畲族医药

畲族医药，主要分布在浙江省景宁畲族自治县以及福建、江西等省的部分山区，畲族没有文字，通用汉文。畲族医术多为祖传口授、单线传承，传男不传女(传媳妇、不传女儿)，不收外姓徒弟。因其防病治病多以青草药为主，因此又称“青草医”。畲医认为人的生命活动由气、血、筋、脉来维持。若气血不足、痧气侵蚀，会导致脉络滞阻，并诱发各种痧症的发生。痧症的畲医治疗可以分为针刺、挑针与挑病珠、放血与拔火罐、刮痧、撮痧、淬痧、搓痧。畲族药材主要以植物为主，随采随用，讲究新鲜。畲族开发利用了数百种植物药源，还采取了对野生药进行栽培驯化、兴办药场、房前屋后或庭院内栽种等措施。为预防疾病，畲族人民家家户户都会自备一些青草药，自用或互相馈赠。畲医为人治病多数使用自采的青草药，或用针灸、抓痧等疗法配合治疗。畲族人民在与疾病作斗争中积累防病治疗的经验，逐步形成了具有民族特色的畲族医药，它与中医药渊源相通。畲族医药理论产生于特定的历史条件和独特的自然环境，与中医有着很深的渊源。在长期的民族迁移过程中畲族吸纳了苗、瑶、壮等少数民族的医药理论精华，发展了本民族医药文化，形成了独具民族特色的畲族医药理论体系。

一、畲医

浙江省的畲族主要分布在浙西南山区，居住条件恶劣，村落分散，人口稀少，交通不便，经济落后，生活困难，营养缺乏，卫生状况极差，恶性传染病如疟疾、性病、麻风病等流行，也是甲亢等地方病的高发区。民间素有“痢疾多，夏天粪缸不空。疟疾多，全年棉袄不断。疥疮多，一生双手不空”的谣谚。在这种特定的历史条件和特殊的地理环境中，为求生存，只有利用当地的草药防病治病，当地民众在长期生活斗争中积累了许多独特的单验方，形成了一套畲族的行医用药经验。畲医历代相承，绵延不断，其医技均以祖传为主，亦有师授者，但为数不多，大多寓于农，亦农亦医，很少专业。有医治外伤接骨、毒蛇咬伤、风痛、蛀骨鳝(骨髓炎)、月里风(产后感染)、小儿惊风等各种疾病者，医技独特，疗效显著;历代民医辈出。如雷鹤云，字应春，小名柏三，畲族，灵山乡罗林岗村人，清光绪二十五年(1899 年)秀才，父亲是草药郎中，曾当塾师 1 年，后赴沪、杭等地中药店帮工并习中医，3 年后回乡，师承擅长妇、儿科的畲族中医雷德富，精妇科、儿科、外伤科、针灸，因夜间出诊时伤腿，养白马一匹，驱驰行医，人呼“白马先生”，家有中医书籍 300 多卷，攻读甚勤，整理《天花要问》《外伤诊治》等书稿，治病认真，凡病重者所撮之药比一一校验，曾因药店伙计误撮一味药而跑 10 多里路训斥，令其重撮，常垫付贫穷者药资，致身后欠药账银圆 400 余，经亲朋分担 100 余，抵家中田产，仍不足偿还。畲医因没有文字，其医疗经验主要靠口授身教的形式流传于世。浙江畲医主要有以下几大特色。

（一）临床特色

畲医开设的科目主要有外伤接骨、毒蛇咬伤、风痛（关节炎）、蛀骨鳝（骨髓炎）、月里风（产后感染）、小儿惊风等，医技独特，疗效显著。由于畲族居住地山高路陡，劳动中负伤颇多，故医治骨伤经验丰富，其特点是运用杉树皮外固定，内敷各类草药。深山蛇多，年间被咬致毒不断，故医治蛇伤经验丰富，其特点是内外结合，采用放血等。山地阴湿，常年患风痛者众多，一般畲族家庭常备祛风湿草药。骨髓炎属民间顽疾，畲医在这方面也有独到之处，此外，畲医对痢疾、喉症、梅毒、眼疾等也有良好的治疗效果。

（二）诊断特色

畲医由于缺乏诊疗仪器，故常采用“以药探病”之法。如辨痧：取生黄豆咀嚼咽下，平常人易有豆腥味，感到恶心，而痧症病人反觉甘甜，不知腥气。预后：不论何病，生死难定，用药 1 饼，贴在印堂穴上，用香 1 支放在药饼上点燃，香尽后去药饼，如印堂穴处有红斑晕，色肿，谓红霞捧日，病虽危笃，其人不死。如皮肉照旧不变，谓白雪漫野，病虽轻浅，终难免死。

（三）治疗特色

畲医的治疗方法丰富多彩，归纳起来可分成两大类，即药物治疗和非药物治疗，或者分为内治法与外治法。在临床运用上，由于病情的复杂性，往往不是某一或单一的方法所能适应，所以常是结合运用，共同发挥作用，以达到提高治疗的效果。畲医在使用药物时大都是以单味药进行治病，但在此基础上随着对药物性能的了解深入和不断丰富临床实践，也有部分是多味药组成的复方，但与中医药相比，尚未形成成熟的方剂理论体系。畲医在选择药物成方治病时，也会根据病情的需要，对处方中的药物做适当的加减，以达到处方更加切合新的病情需要的目的。

（四）方药特色

畲医在长期的临床实践中，创造了各种适合临床病情需要的和适合药物特性的剂型，使药物更好地发挥药效。同一药物因配制的剂型不同，其治疗作用也会不同。例如治疗风湿痛（关节炎），如果用汤剂则药效显得缓慢，所以就运用酒剂治疗，这样可以快速达到疗效。畲族医药常用的剂型有汤剂、炖蒸剂、散剂、酒剂、煎膏剂、鲜汁剂、外洗剂、外敷剂、包裹剂、佩挂剂等。

中华人民共和国成立后，在政府的民族医药政策指导下，尤其在改革开放以后，浙江省的畲族医药得到很大的发展。1998 年，浙江省中医药研究院竹剑平等负责“浙江省畲族医药调查研究”课题，结果表明，畲族医药历史悠久，由于无文字，其医药知识多为祖传口授，各种草药的采集及配方均以子承父业、家庭传承，在临床上对骨伤、蛇伤、风痛等方面的治疗颇具特色，这次调查共收集畲族医药单验方332个。2005年11月25日，浙江省丽水市人民医院成立了全国首家畲族医药研究会“丽水市畲族医药研究会”。2007年6月，丽水市畲族医药研究会申报的“畲族医药”项目列入了第二批浙江省非物质文化遗产保护名录。10月26日，由中国民族医药学会、浙江省民族宗教事务委员会、浙江省中医药管理局、丽水市卫生局等单位主办的“全国首届畲医药学术研讨会”在丽水市人民医院举行。2008年6月，丽水市畲族医药研究会申报的“畲族医药痧症疗法”项目被国务院列入国家第二批非物质文化遗产保护名录。2009年，丽水市人民医院完成“畲族医药研究与开发”课题。这是首次对畲族民间医药进行的一次较全面的调查与收集，填补了对全国性畲族民间医药资料调查与整理的空白，在国内首创应用数据库研究开发畲族民间医药，首次总结出畲族医药理论体系、畲医特色疗法、畲族民间常用处方、常用民间畲药及药用特点等，首次对畲药处方进行临床验证，为保护和传承畲医药做出巨大贡献，在国家级和省级医学杂志上发表科研论文26篇，编撰出版了《中国畲族医药学》，该书是至今为止全国介绍畲族医药最完整的专业著作。2010年，丽水市人民医院主持《畲医痧症治疗方法研究》获得浙江省中医药科学技术创新奖二等奖。

二、畲药

畲族居住地区山峦起伏，气候温和，适宜于植物生长，草药漫山遍野丛生，资源十分丰富，采集方便，用之有效，物美价廉，故畲医用药的主要特色是具有就地取材，经济方便的优点，历来受到重视。由于采集方便及临床疗效，畲医大量运用鲜药，认为鲜药具有药汁纯厚、气味俱存的特点，能够保持药物的天然性能，如三叶青，民间有用叶泡茶饮之。一般对无毒或毒性小的药物在采集后，不作特殊处理，直接用于病人，以获最佳疗效。运用鲜药不仅用于汤剂内服，也被大量用于外治法，如外洗、外敷等。畲族民间对药物的命名，一般多根据该药的形态特征、生长环境、采集季节、药物性味及药物功效等。依据植物形态而命名，如铁雨伞（暖地大叶藓）、铜丝草（大金发藓）、倒钩枪（酸果藤）、半边旗（刺齿凤尾蕨）等，其中依据药物形态与相似的动物形象来命名更具特色，如蛇足草（千层塔）、老鼠尾巴（阴石蕨）、山蟹（硬皮地星）、鸭掌菜（毛当归）、凤凰卵（肾蕨）、黄狗蕨（紫萁）、老鸦碗（积雪草）、田螺闭（天胡荽）、大猫脚趾（紫花前胡）、黄獐豹（闹羊花）、蛤蟆衣（车前草）、蛤蟆草（白茅）、老鼠耳朵（过路黄）、鱼泻子（华紫珠）、九头狮子草（杜根藤）、黄鸡母（虎刺）、过路蜈蚣（黄毛耳草）、大猫舌或老虎舌（单头紫菀）、牛戳鼻（地胆草）、鸭舌草（矮慈姑）、鲇鱼须（牛尾菜）等。依据药物性味、功效及有毒情况而命名，如辣草（江南山梗菜）、满坑香（念珠藤）、生疔药（白背三七）、牛虱枯（百部）、哑口草（半夏）、牛不吃（荔枝草）等。此外，还有些药物是根据畲语的译音，如哈时立当叶（大青叶）、哈罗丁（东风菜）、哈罗菜（蜂斗菜）、水苦益（马兰）等。1982年，由浙江医科大学药学系和浙江省卫生实验院药物研究所组成中国药学会浙江分会民族药调查组，对景宁畲族自治县境内进行调查，一次性收集畲族民间药部分单验方107个。由于畲族定居的浙南亚热带山区，与气候垂直分布相适应的植物立体形分布，良好的生态环境使很多药用植物得到很好的生长繁殖，形成了天然的药库，给畲族医药提供了丰富的医药资源，满足了畲族医药对种、数的需求。1998年，浙江省中医药研究院承担“浙江省畲族医药调查研究”课题，调查人员深入畲族聚居地区，查寻有关资料，走访畲族医药人员，采集、鉴定、制作药物标本，历时两年多，获得了丰富的第一手资料，调查中发现畲族地区的药用植物达189科599属，1043种，其中畲医常用草药有214种，涉及的植物有126科属。此外还发现7种新记录的药用植物，收集畲族医药单验方332首，介绍畲族医生46位，填补了浙江省畲族医药研究的空白，并整理编写《浙江畲族医药研究》。2005年，《浙江省中药炮制规范》收入11个畲药品种，改变了之前畲药未被药监局认可的局面。2009年，丽水市人民医院完成"畲族医药研究与开发"课题。首次对民间常用517种畲药进行畲药名、通用名、土名与植物拉丁学名4种名称对照，筛选出畲医处方制备医院制剂（已完成全部技术工作并报浙江省药监局审批），研制2个畲药组成的袋泡茶（于2006年投放市场并取得了很好的经济效益），并对畲药进行药理毒理试验，为此后进一步研究、开发畲族医药奠定了基础并为此提供了重要的科学依据，具有显著的社会效益和经济效益，成绩突出。

第六节　中西医结合

中西医结合是中国医疗卫生事业的一项工作方针，是将传统的中医中药知识和方法与西医西药的知识和方法结合起来，在提高临床疗效的基础上，阐明机理进而获得新的医学认识的一种途径。中西医结合：(1)结合疾病的诊治，(2)结合中西医诊断方法的研究，(3)结合中医治法治则的研究，(4)结合中医学基础理论的研究，(5)结合方剂药物的研究，(6)结合针灸及经络研究等。中西医结合研究大体经历了三个阶段。一是20世纪60—70年代的临床与实验研究开创阶段，其特点是临床各学科开展中西医结合防治研究，全面显示出中西医结合的优势，在临床上主要采用辨证分型的方式分析疾病，并开展实验研究，已经出现一批如针刺麻醉、中西医结合治疗骨折和治疗急腹症等方面的研究成果。二是20世纪80年代的临床研究与基础研究深化发展阶段，初步运用动物模型和实验研究观察手段，把证和经络的研究推到一个更为深入的层次。三是20世纪90年代以后中西医结合学科建设发展阶段。1982年国务院学位委员会将"中西医结合"设置为一级学科，招收中西医结合研究生，促进了中西医结合学科建设。1992年，国家标准《学科分类与代码》又将"中西医结合医学"设置为一门新学科，促进了中西医结合研究把学科建设作为主要发展方向和历史任务。

一、中西医结合起源

清末"五口通商"后，美国、英国传教士至舟山、宁波传教施医，竞相兴办医院，招收中国学徒，创办中文医学期刊，翻译出版西医书籍，推崇西医，致力于西洋医学在中国的传播。西医学作为一种新的医疗方法和医学体系，被越来越多的中国人所接受。从此中国医学界出现了中医、西医两支亘不相同的医疗力量并存的局面。当时，浙江的一些有识之士开始尝试中西医结合的工作。清光绪年间（1875—1908年），慈溪刘廷桢（字铭之），受学于英国传教士梅滕更，通西文及医术，因中西医籍言人之骨骼其说不同，合中西新旧之说，详为分析，而著《中西骨骼辨正》6卷、《中西骨骼图说》1卷,《续修四库全书》收录(今存)。清末,鄞县王有忠(字荩臣),读书之暇,潜心医学20年,后留学日本攻西医,著有《简明中西汇参医学图说》2卷,光绪三十二年由上海广益书局出版(今存)。奉化陈滋,字益钦,忠义乡马头村(今属杨村乡)人,幼年多病,从祖辈读经史,稍长,就读于吴江泾丛桂文社,光绪二十七年入县立龙津学堂读书,光绪三十年进杭州同仁医学堂学习,光绪三十三年毕业,任上海同仁医院翻译,并从事著述,光绪三十六年东渡日本,入东京三井慈善医院见习内科、皮肤科及五官科,辛亥革命爆发后回国,任沪军都督府医务处长,民国元年(1912年)初,因不惯军职再度赴日,专攻眼科,10月回国,在沪开设上海眼科医院,是为国人创办西医眼科医院之始,眼科造诣颇深,尤精手术治疗白内障、青光眼,主张中西医互学,每于余暇,博览中医典籍,采集良方,以中西医结合用于临床,被国内眼科界公认为中西医结合治疗眼病之先驱,著有《中西眼科汇通》等。

二、中西医结合形成

进入20世纪以后,中国新文化运动逐渐兴起,以阴阳五行学说为理论基础的中医学同其他中国传统文化一样,遭到了日趋激烈的批判。一些西医界人士以西医学为标准力斥中医学之"短",甚至形成了以余云岫为代表的废止中医派,企图通过政府立法消灭中医于一旦。废止中医派的言行激起了中医界人士的愤怒和反击,浙江杨则民、陆渊雷等大批中医名家毅然参加论战,为维护中医药学的传承和发展发挥了重要作用。同时,中医界的有识之士也开始关注中医药学的发展和创新,在医疗形式和学术观点上,有了新的尝试,私人办医院、融汇中西医学说等,由此而产生"中西医汇通"和"中医科学化"两种学术主张,成为早期中西医结合的先驱。为了群策群力,在清代末年与民国初期,就有办在宁波的"防疫病院",以及在杭州创办的"祥麟医院"等。因夏秋霍乱流行,沿户相染,生灵涂炭,范文甫先生乃振臂行义,率弟子并召同郡医界,在宁波办起"防疫医院",自任院长,并聘沪上祝味菊为副院长,门人吴涵秋等十余人,巡视病房,初设床位60张,后增至百余张,活人无数,造福一方。余姚杨泰基,早年毕业于北京医专,先后在上海、余姚等地行医,1949年后任余姚县医务协会主席、余姚县人大代表、慈溪县政协委员,晚年研究中医理论,撰有《中西医内科诊治对照疗法》等。民国13年(1924年),裘吉生在杭州建立三三医院,是为联合中西医共同办院之始。民国16年,虞祥麟在杭州皮市巷附近创办"祥麟医院",开展中西医骨伤科,设病床20张,并邀请当时杭城名医裘吉生、陈道隆、何公旦等为特约医师,后又扩建新型医院于葛岭,病床增至80张,其时已有X线设备及手术器械等,促进了中西医交流。民国25年,中国医药研究社在杭州成立,由当时名中医汤士彦、施今墨、裘吉生、陈杏生、郑琴隐等66人参加,出版《中国医药研究月报》,提倡以研究中国医药,改进治疗方法为宗旨。在学术方面,也有不少学者致力于汇通中、西医学,继承并发扬中医药学,其中浙江较有影响的有张山雷、张禹九、祝味菊、杨则民、朱寿朋、朱春庐、吴涵秋、汤士彦等,他们从理论上丰富和发展了中西医汇通,也从临床上拓展了中医药的运用,为发展浙江中西医汇通,殚精竭虑。

三、中西医结合发展

中华人民共和国成立后，1950年8月召开的第一次全国卫生工作会议提出了“中西医团结”和“中医科学化”两大中医政策，但没有得到足够的重视。从1954年批判卫生部个别领导歧视中医的错误政策开始，逐步确立了中西医结合的卫生方针。1956年杭州市举办第一期西医在职学习中医班，以“四大经典”(《黄帝内经》《伤寒论》《金匮要略》《神农本草》)为主要内容，请杭州著名老中医担任教师，学期2年，参加学习有市各医疗单位医师100人。1956年，杭州市贯彻中医共产党的中医政策，组织西医学习中医，实行中西医结合，创造祖国新医药学。同年，首批吸收内科、针灸、伤科等中医师到医院门诊部工作，医院开设中医科、针灸门诊科，设立中医病房、中西医结合病房，开办中药配方部，发展煎送中药业务，个别医院设有中医副院长，分管中医中药、中医科研方面的工作，组织西医学习中医理论，组织中医学习生理、病理等现代医学知识，组织护士学习针灸经络知识，在安眠、镇痛方面发挥针灸的作用。

1958年10月11日，中央转发对卫生部党组关于组织西医离职学习中医的批示和1959年1月25日《人民日报》发表题为《认真贯彻党的中医政策》的社论后，在浙江省范围内很快开展了西医学习中医普及针灸，使浙江中医和中西医结合工作推向一个新的高潮。1959年，浙江省举办了第一期西医离职学习中医班，69名学员经过2年理论学习和1年临床实习后结业，成为了浙江省中西医结合的教育、科研、临床骨干。在西医学习中医的高潮中，浙江省有9460多名高、中级西医学习中医，其中有4700多人较系统地学习中医，逐步形成了浙江省中西医结合的主流队伍，在科研、临床中发挥了重要作用。杭州市选送12名西医师参加浙江医科大学中西医结合提高班，市卫生局同时举办在职或短期脱产学习中医，先后10多期。据1980年统计，市属医疗单位中，西医离职学习中医2年以上的有25人，1年以上有150人，半年以上有183人。业余学习更为普遍。1963年，宁波杨国栋首用东莨菪碱抢救中毒性休克，使病死率由50%降至14%。1963年起，萧山戴村镇卫生院在继承何家桥李汝安中医伤科的基础上，采用中西医结合，治疗各种创伤。该院以中医蒋梦麟、陈如江为主，一方面，继承传统的腰腿痛治疗方法，运用推拿手法和祖传的“李氏接骨膏”；另一方面，学习外地经验，创造条件，采用中西医两法，提高了伤骨科疾病治疗效果。1968年，萧山戴村镇卫生院用X光诊断机开展拍片业务，并配备了骨科牵引设备，提高了诊断和治愈率，以后逐步发展到股、髌骨骨折等疾病的治疗，并开展了肿瘤、骨结核等疾病的治疗。1969年，萧山戴村镇卫生院又发展到与西医手术治疗相结合，他们原治疗科雷氏骨折采用纸夹板作固定，往往造成愈后关节活动不灵活等后遗症。为提高疗效，1980年以后萧山戴村镇卫生院运用中西医两法治疗胫骨先天性假关节、踝关节骨折、股骨颈骨折等病种有新的突破，尤其是踝关节骨折和股骨颈骨折采用闭合复位，钢针(克氏针、三角针)固定治疗，具有不需开刀，手术时间短，治疗效果好，功能恢复满意，复发率低，医疗费用少等优点，颇受病人满意。1996年开始，萧山戴村镇卫生院治疗骨折，从原来的筒形纸质夹板，逐步改进用柳木方形夹板作固定，用原来的末药(内服)，发展到中药汤剂。

1970年，浙江医科大学厉裔华、郁知非与马逢顺合作，采用西医几种联合化疗方案加中药三尖杉治疗急性白血病177例，结果完全缓解率为57%，完全缓解加一级部分缓解率为65%。该研究于1978年获全国医药卫生科技大会奖。课题内容从1977—1978年使用三尖杉酯碱和高三尖杉为酯碱主要药物与(或不与)阿糖胞苷(A)、长春新碱(O)和强的松组成联合化疗方案，称HOP、HOAP，使用上述方案治疗急性非淋巴细胞性白血病完全缓解率达60%，部分缓解率达11%。同年，宁波市第三医院西医吴元章、洪中立等应用中草药土茯苓治菌痢、蓰菜子治疗顽固性呃逆、凤尾草治胆道出血等，开办中草药厂，自制中草药片、针剂、汤剂200余种，编印《中草药临床应用集》《自制药物介绍》等。1971年起应用东莨菪碱、冬眠灵合剂静脉复合麻醉，抢救241例感染性休克患者，病死率从50%降至12%。1976年12月被定为省中西医结合重点单位。

"文化大革命"结束后，卫生部召开了全国中西医结合规划工作座谈会，讨论制定了《1976—1985年全国中西医结合十年发展规划》。1978年，浙江省艾叶油研究协作组(浙江省中医药研究所、浙江医科大学等单位)开展艾叶油治疗慢性气管炎的研究。该研究课题以艾叶油胶丸口服治疗慢性气管炎，总有效率为86.7%～94.4%，控显率为56.35%～61.3%。艾叶油气雾剂治疗慢性气管炎，总有效率为81.9%，控显率为33.5%，其疗效与芸香草气雾剂相近，与异丙肾上腺素气雾剂比较，作用强度、起效和维持时间皆相近，但艾叶油对心率无影响，疗效明显优于喘咳宁。杭州市红十字会医院王永钧负责的中西医结合治疗急性胰腺炎，该研究采用中药清热解毒、通里攻下为主治疗急性胰腺炎130例(含急性重症19例)，结果仅死亡2例，后胰腺源性糖尿病，尤以急性重症者死亡率极高，国外有报告40%～80%之间。因此，以中医药为主，配合禁食、补液、胃肠减压等综合性治疗措施，能提高治疗效果，降低死亡率，有较大社会效益及经济效益。1979年，浙江省中医药研究所等开展"平喘新药萜品烯醇"课题研究。该课题为满足临床需要，人工合成萜品烯醇，采用新三步法即光照氧化>还原>氢化人工合成，和成品经元素分析、气相层析、核磁共振、红外及旋光等分析实验，其结果基本与天然品符合。药理作用与天然品也基本相似，能明显松弛豚鼠离体气管平滑肌，并能对抗和阻断组胺和乙酰胆碱所致的气管收缩作用，对豚鼠组胺和乙酰胆碱性喘息具有明显保护作用。此外还具有镇咳、抑菌、抑制中枢作用。临床引用人工合成萜品烯醇胶囊剂口服治疗喘息型慢性气管炎106例，20天一疗程，每日3次，每次2颗(每颗含50毫克)，总有效率为95.30%，控显率为36.80%。对咳、痰、喘、哮四症的疗效，以哮鸣音疗效最佳，有效率为85.80%，控显率为55.70%，哮鸣音的控显率显著高于咳、痰、喘($P<0.05$)。用人工合成萜品烯醇气雾剂对喘息型慢性气管炎和支气管哮喘有哮鸣音的患者170例，进行即时平喘疗效观察，每例喷雾3次(约20毫克)，其平喘有效率为93.50%，哮鸣音消失率为52.35%，起效时间最短者30秒，3分钟内起效者占78.70%，维持时间在2小时以上者占86.50%，长者达15小时以上。该药口服治疗，无明显毒副反应。40例患者治疗前后进行心电图、肝功能及血、尿常规检查，未明显变化，表明该品对心、肝、肾等主要脏器无明显影响。该药气雾吸入，除有轻度苦味外，无不良反应，对心率也无异常影响。临床上该品曾与艾叶油同时对比，疗效相似，艾叶油平喘疗效与异丙肾气雾剂相似，优于异丙类药物喘咳宁，且无心率加速之副作用。衢州高家镇卫生院吴金源，中西医结合治疗胆囊炎、胆石症排出巨大结石一例。该课题

以中医理论为基础结合西医知识，开展中医为主治疗胆囊炎胆石症。根据中医"痰瘀胁痛"的理论，探讨胆结石的成因及治疗方法，从而开展溶石、排石治疗胆囊炎、胆结石，收到满意的疗效。1979—1981年，浙江省中医院徐志瑛以中医的"通里攻下、活血化瘀"法治疗肺心病急性发作，治疗前后以血气分析，钾、钠、电介质和酸碱平衡作对比，分析临床疗效的判断，并按统计学处理。结果有利血气的提高和二氧化碳的下降（$P<0.05$），并作了血浆黏度的对比，能起到活血祛瘀的作用。1980—1982年，浙江人民卫生实验院郑永兴完成"香葵油抗肿瘤的研究"项目。研究内容为香葵油对移植性动物肿瘤的抑瘤作用，香葵油对大鼠的亚急性实验，香葵油对DNA的影响。

1981年，省卫生厅批准杭州市红十字会医院为浙江省中西医结合医院，并制定五年建设发展计划。医院主要业务特色：中西医结合诊治急性病、疑难病、危重病，中西医结合科设有病床60张，中医科病床50张。医院成立中西医结合研究委员会，有内、外、小儿、中医科，实行中西医结合，病床150张，中西医结合或中医治疗的病人占住院总病人数的1/2以上。医院主要科研成果：同种异体肾移植排斥反应的研究，原发性肾小球肾炎辨证规律的研究，人体免疫机制和微循环障碍在肺心病中的地位，甲状腺淋巴造影术，传导式骨钻临床应用，高强度钛合金螺纹方尾钉治疗股骨颈骨折及粗隆间骨折等项目。中成药"肾康宁"的研制获得成功。"益肾宁"对慢性肾炎激素撤退时肾阳虚症的临床治疗及实验研究，列为国家"七五"中医重点攻关项目。1982年，杭州市红十字会医院王永钧负责"原发性肾小球肾炎辨证规律的研究"，该课题对100例原发性肾小球疾病患者在中医辨证分型的基础上，检测甲皱微循环、血液流变学、心肾功能及免疫指标，发现阳虚型肾炎的免疫功能降低，全血黏度升高，外周循环郁滞，易致心肾功能不全，并提出肾小球疾病时的瘀血症与阳虚有关，具有"虚中有瘀"的特征，提示温肾、益气、养血、化瘀可能提高疗效。1983年，杨国栋提出"1+1杨氏戒毒法"，先后为海内外2000余患者戒除毒瘾。1989年9月，杨国栋等主编了《微循环障碍与莨菪类药的临床应用》一书。

1983年，中国中西医结合研究会浙江省杭州分会成立，蔡向军为理事长。1984年，杭州市中医院黄良夫负责的传导式电钻在临床骨科应用。该课题是电机通过软轴驱动作用，可以使电机远离手术台，可以加大功率，改善电机性能，价格也较便宜。1986年5月至1988年6月，浙江中医学院刘明哲负责"补益中草药抗基因突变和DNA损伤作用的研究"。该课题从大量的中草药中找到抗基因突变和DNA损伤的有效中草药7种，对其中的2种进行了体内、体外和不同测试终点的分析研究，对其中6种中草药成分进行了分析。这些有效成分（药物）可应用于环境污染的净化，可作为抗诱变剂添加于香烟、食品和肿瘤患者放、化疗的保健剂。1987年10月至1988年11月，杭州市中医院张卫华负责"中风Ⅰ号治疗急性中风动脉硬化性脑梗死急性期"，表明中风Ⅰ号治疗风中经络、风中脏腑的急性期患者，相当于现代医学脑血管意外疾病中的动脉硬化性脑梗死急性期。口服50毫升，日2次，共服15天，对照组用西药低分子右旋糖500毫升，静滴，共7天，以确定中风Ⅰ号的疗效，得出其科学性、可信性及先进性。

进入21世纪之后，浙江中西医结合事业取得了新的进展，不仅更加广泛地取信于民，而且得到国家政府更充分肯定和政策更有力支持。2003年，省卫生厅印发关于进一步加强中西医结合工作的通知，要求扩大国际交流与合作，繁荣与发展中西医结合事业。至2010年底，全省累计建成国家、省级中医药重点研究室、实验室51个，累计建成国家、省级中医药重点学科、创新平台84个，省级中医名院33家。

专记:“废除中医案”

晚清时期，西方医学大规模进入中国。以阴阳五行、经络脏腑奉为圭臬的中医学和以科学理论与实证研究为特征的西方医学产生激烈冲突。在“五四”新旧思潮激烈冲突中，知识界批评中医愚昧落后之声日渐高涨，西医界公开与中医界决裂，形成了泾渭分明的两大对峙阵营。民国5年(1916年)，中国西医名家、公立上海医院医务长、浙江镇海人余岩(余云岫)撰写《灵学商兑》，率先对中医基础理论进行系统批评。民国9年，时任上海商务印书馆编辑的余岩发表《科学的国产药物研究之第一步》，中国近代科学启蒙学者、著名科普出版家、浙江上虞人杜亚泉和著名中医学家恽铁樵予以回驳，引发了中医理论之争。民国14年，中医界谋求将中医纳入学校体制，受西医界抵制而流产。此后，中西医界的争论逐渐由学理讨论泛化为意识形态争论。在西医界看来，中医不管是其理论还是实践，均不能成为科学研究的对象，而是科学的对立面，中医成了阻碍进步、阻碍改革的罪魁祸首，必须加以废止。

民国18年(1929年)2月23—26日，国民政府卫生部召开第一届中央卫生委员会会议。余云岫以中央卫生委员会委员、中华民国医药学会上海分会会长的身份参加会议，并提出《废止旧医以扫除医事卫生障碍案》，其理由是:(1)中医理论(阴阳、五行、六气、脏腑、经脉等)皆属荒唐怪诞;(2)中医脉法出于纬侯之学，自欺欺人;(3)中医无能预防疫疠;(4)中医病原学说阻遏科学化。这一提案除了二三个与会者抱怀疑态度外，满场一致通过，并写入2月25日的会议记录。会议还讨论了《统一医士登录办法》《限定中医登记年限》《拟请规定限制中医生及中药材之办法案》，并将四个提案合并为《规定旧医登记案原则》。该登记案规定废止中医三条原则:“甲:旧医登记限至民国十九年为止;乙:禁止旧医学校;丙:其余如取缔新闻杂志等非科学之宣传品及登报介绍旧医等事由，卫生部尽力相机进行。”这就是近代中国医学史上著名的“废止中医案”。2月26日，上海《新闻报》率先将此事公诸于众。3月2日，余云岫主编的《社会医报》出版中央卫生委员会特刊，公布“废止中医案”。该登记案尽管没有立即禁绝中医，但通过釜底抽薪的办法，限制中医登记，听任年老中医老死，不准办学而使中医后继无人，必然会使中医自然消亡。

中央卫生委员会会议所通过的议案及余岩提案公布后，立即遭到了以陈存仁、张赞臣为代表的上海中医界的强烈反抗，也引起全国社会各界的强烈反响。随即，全国掀起了拯救中医药的抗争运动。浙江省中医协会、杭州医业职工会、杭州三三医社、杭州医学公会、杭州商参业分会、杭州中医学校等参加了这场声势浩大的保卫国粹抗争活动。赴沪的代表有杭州市医学分会沈靖尘、李天球，杭州三三医社裘吉生，浙江省中医协会汤士彦、沈仲圭、刘瑶栽，杭州国药公会俞绣章、方惠卿、方亦之，杭州药业职工会叶滋芬等。杭州医学公会电呈国民政府卫生部:“少数西医诋斥国医，倡议废止，视国医如仇，甘充西医之贩卖人，忘本求标，乃欲消灭我国固有之文化和学术，直接使帝国主义经济侵略政策完成。揣其居心，诚不堪问。”语虽痛斥西医，实际指责政府。卫生部复电：“中药一项本部力主提倡，唯中医拟设法改进，以期其科学化。”其间，宁波中医界组成“医药救亡请愿团”，推王宇高、吴涵秋、董庭瑶等为代表赴沪参加全国中医药团体代表大会，起草发布《根本推翻中卫会决议旧医登记原则及力图发展中医中药案》的万言书，促使当局撤销提案。上虞中医药人士成立县中医药协会，通电上海声援，并确认“中医西医各有所长，中医药同人应该用科学化穷究竟，求得发展改良”的创会宗旨，在崧厦创办承志施医处，施医施药，不久，成立县中医师公会。遂安县中医胡勇泉联络县内中医联名向上请愿；萧山县中医界派傅冰然等赴南京请愿。在浙江各社团的激烈抗争和全国中医药界的强烈抗议下，民国政府取消余云岫的“废除中医”提案，萧山国医馆、萧山中医师公会相继问世。

裘吉生先生曾给陪同孙中山先生去绍兴视察的中国国民党元老胡汉民先生治疗急性痢疾，一剂中药即愈，孙中山先生遂题字表彰。民国 18 年 3 月 17 日，上海《申报》以醒目标题《总理遗墨》刊登孙中山先生赠给裘吉生的题字“救民疾苦”，其目的是驳斥废止旧医案的谬论，号召“全国同胞下一个公正的批评”。同日，借上海总商会召开中医药团体大会，全国医药团体的代表齐集上海。参加会议的代表来自 15 个省 132 个医药团体，共 262 人，会场座无虚席，非代表想列席而被婉拒门外者不下数百人。裘吉生先生担任大会执行主席，在会上慷慨陈词，提议 3 月 17 日为中医药界的纪念日，全场鼓掌，赞成以“三一七”为中医药界大团结的纪念日。这就是“三一七国医节”的由来。当天大会后，全体代表赴神州医药总会商讨反对中央卫生委员会废止旧医案的议案。全体代表主张即日赴京，向国民党三中全会和国民政府举行大请愿，不达目的誓不回乡。18 日下午举行第二次代表大会，经主席团磋商，决定先组织决议案执行委员会，推定杭州裘吉生、汤士彦等为委员会成员。大会又推选随翰英、谢利恒、张梅庵、蒋文芳、裘吉生、陈存仁等为请愿代表团代表。在中医药界的压力下，卫生部次长胡毓威被迫公开表态：“本部正在提倡，使中医药有进步”，并承诺对废止中医药之提案，认为不能行之现今中国。“废除中医案”不了了之。请愿后，裘吉生在离开南京时还写了两封信请人分别送给立法院院长胡汉民、卫生部部长薛笃弼。薛笃弼复信：“医无新旧，学无中西，要以实事求是能合真理为依归。”表明卫生部无意废止中医。浙江中医界社团和代表在维护祖国传统医学上的鞠躬尽瘁，达到了预期的目标。民国 25 年(1936 年)1 月 21 日，民国政府正式公布《中医条例》，中医药的生存问题在法律上得以解决。

第八章　西　医

西医是指西方国家的医学。古代西医学起源于古希腊，由于其基础理论和方法的错误，到近代已被摒弃。近代西方国家的学者们逐渐构建了一门全新的医学体系，这就是当今国人常说的西医。西医入浙始于明朝中叶。明嘉靖二十四年（1545 年），葡萄牙人在舟山六横双屿港建医院 2 所，采用传统西医疗法，为海上互市的西方商人服务。清道光二十二年（1842 年），第一次鸦片战争期间，英国传教士雒魏琳（William Lockhart）随英军在舟山定海开设西医诊所，始传入现代西医。第二次鸦片战争后，清政府开放宁波等五地为通商口岸，西医借助殖民势力和传教会进入浙江。道光二十三年起，西方传教士在宁波、杭州、温州等地兴办诊所、医院，借医传教。近代西医的传入和浙江西医界数代人的建树，为浙江现代医学事业的繁荣和发展奠定了基础。

第一节　西医基础

西医的基础理论架构和技术研发决定西医的发展方向和临床医疗水平。浙江在此方面的研究与教学始于民国初，以医学高等院校和医药研究机构为主。留学归国的韩清泉于民国元年（1912 年）创办浙江医学专门学校，浙江省政府委员兼民政厅厅长朱家骅于民国 18 年 7 月创办浙江省立卫生试验所。中华人民共和国成立后，尤其是随着改革开放的进程，院校机构壮大，学科人才成长，浙江在人体生理学、人体免疫学、病原生物学、病理学、药理学、细胞生物学等基础研究和应用方面颇有成效。

一、人体生理

人体生理学研究构成人体各个系统的器官和细胞的正常活动过程，特别是各个器官、细胞功能表现的内部机制，不同细胞、器官、系统之间的互相联系和相互作用，并阐明人体作为一个整体，其各部分的功能活动是如何相互协调、相互制约，从而能在复杂多变的环境中维持正常的生命活动过程的。

1959 年，浙江医学院生理学教研室教授李茂之对脂肪抑制胃分泌的机制做过研究，研究内容有“环境压力对肌肉收缩潜伏期的影响”和“交感神经对足趾血管的影响”等。1978 年，温州医学院肺心病研究室蒋仲荪、徐正惠、喻华芝等开展“肺阻抗血流图与肺循环相关性实验研究”，完成：(1)家兔外加低频电压时胸腔内电势分布的实验研究。(2)动物肺阻抗容积图的实验研究。(3)实验性肺泡内压增高对肺阻抗容积图的影响。(4)肺阻抗容积图与肺动脉血流量相关性实验研究。(5)肺阻抗容积图与颈动脉电磁流量图同步分析等。他们于1978—1981年先后完成肺阻抗容积图与肺动脉血流量相关性实验研究等系列项目,从肺内电势分布、结扎动物肺动脉主干、肺动脉电磁流量对照实验等方面,显示此法能获得70%～80%肺循环信息,相关性显著Y＝0.937,从而为临床应用此法提供了实验依据,在全国肺心病心功能阻抗专业会议上得到了一致好评。

20世纪80年代,浙江省医学科学院在男性生育机理研究方面先后获得了卫生部、浙江省卫生厅(以下简称省卫生厅)、国家自然科学基金、美国洛克菲勒基金会、"九五"国家攀登计划、国家"973"等资助,进行了系统深入的研究。浙江医学科学院研究员石其贤在国际上首次报道了精胺是豚鼠(1985年)、仓鼠(1989年)及人(1991年)精子体外获能的抑制剂,它对精子获能、顶体反应和受精等环节具有明显的抑制作用,并进一步阐明了该作用是通过阻断Ca^{2+}通道,抑制外钙内流,使胞内CAMP水平降低,从而导致受精抑制。精子在及抑制顶体反应的结果,表明精胺是一种获能抑剂。它可随时获能进程逐渐消失,以防止精子过早获能。这一发现为辅助生殖技术(IVF)提供科学依据,且比英国人S. Rubinstein和H. Breitabare(1991年)早两年报道。[①] 1986年,浙江省医学科学院研究员石其贤在第五届国际精子学会大会作特邀报告《棉子酚抑制精子形成,精子能动性和代谢》(*Gossypol inhibition of spermatogenesis*,*Spern motility and Metabolism*)。1987年,出版专著1部,在纽约、伦敦、巴黎、蒙特利尔和东京同时发行,专著和论文被国内外同行引用60多次。

20世纪90年代,在卵丘细胞及其基质诱发精子顶体反应因子的研究上,浙江省医学科学院课题组从超排卵的中国仓鼠(CHA)COM中分离到较高浓度的孕酮($P_{4,}$ 1.3μg/ml)、透明质酸(HA)和肝(HE),它们均可显著地激发CHA精子发生AR和提高受精率。如果两者合并(P_{4+} HA)应用,则具有协同或加强作用,可见CHA的胞外基质(COM)中存在多种诱发精子AR的因子。随后,课题组与英国ERS. Roldan博士合作,进一步证明P_4与ZP不仅可分别诱发获能小鼠精子AR,而且两者存在着一定的顺序关系,即当精子首先接触P_4,然后结合可溶ZP(P_4→ZP),则AR率和胞内第二信使使二酰甘油(DAG)明显高于两者相加(P_4＋AP)和相反顺序作用(ZP→P_4)的结果。同时,膜磷脂酰二磷酸肌醇(PIP2)的降解与DAG的产生和AR率升高相一致,表明P_4在AR中扮演着一个"启动因子"的作用。1998年,论文发表于《科学杂志》上,被国内外同行引用215次。

2000年12月20日,浙江大学医学院李继承教授主持完成"人体腹膜淋巴孔的发现及其药物调控和中医治疗腹水机理研究"项目。2001年,浙江省医学科学院项目组与香港中文大学生皮细胞生物学研究中心教授(ECBRC)陈小章合作,研究合作囊性纤维跨膜传导因子(Cystic fibrosiss transmembrance conductance regulator,CETR)参与小鼠子宫内膜上皮细胞膜(HCO_3^-)的分泌和转运。该研究提供了损伤CF女性患者子宫内膜上皮细胞HCO_3^-分泌,从而导致CF妇女生育力降低的实验依据。这一研究改变了以往认为囊性纤维变性(CF,

① 《浙江省医学科学院志》(第3卷),浙江省医学科学院2010年编印,第49页。

Cystic Fibrosis)女性不孕的原因是宫颈黏液过于黏稠,致使精子不能穿过宫颈进入宫腔的传统观念,论文在 *Nat Cell Biol* 发表后,引起国内外强烈反响。著名的生殖生物学家福罗曼(HM Florman)教授等(2003年)为此撰写评论,指出"CFTR很可能是体内转运 HCO_3^- 的调节因子",该研究是将精子体外获能与体内获能紧密联系的范例。美国《科学家杂志》(*The Scinentists*)和法国《医学信息杂志》(*Information Medical*)驻纽约记者报道称CF妇女不孕原因有了新了解,中国科学家发现CF妇女子宫内膜上皮细胞分泌和转运 HCO_3^- 发生障碍,继而影响精子获能和受精,这是生殖生物学的一项重要发现。

2002年7月,浙江大学医学院教授罗建红主持承担了国家"973"项目"活细胞单分子实时视见研究"课题。2002年9月,浙江大学医学院教授姜槐主持承担了国家自然科学基金重点项目"电磁场对细胞的作用位点和作用机制以及对其干预和应用"。2004年,浙江省医学科学院课题组发现阴离子 HCO_3^- 和 CL^- 是精子获能的关键因子,结果发表在美国 *Bilo Reprod* 上,被国内外同行引用60余次。证明精子获能不仅需要 HCO_3^-,而且需要 CL^-,两者缺一不可。这一发现比美国人威士曼(Wertheimer E. V.)等2008年在《生物化学杂志》(*J Biol Chem*)上的报道早4年,对受精生物学具有重要意义。

2006年,就γ-氨基激发哺乳动物精子获能和顶体反应及其信号转导,浙江省医学科学院课题组首先证明(《细胞生物学杂志》2006年第3期)GABA和孕酮不仅可以激发豚鼠及人精子获能,而且也可刺激获能小鼠及人精子顶体反应,进而证明精子质膜表面存在两类不同受体。一类是GABA受体/CL通道,另一类是 Ca^2 通道。受体和离子通道以独立功能单位共存于通道中。这一发现对受精生物学具有重要意义,论文被国内外同行引用160多次。同年,就精子AR和反应过程中产生的各种活性物质及其信号转导通路,浙江省医学科学院课题组首先阐明GABA和孕酮(P_4)激活精子顶体质膜上磷脂酶C(PLC),通过 Ca^{2+} 介导,激活精子表面非基因GABA受体/CL^- 通道,促进聚磷酸肌醇(PPI)降解为二磷酸磷脂酰肌醇(PIP_2)—磷酸肌醇(PIP)和磷脂酰胆碱(PC)增加,而磷脂酸(PA)下降,从而完成AR。PIP_2 降解产生两个胞内信使物质,即DAG和 IP_3,GABA和 P_4 合并应用具有加强AR作用,从而提高受精率。课题组发现ZP、GABA和P激发AR期间,引起 PLP_2 激活,受3条信号通路的调解:(1)受Gi蛋白偶联腺苷酸活化酶(AC)-cAMP-PKA的调节,(2)受PLC激活产生的DAG直接或间接通过PKC调节,(3)受丝裂原蛋白激酶MEK-ERK1/2的调节。因而,课题组提出在AR天然激动剂作用下,激活PLC产生的信号分子DAC将两条信号通路 PLA_2 和PLC信号转导中薄弱环节以达到控制精子之目的,为男性生育调节的设计提供新的靶点。

2007年,浙江省医学科学院首次报道了生育男子及成熟小鼠精子存在CFTR通道蛋白,定位于精子头部赤道板上,其分子量为170KDa蛋白。课题组采用CFTR的特异抑制剂(CFTRinh-172)及其抗体,它们可明显地降低精子获能及其与 HCO_3^- 依赖的获能相关事件。同时使用变性CFTR(+/-)杂合子小鼠精子,它们转运 HCO_3^- 的能力亦明显下降,导致CFTR杂合子小鼠精子受精率显著降低,产仔率减少,死胎率增加。这些结果表明CFTR对精子的受精能力及男性生育至关重要。论文于2007年发表在美国科学院院刊 *Proc Natl Acad Sci USA* 上,引起国际社会关注。著名生殖生物学家HM Florman教授也在该刊上发表评论：CFTR 将 HCO_3^- 转运进入精子刺激可溶性腺苷酸环化酶（sAC）活性，使胞内[cAMP]i 含量增加，激活磷酸激酶 A（PKA）信号转导通路，导致下游诸多效应器激活，最后引起精子获能和受精，开拓了 CFTR 在生殖生物学研究的新领域。论文已被同行引用 30 余次。由此，已在国内外学术期刊上发表研究论文 30 多篇，参撰《受精生物学》《人类生殖生物学》等专著 6 部。

二、人体免疫

免疫系统是人体八大系统之一，具有免疫监视、防御、调控的作用。这个系统由免疫器官（骨髓、脾脏、淋巴结、扁桃体、小肠集合淋巴结、阑尾、胸腺等）、免疫细胞[淋巴细胞、单核吞噬细胞、中性粒细胞、嗜碱粒细胞、嗜酸粒细胞、肥大细胞、血小板（因为血小板里有 IGG）等]，以及免疫分子（补体、免疫球蛋白、干扰素、白细胞介素、肿瘤坏死因子等细胞因子）组成。人体免疫学探讨人体各器官中所能产生的免疫反应，各种免疫物质在人健康或是生病时所显示的生理功能，免疫系统病变所产生的疾病（例如自体免疫反应、过敏反应、免疫功能失调），在体内或是体外免疫系统各构成的物理、化学、生理性质。

民国 19 年（1930 年），海宁曾发生流行性脑脊髓膜炎，传播遍及全省。浙江省立卫生试验所快速进行疫苗研制，不到一个月，即告成功，平稳了疫情。

1962—1988 年，浙江医科大学附属第一医院何南祥、陈志慧、王信子等首次分离到麻疹病毒并建立杭 M-13 株并研制成功减毒活疫苗，免疫性强，经 30 余年传代仍保持其抗原性，在国内有关单位进行大面积长达 15 年麻疹疫苗免疫持久性观察研究，成效显著。

20 世纪 70 年代，浙江卫生实验院微生物研究所研究员李洸等对转移因子的作用和提取方法作了系统的研究，以晚期血吸虫病患者摘除的脾脏为原料，用超滤法分离提取转移因子。实验表明 TF 在细胞免疫反应中起着十分重大的作用，是提高或平衡机体免疫研究的主要措施。临床研究表明，TF 在体内作用方式，不同于其他药物，进入体内不是直接作用于病原体，而是作用于体内淋巴细胞，使之致敏，产生效应。一般人体由 TF 而获得的迟缓型变态反应可维持数月乃至 1～2 年。用于细胞免疫缺陷或免疫机能紊乱而引起的变态反应性疾病，如湿疹、血小板减少、多次感染综合征、麻风病、结核病等。对红斑狼疮，某些抗生素难以控制的病毒性或霉菌性细胞内感染，如带状疱疹有一定疗效，对肿瘤患者可起缓解辅助治疗作用。该项目组与药厂合作生产转移因子注射液，从人脾组织中提取，含有多核苷酸和多肽的小分子物质，具有触发增强机体细胞免疫功能。

1982 年，浙江医科大学附属第一医院周绍聪、何南祥、章明太等进行乙型肝炎血源性疫苗及母婴传播阻断研究，获得成果。

1983 年，浙江卫生实验院研究员李洸等开展的“免疫调节剂的研究”通过省级科研成果鉴定。研究自 20 世纪 70 年代开始，人脾转移因子和猪脾核糖核酸是其中两个主要课题。一系列药理、毒理基础研究证实该制剂对人体安全、无毒，动物实验性治疗有效。省内多家医院临床研究证实疗效显著。其中，对慢性支气管炎和呼吸道反复感染的总有效率为 92.3%，显效率为 68.5%。支气管哮喘的总有效率为 81.9%，显效率为 42.5%。银屑病的总有效率为

77.8%，显效率为50.8%。荨麻疹的总有效率为88.6%，显效率为67.9%。此外，对胃癌、肠癌、乳腺癌等148例手术后放疗或化疗合并应用该品，能提高机体免疫力，明显减轻放疗和化疗引起的毒副作用，改善周围血象，尤其是提升白细胞数，增强抗感染能力，提高肿瘤患者的生存质量。

1986年，浙江医学研究院高级实验师杜长檄等自主研制的项目“注射用胸腺肽”取得药品生产批准文号。胸腺肽（又名胸腺素）是一种与机体的细胞免疫有密切关系的激素，其作用机制主要作用于T淋巴细胞系统，连续诱导T细胞分化、发育的各个阶段，维持机体免疫平衡状态，增强T细胞对抗原的反应，从而提高机体抵抗疾病的能力，用于各种原发和继发性免疫缺陷症（包括病毒、霉菌感染和药物引起的免疫功能失调等）、癌症术后、红斑狼疮、白血病、重症感染、急慢性肝炎、支气管哮喘、再生障碍性贫血等病。

1988年7月，浙江省医学科学院研究员毛江森领导的甲肝疫苗研制攻关组和中国医学科学院医学微生物研究所成功研制出了甲肝减毒活疫苗毒种，并在北京通过部级鉴定，成为具有国际领先地位的成果。① 1990年以后，浙江省逐步开展了大规模的甲肝疫苗接种，提出甲肝疫苗免疫对象应为24～36月龄儿童，同时将甲肝疫苗免疫接种纳入计划免疫管理，该方案得到卫生行政部门的认可。1997年，浙江省在全国率先制定《浙江省甲肝疫苗免疫接种实施方案》，有计划、有步骤地在全省推广甲肝疫苗免疫接种，主要针对1岁以上学龄前儿童（城市扩大到学龄儿童）、20岁以上青壮年（甲肝抗体阴性者）等人群。2008年后甲肝疫苗纳入免疫规划，对18月龄儿童实行免费接种。通过采取以接种甲肝疫苗为主的综合性防治措施，浙江省甲肝防控工作取得了令人瞩目的成果，甲肝发病率从1992年的219.01/10万人口下降到2010年的10.1/10万人口，甲肝疫情得到有效控制，有效地保护了广大人民群众的身体健康。1992年，甲肝疫苗投放市场，至2010年在全国已累计使用甲肝疫苗1.3亿人份，使甲肝发病率以年均20%的速度下降，全国甲肝年发病率由甲肝疫苗投入使用前的每年65例/10万人口下降到12例/10万人口。1994年6月，毛江森等人完成“甲型肝炎减毒活疫苗毒种”研究。1995年8月，浙江省医学科学院召开甲肝疫苗获准生产新闻发布会。1999年，浙江省医学科学院病毒研究所完成的“在甲肝高发县区用甲肝减毒活疫苗（H2）消除甲肝流行的长期效果总结”成果鉴定会在杭州召开。

2001年7月，浙江大学医学院教授王建莉主持承担了教育部重大项目“基因修饰的树突状细胞诱导免疫耐受及其在抗移植排斥中的应用”。2002年7月，浙江大学医学院教授王建莉主持承担国家自然科学基金重点项目“新型趋化因子MIP-2γ及受体CCR-Ⅱ 1的功能及其机理研究”。浙江大学医学院教授王建莉、郑树森主持承担了教育部重大项目“基因修饰的树突状细胞诱导免疫耐受的基础和临床研究”。

2003年，浙江大学医学院教授余海、曹雪涛指导的2002届博士毕业生王青青的博士学位论文《单抗导向的超抗原联合细胞因子基因治疗的抗肿瘤作用及其免疫机理研究》，获全国百篇优秀博士学位论文。7月，浙江大学医学院教授郑树森作为首席科学家，主持承担了国

① 《浙江省医学科学院志》（第4卷），浙江省医学科学院2010年编印，第67页。

家“973”项目“移植脏器慢性失功的免疫学应用基础研究”。

2007年，浙江大学医学院教授郑树森主持的“肝移植手术后免疫调节网络在乙肝病毒免疫逃逸中的机制研究”项目，获国家自然科学基金重点项目资助。

2008年，浙江大学医学院教授曹雪涛指导的博士生史丽云的博士学位论文《小鼠树突状细胞表面新型免疫抑制受体DIgR2的功能研究》，获全国百篇优秀博士学位论文。

2009年，浙江大学医学院教授郑树森作为首席科学家主持承担国家“973”项目“肝脏免疫微环境影响肝移植术后乙肝复发的机制和干预研究”。

三、病原生物

病原生物学研究与疾病有关的微生物（包括病毒、细菌、立克次体、衣原体等）和寄生虫（包括原虫、蠕虫、医学节肢动物）的生物学规律、致病机理及其与宿主之间的相互作用，是基础医学中极为重要的学科。随着社会经济的发展、东西方文化的交流、人类生活的改善和行为方式的改变以及环境、气候的变化，人类感染性疾病的“病原谱”也发生了重大变化，加上病原体对抗生素耐药性的产生和新的病原体因子的发现，人类仍面临着与病原生物斗争的严峻挑战。

民国9年（1920年），绍兴福康医院内科主任、美籍医师鲍尔乐系统研究绍兴姜片虫病，进行猪体及人体（自身）感染试验，完成专著《绍兴寄生虫生活史》。民国17年5月，绍兴福康医院内科医师应元岳从绍兴县兰亭两例住院病人的痰液和粪便中检出肺吸虫卵，首次证实中国大陆存在人体肺吸虫病，并用土霉素治疗。这是国内人体肺吸虫病的最早发现。1930年，应元岳将其对人体肺吸虫病的发现及治疗方法写成医学论文《并殖吸虫二例报告》，发表在《中华医学》杂志英文版1930年第16期（卷）上。同年，中央卫生署派驻小队人员吴光、屈荫杰等借浙江省立卫生试验所的实验室，研究绍兴兰亭地区的肺吸虫。

20世纪50年代，浙江省临海县发生有黄疸、出血的发热性传染病，浙江医科大学王季午教授等进行实地调查研究，首次证实了浙江省发生的钩端螺旋体病流行，从而推动了全国对该病的研究。①

1957年，温州专区鼠疫防治站崔秀亭在泰顺县发现一种不同一般的跳蚤。1964年，被中央流行病研究所定名为崔氏大椎蚤。②

1958年6月，浙江卫生实验院在国内首次报道高山真棒恙螨，并发现新恙螨品种，定名为杭州杜罗恙螨。③

1958年12月，浙江卫生实验院首次对浙江省的脊髓灰质炎作出肯定的病原学诊断。

1976年，浙江医科大学传染病研究所何南祥、郭茂福等首次进行的类胸膜肺炎微生物（PPLO）污染细胞培养及其对人胚肺细胞的致病变作用研究。1979年，浙江医科大学传染病

---

① 《浙江大学医学部学部简史》，浙江大学医学部2012年编印。

② 《温州市卫生志》，华东师范大学出版社1998年版，第6页。

③ 《浙江省医学科学院志》（第3卷），浙江省医学科学院2010年编印，第3页。

研究所何南祥、郭茂福首先在国内分离风疹病毒成功。①

1980 年,浙江卫生实验院以毛江森为首的课题组完成“甲型肝炎病毒抗原提取成功及其在排毒规律和血清学诊断方面的应用”研究和甲型肝炎病毒实验感染红面猴、恒河猴和用红面猴分离甲型肝炎病毒研究成功。

1982 年,浙江医科大学传染病研究所易健如、何南祥等从 HBsAg 和 HBeAg 阳性孕妇死胎的肝细胞中应用免疫电镜、无标记酶染色(PAP)法及核酸杂交技术首次在国内外证明存在 HBV 宫内传播,并且发现在胎肝细胞中存在整合性 HBV-DNA。

1981 年 12 月 30 日,浙江省卫生防疫站在《关于上报“沙门氏菌菌型分布调查”科研成果的报告》中提到,通过对浙江省 9 个地区从 1977—1980 年开展的沙门氏菌菌型分布情况调查,收集了 2000 多株可疑沙门氏菌。在调查过程中,分别于 1977 年、1978 年、1980 年在杭州、萧山、嘉兴召开了沙门菌鉴定会。经鉴定,确定为沙门菌的有 1540 株,同时发现了一些新菌型及少见菌型。沙门氏菌分布极广,世界上报道的有 1900 多个菌型,1977 年国内报道的有 108 个菌型。以往浙江省没有关于沙门菌的菌型和分布的系统资料,经过 4 年的工作,摸清了浙江省有 30 多个菌型,其中,阿贡纳、鼠伤寒、哥本哈根、巴尔多、苏拉特、非丁伏斯、旺茨渥 7 个菌型在 1977 年前国内未曾发现过,填补了这方面的空白。该报告还称,来源于人的菌株以伤寒沙门菌所占比例占 19.52%,遍及全省,应迫切重视。

1994 年始,浙江医科大学附属第一医院教授李兰娟率课题组对肝病与肠道微生态的关系进行了系列研究,同时开展细胞耐药基因的研究。主编了国内首部《感染微生态学》专著。2001 年 11 月 26 日,浙江大学医学院教授李兰娟主持开展“重型肝炎肠道微生态变化的研究”。2003 年 5 月 30 日,浙江大学医学院教授李兰娟主持开展了“革兰阴性菌超广谱 β-内酰胺酶及 Amp C 酶研究”项目,获得成功。2007 年,浙江大学医学院教授项春生作为首席科学家主持并承担国家 973 项目“肠道微生态与感染的基础研究”项目的研究。

1997 年 10 月,温州市区爆发流行一种以发作性全身多部位剧烈疼痛为主要表现的“怪病”,原因不明。温州医学院附属第一医院、寄生虫病教研室、附属第二医院、附属儿童医院和温州市疾病预防控制中心、温州市第二人民医院、第三人民医院等单位的科研人员历时两年,对这种“怪病”进行了全方位的调查研究,发现“怪病”的临床表现为嗜酸细胞性脑脊髓膜神经根炎或嗜酸细胞性脑膜炎,阐明广州管圆线虫为该病的病原体,并证实幼虫经口感染为传播途径,有效地控制了该病的爆发流行。同时发现了浙江省该病的新疫源地和新中间宿主,阐明了广州管圆线虫病的流行病学特点和少见临床表现,并提出有效的临床诊断和治疗方法。该系列研究得到浙江省科技厅(以下简称省科技厅)、省卫生厅科研基金和温州市政府社会发展基金的资助,获得了一系列的研究成果。

四、病理学科

病理学是运用各种方法研究疾病的原因、在病因作用下疾病发生发展的过程、机体在疾

---

① 《浙江大学医学院附属第一医院院史志》,浙江大学医学院附属第一医院 2012 年编印,第 60 页。

病过程中的功能、代谢和形态结构的改变，阐明其本质，从而为认识和掌握疾病发生发展的规律，为防治疾病，提供必要的理论基础。

1981 年，浙江医科大学农药毒理研究室黄幸纾、陈星若、徐惟安等完成“环境中化学物质的致突变性和致畸性七种试验方法”项目。研究人员经过 3 年多反复试验，移植并改进了国外最新的 7 种检测环境中化学致突变原和致癌原的早期试验方法：(1)沙门氏菌/肝微粒体酶试验方法。(2)哺乳细胞 DNA 程序外合成试验方法。(3)小鼠骨髓细胞染色体畸变试验方法。(4)小鼠胚胎肝血微核试验方法。(5)小鼠睾丸染色体畸变试验方法。(6)小鼠精子畸变试验方法。(7)大鼠致畸试验方法。应用这些试验方法检测十多种环境化学物(农药、食品添加剂、药物等)取得较满意结果。鉴定认为，浙江医科大学农药毒理研究室较早在国内开展这些试验。通过实践对试验作了某些改进和简化，并用于检测一批新化学农药及其他化学品，获得可靠结果，达到国内先进水平。这些方法可以在劳动卫生、食品卫生、环境卫生等工作中用来筛试化学物质的致突变性和致畸性。

1984 年，浙江医科大学病理生理学教研室余应年在国内首次建立了“双标法”实验技术，相关论文发表于《突变研究杂志》上。

1994 年至 2001 年 10 月，温州医学院教授王良兴、徐正阶、陈少贤等采用血流动力学、心肌力学、显微结构、超微结构、分子生物学等研究方法，对内皮素、一氧化氮、一氧化碳体系与慢性低氧高二氧化碳肺动脉高压和肺血管结构重建的关系、川芎嗪和知母宁抑制慢性低氧高二氧化碳肺动脉高压及其作用机制、低氧高二氧化碳对脑微血管和脑组织的显微和超微结构的影响、肺肥大细胞脱颗粒在慢性低氧高二氧化碳肺动脉高压形成的作用等进行了多层次和多方位的研究。研究揭示了内皮素、一氧化氮、一氧化碳体系与慢性低氧高二氧化碳肺动脉高压和肺血管结构重建的关系，并发现川芎嗪抑制慢性低氧高二氧化碳肺动脉高压主要是通过增加 ceNOS、降低内皮素-1 基因表达来实现的，同时首次证实肺肥大细胞脱颗粒在慢性低氧高二氧化碳肺动脉高压形成的作用。该研究为慢性阻塞性肺病、肺动脉高压、肺心病肺型脑病的防治提供了新的理论依据，共发表论文 30 篇(其中国家级杂志 21 篇)，并得到浙江省自然科学基金、浙江省医药卫生优秀青年科技人才专项科研基金、浙江省“151”人才工程和温州市“551”人才工程专项基金等资助。

2001 年，浙江大学医学院正式成立浙江省病理、尸检中心，挂靠浙江大学病理学与法医学研究所。2003 年，杭州市卫生局将病理鉴定工作同时挂靠浙江大学。该中心每年受托参与鉴定案例 130 多例，为社会提供包括法医学检验与鉴定咨询服务、医疗事故及医疗纠纷鉴定咨询服务等。

2005 年 12 月，浙江大学医学院教授来茂德主持开展“分子病理研究平台的构建和结直肠癌相关生物标志物的筛选”项目，获得成功。

2009 年，浙江大学医学院教授来茂德作为首席科学家，主持承担国家科技支撑计划项目“代谢综合征的早期识别和干预技术研究”。

2010 年 12 月 20 日，浙江大学医学院病理学教研室教授来茂德主持的“上皮间质转化在恶性肿瘤转移中的作用及机制”项目，获国家自然科学基金重大项目资助。

五、药理学科

药理学是研究药物与机体相互作用及其规律，阐明药物作用机制、改善药物质量、提高药物疗效、开发新药、发现药物新用途并为探索细胞生理生化及病理过程提供实验资料。药理学的方法是实验性的，即在严格控制的条件下观察药物对机体或其组成部分的作用规律并分析其客观作用原理。近年来逐渐发展而设立的临床药理学以临床病人为研究和服务对象的应用科学，其任务是将药理学基本理论转化为临床用药技术，即将药理效应转化为实际疗效。

（一）药物机理研究

1957年，浙江卫生实验院研究员周海日等从500多种中草药中筛选发现南瓜子具有杀灭血吸虫幼虫和成虫的作用，为国内外文献首次报道。

1959年，浙江医学院药理学教研室教授朱恒璧首先运用数学方法研究抗血吸虫病药物，并在20世纪60年代提出了关于药理作用机制的受体学说。浙江医学院生理学教研室教授俞德章对当时血吸虫病防治中锑剂的解毒做了大量研究工作，证明硫氧嘧啶对锑剂的急性中毒有保护作用。

1970年6月，丽水县人民医院药务主任卢士由将“一枝黄花注射液”在自己身上进行肌肉注射试验，不幸于7月13日以身殉职，临终前嘱家属，将家中全部医学藏书献给国家。

1971年，浙江省粮油公司化工厂、浙江省粮油公司科研组与上海市油脂二厂、上海市粮油公司油脂研究室、上海医药工业研究院成功从米糠油中提炼新药谷维素，打破了国际上仅日本一国垄断的局面。在上海、浙江对近千人进行临床应用，证明对周期性精神病、脑震荡后遗症、妇女更年期综合征、经前期紧张症、血管性头痛和神经官能症（神经功能失调为主）等，有比较满意的疗效，对血防药物副反应和绝育手术后神经官能症候群也有一定疗效。此药具有相当的安全性，副反应很少很轻，当年5月在杭州召开鉴定会，其后浙江省粮油公司化工厂正式投入生产。同年，浙江卫生实验院和杭州中药厂对草药“千里光”进行研究，发现对金黄色葡萄球菌、伤寒杆菌、甲型和乙型伤寒杆菌、志贺氏等痢疾杆菌有较强的抗菌作用，通过一千多例的临床试验，在急性阑尾炎、上感、菌痢、胆道炎症、肺炎、化脓性扁桃体炎、术后感染、尿路感染、盆腔炎和角膜溃疡等疾病的治疗上有良好的效果。同年，浙江医科大学“五·七”药厂的职工在遂昌县蔡溪公社一名老农用草药“八角枫”作为骨折整复的镇痛剂和遂昌一院用“八角枫”做开疝气和整骨麻醉药的基础上，进行动物实验，用“八角枫”作为肌肉松弛剂或配合徐州医学院的草药“洋金花”麻醉，进行大小手术338例。浙江省中医院、杭州铁路医院和杭州市级医院应用上百例，取得满意效果，制成针剂，供肌肉或静脉注射用。同年，杭州制药厂、浙江卫生实验院在上海有关单位的帮助下，从喜树中提炼成功“喜树碱”针剂，在临床试用111例各种癌肿病人，有效率为39.6%，其中对胃癌、淋巴肉瘤、何杰金氏病和绒毛膜上皮癌、恶性葡萄胎有显著的近期疗效，但此药有较大的毒性反应。此后，杭州制药厂正式投入生产。

1972年，浙江卫生实验院药物研究所胡旭庚研究员开始合成双奈羟酸副品红。它不仅可以治疗早期血吸虫病人，而且适用于晚期和伴有心、肝、肾、肺、神经系统等夹杂症的血吸虫病人的治疗，毒性反应轻微，适应范围广，治疗适应证超过有多年历史的血防药物酒石酸锑钾（锑剂）。1973年，抗血吸虫病新药双奈羟酸副品红合成，动物试验结果证实该药对日本血吸虫病有明显的杀虫作用且毒性较低。1975年，该新药在嘉兴进行临床试治，经1000余例临床治疗观察，对部分病人进行疗效考核，治后半年的疗效为91.3%，治后一年的疗效为81%，为国内首先发现的治疗血吸虫病的有效药物。1978年，该研究项目获得成功。

20世纪80年代，浙江医学研究院生物工程研究所对海洋生物资源甲壳素进行了系列研究。生物流体敷料膜以天然海洋生物材料壳聚糖为主要原料，通过药学、药效学、安全性评价和临床试验等系列研究，在国内首次研制成功在常温条件下稳定存储的外用新型生物流体敷料。该产品主要技术突破点为常温条件下稳定存储，通过产品的材料配方优化和筛选，对其流动性、成膜性、稳定性等方面的影响因子作了深化研究，在功能和剂型上突破了国内同类产品的膜剂，具有天然广谱的抗菌活性，可生物降解，生物相容性好，疗效确切，安全、无毒、无刺激、无免疫原性。临床研究表明，产品剂型独特，涂肤干燥后能形成透明薄膜，具有物理和化学双重屏障保护作用，并具收敛、减少疤痕，保护创面、加速愈合和抗感染等综合生物学功效，临床适应证多，可广泛用于烧伤科、外科、妇产科、康复科等相关科室，对褥疮等顽固性慢性皮肤溃疡也具显著疗效。在完成基础研究的基础上，已按程序规范通过了浙江省药品食品监督管理局、浙江省医疗产品监督检测站等职能部门产品安全性检测、临床试用、企业质量体系考核、企业标准制定及准产注册检验等程序，获得产品准产的中华人民共和国医疗器械注册证和生产许可证。

1981年，杭州第二中药厂、杭州中成药研究所和杭州市第四人民医院研制出“杭州止血粉”。杭州止血粉是在民间单验方的基础上，以浙江省产为主的60种中草药中筛选出止血效果较为显著的药物为原料所制成的复方制剂，根据提取工艺及出血部位不同，制成外用止血粉和体腔内用止血粉两种，经实验研究和临床证明，其止血效果良好，吸收完全，能止住中小动脉的出血，对实质性脏器的创伤和病变，止血效果尤为显著。(1)动物实验表明，杭州止血粉有良好的止血效果，对家兔、狗的颈、股动脉出血，平均止血时间为4～6分钟。对肝、脾、肾的出血，平均止血时间为2分钟。对断肢出血，平均止血时间为8分钟。对血压达200毫米汞柱的狗股动脉出血，止血效果良好。(2)经动物(狗)体内吸收反应的实验表明，杭州止血粉能逐渐被动物机体所吸收，一般时间在30～45天。(3)经大白鼠、家兔肠粘连试验表明，杭州止血粉腹腔内应用未发现肠粘连现象。(4)在对狗作脾脏、股动脉的止血试验后，饲养观察4条狗1年零4个月，生长良好，其中一条母狗生育两胎，发育正常。对体表创面的出血，包括拔牙后出血、痔出血、宫颈出血及息肉切除、活检后的各种出血，以及开放性骨折、组织外伤，按无菌技术清创处理后，将杭州止血粉敷于创面，加压片刻后止血，共验证病例610例，总有效率为96.88%，其中显效率为70.49%，有效率为26.39%。对人体腔内器官及实质性脏器创面出血，在手术中将杭州止血粉敷于出血处，再衬垫薄膜或覆盖明胶海绵，用手指加压片刻后止血，共验证病例109例，总有效率为94.50%，其中显效率为75.23%，有效率为19.27%。使用杭州止血粉对人体组织没有刺激性，未见伤口感染、肠粘连、愈后不良等副作用。杭州止血粉是一种体表、体腔内局部止血的有效药物，经临床验证和耐压试验等证明，具有和血液亲和力好，板结力强，耐压力高，止血时间迅速，效果明显的特点，且能用于体腔内局部止血，在国内已有止血粉中处于领先地位，是一种比较理想的局部止血药，且药源丰富，成本较低，工艺基本成熟，质量标准基本可行。

同年，浙江医科大学附属第二医院吕俊陞、鲍军、宋继芬和杭州第二中药厂研制出“冠心宁注射液”。冠心宁注射液自1974年开始研制，1976年列为浙江省科研项目，1981年完成。冠心宁注射液由川芎、丹参两味中药组成，经提取制成棕红色灭菌水溶液，每毫升含川芎、丹参各2克。(1)离体兔心冠脉流量及心肌耗氧量影响实验表明，冠心宁注射液能使正常搏动及索颤的离体兔心冠脉流量增加，心肌耗氧量不增加，与丹参注射液比较，增加冠脉血流量的程度，冠心宁注射液远较丹参注射液为优。(2)醋酸纤维薄膜蛋白电泳及对FDP影响实验表明，冠心宁注射液有促进抗凝和溶解纤维蛋白作用。(3)对实验性急性心肌梗塞、急性冠脉供血不足的疗效观察表明，冠心宁注射液可使病变范围缩小，病变程度减轻。(4)急性和亚急性毒性试验中，LD_{50}为56.23克/公斤，对家兔心、肺、肝、肾等实质性脏器无不良反应。冠心宁注射液自1974年起用于冠心病心绞痛治疗，1975年参加全国15个省、市抗心绞痛药物交互验证，至1980年止，共治疗387例，总有效率达91.73%，并经多年临床应用，无明显副作用。鉴定认为：冠心宁注射液可显著增加冠脉流量，在不增加心肌耗氧的情况下，能改善血液供应。并有促进抗凝及溶解纤维蛋白作用，亦能缩小急性心肌梗塞、冠脉供血不足等病变区范围。减轻病变程度，无明显副作用。该药实验与临床资料充分，疗效确实，是防治冠心病的良药。

同年，杭州第一制药厂胡仲侃、曾一民、许瑞鹰，上海医药工业研究院，浙江卫生实验院夏昭华、姚丽英、姚善澄等研制“驱鞭虫新药双羟萘酸酚嘧啶”，于1979年4月至1981年9月共同完成对该药的研制、药理、临床验证工作。(1)药理实验：小白鼠口服$LD_{50}>10.6$克/千克体重。小鼠、大鼠、家兔分别给予3.3克/千克、2.0克/千克和1.0克/千克体重(相当于临床用量的330倍、200倍、100倍)，连续两天无明显毒性反应。家兔每天给药100毫克/千克或200毫克/千克连续14天。血象和肝、肾功能检查，给药前后无明显差异。心、肝、脾、肺、肾、肾上腺组织切片检查，亦无明显损害。(2)临床验证：经浙江卫生实验院以及平湖、奉化、绍兴、义乌、余杭等地进行了鞭虫卵阳性患者423例的临床观察，该药总量20毫克/千克两晚或三晚分服，虫卵阴转率达70.7%，虫卵减少率为93.6%，驱虫77例，全部排虫最多一例检获鞭虫237条。副作用较轻，个别病例有较轻度的心电图变化，但无自觉症状，在短期内自行消失。鉴定认为：双羟萘酸酚嘧啶工艺路线引用已生产噻嘧啶的现有原料进行合成，其工艺合理，所订标准能保证产品质量。设备无特殊要求，具备工业生产条件。临床治疗证明，本品驱鞭虫疗效较好，副作用轻，为国内最好的驱鞭虫新药。

1982年，浙江医学研究院与中国科学院上海药物研究所协作，从石杉科植物蛇足石杉中首次分离得到一种新生物碱——石杉碱甲。石杉碱甲是新一代强效、选择性胆碱酶抑制剂，具有抗乙酰胆碱酯酶活性强，作用时程长，生物利用度高，能透入血脑屏障等优点。1985年，浙江医学研究院首先开发出石杉碱甲注射剂获得新药证书，是国内首创研制的改善记忆、治疗老年痴呆症的有效药物。研究证明，该药能提高正常及缺氧、电刺激、药物性及衰老等多种原因所导致实验性记忆障碍动物模型的学习记忆功能，临床应用上，该药能明显改善中老年记忆减退和早老性痴呆症的记忆和认知能力，还能明显提高中学生的记忆和学习成绩。

1985 年，浙江医学研究院药物研究所与兰溪云山制药厂联合开发成功治疗前列腺增生与前列腺炎的口服制剂前列康片，成为国内较早研制成功的用于治疗前列腺增生和前列腺炎的中成药。20 世纪 80 年代初，药物研究所钱伯初研究员带领科研人员对油菜花粉开展基础与开发研究，先后对其提取物的抗前列腺增生、抗前列腺炎、增强免疫功能、抗衰老、抗过氧化、抗溃疡、改善学习记忆、减肥等功效进行系统的研究。实验证明，油菜花粉的乙醇提取物能抑制正常幼年小鼠和大鼠的前列腺生长，并能抑制由丙酸睾丸素及植入胎鼠尿生殖窦所致前列腺增生时的重量增加，减少前列腺组织的 DNA 含量和降低血清酸性磷酸酶活性。从花粉中提取的有效成分，对体外培养的人和动物前列腺细胞增殖有显著抑制作用。花粉的有效成分对泌尿系平滑肌有调节作用。此外，花粉亦有抗炎作用。临床研究证明，前列康片对改善前列腺增生患者排尿困难等症状及缩小增大的前列腺均有良好的疗效，症状缓解有效率为 93%，残尿改善有效率为 73%，B 超显示前列腺体积有一定缩小。

1986 年，浙江医学研究院药物研究所研究员张永基等与昆明贵金属研究所共同承担国家“七五”攻关项目抗肿瘤新药“碳铂”（carboplatine，JM-8，现称卡铂）的研制，1990 年底完成临床前及临床研究。卡铂是以贵金属铂（白金）为主要原料，经化学合成的铂络合物，是第二代铂类抗癌药物，它具有第一代铂类抗癌药物顺铂（cisplatin）相似的疗效，但没有顺铂不可逆的肾毒性，对非小细胞性肺癌、食道癌、卵巢癌、头颈部及鼻咽喉癌疗效有效。作为铂类抗癌药物，卡铂已获得国家二类新药证书，并收入国家药典。

20 世纪 80 年代后期，温州医学院药理教研室陈志康等发现二巯基丙磺酸钠对杀虫剂有良好的解毒效果，使 45 例濒临死亡的中毒患者脱离险境。1998 年，温州医学院药理教研室朱桐君教授等进行二巯基丙磺酸钠对“毒鼠强”急性中毒的解毒及机制的实验研究，实验证实二巯基丙磺酸钠对“毒鼠强”急性中毒有明显解毒效果。1998 年，温州医学院附属第二医院内科应斌宇教授等首先采用二巯基丙磺酸钠解救“毒鼠强”急性中毒病人，获得成功，此后用该药救治 200 余例均获得明显的临床治疗效果，其研究论文《二巯基丙磺酸钠解救急性四次甲基二砜四胺中毒的临床观察》发表在 2000 年第 2 期《中华内科杂志》，并在全国推广，取得同样的治疗效果。该研究为临床解救“毒鼠强”急性中毒病人提供了新的治疗方法。20 世纪 90 年代，温州医学院陈志康、朱桐君、陈醒言等经过进一步研究发现，二巯基丙磺酸钠对杀虫单、杀虫脒及“402”杀菌剂也有良好的解毒效果，并得到临床验证推广，产生很好的社会效益。

1990 年，浙江医学研究院药物研究所研究员张治国等开展的“铁皮石斛试管苗工厂化生产技术的研究”和“铁皮石斛种植超低温保存技术”项目，获得成功。1986 年，张治国等开展铁皮石斛的组织培养研究，先后在铁皮石斛试管苗工厂化生产的种子萌发，原球茎增殖、原球茎分化、壮苗培养的适宜培养基和培养条件方面以及铁皮石斛种质超低温保存技术方面进行了大量、深入的研究工作，掌握大田人工栽培技术，在基质、水肥管理、病虫害防治和成活等方面的规律。铁皮石斛的试管苗化工厂生产技术和大田人工栽培技术已形成完整的体系。浙江省医学科学院曾先后利用铁皮石斛试管苗工厂化生产技术与浙江天皇、杭州天目药业、章光 101 千岛湖药业等公司合作，均取得了成功，并获得了较好的经济效益。

1995 年 6 月，湖州市中心医院陆永良、顾风元等合作开展的“动脉区域灌注 5-Fu 治疗急性坏死性胰腺炎”项目通过省级鉴定。该项目自 1992 年 8 月开始，通过 RAI 灌注 5-Fu 等药物治疗急性坏死性胰腺炎，可大大提高胰腺供血动脉内药物浓度，抑制胰酶分泌，控制局部病变，明显减少并发器官功能的损害和衰竭，使死亡率从 30％～50％降低到 14.9％。

1997 年，温州医学院检验医学院教授吕建新开展“新型抗菌素伴侣的开发研究”工作，采用逆向思维的方式化害为利，将影响临床抗菌素治疗的耐药酶，改造成为清除人体非治疗部位的抗菌素清除剂即抗菌素伴侣，采用了定向进化、定点突变、基因改组、基因融合等先进技术对不同亚型耐药酶基因(ESBL)进行结构与功能研究，将 tem、aac 基因构建成融合基因，并获取高产工程酶，其制成的抗菌素伴侣产品，能清除阴道、肠道等微生态环境的抗菌素，从而起到保护微生态环境的作用。

1999 年，湖州市中心医院教授戴利成领导的课题组经过 10 年的科学研究，开发出具有自主知识产权的针对原发性肝细胞肝癌等实体瘤的特异性基因治疗新药——中期因子(midkine，MK)反义寡核苷酸纳米制剂。该制剂体外试验对肝癌细胞抑制率为 82.52％，对荷瘤动物治疗有效率达 81.77％，于 2009 年获得国家“十一五”重大新药创制专项。①

2007 年，浙江大学医学院教授陈忠“癫痫的发病机制与神经药理学研究”项目获国家自然科学基金会杰出青年基金项目资助。

(二)避孕药物研制

1970 年，浙江卫生实验院药物所避孕药组为组长单位，成立了有 43 个单位参加的庚酸酯炔诺酮科研、生产和临床协作组。浙江卫生实验院承担并完成的该药初步药理试验表明：庚酸酯炔诺酮具有明显的长效抗排卵、抗生育作用，并且具有很强的抗雌激素活性与黄体激素样活性，未观察到明显毒性及副作用，且在作用消失后对母体哺乳及后代均无不良影响。药理实验的结果为“庚酸酯炔诺酮”的临床研究提供了依据。20 世纪 70 年代末，试制成功单方及两种复方的庚酸酯炔诺酮的复方庚酸酯炔诺酮注射剂(200 毫克庚炔诺酮单方、200 毫克庚炔诺酮加 0.5 毫克环戊米炔雌醇的复方庚炔诺酮Ⅱ号，每两个月经周期注射一次。80 毫克庚炔诺酮加 5 毫克戊酸雌二醇的复方庚炔诺酮Ⅰ号，每月注射一次)。② 1971 年 3 月，浙江卫生实验院研制的“庚酸酯炔诺酮”首次应用于临床。参加试用的单位有浙江医科大学附属妇女保健院，杭州市第一、第二医院等。至 1974 年 9 月，共试用 7604 例，避孕有效率为 98.60％～99.97％，其中复方Ⅰ号避孕针效果近 100％，月经周期良好，对人体无明显不良影响。同年，进行低剂量的临床观察，庚酸酯炔诺酮每次用量降至 50 毫克，避孕有效率仍达 99.8％。

---

① 《湖州市卫生志》，香港大时代出版社 1993 年版。

② 《浙江省医学科学院志》(第 3 卷)，浙江省医学科学院 2010 年编印，第 45 页。

1971年，仙居县化工厂、浙江医科大学和浙江卫生实验院共同协作，克服困难，合成了一种女用长效避孕药“庚酸酯炔诺酮”。此避孕药系针剂，只需3个月注射一次，就能达到避孕效果，具有避孕时间长、使用方便，副作用较小的特点。新药合成后，通过动物实验，进行临床使用120例未发现有明显怀孕早期的恶心、头晕、乏力等反应，也未发现避孕失败的例子。当时，此药在国外仅少数国家已经进行临床使用，在国内仅浙江省合成。

1972年，浙江卫生实验院参加了全国男性避孕药“棉酚”研究协作组，对棉酚抗生育作用的药效学、药理学、毒理学和代谢(与中科院上海药物所唐希灿合作)进行了系统的研究。浙江卫生实验院课题组首次报道了棉酚不仅干扰附睾精子成熟、获能和受精，而且它可移植若干重要的精子顶体酶类，但长期服用(2年以上)人群中约0.68%产生低血钾症，停药后生育力不可逆(相当于绝育)，达到25%～28%，因而严重影响了棉酚的推广和使用。7—9月，浙江卫生实验院计划生育研究所临床室对部分地区的用药妇女进行了临床复查和体格检查，复查总人数为703例。复查结果显示：“庚酸酯炔诺酮”对肝功能、血压、血清胆固醇、甲状腺、乳房、血色素及白细胞计数、蛋白代谢、妇科防癌检查等各项并无明显改变，初步证明其对人体无明显不良影响。

1974年11月21日，由省卫生局、科技局、燃化局联合主办，邀请了北京、上海、湖南等省市的相关单位和浙江省生产、科研教学、临床、药检、科技等15家单位93名代表在杭州召开了鉴定会议，通过了复方庚酸酯炔诺酮避孕药针的技术鉴定。

1976年，浙江卫生实验院研究员桑国卫等首先在国内开展庚酸酯炔诺酮的实验药代动力学研究。1979—1980年，桑国卫首次在国际上报道了单次肌注200毫克庚酸酯炔诺酮的血药峰值时间及半衰期等。这一研究结果，被世界卫生组织多次引用。1983年，在墨西哥召开的生育调节新进展国际讨论会上，桑国卫首次报告中国和英国妇女对于庚酸酯炔诺酮的代谢及体内过程具有明显种族差异的研究结果。1986年，桑国卫首次发表复方庚酸酯炔诺酮肌注后的临床药代动力学参数。1987年，桑国卫报道复方庚酸酯炔诺酮最佳药剂量探索。1989年，桑国卫证明复方庚酸酯炔诺酮每月肌注一次，多次注射后该药在体内无明显积蓄，为复方庚酸酯炔诺酮的长期安全性提供了重要理论依据。1983年6月，浙江省人民政府(以下简称省政府)、卫生部同意浙江省卫生实验院桑国卫兼任世界卫生组织长效避孕药专题小组指导委员会委员。1986年4月，浙江医学研究院设立的卫生部临床药理试验基地获准成立，桑国卫任基地主任。

(三)血吸虫病药物研制

20世纪90年代中期，浙江省医学科学院开展青蒿琥酯预防血吸虫病系列研究，先后进行了“还原青蒿素琥酯预防日本血吸虫病的研究”“青蒿素衍生物(751)预防血吸虫病的研究”“青蒿琥酯预防日本血吸虫病的研究”“口服预防日本血吸虫病药物研究”等项目研究，“青蒿琥酯预防血吸虫病优化方案和推广应用的研究”等项目，在血吸虫病预防药物研究上取得了重大突破。① 1998年9月，浙江省医学科学院研制的血吸虫病预防药青蒿琥酯应用于长江特

① 《浙江省医学科学院志》(第11卷)，浙江省医学科学院2010年编印，第119页。

大洪灾中日本血吸虫病的预防，抗洪抢险解放军、武警官员及机关干部服药人数达13万多人，预防效果良好，为大灾无大疫作出贡献。2003年2月28日，浙江省医学科学院研究员李思温等开展"青蒿琥酯预防日本血吸虫病优化方案及其推广应用的研究"项目，获得成功。

六、细胞生物

细胞生物是指所有具有细胞结构的生物。细胞生物根据组成生物体的细胞是有无核膜包被的细胞核，又分为两类：由原核细胞组成的原核生物和由真核细胞组成的真核生物。细胞生物学运用近代物理学和化学的技术成就，以及分子生物学的方法与概念，从细胞整体、显微、亚显微和分子等各级水平上研究细胞结构、功能及生命活动规律。在全国基础学科发展规划中，细胞生物学与分子生物学，神经生物学和生态学并列为生命科学的四大基础学科。

2006年12月1日，浙江大学医学院教授李兰娟主持开展"生物人工肝用细胞源与混合型人工肝的研究"项目获得成功。

2007年，浙江大学医学院教授罗建红主持完成的"MNDA受体亚型装配、膜运输及功能差异的分子机制研究"项目获国家自然科学基金重点项目资助。

2009年，浙江大学医学院获批准建设浙江省医学神经生物学重点学科群。浙江大学医学院教授罗建红作为首席科学家主持承担了国家重大科学研究计划项目"神经元信息感受重要蛋白质膜转运的结构基础、调控及功能研究"。2010年12月，浙江大学医学院获批建设浙江省医学神经生物学中心重点实验室。

2010年9月4日，浙江大学医学部教授陈忠主持的"中枢组胺及其受体对脑缺血后星形胶质细胞功能和胶质疤痕形成的作用及其机制研究"获国家自然科学基金重点项目资助。

2010年11月2日，浙江大学医学部教授段树民主持的"中枢神经损伤修复与功能重建中胶质细胞的作用及意义"项目被列为国家重点基础研究发展计划（"973计划"）项目，段树民受聘国家"973计划"项目首席科学家。

七、其他学科

人体解剖学。该学科揭示人体各系统器官的形态和结构特征，各器官、结构间的毗邻和连属。1971年，浙江医科大学附属第二医院骨科完成国人月骨形态的三维测试，研制人工月骨。

医学生物化学。指与医学相关联的生物化学，着重于人体的循环代谢，细胞的讯息传导，酵素的催化作用，能量的代谢，疾病的生物化学原理等相关内容。2007年2月27日，浙江中医药大学教授李大鹏主持开展"超临界二氧化碳萃取中药有效成分产业化应用"研究项目，获得成功。该课题历经10年艰辛攻关，解决了超临界二氧化碳萃取中药成分中的关键技术难题，成功应用于中药有效成分的提取、分离，尤其使原来以丙酮、石油醚等有机溶剂提取中药脂溶性成分改用了成本低廉、节能又环保的二氧化碳气体提取分离，在中药领域开启了产业化应用的前景。

第二节　西医临床

西医临床是根据西医学基础，对病患者给予诊断、治疗和康复。西医临床学科随着基础理论技术的发展和疾病防治的需求而拓展。清末民初，浙江各地的西医院仅开设内科和外科，诊治一般常见病和少数传染病。民国中期出现妇产科、儿科，民国末期出现眼科、五官科、皮肤科等。20 世纪 50 年代末，县级医院临床大科基本齐全，并设有急诊室、放射科、化验室、护理部等。20 世纪 80 年代，西医临床大科呈现细分，按相关专业设置专科，如心血管内科、心血管外科。进入 21 世纪，依据专病诊治需要，西医临床科室有相关学科技能整合、部分学科功能扩展的趋势，如脑科中心、肾脏病中心。浙江的西医临床在心血管病、血液病、肝胆胰外科、心胸外科、泌尿外科、计划生育技术、生殖医学、新生儿医学、眼视光学、肿瘤科、感染病、器官移植、急诊医学等方面卓有建树。

一、内科

内科学是西医临床医学各科的基础学科，与外科学一起并称为临床医学的两大支柱学科。内科学所阐述的内容在临床医学的理论和实践中有普遍意义，是学习和掌握其他临床学科的重要基础。它涉及面广，包括呼吸、循环、消化、泌尿、血液、神经、内分泌系统和代谢、风湿等常见疾病以及理化因素所致的疾病，一般以应用药物为主要疗法。20 世纪 80 年代起，内科出现腔镜、导管、穿刺等介入诊疗和体内外器械疗法。

（一）普通内科

清同治十年（1871 年），英国人甘尔德（Galt）主事杭州大方伯医院，取“广行济世”之意，改名为广济医院，同期开设内科、外科、戒烟所。民国时期，宁波市辖区医院内科均为综合性内科，如民国 38 年（1949 年）6 月，慈溪县医院设内科，能诊治一般常见病、多发病。

中华人民共和国成立后，随着医疗技术的发展和大中专院校毕业生陆续分配到医院，医疗水平有所提高，普通内科开始专科建设，20 世纪 80 年代形成心血管内科、呼吸内科、消化内科、神经内科、内分泌科、血液内科等内科医疗体系。如 1998 年，浙江大学医学院附属第一医院风湿免疫科创建，是浙江省最早的风湿免疫科之一，采用国际先进的治疗理念规范治疗，对风湿病中的常见病、多发病能做到早期诊断、早期治疗，极大地降低风湿病人的致残率和死亡率，尤其对系统性红斑狼疮、类风湿性关节炎、干燥综合征、多发性肌炎/皮肌炎、系统性硬化症、混合性结缔组织病、成人斯蒂尔病、系统性血管炎、幼年类风湿关节炎、风湿热、强直性脊柱炎、反应性关节炎、银屑病性关节炎、骨关节炎、痛风的诊治有较高的水平。

2005 年 9 月，浙江大学医学院内科学被批准为浙江省第五批重点学科。2008 年，浙江大学医学院获批准建设浙江省医学重点学科群——代谢病诊治研究学科群。

（二）心血管科

1954年，浙江医学院附属第一医院内科主任郁知非教授提出分专业组，分到心血管专业组的有陈过、楼福庆、赵易、黄元伟、吕俊陞等。1991年9月，浙江医科大学附属第一医院心血管内科正式建科。

20世纪60年代开始，浙江医科大学附属第二医院内科楼福庆教授开展茶色素防治动脉粥样硬化、冠心病治疗的研究，居国内领先地位。1963年，浙江医科大学附属第一医院内科黄元伟和金干、陈瑞琛等开展心导管术。1966年，浙江医科大学附属第一医院内科陈天秩、心胸外科孔颂阳成功地为一个80多岁的患者安装了省内第一台体外携带式心脏起搏器。1978年，陈天秩等成功地安置省内第一台埋藏式心脏起搏器。

1982年，浙江医科大学附属第一医院成立心血管研究室，由黄元伟负责，开展血液流变学、血脂等生化检测工作。1984年，浙江医科大学心血管学科经浙江省教育委员会批准为硕士点，导师为黄元伟。同年，浙江医科大学正式成立心脑血管病研究所，金干为所长。1997年，经省卫生厅批准，浙江医科大学附属第一医院心血管内科为浙江省医药卫生重点学科。1998年，浙江大学医学院附属第一医院被批准为卫生部国家级继续教育基地（介入心脏病学），负责人陈君柱。2000年，浙江大学心血管研究所正式成立，所长陈君柱。在陈君柱的倡导下，与华大基因研究中心合作，开展了遗传性心血管疾病（包括家族性恶性心律失常综合征、家族性高胆固醇血病等）的基因研究，发现了Brugada综合征新的基因突变位点，年底建立了心肺功能研究室。

1985年，浙江医科大学附属第一医院购置了当时国内最先进的数字减影血管造影机（DSA），成立放射科导管室，内科陈君柱等开展选择性冠状动脉造影术。1987年，陈君柱、方强等成功地开展省内首例经皮冠脉成形术（PTCA）。1989年，陈君柱、朱建华等成功地进行了省内首例经皮二尖瓣球囊成形术。1993年，陈君柱、朱建华等率先在国内成功地用Rashkind双伞闭合器关闭先天性心脏病动脉导管未闭。1995年，陈君柱等在省内首先开展了射频消融治疗室上性心动过速。1996年，陈君柱、朱建华、张芙荣等成功地开展了冠脉内支架安置术。1997年，陈君柱、陶谦民、郑良荣等在国内较早开展射频消融治疗顽固性室性早搏获得成功。1999年，陈君柱、朱建华、张芙荣等在国内较早成功开展经导管化学消融治疗肥厚梗阻性心脏病。1999年，朱建华、张芙荣等在省内率先开展了经桡动脉冠脉造影以及PTCA术。2001年初，浙江大学医学院附属第一医院心血管内科建立心导管室，当年介入病例数突破1000例。2008年，心血管介入手术总量突破3000例。

1989年，浙江医科大学附属第二医院设立心血管内科，开展心血管病的介入性诊断与治疗，是国内最早开展经皮球囊二尖瓣成形术和起搏器植入手术的单位之一。每年完成各类介入性诊治4000余例，是省内率先开展经桡动脉途径行冠心病介入治疗，患者实现“一日冠脉造影”明确冠心病诊断。每年完成冠脉介入检查1000余例，PCI术400余例，急诊PCI术50余例。每年完成各类起搏器植入手术200余例，开展各种生理性起搏、再同步化起搏治疗心肌病心力衰竭、埋藏性自动转复除颤器治疗室性心动过速和心脏骤停。引进国外最新的

CARTO 系统，每年完成各类射频消融手术 300 余例，达国内先进水平。医院把冠心病、干细胞研究等领域作为研究主攻方向，主持多项国家自然科学基金、省自然科学基金、省卫生厅、省科委、省教委等课题，近年来在干细胞移植治疗心血管疾病等方面取得了较大的成绩，发表一大批有影响的学术论文，其中 ICD 治疗恶性室性心律失常、基因多态性与冠心病发病机制、骨髓间充质干细胞移植治疗心肌梗死、心力衰竭患者等的系列研究达国际、国内先进水平，每年有近 10 篇学术论文被 SCI 收录和在国家一级刊物上发表，先后获得浙江省科技进步奖、浙江省医药卫生科技创新奖等 8 个奖项。

2007 年，浙江大学医学院附属第一医院心血管内科王兴祥、陈君柱等在国际心血管最权威杂志 JACC 上发表内皮祖细胞移植治疗肺动脉高压的署名文章。同年，该篇文章被评为年度中国心血管最有价值文章。

2008 年，浙江大学医学院附属第二医院王建安教授主持完成的“干细胞治疗心功能不全的基础和临床研究”项目获得成功。

（三）呼吸科

民国 36 年（1947 年）11 月，杭州广济医院在省内最早设立肺科，以收治肺结核患者为主，设有专科门诊，病床 40 余张。

1951 年 4 月，浙江省立处州医院内科医生洪伟杰在省内首次发现热带性嗜伊红多核白血球性哮喘症，属国内第二例，用患者尿液及砒剂治愈。同年，洪伟杰在周文达指导下治愈庆元县患者焦成先的热带性嗜伊红多核白血球性哮喘症后，将病案整理成文在《新医学报》上发表。这是处州医院第一次在科技报刊上发表论文，影响较大。

20 世纪 50 年代，浙江医学院附属第一医院在省内率先开展肺功能检查，1974 年在省内首家引进并开展纤维支气管镜检查，同时开展了毛刷涂片脱落细胞学检查，为肺癌及支气管肺部疾病的诊断与治疗研究提供有力的手段。1983 年，医院出版了全国第一本《纤维支气管镜图谱》。

20 世纪 60 年代，浙江医科大学附属第二医院呼吸内科成立，设有专科病房、呼吸重症监护室、睡眠监测室、肺功能室、气管镜检查室和呼吸临床实验研究室。学科的重点研究领域是哮喘和慢性阻塞性肺疾病的分子机制、气道黏液高分泌、慢性气道疾病干预策略、肺部感染、呼吸系统少见罕见疾病的临床和基础研究以及健康教育等方面。学科获国家杰出青年科学基金 1 项，国家自然科学基金重点项目 1 项，承担国家“十一五”支撑项目、“973”课题、“863”子课题各 1 项，国家自然科学基金面上项目和省部级等重大课题十多项。

20 世纪 70 年代，浙江省中医院设立呼吸科，在省内最早引进全套肺功能测定仪，筹建肺功能室，开展呼吸生理研究，被卫生部指定为全国呼吸卫生部重点专科、国家中医药管理局重点学科、国家临床重点学科、浙江中医药大学中西呼吸病学科培养基地，拥有浙江省中医药管理局重点实验室呼吸生理实验室。

1984年，金华铁路医院首创胸腔导管淋巴液引流治疗难治性支气管哮喘，填补国内空白。①

1991年，浙江医科大学附属第一医院肺科改称呼吸内科，2010年有床位130张，除专科门诊外，配备有呼吸重症监护室（RICU）、肺功能室、支气管镜室、睡眠呼吸监测室、支气管哮喘诊疗中心、肺癌诊治中心及呼吸实验室，1998年引进了电子支气管镜，并合作开发了一套图像处理系统，除常规的支气管镜检查、经支气管镜取异物、肺活检、肺泡灌洗、防污染毛刷取样等工作，还开展了气道支架置入、激光烧灼、冷冻治疗等经支气管镜介入治疗新技术，尤其是对肺泡蛋白沉着症开展全肺灌洗术，并取得了显著的疗效，至2010年进行了支气管镜检查3万余例，居全国前列。2000年，医院成立呼吸重症监护室，配备了多台无创和有创呼吸机，进行各种病因所致的急慢性呼吸衰竭的抢救和治疗工作，2001年建立睡眠呼吸疾病诊疗中心，开展了睡眠呼吸暂停综合征及其他的睡眠障碍疾患的诊治，成立全省首家支气管哮喘诊疗中心，开展规范化的哮喘诊断和治疗工作以及标准化变应原疫苗的脱敏治疗，2007年开设戒烟专科门诊，2009年开展CT引导下经皮肺穿刺活检术，至2010年已完成1300余例。

2004年12月，浙江大学医学院张琪风教授主持开展"萤石矿工尘肺预防控制与消除的研究"项目获得成功。

（四）消化科

1962年，浙江医科大学附属第一医院内科设立消化专业组，同年内科黄怀德、彭清璧等医师开展浙江省最早的硬式胃镜和纤维照相胃镜检查，1964年起开展胃液四环素荧光试验诊断胃癌和腹腔镜检查，1970年起病理科和内科开展胃液脱落细胞学检查、胃液β-葡萄糖醛酸酶测定诊断胃癌，1973年率先开展纤维胃镜、纤维结肠镜检查，先后举办10期胃肠镜检查培训班，1982年开展五肽胃泌素胃液分析，1983年开展胰腺外分泌功能测定，1987年开展胃黏膜幽门螺旋杆菌检测、D-木糖小肠吸收试验，1988年开展胃液IgG、IgA测定，1990年开展脂蛋白-X测定。

1992年，浙江医科大学附属第一医院消化内科成立，先后开展各种内镜下治疗术，包括内镜下取异物、息肉摘除术、狭窄扩张术、内镜直视下支架置入术、消化道出血内镜止血、食道静脉曲张硬化治疗和套扎治疗、经脾胃造瘘、黏膜切除术和黏膜剥离术等，还开展了十二指肠镜、经内镜逆行性胰胆管造影术（ERCP）、内镜下十二指肠乳头括约肌切开术（EST）等诊治技术，胃镜年检查人次超过2万，肠镜年检查超过6000人次。2000年，医院在省内率先开展超声内镜和放大肠镜检查，对胃肠道黏膜下和邻近脏器病变的诊断有了突破性进展，放大肠镜检查对鉴别结肠黏膜微小病变有重要意义。2003年，引进省内首台以色列进口胶囊内镜，开展对小肠疾病的胶囊内镜检查，2006年9月引进国产胶囊内镜。2006年，开展超声内镜引导下穿刺术、经鼻内镜检查和双气囊小肠镜检查，实现了全消化道检查无盲区。2010年，浙江大学医学院附属第一医院消化内科开展主要用于早期消化道肿瘤、消化道间质瘤、平滑肌瘤

---

① 《金华市志》（第5卷），金华市地方志编纂委员会2012年编印，第3016页。

等的内镜下黏膜切除术/内镜黏膜下剥离术治疗。

（五）血液科

1950年，经美国西奈山大学进修两年的郁知非回国，任浙江医学院附属第一医院内科主任，开始进行血液病的研究。1954年，浙江医学院附属第一医院内科成立血液病专业组，共有床位14张，郁知非与林修基共同开始血液病研究。同年，他们在《中华内科杂志》上报道了27例急性白血病，当时国内具有相当的影响。1955年，医院成立骨髓室。1959年，郁知非教授招收第一位血液病学硕士研究生张国桢，1960年，医院建立血液病研究室，开展血红蛋白电泳、染色体检查以及出血性疾病的实验研究。1980年，血液科被国务院批准为首批博士点。1984年，血液科专科病房成立。

1958年，浙江省中医院内科马逢顺和名中医吴颂康合作，治愈了一位重型再生障碍性贫血的女孩，接诊时女孩已被许多血液病专家宣判“死刑”，出血不止，危在旦夕，但是经过他们的治疗，女孩不但痊愈而且结婚生子，再无复发。这是国内中西医结合治愈重型再生障碍性贫血的第一例。①

1963年，浙江医科大学附属第一医院内科郁知非、林修基通过血红蛋白电泳发现，两个无关家族中有血红蛋白H伴少量血红蛋白Bart's，这是国内首先发现的血红蛋白异常病例。1964年，郁知非、林修基发现国内第一例血红蛋白E—地中海贫血。1966年，郁知非、林修基对一个血红蛋白病患者3代30个成员作调查，提出H基因是独立存在，可以被检出。

1967年，浙江省中医院在国内率先开展中药三尖杉治疗急性非淋巴细胞性白血病的研究，HOAP和HA联合化疗方案作为标准方案使用至今，并写进了内科学教科书。1974年，浙江医科大学附属第一医院血液肿瘤科郁知非等对国产三尖杉属植物中抗癌成分进行药理、药化和临床研究，成果获1978年全国科学大会奖，同时血液肿瘤科与浙江省中医院、浙江医科大学附属儿童医院合作，应用三尖杉酯碱治疗急性非淋巴细胞白血病取得良效。

1986年3月17日，台州医院成功开展全省首例骨髓移植输注治疗急性白血病。1993年起，浙江医科大学附属第一医院血液科开展亲缘异基因骨髓移植临床工作。1993年4月，一位26岁的军人家属患了急性白血病，浙江省中医院血液科虞荣喜主任在省内首次应用自基因骨髓移植手术，经过25天精心治疗，患者生命体征渐趋稳定，骨髓造血功能逐步恢复，康复出院。1993年底，浙江省中医院血液科应用亲缘异基因骨髓移植治疗一位已18次住院化疗的20岁女性白血病患者，为患者移植其妹妹的骨髓，最终患者康复，结婚成家。

1986年8月，宁波市第一医院首次确诊2例罕见的红细胞性白血病伴阵发性血红蛋白尿病人，论文发表于《中华医学杂志》，引起国内外注意。

1997年，浙江医科大学附属第一医院血液科开展外周血造血干细胞移植。1998年，浙江大学医学院附属第一医院骨髓移植中心成为台湾慈济骨髓捐赠中心指定的造血干细胞移植

① 浙江省中医院、浙江中医药大学附属第一医院：《公心著春秋：从浙江省立医院到浙江省中医院（1931—2011）》，西泠印社出版社2011年版，第95页。

中心。2000 年 8 月，在原血液科骨髓移植工作基础上，成立浙江大学医学院附属第一医院骨髓移植中心。中心是集临床、科研、教学于一体的省重点学科，也是全国最具规模的骨髓移植中心之一，拥有 11 间百级层流干细胞移植病房，13 张百级层流干细胞移植病床，近 100 张普通病床。2002 年，浙江大学医学院附属第一医院骨髓移植中心成为美国骨髓捐赠者登记中心(National Marrow Donor Program，NMDP)指定造血干细胞移植中心(中国大陆两家移植中心之一)。2010 年，浙江大学医学院附属第一医院骨髓移植中心成为欧洲血液与骨髓移植组织(European Blood and Marrow Transplantation，EBMT)登记中心。

1998 年 11 月，浙江大学医学院附属第一医院血液科黄河、林茂芳、孟海涛等开展省内第一例、国内第四例非亲缘异基因骨髓移植术，省科技厅组织鉴定认为该项技术达到国内领先、国际先进水平。2001 年 6 月 10 日，浙江省首例脐带血移植手术在浙江省中医院血液科病房施行，血液科主任虞荣喜为来自杭州萧山的 5 岁女孩丹丹成功完成手术，患者得了急性非淋巴细胞性白血病，在没有相匹配的骨髓干细胞的情况下，浙江省中医院血液科在省内率先采用了脐带血移植技术。

2002 年 9 月，浙江大学医学院内科学(血液病)被批准为浙江省第四批重点学科。2002 年，浙江大学医学院附属第一医院血液学科成为浙江省重点扶植学科，2004 年成为省重点学科。2010 年 3 月 17 日，浙江大学医学院附属第一医院金洁教授主持完成的“急性髓细胞白血病基础及临床系列研究”项目获得成功。

(六)内分泌科

1959 年，浙江医学院附属第一医院院长兼内科主任郁知非教授派童钟杭参加在上海举办的全国第一届内分泌专业学习班。1960 年，童钟杭学成回院，1961 年开始筹建内分泌专业组，此时参加临床内分泌专业工作的有童钟杭、夏惕勤、黄顺南。1962 年，浙江医科大学建立全省第一个内分泌实验室。1972 年，浙江医科大学附属第一医院内科恢复内分泌实验室工作。1978 年，浙江医科大学附属第一医院内科恢复内分泌专业组。1991 年 9 月，浙江医科大学附属第一医院内分泌代谢病科正式建科。2006 年，浙江大学医学院附属第一医院内分泌代谢病科被国家食品药品监督管理局批准具有国家药物临床试验机构资格，并被卫生部批准成为浙江省内分泌专业专科医师培训基地。

(七)心电科

1956 年，浙江医学院内科赵易教授率先在杭州市第一人民医院(教学医院)开展了心导管检查，为浙江省临床电生理工作打下了基础，随后又举办了首届心电图学习班。1957 年，浙江医学院附属第一医院设立心电图室。20 世纪 70 年代中期起，医院逐步开展了心向量图、无创心功能、心阻抗图、动态心电图等检查，1964 年购买德国西门子公司四导联心电记录仪，并在省内最早开展了右心导管检查，对先天性心脏病的诊断和手术治疗起了有效的推动作用。

20 世纪 70 年代，浙江医科大学附属第二医院内科赵易教授与同事们将国外心电图研究的新进展、新概念,结合自己的心得,精心编写了《心律失常心电图专辑》。1982年,浙江医科大学附属第二医院赵易教授将“electrocardiology”这一名词译为“心电学”并引进中国,获得广泛共识。当年9月,中华医学会浙江分会创办了国内第一本心电学专业期刊《心电学杂志》,赵易教授在1982—1989年间担任主编。《心电学杂志》的问世,填补了国内心电学专业期刊的空白,为全国心电学的推广及普及起了巨大的推动作用。这些成果使得浙江省在心电学杂志、心电学会、心电学专业方面领先于全国。

1985年,浙江医科大学附属第一医院内科陈君柱等进行有创心电生理检查,在省内首次记录到HIS电位。

(八)肾脏科

1957年,浙江医学院附属第一医院有关人员在泌尿外科主任杨松森带领下,首先开展了肾移植的动物(羊)实验研究和人工肾的基础性研究——透析器的研制开发。1967年10月,该院应用Kolff、Nenck-B型转鼓式人工肾机进行首次急性肾功能衰竭的血液透析治疗。1968年开展腹膜透析治疗肾功能衰竭。1972年接受浙江省科学技术委员会任务,研制浙江Ⅰ、Ⅱ型人工肾机。1974年成立泌尿外科透析室,引进日本NIKKISO-ST型、BN-2000型、武田TM101人工肾机和Kill平板型透析器,开展慢性肾衰竭尿毒症的透析治疗。1976年,浙江医学院附属第一医院再次接受浙江省科学技术委员会任务,进行透析液吸附剂研制,并应用于临床。1979年首次突破年透析100例次。1978年研制FT腹膜透析机,成果通过省级鉴定,获卫生部科学大会奖。

1981年,浙江医科大学附属第一医院内科肾病专业组成立,为浙江省最早成立的肾脏病专业组,同年开展第一例肾穿刺活检。1984年8月,医院血液透析室成立,共有人工肾血透机8台,专科病床8张,同年开展连续性血液滤过治疗技术。1985年6月,首例急性重症肝炎、肝昏迷患者经床边血液净化治疗方法治疗获得痊愈。之后,该院血液透析室又通过与传染科合作进一步推动了急性重症肝炎的血液净化治疗,取得了显著的临床疗效,1986年透析突破1000例次。1990年10月,该院在省内首先开展标准血液过滤技术和膜式血浆分离技术。1991年6月在省内首先开展了血液透析滤过技术。1991年8月开展无抗凝剂血液透析和ACT检测下的合理透析抗凝技术,使急慢性肾衰竭的血液净化治疗质量和合并高位出血危重病的抢救成功率进一步提高。1992年12月在省内首先开展了二次模式血浆分离技术,用于治疗重症自身免疫性疾病和肾移植排斥。1993年1月在国内首先开展腹水腹—血透析(滤过)直接回输技术治疗透析相关顽固性腹水。1995年在国内首先应用双滤过法血浆分离(DFPP)术治疗肾移植术后血管性和难治性排斥以及术前去敏抗体治疗,使肾移植难治性和血管性排斥逆转率达90%以上。

2000年7月,浙江大学医学院附属第一医院肾移植血液净化中心和内科肾病组合并成立肾脏病中心,陈江华任中心主任,床位增加到91张,透析机器增加到28台,共有医护人员76名,中心下设肾移植病区、肾病病区和血液净化治疗区、肾脏病实验室和肾病门诊。2003年病案回访,一例尿毒症患者自1983年开始长期维持性透析替代治疗,存活20年。2004年,医院肾脏病中心相继被评为浙江省医学重点学科，肾脏病学被评为浙江省中西医结合肾脏病重点学科。

二、外科

外科学是现代医学的主要学科，一般以应用手术或手法为主要疗法解除病人的病原，从而使病人得到治疗康复。外科学重视开刀的适应证、术前的评估与照顾、手术的技巧与方法、术后的照顾、手术的并发症与预后等与外科手术相关的问题。现代外科诊疗更重视无创、微创和提高病人术后生活质量。

（一）普通外科

清同治十年（1871 年），英国人甘尔德（Galt）在杭州创办广济医院，开设内科、外科、戒烟所。民国 26 年（1937 年），抗日战争爆发，杭州广济医院受浙江省政府主席朱家骅委托，开办杭州广济医院第二分院，主要医治从上海前线和杭州笕桥空战送下来的伤员，田浩征出任分院（伤兵医院）总干事之职。8 月 15 日，著名的抗日勇士、中国第一个击落日本飞机的高志航负伤入住杭州广济医院，外科医生为其取出了左臂内的子弹。

1950 年，宁波市医院（现宁波市第二医院）外科能做胆囊切除、胰腺部分切除术，1951 年开展肾切除、输尿管取石、膀胱镜下碎石、骨折内固定，1952 年开展甲状腺大部切除，1953 年开展全胃切除，1955 年开展胆总管十二指肠吻合术、胰头部癌一期根治术和颅脑外伤手术治疗，经胸腹联合切口食道下段癌及贲门癌根除，1956 年开展脾、胃静脉吻合术、前列腺切除，1957 年开展肝叶切除、髂外动脉瘤切除后同种异体血管移植术，1958 年开展肝部分切除及胆总管空肠 Y 形吻合术，低温麻醉下切除小儿腹膜后巨大肿瘤，1972 年开展腹主动脉瘤切除及人造血管（长 12 厘米）移植术，1987 年 1 月开展肝内胆管切开成型胆肠吻合术，1992 年开展腹腔镜胆囊摘除手术，140 余例皆成功。

1953 年，浙江省立处州医院外科陈韶华为军属杨金女切除了悬达 40 年之久重 4.375 公斤的脸部腮腺混合瘤，护士郭文英为该病人无偿献血 200ml，对手术的成功起到关键作用。郭文英成为丽水地区第一个无偿献血者。

1957 年，浙江医学院附属第二医院外科余文光教授完成国内第一例胰头十二指肠切除手术。

1957 年 2 月，浙江医学院附属第一医院普外科成立，黄德赡任普外科主任，床位 82 张。其中，黄德赡作为主要术者，完成国内首例胰十二指肠切除手术。1962 年，普通外科建立了肝胆胰、胃肠道、甲状乳腺外科 3 个专业组。1991 年 10 月，普通外科分列为 3 个科室：肝胆胰外科、胃肠乳腺甲状腺外科、血管外科。

1995 年 12 月 27 日，浙江医科大学附属第二医院彭淑牖在杭州施行捆绑式胰肠吻合术。胰漏致死率高达 25%～50%，国际上胰漏发生率为 10%左右，即便是世界胰腺外科最高水平之一的美国麻省总院，胰漏发生率也有 9.6%。当刮吸手术解剖法开始在世界上产生巨大影响时，彭淑牖开始向这一世界性难题突破，彭淑牖发现，贯通肠腔内外的针孔和吻合口间的间隙是引发胰漏的主要原因，只要将空肠断端犹如翻卷袖子一样外翻3厘米，缝合时只缝卷起“衣袖”的内层而不穿全层，避免了针孔，再翻回卷起的“衣袖”时，胰腺断端就套入空肠中，再环绕翻回的“衣袖”捆绑，就消除了间隙之间可能产生渗漏的途径，最后几道防线将胰腺堵了个水泄不通，再也不会发生胰液外渗的现象。消息传出，马上在国际外科界引起强烈震动。英国皇家医学会外科学会主席乔治·帕克斯称，这一手术将会成为“国际标准式”。①

2001年12月15日，浙江大学医学院附属第一医院外科学教授郑树森当选为中国工程院院士。

2002年9月，浙江大学医学院外科学（普外）被批准为浙江省第四批重点学科。2005年9月，外科学（普外）被批准为浙江省第五批重点学科。

2006年12月，浙江大学医学院附属邵逸夫医院教授蔡秀军主持开展了“腹腔镜技术在肝胆脾外科中的应用研究”。2010年1月11日，蔡秀军教授主持开展的“腹腔镜技术在肝胆胰外科的临床研究及应用”项目获得成功。

2007年9月，浙江大学医学院外科学（普外）通过教育部重点学科评审，被认定为国家重点学科。2007年，“外科学”被教育部评为国家精品课程，外科学（普外）被批准为国家重点学科。2008年，外科学教学团队被评为国家教学团队。2010年10月11日，浙江大学医学院腔镜外科获批建设浙江省医学重点学科群。2010年12月，浙江大学医学院腔镜外科重点实验室获批建设浙江省重点实验室。

（二）心胸外科

民国38年（1949年）2月，石华玉在瑞士获苏黎世大学医学博士学位后学成回国，他在杭州广济医院外科病区中划出10张床位作为胸外科专业病床，开始了浙江胸腔外科的历史，病种以肺结核为主，手术主要是肺切除和胸廓改良，同期参加工作的有章崧英、章士勤等，由于肺结核病例多，专业病床日益扩大，最多时达30余张还满足不了患者就医需求。

1949年，杭州广济医院外科石华玉在国内首次进行了胸膜外肺松解术及胸膜外气胸术，是国内最早开展肺区段切除术的。

1951年，浙江省立杭州医院外科在省内施行首例肺叶切除术。

1952年，浙江医学院附属第二医院设立胸外科，病床40张，前身杭州广济医院胸外科，为全国心胸外科建科最早之一。手术以切肺为主，食道癌、缩窄性心包炎、动脉导管未闭等手术也相继开展。1953年，医院在国内首创多孔引流术及长效椎旁阻滞术，1954年继国内兰锡教授施行第一例左径二尖瓣闭式分离术后，石华玉教授也成功地完成了这一手术。1956年，石华玉在出席中华医学会会议期间做局麻开胸手术演示，引起广泛关注。1957年，石华玉教授在国内首创椎旁阻滞下肺切除等手术。

1954年，绍兴第二医院外科潘连奎创赛璐珞球（乒乓球）胸膜外或骨膜外填充术治疗空洞型肺结核成功，填补了国内医学界的空白，轰动了国内外医学界。

---

① 浙江大学医学院附属第二医院院史编委会：《百年名院 百年品质》，中国美术学院出版社2009年版，第191页。

1957 年，浙江医学院进行院系调整。浙江医学院附属第一医院胸外科石华玉研制出第一台唧筒式人工心脏机并用于动物实验，后因技术问题而未用于临床。1958 年，胸外科由附属第二医院搬至附属第一医院，编制未改。

1959 年 9 月，宁波市第二医院胸外科周宏泉等施行首例切肺手术成功，同年能做肺叶、肺段、全肺切除手术及食道、纵膈疾病的手术治疗。

1960 年，浙江医科大学附属第二医院胸外科在省内施行首例低温麻醉下房间隔缺损直视修补心内手术并进行人工心脏球瓣研究。宁波市医院施行心脏二尖瓣闭式分离及闭式扩张术、动脉导管未闭手术及心包剥除术。

1961 年，浙江医科大学附属第一医院胸外科孙长麟作第一例深低温停循环心脏直视手术。同年，浙江医科大学附属第一医院胸外科严志焜等开展自制钡囊扩张器治疗贲门失弛缓症，取得良效。

1963 年 11 月 18 日，浙江省中医院胸腔外科章崧英、潘慧琴和浙江医科大学附属第二医院章士勤等，在上海仁济医院王一山副教授的指导下，为浙江兰溪男性患者周建做胸主动脉瘤切除、人造血管植入手术。当时，浙江省没有进行过大血管移植手术，这种手术在全国也不多，在体外循环下，医师们打开病人胸腔，在临近心脏的胸主动脉上找到一个长 12 厘米、直径 7.5 厘米，如拳头那样大椭圆形的瘤体。切除瘤体后，医师们将一段直径 2.5 厘米的人造塑料血管缝到病人的主动脉上，整个手术持续到深夜 11 时顺利结束，历时 16 小时，获得成功。此后，经过 68 天的悉心治疗和护理，病人恢复了健康，于 1964 年 1 月 25 日出院。就此，《浙江日报》以《发扬为人民服务的革命精神 树立严肃负责的医疗作风》为标题作新闻报道。

1973 年，浙江医科大学附属第一医院胸外科严志焜、汤洪升等开展了人工心脏瓣膜置换术的动物实验，并在国内首次获得成功。1976 年，浙江医科大学附属第一医院胸外科叶丁生等施行省内第一例法乐氏四联症矫治术获得成功。同年，严志焜等在动物实验的基础上成功地完成了省内第一例人工心脏瓣膜(机械瓣)替换术。

1980 年，宁波市医院开展支气管袖状切除及气管隆突全切除治疗中心型肺癌。

1983 年，叶丁生任浙江医科大学附属第一医院心胸外科主任，并着手建立了重症监护室(ICU)。1986 年，浙江医科大学附属第一医院心胸外科与美国 HOPE 基金会协会成立心血管外科项目，并完善 ICU 体制。

1984 年，浙江医科大学附属第一医院购进美国产 Sams7400 型人工心肺机，心胸外科在全省率先开展搏动型静脉冠状动脉搭桥术 4 例，均获成功，此后又开展了乳内动脉冠状动脉搭桥术也获良效。

1985 年 5 月，宁波市医院首次用人工心肺机作体外循环，为一先天性心脏病人施行心脏直视手术房间隔缺损修补术成功，手术中病人心跳停 45 分钟，结束宁波不能开展心脏外科手术的历史，至 1990 年施行成功心脏直视手术 43 例(其中法乐氏四联症 2 例，换瓣术 13 例)。

1987 年，金华市中心医院治疗心脏多发性黏液瘤(肿瘤 3 个，重 44 克)手术成功。

1989 年起，浙江医科大学附属第二医院心胸外科对重症肌无力的外科治疗和基础方面进行了系统的研究，率先在省内开展胸腺切除加前纵膈清扫手术治疗重症肌无力，取得了良好的疗效。对围手术期的合理用药及术后重症肌无力危象等并发症的防治等作了开拓性的工作，取得了丰富的临床经验。对胸腺切除治疗重症肌无力的机理作了深入的研究，并在重症肌无力的诊断、治疗等方面做了大量应用基础研究和临床研究。目前，重症肌无力外科治疗的观点已被同行医生和重症肌无力患者广泛接受，接受手术的重症肌无力的病人不断增多。

1993年，浙江医科大学附属第一医院引进美国产Lifestrem离心泵，并在省内首先应用离心泵作长时间心肺转流、辅助循环及器官移植转流等。

1994年起，浙江医科大学附属第二医院心胸外科陈如坤、朱家光在省内率先开展慢性房颤的外科手术治疗，先后施行Cox's迷宫Ⅰ、Ⅱ、Ⅲ型手术共50余例，全部恢复正常心律，无严重并发症，是同期国内同类手术中数量最多、疗效最好的一组病例。

1995年9月，浙江医科大学附属第一医院心胸外科余国伟开展胸腔镜手术。1995年11月22日，浙江医科大学附属第二医院心胸外科成功施行省内首例胸腔镜手术治疗肺大疱。此后，又成功地开展了独创的胸骨中段或胸骨柄切除自体肋骨再植术，以及前胸正中切口一期双肺转移性肿瘤切除术，经胸颈二切口行全食管全喉全咽腔切除、颈胸腹三野淋巴结清扫、胃底舌根吻合术等填补了省内空白。

1996年7月，浙江医科大学附属第一医院心胸外科倪一鸣、马量进行了首例保全肌肉的开胸术，使手术创伤大大减小，此技术迅速在全科推广，并辐射到全省。

1998年，浙江大学医学院附属第二医院心胸外科陈如坤在国内率先施行心脏减容术加瓣膜成形术治疗终末期瓣膜性心脏病，这在国内属首例，在国际上也仅第二例，开创了适合中国国情的终末期瓣膜性心脏病的有效治疗手段。心脏减容手术是20世纪90年代初国际上兴起的一类区别于心脏移植手术的晚期心脏疾病的手术治疗方法，通过严格要求的(重量、面积)切除心室壁并对心脏瓣膜进行成形，可使重度扩大的心室腔得以缩小，显著提高心脏功能。该手术难度大、操作复杂，但能够替代部分心脏移植手术，使病人避免异体心脏移植手术的各类并发症及抗排斥反应的巨大经济负担。

2001年，宁波李惠利医院心胸外科成为宁波市心脏外科中心，至2010年心胸外科心血管手术的年手术量近1000例，心脏体外手术连续3年超过500例，占全市心血管手术量的80%以上。该科开展的“原位异体心脏移植”和“超滤技术在心内直视术中应用”项目获得成功。

2003年，浙江大学医学院附属第二医院心胸外科陈如坤教授牵头的第三代人造心脏瓣膜——全热解碳双叶形人造心脏瓣膜的研制与临床应用研究项目获得成功。该项目取得阶段性成果，人造心脏瓣膜的各项血流动力学性能和临床指标都达到或超过了同期国际上最新的人造瓣膜，为国产人造心脏瓣膜的研制作出了贡献。

2005年，浙江大学医学院附属第一医院心胸外科倪一鸣、徐鹤云相继采用毡片条、心包带、履带式垫片结扎等新方法为多位巨大动脉导管未闭患者进行手术，取得了良好效果，大大减少了既往动脉导管手术易撕裂大出血的危险，这些方法均为国内首创。

2007年，浙江大学医学院附属第一医院心胸外科倪一鸣在升主动脉瘤升主动脉完全剪除的人造血管置换等大手术中，采用两侧心包包裹、缝闭横窦、右心房内引流新方法，解决了升主动脉完全剪除情况下人造血管置换后主动脉根部出血难以控制的问题。这个新方法为国际首创。①

2009年，浙江大学医学院附属第一医院心胸外科胡坚、王永清、闾夏铁开展首例全胸腔镜下肺癌根治术获得成功，在确保手术疗效的前提下极大地减少了手术创伤，加快了病人恢复。

2010年，浙江大学医学院附属第二医院心胸外科拆分，设立心脏大血管外科，是省内第一家以心脏大血管外科建制的科室，核定床位40张，包括专科监护室9张床位。科室配备了国内最先进的监护仪器，当年心脏大血管手术达到数百台。学科是浙江大学心脏大血管外科学硕士点，1997年获得心脏大血管外科学博士学位授予资格，现有2名博士生导师和2名硕士生导师，招收来自全国各地的博士生和硕士生，承担省内各级医院的进修人员培训，选派高年资医生到下级医院会诊指导，担负浙江大学医学院本科生、研究生以及成人教育学院学生的教学工作，是浙江省主要的心脏大血管外科人才培养基地。

（三）胃肠外科

20世纪60年代，金华地区中心医院（现金华市中心医院）研究以“选择性迷走神经切除＋半胃切除术”治疗十二指肠溃疡，经临床多例证明，此手术疗法可降低胃酸水平及溃疡复发率，较单纯胃大部切除疗效显著提高，成果在全省应用。

1999年，浙江大学医学院附属第一医院胃肠外科率先在省内开展胃癌D4清扫术和多脏器联合切除治疗晚期胃癌，疗效达到国内先进水平。

2002年，浙江大学医学院附属第一医院胃肠外科在省内率先将腹腔镜技术应用于胃肠道疾病手术，如胃平滑肌瘤、胃黏膜下横径动脉破裂出血、结直肠癌，其中双镜联合治疗胃黏膜下横径动脉破裂出血填补国内空白，腔镜下结肠癌根治术和Mils手术（直肠下段癌和肛管癌的根治性手术）的病例数在省内高居首位。

2006年2月15日，浙江大学医学院附属第二医院胃肠外科成功施行了一起内镜下的胃癌剥离术，在浙江省创下了一项新纪录。通过检索文献该手术方法国内未见报道，填补了国内空白。

（四）肝胆胰外科

1991年10月，浙江医科大学附属第一医院开设肝胆胰外科。至2010年，拥有4个普通病房和1个肝胆胰诊治中心，250余张床位，独立拥有先进的多普勒超声仪、DSA、ERCP与腹腔镜设备，以治疗肝脏、胰腺恶性肿瘤及高位胆管癌等疾病为特色，广泛涵盖肝、胆、胰、脾等脏器常见病、疑难危重病的主要外科手术，还建立了内镜治疗组和介入治疗组，使肝胆胰疾病患者术前、术中、术后相结合的综合治疗体系得以完善，已经成为全国最大的肝胆胰疾病诊治

---

① 《浙江大学医学院附属第一医院院史志》，浙江大学医学院附属第一医院2012年编印，第123页。

中心之一。科室每年能完成各类肝叶切除手术500余例，胰十二指肠切除术200余例，胰体尾切除术50余例，肝外胆管癌根治术100余例。肝癌的手术切除率超过80%，达到国内领先、国际先进水平。

1997年，金华市中心医院外科曾天定医师及郑樟栋医师设计的区域性胰腺切除治疗Ⅱ—Ⅲ期胰腺癌临床研究项目获得成功。

2001年9月，浙江大学医学院附属第二医院外科彭淑牖教授主持开展“捆绑式胰肠吻合术的临床及实验研究”项目获得成功。2001年12月19日，浙江大学医学院附属第二医院外科彭淑牖教授主持开展的“刮吸手术解剖法的建立与多功能手术解剖器的研制”项目获得成功。2007年，浙江大学医学院附属第二医院外科彭淑牖教授主持完成的“肝尾状叶切除手术策略与方法的研究”项目获得成功。

（五）肛肠外科

1954年，杭州痔科名医陆琦加入浙江医学院附属第二医院，开设痔科门诊，吸引了一大批病人，类似于当下的“专家门诊”。陆琦发明了一种独家痔疾疗法，有中草药制作的内痔插药针、内痔套扎器械、肛瘘结扎术、痔切除术等，治疗痔疾和肛疾具有疗效高、疗程短的优点，适宜于普遍推广，深受患者的欢迎。同时，他还开办讲座辅导，组织痔科医生学习“插药”的使用方法和药物原理，培养了接班人。

1956年，浙江医学院附属第二医院开设肛门外科，以门诊为主，床位6～8张。1957年，浙江医学院科系调整，肛门外科迁址浙江医学院附属第一医院，设床位12张，改名为痔科。1984年，撤销痔科改建肛肠外科，同时搬迁人专科病房，病床扩展至32张。

1960年秋，浙江医科大学附属第一医院陆琦到北京为周恩来总理治疗痔疾。1962年底，周总理继续让陆琦为他治疗，治疗结束后，周总理、邓颖超和陆琦夫妇合影留念。

1984年12月，浙江医科大学附属第一医院肛肠外科成功开展全结直肠切除小肠贮袋肛管一期吻合治愈顽固性复发性溃疡性结肠炎，以后又把此手术应用于全大肠腺瘤病和全大肠血管瘤。此例手术早于国内文献报道的同类手术。

1986年10月，浙江医科大学附属第一医院肛肠外科成功开展结肠次全切除治疗结肠无力症，为外科手术治疗“习惯性便秘”开了先河，打破了这类病人以往只在内科门诊开通便药的惯例。此例手术早于国内文献报道的同类手术。

（六）泌尿外科

民国36年（1947年），浙江省立杭州医院外科主任、教授王历耕创立泌尿外科。王历耕被医学界公认为中国泌尿外科学的奠基人之一。

1950年，浙江省立杭州医院外科施行省内首例前列腺癌切除术。1953年，该院外科施行省内首例巨大鹿角形肾结石取石术。

1952年，浙江医学院附属第二医院外科主任、教授王历耕创立泌尿外科学组，由杨松森讲师和王钟奇住院医师组成，同年开展阴茎癌、肾结石、肾结核等疾病的手术治疗。1955年，杨松森等在国内首先开展肾部分切除术。20世纪50年代中后期，杨松森等在附睾结核、睾丸鞘膜积液、睾丸肿瘤等疾病的诊治中，提出以透光试验、体检手感等鉴别积液与肿瘤的方法。浙江医学院附属第一医院泌尿外科学组杨松森开始收集制作泌尿外科标本并建立泌尿外科标本室。1996年，因浙江医科大学附属第一医院拆建，部分标本移至浙江医科大学主楼地下室，占房总面积约140平方米，精选陈列标本1500余件及数千枚结石及尿路异物标本，其规模、数量和质量均为国内之最。

1957年，浙江医学院进行科系调整，附属第二医院泌尿外科学组迁址浙江医学院附属第一医院，独立成科，是国内最早创建的泌尿外科之一。1962年，成立膀胱镜室，配有X光机，可独立完成逆行造影等检查。1992年成立男性计划生育研究室。

1962年，金华医院外伤阴茎完全截断再植手术成功。20世纪70年代，医院施行膀胱切除、尿流改道、肠代膀胱等手术，取得疗效。1984年，金华市中心医院开设泌尿外科。1985年始采用电切镜、肾镜、输尿管镜、腹腔镜开展各类微创手术，并相继开展肾动脉造影，耻骨劈开，后尿道吻合术，输尿管取石及巨大鹿角形肾结石的原位冰冻切开取石术(Smith法)。1987年施行前列腺电切(TUBP)及膀胱癌电切(TUR-BT)，同时开展淋巴管造影，B超指引下肾囊肿穿刺术，同年施行体外震波碎石技术(ESWL)，有效率达90%以上。1997年实行同种异体肾移植、肾上腺移植成功。同年，金华市人民医院实行全膀胱切除、低压回肠新膀胱术，改变以往膀胱造瘘引流尿液，提高病人生活质量，2003年施行双频激光碎石。2005年，金华市中心医院在内镜下钬激光治疗多种疾病和内镜下切除巨大肾上腺肿瘤。

1964年，浙江医科大学附属第一医院泌尿外科王钟奇等在国内最早采用膀胱壁瓣作女性尿道重建术治疗尿道全切患者，使患者能正常排尿。

1984年，浙江医疗器械研究所和浙江医科大学附属第一医院等研制的“前列腺冷刀及其对前列腺增生的冷冻治疗”通过省级鉴定。1985年，浙江医科大学附属第一医院泌尿外科史时芳在国内首先应用并报告前列腺增生症的冷冻治疗，于1986年在国内首先应用并报告前列腺癌的冷冻治疗，于1995年在国内首先报告肾集合管癌的冷冻治疗。1985年，浙江医科大学附属第一医院泌尿外科蔡松良在国内首先应用并报告尿酸结石溶石治疗。1987年，陈昭典在国内首先报告复杂性尿道狭窄的会阴部皮瓣替代术。

20世纪80年代中期，浙江省中医院泌尿外科成功完成省内第一例膀胱肿瘤电切术，其后开展经尿道前列腺电切术、经尿道膀胱结石碎石术、尿道狭窄内切开术、输尿管镜碎石术，与上海交大共同研制出国内早期的低能量体外碎石机。1987年9月，丽水市人民医院为一女患者取出一颗罕见的膀胱结石，结石重240克，体积为9厘米×6厘米×5.5厘米。

1987年，浙江医科大学附属第一医院在国内首先报告数字减影血管造影在肾癌诊断中的应用。1992年，该院泌尿外科的史时芳在国内首先报告第十肋间胸膜外胸腹联合切口的应用，沈周俊在国内首先报告前列腺电切后内毒素研究。1996年，朱选文在国内首先报告颊黏膜尿道成形术，于1999年在国内首先报告颊黏膜在阴茎硬结症中的应用和在国内首先报告国产阴茎假体植入术。

1999年，浙江大学医学院附属第一医院泌尿外科蔡松良在男性膀胱全切术中采用逆行法，把取下膀胱的手术时间由传统的2.5个小时缩短为0.5个小时，同时采用手助拔针毯边缝合肠膀胱技术使相应的男性和女性原位肠代膀胱术时间可缩短2～3个小时，成效显著。同年，该院泌尿外科在国内首先报告TVT(尿道无张力悬吊带)治疗女性尿失禁。2000年，该院泌尿外科汪朔在国内率先报道腹腔镜肾盂输尿管连接部整形术，至2005年成功完成手术150例。陈昭典首创、蔡松良改进了膀胱颈口会阴牵引复位术，治疗骨盆骨折后尿道断裂，大大减少了阳痿和尿道狭窄的发生率。2006年，该院泌尿外科谢立平等提出微创泌尿外科应从内稳态、应激、免疫、麻醉和手术时间及心理等方面综合评估的概念。2010年，该院泌尿外科在国际上最早报道腹腔镜射精管囊肿切除术。

(七)烧伤外科

1958年，浙江医学院附属第二医院设立烧伤科，为国内最早成立的烧伤专科之一，是浙江省烧伤救治技术指导中心。2010年，年门急诊量超过27000人次，手术量超过1200人次，出院1137人次。诊治各类烧伤，包括火焰烧伤、烫伤、电烧伤、化学烧伤、放射性烧伤、爆炸伤等，以及烧伤后功能康复及疤痕整形。各类皮肤软组织缺损：包括皮肤撕脱伤、挤压伤、软组织缺损或坏死、骨外露等。各类急慢性创面包括压疮(褥疮)、糖尿病足等各种慢性溃疡及体表脓肿、甲沟炎、慢性骨髓炎等感染创口。已逐渐形成了烧伤、疤痕整形、功能康复及创面处理四个亚专科，对烧伤患者开展更加专业化、个体化的综合治疗，救治成功率达94%，最大烧伤面积达100%，使数以万计的患者重返工作岗位，创造了显著的社会效益，也赢得了良好的口碑和声誉。

1958年，台州医院成功抢救烧伤面积达70.3%，其中深Ⅲ度占34%的三门工人黎绍国。1960年2月，温州市第一医院收治乐清化工厂烧伤病人王彩荣，烧伤面积达75%，Ⅲ度占42%，治愈出院。该事件及医疗过程摄制成纪录片《光辉的年代，英雄的人》。1982年，宁波市第二医院治愈烧伤面积达80%的病人3名。1986年6月，宁波市第二医院治愈烧伤面积分别达95%、90%的病人2名。1994年4月，绍兴第二医院烧伤科成功抢救因氢气球燃爆烧伤的37名患者。1998年6月12日，绍兴第二医院烧伤科成功救治1名被含碱高温印染水烧灼伤面积达100%，其中Ⅲ度烧伤面积占58%的危重病人。1965年，衢化医院在第二军医大学长海医院许丰勋教授指导下，成功抢救烧伤面积95%、Ⅲ度50%的烧伤病人。1981年，在长海医院、浙二医院教授指导下，同时抢救成功2名烧伤面积达100%、Ⅲ度烧伤面积分别为94.5%、92%的严重烧伤患者，为此《浙江日报》《健康报》《文汇报》《解放日报》和中央人民广播电台相继予以报道。

1976年，金华地区中心医院烧伤外科成功抢救灼伤面积达92%、Ⅲ度占65%的特重烧伤病人，并进行整形手术和整容项目。1994年，金华市中心医院施行自体皮移植治疗大面积深度烧伤。1995年，金华市中心医院采用血液净化治疗烧伤脓毒症。1998年，金华市中心医院应用重组人生长激素治疗大面积烧伤。2005年，金华市中心医院采用同种异体脱细胞真皮基质移植治疗大面积烧伤，取得较好效果。

2000年8月14日，省卫生厅印发《浙江省烧伤专科医疗管理及诊疗技术操作规范》。省烧伤救治技术指导中心编制了《浙江省烧伤专科医疗管理及诊疗技术操作规范》，适用所有从事烧伤外科的医疗机构，目的在于为各级开展烧伤救治的医疗机构提供一个烧伤医疗管理和诊疗护理常规，同时也为各级卫生行政管理部门提供一个依法监督和管理医疗机构烧伤诊疗工作的依据。《规范》共分为四个部分。第一部分为医院烧伤专科的基本设置和技术要求。第二部分为烧伤诊疗技术常规。第三部分为烧伤专科规章制度。第四部分为烧伤护理常规。

2000 年 9 月 6 日，杭州市江干区笕桥医院采用基因重组新技术成功救治一位烧伤面积达 95%，Ⅲ度烧伤达 80%的特重患者谢洪奎，经 3 个月 10 余次手术治疗，痊愈出院，市内多家媒体进行了报道。

三、妇产科

妇产科是专门研究妇女特有的生理和病理并进行治疗的一门学科，包括产科学和妇科学两大部分。妇科学研究女性在非孕期生殖系统（例如子宫、卵巢、输卵管或阴道等）的生理病理改变，并对其进行诊断处理。产科学是研究妇女妊娠、分娩、产褥全过程，并对期间发生的生理、病理、心理改变进行诊断、处理。

清光绪十八年（1892 年），杭州广济医院女医院落成，妇女疗养院成立。光绪二十七年，杭州广济医院产科病房设立。当时，杭州百姓贫困居多，无钱进入医院分娩，只得由接生婆旧法接生，例如当时杭州大井巷的施老大房、环翠楼的施老二房接生婆生意兴隆。光绪三十年，杭州广济医院的梅滕更夫人创办广济产科学堂，开始招收第一批产科学生。此后一直到民国 17 年（1928 年）医校停办，共培养了百余位本土妇产科人才。

民国 19 年（1930 年）4 月，浙江省立杭州高级护士助产学校成立。这是一所国人自己创办的学校，最早是培养护士和助产士，民国 23 年因添设药剂科而改称浙江省立杭州高级医事职业学校。同年，温州白累德医院创办私立白累德助产士职业学校。

民国 25 年（1936 年），浙江省立杭州高级医事职业学校附设产院，开设产床 30 张，妇产科医师 2 人，助产士 20 人，设有妊娠诊断、产前检查、住院分娩、产后访视、孕 42 天妇婴健康检查、妇科门诊、婴幼儿预防接种等。这是杭州妇幼保健机构的雏形，但这所医院主要为教学所用，不能满足社会需求。

民国 35 年（1946 年），慈溪县医院设产科，1949 年更名为妇产科，1951 年撤销，1958 年重建。医院当时仅能诊治常见妇科疾病、一般性难产及平产接生，与外科医生合作开展一般性阴道手术、剖宫产和宫外孕手术等。

民国 38 年（1949 年）初，经中共地下党员的帮助和介绍，刘天香辗转来到了杭州，任教于浙江省立医学院，兼任浙江省立医学院附属医院及杭州市立市民医院妇产科主任，来到杭州不久，她就做了浙江省历史上第一例剖宫产手术。

1949 年秋，杭州市人民政府卫生局在保健科设专职妇幼工作人员，管理全市妇幼工作，将妇幼卫生工作纳入公共卫生范畴。当年，杭州市区有产院 12 所，床位 192 张，其中私立产院 9 所；卫技人员 74 人，其中妇产科医师 25 人，助产士 36 人。

20 世纪 50 年代，宁波医院妇产科开展四项节育手术、子宫下段剖宫产、子宫次全切除术等。20世纪60年代,该院开展阴道子宫切除术、子宫全切术、子宫前后壁修补术等,20世纪70年代开展子宫颈癌广泛切除及淋巴清扫术、绒毛膜上皮癌及恶性葡萄胎切除术、羊膜代阴道成形术等,20世纪80年代开展腹膜代阴道术、乙状结肠代阴道术、皮瓣式人工阴道成形术、输卵管显微吻合术、盆腔淋巴结广清扫术、腹膜外剖宫产术、宫颈癌腹壁下动脉插管化疗子宫颈等。1998年,宁波市妇女儿童医院创立的"产程中徒手二指转位法——减少头位性难产"被列入卫生部第8批"十年百项计划",作为向农村和基层推广的医药卫生适宜技术。

1951年,浙江省立妇幼保健院开始普及新法接生。当年秋天,医院制定了产房常规,规范了医院助产士的接生方式以及接生步骤,明确规定助产士必须用新法接生。1953年,浙江全省各地推广新法接生,并在基层改造"旧产婆"。接生箱是产科医生必备的装备,多为木质的长方体,用油漆漆成白色,正面一个格外醒目的红色十字。接生箱分平产接生箱和难产接生箱两种。平产接生箱里的物品有大小盆具、钝头剪、巴拉芬油、手提磅秤、麦角流膏等32样,而主要的接生包里有产单、手巾、棉花、脐纱布等。接生包的包法和用法非常讲究,首先是将手巾产单敷料等,按先后使用次序,叠置于包布中间:产垫2块,手巾2条,棉花,纱布,脐带敷料,手巾2条,套裤1双,产单1条。由下至上叠好,包时先将左右两边重叠包起,后将两端对折重叠,包成长方形,外以带子紧束两十字形,最后打一个活结。包好之后将产包置于床旁小桌或产妇床脚端,打开产包时,切不可将产包包皮里面弄污,以便当产桌置放敷料器械,双手消毒后,将产单垫在产妇臀下,其次立刻给产妇穿上套裤,再即覆手巾1条于小腹部。其余3条手巾,用于包裹新生儿和备用。纱巾为擦新生儿口内黏液用,棉花为保护会阴及擦血液等用,脐带布与线为包扎脐带用,绷带为固定脐带敷料之用。1956年,浙江省妇女保健院配合浙江省卫生行政部门,抽调人员下基层,帮助当地改造"旧产婆",宣传新法接生。资料显示,1956年新法接生在全省普及率是59%,比1953年增加两倍多,新生儿破伤风死亡下降至1.29%,产妇死亡率下降至1.95%。特别是在浙江省相对富裕地区,新法接生工作做得相当好,比如萧山县高达90.7%,新登县为87.2%。同时,全省的产前筛查接近16万人次,有效避免了一些难产现象。

1951年5月,在杭州孩儿巷浙江省立医学院附属医院原址成立浙江省立妇幼保健院。医院开办经费主要由省卫生厅拨付,开办费实际耗用人民币1.9886亿元(旧额,合现额1.9886万元),核定床位100张,设医务科、保健科、训练科、总务科。杭州市及附近各县的疑难妇产科疾病,均集中在这里医治,医院也成为医学院学生、实习医生、高医助产士实习进修的良好场所,并承担杭州13个妇女保健站的指导工作。第一任院长厉矞华,由浙江省首任省长谭震林任命。全院职工人数约100人,仅厉矞华、王宗瀛等5位儿科医师。原执教于浙江省立医学院附属第一医院的刘天香、林惠安、方克祥等医生及从浙江省立杭州高级医事职业学校附属产院调来的龚玉华、叶绥英,浙江省立杭州医院的沈以琳等助产士组成了包括工人在内有二三十人的妇产科,护士约20人,设备极其简陋,听诊器是主要的诊断工具。1952年2月,第一次全国高等学校院系调整,原浙江大学医学院与浙江省立医学院合并,定名为浙江医学院,原浙江大学医学院附属医院改为浙江医学院附属第一医院,其妇产科与小儿科并入浙江省立妇幼保健院,妇科、产科床位各50张。此后,浙江省立妇幼保健院的教学人员和医护人员不断得到充实，教学工作得以重视，随着业务的发展，医疗设施逐年增添，规章制度渐趋完善。1953年8月，浙江省立妇幼保健院的妇产科迁到学士路2号(原是一所教会学校弘道女中的校舍)，定名为“浙江省立妇幼保健院妇产科部”，建筑面积5554平方米，床位70张，并开始兴建门诊楼。1954年2月17日，省政府决定将浙江省立妇幼保健院的妇产科与小儿科分开，分别成立浙江省妇女保健院和浙江省儿童保健院。其中，浙江省妇女保健院核定床位100张，职工定编89人(列入浙江医学院编制的人员不计在内)，任命刘天香、林辉为副院长(院长空缺)。至此，浙江省第一个省级妇女医疗卫生保障机构成立。1954年8月，浙江省妇女保健院新建的门诊楼落成，增添建筑面积1025平方米。刘天香任院长。浙江医学院妇产科学教研室设在本院，刘天香院长兼任教研室主任，妇产科的教学和临床实习指导，主要由本院负责，除一般的医疗、保健工作外，对县、市医院的妇产科工作，进行业务指导，帮助其解决疑难问题，尤其是对方遇到妇产科危重病人不宜辗转来杭而紧急求援时，必须立即派出高年资医师前往会诊、抢救。此外，还接受来自县、市医院妇产科医师的进修培养工作。

1952年，无痛分娩法在浙江推广，先以杭州市为重点。杭州市各生育机构的助产士、开业助产士均须学习。浙江省立妇幼保健院派遣王曼医师到上海第二军医大学临床学院学习。其间，浙江省妇幼保健院陈信宝医师在医院里开始试行，并且自学无痛分娩的科学理论，自编施行方案，以通俗的语句和待产妇女谈话，得到的分娩效果很好。1952年7月14日晚，在浙江省妇幼保健院召开了全院无痛分娩法动员大会，会上由陈信宝医师讲解无痛分娩法及其成功案例，王曼医师介绍了上海第二军医大学的经验，8月1日起，浙江省妇幼保健院开始正式推行无痛分娩法，并布置了无痛分娩教室、上课的地方。2010年，政府开始大力倡导自然分娩，要求降低剖宫产(即剖腹产)率，浙江大学医学院附属妇产科医院重新推广无痛分娩技术。

1955年，浙江省妇女保健院开展腹膜外剖宫产手术。1960年，浙江医科大学附属妇女保健院开展了宫颈癌广泛性根治手术，建立随访制度，在省内首先采用6MP治疗恶性滋养细胞肿瘤，使疗效明显提高，1972年创立了“三联序贯治疗恶性滋养细胞肿瘤”疗法，对恶性滋养细胞肿瘤患者进行有效的治疗。1963年，浙江医科大学附属妇女保健院完成第一例阴道内输卵管绝育术。

1956年底，浙江省的妇幼保健机构已经有253所，其中妇幼保健所32所，妇幼保健站221站。另外，有1个妇幼卫生工作队。

1958年初，经省卫生厅获准同意，浙江医学院决定在四个附属医院创办护士学校，按照每个医院不同的侧重点来有计划地培训学员，省妇保侧重培训助产士。1958年，浙江省妇女保健院创办半工半读的助产士学校，1983年成立助产士学校，属中等专业学校，规模为150人，学制3年，面向全省招生。

1960年，浙江省妇女保健院更名为浙江医科大学附属妇女保健院。1985年，浙江医科大学附属妇女保健院更名为浙江医科大学附属妇产科医院，同时使用浙江省妇女保健院名称。1994年12月，浙江医科大学成立妇产科学、儿科学和生物医学工程研究所。1999年浙江医科大学附属妇产科医院更名为浙江大学医学院附属妇产科医院、浙江省妇女医院、浙江省妇女保健院。

1963 年 10 月,丽水县人民医院陈韶华赴景宁医院为云和县沙溪区黄湖公社木耳口大队卧床 9 年的病人叶根彩切除重 37.5 公斤的卵巢囊肿,经三个半月治疗,恢复健康。

1965 年,浙江医科大学附属妇女保健院自制蓝光箱,开展新生儿黄疸的光照疗法。1977 年,浙江医科大学附属妇女保健院与嘉兴电子仪器厂合作共同研制国内首台围产分娩监护仪并应用于临床。

1967 年,浙江医科大学附属妇女保健院陈湫波获得智利外宾赠送北京友谊医院的 1 只宫内节育器。她反复试验研究,用含 99.99%纯铜的铜丝改制"丁"字形、Y 形及菱形的宫内节育器。1972 年 7 月,陈湫波和浙江省卫生局计划生育办公室邱明月和杭州立新塑料厂丁国荣共同研制成功 Tcu200、Rcu200 及 Ycu200 三种含铜离子的活性宫内节育器。同年 8 月 21 日起,在本院、嘉兴市妇女保健院、温州市第三医院及宁波等地开始了临床应用,3 年间累计临床应用 5700 例,避孕有效率达 94.04%。省级鉴定认为此类宫内节育器具有安全、有效、简便、经济的优点,同意投产、推广应用。1977 年,陈湫波开始对人流综合反应进行研究,她揭示了人流综合反应系迷走神经反射兴奋所致,若术前常规应用阿托品可预防其发生。1978 年,浙江医科大学附属妇女保健院对人流时反应进行防治研究获得成功。"人流综合反应"诊断名称也被编入《全国医药百科全书·计划生育分册》(1982 年)及全国高等院校妇产科统一教材。1980 年 8 月,陈湫波等关于宫内节育器研制和宫内节育器出血机理的研究在北京第一次国际计划生育新进展研讨会中作大会交流。20 世纪 80 年代,相关课题组又参加"七五"攻关新型宫内节育器研究,负责菱形缓释左旋 18 甲基宫内节育器的研究,对放置宫内节育器的子宫内膜进行雌孕激素受体、形态学超微结构及细胞化方面的研究,其中细胞形态学、细胞化学及激素受体自身对照研究达国际水平,于 1989 年 8 月在北京国际宫内节育器研讨会中作大会发言交流。20 世纪 90 年代,相关课题组参加由 WHO 组织的 3 种活性宫内节育器比较的多中心临床研究,承担"八五"攻关放置消炎痛宫内节育器出血机理及副反应防治研究。21 世纪初,黄丽丽等参加了国家"十一五"科技支撑项目"宫内节育器失败原因和预防技术对策的研究"及"避孕器具放取手术并发症防治技术的研究"。

1971 年,浙江医科大学附属妇女保健院成功开展输卵管吻合术。1972 年成功降生国内第一例输卵管吻合术后获得的婴儿。1983 年开展显微外科输卵管吻合术,复通率达 100%,妊娠率达 88.5%,同时开展第一次手术失败者的再次吻合术,并在省内首家开展对不孕及药物粘堵术后输卵管近端梗阻病例施行输卵管子宫角移植术。

1972 年,浙江医科大学附属妇女保健院在国内最早开设计划生育专科病房,设床位 70 张。1978 年,省卫生厅在浙江医科大学附属妇女保健院设立浙江省计划生育技术指导站。

1979 年 8 月,受中华医学会浙江分会邀请,美国腹腔镜协会主席乔丹·菲利浦斯率领美国妇科腹腔镜代表团来杭州讲学,期间访问浙江医科大学附属妇女保健院,进行腹腔镜示范手术,并赠送给医院腹腔镜一套,使本院成为国内最早开展腹腔镜下妇科手术的医院之一。

1980 年,浙江医科大学附属妇产科医院成功研制首台 20 毫瓦的氯氖激光器,开展对外阴瘙痒、外阴营养不良、新生儿斜颈的治疗。1985 年,医院运用宫腔镜,对阴道出血、内膜息肉、不孕不育、宫腔粘连进行检查和治疗。1990 年,医院开展皮下注射塑胶女性乳房整形术,对先天性无阴道、乳房发育不良者进行人工阴道和乳房整形的整体整形术。2000 年，浙江大学医学院附属第一医院妇科杜成杰在省内首先成功开展“带血管蒂回肠代阴道成形术”。2001 年，浙江大学医学院附属妇产科医院开展“经阴道无张力尿道吊带悬吊术”，治疗尿失禁。温州医学院周丽萍等主持的“解脲支原体与宫内感染”相关研究获浙江省科技进步奖二等奖，研究自 1998 年起，课题组在国内首次成功制备相应的小鼠模型，并进一步研究证实解脲支原体宫内感染导致流产、早产等不良妊娠结局。2003 年，浙江大学医学院附属妇产科医院成功实施宫颈癌患者“经腹根治性宫颈切除联合盆腔淋巴结切除术”，保留了患者的生育功能。2004 年和 2005 年，浙江大学医学院附属第一医院妇科杜成杰和朱海斌等成功进行了 2 例“宫颈完全断裂再接术”，为国内首创，论文发表于《中华妇科杂志》。2005 年，浙江大学医学院附属妇产科医院开展腹腔镜下盆腔淋巴清扫术。2006 年，浙江大学医学院附属第一医院妇科开展宫颈 Leep 手术，2007 年初在省内较早开展宫颈癌新筛查方法——超薄液基细胞学检查(宫颈 TCT)，这两项工作的开展有利于宫颈癌及癌前病变的诊疗。

1981 年，浙江医科大学附属妇女保健院开展羊水穿刺、染色体检查，开展遗传病临床筛检，有效防止了后代常见遗传病的发生。1995 年，宁波市妇女儿童医院参与完成中国出生缺陷监测协作组研究课题“中国围产儿出生缺陷监测及高危高发出生缺陷的病因学探讨”获得成功。1985 年，浙江医科大学附属妇产科医院与浙江省计算机研究所共同合作，成功开发国内第一台无创伤性纯胎儿心电图机，并应用于临床。1999 年，省卫生厅在浙江大学医学院附属妇产科医院设立浙江省产前诊断中心。2004 年，省卫生厅在浙江大学医学院附属妇产科医院设立浙江省胎儿医学诊疗中心。2007 年，浙江大学医学院附属妇产科医院成功地对 1 例 X-连锁无丙种球蛋白血症患者进行植入前胚胎基因病诊断，对 1 例表皮松解性掌跖角化症患者进行产前基因病诊断，诞生显性遗传病家系的健康新生儿。2010 年 12 月，浙江大学医学院附属妇产科医院和附属儿童医院联合申报“生殖遗传教育部重点实验室”获得批准建设。

1988 年 8 月 8 日，一场罕见的特大台风袭击杭州，杭州全市停水停电，公共交通完全中断。在浙江医科大学附属妇产科医院，产妇分娩仍然持续，曾任院长的黄荷风当时还是住院医师，她回忆说：“我们是打着手电筒在接生，那也是唯一一次嘴对嘴地给婴儿吸羊水，现在想起那个羊水的味道，还记忆犹新，但这也是妇产科医生的使命。”

1993 年，浙江医科大学附属妇产科医院全面实行母婴同室，取消婴儿室，成立高危婴儿室，通过爱婴医院现场评估，被世界卫生组织儿童基金会授予国家级爱婴医院称号。1995 年，医院通过全国爱婴医院评估组的复查，评估组认为完全符合爱婴医院全球标准。2001 年 7 月上旬，医院在省内首推“导乐陪伴分娩”，意在帮助产妇消除分娩时的焦虑恐惧，并促进自然分娩的顺利进行，医院在对接受导乐分娩的产妇进行调查之后发现，采用导乐分娩的产妇总产程明显缩短，产后出血尤其是难产率明显减少，顺产率和阴道分娩率均高于传统的产时服务模式，导乐小组由护士和资深助产师组成，导乐陪伴分娩时有家属一人陪同，另有一位护士或是助产士全程护理。2006 年医院获全国维护妇女儿童权益贡献奖。2008 年医院开办浙江省示范孕妇学校。

1995年,浙江省首例腹腔镜配子输卵管内移植婴儿(礼物婴儿)在浙江医科大学附属妇产科医院诞生。该婴儿为女婴,出生体重3200克,身长50厘米。1996年7月10日16时28分,浙江省首例试管婴儿诞生,为女婴,出生体重3800克。1999年,浙江省首例冻融胚胎移植成功,为双胎女婴。1996年,选择性B超下多胎减灭术获得成功。1997年,省卫生厅在浙江医科大学附属妇产科医院设立浙江省生殖医学中心。2000年,单精子卵胞浆内注射试管婴儿获得成功。该项技术主要用于先天性阻塞性无精症、弱精症、少精症、畸精症患者。2001年,医院被卫生部批准为国内首批开展人类辅助生殖技术的机构。2002年9月26日,浙江省第一个接受胚胎植入前遗传诊断的试管婴儿诞生,为健康男婴,重4000克,胚胎植入前遗传诊断技术被称为"设计婴儿",其对体外受精方法制造的多个胚胎进行基因筛选,把健康的胚胎植入母亲的子宫,孕育健康的宝宝,可以避免很多遗传病基因的植入。这项技术主要目的是减少遗传疾病发生的概率。2004年12月,浙江大学医学院黄荷风主持研究的"辅助生育技术基础和临床系列研究"项目获得成功。2008年,浙江大学—香港中文大学人类生殖与相关疾病联合研究中心成立。2009年,浙江大学—加拿大不列颠哥伦比亚大学生殖医学联合研究中心成立。2010年,浙江大学医学院附属妇产科医院统计,试管婴儿出生时产妇的年龄在21~53岁,平均年龄31.5岁,其中35周岁以上的高龄产妇占近1/4。20世纪90年代后期,温州医学院附属第一医院妇产科叶碧绿教授等开始生殖医学研究。1999年3月,温州医学院生殖医学中心正式成立并开展体外受精与胚胎移植技术。1999年12月19日,浙南地区首例第一代试管婴儿(常规体外受精与胚胎移植)诞生。2000年1月4日,浙南地区首例第二代试管婴儿(单精子卵胞浆内注射术)诞生。2003年9月第三代试管婴儿(胚胎植入前遗传学诊断)获得成功。同年12月,该中心开展卵子体外成熟培养后体外受精与胚胎移植技术也获得成功。2001年5月,该中心通过卫生部的辅助生育技术准入检查,成为全国首批获准从事人类辅助生殖技术的5家医疗单位之一,研究项目"体外受精与胚胎移植技术单精子卵胞浆内注射术及宫腔内人工授精治疗不孕症"获得成功。

1996年,浙江医科大学附属妇产科医院被评为浙江省"八五"计划生育工作先进单位。同年,浙江医科大学附属妇女保健院开展妇产科疾病的中西医结合治疗工作,采用并推广半腹膜外子宫全切除术。同时改进了经阴道子宫切除术,开展并推广广泛子宫切除术;对重建阴道(阴道成形术)进行了手术改造,腹膜代阴道,手术获得成功;开展阴道前后壁修补术、阴道收紧术、张力性尿失禁膀胱颈悬吊术等,效果满意;开展外阴皮瓣治疗复杂性手术等研究,获得浙江省科协和省高校自然科学科研成果奖。

1997年,浙江医科大学附属妇产科医院妇科肿瘤学被列为浙江省医学重点学科。2000年,妇产科学被列为浙江省重点扶植学科,生殖内分泌学被列为浙江省医学重点学科。2002年9月,妇产科学被批准为浙江省第四批重点学科。2004年,计划生育学被列为浙江省医学重点建设学科。2005年妇产科学被批准为浙江省第五批重点学科。2000年5月,浙江大学医学院黄丽丽等主持的"米非司酮配伍米索前列醇药物流产后异常子宫出血机理研究"项目获得成功。2005年12月,浙江大学医学院附属妇产科医院申报的浙江省女性生殖健康研究重点实验室获批立项建设,2008年重点实验室通过验收。2007年,妇产科学被批准为国家重点（培育）学科，产科学被确定为浙江省医学重点建设学科。2009年，“妇产科学”被评为国家精品课程，获得批准建设浙江省医学重点学科群——生殖医学重点学科群。2010年，妇科、产科被列为国家临床重点专科。2010年，以浙江大学医学院附属妇产科医院为第一完成单位，黄荷风为第一完成人的项目“提高出生人口质量的生殖技术创建、体系优化与临床推广应用”，以浙江大学医学院附属妇产科医院为第二完成单位，谢幸教授为第二完成人的项目“宫颈癌发病生物学特征研究及早期防治措施的建立与应用”分别获得成功。

2002年，浙江大学医学院附属妇产科医院成功抢救一胎龄仅25周、出生体重850克的婴儿。2008年11月20日上午，“拇指姑娘”王诗雨在浙江大学医学院附属妇产科医院出生，重550克，创下全省新生儿最低出生体重600克救治成功的纪录。孕28周出生，在早产儿中算是非常不成熟的，加之体重不到1000克，属于超低出生体重儿，抢救成活难度特别高，刚出生时，“拇指姑娘”身高只有30厘米，小脑袋像个网球，手臂都没有医生的大拇指粗，她生过所有早产儿的常见疾病，经远红外线辐射床上人工呼吸机、PS吸入、PICC穿刺等抢救措施，开始自主呼吸，静脉输液60多天后，拔除胃管，第63天，第一次喝母乳0.5毫升，从2008年11月20日到2009年2月，在保温箱里生活了两个多月，出院时，一次能喝母乳50毫升，体重接近2500克，身高40厘米。

四、儿科

儿科是研究自胎儿至青少年期间人体生长发育规律、身心健康水平和相关疾病防治的一门学科，旨在降低儿童发病率和死亡率，增强儿童体质，保障儿童健康，提高民族总体素质。

民国11年（1922年）6月，浙江省立医药专科学校成立，并在杭州孩儿巷口开设附属医院，医院规模极小，并无儿科医师，一切妇幼疾病皆由内科医师诊治。

1951年4月，浙江省立杭州医院妇产科、小儿科与浙江省立杭州高级医事职业学校附属产院合并，筹建浙江省立妇幼保健院，医务科下设妇产科、小儿科等临床科室。5月，浙江省立妇幼保健院在杭州孩儿巷164号浙江省立医学院附属医院原址成立，其中产科50张，妇科、儿科各25张。妇科、儿科分开门诊。儿科日门诊量为50人次左右，除医疗之外还要承担其他工作，如预防接种卡介苗、破伤风疫苗、培养改造社会上的接生婆等。

1952年，浙江大学医学院附属医院的妇产科、儿科并入浙江省立妇幼保健院，行政事务由省卫生厅管理，业务技术归属医学院管理，同年成立儿科教研室，开展儿科教学工作。1953年8月，医院妇产科部迁到杭州学士路2号原宏道女子中学旧址，儿科部仍留在孩儿巷原址。1954年2月，经省政府批准，浙江省立妇幼保健院妇产科部与儿科部分开建制，分别设置浙江省妇女保健院和浙江省儿童保健院，厉矞华任浙江省儿童保健院首任院长，高峰任党支部书记兼行政院长，临床分为两个科室，厉矞华、王宗瀛分别担任科主任，全院职工共50～60人，床位由50张增至60余张。1955年，浙江省儿童保健院新院在杭州竹竿巷动工。1958年，浙江省儿童保健院迁址杭州竹竿巷101号（现57号）新院址，建筑面积5230平方米。

1958年，浙江省各地发生了麻疹大流行，浙江省儿童保健院职工全力以赴，腾出食堂、走廊、库房等作为临时病房，病床增加到230张，医务人员日夜抢救患儿，及时遏制了麻疹传染的事态，受到了政府的褒奖，事后总结并写出了论文“1831例麻疹病例分析”。1958年起，浙江省儿童保健院护士学校相继招收培养了3批中专护理员（1958—1960年，1959—1962年，1977—1978年）和2批护理员（1971—1972年，1972—1973年）。每批学生15～31人，共126人。1959年春，浙江省儿童保健院培养的浙江省第一批60名儿科专业医师毕业。

1960年4月，浙江省儿童保健院更名为浙江医科大学附属儿童保健院。1985年，浙江医科大学附属儿童保健院更名为浙江医科大学附属儿童医院，同时使用浙江省儿童保健院名称，全院有10个病区，320张床位。1988年6月，医院新门诊综合大楼竣工并投入使用，建筑面积12000平方米。1998年9月，浙江医科大学附属儿童医院更名为浙江大学医学院附属儿童医院，同时使用浙江省儿童医院、浙江省儿童保健院名称。2001年4月，新病房大楼投入使用，建筑面积21000平方米。至年底，医院核定床位640张，开放床位519张，职工807名。2002年，医院开放床位650张，在全国儿童医院中列第二。2007年8月，医院核定床位1000张。

1960年，陈美章、陈志宏开始筹建浙江医科大学附属儿童保健院儿外科。1961年，医院正式开设儿外科，并从浙江医科大学附属第二医院调来彭崇惠任负责人，结束了医院单一儿内科状况，现为国内规模最大的小儿普通外科诊疗专科，设专科病房2个，床位78张，年开展住院手术2500余台，对先天性巨结肠、先天性直肠门畸形、肝脏肿瘤、先天性胆总管囊肿、难治性黄疸等疾病的诊断和治疗以及腹横纹小切口治疗小儿腹股沟斜疝、小儿急腹症、新生儿先天性消化道畸形急、重病症的治疗积累了丰富的经验。1963年，浙江医科大学附属儿童保健院儿外科在国内施行首例巨结肠根治术（改良Duhamel术）获得成功。20世纪80年代，医院开展腹腔镜手术，设有浙江省首家小儿腹腔镜中心，开展包括先天性巨结肠、先天性胆总管囊肿、胆石症、肠系膜囊肿、肠重复畸形、先天性肥厚性幽门梗阻、急性阑尾炎和腹股沟斜疝等小儿腹腔镜手术。2000年，浙江大学医学院附属儿童医院成功开展浙江省首例连体婴儿分离手术。2001年，浙江大学医学院附属儿童医院与浙江大学医学院附属第一医院联合施行国内首例最低年龄活体肝移植获得成功。

1964年，浙江医科大学附属儿童保健院开设新生儿科病房。1984年，医院与美国HOPE基金会于共建新生儿重症室（NICU）。新生儿科现为国家临床重点专科、浙江省医学重点学科，设有新生儿科病房和新生儿重症监护中心，其中新生儿病房设床位120张，NICU设床位40张。医院开展全省危重症新生儿的急救转运，在国内最早开展肺表面活性物质应用、一氧化碳吸入治疗和体外膜肺氧和（ECMO）技术，对各种危重症新生儿疾病如重症肺透明膜病、严重胎粪吸入综合征、感染性休克以及先天性心脏病、食道闭锁、膈疝、消化道畸形、气道畸形等新生儿先天缺陷的术后监护等具有较高水平，年收治出生体重小于1500克的超低、极低体重儿200余例，治愈好转率为93.05%，最低存活者体重仅562克，重危新生儿救治水平保持国内领先。2004年，医院开通新生儿转运系统，7年间转运车走遍全省所有县市，累计转运新生儿700余名，成功率保持在100%，在新生儿呼吸衰竭，持续肺动脉高压、早产儿脑损伤的临床及基础研究等方面均处国内领先水平，是国内新生儿重症监护的重要培训基地。

1970年，浙江医科大学儿童保健院开设心血管内科，现已发展为心血管中心，包括心血管内科和心胸外科。省卫生厅在医院设立浙江省儿童心血管疾病防治中心，设专科病房，床位54张，开展各种小儿心脏病的内科诊治及小儿先天性心脏病心导管诊断和治疗，擅长各种心律失常、心肌心包疾病、高血压心脏病、心力衰竭的药物治疗，1999年底开展首例主动脉瓣狭窄球囊成形术，2006年成功开展了肥厚性心肌病的冠脉化学消融、新生儿重症肺动脉瓣和主动脉瓣狭窄的球囊扩张、肺动脉闭锁病人PDA支架植入术，心内介入水平治疗保持国内先进。医院年介入治疗先心患儿300余例，累计完成介入治疗手术3000余例，包括房间隔缺损、室间隔缺损、肺动脉瓣狭窄、主动脉瓣狭窄、主动脉缩窄、冠状动脉瘘、肺部动静脉瘘、动脉导管未闭、肾动脉狭窄、肺隔离症、安装临时和永久起搏器等。

1972年，浙江医科大学附属儿童保健院开设血液科，是国内最早成立的诊治儿童血液系统恶性疾病的专业科室，现为浙江省医学重点学科，设有专科门诊、病房和血液肿瘤实验室，床位75张，采用联合化疗为主的综合治疗方法，辅以免疫治疗以及造血干细胞移植治疗白血病、恶性淋巴肿瘤等常见血液恶性疾病，开展多种高新技术对白血病微小残留病进行实时监测，及时调整治疗方案，避免盲目过度治疗造成重要脏器的严重损害或治疗不足而导致白血病复发。1999年起，医院开展造血干细胞移植治疗血液恶性肿瘤，12年来累计完成造血干细胞移植53例，2007年成功实施国内第三例、省内第一例双份脐血移植手术，小儿急性淋巴细胞白血病5年无病生存率达70.60%，急性髓细胞系白血病5年无病生存率达50.70%，儿童轻、重型再障有效率达80%，自行研制抗白血病单克隆抗体40个，其中20个单抗正式纳入国际CD命名系统，开展血液肿瘤的抗体分子靶向治疗研究。

1974年，浙江医科大学附属儿童保健院组建神经内科专业组，2001年正式开设神经内科，为浙江省急性弛缓性麻痹（AFP）的技术及鉴定指导单位，设有专科门诊、病房、神经电生理室和神经病学实验室，床位52张，擅长小儿癫痫、神经免疫性疾病、神经肌肉疾病、遗传代谢疾病、儿童心理行为障碍等疾病的诊治，在小儿癫痫、中枢神经系统感染性疾病、神经遗传性疾病等的发病机制和诊治方面的研究取得重要进展，2006年起神经内科开展视频脑电图24小时动态脑电图检查，使癫痫的诊断阳性率达到90%，诊断水平居于全国前列。

1976年，浙江医科大学附属儿童保健院开设骨科，床位27张，主要开展小儿骨折、创伤，先天畸形以及骨病、骨肿瘤和运动系统疾病的诊治，特别对发育性髋节炎脱位、病理性髋节脱位、先天性足马蹄内翻畸形、大脑性瘫痪的矫形以及创伤骨折的治疗技术和效果显著，在小儿先天性胫骨假关节，肢体畸形及病变肢体缩短延长方面的治疗形成了科学有效的治疗方案。1977年，浙江医科大学附属儿童保健院开设消化内科，为国家临床重点专科，设有专科门诊、病房，床位54张，有消化内窥镜室、胃肠动力室和消化病实验室。小儿消化系统疾病的诊治技术国内领先，对胃肠道反流、消化性溃疡、小儿消化道出血、迁延性慢性腹泻疾病、溃疡性结肠炎、坏死性小肠结肠炎、小儿慢性腹痛、小儿便秘等小儿胃肠病有一系列成熟的诊断和治疗方案，成功抢救消化道大出血、坏死性小肠结肠炎、重症胰腺炎、溃疡性结肠炎合并巨结肠危象、腹膜炎等重危病儿，在全国率先开展儿童胃肠镜诊断和治疗技术、消化道动力检查和治疗，开展鼻孔场管置入、小儿经皮肝穿刺技术、胶囊内镜等。每年开展胃肠内镜检查和治疗2500余例，2010年开展智能胶囊内镜检查、胃镜下食道支架植入术、炎症性肠病生物治疗均获成功。

1977年，浙江医科大学附属儿童保健院开设儿童保健部，下设儿童保健科、遗传代谢病科、心理科和康复科，为浙江省医学重点学科，致力于保障和促进儿童体格、运动、语言认知和社会情绪的全面发展，跟踪国际前沿的研究进展并应用于临床实践，并配合卫生行政部门对全省儿童保健工作进行指导，开展多项大规模的儿童保健流行病学调查，为卫生决策提供资料。儿童保健科开展儿童营养、喂养、生长发育及相关疾病的诊治，儿童发育行为及心理问题的筛查、评价与干预治疗，儿童早期发展指导、高危儿童的随访、铅中毒的诊断治疗，青春期女童的疾病诊治，着重于营养、遗传、环境与婴幼儿认知和行为发育的研究，遗传代谢科开展儿童多种有机酸、脂肪酸 、氨基酸代谢异常、多种染色体病、基因遗传病等遗传、代谢疾病的早期筛查、诊断和治疗，承担浙江省新生儿遗传代谢性疾病的筛查工作。康复科在儿童发育迟缓和脑性瘫痪康复防治方面颇具优势和特色。同年，浙江医科大学附属儿童保健院开设皮肤科，擅长对儿童常见、多发疾病的诊断与治疗，具有较强的专业技术力量，在治疗重症药疹、中毒性表皮坏死松解症、金葡萄球菌性烫伤样皮肤综合征、多形红斑、特异性皮炎等危重或难治性皮肤病方面有丰富经验。

1978年，浙江医科大学附属儿童保健院开设肾脏内科，设专科病房，床位52张，对原发性或继发性肾脏病如难治性肾病综合征、紫癜性肾炎、狼疮性肾炎、乙肝病毒相关性肾炎等都有独到的治疗经验和疗效，1991年在省内儿科率先实施经皮肾穿刺活检术，2000年起开展B超实时定位引导下穿刺，每年穿刺量达200～300余例，最小年龄为出生后数月，穿刺成功率达到99％以上，对急性肾功能不全、溶血尿毒综合征、急进性肾炎等肾脏危重病人的临床抢救及血液净化、腹膜透析等治疗措施，取得满意疗效。同年，浙江医科大学附属儿童保健院组建小儿呼吸系统疾病诊疗小组，2001年正式开设呼吸内科，为国家临床重点专科，设专科病房2个，床位66张，对呼吸科各种疾病及呼吸道疑难杂症的病因诊断和治疗具有丰富的临床经验，每年开展小儿支气管镜检查与治疗1000余例，并开展过敏源检测、免疫功能测定、肺功能测定、特异性免疫治疗、雾化吸入等诊断治疗手段。

1981年3月，浙江医科大学附属儿童保健院开设心胸外科，为浙江省医学重点学科，设专科病房，床位53张，开展各类先天性心脏病手术和复杂心脏畸形的分期姑息或根治手术，其中体外循环心脏手术最低体重患儿仅1700克，复杂先天性心脏病术后体外膜肺氧合器氧合疗法技术的应用刷新了亚洲最低体重纪录。2004年，医院为一例出生仅3天、体重1100克的患儿施行动脉导管未闭结扎手术获得成功；2005年，为一例出生6天、体重2500克患有先天性完全性大血管转位的新生儿实施体外循环和矫治手术（Switch手术）获得成功。2007年，浙江大学医学院附属儿童医院心胸外科、SICU、体外循环、麻醉科等多科室联合运用体外膜肺氧和技术，成功抢救出生6天，体重仅2800克的严重心肺衰竭患儿，刷新了该项技术的亚洲最低体重和年龄纪录，目前手术总量已达1万余例，年开展手术1000余例，其中体外手术700余例，手术总成功率达98.5％。

1984年5月，浙江医科大学附属儿童保健院在美国民间健康基金会（Project HOPE）的帮助下，成立了浙江省最早的新生儿监护室。同年，医院首次应用人工呼吸机治疗早产儿肺透明膜病获得成功。1985年，新生儿监护室已拥有呼吸机、心肺监护仪、床边X线机等国内领先的仪器设备，能开展对早产儿肺透明膜病正规、有效的人工呼吸及治疗，对极低体重儿的抢救成功率也显著提高，心胸外科也能开展法乐氏四联症等高难度的小儿复杂性先天性心脏病的治疗，手术成功率在90%以上，在国内初具影响。

1985年，慈溪县人民医院设儿科住院病区，1989年设新生儿病房，单独收治和抢救败血症、中毒性肺炎合并心力衰竭、新生儿化脓性脑膜炎、新生儿肺炎等病人，2004年设普儿科和新生儿科2个标准病区，开设有儿童哮喘、矮小、性早熟等专科门诊，开展过敏源的检测、哮喘脱敏和治疗癫痫病、多动症等，2008年设新生儿监护病房，开展早产低体重儿、新生儿窒息、黄疸、感染性疾病（败血症、化脓性脑膜炎、肺炎等）等28天内新生婴儿各类疾病治疗，2009年用粉尘螨滴剂治疗小儿哮喘、气道内注入肺泡表面活性物质治疗新生儿呼吸窘迫综合征。

1988年，浙江医科大学附属儿童医院开设耳鼻喉头颈外科，设有专科门诊，专科病房和听力中心，年平均门诊量达5.6万人次，年平均听力检查达8500人次，床位18张，年平均手术1200例，为浙江省新生儿听力筛查、诊断、治疗定点医院，浙江省贫困聋儿人工耳蜗康复项目定点筛查和手术单位，已完成人工耳蜗植入术91例。在儿童听力障碍、中耳炎、呼吸道异物、喉气管狭窄和重建、扁桃体炎、腺样体肥大、鼾症、鼻窦炎、过敏性鼻炎、颈部肿块等疾病的诊治上积累了丰富的经验并进行相关的研究。同年，浙江医科大学附属儿童医院开设口腔科，为浙江省最大的儿童口腔疾病防治中心，开展儿童龋病、牙体牙髓病、根尖周病、口腔黏膜病、颌面部外伤、牙列不齐、口齿不清等疾病的诊治。同年，浙江医科大学附属儿童医院开设眼科，为全省唯一专门诊断及治疗儿童眼病的专科，拥有主任医师1名，副主任医师1名，床位5张，年手术400例左右，开展了视力检查、早产儿视网膜病变（ROP）筛查，各种儿童眼病筛查等，ROP筛查及激光治疗流程化，在儿童眼病各个方面如屈光不正、眼睑病、眼外肌病、弱视、泪器病、结膜病、角膜病、白内障、葡萄膜疾病、玻璃体视网膜病、视神经及视路疾病、眼眶病及全身疾病的眼部表现等的诊治积累了丰富的经验，特别是弱势和先天性泪囊炎、先天性白内障的治疗效果很好。在眼睑、眼眶手术中，注重手术切口的美容效果，可达到恢复患儿视功能和改善患儿的容颜的目的。

1990年，浙江医科大学附属儿童医院与加拿大纽芬杰尼威尔儿童健康中心缔结为“姐妹医院”。1992年，浙江医科大学附属儿童医院与比利时鲁文大学附属医院合作进行脑瘫康复培训项目。2003年，浙江大学医学院附属儿童医院与美国NIH合作项目“中国特殊儿童脑与认知的研究”正式立项。2007年，浙江大学医学院附属儿童医院与美国罗马琳达大学儿童医院签署院际合作协议。

1991年，浙江医科大学成立儿科研究所，厉矞华任名誉所长，洪文澜任所长。2004年，浙江大学医学院附属儿童医院成立新生儿研究室、胃肠病研究室、血液肿瘤与免疫研究室、为心血管病研究室、脑与神经研究室、呼吸病研究室、遗传代谢研究室、内分泌研究室、感染研究室、外科研究室、临床药学研究室等11个专业研究室。

1994年，浙江医科大学附属儿童医院开设内分泌科，设专科病房，床位53张，开展三级医院内分泌常规临床技术22项以上和重点技术6项，开展糖尿病“双C治疗”、肝脏质谱磁共振检查等特色技术，2006 年引进了“双 C 技术”(胰岛素泵联合动态血糖监测，CGMS＋CSI)治疗儿童糖尿病，使本院糖尿病酮症酸中毒、高渗性昏迷的死亡率下降为零。

1996 年，浙江医科大学儿科学被批准为省级重点扶植学科(B 级)。1996 年，浙江医科大学设立儿科系，承担医学系儿科学教学任务。1996 年，浙江医科大学附属儿童医院被评为“全国妇幼卫生工作先进单位”。1999 年，浙江大学医学院儿科学成为浙江省重点扶植学科(A 级)，2002 年成为浙江省重点学科，2003 年成为浙江大学“985 工程”重点建设学科，2007 年顺利通过国家第三批重点学科的考核评估，跨入国家重点学科行列，2008 年列入国家“211”工程建设项目。新生儿专业、血液病专业、儿童保健专业、心胸外科专业分别于 1997 年、2000 年、2007 年、2010 年批准为省医学重点学科。2000 年，浙江大学医学院附属儿童医院中心实验室通过国家中医药二级实验室验收。2008 年，浙江大学医学院附属儿童医院新生儿疾病(诊治)重点实验室被批准为浙江省重点实验室。

1997 年，省卫生厅在浙江医科大学附属儿童医院设立浙江省新生儿疾病防治中心、浙江省小儿心血管疾病防治中心。1999 年，浙江大学医学院附属儿童医院获批成立浙江省新生儿疾病筛查中心、浙江省基因诊断中心。2009 年，浙江大学医学院附属儿童医院应用串联质谱技术开展新生儿 26 项遗传代谢疾病的筛查。

1998 年，浙江大学医学院附属儿童医院设立烧伤整形外科，设专科病房，床位 15 张，主要开展小儿烧伤、烫伤及烧烫后畸形的治疗，成功救治了多位特重度烧伤患儿，成功抢救烧伤面积 90%、并三度烧伤达 60%的患儿；开展小儿唇腭裂修补手术年龄提前到出生后 1 月，腭裂修补手术年龄提前到出生后 1 周岁，均取得较好效果；开展小儿畸形再造术，小儿血管瘤和淋巴管瘤的激光、注射、手术等综合治疗。2000 年，浙江大学医学院附属儿童医院设立神经外科，设专科病房，床位 12 张，年行手术 300 余例，开展了计算机辅助设计下各种小儿头颅畸形的精确手术，尤其对矫治巨颅畸形和 Cruzon 畸形有独到之处，在神经科各个方面如脑血管畸形、脑肿瘤、先天性脑脊膜膨出、椎管内占位、Chiari 畸形、脑积水、蛛网膜囊肿等积累了丰富的经验并进行了相关的研究，已经在小儿重型颅脑外伤、婴幼儿缺血缺氧性脑病、维生素 K 缺乏导致颅内出血的治疗上形成了鲜明特色。

2001 年，浙江大学医学院附属儿童医院调整临床医学科室建制，内科组建了呼吸科、神经科、消化科、心血管科、血液科、内分泌科、肾脏科、新生儿科。外科分设心胸外科、泌尿外科、肝胆外科、新生儿外科、骨科、整形外科、烧伤外科、脑外科。重症监护中心(ICU)分为内科重症监护中心(PICU)、新生儿监护中心(NICU)、外科重症监护中心(SICU)。同年，浙江大学医学院附属儿童医院组建重症医学科，为国家临床重点专科，设有急诊科、内科监护中心(PICU)和外科监护中心(SICU)，监护床位 50 张，拥有国内一流的先进设备，如各种先进呼吸机 40 余台，ECMO 设备 2 套，血液灌流机 2 台，CRRT 机 3 台，纤维支气管镜 2 台，PICCO 机 2 台，脑功能监护仪 1 台，动态脑电图机 1 台，B 超引导血管穿刺机 1 台，电复律仪 2 台，自体回输机 1 台等。在国内较早开展 ECMO、小儿血液灌流、血液免疫吸附、血浆置换、连续肾脏替代治疗、人工肝、骨髓腔输液、小儿纤维支气管镜肺灌洗、PICCO 仪儿童血流动力学持续监测、无创机械辅助通气、儿童小肠喂养技术、自体血回输等技术。重症抢救成功率超过

98%，对儿内外科危重病有较高的诊治水平，如多脏器功能衰竭、急性中毒、各种休克、体外循环术后管理、重症肺炎伴 ARDS、重症手足口病、重症甲流、严重复合外伤、各种手术后并发症、复杂先天性心脏病、重症病毒性脑炎、癫痫持续状态、哮喘持续状态等救治达国内领先水平。

2004 年 1 月，浙江大学医学院附属儿童医院收治 2 例禽流感疑似病人，专门成立防治人禽流感知识培训小组和督察小组，认真开展病人救治和疾病防控工作。2006 年 2 月，医院再次转入 2 例禽流感疑似病人，立即在监护室开辟隔离病房进行救治，后经省卫生厅批准，于次日紧急转送病人至定点医院治疗，医院选派多名医生与护士入驻定点医院开展诊治工作，并配备相应设备、器械和物资。

2008 年 3 月，浙江省麻疹病人逐渐增多，浙江大学医学院附属儿童医院开辟了专门诊室，设置麻疹重症病人隔离病房，使绝大部分麻疹病人在门诊第一时间得到诊断和隔离，最大限度地减少了疫情的扩散，全年共诊治病人 227 例，成功抢救了 2 位麻疹重症病人。2008 年 4 月，手足口病凶猛来袭，浙江大学医学院附属儿童医院成立手足口病专家组、治疗组，制定了防治预案、诊治工作流程、会诊制度、诊疗常规，在住院床位极度紧张的情况下对危重病人实行就地抢救治疗，并面向全省医务人员进行手足口病防治培训，使浙江省各级医务人员对手足口病特点、重症病人的动态观察和规范治疗水平有了明显的提高。截至 2008 年底，医院共接诊手足口病 3952 例，收治重症病人 20 余例。2009 年 2 月，医院 2 名专家接受卫生部委派赴河南支援手足口病危重病人救治。2008 年 6 月，浙江大学医学院附属儿童医院收治 18 名汶川地震灾区患儿。2008 年 8 月，浙江大学医学院附属儿童医院承担因河北三鹿集团出品的“问题奶粉”引发婴幼儿泌尿系统结石的浙江省筛查诊治工作。

2009 年，甲型 H1N1 流感全球蔓延，浙江大学医学院附属儿童医院被确定为全省重症甲流患儿的定点救治机构。医院制定了详细的甲流大流行应急预案和诊治流程，快速成立专家组和治疗组，腾出病房专门收治重症甲流病人。甲流发病高峰期间，医院日均发热病人数从 800 人次增加到 1750 人次。截至 2009 年底，医院共收治甲型 H1N1 流感病人 38 例。

2010 年，浙江大学医学院附属儿童医院建立小儿外科腔镜中心，进一步加强外科腔镜技术的开展，手术数量和质量进一步提高，同年引进自体血回收机，在国内率先开展小儿无血手术。浙江大学医学院附属儿童医院年门急诊病人超过 150 万人次。

五、骨科

骨科学又称矫形外科学，研究骨骼肌肉系统的解剖、生理与病理，运用药物、手术及物理方法治疗本系统的伤病，保持或重建本系统的正常形态与功能。

1952 年，浙江医学院附属第二医院设立骨科，以治疗骨骼、肌肉、韧带创伤为主，开展骨髓炎、骨关节结核及小儿麻痹后遗症的诊治。

20 世纪 50 年代中期，浙江医学院附属第二医院骨科朱焱在国内首创治疗慢性骨髓炎时使用保存血凝块以填充术后空腔的方法，治愈率达 96.8%，同时施行了省内首例腰椎结核病灶清除植骨术取得成功。1956 年用髓内钉与塑料结合，制作人工关节用于临床。1957 年起，开展脊柱侧凸的矫正、先天性髋关节脱位、恶性骨肿瘤的区段切除、人工关节置换等。1971年，采用鸦胆子生物制剂保存异体肌腱，证明该方法与常规的冷冻保存法效果一致，发现神经侧枝发芽通过吻合端。20世纪70年代前期，医院采用电磁场和直流电促进骨折愈合。20世纪70年代后期在国内率先用深低温冷冻治疗骨肿瘤并创浸泡法冷冻，并开始以脱钙骨基质移植以填充骨肿瘤切除后骨缺陷，推广应用于全省各地，其后又研制成功骨基质明胶及骨形成蛋白。同一时期，浙江医学院附属第二医院骨科开始采用冷藏异体骨，并建立骨库，以后又用大块冷藏异体骨、酒精浸泡大块异体骨、脱钙骨、半脱钙骨移植，均取得良好效果。

1959年，金华地区中心医院开设骨科，20世纪60年代矫形外科得到发展，施行胸椎侧前方横突肋骨头切除术、胸椎结核病灶清除术及外伤性截瘫椎管减压术、胸椎结核胸腔内病灶清除术、半侧骨盆切除术，同时还采用Harringeon棒、Lage棒或内支撑棒，治疗脊柱侧弯、脊柱骨折脱位，纠正畸形，稳定脊柱，恢复神经功能。显微外科方面，断臂、断掌、断指性再植相继取得成功，对残疾人、小儿麻痹症患者，进行矫治手术，取得较好效果。1984年，李建军医师在金华地区首例断指再植成活，并施行全臂丛神经撕脱伤神经移植术和陈旧性马尾神经段裂修复术。2000年始，金华市中心医院张春医师等施行皮瓣移植及皮瓣、肌皮瓣血管吻合移植修复小腿严重软组织缺损。2001年6月，金华市中医院施行全髋关节置换手术获得成功，2001年开始施行对颈、胸脊柱和脊髓肿瘤的前后路手术，2003年施行无柄髋关节置换术，2005年施行齿状突骨折切腹内固定和关节镜下交叉韧带重建术、双膝关节置换术。

1963年，温州医学院附属医院施行断肢再植手术成功，为省内首例。1971年，浙江医科大学附属第二医院骨科为一例双下肢被压断的患者施行断肢左右足移位再植成功，为国内首创。1978年，宁波市第二医院开展冷冻治疗、断肢再植及显微外科手术，施行双大腿离断再植术成功。1980年，宁波市首例断指再植成功。1983年，湖州市第一人民医院骨科开展显微外科技术在临床应用课题的研究，1984年7月23日首例断指再植成功，术后7个月患指恢复功能，1986年足趾移植拇指再造术获成功，1990年成功完成省内第一例四指再植手术。衢州市人民医院于1985年首次断指再植成功，至今已再植断指400余例，成活率达89.71%。

1989年9月，慈溪县人民医院开设骨科，床位30张，仅能开展简单的四肢骨折内固定。20世纪90年代，医院开展腰椎间盘突出症髓核摘除术、肱骨近端粉碎骨折人工股骨头置换术、带蒂皮瓣转移修复骨外露、外固定支架治疗四肢骨折、股骨颈骨椎管狭窄症、断肢再植术。21世纪初，医院开展股骨颈骨折人工全髋关节置换术、带锁髓内钉治疗四肢骨折、髋臼骨折、骶骨骨折、骶髂关节脱位及其他复杂的骨盆骨折，颈前路切复治疗颈椎骨折，带血管蒂岛状逆行皮瓣修复指端皮肤软组织缺损，人工全膝关节置换术，经皮空心螺钉固定治疗颈2齿状突骨折，腰椎骨折前路减压植骨、内固定，股骨下端巨细胞瘤切除、异体半关节移植术，关节镜下膝关节滑膜切除、半月板切除及半月板成形术，颈前后路1期手术治疗颈椎骨折伴截瘫，2009年手术治疗四肢转移癌病理性骨折。

1990年，浙江医科大学附属第二医院骨科成立脊柱外科、手外科、髋关节外科等5个专业组，并率先在国内开展高温隔离灌注治疗骨肉瘤，为骨肿瘤保肢手术创造条件。1990年8月4日，台州医院开展台州市首例食指末节移位再植成功，此后相继开展拇指再造、大块组织移植、手再造、骨肿瘤综合保肢等手术。

1991年，金华市中医院开展腰Ⅲ横突加椎旁神经阻滞法治疗腰椎间盘突出症的研究，至2004年临床治疗2000余例。该法具有操作简便、疗效确切、并发症少、便于门诊开展等优点，研究成果在温州医学院附属第二医院、绍兴市人民医院及金华市相关医院推广应用。

1995—1996年，浙江医科大学附属第一医院骨科开展了众多新项目、新技术，如带血管蒂趾短伸肌瓣的临床应用研究，足踝部软组织缺损的修复研究，取得了良好的效果，属国内首创。

1996年12月25日，湖州市第一人民医院骨科开展的科研项目“乙醇浸泡异体肌腱移植研究”通过鉴定，为国内首个，并成功地应用于临床。湖州市第一人民医院骨科还成功地开展了省内第一例髋关节镜手术和第一例关节镜下前、后交叉韧带一次移植重建术。

2002年，浙江大学医学院附属第一医院设立骨关节病及骨质疏松诊治中心，2003年设立手外科中心、骨科运动康复中心。

2010年，浙江大学医学院附属第二医院有骨科病床266张，年门诊量达22万人次，年手术量近9000例，是国家临床重点专科、浙江省医学重点学科、浙江省中医药重点学科，浙江省骨科医疗质量控制中心、浙江大学骨科研究所挂靠单位。

六、眼科

眼科研究人类视觉器官疾病的发生、发展及其防治，有着很强的专业特点，涉及眼的生理、生化、药理、病理、免疫、遗传以及眼的各种特殊检查和眼显微手术技术。

清宣统二年(1910年)3月10日，美籍传教士高福林(Francis Wayland Goddard)创办“绍兴南街基督教医院”，对外用英文称“The Christian Hospital Shaohsing · China”(中国绍兴基督教医院)。高福林自任院长。医院设眼科，以治眼科病为主。医院面积4.24亩，建筑式样为西式2层楼房。

民国36年(1947年)11月，浙江医学院附属医院建院时开设眼耳鼻喉科，著名眼科专家姜辛曼教授任科主任。

1952年2月，浙江医学院成立时，附属第一医院眼耳鼻喉科拆分为眼科、耳鼻喉科，将原杭州广济医院的眼科(由著名屈光学专家吴燮灿副教授任科主任，聘请李泰军教授为顾问)合并至浙江医学院附属第一医院，组成新的眼科和眼科教研室，由姜辛曼教授任主任、吴燮灿副教授任副主任。同年，浙江医学院创办眼科系，招收来自全国各地的学员共34名，学制5年，由姜辛曼、吴燮灿、叶秀芳和缪天荣4位教师任课，吕继光、张小益医师指导实习。1957年，浙江医学院附属第二医院重设眼科。

1959年，温州医学院眼科教研室主任缪天荣历经前后3年的潜心研究，成功地研制出了对数视力表及5分记录法，圆满地用对数视力表正确表达视力，研究成果《对数视力表》一文发表在《温州医学院校刊》创刊号上。该研究成果的公开发表早于国际同行同类研究成果的发表。1964年，缪天荣与温州医学院附属第一医院眼科主任包廷钊共同设计制成对数视力表，并在《温州医学院学报》发表论文《对数视力表》。1966年，论文《对数视力表及5分记录法》在《中华眼科杂志》发表。在发明和完善“对数视力表及5分记录法”的同时，缪天荣还在眼压测算方面进行了深入研究，发表了“眼压测算图”，还发明了屈光计算尺，这些研究成果当时在国内均处于领先地位。1978年3月，缪天荣出席全国科学大会，“对数视力表及5分记录法”，荣获全国科学大会奖。1979年3月，缪天荣教授出席浙江省科学大会并获先进奖，此后对数视力表的研究和推广不断继续深化。1980年起，应用对数视力表在全国22个省、市、自治区对25万名中小学生进行了大规模的视力测试和统计，促进了近视防治工作，使用单位普遍反映良好。在1982年召开的全国眼科会议上，对数视力表被推荐在全国中学生视力普查工作中推广应用。1986年5月4—10日，缪天荣教授在意大利罗马举行的第25届国际眼科大会上宣读了对数视力表及其研究进展的论文，引起强烈反响，有力提升了温州医学院在国际眼科学界的影响力。1989年3月27日，卫生部正式发布了以温州医学院缪天荣、王勤美为主要起草人的强制性国家标准《标准对数视力表》(GB11533—89)，并从1990年5月1日起正式实施，这是国内第一个国家标准的视力表。①

20世纪70年代初，浙江医科大学附属第一医院眼科在省内率先开展了冷凝摘出白内障术和视网膜裂孔冷凝术，以及眼底荧光造影术和白内障摘出人工晶体植入术，明显提高了治疗效果。1972年，浙江医科大学王竞、方臻、吕继光、谢毅杰、孙静等在国内首先开展“白内障超声乳化摘出仪”的研制和临床观察的研究，1985年在《中华眼科杂志》上发表国内第一篇有关白内障超声乳化术的论文，研究成果获得成功。

1973年，温州医学院缪天荣等人在研究了一台进口裂隙灯显微镜后，直接指导苏州医疗器械厂制造出了国产裂隙灯显微镜，该仪器荣获国家金质奖。1977年，温州医学院缪天荣等人设计了提供基层单位应用的简便型裂隙灯显微镜。同样是在20世纪70年代中期，缪天荣还结合自己的眼科临床经验和专业知识，改进设计了当时的直接检眼镜，这种检眼镜广受各方欢迎，在当时大量投入生产。1975年，温州医学院缪天荣借鉴德文专著的提法，在国内第一次明确提出了“眼科光学”(Optics in Ophthalmology)的概念。

1976年，温州医学院筹建国内首个眼科光学研究室，经过一年多的筹备，1978年9月，正式建立眼科光学研究室。同年，眼科光学研究室招收首批5名眼科光学研究生。1981年11月3日，国务院批准温州医学院首批对眼科学、内科学(呼吸系统疾病)、儿科学3个学科研究生有硕士学位授予权的单位。1992年4月，卫生部发文批准在温州医学院建立卫生部视光学研究中心(China National Optometry Research Cent，NORC)。6月27日，温州医学院举行“卫生部视光学研究中心”揭幕仪式，卫生部视光学研究中心开展视光学领域的科学研究，重点研究亟待解决的视力保护课题，进行视光学研究成果的推广、应用，临床技术力量及视光学高级专业人才的培养，为视光学领域提供咨询服务，进行视光学器械的研制和开发，并向国内外市场推广，开展视光学的国内学术交流活动。1995年1月，省政府批准温州医学院眼视光学为省级重点学科。5月17—21日，温州医学院院长李日千教授、副院长瞿佳副教授应邀作为中国视光学界代表赴挪威参加国际视光学全体代表大会，来自47个国家的70个视光学组

① 温州医学院眼视光发展史编撰组编:《温州医学院眼视光发展史》，杭州出版社2008年版，第1页。

织代表与会，会上表决通过了卫生部视光学研究中心成为国际视光学会成员的申请。9月26日，温州医学院眼视光学研究实验室被确定为浙江省眼视光学重点研究实验室，主要研究方向包括近视研究、视觉功能研究、屈光不正矫正的基础和临床研究、眼底病研究等，瞿佳副教授任实验室主任。1999年12月27日，浙江省眼视光学重点研究实验室顺利通过了浙江省重点研究实验室验收评议委员会的评估。

1978年3月，绍兴地区人民医院研制的"眼宁注射液"获全国科学大会奖。1979—1982年，绍兴地区人民医院开展新技术、新项目373项，其中"眼宁注射液"治疗视疲劳及中心性视网膜炎等6项分别获得全国、省、地科技成果奖，是绍兴地区医疗部门获奖最多的单位。1981年，绍兴地区人民医院副院长、眼科主任医师唐国藩作为中国代表团团长出席在德意志民主共和国召开的腐植酸国际学术会议，《应用腐植酸治疗眼外伤33例临床观察》《腐植酸治疗眼病疗效观察》2篇论文在国际学术会议上交流，并入选德意志民主共和国出版的《泥炭医学应用》杂志。医院还多次参加由煤炭部、卫生部召开的全国性腐植酸医用会议，煤炭部为此拨科研经费2万元，撰写总结文章15篇并汇编成册，有的还在《江西腐植酸杂志》发表。为解决腐植酸的药源问题，医院药剂科经反复试验，运用绍兴本地泥煤试制腐植酸，质量胜过河南的半成品，为医院及兄弟医疗单位应用腐植酸提供了条件。1986年，丽水市人民医院张一雷医师为病员柳小梅切除250克的眼肿瘤。

1988年，温州医学院瞿佳、施明光、王光霁完成的科研项目"矩阵算法和微机矩阵程序在眼屈光学计算中的应用"。金成鹏等完成的科研项目"手持式压平眼压计"和"放置投影显微镜"，其研究获得成功。1992年，瞿佳等完成的科研项目"儿童低视力康复及器械研究"。施明光等完成的科研项目"低视力病理和康复的研究"和"穿透性角膜移植膜面研究"获得成功。1994年，施明光完成的科研项目"张力性调节生理的研究"和金成鹏完成的科研项目"眼镜片屈光度测定仪的研制"获得成功。1995年，温州医学院吕帆完成的科研项目"国产角膜曲率计的研制"和施明光完成的科研项目"眼显微手术角膜散光的研究"获得成功。1996年，施明光完成的科研项目"婴幼儿客观视力检查的研究"和吕帆完成的科研项目"抛弃型隐形眼镜（角膜接触镜）在中国的应用研究"获得成功。4月13日，瞿佳主持的科研项目"狭谱带光眼底摄影法的应用研究"鉴定会举行，浙江省教育委员会受国家教育委员会委托在温州主持了鉴定会。由北京协和医科大学教授张承芬担任主任委员的鉴定委员会对这项国家教育委员会优秀青年教师基金项目审查后，一致认为研究成果达到国际先进水平。2001年12月27日，温州医学院眼视光医院王勤美主持的科研项目"应用视光学理论和方法指导激光角膜屈光手术的临床研究"和刘晓玲主持的科研项目"共焦激光扫描眼底血管造影对黄斑疾病的诊断研究"获得成功。2008年1月8日，温州医学院瞿佳、管敏鑫、周翔天等开展的科研项目"Leber氏遗传性视神经萎缩遗传性状研究"获得成功。

1991年，浙江医科大学附属第二医院眼科姚克积极改进传统的白内障手术技术，首创了"手法切核小切口白内障手术"技术，将白内障晶体核一切为二，分两次摘除，从而成功地将手术切口缩小至6毫米，比传统方法缩小了一半，使手术的质量有了显著的提高。1993年，浙江医科大学附属第二医院眼科引进了第一台超声乳化仪，眼科主任姚克在国内率先开展白内障超声乳化手术，经过多年不断的钻研手术和改进，小切口白内障超声乳化和折叠式人工晶状体植入术十分完善和成熟，并推广全国，成为国内白内障手术的主流方法。

2003年12月，浙江大学医学院附属第二医院眼科姚克教授主持的“后发性白内障的发生机制及其防治研究”项目获得成功。2005年，姚克教授成功地实施了白内障微切口“冷超乳”手术，将手术切口突破性地缩小至1.5毫米，经过数百例临床证明，微切口的手术效果大大超出人们的想象，眼组织创伤几乎可以忽略不计，实现术后零散光。2007年，姚克教授主持完成的“白内障发病的相关机制与防治研究”和“低强度微波辐射致晶状体损伤及其发生机理的研究”项目获得成功。8月，中华医学会2007年第十二届全国眼科学术大会授予姚克教授中华眼科界科学研究最高奖——金钥匙奖。姚克教授也是金钥匙奖设立以来，浙江省眼科界获此奖项的第一位眼科专家。2009年，姚克教授在全国率先开展了“轴1.8毫米微切口超声乳化手术”，手术过程和方法与小切口白内障超声乳化手术操作方法完全一致，手术的术后效果完全可以和双手微切口“冷超乳”手术的效果相媲美，可以做到“当日手术，次日上班”。

1996年5月，浙江医科大学附属第一医院与美国IBC健康投资咨询公司创办了“浙益眼科诊疗中心”，经过一年多的准备后正式开诊，对一种新的医疗模式进行了一系列的尝试。眼科中心在经济上实行独立核算，由董事会领导。董事会由美方的韩凯、詹姆斯(James. F. Marshall)和中方的王竞等组成，韩凯为董事长，詹姆斯和王竞为副董事长，王竞任中心主任。2004年后，李毓敏任中心主任。2007年停业。

1997年，温州医学院在世界光学大会上率先提出“眼视光学”(Optometry)的概念，其定义是，以眼睛为工作对象，以光学为特长，同时综合手术和药物等医学手段，以改善视觉为工作目标的医学学科。这标志着初创于1978年的温州医学院眼视光学科，经过20年的发展，不仅形成了自己的特色、取得了长足的进步，而且得到了世界视光学界的肯定。至1997年底，温州医学院眼视光系是国际视光学会(WCO)中国代表单位、亚太视光学会(APCO)执委单位(44个国家参与，5个执委)，是国内在国际视光学界担任学术职务最高和人数最多的单位。温州医学院眼视光系还是国家标准化委员会眼科光学与器械分委员会副主任单位、中华眼科学会眼视光学组长单位等。同年，温州医学院金成鹏等进行的科研项目“激光视功能(视力、传递函数)检查装置”获得成功。

1998年6月，根据省卫生厅浙卫发〔1998〕424号《关于同意温州医学院附属眼视光医院开业的通知》，温州医学院筹办附属眼视光医院。9月30日，附属眼视光医院正式开诊。医院注册资金4500万元，总面积5121平方米，包括眼视光学、眼科激光部、角膜激光手术部、眼前节部、眼后节部(视网膜疾病)、眼科整形部等科室，核定诊疗科目包括眼科、麻醉科、医学检验科、病理科、医学影像科、头部整形科，拥有准分子激光近视治疗仪、靛青绿脉膜造影仪、眼底造影仪、眼底激光治疗仪、白内障超声乳化仪等价值约2000万元的眼科和视光学专用设备，病房核定床位60张，是浙江省首家省级眼科专科医院。2007年10月29日，温州医学院附属眼视光医院获批成为全国唯一的卫生部眼科内镜诊疗技术培训基地。

2002年9月，浙江大学医学部眼科学被批准为浙江省第四批重点扶植学科。2007年，浙江大学医学部眼科学被批准为国家重点(培育)学科。

2003 年 10 月，卫生部同意温州医学院组建卫生部视觉科学研究重点实验室。11 月 27 日，温州医学院附属眼视光医院隆重举行卫生部视觉科学研究重点实验室授牌仪式。该实验室主要致力于视觉科学相关领域的研究，从整体、系统、器官和细胞水平开展高水平的视觉科学研究，进一步加强在分子和基因水平上对视觉科学及其异常等问题的研究，特别是针对一些常见的眼视光学疾病的防治研究。

2007 年 7 月 5 日，科技部文件发文《关于批准 2007 年新建省部共建国家重点实验室培育基地的通知》，温州医学院附属眼视光医院“浙江省眼视光学和视觉科学重点实验室”被批准为省部共建国家重点实验室培育基地。该实验室主要致力于近视的基础和临床研究，眼发育及其异常的研究，眼镜、角膜接触镜、眼药和器械的研究、功能性视觉和相关眼病研究等相关科学领域国际热点问题的研究。7 月 16 日，经过专家评审和教育部审核，教育部科技司发函同意温州医学院牵头建设现代眼视光技术与装备教育部工程研究中心。该中心依托温州医学院眼视光研究院，联合有关高校、企业、研究院所，以承担现代眼视光技术、产品、工艺和装备科研成果工程化、产业化、市场化为主要任务，利用各合作单位在眼视光及相关学科基础研究、应用研究和技术、产品、工艺、装备开发等领域内的良好基础及相关成果，重点研究并建立视觉光学工程、制药工程、生物医用材料和先进装备四大关键技术平台，并与光学、制药、医疗器械等区域。11 月 2 日，受科技部委托，省科技厅在温州医学院组织召开了“眼视光学和视觉科学重点实验室被批准为省部共建国家重点实验室培育基地”建设计划专家论证会，专家组一致认为实验室建设计划符合科技部省部共建国家重点实验室培育基地建设的要求，同意通过论证。

2010 年，浙江医学院附属第二医院眼科中心年门诊量达 50 万人次，年手术量 45000 余台，综合实力跻身国内眼科机构前 5 位。中心门诊楼有诊室 56 间，各类检查室 25 间，设有 15 间现代化的眼科手术室，净化规格达到国际标准 100 级，是国内单体数量规模最大的眼科手术室，设有浙江省眼科重点实验室和眼科高分子材料研究室。中心设有白内障、玻璃体视网膜病、青光眼、屈光手术、小儿斜视与弱视、眼整形及眼肿瘤、眼表及角膜病、眼视光等八大专业学组，开展全方位的眼科诊疗和手术，诊疗和手术水平处于国内领先、国际先进水平。

七、耳鼻咽喉科

耳鼻咽喉科研究耳鼻咽喉、气管、食管及其相关头颈区域疾病的发生、发展及其防治，涉及耳鼻咽喉的器官和头颈区域的生理、生化、药理、病理、免疫、遗传以及各种特殊检查和显微手术技术。

民国 36 年(1947 年)11 月，浙江大学医学院附属医院建院时开设眼耳鼻喉科，著名眼科专家姜辛曼教授任科主任。

1952 年，浙江医学院附属第二医院设立耳鼻咽喉科。1952 年 2 月，浙江医学院成立时，附属第一医院眼耳鼻喉科拆分为眼科、耳鼻咽喉科，赵竞初、马钟英、蔡钺侯、程镜元、郑伦宪、徐怀三和张振华等均在科室工作或担任科室、教研室主任。1957 年，浙江医学院科系调整，附属第一医院耳鼻咽喉科整体迁去浙江医学院附属第二医院。

1965 年，浙江医科大学附属第二医院耳鼻咽喉科研制成功人工发音器。

1986 年，浙江医科大学附属第一医院耳鼻咽喉科在省内率先开展全喉切除术后气管食管活瓣式发声重建术并获成功，于 1996 年在省内率先开展了半导体激光治疗耳鼻咽喉科疾病的新技术。

1990 年 5 月，宁波市第二医院首例全喉切除术后，一期发音重建成功。1990 年，金华市中心医院施行喉肿瘤切除和发音重建术。2000 年，金华市人民医院施行鼻内镜下脑脊液鼻漏修补术、视神经管及面神经管减压术。2003 年，金华市中心医院施行电子耳蜗植入术、喉癌切除应用自体耳郭软骨喉重建术。2005 年，金华市中心医院施行应用肌膜和肌皮瓣修复喉腔部分切除术。

1997 年，浙江医科大学附属第一医院耳鼻咽喉科选择在省内研究尚不深入，且由于环境因素而发病率日益增多的耳鼻咽喉变态反应领域研究，引进当时在国际上先进的法玛西亚公司血清变态反应诊断仪，填补了省内空白，使变态反应疾病的诊断及治疗方法上有了新的选择，开设了变态反应诊疗专科门诊，开展了大量变应性疾病的研究工作，包括血清特异性 IgE 与过敏源皮试阳性率的对比研究，鼻息肉与变态反应关系研究，抗组胺药物在变态反应性鼻炎治疗的效果研究，鼻喷激素局部应用效果观察等，在省内居领先水平。同年，浙江中医药大学开展的耳聋助听系统耳膜材料、工艺、设备国产化的研究达到国内领先水平，其中"1041"材料处于国际先进水平。

1998 年，历经近 10 年潜心研究，由浙江大学医学院附属第一医院耳鼻咽喉科主任张振华、汪审清主持的全喉切除术发声重建课题组，完成了全喉切除术后气管、食管活瓣式造瘘发声重建术的课题，并顺利通过鉴定。这一成果应用于临床至今，极大地改善了喉癌病人术后的生活质量，产生了巨大的社会及经济效益。

1999 年，浙江大学医学院附属第一医院耳鼻咽喉科开设鼾症门诊。

2000 年，浙江大学医学院附属第一医院耳鼻咽喉科开始探索的双声侧带外展麻痹治疗方法，在汪审清主任主持下，历经 3 年努力，成功创立"单侧声带切断治疗双声带外展麻痹"的全新手术方法。该方法既解决了由于各种原因造成的双声侧带外展麻痹引起的呼吸困难，同时又较好兼顾了患者的发声质量，手术方法较既往的所有治疗该病的方法简单易行。该成果在 2002 年 6 月通过专家组鉴定，结论为该手术国内首创，居国内领先水平。

2002 年，浙江大学医学院附属第一医院耳鼻咽喉科汪审清在国内首先成功开展单侧声带切断术治疗双侧喉返神经外展麻痹研究，其成果获得成功。2002 年初，浙江大学医学院附属第一医院耳鼻咽喉科引进先进的耳声发射仪，使科室由全功能听力计、声阻抗计、听觉脑干诱发电位及耳声发射为主的等先进听力仪器组成的完善听力检测设备，为耳科学的临床及科研工作创造了更好的条件，开设了耳科门诊。

2004 年，浙江大学医学院耳鼻咽喉学科批准为浙江省医学重点学科。同年，宁波李惠利医院耳鼻咽喉科成为宁波市耳鼻咽喉疾病诊疗中心，2010 年成为省、市两级共建重点学科。

2010 年，浙江医学院附属第二医院设立耳鼻咽喉科，拥有病床数 68 张。该科在疑难病症、喉癌手术、听觉和发音功能重建手术等方面取得显著成绩，为浙江省医学重点学科。科室下设耳科学、鼻科学和咽喉—头颈外科学。耳科学在电子耳蜗移植手术上取得满意效果。新生儿听力筛查和早期干预等防聋治聋的工作取得了瞩目成绩，成功实施了上百例人工耳蜗植入术。鼻科学在开展的新技术项目有内镜下鼻腔泪囊开放手术、脑脊液修补手术、视神经减压手术、垂体瘤切除手术以及鼻腔鼻窦良性肿瘤以及早期恶性鼻窦肿内镜下切除手术。咽喉—头颈外科学在省内率先引进国外动态喉镜成像系统。在晚期喉癌、咽喉癌的手术切除、结构重建、功能重建方面的技术达到国内领先水平。

八、口腔科

口腔科研究口腔器官、颌面部组织、颞下颌关节及颈部某些疾病的发病机制、临床表现、诊断原则以及相应的防治措施。

民国27年(1938年)4月，卢叔达在黄岩城关东禅巷口开设牙科诊所，备有日本产口腔X光机。民国36年7月7日，经浙江分署批准，浙江省立处州医院陈异常医生开展口腔业务。11月，浙江医学院附属医院成立时开设牙科，国内著名口腔内科学教授肖卓然担任主任。

1952年，浙江医学院进行院系调整，牙科迁址浙江医学院附属第二医院。

1957年，浙江医学院科系调整，在附属第二医院成立口腔科，由刘克恭教授任主任，主要承担临床治疗和临床医学系口腔科学的教学工作。

1976年，浙江医科大学医学口腔专业正式成立，同年招生。1980年，浙江医科大学医学口腔专业改称为浙江医科大学口腔医学系。2002年9月，浙江大学医学院口腔医学专业停招五年制，改招口腔医学专业七年制(医学硕士)。2004年5月，浙江大学医学院口腔医学系向浙江大学医学院提出更名申请，拟将浙江大学医学院口腔医学系改名为浙江大学口腔医学院。浙江大学医学院经党政联席会议研究同意并上报浙江大学校长办公室批准。9月，浙江大学医学院口腔医学系正式对外改名为浙江大学口腔医学院，原隶属关系均不变。

1979年起，金华地区中心医院施行保留面颌神经的腮腺及肿瘤摘除术、下颌骨肿瘤切除行自体骨移植整复术、上颌骨肿瘤切除术和赝复体、面颌颈联合根治术、治疗口腔面部肿瘤及牙颌截骨整畸术和唇裂二期整复术等。20世纪90年代，金华市中心医院口腔科施行颌面部外伤及畸形治疗与整复、肿瘤手术、烤瓷冠桥修复、隐形义齿修复。2000年始，金华市中心医院口腔科施行牙周根面平整术。

1981年，浙江医科大学口腔医学系申请开设门诊部，省卫生厅正式批准，核定编制50人。1982年，以浙江医科大学校内13宿舍一楼临街3间平房为起步(原地址为杭州市延安路411号)，浙江医科大学附属口腔门诊部正式挂牌开诊。

1982年，经浙江医科大学和省卫生厅批准，浙江医科大学附属第一医院复建口腔科，吴求亮等调入筹建。1998年7月，浙江大学医学院口腔医学研究所成立，作为口腔医学人才培养基地，吴求亮教授任所长，赵士芳教授任副所长。

2000年，浙江大学医学院口腔临床医学被确定为浙江省重点扶持学科，口腔颌面外科学被确定为浙江省医学重点学科。2002年9月，口腔临床医学被批准为浙江省第四批重点学科。2005年9月，口腔临床医学被批准为浙江省第五批重点(扶持)学科。

2001 年，省卫生厅在浙江大学医学院附属口腔医院设立浙江省口腔医学临床诊治技术规范指导中心，指导全省口腔医学临床诊治技术与有关操作。

2005 年，浙江大学医学院附属口腔医院承担了浙江省第三次全国口腔健康流行病学调查，共派出 6 名医师组成口腔流行病调查医疗小组，圆满完成调查任务。

2006 年，国家生物医学材料浙江口腔种植研究中心落户浙江大学医学院附属口腔医院，医院新成立口腔种植科。浙江大学紫金港校区建立浙江大学医学部口腔教学实验中心与教授研究所。浙江大学医学院附属第一医院口腔医学中心成为全国首批通过的口腔专科医师培训基地。

2007 年，浙江大学医学院附属第一医院毕玲、傅柏平、王慧明研制的“注射牙科硅橡胶用的一次性注射器的改进加压装置”获得国家实用新型专利。12 月 26 日，浙江省正畸中心正式成立，中心挂靠浙江大学医学院附属口腔医院。

2008 年，浙江大学附属第一医院口腔医学中心主任王慧明获评“国际牙医师学院院士”。浙江大学附属第一医院口腔颌面外科与美国微笑列车基金会合作，成为微笑列车唇腭裂修复慈善项目合作单位。浙江大学附属第一医院顾新华主持的课题“牙根保存治疗的根管处理和桩核粘接技术研究”项目获得成功。同年，省卫生厅决定在浙江大学医学院附属第一医院设立浙江省口腔颌面疾病诊治中心。

2009 年 7 月，浙江大学医学院附属口腔医院成为中华人民共和国民政部和李嘉诚基金会合作开展的“重生行动”项目浙江省唯一承办医院，至 2010 年已为百余位唇腭裂患儿进行了唇腭裂修复术。11 月 20 日，经过一年余的试运行，浙江省口腔颌面疾病诊治中心在浙江大学附属第一医院举办成立仪式。

九、皮肤科

皮肤科研究皮肤、头发、指甲、趾甲的结构、功能，及其相关疾病的病因、发生发展机制、诊断原则方法、治疗手段。

清光绪七年（1881 年），英国安立甘会委派梅滕更（David Duncan Main）夫妇来杭州主事广济医院，开设麻风病门诊。光绪十三年，在杭州大方伯医院产科的旧址上正式创办杭州广济麻风病院，开始收治麻风病人，时有住院麻风病人 7 位。光绪二十一年，杭州广济麻风病院收容麻风病人 30 余人。

民国 3 年（1914 年），杭州广济麻风病院收治麻风病人 60 余人。民国 20 年，杭州广济麻风病院在杭州松木场建立麻风病房、注射药房及礼拜堂，时年住院麻风病人 70 余人。民国 22 年，杭州广济麻风病院住院麻风病人 85 人，其中住院不到一年的新麻风病人有 25 人，其余 60 人均为老麻风病人。住院病人中，1 人症状消失，11 人大有进展，29 人已有进展，8 人病象如旧，5 人则较前加重（其中 3 人为不加医治者），6 人则已属残废。男病人占住院总人数的 63%，女病人占 37%。类结节性者占 25.8%，神经性者占 47%，混合性者占 27%。治疗方式为口服大枫子油及樟脑油、木焦油、橄榄油和 Ethyl Esters 肌肉注射。民国 23 年，杭州广济麻风病院住院麻风病人有 99 人，其中男性 85 人、女性 14 人。每周一由杭州广济医院副院长沙大卫赫度医师、叶熙华医生等查房，给病人施以大枫子油等药物治疗，时有“病人护士5人，专以洗换病人烂疮，换药、发药等医疗工作”。民国28年，杭州广济麻风病院由苏达立医生负责管理，时有住院病人91人，女性13人，小孩4人，小孩病人与女病人同室居住。

民国36年（1947年）11月，浙江医学院附属医院成立时开设皮花科，王季午院长聘请北京协和医院皮肤科曹松年主任兼任附属医院皮花科主任。

1949年12月，杭州广济麻风医院在武康县上柏农场建立房舍、医务室和礼拜堂，首批23名杭州广济麻风康复病员迁赴上柏农场。医院派驻徐绍颐医生每日对农场病人巡诊，医务部主任马雅各医师每2个月到上柏麻风农场巡诊一次。1952年5月，省政府决定将杭州广济麻风医院外迁，决定选择易于修缮和隔离的武康县下柏宝华寺作为杭州广济麻风医院外迁新址。经过一个月的修缮改造，宝华寺麻风住院病区和61名无劳动力的麻风病人迁往改建的麻风住院病区，61名有劳动力的麻风病人迁往位于上柏鸿渐岭的麻风农场，寄医于杭州广济麻风医院中的10名军政麻风病员转入浙江省麻风病院。12月，浙江省民政厅和省卫生厅联合发文，决定原杭州广济麻风医院特种资金管理自1952年1月起改由省卫生厅供给。至此，杭州广济麻风病院正式并入浙江省麻风病院。

1950年创建的杭州市第三人民医院，虽然是一家综合性医院，但皮肤科是该院的特色专科，它是省医学的重点学科、省皮肤病临床诊治技术指导中心、省中西医结合皮肤病研究中心、中国中西医结合皮肤色素病研究会、杭州市皮肤性病研究所、杭州市皮肤激光治疗中心。改革开放以来，杭州市第三人民医院皮肤科积极开展临床科学研究，强化特色专科建设，使皮肤科成为享誉省内外并在国内有较高知名度的特色品牌，开展的业务有白癜风、性病、美容激光、银屑病、甲真菌病、皮肤整形、毛发病、黄褐斑等多个特色专科专病门诊和研究室。皮肤科临床上以中西医结合皮肤性病诊疗为特色，总体水平达到省内领先和国内先进水平，其中以皮肤色素病为主攻方向，尤其在白癜风的临床和科研上，达到国内先进、部分领先水平。该院的皮肤科有6个专业实验室（真菌、免疫、性病、细胞培养、分子生物学、病理），是国家中医药管理局二级实验室，拥有120余种疗效确切、价格低廉、特色鲜明的自制制剂，同时每年举办国家级、省级的继续教育学习班。

1951年5月，中国人民解放军华东军区军政委员会委托浙江省人民政府在浙江筹建麻风病院，收治中国人民解放军的麻风病员。8月，省政府拨款100亿元（旧额，合现额100万元）在武康县（1958年并入德清县）筹建浙江省麻风病院，组成姚雨冰为首的6人筹建工作组，正式启动麻风病院的基建工作。12月底，拥有200张病床的医院竣工验收，这是中华人民共和国成立以来建设的第一个设备先进的现代化麻风专科医院。

1952年1月，浙江省麻风病院正式建成启用，开始收治麻风病人，来自华东地区的180余名军政界麻风患者陆续入住浙江省麻风病院，其中有江、浙、皖、沪地方政府干部10余人。医院时有医疗技术人员43人（医师15人，护士22人、药剂师4人、检验员2人），行政事务人员60余人，合计100余人。1953年11月，浙江省麻风防治院竣工并通过验收，12月正式投入使用，原住浙江省第六康复医院的政府干部、事业单位的麻风病人转入到浙江省麻风防治院进行治疗。医院三大病区，由医务、行政人员组成工作组，实行病区包干负责制。

1954年1月，省卫生厅决定将浙江省第六康复医院更名为浙江省麻风病第一医院，浙江省麻风防治院更名为浙江省麻风病第二医院，两院由浙江省康复医院管理局统一领导，其编制、干部配备，均由浙江省康复医院管理局管辖。1956年8月，浙江省麻风病第一医院和浙江省麻风病第二医院合并，更名为浙江武康疗养院，为全省麻风病防治的业务技术指导中心。院部主要收治军籍麻风病人，以及有眼科并发症和外科手术症的麻风病人，分院收治享受公费医疗的麻风病人（称“寄医病人”），农场收治能参加生产劳动的麻风病人。10月，经省卫生厅核定，浙江武康疗养院病床数为550张。

1956年，浙江医学院附属第二医院设立皮肤科。

1979年12月，浙江医科大学附属第一医院重建皮肤科，1980年初成立皮肤科及皮肤病学教研室，建立皮肤病理诊断室。1984年，设立皮肤科病房，床位10张，主要收治皮肤科重症病例及疑难病例。2005年，建立独立的皮肤性病病区，床位扩充至24张。

20世纪80年代，金华地区中心医院采用二氧化碳激光机、电离子微波、冷冻治疗皮肤病。金华市第五医院建有皮肤病实验室，开展真菌学检查、性病免疫学检查、微生物检查、皮肤组织病理、免疫病理检查，在治疗白癜风、银屑病、甲癣、痤疮等病具有特色。

1987年，浙江省麻风防治协会在杭州成立，首任理事长陈德友，机构挂靠浙江省皮肤病防治所。1992年，德清县武康镇被列为莫干山经济技术开发区。根据开发区城建规划的需要，浙江省皮肤病防治所门诊办公综合大楼被拆迁，在德清县武康镇武源街61号重新征地建造门诊综合楼。1994年5月，浙江省皮肤病防治所新门诊大楼竣工并投入使用，单位行政、业务科室迁入新大楼办公，对外开设医疗业务。1995年，在新门诊大楼后面建造住院大楼，翌年，住院大楼竣工并投入使用，行政科室从门诊楼搬迁至住院大楼五楼办公，省卫生厅核定，住院床位150张，其中内、外科床位50张，主要收治皮肤病、性病和内科、外科病人。1997年，省卫生厅核定浙江省皮肤病防治所总床位数为570张，其中，上柏住院部为420张，主要收治麻风康复、现症和手术病人；武康住院部为150张，主要收治社会病人。

2003年1月，省卫生厅发布浙卫发〔2003〕1号文件，同意浙江省皮肤病防治所增挂“浙江省皮肤病医院”牌子。3月，浙江省皮肤病医院正式挂牌，中国工程院陈洪铎院士被聘为名誉所长。

2006年4月，浙江省皮肤病防治研究所许亚平被马海德基金会授予2006年度“马海德奖”，这是浙江省第一位获此荣誉的个人。

2010年，浙江大学医学院附属第一医院皮肤科开展的治疗项目有二氧化碳激光、TDP（特定电磁波谱）照射治疗、窄波紫外线治疗、窄谱红光治疗、皮肤美容治疗、冷冻治疗、皮肤活检术、皮肤美容小手术、微波治疗、光子治疗以及光动力治疗，并拥有皮肤真菌室、皮肤病理及免疫病理诊断室、皮肤性病实验室。浙江大学医学院附属第二医院皮肤科有床位26张。该科承担全省皮肤性病科疑难杂症及门、急会诊的任务，设立皮肤病疑难杂症诊治中心。设立省内唯一国家化妆品不良反应诊断和监测基地，各种类型的化妆品不良反应在这里得到规范的诊断和有效的治疗。

十、肿瘤科

肿瘤科研究和治疗肿瘤，尤其是恶性肿瘤的病因、预防、诊断、治疗以及基础理论和治疗技术，可分为肿瘤内科和肿瘤外科。肿瘤内科主要从事各种良、恶性肿瘤的内科治疗。肿瘤外科提供以手术为主的综合治疗。肿瘤专科医院根据不同部位再行细分，例如乳腺外科、头颈外科、胸外科、肿瘤妇科、腹部外科、肿瘤内科等。

1957年，浙江医学院附属第二医院由张泰伦教授主持，开设省内第一个肿瘤科。1963年，肿瘤科调入在半山地区成立的杭州肿瘤医院。1980年，浙江医科大学附属第二医院恢复肿瘤科建制，规模逐年扩大。

1959年，浙江医学院附属第一医院郁知非等介绍了18例恶性组织细胞病的临床表现和骨髓穿刺及部分病例的尸体解剖发现，在国内外首次提出骨髓检查对于恶性组织细胞病生前诊断的价值。

20世纪70年代，金华地区中心医院外科施行直肠系膜全切除术，乳腺癌改良根治术及颈淋巴清扫术(甲状腺瘤)首例成功。1983年，施行保留肛门术、直肠癌腹会阴联合切除术、甲状舌骨囊肿切除术、血管瘤切除术、畸胎瘤切除术等。1984年，设立肿瘤科。1997年，施行低位直肠癌保肛手术。2002年，施行乳腺癌保乳手术。2004年，施行非小细胞肺癌ZD1839靶向治疗。金华广福医院在肿瘤诊治方面形成以手术、放疗、化疗、介入、中医药为主体，凝固治疗、术中放疗、微创体内放射粒子等先进技术相结合的综合治疗方法，提高肿瘤治疗效果。对头颈颌面巨大肿瘤切除后缺损采用皮瓣、肌皮瓣Ⅰ期修复。

1970年，浙江医科大学附属第一医院外科开展对原发性肝癌的诊治研究，1971年起开展左半肝外叶切除术，1973年起开展左半肝切除术，1976年7月施行首例右半肝切除术，1982年起开展经腹肝动脉栓塞并结扎治疗原发性肝癌，1983年开展肝癌冷冻治疗，1985年在浙江省率先开展经皮肝动脉DSA检查和介入性肝动脉治疗，1986年在国内率先行数字减影肝动脉肝静脉造影术，1990年开展肝第八段切除。1996年，冯懿正主持的科研项目“原发性肝癌25年诊治经验总结”获得成功。

1971年，浙江医科大学附属第一医院外科开展近端胃大部切除和全胃切除术治疗胃肿瘤，1976年参加全国胃癌协作组，对胃癌诊治进行外科临床研究，开展规范的胃癌根治术。

1971年12月21日，浙江省卫生局决定设立浙江省肿瘤防治办公室，办公室设在杭州肿瘤医院。1984年3月19日，省卫生厅下文撤销浙江省肿瘤防治办公室。1986年1月28日，省卫生厅批准恢复浙江省肿瘤防治办公室。

1972年，浙江医科大学附属第一医院建立诊治实体肿瘤和血液肿瘤相结合的血液肿瘤科，床位40张，内科、外科各20张，专家有血液科郁知非、林修基等，外科冯懿正、陈慧尔等，成为当时浙江省综合医院中具有床位数最多、病种较广的肿瘤专科。1984年拆分为血液科和肿瘤科，肿瘤科后期与放疗、化疗等科室组成多学科肿瘤治疗中心，滕理送任中心主任。同年，浙江医科大学附属妇产科医院开设肿瘤病房，1994年设立肿瘤科，1997年被列为浙江省医学重点学科，为浙江省宫颈疾病诊治中心，1998年更名为浙江大学医学院附属妇产科医院，是浙江省妇科肿瘤医疗、教学、科研中心，对妇科肿瘤的诊治水平已达到国内领先，并创出自己的特色，收治女性生殖器官包括外阴、阴道、宫颈、子宫体、卵巢以及输卵管等的良、恶性肿瘤以及妊娠滋养细胞疾病，采用分层、个体化治疗形成了以手术、化疗为主，结合放疗、生物治疗、内分泌治疗的肿瘤综合治疗体系。医院开展妇科恶性肿瘤能保留生育功能治疗、妊娠滋养细胞肿瘤的分层个体化治疗等特色技术，妊娠滋养细胞肿瘤的治愈率和治疗后妊娠率已处于国内先进水平，对宫颈癌、子宫内膜癌等恶性肿瘤患者保留生育功能治疗初具成效。

1973 年，杭州肿瘤医院中药房开始研制生产中药合剂，如上消合剂、中肝合剂、中肺合剂等品种，委托浙江医科大学药厂生产。

1974 年 1 月 9 日，浙江省肿瘤防治办公室报告，全省已有 24 个地市县的医院设立肿瘤科，有肿瘤病床 667 张。

1975 年，丽水县人民医院外科收治一位 53 岁的女患者陈某，剑突下可及 10 厘米×12.5 厘米肿块，剖腹探查及取活检病理证实为胰腺（头、体、尾）癌。手术未切除肿瘤，关腹后接受肿节风治疗，两个月后肿块消失。

1977 年，浙江医科大学附属第二医院教授郑树筹建肿瘤研究室，开展对肿瘤临床实验研究，是全国较早进行肿瘤学专科研究的机构之一。20 世纪 70 年代后期，浙江医科大学附属第二医院肿瘤研究室进行肿瘤标记的实验室和临床应用研究，主要内容为：(1)乳腺癌雌激素受体测定并用于指导临床，此项成果达到国内先进水平。(2)多种肿瘤标记物 CEA，AFP，DBP，CA-50，CA19-9，CA-242，SPA 的临床应用研究。(3)免疫法检测人粪便潜血的实验研究和大肠癌筛检的应用研究也处于国内先进水平。(4)乳腺癌红外热象图处理专家系统的建立，使这一无创伤的诊断技术达到一个新的水平。20 世纪 80 年代早期，浙江医科大学附属第二医院肿瘤研究室通过现场流行病学研究，首次提出了国内大肠癌的高危因素。其后，以大样本与美国斯坦福大学协作进行华人配对调查研究，进一步明确了饮食与体力活动等相关危险因素。同时在国内开展 6 个地区（杭州、贵阳、郑州、大连、银川、沈阳）的相互配对调查研究，阐明国内大肠癌高危因素，为早诊早治提供了有效参数，建立了国内独特的无症状大肠肿瘤筛检模式。1986 年，浙江医科大学肿瘤研究所成立，内有肿瘤临床、综合治疗中心及实验研究中心，并设立国家级的海宁、嘉善大肠癌高发预防现场。研究所以大肠癌、乳腺癌为重点，探索肿瘤早诊早治及病因、发病机制与化学预防方法，形成了临床与基础紧密结合，培养人才与科研医疗相结合的基地与实体。至 2010 年，承担各期国家大肠攻关课题、“863”国家科委项目与国家自然科学基金项目以及省部级以上课题共 60 余项，先后获国家及省部级以上奖 18 项、专利 4 项，创造性地建立有效的无症状大肠癌诊断方案。

1978 年 9 月 2 日，浙江省大肠癌防治领导小组成立。

1979 年 12 月 7 日，省卫生厅批复同意杭州肿瘤医院成立肿瘤研究室，主要承担肿瘤的基础研究与肿瘤的临床实验研究。12 月 10 日，杭州肿瘤医院设立肿瘤研究所，下设病理实验室、生化免疫室、放射生物室等研究室。1986 年 10 月，更名为浙江省肿瘤医院研究所。1991 年 4 月 18 日，省卫生厅批准同意浙江省肿瘤医院研究所更名为浙江省肿瘤研究所，挂靠浙江省肿瘤医院，业务上受省卫生厅医政处指导。研究所下设 10 个实验室：实验病理室、生化免疫室、放射生物室、流行病学研究室、分子生物学研究室、流式细胞研究室、蛋白组学研究室、分子病理学研究室和临床药理室、中西医肿瘤重点实验室。研究所长期以来结合肿瘤医院几个特色专科——消化道癌、妇科肿瘤及肺癌为重点,开展了基础和临床的实验研究。至2008年,研究所出版的书籍有12本,在国内外公开杂志发表文章191篇,其中获得浙江省自然科学优秀论文奖78篇。研究所获得科研成果20项,近期承担国家和省科研基金项目18项。

1981—1982年,浙江医科大学附属第一医院外科冯懿正对56例病人进行甲状腺淋巴造影的研究,对该法的实用价值和存在问题作出了客观的评价。

1985年,杭州肿瘤医院张宗显等开展的科研课题"人直肠低分化腺癌细胞系HR-8348的建立及其生物学特性"项目获得成功。

1989年,浙江医科大学附属第二医院设立肿瘤化疗科,是浙江省综合医院最早成立的化疗专科,是国家重点学科。2010年,医院拥有医师14名,其中主任医师3人,副主任医师4人,主治医师4人,住院医师3人,其中12位医师具有博士学位。拥有床位46张,学科分胸部肿瘤组和消化道肿瘤组。以化学药物治疗为主,综合运用生物靶向治疗、内分泌治疗、免疫治疗和全身及局部热疗,中医药等多种手段综合治疗各种常见晚期肿瘤。主要收治肺癌、乳腺癌、结肠癌、直肠癌、胃癌、胰腺癌、头颈部肿瘤,以及淋巴瘤、软组织肿瘤、卵巢癌和各种转移性肿瘤。突出优势为:严格参照国内外各类肿瘤诊疗规范进行综合治疗,切实保障患者利益,实现疗效的最大化和副作用的最小化。晚期大肠癌、肺癌等肿瘤的治疗效果已达到国际先进水平。医院开展各类肿瘤基因如Her-2、K-ras和MSH等的检测,进行个体化治疗和预防。承担和参与多项新药临床试验,使更多晚期肿瘤患者有可能从新药研究中获益。拥有UHR-2000型大功率微波聚束深部全身热疗机。通过热疗与药物等治疗的综合运用,提高了各类难治肿瘤的疗效,尤其是对控制各类恶性积液有显著疗效。学科完成和在研国家级及省部级课题10余项,参加国际大型新药临床试验10余项,各类国内新药临床试验20余项,发表论文200余篇,科研成果鉴定10余项,获国家、省科技进步奖多项。

20世纪90年代以来,浙江医科大学肿瘤研究所郑树教授为首的研究团队从临床医学深入细胞及分子生物学研究,建立大肠癌负相关CDNA库,新发现3个大肠癌相关基因(SNC6、SNC19、SNC73),并明确了染色体定位。SNC6、SNC19被国际命名委员会命名为ST13、ST14(ST,肿瘤发生抑制),并以UniGene(一种生物信息学数据库)列入人类基因组物理图谱。SNC6及SNC73申请了国际专利。1998年,构建了含病毒CDNA片段的白血病细胞CDNA文库,筛检到10个与白血病相关的新基因表达序列标签(EST),完成测序工作,其中6个于1999年4月被国际数据库GenBank收录(AF135383,AF135384,AF135385,AF144057,AF144058,AF144059),已从人急性白血病细胞分离到9.5kb左右新病毒的前病毒DNA基因组,DNA序列分析已完成,在进行结构与表达分析,以期为进一步应用基因工程生产抗病毒提供目的基因。

1992年,浙江省肿瘤医院高永良首创的撕剥式盆腔淋巴结清扫术获得成功,被国内外称为高氏手术,曾举办多期手术示范学习班在全国推广。1996年4月18日,高永良教授创立的"撕剥式盆腔淋巴清扫术推广应用"鉴定会由省卫生厅主持并通过鉴定。鉴定委员会认为,该成果推广目标明确，推广方案完整，措施有力，推广应用受益面较大。收集的资料翔实可靠，在妇科肿瘤手术成果推广应用方面达到国内领先水平。

1993年，浙江省肿瘤医院门诊部制定了肿瘤疑难病例专家综合会诊制并实施，由医院各科专家组成。1995年12月13日，医院为提高对疑难病症的诊疗质量，门诊部成立了多科专家组成的专家综合治疗组，各类专家20余人。1996—2007年，医院登记在册诊疗700余人次，为重危疑难病人及晚期肿瘤患者提供了良好的治疗方案，受到同行们的好评。

1994年3月18日，省卫生厅批准同意成立浙江省肿瘤诊治质控中心，挂靠浙江省肿瘤医院，业务上受省卫生厅医政处指导。中心下设肿瘤外科、放疗、化疗3个专家协作组，在全国率先开展全省范围内肿瘤的放射治疗、外科治疗、化学治疗质量管理工作，现已逐步形成省、市肿瘤诊治质控管理网络。中心主要任务是推广普及"中国常见恶性肿瘤诊治规范"，编写《常见恶性肿瘤治疗管理及技术规范》(浙江省医疗机构管理与诊治技术规范丛书)，并承担全省临床肿瘤诊治的技术指导，负责全省临床肿瘤诊治质量管理，培训肿瘤诊治专业人员等工作，对推动全省肿瘤诊治规范化，提高肿瘤诊治水平起到了积极作用。4月，浙江医科大学附属第一医院朱康儿、范红心、孟海涛等开展了浙江省首例异基因骨髓移植治疗白血病，获得成功。1996年，金洁、黄河、孟海涛等在省内率先开展自体外周血干细胞移植治疗恶性淋巴瘤。

1996年始，金华市中心医院开展颈髓髓内肿瘤显微外科手术治疗研究，历时5年，提出神经系统检查及MRI检查有利于早期诊断，主张对颈髓髓内肿瘤进行积极手术治疗，并对不同病理类型的肿瘤，采取不同的处理对策和方法。4月29日，浙江省肿瘤医院开启电话预约服务，患者可通过热线电话预约专家门诊、小手术时间及CT、B超、胃镜、心电图等各类检查项目，服务时间为每周一至周五13时至15时30分。

1997年9月30日，浙江省肿瘤医院肿瘤学科被省卫生厅列为浙江省医学重点学科。2002年9月，浙江大学医学院肿瘤学被批准为浙江省第四批重点学科。2005年9月，肿瘤学被批准为浙江省第五批重点学科。2007年，浙江大学医学部肿瘤学被批准为国家重点学科。

1999年1月，浙江大学医学院附属第二医院吴育连教授主持的"非同位素原位杂交和免疫组化研究人类胰腺癌的KI-67"研究项目获得成功。8月，金华市中医院首次采用多弹头自动导航系统治疗肝癌新技术，完成首例肝癌灭活手术。

2001年，浙江省肿瘤医院许沈华等开展的科研课题"建立高转移人卵巢癌体外培养细胞系及转移相关基因研究"和浙江大学医学院附属第一医院赵文和主持的科研项目"微小肝癌诊治及原发性肝癌预后因素研究"获得成功。

2001年5月26日，浙江大学医学院附属第一医院设立肿瘤中心(又称肿瘤内科)，床位40张，2005年床位增至96张。治疗模式经历了从单一化疗发展为多学科综合治疗模式的过程，收治病种由胃癌、结直肠癌、乳腺癌、肺癌、恶性淋巴瘤为主逐步扩展包括头颈肿瘤、泌尿生殖系统肿瘤、妇科肿瘤、软组织肉瘤、骨肉瘤和原发灶不明肿瘤等多系统实体肿瘤，注重循证肿瘤学为基础的临床实践指引，应用先进的治疗理念将有效、毒性低新的治疗方案应用于临床，2006年6月23日获得国家肿瘤药物临床试验基地资格认定，2010年通过复核检查。浙江大学医学院附属第一医院作为卫生部肿瘤药物专业临床药理基地，主持和参加了20余项抗肿瘤新药的临床试验，其中5项一类新药，主持一类分子靶向新药埃克替尼的Ⅰ期临床研究，为后期研究提供有效剂量参考，并参与该药Ⅱ、Ⅲ期临床研究。

2002年，浙江大学医学院附属第一医院刘剑主持的科研项目“家族性腺瘤性息肉诊病的家系调查”获得成功。12月，郑树主持的“人群大肠癌癌前病变阻断及筛查方法优化的综合研究”项目和浙江大学医学部教授袁瑛主持的“HNPCC家系各可疑HNPCC家系的分子事件研究及可疑HNPCC家系诊断标准”研究项目获得成功。2003年，滕理松主持的科研项目“端粒酶在人肿瘤中诊断及治疗的应用研究”获得成功，浙江大学医学部教授余海、曹雪涛指导的2002届博士毕业生王青青的博士学位论文《单抗导向的超抗原联合细胞因子基因治疗的抗肿瘤作用及其免疫机理研究》，获评全国百篇优秀博士学位论文。

2005年9月，经专家评审通过，浙江省肿瘤医院成为国家SFDA批准的首批抗肿瘤临床药物研究机构。2006年，浙江省肿瘤医院毛伟敏等开展的科研课题“食管癌切除和成形术的改变”项目获得成功。2月1日，浙江省肿瘤医院配合省卫生厅编辑出版了《常见恶性肿瘤治疗管理及技术规范》。8月1日，浙江省肿瘤医院配合浙江省医疗机构等级评审委员会制定完成了《浙江省肿瘤专科医院评审标准》。12月，浙江大学医学院附属妇产科医院教授谢幸主持的“上皮性卵巢癌腹腔局部免疫缺陷机制的研究”项目获得成功。

2008年，浙江大学医学院附属第一医院申报浙江省血液肿瘤（诊治）重点实验室获得批准建设，金洁任主任；同年成为国家中医药三级实验室，钱文斌任主任。浙江大学医学院附属第一医院吴福主持的科研项目“阻断细胞信号通路预防肝癌复发与转移”研究获得成功。2009年，金洁、钱文斌、娄引军等开展的“急性髓细胞白血病的基础与临床研究”项目获得成功。2010年，金洁教授主持完成的科研项目“急性髓细胞白血病基础及临床系列研究”获得成功。

2010年，浙江医科大学附属第二医院设有肿瘤外科、化疗与生物治疗科和放疗科。肿瘤外科病房手术治疗各类肿瘤病人约1100例，乳腺癌1300例，在国内率先开展了恶性肿瘤新辅助治疗和横切口乳腺癌改良根治术等，大肠癌和乳腺癌治疗已达到国际先进水平，应用肿瘤分子事件预测大肠肿瘤遗传易感性和腋淋巴结阴性乳腺癌的预后均属国内首创。临床肿瘤防治结合多种反映肿瘤生物特性的分子指标如药敏试验、肿瘤标记和癌基因或抑癌基因及其产物的研究，以及电子纤维肠镜临床诊疗，成功开展2万例大肠肿瘤普查，成为中华医学会大肠癌诊治中心所在地。

十一、神经科

神经科研究中枢神经系统、周围神经系统及骨骼肌疾病的病因及发病机制、病理、临床表现、诊断、治疗及预防，分神经内科学、神经外科学，涉及疾病如血管性疾病（脑出血、脑梗死、蛛网膜下腔出血、颈动脉狭窄、颅内动脉狭窄等）、中枢神经系统感染性疾病、肿瘤、外伤、变性疾病、自身免疫性疾病、遗传性疾病、中毒性疾病、先天发育异常、营养缺陷、代谢障碍性疾病等。

（一）神经内科

1954年，浙江医学院附属第一医院开设神经内科，医生有李志彬、丁德云、张扬达、李志彬任教研室主任。1955年设立神经内科病房。1957年1月，浙江医学院科系调整，附属第一医院神经内科划归附属第二医院。

1955年，浙江医学院附属第二医院设立神经内科，是国内最早成立的神经病学专科之一。1983年被批准为全国首批卫生部神经专业临床药理基地，一直承担神经科新药的临床试验工作。1997年被授予省医学重点学科。

1980年，浙江医科大学附属第一医院重新开设神内科专科门诊及院内会诊。1996年2月22日，医院复建神经内科。2001年神经电生理室成立，在省内率先展开P300、SSR及多频率重复电刺激检查，对老年性痴呆的早期诊断、糖尿病周围神经病变及重症肌无力的诊断提供良好的电生理证据。2002年，神经内科与中国科学院心理研究所合作，成立了脑功能联合实验室，主要从事失语症的研究。2005年起逐步建立脑血管病、癫痫病、神经变性病、神经遗传病、神经免疫和肌肉病、神经心理与康复等6个亚专科。2007年神经电生理室引入了视频脑电和动态脑电的最新仪器，视频脑电图检查室投入使用，进一步扩大了脑电检测的范围与模式。至2010年，该科已开展脑血管造影与血管内介入、癫痫灶的术前定位、长时程视频脑电监测、认知障碍的网络随访、肌张力障碍的肉毒素治疗和卒中患者的神经康复治疗等特色专科诊疗项目，以及开展癫痫病的术前定位研究、睡眠脑电图监测和长时程视频脑电监测等。

2007年，浙江大学医学部教授陈忠"癫病的发病机制与神经药理学研究"项目获国家自然科学基金委杰出青年基金项目资助。

2010年，浙江大学医学院附属第二医院设立神经内科开放床位150张，门诊18余万人次/年，急诊14908人次/年，住院4337人次/年，分卒中病房、癫痫中心、神经系统感染病区、运动障碍性疾病病房。专科特色门诊有癫痫、帕金森病、神经遗传病、头痛、脑血管病、神经免疫病、运动神经元病、记忆障碍痴呆等。近些年，该科在基因分子研究基础上，开展了神经肌肉活检、神经解剖和功能影像，对周围神经病、肌肉病、神经遗传变性疾病、脑血管病、癫痫、神经系统炎症等疾病的研究较深入，是全省的神经科危重病和疑难病诊治中心。科室共主持过国家自然科学基金26项、"973"课题负责人1项，参与国家"十一五"攻关课题2项、国家863计划1项，主持省部级课题14项、厅级课题19项。

（二）神经外科

1952年，浙江医学院附属第二医院设立神经外科，科室是首批卫生部临床重点专科、浙江省神经外科技术指导中心、浙江省医学重点学科和浙江省中医药局重点扶植学科（中西医结合治疗颅脑损伤）。1957年，在省内率先开展颅脑手术。2004年，医院独立的现代化脑科中心大楼落成启用，有开放床位150张，另配有32张床位的脑重症监护、5间独立的专用手术室和2间专用的DSA导管室，拥有神经导航、3－D荧光手术显微镜、多导联神经电生理监测仪、视频脑电监测系统和癫痫手术定位系统、高清神经内镜、立体定向头架及手术规划系统等一大批高端手术设备和器械。全科下辖4个普通病区，1个脑科重症监护室，8个亚专科医疗组，分别从事脑血管病、垂体瘤、颅底外科、脑肿瘤、颅脑创伤、功能神经外科、脊柱脊髓外科和神经介入等专业，全面开展相应的核心和疑难手术，尤其在脑动脉瘤的急诊规范化治疗、垂体瘤的微创手术、功能区病变的精准手术、胶质瘤的个性化治疗和颅脑创伤急救及康复体系等在国内处领先和先进水平。2010年，该科年门诊量近3万人次，年住院近7000人次，年手术量达5500余例（含介入手术），综合实力居国内前列。

1953年1月10日，温州医院院长林镜平做了全省首例颅内取弹头手术，伤员康复出院。

20世纪70年代初，金华地区中心医院开始施行颅脑诊断性手术，从颅脑外伤手术进展到脊髓肿瘤、脑肿瘤手术及各种类型脊髓肿瘤切除术。1976年，金华地区中心医院首次切除巨大蝶骨嵴脑膜瘤成功。1977年，金华地区中心医院施行各种脑肿瘤手术，首次为四肢瘫痪的颈髓肿瘤患者施行肿瘤切除术成功。1987年，金华市中心医院开设神经外科。1988年，金华市中心医院神经外科抢救一例特重型脑干挫伤、深昏迷、大脑僵直并发有肺部感染、消化道大出血和霉菌性败血症患者，气管切开2月余，抢救治疗3月后痊愈。1995年，金华市中心医院神经外科施行脑血管病血管介入治疗和各类颅内、椎管内肿瘤显微外科手术，其中由袁坚列医师主持的高颈髓髓内肿瘤显微术及经岩骨乙状窦前入路切除巨大岩斜部肿瘤手术方法，获得成功。2003年始，金华市中心医院神经外科施行胎脑神经干细胞移植、皮层电析监测下癫痫病灶切除术及神经内镜下三脑室造瘘治疗脑积水。2005年，金华市中心医院神经外科施行颅眶沟通瘤、海绵窦占位病变手术和巨大颅内动脉破裂急诊手术。

1993年6月，浙江医科大学附属第一医院筹建神经外科。1995年6月，开设神经外科门诊。1996年1月，浙江医科大学附属第一医院成立神经外科，额定床位10张。1997年7月，床位增至15张，设立神经外科实验室。2002年6月床位增至33张，建立神经外科独立病区并设立神经外监护室（NICU）。2003年起，逐步开展神经内镜、血管内介入等神经外科微侵袭手术。2008年10月25日，王忠诚神经外科中心成立，有3个病区（包括颅脑创伤病区、脑血管疾病病区、脑肿瘤及脊柱脊髓神经外科病区），核定床位110张，该中心拥有国内首台安装使用的Leksell Perfexion伽玛刀、西门子3D-DSA系统、美敦力手术导航系统、Stroz神经内镜、ZEISS及LEICA手术显微镜、术中多普勒超声仪、Soreing超声吸刀、美敦力面神经监护仪、术中脑电图监测系统、开颅高速气钻及微型磨钻等一系列先进设备，在省内率先应用半导体激光切除肿瘤、脑胶质肿瘤的热化疗吧、同位素内放疗，神经内镜、血管内介入治疗脑血管性病变，单鼻孔经蝶鞍区肿瘤切除，“锁孔”微创手术等微侵袭神经外科新目项、新技术。

1996年，温州医学院附属第一医院神经外科诸葛启钏从北京天坛医院实习显微神经外科技术回来，邀请神经外科专家、院士王忠诚、教授赵继宗为学科顾问，在主任医师瞿宣兴的指导下，与郑伟明、吴近森、钟鸣等一起开展显微神经外科技术的临床应用研究。同时建立显微神经外科实验室，开展颅底显微解剖研究，经过10年临床研究工作，使附属第一医院显微神经外科水平达到国内先进水平。

2004年，宁波李惠利医院神经外科成为宁波市重点学科，是宁波市规模最大的神经外科科室。

2006年，浙江大学医学院附属第一医院神经外科主任詹仁雅主持的项目“肿瘤RNA冲击致敏树突状细胞治疗G422胶质母细胞瘤的研究”获得成功。

十二、精神科

精神科研究精神障碍的病因、发病机理、病象和临床规律以及预防、诊断、治疗和康复，如各种精神病、神经症、心身疾病或伴随躯体疾病的精神障碍的诊治，适应障碍、人格障碍、性心理偏异，以及诸多类别的儿童智力、能力或品德上发育障碍的防止、矫正和处置。现代精神病学涉及自然科学、心理科学和社会科学的若干分支，与社会心理卫生密切相关。

1951年，时值抗美援朝，华东军政委员会卫生部为收容部队精神病员，决定在浙江设立精神病院。省卫生厅同意将浙江省第一康复医院的三室（原九室）改作精神病院，地址在诸暨县安平乡郑家村。后因经费、设备、房屋不足，遂于当年11月24日正式定名为精神病防治所，1952年3月5日开始收容病人。

1955年6月1日，浙江省第一康复医院精神病防治所与第一康复医院分开，另组建第五康复医院，直属浙江省康复医院管理局领导。1956年2月，浙江省第五康复医院从诸暨迁址湖州。1956年5月12日，浙江省第五康复医院改称浙江省精神病院。1956年6月14日与1957年5月23日，浙江省精神病院党组织和行政领导关系先后归属湖州市。1983年1月，浙江省精神病院改称嘉兴地区精神病防治院。1984年3月1日，因行政区划变更，嘉兴地区精神病防治院改称湖州市精神病院。

1958年，浙江省精神病院（现湖州市第三人民医院）通过司法精神病专业鉴定资质认定，为全省首家受司法部门委托开展司法精神专业鉴定的机构。1965年以前，案例较少，浙江省精神病院司法精神专业鉴定共55例，均为住院鉴定。1966—1972年，浙江省精神病院司法精神专业鉴定停顿。1973年，浙江省精神病院重新恢复司法精神专业鉴定，截至1988年，受理司法精神专业鉴定1214例，为司法部门提供了办案依据。

同年，金华市精神病教养院成立。1962年，金华市精神教养院先后进行胰岛素休克和电休克治疗，并逐步形成精神病的药物、物理、工娱、教育四大疗法。1969年，金华市精神病教养院改名金华市精神病院。1990年，金华市第二医院开始对精神疾病开展行为治疗、认知疗法、催眠治疗。1991年，金华市医学心理研究所成立。1993年，金华市精神卫生中心成立，开展心理治疗、咨询和培训等工作。

1959年6月，温州专署设立精神病收容所。1960年3月更名为温州市精神病院。

1960年3月17日，瑞安县珊溪中学（今属文成县）12天内爆发原因不明的精神失常者169例，占师生总人数的37.9%。

1972年3月，创建于民国8年（1919年）的宁波市镇海同义医院改制建成宁波地区精神病专科医院。1985年5月，更名为宁波市康宁医院。2005年1月，挂牌“宁波市精神卫生中心”。

1977年，为提高全省医学司法鉴定水平，浙江省精神病研究院受省卫生厅委托，举办浙江省首次司法精神专业鉴定学习班，来自全省司法精神专业鉴定医务人员14名参加学习。

1985年，浙江医科大学附属第二医院设立了精神科教研室和精神科门诊。1998年设立心理卫生病房。2000年列为浙江大学精神病学与精神卫生专业硕士点。2006年被卫生部批准为精神专科住院医师规范化培训基地。2008年被国家食品药品监督管理局批准为精神科专业药物临床试验机构。2010年，该科室有主任医师3名(其中硕士生导师2名)、副主任医师3名、主治医师6名、主管技师1名，均具有硕士及以上学位。护理人员10名。每周全天门诊，设有名医门诊、专家门诊、专科门诊及心理咨询门诊，年门急诊量近4万人次，年住院患者逾1千人次。开展心理保健、协作医院的远程会诊和远程教育工作。同时积极开展病人的健康宣教工作，从疾病的治疗走向疾病的预防，做到精神疾病的早识别、早治疗、防复发。2010年，开展针对精神分裂症患者的"关爱驿站康复干预"和针对抑郁症等情绪障碍患者的"健康中国·全国抑郁症及睡眠障碍促进""心情驿站"等健康教育项目。承担和参加科研课题及国内外精神类药物临床试验项目，至今已在国内外刊物发表文章50余篇，其中SCI文章7篇，在省内处于领先水平。

1989年3月，浙江医科大学附属第一医院开设精神卫生科门诊。2001年12月，浙江大学医学院附属第一医院成立精神卫生科。2002年1月，浙江大学医学院附属第一医院建立浙江省第一个精神病学实验室。

2007年，浙江大学医学院附属第一医院精神卫生科被列为浙江省医学重点学科——精神病学与精神卫生学建设单位，同年被省卫生厅批准为省级医学重点学科。

十三、器官移植

器官移植外科研究将健康器官移植到另一个个体内，代替因致命性疾病而丧失功能的器官，使被移植个体能重新拥有相应器官，并正常工作。常用的移植器官有肾、心、肝、胰腺与胰岛、甲状旁腺、心肺、骨髓、角膜等。自1954年肾移植在美国波士顿获得成功以来，人类已能移植除了人脑外几乎所有的重要组织和器官。

(一)肾移植

1957年，浙江医学院附属第一医院泌尿外科主任杨松森等开展肾移植的动物(羊)实验研究和人工肾的基础性研究——透析器的研制开发。

1977年7月14日，浙江医科大学附属第一医院泌尿外科陈昭典主持开展浙江省首例同种异体肾移植手术，医院泌尿外科成为全国最早开展异体肾移植手术的科室之一。至1980年底，实施肾移植14例次，最长存活达9年6个月。至1997年，浙江医科大学附属第一医院肾移植血液净化中心肾移植数达161例，列当年国内肾移植数第一。2000年9月29日，肾移植总数突破1000例。2005年12月30日，肾移植总数突破2000例。2010年10月11日，浙江大学医学院附属第一医院肾脏病中心开始心脏死亡器官捐献供者(DCD)肾移植。

1983年，台州医院成功开展台州市首例自体肾移植。

2008年9月，浙江大学医学院附属第一医院肾脏病中心在国内率先开展肾移植联合供体造血干细胞输注手术并获得成功，至2010年，首例患者已成功停用免疫抑制剂后健康带功存活达2年零3个月。

（二）肝移植

1993年4月13日，浙江医科大学附属第一医院郑树森率领肝胆胰外科移植团队，为肝脏肿瘤患者方以南成功实施了浙江省首例肝移植。2001年6月16日，浙江大学医学院附属第一医院肝胆胰外科第一例亲体肝移植手术成功实施，患儿为一名9月龄先天性胆管闭锁病人，并创下当时的国内婴儿亲体肝移植的最小年龄纪录。同年，该科又成功实施了国内首例成人——成人扩大右半肝活体肝移植手术。

2005年7月28日，湖州市中心医院为42岁已有10余年慢性乙肝病史的义乌病人陈洵洪进行肝脏移植手术，手术采用改良背驮式，术中取出腹水8千克，这是浙北地区首例成功肝移植手术，患者于9月5日康复出院。

2007年4月30日，浙江大学医学院附属第一医院肝胆胰外科成功为一例出生106天的婴儿施行亲体肝移植。

（三）心脏、肺移植

1992年，浙江医科大学附属第一医院心胸外科严志焜等开展心脏移植的动物实验，获得成功。

1993年7月，浙江医科大学附属第一医院施行省内第一例心脏移植手术，但病人术后即死于肺动脉高压右心衰。

1997年6月19日，浙江省人民医院心胸外科严志焜等为38岁男性扩张型心肌病终末期患者钱长法施行心脏移植手术并顺利成功。

1999年，宁波市李惠利医院施行宁波市首例同种异体心脏移植手术。2010年回访，患者徐一方生存已达11年。

1999年4月27日，浙江大学医学院附属第一医院心胸外科倪一鸣、余国伟等成功地为扩张性心脏病终末期患者义乌女性金爱兰进行了心脏移植手术，术后已生存11年。

2005年，宁波市李惠利医院成功实施省内首例同种异体单肺移植术，填补了省内肺移植领域的空白。

（四）多器官联合移植

1994年4月29日，浙江医科大学附属第一医院郑树森为Ⅰ型糖尿病伴终末期糖尿病肾病患者柯金章实施了国内首例胰肾联合移植，该患者存活近18年，创下了胰肾联合移植存活时间的亚洲最长纪录。① 1996年，郑树森领衔完成“胰十二指肠及肾一期联合移植”项目获得成功。

1997年，金华市中心医院施行同种异体肾移植、肾上腺移植成功。

---

① 《浙江大学医学院附属第一医院院史志》，浙江大学医学院附属第一医院2012年编印，第70页。

1999年2月1日，浙江大学医学院附属第一医院郑树森施行首例肝肾联合移植。患者金伟星至今生活质量极佳并参加了世界移植受者运动会，创下了国内肝肾联合移植的最长生存纪录。

2000年4月26日，浙江大学医学院附属第一医院心胸外科余国伟、倪一鸣等为来自永康的章文斌进行了省内首例心肺联合移植手术。该患者患有先天性心脏病、室间隔缺损、动脉导管未闭、肺动脉高压、艾森曼格综合征，手术获得了圆满成功，病人术后84天死于并发症，创下当时心肺移植恢复快和生存时间长的国内纪录。

2000年5月23日，湖州市中心医院在上海中山医院的技术指导下，成功进行了湖州市首例同种异体心脏移植手术。这是国内成功进行心脏移植中年龄最小的一位。8月16日，湖州市中心医院又为湖州市南浔区花林镇的一位患有严重心脏病的吴姓农民成功施行心脏移植手术。

（五）器官移植研究

1991年10月，浙江医科大学附属第一医院开设肝胆胰外科，开展肝移植基础和临床研究。从最初的静脉转流，到缩短无肝期时间，从而摈弃静脉转流技术，从术后常规放置胆道T管引流，到改革胆道吻合技术，以“后壁连续，前壁间断”的新型胆道吻合方法大大降低了胆道并发症。从下腔静脉吻合口的经典原位肝移植术式，到改良背驼式的吻合技术，大幅改善了流出道的通畅情况。从肝动脉的间断吻合术式，到连续吻合术式，缩短了吻合时间，大大降低了术后血管并发症的发生率。从单一移植手术治疗终末期肝病，到术前术后联合应用人工肝支持系统，提高了患者的围手术期生存率。该科开展保留部分肝中静脉的活体左半肝移植和不包括肝中静脉成人活体右半肝移植，在移植中进行Ⅴ、Ⅷ肝静脉架桥技术保证了供受体的安全，采用同种异体血管进行肝移植架桥，提出了活体肝移植术后小肝综合征的防治体系，应用部分门腔分流技术降低门静脉压力。在肝移植前、后、中创新性地使用小剂量乙肝HBIG联合拉米夫定预防方案，在大大降低费用的同时，使得一年乙肝复发率从27.4%降为13.5%，该项研究成果发表于《肝移植杂志》(*Liver Transplantation*)，被14家国际移植中心引用。该项研究提出了适合中国肝癌肝移植受体选择的“杭州标准”，扩大了肝癌肝移植受体入选范围，挽救了一大批终末期肝病患者。“杭州标准”的提出，得到了国际移植学界的高度肯定，全美最大的器官移植中心UCLA主任Busuttil教授高度评价“杭州标准”，撰写述评认为“杭州标准”优于米兰和UCSF标准，“杭州标准”同样适合于西方国家，是对移植领域的一项重大贡献。

1999年9月，浙江大学医学院附属第一医院外科研究所(肝移植实验室)、血液病实验室(骨髓移植实验室)及肾脏病实验室(肾移植实验室)合并成立器官移植重点研究实验室。2000年，省科技厅审批同意，在浙江大学医学院附属第一医院成立浙江省器官移植重点研究实验室，并批复开放。2001年3月，卫生部多器官联合移植研究重点实验室在浙江大学医学院附属第一医院成立。2008年，浙江大学医学院获批准建设浙江省医学重点学科群——器官移植重点学科群。

2000 年 5 月，浙江大学医学院附属第一医院教授郑树森主持的“肝肾联合移植的临床研究”项目获得成功。2001 年 7 月，浙江大学医学院教授王建莉主持承担了教育部重大项目“基因修饰的树突状细胞诱导免疫耐受及其在抗移植排斥中的应用”。2002 年 7 月，浙江大学医学院教授王建莉、郑树森主持承担了教育部重大项目“基因修饰的树突状细胞诱导免疫耐受的基础和临床研究”。

2003 年 7 月，浙江大学医学院附属第一医院教授郑树森作为首席科学家，主持承担了国家“973”项目“移植脏器官慢性失功的免疫学应用基础研究”。2005 年 12 月，郑树森主持的“原位肝移植治疗终末期肝病的应用与推广研究”项目和“供体过继免疫治疗在肝脏移植中应用研究”项目获得成功。2007 年，郑树森主持完成的“活体肝移植创新技术研究及临床应用”项目获得成功。郑树森教授主持的“肝移植手术后免疫调节网络在乙肝病毒免疫逃逸中的机制研究”项目获国家自然科学基金重点项目资助。2008 年，郑树森教授主持完成的“肝移植技术创新体系的建立及其应用”项目、浙江大学医学院附属第一医院陈江华主持完成的“数字化肾脏移植受者模型的建立及相关生物芯片的制备”项目获得成功。2009 年，郑树森作为首席科学家主持承担国家“973”项目“肝脏免疫微环境影响肝移植术后乙肝复发的机制和干预研究”。2010 年 3 月 17 日，郑树森主持完成的科研项目“肝移植围手术期肾功能评估及其预警价值研究”获得成功。

十四、传染病科

传染病科研究各种传染病的病原学、流行病学、发病机理和病理、临床表现、诊断、合并症、治疗、预防和预后。传染病是国内常见病、多发病，可迅速传播、流行，如霍乱、鼠疫、天花、伤寒、痢疾、疟疾、血吸虫病等。传染病的流行必须具备三个基本环节，即传染源、传播途径和人群易感性，三个环节必须同时存在，方能构成传染病流行。

清光绪二十五年(1899 年)，杭州广济医院西湖肺痨病院成立。

民国 6 年(1917 年)2 月，温州中和医院院长薛立夫免费施种牛痘苗，改变接种人浆旧习。

民国 17 年(1928 年)5 月，绍兴福康医院内科应元岳从绍兴县兰亭两例住院病人的痰液和粪便中检出肺吸虫卵，首次证实中国大陆存在人体肺吸虫病，并用土霉素治疗。这是国内最早对人体肺吸虫病的发现。民国 19 年，绍兴福康医院内科应元岳将其对人体肺吸虫病的发现及治疗方法写成医学论文《并殖吸虫二例报告》，发表在《中华医学杂志》英文版 1930 年第 16 期(卷)上。

民国 29 年(1940 年)3 月，吴兴县境各处急性脑脊髓膜炎流行。当月 18 日，吴兴县政府在湖州青铜门外永福寺设立传染病院，医药等费全免，于 5 月 1 日结束。

民国 32 年(1943 年)6 月，瓯江流域鼠疫霍乱等疾病盛炽，浙江省第八区中心卫生院改建为浙江省立第一传染病院，迁址至浙江永嘉油车巷，始设置住院部。

民国 36 年(1947 年)2 月 5 日，宁波时疫医院开诊，以孝闻街 214 号育婴堂为院舍，设普通病床、隔离病床共 30 张，霍乱流行时加床收治，职工 18 人。1949 年 5 月，该院由人民政府接管，更名为宁波市传染病医院。

20世纪50年代初，浙江医学院王季午对肺吸虫病人进行了大量临床研究，制定了土根碱和氯喹合并疗法(为当时最有效的治疗方法)，在全国各地和朝鲜推广应用，救治了许多病人。

1952年7月，浙江省立处州医院洪伟杰首次发现丽水地方性恙虫病。1956年，丽水县人民医院洪伟杰首次发现丽水地方性肺吸虫病。1959年，洪伟杰首次发现丽水地方性斑疹伤寒。

1953年，义乌钩虫防治站与浙江省卫生实验院协作，开展消灭钩虫病有效途径研究，采用灭虫宁加驱虫净小剂量并服，噻嘧啶加左旋咪唑小剂量并服、左旋咪唑加二甲亚砜溶液肤杀侵入部钩蚴和治疗钩虫皮炎及其他综合措施，在1年多时间内，感染率由50%降至5%以下。此项成果1976年后陆续在国内流行区应用。

1955—1956年，金华第一医院(后改称金华地区中心医院，现金华市中心医院)开展血吸虫病酒石酸锑钾三日疗法和酒石酸锑钾口服疗法研究，先用家兔做实验，以人体治疗100倍剂量，3日内注入15只供试验家兔，无一死亡。临床试验以每千克体重12毫克，最高不超过0.7克的剂量，分三日注射完毕。第一个受试病例，一周后粪便孵化转阴，继而试治20余例，均无严重毒副反应，近效亦佳，后又经卫生部组织全国多家医院临床试验，证明此法可行。成果迅速在全国血吸虫病流行区应用，两年间治愈100余万患者。

1955年9月，浙江医学院附属第一医院决定将原来由内科承担的传染病防治工作划分出来，建立传染病科和感染性疾病病房，设病床30张。1960年，该院设肝炎病房，传染病科床位达60张。1991年，传染病科增扩床位至90张，设三个病区，一个病区为普通传染病房，两个病区为肝炎病房。1996年，浙江医科大学附属第一医院建设传染病专科楼，设有床位120张。

1956年，浙江医学院建立传染病学教研组，附属第一医院正式成立传染病科。教授王季午兼任传染病学教研组主任，教授张鸿典任传染病科主任，具体负责临床管理工作。1959年，浙江医学院王季午编写和出版了中国第一部高等医学院校教材《传染病学》，该教材由他主持重编至第3版。其间，王季午参与创办《中华传染病杂志》，担任主编。1960年，浙江医科大学成立微生物研究所。1964年，更名为传染病研究所，何南翔任所长。

1965年，浙江医科大学附属第一医院传染病科教授张鸿典组织血防医疗队到常山县建立了血吸虫病防治点，对血吸虫病的诊断、治疗与预防进行了8个月的研究与探索，制订了防治方案，重点观察硝唑咪的疗效，并验证了各个阶段防治血吸虫病的诊断技术和药物。1970年，浙江医科大学附属第一医院传染病科刘克洲开展抗血吸虫病新药锑-273(中速片)研究，为当时推广应用该药治疗血吸虫病提供了科学依据。

1970年7月，丽水县平源公社红圩大队发生钩端螺旋体病大流行，患者60多人。丽水县人民医院立即组织医疗队，火速赶赴疫区，经过努力，一周内控制了疫情的蔓延，最后治愈了所有病人。

1975—1983年，宁波市肝病医院运用中西医结合方法，抢救急性、亚急性重症肝炎146例，使死亡率分别由100%、67.7%降至76.9%、46.4%，达到国内先进水平。

1979 年，浙江医科大学附属第一医院传染病科开设肝炎专科门诊。1986 年，浙江医科大学附属第一医院传染病科李兰娟开始研究重型肝炎有效的治疗方法，受血液净化技术的启发，她确定了创建人工肝技术治疗重型肝炎的研究方向，组织了人工肝课题研究小组。历经 10 余年，她创建了独特有效的人工肝支持系统（ALSS），在治疗重型肝炎方面取得重大突破，极大地降低病死率，使急性、亚急性重型肝炎病死率由 80％降至 20.6％，慢性重型肝炎病死率由 94.9％降至 51.2％，为重型肝炎的治疗开辟了新的途径。人工肝技术还成功应用于肝移植围手术期治疗，提高了移植成功率，使许多病人获得新生，重返工作岗位。之后，她建立了国内第一株永生化人源性肝细胞系 HepLL，创建分离干细胞的新方法，构建新型生物型及混合型人工肝，主持制定《人工肝治疗指南》，这使国内人工肝临床应用更加标准化和规范化，主编了全国首部《人工肝脏》专著。

1986 年 4 月，慈溪县人民医院设传染病科，床位 40 张，医生 4 名，主要收治肺结核并发症、病毒性肝炎、流行性脑脊髓膜炎、流行性乙型脑炎、流行性出血热等传染病人。

1996 年，卫生部批准在浙江大学医学院附属第一医院设立病毒性传染病重点实验室，刘克洲任主任，李兰娟、陈智任副主任。浙江医科大学传染病研究所、附属一院传染病教研室、传染病科实行了合并，重新组建浙江医科大学传染病研究所。所长刘克洲，副所长干梦九、陈智、陈亚岗、张立煌、马伟杭等，下设研究部、临床部和教研室。2002 年 8 月，卫生部批准设立在浙江大学医学院附属第一医院的病毒性传染病重点实验室更名为卫生部传染病重点实验室，李兰娟任主任，陈智、陈亚岗和沃健尔任副主任。

1997 年 10 月，温州市区爆发流行一种以发作性全身多部位剧烈疼痛为主要表现的“怪病”，原因不明。附属第一医院、寄生虫病教研室、附属第二/儿童医院和温州市疾病控制中心、温州市第二人民医院、第三人民医院等单位的科研人员历时两年，对这种“怪病”进行了全方位的调查研究，经过多个课题组成员们的深入研究，发现“怪病”的临床表现为嗜酸细胞性脑脊膜神经根炎或嗜酸细胞性脑膜炎，阐明了广州管圆线虫为该病的病原体，并证实幼虫经口感染为传播途径，有效地控制了该病的爆发流行。同时发现了国内该病的新疫源地和新中间宿主，阐明了广州管圆线虫病的流行病学特点和少见临床表现，并提出有效的临床诊断和治疗方法。该系列研究得到省科技厅、省卫生厅科研基金和温州市政府社会发展基金的资助，获得了一系列的研究成果，其中寄生虫教研室潘长旺等的科研项目“温州地区广州管圆线虫疫源地的基础研究”、附属第一医院郑荣远等的科研项目“温州市爆发流行广州管圆线虫病的临床、病原及免疫诊断研究”、附属第二医院王小同等的科研项目“广州管圆线虫病的临床与实验研究”获得成功。

1999 年 12 月，浙江大学医学院附属第一医院阮冰、马亦林主持的科研项目“戊型肝炎的病原消长规律和血清抗体应答”获得成功。他们在国内外首次报道戊型病毒性肝炎病毒血症的持续时间及其临床变化规律，明确急性期存在血液传播的可能性，首次提出戊型肝炎的临床隔离期，为完善国内传染病防治法提供重要资料。

2001 年 1 月，浙江大学医学院传染病学科被评为国家高等学校重点学科。11 月 26 日浙江大学医学院李兰娟主持的科研项目“重型肝炎肠道微生态变化的研究”获得成功。2002

年,浙江大学医学院附属第一医院传染病学科成为国家“十五”和“211”工程重点学科建设单位。

2002年11月21日,省卫生厅发文(浙卫办医〔2002〕11号),同意浙江大学医学院附属邵逸夫医院开设感染科病房,所需床位指标在医院床位配置标准中调剂。

2003年9月,浙江大学医学院吴南屏等的科研项目“艾滋病毒重叠肝炎病毒感染综合防治研究”获得成功。

2005年12月13日,中国工程院2005年院士增选结果揭晓,浙江大学医学院附属第一医院传染病学教授李兰娟当选为院士。

2006年,浙江大学医学院附属第一医院感染病中心成立,李兰娟任主任。该中心总建筑面积30000平方米,专用传染病实验室面积约7000平方米,建有P3实验室等生物安全系统,实验设备总值达6000余万元,并设有包括人工肝治疗中心在内,总床位250张的传染病大楼投入使用。

2006年2月25日22时,卫生部通报浙江省安吉县1例人禽流感确诊病例,该病例为浙江省首例人禽流感病例。患者,女,1997年11月1日出生,浙江省安吉县杭垓镇大坑村猴村1组人。2月10日中饭后,出现发热(39.5℃)、头痛等症状。13日,到安吉县第三人民医院门诊就诊,发热最高温度达40.1℃,诊断为右下肺炎。17日上午,因患者病情加重,家长接受医院建议,转省儿童医院。21日上午,经省儿童医院专家组会诊,诊断为“不明原因肺炎”,患者透露病前曾与死鸡有接触史,医院立即采集气管吸出物和血标本,于上午11∶30送至省疾控中心检测,杭州市卫生局组织市级专家组会诊,确定为人感染高致病性禽流感预警病例。当天中午,省疾控中心立即组织流行病学调查人员赴省儿童医院,与杭州市下城区疾控中心专业人员一起开展流行病学调查和核实患者发病情况,并连夜赶赴安吉县现场,与湖州市疾控中心和安吉县疾控中心继续对该起疫情开展进一步调查处理。同日晚19点,安吉县疾控中心将安吉三院保存的患者血清送至省疾控中心,样本检验结果显示:禽流感病毒H_5核酸阳性,并经中国疾病预防控制中心对患者标本进行复核检测,禽流感病毒(A/H5N1)核酸为阳性。21日晚,由省卫生厅组织省级专家组会诊,根据患者临床表现、初步流行病学调查资料和省疾控中心实验室检测结果,于21时30分确定该病例为人禽流感疑似病例。23—24日,卫生部专家组通过对现场流行病学调查资料的复核和分析,并经中国疾病预防控制中心对患者标本的复核检测,禽流感病毒(A/H5N1)核酸为阳性,根据世界卫生组织人感染高致病性禽流感确诊病例定义和中国诊断标准,判定该患者为人感染高致病性禽流感确诊病例。患者于3月6日23时在杭州市传染病医院因抢救无效死亡,病程25天,确诊密切接触者42人,经过7天的医学观察,未发现有类似的症状,同时卫生部门对相关场所进行了消杀,未发现新增病例,通过流行病学调查结论,尚无证据表明有人传人现象。

2007年,浙江大学医学院申报传染病国家重点实验室获科技部批准立项建设,浙江大学医学院附属第一医院传染病学科顺利通过卫生部感染病医师培训基地的验收,浙江大学医学院李兰娟主持完成的科研项目“感染微生态学建设及应用研究”和浙江大学医学院陈智教授主持完成的科研项目“重要传染病诊断和治疗新技术的研究”获得成功。

十五、急诊医学科

急诊医学以综合医学知识为基础，对急危重症患者给予及时的病情评估和干预治疗，提供全面、紧急和便捷的医疗服务，防止其恶化，以避免死亡和残伤的发生。急诊医学不仅仅与人们日常生活息息相关，而且与应对突发公共卫生事件密切相关。常见的急危重症有休克、脓毒症、多脏器功能衰竭、创伤、急性中毒等。

民国36年(1947年)，浙江省立绍兴医院开设急诊，对象以外伤、大出血、急腹症、急性中毒为限，随到随诊。1952年，制定急诊规则。1957年，绍兴第一医院建立分科急诊制度。1958年，实行24小时应诊制，设立急诊抢救室。

民国36年(1947年)11月，浙江医学院附属医院建院时设立了急诊室。初期急诊室位于田家园一平房内，面积约10平方米，条件非常简陋，仅有桌椅及诊疗床各一张作为医生办公所用。当时急诊病人很少，平均每天1～2人，而且病种单纯，因此急诊室无固定医师和护士，也无任何抢救设备及药品备用，由门诊王永涛护士长兼管急诊室。一旦有急诊病人，经门诊护士预检处理，以敲钟为规定信号由病房医师出来诊治，重症患者则直接收入病房。

1955年，浙江医学院附属第一医院门诊楼建成，急诊室随之迁入。随着急诊病人的增加，急诊室逐步建立了医护人员的24小时值班制。每月由内科病房派出6名医师、外科病房派出3名医师参加急诊值班，7～12名相对固定护士负责预检、护理、输液等工作。急诊行政管理与业务排班由内、外科住院总医师负责，危重病人、会诊则依靠病房3名医师指导。急诊室的规模也逐渐扩大，面积由30平方米扩大到150平方米，设立12张观察床(内、外科各6张)，添置了一些抢救设备。1979年，浙江医科大学附属第一医院急诊室已有呼吸机、进口心电监护仪、人工气胸机、国产洗胃机及心电图机等机器各一台，对当时的抢救工作起了重要作用，期间由吴云芳担任护士长。1992年，浙江医科大学附属第一医院设立急诊科，抢救、观察病床增至33张。1998—1999年，浙江大学医学院附属第一医院急诊科不断完善独立运行系统与配套系统，制定规范合理的规章制度，病人按病情危重程度分诊进入不同急救区域:观察室、重症监护室。一旦有危重病人进入，医护人员立即到位，由主任医师统一指挥，集体抢救，病情稳定后分别转入不同区域。同时为最大限度地缩短病人就诊时间，急诊科设有独立的挂号、分诊、治疗、就诊、检查、收费、取药、住院等一系列服务，同时开通了生命绿色通道。2003年5月6日，浙江大学医学院附属第一医院急诊科由9号楼搬入新门诊楼2号楼一楼，急诊科规模扩大，设急诊内、外、耳鼻咽喉及口腔等急诊专科诊室，并设有急诊观察病房(床位20张)和急诊监护室(床位9张)。急诊监护室(EICU)更是配有全套当时最新监护设施及生命支持设备，如中央监护系统、呼吸机6台、进口监护床9张、吊塔等。手术室配有手术床1张、麻醉机1台及手术器械等，可以开展各种急诊手术。2004年4月，浙江大学医学院附属第一医院的急诊外科更名为急诊创伤中心。2007年，浙江大学医学院附属第一医院急诊科建立心肺复苏(CPR)专间。

1958年，宁波市救护车急救站设立，救护车1辆。1972年，宁波市急救站设立，救护车5辆。1990年，宁波市急救站有职工34人，救护车12辆，年救护病人行驶里程10.33万千米，运送病人2421人次。

1972年7月6日，丽水县人民医院收治城关镇丽南、灯塔、丽光、大众4个大队16名农药中毒者，突破了抢救中毒病人的心衰、肺水肿、呼吸停止（其中3人呼吸停止分别达6小时、8小时、24小时）、抽搐等技术难关。次日，除一例因年老体弱，呼吸循环衰竭死亡外，15例抢救成功。

1984年，浙江医科大学附属第二医院设立急诊医学科，是国内最早成立的急诊科之一，为中华医学会急诊医学分会的创建单位之一，是卫生部首批急诊医学专科医师培训基地、哈佛大学高级灾难医学救援中国培训中心、浙江省医学重点学科，同时是浙江大学急救医学研究所、浙江省急诊医学质量控制中心、浙江省急诊医学岗位培训中心的挂靠单位。学科集临床、教学、科研、出版和培训于一体，综合实力居国内领先地位，被公认为中国急诊医学事业发展基地之一。1995年，该科在国内最先开展对严重多发性创伤由急诊科实施一期救治，大大提高了严重创伤病人的救治水平。1996年成立急诊医学教研室。1997年建立院前一院内紧密结合城市区域急救网络。1999年，在国内率先将微创治疗技术引入急诊，开展神经内镜治疗脑出血、应用腹腔镜诊治严重多发伤患者。2000年，开展亚低温（30℃～35℃）治疗脑缺血、脑缺氧和脑出血病人。2001年，在国内首先开展的“俯卧位通气治疗急性呼吸窘迫综合征的临床研究”项目获得成功。2003年，开展床旁血液净化治疗（包括CRRT和血液灌流），提高了危重患者和急性中毒的救治效果，开展体外膜肺氧合（ECMO）技术，为严重呼吸衰竭患者提供新的支持手段。2004年，在国内率先开展急诊医师应用床旁超声快速评估急危重患者的研究，结果表明超声在各种急危重病人的呼吸、循环、血管等方面的评估和辅助介入操作方面都有非常高的实用价值。2005年，在国内率先开展高频振荡通气应用研究。2006年，开展经皮扩张气管切开术。2007年，开展危重患者食道超声监测。2008年，开展床旁内镜下胃/空肠造瘘。2009年，引进床旁连续脑电监测技术。2010年，开展床旁经颅多普勒监测技术，这些应用研究都大大提高了危重患者监测和治疗的水平。2006—2010年，该科在各级杂志发表论文近200篇，其中SCI论文8篇，中华医学系列杂志82篇；出版专著5本。开展包括国家自然科学基金在内的各类科研项目30项，获浙江省科技进步奖三等奖3项。主办国际性会议1次，全国性学术会议2次，省级学术会议3次。每年举办国家级继续教育学习班1期，省级继续教育学习班2期，急诊护理省级继续教育学习班2期。5年内培养急诊医学硕士研究生13名，博士研究生4名，并承担浙江大学医学院所有临床医学专业硕士研究生必修课程“急诊医学进展”的授课。

1985年，慈溪县人民医院抢救2例有机磷农药中毒患者，两人呼吸分别停止48小时、51小时，经气管插管、同步呼吸机等综合性抢救获得成功。

1987年，浙江医科大学附属第二医院建立国内首家急诊ICU。至2010年，已有18张抢救复苏床、16张急诊ICU床，为疑难复杂急危重症患者的救治提供了坚实的基础。1995年，急诊ICU引进纤支镜，目前已经成为常规项目。同年，浙江大学医学院附属第二医院急诊医学科在国内率先提出“二线急诊”理念，即一线及二线急诊值班医生应24小时在岗，随时接诊急诊患者，一般急诊患者由一线值班医生根据情况进行处理，危重、疑难急诊患者二线值班医生应亲临现场进行处理，严禁低龄资一线医生独立处理危重、疑难急诊患者。1999 年，创造性地提出和丰富了急诊医学的“三环理论”，强调院前—院内急诊—ICU 的完整体系对危重急诊病人抢救的重要意义。

20 世纪 90 年代初，浙江医科大学附属第二医院率先在国内开展以急诊科为主导的多科紧密协作的多发伤一体化救治，克服了传统分科救治模式中缺乏整体协调、相互推诿、效率低下的弊端，显著提高了严重创伤的救治效果。2010 年，收治各地转诊的严重创伤患者近 2000 例，并一直针对严重创伤的早期规范救治、创伤休克、大出血、重型颅脑损伤、创伤脓毒症、多脏器功能不全的防治等重大临床难题开展研究，形成较深厚的积累，严重创伤综合救治已经成为医院急诊学科鲜明的临床特色和优势。

20 世纪 90 年代中期，宁波市各级医院加强急诊科建设。二级以上综合医院都单独设立了急诊通道，为急诊科装备了呼吸机、自动洗胃机、心肺复苏器、除颤起搏监护仪、心电监护仪、电动吸引器、输液泵、注射泵、B 超、心电图机等先进的医疗仪器，挑选了技术扎实，有一定实践经验的医护人员到急诊室工作，并做到人员相对稳定。1997 年起，宁波市各综合医院都开通了急、危、重病人生命绿色服务通道，急、危、重病人一送到医院，做到先行抢救，再办理其他手续。医院重视各个医疗环节的配合与协作，尤其加强特检科、重症监护病房的抢救意识、时间意识，使一些危重病人及时明确诊断，得到抢救。各医院同时保证了夜间和节假日的院内医疗服务技术能力，确保医院在任何时间对各种危、急、重病人的抢救措施到位、服务能力到位。2007 年，宁波市卫生局出台《宁波市医疗急救绿色通道管理制度》，对绿色通道的含义、范围、措施和程序进行了规范。各医院还加强了对重点科室的管理，对急诊留观、外科急诊、择期手术病人及妇产科待产孕妇等易发生医疗意外的病人，加强观察、及时会诊，严格了三级查房、危急重病讨论制度，规范危重病人的院间转诊，必要时由专科医师护送，确保病人的医疗安全。院内急救能力的提升，使许多危急重病人及时得到抢救，挽救了生命。2009 年，宁波市各医院对照卫生部下发的《急诊科建设与管理指南（试行）》对急诊科进行规范化建设和管理。

1996 年 5 月 3 日，省卫生厅省卫Ⅲ项目办接受并批复项目外延单位浙江医科大学附属二院急救技术指导中心邀请美国苏珊·布里格教授等进行急诊医学技术援助的请示报告，邀请美国哈佛大学医学院所属麻省总医院苏珊·布里格（Susan. M. Briggs）教授一行 4 人来浙江省进行技术援助。期间国外专家举行有关急诊医学新理论和临床进展讲座，与中国同行进行座谈交流、教学查房及诊治病人等活动。2007 年，浙江大学医学院附属第二医院急诊医学科经独家授权在中国翻译出版美国灾难救援的专业培训教材《高级灾难医学救援手册》。学科与美国哈佛医学院“国际创伤与灾难医学研究所”有 20 多年的合作关系，研究方向主要包括灾难事件医疗救援信息平台建设、应急行动方案制订、救援队伍建设和训练、灾难医疗救援的适用性技术开发等内容，也包括院内急诊室需求激增的应急处理、日常供需不平衡所致的急诊室过度拥挤和急诊病人滞留问题。建立了国内首个中美合作的灾难医学培训基地，已举办过多期培训班，培训学员 1000 余名，主办国家级继续教育项目“灾难事件中创伤救治的基础与进展”。

1998年，浙江省中毒急救防治中心在浙江大学医学院附属第一医院挂牌成立。2007年6月，在国家发改委的支持下，投资1000余万元，在浙江大学医学院附属第一医院建立浙江省化学中毒防治基地，裘永庆为主任。

2001—2002年，浙江大学医学院附属第一医院急诊科承担完成了3部卫生部多媒体教材《脑血管意外诊断与治疗》《家庭意外急救》《呼吸衰竭的诊断与治疗》。

2005年，浙江大学医学院附属第二医院建立楼顶直升机停机坪，成为国内少数开通空中急救的单位之一。

十六、重症医学科

重症医学科研究危及生命的疾病状态的发生、发展规律及其治疗方法。重症医学为多学科交融，涉及呼吸、循环、肝肾和神经等系统与器官的功能，是新兴学科。

1978年，浙江医科大学附属第一医院成立心内科监护病房，时有4张床位。1986年，随着心脏手术的开展，浙江医科大学附属第一医院成立胸外科重症监护病房（ICU），叶丁生任主任，拥有3张床位。1988年，浙江医科大学附属第一医院将心内科ICU与胸外科ICU合并成立了拥有7张床位的综合ICU，美国HOPE基金会资助以提高科室技术管理水平，方强担任主任，黄元伟、叶丁生任顾问，蒋小英任护士长。

1990年12月，慈溪市人民医院组建重症监护病房。是年，5张床位（2张监护床）、1台国产呼吸机、2台日产遥控心电监护仪。2004年，慈溪市人民医院重症监护室病床增至10张，配有中心供气供氧，中心吸引，全套飞利浦床边监护仪和中央监护系统，德尔格Evitaxl、Evitax4、美国PB840等高档呼吸机10台，BiPAP Vision无创呼吸机、Prisma CRRT机，“便携式”支气管内镜，压力抗栓泵，以及床边X线机，除颤仪、进口降温冰毯、床边血气生化分析仪和血糖仪、临时心脏起搏器、输液泵和微量注射泵等设备。2005年4月，慈溪市妇幼保健院建立新生儿监护病房（NICU）。

2004年12月，浙江大学医学院附属第二医院设立脑重症医学科（NCU），是目前国内规模最大的神经专科重症监护治疗中心之一。以重症监护病房模式运行，主要收治脑血管病、颅脑创伤、颅脑肿瘤及颅脑感染等脑科重症患者，设有床位40张，配备先进的进口心电监护系统40台、人工呼吸机30台、持续血液滤过器2台，特别配备脑电、颅压、脑血流及脑代谢等神经系统监测设施，由一支经过神经内外科专科训练又掌握重症救治技能的医护队伍集中管理，并与神经内外科有密切合作。有医生15人，学历均为硕士以上，其中高级职称3人。科室作为委员单位参加全国神经重症营养学组和神经重症专家委员会，同时也是美国神经危重症协会成员，浙江大学神经外科、神经内科融合一体，共同构建医院脑科学术中心，卫生部医学神经生物学重点实验室、浙江大学神经科学研究所密切合作，开展了神经重症医学临床及基础研究。

20世纪末至21世纪初，浙江大学医学院附属第一医院开始建设网络医疗协作平台，在国内处于领先水平，项目已覆盖浙江省5家省级医院、76家市县医院和江西、四川、贵州3家市县医院，累计进行远程重症会诊3518例，远程持续监护233例，192次远程查房，126次远程专题教学和学术研讨。中心网络内总监护床位768张，年收治危重病人总数超过2.2万人。

十七、康复理疗科

康复理疗又称为康复物理治疗，是集运动治疗、作业治疗、言语治疗、物理治疗、针灸、拔罐、按摩于一体的综合性康复理疗，分为诊疗、牵引、理疗、针灸、康复训练、骨质疏松诊疗、中药熏蒸治疗、疼痛治疗等。

民国22年(1933年)，吴莲艇医师在宁波体生医院旧址创办宁波天生医院，经苦心经营，诊务蒸蒸日上，其理疗设备在20世纪20年代末为全省之冠。

1957年，浙江医学院附属第一医院设立理疗科，创建人是黄元伟。1968—1972年，该科因故停诊。1972年，该科与针灸科合并，为新医疗法而开设治疗室。1978年，该科与针灸科分开，作为一个治疗室附设在中医科，治疗室由俞宝珍主管技师负责。1992年，姜飞球筹建浙江医科大学附属第一医院康复理疗科，应用综合物理疗法，展开对临床各科各种疾病的诊断、治疗或辅助治疗，开辟了颈椎病、腰腿痛、骨质增生三大常见病的专科治疗，逐渐形成了非药物治疗的特色门诊，并显示出较好的疗效。

1961年11月23日，浙江省望江山疗养院在杭州转塘注册成立。浙江省望江山疗养院主要为全省全民所有制单位的患病职工提供恢复期康复治疗与护理、健康教育与健康保健，注册员工人数为289人，注册资本3751万元。

1973年，浙江省中医院在省内率先开展了冷冻医学研究，与上海研究机构协作自制了S-107冷冻治疗仪。其后，长春电影制片厂专为医院冷冻医疗技术拍摄了科教片在全国推广。

1979年，浙江省中医院章崧英等在国际制冷学会权威杂志发表《冷冻对正常和肿瘤细胞杀伤力的研究》的学术论文。此后，章崧英主任医师当选为国际制冷学会委员。冷冻治疗在浙江省中医院的外、妇、眼、耳鼻喉、口腔、骨伤、皮肤、肿瘤等学科广泛使用。

1987年3月，中国康复医学会在杭州召开了第一次康复医学教育研讨会。

1991年11月6日，省卫生厅发文公布康复科骨干医院名单：杭州市第二医院、丽水地区医院、湖州市第二医院、台州地区医院、绍兴市中医院、温州市气功疗养院、绍兴市中医院、金华市中医院、宁波市中医院、衢州市人民医院、舟山市人民医院。骨干医院的任务是：了解、掌握本地区本专业开展临床工作的状况，督促各项工作的规范落实，指导开展室内质量控制工作，组织室间质量评价活动，开展本专业技术人员的培训和临床科研技术交流等工作。

1996年，浙江医科大学附属第一医院康复理疗科开展超声直肠腔内应用，对前列腺炎、前列腺肥大进行治疗。2001年，浙江大学医学院附属第一医院康复医学科应用低能量激光疗法对脑梗死、脑炎后遗症、偏瘫后遗症、风湿病等疾病作治疗。2003年10月，为配合临床各科治疗和病人康复需要，浙江大学医学院附属第一医院筹建高压氧治疗科。2004年2月，高压氧科正式成立，开科收治病人。至2010年，治疗人次已达50余人次/天，治疗患者覆盖神经外科、神经内科、耳鼻咽喉科、血管外科、急诊科、骨科、手术科等科室，并形成以治疗耳聋耳鸣疾病为重点的特色项目，在急性一氧化碳中毒、血管性疾病、脑外伤术后康复等疾病治疗方面也取得了良好的疗效。2010 年，浙江大学医学院附属第一医院康复医学科应用抗骨质疏松治疗及综合治疗，开展了对骨质疏松的治疗。10 月，该院高压氧科归入王忠诚神经外科中心，并成立浙江大学医学院附属第一医院高压氧治疗中心。

2006 年 1 月，经省政府批准，浙江省望江山疗养院正式并入浙江省人民医院，成为浙江省人民医院望江山院区。浙江省人民医院康复科拥有床位 166 床，是省内综合医院中建科最早、人才最全、技术力量雄厚、设备仪器先进、社会与经济效益最好的康复医学科之一，综合实力居国内领先水平，临床特色鲜明。该科为浙江省康复医学会、浙江省康复医学质量控制中心、浙江省医师协会康复医师分会、浙江省康复医学会治疗专业委员会、浙江省康复医学会教育专业委员会、浙江省康复医学会康复护理专业委员会、浙江省康复医学会 ICF 专业委员会的常设办公地点，主要以神经康复和骨关节康复为主攻发展方向，并在这两个领域积累了丰富的临床经验，率先在国内、省内开展了高压氧治疗技术、生物反馈技术、偏瘫神经促通技术、关节僵硬关节运动学技术、关节本体促进技术、异常步态的酚阻滞技术、肉毒杆菌毒素注射技术，有助于偏瘫、截瘫患者早期步行的减重步态训练，失语、失认、失用症的电脑辅助诊断与治疗技术，认知障碍的电脑辅助高级脑功能训练技术，神经源性膀胱功能障碍的间隙导尿技术，SUPERA 超低频磁场治疗骨质疏松技术，帮助截瘫患者站立或行走的 HKAFO、KAFO 矫形具技术，脑卒中三级康复治疗方案用于中风偏瘫患者的康复治疗以及运动生理评估、运动功能评估、生活质量评估、神经心理评估、神经肌肉电诊断、运动控制分析生物力学等评估技术。该科还开展残疾人环境控制系统技术、脊髓脉冲电刺激技术、生物传感技术、微电子脉冲技术、生物能量信息技术、自主神经控制技术、脊髓背根毁损技术、高危新生儿早期干预等。望江山院区以慢性病、老年病、康复（包括消化系、心血管系、骨关节运动等康复）为主要特色，在脑卒中偏瘫、慢阻肺、慢性胃炎、各种心脑血管病、骨关节病、糖尿病、高脂血症以及各种手术后的肢体功能康复治疗、各种功能性疾患的康复治疗、传统中医养生、针灸推拿方面颇有造诣，满足老年患者疗养、治疗需求，并为杭州城西南部地区人民群众提供了较好的医疗卫生服务。

十八、麻醉科

麻醉学运用药物和其他方法令病人失去知觉，同时调控其生命机能，以降低或避免病人对手术、医用诊断或治疗手段产生的不适甚至痛苦，分为局部麻醉学和全身麻醉学。现代麻醉学已涉入急救复苏、重症监测治疗、疼痛诊疗、药物依赖戒断等领域。

1957 年，浙江医科大学附属第一医院建立麻醉组，由陆瑾负责，属外科领导。麻醉机仅有一台，主要麻醉方法为腰麻、乙醚开放吸入麻醉、气管内乙醚循环紧闭，并开展了单次硬膜外麻醉。麻醉检测用袖套血压计测血压，手扪颞动脉或桡动脉测脉搏。根据病人唇色、脸色、血压、心率、末梢循环等来判断麻醉深浅及病人的情况。麻醉药品仅有乙醚、硫喷妥钠、司可林、普鲁卡因、利多卡因和丁卡因。尽管当时条件艰苦、设备简陋，还是开展了肾切除、胃大部分切除、肺叶切除等大手术的麻醉。1959 年，陆瑾等研制成功循环紧闭式小儿呼吸活瓣，能与气管导管及麻醉机连接，减少死腔量，可应用于小儿麻醉。同时还开展了单、双强支气管内麻醉。1960年初，浙江医科大学附属第一医院开展控制性降压麻醉，又在器官内循环紧闭麻醉的基础上符合静脉强化麻醉应用于胸腔手术。1961年购进上海产全能麻醉机，还有一架老式捷克产麻醉机，配有笑气流量表和正负压控制人工呼吸。此后，麻醉药品也相继增加了三氯乙烯、氟烷、箭毒碱、氨酰胆碱等。同年，在全省率先进行低温心脏直视手术的麻醉。1963年，医院开展连续硬膜外阻滞，从而延长麻醉作用时间并增加麻醉安全性。1964年施行浙江省第一例体外循环心脏直视手术的麻醉。1965年，在全省率先开展针刺麻醉运用于体外循环心内直视术。

20世纪50年代，金华地区中心医院主要为乙醚吸入麻醉，蛛网膜下腔阻滞麻醉。60年代，开始施行硬膜外阻滞和静吸复合全麻。80年代，开始施行体外循环心内直视手术麻醉。90年代，金华市中心医院开始施行气管插管麻醉。1991年，金华市中心医院开设疼痛门诊，应用硬膜外阻滞治疗冠心病，L_3横突加椎旁神经阻滞治疗腰椎间盘突出症。2000年，开始施行心脏瓣膜置换、不停跳冠脉搭桥、肝肾联合移植等手术的高难度麻醉。2005年，应用电脑双频指数指导腹腔镜手术病人七氟烷吸入麻醉。

1969年，浙江医科大学附属第二医院设立麻醉科。1970年11月，浙江省革委会生产指挥组科技局情报研究所编印《科技简报医药卫生专辑》报道针刺麻醉的情况：1969年起，浙江医科大学附属第二医院麻醉科选择耳针、鼻针、针体。针麻效果以痛感肌肉松弛，内脏反应、血压、脉搏和使用杜冷丁的量来评价。其手法有电针机刺激法、穴位注射法进行针麻。本组共406例，优良者357例，占85%，尚可者40例，占12%，失败者9例，占35%，成功率为97%。其中，脑外科52例，口腔科37例，五官科15例，基外科208例，骨科94例；年龄最大者76岁，最小者8岁。

1972年，浙江医科大学附属第一医院建立麻醉科。1976年，浙江医科大学附属第一医院陈庆廉、徐利军等在全省率先开展直接桡动脉测压监测术，当时没有监护仪，用动脉测压管与弹簧血压表连接测压，仅能显示动脉平均压。1977年7月14日，施行省内首例肾移植麻醉。1986年，陈庆廉等在全省首先应用漂浮导管对部分心脏直视手术及危重病人进行100余人次心血管监测，使危重病人手术的麻醉及抢救水平进一步提高。1992年，该科成立全省首个麻醉后监测治疗室（PACU），有4张床位。1993年，开展肝脏移植及心脏移植手术麻醉。1994年4月，在省内首先开展胰肾联合移植手术麻醉。1999年，为7天新生儿施行气管插管全身麻醉，完成唇腭裂修补术，创造省内实施该手术的最小年龄纪录。2000年，成功施行省内首例心肺联合移植的麻醉。2001年6月16日，施行亚洲第一例部分活体肝移植手术麻醉。2003年，开展神经刺激器定位外周神经阻滞技术，提高外周神经阻滞麻醉的成功，减少并发症。2002年，开展靶控输注全凭静脉麻醉的临床麻醉新技术，施行麻醉更为精确可控。2004年，开展非体外循环管状动脉搭桥术的麻醉。2006年，在妇科、腔镜等短小手术中推广喉罩的应用，制定困难气道管理和复苏的规范化流程，备有喉罩、纤维支气管镜、气管—食道通气管、逆行插管及环甲膜紧急切开等急救设施，提高抢救成功率。2007年，采用脑电双频指数监测麻醉深度。2008年，将可视化技术开始广泛应用于临床麻醉中，如超声引导下的深静脉穿刺、神经阻滞技术,可视喉镜在气管插管中的应用。2008 年 4 月,全省第一套麻醉科监护管理信息网络系统在浙江大学医学院附属第一医院麻醉科建立并启用,麻醉管理和麻醉科业务管理实现了信息化。2009 年,该院开展肝移植患者快通道麻醉技术研究,肝移植术后患者平均拔管时间缩短为 30 分钟左右,显著缩短了肝移植患者气管插管时间。

20 世纪 80 年代初,慈溪县医院施行局限神经阻滞、椎管内阻滞、基础麻醉、静脉麻醉。1987 年,开展插管全身麻醉、静脉与吸入全麻、静脉全身麻醉。1989 年 4 月成立麻醉科。建科时,条件设备简陋,麻醉方法亦以硬膜外阻滞和腰带为主,全麻还使用乙醚点滴和单纯普鲁卡因静脉麻醉,神经阻滞仅作颈丛和臂丛阻滞。1992 年底,慈溪市人民医院开展坐骨神经、股神经、肋间神经等阻滞,淘汰乙醚全麻,引进新一代麻醉药氨氟醚、异氟醚,由单纯普鲁卡因静脉麻醉转为以静脉复合麻醉为主。引进应用本可松、万可松、卡肌宁等新一代松肌药,气管插管由口腔插管发展到盲目经鼻气管插管、支气管插管,还开展降压麻醉和中心静脉压检测等。20 世纪 90 年代,开展人工控制降压麻醉、双腔支气管内麻醉、深静脉穿刺置管、中心静脉压监测、有创动脉穿刺测压、超低流量静脉复合麻醉术、病人自控镇痛,应用弹簧螺纹钢丝气管导管。21 世纪初,开展星状神经节阻滞治疗颈椎面神经瘫痪等。2010 年,麻醉科分为手术室区域、无痛人工流产区域、无痛胃肠镜区域、疼痛门诊,开展普外科、肝胆科、胸外科、脑外科、泌尿科、骨科、妇产科、口腔科、眼科等麻醉。

1998 年,浙江大学医学院附属第一医院开展术后病人自控镇痛(PCA)新业务,提高术后及癌痛病人生活质量,当年开设疼痛门诊,每周两个半天。2004 年 4 月,疼痛门诊全天开放。同年开展疼痛诊疗新项目新技术,如癌痛病人腹腔神经丛毁术、带状疱疹后遗神经痛的治疗等。2006 年 10 月,医院成立疼痛诊疗中心,进一步开展门诊无痛诊疗技术。2010 年,开展三叉神经半月神经节射频热凝毁损术、关节镜臭氧注射术、腰椎间盘经皮穿刺臭氧消融术、射频消融术、胶原酶溶解术。

2002 年,温州医学院附属第二医院连庆泉、金胜威、上官王宁、刘华程等进行异丙酚药代动力学及靶控输注麻醉的临床研究,该研究得到浙江省医药卫生优秀青年科技人才专项基金资助。通过 6 年的研究,课题组建立高效液相测定异丙酚血浆和脑脊液浓度的方法,建立适用于国人小儿的异丙酚 TCI 系统、评价该系统的准确性和安全性,在此基础上提出把异丙酚、阿片类药物和肌松药同时三通道全靶控输注静脉麻醉的思路并在临床得以应用。通过研究建立适合国人的靶控输注静脉麻醉体系,形成一系列规范的操作流程和靶浓度参数的设定,并将该技术与硬膜外麻醉、吸入麻醉等复合应用,形成一系列适合中国国情的靶控输注系统,提高国内静脉麻醉的临床和科研水平。

2005 年,浙江大学医学院附属第一医院麻醉科成为全国器官移植麻醉技术的培训基地,定期举办大器官移植麻醉培训班。2006 年 10 月,经卫生部审核通过,浙江大学医学院附属第一医院麻醉科为卫生部麻醉学住院医生培训基地。2009 年 9 月,浙江大学医学院附属第一医院麻醉科祝胜美承担的科研项目“肝移植手术麻醉技术的相关研究与临床应用”获得成功。

2010 年,浙江大学医学院附属第二医院麻醉科已成为集临床麻醉、麻醉后监护单元

(PACU)、疼痛门诊及麻醉学实验室组成的临床科室，分心脏大血管麻醉组、颅脑外科麻醉组、急诊创伤麻醉组、胸科麻醉组、腹部外科麻醉组、骨科麻醉组、口腔五官科麻醉组、泌尿及妇科麻醉组、手术室外麻醉组及疼痛诊疗组 10 个亚专业医疗组，设立周围神经阻滞培训小组、吸入麻醉培训小组、TCI 技术培训小组、喉罩麻醉培训小组、腹主动脉球囊阻断技术培训小组、APS 培训小组、困难气道培训小组、神经电生理监测培训小组、TEE 培训小组 9 个技术培训小组，并建立了相应专科麻醉及疼痛诊疗的规范及路径，开发了电子化病例采集系统并加快了其他信息化建设。科室共有手术台 27 台，数字化手术室 5 间，并配有 PACU(复苏床位 20 张，开放 13 张)及疼痛诊疗门诊，科室硬件除拥有各类国际先进的进口麻醉机、监测设备，还有 AISYS 麻醉工作站(含二氧化碳监测)，美国血液自血回输机 3 台，费森尤斯血液回输机 2 台，AXON 术中神经电生理监测工作站 1 台，纤维支气管镜 2 台，可视喉镜 2 台，血气分析仪 2 台，便携 B 超仪 2 台，食道超声仪 1 台，床边 HCT 动态监测仪 6 台。2010 年，住院手术麻醉总例数达 3 万余例，居全省前列。

十九、检验科

临床检验将临床医学和实验技术相结合，运用物理学、化学、生物学等技术对人体的多种组织及排泄物进行检测，为疾病的预防、诊断、疗效和预后判断提供重要依据，检测物包括血液、尿液、粪便、毛发、分泌物、浆膜积液、细胞、染色体、蛋白质分子、基因、病原微生物及生物因子等。

民国 18 年(1929 年)7 月，浙江省立卫生试验所创建，是全国最早建立的卫生检验机构，所内设细菌和化学两科。细菌科主要工作为临床细菌学及血清学检验、疫苗制造及地方性寄生虫病(姜片虫、肺吸虫、日本血吸虫)的调查研究等。化学科主要工作为药品鉴定、毒物分析等。

民国 36 年(1947 年)11 月，浙江医科大学附属医院开业时设立细菌科和门诊化验室，面积约 9 平方米，设备有显微镜和手摇离心机各一台，开展血液、尿液、大便三大常规检验。由内科兼管，李志彬负责，工作人员吴果诚一人。吴果诚是浙江省检验医学的开创者和国内著名检验医学专家。

1950 年，浙江医科大学附属医院成立总化验室，采用目视比色计，开始血糖、非蛋白氮、二氧化碳等简单生化项目测定，以及痰液、大便、尿液的细菌培养，期间还开展过康氏反应等检测项目。

1952 年，吴果诚开始负责浙江医科大学附属第一医院化验室工作，并在国内较早开展骨髓细胞形态学检查、脑脊液胶体实验、沙眼包涵体、红斑狼疮细胞检查等。1954—1957 年，化验室添置了大型离心机、光电比色计和自制的电泳仪等设备，并在省内最早开展肝功能检查和血清蛋白电泳。增加了电解质、肾功能、肝功能、碱性磷酸酶等检验项目。同时，临检方面也增加了血吸虫虫卵孵化、浓缩抗酸杆菌、嗜酸性细胞计数等项目，并多次派人支援全省血吸虫病、肺吸虫病科研、防治工作。1958 年，医院开展细菌鉴定和药敏试验、噬菌体培养治疗绿脓杆菌，自制抗链球菌溶血素“O”和肥达氏反应试剂等。20 世纪 50 年代后期，增加了电泳扫描仪、血细胞计数仪等，在省内最早开展尿17-酮、17-羟等内分泌检验项目和转氨酶测定。在全国最早开始使用581比色计，建立常见生化项目的光电比色操作方法。1964—1966年，浙江医科大学附属第一医院彭清璧、汤德骥开展胃液四环素荧光试验诊断胃癌。1970—1973年，汤德骥、彭清璧开展胃液β-葡萄糖醛酸酶测定诊断胃癌。1971年上半年，浙江省肿瘤研究协作组浙江医科大学附属第一医院小组对肿瘤早期诊断进行研究，用免疫法制备一种动物血清，使其与肝癌病人血中的特殊蛋白（正常人或其他患者无此蛋白）反应，以作肝癌诊断，通过100例疑似肝癌病人试用，35例诊断为肝癌，漏诊14例，诊断率为71%。1977年，浙江医科大学附属第一医院检验科设立血库和中心实验室，并在省内最早开始血脂监测、同功酶分离、蛋白电泳及圆盘电泳技术。20世纪70年代，林舜华、马遥等对细菌内毒素提取和检测方法研究，特别在鲎细胞溶解物的提取和用于检测内毒素血症的研究是国内较早取得成功的。1980年3月，医院引进丹麦产ABL2型全自动血气分析仪，开展血液酸碱气体分析。1982年开展五肽胃泌素胃液分析。1983年开展胰腺外分泌功能测定。1985年开展厌氧菌培养，率先在国内使用编码鉴定肠道菌，并向全省推广。1987年，姚碧光、王蔚芳开展D-木糖小肠吸收试验。1988年开展胃液IgG、IgA测定。1988年9月，医院引进美国IL公司的Mornarch2000型多功能离心式自动生化分析仪，使生化测定进入全面自动分析阶段。1988年11月引进BM公司尿液九项联合化学分析仪，使尿液检验开始走向初步自动化。1990年开展脂蛋白-X测定。1993—1994年，先后引进Selectra小型生化分析仪，多用途电泳仪、BACTOR NR-730细菌快速检测、Sceptor Pette半自动细菌鉴定仪、F-800血细胞分析仪。细菌培养走上快速检测与鉴定阶段，血常规检验全面走上自动分析，生化检验开始多台仪器计算机联网报告。2001年，医院引进Hitachi样本前处理系统和日立7600生化分析仪，全面提升实验室的自动化和信息水平，处于国内领先地位。2008年，郑树森主持完成的“恶性肿瘤的血清蛋白质质谱诊断的标准的建立及其应用”项目获得成功。2010年，浙江大学医学院附属第一医院检验科入选国家临床重点专科。

1956年，金华市防疫机构在防治血吸虫病中，改进血吸虫毛蚴孵化法，简化手续，提高检验率。20世纪50年代，金华地区中心医院只能做三大常规检验和血型、血交叉等检验。20世纪80年代，金华地区中心医院检验科除承担一般检验外，应用微生物培养箱，对各种临床标本开展厌氧菌培养，成分输血及单采术分离血浆供临床应用，采用放射免疫检测技术检测AFP、CEA及部分激素，提高临床诊治水平，并参加卫生部临床检验组织中心的生化、微生物、免疫（一肝三系）、骨髓室质量评价。1991年，金华市中心医院引进全自动化检测技术和全自动血细胞分析技术，临床检验从手工操作逐步转向自动化。1997年引进全自动微粒子化学发光酶免疫技术代替过去的放射免疫检测技术。1998年，引进特异蛋白检测技术及全自动血凝检测技术。2001年引进微生物培养鉴定技术、流式细胞术等。引进大型全自动生化分析仪，成立急诊化验室。2003年建立由卫生部验收认可的PCR实验室。

1963年9月21日，杭州肿瘤医院建院时设立化验室，初时仅有4张血细胞计数板、2台显微镜、1台581比色计和1台家用小冰箱，房间100平方米左右，开设的项目有三大常规检验。当时是科室自行采供血，医务人员常常是血源的供给者。1964年2月，医院开展肝肾功能检测等生化项目。4月开始细菌培养工作,已基本满足当时的临床需要,当年的工作量达到5万多件。2008年,浙江省肿瘤医院检验中心设有门诊、临检、生化、免疫、微生物、骨髓、血凝、基因诊断及血库等9个部门,日常开展500多项检测项目和10多项科研项目,日检测标本达1000多份。

1981年,浙江人民卫生实验院医学微生物学研究所江德杲、柴曼君、邵爱玉等的科研项目"免疫皂土协同凝集试验快速检测霍乱弧菌"研究获得成功。课题组从1980年春天开始研制一种有颜色的固相抗体(免疫皂土),它能与"O2"菌发生协同凝集反应,使被检粪便标本或增菌液不经分离培养,直接与免疫皂土反应,凝集反应阳性者划种平板,留取菌种,这样大量凝集反应阴性的标本就可以省去平板分离和检查的步骤而被淘汰,节约了大量的培养基和人力。

20世纪90年代,浙江省医学科学院有关课题组建立了结核杆菌诊断试剂盒。长期以来,肺结核(TB)的诊断主要以抗酸杆菌涂片及培养法,灵敏度低,且结核杆菌生长缓慢。本法提取了结核杆菌多肽(TBA)和结核杆菌脂阿拉伯甘露糖(LMA)抗原,测定了提取组分的纯度、活性及分子量,将提取抗原与美国NIH提供的同类抗原对照。经检测表明,两者敏感性和特异性基本相似。本法建立了检测结核杆菌抗体的DIGFA,并依此法检测大量肺TB病人血清、体外结核病病人血清、非结核病人血清和健康人血清,证实该法具有较高的敏感性和特异性,并与痰检的符合率达80%以上。本法与同类抗原的ELLSA比较,具有相似的敏感性和特异性,且具快速、简易、准确、可靠,不需特殊仪器等优点,经与美国Dyna-Gen公司提供的M-codot TM活的试剂对照进行肺TB治后抗体水平的动态观察,发现肺TB治疗后其抗体水平持续时间长。肺TB在治疗后短期内抗体抗阳性不能作为结核病活动的依据。若在治后9~12个月复查结核杆菌抗体阳性者则警惕肺TB复发的可能,提示该技术可作为肺TB疫情监测的手段之一。

20世纪90年代初,浙江省医学科学院有关课题组成功研制甲肝病毒诊断试剂盒。甲型肝炎病毒(HAV)仅有一个血清型,各病毒株在基因结构上虽略有差别,但无显著不同,当时仅检测到一种抗原抗体系统。HAV存在于患者的血液、粪便及肝胞浆中。感染后血清中抗HAV-IgM抗体很快出现,在2周左右达高峰,然后逐渐下降,在8周之内消失,是HAV近期感染的血清学证据。抗HAV-IgG抗体产生较晚,在恢复期达高峰,可持久存在,具有保护性。HAV-IgM、HAV-IgG抗体诊断试剂盒是分别根据上述两个血清学特点制备的。HAV-IgM试剂盒是采用抗体捕获法原理,检测人血清或血浆中甲型肝炎病毒IgM抗体(抗-HAV),用于甲型肝炎的早期诊断。HAV-IgG抗体诊断试剂盒采用酶联免疫竞争抑制法原理,用于检测人血清或血浆中甲型肝炎病毒抗体(抗-HAV),了解被检测者是否具有对甲肝的免疫力,以及评价甲肝疫苗的免疫效果。当IgM已知时,HAV-IgM诊断试剂盒也用于检测HAV病毒抗原,正确评价HAV病毒抗原滴度,可用于甲型肝炎病毒的快速检测、疫情监测、流行病学调查,以及在甲肝疫苗生产中检测HAV病毒抗原滴度,可为甲肝疫苗的生产工作服务。

1991年,浙江省医学科学院有关课题组研制的"血吸虫病酶联免疫吸附试验(ELLSA)诊断试剂盒"获得成功。血吸虫病间接血凝试验(IHA)诊断试剂盒检测日本血吸虫病特异抗体，适合于日本血吸虫病查病及流行病学调查，是浙江省血吸虫病历史流行区常用的查病方法，已使用近20年，共检测500万余人次。血吸虫病ELLSA诊断试剂盒创建了ELLSA质控方法，确定质控标准，建立ELLSA规范化操作方法，经近15万人的现场推广应用，证明标准化ELLSA具有敏感性高、特异性强、交叉反应低等优点，对血防工作有重要的经济和社会效益。

1997年，浙江省医学科学院有关课题组建立了检测HP抗体的斑点面议渗滤法并制成幽门螺旋菌(HP)诊断试剂盒。其包括幽门螺旋菌金标免疫渗滤法(DIGFA)、幽门螺旋菌脲酶快速诊断试剂盒，与临床快速尿素酶试验比较，证实该法敏感、特异，两法符合率达90%以上，可用于临床检测和人群HP感染的血清流行病学调查。比较了HP尿素酶、全菌破碎物，培养上清流三种抗原，以DIGFA检测HP抗体的敏感性和特异性、尤登指数(Youden's index)等均无明显差异，而且DIGFA不需任何仪器设备，更为简易、快捷，尤其适合基层医院使用。2000年至今均在基层医院推广使用，取得了较大的社会效益和经济效益。幽门螺旋菌脲酶快速诊断试剂盒根据幽门螺旋菌产生极高尿素酶的特点，应用科学配方对胃黏膜活检组织进行脲酶活性测定，以诊断幽门螺旋菌感染，具有快速、准确，不需其他仪器等优点，是胃镜室的辅助检测手段，该项目获得省医学成果推广应用证书。

1998年，浙江省医学科学院有关课题组建立了检测血吸虫病的金标免疫渗滤法(DIGFA)，并研制成检测血吸虫抗体的DIGFA诊断试剂盒，达到国内领先水平。血吸虫病层析快速检测卡采用乳胶微球作为标记物，鼠抗人IgG单克隆抗体为标记蛋白，SEA为包被抗原，硝酸纤维素膜为固相载体，羊抗人IgG多抗为质控参照物，以聚酯膜为免疫复合物载体，玻璃纤维为样品垫，该检测卡的敏感性为94.21%，特异性为97.35%，与华支睾吸虫、广州管圆线虫、钩蛔鞭虫混合感染和并殖吸虫病人的交叉反应率分别为0、0、0和42.11%，和ELLSA两者之间均无统计学差异，重复性试验结果符合率为100%。研究证实该检测卡是一种简便、快捷、敏感、特异的血吸虫病免疫学诊断方法，便于保存携带，可用于临床诊断和现场筛查。

2000年，浙江省医学科学院有关课题组在成功检测血吸虫抗体的基础上，研制了检测肺吸虫抗体的金标免疫渗滤法并研制成试剂盒。经临床验证和基层扩大应用普遍反映良好，诊断的敏感性和特异性达99%～100%，敏感性高、特异性强、方法简便、快捷、准确、可靠，适用于临床检测和大规模人群流行病学调查与基层医院查病。现已被临床、预防、科研等机构作为肺吸虫病诊断的方法，取得了较大的社会效益和相应经济效益。同年，浙江省医学科学院生物工程研究所边敏章等主持完成的科技厅研究项目“甲胎蛋白(AFP)ELISA诊断试剂盒”获得成功。甲胎蛋白(Alpha-fatoprotein，AFP)是一种特异性较强的肝癌标志物，临床上通常用检测人血清中AFP含量来诊断原发性肝癌及畸胎瘤等疾病，一般认为正常人血清中AFP含量小于20纳克/毫升，而AFP含量大于400纳克/毫升时，结合临床症状，可以对肝癌作出确定诊断。所以，检测人血清中AFP是诊断肝癌等恶性肿瘤的重要方法之一。甲胎蛋白(AFP)ELISA诊断试剂盒系应用自行研制的AFP单克隆抗体与多抗相结合，采用ELISA双抗体夹心法原理建立的快速诊断方法，并通过试剂的商品化配套，特异性、敏感性和稳定性研究研制而成。经省、市多家医院双盲法临床考核应用，结果表明：与化学发光法比较，两者的总符率达 98.6%，与放射免疫法比较，两者的总符合率达 99.0%。其最小检出量达 10 纳克/毫升，表明该试剂盒具有较高的特异性和敏感性。稳定性试验结果表明，在 2℃～8℃条件下稳定期可达 6 个月以上，完全符合诊断试剂盒的质量标准要求。本试剂盒操作快速简便，灵敏度高，对早期原发性肝癌和畸胎瘤等疾病的普查及 AFP 升高疾病的辅助诊断具有重要意义。

2004 年，浙江省医学科学院有关课题组研制的弓形虫酶联免疫吸附试验（ELLSA）诊断试剂盒获得成功。该三联诊断试剂盒系由循环抗原（CAg）、IgM 及 IgC 三种酶免疫检测试剂所组成，三种免疫检测指标结果具有不同的诊断意义，CAg 阳性可作为急性、现症感染的参考依据。IgM 抗体阳性具有早期诊断价值。IgC 抗体阳性可诊断为既往感染。用三联试剂盒检测同一份样本，能达到早期、快速地诊断弓形虫病的目的。经动物实验及临床考核，证实该法具敏感、特异、稳定之优点。本试剂盒操作简便，检测过程可在 2 小时内完成，可应用于孕妇的围产期检测，对于提高人口素质，开展优生优育具有重要意义，并能产生良好的社会效益和经济效益。经过国内专家鉴定，该项诊断技术为国内领先水平。CAg 试剂盒 2003 年获得国家药品监督管理局的一类新药证书和生产文号。

二十、医学影像科

医学影像科研究借助物理介质（如 X 射线、电磁场、超声波等）与人体相互作用，把人体内部组织器官结构、密度以影像方式表现出来，供诊断分析和健康状况评价，包括医学成像系统和医学图像处理。主要医学成像系统有 X 光成像仪器、CT（普通 CT、螺旋 CT）、正子扫描（PET）、超声（分 B 超、彩色多普勒超声、心脏彩超、三维彩超）、核磁共振成像（MRI）、心电图仪器、脑电图仪器等。同时，医学影像也是临床介入治疗的基础手段。

清道光三十年（1850 年），英国循道公会传教士燕乐拔在宁波江北岸石板行创立体生医院，添置 X 光诊察机，民国 11 年（1922 年）停办。

清宣统三年（1911 年），杭州广济医院引进了 X 光机，这是当时杭州唯一的一台 X 光机。医院不但引进“硬件”设备，还广揽人才，提升软件水平。民国 10 年（1921 年）3 月，英国专修 X 光照相术的沃森医生（W. R. Watson）携全家来到中国，负责广济医院的 X 光室，使广济的医疗水平如虎添翼。

民国 8 年（1919 年），宁波保黎医院启用 X 线机。民国 12 年，宁波华美医院启用 X 线机。

民国 36 年（1947 年）11 月 11 日，浙江医学院附属医院放射科为浙江医学院李茂之教授拍摄了建科后的第一张 X 线胸片。放射科有设备 200mA（Philips）X 线机、50mA（Peerless）X 线机、30mA（Fisher）X 线机、小型牙科 X 线机、200KVpX 线治疗机（Kekeket）以及浅表治疗机（Superficial Therapy）等共 6 台，另有超短波和红外线理疗设备，设备配置位居国内前列。1950 年，浙江大学医学院附属医院放射科在 200mAX 线机上装配点片摄影成功，提高胃肠道造影操作质量。

20 世纪 50 年代初，宁波市有 X 线机 11 台，其中华美医院 7 台（最大 200 毫安，为当时华东地区设备较完善医院），天生医院 2 台，保黎医院、鄞县县立中心医院各 1 台。当时，宁波市医院能做肾、子宫、支气管造影。60年代初，国产X线机装备宁波医疗单位，最大500毫安。70年代，开展脑血管造影。80年代，对肠系膜动脉、支气管动脉、肝肾动脉等病变和肿瘤，经选择性脑血管造影明确诊断后，采用介入放射学方法治疗。20世纪50年代，宁波市第一医院放射科主任楼垂久在X线下施行整复小儿急性肠重叠，推广全专区，约2000例患儿免于手术。钡透诊断胆道蛔虫症，所撰论文《胆道蛔虫症在爱克斯线显影》发表于《中华医学杂志》外文版，8国学者来函索稿。

20世纪50年代，金华地区中心医院仅能普通透视和四肢骨骼摄片。60年代开始施行胃肠、泌尿系统静脉和逆行肾盂、胆道和宫腔造影术。70年代，施行支气管、脑血管、腹膜后充气管和膝关节充气造影术。80年代，施行心血管、脊髓、四肢血管、腹腔动脉造影、PTC以及PTCD部分介入放射学的诊断和治疗，及多轨迹分层高千伏、乳腺软组织等摄影术。1990年，金华市中心医院启用遥控胃肠造影X光机。1991年，启用1250MA多通道遥控造影机。1992年，安装DSA(数字减影血管造影X线机)，施行各种疾病介入治疗。1998年，启用口腔全景摄影机。2001年，引进计算机摄影系统(CR)和全数字化多功能造影机。

1953年，浙江医学院附属第一医院放射科在200mAX线机上自行设计配上体层摄影，提高X线质量。1952年，裘敏芗教授编著出版《X线胸部透视术》。至1958年，连续再版7次，影响较大，为全国自编较早的工具书，被卫生部确定为全国X线诊断学大纲的首选参考书。1953年抗美援朝结束，卫生部在浙江省设立肺吸虫病防治点，接受自朝鲜回国的肺吸虫病患者，医院放射科被指定负责X线诊断工作，三年总结报告《192例肺吸虫病X线影响及其在治疗中的变化》发表在《中华医学杂志》。20世纪50年代中期，医院研发以硫酸钡胶浆为造影剂的支气管造影，在全国引起较大反响。20世纪50年代后期，参加全省丝虫病防治，开展淋巴管造影。1962年，受省卫生厅委托，浙江医科大学附属第一医院放射科举办“全省矽肺X线技术质量的要求和技术操作方法”的培训班。20世纪70年代后期，开展大肠癌X线检查共1000余例，总结出“大肠快速气钡造影术”，发展了大肠癌X线普查的方法。1986年，参与制定《浙江省放射诊断和技术质量控制标准》，并举办全省质控学习班，包括暗室技术、X线摄影、X线机维修、自动洗片机、诊断报告规格及CT质控评比等各专题共12期。1990年12月，协助省卫生厅，对全省各地的低档X线机进行技术改造。2000年，开设放射介入门诊和放射介入病房，开展了各种肿瘤的介入治疗。同时还对胆道出血、大咯血进行了栓塞治疗，对脑动脉瘤进行了电解弹簧栓(GDC)治疗，对海绵状动静脉瘘进行可脱球囊的栓塞治疗，对胆道梗阻和胆道狭窄进行了胆道内外引流和胆道扩张治疗。2002年，浙江大学医学院附属第一医院放射科被批准为浙江省医学重点学科。

1959年，浙江医学院附属第一医院放射科自行试制A型超声诊断仪器获得成功，1961年在全省技术革新展览会上展出，并应用于传染病科。1960年，医院成立超声波室，由传染科周绍聪医师应用A型超声波研究肝炎及血吸虫病，1962年发表关于血吸虫病的研究论文3篇。20世纪70年代前期，从日本引进B超机，并和X线结合，其成果在1978年全国放射学会上介绍“心脏X线超声联合检查”引起轰动。1976年，浙江省中医院在国内最先引进B型实时超声仪，省内率先开展B型与频谱多普勒超声相结合技术、单平面食管超声技术并在该院成立浙江省超声医学会诊中心。1977年,浙江医科大学附属第一医院放射科自日本引进ALOKA SSD-60B手动复合超声波诊断仪,1978年用该仪器对紫绀型先天性心脏病进行了造影研究,用无创伤的技术诊断心内右向左分流,并在全国会议上报告了研究成果。1985年,浙江医科大学附属第一医院建立超声诊断科。1994年,建立病房超声室。1992年,浙江医科大学正式发文成立超声诊断学教研室,徐启彬任主任。

1971年上半年,杭州钢铁职工医院、杭州医疗器械厂、浙江医科大学、奉化电子医疗器械厂,在兄弟省市的帮助下,研究试制成功X线静电摄影术。此法是用硒接收X线,经充电,把影像翻印到普通纸上,即成清晰黑白影像,不需复杂的暗室和冲洗设备,不需X胶片,拍片快,只要五分钟就可以看片,具有经济、方便的特点,对骨科摄片较满意,但对胸、腹软组织和脏器摄片不满意,尚需进一步研究提高。7月底,此法在建德县举办全省学习班,逐步推广到各地区和部分县医院。浙江省已能生产此法的成套设备。

1979年,杭州肿瘤医院建立胃镜室,兼职胃镜室医生2名及护士1名,配有日本产的纤维胃镜一台,开展胃镜检查项目。1996年,浙江省肿瘤医院引进省内第一台超声内镜并开展了超声内镜的检查。2006年7月1日,浙江省肿瘤医院胃镜室正式更名为内镜中心,科内设有胃镜室、肠镜室、超声内镜室、鼻咽喉镜室、支气管镜室、洗消中心、肺功能室及消化内科门诊,全院的软式内镜进行了统一管理,达到了资源共享,规范了内镜的清洗消毒。

1979年底,在浙江德清莫干山,由中华医学会主管、中华医学会浙江分会主办了日本超声专家讲习班,讲习班推动了国内超声医学的发展,在日本亦有极高的知名度,被誉为“莫干山精神”。会后整理出版了一本《中日超声医学讲习会内容选编》,在国内和日本发行,推动了中国超声专业的发展。

1988年,慈溪县医院开展腹部脏器、妇产科声像检查,超声引导下腹腔脓疡穿刺、置管引流治疗。1989年,慈溪县医院开展全身计算机X线体层扫描。20世纪80年代后期,慈溪市医院开展脑血管造影。20世纪90年代开展乳腺钼靶摄影、肺癌动脉插管介入放射、超声引导下经皮穿刺肾盂造影术,胸腹部大血管腹主动脉隔层动脉瘤超声诊断、阴道超声诊断盆腔肿瘤、肝肾囊肿、卵巢巧克力囊肿、宫外孕超声介入治疗、超声引导下肾盂造瘘术,薄层、动态增强及高分辨率的计算机X线体层扫描(CT)、膝关节半月板、脊碘造影加计算机X线体层扫描(CT),数字减影血管造影(DSA)术。21世纪初开展颅脑计算机体层摄影血管成像(CTA)及计算机X线体层扫描(CT)仿真内镜、核磁共振胆道水成像(MRCP)及核磁共振泌尿水成像(MRU),应用弥散成像(DW)检查急性脑梗死,应用评价相位对比(PC)法及三维时间飞跃(TOF)法开展全身磁共振(MRA)成像。2004年,开展超声引导下肝、肾等组织穿刺活检,超声引导下肝脓肿穿刺及置管引流,小肝癌无水乙醇灭活治疗,肝、肾、盆腔脓肿介入治疗。2006年,拓宽CT应用范围,开展冠状动脉、肺动脉、颅脑、颈部、腹部的CAT检查。2008年,引入图像归档和通信系统(PACS)和日本岛津全功能数字化X线摄影系统(DR)机,使放射摄影数字化,应用三维超声测量孕妇骨盆。2009年开展16排螺旋和CAT诊断主动脉夹层病变。

1996年7月22日,省卫生厅发文《关于将具备一定条件的辐射科改为临床科室的通知》,由浙江省放射质控中心和浙江省医学会放射学会组织专家对15家医院的放射科进行了实地评审考核，经省卫生厅审核，批准金华市中心医院、绍兴市第二人民医院、瑞安市人民医院、舟山市人民医院、杭州市第四人民医院等五家医院的放射科由原医技科室改为临床科室。

2006年10月，浙江大学医学院申报浙江省医学分子影像学重点实验室获得批准并立项建设。

二十一、核医学科

核医学科研究核技术在医学中的应用，以放射性核素或核射线进行诊断、治疗疾病和医学研究。核医学涉及物理学、电子学、化学、生物学、计算机技术以及医学，有影像诊断技术、功能测定技术、体外分析技术、核素治疗技术，还包括基础医学研究领域的各种示踪实验方法。

1958年10月，浙江医学院决定筹建原子医学学科，先后选派楼福庆、郁金声、陈克云等参加卫生部举办、苏联专家主讲的同位素临床应用训练班，并在浙江医学院附属第一医院田家园修建同位素实验室。1960年初，浙江医科大学同位素室开始工作，开展的项目是甲状腺摄碘-131率测定和磷-32组织清除率检查，这是省内首次将放射性同位素应用于临床诊断。7月，浙江医科大学成立生物物理研究所，下设同位素临床应用组、放射病组和放射防护组，楼福庆教授任所长。1962年1月，浙江医科大学成立原子医学教研室，对医学系学生开设核医学课，教研室主任是楼福庆教授。后更名为浙江医科大学工业卫生研究所，内设原子医学、放射病、防护、放射本底研究室。其间，楼福庆教授的论文"应用放射性碘-131标记花生油制剂对冠心病、高血压患者脂质代谢的研究"引起国内外学者的关注，被邀参加意大利国际会议。1964年，研发碘-131治疗甲状腺功能亢进症获得成功。1966年，陈克云应用铟-111标记人血清蛋白体外测量冠状循环指数对冠心病的诊断取得了成功。1971年，研制放射性核素肝闪烁扫描成功。1973年，郁金声应用氯胺T标记甲胎蛋白抗体建立放射对流免疫电泳自显像术测定血清甲胎蛋白获得成功。1974年，陈克云应用铯-137心肌浓聚实验室研究，提出心肌对铯-137的摄取不仅与该区心肌冠状血液循环有关，而且还与该区心肌细胞状态有关。1977年，浙江医科大学工业卫生研究所重新恢复，并更名为放射医学研究室，由陈克云、郁金声负责，开展医用液体闪烁测量。1978年，浙江医科大学成立核医学教研室，包金良担任教研室主任，陈克云、郁金声任副主任。

1963年，杭州肿瘤医院创建之初就成立放疗科，设有一个病区及门诊放疗组，科室负责人为陈重远，放疗医师有张鸿未、吕秋琯、陈秀勇、杨关海、马菊颖等。1975年12月9日，浙江省计划委员会批准杭州肿瘤医院新建西门系直线加速器放射治疗室。1976年初，医院成立同位素室，戴珊星担任科主任，孙永正、邱铁文等作为技术骨干，靠一台γ扫描仪开展肝脏、甲状腺等扫描。12月，医院购置全国第一台驻波电子直线加速器。1987年后，浙江省肿瘤医院陆续开展了体外放免分析10余个项目(包括HCG、T3、T4、肿瘤标志物)，并成立了全国为数不多的核素治疗病房，率先开展多发骨髓瘤、真性红细胞增多症、恶性胸腹水的核素腔内治疗。1996年9月，浙江省肿瘤医院同位素室正式更名为核医学科。1999年3月17日，开展肿瘤坏死治疗，即131碘标记肿瘤细胞人鼠嵌合单抗治疗恶性实体瘤。2000年11月15日，浙江省肿瘤医院科研课题“平移放射治疗装置的研制”通过省级鉴定，在国内属首创。2008年，浙江省肿瘤医院放疗科共有放射治疗医师40余人，并有从事放射生物学的研究人员，为肿瘤的个体化放疗提供实验及理论支持。年收治放疗病人总数3200余人，收治病人次数4000余人次，每天放疗照射病人350～400人。

20世纪80年代，宁波市医院用钴放射治疗肿瘤。

1988年，浙江医科大学附属第一医院引进省内第一台单光子发射计算机断层成像术（TOSHIBA GCA-90IL SPECT）显像仪器，率先展开SPECT新技术。2001年，浙江大学医学院附属第一医院在省内第一家引进美国通用电气公司HAWKEYE（图像采集与影像分析采用）符合线路ECT机，率先开展了肿瘤代谢显像、心肌代谢和脑代谢显像。

1993年2月，浙江省核医学中心在浙江医科大学附属第一医院成立，由当时院长黄怀德任主任，陈金泉为办公室主任，负责全省核医学人员岗位培训及全省核医学技术指导、质量控制管理等工作。

二十二、病理科

病理科是大型综合医院必不可少的科室，在医疗过程中承担病理诊断工作，包括通过活体组织检查、脱落和细针穿刺细胞学检查以及尸体剖检，为临床提供明确的病理诊断，确定疾病的性质，查明死亡原因。病理诊断具有的权威性决定了它在所有诊断手段中的核心作用，病理诊断的质量对医疗质量、医疗安全有极大影响。

1949年10月31日，浙江医学院附属医院第一例外科病理标本送检，为一名叶姓女性，22岁，住院号是“2100”，病理诊断为右锁骨上淋巴结转移性鳞状细胞癌。

1949年底，浙江医学院病理教研室成立，教研室主任陈履告教授选址于附属医院的田家园教学用楼的二楼西北角，建立了浙江省第一个外科病理诊断室，诊断医师及技术员全部由病理教研室人员担任，陈履告教授和陈星若讲师亲自签发病理诊断报告。病理科接收的标本除本院外，还有市民医院、省医附院、仁爱医院、广济医院、省立杭州医院、卫生实验院、浙江医院、宁波省立医院、铁路医院、第七兵团卫生部等省内较大的医院。第一年病理年检数为312例，此后逐年增加，送检的医院也逐渐从杭州遍及金华、诸暨、台州、嘉兴、绍兴、衢州等各大地区的地方和部队医院。直到1957年以前，这里一直是浙江省唯一的病理诊断中心，当时的病理诊断例数已达到7000～8000例，送检医院不仅遍及全省，连安徽、江西等周边省市的医院也将病理标本送来诊断。

1963年10月，杭州肿瘤医院设立病理科，有2名医师，1名技术员，何萍为负责人，设备简陋，项目局限，工作量少。1966年11月，徐思行调入杭州肿瘤医院病理科，任科负责人，开展了细胞学穿刺、二氧化碳快速冷冻切片等。1981年和1983年，在徐思行主任的主持下，医院先后编写出版《简明肿瘤病理诊断和鉴别》《甲状腺肿瘤病理及诊断》两本专著，同时担负全省病理专业人员进修、培训和疑难病例会诊等工作。1994年，浙江省肿瘤医院先后成立浙江省临床病理岗位培训中心（挂靠）、浙江省疑难病理会诊中心。1995年12月18日，省卫生厅确定浙江省肿瘤医院病理科为全省的病理技术进修基地和病理诊断进修基地。2007年，医院病理科列入浙江省临床病理学重点(扶植)学科。2008年，成为省内医院病理科中规模最大、专业人员最多的科室，有专业人员32人，科室配备有整套进口全自动组织处理系统、自动染色封片机、低温恒冷冰冻切片机、全自动免疫组化染色机和进口液基薄层细胞检测系统等先进设备。科室常规开展项目有组织病理诊断、术中快速病理诊断、病理会诊、组织化学、免疫组化检测及细胞病理诊断(其中穿刺细胞学工作为省内开展最早、项目最多的单位)，并积极配合临床开展新项目，如原位杂交技术等。年平均常规组织病理诊断达18000例(切片约10万张)，病理会诊5000余例，免疫组化检测3000余例，快速冷冻切片50000例，细胞病理学诊断12000例。

1989年2月22日，省卫生厅批复同意设立浙江省临床病理质控中心，隶属于省卫生厅医政处，挂靠浙江省肿瘤医院，来自省内各大骨干医院临床病理学的著名专家组成省中心专家委员会，下设省疑难病理专家会诊组、省病理诊断和技术专业岗位培训基地(11个)、省病理技术指导组、省细胞病理学诊断与技术指导组、省中心办公室等业务指导机构，并与市级病理质控分中心(11个)和各县或医院病理质控管理小组共同组成全省完善的质控管理三级网络。省中心主要负责并承担实施各级医院病理科全面质量管理及技术指导，规范进行室内室间质控评价、专业岗位培训等工作，参与制定专业岗位相关准入标准，已编写完成《病理诊断与技术规范》《外科病理总则及检查规范》《实用病理技术手册》等规范性专著，并付诸实施。

1992年，慈溪市人民医院开展常规病理切片、细胞学涂片及石蜡快速切片等检验。1998年开展冰冻切片。2005年开展宫颈液基细胞薄层制片检验。2006年全面开展免疫组化检验。2008年试行临床病理穿刺术检验。2000年，慈溪市第二人民医院、第三人民医院、妇幼保健院和中医院相继开展病理检验。

2010年，浙江大学医学院附属第一医院病理科开展HER-2荧光原位杂交、EGFR、K-rans等基因检测。

第三节　护　理

护理是研究如何诊断和处理人类对存在的或潜在的健康问题反应的一门学科。护理在完成临床诊疗、体现祛病康复过程中极为重要。浙江的护理事业起始于清末民初，教会医院先行，民国中后期虽有政府介入，但发展缓慢。中华人民共和国成立后，人民政府兴办护理中高等医学教育，规划护理发展，制定护理管理规范，鼓励护理技术研发，提高护理人员的待遇和荣誉，有力地促进了浙江护理事业的发展。

一、护理事业发展

护理发展涉及护理队伍的建设和护理模式的转变。民国时期，浙江护理队伍的建设主要以医院为基础，自主自行发展。中华人民共和国成立后，初以医院与学校同办，后以中高等院校教育为主。护理模式经历了四个过程:民国时期的清洁卫生护理;20 世纪 50—80 年代,以疾病为中心的护理;20 世纪 90 年代,以病人为中心的整体护理;21 世纪以人,健康为中心的护理。护理学通过不断地实践、教育、研究,得到积极充实和完善,逐渐形成了特有的理论和实践体系,成为一门独立的学科。

清宣统二年(1910 年),金华福音医院始有护士,美国人胡海伦为护士总理。护士由教会吸收,采取边工作边上课的方法进行培训。

民国 6 年(1917 年),绍兴福康医院美籍护士长毕德明筹建护士学校。学校正式成立后,毕德明兼任首任校长。民国 10 年 2 月,绍兴福康医院开办的护士学校向中华护士会(Nurses Association of China)登记注册,定名为"绍兴福康医院护士学校",后更名为"绍兴福康医院高级护士职业学校"。

民国 14 年(1925 年),宁波华美高级护士学校开办。民国 17—37 年,基督教圣公会开办的杭州广济医院护校,20 年内有 141 名护士毕业生。民国 18 年,温州白累德医院开办私立白累德护士职业学校。民国 36 年,杭州天主教会仁爱医院开设护校,到新中国成立时尚无毕业生。当时医院开办的护校没有完整的教学计划和大纲,没有适用的教材,特别是两所教会医院办的护校(杭州仁爱医院护校、杭州广济医院护校),完全是用带学徒的方式对待学生,没有任何正规的理论教学。

民国 21—36 年(1932—1947 年),民国政府办的浙江省立高级医事学校护士科,16 年间总共只有 127 名护士毕业生。民国 23 年 4 月,浙江公立医药专门学校添设护士训练班。民国 24 年,浙江公立医药专门学校改护士训练班为高级护士职业科。民国 36 年 12 月 16 日,经浙江省政府卫生处批准,成立了浙江省立处州医院附设高级护士职业学校,由院长王毓榛兼任校长,周培任教导主任,王鸿任事务主任,兼任教师和事务者 15 人,外聘兼任教员 7 人。民国 37 年春,浙江省立处州医院附设高级护士职业学校在全省范围内招生,秋季入学实有新生 23 人,并制定《浙江省立处州医院附设高级护士职业学校设置办法草案》。

民国 29 年(1940 年),金华福音医院设立护士部,教会派美国人沙乐满任护士长。民国 35 年,浙江省立卫生事务所从杭州搬迁至金华,更名为浙江省立金华医院,印瑞兰为护理部主任。民国 36 年 11 月,浙江大学医学院附属医院建院同时成立护理部。医院时有 65 张床位,17 名护士。

民国 38 年(1949 年),浙江省立处州医院有正式护士 6 人,助产士 2 人,护士助理员 2 人,为解决护理人员的严重不足,1949—1953 年医院连续举办了一期护士训练班和二期护训班。据赵雪芬、汪淑君、李影白等老护士长回忆,中华人民共和国成立初期,医院设备简陋,卫生设施差,护理操作工作,如针筒等器具由科室用煮沸办法进行消毒,因此当时只能作一些简单的治疗护理。由于没有电,夜里护士一手提着煤油灯,一手拿着药盘给病人发药、打针。没有吸引器,用针筒代替,遇到大咯血病员,只好倒挂提起病人双下肢作体位引流。

中华人民共和国成立后,省政府接管了浙江省立高级医事职业学校,拨专款维持和发展中等医学教育。1950 年,接管杭州广济医院护校,同时给杭州仁爱医院护校部分津贴以维持办学。浙江省立高级医事职业学校护士科于 1949 年秋招生 107 名,仁爱护校 1949 年和 1950

年共招生54名。浙江省立杭州医院(即今浙江省中医院)卫生技术学校护士科于1949年招生58名,加上原有的在校生,从1949年到1952年杭州护校成立之前,已有365名护校生毕业,相当于1949年前20年护士毕业生数的1.36倍。杭州护士学校就是在以上背景中建立起来的。

1951年,金华第一医院设立护理部,徐振东任护理部主任,有护士以上职称9人,助理护士5人。1979年,金华地区中心医院、金华县人民医院设立护理部。20世纪80年代,金华市所辖兰溪、义乌、东阳、永康、浦江、武义、磐安等县人民医院,金华市中医院、金华市第二医院相继设立护理部。2003年,金华市妇幼保健院设立护理部。2005年底,金华市有注册护士5133人,占全市卫生技术人员总人数的30.29%。

1952年9月,省卫生厅根据党中央关于整顿中等技术学校的方针,召开了全省中等医学教育座谈会,制订了浙江省中等医学教育整顿方案,决定将浙江省立高级医事职业学校护士科、广济医院(即今浙江医科大学附属第二医院)护士学校、仁爱医院(即今杭州市红十字会医院)护士学校、浙江省立杭州医院(即今浙江省中医院)卫生学校护士科、杭州市民医院(即今杭州市第一人民医院)助理护士训练班等5个单位合并,成立护士学校。12月1日,卫生部正式批准成立浙江省杭州护士学校。浙江省有了第一所独立的、培养正规护理人才的中等专业学校。自建校至1999年,学校为省内外各级医疗卫生单位培养13000余名合格的中等卫生技术人才,包括护士、助产士、医士、营养士、药剂士等卫技人才。

1958年初,省卫生厅批准,浙江医学院在四个附属医院创办护士学校,按照每个医院不同的侧重点来有计划地培训学员,浙江省妇幼保健院侧重培训助产士。

1963年,杭州肿瘤医院(现浙江省肿瘤医院)建院,护理工作由护理干事王霓仙全面负责,根据卫生部《综合医院工作职责》规定了护理人员的工作职责,制定了护理制度,如病区护理管理制度、交接班制度、卫生工作制度、查对制度、级别护理制度等。随着护理工作范围的拓展,各项护理制度逐步建立,先后制定及完善了消毒隔离、医疗护理文书书写制度、陪客探望等制度,这些管理制度成为护理管理的重要依据,同时全面修订了护理人员岗位职责,使不同岗位、不同班次的护理职责进一步明确。1966年"文化大革命"开始,医院护理机构瘫痪,实行病房负责人统一管理,护理工作由医院办公室兼管。"文化大革命"结束后,医院恢复护士长负责制。1978年,成立护理部,建立了总护士长负责的二级管理的医院护理系统,建立和健全了护理工作制度,如护士长夜查房制、护士排班方式、工作岗位责任制、差错登记制、饮食管理制,进一步强化了病房管理制及交接班制度的落实。陈信恩被任命为总护士长,冯文娟被任命为副总护士长。1984年6月,改总护士长称呼为护理部主任,形成了相对独立的护理组织系统,成立了护理质量检查小组,规范了护理质量检查制度,建立了护士考核制、业务档案、晋升考核制度,统一了护理书写的方式,在临床中推行岗位责任制的护理模式。1991年始,浙江省肿瘤医院护理部实行三级护理管理制,在妇科和放疗科设大科护士长,实行护士长工作质量考核制,护士医德医风及工作质量考评制,每季进行一次考核,通过自评、互评,护士长评、护理部评,与年度的考评结合。1994年,医院增设外科护士长,为加强护理质量控制工作,制定了差错事故防范制度,建立护理质量控制小组,分别对服务态度、护理书写、物品管理、消毒隔离、病房管理、重病护理等实行质量控制。1998年，整体护理病区试点工作开始，病区护理工作以病人为中心，护士对患者生理、心理、社会、文化、精神等方面进行系统化整体护理。20世纪90年代后期，医院在临床开展了整体护理工作模式试点，围绕具体实施过程制定了以护理程序为核心的护士职责和护士行为评价标准。编制标准护理计划和标准健康教育计划。设计各种护理表格。制定相关的护理质量评价体系。2000年，医院实行每日护士长夜查房制度，制定了肿瘤护理常规制度，修订并落实新护士规范的岗前培训制度。2001年，进一步推行护士长工作考评制度，护理工作奖罚制度、实行护士长竞聘上岗制。2002—2003年，随着医疗体制的改革，新的《医疗事故处理条例》等相关卫生工作法律法规出台，护理部对以前制定的各项制度进行了重新修订，使各项管理制度不断完善，前后制定了护理安全管理制度、护理综合管理细则、护理教学管理细则、护理服务程序管理细则、计算机医嘱系统工作程序、化疗防护管理制度等。2004年至今，医院陆续推出持续质量管理理念，新增订了护士行为素质考核细则、加床病人管理制度、护理质量管理细则、重危病人申报及护理质量检查制度、住院病人褥疮、跌倒评估制。逐步完善了护理部工作制度，对进修人员的管理、护士休假管理、外出学习管理均有相关规定。实行责任组长竞聘上岗制，同时成立了质控督导、安全护理、护理教育、伤口护理、心理护理五个护理质量控制小组，统一印制了护理管理核心制度、专科疾病护理质控细则、临床护理应急预案、重要护理操作前后的告知程序、护理质量管理关键过程流程、护理投诉处理程序等临床护理工作程序。截至2008年，护理部制定的各项制度42个，各级护理人员职责37个，科室护理管理程序18个，从而使各级护理人员职责明确，各项工作有章可循。杭州肿瘤医院建立时护理人员仅有30余人，除少数经过专业培训外，大多是从省市各医院抽调来的护士。1964年到20世纪70年代后期，医院业务逐步展开，随着病区的增加，中专毕业护士陆续分配来院，护理人员增至80多人。1989年，浙江省肿瘤医院护理人员增加到162名，其中副主任护师1名，主管护师36名，护师45名，护士80名。1990—1999年，增加护理人员140多人，医院的护理人员数达260余人。2008年7月，护理人员达到510名。据统计，至2007年12月，浙江省肿瘤医院具有护理本科文凭的有52人，占10.8%，大专文凭270人，占56.3%，中专文凭158人，占32.9%。其中副主任护师13人，主管护师117人，护师215人，护士162人，护理员3人。

1982年，金华地区中心医院儿科护理小组获“浙江省先进护理小组”称号。

1983年4月4日，省卫生厅科教处印发《关于委托中华护理学会浙江分会开办内外科、儿科护理进修班的通知》，要求：遵照省政府指示精神，省卫生厅研究决定委托中华护理学会浙江分会开办内外科、儿科护理进修班，邀请美国新泽西州西东大学护理学院两位教师前来任教。开班日期在4月18日，时间2周。学员为在杭医疗单位的具有护师职称以上的护理人员，年龄在45岁以下。学员半脱产学习，每天下午听课，上午在单位内工作。办班经费由省卫生厅统一安排。1983年12月，湖州市第一人民医院护理部主任邹瑞芳获卫生部授予“全国卫生先进工作者”称号。

1984年4月13日，省卫生厅医政处印发《关于给我省从事护理工作满三十年的护理工作者颁发“荣誉证”的通知》，要求：向从事护理工作满30年的护理工作者颁发“荣誉证”，体现了党和政府对广大护理工作者政治上的关怀。荣誉证颁发对象:(1)至1984年4月底,从事护理工作(包括临床护理、助产、供应室、理疗等以及护理教学、护理行政)连续或累计满30年,现仍在护理岗位工作的人员。(2)从事护理工作满30年后,现已退休、离休的人员。(3)1954年秋季护士专业毕业,一直从事护理工作人员。

1985年5月10—12日,省卫生厅在杭州召开全省护理工作座谈会。参加座谈会的有中华护理学会浙江分会和地市分会的理事长,部分省、市、地、县医院的护理部主任,浙江医科大学和杭州护校的代表等35人。省卫生厅医政处印发《关于印发全省护理工作座谈会纪要的通知》,座谈会对浙江护理工作的发展和成就达成共识:一是护理工作进一步受到了党和政府的重视,各级医院逐步健全了护理指挥系统,建立和落实了以岗位责任制为中心的各项规章制度。二是护理队伍的业务素质有了较大的提高。广大护理人员努力学习护理专业知识,钻研护理技术。据不完全统计,全省有40篇护理工作论文和28篇译文在全国性会议和杂志上交流。三是护理工作在提高医院管理水平中发挥了积极作用。不少医院实行护理责任制,做到既有对病人的机体护理,也含整体的精神护理,从而提高了护理质量。四是省护理学会发挥了行政部门的参谋助手作用。经常向上级领导提出加强护理工作的建议,举办各种类型学习班,技术竞赛、抢救表演等活动。为浙江省培养提高护士素质,加强护理工作科学管理取得较大的推动作用。

1986年4月12日,浙江省高等教育自学考试指导委员会、省卫生厅联合发文《关于举行中等医学教育护士专业自学考试的通知》,要求:开展中等医学教育护士专业自学考试。省卫生厅成立中等医学教育自学考试领导小组,在省卫生厅中等医学教育自学考试领导小组的统一组织领导下,协助高等教育自学考试指导委员会拟定护士专业自学考试计划,课程、自学考试大纲及临床实践考核内容,确定教材、组织命题、考试、阅卷、登分、建档,发放单科合格成绩证明,指导实际技能考核,以及考籍管理等工作。护士自学考试专业指导学校为杭州护士学校。

1987年3月9日,省卫生厅发文《关于加强我省护理建设的报告》(以下简称《报告》)。《报告》指出:据1985年底统计,全省县及县以上医院共有病床43755张,护理人员16948人。全省区乡卫生院共有病床43755张,护理人员7549人。根据1975年卫生部对县及县以上综合医院的人员编制要求(其中区、乡卫生院的病床与人员之比为1∶1.3),尚缺护理人员16070人。护理队伍不仅数量严重不足,而且人员素质较差,具备大专学历约1%,其中一半以上已调离护理岗位和已接近或超过退休年龄。因此,加强浙江省护理队伍建设,特别是切实解决护士数量严重不足问题,已越来越成为浙江省医疗卫生工作的当务之急。《报告》要求:(1)认真宣传护士的优秀事迹,使全社会尊重护士的劳动,切实提高护士的地位。(2)除了继续采取多层次、多渠道、多形式的办学形式,要求省政府增加中等卫校的招生指标,使招生数尽速达到每年3000名,并每年招收职业高中班1000名。(3)争取集资及卫生部补助外,要求省政府能拨专款300万元,主要用于修建、扩建教室、实验室,添置教学仪器。学生宿舍等教学用房。“七五”期间新建10所医院办护校。(4)各地在扩大医院规模、发展病床时,必须同时考虑护士及其他卫技人员的来源。(5)搞好护士自学考试,鼓励更多的初级护理人员自学成才，并在此基础上举办护理的高层次教育，培养一批护理专业的业务带头人。

1988年3月9日，省卫生厅印发《关于浙江医科大学高级护理专业招生的通知》(以下简称《通知》)。《通知》指出，浙江医科大学三年制高级护理专业1988年单独组织招生，招收省、市(地)县医院中具有3年实际护理工作年限(1985年8月31日前参加工作)，年龄在28周岁以下(1960年9月1日后出生)，市地以上劳动模范、先进工作者、优秀护士可放宽到30周岁(1958年9月1日后出生)，身体健康(非孕期和非哺乳期)，热爱护理工作，服务态度好的中专毕业在职护士(具备中专毕业学历)。招生名额为30人，由市(地)卫生局按招生名额与报考人数至少1∶3的比例，选拔报考人员。考试科目为政治、语文、物理、化学、医学综合专业基础(生理、病理、基础护理)、英语(参考分)。考试时间为6月28—30日。考试地点在浙江医科大学，试题按浙医大成人高考的相应教材、大纲的要求命题，经省招生办公室审定，必要时可由浙医大进行面试。学习期间的工资与福利参照干部专修科规定，由选送单位负责，毕业后回原单位工作。浙江医科大学为了保证新生入学质量，准备举办考前复习班，时间为4月5日至5月23日，开设课程为政治、语文、物理、化学、医学综合专业基础(生理、病理)、基础护理，教材为成人高考复习用书和现行中专护理专业教材。

1988年，绍兴市人民医院成立护理咨询门诊，全年接诊6137人次，为长期卧床不起、年老体弱、中风瘫痪、晚期癌症病人上门送医送药。1990年，宁波全市护师以上1370名(市区751名)，其中副主任护师1名(市区)，主管护师218名(市区138名)，护师1151名(市区612名)。

1990年10月19日，省卫生厅印发《关于成立浙江省护理中心的通知》，指出：浙江省护理中心的主要任务是，了解全省护理队伍及护理工作开展情况，负责全省临床护理质量控制工作的组织和管理，制定护理工作质量标准，开展临床护理科研和护理人员的技术培训，制定全省护理工作发展规划和逐年实施计划。浙江省护理中心设在浙江医科大学附属第一医院内，由医院统一领导，业务工作接受厅医政处指导，今后各地有关护理业务工作，可直接与该中心联系。

1991年11月6日，省卫生厅发文《关于公布护理骨干医院及康复骨干医院的函》，护理骨干医院名单：杭州市第一医院、丽水地区医院、嘉兴市第二医院、台州地区医院、湖州市第一医院、温州医学院附属第一医院、绍兴市人民医院、金华市中心医院、宁波市第二医院、衢州市人民医院、舟山市人民医院。骨干医院的任务是：了解、掌握本地区本专业开展临床工作的状况，督促各项工作的规范落实，指导开展室内质量控制工作，组织室间质量评价活动，开展本专业技术人员的培训和临床科研技术交流等工作。

1992年4月14日，浙江省高等教育自学考试委员会、省卫生厅联合发文《关于开考高等教育护理专业自学考试及组织护理人员参加学习的通知》(以下简称《通知》)。《通知》指出，高等教育护理专业自学考试在浙江省高等教育自学考试委员会统一领导下进行。浙江省高等教育自学考试委员会负责制订该专业的考试计划、课程考试大纲、选定教材，组织命题、考试、评卷、登分、统计及考籍管理等工作，各地高等教育自学办公室按统一部署，组织实施本地该专业开考的各项工作。省卫生厅和各市地卫生局负责该专业自学考试的宣传发动和助学辅导各项工作。浙江医科大学为该专业自学考试的主考学校，主要负责该专业的命题评卷、实践性环节的考核及毕业证书颁发等工作。凡报考该专业自学考试的护理人员，应持身份证或户口簿和单位介绍信向当地卫生局登记。由当地卫生局在规定时间内向当地自考办办理集体报名手续。各地考办一律不得接纳个别报名。参加该专业自学考试取得单科课程合格，由浙江省高等教育自学考试委员会颁布课程合格证书。取得计划规定的全部课程考试和考核合格，思想品德经鉴定符合要求者，由浙江省高等教育自学考试委员会和主考学校联署颁发毕业证书。该专业定于1992年下半年首次开考，考试时间为每年的4月末、10月末，全部课程三年考完。

1993年，卫生部颁布《中华人民共和国护士管理办法》，浙江省肿瘤医院推行了护士执业考试制度。1996年开始招聘临时合同制护士，至2008年达到119名。2000年，开始招聘护理本科生。2001年起，招聘护理专科生。2003年，医院要求来院护士起点为护理专科生。

1994年，绍兴市人民医院对新护士和士级职称的护士实行生活护理量化考核，并与转正、职称晋升挂钩，促进了基础护理质量的提高。1996年，对新上岗护士进行岗前培训及理论操作考试，举行隆重的授帽仪式。

1994年11月10日，省卫生厅发文《关于公布“浙江省中医护理技术操作竞赛”获奖名单的通知》，提出：浙江省中医护理技术操作竞赛于9月21—24日在杭州举行，来自全省11个市地及3所三级中医医院的25名选手参加了理论考试和实际技术操作，决出一等奖1名，二等奖3名，三等奖6名，优秀奖15名。浙江省中医院俞霁获一等奖，杭州市中医院林燕、温州市中医院周建丽、萧山市中医院蔡真理获二等奖，钱美玲等15人获三等奖。

1995年，浙江省肿瘤医院为提高护士的整体素质，制订护理岗位形象标准、文明用语及行为举止规范的内容，并每季发放病人征求意见表来改进护理工作。同时根据省卫生厅《护理管理规定》的要求，重新对相关的制度进行了修订及补充，进一步明确各级护理管理者的职责，对临床交接班也做出详细的要求。

1995年6月，经中国红十字会推荐，湖州市第一医院护士长邹瑞芳荣获国际红十字会授予的第35届南丁格尔奖章。

1995年9月5日，省卫生厅印发《关于做好首次发放护士执业证书和注册工作的通知》，提出：根据《中华人民共和国护士管理办法》和《浙江省护士管理办法实施细则》，浙江省于9月1日起进行护士执业证书发放和注册工作，注册机关按照《细则》第十三条规定，护士注册工作按隶属关系划分，在杭的省级医疗单位的护士由省卫生厅注册，地市级医疗单位的护士由地市卫生局注册，厂矿区及其他部门医疗单位的护士由所在地卫生行政部门注册。护士注册资格认定获得《办法》和《细则》第七条规定的免考资格，即《办法》实施前从事护理工作已取得护士及护士以上技术职称者，以及护士执业考试合格者，由注册机关统一填好《护士执业证书》并同《注册申请表(二)》以市地为单位汇总寄省卫生厅，经审查合格统一编号后发给《护士执业证书》，已发的注册表(一)和健康证明由注册机关保存，对在非护理岗位工作的护理人员不予注册。护士注册收费按照国家计划委员会财政部计价格〔1995〕98号文件规定，首次注册8元，再次注册4元。

1996年10月28日，浙江省教委浙教高字〔1996〕第445号文批准，浙江中医学院增设中医高等护理专业，学制 3 年。1997 年 4 月，成立护理教研室。1999 年，申报护理学本科专业。经批准，浙江中医学院于 2000 年秋季开始招收培养护理学本科学生(四年制)。1999 年 5 月 18 日，浙江中医学院党委决定成立护理系(筹)，并按学院下属独立系建制运作。2000 年 3 月 14 日，浙江省教育厅发文决定，浙江中医学院设立生物科学、公共事业管理、药物制剂、护理学 4 个本科专业。

1997 年，浙江省肿瘤医院成立卫生事务中心，解决各病区护士经常外出送验、陪护等问题，让护士有更多的时间照护病人。2003 年，组织 11 名护士长参观杭州市三院护理服务改革先进经验后，开设了护理专家咨询门诊，年门诊量 300 余人次，满足了患者康复要求，拓宽了护理服务。两次编著《住院病人须知》，发放到各病室，加强了护理健康宣教与护患沟通。

1997 年 12 月 31 日，省卫生厅医政处上报卫生部医政司《浙江省实施整体护理情况汇报》，称：近两年来，先后组织全省县以上医院护士长及护理骨干，认真学习了国内外开展整体护理及建立模式的做法和经验，再通过试点取得初步经验的基础上，在二、三级综合医院内开展整体护理模式的病房的改革。迄今，浙江省三级综合医院已全部开设了整体护理模式病房，90%以上的二级综合医院开展了此项工作。1997 年，浙江省医院广泛开展创建“示范文明医院”和“争创全国百佳医院”活动。在全省“示范文明医院”基本标准中，把整体护理列为 15 项基本标准之一，并组织人员制定模式病房基本标准和考核标准。自 1995 年下半年至 1997 年，全省共举办了 4 期整体护理培训班，有 400 多名来自各地市医院的护理骨干参加，同时还组织省、市级医院的护理部主任赴沈阳、大连、济南等兄弟省市医院参加学习，协作网医院和浙医大一院、二院积极主动承担培训带教人物，有计划地安排一些护士长跟班学习。1997 年，浙江省分别于 1 月、6 月进行了两次规模较大的医疗质量检查，在这两次检查中，护理工作在医院的地位和作用得到的体现，单列护理质量为一个部分，加大权重定数分配，占总分的 12.26%，改善医护患关系，提高护理质量，调查表明病人对护理工作的满意度为 91.25%。1997 年年底前，在对医院行风和职业道德建设进行检查时发现，病人对护理工作的满意度达到 95%以上。

1998 年 3 月，卫生部医政司发文《关于上报 1997 年整体护理有关情况的函》。省卫生厅医政处上报的情况如下：省市级整体护理指导组成立，全省整体护理协作网还无，开展整体护理试点的医院共有 106 所，其中三级医院 24 所，二级医院 82 所，共建模式病房 273 个。1997 年，省卫生厅举办整体护理培训班 2 次，共培训 250 人，省学会或地市卫生局举办整体护理培训班 16 次。1998 年初，组织省护理中心的部分专家，对几个地区的二、三级医院就开展整体护理情况作了摸底调查，从调查的情况来看，全省开展整体护理的形式还是比较好的，特别是社会对医院的综合满意平均度达到 96%～100%。尚存在的问题有：(1)按卫生部有关要求护理人员数尚未到位。(2)模式病房护士数增加，造成医生与护士之间奖金分配上的矛盾。(3)护理人员的素质还待进一步提高。已采取的措施有：(1)要求支持系统密切配合，保证送货上门，以减少护理人员外出次数，有更多的时间用在病人身上。(2)由院领导协调，补足模式病房增加人员的奖金额度，减少医护之间的矛盾。(3)加强对护理人员的补缺型教育，计划将采取多种形式对各级护理人员进行培训(部分计划已实施)。(4)浙江省已将对整体护理的质量评价标准纳入第二周期的医院评审标准。同年，浙江医科大学附属儿童医院李忠丽护士被评为全国模范护士。

1998年6月23日，浙江省中医管理局发文(浙中发〔1998〕23号)通知成立“浙江省中医整体护理专家指导小组”由浙江省中医管理局的张瞳玲等全省各医院护理工作负责人19人组成。

1999年起，浙江大学医学院附属第一医院培养ICU专科护士、急诊专科护士、糖尿病专科护士、脏器移植专科护士、伤口造口专科护士、腹膜透析专科护士、肿瘤专科护士、静脉输液专科护士、疼痛管理专科护士、血液净化专科护士、手术室专科护士。借鉴护理研究生教育模式，组织专科护士参加护理科研培训、研究生开题报告，让专科护士对护理科研的学习和实践有了感性和理性的认识。制定专科护士临床培训基地师资培训计划，根据其教学资格和综合能力承担教学任务，定期使其接受相关的系统培训。

2000年，金华市中心医院外一科护理组荣获“全国十佳巾帼建功示范岗”称号。

2000年8月2日，省卫生厅发文《转发卫生部关于医疗机构改革中加强护理工作的通知》，结合浙江省实际，提出以下意见：(1)各级卫生行政部门和医疗机构应充分认识护理工作在整个医疗工作中的地位和作用。(2)各级医疗机构的护士数量和人员结构必须按“整体护理”要求配备，使病房床位与病房护士之比不得少于1∶0.4。(3)加强社区护理及老年护理等护理工作。(4)要积极探索护理人事管理制度的改革，完善护理管理体制。(5)加强护理队伍和学科建设。同时，要加强护士的职业道德教育，通过“5·12”国际护士节及举行多种形式的活动，倡导关爱生命、救死扶伤的人道主义精神，为患者提供高品质的护理服务。

2001年，绍兴市人民医院各病区每个护士包干一定床位与病人沟通，进行健康教育，制定《护理人员语言行为服务规范》，编写《绍兴市人民医院护理病历书写规则》。在全院开展护理疾病查房，每季1次。每月召开护理缺陷分析会议，讨论、分析差错发生的原因，落实整改措施。开发护理管理计算机辅助决策系统软件。实施全院护理人员档案的计算机管理和院、科二级护理质量计算机动态分析。护理部配套出台《绍兴市人民医院护士规范化培训方案》。

2001年5月29日，浙江省高等教育自学考试委员会、省卫生厅联合发文《关于开考高等教育自学考试护理专业(本科段)的通知》，提出：省卫生厅与省高等教育自学考试委员会商定从2002年上半年起在浙江省开考高等教育自学考试护理专业(本科段)，该专业执行全国考委统一制订的专业计划，并根据浙江省社区性服务需求，增加一门《全科医学导论》。护理专业本科段自学考试在浙江省高等教育自学考试委员会领导下进行。浙江省高等教育自学考试委员会负责供应教材、大纲等学习媒体，组织命题、考试和评卷，颁发课程合格证书和毕业证书。各市、县(市区)自考办在统一部署下具体实施考务、考籍管理等工作。省卫生厅负责该专业自学考试的宣传发动和助学组织工作，根据实际报名人数统一向省自考办预订教材。大纲等学习媒体并负责对各地本专业考生的供应。各地卫生局和直属单位应在省卫生厅的统一领导下，认真做好宣传、组织发动及助学辅导工作，支持、鼓励本单位干部和职工报考。确定浙江中医学院担任该专业主考学校，参与命题评卷，负责实践环节考核，并在考生的毕业证书上附署。目前在岗的具有护士技术职务的专业人员，经所在单位审核同意后方能报考本专业，凡报考该专业者在毕业时必须已获得护理学专业专科毕业证书。该专业自学考试于2002年上半年首次开考。

2004年，浙江大学医学部停止护理本科招生，改为招收护理学研究生。同年，绍兴市人民医院在全院开展有创治疗、手术“牵手服务”等活动。对出院病人发放护患联系卡和电话回访，延伸了护理服务。2005年，绍兴市人民医院开展护理风险管理和安全管理教育，实施护士长和护理骨干到ICU和急诊科轮训的举措，倡导年轻护士参加本科学历教育。

2005年4月29日，卫生部、中华全国妇女联合会、总后卫生部联合发文《关于表彰全国卫生系统护理专业“巾帼文明岗”“巾帼建功”标兵的决定》，授予北京协和医院护理部等224个集体全国“巾帼文明岗”称号，其中有杭州市余杭区第一人民医院急诊护理组、杭州萧山中医院内科护理组、湖州市第一人民医院护理部、义乌市中心医院急诊科护理组、舟山市第三人民医院儿科护理组、兰溪市人民医院三病区护理组；授予丁英等149名护士全国“巾帼建功标兵”称号，其中有浙江省肿瘤医院放疗科戴勤、浙江大学医学院附属第二医院急诊科陈海莲、瑞安市人民医院护理部王小玲、嘉兴市第一医院外科马燮峰。2009年5月4日，卫生部、全国妇联、总后勤部卫生部联合印发《关于表彰全国卫生系统护理专业“巾帼文明岗”和“巾帼建功标兵”的决定》，授予北京大学第一医院肾内科等132个集体全国“巾帼文明岗”称号，其中有浙江省人民医院九病区护理单元(骨科)、浙江大学医学院附属第一医院骨科病房、浙江大学医学院附属第二医院护理部、绍兴市人民医院急诊科护理单元；授予黄杰等269名护士全国“巾帼建功标兵“荣誉称号，其中有浙江省人民医院手术室护师李霞、浙江大学医学院附属第一医院体检中心主管护师孙婷、浙江大学医学院附属第二医院手术室护师冯伟琴、浙江省中医院手术室护师沈亚琴、温州市第二人民医院干部病房副主任护师吴文略、金华市中心医院泌尿外科主管护师魏丽芳、台州市第一人民医院手术室主管护师王飞�、湖州市中心医院护理部副主任护师陆关珍、富阳市人民医院妇产科主管护师项铃。

2008年7月27日，省卫生厅印发《浙江省实施〈中国护理事业发展规划纲要(2005—2010年)〉方案》(以下简称《方案》)。《方案》指出，总体目标是到2010年，全省形成与卫生强省相适应，与医疗技术同步发展的护理服务体系，护理人力资源科学合理配置，护理队伍整体素质提升，护理服务质量和专业技术水平提高，护理管理科学化、规范化、护理服务质量和专业技术水平提高，护理管理科学化、规范化，护理服务范围得到拓展，各项护理工作指标位居前列，较好满足社会公民日益增长的护理需求。具体指标是：(1)到了2010年，全省每千人口护士数达到1.7人，在职注册护士总人数超过8万人。(2)各级各类医疗机构护士持证上岗率达到100%。注册有效率达到100%。(3)2010年底，全省三级医院实际开放床位与在岗护士数之比达到1∶0.75，普通病房实际开放床位与护士数之比达到1∶0.45。二级医院实际开放床位与在岗护士数之比达到1∶0.65，普通病房实际开放床位数与护士数之比达到1∶0.4。重症监护病房、手术室实际开放床位(手术台)与护士数之比达到1∶3。(4)2010年底，全省在职护士学历比例力争达到中专占40%、大专占50%、本科及以上占10%左右的结构比例。其中三级医院中具有大专及以上学历者不少于护士总数的70%，本科及以上学历者不少于护士总数的20%。二级医院中具有大专及以上学历者不少于护士总数的50%，本科及以上学历者不少于护士总数的8%。三级医院高级职称护师占护士总数5%以上，二级医院高级职称护师占护士总数的2%以上。(5)到2010年，二级以上医院基础护理合格率、专科护理合格率、护理书写合格率、住院病人满意率均达到95%，护理技术操作合格率、护理措施落实率、抢救设备完好率达到100%。以出院病人人次计算的护理并发症(因护理原因引起的褥疮、坠床、烫伤等)控制在0.3%以下。以护理为主要原因所致的医疗事故(经省、市级医学会鉴定)占总数的比例少于5%。(6)2008年底前，建立省级专科护士规范化培训基地5～8个，建立省级护理管理人员规范化岗位培训基地2～3个。到2010年，二级以上医院主要和重点科室有专科护士，有条件的三级医院设临床护理专家。二级以上医院90%的护理部主任、50%的护士长完成一轮规范化岗位培训。(7)到2010年，护理管理科学化程度提高，三级医院逐步实行护理人员按职上岗，二级医院开展按职上岗试点。实现护理人力资源管理信息化，全省护士资格可上网查询。开发医院护理管理计算机软件，护理管理效率提高。(8)到2008年，二级以上医院新护士上岗培训率达到100%，护士、护师参加学历教学或规范化培训率达到100%，主管护师以上人员参加继续教学覆盖率达到85%。(9)护理科研数量和质量有明显提高，五年间在国家级护理杂志上发表的护理论文数量居全国领先水平。(10)到2010年底，城市社区卫生服务中心达到每名执业医师至少配备1名注册护士，其中至少具有1名中级以上任职资格的注册护士。二级以上医院开展对社区护理的业务指导、业务培训。建立社区护理规范化培训体系，社区护士岗位培训率达到90%。

2009年，浙江省母婴护理专科护士基地获批在浙江大学医学院附属妇产科医院设立。

2009年6月，经中国红十字会推荐，浙江省皮肤病防治所上柏住院部护士长潘美儿荣获第42届南丁格尔奖。

2010年2月23日，省卫生厅办公室转发《卫生部关于加强医院临床护理工作等文件的通知》《卫生部关于印发〈住院患者基础护理服务项目(试行)〉等三个文件的通知》和《卫生部办公厅关于印发〈2010年“优质护理服务示范工程”活动方案〉的通知》，同文附发省卫生厅制订的《2010年浙江省“优质护理服务示范工程”活动方案》，要求认真执行。

2010年10月15日，浙江大学医学院附属第一医院护理教育中心主任王薇获全国泌尿外科首届“护理天使奖”。

二、护理制度

护理制度与岗位职责是护理工作有序、安全的保证。在浙江，护理制度始建于20世纪50年代初，其后经历了护理常规、分级护理制、责任制护理、护理质量控制等阶段，与此同时，各级卫生行政机构对护理制度的内容都制定了强制性规范，以保障医疗安全。

民国34年(1945年)至1950年，浙江省立绍兴医院的护理工作除遵医嘱为病人治疗外，强调做好病人的生活护理，除病危患者外，均无陪人。1952年，初步制定护理常规，实行护理报告制，病房逐步实行巡回护理，妇产科、内科、外科先后建立了分级护理制，设立治疗室，为术前病人备皮，对行动不方便的病人则使用治疗车到病人床前治疗、换药、注射等，当时学习苏联经验,注重实行保护性医疗制度。1953 年,全院夜班护理报告改为分科报告,并将报告保存在病历中。1954 年,实行三级护理制度和交接班制度,加强对危重病人的护理,施行分班(护理班、治疗班、主班)负责制,制订各班工作细则和每周工作细则。1961—1962 年,绍兴第一医院修订内科、外科、儿科、妇产科护理常规,护士长每周组织本科护士进行业务学习,落实护理操作常规,开展护理基本功训练,并经常组织外出参观,对危重病人进行护理查房和护理会诊。医院建立住院药房以后,抽调 2 名护士在药房排药。病房实行托盘送药和查对制度,为病人送药到口。1966—1972 年,医院实行医护"一条龙"制度。医生、护士共同做医疗护理工作,大批护理人员抽调参加血吸虫病防治工作或下放区、乡卫生院。1972—1973 年,医院新增加护理人员 37 人,逐步恢复各种规章制度,并加强了对陪人的管理,建立了探、陪制度和座谈会制度,制订了住院规则,加强基础护理工作,各病区建立抢救室。1979—1980 年,绍兴市人民医院实行岗位责任制,建立护理三级负责制(即护理部主任、科护士长、护士长),执行三级护理制,实行护士长夜查房制,加强基础护理和巡回护理。1983 年,医院在内二病区首先推行责任制护理。1984 年,实行护理工作定员管理、制度管理,内、外科定员与床位比为 1∶5,小儿科 1∶4,五官科(无陪区)1∶5,供应室以每 40 张病床配备 1 名工作人员,全年进行护理质量检查 6 次,做到边检查、边改进,进一步提高护理质量,统一护理书书格式和操作标准,并建立每周一次的护士长例会制。1986 年,以文明医院 100 条为内容,整理各级护理人员的职责及工作程序,制定护理质量标准,严格无菌操作,注意护士仪表等工作。1989 年,责任制护理在全院开展。1996 年,医院增设 10 病区,建立护士长总值班制度,加强夜间巡视、指挥、协调工作。2002 年,实行护士长领导下的护理组长负责制,各护理组人员实行弹性工作制,全院大部分科室实行双人夜班通宵制。

20 世纪 50 年代,宁波市各医院护理推行保护性医疗和无痛注射。20 世纪 60 年代,宁波市各医院建立护理常规。1978 年,宁波市各医院制定专科各种疾病、手术护理常规。1984 年起,宁波市第二医院内一病区、市第一医院三、九病区试行责任制护理,由功能性护理转为责任制护理。

20 世纪 80 年代,浙江医科大学附属第一医院护理管理体制由护理部垂直领导与科主任负责制相结合。80 年代起规范各项规章制度,实施目标管理,制订了护理管理质量标准具体实施细则,作为各种检查、质量竞赛内容,如周查、月查、季评。20 世纪 90 年代,浙江医科大学附属第一医院实行护理垂直管理体制,即在院长的直接领导下,设立分管院长直接指导护理工作,并构建护理部主任—科护士长—护士长三级护理管理体系。

1980 年,金华地区中心医院率先实行住院病人无陪客制,开展责任护理,推行 45 度翻身法。1982 年,金华地区中心医院护理模式由功能制向责任制护理转变。1992 年,金华市所有医院护理实行全面质量管理,建立三级质量管理体系,专科护理和护士急救技能有明显提高。

1986 年 10 月 22 日,省卫生厅印发《关于贯彻执行〈浙江省护理管理规定〉的通知》(以下简称《通知》)。《通知》指出:《浙江省医院管理若干规定(第四分册)(〈浙江省护理管理规定〉)》适用于全省各级各类医院,自 1987 年 1 月 1 日起正式执行。《浙江省护理管理规定》内容涉及护理人员素质要求、护理工作的组织管理、科室护理单位的管理要求、医院护理管理制度、评定医院护理质量标准护理队伍建设与管理。《浙江省护理管理规定》指出护理人员应具备的职业素质要求可归纳为:同情、敏锐、冷静、严肃、开朗、无私、勤快、求实16个字。《通知》要求:(1) 护理部应设护理部主任,300床位以下不设护理部的医院设总护士长,在院长的领导下负责全院的护理工作。(2)医院应建立护理部主任、科护士长、护士长三级负责制,或总护士长、护士长二级负责的指挥系统。(3)门诊部科护士长受护理部门和门诊部主任的双重领导,负责领导整个门诊护理工作。(4)科护士长在护理部主任领导和科主任的业务指导下负责全科护理工作的领导。(5)病房护士长是病房的具体组织者和领导者,在护理部主任和护士长的领导下,及科主任的指导下进行工作。(6)未设科护士长的科室护士长直接由护理部领导。(7)夜班总护士长受护理部的直接领导。

1992年9月12日,省卫生厅办公室发文《关于印发〈浙江省临床护理质量评分标准〉》。该文指出:为了进一步提高全省护理工作质量并使之规范化,标准化,省卫生厅委托浙江省护理中心编写了《浙江省临床护理质量评分标准》,该标准适用于县级县以上医院(中医院除外),并作为今后医院分级管理的评分依据,从1992年11月1日起遵照执行。

1996年,浙江省肿瘤医院建立了化疗配制室,对化疗药物实行统一集中配制,制定了相关的化疗药物配制制度。

1999年5月20日,省卫生厅发文《关于开展整体护理推进护理改革的意见》(以下简称《意见》)。《意见》要求:各级卫生行政部门和医疗单位的领导要提高护理工作在整个医疗工作中重要地位的认识,转变重“医”轻“护”的思想,重视关心护理工作,及时协调解决护理管理工作中的重大问题。卫生行政部门要配备护理管理人员,各医院的领导要求把整体护理工作真正摆上议事日程,纳入医院工作计划。院长办公会每年至少有两次以上专题研究护理工作,至2000年底,要求二级以上医院要有30%以上的病区开展整体护理模式病房试点工作,有条件的二级甲等以上医院可设护理副院长。二级甲等以上医院要建立健全护理部主任、科护士长、护士长三级护理负责制,其他医院要建立总护士长、护士长二级护理负责制。研究制定与之相适应的工作制度、工作程序,不断完善保障机制、管理措施和评价体系,逐步建立健全严格有效的整体护理质量管理标准和评价指标,开展科学评估并及时总结经验,不断改进工作。加强护理人员的业务技术培训和职业道德教育,全面提高护理人员的整体素质。要加强引导和鼓励护理人员安心护理工作岗位,加强对护理人员理想、道德、情操的教育和职业责任,职业道德、执业纪律教育,提高思想道德素质,弘扬无私奉献精神,树立护理行业新风。采取有效措施,解决重点问题:(1)各级医疗机构不得使用未经注册的护士从事护理技术工作,护士必须依法执业并持证上岗。(2)各级医疗机构要根据卫生部“综合医院组织编制原则试行草案”和其他有关规定,配备护理人员。整体护理病房床位与护士之比不得少于1∶0.4。(3)建立健全护工管理制度。对目前护士缺编严重的医疗机构,可以根据临床实际需要聘用护工,纳入临时工管理。对护工实行上岗位培训制度,培训重点是职业道德,医院基本工作程序、规章制度和污染、清洁、消毒、无菌的基本概念等。(4)确保辅助支持系统工作到位。在考虑人员、工作安排时,要从整体护理工作开展,保证护理质量出发,药、技、后勤、行政管理等系统的支持工作必须到位，各种物品下收下送到临床、服务到一线，从时间、技术上确保护理人力和技术最大限度的投入对病人的直接护理工作中。

2007 年，浙江大学医学院附属第一医院成立护理质量控制管理委员会，逐步建立 9 个专项质控小组，从纵向和横向两个方面进行质量控制，同时强化病区质控小组的自查功能，以查严查实和查细的原则对全院护理质量进行检查督导、分析反馈、整改评价，及时调整工作策略和优化护理流程，使护理质量得到持续改进。历年护理质量管理和控制方法具体过程：(1)成立护理质量管理控制委员会。(2)建立护理质量三级控制网络组织架构。(3)成立专项质控小组，提升护理质量。(4)多种管理工具的使用，如运用 PDCA 循环理论提升护理质量管理手段、引入品管圈(QCC)激活管理思路。(5)实行目标管理，使护理管理精细化，促进护理质量持续改进。(6)将 5S 管理工具引入病区管理的各个地方。(7)引入护理人员分级管理模式。(8)对薄弱环节重点环节制定相应的护理管理制度和应急预案。(9)实施护理安全管理策略，保证患者安全。(10)护理质量追溯与改进。

三、护理技术

护理技术与医疗质量、病人安危密切相关，涉及病人在诊疗过程中的病理变化、心理感受和生活质量。传统的护理技术重视诊疗时的技术操作和质量，21 世纪的护理技术体现人文精神，在技术操作的同时，强调做好患者的心理护理，保护患者的隐私，尊重患者的人格。

1959 年，绍兴第一医院儿科首创“尼龙针”头皮静脉输液，取代静脉注射困难小儿皮下或骨髓输液的传统方法，大大减轻了患儿的痛苦。经过 4 年实践，共为 4000 多名患儿进行了注射。《头皮静脉滴注方法》一文曾在 1962 年 8 月 15 日第 1083 期《健康报》刊登推广。

1963 年，杭州肿瘤医院建院时护理人员少，主要负责肿瘤患者的注射、输液、送药等治疗及护理和病区管理工作。另外，还承担着手术室、门诊、供应室、照光室及镭锭治疗室的护理工作，为照顾门诊病人的需求，开展了部分门诊留观护理工作。20 世纪 60 年代中后期，医院肿瘤临床护理工作仍以简单的执行医嘱为主，以完成生活护理为主要的工作内容。1978 年后，医院恢复了护理部，加强了对护理人员的基础理论、基本知识、基本技能的训练，开展了每月的业务培训、训练及定期考核制，逐渐展开的肿瘤专科知识的培训。病区护理工作也在逐步拓展，开始步入肿瘤预防宣教、护理教育等，利用工休时间开展肿瘤防治宣教。20 世纪 80 年代中期起，浙江省肿瘤医院护理业务范围拓展，更趋专业化，外科护理除常规外增加了结肠造口护理、肠内营养支持、皮肌骨瓣移植护理、术后疼痛护理等技术，妇外科的手术切口护理、会阴护理的改进促进了患者伤口愈合，提高了病人的舒适度。放疗护理从单纯的处理放疗后皮肤损伤、口腔黏膜反应到预防性的实施皮肤护理、口腔护理，为避免放疗后期并发症开展了功能锻炼指导，有效地提高患者的生存质量。化疗护理在新药的临床应用，用药方法上改进，采用各种输液泵使药物的输入更精确，同时化疗防护工作逐渐走向规范。1986 年，医院编制《常见肿瘤护理常规》，根据肿瘤专科发展的特色，1990—2005 年共 4 次修改，归并了四大科肿瘤专科护理常规，增加了新开展的治疗项目与护理常规 8 项，新的护理操作技术常规 5 项，细化了化疗防护、配制、外渗处理等相关规定。1987 年 6 月，医院开展新入院病人卫生处置工作。1995 年，开展套管针式深静脉穿刺置管术，一年内共开展深静脉穿刺置管术 960 人次，外周静脉置管术也同时进行。2003 年，开展了经外周静脉穿刺中心静脉置管与护理技术，为治疗提供了更合理的用药途径，有效解决了病人静脉使用与管理的难题。2004 年起，在提高专科护理水平的同时，更注重肿瘤病人心理护理、康复护理、姑息护理与临终关怀，建立了心理咨询门诊，由三名通过全国心理咨询师考试的护理人员主持，临床护理人员逐步掌握了高精尖设备的使用，在护理技术上能熟练开展深静脉置管术，心肺复苏术、电击除颤术、血流动力学监测、呼吸监测、肠外营养等先进技术，护理服务注重健康知识宣教，注重家庭、社区护理。

1984 年，浙江医科大学附属第一医院护理部汇编了《浙一医院文明服务常用语言》，全院护士人手一册，并开始使用《护士长手册》及全院统一《差错事故防范措施》。以后在原有制度基础上逐年修订完善了一系列规章制度——《浙一医院护理部若干规定》《护士长工作手册》《护理上岗培训手册》《护理工作流程再造》《护理操作规程与质量评价标准》《患者护理安全目标实施策略》《静脉输液安全维护手册》《造口伤口管理手册》《各类导管安全维护手册》《糖尿病安全护理手册》《护理工作应急预案》《护理部工作制度》等，有效地规范了临床护理行为，保证了护理质量和患者安全。1997 年起，浙江医科大学附属第一医院逐步倡导实施无缝隙护理质量控制，通过每季度护理质量整体检查与随机检查相结合的方法进行质控。

1988 年 6 月 18 日，省卫生厅发文《印发〈医院管理若干规定〉(第五分册 护理常规)的通知》。《通知》指出，该《规定》由省卫生厅医政处编制。《规定》概述了常用护理工作规范和标准技术，内容包括：常见症状及重症抢救护理常规、内科疾病护理常规、传染病护理常规、精神科护理常规、功能检查护理常规、普通外科护理常规、整复外科护理常规、烧伤外科护理常规、泌尿外科护理常规、胸外科护理常规、骨科护理常规、神经外科护理常规、皮肤科护理常规、耳鼻咽喉科护理常规、眼科护理常规、口腔、面颌外科护理常规、小儿内科护理常规、新生儿疾病护理常规、小儿普外科护理常规、小儿骨科护理常规、小儿胸外科护理常规、妇科护理常规、产科护理常规、新生儿护理常规、计划生育护理常规、妇产科护理技术操作规程。1988 年 10 月 1 日起作为护理工作常规在全省各级各类医院试行，并作为护理工作质量检查的依据。

1989 年起，绍兴市人民医院定期组织全院护士进行业务学习，各科室每周组织业务学习 1 次，对护士长进行管理知识考试，对其他护理人员每年进行 1～2 次护理业务理论考试和操作考核，每年举行 1 次护理技术练兵操作比赛。2010 年，医院 5 名护理骨干参加了国家级、省级专科护士培训，1 名护士获国际造口治疗师资质，周尧英、吕巧霞在绍兴市青年岗位技能竞赛中分别获得全市第一名、第二名，吕巧霞在浙江省青年岗位技能竞赛中获三等奖的好成绩。

1991 年，浙江省护理中心挂靠在浙江医科大学附属第一医院护理部，通过全省 11 个护理分中心的建设形成全省范围内的三级护理质控范围网络系统及全省护理专家库，主要负责全省的护理质量控制，制定浙江省一切以患者为中心的护理规范及准入标准、技术操作的质量考核标准、护理质量检查的考核标准等。基于 Donabedian's"结构—过程—结果"理论，建立并定期修订特殊科室的三级护理质量评价体系，包括急诊科、门诊、手术室、血液净化、

ICU、供应室等特殊科室护理质量检查标准及产科病房、儿科病房、新生儿病房护理质量评价标准。这些特殊科室的护理质量标准的建立，对各级医院实施规范化管理起了很好的导向作用，还编写并定期修订了《护理管理与临床护理技术规范》《病历书写规范》《内、外科护理常规》《急诊室护士手册》《ICU 护士手册》《手术室护士手册》《护理技术操作程序与质量标准(附(DVD)》《护士服务礼仪规范》《护理工作流程再造》等内容均作为全省护理工作指南。绍兴市人民医院强化基础护理、生活护理、心理护理，并严格控制陪人，注射、抽血实行一人一针一筒一带一巾，急诊室护士能独立进行气管插管操作，熟练掌握人工呼吸机、心电监护仪的使用。

2004 年 12 月，金华市中心医院胡桂芬负责的“自制密闭负压吸引器在喉癌根治术后应用效果研究”通过省级科技鉴定，为国内领先，并在多家医院推广应用。

第九章　教育科研

浙江的医学教育机构设置可追溯到南宋绍兴年间。元代至清末，浙江医学教育的主流内容为中医，教育模式有官办教育和民间的师承教育、家传教育。演变至现代，呈现为强化现代医学，扶持传统医学，并举学校教育、专科教育、继续教育、远程教育协同发展的繁荣局面。浙江的医学科研机构设置始于民国时期，在杭州先后创建了中国最早的医学研究机构——杭州热带病研究所和浙江省立卫生试验所。中华人民共和国成立后，浙江医学教育机构和医学科研机构如雨后春笋，医学高等院校为浙江乃至全国输送了大量人才，医学科研在基础医学、临床医学、预防医学、医学信息研究等方面成果迭出。

第一节　医学教育和机构

人类在与疾病斗争的过程中建立了医学，为了把长期积累起来的医疗经验传给下一代，便产生了医学教育，起初是以师带徒的形式，随着知识量的扩大和对医务人员需要量的增加，学校形式的医学教育便应运而生。南宋时期，朝廷在临安(今杭州)设立翰林官医局(太医局)，负责医学教育。19世纪以后，西方医学传入中国，外国教会在各地陆续办起医院，进而招收学徒，创办医学校，西方新医学教育引入中国，之后全国各地建立许多医学院校。中华人民共和国成立以来，浙江省基本确立了初等、中等、高等和进修教育、继续教育、远程教育等多种形式的教育结构，形成了一套完整的多层次的医学教育体系。

一、古代医学教育和机构

古代的医学教育大体分为两种模式：一种是官办教育，一种是师承教育。

(一)官办教育

官办教育滥觞于魏晋，至隋唐时期，医学校划归国子监管理。北宋熙宁九年(1076年)，王安石实行变法，对医学教育也进行了改革。太医局不再隶属于太常寺，另设一名提举和两名判局官，由精通医学人士担任，并且每科设一名教授，选翰林医官以下与上等学生及社会上的良医充任，太医局成为独立机构，为医学教育改革开辟了道路。宋室迁都临安后，政治、文化与经济中心便南移至江浙一带，浙江开始出现官办的医学教育机构。南宋绍兴年间(1131—1162年)，朝廷设立翰林官医局(太医局)，负责医学教育，设医学堂，主要职责是为朝廷培养太医。据《梦粱录》记载，医学堂遗址在杭州通江桥北。学堂设大方脉和小方脉科，前者的教材为《素问》《难经》《伤寒论》和巢氏《病源》等，后者为《难经》、巢氏《病源》和《太平圣惠方》等，有 4 名翰林官医局的医官（教授）被调到学堂负责管理，学生（斋生）编额为 250 人，学费和生活费均由政府负担。该校的考试制度非常严格，学生稍有懈怠就会被淘汰，而且虽为医校，但儒家正统的气息十分浓厚，上至学校的制度，下到学生的制服都效法礼部领导下的太学。绍兴十七年，临安府依照汴京旧制修建太医局殿宇，于次年完工，开设具有医学教育机构性质的太医局。绍兴二十六年，太医局设在临安通江桥北，设置 1 名提举、2 名判局，"建殿匾曰神应，奉医师神应王，以岐伯善济公配祀。讲堂匾曰正纪。朝家以御诊长听充判局职。本学以医官充教授四员，领斋生二百五十人。月季教课，出入冠带，如儒学礼。学禀饮膳，丰厚不苟，大约视学校规式严肃。局有斋舍者八，匾曰守一、全冲、精微、立本、慈用、致用、深明、稽疾"①。学校规模较大，章法较严，分设方脉科、针科、疡科等九科。每科设教授 1 人，判局及教授皆由懂医学的或翰林医官担任。教学内容方脉科分大、小经，大经为《素问》《难经》《脉经》，小经为巢氏《病源》《龙树论》《千金翼方》。针、疡两科，删去《脉经》，增加 3 部针灸经。在教学中，较多运用了一些医药学名著、插图解说、法医学专著。学生毕业后根据优劣分配，优秀者派为尚药局医师以下职位，其余的任本学博士正录和外州医学教授。隆兴元年（1163 年），省并医官而罢局生，后因虞允文请求而保留医学科。乾道三年（1167 年），孝宗断然废除太医局："诏御医内宿医官，大方脉五员，小方脉三员，风科、口齿科、眼科、针科、疮肿科、产科各二员，通二十员为额。诊御脉四员，入内看医三员。在内溢额人且令依旧，今后并不作缺。差人其在外职事人内，除德寿宫六员，殿前左右班宿直四员，国子监、大理寺、和剂局、杂买务各一员，大宗正司一员许存留外，余人并在局祗应、直日、太医局及局生、医生并罢，今后更不试补。"②将医官一一作出安置，然后废除太医局，依旧存留御医诸科，并令太常寺掌管御医诸科。绍熙二年（1191 年），在临安复置太医局，隶属太常寺，局生额定 100 人。实行铨试（通过考试进行选拔），依照旧格，省试三场。南宋朝廷害怕学生议论朝政，大力提倡引经据典和咬文嚼字的文章，考生因而缺乏发明创造和求实的精神。考试医生也不注重技艺而专门看重文字。医学考试按《太医局诸科程文》进行，内容包括笔试记问（墨义）、试验察脉（脉义）、试验天地之奥及脏腑之源（大义）、试验古人制方佐辅之法（论方）、试验证候方治之真（假令）、试验一岁之阴阳客主及人身感应之理（运气）六个方面，成为当时标准试题，今仍有清朝辑出的残本，这些程文全是就字义进行反复讨论，如"问唇至齿长几分""问齿已后至会厌深三寸半"等无重要意义的题目，且规定当时考题中必须有"运气"一项，明确指出学医的人必须学习充满运气学说的《圣济经》。

元代，浙江的医学教育基本依照两宋旧制，设医学提举司专管医学教育，校址大多设在各州府的三皇庙内，同时还制定选择医学教授的标准与条例。上虞县由贝元瓒担任医学教谕，海宁县由吴瑞担任医学教授，海盐州（县）由徐复任医学教授，婺州（今金华）由何凤任医学教

① 〔南宋〕吴自牧：《梦粱录》卷十五《学校》，浙江人民出版社 1981 年版。

② 〔清〕徐松：《宋会要辑稿》，中华书局 1957 年版。

授，杭州路医学正由倪居敬担任，龙游县设医学博士、助教各1人，鄞县达鲁花赤僚佐教职下设医学教授1人，长兴设医学教授1人。蒋贯、方然、蒋顺、蒋廷玉先后担任寿昌县医学训科。乐清的医学教谕以三皇庙侧房屋为医学所，培养医学生。东阳医学所在县城南面150步处，由惠民药局改建而成，设医学教授管理教育事项。元至元十八年（1281年），肃政廉访副使陈祥在宁波创建庆元路医学，地处县治东北方向贯桥南面，有3间讲堂、1名教授、1名学正、1名学录，并有医学生。王应麟撰《庆元路建医学记》记载了创办经历。至元二十年，舟山有医户43个，至元二十九年建成医学所，学正胡逢辰兼精医术，收徒传艺。泰定元年（1293年），扩建医学所。至元二十二年，元朝下令各路设置医学教授学正，训诲医生，制定详细的培训考核制度。至元二十五年，慈溪建县医学，设1名教谕。慈溪医学教谕桂起予买高新班屋建成为医学所，后张德渊继位。至元二十九年，定海县医学提令许若壁等在城南办州医学所，讲授医术，兼治疾病，主方脉、针灸、疡痛。至元三十一年，定海县学正胡逢辰精通医术，收徒传艺，从事医学教育。延祐元年（1314年），达噜噶齐茂巴尔奉议将奉化州洞真观废殿修葺一新，设三皇像奉祠。延祐六年，知州马致远捐俸，又劝率近士医户赞助，在州东立医学所，规模宏丽，有5间讲堂，东西两廊共30间，其气派超过庆元路医学，设学正1名。延祐二年二月，医学教育机构迁往宁波东北隅魏家巷，有20多间房屋。次年，袁桷撰《重建医学记》。这是宁波最早的路一级中医学校，学校有《圣济总录》《八十一难经》《脉经》等医籍。

明代及清代早中期，浙江的医学教育大体上也是继承宋元以来的体制，由太医院管理医学教育。但明清医官多为世袭，太医院所设的医学教习所学员大多为医官子弟。《明史·职官志》记载："凡医家子弟，择师而教之。"这种由国家主办的医学教育，教学与考试规范、严格，主要培养服务于官方的医生和医疗机构管理人才，承载着中医理论的继承、整理与提高的责任，可以说古代的官办医学教育是培养医学精英的教育模式。

（二）师承教育

师承教育主要存在于民间，是古代培养服务于大众的临床医生的教育模式。师承教育大致可分为家传、师授和私淑3种。

1. 家传教育

家传指家族内部传承的学习方式，形成了浙江世医家族的特色。该模式在浙江最早出现的是南北朝的徐氏世医家族，其先祖为徐熙，熙之子徐秋夫，秋夫之长子徐道度居杭州，擅长内外科，因为有脚疾不能走路，宋文帝刘义隆便常常令人抬轿请他入宫，给诸皇子疗疾，而且"无不绝验"，最后封他做兰陵太守，并称赞他"疗疾"为天下"五绝"。南北朝（约420—589年）时期，浙江武康（今德清）就出现了姚普瑅、姚僧垣、姚最己三代世医。姚普瑅曾任梁高平令，因多年患病求治不愈，遂研究《内经》《难经》，寻觅对症方药，逐渐医技精湛，不仅己病治愈，而且惠及乡邻，并应诏治好梁武帝、周高祖及众多文武大臣危疾，从而声名鹊起。之后浙江的世医呈现繁荣景象，如杭州靳氏儿科始于北宋，传承七世。创始人靳豪原籍河南开封，随高宗南渡临安，因精于儿科闻名，百姓官员无不求治，后被高宗召进太医院为太医。其他如平湖戈氏儿科、宁波宋氏妇科、海宁陈氏妇科、绍兴钱氏妇科等。

2. **师授教育**

师授指师徒相传的学医模式，许多医学家在传授时结合自己的经验，以自己的见解发挥前人的学术，各树一帜，各成一家，从而形成了不同的中医流派，促进了医学的思辨、交流与发展。南宋时期，浙江出现名医带徒的师承教育，这种中医教育形式越过了“医术秘不外传”的雷池，扩大了医学流传的范围，有利于培养更多的医生，适应民众防治疾病的需求。如陈言在治病之余广收徒弟，开展医学教育，传授医学知识。其得意门生有王硕、孙志宁、王玮和卢檀等，自成体系，形成了“永嘉医派”。

3. **私淑教育**

私淑是指敬仰某师，但未能亲自从师受业，通过间接的方法进行学习的方式。元代著名医学家朱丹溪创立新说，自成一家之言。除了其亲传弟子外，还有无数私淑弟子，如卢和、黄济之、王纶等，盛极一时，形成了强大的丹溪学派，广播全国各地，导致明代医家率以丹溪为宗的学风影响海外。

明代及清代早中期，浙江中医教育还出现了讲学的形式，其首创者是“钱塘学派”的张志聪，他在清康熙三年（1664 年）开办侣山堂。这种教学方法既有讲授也有论辩，显得生动活泼，培养了一批学生，其中有史可考、医术不凡者就有高世栻、莫仲超等 19 人。

二、近代医学教育和机构

鸦片战争后，西方医学开始传入中国，全国各地相继开设医院、举办医学院校。清道光二十三年（1843 年），美国浸礼会派玛高温到宁波北门附近设立诊所，曾以西方的解剖学和生理学教授当地学徒，这可能是浙江最早的传授西方医学的事例。但对于中医教育，由于清廷腐败，国力衰退加快，官办的中医教育已徒具形式，在中医人才培养上已基本不起作用。辛亥革命后，浙江中医界的许多仁人志士为拯救中医学，冲破重重阻力，汲取西方教育先进理念，开始举办具有现代教育模式的中医学校。其间，浙江省各地先后建立了 10 余所中医学校，形成了近现代浙江中医教育的高潮。

（一）西医教育和机构

1. **浙江私立广济医学各科专门学校**

清光绪七年（1881 年），英国人梅藤更夫妇到杭州传教，并创立广济医院。光绪九年，经梅藤更捐募基金，新建院舍，创建了医校。医校校址附设在医院内，建有教室和实验室，进行教学。光绪十一年，招收第一期学生刘铭之、张葆庆等 10 人，光绪十五年毕业。光绪十六年至三十一年，先后招收第二期至第五期学生，医校添设生理、化学、病理、实验室等。与此同时，医院方面新建女病室，增设皮肤科、产科、妇科、麻风科等，配合临床教导实习，医院医校规模均有扩大。光绪三十二年，梅藤更将医校与医院划分为两部分，以大方伯巷屋舍为医校校址，正式定名为广济医学堂。辛亥革命后，改称广济医学专门学校，先后招收第六期至第七期学生。梅藤更兼任校长，朱伯龙（海宁人，早期毕业生）曾任该校教务长。同时始办广济药学堂，后改名为广济药学专门学校，药校以莫尔根（英国人）为主任，以后又添设广济科学堂，以梅藤更夫人为主任。宣统二年(1910 年),梅藤更例行假期回英国,翌年返杭,他从英国添购各种医疗器械以及电疗器具,充实医院医校的设备。民国 6 年(1917 年),招收第九期至第十期学生,在历届学生建议下,立案筹备学校,接受政府监督。同年,梅藤更将校产、经费、学课以及学校附属医院的组织概况等,由学校造册呈请北京政府教育部立案。民国 7 年春,教育部批准立案,广济医学专门学校得到政府的认可。主要课程有国文、英文、神道学、物理、化学、解剖组胚、病理、生理、毒理学、细菌组织、细菌学、法医学、医学化学、校医学、内科、外科学、妇产科学、儿科学、五官科学、皮肤花柳科学、卫生学、拉丁文、动植物学、药物学、放射学、诊断学、体育。主要教员有:英国人梅藤更、美国人赫尔德、加拿大人沙近德、浙江人刘铭之、江苏人陈闻达、福建人林洞省。

民国 14 年(1925 年),"五卅运动"爆发。6 月 3 日上午,杭州各界 5 万人举行示威游行,队伍到达广济医院门前,愤怒的学生将医院门口的英国国旗拉下撕毁,院长梅藤更压制医院附属的医护专科学校学生参加反帝运动,并软禁数名爱国学生,学生们断然决定全体退学。6 月 6 日,全体学生退学,护士相继离院,表达反帝爱国的强烈决心。为纪念这一反帝斗争的历史,医专在刀茅巷校舍内曾建立一座浙江"六六同学纪念碑"。学生的反帝运动给予梅藤更重大的打击,广济医、药、产、护四科从此停止招生。民国 15 年冬,梅氏眼见中国革命形势的蓬勃发展,十分害怕,只好宣告广济医学各科专门学校停办,托词年老返回英国。民国 16 年,国民革命军到达杭州,将广济医院收回自办,民国政府派洪式闾、钱潮(曾任杭州医院院长)接管,后来英国政府借口广济医院是教会财产,将其收回。1949 年 5 月 3 日,杭州解放,该院由杭州市人民政府(以下简称杭州市政府)接管。

2. 浙江省立医药专科学校

图 79-9-1-1　韩清泉像
(浙江省卫生厅档案室提供)

民国元年(1912 年)6 月 1 日,耳鼻咽喉科专家、慈溪人韩清泉集同仁创办浙江公立医学专门学校,浙江省教育司司长沈钧儒热忱赞助,拨款筹备,报北京教育部核准。该校租赁板儿巷民房,教育司任命韩清泉为校长,招收第一期 60 名医科学生,学制 5 年,聘请留日药学专家李绳其为药科主任,这是中国创办药科的开始。民国 2 年 7 月,改名为浙江公立医药专科学校。民国 3 年,该校迁至法院路张曜家大园,并筹款在浙江病院修建新屋,辟为高年级临床实习教室和基础课的细菌、医化以及化学实验的教室,作为医专的分校及临床实习医院。遂设分校于浙江病院。民国 6 年,钱崇润继任校长。民国 9 年,省议会决定拨给学校建筑费 7 万元,购刀茅巷地皮建校舍,后新校舍建成。学校办学宗旨是"教授应用科学,养成医药技术人材",校训是"仁肃勤朴"。民国元年至民国 8 年,学校专职教工达 121 人,其中校长 2 名、书记 1 名、学监 1 名、日本教员 4 名、中国教员 83 名、职员 32 名。医校两科课程有所不同,主要仍照搬当时西方医科大学的课程,充分突出了西医学校的特点。如医科课程有党义、军训、国文、德文、数学、物理学、有机化学、分析化学、生物学、解剖学、组织学、局部解剖学、胎生学、生理学、生物化学、病理学、寄生虫学、细菌学、药理学、诊断学、内科学、外科学、产科学、眼科学、耳鼻咽喉科学、儿科学、皮肤病学、花柳病学、精神病学、理疗学、卫生学、法医学、医学史、选修外国文(英文、日文)、体育。药科课程设置与医科略有不同，设有化学、物理化学、药用植物学、矿物学、生药学、制药化学、药工学、调剂制剂学、裁判化学、药典及药品鉴定、植物化学、拉丁文。由于学校设置的课程较为科学，教育质量又高，所以在民国4年教育部举办的全国成绩展览会上，学校选送的药科成绩展品获最优秀奖。民国5年12月，教育总长范源濂授予学校“绩学宏仁”的匾额。民国11年，学校设诊察所于菜市桥直街，供学生实习之用。民国13年，学校增建阶梯教室及解剖实习教室。同时，受浙江警务处之托，兼办卫生警察训练班，由余继敏教授主持教务，这是浙江卫生行政教学的开端。民国14年“五卅惨案”后，学校增设医、药、护、产特班，收容因反帝而离校的广济医专学生继续深造，称“六六特班”。民国15年2月，分校迁花市路，诊所迁岳王路。民国16年，改公立为省立。民国17年6月，迁分校于惠兴路。民国18年5月，分校失火裁撤。民国19年，迁诊所于盐桥大街。同年，医专出品参加比利时博览会，得到金奖。民国20年8月，改名为浙江省立医药专科学校。民国21年，筹建附属医院及门诊部，并将盐桥诊察所取消，并入该院门诊部。一年之内，学校建成了门诊部和医院新式院舍2幢，设置104张病床。民国22年8月，附属医院开诊，接收住院者，并添建了纪念厅及药科教室。民国23年4月，添设护士训练班。民国24年2月，王吉人为校长，增办药剂科职业补习班。同年秋，改护士训练班为高级护士职业科。民国26年8月，设立通俗卫生陈列室，布置公共卫生及个人卫生的模型标本图表等，终日开放，供市民自由参观，以便提高市民的卫生知识，此为杭州市宣传公共卫生的开始。同时，又与杭州市政府卫生科合作，划分下城第三区部分4000多户人家为卫生实验区，供学生实习公共卫生之用，并由杭州市政府卫生科派员驻所，指导学生实习卫生行政。民国26年春，校园内添建松茂国药研究馆。民国26年卢沟桥事变爆发后，杭州青年学生普遍开展抗日宣传活动，省立医药专科学校的学生积极参加反帝爱国运动。9月，组织慰问团奔赴淞沪前线慰问抗日军队。10月，浙江省立医药专科学校为避免战争空袭，部分学生移至玉泉及灵隐上课。11月12日晚，浙江省政府决定各医院、学校5天之内向浙西撤退，医专决定迁往淳安。学校率全体师生携带图书资料、仪器设备及数百件重要物品仓促离杭，学校跋涉桐庐、淳安、缙云及永嘉等地。

民国27年(1938年)1月，学校迁往临海县城，初借三台书院朱子祠(台州中学)为校址，继迁前清校士馆内的杨社(哲商小学)和东岳庙(今广文路临海城关幼儿园)等处，添聘一部分教学人员，继续开课。同年7月招生时，学校奉令将浙江省卫生处附属助产学校与医药专科学校附属病院高级护士科合并，改称浙江省立杭州高级医事职业学校。全校设有医科、药科、高级助产职业科、高级护士科等专业，在校生176人(医科5期99人、医科2期32人、护职科3期23人、产职科2期22人)，毕业生55人(医科36人、药科19人)，教职员工79人，其中，教职员25人，本科专任教授12人，本科专任讲师10人，本科及职业科兼任教员5人，职业科专任教员15人，技术职员12人。医药专科学校附属病院先设立于炭行街(现紫阳街南段)，后迁至麒麟桥青年巷(今璎珞街25号)杜棣华住宅，并设妇产院。民国28年8月，在临海的学校遭日机轰炸，被迫迁至天台溪头，再迁东郊坑边村，教学设在村中丁氏宗祠，开设2个班，教师暂住丁式贤家中及周边3家,后医专迁至平桥上庞。同年,浙江省政府筹设浙江英士大学医学院,医专奉令改组,停止招生,王吉人聘任为英士大学校务委员会委员兼任英士大学医学院院长。10月26日,国立英士大学开学,有工、农、医3个学院,医学院设在丽水通惠门,由浙江省立医药专科学校改组而成,设医学、药学两系,专科停止招生。民国29年春,省立杭州高级医事职业学校奉令单独设置,校长仍以王吉人兼任。民国30年,医专与职校再迁缙云县壶镇、雅湖一带。民国31年夏,学校重迁回临海,继续招生。民国31年后,因专科中断招生 而无毕业生。民国32年,学校脱离英士大学恢复专科。在临海期间,王吉人以他吕公岙自家房屋作教室,又租赁村中盘谷小学上课。民国34年5—7月间,日军从温州撤往宁波,途经临海吕公岙,校长组织学生躲避山野,后因日军窜扰移至城内上课。当时临时校舍分散在东门罗家(今东门后街长城宾馆)、南乡书院(北山路原台州中学内朱子祠前,今台州初级中学)、虎龙街(今广文路台州师范专科学校大门口处,原虎龙街民国绅士杨聘材家一带)、大晏(安年)宫火药局(今东湖边古城博物馆上,原东城墙傍普贤寺下方)、上角何家祠堂(今广文路何家里西侧),校长居住在邓巷(原上游旅社址)、米筛巷王家。全校有12名教授、7名副教授、9名讲师、4名助教。医专在临海期间以基督教中华圣公会浙江教区创办的台州恩泽医局作为教学基地,附属病院设在东湖西侧军体路一带(原台州军分区营房,今台州学院附属中学)。民国32年,奉令招收初中6年制医科。民国33年,招收高中4年制医科。民国34年7月,国立英士大学医学院并入医专。

民国35年(1946年)10月,学校返旆(归)杭城。民国36年,改为浙江省立医学院,设医学、药学两系,药科毕业生共307人。民国36年,该校学生举行示威游行,抗议美军强奸北京大学女生的暴行,9月初,部分学生参加中共地下党领导的秘密革命组织新民主青年社(设在浙江大学内),从事反对国民党反动统治的革命斗争。民国37年,教育部核准浙江医专改为浙江医学院。浙江医专自民国元年成立,历时30多年,屡经挫折,为浙江等省培养了许多医药学生,许多毕业生后来成为国内外著名的医药学专家。民国元年到民国25年,764名医药毕业生,有近半数就职于本行,医药师达309人,其他有军界140人、技士39人、留学35人、行政界34人、教育界33人等。

3.国立浙江大学医学院

民国34年(1945年)8月,抗日战争胜利,教育部决定在北京大学、浙江大学、山东大学和武汉大学分别增设医学院。民国35年4月,教育部拨款2亿元旧法币(约合10万美元)作为浙江大学医学院开办费。是年初,浙江大学总校从贵州迁回杭州后,医学院招进首批学生,共27名。医学院院址在大学路浙江大学老校址内。当时,浙江大学校长竺可桢邀请李宗恩组建浙江大学医学院筹备小组。筹备工作开始不久,李宗恩因受聘为北京协和医学院院长并主持协和复校工作,因此推荐王季午主持浙江大学医学院的筹备工作。浙江大学医学院在招生的同时,开始着手筹建附属医院。民国36年3月,教育部正式批准成立国立浙江大学医学院,院长为王季午。

1949年5月3日,杭州市解放,浙江大学医学院与附属医院由军管会文教组接管。国立浙江大学医学院学制7年,包括医预科2年,医本科5年(2年医学基础课,3年医学临床课),浙大其他6个学院(文、理、工、农、师院、法学院)的学制均为4年。1949年,学制改为6年,医预科由

2 年缩为 1 年，招生数由 20 余名增至 80 名。浙江大学医学院采用学分制，学生至少修满 252 分，始得毕业，每生每学期所修课程除特殊情形外，不得少于 14 学分，也不得超过 27 学分。而文、理、农三院学生则只需修满 132 学分，工学院、师范学院两院学生修满 142 学分，法学院学生修满 166 学分即可毕业。浙江大学医学院秉承竺可桢校长倡导的“求是”精神，在教学实施时，采取三大措施：一是因材施教，严格要求高质量，实行淘汰制，宁缺毋滥。第一届新生入学时 27 人，到毕业时仅剩 13 人。二是扎实的自然科学、人文科学和临床基础知识。浙江大学有高水平的文理学院，为医预科生学习提供了得天独厚的条件，学生不仅有扎实的数学、物理、化学、生物等自然科学基础，而且有扎实的人文科学基础知识。如生物系的实验胚胎学、高级细胞遗传学、实验进化学、原生动物学，都是国内医学院校最先设置的课程。三是聘请名教授任教和指导。医预科 2 年，聘请著名遗传学家谈家桢教授担任主任，著名生物学家贝时璋教授讲授比较解剖学、蔡堡教授讲授实验胚胎学。浙江大学医学院的解剖、生理、胚胎学、生物化学、病理、微生物、寄生虫学、药理等学科的师资力量与教学质量，时在国内堪称一流。临床各学科也有全国著名的专家、教授，如郁知非、张沅昌、夏镇夷、伍正谊、项全申等，其中多数都是协和医学院毕业，学术声望在国内较高。浙江大学医学院自 1946 年秋起至 1949 年秋，招学生 3 届。

4. 华美护士学校

民国 7 年(1918 年)，宁波华美医院设立护士学校及华美医学院，培养学生多名。几年后，华美医学院自然解体。民国 14 年，医院复设华美护士学校。施美士(H. N. Smith)和文爱美(M. M. Whited)为华美护校首任美籍正、副校长。任彩月为首任华人校长，朱旭东、王秀霞、倪素琴、韩碧玲等为后任华人校长。民国 25 年 6 月 17 日，宁波华美护士学校经浙江省教育厅和中央教育部核准后登记备案。民国 26 年 4 月，该校改名为宁波华美高级护士职业学校。学校学制 3 年，分春、秋两季招生。学校配有专职教师，并向华美医院聘请兼职教师，课程和教材完全按照中央教育部颁发的课程要求执行。学生毕业前须通过由中国护士学会举办的会考，及格者颁发毕业证书。民国 36 年，学校参加浙江省会考，成绩名列第一，被浙江省教育厅、中央教育部列为“浙江省优良职业学校”，并获得中央政府颁发的“全国优良职业学校奖励金”。1949 年，校舍遭国民党飞机炸毁后，学生迁到奉化西坞上课，数月后返回。此时，华美护校有 6 名教员，55 名学生。

图 79-9-1-2　华美护士学校朱旭东(左)、聂壁君(右)分别于民国 21 年(1932 年)、民国 24 年获全国护士会考第一名(宁波市第二医院提供)

5. 浙江省立女子产科学校

民国 14 年(1925 年)“五卅运动”爆发后，浙江省立医药专门学校和广济医专召开两校联席会议，决定由浙江医专增设医、药特班和护士特班6个班级（当时称“六六特班”），收留脱离广济医专的学生入学，并由广济医专中国籍教员执教。助产科脱离广济医专，6月6日，创办浙江省立女子产科学校，这是浙江医学高等专科学校的前身，郑企因任首任校长。学校创办时，租清泰门珍珠巷13号民房为校舍，每年招生1次，招收40名初中毕业生，学制2年，在校学生近百人。民国15年，校名改称浙江省立女子产科职业学校，由省教育厅主管。6月8日，省政府决定设立省立助产学校，6月14日，又决定与省立女子产科职业学校合办，改隶民政厅，称浙江省立女子助产学校。校长王味根，在校学生120多人。民国20年6月，学校由省教育厅和省民政厅卫生实验处合办，附设在省立医院（即浙江病院）内，改称浙江省立医院附设助产学校，校址在中马市街80号。校长改称主任，由省立医院妇产科主任兼，设助产班及公共卫生护士班。学生由各县保送，毕业后回原籍，在校学生73人。民国21年春，程浩为主任。民国24年，改隶省民政厅卫生实验处，改称浙江省民政厅卫生实验处附设助产学校，由该厅技正葛成慧兼主任，设助产、助产特科2个班，在校学生50多人，仍由各县保送，学制3年。

图 79-9-1-3　郑企因像
（浙江省医学高等专科学校提供）

民国25年（1936年）夏，浙江省政府决定学校仍归省教育厅主管，校长暂由卫生实验处的陈万里兼任。民国26年，黄胜白任校长，设护士、助产士5个班。抗日战争爆发后，杭州告急，学校于民国26年11月迁至永嘉，民国27年8月迁至临海，后由浙江医药专科学校接办，称高级助产职业科，有护士、助产5个班。民国28年8月，随浙江医药专科学校并入省立英士大学。民国29年4月，省立英士大学医学院附设的高级护士、助产两职业科单独划出，成立浙江省立杭州高级护士助产职业学校，校址设在天台东乡坑边村，校长由原医专校长王佶教授兼任。学校毫无实验设备，仅有几副不完整的骨架标本，在艰苦条件下办学，设护士科3个班、助产科3个班及助产特科3个班，有近100名学生。又在邻村八都和南乡南街设产院，供助产特科学生上课、实习。学校设校长1人，由教育厅提请省政府委员会会议通过任命。民国30年4月，日军攻陷宁波、绍兴，天台县告急，学校迁缙云县壶镇，设护士、助产、助产特科共6个班，学生110名。年底，增设看护补习班。民国31年夏，迁至临海。民国32年，学校增设药剂科，由教师王钦华负责筹办，并将学校名称改为省立杭州高级医事职业学校（简称高医），设护士、助产、助产特科、药剂共9个班，学生126名。民国33年，增设卫生行政科，培养卫生行政人员36人，同时筹设卫生事务所，作为学生补习基地。

民国35年（1946年）初，蒋善钧任校长。学校于当年春迁回杭州开学复课，暂借玉泉清涟寺为临时校本部，东山弄杨宅为分部，设助产、护士、药剂、卫生行政4个专业，共8个班级，学生201名，学制3年，招收初中毕业生。是年夏，在湖滨一公园设湖滨分部。学校的组织机构：设校长1人，教导主任、总务主任各1人。教学方面，设4个专业科，助产科主任李碧华，护士科主任李郁，药剂科主任董振舜，卫生行政科主任方植民。学校除聘请基础课与专业课的25名专职教师外，还聘请实习医院医师12名为兼任教师。民国36年春，省教育厅拨款购置教仁街(今邮电路)15 号房产,将前面的约 2/3 房屋作为校本部校舍,后面的约 1/3 房屋改建为附设产院,主任蒋彦民。校本部遂于次年 2 月 1 日迁入新址,改玉泉本部为分部,以浙江省立医院和杭州市立医院为护士专业实习基地。学校聘请医院护理部主任或护士长兼任教员,指导学生实习。5 月,学校的附设产院和卫生实验所先行开放门诊业务,逐步解决了助产专业、药剂与卫生行政专业的实习。民国 14 年至 1949 年,国内政局动荡,战争频繁,但是广大师生员工坚持办学,终于保存了学校,并得到发展。特别是在建校初期,学校广大师生爱国爱校,在非常艰苦的环境中办学,取得了令人瞩目的成就。24 年中,学校前后设置 10 个专业(班),计护士 19 期、护士特班 1 期、助产 26 期、助产特科 9 期、产科 12 期、公共卫生护士 1 期、药剂 3 期、卫生行政 2 期、看护补习班 1 期、代办药剂 1 期,共计毕业生 993 人。

6. 空军军医训练班

民国 21 年(1932 年),中国空军在杭州笕桥成立航空医学训练班,后改为空军军医训练班。空军军医训练班有两个任务:一是训练航空医官,二是研究航空医学。它招收地方大学医学院或陆军军医学校毕业并具有工作经验的普通医生或陆军军医,授以航空医学的专门课程,使之成为既掌握普通医学,又掌握航空医学的航空医官。空军军医训练班的课程设置:航空医学、精神病学、心理学、航空体检法、耳鼻喉科学、眼科学、军队卫生、航空常识。刘锡恭任空军军医训练班班长,教官有刘锡恭(兼)、陈祖荣、戴荣钤、薛绍麟、桑烁南 5 人,此外,还有一位美国籍顾问钟瑞伯。空军军医训练班的航空医学研究课题:空勤体格检查的标准、制度、程序和方法,飞行安全(设备、预防、失事的处置与审查),高空和高速对人体的影响。空军军医训练班的航空医学装具陈列室,有飞机上应用全部氧气装置系统,各式保险伞、空勤跳伞装具和用品(刀、斧、信号剂、急救药品、干粮、猎具、钓鱼用具)、橡皮救生船、救生衣、普通飞行衣、皮飞行衣、高空电热飞行衣、飞行帽、飞行鞋、飞行眼镜、飞行面罩等,供学生参观、实习之用。抗日战争期间,空军军医训练班迁至衡阳、成都。抗战胜利后,又迁回中国空军的摇篮之地杭州笕桥。民国 21—24 年间,在杭州学习的第一至第四期毕业生达 18 人。

7. 福康医院护士学校

民国 6 年(1917 年),该校由美国人高福林在绍兴创办,附设在福康医院内。至 1949 年,共办护士班 30 期、医士班 2 期、卫生班 1 期、训练班 1 期,培养学生 213 人。第一届招收护士生 2 名均系男生,第二届男女兼收,第三届开始全部招收女生。民国 10 年,护校向全国中华护士会登记注册,定名为"福康医院护士学校",后来又更名为"福康医院高级护士职业学校"。护校的学制起初是 4 年制,民国 25 年起招收中学毕业生后,根据入学时学力高低而分别对待,高中毕业者学习 3 年,初中毕业者学习 3 年半,同等学力考取入学者须学习 4 年。护校于每年秋季招收新生,报考者必须有基督徒介绍或有可靠的保证人。学生在校期间,都是半工半读,而且主要是在福康医院病房工作中学习,课堂教育时间不多,学习期间由学校负责供应食宿。民国 18 年之前,学生白天到医院上班,晚上上课,课程只有护理学 1 门。民国 18 年之后,课程略有增加,白天也开始上几节课。民国 27 年起,课程内容渐渐充实,包括内科学、外科学、解剖学、病理学、护理学等。1952 年,最后一期学生 45 人并入绍兴卫生学校。

8. 私立白累德护士职业学校

民国 18 年(1929 年),白累德医院开办私立白累德护士职业学校,校址在海坦山艺文中学(今温州第二中学),首任校长英国人薛美德。民国 23 年,又开办私立白累德助产职业学校,分别由陈舜华、陈梅豪担任校长。1949 年 12 月 30 日,温州市白累德、董若望两护士学校合并改为温州私立医事学校。

9. 浙江省立嘉兴医院附设高级护士职业学校

民国 36 年(1947 年)春,浙江省立嘉兴医院附设高级护士职业学校呈报立案,该校核定学制 2 年,由嘉兴、海宁、嘉善、平湖、崇德、海盐、桐乡各县保送培训,每期学员 20 名,共办 3 期,毕业后,回各县卫生院工作。

10. 杭州产科讲习所

民国 11 年(1922 年),阮筍伯等募捐创办杭州产科讲习所,普通科修业 1 年,考试合格者予以毕业,第一期毕业生有向宗瑜等 22 人,学员多来自浙江省部分地区。

11. 卫生工作人员训练班

民国 29 年(1940 年)7 月,省卫生处呈准举办卫生工作人员训练班,地点设在丽水、缙云两县卫生院,计划开设 4 个班。公共卫生护士训练班须正式护士学校毕业生,训练 6 个月。调剂员训练班须初中毕业,训练 3 个月。卫生稽查训练班须初中毕业,训练 6 个月。卫生助理员训练班须初中肄业或完全小学毕业,训练 3 个月。后根据招生实况开设了 3 个班,分别为调剂员训练班(10 人)、卫生助理员训练班(27 人)、助产妇训练班(20 人),开设的课程达 40 门,涵盖医药学的主要课程,同年 8 月初,3 个班同时开课。

近代医学教育除办校教育之外,浙江官府还派留学生出国接受留学教育。浙江官府派留学生教育始于清光绪二十二年(1896 年),由浙江蚕学馆派学生赴日本学习,光绪三十年派往欧美寒窗,其中有学医的人士,据宣统二年(1910 年)资料登记,赴国外习医者 1 人。民国 2—5 年(1913—1916 年)间,浙江籍学生考取清华庚款留美习医者 2 人。

(二)中医教育和机构

1. 瑞安利济医学堂

该校创办于清光绪十一年(1885 年),是中国最早的新式中医学堂。创办人陈虬(1857—1903 年),原名国珍,字志三,号蛰庐,年少时勤奋好学,精通诗文音律,人称“温州三杰”之一,多次赴省乡试,都未录取,便致力研究医学,26 岁出议方药,立医案,为人治病。30 岁著《蛰庐诊录》,提供了辨证施治、解决疑难疾病的范例,医名甚著。辛亥革命失败后,他不满军阀混战与统治,抱着“不为良相,便为良医”之旨,回家乡创办了利济医院,并在院内创设医学堂,以所撰《利济教经》等为教科书。利济医院为全国最早的中医医院之一,利济医学堂为全国最早的中医专科学校之一,《利济教经》为全国最早的自编新式教科书之一。陈虬自任院长兼主讲

图 79-9-1-4 陈虬像(浙江省卫生厅档案室提供)

习。学堂学制6年，学员只要年满14岁以上即可入学，并全部住校学习。学员分成3个班，每季会考一次。学满6年，考试合格者既可留院业医，亦可在外悬壶。学习课程分为普通课与专业课，前者主要有国文、历史、音韵、书算、术数、制造、种植、时务、体操等，后者为陈虬自编的《利济医药讲义》与医经、各家医籍等。在教学中，采取启发与讨论式，提倡既博采诸家，由博返约，又学习名医独到的学术思想，并以利济医院为临床实习场所，给予学员充分的实习学习机会。学堂还建立了心兰图书馆和生药局、鲜药圃，编辑出版《利济学堂报》(半月刊)，在全国发行，以后又在温州、永嘉、平阳等地设立分校。学堂开办10年后终因经费拮据而停办，但它作为中国近代较早且较正规的中医学校，对中医教育事业的发展无疑起了很大的推进作用。学堂共培养学生300多人，许多学员成为省内外名医，名噪一时。

2. 松龄医学堂

清光绪三十四年(1908年)，该校建立于平阳县。创办人徐润之(1855—1919年)，号松龄。徐润之出身于"五世明经"的中医世家，家学渊源，学验俱丰，并提倡中西医汇通，为晚清革新派医家。他十分重视中医教育，认为必须要有自己的学校，中医事业才能自强。戊戌变法之后，受维新思潮影响，更有志于办学兴医。据《松龄医铎》记载，松龄医学堂办学方针是"创办中西医学专门学校""延订教习必以兼通中西医籍，于西法实有经验或中医具有专长""将古今医书及中译西籍，再加研究，编为课本"。该校是国内较早的中西医结合学校之一。

3. 浙江中医专门学校

民国4年(1915年)，该校由浙江药业公司创办于杭州，民国6年起正式招生。首任校长傅嬾园，兼医务主任。傅嬾园(1861—1931年)，字篦笙，山阴(今绍兴)人，曾为清孝廉、睦州教谕。民国初，返故乡行医并带徒，医名很大。任校长期间，他亲自授课，编撰讲义有《众难学讲义》《嬾园医案》《嬾园医话录》。继任校长为范耀雯，专职教师有陈道隆、杨则民、何公旦、邢诵华、许勉斋等著名医家。该校学制5年，分预科和本科，入学资历必须是初中毕业。该校的课程设置与教学内容注重结合现代科学，除中医基础理论与临证各科外，还开有解剖、生理、医学通论等西医课和国文、伦理、理化及体育等课。考试制度严格，每学期末、学年末均有考试，且分甲、乙、丙、丁四等登记。毕业考试分为理论与实习两个方面，后者还分成"处方实习"与"临床见习"两步：先由教师提出病案，学生处方，合格方能进入临床见习，即直接面对患者处方。可见，该校在办学的各方面都较严谨和正规，后因日军侵华停办，历时21年，共招生20个班，毕业425人，其中徐究仁、俞修源、楼竹林、寿之恺、王治华、方祖琦、郑惠中、王振乾、高德明等都是民国时期省内外颇有影响者。尤其是高德明，曾被民国政府聘为卫生部中央委员会委员、重庆中医院副院长、《新中华医药杂志》主编。

4. 兰溪中医专门学校

民国8年(1919年)，该校由浙江兰溪药业公会在兰溪创办。校长诸葛超有鉴于兰溪是国内著名的中药材与中药成品的集散之地，药业贸易十分兴旺，但缺乏既懂药又明医理之人才，故办学兴医，特聘张山雷为教务主任，全面主持学校的教学事务。张山雷(1873—1934年)，名寿颐，原籍江苏嘉定，曾协助名医朱阆仙创办黄墙中医学校。张山雷到校后提出"发扬国粹，造就真才"的办校宗旨，引进规范的现代教育模式与先进的教学方法。同时，又根据中医的特点，强调临床实践。学校每两年招生一次，学制5年，分预科和正科。预科2年，以基础理论、基本知识课为主。正科3年，以临床课为主。且每天上午临证，下午上课，学生医疗实践课时甚多，设有门诊部作为实习基地，期末进行闭卷考试，毕业前则开卷考试，且须完成论文数篇。立有奖惩制度，鼓励学生上进。学校还开办函授教育，招收爱好中医而未能入学者，且只收讲义费。学满且考试及格者还发给毕业证书。该校在当时即采取函授办法来扩大中医人才的培养，诚属难能可贵，对以后的中医办学者启迪颇大。值得一提的是，张山雷极其重视教材的编撰，均亲自主持编写，先后完成各种教材及参考用书20余种。在教学中，张山雷常常以对比、类推、描述、比喻等方法开拓学生的思维，培养学生的能力，倡导做学问要唯求其是，大胆质疑。对古医著要辨其真伪，细别泾渭，并从文义、医理、药理全面分析。张山雷的中医教育理念与实践在当时产生了很大的影响，因仰慕其学识而前往求学者不仅有浙江各地学生，还有许多江苏、安徽、江西乃至上海等地的学生。该校办学15年间，受业学生多达600余人，其中不少学生后来成了省内外著名医家。民国26年，因日军侵华，学校不得不停办。

5. 温州国医国学社

民国15年（1926年），该校建立于温州，创办人池仲霖（1871—1947年），又名虬，字源瀚，晚号苏翁，曾为清孝廉，福建崇安、松溪等县知事，晚年退身仕途，以医为业。所办学校，重视国学与中医的密切关系，强调掌握国学是学中医的基础。学校学制3年，分住读、走读两个班，每班20人。上午授课，下午治疗实习，晚上讲授国学。课本采用《伤寒来苏集》《温病条辨》《世补斋医书》等较通俗的中医著作。民国36年，池氏逝世，学校停办。

6. 温州国医学校

民国22年（1933年），该校建立于温州，创办人为金慎之、潘澄濂。金慎之（1887—1975年），原名志康，字任之，曾在利济医院学堂深造，擅长内科，性格怪僻，为人不拘小节，时人称之为“金癫”，金慎之以此称呼闻名于浙南各地。学校学制4年，以讲授中医经典为主，并开有解剖、生理等课。共招4期学生，每期20余人。该校系金、潘等个人集资所办，因经费不济，于民国26年停办。

7. 宗景国医专修社

民国22年（1933年），该校建立于温州，创办人南宗景（1904—1942年），字振镛。家中世代业医，在浙南一带有很大名气。南宗景年轻时就读于上海国医学院，毕业后即返家乡行医，曾任永嘉中医公会主席，学识渊博，兼通中西医理，主张“发皇古义，融会新知”。学校共招学生4期，每期数十人不等。南氏自编教材，毕业学生多为今浙南一带中医骨干。民国25年学校停办，南氏先后被苏州国医专修学校与上海国医学院聘为教授。

8. 宁波中医学习班

民国12年（1923年），范文甫（字文虎）在宁波办中医学习班，学员前2年学习理论，后2年到他的诊所实习。范文甫对学生要求严格，对中医主要经典著作要求融会贯通，这个学习班共培养了50多位中医药人才。

9. 宁波中医专门学校

民国25年（1936年），该校建立于宁波，由宁波药材行业捐资，吴涵秋会同庄云庐、钟一桂创办，吴涵秋任校长。吴涵秋（1900—1979 年），字朝钟，年轻时拜甬上名医范文甫为师，受业 8 年，尽得心传，且能中西合参，医术精湛。学校教学以中医经典为主要内容，并选讲《医宗必读》《辨证奇闻》等医著。首批学员招有 50 多人。民国 31 年，吴氏迁居上海，曾先后在四明医院、第十人民医院、第十一人民医院及上海中医学院任职，并曾任曙光医院院长。该校以中医经典为教学主要内容，有 60 多名学员。半年后，因日机轰炸宁波而被迫停办。

10. 吴兴中医补习班

民国 25 年（1936 年），该补习班建立于吴兴，由吴兴国医学会创办，主持人宋汝桢（1892—1980 年），字鞠舫。宋氏毕业于湖州师范学校，后弃文学医，师从傅稚云。宋氏热心中医事业，曾为反对国民党政府取缔中医奔走呼吁，参加与组织请愿团。为振兴中医，他主办吴兴医师公会，主编《吴兴医药》，并开设诊所。为使中医后继有人，他举办了该补习班，且历时 20 余年，亲授弟子 60 余人。教员有吴衍升、张禹九等医家。学制 2 年，教学内容选讲中医名著，并编有各家医论等。还讲授《古文观止》等，其中《简要诊断学》内容系统、提纲挈领，既含基础知识，又阐述基本技能，望、闻、问、切、舌、齿，论述全面，系中国早期中医诊断讲义中较佳者。该校因日军侵华停办，抗日战争胜利后续办。

11. 杭州中国医学函授社

民国 36 年（1947 年），该校建立于杭州，创办人何任。该校是中国较早的一个专门进行函授教育的中医教育机构，共办学 8 年，培养学生 2000 多人，当时在国内具有相当影响。学校办学颇为规范，订有“中国医学函授社教学计划”和“招生简章”，并报市教育局批准备案，还在上海《新闻报》刊登招生消息。开办初期，何任既编讲义又授课，还兼理许多社务。后授业学生渐多，遂聘请当时杭州市名中医汤士彦等协助指导教学。所招学生分为高、中、初三个班级，教学程度不同，高级班以讲授中医经典为主，中级班讲授临床技术，初级班讲授一般常识。学制 1 年，且十分灵活，学生可从初级班学到高级班，也可只学其中任何一个班次。学校自编讲义与辅导材料。为使所编讲义全面系统、内容丰富，在当时资料匮乏的环境下，何任不辞辛苦寻遍杭州书店与图书馆，陆续编成《中医内科学》《中医外科学》《中西医病名对照和治疗》等由浅入深具有现代概念的函授教材。学业有规定进度，分段布置作业。学期末与年末均须考试，并须作论文 2 篇，及格者方颁发毕业证书。可见其教学设置已相当接近现代的中医函授教育。中华人民共和国成立之后，何任被推选到市中医协会兼职，并任省卫生人员训练所的中医教师，加上门诊、出诊，何任终因劳累致病。函授社不再招生，并逐步收缩，直至停办。

12. 其他中医教育

清咸丰年间（1851—1861 年），东阳人韦阜在东阳兴福寺创办医学补习学堂。

清光绪三十年（1904 年）四月，杜炜孙等人在绍兴创办绍兴医学讲习班，何廉臣在神州医学会绍兴支会举办“朔望学术讲座班”，其讲稿被汇编成《药学汇讲》，由《越医汇讲》医报刊行。

民国 16 年（1927 年），虞翔麟在杭州皮市巷附近创办祥林医院，院中开设中医伤科护士班，系统学习中医伤科护理，这里的学员成为全国最早的伤科专业护士。

民国 25 年（1936 年），中央国医馆浙江分馆举办浙江省医务人员训练班。

三、现代医学教育和机构

中华人民共和国成立后，全国的医学教育和机构获得前所未有的发展。1949—1966年，中国医学教育借鉴苏联经验，形成医学教育的初步体系。1966—1976年是医学教育遭受重大挫折的时期，在这一时期，学校的正常教学秩序被打乱，高等医学教育形成了低起点的三年制专科教育体制。1976年底开始，通过拨乱反正，逐步形成多层次、多专业、多形式的医学教育体系和完整的医学教育机构。

1953年8月，浙江省统一中等医学校校名。1954年9月，浙江省卫生厅（以下简称省卫生厅）发布《关于改进高、中等医学校生产教学的意见》，划分实习区，固定实习基地，各地区成立实习指导委员会及临床学科委员会。1958年，浙江省出台医学教育规划，要求“二五”期间新增高中级卫生人员58053人，其中高级6699人、中级51354人。但“二五”期间，浙江只能毕业高中级卫生人员17039人，其中高级3388人、中级13651人，与1958年初步预算的需要相比，尚缺41014人，其中高级缺3311人、中级缺37703人。1959年，浙江省有5所高等医学院校、14所中等专业学校。

1960年，浙江省医学教育事业有很大发展，全省共有高等医药院校6所，全日制招生1740人，完成原招生计划1400人的124.3%。在校学生4885人，毕业学生512人，完成原计划521人的98.3%。上调140人，实际分配416人（包括调入44人），其中本科304人（分配至浙江医科大学系统126人，占41.5%；市、县医院107人，占35.2%；省属大型厂矿42人，占13.8%；其他29人，占9.5%），专科112人，原则上回原单位工作。到该年底，全省平均每千人口有西医高级卫生技术人员0.12人。

1977—1979年，浙江省各高等医学院校共招生6257人，平均每年招2086人，比1972—1976年每年平均招生1262人增加65.3%。1979年，全省卫校招生1525人，有5所卫校增挂“浙江医科大学分校”牌子，接收扩招大专班学生430人，共招生1955人，比1978年增加54%。

1997年，浙江省各高等医学院校有毕业生6580名。2001年，浙江省为加强全科医学临床、社区教育基地建设，确定浙江大学医学院附属第一医院、浙江大学医学院附属第二医院、浙江省人民医院、浙江大学医学院附属邵逸夫医院、浙江医院、杭州市第一人民医院、温州医学院附属第一医院、宁波市李惠利医院等8家医院为首批全科医学临床教育基地。同年，完成15000人招生任务，并严格控制中专办学规模。2002年，浙江省医药类专科和本科段招生规模达到10680人，比1997年增长38.4%。为加强继续医学教育和全科医学人才培养，国家级继续医学教育累计招收培训全科医学人才12000人。

（一）高等医学教育

1. 浙江大学医学院

1952年2月，由民国元年6月1日创办的浙江医学专门学校和民国34年8月创设的国立浙江大学医学院合并而成立浙江医学院，1960年4月升格为浙江医科大学。1998年，原浙江大学、杭州大学、浙江农业大学、浙江医科大学合并为浙江大学，1999 年，重组浙江大学医学院和药学院。2009 年，浙江大学实行大部制，将医学院更名为浙江大学医学部。

1952 年，浙江医学院医科分内、外、公卫三系，药科分药剂、药物化学、分析鉴定、生药四系，两年制医学设专修科、公卫专修科。学生数从 1948 年的 426 人增长至 1959 年的 2217 人。1949 年前，浙江大学医学院仅有 82 个床位的实习医院，浙江省立医学院的附属医院也只有 100 张床位。中华人民共和国成立 10 年，新建教学用屋，建筑面积 53843 平方米，基地面积 160 余亩，学习与生活条件大为改观。1958 年，浙江医学院勤工俭学，组织师生参加校内外的劳动，赴制药、化工、生物制品、教具模型等几个厂劳动，多次组织教师、学生下乡、下厂参加除害灭病工作和医疗预防工作。

1960 年 1 月 17 日，中共浙江省委员会(以下简称省委)决定将浙江医学院从市区迁建到松木场文教区。1962 年，浙江医科大学学校发展规模调整为：医疗系 5 年制，仍拟每年招生 360 名，共 1800 名。药学系 4 年制，拟每年招生 40 名，共 160 名。中医学院 6 年制，拟每年招生 60 名，共 360 名。1962 年，学校实有本科在校学生 2539 名，减去当年毕业生 329 名，加上 1962 年新招的 440 名，共计 2650 名。学校党、政机构设置：党委下设办公室、组织部、宣传部、统战部(统战部和党委办公室合为一套机构，组织部和行政人事处合为一套机构)。各系、部设党总支。行政机构设有学校办公室、总务处、医教处、人事处(与党委组织部是一套机构)、图书馆、保卫处。上述党、政部、处除总务处科，下不设科的组织。1963 年，浙江医科大学要求不迁松木场新址，在原址改建和扩建。

1977 年 3 月 8 日，浙江省革命委员会(以下简称省革委会)同意浙江医科大学增设口腔、卫生专业。口腔专业于 1977 年招生，卫生专业于 1978 年招生。1983 年 3 月 30 日，浙江省人民政府(以下简称省政府)同意撤销浙江医科大学卫生系，保留卫生专业。1988 年 3 月 9 日，省卫生厅决定在浙江医科大学设置高级护理专业，培养高级护理人才。2007 年，浙江大学医学院的生物医学工程、儿科学、外科学(普外)、肿瘤学 4 个学科在五年一轮的评选中脱颖而出，成为国家级重点学科。

浙江大学医学院以培养和造就医学实践、生物医学研究和公共卫生事业管理的精英人才为使命，建有 8 年制医学博士(临床医学)、7 年制医学硕士(口腔医学)、5 年制医学本科(临床医学、基础医学、预防医学)等专业，并在国内率先建立了 4 年制生物医学本科新专业(全国唯一的国家教育体制改革医学类“试点学院”)，开设了浙江大学首个也是唯一的成建制留学生教育项目(五年制临床医学专业)。浙江大学医学院拥有基础医学、公共卫生与预防医学、临床医学、口腔医学、护理学、药学 6 个一级学科博士点，拥有 5 个博士后流动站。学院拥有国家重点学科 4 个[内科学(传染病学)、外科学(普外)、肿瘤学、儿科学]，国家临床重点专科 45 个，国家重点实验室 1 个和省部级重点实验室 21 个，建设有“医学技术与疾病防控”985 科技创新平台，获国家科学技术进步奖和国家技术发明奖 15 项，省部级奖项占浙江大学科研成果获奖总数的 1/3。浙江大学医学院是中国高等医学教育研究所所在地，主编、出版《中国高等医学教育》《中华急诊医学杂志》《HPBD.(INT)》(SCI 收录)、《中国实用肿瘤杂志》《浙江大学学报(医学版)》《全科医学临床与教育》《健康人生》等刊物，与美国、德国、日本、英国、加拿大、澳大利亚等国家的十几所大学建立了学术交流与合作关系，互派学者交流，联合培养学生。

2. 温州医学院

原名浙江第二医学院，于1958年8月由浙江医学院抽调部分教职员工去温州建立，先定名为浙江第二医学院，后以校址所在地改名为“温州医学院”，是浙江省最早创办的七所省属高校之一。该学院拥有眼科、内科、儿科、药理、妇产科、检验6个硕士点，眼视光学专业是国内最早建立的眼视光学人才基地，卫生部视光学研究中心设在学院。学校公开编辑发行的学术刊物有《温州医学院学报》《眼视光学杂志》和《肝胆胰外科杂志》。

温州医学院的研究生教育始于1978年10月，是全国首批硕士学位授予单位，现有外科学、妇产科学、眼科学3个博士点，临床医学、中药学2个一级学科硕士点，28个二级学科硕士点。1981年，温州医学院成为恢复高考后国务院首批批准的硕士学位授予单位之一。1998年之前，该学院共有5个硕士学位授权学科，即眼科学、内科学、儿科学、药理学和妇产科学。1998年以来，该院增加了3个博士学位授权学科、2个一级硕士学位授权学科和23个二级硕士学位授权学科。温州医学院实行弹性学制，全日制博士研究生在校学习年限一般为3～5年，硕博连读的研究生博士阶段的学习一般为3～4年，全日制硕士研究生的学习年限为3～5年，非全日制硕士研究生的学习年限不超过4年。

温州医学院获准招收外国留学生的资格始于1993年，1999年开始接收短期留学生，2006年开始成建制招收临床医学本科学历(英语授课)留学生，2007年被教育部列入30所符合《来华留学生医学本科教育(英语授课)试行质量控制标准及相关规定》的高校名单。截至2008年8月，温州医学院共接收留学生329人，其中143人为短期进修留学生，医学本科学历留学生有186人。

温州医学院的医学成人高等教育开端于20世纪80年代中期。1985—1987年，连续三年面向浙江省招收中等卫生学校师资提高班(脱产学习，有专科和本科两个层次)。1989年，省教委批准温州医学院开设夜大学，设置临床医学和医学检验两个专业。1993年12月，温州医学院单独建立成人教育处，成教管理体制逐步规范化，专业设置和招生量迅速扩大。至1997年，温州医学院医学成人高等教育已设置8个专业，注册学生数达2409人。

1998年，温州医学院仅设置临床医学、儿科学、妇产科学、医学检验学、卫生检验学、眼视光学及护理学共7个专业(专业方向)。1998—2008年，温州医学院基本建设总投资为8.6亿元，新增占地面积1141.69亩，新增建筑面积40.05万平方米。根据建设规划，茶山校区继续建设14.5万平方米，仁济学院将征地140余亩，建设面积超过7万平方米。1998—2008年，温州医学院共有1个省“重中之重”学科，1个省医学重点学科群，12个省高校重点学科(含重点扶植学科)，19个省医学、中医药重点学科(含重点扶植学科)，7个省中医药重点专科以及1个省示范中医科。2000年，温州医学院成立内部管理体制改革领导小组，设置第一临床医学院、第二临床医学院、儿科临床医学院和眼视光学院，上述4个学院分别与第一附属医院、第二附属医院、附属儿童医院和附属眼视光医院组合，统一管理附属医院(临床医学院)的医疗、教学和科学研究工作。第一临床医学院下辖医学影像学系、护理学系、妇产科学系。第二临床医学院下辖麻醉医学系、口腔医学系。2001年6月，温州医学院增设护理学院、检验医学与公共卫生学院、药学院、管理与信息学院，同时，启动“校—院”两级管理体制，逐步改变校级全面掌控的一级管理模式。

2005年，温州医学院对二级学院第二次调整为深化二级管理体制改革，改变原医学部对基础医学教学和临床医学教学大一统的管理体制，完善基础医学院、第一临床学院、第二临床学院三个学院的教育教学管理功能，学校作出第二次调整：撤销医学部建制，保留基础医学院、第一临床医学院、第二临床医学院、儿科临床医学院。学生实行五年（四年）一贯制管理。基础医学院负责法医学专业。第一临床医学院负责临床医学专业、临床医学专业妇产科学方向、临床医学专业（专升本）、医学影像学专业、医学美容专业（高职）。第二临床医学院负责临床医学专业、临床医学专业儿科学方向、麻醉学专业、中医学专业、康复治疗学专业、针灸推拿专业（高职）。

2007年，温州医学院对机构实施改革：宣传部、统战部合署办公；学工部、学生处和团委合署办公；撤销总务处和经济技术开发办公室，成立后勤发展处；财务处更名为计划财务处；撤销设备处；撤销成教处，原职责分别划归成教学院和教务处；研究生处更名为研究生部；编辑出版处更名为期刊编辑部。2008年8月，温州医学院机关部门设置为：党院办（合署办公）、组织部、宣传部、统战部、教务处、学工 部学生处（合署办公）、团委、研究生部、工会、人事处、离退休工作处、纪委监察审计处（合署办公）、国际合作交流处港澳台办（合署办公）、计划财务处、后勤发展处、保卫处、科技处、医院管理处、图书馆、期刊社、国有资产与设备管理处、继续教育学院、高教研究所、学院路校区管理委员会。

3. 杭州师范大学医学院

1978年5月，杭州市卫生局建议创建一所高等医学院校。11月8日，中共杭州市委员会（以下简称杭州市委）向省委申请创办杭州医学院，提出“在未批准正式成立杭州医学院之前，先用浙江医科大学杭州分校名义招生20人，开设医学系一个专业”①。继后，市委、市革委会责成市卫生局具体负责筹建工作。1979年，经省政府批准，建立浙江医科大学杭州分校。1993年，经原国家教委批准，更名为杭州医学高等专科学校，学校坐落于杭州城西文教区文一路146号，占地面积80亩，校舍建筑面积31998.5平方米。2001年前，学校已设有临床医学、妇产科、儿科、麻醉科、心电学、市场营销（医药药品器械营销）、高级护理、卫生管理等8个专科专业，全日制在校学生1341人，教职员工315人，有教授10人，副教授（副主任医师、高级实验师）33人，讲师（实验师）88人。学校成人教育开设夜大学和专业证书班、继续教育班等，在册学员1224人。学校有1所附属医院、22所教学医院、9所实习医院。附属医院和教学医院总床位数达到4210张。

杭州市委对创建学校十分重视，1979年5月22日，批准成立校党委，明确学校受杭州市委领导，归口市委教卫部主管。1989年3月7日，省政府批准，同意浙江医科大学杭州分校在原有基础上，实行浙江省、杭州市联合办校，学校规模由原定的在校生600人，扩大到1000人。专业设置以护理为主（每年招生200～250名），兼顾助产等其他专业。1984年初，杭州

① 中共杭州市委：《关于创办杭州医学院的报告》，〔1978〕110号文件。

市计委批准学校易地新建，于1987年在杭州市文一路教工路口建成4幢学生宿舍。同年8月，除临床部和劳动服务公司继续在广兴巷旧址外，学校主体迁往文一路新址。1989年初，学校全部迁入新址。

1993年3月，经原国家教委以教计〔1993〕37号文批准，同意学校在浙江医科大学杭州分校的基础上建立杭州医学高等专科学校，同时明确学校属大专性质，学制3年，近期规模2000人，长远规模3000人。1998年底，杭州市政府发〔1998〕247号文，同意将杭州市第二人民医院作为学校的直属附属医院，医院的行政关系隶属于学校，接受杭州市卫生局在医疗卫生方面的业务指导。2001年，杭州市政府决定学校并入杭州师范学院，更名为杭州师范学院医学院，设有临床医学、儿科、妇产科、心电学、麻醉学、市场营销、高级护理、卫生管理、口腔医学、药学专业等10个专业。12月6日，医学院举行成立大会暨揭牌仪式。

4. 宁波大学医学院

宁波大学医学院创建于1998年，由香港著名医学家、科学家汤于翰博士发起捐资并兼任名誉院长。学院拥有五年制临床医学、预防医学本科专业2个，本科临床医学专业(英语授课)来华留学生项目1个，拥有1个医学生物信息处理二级学科博士点，临床医学、公共卫生与预防医学2个一级学科硕士点，1个临床医学一级专业硕士学位点，14个二级学科硕士点。开设有临床医学、护理学、预防医学、医学检验、药学5个成人和远程教学专业。学院下设5个学科系：解剖学与组织胚胎学学科系、病理学与病原生物学学科系、生理学与药理学学科系、生物化学与分子生物学学科系、预防医学学科系，设有基础医学实验中心和现代医学模拟教学实验中心，负责管理宁波大学行为神经科学中心、宁波大学糖尿病研究中心、宁波市医学分子诊断中心和宁波大学实验动物中心，拥有8家附属医院，10家教学医院，12所社区卫生服务实践教学基地、12家预防医学教学实践基地和研究生培养基地。

学院获批国家教学团队1支，宁波市科技创新团队2支，获国家级精品课程1门，国家级双语示范课程1门，国家精品资源共享课程1门，省级精品课程5门，省重点、省优势专业各1个，省重点实验室、省实验教学示范中心各1个，市级重点实验室6个，省重点学科3个，市重点学科3个。获批教育部和卫生部卓越人才培养改革试点项目。2005—2010年间，获国家级、省部级和市厅级科研项目近200个，其中国家级项目52个、省部级60余个。发表SCI、EI收录论文140余篇，获市级以上科研奖励20余项。

学院走国际化办学道路，开拓留学生项目，发展全英文教学，从2010年开始，招收国际留学生。同时加强对外交流与合作，已先后与美国南卡医科大学、法国昂热大学医学院、瑞典舍夫德学院、英国伦敦大学学院医学院、英国诺丁汉大学等建立了学术交流和师生互派进修等友好合作关系。

截至2010年底，医学院共有教职员工89人(含院聘人员7人)，其中专任教师50人、教辅19人、行政20人。专任教师队伍中，正高18人、副高15人、中级17人。专任教师中，具有高级职称的比例达66%，获得博士学位的比例高达86%，其中，国家高端外国专家3人，省千人计划1人，省、市特聘教授3人，博士生导师12人。入选省市各级各类人才工程20余人次。学院共有全日制在校生1789人，其中研究生226人(含11名留学研究生)，留学生360

人，本科生 1077 人，专科生 126 人。

5. 浙江医学高等专科学校

该校前身为创建于民国 14 年（1925 年）的浙江省立女子产科学校，先后历经浙江省立医院附属助产学校、浙江省立民政厅卫生实验处附属助产学校、浙江省立杭州高级医事职业学校、杭州卫生学校、杭州医学院、浙江省卫生学校、浙江医学职业技术学院、浙江医学高等专科学校等 9 个发展阶段，历时 80 余年，为社会培养了近 27 万名医学毕业生。

1950 年 9 月，浙江省卫生厅任命戴雨霖、徐陬为浙江省立杭州高级医事职业学校校务委员会正、副主任委员。当时护士科、助产科设在教仁街校本部，药剂科设在湖滨第一公园，附属产院设在平海街（当时的工人街结核病防治所）。在全国率先设环境卫生科，大部分毕业生成为公共卫生的技术骨干力量。1951 年初，学校改为校长制，省政府任命张克成为浙江省立杭州高级医事职业学校校长，学校设 6 个专业科，即医士科、助产科、检验科、环境卫生科、护士科、药剂科。1952 年，浙江省立杭州高级医事职业学校更名为杭州卫生学校，助产科划出，与新建的宁波产校合并，护士科与新建的杭州护校合并，省立杭州医院附设医士专业并入学校，校址在教仁街 15 号。学校于 1956 年夏迁到老浙大（即杭州市环城东路 25 号）办学。学校与杭州市第一医院、第二医院、红十字会医院三个医院挂钩协作。

图 79-9-1-5　1983 年，浙江省卫生学校部分学员合影（浙江省卫生厅档案室提供）

1960 年 9 月至 1961 年，该校创办杭州医学院。1961 年 5 月，杭州医学院撤销，本科生转入浙江医科大学。1962 年，学校重归省卫生厅主管，杭州药材学校、浙江省卫生干部进修学校、杭州卫生学校三校合并，合并后学校对内一套班子，对外两块牌子（杭州卫生学校、浙江省卫生干部进修学校）。学校承担中专和全省卫生干部的进修任务。1971 年 4 月，杭州卫生学校撤销，校舍、人员、仪器设备被分光，校舍被占用，人员下放或提前退休。1973 年，省卫生厅成立复校筹建组，组长于健吾。1974 年 10 月 21 日，省革委会同意新建浙江省卫生学校，有 300 平方米楼房和 200 平方米盥洗室各 1 幢，设置卫生医士等 5 个专业。

1981 年 8 月，省政府决定将浙江省卫生学校、浙江省卫生干部进修学校两校合并，承担中专、干训两项教学任务。1984 年 7 月，浙江省卫生学校进行机构改革，中层干部实行聘任制，任期为 2 年。学校教学方面设普通、医学基础、药剂、检验、卫生、放射等 7 个学科。

1990 年，浙江省卫生学校在校生已达 23 个班、1188 人。1991 年，浙江省卫生学校通过国家教委、省教委对中专学校开展的教学评估。4 月，高级讲师盛端芳被评为全国优秀教师。1994 年以来，浙江省卫生学校改革招生工作，分为三种类型：（1）国家任务，（2）委托培养，（3）自费生。

1995.年，浙江省卫生学校在校班级 28 个，有 1374 名学生，有校外省人民医院护校 3 个班，拱墅、江干、上城和西湖4个教学点12个班，709名学生。1999年，浙江省卫生学校规范对教师的听课评价，开展学术交流、论文评奖工作。1999年12月，省政府批准筹建浙江医学职业技术学院。2000—2003年，该校出版2部学术著作，在国家一、二级学术期刊上发表学术论文120多篇，参加卫生部规划教材、重点建设教材、高等院校协作教材等高等教材28本，《乡村医生连续统一体培养模式的探索与实践》课题获得省政府颁发的2005年浙江省高等教育教学成果一等奖。

2001年，学校的医学影像技术专业被浙江省教育厅（以下简称省教育厅）确定为浙江省高等职业教育重点建设专业。2003年，学校通过全国高校设置评议委员会专家组对浙江医学高等专科学校（筹）进行正式建校考评工作。2004年5月，学校接受省教育厅高职高专学校人才培养工作水平评估，5月19日正式升格为经教育部批准的浙江医学高等专科学校，并于11月8日隆重举行庆典。2007年12月，浙江医学高等专科学校与杭州市、宁波市、嘉兴市、湖州市、绍兴市、金华市、台州市、衢州市、丽水市、舟山市、义乌市等全省11家地市级卫生监督所签订了《浙江医学高等专科学校卫生监督专业实习基地协议书》。2010年，全校具有高级专业技术职务人员93人，双师型教师86人。学校共招收新生1838人，招生范围扩大到全国10个省区，文理科投档线分别高出省第三批招生院校分数线97分和65分。

6.浙江中医药大学

该校前身是创办于1953年6月的浙江省中医进修学校。1953年4月，省卫生厅为贯彻落实中国共产党的中医政策，开始筹建浙江省中医进修学校。同年6月学校成立，7月10日学校开学，校址位于杭州市保俶路，校长由省卫生人员训练所所长李仕毅兼任。

1953年，该校实际招生110人，教学内容参照卫生部举办的北京中医进修学校的教学内容略加调整而成。1955年10月，省卫生厅决定将省卫生干部进修学校与省中医进修学校分开。1956年春，学校又迁移到杭州市四宜亭。1956年下半年，浙江省中医进修学校迁入杭州市庆春街原浙江大学旧址，校园占地面积120亩。1957年9月，浙江省中医进修学校成立函授部，是全国中医学院最早的中医函授教育，学制一年半，学校设校务办公室、教务办公室、人事科、总务科和函授部。1959年6月，成立浙江中医学院。8月，招收首届中医本科生120人，学制6年。

1960年，原由浙江医学院于1959年1月举办的浙江省首届西医离职学习中医班划入浙江中医学院管理。同年3月15日，浙江省人民委员会第十六次会议决定，并于4月13日以浙江省人民委员会人字258号文公布，将浙江医学院、浙江中医学院、浙江省卫生实验院、浙江省中医医院、浙江省中医研究所合并，成立浙江医科大学和浙江医学科学院。浙江中医学院并入浙江医科大学后，成为浙江医科大学中医学院，中医学院建制不变。

1970年7月，该院第二次并入浙江医科大学。1973年4月，浙革宣〔73〕6号《关于恢复浙江中医学院的报告》文件拟同意恢复浙江中医学院。1976年5月，省委下发〔1976〕1号文件，决定将浙江中医学院、浙江省中医院、浙江省中医研究所三个单位合并起来，建立浙江中医学院党委，实行统一领导，浙江中医学院党委直属省委领导，行政事务由浙江省卫生局（以下简称省卫生局）和浙江省教育局管理。1977年冬，全国开始恢复高考统一招生制度，浙江中医学院招收中医专业本科学生 200 人。

1981 年 10 月，浙江中医学院成为首批硕士学位授予单位，设置中医基础理论、中药学、中医内科学、中医妇科学、中医儿科学 5 个硕士点。12 月，增设中医骨伤科学和针灸推拿学 2 个硕士点。1986 年开始，浙江中医学院招收定向、委托培养研究生。12 月，学院又增设针灸、推拿、中药 3 个专业，恢复中医函授，在 23 个县市建立函授站。1989 年起，学校招收中医骨伤科学专业专科学生，并获批增设中医骨伤科学本科专业，于次年招收首届本科生。浙江中医学院的办学规模逐步扩大，至 1989 年，初步形成了多层次、多规格的办学格局，在校全日制本专科学生已达 936 人。

1990—1999 年，浙江中医学院共承担各级科研课题 420 项，其中国家级 7 项、省部级 62 项、厅局级 330 项，获得科研经费 984.57 万元。1990—1999 年，浙江省中医学院获全国“神农”杯金奖 2 项，省自然科学进步奖 64 项，其他奖项 9 项。中药抗癌新药康莱特注射液为国家“七五”“八五”重点攻关项目，获国家中医药管理局 1995 年中医药科技进步奖一等奖，并获国家二类新药证书，1998 年获得国家技术发明奖三等奖，达到国际先进水平。

1998 年，浙江中医学院在浙江省属高校中率先获得博士学位授予权。6 月 28 日，浙江中医学院在新校址举行开工奠基仪式，学院新校址位于杭州市滨江区省教学科研用地区块内，按在校学生 2500 人的规模设计，占地面积 286 亩，总建筑面积 80000 平方米，绿化率达 40% 以上。2000 年 1 月 28 日，新校建设工程竣工，2 月 11 日起实施整体迁校，于 3 月 6 日正式在新校开课，并于同年秋季起正式招生，首批招生 288 人。

2001 年 1 月，浙江中医学院获得中医诊断学、内科学、药理学 3 个专业硕士学位授予权，同时，增设临床医学、药学和计算机科学与技术 3 个本科专业。3 月，浙江中医学院获批增设食品科学与工程、康复治疗学、生物工程和英语 4 个本科专业，中医学、中药学、针灸推拿学 3 个专业被列入浙江省高校重点建设专业。9 月，浙江中医学院新增中药学、中西医结合临床 2 个博士学位授权学科，新增中医医史文献、方剂学、中医外科学、生药学 4 个硕士学位授权学科。10 月，浙江中医学院中医学一级学科被人事部、全国博士后管委会新设为博士后科研流动站。

2004 年，浙江中医学院获批增设生物技术、制药工程、口腔医学 3 个本科专业。2005 年 4 月，获批增设中西医临床医学专业。至此，学校形成了以中医中药为主，医、理、工、管、文协调发展的 21 个本科专业。2006 年 2 月 17 日，教育部发函同意浙江中医学院更名为浙江中医药大学。学校有直属附属医院 3 所，核定床位 2600 张，非直属附属医院 7 所，核定床位 3800 张，教学及实习医院(基地)54 所(个)。

2009 年，学校设有 15 个学院，12 个研究机构，3 所直属附属医院，12 所非直属附属医院，在校生 12628 人。全校设有 21 个本科专业，分属医、理、工、管、文等 5 个学科门类，有教职工及医护人员 3600 人，从 1988 年起具有卫生技术副高级职务评审权，1993 年起具有副教授职务评审权。学校有浙江省省属高校中唯一的国家级重点学科 1 个，省部级重点学科 9 个。学校主办《浙江中医药大学学报》《浙江临床医学》学术期刊。2000—2010 年，学校承担各级各类科研项目 1500 余项，科研成果获各级各类奖励 314 项，开发康莱特注射液、参麦注射液等单品种年销售额超 2 亿元的中药新药，先后与 21 个国家与地区的 37 个教育、科研、医疗单位建立合作关系。

(二)中等医学教育

中华人民共和国成立后，浙江省中等医学校有公立学校 6 所，私立学校 8 所，除杭州高级医事职业学校外，均附设于各省立医院。

1950 年，省立杭州医院护士学校、私立慈溪保黎护士学校停办，学生甄别转学。私立温州医事技术学校由省立温州医院接办。至此，浙江省公立学校仍为 6 所，私立学校则由 8 所减为 6 所。

1951 年，增设杭州、衢州卫生学校，台州护士学校，并在嘉兴、宁波、温州、金华卫生学校增设医士科，又因吴兴福音医院划归到军区，吴兴福音护士学校迁并于嘉兴卫生学校中。

1952 年秋，为集中人力、物力解决师资设备缺乏问题，将同一地区有 2 所中等学校者统一名称，改为综合性卫生学校，集中领导。全省有杭州、金华、绍兴、嘉兴、衢州、温州、宁波 7 所卫生学校，杭州、台州 2 所护士学校。1953 年 8 月，统一浙江省中等医学校校名。

表 79-9-1-1　1951—1957 年部分年份浙江省中等医学校名称变动情况一览表

<table>
<tr><th>1951 年</th><th>1952 年</th><th>1954 年</th><th>1955 年</th><th>1957 年</th></tr>
<tr><td>杭州医院护士学校</td><td rowspan="3">杭州护士学校</td><td rowspan="3">杭州护士学校</td><td rowspan="3">杭州护士学校</td><td rowspan="3">建德护士学校
杭州护士学校</td></tr>
<tr><td>杭州私立广济学校</td></tr>
<tr><td>杭州私立仁爱护校</td></tr>
<tr><td>杭州市民护校</td><td rowspan="2">杭州卫生学校</td><td rowspan="2">杭州卫生学校</td><td rowspan="2">杭州卫生学校</td><td rowspan="2">杭州卫生学校</td></tr>
<tr><td>浙江省高级医事职校</td></tr>
<tr><td>嘉兴医院附属护校</td><td rowspan="2">嘉兴卫生学校</td><td rowspan="2">嘉兴医士学校</td><td rowspan="2">嘉兴医士学校</td><td rowspan="2">嘉兴卫生学校</td></tr>
<tr><td>吴兴福音护校</td></tr>
<tr><td>宁波私立华美护校</td><td rowspan="2">宁波卫生学校</td><td>宁波助产学校</td><td>宁波助产学校</td><td rowspan="2">宁波卫生学校</td></tr>
<tr><td>宁波医院卫生技校</td><td>宁波护士学校</td><td>宁波护士学校</td></tr>
<tr><td>绍兴医院卫生技校</td><td rowspan="2">绍兴卫生学校</td><td rowspan="2">绍兴卫生学校</td><td rowspan="2">绍兴卫生学校</td><td rowspan="2">绍兴卫生学校</td></tr>
<tr><td>绍县福康医院护校</td></tr>
<tr><td>台州医院护士学校</td><td>台州护士学校</td><td>台州护士学校</td><td rowspan="2">温州卫生学校</td><td rowspan="2">温州卫生学校</td></tr>
<tr><td>温州医院卫生技校</td><td>温州卫生学校</td><td>温州卫生学校</td></tr>
<tr><td>金华医院卫生技校</td><td rowspan="2">金华卫生学校</td><td rowspan="2">金华卫生学校</td><td rowspan="3">金华卫生学校</td><td rowspan="3">金华卫生学校</td></tr>
<tr><td>金华福音附属护校</td></tr>
<tr><td>衢州医院卫生技校</td><td>衢州卫生学校</td><td>衢州护士学校</td></tr>
</table>

资料来源：浙江省卫生厅档案室档案资料。

1956—1957年，浙江省中等医学教育基本情况是：加强学校组织领导，贯彻教学改革，使教学工作有秩序地走上轨道，注意加强师资培养提高工作，开展教学研究，初步提高了教学质量，但也存在问题：首先是学习苏联先进经验没从实际出发，执行教学计划和教学大纲照搬照抄，建立的教学组织和教学制度没充分发挥作用，存在形式主义。因而，学校普遍存在不同程度的学习负担过重、教学效果不好、教学脱离生产实际的现象。其次是放松了对后期教学的领导，对生产实习过程缺乏具体技术指导与检查，没有达到应有的实习效果。1957—1958年，各校在总结前学年工作的基础上，以提高质量为中心任务，制订各项工作计划，克服存在的缺点，省卫生厅重点抓以下几项工作：(1)逐步实施中等专业学校章程，整顿学校组织制度。(2)集中力量开展学科委员会工作。(3)加强生产教学工作。(4)教学行政人员做好及时有效的培养提高工作。(5)重点试行国家考试制度。(6)加强全面规划医学教育工作。(7)计划召开的会议。

1957年7月，省卫生厅发布《中等医学校建立临床(专业)教学及实习基地暂行规定》，划分了中等医学校的教学医院，建立临床教学委员会，进一步改进中等医学校的临床教学工作。1958年，浙江省在原有7所中等卫生学校的基础上，新办35所中等卫校，其中县办22所，医院附设12所，民办1所，共招收新生3000多名。1960年，浙江省中等医药学校全日制招生5507人，完成原招生计划4130人的133.3%，在校学生10118人，毕业学生869人，完成原计划886人的98.1%。浙江省实际分配826人，其中，上调43人，占5.2%；分配至市、县医院等医疗单位433人，占52.4%；省属工业233人，占28.2%；培养成教师117人，占14.2%。1963年9月7日，省卫生厅通知各地中等卫校执行卫生部新的教学计划，医士、助产医士、卫生医士专业实行4年制，其他专业为3年制。在“三五”期间，浙江省中等医学教育恢复绍兴、台州两校，规划招生由原先的2720人扩大到4500人，实际招生5520人。在“四五”期间，新办衢州、湖州、诸暨、丽水4所学校，规划招生扩大到5700人，实际招生9500人。1965年5月26日，省卫生厅决定温州医学院同时挂“温州医学进修学院”牌子，今后以进修为主。

1977—1983年，浙江省中等卫校招收中医士专业600余人，培养了200名五年制中医学徒。1978年以来，浙江省新办起金华、宁波、绍兴、嘉兴、建德5所医学专科学校、45所中级卫生学校及13所县初级卫生学校。1983年11月30日，浙江医学中等专业学校招生2166人，在校学生6111人，毕业生2033人，教职员工1536人(其中教师888人)。1986年4月16日，省卫生厅批准同意建立绍兴市卫生干部进修学校。6月10日，省卫生厅批准同意丽水职工中等卫生学校校址从云和县迁往丽水市卫生进修学校内。1997年，浙江省各中等卫校和职工卫校毕业生19978人。浙江省定向培养农村社区医生工作起步于2007年湖州市试点工作，自2009年在全省范围展开。

2010年，浙江省下发《关于2010年定向培养农村社区医生工作的通知》，进一步完善了面向农村订单定向医学生免费培养的各项政策。全省共填报志愿数5384名，招录800名大专层次和29名本科层次的临床医学专业定向培养生，填报志愿数与招生计划数比例平均达到6.5∶1。这项工作启动以来，累计已有109人走上农村社区工作岗位，115名学生进入临床实习阶段。

（三）继续教育

1960—1970年，浙江省计划继续培植中医师资200～300名，对全省一般有学习条件的中医医师，以函授教育等形式进行培训。1963年，浙江省中医医师函授教育开始，每年招生800～1000名。1986年4月29日，卫生部批准，同意浙江开展医学继续教育试点工作。7月7日，浙江医科大学、省卫生厅、杭州市政府联合建立“医学继续教育试点工作领导小组”，郑树任组长。

1988年10月7日，省卫生厅发布《关于成立浙江省医学继续教育委员会的通知》，省卫生厅厅长戴迪任浙江省医学继续教育委员会主任委员。浙江省医学继续教育委员会的工作职责如下：(1)研究决定浙江省医学继续教育工作的方针、政策和任务。(2)审定医学继续教育的发展规划、实施意见、组织措施、机构布局及有关的规章制度和条例。(3)组织、协调与医学继续教育工作有关的部门和单位的力量，保证医学继续教育工作的顺利进行。(4)研究解决医学继续教育工作中存在的困难和主要问题。(5)督促检查医学继续教育工作的进行情况。1989年9月5日，浙江省医学继续教育委员会第一次全体会议在富阳召开。

1990年8月31日，省卫生厅批准同意在浙江省卫生学校建立继续医学教育办公室。1991年8月17日，省卫生厅批准同意将“浙江省医学继续教育委员会”更名为“浙江省继续医学教育委员会”，并下设办公室。1996年，省卫生厅颁发《关于成立医师等四个专业继续医学教育中心的通知》，决定成立4个专业继续医学教育中心，即浙江省临床医师继续医学教育中心(挂靠浙江医科大学)、浙江省医学师资继续医学教育中心(挂靠浙江医科大学)、浙江省护理继续医学教育中心(挂靠杭州护士学校)、浙江省医学检验继续医学教育中心(挂靠温州医学院)。1997年，浙江省共举办各种继续教育项目90多项，接受培训的学员合计5426人。1998年，浙江省教委成立浙江省中医药继续教育委员会，下设学科评审组和办公室，全面指导浙江省中医药继续教育工作。

2001年，浙江省获准国家级继续医学教育项目49项，居全国各省之首。同年，浙江省中医药管理局举办急症、医院感染控制等学习班，开展继教项目47项，对浙江省2860名中医药人员进行继续教育。2002年，组织落实国家及浙江省级中医药继教项目的实施，共有国家级中医药继续教育项目9项，浙江省级中医药继续教育项目75项，是历年来继教项目最多的一年。同年，浙江省开展继续教育工作，实施继续教育项目50项，对浙江省3268名中级以上中医药人员进行了继续教育。为拓宽高层次中医药人才培养途径，浙江省中医药管理局支持绍兴、宁波、杭州、金华等地与高等医学院校联合举办在职中医及中西医结合研究生班，招收学员158人，同时加强农村中医药人员培养，在常山开设大专学历函授班，共有73名中医药人员参加学习。4月，浙江省11个市都成立继续医学教育的专门机构，50多家二级甲等以上医院都开展了住院医师规范化培训，学员注册人数达10000余人。1997—2002年，通过专家评审并公布的继续医学教育项目有1042项，其中省级项目834项，国家级项目208项，省级学术会议列入省级继续医学教育项目349项。举办继续医学教育活动的一级学科覆盖率达到100%，实现卫生部“九五”计划提出的两个85%的工作目标。2002年，浙江省累计招收培训全科医学人才12000人。

2003年,浙江省中医药学会共开展16项学术继教项目。2004年,浙江省中医药学会共组织开展2项国家级学术活动及继教项目、14项浙江省级各类学术活动及继教项目,参加人次达800余人。2006年5月10日,经省卫生厅批准,同意成立浙江省中医药继续教育中心,中心挂靠在浙江中医药大学。2007年,浙江省中医药学会共组织开展21项学术活动及继续教育项目,其中3项国家级项目、18项浙江省级各类学术活动。2008年,浙江省中医药学会共组织开展13项学术活动及继续教授项目,其中3项国家级项目、11项浙江省级各类学术活动。国家级继续教育学习班和血液病分会的2008年学术研讨会同时举办。2009年,浙江省中医药学会共组织开展14项学术活动及继续教育项目,其中3项国家级项目、11项浙江省级各类学术活动。2009年,浙江省医学会受理审核全省申报的继续医学教育项目621项,其中新立项国家级项目111项,比上年增加12项;新立项省级项目206项,比上年增加38项,项目数处于全国前列,学科覆盖率高。全年共执行国家级项目215项、省级项目321项、省级学术会议项目63项,参加培训学员达81739人次。全省11个医学专业岗位培训中心共有19个培训项目,全年共举办23期,参加培训近4000人次,发证2707人,办班率达到95%。学会于2009年全面开展了全科医师岗位培训远程医学教育工作。截至2009年底,注册参加全科医师岗位培训远程医学教育的学员达1027名,全省学员平均学习课时数为153小时16分,平均学习完成率为86%。

2010年,浙江省共承担继续医学教育项目709项,其中国家级项目280项,新立项的国家级项目比上年增加了42项,达到历史新高。浙江省级项目429项,其中新立项项目203项,学术会议类项目66项。浙江省执行国家级项目277项。浙江省级项目401项,其中浙江省级学术会议项目61项,共培训学员82074余人次。2010年,浙江省中医药学会共组织开展13项学术活动及继续教育项目,10项浙江省级学术会议继教项目,同时举办3项国家级继教项目。男性病、眼科、妇科、血液病、儿科、推拿、脾胃病、康复、中药、针刀等分会、专业委员会召开了学术会议,同时举办了继续教育项目。

(四)进修教育

1952年6月,浙江省卫生干部进修学校开办。1954年3月,浙江省中医进修学校首期学员l10人结业。1954年6月,省卫生厅抽调49名县卫生院院长在省卫生干部进修学校学习,为期半年。1950—1951年,杭州市先后举办两期中医进修班,214人参加进修,191人结业。1953—1954年上半年,先后选送5名中医师参加浙江省中医进修学校进修,至6月,杭州市进修的中医占杭州市中医总人数的43%。1955年12月,省卫生厅决定大力培养提高在职初级卫生人员为中级卫生人员,有1000名初级卫生人员进入中等卫生学校及省卫生干部进修学校学习。1956年5月,省卫生厅委托浙江医学院开办巴甫洛夫学说学习班,杭州市卫生局局长及部分医院院长参加学习。

1986年,成立浙江省皮肤病进修学校,学校挂靠浙江武康疗养院,培养、培训全省麻风防治专业人才。1995年6月20日,省卫生厅批准同意建立浙江省医学成人教育培训部,挂靠在下城区卫生进修学校。12 月 29 日，省卫生厅决定，确立省肿瘤医院、浙一医院、浙医妇产科医院、杭州市第一医院、杭州市红会医院为病理技术进修基地，确立省肿瘤医院、浙一医院、浙医妇产科医院、杭州市第一医院、温州附属一院为病理诊断进修基地。

2004 年 10 月，全国第七期全国名中医药专家临床经验高级讲习班在杭州开班。邓铁涛、朱良春、颜德馨等 13 位全国一流的中医药专家，为 300 多名中医药同仁传道授业解惑。省卫生厅副厅长叶真在讲习班开幕式上致辞。本次讲习班共 4 天，13 位名中医药专家将重点围绕中医药诊疗传染性疾病、病毒性疾病的临证经验进行授课，内容涉及急性热病、湿温证、风疹、水痘、时行感冒、疫毒痢、肾心痛、咳嗽、烂喉痧、胃食管反流病、血管性痴呆和老年期痴呆等专题。2007 年，浙江省开展继续医学教育项目 490 项，其中新立项 239 项，累计培训各级各类卫技人员 58700 余人次，配合省政府实施“山海协作”工程，组织专家送教到海岛，连续两年在舟山举办知识更新班，培训海岛卫技人员 460 余人次。2009 年 11 月 23 日，由教育部高职高专医学类专业教学指导委员会主办、浙江医学高等专科学校承办的全国医学高职高专骨干教师教学能力高级研修班开班。

（五）自学考试

1986 年 4 月 24 日，经浙江省自学考试委员会、省卫生厅批准，决定在浙江省开展中等医学教育护理专业自学考试。1988 年 7 月 15 日，经浙江省自学考试委员会批准，省开展医士和中医士专业中专自学考试。1990 年 2 月 7 日，经浙江省高等自学考试委员会批准，省卫生厅决定在浙江省开展中药专业(大专)高等教育自学考试。1992 年 4 月 24 日，经省卫生厅、省自学考试委员会批准，同意高等教育护理自学考试在浙江省开考。1997 年，全省参加护士、医士、中医士自学考试人数达 5 万人，其中 4.9 万人已获中专文凭。2005 年 6 月 30 日，浙江省医学自学考试结束，自学考生人数共计约 26242 人，包括临床类考生约 20258 人、公卫类考生约 724 人、口腔类考生约 1702 人、中医及中西医结合类考生约 3558 人，其中又以温州考点考生最多，占全省总考生数的 1/5。

（六）医学培训

1. 师资培训

1956—1957 年，浙江省中等医学教育共训练新师资病理 6 名、生理 5 名、拉丁文 8 名、解剖 8 名、药理 7 名、公卫 1 名，共 35 名，在 6 月底前全部结束。1959 年，受省卫生厅的委托，初建的温州医学院举办药理学师资训练班，此后各种在职培训的继续教育项目大量举办。1960 年 1 月 31 日，举办浙江省中西医结合快速疗法、气功、太极拳师资班，以便在浙江省内进一步推行。快速疗法的新技术、新疗法有超声波强化器、红外线、小球藻、水空气离子透入和电离子透入治疗及药物蒸汽疗法等。

2. 其他培训

20 世纪 50 年代初期，浙江省武康疗养院采取“上来、下去、请来、送出”的方法，举办各种类型的麻风病防治知识培训班。1952 年，春季爱国卫生运动展开时，学生除参加防疫员训练班学习外，出动至各处进行防治麻疹工作并积极协助地方政府搞好环境卫生工作，助产科学生分批去各卫生院实习。1953年3月，浙江省举办全省第一期麻风病防治专业知识培训班，来自上海、江苏和浙江省吴兴、桐乡、崇德、绍兴、宁波等县、市的共20余名学员参加了培训。1957年和1958年，浙江省分别举办了全省第二期和第三期麻风病防治专业知识培训班，共培训麻风病防治骨干100余名。1985年，浙江省皮肤病防治研究所在德清举办浙江省皮肤病进修班（一年制）和浙江省皮肤病防治短训班，参加人员为各市、县皮防站和防疫站的防治人员。20世纪90年代，浙江省皮肤病防治研究所举办性病流行病学、预防控制、监测、临床管理和实验室检测等省级培训班20余期，培训性病防治骨干2000余人次。2000—2010年，浙江省皮肤病防治研究所积极选派性病防治业务骨干参加国家的各类性病防治、监测、疫情管理、实验室检测、干预和咨询方面的培训班，共选派省级和部分地市级性病预防控制机构的专业人员近100余人次进行业务进修、培训和学习，同时，还举办省级性病临床诊疗、实验室检测、疫情管理等培训班30余期，共培训性病防治专业人员4000余人次。

1953年7月，省卫生厅举办县卫生科科长培训班，学员76人。1957年，浙江省共训练了几十万名不脱产的卫生人员，群众卫生积极分子更多，仅宁波市就训练了12万余名群众（占总人口的50%以上）。1959年5月，德清、桐乡、绍兴举办“三病”（性病、麻风、头癣）普查培训班，各县参加培训班的医务人员有30余人。1960年，全省卫生干部训练941人，专业822人，在校119人。2002年，为加强管理干部队伍建设，浙江省举办2期浙江省中医医院管理干部培训班，216人参加培训，提高了浙江省中医管理干部的管理水平；首次举办浙江省中医医院医务科科长培训班，浙江省90多名医务科科长参加了培训。同年，浙江省中医药学会首次负责承担浙江省2002年度中医、中西医结合专业技术资格考试的考前培训工作。

1991年，为加强浙江省卫生防疫队伍的培训，浙江省卫生防疫站组织举办了14期各种业务培训班，对全省600余人次进行各种专业技术和管理培训。1993年9月18日，浙江省第一届传染病管理监督培训班在杭州举办。

2001年，为推进全科医学人才教育培养系统工程，浙江省在全国率先组织编写了全科医生培养系统教材，开展三个层次的培养工作，乡村医生全科医学知识培训招生5400人，岗位培训招生2254人，规范化培训一期学员在读43人，建立浙一医院、浙二医院、邵逸夫医院等8家全科医学临床教育基地。同年，受国家中医药管理局中医师资格认证中心的委托，浙江省中医药学会在杭州举办全国中医、中西医结合医师资格实践技能考试培训班。

2003年9月，省卫生厅举办了3期“非典”医疗救治工作培训班，参加的人员有各市、县（市、区）卫生局分管领导，医政处（科）、中医处领导，县及县级以上开设发热门诊的医疗机构的分管院长、专家和有关人员等共700余人。培训的内容根据对象不同有所侧重，主要有突发公共卫生事件的应急处理和有关法律法规，以及传染性非典型肺炎的医疗救治有关要求，基本知识及流行病学诊断、治疗与抢救，X线诊断，实验室诊断，中医治疗，医院内感染控制与管理，病人的转运。省卫生厅厅长、著名传染病专家李兰娟作了题为《传染性非典型肺炎的诊断、治疗与抢救新进展》的专题讲座。9月11日，浙江省疾控中心举办浙江省“非典”防治技术培训班，11个市、86个县（市、区）的疾控中心及15个省级监测哨点医院的业务骨干共400

余人参加。

2004年初，浙江省中医药学会受浙江省中医药管理局的委托，组织举办“浙江省中医药防治传染性非典型肺炎临床研究预案及禽流感防治”培训班，系统介绍推广浙江省传染性非典型肺炎中医药防治技术推荐方案、中西医结合治疗非典型肺炎临床研究质量控制要点、传染性非典型肺炎患者手册、中西医结合治疗非典型肺炎临床研究病例报告表、中西医结合治疗非典型肺炎临床研究研究者手册、人间禽流感的预防与控制等。5月24—30日，省卫生厅举办首期社区护士岗位培训师资班，学员来自全省11个地市，均有相关学科教学经验。师资班结束后，他们在各自所在地组织举办社区护士岗位培训班。7月30—31日，省卫生厅在宁海县举办重点县（市、区）卫生信息班，总结交流各地的卫生信息工作，并对重点县（市、区）信息员和新调整的部分信息员进行业务培训。8月，由省卫生厅主持、省疾控中心承办的现场流行病学培训项目（ZJFETP）正式启动。该项目旨在培养并组建一支省级现场流行病学应急队伍，提高浙江省突发公共卫生事件的监测、应急反应能力。ZJFETP引入国际先进的现场流行病学培训方法，参照国际现场流行病学培训、中国FETP核心课程，注重理论学习与实践相结合。8月18日开始第一期培训，每年2期，到2008年结束，每期分理论培训和现场工作学习两部分。

2005年5月，省卫生厅科教中心在衢州市举办国家级继续医学教育项目“医务人员艾滋病诊断治疗”培训班，开展艾滋病的诊断和治疗培训，该市42家医疗卫生单位的近250名医务人员参加了此次培训班。在本次培训班上，浙江大学传染病研究所吴南屏教授和朱彪教授，分别就艾滋病的流行病学、发病机理、临床主要特点、鉴别诊断、感染者处理、临床机会感染、艾滋病治疗指标、规范用药等知识作系统的专题讲解，并着重分析了医务人员在高感染机会工作环境中发生艾滋病病毒感染和防治问题。11月21日，省卫生厅组织全省22万名医疗卫生人员进行防治禽流感知识的全员考试，旨在提高全省医疗卫生人员人感染高致病性禽流感防控基本知识和技能，加强应急反应能力和有效处置能力。参加考试对象包括各级卫生行政部门和医疗卫生单位管理人员、临床医护人员、疾病预防控制和卫生监督人员、社区及农村基层卫生人员，考试内容包括禽流感防治的基本知识、传染病防治法律法规、执法程序、工作规范、防护措施、疫情报告程序等。按照分类实施、逐级负责、注重 实效的原则，考前各级医疗卫生单位利用网络、现代远程教育、电视媒体等多种手段，开展禽流感防治知识的全员培训。

2006年9月1日，全省卫生信息员和《健康报》通讯员培训班在嘉兴举行。此次培训班的主要内容有：卫生信息、新闻基础知识与写作技巧、政务信息和紧急信息报送要求、各地卫生信息和新闻宣传工作经验交流及《浙江卫生》杂志采编系统的应用和问题反馈等。省卫生厅办公室主任马伟杭、副主任虞张华参加培训班并讲话。会上，桐乡市、温岭市、余杭区、省疾控中心等卫生信息和新闻工作先进单位作了经验交流。来自全省各级卫生行政部门和医疗卫生单位的140余人参加了培训。

2007年，浙江省已有浙一医院等10家省级医疗卫生单位的101个普通专科和亚专科培养基地通过卫生部评审，成为全国首批专科医师培训试点基地，核定培训规模1646人。7

月，浙江省医疗卫生信息化技术研究发展中心培训基地在浙江省肿瘤医院正式挂牌。9月8—9日，由卫生部新闻办、清华大学新闻与传播学院主办，省卫生厅承办的第四期全国高级卫生管理人员新闻传播与媒体关系管理系列培训在杭州举行。清华大学新闻与传播学院董关鹏、史安斌，凤凰卫视资深评论员曹景行等知名专家授课，课程包括新闻发布实务、媒体关系日常管理和危机传播战略等。

2009年，浙江省累计有2186人参加全科医师规范化培训，745人取得合格证书；有20944人参加全科医师岗位培训，14880人取得合格证书；有6532人参加社区护士岗位培训，2693名农村护士参加中专学历补缺教育，5036人参加医学检验、超声、放射、心电图等岗位技能培训。全省已有13574人完成了专科以上的学历升级教育，11886人在参加在职学历教育，占全省基层卫生人员总数的35.8%。同时，2009年的第一轮乡村医生注册培训工作已顺利完成，这次培训在第一轮乡医培训的基础上，在内容和形式上进行了改革和创新，通过省基层党员干部现代远程教育网络的10个学时视频直播课堂、72个学时理论授课辅导、29个学时实践实训教学和122个学时网络媒体课件的学习，重点培训了农村卫生服务政策法规、农村社区常用急救技术、农村慢性非传染性疾病的综合管理、农村公共卫生服务技术四大模块内容，全省11个市的15749名注册乡医参加了理论考试，合格率达99.46%。4月27日，由美国心脏协会(AHA)和中国医师协会(CMDA)共同举办的健康从业人员基础生命支持(BLS)培训班在浙江医学高等专科学校急救培训中心首次开班，AHA专程派员对培训进行全程监督和评估，参加培训的18名成员均通过考核，获得由AHA和CMDA共同颁发的《健康从业人员基础生命支持提供者证书》。

2010年，浙江省共培养培训全科医生1000名，全科知识继续教育10000人次，社区护士1000名，心电、检验、B超、放射等医技人员1784人次。为进一步加强基层卫技人员公共卫生知识培训，提高基层公共卫生服务管理能力，省卫生厅制定了《浙江省基层复合型公共卫生专业骨干培训方案》和《浙江省城乡社区公共卫生知识更新培训方案》，为浙江省培养造就了一批临床医学与预防医学相结合的复合型人才。同时，省卫生厅下发了《浙江省乡村医生培训规划(2010—2015年)》和《浙江省乡村医生培训实施方案》，围绕乡村医生所承担的岗位职责要求，坚持实用性和时效性，为做好"十二五"期间乡村医生培训工作提供了指导。

第二节　医学科研和机构

浙江省医学科研始于民国初期，研究机构稀少，主要从事基础医学研究和卫生实验检验，研究领域狭窄。中华人民共和国成立后，尤其在改革开放以来，政府对医学科研十分重视，投入大，公立医学科研机构发展迅猛，科研项目研究涉及基础医学、临床医学、检验医学、预防医学、保健医学、康复医学等各个领域。

一、近代医学科研和机构

1. 杭州热带病研究所

民国 17 年(1928 年)8 月,受民国政府教育部委托,时任私立杭州医院院长的中国寄生虫学开拓者、热带病学家、病理学家洪式闾创办了中国第一个寄生虫病研究机构——杭州热带病研究所,经费主要来源于中央教育部和浙江省政府及洪式闾私人资金。该所设董事会,蔡元培任董事长,所长汤尔和,洪式闾任副所长,有 8 名职员。原计划设立六组二部二馆,因经费不足,仅成立了病理学、细菌学及寄生虫动物学三组。20 世纪 30 年代初期,该所已粗具规模,有中外图书杂志 1020 册,显微镜 2 架,切片机、孵卵器、干燥消毒器、蒸馏器各 1 台,寄生虫标本 100 多种,病理组织及血液染色体标本 2000 多种,各种玻璃器具若干。建所后,在浙江开展了姜片虫病、血吸虫病、疟疾、钩虫病等地方病的调查和防治研究,如杭州地区疟疾发病情况的调查、疟原虫在宿主细胞内的斑点染色法、恶性疟疾的临床治疗经验总结、萧山地区居民肠道中各种姜片虫的调查、霍乱菌在国产茶酒等饮料中存活能力的调查、嗜酸性白细胞的黄色呈现实验等。抗日战争爆发后,该所内迁贵阳陆续工作,因日机轰炸,仪器、资料所存甚少。之后,该所在四川北碚(今重庆)依靠仅存的仪器、书籍,由洪式闾(时为南通学院医学系任主任兼寄生虫病教授)带领继续从事寄生虫病的研究,并以热带研究所名义发表论文,直至 1949 年。

2. 浙江省立卫生试验所

民国 18 年(1929 年)7 月,浙江省立卫生试验所设立,它是国内最早创建的一所卫生实验与检验机构。浙江省民政厅厅长朱家骅重金聘请德国籍犹太人罗赛为顾问,由民政厅第五科负责人陈万里协同罗赛筹建该所,最先择址里西湖智果寺前首届西湖博览会的一个展览馆里。试验所的重要仪器设备有显微镜、电冰箱、孵箱、电离心机等,均购自德国。成立之初,所内设细菌和化学两科。细菌科主要工作为临床细菌学及血清学检验、疫苗制造及地方性寄生虫病(姜片虫、肺吸虫、日本血吸虫)的调查研究等。细菌科的工作除罗赛亲自负责检验外,还有徐良董、楼融等人员。化学科主要工作为药品鉴定、毒物分析等,由留学德国的药学博士黄鸣驹负责。该所事务工作初由留德陈宗棠博士担任,后由兼任罗赛翻译的留德学者张鸣皋继任。为了研究姜片虫及肺吸虫病,试验所派人多次去萧山、绍兴一带的流行病地区进行实地调查。为了研究日本血吸虫病,该所曾在杭州市郊区古荡设立卫生所进行临床研究。民国 20 年 7 月 15 日,该所并入浙江省立医院。

二、现代医学科研的机构

(一)省属医学科研机构

1. 浙江省医学科学院

该院系民国 17 年(1928 年)创办的杭州热带病研究所沿革而来。1949 年 8 月,浙江省人民政府成立后,省政府主席谭震林和省卫生厅代厅长李蓝炎鉴于浙江省地方病和急性传染病严重危害人民健康的状况，认为预防医学极为重要，除了健全各级医疗、防疫机构外，必须建立一个预防医学的实验研究机构。因此，由省卫生厅聘请江苏医学院洪式闾教授和李非白教授于同年12月到杭州进行恢复筹建热带病研究所工作，并指派省卫生厅研究室主任徐陬参加创建事宜。1950年1月，在省政府主席谭震林、省卫生厅代厅长李蓝炎的支持下，洪式闾购置了杭州孩儿巷布店弄28号一处民宅为院址，成立浙江省立热带病研究所，洪式闾任所长，有职工20多人，占地面积42亩，设有寄生虫学、流行病学、卫生教育3个研究组，以寄生虫病为重点开展研究工作。

1950年2月，浙江省立热带病研究所改名为浙江省卫生实验院，首任院长洪式间，这是国内第一个省立综合性的医药卫生科研机构。1955年，该院首创的土埋灭螺法为消灭血吸虫病作出重要贡献，留下了“千里送瘟神”的壮观场景。4月，洪式间因长期积劳，高血压并发脑溢血，医治无效，于4月24日逝世，享年61岁。洪式闾毕生致力于医学教育和科学研究工作，是中国人体寄生虫学学科的奠基人之一，在国际上享有一定的声誉，他的不幸逝世，是中国医学科学界的重大损失。1956年，浙江省卫生实验院开始一轮较大的调整和发展，成立了寄生虫学三组，由周海日任主任，主要从事血吸虫病治疗药物的研究。1957年1月，屠宝琦任浙江省卫生实验院院长。同年，浙江省卫生实验院迁移至庆春路原浙江大学旧址（阳明馆）。1958年，浙江省卫生实验院承担255个研究题目。4月，省卫生厅药品检验所并入浙江省卫生实验院后成立了药品检验组，主要承担浙江省的药品检验工作。8月，成立医学科学情报小组。1959年9月，浙江省卫生实验院药物学组的生药室并入省中医药研究所。至此，浙江省卫生实验院共有职工188人。

1960年2月，浙江省卫生实验院与浙江医学院等单位合并，成立浙江医科大学和浙江医学研究院。合并后，浙江医学研究院由郑平兼任院长，科研组织设置以所、室建制，设有寄生虫病研究所、药物研究所、微生物研究所、卫生学研究所，1961年，增设工业卫生研究所。合并期间，研究院部分科研人员同时兼任医科大学的教学工作，编写了《天目山药用植物志》。1963年9月，省委决定将浙江医学科学院与浙江医科大学分开，恢复浙江省卫生实验院，归省卫生厅领导，院址迁至庆丰新村浙江医科大学停建的一座教学大楼内，并将此作为院址加以扩建。1965年，屠宝琦继任浙江省卫生实验院院长。1966—1976年“文化大革命”期间，浙江省卫生实验院改名为浙江人民卫生实验院，各项工作虽然受到极大挫折，但实验院仍尽其所能开展科研工作，尤其在中草药的研究与应用方面，编写出版了《浙江民间常用中草药》第一至三集，参与编写《全国中草药汇编》。

1971年，浙江人民卫生实验院建设落成四层实验大楼，4500平方米，寄生虫病研究所和工业卫生研究所均迁入新楼。11月，成立浙江省医药卫生科技情报站，并附设在浙江省医学研究院。1976年12月，浙江人民卫生实验院卫生学微生物研究所中的卫生学部分划归省职业病防治研究所。1978年10月，郭绍兴任浙江人民卫生实验院院长，院部分机构作了相应调整，设立了寄生虫病研究所、药物研究所、计划生育研究所、卫生学研究所、流行病学研究所、放射医学研究所和省医药卫生科技情报站，行政设有政工科、办公室、总务科、仪药科。

1980年1月13日，浙江人民卫生实验院实验感染红面猴、恒河猴和用红面猴分离甲型肝炎病毒研究成功。1981年6月，徐暇任浙江人民卫生实验院院长。1983年12月，伏纬华任浙江人民卫生实验院院长，汪志清任党委书记，实行党委领导下的院长负责制。1984年4月，浙江人民卫生实验院恢复“浙江省卫生实验院”原名。7月，院寄生虫病研究所首次被世界卫生组织和卫生部确认为世界卫生组织蠕虫病研究合作中心，由宋昌存任主任。12月，浙江省卫生实验院改名为浙江省医学研究院。1987年，设在浙江省医学研究院的世界卫生组织人类生殖研究合作中心成立，桑国卫任主任，主要任务是参加世界卫生组织在人类生殖和计划生育领域的合作研究。9月29日，省政府决定，将浙江医学研究院改名为浙江省医学科学院。10月，世界卫生组织确定，浙江医学研究院计划生育研究所为世界卫生组织人类生殖研究合作中心。

1991年，毛江森任浙江省医学科学院院长，诸敏逵任党委书记，省卫生厅决定浙江省医学科学院实行行政院长负责制。1992年7月16日，省卫生厅批准同意确定浙江省实验动物中心隶属省医科院，业务上受省卫生厅与省科委指导。1995年底，浙江省医学科学院设有5办、7科、8所(中心)和4个经济实体。11月，院计划生育研究所第三次(第二次是1991年)被世界卫生组织和卫生部确认为世界卫生组织人类生殖研究合作中心，桑国卫任主任。1996年，省政府批准浙江省医学科学院升格为副厅级事业单位，下设4处、2办、8个研究所及1个附属机构，并将原职业病防治研究所和环境卫生所合并，恢复成立卫生学研究所。1997年，毛江森继任浙江省医学科学院院长兼党委副书记，同时，在所级建制上将计划生育研究所与药物研究所、生物工程研究所与病毒病研究所完全分开，建立了院领导与各研究所的分工联系制度。1998年2月，院制药厂和天时医药科技公司划归药物研究所管理，院科技开发公司划归保健食品研究所管理，院普康综合经营公司划归门诊部管理，实施“一院两制”建设。至12月底，全院共有职工388人。

2000年1月，浙江省医学科学院计量认证通过省质量技术监督局组织的专家评审，获得中华人民共和国计量认证合格证书，毛江森任国家新药安全评价研究重点实验室主任，并成为国内首家符合GLP规范的新药安全性评价研究重点实验室。4月，对浙江省医学科学院普康医药生物技术公司进行改制，组建了浙江普康生物技术股份有限公司，注册资金7000万元，毛江森任董事长。2001年6月，张幸任院长，毛江森任名誉院长。2008年12月，浙江省医学科学院确定为省卫生厅所属的社会公益类纯公益性事业单位，机构规格相当于副厅级，编制505人，内设处级机构17个、科研机构10个。至2009年底，全院共有在职人员412名，承担国家、省级科研项目500余项。建院以来，经过几代科研人员的共同努力，获得国家发明专利35项，发表的学术论文和论著中，SCI收录100余篇，国家级期刊1000余篇，浙江省级期刊1500余篇，院学报1800余篇，其他期刊400余篇。

2010年，浙江省医学科学院被省政府列入浙江省4所重点建设科研院所之一，设有病毒研究所、生物工程研究所、寄生虫病研究所、药物研究所、卫生学研究所、保健食品研究所、医学情报研究所、实验动物中心、安全性评价研究中心、职业病防治研究所、分子医学中心共11个研究所(中心)及世界卫生组织人类蠕虫病合作研究中心、世界卫生组织人类生殖合作研究中心、国家甲型肝炎减毒活疫苗毒种保存中心、国家药品临床研究基地、国家(浙江)新药安全评价研究重点实验室、浙江省实验动物与安全性评价重点实验室、浙江省生物工程疫苗研究开发重点实验室、人用物品安全性评价技术研究重点实验室、浙江省中药新药研究开发中心等。拥有药学、公共卫生与预防医学两个一级学科硕士学位授予点，病原生物学1个二级学科硕士学位授予点、1个博士后科研工作站和病原分子生物学、劳动卫生学、营养学3个省级医学支撑学科，药学重点学科及1个生物医药重点学科群。此外，还挂牌浙江省实验动物中心、浙江省实验动物管理办公室、浙江省实验动物公共服务平台办公室、浙江省血吸虫病防治中心、浙江省医学情报研究所。

2. 浙江省中医药研究院

1958年，浙江省中医研究所成立。1959年2月，省卫生厅召开11个县市16个医疗单位的矽肺治疗座谈会，会上制定《中药治疗矽肺研究方案》，作为各地治疗矽肺的临床参考，由浙江省中医研究所和浙江医学院负责技术指导。1960年7月，浙江省中医研究所机构（室、组）由1958年的3个发展到25个。创办初期，浙江省中医研究所编辑《浙江省中医药临床经验汇编》，选择浙江省医疗单位中通过中西医临床合作具有一定疗效和价值的经验报告，加以整理分辑出版；编辑《浙江中医秘方验方集》，广泛收集浙江省各市（县）中医师授家传秘方及民间流传已久、经济简便的单方秘方，共完成6集。1973年11月24日，省革委会下文同意筹备恢复浙江省中医研究所，浙江省中医研究所筹备组对该所的任务、体制、机构设置等问题进了讨论研究。1974年2月15日，浙江省中医研究所成立，设办公室，业务组室有中医临床研究室、中医基础理论研究室、中草药研究室、中医文献情报研究室，全所编制人数为88人。

1989年3月8日，浙江省科学技术委员会（以下简称省科委）批准同意浙江省中医研究所更名为“浙江省中医药研究院”。1992年12月2日，省卫生厅批准同意浙江省中医药研究院开设中医药旅游保健咨询中心。1993年3月27日，省卫生厅批准同意浙江省中医药研究院成立浙江省中医肾脏病研究中心。7月2日，省卫生厅批准同意浙江省中医药研究院设立中医临床医学、中药、中医文献信息3个研究所。1995年，省卫生厅发布《关于确定浙江省中医药科研重点学科实验室建设基地的通知》，浙江省中医药研究院内设浙江省中医呼吸病研究重点实验室建设基地、浙江省中医肿瘤研究重点实验室建设基地，作为第一批中医药科研重点学科实验室建设基地。该院设有中医临床研究所、中药研究所、基础实验研究所、文献信息研究所、蚕业资源药用开发中心、浙江中医杂志社、动物实验中心7个研究所（室），并拥有国家药物临床研究机构、全国中医药信息检索中心浙江分中心、浙江省中药新药研究中心、浙江省中医药科技成果推广中心等机构。

2000年7月，省政府批准该院与浙江省第二中医院、浙江省精神卫生研究所重组，成为一所拥有近千人的综合性医疗、科研机构。2000—2005年，该院在常见病、多发病的中医药防治、中药新药开发、中医文献研究发掘以及蚕业资源、海洋生物资源等药用资源研究方面取得了显著的成绩。该院科技人员研制胃复春、养胃冲剂、黄芪生脉饮等新药30余种，获得各级科技成果奖励100余项次，其中，获国家及省部级科技成果奖励60余项。取得专利4项，撰写发表学术论文600余篇，出版学术专著近100部（种）。“十一五”期间，该院共有7个学科被列为国家级或省级重点学科建设单位，9个专科被列为国家级、省级重点专得专病建设单位。浙江省中医新药研发实验室被省科技厅列入院所重点实验室建设单位。中药化学实验室被评为国家三级中医药科研实验室。全院共承担课题236项，获成果获奖31项，获专利授权7项，发表学术论文500余篇，出版著作26部。2006年1月15日，浙江省中医药研究院与浙江大盘山国家级自然保护区管理局签订浙江省特色中药材资源合作协议，双方签订了《建立浙江省特色中药材资源合理利用及人工繁育技术平台协议》和《进行三叶青和白花前胡人工繁育研究协议》，并设立浙江大盘山国家级自然保护区药用植物研究中心和浙江省中医药研究院药用植物人工繁育基地。

3. 省属专病防治研究机构

(1)浙江省职业病防治研究所。1957年，浙江省人民卫生实验院建立卫生学研究所，从事劳动卫生与职业病、环境医学研究工作。1975年11月，经省委批准，在原卫生学研究所基础上，开始筹建浙江省职业病防治研究所。1976年12月正式建立，1977年10月31日迁到浙江省人民卫生实验院合署。1982年6月29日，省政府同意将浙江省职业病防治研究所并入浙江省人民卫生实验院。

(2)浙江省结核病防治研究所。中华人民共和国成立之前，浙江省结核病防治工作非常落后，既无防治机构，又无防治人员，结核病死亡率高达259/10万人，居各类死因之首位，人们“谈痨色变”。中华人民共和国成立之后，党和政府为了保障人民健康，及时推进结核病防治工作，对推动浙江省结核病防治工作起了积极的作用并取得令人鼓舞的成就。1975年11月，经省委批准，开始筹建浙江省结核病防治研究所，隶属省卫生局医政处领导。

(3)浙江省精神病防治研究所。1975年11月，经省委批准，开始筹建浙江省精神病防治研究所，1988年改名为浙江省精神病医院，又称浙江省精神卫生研究所，1993年又增名为浙江省第二人民医院，主要担负全省的精神疾病治疗、预防、康复、科研、教学以及司法精神病学、精神残疾、智力残疾的鉴定和复鉴任务，是浙江省精神医学继续教育基地，内设浙江省药物依赖治疗康复中心(省戒毒中心)。此外，还设有临床康复研究室、临床心理研究室和司法精神病学鉴定室等。浙江省精神卫生工作办公室承担全省精神疾病的防治指导工作，主办《精神卫生通讯》期刊，全国发行。

(4)浙江省皮肤病防治研究所。1985年2月13日，省卫生厅同意武康疗养院增挂“浙江省皮肤病防治研究所”牌子，是浙江省至2000年规模最大的皮肤病、性病、麻风病专业防治机构，开设有皮肤性病科(下设理疗美容治疗室、皮肤病理实验室)、中医男科、内科、普外科、骨科、眼科、耳鼻喉科、口腔科、中医科、针灸推拿科，以及生化、免疫、HIV初筛实验室，真菌实验室，性病实验室(开展项目STD常规涂片、淋菌培养、支原体培养、衣原体抗体检测、HIV抗体检测、RPR定性定量、TPHA等)，放射科、彩色B超室、心电图(动态心电图)室、纤维胃镜和手术室等近30个医疗科室，先后与日本、英国、比利时等国合作开展皮肤病治疗、康复研究项目。世界卫生组织、德国、日本、英国、西班牙、印度、朝鲜等国家和组织的政府代表、专家多次来所参观访问、讲学和交流，该所在国内享有较高的知名度。

4. 省属医院内设研究所(中心)

(1)浙江省临床检验中心。1984年9月19日，省卫生厅决定在浙江省人民医院设立省临床检验质量控制中心(筹)。1986年3月6日,省卫生厅批准同意成立浙江省临床检验中心,由浙江省人民医院统一领导,业务工作受省卫生厅指导,主要职责是临床检验、质量控制、试剂检测、技术培训、技术咨询等。

(2)浙江省临床放射质控中心。1989年,根据省卫生厅浙卫〔1989〕66号文件,浙江省临床放射质控中心正式成立,是全国组建的第一家省级临床放射质控中心,挂靠浙江省人民医院。2001年,根据浙卫〔2001〕192号文件,该中心职能作了调整,仍挂靠浙江省人民医院,主要工作职责是负责全省临床放射质量控制的监督管理和业务指导,制定放射科质量管理规范、放射专业医疗项目和技术要素准入的专业标准,制定各类放射质量考核标准,组织省内临床放射质控检查和评比及全省放射质量管理培训和信息交流,向省卫生厅上报医疗质量检查、评比情况,组织调研、调查和分析浙江省放射人员、技术、设备等现状,为卫生行政部门提供医疗质量管理的决策依据等。

(3)浙江省病理质控中心。1989年2月22日,经省卫生厅批准,浙江省病理质控中心正式成立,设在浙江省肿瘤医院内,主要工作任务是负责制定本专业医疗项目、技术等要素准入的专业标准,技术操作规程和各类质量考核标准,为卫生行政部门提供医疗质量管理的决策依据。1993年,根据省卫生厅医政处要求,依靠专家顾问,在广泛听取基层意见的基础上,该中心负责制定了浙江省各级医院病理科等级评分标准和各项规章制度,组织省内各大医院的数十位专家编写完成近40万字的外科病理总则及实用病理技术手册,协助卫生行政部门做好对医疗机构相关学科的新技术开展、人员培训考核、技术准入等论证工作,负责履行对医疗机构进行行业管理的部分职能,承担本专业医疗质量的检查和评比工作,及时向卫生行政部门上报医疗质量检查、评比情况,负责建立省级病理培训基地,定期举办与质量控制相关的管理技术培训班(包括科主任、各类专业人员岗位培训)。根据检查发现的普遍问题,该中心坚持每年举行1～2次全省性学术培训活动,聘请省内外著名专家讲学,并组织开展多种形式的技术竞赛、讲座、答疑、参观等活动,做到既面向基层,又由浅入深、力求实效,同时,组织成立省级疑难病理专家会诊中心,接受基层疑难病理会诊,开展业务技术指导及咨询服务,解决基层病理诊断工作中的实际困难,承担卫生行政部门委派的有关任务,发挥各级病理质控中心桥梁作用,承上启下,加强基层与卫生行政部门的联系和沟通,开展信息服务,从而能更好地促进浙江省病理质控工作的顺利开展。

(4)浙江省康复研究所。1990年11月27日,省卫生厅批准同意成立浙江省康复研究所,隶属于浙江省望江山疗养院。

(5)浙江省医院管理研究中心。1991年2月13日,省卫生厅批准同意成立浙江省医院管理研究中心。该中心挂靠浙江医院,业务上受省卫生厅指导,担负全省医院管理研究、医院管理信息交流、医院管理干部培训、医院管理学术交流等任务,设顾问组和学术委员会,下设办公室、医院管理信息编辑部、医院洁净环境研究部。中心成立以来,完成多项医院管理研究任务,进行医院管理信息交流,创办内部刊物《医院管理信息》。中心积极开展医院管理干部的培训和组织学术交流,并组建全省医院信息网络。

(6)浙江省肿瘤研究所。1985年,浙江省肿瘤医院组建成立肿瘤研究所,1991年4月18

日，经省卫生厅批准，更名为浙江省肿瘤研究所。该所挂靠浙江省肿瘤医院，业务上受省卫生厅指导。研究所拥有荧光显微镜、倒置万能显微镜、原位PCR扩增仪、DNA测序仪、核酸杂交箱、凝胶图像成像系统、SPF级裸鼠实验净化室、流式细胞仪、荧光定量PCR扩增仪、全自动酶标仪等大型设备。长期以来，该所结合医院特色专科，注重大肠癌、妇科肿瘤和食管癌的基础与临床的实验研究。1985年，该所建立国内第一株人直肠低分化腺癌HR-8348细胞系。1987年，建成人盲肠未分化腺癌Hce-8693细胞系、人大肠裸鼠移植瘤模型，大肠癌建系工作在国内有一定的影响力，建立人卵巢癌H0-8910细胞系、高转移人卵巢癌裸鼠移植瘤模型和高转移人卵巢癌H0-8910PM细胞系，并进行转移相关基因表达谱研究以及食管癌基因表达谱等研究，开展定量PCR检测肿瘤病人外周血的CEAmRNA、CK19mRNA、CK2OmRNA，应用国外近年发展起来的流式微球分析（CBA）技术联合检测6种细胞因子（IFN-γ TNF-α，IL-10，IL-5，IL-4，IL-2）等临床服务工作，获得国家和省级课题和科研成果数十项，有多项成果的报道在国外杂志发表，重点发展肿瘤生物治疗研究和配合临床开展肿瘤生物治疗如肿瘤疫苗和DC瘤苗，同时利用流式细胞仪检测病人免疫功能变化，为临床开展治疗提供参考依据。

（7）浙江省肿瘤诊治质控中心。1994年3月28日，省卫生厅发布《关于成立“浙江省肿瘤诊治质控中心”的通知》，决定成立浙江省肿瘤诊治质控中心。该中心的主要任务是：推广普及《中国常见肿瘤诊治规范》，承担临床肿瘤诊治的技术指导，负责浙江省肿瘤临床诊治的质量控制工作，培训肿瘤诊治专业人员，努力提高浙江省肿瘤专业队伍的技术水平。该中心挂靠浙江省肿瘤医院，业务工作接受省卫生厅医政处指导。

（8）浙江省临床医学研究所。1994年6月13日，省卫生厅批准同意浙江省医学科学院和浙江省人民医院联建临床医学研究所，积极推进与国内、国际顶级医疗机构间的交流和合作。该所挂靠浙江省人民医院。

（9）浙江中西医结合研究所。1994年7月30日，省卫生厅批准同意建立浙江中西医结合研究所，该所挂靠浙江省中西医结合医院，实行一套班子、两块牌子的管理模式。

（10）浙江省小儿呼吸疾病诊疗和研究中心。1995年6月1日，省卫生厅批准同意建立浙江省小儿呼吸疾病诊疗和研究中心，该中心隶属温州医学院附属二院。

（11）浙江省糖尿病防治中心。1996年，省卫生厅同意成立浙江省糖尿病防治中心。该中心挂靠浙江省人民医院。

（12）浙江省中医医院感染管理质控中心。1998年2月19日，浙江省中医医院感染管理质控中心成立。该中心隶属于浙江省中医医院医疗质量控制中心，挂靠浙江省中医院。

（13）浙江省中西医结合血液病研究所。2001年3月20日，经省卫生厅同意，批准成立浙江省中西医结合血液病研究所。该所挂靠浙江省中医院。

（14）浙江省中西医结合皮肤病研究中心。2002年8月27日，浙江省中西医结合皮肤病研究中心在杭州市第三人民医院正式挂牌成立。该中心下设8个研究室，分别为白癜风研究室、黄褐斑研究室、皮肤激光研究室、银屑病研究室、毛发病研究室、性病研究室、真菌病研究室、皮肤整形研究室。

(15)浙江省心脑血管病防治研究中心。2005 年 3 月 17 日,浙江省心脑血管病防治研究中心在浙江医院成立,是全国首家省级心脑血管病防治研究中心,来自全国和省内各地区的 70 多位专家和医务界代表出席成立仪式。

(16)浙江省精神卫生中心。2006 年 5 月,经省卫生厅批准,浙江省精神卫生中心在浙江省立同德医院挂牌成立。该中心依托浙江省立同德医院,在浙江省精神卫生研究院的基础上,增挂“浙江省精神卫生中心”牌子。

(17)浙江省名中医研究院。2007 年 1 月 25 日,经省卫生厅批准,成立浙江省名中医研究院。该研究院挂靠浙江省中医院,在省卫生厅领导下开展工作,由浙江省中医院负责日常管理。

(18)浙江省中医“治未病”研究中心。2007 年 5 月,浙江省中医院成立浙江省中医“治未病”研究中心,启动了中医“治未病”研究专项科技计划,整合全省名中医药专家资源,全面开展中医“治未病”的各项工作。

(19)浙江省癌症中心胸部肿瘤研究指导中心。2008 年 10 月,浙江省癌症中心胸部肿瘤研究指导中心在浙江省肿瘤医院建院 45 周年之际成立。该中心旨在展示胸腹部肿瘤各专业领域近年来的新进展、新成果,加强专家学者的交流和学习,共同提高专业领域技术水平和推动浙江省乃至全国肿瘤防治事业的发展。

(二)高等院校附属医学科研和机构

1.浙江大学

(1)浙江大学医学院附属第一医院

①卫生部传染病重点实验室。1996 年,在浙江大学医学院附属第一医院建立卫生部病毒性传染病重点实验室,2002 年更名为卫生部传染病重点实验室,2007 年升格为国家级传染病诊治重点实验室,李兰娟院士任中心主任。该院传染病学科由著名传染病专家王季午教授创建,经过十多年的发展,已成为浙江省乃至全国传染病领域重要的医疗、科研、人才培养基地。2002 年 4 月,浙江大学医学院附属第一医院传染病学科被国家教育部批准为国家重点学科。

②浙江省器官移植重点实验室。2000 年 7 月,浙江省器官移植重点实验室在浙江大学附属第一医院挂牌成立。该实验室拥有一支由移植基础研究和临床研究、管理和技术支撑组成的科研创新团队,集中了浙江省器官移植领域的专业人员。2001 年 1 月 13 日,卫生部多器官联合移植研究重点实验室在浙江大学附属第一医院挂牌成立。

③浙江省人工肝中心。2001 年 12 月 12 日,省卫生厅同意浙江大学医学院附属第一医院成立浙江省人工肝中心。该中心的建立为重型肝病患者解除疾苦和挽救生命创造了条件。人工肝是通过吸附、清除肝脏毒素、胆红素,部分替代肝脏功能的一种治疗手段。这一有效方法是由中国工程院院士李兰娟带领课题组经过十多年的努力在国内首创的,临床上用于治疗重型肝炎肝功能衰竭,能明显降低重型肝病患者死亡率。该中心自成立至 2010 年,已成功抢救 200 多名肝炎患者,因此获得浙江省科技进步奖一等奖和国家科技进步奖二等奖。这一方

法已开始在全国各地应用，北京、上海、广州、南京等地已有20多家医院开展了这项研究，抢救了大批重型肝病患者的生命。

④浙江省哮喘诊疗中心。2004年11月26日，浙江省第一家符合世界卫生组织标准的哮喘诊疗中心在浙江大学医学院附属第一医院挂牌成立。该中心与全球最具规模的变态反应研发机构丹麦爱尔开一阿贝优公司合作，应用标准化变应原特异性免疫治疗技术，为过敏性疾病患者提供具有国际最高水准的变应原诊断及脱敏治疗。

⑤浙江省基因治疗研究中心。2005年，该中心由浙江理工大学与浙江大学医学院附属第一医院合作成立，由基础研究部和临床研究部两个部门组成。基础研究部设在浙江理工大学新元医学生物技术研究所，临床研究部设在浙江大学医学院附属第一医院。基础研究部和临床研究部的主任分别由刘新垣院士和郑树森院士担任，钱其军教授担任常务副主任，钱程教授担任副主任。研究中心汇集了一大批从事基因治疗研究(从基础到产业化)的人才，拥有从哈佛、斯坦福、斯隆-凯特琳等高校或研究中心回国的兼职教授及其他海归学者。

⑥浙江省中西医结合移植免疫实验室。2006年，浙江大学医学院附属第一医院设立浙江省中医药重点实验室——中西医结合移植免疫实验室。

⑦浙江省临床药学研究中心。2006年5月16日，浙江大学医学院附属第一医院和浙江大学药学院利用自身优势，实行强强联合，成立浙江省临床药学研究中心，并举行了揭牌仪式，中心主任由浙江大学医学院附属第一医院长郑树森担任。

⑧浙江省血液肿瘤(诊治)重点实验室。2008年，浙江大学医学院附属第一医院设立浙江省血液肿瘤(诊治)重点实验室。该实验室建立和完善了血液肿瘤细胞形态学、免疫学、细胞遗传学和分子生物学检测平台，规范和优化了急性白血病、淋巴瘤、多发性骨髓瘤、骨髓增生异常综合征(MDS)、再生障碍性贫血、骨髓增殖性肿瘤(MPN)、血友病等常见、重大血液系统疾病的诊断程序，提高了诊断的及时性、准确性和完整性，建立了血液系统疾病诊断的规范化模式。

(2)浙江大学医学院附属第二医院

①浙江省急诊医学技术指导中心。1989年2月22日，省卫生厅批准同意成立浙江省急诊医学技术指导中心，该中心设在浙江大学医学院附属第二医院内。

②浙江省临床麻醉质控中心。1989年2月22日，省卫生厅批准同意成立浙江省临床麻醉质控中心，中心设在浙江大学医学院附属第二医院内，是省卫生厅医政处直接领导的、协助医政处负责对全省医院麻醉科进行全面医疗质量管理的派出机构。在全省各地现分设有11个分中心，形成“省中心—市(地)分中心—县(市)质控领导小组”三级严谨而有序的质控网络组织，在加强医院麻醉科的管理、提高麻醉医疗质量、发展麻醉学科建设等方面起了非常重要的作用。

③浙江省医院感染管理质控中心。1994年3月17日，省卫生厅发布《关于成立浙江省医院感染管理质控中心的通知》，浙江省医院感染管理质控中心设在浙江大学医学院附属第二医院内，由医院统一领导，业务工作接受省卫生厅指导。该中心在全省11个地市均成立了市医院感染管理质控中心，负责对辖区内医院院内感染管理工作的指导、督促、检查。各县也分

别成立县医院感染管理质控中心，具体承担对所在地各区、乡、村级卫生机构的办班、授课及技术指导、督促、检查工作，使医院感染管理工作从县市级以上医院向区、乡、镇及民营医院延伸，给基层医院的感染控制工作提供了很好的技术指导与监督检查。中心自成立以来，三级医院感染管理质控组织充分发挥作用，以点带面，推动了全省各级医院感染管理工作开展，中心被列入全国医院感染管理的先进行列。

④浙江省临床营养中心。1999 年，省卫生厅同意浙江大学医学院附属第二医院成立浙江省临床营养中心。

⑤浙江大学医学院附属第二医院眼科中心。1997 年，浙江医科大学附属第二医院眼科中心成立。该中心在浙江省特级专家姚克教授的带领下，临床、科研和教学综合实力跻身国内眼科机构前 5 位。中心人才济济，有以姚克教授为首席专家的 90 多位一流眼科专家，其中半数以上拥有博士学位，是一支医术精湛、充满活力的精英团队。1998 年 8 月，该中心更名为浙江大学医学院附属第二医院眼科中心。

⑥浙江大学医学院附属第二医院心脏中心。1999 年，浙江大学医学院附属第二医院心脏中心成立。该中心为国家临床重点专科、省唯一的支撑学科，省心血管疾病介入诊疗质量控制中心的依托单位、卫生部第一批临床药理基地、卫生部第一批心血管介入培训基地，是省心血管内科学临床、教学、科研中心之一。

⑦浙江大学医学院附属第二医院骨科中心。该中心创建于 1952 年，是省内成立最早、规模最大的骨科专科，也是最早的骨科学硕士和博士学位点，是首批国家临床重点专科、浙江省医学重点学科的支撑学科。科室拥有中华医学会骨科分会委员 1 人，中华医学会骨科分会学组委员 6 人，全国性骨科杂志编委 10 余人，浙江省医学会骨科分会委员 5 人，2010 年该中心被列入国家临床重点专科。

⑧浙江大学医学院附属第二医院脑科中心。1999 年，浙江大学医学院附属第二医院脑科中心成立，该中心由神经内科、神经外科、精神科与脑重症医学科组成，是目前国内规模最大的临床脑医学诊治中心之一。中心整合传统优势资源，是卫生部脑卒中筛查与防治基地，也是集临床、科研与教学于一体的先进的现代化脑科学研究中心，脑科学研究在全国处于先进地位并享有极高的声誉和影响力。

⑨浙江大学医学院附属第二医院急诊医学研究所。该所是国内最早成立的急诊医学研究所，是中华医学会急诊医学分会的创建单位之一、全国学会名誉主任委员所在单位，国内首批二级学科的急诊医学博士学位授予点，也是卫生部首批急诊医学专科医师培训基地、哈佛大学高级灾难医学救援中国培训中心、浙江省医学重点学科，同时，是浙江省急诊医学质量控制中心、浙江省急诊医学岗位培训中心的挂靠单位。承办中国急诊医学领域最权威的杂志《中华急诊医学杂志》和主办国内唯一的急诊医学全英文刊物《世界急诊医学杂志》。

(3)浙江大学医学院附属邵逸夫医院

①浙江省生物治疗重点实验室。2006 年 12 月，经浙江省科学技术厅(以下简称省科技厅)、浙江省发展和改革委员会和浙江省财政厅联合发文批准立项，2009 年 8 月通过验收。实验室现有固定人员 36 人，拥有 2000 多平方米实验场地，包括中心实验室、动物实验室、PI

实验室，有价值近1600万元的设备。此外，肿瘤资源技术平台建于2003年，目前已是中国医药生物技术协会组织生物样本库分会委员单位。样本库条件先进，采用气相液氮罐和2D条形码储存管、读码机保存和管理样本，同时，采用中国医药生物技术协会组织生物样本库分会统一的标准化操作流程SOPs(包括样本的收集、加工、储存、检索和应用，临床资料的收集与管理)、质量管理和控制体系、知情同意制度等标准和规程，极大地提高了样本的质量，现存有新鲜冻存组织标本3500多例。

②浙江省腔镜技术研究重点实验室。2010年6月批复组建。实验室集成外科学、材料学、生物医学工程学、机械工程学、计算机学5个学科。研究所用地面积800平方米，拥有在职科研人员29人。研究项目重点围绕腔镜外科新术式的创建及标准化研究，腔镜技术在恶性肿瘤诊治中的基础及应用研究，腔镜手术器械和设备研发。以第一完成单位发表SCI收录论文20余篇。授权发明专利4项，申请发明专利5项，其中2项发明专利已实现产业化，并在国内160多家医院推广应用。多次获国家级、省部级科技成果奖，2009年独立完成的科研成果“腹腔镜技术在肝胆胰脾外科的临床研究及应用”，获国家科技进步奖二等奖。

③浙江省中医药胃肠病实验室。2006年，经省卫生厅批复组建，2008年申报国家级科研三级实验室，并于11月通过国家中医药管理局的验收。

④浙江省中医药心血管病实验室。2006年，经省卫生厅批复组建。

(4)浙江大学医学院附属妇产科医院

①浙江省生殖医学中心。1989年，浙江省生殖医学中心成立并设立不孕不育病房，是浙江省不孕不育及生殖内分泌领域临床、科研及教学中心，拥有国内一流、系统的不孕症诊断和治疗技术设备，是国内首批通过卫生部批准开展辅助生殖技术的中心，也是国内首家被批准开展全部辅助生殖技术的中心。该中心开展常规体外受精—胚胎移植、冻融胚胎移植、卵胞浆内单精子显微注射技术、单细胞基因诊断技术、胚胎活检术、PGD、囊胚培养、卵子体外培养技术、多胎妊娠减灭术等，成功率达到国际先进水平，是国内实施ART技术最全面、稳定性最强、医疗规模名列前茅的生殖医学中心之一。2000年，该中心被列为浙江省医学重点学科，2007年首批通过卫生部批准为辅助生殖技术培训单位，2009年被列为浙江省医学重点学科群建设计划。

②浙江省产前诊断中心。2001年2月，浙江省正式成立全国第一家省级产前诊断中心——浙江省产前诊断中心，2002年又成立浙江省胎儿医学诊疗中心。通过几年的运作，结合浙江省实际，2004年该中心编制了《浙江省产前诊断中心工作手册》，对全省的产前诊断方法具体实施细节、技术作了规范，在国内率先提出并实施“利用专科医院妇保系统网络优势、综合医院技术优势，优化组合产前诊断规范化管理”，逐步建立了产前筛查体系—产前诊断体系—产前诊断管理体系，在全省范围内建立了7个分中心，扩大浙江省产前筛查和产前诊断覆盖面，开设多种产前诊断技术，如早孕的B超筛查，早、中孕期的血清学筛查，羊水穿刺染色体分析，脐血穿刺染色体分析，绒毛活检染色体分析，着床前的细胞遗传学诊断(PGD)，产前诊断超声，并在此基础上开展胎儿宫内治疗。由多学科资深专家组成的产前诊断专家组坚持每周对发育缺陷胎儿、疑难病例进行会诊，对复杂疑难的胎儿出生缺陷进行多层次的交叉研

究。同时,该中心还负责全省产前诊断工作的技术指导、业务培训质量管理、资料汇总分析、疑难会诊等,为降低浙江省出生儿缺陷、优生优育作出了贡献。

③浙江省宫颈疾病诊治中心。2004年9月,该中心在浙大医学院附属妇产科医院成立。该中心的成立,将有利于实现系统、全面地与国际接轨,共同开展宫颈病变的诊治工作,为全省妇女提供宫颈病变防治信息等。

④浙江省女性生殖健康研究重点实验室。该实验室以浙江大学妇产科与计划生育学研究所为基础,2005年12月立项建设,2008年3月通过省科技厅组织的验收,正式成为浙江省重点实验室。实验室依托国家重点(培育)的和浙江省高校重点的妇产学科,妇科肿瘤、女性生殖内分泌学、计划生育学和产科学为浙江省医学重点学科。实验室设立了妇科肿瘤、生殖内分泌、普通妇科和围产医学4个研究室。

(5)浙江大学医学院附属儿童医院

①浙江省小儿心血管疾病防治中心。1997年,省卫生厅同意在浙江大学医学院附属儿童医院成立浙江省小儿心血管疾病防治中心,为浙江省医学重点学科,能全面开展各种先天性心脏病和复杂畸形的高难度矫治手术,年行先心体外手术700余例,最低体重手术患儿仅1100克,手术总成功率达98%。年心内介入治疗量已达400余例,专业水平处于国内先进行列。

②浙江省基因诊断中心。1999年,省卫生厅同意浙江大学医学院附属儿童医院成立浙江省基因诊断中心。

③浙江省新生儿疾病筛查中心。1999年,省卫生厅同意浙江大学医学院附属儿童医院成立浙江省新生儿疾病筛查中心。该中心集培训、宣教、实验、诊断、治疗和随访“六位一体”,是拥有一套完整的新生儿筛查功能的机构。

(6)浙江大学医学院附属口腔医院

①浙江省口腔正畸中心。2008年1月,该中心在浙江省口腔医院原正畸科基础上成立,林新平任中心主任,是全国首家省级口腔正畸中心。口腔正畸主要是治疗牙齿不整齐、嘴巴突起、下巴后缩、地包天等面颌畸形。该中心还承担多项国家及省级自然科学基金项目,作为国家继续教育项目的定点教育单位,每年开展进修生培训,定期举办全国性研讨会,邀请国内外知名专家讲学,促进浙江省正畸事业的发展。

②浙江省口腔质控中心。该中心于2003年1月成立,挂靠浙江大学医学院附属口腔医院内,目的是为了进一步加强浙江省口腔医疗质量管理,不断提高医疗技术水平。其职责是负责全省医疗机构口腔科医疗质量的管理指导;制定本专业的质控标准、工作流程,开展医疗质量的检查、考核、调研工作,并及时上报情况和结果,为卫生行政部门决策提供依据;提出本专业人才队伍建设意见,定期组织开展质量管理培训班,提高专业人员的质量管理水平;健全本专业质控网络,定期组织召开质控工作会议,指导下级质控组织开展工作;建立信息资料数据库,及时掌握动态情况,并提出指导性意见;承担卫生行政部门委派的相关工作任务。

2.浙江中医药大学

(1)分子医学研究所。1979年9月,浙江省编制委员会同意浙江中医学院成立分子医学研究所,作为学院专职科研单位,编制20人。1999年,成为浙江省中医心血管病重点实验室，通过省三级实验室评估，下设生物化学研究室、细胞生物学研究室、分子生物学研究室和免疫学研究室，主要从事脂与脂蛋白代谢研究、中医药降血脂抗动脉粥样硬化研究。

(2)微量元素研究室。1984年，浙江中医学院建立微量元素研究室，并开设微量元素门诊。1986年，浙江中医学院与美国签订举办中国—派克特液闪培训协议，并无偿引进5万美元的先进设备，为该研究室应用液闪分析中药的药性药理创造了有利条件。

(3)浙江省呼吸生理研究中心。1990年12月，省卫生厅批准同意成立浙江省呼吸生理研究中心，隶属浙江中医学院附属医院。

(4)浙江省中医临床研究中心。1991年7月，省卫生厅批准同意成立浙江省中医临床研究中心，挂靠浙江省中医学院附属医院，业务上受省中医药管理局指导。

(5)浙江省中医骨伤研究所。1998年2月，经省卫生厅研究同意，成立浙江省中医骨伤研究所，下设临床研究室和基础研究室，研究所挂靠浙江中医学院。

(6)何任中医研究所。2006年4月，浙江中医药大学举行何任中医研究所成立暨何任奖学金颁奖大会，学校领导分别宣读了何任中医研究所成立文件和“何任奖学金”获奖名单，并向研究所授牌。

3. 温州医学院

(1)卫生部视光研究中心。1992年4月，卫生部批准同意在温州医学院建立卫生部视光研究中心。该中心的目的是适应人民群众对视觉健康和眼保健的要求，缩小中国与发达国家视光学领域的差距。该中心的建立，也为中国的眼视光学学科发展带来了契机和动力，奠定了它在国内外的学术地位。

(2)卫生部视觉科学研究重点实验室。2003年10月，卫生部批准同意在温州医学院建立卫生部视觉科学研究重点实验室。

(3)温州遗传与优生研究所。1997年，省卫生厅同意温州医学院附属第一医院筹建温州遗传与优生研究所。

表 79-9-2-1　　2010年温州医学院设立的医学科研机构一览表

序号	机构名称	负责人	研究方向
1	肺心病研究室	龚永生	急性肺损伤与慢性缺氧性疾病发病与防治机制、睡眠呼吸暂停综合征动物模型与间歇低氧致心肺功能紊乱的机制
2	分子病毒与免疫学研究所	张丽芳	重要性传播疾病病原的分子生物学机制及基因工程疫苗研制
3	海洋科学研究所	Pichai Sonchaeng	以海洋药物学和海洋环境学为切入点，开展海洋微生物学和海洋生态学等海洋应用方面的研究
4	生物医学信息研究所	包其郁	应用生物信息学的方法，对螺旋藻进行功能基因组学、蛋白组学的研究。临床细菌耐药性的分子机制研究
5	微生态学研究所	陆永绥	人体微生态学、抗生素耐药性重组酶、混合酶的医学应用与环境保护

续表1

序号	机构名称	负责人	研　究　方　向
6	细胞与分子医学研究所	吕建新	线粒体基因组相关疾病的分子机制研究，多糖药物与基因表达调控和靶向分子构建与基因治疗载体研究
7	天然创新药物研究所	黄可新	天然植物有效成分的提取、结构修饰以及中药有效成分药理及应用开发
8	生物与天然药物研究院	李校堃	以生物制药及天然药物研究为核心，努力寻求生物技术与天然药物的结合点，运用现代技术研制新药及外围产品
9	实验神经生物学研究所	陈江帆	研究腺苷受体的神经生物学，特别是A1和A2A受体在整体动物的生物学功能
10	中药研究所	吕圭源	主要从事中药研究，特别是浙南特色中药如温莪术等的相关研究与开发
11	环境与职业卫生研究所	黄陈平	环境毒理学、职业中毒
12	近视眼研究所	吕　帆	近视的基础和临床研究，眼发育和遗传研究
13	眼科分子医学研究所	胡　林	核酸诊断试剂盒的开发，RNAi的治疗研究
14	视觉发育研究所	侯　陵	黑色素细胞和眼的发育遗传及相关疾病的调控机制研究
15	华大生殖遗传研究所	张启瑜	生殖遗传学和胚胎植入前遗传学诊断技术
16	口腔材料研究所	张秀华	牙齿漂泊材料、牙科补牙高分子树脂材料、金属烤瓷牙的金属材料研究，激光治疗牙周病研究，牵引成骨治疗中的牵引器和阻鼾器相关处理研究
17	血液肿瘤与移植免疫研究所	张启瑜	多发性骨髓瘤的骨病变分子机制及SiRNA干预研究，血液肿瘤的生物治疗、苯诱导的造血细胞损害的基础与临床研究，移植物排斥的分子机制及基因治疗
18	心血管和基因研究所	耿永健	冠心病、先天性心脏病和高血压病致病基因的研究及高血压眼底血管细胞凋亡机制的研究
19	骨科研究所	池永龙	骨科新型植入物的设计研制，骨科生物力学和数字医学的研究，骨科临床解剖和影像的研究，骨科组织工程研究，骨科生物材料研制
20	疼痛医学研究所	连庆泉	慢性疼痛如糖尿病性神经病变、椎间盘突出症的治疗等的基础与临床研究
21	分子病理中心	陈国荣	糖尿病及其并发症发病机制及药物防治和环境毒理与男性生殖障碍关系的研究
22	麻醉神经内分泌研究所	连庆泉	麻醉与内分泌、器官保护及麻醉药的成瘾，如麻醉药等对心、脑、肺的保护作用及保护机制的基础及临床研究

续表 2

序号	机构名称	负责人	研究方向
23	生物医用材料与组织工程研究所	奚延斐	眼科材料、口腔医用材料及其他材料的研究
24	数字化医学研究所	吴立军	第二代中国虚拟人,数字医学有限元分析技术平台,计算机辅助外科学,计算机辅助眼视光学
25	医院管理研究所	陈肖鸣	医疗卫生管理学科发展、医院改革发展
26	儿科研究所	李昌崇	儿科呼吸及免疫变态反应疾病防治,儿童神经行为康复,围产新生儿学基础与防治,儿童腹部外科基础与临床
27	皮肤性病学研究所	李秉煦	性传播疾病的防治、感染与免疫、皮肤病的防治
28	食源性疾病安全研究所	潘长旺	食源性疾病诊断、流行病学及预防控制措施的研究
29	水域科学与环境生态研究所	黄长江	GIS、环境化学、发育毒理学、繁殖毒理学、分子毒理学、行为毒理学、低温生物学、生态修复、遗传毒理学与水域生态系统的安全评价
30	防霉研究所	曹建明	各种杀菌、消毒、防霉试剂的开发及应用。开展对本研究成果或其他成果作出评估或转让,对防霉科技知识开展咨询、传播及普及等服务业务
31	分子毒理与药理研究所	胡国新	主要开展姜黄素衍生物、生长因子及 11β 羟基甾体脱氢酶等的药理、毒理学研究
32	护理研究所	姜丽萍	社区老年保健,糖尿病护理,妇幼保健,突发事件适宜技术
33	高教研究所	王公望	以教育创新和创新发展为研究方向,以学校建设和发展中重大问题(如体制、学科、专业、课程、教育方法)为研究重点
34	期刊研究所	郑俊海	主要研究国内科技期刊的现状与发展,本校主办 5 种期刊的水平与在国内的地位及其影响力

资料来源:浙江省卫生厅档案室档案资料。

4. 浙江医学高等专科学校

(1)医学教育研究室。1979 年 7 月,省卫生局同意在浙江省卫生学校设立医学教育研究室。

(2)浙江省农村卫生研究中心。2008 年 9 月,该中心在浙江医学高等专科学校正式挂牌成立。中心受省卫生厅领导,由浙江医学高等专科学校负责其日常管理工作。

第三节 医学科研项目、科研成果和成果产业化

浙江省医学科研项目着重在公共卫生、临床医学、基础医学、预防医学、生物高技术、药物

学与中医中药学等方面探索解决某一科学技术问题而提出设想及其依据，设计目标并实施方案与措施。改革开放以来，浙江省医学科研项目数量急剧增多，成果获奖或成果的产业化取得了令人瞩目的成效。

一、医学科研项目

1973年，浙江省重要医学科学研究项目有：防治血吸虫病的研究、防治丝虫病的研究、防治钩虫病的研究、防治钩端螺旋体病的研究、病毒性疾病的防治研究、矽肺的防治研究、有机磷农药工业职业病的防治研究、农药食品污染的调查和残留标准研究、防治慢性气管炎的研究、避孕药物的研究、防治肿瘤的研究、战备用药的研究、有效药物的剂型研究、《浙江药用植物志》的编写、放射防护的研究等。

1973—1978年，温州医学院蔡孔长、蒋仲苏、徐正惠、喻华芝等率先对慢支肺心病和矽肺肺心病进行调查、早期诊断和防治研究，获1项国家重大基础(973)项目子课题。

1974—1975年，浙江省医药卫生科研计划共有23个项目、67个课题。其中常见病、多发病防治研究9项、30个课题，工业职业病3项研究、11个课题，战备科研6项、17个课题，计划生育研究1项、2个课题，医疗器械研制1项、3个课题，基础理论研究1项、1个课题，其他1项、3个课题。建议将肿瘤、心血管疾病、计划生育、职业病和农药残留测定、针麻、放射防护和治疗、医疗器械研制7个课题列入预备项目。浙江省医药卫生重点科学技术发展计划项目有深冷技术在医学上的应用、恶性肿瘤的研究、血吸虫病的防治研究、避孕药的研究、菊花制剂治疗冠状动脉硬化性心脏病的研究等。

1979—1985年，浙江中医学院在总结继承老中医学术经验方面，出版了24位老中医27万字的《老中医医案选》以及《何任医案选》《裘笑梅临床经验选编》《柏仲英眼科医案》等书籍。在编著方面，1979年7月，卫生部邀请何任、魏康伯分别担任《医学百科全书》中医方剂学分册的副主编和编委，先后出版的有何任教授的《金匮要略新解》《金匮要略通俗讲话》《金匮要略归纳表》，由中青年教师编著的有《素问玄机原病式新解》《伤寒论方运用法》《历代名方精编》等，集体编写出版的有《医宗金鉴杂病心法要诀白话解》《温病条辨白话解》《中医学习参考资料》《老中医医案选》《中医内科手册》《中医儿科手册》《中医妇科手册》《速成针灸手册》《中国药用动物志》《浙江省毒蛇咬伤中医治疗手册》等，共计35种，另外还集体编印了《仲景研究文集》《金匮文摘》《伤寒文摘》等。

1980年，浙江省医药科研项目有：酶联免疫吸附试验诊断肺吸虫病的研究，青蒿素衍生物治疗血吸虫病临床研究，香葵油有效成分分离和药理研究，同种异体肾移植中西医结合抗排斥动物实验研究，视觉电生理指标的实验和临床研究，新平喘药α-萜品烯醇的研究，中药姜黄片抗早孕有效成分分离和药理试验，香葵油半合成品的研究，香葵油合并放疗，化疗治疗宫颈癌，生殖的分子机理研究，三尖杉酯类生物碱的化疗对人体白血病细胞DNA变化影响研究，香葵油治疗胃癌肝癌肺癌研究，革兰氏阴性杆菌内毒素所致休克中西医结合临床及实验研究等项目。

1981年，浙江省医药卫生重点科学研究的项目，血吸虫和其他寄生虫病研究方面有：青蒿素衍生物的研究，酶标免疫方法诊断寄生虫病的研究，肺吸虫病的防治研究。计划生育药具等研究方面有：女用抗着床避孕药研究，男用节育药的研究，婴幼儿保健及围产期保健的研究，生殖机理的研究。恶性肿瘤的防治研究方面有：大肠癌的防治研究，白血病的防治研究，香葵油有效成分分离和合并疗法治疗恶性肿瘤的研究，恶性肿瘤基础理论的研究。心血管疾病的防治研究方面有：急性三衰临床抢救的研究，电刺激对心肌缺血、心律失常的研究。慢性阻塞性肺疾患及肺心病的研究方面有：平喘药的研究，肺心病的研究，基础理论的研究。中西医结合的临床和中医文献研究方面有：中医中药治疗视网膜脉络膜循环障碍性疾病的研究，中草药治疗骨伤的研究，中医中药治疗冠心病的研究，肝炎诊疗和针灸疗法的电子计算机处理，中医文献的研究。主要传染病、地方病的研究方面有：甲肝病毒的研究，乙型肝炎临床治疗的研究，乙型肝炎母婴垂直传播的研究，副霍乱弧菌的致病性和变异研究，麻疹疫苗免疫持久性的研究，钩端螺旋体病的研究。其他常见病的研究方面有：胆道疾病的研究，糖尿病的研究，老年人生理常数的研究，眼科光学理论的研究，小儿贫血原因的研究，“7544”骨的生长素的研究。农药毒性及职业病的研究方面有：农药毒性及解毒方法的研究，职业病的研究，织纹螺引起食物中毒的研究。

1983 年，浙江省医药卫生重点科学研究项目，传染病、地方病的研究方面有：甲肝病原研究，乙型肝炎的防治研究，副霍乱的防治研究，流行性出血热的研究，麻疹疫苗持久性研究，钩端螺旋体菌苗的研制。恶性肿瘤的防治研究方面有：大肠癌的防治研究，抗肿瘤药物及肿瘤检测技术的研究。计划生育药具等研究方面有：女用节育药具的研究，男用节育药的研究。心血管病的防治研究方面有：急性三衰临床抢救等研究，中风预报和防治的研究。慢性阻塞性肺疾患及肺心病的研究方面有：平喘药的研究，呼吸生理和肺心病的研究。血吸虫病和其他寄生虫病的防治研究方面有：酶标免疫等诊断寄生虫病的研究，肺吸虫病流行学的研究，血吸虫病药物的研究。中西医结合的临床和中医文献研究方面有：视觉电生理的研究，中医中药治疗冠心病的研究，针灸治疗心律失常与心气虚的临床研究，中医文献研究。其他常见病的研究方面有：老年人生理常数的研究，胆道疾病的防治，精神病的防治研究。农药毒理学的研究方面有机磷农药毒理学研究。中华按蚊种团的研究方面有中华按蚊种下分类研究。

1984 年，浙江中医学院组织编写的《中国药用动物志（第二册）》《儿科各家学说》《温病文摘与习题》出版。1985 年，林乾良主编的《养生寿老集》被日本自然社译为《不老宝典》，在日本出版。20 世纪 80 年代末至 2008 年，温州医学院李昌崇教授等一直致力于哮喘发病机制的探索和药物干预研究，课题组获得 2 项国家自然科学基金。

1991 年，浙江省安排医学科研基金项目 49 项，青年基金项目 30 项，归国人员启动基金项目 4 项，政策性资助项目 19 项，软科学 4 项，科技成果推广项目 12 项。浙江省卫生防疫站向卫生部、省卫生厅申报科研计划 17 项，其中“EHF 灭活疫苗研制及现场人体观察”“农村新型户用卫生厕所的设计及其对粪便无害化效果的研究”“核电厂事故对放射性碘阻断药物及最佳应急发放程序研究”被列入卫生部科研计划。

1996 年，浙江省申报国家中医药管理局“九五”国家科技攻关项目 16 项，其中 3 项被列为国家重点科技项目攻关计划。浙江省的“大肠癌两个相关基因研究”等 9 个项目被列入国家

“九五”科技攻关计划。浙江省的“P16和15基因缺失和突变在大肠癌发生和发展中的作用”等15个项目被列入卫生部基金项目。“流行性出血热灭活疫苗(双价苗)的研制”等36个项目被列入省科委的重大科研计划项目。

1997—1999年,浙江省共承担各级医学科研项目388项,其中国家级26项、省部级81项、厅级170项、本单位资助立题91项、其他20项,获得资助的科研经费总额达到1914万元,获各级科技奖励102项,其中国家级3项、省部级48项、厅级61项,共发表学术论文和专著1126篇,其中发表在国外及国内核心杂志的有321篇。学术交流活跃,主办国际学术会议5次,主办全国性学术会议31次。重视人才培养,接受国内进修和合作科研996人次。

1999—2010年,浙江大学医学院附属邵逸夫医院获得国家基金51项,省级基金69项,发表SCI论文296篇,获得国家级成果奖1项。

2000年,浙江省中医药局组织项目申报国家中医药管理局2000—2001年科研基金项目66项,其中基础类47项,临床开发类19项,包括青年类课题16项。

2001年,浙江省有8个项目入围国家“十五”攻关计划,列入国家自然科学基金项目27项,其中3项为重点项目。省卫生厅列入省政府科技项目的有29项,其中有重点项目4项;列入浙江省自然科学基金项目的有30项,浙江省自然基金优秀人才项目1项。浙江省组织上报国家局中医药适宜技术项目15项,共有入围项目9项。

2002年,浙江省承担国家“863计划”“973计划”和“十五”攻关计划、自然科学基金61项。全省有65个卫生科技项目和专题被列入国家及省政府重点科技计划,累计投入科研经费2.3亿元,共获得国家科学技术进步奖和国家技术发明奖8项、省部级科技奖412项。浙江省承担了4项国家“十五”科技攻关重大计划中医药现代化与产业化项目、34项国家级中医药科技项目和浙江省中医药管理局下达的14项重点研究开发项的后续管理工作,承担国家中医药管理局中医适宜诊疗技术研究项目9项。

2003年,浙江省组织250项高起点科研项目参加国家科研项目竞标,有20项被列入国家“十五”攻关项目招标,有多项获得国家“973计划”“863计划”项目立项。浙江大学医学院附属第一医院获得国家“973计划”首席和“863计划”项目,获资助2000余万元。

2004年,温州医学院医学遗传学研究所管敏鑫教授等进行的“线粒体分子遗传学和人类疾病的分子致病机制”系列研究,研究课题分别获得国家自然科学基金委员会海外港澳青年学者合作研究基金、国家“973”前期研究专项、国家自然科学基金、浙江省自然科学基金重大课题、省科技厅国际合作项目、省科技厅钱江人才优先资助基金资助。1月,经国家科技部批准,由国内器官移植领域的多个权威医疗、科研单位共同承担的“移植器官慢性失功的免疫学应用基础研究”,被列为国家重点基础研究发展规划项目,并由浙江大学医学院附属第一医院郑树森院士担任首席科学家。浙江大学医学院附属第二医院国家自然科学基金项目获12项资助,省自然科学基金项目13项,创历史新高;发表论文被收录SCI的数量位居全国医疗机构20强之列。5月,由浙江省疾控中心病毒研究所所长卢亦愚博士主持的“自然界人、畜流感病毒基因重组的研究”,获得浙江省自然科学基金重大项目资助。

2005年,浙江省中医药领域有国家中医药管理局2004—2005年度计划课题10个项目,省科技厅课题计划23项，有5个项目被列入“十五”国家科技攻关计划，其中有3个项目被列入“基于信息挖掘技术的名老中医临床经验研究”(名老中医学术思想、经验传承研究)分课题计划，2个项目被列入“中医药疗效及安全性基本问题研究”分课题计划，温州医学院李校堃教授等承担的“温郁金规范化种植与新药开发”“温莪术质量管理规范研究与系列产品开发”等研究项目，分别被列为浙江省科技攻关重大项目、温州市科技计划农业与社会发展重大项目、浙江省中医药重点研究项目、瑞安市科技攻关重大项目，共获得300余万元的科研基金资助。1月，由浙江省中医药管理局和浙江中医学院共同承担的“浙江省传染性非典型肺炎中医药防治方案的研究”，通过了省科技厅的鉴定和验收。6月，省卫生厅和省科技厅共同立项资助100万元，由浙江大学承担的浙江省科技计划重大项目“中药质量评价及生产过程质量监测”，通过项目验收。9月，浙江省医学科学院药物研究所石其贤、袁玉英研究员与香港中文大学陈小章教授合作经4年的潜心研究，破解精子获能与卵子融合受精的奥秘。

2006年，浙江大学医学院附属第二医院获国家自然科学基金创历史新高，总经费及资助数名列医学院、全省医疗单位首位，发表SCI论文62篇，名列全国医疗机构第11位。浙江医学高等专科学校的“我国高职高专医学影像技术专业建设与发展的研究”项目列入卫生部科研基金项目。温州医学院药学院李校堃教授承担了浙江省自然科学基金重点项目“应用噬菌体展示技术筛选以成纤维细胞生长因子受体为靶标的活性先导短肽”、国家自然科学基金资助项目“aFGF/Zn和LDR联用对糖尿病溃疡的治疗作用及其机制研究”。

2007年，浙江省新增国家“973计划”项目首席1项，国家科技支撑计划、“863计划”等国家级和浙江省部级重大科研项目(100万元经费以上)58项，获得国家自然科学基金资助100余项，特别是以浙江大学医学院附属第一医院项春生教授为首席科学家、李兰娟院士为顾问的“肠道微生态感染的基础研究”项目被列入2007年国家重点基础研究发展“973”计划，获得3800余万元的科研资助，成为浙江省医药卫生领域获得的第二项“973计划”首席项目，标志着浙江省在肠道微生态与人体感染性疾病发生发展的关系研究方面处于全国领衔地位。浙江大学医学院附属第二医院张苏展教授申报的“基于社区的结直肠癌筛查方案的比较和评价研究”、温州医学院吕帆教授申报的“青少年近视防治最优化策略建立及干预研究”等项目获得国家“十一五”科技支撑计划资助。浙江大学医学院附属邵逸夫医院课题经费总额(1004万元)和项目数量(101项)有了显著的增长，还获得首席专家“863计划”项目1项(研究项目：“空肠脏器吻合支架的研制及实验研究”，首席专家：蔡秀军教授)。温州医学院林绍强教授主持的“CD22对唾液酸化的β1整合素介导的肿瘤细胞黏附的调节机制研究”，获国家自然科学基金资助。此外，“积极性优生途径——植入前胚胎基因诊断技术的临床应用和推广”“特异生物标记SPIO示踪功能胰岛MRI技术建立及其在糖尿病诊断治疗研究中的价值”“NMDA受体亚型装配、膜运输及功能差异的分子机制研究”“器官移植的临床诊治技术与推广研究”等一批优秀的科研项目分别获得国家高技术研究发展计划、国家自然科学基金重点项目、卫生部行业科研资金资助。

2008年，浙江省承担国家“973计划”、“863计划”、科技支撑计划和浙江省部级以上重大科研项目60余项。同时，城乡基层卫生适宜技术的推广应用工作又有新进展，30余项城乡社区卫生适宜技术在6个试验县进行试点推广应用，提高了基层卫生服务技术水平。

2009年，全省医药卫生科技计划共有21个项目列入省部共建计划，有3个医药卫生项目获国家科技进步奖一等奖，65个项目获浙江省科学技术奖；启动省级基层卫生适宜技术示范基地建设，有40家基地被纳入第一批建设计划，全年累计推广基层卫生适宜技术50余项，新增医学重点学科群3个。同年，全省中医药科研课题立项338项，评选出浙江省中医药科技创新奖62项，申报浙江省科技进步奖25项，获得中华中医药学会奖5项，中医药科研水平上了一个新台阶。

二、医学科研成果

1949—1998年，浙江省医药卫生科技成果令人瞩目，累计有2000多项科技成果，其中有1310项获得国家、省部级及省卫生厅的科技进步奖（获得国家奖58项、省部级奖734项）。

20世纪70年代，浙江医学研究院微生物研究所（现生物工程研究所）李洸研究员等对转移因子（TF）的作用和提取方法做了系统的研究。他们以晚期血吸虫病患者摘除的脾脏为原料，用超滤法分离提取转移因子，实验表明，TF在细胞免疫反应中起着十分重大的作用，是提高或平衡机体免疫力的主要因子。该项目与研究院实验药厂合作生产转移因子注射液，从人脾组织中提取，含有多核苷酸和多肽的小分子物质，具有触发增强机体细胞免疫功能，投放市场后取得了一定的社会效益和经济效益，获1979年省科学大会奖三等奖。

1971年，乐清等地流行小儿急性下呼吸道感染，温州医学院黄达枢教授等经过深入调查研究，认为是病毒性感染，并在国内首次提出“流行性喘憋性肺炎”的命名，在1977年版《中华医学杂志》上发表了《流行性喘憋性肺炎》等多篇论文。1977年，卫生部肯定了本病的命名和治疗方案。该成果获1979年浙江省科技成果奖二等奖，并被编入《实用儿科学》，为全国各大医院采纳。

1973年，浙江省卫生实验院获奖科研成果有6项：透热法治疗早期钩虫病的研究，实验性矽肺免疫反应的探讨，复方丹参的药理研究，沉降灰中讯号元素Mo、I^{131}、Ba^{140}的快速系统分析方法的探索，有机汞的毒性研究，甲种胎儿球蛋白免疫诊断中非特异性反应的探讨。浙江省中医院科研成果1项：液氮冷冻治疗器应用的初步报告。

1978年9月，浙江省卫生系统的50项科技成果受到浙江省科技大会表彰。缪天荣主持的“对数视力表及5分记录法”课题和浙江省中医药研究所李世俊完成的科研成果“精制蝮蛇、五步蛇、银环蛇抗毒血清”研究获1978年全国科学大会奖。

1979年，在浙江省科学大会上，浙江中医学院的《针灸解剖图谱》获省科技进步奖三等奖。吴燮灿主持的“真假性近视眼的新鉴别法”课题，钱礼编著的《腹部外科学》，周学章主持的“急性血吸虫病肥达氏反应”“血吸虫病肾炎的研究”“晚期血吸虫病及夹杂症的治疗”课题获浙江省科学大会奖。周孝增等主持的“冷冻对正常和肿瘤细胞杀伤力的研究”课题获1979年度浙江省优秀科技成果奖二等奖。

1979—1995年，浙江省卫生系统的医药卫生科技成果获得卫生部医药卫生科技进步奖共45项，其中一等奖7项、二等奖21项、三等奖17项。获得国家计生委奖共4项，其中二等奖 2 项、三等奖 2 项。获得全国爱卫会奖共 11 项，其中一等奖 1 项、二等奖 3 项、三等奖 7 项。获得国家教委奖共 2 项，其中二等奖 1 项、三等奖 1 项。获得国家医药局三等奖 1 项。获得商业部一等奖 1 项。获得人事部二等奖 1 项。获得国家环保局二等奖 1 项。获得浙江省科技进步奖共 480 项，其中一等奖 10 项、二等奖 59 项、三等奖 232 项、四等奖 179 项。

1980 年，浙江省医学科学院以毛江森为首的课题组完成“甲型肝炎病毒抗原提取成功及其在排毒规律和血清学诊断方面的应用”研究，获得浙江省科技成果奖一等奖，“甲型肝炎病毒实验感染红面猴、恒河猴和用红面猴分离甲型肝炎病毒”研究成功，并获得卫生部科技成果甲级奖。马逢顺、郁知非等主持的“三尖杉（或高三尖杉）酯碱联合疗法治疗急性非淋巴”课题，获 1980 年度浙江省优秀科技成果奖二等奖。

1981 年，浙江省获卫生部成果奖二等奖的有：甲型肝炎病毒实验感染红面猴、恒河猴和用红面猴分离甲型肝炎病毒研究，慢性支气管炎中西医结合标本诊断分型，环境样品中化学物质的致突变性和致畸性七种试验方法，全国 1979—1980 年高血压抽样普查。黄幸纾等主持的“环境样品中化学物质的致突变性和致畸性七种试验方法”课题，获 1981 年度浙江省优秀科技成果奖二等奖。

1982 年，浙江人民卫生实验院获得卫生部重大科学技术成果奖 1 项（二等甲肝病毒的研究）。11 月，省政府在省科学技术奖励大会上颁发医药卫生方面成果奖，获浙江省科学技术成果奖二等奖的有：环境中化学物质的致突变性和致畸性七种试验方法，立体 X 线电视。

1983 年 3 月至 1985 年 6 月，桑国卫负责女用长效注射甾体避孕药庚炔诺酮研究。该科研成果被国家计划生育委员会评为国家计划生育委员会科技进步奖二等奖。赵立登、俞宏壳主持的“下肢骨骼牵刀延长术”课题，获 1983 年度浙江省优秀科技成果奖二等奖。

1984 年，鲍行豪等主持的“钩端螺旋体外膜菌苗的研制”课题，获浙江省优秀科技成果一等奖。许敬尧、余心如、陈培辉、石秋念主持的“全国大肠癌病理研究统一规范”课题，获 1984 年度浙江省优秀科技成果奖二等奖。

1985 年，郑昶等主持的“非创伤性窦房结电图研究”课题，获卫生部重大医药卫生科技成果奖乙级奖。周健、张洪福、徐炎主持的“含铅对肺泡巨噬细胞影响的理论研究及其应用”课题，获浙江省科学技术进步奖一等奖。龚维桂、谢海宝等主持的“前列康片”课题，获浙江省科学技术进步奖二等奖。

1986 年，李兰娟申请的“人工肝支持系统治疗重型肝炎”课题，先后获得 1997 年省政府科技进步奖一等奖、1998 年国家科技进步奖二等奖、2001 年国家教育部科技推广应用奖二等奖。桑国卫首次发表复方庚酸酯炔诺酮肌注后的临床药代动力学参数，1987 年报道该药最佳剂量探索，1989 年证明，每月肌注一次、多次注射后该药在体内无明显积蓄，为复方庚酸酯炔诺酮肌注的长期安全性提供了重要理论依据，其成果获国家科技进步奖二等奖 2 项，获国家人口和计生委科技奖一等奖 1 项，获国家计划生育委员会科技进步奖二等奖 2 项，获卫生部科技成果奖乙级奖 1 项。王竞等主持的“Ⅰ型白内障超声乳化吸出器”课题，获 1986 年度浙江省科学技术进步奖二等奖。

1987 年，浙江省医学科学院毛江森等人研制成功国内首批甲肝试验性减毒活疫苗和甲肝总抗体检测试剂盒，其敏感性、特异性达到国际先进水平。郑树、蔡心涵等主持的“人胚及常见肿瘤雌激素受体及其在细胞内分布的研究”课题，王曼、赵承洛、杜成杰等主持的“子宫内膜异位症的研究——异位子宫内膜的特性与临床”课题，林茂芳、周思文、林修基等主持的“成人急性白血病长期存活者的临床研究”课题，毛江森等主持的“甲型肝炎总抗体检测试制盒”课题，均获浙江省科学技术进步奖二等奖。同年，浙江省医学科学院参加全国尘肺病流行病学调查，1991 年，出色地完成浙江省尘肺病流行病学调查工作，获卫生部科技奖一等奖，同时为国家提供尘肺病诊断标准片，“尘肺 X 线诊断标准片”获卫生部特等奖。“中药艾叶平喘新功效及其有效成分的研究”，获全国中医药重大科技成果奖。

1988 年，浙江省医学科学院毛江森等主持的“甲型肝炎减毒活疫苗毒种”课题，获浙江省科学技术进步奖一等奖、1989 年卫生部医药卫生科学技术进步奖一等奖。浙江省卫生防疫站徐晓、赵年丰、马亦林、王季午等主持的“流行性出血热发病机理研究”课题，获浙江省科学技术进步奖二等奖。

1989 年，浙江省医学科学院何浙生等主持的“霍乱弧菌的易变性及其致病意义的研究”课题，获浙江省科学技术进步奖二等奖。

1990 年，浙江省防疫站研制成功的“流行性出血热灭活疫苗毒种浙 10 株”和“流行性出血热反向间接血凝抑制试验诊断试剂盒”，获得省政府颁发的科技成果奖一等奖。浙江省卫生防疫站环监所的“平流粗滤/慢滤工艺在农村小型水厂中的应用研究”项目，获省政府授予的科技进步奖。温州医学院药理教研室陈志康教授等开展农药解毒研究，发现二巯基丙磺酸钠对杀虫双有良好的解毒效果，使 45 例濒临死亡的中毒患者脱离险境，该项研究获省科技基金资助，研究成果获国家“七五”科技攻关奖。

1991 年，浙江中医学院开展聋哑儿童听觉语言康复有效方法研究，获省政府科技进步奖三等奖。1997 年，开展对耳聋助听系统耳膜材料、工艺、设备国产化的研究，获国家发明专利，1999 年获浙江省科学技术进步奖二等奖。

1992 年，浙江中医学院在《金匮要略》校注方面首次采用国内现存最早的元代邓珍仿宋刻本《新编金匮方论》为底本，对《金匮要略》进行系统的校勘、训诂、注释。该项研究达到国内领先水平，校注本成为《金匮要略》的第一流版本，获国家中医药管理局中医药科技进步奖二等奖。

1993 年，桑国卫等主持的“两种国产米非司酮配伍前列腺素终止早孕的多中心临床研究”课题，获国家计划生育委员会科学技术进步奖二等奖；“左旋 18 甲基炔诺酮药代动力学及新剂型研究”课题，获国家计划生育委员会科学技术进步奖三等奖。毛江森等主持的“甲型肝炎减毒活疫苗毒种”课题，获国家技术发明奖二等奖。

1994 年，孙永良、何南祥等主持的“肿瘤坏死因子和白细胞介素—2 的基础与临床研究”课题，获浙江省科学技术进步奖二等奖。温州医学院神经病学教研室郑荣远教授研究成果“咪唑类驱虫药引起迟发性脑病的多项目药物流行病学研究”，获第 10 届国际药物流行病学大会的奖励（斯德哥尔摩）、省政府科技成果奖，1997 年获国家成果证书，2004 年、2005 年、2007 年获国家自然基金和省自然基金的资助，2007 获浙江省医药科技创新奖一等奖。

1995 年，李大鹏等主持的“薏苡仁脂乳剂药学研究和治疗肺癌的研究”课题，获国家中医局中医药科技进步奖一等奖。郑树森、朱琮、陈江华等主持的“胰十二指肠及肾一期联合移植”课题，获浙江省科学技术进步奖一等奖。杨迪生、黄宗坚主持的“高温隔离灌注化疗治疗肢体骨肉瘤的临床研究”课题，获浙江省科学技术进步奖二等奖。

1996 年，郑树森、朱琮、陈江华等主持的“胰十二指肠及肾一期联合移植”课题，获国家科学技术进步奖二等奖。俞永新、朱智勇等主持的“流行病出血热疫苗研究”课题，获卫生部医药卫生科学技术进步奖一等奖。彭淑牖、江献川等主持的“刮吸法断肝术”课题，获浙江省科学技术进步奖一等奖。陆永良等主持的“动脉灌注 5-Fu 治疗急性坏死性胰腺炎”课题，方平楚等主持的“幽门螺杆菌无血培养基及其内毒素的研究”课题，赵士芳等主持的“人工牙种植和颌面整复临床应用技术研究”课题，石一复、周馥贞、黄荷凤、金帆主持的“辅助生育技术试管婴儿”课题，均获浙江省科学技术进步奖二等奖。

1997 年，俞永新、朱智勇等主持的“流行性出血热灭活疫苗研究”课题，获国家科学技术进步奖一等奖。李兰娟、黄建荣、陈江华、朱琮等主持的“人工肝支持系统治疗重型病毒性肝炎的研究”课题，获浙江省科学技术进步奖一等奖，1998 年度获国家科学技术进步奖二等奖。桑国卫等主持的“米非司酮配伍前列腺素终止早孕的药代动力学及系统临床研究”课题，获国家科学技术进步奖二等奖。宋建良、姚建民等主持的“手与前臂系列轴型岛状皮瓣的显微解剖和临床应用研究”课题，郑树、蔡心涵等主持的“大肠癌相关基因的分离与克隆研究”课题，曾天定、郑樟栋等主持的“含 SMPV 在内的根治性胰十二指肠整块切除治疗Ⅱ、Ⅲ期”课题，沃健儿、刘克洲、陈智等主持的“丙型肝炎病毒母婴传播的研究”课题，黄怀德、厉有名、许国强、姒健敏等主持的“胃癌基础理论及早期诊治的研究”课题，金宏义、王炳焕等主持的“浙汁省监测人群 1991—1993 年脑卒中、冠心病发病、死亡”课题，均获浙江省科学技术进步奖二等奖。1997 年 9 月 23 日，桑国卫获 1997 年度何梁何利基金奖，在中国香港举行的颁奖大会上，桑国卫接受了由国家领导人和香港特区行政长官颁发的奖励证书和奖金。

1998 年，陈江华、王逸民、朱琮、陈昭典等主持的“同种异体肾脏移植临床研究”课题，朱智勇等主持的“双价流行性出血热灭活疫苗的研制”，均获浙江省科学技术进步奖一等奖。黄建、郑树、吴金民、张苏展等主持的“大肠肿瘤错配修复缺陷与 APC 基因突变的研究”课题，陈智、刘勇、刘克洲、何南祥等主持的“丙型肝炎病毒淋巴细胞模型的建立及反义核酸体外抑制”课题，阮冰、马亦林等主持的“戊型肝炎的病原消长规律和血清抗体应答”课题，王慧明、李巩、吴求亮等主持的“人胚成骨细胞体外传代培养及在骨替代材料生物相容性”课题，均获浙江省科学技术进步奖二等奖。郑敏、蔡绥京、孙国钧等主持的“银屑病患者 T 细胞化学趋化功能单核细胞业群的激沾表型研究”课题，获教育部科学技术进步奖二等奖。

1999 年，浙江省中医院完成的“薏苡仁酯制剂及其抗癌作用机理和临床研究”，获国家科学技术进步奖二等奖。严志焜等主持的“同种原位心脏移植实验及临床研究”课题，获浙江省科学技术进步奖一等奖。吴南屏、刘克洲、邵一鸣、陈智等主持的“人免疫缺陷病毒（HIV）感染的静脉药瘾者 HIV 基因亚型”课题，吴育莲、彭淑牖主持的“非同位素原位杂交和免疫组化研究人类胰腺癌的 Ki-67 基”课题，姚克、姜节凯等主持的“小切口白内障摘除及人工晶体植入手术系列研究”课题，均获浙江省科学技术进步奖二等奖。王良兴、徐正介、陈少贤教授等采用血流动力学、心肌力学等研究方法，对内皮素、一氧化氮、一氧化碳体系与慢性低 O_2 高 CO_2 肺动脉高压和肺血管结构重建关系等进行研究，成果分别获得年度浙江省科学技术优秀奖和 2002 年度浙江省科技进步奖二等奖。

2000 年，郑树森等主持的“肝肾联合移植的临床研究”课题，获浙江省科学技术进步奖一等奖。温州医学院附属一院妇产科叶碧绿教授等的研究成果“体外受精与胚胎移植技术单精子卵胞浆内注射术及宫腔内人工授精治疗不孕症”，获浙江省科技进步奖二等奖。

2001 年，彭淑牖等主持的“刮吸法断肝术”课题，获国家技术发明奖二等奖。李兰娟主持的“重型肝炎肠道微生态变化的研究”，浙江大学医学院附属二院彭淑牖教授主持的“捆绑式胰肠吻合术的研究”，温州医学院王勤美教授主持的“应用视光学理论和方法指导激光角膜屈光手术的临床研究”，均获浙江省科技进步奖一等奖。温州医学院周丽萍教授等主持的“解脲支原体与宫内感染”相关研究成果，温州医学院附属第一医院郑荣远教授等开展“温州市爆发流行广州管圆线虫病的临床、病原及免疫诊断研究”，均获浙江省科技进步奖二等奖。

2002 年，浙江省医学科学院寄生虫病研究所李思温研究员等科研人员完成的“青蒿琥酯预防日本血吸虫病优化方案及推广应用的研究”，获国家科技进步奖二等奖，该研究同时获得 2001 年度中华医学科技奖二等奖及 2002 年度杜邦科技创新奖。浙江大学医学院附属第二医院彭淑牖教授获得何梁何利基金奖，其“捆绑式胰肠吻合术”获国家科技进步奖二等奖。黄河、林茂芳、孟海涛等主持的“非亲缘异基因骨髓移植临床研究”课题，柴少爱、毛江森、陈念良等主持的“甲肝减毒活疫苗保护剂和冻干疫苗的研究”课题，袁瑛、郑树、张苏展等主持的“HNPCC 家系和可疑 HNPCC 家系的分子事件研究及可疑 HNPCC 家系诊断标准的建立”课题，均获浙江省科学技术进步奖一等奖。陈江华、何强、袁静等主持的“双滤过法血浆置换抗早期血管性排斥临床研究”课题，蔡卫民、翁红雷、厉有名等主持的“肝纤维化与肝硬化可逆性研究及干扰素伽马的治疗作用”课题，崔辉、U. Krueger、H. Kalthoff 等主持的“人体大肠癌和胰腺立癌原位移植模型的建立及其微转移检测的研究”课题，刘剑、郑树、冯懿正等主持的“国人家族性腺瘤性息肉病家系调查、临床特征和病理及早期诊断研究”课题，林茂芳、蔡真、麦文渊等主持的“高三尖杉酯碱致白血病细胞凋亡的信号传导和基因调控的研究及其临床意义”课题，陈君柱、郑良荣、张芙荣等主持的“经导管间隔消整法治疗肥厚梗阻型心肌病的临床应用及长期疗效与安全性评估”课题，陈如坤、杨明亮、徐世伟等主持的“新型人造心脏首瓣膜——全热解碳双叶瓣的研制和植入研究”课题，余海、王青青、曹雪涛等主持的“超抗原联合细胞因子基因治疗的抗肿瘤作用及机理研究”课题，王良兴、徐正、陈少贤等主持的“慢性低氧高二氧化碳性肺动脉高压形成及其中西医结合防治系列研究”课题，温州医学院附属二院内科应斌宇教授等采用二巯基丙磺酸钠解救毒鼠强急性中毒病人获得成功，以上研究成果均获得浙江省科学技术进步奖二等奖。

2003 年，黄河、林茂芳、孟海涛等主持的“非亲缘异基因骨髓移植临床研究”课题，获国家科学技术进步奖二等奖。姚克、申屠形超、孙朝晖等主持的“后发性白内障的发生机制及其防治研究”课题，李兰娟、俞云松、陈亚岗等主持的“革兰阴性菌超广谱 β-内酰胺酶及 AmpC 酶研究”课题，严志焜、陈江华、朱理等主持的“同源心肾联合移植的临床研究与应用”课题，均获浙江省科学技术进步奖一等奖。朱建华、高丹忱、张芙荣等主持的“细胞外基质与PTCA术后再狭窄与药物干预”课题，何超、黄学锋、胡晓彤等主持的“端粒酶启动子驱动肿瘤坏死因子相关凋亡诱导配体基因的肿瘤活动性研究”课题，金宏义、唐新华、徐小玲、俞志红等主持的“浙江省社区人群高血压危险因素与膳食营养素相关性研究”课题，厉有名、虞朝辉、陈卫星等主持的“浙江省酒精性肝病流行病学调查和基因研究”课题，马伟杭、周琳、范骏等主持的“移植受体巨细胞病毒感染的早期诊断和防治研究”课题，黄河、林茂芳、施继敏等主持的“人端粒重复序列结合因子(hTRF1)的临床和基础研究”课题，滕理送、王敏、陈石妹等主持的“端粒酶在人恶性肿瘤诊断及治疗中的应用研究”课题，徐少明、缪建平、王平等主持的“我国原发性甲状旁腺功能亢进症的临床特点和直接甲状旁腺肿瘤切除术治疗研究”课题，赵正言、周雪娟、水泉祥等主持的“小儿脑性瘫痪的流行病学和病因研究”课题，池永龙、徐华梓、洪如康等主持的“脊柱花刀及新型脊柱内固定器设计推挤减压治疗胸腰椎骨折”课题，均获浙江省科学技术进步奖二等奖。同年，院士郑树森获浙江省科技重大贡献奖。

2004年，彭淑牖、蔡秀军、牟一平等主持的“捆绑式胰肠吻合术的临床及实验研究”课题，魏克民主持的“利用蚕沙提取物研制治疗常见病、多发病缺铁性贫血的国家Ⅱ类中药新药生血宁片”研究，均获国家科技进步奖二等奖。黄荷风、金帆、周馥贞等主持的“辅助生育技术基础和临床系列研究”课题，获浙江省科学技术进步奖奖一等奖。温州医学院附属第一医院神经外科诸葛启钏等主持的“颅底显微解剖解剖与临床应用研究”课题，姚根有、章锁江、赵仲生等主持的“普通型腺癌伴神经内分泌分化与临床病理及预后关系的研究”课题，郑树、陈坤、蒋沁婷等主持的“国人结直肠癌环境和宿主因素和流行病学研究”课题，游向东、周颖、张秀芳等主持的“心肌造影间歇谐波成像无创估价心肌血流灌注的实验研究”课题，尚世强、俞锡林、赵正言等主持的“细菌16SrRNA基因的分子诊断及败血症常见菌基因芯片的研制”课题，朱建华、张力、严卉等主持的“同型半胱氨酸与动脉粥样硬化病变相关性及其致血管炎症激活的调控机制研究”课题，周建英、陈清勇、王雪芬等主持的“Fas、黏附分子在肺癌转移中的实验和临床治疗研究”课题，李兰娟、吴南屏、卢亦愚等主持的“浙江省严重急性呼吸综合征(SARS)病原学和防治策略研究”课题，徐耕、傅国胜、金国栋等主持的“凝血因子和炎症因子基因多态性、血管平滑肌细胞与冠心病发病机制及其防治的研究”课题，郑敏、蔡绥勍、孙国均等主持的“恶性黑素瘤患者免疫活性细胞化学趋化功能和临床研究”课题，张旭、夏君慧、金得辛等主持的“血管紧张素转换酶基因多态性与脑血管病关系的研究”课题，陈炯、韩春茂、张力成主持的“烧伤创面处理难点的突破与机理研究”课题，均获浙江省科学技术进步奖二等奖。

2005年，郑树、张苏展、陈坤等主持的“我国大肠癌高危人群防治的基础与临床应用研究”课题，获国家科学技术进步奖二等奖。郑树森、梁廷波、王伟等主持的“原位肝移植治疗终末期肝病的应用与推广研究”课题，来茂德、邵丽娜、张宇伟等主持的“分子病理研究平台的构建和结直肠癌相关生物标志物的筛选”课题，均获浙江省科学技术进步奖一等奖。金洁、林茂芳、陈志妹等主持的“白血病资源的收集、保存与利用”课题，阮冰、洪艳、王淑颖等主持的“戊型肝炎病毒ORF2蛋白的免疫原性及应用”课题，王建安、何红、孙勇等主持的“二尖瓣狭窄左心房局部凝血功能异常的研究及临床应用”课题，赵仲生、茹国庆、姚根有等主持的“原位检测癌转移相关基因 mRNA 表达对预测胃癌预后的研究”课题，金宏义、唐新华、徐小玲等主持的“高血压社区综合干预研究”课题，蔡松良、金百冶、赵伟平等主持的“膀胱全切回肠代膀胱术的技术改进”课题，张敏鸣、邹煜、周华等主持的“肺癌肿瘤血管生成的影像学研究”课题，沈华浩、谢强敏、王苹莉等主持的“卡介苗和微卡对哮喘预防和治疗作用的系列实验研究”课题，姚玉峰、裘文亚、张永明等主持的“眼表及角膜疾病诊治技术的系列开发研究”课题，高力、李华、谢磊等主持的“小切口内镜甲状腺手术(Micooli 术式)应用技术的系统化改造”课题，林俊、张信美、陈玉兰等主持的“子宫内膜异位症发病和癌变机制及临床特征研究”课题，余海、王青青、马文学等主持的“膜表达超抗原金黄色葡萄球菌肠毒素 A 的制备及其抗肿瘤作用”课题，许爱娥、钟晓明、尉晓冬等主持的“加味桃红四物汤治疗白癜风的疗效观察及机理探讨”课题，温州医学院附属第二医院王小同教授等开展的“广州管圆线虫病的临床与实验研究”，均获浙江省科学技术进步奖二等奖。6 月，浙江大学医学 PET 中心、医学院附属二院核医学科主任张宏教授和田梅博士在美国佛罗里达州奥兰多市召开的第 41 届美国临床肿瘤学会年会(ASCO)上，分别获得 ITG 奖和 Merit Award 学术奖。浙江医学高等专科学校的“乡村医生连续统一体培养模式的探索与实践”课题成果，获得第五届高等教育国家级教学成果奖二等奖。

2006 年，由浙江中医药大学李大鹏教授领衔的“超临界二氧化碳萃取中药有效成分产业化应用”发明技术，浙江大学肿瘤研究所主持的课题“我国大肠癌高危人群防治的基础与临床应用研究”，均获得国家科技进步奖二等奖。李兰娟、李君、杨芊等主持的“生物人工肝用细胞源与混合型人工肝的研究”课题，蔡季军、彭淑牖、牟一平等主持的“腹腔镜技术在肝胆脾外科的应用研究”课题，瞿佳、管敏鑫、周翔天等主持的“遗传性视神经病变遗传性状研究”课题，均获浙江省科学技术进步奖一等奖。戴宁、姒健敏、高敏等主持的“幽门螺旋杆菌毒力和致病性的研究”课题，金宏义、唐新华、徐小玲等主持的“浙江省高血压流行趋势及影响因素抽样调查”课题，毛伟敏、严福来、陈国平等主持的“食管癌切除和成形的术式改良”课题，赵正言、竺智伟、孙鹂等主持的“儿童铅中毒的流行病学调查和临床研究”课题，俞惠民、袁天明、汤宏峰等主持的“细胞因子在宫内感染导致早产大鼠脑白质损伤中的作用”课题，陈坤、金明娟、蒋沁婷等主持的“大肠癌环境暴露和代谢酶基因多态性的分子流行病学研究”课题，严世贵、戴雪松、吴立东等主持的“人工髋关节磨损和髋有限元应用研究”课题，陈江华、张萍、袁静等主持的“慢性终末期肾病的肾脏替代治疗”课题，胡申江、牟芸、孙益兰等主持的“慢性心力衰竭反义 PLB 基因靶向导入的开发应用”课题，蔡真、林茂芳、黄河等主持的“髓增生异常综合征发病机理及临床研究”课题，朱成楚、陈仕林、叶中瑞等主持的“应用电视胸腔镜技术治疗胸部疾病的研究”课题，均获浙江省科学技术进步奖二等奖。陈坤、金明娟、蒋沁婷等主持的“大肠癌环境暴露和代谢酶基因多态性的分子流行病学研究”课题，获中华医学科技奖三等奖。

2007 年，李兰娟、俞云松、吴仲文等主持的“感染微生态学建立及应用研究”课题，姚克、申屠形超、叶娟等主持的“白内障发病的相关机制与防治研究”课题，瞿佳、管敏鑫、周翔天等主持的“Leber 遗传性视神经病研究”课题，均获国家科学技术进步奖二等奖。郑树森、王伟林、吴健等主持的“活体肝移植创新技术研究及临床应用”课题，姚克、叶娟、王凯军等主持的

“低强度微波辐射致晶状体损伤及其发生机理的研究”课题，陈智、李兰娟、朱海红等主持的“重要传染病诊断和治疗新技术的研究”课题，厉有名、虞朝辉、陈卫星等主持的“酒精性肝病发病机制和诊治研究”课题，范永升主持的“中西医结合治疗系统性红斑狼疮的增效减毒作用研究”和吕圭源主持的“夏桑菊有效部位研究”，均获浙江省科学技术进步奖一等奖。金洁、佟红艳、钱文斌等主持的“骨髓增生异常综合征新疗法的应用研究”课题，方向明、徐志南、舒强等主持的“beta-防御素-2 的基因工程菌培养生产及在全身性感染中的作用”课题，严杰、毛亚飞、孙爱华等主持的“内置 LTB 幽门螺杆菌 UreB-HpaA 两价口服基因工程疫苗的实验研究”课题，姒健敏、王良静、孙蕾民等主持的“粘膜定标活检技术的创建及推广应用”课题，王跃东、叶再元、竺杨文等主持的“腹腔镜微创技术处理上的消化道良性病变的临床应用研究”课题，黄荷风、董旻岳、王建华等主持的“子宫内膜异位症与女性不孕症的研究”课题，杨迪生、叶招明、苗旭东等主持的“细菌氧化还原蛋白 Azuri 诱导人骨肉瘤细胞凋亡的实验研究临床意义”课题，周建英、陈亚岗、俞云松等主持的“肺部感染病原诊断及耐药性的应用研究”课题，连庆泉、金胜威、上官王宁等主持的“异丙酚药代动力学及靶控输注麻醉的临床研究”课题，温州医学院检验医学院吕建新教授开展“新型抗菌素伴侣的开发研究”课题，均获浙江省科学技术进步奖二等奖。吴式琇、谢聪颖、金献测等主持的“鼻咽癌调强放射治疗的系列研究”课题，获中华医学科技奖三等奖。第十二届全国眼科学术大会授予浙江大学医学院附属第二医院姚克教授中国眼科学最高奖“金钥匙奖”。温州医学院李校堃等的科研成果“基因工程一类新药重组成纤维细胞生长因子(rFGF)系列产品的开发与应用”，获中国药学会科学技术奖一等奖。同年，浙江省医学科学院毛江森院士获浙江省科技重大贡献奖。

2008 年，郑树森、王伟林、梁廷波等主持的“肝移植技术创新体系的建立与推广应用”课题，获国家科学技术进步奖二等奖。吕圭源主持的“当归提取物治疗高血压病的作用机制与临床研究”，获中国中西医结合学会科技奖一等奖，2009 年，该成果获国家科技进步奖二等奖。瞿佳、吕帆、周翔天等主持的“实验性近视研究”课题，郑树、苏展、胡汛等主持的“恶性肿瘤的血清蛋白质质谱诊断标准的建立及其应用”课题，陈江华、何强、茅幼英等主持的“数字化肾脏移植受者模型的建立及相关生物芯片的制备”课题，均获浙江省科学技术进步奖一等奖。谢幸、吕卫国、叶枫等主持的“卵巢癌微环境中树突状细胞和调节性 T 细胞分化和功能的研究”课题，厉有名、虞朝辉、章宏等主持的“个体化给药基因芯片的制备和应用研究”课题，赵军招、叶碧绿、黄学锋等主持的“多囊卵巢综合征难治性不孕症治疗的系列研究”课题，毛建华、戴宇文、张扬等主持的“CD2AP 基因突变及调控变化与后天原发性肾病综合征机制的研究”课题，梁黎、傅君芬、王秀敏等主持的“肥胖儿童胰岛素抵抗发病机制及治疗新方法的研究”课题，施育平、单江、徐耕等主持的“冠状动脉粥样硬化性心脏病的相关基因与发病机制研究”课题，顾扬顺、韩伟、王剑勇等主持的“遗传性眼病的致病基因研究”课题，金洁、童向民、钱文斌等主持的“端粒酶调控基因转染树突状细胞及白血病免疫治疗研究”课题，周建英、王雪芬、沈毅弘等主持的“选择性干预转录因子在免疫抑制患者肺部感染中的应用研究”课题，均获浙江省科学技术进步奖二等奖。李校堃、黄亚东、吴晓萍等主持“成纤维细胞生长因子基础、临床等研究与新药开发”课题，获中华医学科技奖一等奖。

2008年1月，国家科技进步奖励大会在北京人民大会堂隆重举行。李兰娟院士领衔的“感染微生态学建立和应用研究”项目，姚克教授领衔的“白内障发病的相关机制与防治研究”课题和温州医学院院长、浙江省特级专家瞿佳教授领衔的“Leber遗传性视神经病研究”科研项目均获国家科技进步奖二等奖，并受到胡锦涛总书记、温家宝总理等党和国家领导人的接见。

2009年，赵正言、黄新文、杨茹莱等主持的“先天性甲状腺功能低下症和苯丙酮尿症早期筛查与研究”课题，管敏鑫、吕建新、李智渊等主持的“母系遗传药物性耳聋致病机制的研究”课题，郑树森、徐骁、吴健等主持的“肝移植围手术期肾功能评估及其预警价值研究”课题，均获浙江省科学技术进步奖一等奖。杨迪生、翁文剑、黄鑫等主持的“新型ACP/PLLA复合材料的研制及在关节软骨损修复中的应用研究”课题，厉有名、徐承富、陈韶华等主持的“肝脏脂肪变性缺血再灌注损伤和预处理保护作用的影响”课题，张茂、徐少文、干建新等主持的“创伤后急性肺损伤防治的基础与临床研究”课题，张松英、林小那、王敏珍等主持的“腹腔镜在妇科手术中的应用及相关研究”课题，胡申江、牟芸、李江等主持的“超声微泡介导的基因靶向导入技术的动物实验研究”课题，朱婉儿、姜乾金、戴慧芬等主持的“心理应激的下丘脑垂体肾上腺皮质轴机制和系统评估量表的应用研究”课题，沈法荣、王志军、陈建明等主持的“房间隔起搏预防房颤研究”课题，余传定、许沈华、牟瀚舟等主持的“用基因芯片技术筛选早期胃癌相关基因”课题，祝胜美、温小红、冯智英等主持的“肝移植手术麻醉技术的相关研究与临床应用”课题，周郁鸿、叶宝东、沈一平等主持的“净化的自体周血干细胞移植联合中医药治疗难治复发性自身免疫病”课题，施长春、王建英、朱婉萍等主持的“金华佛手生物活性及综合利用研究”课题，均获浙江省科学技术进步奖二等奖。管敏鑫、吕建新、李智渊等主持的“母系遗传药物性耳聋致病机制的研究”课题，获中华医学科技奖二等奖。同年，浙江大学医学院附属第一医院国家传染病重点实验室主任李兰娟院士和浙江大学医学院附属第二医院眼科中心主任姚克教授分别获得浙江省科学技术奖重大贡献奖。

2010年，黄荷凤、陈子江、刘嘉茵等主持的“提高出生人口质量的生殖技术创建、体系优化与临床推广应用”课题，获国家科学技术进步奖二等奖。姚玉峰、裘文亚、张蓓、张永明等主持的“角膜移植眼表重建新技术及角膜病诊断新方法的开发研究”课题，黄荷风、吕时铭、徐晨明等主持的“阻断出生缺陷、促进子代健康关键技术体系的创建与推广应用”课题，池永龙、徐华梓、王向阳等主持的“微创脊柱外科新术式的设计与临床运用”课题，沈华浩、王凯、李雯等主持的“支气管哮喘发病的免疫学机制研究”课题，黄河、罗依、赵妍敏等主持的“慢性粒细胞白血病靶向治疗及异基因造血干细胞移植最新策略的建立”课题，均获浙江省科学技术进步奖一等奖。厉有名、陈韶华、虞朝辉等主持的“生物芯片技术在消化系统疾病中的应用基础和临床研究”课题，范顺武、方向前、赵凤东等主持的“下腰椎椎间融合的相关研究”课题，陈君柱、王兴祥、张芙荣等主持的“内皮祖细胞的功能及其对受损肺血管内皮细胞的修复作用”课题，卢中秋、梁欢、邱俏檬等主持的“创伤弧菌脓毒症的致病机制及治疗学研究”课题，吴南屏、靳昌忠、朱彪等主持的“树突状细胞等在艾滋病感染中的作用及抗病毒治疗免疫重建研究”课题，万小云、王新宇、毛愉燕等主持的“子宫内膜癌的基础与临床系列研究”课题，均获浙江省科学技术进步奖二等奖。池永龙、徐华梓、王向阳等主持的“微创脊柱外科新技术的设计与临床应用”课题，谢幸、吕卫国、叶枫等主持的“上皮性卵巢癌腹腔免疫缺陷的基础和临床研究”课题，均获中华医学科技奖一等奖。

三、科研成果产业化

20世纪50—60年代，浙江省医学科学院创办附属化学试剂厂、无水酒精厂、寄生虫标本厂等企业，任务是为浙江省医学科学院科研工作和国内外有关科研机构、大中院校提供无偿服务，先后对外提供了近3万种寄生虫和中草药自然标本，尤其是浙江省医学科学院药物所标本室的23900余种自然标本无偿捐赠给浙江省自然博物馆，受到省领导的高度评价，取得了显著的社会效益。

1969年，浙江省医学科学院在国内首先合成庚酸炔诺酮，完成该药的初步药理试验，为炔诺酮庚酸酯的临床研究提供了依据。1971年3月，炔诺酮庚酸酯首次应用于临床，至1974年9月，共试用7604例，避孕有效率为98.60%～99.97%，其中复方Ⅰ号避孕针效果近100%。同时，进行了低剂量的临床观察，庚酸炔诺酮每次用量降至50毫克，避孕有效率仍达99.8%。

20世纪70年代，浙江省卫生实验院研究员李洸开展肿瘤免疫调节剂的研究，人脾转移因子和猪脾核糖核酸是其中两个主要项目，研究成果获得浙江省药品批准文号，先后在杭州第一生化药厂、浙江省医学科学研究院实验药厂、仙居生化药厂、杭州澳亚生物技术有限公司投产，产品达200多万支，产值超过3000万元，于2000年获得国家食品药品监督管理局颁发的药品批准文号。

20世纪80年代，浙江医学科学院生物工程研究所对海洋生物资源甲壳素进行了系列研究，在国内首次研制成功在常温条件下稳定存储的外用新型生物流体敷料。该产品主要技术突破点为常温条件下稳定存储，在功能和剂型上突破了国内同类产品的膜剂，具有天然广谱的抗菌活性，可广泛用于烧伤科、外科、妇产科、康复科等，对褥疮等顽固性慢性皮肤溃疡也具显著疗效。

20世纪80年代初，浙江省医学科学院药物所钱伯初研究员对油菜花粉开展基础与开发研究，先后对其提取物的抗前列腺增生、抗前列腺炎、增强免疫功能、抗衰老、抗过氧化、抗溃疡、改善学习记忆、减肥等功效进行系统地研究，与兰溪云山制药厂联合开发成功治疗前列腺增生与前列腺炎的口服制剂前列康片，成为国内较早研制成功的用于治疗前列腺增生和前列腺炎的中成药。

1982年，浙江医科大学附属第一医院受省科委委托研制的浙江Ⅱ人工肾机和79型血泵及研制的ZID-06型医用电渗析水处理机投入使用。

1983年，省科委将“女用长效注射甾体避孕药庚炔诺酮的研究”作为“六五”科技攻关课题下达浙江医科大学附属第一医院，省科委、省卫生厅和省计生委对此项任务也十分重视，多次听取汇报并作了指示，为保证本攻关课题Ⅲ期临床试验计划的落实，专门向全省各地（市）、县卫生局、计生办及有关单位下发了《关于安排复方庚炔诺酮针剂临床试用任务的通知》。

1985年，浙江省医学科学院与中国科学院上海药物研究所协作，于1982年从石杉科植物蛇足石杉中首次分离得到的新生物碱，具有抗乙酰胆碱酯酶活性强、作用时程长、生物利用度高、能透入血脑屏障等优点，是国内首创研制的改善记忆、治疗老年痴呆病认知缺陷药物，2004年取得国家临床研究批件，转让浙江康恩贝制药股份有限公司。

1986年，浙江省医学科学院药物所研究员张治国带领科研人员开展铁皮石斛的组织培养研究，先后在铁皮石斛试管苗工厂化生产的种子萌发、原球茎增殖、原球茎分化、壮苗培养的适宜培养基和培养条件方面以及铁皮石斛种质超低温保存技术方面进行了大量、深入的研究工作，掌握大田人工栽培技术，在基质、水肥管理、病虫害防治和成活等方面的规律，铁皮石斛的试管苗化工厂生产技术和大田人工栽培技术形成了完整的体系。该院先后利用铁皮石斛试管苗工厂化生产技术与浙江天皇、杭州天目药业、章光101千岛湖药业等公司合作，均取得了成功，并获得较好的经济效益，研究开发了“天目山牌”铁皮石斛胶囊及康裕牌铁皮石斛颗粒、胶囊等保健食品，取得了良好的社会和经济效益。

1986—1988年，浙江省医学科学院研制的中国花粉口服液，包括蛋白质、氨基酸、维生素、微量元素、酶等及其他生物活性物质，作为保健食品和天然营养品。其间，浙江省医学科学院保健食品研究所先后研究开发了一批保健食品新产品，主要有依科源牌番茄CE片，依科源牌御脂益肝胶囊，依科源牌珍珠异黄酮胶囊、片，依科源牌多维宜血咀嚼片，依科源牌铁皮石斛西洋参片。

1988年，浙江省医学科学院研究员毛江森经过10年艰苦攻关，研制成功甲型肝炎减毒活疫苗并实现产业化，成为浙江省科技成果转化的典范。自1992年甲肝疫苗投放市场以来，共生产约1.5亿人份，占全国甲肝疫苗销售总量的50%以上。这是中国第一个具有自主知识产权的疫苗经过国际标准的论证正式出口国际市场。冻干甲型肝炎减毒活疫苗出口印度、孟加拉国等国家推广应用，造福于世界人民。

20世纪80年代末期，浙江省医学科学院研究员陈国坤课题组着手进行妇女更年期综合征治疗剂雌二醇经皮吸收贴片的研发，模拟人体自然生理方式向人体持续、定量地供给雌二醇，不仅克服了口服给药的缺点，而且每周给药1～2次即可，病人用药的顺应性显著提高，研制的2个新药被科技部列为国家高新技术产品，年销售额达亿元以上，社会、经济效益显著。

1991年，浙江省医学科学院研制成功甲胎蛋白诊断试剂盒，采用ELISA双抗体夹心法原理建立的快速诊断方法，经省、市多家医院双盲法临床考核应用，结果表明，与化学发光法比较，两者的总符率达98.6%，与放射免疫法比较，两者的总符合率达99.0%。本试剂盒操作快速简便、灵敏度高，对早期原发性肝癌和畸胎瘤等疾病的普查及AFP升高疾病的辅助诊断具有重要意义。同年，浙江省医学科学院自主研制的项目医学诊断试剂盒、弓形虫酶联免疫吸附试验(ELISA)诊断试剂盒、血吸虫诊断试剂盒、肺吸虫病诊断试剂盒、幽门螺旋杆菌(HP)诊断试剂盒、结核杆菌诊断试剂盒投入生产，临床疗效显著，经济效益很好。

2002年，浙江中医学院中药饮片厂积极筹建浙江中医学院大药房和特色门诊部。2003年“非典”时期，想尽一切办法保证预防药物的正常供应，并向有关单位和部门捐赠价值6万元的药品。2008年，该厂逐步建立“产、学、研”相结合的基地，完成《中国药典》2010版中药饮片标准研究起草用样品采购、原药检验、中药饮片炮制加工、炮制工艺操作规程编制等工作，受到国家药典委的肯定。

2005年，温州医学院药学院以“温莪术的科学种植与新药开发”研究为契机，在社会各界支持与参与下，在瑞安建成种植研究基地，形成了产业，促进了应用型、自主创新型科学研究工作的开展。“国家新药生物制剂工程技术研究基地”落户温州医学院，药学院科研团队在此平台上进行了系统的研究和一系列的产品开发研究，利用温莪术抗病毒、抗菌和抗炎作用开发出洗手、沐足、美容护肤等日化产品，如“舜佳”美容产品套装、“舜佳足之宝”沐足系列、“玉金”美容护肤品及系列新型沐浴、洗发等产品都已投入市场并产生明显的效果。同年，浙江大学医学院附属邵逸夫医院眼科中心的角膜病诊治居国内领先地位，处于国际先进行列，全植床深板层角膜移植手术组合器械和经冰冻处理的低抗原的异种角膜基质及制备方法，分别获得2项国家发明专利。2004年2月，眼科学科带头人姚玉峰主任受邀在日本角膜病学会上进行特别演讲，受到极高礼遇，被称作“中国眼角膜病第一人”，并参与了美国眼科教科书的编写。

2006年，浙江中医学院自行研发的中药新药品种“康莱特注射液”是学校产学研结合的典范，康莱特注射液从一个品种延伸到了多个剂型，在注射液的基础上，对其制剂提取工艺进行了深入改造，引进“超临界二氧化碳萃取”技术在薏苡仁酯提取中应用，2003年经批准正式投入生产，该项技术的应用使薏苡仁酯的产品获得率提高了13.3%，生产工时由原来的112小时缩短到2.5小时，生产成本降低22%，每年可为国家节省10万余吨石油能源，并且有效减少了环境污染。

2009年，省卫生厅在全省开展基层卫生适宜技术示范基地建设工作，以基层卫生适宜技术引进、消化、吸收、应用、规范为重点，培育和建设一批有特色、有影响的基层卫生适宜技术示范基地，充分发挥基地的示范和辐射作用，全面提高浙江省基层卫生技术服务水平。全省计划建成100个以上省级基层卫生适宜技术示范基地。这些基地以1家市、县级医疗卫生单位作为牵头单位，联合辖区范围内的社区卫生服务中心或乡镇卫生院组成联合体单位，分急救、慢性病、眼耳鼻喉、皮肤病、公共卫生、康复护理、妇女儿童、计划生育、中医药九大类适宜技术，共同开展示范基地建设，大力促进适宜技术下基层。全省有40家基地被纳入第一批浙江省基层卫生适宜技术示范基地建设计划，省卫生厅对每个基地给予10万元经费支持，累计推广基层卫生适宜技术50余项。各基地建设单位通过示范基地这一有效载体，结合医改要求，加强县级医疗卫生单位（基地牵头单位）与乡镇卫生院、社区卫生服务中心（基地联合单位）的技术服务、项目整合、人员培训等联系，有效探索以技术纵向整合为重点的机构整合新模式，为新医改加强县、乡、村联合提供了试点经验。同时，以基层卫生适宜技术网为平台，以卫生部十年百项项目、省医药卫生科技成果推广项目和各市县科技计划奖励项目为项目主要来源，充实完善浙江省的基层卫生适宜技术项目库，2009年，已有120余个基层卫生适宜技术充实纳入了浙江省技术项目库。2010年，全省基层卫生适宜技术推广应用共85项，近5000余例。

第四节　医学团体和期刊

随着医学科学的发展，医学学术团体应运而生，出现了团体成员之间定期聚会、讨论学术问题、公布研究或实验成果的局面。浙江省中医医学团体建立较早，后相继建立西医学会等，期刊出版发行也是类似现象。医学团体的建立和医学期刊的创刊，为促进医学领域、本地区、本学科或本专业的医学学术发展发挥了引领作用、桥梁作用、凝聚作用、智囊作用和示范作用。

一、医学团体

（一）近代医学团体

1. 浙江省中医协会

民国16年（1927年）4月8日，浙江省中医协会成立，200多人参加成立大会。协会设在杭州市织造马弄10号，负责人汤士彦、沈仲圭，颁布了《浙江省中医协会修正章程》。民国37年10月19日，浙江省中医协会在第三次理事联席会上，理事长邢熙平因事务繁忙，提请辞去理事长职务，建议由汤士彦常务理事兼任理事长，报请浙江省政府社会处批准同意，协会办公地址迁入杭州市武林路128号。

2. 中华医学会杭州支会

民国21年（1932年）冬，经中华医学会总会牛惠生医师敦促，浙江西医师组建成立中华医学会在浙江省的分支组织，并以组织所在地命名为“中华医学会杭州支会”，王吉民为会长，沙近德为副会长，陈万里为书记兼会计。惜此事未报总会，又与总会缺少联系，许多会员又纷纷离杭，无形停顿。民国23年6月14日，支会借开年会之机，在广济医院苏达立院长家中开会，14名会员参加。会中改选，仍由王吉民为会长，苏达立为副会长，钱仲青为书记兼会计，并正式通过分会会章。会议议程结束后，由苏达立演讲，主题为“X光今昔发明与进步”，内容翔实，会议圆满成功。民国27—38年，抗日战争及解放战争期间，由于会员迁徙各地，杭州分会历经4次改选。民国27年，选举钱仲青为会长。民国29年，选举古德胜为会长，并更名为“中华医学会杭州支会”。民国35年，选举王季午为会长。民国36年5月8日召开发起人会议，研究新一轮会员。民国37年，选举徐世伦为会长。1949年，王季午任中华医学会杭州分会理事长，陈礼节任副理事长。从学会成立起，西医界人士协助浙江省卫生行政部门制定医疗卫生政策法规。

3. 各地区医学团体

杭州地区　清同治十年（1871年），杭州四大药商叶种德、张同泰、方回春、许广和重建皮场庙，改名“药皇庙”，在原皮场王的塑像两边各塑了神农像和天医像，此庙一直是中医药学家切磋技艺的一个场所。清光绪年间，杭州最早的中医学术团体为当时成立的杭州医学公会，它由中医界名宿俞稚平、贵林、高建侯创立，后经王香严、紫鑫伯、叶心如、沈希仲鼎力维持，公会各项事务颇有进展。宣统三年(1911年)10月，武昌新军发动了辛亥革命，烈火遍及杭州，杭州医学公会同仁奔走呼应，会务由此搁浅了6～7个月。民国元年(1912年)，杭辛斋、李云年再次发起，麇集了医理深邃的名流硕彦，赓续前会，众推杭氏为会长，每月定期召开两次会议，共同探讨中医理论，切磋技艺，遇有急事则临时开会商榷。公会还撰文呈请浙江教育司备案立会，民国元年10月10日批复允准，使公会工作打开了新局面。民国2—6年间，由李藏洲、汪曼峰、杨见心先后接手会务，事业日臻发展，到民国8年，会员达67人。

20世纪30—40年代，杭州市中医药团体还有：①杭州市药业联合会，地处元井巷，负责人方惠卿、应鉴清、秦志壮。②杭州市商民协会参药业分会，地处四条巷，负责人应鉴卿、俞绣章、方惠卿。③杭州医药公会，地处佑圣观巷54号，成立于民国5年(1916年)，负责人李天球、沈靖尘。④杭州三三医社，地处四牌楼，负责人裘吉生、时逸人。⑤杭州药行公会，地处元井弄，负责人秦志壮、王立棠。⑥杭州市中药业职工会，地处佑圣观巷54号，负责人叶滋芬、王永俭、陆锦文。⑦杭州国医公会，成立于民国20年。⑧杭州市医学研究社，成立于民国23年8月，负责人许行彬、陈绍裘等。⑨中国医学研究所，成立于民国25年，负责人汤士彦、施今墨、裘吉生、陈杏生、郑琴隐等66人，出版《中国医药研究日报》，倡导“以研究中国医学，改进治疗方法”为宗旨。⑩杭州市中医师公会，成立于民国35年2月，负责人毛凤翔。民国12年，萧山成立卫生会，到会者达60多人，讨论公众卫生事务。民国16年5月12日，浙江省中医协会萧山分会成立，会所设在城中凤堰桥竹林寺内，来宾有县长吕韶美、警所长吕振球、商会长汪莹及医药代表孟宪章等10多人，公推华钧珊为委员长，华然青、汤定西、韩春泉、史佐卿、孙懿人、蔡蓉生为执行委员。民国20年，淳安县王休人发起组织国医分会，是年8月改名中医公会，力图振兴中医事业，民国25年1月电贺中医条例公布。民国33年4月，在萧山河上店成立中医师公会。

宁波地区　清同治年间(1862—1874年)，镇海有药王会、纯阳会等中医同业组织。清宣统元年(1909年)，王才杨、颜伯卿等发起组织宁波中医学研究会，后主持乏人，同仁星散。民国8年(1919年)，范文虎重建该会，经吴涵秋等承续，发展为鄞县中医协会。民国9年，会稽道王庆澜倡言取缔中医，范文虎率中医界与之抗争而获胜。民国16年，吴涵秋、王宇高、庄云庐、董庭瑶等重振会务，改名为宁波中医协会，公推范文虎担任会长，定期举行聚会讲座，互相激励，培育人才，民国20年8月16日改名为鄞县中医公会。抗日战争中，会员星散，会务中断。民国34年12月5日，罗济安、庄云庐、徐余藻、张直青、杜惠璋等借丝户巷救济院施医所召开第一次整理委员会，推杜氏为整理会主任，开始办公。民国35年2月20日，经第13次会员大会提议，改名为鄞县中医师公会，有265名会员。民国37年，鄞县中医药研究社成立，负责人杜惠璋，有67名社员。

民国24年(1935年)，慈溪县成立中医学研究会，推荐德高望重的严鸿志先生担任会长。民国25年，象山县中医师公会成立，亦有西医师和护士参加。同年5月，象山县中医学会成立，会员达58人，郑鼻峰任理事长，第二年，成立中央国医馆象山县支馆筹备处，馆备委员13人。民国33年，成立医师公会，创办人刘雪航、王福卿，徐志道任理事长。民国35年，中医师公会成立，会员有93人，其中有西医师、护士参加。民国35年，镇海县中医师公会成立，创办人包吉耕、程尚宇。

温州地区　民国12年(1923年)，王理如发起组织平阳县医药公会，附设施医舍药局。民国26年，平阳县成立中央国医馆浙江省平阳县支馆，馆址设在县城北门，馆内设执委、监委，有300多名会员。同年，县成立平阳中医公会。民国28年，县设立中医诊疗所，所长由县当局委派。民国31年，县成立平阳县中医师公会，曾在全县进行中医师调查，全县有中医师400多人。

民国20年(1931年)11月，永嘉中医公会成立，创办人南宗景。民国21年2月，永嘉县神州国医公会成立，创办人白仲英、张秀田等，有142名会员，会址在县城城隍殿巷。同年，瑞安县中医师公会成立，创办人赵铸夫。

湖州地区　民国9年(1920年)，湖州医学会成立，发起人有吴莘田等人。第二年春，在归安(今湖州)邑庙花厅设立会所，推选俞恒农为会长。辛亥革命后，改名为吴兴中西医学会。民国9—11年间，医学会重新整顿，又改名为吴兴医学会。吴兴县医学会会员散居各大乡镇者，民国初，原在乡镇的中医或办理施诊，或集会研究，均有各种会社组织，各自做事，不相联络。

民国16年(1927年)，吴兴县中医协会成立，会址设在明代名医卢明铨设局施药的天医院内。协会将各地医学团体纳入一个系统内，成立直系分会，以推进会务而资管理。嗣后改称国医公会各地分会，更改名称，赓续设立。民国19年，医会又改名为吴兴国医公会，并于县属南浔、菱湖、双林三大镇设立吴兴医药分会。自吴兴县国医师公会奉令改组，即由该会指定，各设分会，原有负责人从事整理，办理会员登记，一切事务及文件表格式样均秉承原会，对上级机关，则以吴兴县国医师公会名义处理工作。吴兴国医公会既是自由职业的公会，也是以研究和改进中医药为主的学术团体。早期，以中医学术问题开展研究讨论，每月定期举行两次学术研究会，内容包括报道临症治验和专题讨论。吴兴医学会还借宋鞠舫住所开设补习班，学员多数是各私人诊所学徒，白天随师临症，晚上到班听课，讲授内容为《简明诊断学》等。民国25年3月，《吴兴县中医师公会会章》颁发，会章架构了公会的组织机构理事会，确定吴兴县城南门横塘土地街房屋为会址，通过了大会召开的相关规程，明确了即将开展的学术等工作，确定了公会的宗旨和入会的严格要求，颁布奖惩办法。抗日战争爆发，湖州沦陷，吴兴国医公会停止活动。

民国35年(1946年)3月25日，长兴县成立县中医师公会，创办人曹仁箕，全县登记私人开业医生98人，其中雉城镇有3家私人开设的医疗诊所。民国36年，孝丰中医师公会成立，会员42人，由原孝丰县的名中医程怀民筹备，城区中医唐望叔、陈庆三、邹东虞、王大年、蒋仲芳、程怀民、唐志仁7人参加，公会活动主要是交流临床经验、咨询疾病，每年夏秋设临时施诊所，由各会员轮渡对贫困病人门诊施药，审查考核会员资格，合格者呈报政府备案，发给中医师合格证书(前民国政府考试院证书)。中华人民共和国成立前夕，公会无形中停办。

嘉兴地区　民国11年(1922年)4月14日，平湖县医学会成立，民国25年更名为中医师公会，翌年日军侵占平湖，公会解体。民国30年重建，次年改为国医公会，民国32年无形解散。民国35年1月11日再建，名为中医师公会，有会员82人、理监事9名。民国35年4月11日，另一组织县医师公会成立，民国37年4月，召开第三届会议，产生8名理监事，有35名会员。1949年中华人民共和国成立前夕自行解散。

民国12年(1923年)，嘉兴南堰镇卫生会由商民吴某等发起组织卫生会，提倡卫生事宜，吴季元被推选为会长。民国19年，嘉兴紫阳医舍学友会由朱春庐、陆根生等人创立。嘉兴新塍医药学会，创办人陆梦非、沈季良。民国35年4月30日，嘉兴成立县中医师公会，250人入会(男234人、女16人)，民国37年5月16日换届。10月18日，嘉善医药学会成立，创办人汪嘉燕、叶劲秋等，到会者达60多人。嘉善县中医师公会成立，创办人陈昌年、张吉旋。

民国25年(1936)4月26日，国民党桐乡县党部大礼堂召开桐乡县医师公会成立大会。党政机关、县卫生院派员指导监选理事，蒋超、黄璞斋、程传恺当选为理事，毛覃甫为候补理事，施晋珊为监事，吴元庆为候补监事，在接连召开的理事会、监事会上，公选蒋越为理事长。

民国26年(1937年)3月，平湖县成立国医(药)支馆，内设医药改进会，后更名为改进研究会，主席沈凤池。国医支馆会员分医业会员和药业会员两种，药业以商号为单位，入会须填具申请书、承认会章、缴纳会费，经核准发证后方为正式会员。同年，在修正组织规程时，馆务会分设总务、医学、药学、推行4组，主要活动为确定馆务的进行，召集全县国医(药)会议，研讨医、药经验等项事宜。民国26年11月，平湖沦陷，国医(药)支馆停止馆务。民国35年3月调整机构，恢复办公。

绍兴地区　清光绪三十二年(1906年)，绍兴成立神州医学研究会，嗣后创刊《医药月报》。清光绪三十四年三月，绍兴医药研究社成立，创办人何廉臣、赵逸仙。该学术团体注重中西药结合治病，考订中药丸散、方书，邀请美籍西医师高福林参加学术会议。宣统元年(1909年)四月改名为绍兴医学会。民国2年(1913年)，曹炳章、何廉臣在越中慈善家支持下，创设和济药局，地址在绍兴县西桥脚南首台门，由曹炳章主持日常事务，其目的为保存国粹、挽回利权、整顿中药、阐发效用。该药局刊行《医学卫生报》，共出10期，并以身作则，考正传讹药品，改革不良炮炙，订正丸散方书，如山药、元胡、郁金三味药的炮炙，针对当时药品只虚徒形式不求质量的弊病，经共同议论，曹炳章撰稿改三药的浸湿受潮切片法为原粒(支)打碎用，既提高疗效，又能省工减耗，实为医、药、病三家齐得利。

清末民初，何廉臣、裘吉生、曹炳章等组织创办了神州医药会绍兴分会，亦是浙江省较早的学术团体。神州医药会绍兴分会的前身是清光绪三十四年(1908年)创办的医药研究社及医药联合会，后由医药两界同道胡嬴峤、裘吉生、何廉臣、曹炳章等经过1年多的积极筹备，于民国4年(1915年)3月9日，借当时药业会馆，经医药两界集议，通过草章，确定职员而合并为分会。同日，他们又借当时的药业会馆，宣告成立绍兴医药分会。胡嬴峤被推为第一任会长。分会的宗旨是"推广医籍，昌明医学"。他们还创办了《绍兴医药学报》，附设卫生公会，发行卫生日刊，宣传卫生防疫，普及卫生知识。他们又组织流通医药书籍有限公司，主张"孤本书籍，先行流通"，出版医籍70多种，创办中医学校。

民国元年(1912年)夏，诸暨枫桥医学研究会成立，创办人杨又生等。民国12年，诸暨县卢胜夫拟组织医学研究会。民国16年3月17日，余姚中药业职工会(时属绍兴地区)成立。

民国24年12月15日，余姚县中医公会成立，创办人胡之山，会员120人。第二年，会员增加了78名。民国25年，诸暨县国医支馆医药改进会成立，民国35年成立县中医师公会，成员达244人，创办人王治华、楼正阳。嵊县医药研究会，成立于民国3年8月，民国11年改组为嵊县医药改进研究会。同年，嵊县成立神州医学会，于清节堂设施医所。不久，成立县中医师公会，创办人胡知行，会员105人。至1949年，全县有199名中医药人员，其中有148名中医师。

民国20年(1931年)9月30日，绍兴县国医公会成立，曹炳章任主席。该会事务所设在下大路药业会馆，办事通讯处为大街和济药局。该会以“改进医学，交换知识，讲求卫生，保障人民生命”为宗旨。第一次会议选出常委5人，曹炳章兼总务主任，何幼廉兼编辑主任，钱少堂兼调查主任，徐仙槎、王行恕兼研究主任。后改为绍兴县中医师公会，凌春生任理事长。

金华地区　民国18年(1929年)3月17日，金华中医界人士反对废除中医，成立中医公会，会员达50人。民国24年，中医公会改名为中医协会，有70多名会员。民国18年，汤溪县中共党员汪金波受中共兰溪从善区区委指示，在湖田乡下周村组织国药研究社，掩护中共组织。民国20年，浦江县中医师公会成立，创办人戴唯周，会员11人。至民国32年，会员增至338人。同年，北平砥柱国医研究社浦江东南分社成立。民国25年，义乌创办国医馆(施医所)，民国28年8月，日机轰炸金华火车站，中医协会组织救护。民国26年3月，东阳县中医师公会成立。民国36年6月，东阳县医师公会成立，创办人韦声律、王用周，办理开业医师注册登记工作。兰溪中医公会成立于民国22年，创办人蔡季川，民国24年改为中国针灸专科研究社。

衢州地区　民国15年(1926年)5月1日，东南国医学会总会江山支会开展了一系列中医研讨会。民国18年12月，江山县中医药联合会成立，有60名会员。民国20年4月27日，经江山县政府立案许可，江山县中医师公会成立，办公场地设在江山县城伍家巷，江山县中医师公会全体会员共同选出理事长、常务理事、常务监事及9名理事、3名监事。民国22年10月，龙游县中医师公会成立，地址在城隍庙东首药王殿内，设施医局，后组织贫民施诊所，城区中医师轮流门诊，不收诊费。民国31年，常山县中医师公会成立，会员有张兆荣等43人。

舟山地区　民国36年(1947年)2月，定海县中医师公会成立，会员41人，李永年担任理事长。

台州地区　民国25年(1936年)，温岭县成立中医公会，有55名会员，创办人何玉田。临海县中医师公会于民国25年成立，创办人王作孚等。民国27年，天台县成立国医支馆。民国28年，天台县成立中医师公会。民国33年，玉环县中医师公会成立，设施医所，有15名中药师，轮流为民施诊。

丽水地区　民国24年(1935年)5月，龙泉县国药业同业公会成立，民国28年，有会员17人，会址设在东升街。民国29年，云和县中医公会成立，次年改称中医师公会，创办人林则菘，有会员40人。民国33年，龙泉县中医师公会成立，有18名会员，至民国36年6月，有14名会员。民国35年，庆元县成立医药业公会，有16名会员。

(二)现代医学团体

1.浙江省医学会

浙江省医学会成立于民国21年(1932年),是浙江省医学科学技术工作者自愿组成并依法登记成立的学术性、公益性、非营利性法人社团,是浙江省历史最悠久、影响最广泛、作用最显著的医学科技团体之一。1949年,其前身中华医学会杭州分会由王季午任理事长、陈礼节任副理事长。1953年1月,浙江省医学会经省政府核准登记为社会团体。1958年1月,学会正名为“中华医学会浙江分会”,选举省卫生厅厅长李蓝炎任学会第一届会长。“文化大革命”期间,浙江省医学会活动被迫停顿。1978年1月3日,中华医学会浙江分会恢复活动,延续第一届任期,会长李蓝炎。1980年10月,召开第二次会员代表大会,会长陈过。1984年11月29日,举行第三次会员代表大会,会长戴迪。1989年1月27日,召开第四次会员代表大会,会长戴迪。1992年,学会在浙江省民政厅(以下简称省民政厅)注册登记,更名为“浙江省医学会”,涉外活动时仍可使用“中华医学会浙江分会”称谓。1994年9月7日,召开第五次会员代表大会,会长张承烈。1999年12月1日,举行第六次会员代表大会,会长李兰娟。2006年2月27日,召开第七次会员代表大会,会长李兰娟。至2010年,浙江省医学会拥有64个专科分会、42个专业学组,共有2.5万名会员,团体会员104家,会员中有4位“两院”院士。办事机构设置办公室、学术组织部、医疗事故技术鉴定工作办公室、科技发展与继续医学教育部、医学科普信息部、浙江医学杂志社、心电学杂志社、生活与健康报社,拥有浙江省医学会门户网站。屡次被民政部、中国科协、中华医学会、省科协、省民政厅等部门授予先进荣誉,获得“全国省级学会之星”“全国先进社会组织”“浙江省5A级社会组织”等称号。

2.浙江省中医药学会

1979年2月,浙江省中医学会筹备委员会成立并召开会议,参加这次会议的筹备委员有浙江中医学院、浙江省中医研究所、浙江省中医院、杭州市第一人民医院等单位的领导。会议推选浙江省中医学院院长何任担任筹备委员会主任委员,产生副主任委员和秘书若干人。11月,浙江省中医学术会议暨中华全国学会浙江分会成立(恢复)大会在杭州开幕,省委副书记薛驹到会并讲话,会议选举中华全国中医学会浙江省分会会长陈过,常务副会长何任。1984年,学会选举产生第二届理事会,会长何任。1991年,举行第三次会员代表大会,会长何任。1995年,根据民政厅有关规定,学会更名为“浙江省中医学会”。1999年,第四次会员代表大会召开,会长张承烈。2000年3月10日,学会更名为“浙江省中医药学会”。2010年10月9日,第五次会员代表大会召开,会议选举肖鲁伟为会长。截至年底,浙江省中医药学会有个人会员3052人,团体(单位)会员82个,专科分会和专业委员会31个。

3.浙江省护理学会

1954年5月,中华护理学会浙江分会成立,理事长傅淑芳。1964年,分会召开第二次会员代表大会,理事长傅淑芳。1977年,分会举行第三次会员代表大会,理事长徐爱光。1982年,分会召开第四次会员代表大会,理事长傅淑芳。1987年,分会召开第五次会员代表大会,理事长王菊吾。1992年,分会在省民政厅注册,更名为“浙江省护理学会”,学会举行第六次会员代表大会，理事长王菊吾。1995年，学会召开第七次会员代表大会，理事长姚蕴伍。1999年，学会召开第八次会员代表大会，理事长夏秋欣。2003年，学会召开第九次会员代表大会，理事长陈爱初。2007年，学会举行第十次会员代表大会，理事长陈爱初。学会设有15个专业委员会，注册会员32874人，团体会员149家，出版学术期刊《护理与康复》。学会每年召开数次学术交流会议，举办科普活动，开展科技咨询、继续医学教育、岗位培训等工作。

4.浙江省针灸学会

1979年11月30日，浙江省针灸学会成立，隶属于浙江省中医学会，主任委员楼百层。1986年4月，经主管部门批准，晋升为一级学会，是全国第一个省级针灸学会，召开第二次会员代表大会，会长王绪鳌。1992年，学会在省民政厅注册。1995年12月，学会召开第三次会员代表大会，会长王绪鳌。2000年11月，学会召开第四次会员代表大会，会长王绪鳌。2008年1月，学会召开第五次会员代表大会，会长王坤根。学会设有13个专业委员会，注册会员1559人，团体会员26家。学会不定期开展学术活动、科学普及、继续教育、科技咨询等活动，进行与港澳台及国际的学术交流与合作，每年有近百名专家学者应邀讲学，同时接受世界各地医务人员来杭进修针灸。学会出版针灸专著《浙江近代针灸学术经验集成》《宋明浙江针灸》。2009年，学会获中国针灸学会颁发的“先进学会”称号。

5.浙江省中西医结合学会

1981年12月，中国中西医结合研究会浙江分会成立，会长王竹昌。1986年，分会召开第二次会员代表大会，会长戴迪。1990年，分会召开第三次会员代表大会，会长戴迪。1992年，分会在省民政厅注册，更名为“浙江省中西医结合学会”。1995年，学会召开第四次会员代表大会，会长陈晓非。2005年，学会召开第五次会员代表大会，会长陈晓非。2008年11月，学会召开第六次会员代表大会，会长吴章穆。学会设有31个专业委员会，注册会员3115人，团体会员69家，浙江省中西医结合医院联合出版学术期刊《浙江省中西医结合杂志》。学会不定期开展中西医结合学术交流、科学普及、继续教育、科技咨询等活动。

6.浙江省卫生记者协会

1985年，浙江省卫生记者协会成立，会长戴迪。1992年，协会在省民政厅注册登记。2000年，协会召开第二次代表大会，会长李兰娟。2004年，协会召开第三次代表大会，会长杨敬。协会是浙江省新闻工作者协会所属的专业记者协会，也是卫生系统建立的跨行业社会学术团体，由浙江省新闻单位、驻浙新闻专业机构中从事卫生新闻报道的新闻工作者自愿组成。协会每年开展全省卫生“好新闻”评选，已连续评选24届，累计1000余篇作品获奖，组织卫生记者进行集体采访，举办院报“好新闻”评比，培训卫生系统信息人员、《健康报》通讯员170余人次。

7.浙江省卫生经济学会

1984年，浙江省卫生经济学会成立，会长戴迪。1988年，学会召开第二次会员代表大会，会长戴迪。1992年，学会在省民政厅注册登记，召开第三次会员代表大会，会长戴迪。1996年，学会召开第四次会员代表大会，会长张承烈。2000年，学会召开第五次会员代表大会，会长张承烈。2004年，学会召开第六次会员代表大会，会长刘钟明。2008年，学会召开第七次会员代表大会，会长刘钟明。学会组织卫生经济的应用课题研究，开展不同形式的卫生经济学术探讨与交流，对卫生财会人员进行知识与技能培训，开展调查研究和咨询服务等。

8. 浙江省防痨协会

1954年，中国防痨协会杭州分会成立，理事长陈礼节。1979年，正名为"中国防痨协会浙江分会"，召开第一次会员代表大会，理事长陈过。1983年，分会召开第二次会员代表大会，理事长陈过。1986年，分会召开第三次会员代表大会，理事长庄炳瑾。1992年，分会在省民政厅注册登记，更名为"浙江省防痨协会"，召开第四次会员代表大会，理事长庄炳瑾。1998年，协会召开第五次会员代表大会，理事长周坤。2004年2月，协会召开第六次会员代表大会，理事长郑伟。学会设有5个专业委员会，注册会员2200余人，团体会员62个，与浙江省中西医结合医院联合出版学术期刊《浙江省中西医结合杂志》。协会开展结核病防治学术交流、防痨科普宣教、结核病科研活动、结核病流行病学调查、浙江结核病定点诊治医疗机构模式评估、浙江城乡社区结核病防治管理研究、业务人员专业培训。

9. 浙江省抗癌协会

1986年11月，中国抗癌协会浙江分会成立，理事长郑树。1991年12月，分会召开第二届会员代表大会，理事长郑树。1992年，分会在省民政厅注册，更名为"浙江省抗癌协会"。1996年12月，协会召开第三届会员代表大会，理事长郑树。2002年2月，协会召开第四次会员代表大会，理事长周坤。2007年3月，协会召开第五次会员代表大会，理事长郑树森。协会设有30个专业委员会，注册会员2964人，团体会员119家。协会开展肿瘤学术和技术交流，宣传防癌和普及肿瘤科学知识，开展继续教育、促进肿瘤防治研究工作，支持省内编辑出版肿瘤学书刊，引进推广肿瘤科学技术成果，兴办符合社会公益性事业和肿瘤科技实体，承办肿瘤防治决策论证与科技项目评估鉴定，开展国际肿瘤科学技术交流，加强和发展癌症康复工作，推荐表彰优秀肿瘤科技人才。协会被中国科协评为"全国省级学会之星""全国学会学术活动省市级50佳学会"，被中国抗癌协会评为"先进省市抗癌协会"，被浙江省科协评为"全省学会工作先进集体"。

10. 浙江省麻风防治协会

1987年3月，浙江省麻风防治协会成立，理事长陈德友。1992年，协会在省民政厅注册登记，6月召开第二次代表大会，理事长陈德友。1996年12月，协会召开第三次代表大会，理事长李玉林。2002年6月，协会召开第四次代表大会，理事长尤卫平。2007年11月，协会召开第五次代表大会，理事长尤卫平。协会有注册会员419人。协会开展麻风防治技术指导和业务督导、病人和监测期病例访视、麻风病防治调研、落实防治项目实施、培训专业人员、评估督导防治规划、实施专项调查、普及麻风病防治知识。

11. 浙江省预防医学会

1988年7月3日，中华预防医学会浙江分会成立，会长庄炳瑾。1992年，分会在省民政厅注册登记，更名为"浙江省预防医学会"。1994年，学会召开第二次会员代表大会，会长周坤。2000年，学会召开第三次会员代表大会，会长周坤。2006年，学会召开第四次会员代表大会，会长周坤。学会设有31个专业委员会，注册会员6000余人，团体会员314余家，出版学术期刊《浙江预防医学》。学会开展预防医学学术交流，宣传卫生防病科学知识，开展继续教育，促进防治研究工作，承办防治决策论证与科技项目评估鉴定，开展国际学术交流。学会被中国科协评为2007年度“全国省级学会之星”“全国学会学术活动省市级50佳学会”。

12. 浙江省卫生系统思想政治工作促进会

1989年12月，浙江省卫生系统思想政治工作促进会经全国卫生系统思想政治工作研究会理事会批准，成为全国卫生系统思想政治工作研究会团体会员。2008年，该促进会经省民政厅注册登记，正式成立浙江省卫生系统思想政治工作促进会，会长杨敬。2010年1月，促进会主办了首届“感动浙江卫生十大人物、十大事例”评选颁奖典礼。

13. 浙江省卫生信息学会

1988年，浙江省卫生医疗计算机用户协会成立，会长李兰娟。1992年，协会在省民政厅注册登记。2010年，协会筹备更名为“浙江省卫生信息学会”，会长葛忠良。该学会以浙江省医疗卫生系统广大用户为主体，吸收卫生信息化科研、教学、经营和技术服务等部门的代表和个人自愿组成。学会开展卫生信息理论与应用技术的学术研究，开展卫生信息科技宣传与普及工作。

14. 浙江省基层卫生协会

1988年11月，浙江省农村卫生协会成立，会长庄炳瑾。1992年，协会在省民政厅注册登记。1994年，协会召开第二次会员代表大会，会长喻华芝。1998年，协会召开第三次会员代表大会，会长杨泉森。2004年，协会召开第四次会员代表大会，会长叶真。2009年，协会召开第五次会员代表大会，会长王国敬。协会由卫生行政部门、医疗、预防、中医、妇幼、乡镇卫生院、乡村医生、个体开业医生和热心于农村卫生事业的人士组成。协会有3个专科分会，注册会员37000余人，县级团体会员77家，乡镇团体会员238家，城市社区团体会员161家，企业团体会员35家。协会协助政府开展各项农村卫生工作，组织农村卫生学术活动，总结推广先进经验和适宜技术，培训农村卫生技术队伍，出版农村卫生学术刊物和资料，推动农村经济社会协调发展，推进新型农村合作医疗制度的建立、维护基层卫生人员合法权益等工作。

15. 浙江省性病艾滋病防治协会

1989年5月，浙江省性病防治协会成立，会长吕世亭。1992年，协会在省民政厅注册登记。1994年，协会更名为“浙江省性病艾滋病防治协会”，召开第二次会员代表大会，会长吕世亭。2000年，协会召开第三次会员代表大会，会长吕世亭。2008年12月，协会召开第四次会员代表大会，会长叶真。协会由卫生、计生、公安、司法、教育、检验检疫、旅游、工会、共青团、妇联等多部门共同发起，以性病艾滋病防治工作者和热心于本事业的社会各界人士自愿组成。协会设5个专业学组，注册会员7215人，团体会员195家。协会多次获得“省社科联系统的全省先进学会”“年度科普工作先进集体”“科普宣传周先进集体”及国家四部委授予的“全国预防与控制艾滋病性病先进集体”等称号。协会宣传性病、艾滋病防治方针政策，积极参与全社会的性病、艾滋病防治实践。协会活动载体有预防艾滋病专项基金平台、专业学组活动平台、学术交流(浙学论坛)平台、业务培训平台、能力建设平台、艾滋病防治志愿者平台、民间社区组织平台、社会动员防艾项目平台、全球基金防艾项目平台、世界艾滋病日活动平台、关爱家园活动平台等。

16. 浙江省优生优育协会

1991年2月，浙江省优生优育协会成立，会长马寿根。1992年，协会在省民政厅注册登记。1995年，协会召开第二次会员代表大会，会长杨丽英。2001年，协会召开第三次会员代表大会，会长杨泉森。2006年，协会召开第四次会员代表大会，会长周坤。协会由热心于优生优育事业的单位组成，团体会员97家。协会以贯彻实施《中华人民共和国母婴保健法》为主线，宣传生殖健康、优生优育优教科普知识，做好《出生医学证明》的发放管理工作，开展优生优育学术培训、专题讲座、继续教育等工作，开展妊娠期疾病筛查，开展高危儿监测管理，开展优生优育健康教育。协会曾获中国优生优育协会先进集体奖。

17. 浙江省老卫生科技工作者协会

1992年，浙江省老卫生科技工作者协会成立，并在省民政厅注册登记，会长庄炳瑾。1997年，协会召开第二次会员代表大会，会长庄炳瑾。2002年，协会召开第三次会员代表大会，会长庄炳瑾。2010年，协会召开第四次会员代表大会，会长徐龙仁。协会由离退休卫生专业技术人员自愿组成，设8个专业委员会，注册会员600余人。协会组织离退休卫生专业技术人员参与为社会服务，开展专家咨询保健服务、专家门诊、专家义诊、卫生扶贫、继续教育、学术报告、科普讲座等。

18. 浙江省卫生体育协会

1989年3月，浙江省卫生体育协会成立。1992年，协会在省民政厅注册登记。2010年，协会为第六届理事会，会长蔡新光。协会由全省卫生系统各单位组成，遵守国家有关体育事业的方针政策，积极推进全省卫生系统职工体育事业，联系各级工会组织和职工体育团体、职工体育工作者及热心支持职工体育事业的团体和个人，开展健康有益的体育活动，提高卫生职工的健康水平。协会先后3次被评为全省群体工作先进单位，2次被评为先进体育协会，5次被评为体育宣传工作先进单位。

19. 浙江省康复医学会

1986年11月，浙江省康复医学会成立，会长庄炳瑾。1992年，学会在省民政厅注册登记。1993年6月，学会召开第二次会员代表大会，会长庄炳瑾。1999年4月，学会召开第三次会员代表大会，会长庄作民。2004年6月，学会召开第四次会员代表大会，会长徐伟伟。2009年11月，学会召开第五次会员代表大会，会长徐伟伟。学会由全省从事康复医疗、科研、教学及其他相关单位或学科的专业人员组成，有专科委员会20个，注册会员2000余人，团体会员30家。学会开展康复医学学术活动、康复治疗人员岗位培训、科普活动、医疗扶持、对外交流活动。

20. 浙江省口腔医学会

1999年，经省民政厅注册登记，浙江省口腔医学会成立，会长赵士芳。2005年，学会召开第二次会员代表大会，会长赵士芳。2010年6月，学会召开第三次会员代表大会，会长王慧明。学会有专业委员会7个，注册会员1720余人，团体会员15家。学会开展口腔医学学术交流，重视科普宣传，开展社会公益和服务活动，致力于促进浙江省口腔医学科学技术的普及与推广，促进口腔医学科学技术人才的成长与提高。学会获全国学会最佳组织奖1次，获评先进学会1次、最佳学会先进工作者3人。

21. 浙江省医师协会

2001年4月，经省民政厅注册登记，浙江省医师协会成立，会长李兰娟。2007年12月，协会召开第二次会员代表大会，会长李兰娟。协会由执业医师、执业助理医师及团体会员自愿组成，有专科分会18个，注册会员3500余人，团体会员30家。协会具有行业服务、协调、自律、维权、监督、管理职能，致力于民主办会，加强医师队伍管理，维护医师合法权益，团结和组织全省医师遵守国家宪法、法规和政策，弘扬以人为本、救死扶伤的人道主义职业道德，开展学术交流、继续教育，提高医师医疗执业水平和服务质量。协会自2006年起，每年评选“浙江省优秀医师奖”，至2010年，已评选5届，共评选出100名优秀医师。

22. 浙江省输血协会

2003年7月，经省民政厅注册登记，浙江省输血协会成立，理事长严力行。2008年1月，协会召开第二次会员代表大会，理事长严力行。协会由输血医学系统的科学技术和管理工作者、专业单位自愿组成，有团体会员139家。协会具有行业管理、信息交流、业务培训、扩大合作、咨询服务5项职能。协会开展执业登记技术审查、血液安全督导检查、科学研究、学术交流、继续教育，广泛宣传和直接参加无偿献血。

23. 浙江省医院协会

2003年12月，经省民政厅注册登记，浙江省医院管理学会成立，会长杨泉森，前身是浙江省医学会医院管理学分会，创建于1982年12月，2009年4月更名为“浙江省医院协会”，召开第二次会员代表大会，会长杨泉森。协会由医院管理工作者和全省各级各类医院自愿组成，设18个专业委员会(分会)，注册会员1120人，团体会员245家。协会具有行业管理职能，每年举办医院管理论坛，召开学术年会，开展医院管理软科学研究，组织管理干部培训，举办浙江省公立医院公益活动等。

24. 浙江省性学会

2004年12月，经省民政厅注册登记，浙江省性学会成立，会长陈昭典。学会由全省性科学工作者自愿组成，有5个专业委员会，注册会员近200人，团体会员12家。学会举办性学学术交流活动，组织重要学术课题的研讨，接受委托进行性学科技项目论证和科技成果鉴定，推广科学成果，为政府部门决策提供学术依据，举办性学各种专业培训班，提高会员及科技工作者的学术与业务水平，培养性科学人才，普及性科学知识及性道德教育，进行科技开发，提供性科学技术咨询和技术服务，加强和国内各性学学术团体和性学工作者的联系。

25. 浙江省无偿献血志愿者协会

2009年5月，经省民政厅注册登记，浙江省无偿献血志愿者协会成立，会长吕杭军。协会由全省无偿献血志愿者自愿组成，注册会员1300余人，团体会员45家。协会倡导和弘扬“人道、博爱、奉献”的红十字精神和“奉献、友爱、互助、进步”的志愿精神，围绕无偿献血宣传、志愿者队伍建设、应急献血、信息交流、志愿者权益保障、奖励表彰6项业务开展工作，进行志愿者初级培训，建立志愿者服务短信平台，策划各类献血活动、联谊活动和赞助活动，借助社会力量推动无偿献血事业。

二、医学期刊

(一)近代医学期刊

《利济学堂报》创刊于清光绪二十三年(1897年),由陈虬创办和连体经营的中国第一所中医学校——利济学堂与利济医院等组织,构成的期刊传播、医疗传播、教育传播、图书馆传播、药品销售传播和中草药种植传播六位一体、互为支撑的独特经营模式与传播机制,在中国期刊发展史上具有里程碑意义。陈虬于清光绪十一年在浙江瑞安创办了利济医院,后又在温州创办分院,以股份制运营,其后才有了利济医学堂、利济学堂报社、心兰书社等非营利性组织,后又有药局和百草园。在经济上,医院有盈利,以资助学堂、报馆、图书馆这些非营利机构。学堂招收数百名学生,学制6年,前后持续10余年,形成了稳定的期刊读者源,也为医院提供了充实的医疗人才。同时,期刊本身也是医学教材,教员和学生又都直接参与期刊的运作,学堂和期刊互为支撑。《利济学堂报》所发表的《利济教经》《教经问答》《利济元经》《中星略图》《卫生经》等,都是学堂教材。陈虬同时兼任主编,学生陈明、周焕枢、何炯等或为经营管理者,或为主要撰稿人,既为医者、教者、编者,又为作者。他们的医学实践、教育实践、办刊实践、医学著述实践大多并行不悖,无一偏废。该报为木刻本,用七刀官堆纸印刷,后改用连史纸,线装成册,很像期刊,全年定价为大洋4元。遵医历圆二十四节气日为出刊日期,所以各期封面上都印有各节气的名称,每月2册,全年24册。其发行面很广,遍及京、津、沪、穗以及香港、澳门等地。该报是利济学堂学生上课的课本及老师研究医学的成果,经积累编辑而成,内容有医学论著介绍、其他医校办学情况介绍,也有学堂课本书录及新闻性质的报道,较为丰富。戊戌变法后,陈虬遭到清政府通缉。《学堂报》和学堂的亏空加重了医院的债务,学堂被废,报馆也随之于光绪二十四年白露后停办。然而,这种经营模式和传播机制却给现代学府期刊的发展提供很多有益的启迪。它创立的以刊辅学利教的形式,在开启中医学术风气、培养中医人才和挖掘期刊新功能方面具有重要意义。

《绍兴医药学报》创刊于清光绪三十四年(1908年)五月,刊物为32开,月刊,由神州医学会绍兴分会主办,主持人为绍兴名中医裘吉生、何廉臣,编辑、总发行为绍兴医药研究社,社址设在府城宣化坊。办报宗旨为"于国医学之足以保存者则表彰之,于西医学之足以汇通者则进取之,于中西医学之各有短长处则比勘而厘订之,共襄绵力,力谋进步",内容重在研究中国医学,栏目有论文、学说、医案、小说、杂录、通讯、专件、近闻等,"凡生理病理诊治方面以及卫生事宜、看护要则,与夫通俗简便疗法靡不广收博采,逐期刊列报章",颇受各界读者欢迎,投稿者甚众,上海、苏州、潮州、天津、奉天(沈阳)、汉口、杭州、湖州、宁波等地设有代派处,并行销南洋各岛及日本。民国9年(1920年)1月,因问症征方者日多,加设《绍兴医药星期增刊》,由裘吉生主编,16开,随《学报》发行。民国12年,与《绍兴医药学报》同时停刊。

《绍兴医药月报》创刊于民国13年(1924年)11月,由杜同甲、何廉臣邀集同仁集股创设。总编辑杜同甲,副总编辑何廉臣,编辑有周越铭、杨质安、徐仙槎、胡宝书等21人。民国15年,谢杏田任社长，编辑所和总发行所设在绍兴城区石门槛，报纸由绍兴印刷局承印。《绍兴医药月报》继承《绍兴医药学报》的办刊宗旨，即“发明古学，输入新知，力求医药进步以救济患者同胞”，倡导医药科学化，提出改造中医、与西医沟通的主张，主要栏目有论文、学说、医案、遗著、杂录、问答、通讯、专件、新闻、时评等。民国 16 年，何廉臣年老体弱，《月报》归绍兴中西医协会续办，由何幼廉、陈仪臣、曹炳章、裘士东 4 人分任编辑员。民国 17 年 10 月终刊。

近代著名医家裘吉生（1879—1948 年）迁寓杭州后，于民国 12 年（1923 年）创办三三医社，发行《三三医报》，底面注明“准许翻印，版权所无”的字样。民国 18 年停刊。

此外，还有《温灸医报》，创刊于民国 20 年（1931 年）6 月，月刊，主任张俊义，编辑部主任魏其光。《战时医药学生》于民国 27 年 12 月出版，浙江省立医药专科学校学生自治会编辑。《通俗卫生》于民国 29 年 12 月 10 日出版，浙江省立医药专科学校附设卫生事务所编。《鄞县中医师公会会刊》于民国 27 年 10 月出版，鄞县中医师公会编辑股编辑。《健康医报》创刊于民国 37 年，地址在杭州孩儿巷 169 号，主任编辑董志仁。民国时期，浙江省医药界定期发行的刊物杂志名称详见表 79-9-4-1，不定期西医药发行的刊物杂志名称详见表 79-9-4-2。

表 79-9-4-1　　民国时期浙江省医药界定期发行刊物一览表

名　称	刊　期	每册定价	全年连邮费	发　行　单　位
《民生医药》	月刊	0.10	1.00	杭州民生医药月刊社
《医学与药学》	月刊	0.20	2.00	杭州市医师药师公会
《药报》	半年刊	0.25	0.50	浙江医药专科学校药报社
《广济医刊》		0.24	2.40	杭州广济医刊社
《医林新志》		0.10	1.00	杭州医林新志社
《济生医院月刊》		0.03	0.30	杭州济生产科医院
《民医卫生》	周刊	杭州《东南日报》附送		杭州市医师药师公会

资料来源：浙江省卫生厅档案室档案资料。

表 79-9-4-2　　民国时期浙江省医药界不定期西医药期刊一览表

名　称	主　编	发　行	创刊时间	备　注
《医药观》（月刊）	厉家福	杭州中华医药公司	1914-02	杭州中华医药学会机关刊物，是当时医药期刊中最完备、版面最多，11 期后停刊
《广济医报》（双月刊）	广济医学专门学校同学会	杭州	1914-10	1923 年出版 7 卷 3 期后停刊，后改为《广济医刊》

续表1

名　称	主　编	发　行	创刊时间	备　注
《浙江医专校友会杂志》(季刊)	钱崇润	杭州	1915-02	校刊,非卖品
《药报》(月刊)	华鸿	浙江省立医药专门学校药报社	1920	原为小报格式8开4版,自1926年35期起改为16开本杂志,1937年出版47期后停刊
《杭州市卫生》(月刊)	杭州市卫生月刊社	杭州	1920-12	
《医药报》(半年刊)	於达望	杭州	1920	
《医药话》(月刊)	浙江医专校友会	杭州	1921-06	原为浙江医专校友会杂志,1928年4月又出《医药杂志》
《卫生导报》(半月刊)	浙江中国卫生会	杭州青年会	1922-09	4期停刊第5期改为杂志,9月停刊
《广济医刊》(月刊)	阮其煜	杭州大方伯广济医刊社,杭州下缸儿巷41号	1924-01	原为《广济医报》,1924年由广济医学校同学会主办,1935年12月停刊
《卫生周报》	杭州市医师药师公会	杭州	1929-10	1934年出版208期后停刊
《医药周刊》	杭州市医师药师公会	杭州	1929	《浙江商报》副刊
《浙江医药》(月刊)	《浙江医药》编辑部	杭州四条巷2号	1930-07	
《济生医院》(月刊)	梁闺放	杭州济生医院	1931-02	原名《济生医刊》,自12期改用本名出刊,47期(1934年12月)停刊
《现代医药》(月刊)	陈万里	杭州现代医药社	1931-04	3期停刊
《医林新志》(月刊)	汪建侯	杭州医林新志社	1931-11	5卷3期停刊
《科学医报》(月刊)	江秉甫、钱潮、杨士达	杭州科学医报社	1932-01	1934年6月出版3卷6期停刊
《医学与药学》(月刊)	杭州市医师药师公会	杭州	1932-07	1935年5月出版3卷5期停刊
《浙江省立医院》(季刊)	浙江省立医院	杭州	1933-01	3期停刊
《民生医药》(月刊)	周师洛	上海民生医药月刊社	1934-08	提倡医药学说,介绍国产新药,以塞漏卮而充实民生。自38期(1937年)起迁至上海出版,1948年12月出刊148期停刊

续表 2

名　称	主　编	发　行	创刊时间	备　　注
《战时医药学生》(年刊)	浙江省立医药专科学校学生自治会	杭州	1934	4 期停刊
《浙江省立医药专科学校校刊》	浙江省立医院专科学校校友会	杭州	1935-10	17 期停刊
《浙江卫生》(月刊)	浙江省卫生处	杭州	1938-11	出刊 5 卷停刊,1946 年 5 月复刊
《通俗卫生》	省立医药专科学校卫生事务所	杭州	1940-12	
《健康医报》	浙江健康医报社	杭州	1946-07	
《医药春秋》(月刊)	《医药春秋》编辑部	杭州	1947-12	
《医药新知》(月刊)	新译书局编辑译所	杭州	1948-10	介绍国外新医药知识

资料来源:浙江省卫生厅档案室档案资料。

(二)现代医学期刊

《浙江大学学报》(医学版)是由浙江大学主办的报道医药学等方面研究成果的学术性刊物,创办于 1958 年,主要登载基础医学、临床医学、药学、预防医学、口腔医学、生物医学以及相关学科的学术论文,基本栏目有述评、专题报道、论著、文献综述、经验交流、病例报告、研究快报等,读者对象为中高级医务工作者、医药学教育和科研人员及研究生等。《浙江大学学报》(医学版)在历次"全国高校优秀自然科学学报及教育部科技期刊评比"中,均获得奖励,在浙江省举行的各种期刊评比中,也是多次获奖。

《中国高等医学教育》(月刊)创刊于 1986 年,是由教育部委托浙江大学和全国高等医学教育学会主办的教育研究学术刊物。设置的栏目有教育理论、教育管理、教学管理、研究生教育、临床教学、教学方法、课程建设、教育评价、国外医学教育、继续医学教育、专题研究等。

《中华急诊医学杂志》创刊于 1990 年,原名《急诊医学》,2001 年更名为《中华急诊医学杂志》,由中华医学会主办,浙江大学医学院附属第二医院承办。设有专论、论著、临床研究、综述、讲座、经验交流、院前急救、继续医学教育、急诊护理、病例报告、学科建设等栏目,主要报道全国急诊医学领域最新的科研成果和临床诊疗经验,以急诊医学和相关学科的临床、教学和科研人员为主要读者对象。

《全科医学临床与教育》创刊于 2003 年 4 月,由浙江大学主办,浙江大学医学院附属邵逸夫医院承办,双月刊。主要栏目有述评、专论、论著、临床研究、基础研究、教学探索、专题研讨、经验交流、卫生保健、院前急救、病例讨论、病例报告、综述、讲座、学术动态、读者信箱、消息等。

《中华临床感染病杂志》前身《感染病》杂志2003年9月创刊，2008年4月升格为《中华临床感染病杂志》，由中国科学技术协会主管，中华医学会主办。重点刊载感染病领域领先的科研成果和临床诊治经验，主要以感染病专业的临床、预防、科研和教学工作者为读者对象。

《中华移植杂志》(电子版)，该杂志纸质版创刊于2003年11月，由浙江大学医学院附属第一医院主办，2007年升级为电子版，季刊。以从事器官、组织和细胞等移植及相关专业的临床、科研、教学工作者为读者对象，采用多媒体光盘为载体，图文声像并茂，主要栏目有专题论坛、院士论坛、肝移植注册、研究快报、临床研究、实验研究、讲座和综述、法规和指南、会议专题、学术动态、消息等。

《世界急诊医学杂志》(*World Journal of Emergency Medicine*)创刊于2010年，由浙江大学医学院附属第二医院主办，是国内唯一的急诊医学全英文刊物，季刊。

《温州医学院学报》创办于1959年，1966—1976年因"文化大革命"停刊，1978年10月复刊，1986年经浙江省委宣传部批准为半年刊，向国内外公开发行，1988年改为季刊，2001年改为双月刊。主要报道温州医学院及其附属医院、教学医院医学科学研究的新成果、新动态、新进展。

《中华眼视光学与视觉科学杂志》为中华医学会主办、温州医学院承办，1999年创刊，为双月刊，曾用名《中西医结合眼科杂志》《眼视光学杂志》。该杂志刊载眼视光学与视觉科学领域的最新研究成果、临床诊疗经验，以及与本学科相关的基础理论研究的最新进展。

《肝胆胰外科杂志》创刊于1989年，原来为不定期的内刊，1994年经国家科委批准为季刊，向国内外公开发行，由温州医学院主办。主要刊登中国肝胆胰外科方面的理论研究、临床研究、实验研究成果的论文，临床病理讨论、病例分析、短篇报道、病例报告，以及有实际指导意义的述评、专题讲座、文献综述、国外期刊文摘等，主要栏目有专家论坛、专题报道、临床研究、实验研究、临床经验、文献综述、病例报告等。

《浙江创伤外科》杂志于1994年创刊，原为不定期的内刊，1998年停刊，1999年复刊，由浙江大学脑神经研究所发起创办并负责编辑，2001年由温州医学院主办。本刊宗旨是面向临床、服务临床，面向基层、服务基层，栏目设专家讲座、论著、临床研究、诊治分析、经验交流、病例报告、文献综述、护理园地等。

《检验医学教育》原刊名为《医学检验教育通讯》，于1984年创刊，1990年改为《医学检验教育》杂志，2002年移交温州医学院主办，并经浙江省新闻出版局批准，为季刊内部交流刊物，更名为《检验医学教育》杂志。设有论著、临床医学、基础医学、预防医学、特诊医学、传统医药、医药新进展、卫生管理、社区卫生、药物与临床等栏目，读者对象为各级医疗卫生机构的医药卫生工作者。

《浙江中医药大学学报》创刊于1977年，原名《浙江中医学院通讯》，1978年正式定名《浙江中医学院学报》，1979年为双月刊。1981年1月，《学报》开始对国外公开发行，发行至美、日、英、法以及东南亚等近20个国家和地区。设基础研究、国医传承、浙医研究、临床研究、实验研究、中药研究、针灸推拿、康复护理、教学管理、硕博之窗、本科习作、学术进展等栏目。曾获全国高校优秀科技期刊奖二等奖、中国高校特色科技期刊、浙江省优秀科技期刊一等奖。

《杭州师范大学学报》(医学版)原刊名为《杭州医学高等专科学校学报》,于1980年创刊,1998年7月经新闻出版局审核,正式批准为公开发行刊物。栏目设置有基础医学、临床医学、中医中药、综述、讲座、预防医学、临床护理、病例报道、教学管理与研究等。

《浙江医学教育》创刊于2002年8月11日,主办单位是设在浙江医学高等专科学校内的浙江省医学教育研究室。主要栏目有素质教育、政治思想教育、教育研究、教学内容与方法、教学管理与教学评估、教学模式研究、专业与课程设置、继续医学教育、临床教学和管理、基础与临床研究、执业考试、研究生培养、管理论坛等。

《浙江医学》创刊于1979年11月20日,双月刊,由浙江省医学会主办。以临床为主,普及与提高相结合,兼顾基础研究和卫生防疫,重点反映浙江省医疗卫生科研水平和成果,设有临床研究、基础研究、诊治分析、讲座述评、药物与临床、检测诊断、病例报告、综述等栏目。曾获1993—1994年度省优秀科技期刊三等奖、2007—2008年度省优秀科技期刊奖一等奖。

《心电学杂志》创刊于1982年9月25日,季刊,主办单位是浙江省医学会,主要读者对象为心电图工作、心血管病医疗、科研及教学人员。辟有临床研究、实验研究、学术争鸣、经验交流、病例分析、心电图教学查房、起搏心电图、无创性心电学诊断新技术、讲座、综述、心电图英语、思考与分析、问题解答、学术动态、国内期刊无创性心电学文献题录等栏目。曾获2007—2008年度优秀科技期刊奖二等奖。

《浙江中医杂志》创刊于1956年12月,主办单位是浙江省中医药管理局,浙江省中医药研究院为承办单位。开设的主要栏目有学术探讨、临证启悟、专家传经、经验交流、临床研究、经典研读、专科集验、实验研究、针灸聚英、衷中参西、方药运用、诊法求索、医案医话、专题述评、中药研究、文献综述、新药临床等。2006年,被评为浙江省优秀科技期刊奖一等奖。

《养生月刊》创刊于1980年12月,由浙江省中医药管理局主管、浙江省中医药研究院主办、浙江中医杂志社编辑出版。前身为《气功》杂志,它是中国第一家公开发行的气功期刊,早期为双月刊,后改为月刊,该刊由浙江中医杂志社编辑,2001年改名为《养生月刊》。《养生月刊》作为综合性养生保健专业期刊,以中医养生预防康复研究者及保健爱好者为主要读者对象,坚持正确的办刊宗旨,认真贯彻中国共产党的卫生工作方针和中医药政策,发掘传统养生精华,普及科学养生知识,介绍实用保健方法,交流防病康复经验。开设的主要栏目有养生讲席、专家说法、保健天地、专科门诊、传统国术、精神卫生、养生传经、人到中年、退休之后、补品导用、食养传招、关怀女性、保健药箱、房中摄养、养生秘籍、美容金页、养生拾趣、公共卫生、文化乐园等。

《卫生经济研究》创刊于1984年11月5日,挂靠在浙江省人民医院,以学术研究与理论探讨见长,坚持"为卫生改革与发展服务,为卫生经济学学科建设服务"的办刊宗旨,总结卫生改革的经验、促进卫生事业的发展、探讨卫生经济的理论等方面问题。主要栏目设有聚焦医改、理论视野、医院管理、院长论坛、农村卫生、社区卫生、公共卫生、财务与审计、价格与补偿、成本与费用、卫生基建、疾病负担、药事管理、他山之石、政策之窗等。

《浙江中西医结合杂志》是由浙江省中西医结合学会、浙江省中西医结合医院主办的中西医结合综合性学术期刊,创刊于1993年7月7日,其宗旨是贯彻中国共产党的中医政策与中西医结合方针，以中西医结合为主，以实用为主，面向临床，面向基层。设有专家讲座、论著、实验研究、学术探讨、针灸推拿、经验交流、病例报道、基层园地、综述等栏目，内容注意提高与普及相结合，临床为主，注重实用，适用于从事中医、西医和中西医结合工作的医务工作者。

《肿瘤学杂志》创办于1978年8月，原名《浙江肿瘤通讯》，1994年10月11日，浙江省肿瘤医院将《浙江肿瘤》正式定为省级期刊，面向全国发行。1995年，获准公开出版发行并更名为《浙江肿瘤》。2001年3月15日，《浙江肿瘤》更名为《肿瘤学杂志》，期刊由季刊改为双月刊。《肿瘤学杂志》始终贯彻面向全国，服务于医学临床、科研、教学工作的办刊宗旨。内容侧重于肿瘤临床，特别是妇科肿瘤、大肠癌等常见肿瘤，兼顾肿瘤基础与预防。

《护理与康复》杂志社是浙江省护理学会主办的护理学术研究期刊，创刊于2002年12月，2004年获中国学术期刊首届执行优秀奖，2005年被浙江大学纳入职称晋升二级期刊目录，2006年获浙江省优秀科技期刊奖二等奖，2007年由双月刊改月刊。设有论著、护理研究、专科护理、基础护理、心理卫生、中医护理、护理管理、护理教育、药物与护理、健康教育、康复护理、社区护理、老年护理、技术创新、个案护理、综述、专题讲座及国内外护理新理论、新知识、新技术介绍等栏目。

《生活与健康》报创刊于1981年9月20日，主管、主办单位是浙江省医学会。办报宗旨是以全国广大城乡居民为读者对象，采用重点突出、通俗易懂的形式，大力宣传党和政府的医疗卫生方针和工作重点，普及医学和生活科学知识，倡导科学、健康、文明的生活方式，为提高公众科学素养，为社会主义物质文明建设和精神文明建设发挥应有的作用。1990年，被全国爱国卫生运动委员会、国家卫生部、中国健康教育协会评为“全国优秀卫生报刊”。1992年，被评为“山海丹杯全国卫生报纸十佳”。1993年，被北京等6省市群众集报协会评为四星级“我们最喜爱的中国优秀卫生健康报纸”。2001年，获中国科协主办的“《生命与健康》全国科普征文活动”优秀组织奖。2003年10月，获浙江省科协首届“科普节”优秀组织奖。

《浙江预防医学》杂志创刊于1989年9月，由浙江省预防医学会主办，挂靠在浙江省疾病预防控制中心，系国内外公开发行刊物。杂志“贯彻预防为主，依靠科技进步，面向基层，推进三级预防，坚持普及与提高相结合”的办刊宗旨，主要报道预防医学各学科的科研成果、实践经验、新技术、新方法以及国内外的最近科技信息，以提高全省各级预防、保健、医疗卫技人员和管理人员业务水平服务。杂志面向基层，公开发行，以广大预防保健工作者为主要对象，每月10日前出版。

《现代实用医学》前身为《宁波医学》，创刊于1988年，自1994年起公开发行，2001年起更名为《现代实用医学》。由省卫生厅主管，以当好新世纪医生的“加油站”为宗旨，力求体现现代、实用、综合三大特色，以现代科学理论为准绳，突出多学科交叉知识综合研讨，报道内容新颖实用，密切结合临床医学。

《浙江实用医学》(双月刊)创刊于1996年，由浙江省医学情报研究所主办。每期刊用文章80%为临床实用性较强的稿件，主要报道医学科研成果、临床医学和预防医学研究进展及医药卫生新技术、新方法。期刊栏目专家论坛、临床研究、基础研究、防治研究、诊治分析、临床与药物、临床与检验、综述、误诊分析。

《浙江医学教育》(双月刊)由浙江省医学教育研究室主办，以新观点、新方法、新材料为主题，坚持“期期精彩、篇篇可读”的理念，刊物内容翔实、观点新颖、文章可读性强、信息量大，有众多的栏目设置，浙江医学教育被公认誉为业内影响力的杂志之一，获中国优秀期刊奖。

《浙江临床医学》是由省教育厅主管，浙江中医药大学和浙江省科普作家协会医学卫生委员会联合主办的综合性医学专业期刊，创刊于 1998 年，月刊。以传播、交流临床医学科学知识先进的实践经验为办刊宗旨，主要栏目有专家笔谈、医学论著、基础研究、临床研究、诊治分析、病理报告、检测诊断、介入治疗等。

《心脑血管病防治》(双月刊)创刊于 2001 年，由浙江省心脑血管病防治办公室、浙江省预防医学会、浙江医院主办。该刊主要报道心脑血管病学术领域的科研成果和临床内、外科诊治经验，以及有关心脑血管病的社区人群防治和护理健康指导经验等。

第十章 交流合作

开展国际和地区间的医学交流与合作，是促进医疗卫生事业发展的重要途径。隋代，日本向隋朝派出遣送使团到浙江天台、宁波等地修禅学业。唐代僧鉴真六次东渡日本，途经宁波、舟山，传播佛学、医学。明代郑和七下西洋，带上医官、医士，为当地病人治病，赠送药物。清末民初，西医大规模传入中国，中医药学交流式微。中华人民共和国成立后，中国共产党和政府组织指导医疗卫生医药领域的国际交流与合作、对外宣传、援外工作，开展了与港澳台地区的交流合作，推动医疗卫生管理与科技发展，促进了医疗卫生和医药事业的繁荣，更好、更有力地保障了人民健康。

第一节 国际医学交流合作

浙江省开展国际医学交流先从官方开始，后进行民间交流，早期以传出为主，后期传入的较多，尤其是在鸦片战争之后，西医流入中国，浙江的国际医学交流也促进了现代医药科学技术的传入和融汇。

一、古代对外医学交流合作

隋唐至宋明，中华传统文化步入鼎盛时期，尤其是汉民族文化，周边诸国来华。其时，浙江是汉民族文化的重要兴发聚集、扩散输出地域。中外医学交流的主要内容为中医药学说传出，主要形式有官方访问遣派、民间传播交流、中医药典籍翻刻。他国的医学经典也有传入。

（一）官方互访

隋开皇二十年至唐开成三年（600—838年），日本为了学习中国文化，先后向隋朝派出4批遣隋使团，向唐朝派出13批遣唐使团，随行有长期居留的留学僧、留学生，短期入唐并随同一使团回国的还学僧、还学生，如日本医学史上有名的倭汉直福因、药师惠田、羽粟翼、菅原惟成、玄昉等，其中许多人在浙江天台、宁波等地修禅学业。[①] 日本流传的《康治本伤寒论》就是日本留学生从浙江带回的抄本。

明建文元年（1399年），浙江新登人方喆召试明医，官至杭州医学正科，曾被派往日本，东

① 王立建：《七—九世纪日本"遣隋使""遣唐使"的派遣经过及其影响》，《新史学通讯》1956年第11期，第7页。

渡途中，在船上注《伤寒论》4卷，传入日本。明永乐三年至宣德八年（1405—1443年），郑和七下西洋，御医、浙江嘉兴人陈以诚因年轻有为、医术精湛而被选中，担任船队的医官总督，历时28年，足迹遍及亚、非的30多个国家和地区。郑和所率庞大的远洋船队每次下西洋时，有宝船200多艘，载员27000多人，配医官、医士180多人，往返行程10万余里。陈以诚精心储备各种草药、药剂近千种于船上，并以高超的医术，及时为船员治病。每逢靠港休整时，还为当地病人治病，并无偿赠送药物，受到沿途各国人民的好评。在多次出使西洋后，陈以诚被提拔为太医院院判。① 另据《都公谭纂》记载，衢州人毛某以医士身份也跟随郑和下西洋。万历四十五年（1617年），朝鲜派遣内医院教习御医崔顺利等就医事难题质询明太医院。御医、会稽（绍兴）人傅懋光被任命为正教，逢单日在太医院轮流质论，答辩内容被辑成《医学疑问》一书。全书载问答38则，涉及运气、医理、药物、针灸及各科证治等多方面的内容，使中朝医学交流圆满完成，傅氏也因此而擢升上林苑右监丞。

（二）民间交流

1.中医药学说传出

唐天宝年间（742—755年），僧鉴真6次东渡，终达日本，携随行者传播盛唐佛学、医学、建筑和雕塑等中华文化。鉴真第二至第五次东渡时，均有往返或途经宁波、舟山，天宝十三年第六次东渡出发前，在浙江余姚的日本留学僧普照赶往同行。

北宋元祐七年（1092年），陈承编著的《重广补注神农本草并图经》刊行，且远传海外，日本《香要抄》（1156年）引有该书图文。南宋端平二年（1235年），日僧圆尔辨圆入游，历访浙江天童、净慈、灵隐等名寺，在临安（今杭州）等地学习6年后回日本，携带中国典籍数千卷，入藏京都普门院书库，其中医书有南宋宝庆三年（1227年）刊刻的《魏氏家藏方》11卷30多部。南宋祥兴二年（1279年），日本北条时宗请浙江宁波鄞县人、宋代临济宗高僧无学祖元赴日，随行有日僧荣西。祖元从宁波出发，东渡扶桑，住镰仓建长寺，出任第五世住持。祖元赴日时带去大量医籍与药材。荣西携回茶种，种植于筑前，使茶叶在日本广泛种植，因此被尊为“日本的茶祖”。

明正统至景泰年间（1436—1456年），日僧月湖入浙。月湖，字明监寺，号润德斋，寓居浙江钱塘（杭州），师从虞抟，攻研丹溪学说，以医为业，医术精湛，景泰三年（1452年）著《类证辨异全》，景泰六年著《济阴方》，回国后大倡金元医学。明正统二年（1437年），朝鲜官方据元初法医家、永嘉人王与的著作《无冤录》，编译出版《新注无冤录》，此为中国古代法医学著作最早的外国注释本，为朝鲜司法官吏的必修书，而后多次重刊，名《增修无冤录》《增修无冤录谚解》，《新注无冤录》还传入日本。明成化二十三年（1487年），日僧田代三喜入浙学习丹溪学说，拜师日僧月湖，居钱塘（杭州）习医12年，34岁返日，脱僧籍行医授徒，居镰仓、下野、古河等地，倡导李杲、朱震亨学说，是日本汉方医学后世派的开山鼻祖，著有《捷术大成印可集》《当流和极集》《三喜直指斋》等书籍。学生曲直濑道三，从田代三喜习医10年，艺成返京都行医，

① 《枫泾镇志》第27章第1节《人物传记》“陈以诚”，汉语大词典出版社1993年版。

以治愈足利义辉将军之疾而声名大噪，求诊者足踵相接，行医以外，并于京都建“启迪院”，收徒授业，著《启迪集》8卷介绍中国李朱医学的理论精髓。

明代中期，“丹溪学说”传入日本。“丹溪学说”在日本的传播得力于日本医学家月湖、田代三喜、曲直濑道三。15—17世纪，丹溪学术几乎遍及日本，指导日本汉方医学达300年之久，称为“后世派”。其间，日本曾有“丹溪学社”，使“丹溪学说”在日本汉方医学界形成主流。明万历四十二年(1614年)，日本翻译刊刻明代医学家、慈溪人赵继宗的《儒医精要》，今日本有明万历四十二年和清顺治五年(1648年)两种刊本。万历四十五年，日本曲直濑玄朔刊行元末明初医学家、寓居余姚的滑寿《难经本义》，后10多次翻刻。万历四十七年，杰出武术家、余杭人陈元赟东渡日本，先后在长崎、江户、名古屋等地寄宿。陈元赟自幼学书文，27岁时入河南少林寺习武艺，通晓武术、书法、绘画、诗词、建筑、医术、制陶技术，为文武兼备之才，被尊为日本柔术之父。陈氏在少林寺管理药材，有暇研读医书，在医药、针灸、气功、饮食诸方面多有建树，以擅长伤骨科闻名。他在日本期间与当地医药界人士交往酬答，对日本的医药学发展作出了贡献。明天启四年(1624年)，山阴(今绍兴)人、大理寺左寺左评事王应遴收集到万历年间朝鲜国贡使内医院正崔顺利、安邦正尹知微质询明太医院的医事难题，依其所学所知，口授记室，笔录24条疑问的个人解答，撰《答朝鲜医问》，收入《王应遴杂集》传世。

清顺治年间(1644—1661年)，金华人陈明德赴日本，居长崎，更名颍川入德，医术精湛，擅长儿科，所投药饵能起死回生，著有《心医录》行世，长崎人挽留不让回国，子孙承其业。其医邸在长崎酒屋町，明末清初，东渡日本避清的教育家朱舜水、名医戴笠等都曾寄宿其医邸。清顺治十年，龚廷贤晚年弟子、仁和(杭州)人戴笠避清赴日本长崎行医，居陈明德家，次年腊八日，受禅隐元禅师，入寺剃发为僧，法号性易。康熙二年八月，因长崎大火无地可居，只得行医为生，起废愈痼，不计其数，远近之人称其为神医。戴笠尤精痘科，著有《痘疹唇舌秘诀》《痘疹论》《痘疹唇舌图诀》《唇舌口诀》《痘疹口诀》《痘疹百死形状传》等医书，在日本儿科医学史上颇有影响。他带去的《万病回春》风靡日本，促进了龚廷贤医学在日本的传播。吉川氏之臣池田正直从他学书法，后学痘科，尽得其秘，池田家从此专事痘科，其四世孙瑞仙尤精，是日本痘科创始人。从戴氏学医者，另有高天漪、北山道长等，高天漪以书法著名，列为儒官，精通医学，曾献太上皇《养生编》。同年，杭州僧人澄一东渡日本，入长崎兴福寺，精通医术，著有《慈济轩方书》6卷，在日本佛教界、医药界声名鹊起。康熙十六年，金华僧人心越兴俦赴东瀛，与澄一等人交往甚密，精医，日人石厚学鲁是他的医学生，在日本医药界有一定的影响。清乾隆年间(1736—1795年)，钱塘(今杭州)名医赵学敏据墨西哥人石振铎《本草补》，首先使用碘酒、奎宁等西药。乾隆六年，鄞县名医周文楷应友人邀请，乘船携药前往台湾，路途风暴，漂泊至吕宋岛(今菲律宾)，以行医谋生，医名哗然，曾治愈当地国王重病，岁末搭商船归，复遇礁石船坏身溺，为吕宋商船所救，被国王挽留定居吕宋，晚年方归故里。乾隆九年，杭州名医李仁山抵日本长崎，奉当地官府之命，专施人痘术，他首先在肥前大浦为幼妓20人试行人痘术，大获成功，后将种痘法传给柳隆元、掘江元道两人，著《种痘说》，由平野繁十郎、林仁兵卫译文成《李仁山种痘和解》刊行于世，标示中国的人痘接种术传入日本的起始，另有《李仁山医案》传世。嘉庆十年(1805年)，日本著名汉医学家丹波元简著《金匮玉函要略辑义》，书中引据元末明初医学家、浦江人赵良仁所著《金匮方论衍义》《医学宗旨》的学术论点。

2.西医药学说传入

唐景福二年(893年),著名道家、医学家、缙云人杜光庭著述中医脉理典籍《玉函经》时,引入西方十二宫说。

元末,西域人丁鹤年、盛熙明在四明山及浙东采药、制药、卖药,并将回回医学(阿拉伯医学)传入宁波。

明天启二年(1622年),瑞士人邓玉函(P. Joannes Terrenz)避教难入浙江钱塘,居太仆寺卿李之藻家。次年,他口述西方解剖学说,李家一文士笔录,成《人身说》2卷,上卷讲骨骼、神经、体内脂肪、经脉、皮肤、躯体和血液,下卷讲感官、视觉、听觉、嗅觉、舌头、触觉、发音的原理及形成,惜当时未刻印。此事示西方解剖与生理学说最早自杭州传入中国。崇祯七年(1634年),礼部祠祭司郎中毕拱辰从汤若望处得邓玉函《人身图说》遗稿,做校订,易名《泰西人身说概》,崇祯十六年刊行。①

二、近代对外医学交流合作

清末民初,国事艰难,文化沉沦,交流式微。西方殖民火炮也带来了现代科学技术,西学东渐,浙江在当时是西医药学说与技术、西药工业化生产的主要输入地。中外医学交流的主要内容为西医药学说与技术的传入,主要形式为民间传播交流、西医药典籍翻刻。

清光绪二十一年(1895年),英国人J. Dudgeon英文节译钱塘(今杭州)人高濂的《遵生八笺》,收入其所辑《功夫:道家健身术》,在天津出版,传播国外。光绪二十三年,慈溪刘廷桢绘《中西骨格图说》,参考西医解剖以图示藏象骨度,有石印本藏四川省图书馆。光绪二十五年,钱塘(今杭州)人连文冲撰《霍乱审证举要》1卷,参考西说阐发地土、气候和霍乱发病关系,列表辨析脉证,分论阴阳,末附王孟英《霍乱论》方剂,曹炳章又作增补,收于《中国医学大成》。宣统元年(1909年)四月,绍兴医药学研究社特邀在绍兴行医的美籍医生高福林与会,演讲绍兴福康医院西医学科情况。

民国18年(1929年)7月,杭州举行第一届西湖博览会。西湖博览会卫生馆馆长朱其辉,总干事沙古山,工作人员55名。卫生馆馆歌:"身心并重不稍轻,六艺久垂名。海通借得他山石,旧新智都匪无凭。怏怏病夫耻雪,昂昂千里驹行。何缘小集浪推萍,好友和莺鸣。娇荷灵桂撩人最,几偷闲容与攀登。珍重共抛汗血,国花点染星星。"馆址分散在西泠印社、寂盦、俞楼、盛公祠4处,面积约达28756平方米,东与教育馆为邻,南面西湖,西界西泠桥临时商店,北隔里西湖。卫生馆共分成17个陈列室,包括药学部陈列室(2组)、化妆品部陈列室、食品及嗜好品部陈列室、个人卫生部陈列室、保健部陈列室(3组)、防疫部陈列室(2组)、通俗卫生教育部陈列室、医学部陈列室(4组)、卫生教育部陈列室、学校卫生部陈列室。展品有生药标本、药学各科目系统表、本草沿革表、毒物鉴定书、各种片药针药、各种化妆品、各国罐头食品、汽水果露、各类瓜果蔬菜和禽肉鱼蛋、衣食住行项卫生事项、旧法接生与新法助产比较图、各

① 朱亚华:《〈泰西人身说概〉与〈人身图说〉研究》,《自然科学史研究》2006年第1期,第56页。

种食物分析、湖水井水分析、德国式厕所模型、德国式垃圾箱模型、各种寄生虫映片、各种传染病传播途径、公共卫生要点、公共会场卫生事项、各种人体组织标本、吸毒危害模型、学生体格检查比较表、学校运动比较表、牙病眼病比较表、工作休息时间比较表、学童行走坐立姿势优劣比较表、各种电疗器械影片、各种X光透视照片、各种病理幻灯玻璃影片、各种特异病变照相、胎儿顺次发育状况标本、生理产位图、病理产位图、平产分娩手术图及器械分娩手术图等。其间,卫生馆参观团体达145个,人数达4028人。①

民国23年(1934年)6月14日,中华医学会杭州分会举行年会,邀请杭州广济医院英籍医师苏达立作题为《X光今昔发明与进步》的演讲。

民国26年(1937年),鄞县曹炳章辑《中国医学大成》134种、567卷,含日本医家著作4种,有大东书局铅印本。

民国27年(1938年)6月15日,鲁迅全集出版社出版《鲁迅全集》第14卷,其中收有鲁迅翻译的日本刈米达夫著作《药用植物》。

三、现代对外医学交流合作

中华人民共和国成立后,百事俱举。尤其在改革开放后,浙江是国家经济社会发展、对外开放交流的重要前沿,科技发展,文化繁荣,交流兴盛。中外医学交流的主要内容为现代医药科学技术传入融汇发展、中医药学说发展传播,主要形式为官方互访合作、民间交流合作。

(一)官方互访

1951年,苏联保健部部长科夫里金娜率领代表团来浙江访问,考察浙江省卫生实验院。同年1月,苏联专家、卫生部医学教育司顾问拉杜施凯维青及卫生部医学教育司司长季钟朴来浙江医学院检查工作。1951—1955年12月,浙江省卫生实验院先后接待卫生部苏联专家组组长比阔夫院士及捷克斯洛伐克、印度代表5人。1956年,浙江省卫生实验院接待苏联、保加利亚、越南、日本和印度尼西亚的医学代表团等。8月23日,苏联抗疟代表团一行5人来杭州访问。1957年7月5日,以卫生部副部长苏·拉布扎为首的蒙古人民共和国卫生工作代表团9人来杭州参观访问。9月15日,苏联医学代表团3人来浙江考察鼠疫及地方病。1958年,周恩来总理陪同外国专家参观地处杭州屏风山的浙江工人疗养院。同年,浙江省卫生实验院接待苏联、民主德国、捷克斯洛伐克、越南、朝鲜代表13人。11月20日,苏联、朝鲜、越南、捷克、民主德国五国寄生虫病学者13人,由卫生部血吸虫病防治局局长陪同来浙江参观。

1960年5月,卫生部指示浙江省卫生实验院协助朝鲜民主主义共和国搜集中国现存的清同治九年(1870年)以来的肺吸虫病文献。这一工作从1959年开始进行,到1961年6月完成,制作文献目录卡片745张,连同集成后装订成册的中文摘要277篇和拍成照片的西文摘要170章,呈送卫生部转外交部送给朝鲜。1963年,浙江省卫生实验院寄生虫病研究所副所长王培信受卫生部委托,赴马里考察有关血吸虫病的防治并讲学。1964年4月,马里共和国

---

① 陈光熙:《69年前的西湖博览会》,《今日浙江》1998年第15期。

卫生部派2名代表来浙江省卫生实验院考察。1966年，浙江医学科学院寄生虫病研究所副所长王培信受卫生部委托赴埃及考察当地血吸虫病防治情况并讲学。1978年8月31日，民主德国卫生部药物处处长约阿希姆佩尔德等3人来杭州学术交流，考察药用植物的栽培和应用。

1980年4月6日，新加坡卫生部部长杜进才一行6人来杭州访问。1981年5月24日，马来西亚卫生部部长坦·斯里一行9人来浙江访问。1982年9月18—19日，加拿大卫生和福利部部长莫尼克·贝让一行9人来浙江访问。1983年7月25—28日，马里卫生部部长恩戈洛·特拉奥雷一行4人来浙江访问。7月26—28日，所罗门群岛卫生部部长乔治·苏里来浙江参观访问。1984年9月，以浙江省卫生厅(以下简称省卫生厅)厅长戴迪为团长的浙江省卫生代表团一行6人赴澳大利亚考察。1985年1月17日，以省卫生厅厅长戴迪为团长的浙江省医学代表团一行9人赴日本静冈县访问。8月2日，联邦德国技术合作局舒里克·哈克先生来杭州商谈农村改水技术培训等事宜。10月27日，应浙江省邀请，日本静冈县卫生部部长松田朗一行9人来浙江参观访问。

1991年5月24日，斐济卫生部常务秘书、博士瓦瑞亚来浙江访问。6月11日，美国新泽西州医疗卫生代表团由董事会主席罗伯特·柴伯罗斯任团长来杭州访问。10月14日，菲律宾卫生部环卫处工程师 A. Hormil losa 等3人来杭州考察给水和环境卫生规划。1994年6月11日，以省卫生厅副厅长喻华芝为团长的浙江省卫生代表团访问日本福井县。1995年4月28日，印度尼西亚国家计委副主任、博士苏·克曼到萧山考察浙江省初级卫生保健、营养监测系统和社会经济发展机制。1996年，泰国卫生部国家医药总局局长来浙江访问，考察浙江中医学院。1997年8月8—20日，应澳大利亚西澳州卫生部和昆士兰洲中国科技文化交流中心的邀请，以省卫生厅厅长张承烈为团长的浙江省卫生代表团一行7人访问澳大利亚。12月7日，以省卫生厅副厅长喻华芝为团长的医疗保险制度考察团一行5人赴英国考察访问。1998年10月27日，斐济卫生部部长史密斯一行3人来浙江访问。1999年12月3日，以爱德蒙部长为首的澳大利亚昆士兰州卫生代表团来浙江访问。

2000年9月23日，瑞典乌普萨拉省省长贺歌莲一行到浙江大学医学院附属第一医院参观访问。11月2日，德国石荷州西莫尼斯州长率代表团来浙江大学医学院附属第一医院参观访问。2004年10月25日，浙江省副省长盛昌黎在杭州接见英国卫生部国际合作司司长墨思图一行。省卫生厅厅长李兰娟，省外办主任阮忠训、副主任汪银儿参加接见。墨思图此次来访是代表英国卫生部政务次官华纳对浙江省省长吕祖善在6月份访问英国的回访。盛昌黎向客人介绍了浙江省经济、医疗卫生、教育等方面的发展情况，以及在这些领域与英国合作的前景。

2006年7月，应英国驻上海总领事馆邀请，以省卫生厅厅长李兰娟为团长的浙江省卫生代表团一行6人访问英国，代表团拜访了英国卫生部，访问了牛津大学医学院、英国皇家全科医师学会、曼彻斯特大学医学院等单位，了解了英国的医疗卫生体系，重点考察了英国的社区卫生服务，全科医学教育和全科医疗实践。10月，应加拿大艾伯特省卫生局和美国马里兰州蒙哥马利郡卫生健康服务部、弗吉尼亚州弗尔法克斯卫生部的邀请，浙江省卫生监督与执法管理考察团一行10人赴美、加两国进行为期10天的考察访问。考察团一行考察访问了加拿大艾伯特省艾德蒙顿市环境卫生部、美国蒙哥马利郡卫生健康服务部、弗尔法克斯卫生部，并与加拿大、美国地方政府卫生官员、卫生监督员和有关公共卫生专家就政府公共卫生监督机构设置、运作机制、管理模式、监督理念以及信息技术在卫生服务监管中的运用与管理，食品卫生监督和公共餐馆检查程序，食源性疾病的控制，以及公共卫生的立法和州、郡卫生部门之间的责权关系等有关问题，进行广泛的探讨和交流。10月15—17日，经加拿大埃尔伯塔省卫生部介绍，埃尔伯塔省创新和科技部罗伯特·来等一行6人来浙江省访问，目的是探讨在生命科学和信息技术领域与浙江省开展合作的可能性，拜会省科技厅和省卫生厅有关领导和专业人员，考察省疾控中心、奥康生物、UT斯达康等单位，探讨双方合作的具体项目。

2007年7月，以省卫生厅副厅长叶真为团长的浙江省妇幼卫生管理考察团一行10人，分别应英国Portland妇女儿童医院和西班牙Fluanbrada医院的邀请，对英国、西班牙两国的妇幼保健和社区卫生工作进行参观考察和交流学习。考察团先后参观了英国伦敦的社区卫生中心、妇女儿童医院和西班牙最新的综合性医院等机构，并听取当地医生、护士和医院管理者对医疗概况的介绍，特别是有关两国妇女儿童的医疗、保健和社区医疗工作的一些特色经验。12月，浙江省公共卫生考察团一行8人应芬兰科沃拉市政府卫生局和瑞典韦舍克大学的邀请，分别对芬兰和瑞典两国的公共卫生工作进行考察访问及学习交流，考察期间，芬兰科沃拉市政府卫生局、瑞典韦舍克大学医学与社会学院及韦舍克中心医院接待了考察团，芬兰和瑞典两国有关官员、公共卫生专家分别就两国的公共卫生管理体系情况做了详细介绍。同年，浙江省传染病应急工作考察团一行8人赴澳大利亚考察传染病应急工作，西澳州政府卫生部公共卫生司传染病处主任保罗博士等8位传染病预防控制专家介绍西澳州的传染病监测、免疫规划、禽流感防控、艾滋病等性与血液传播疾病预防与控制、医院内感染监测等工作情况。昆士兰州政府卫生部公共卫生司高级媒体顾问菲欧娜·麦金泰尔女士、传染病部门主任克丽丝汀·塞维女士、应急卫生服务办公室协调长官特弗拉·邦斯先生分别介绍昆士兰州公共卫生、传染病控制、应急救援等方面的工作情况。

2008年1月，省卫生厅欧洲食品安全考察组一行8人应法、德两国有关方面的邀请，赴两国进行食品安全管理体系、管理技术的考察与学习，考察组与法国卫生健康和环保局、德国帕德伯恩市卫生局的负责人及专家会谈，了解法国、德国食品安全管理体系，食品生产经营单位食品安全管理技术，餐饮业卫生监督及食物中毒调查处理方法等，现场察看街头食品及小型餐饮店。8月，浙江省卫生行政管理考察团一行6人应邀赴巴西、阿根廷两国考察医疗卫生体制和医疗卫生服务的特点。12月11日，美国罗得岛州副州长伊丽莎白·罗伯茨一行参观了杭州清波街道社区卫生服务中心。

2009年，省卫生厅开展并深化与英国、法国、澳大利亚的卫生交流与合作，与法国卫生部在杭州共同举办中法区域卫生规划研讨会，并与法国卫生部医院管理局签署《卫生合作意向书》，稳步实施中英全科医学合作项目。4月9日，省卫生厅与法国卫生部在杭州共同举办中法区域卫生规划研讨会，省卫生厅副厅长马伟杭到会致欢迎词，法国驻华大使馆社会事务参赞段路易及法国卫生专家介绍了法国医疗卫生区域规划经验，全省各市卫生局100余位代表参加研讨会。会上，省卫生厅和法国卫生部医院管理局签署《卫生合作意向书》，明确双方将在医疗服务、医院管理、区域卫生规划以及与区域卫生规划相关的领域开展合作。4月23日，由省卫生厅组织省级高等院校和医疗单位的肝病、肿瘤、急救医学、心脑血管疾病专业人员共13人参加法国驻华大使馆等单位在上海举办的“法国医学日”巡回活动。5月，省卫生厅确定湖州市作为中法合作区域卫生规划项目试点地区。6月底，由省卫生厅组织、省急救指挥中心以及市级急救中心管理人员组成的代表团赴法国卫生部以及南特教学医院等机构访问，考察法国急救急诊系统。11月，省卫生厅与湖州市派遣卫生行政及医院管理人员赴法国参加区域卫生规划研讨会，访问法国社会福利卫生部、利摩赞大区医院管理总局、利摩赞教学医院集团、朗克多·鲁希用大区医院管理总局、蒙彼利埃教学医院集团等单位，与法国卫生界同仁进行广泛深入的交流。12月18日，在国家卫生部、商务部和澳大利亚国际发展署等支持下，由浙江省牵头，山东省、新疆维吾尔自治区、贵州省、湖北省武汉市和澳大利亚西澳州参加的中澳合作项目“提高应对流感大流行的应急能力”在杭州市正式启动。

2010年3月27日至4月11日，加拿大艾伯塔省首席公共卫生官安德鲁·卡里沃一行11人访华。在浙江访问期间，省卫生厅厅长杨敬会见安德鲁·卡里沃，双方进行友好坦诚的会谈，并达成在公共卫生和社区卫生服务等领域的合作意向。根据合作意向，2010年5月，杨敬作为省政府代表团成员前往澳大利亚西澳州访问，多次参加高层会谈，访问西澳州卫生部。5月24日至6月4日，省卫生厅副厅长张平率医疗机构改革发展交流团一行6人赴丹麦等国访问，代表团与丹麦卫生部以及丹麦哥本哈根大学附属医院进行了具体深入的交流。哥本哈根大学附属医院各分管院长和主要科室负责人分别向代表团介绍各自的工作概况，并主动提出回访浙江，了解中国的医疗卫生发展现状。9月，省卫生厅副厅长马伟杭率领浙江省卫生代表团赴加拿大艾伯塔省访问，代表省卫生厅与加拿大艾伯塔省卫生和福利部首席公共卫生官办公室签订长期合作协议。根据协议，双方在公共卫生管理、医疗管理等方面加强人才交流，同时加强医疗卫生信息管理和技术交流，积极开展医学研究和医药开发以及社区卫生服务领域的合作与交流。

（二）学术交流与技术合作

1950年8月，浙江省立卫生实验院院长洪式闾代表中国医学科学界出席在捷克斯洛伐克举行的第六次国际微生物学学术会议。1955年12月，日本盐沼英之博士观摩考察浙江省皮肤病防治研究所，作麻风眼病防治专题报告。1957年，浙江省卫生实验院接受波兰甘查大夫来院进修钩虫病、肺吸虫病、姜片虫病研究和学习，为期40天。1958年11月，阿根廷皮肤病专家斯胡曼偕同夫人来浙江武康疗养院考察访问，北京大学医学院院长、中华医学会会长胡传揆陪同。1959年4月，朝鲜国立麻风病院2名医生来浙江省皮肤病防治研究所考察麻风防治工作。

1961年，浙江省卫生实验院接待苏联、保加利亚、越南、日本、印度尼西亚来访者44批456人，其中华侨计6批23人。同年，朝鲜民主主义人民共和国国立麻风病院专家来浙江武康疗养院进行学术访问。1966年，捷克斯洛伐克微生物学者访问浙江省卫生实验院寄生虫病研究所进行学术交流。

1978年5月6日，朝鲜妇产科和肿瘤考察团一行3人来浙江考察避孕药和器械、妇科肿瘤防治方法。7月13日，第三期日本医生针灸学习班15名医生来杭州学术交流。9月4日，世界卫生组织合作中心、英国实验动物中心主任勃列贝来杭州学术访问。9月12日，印度柯棣华医生纪念委员会主席巴苏医生偕夫人和4名医生来杭州学术访问。墨西哥药用植物考察组哈·罗·勒果勒达一行4人来杭州进行学术访问，参观杭州中药二厂。9月13日，斯里兰卡精神病学专家戴维·拉特纳瓦尔教授来杭州学术交流。9月14日，世界卫生组织非洲公共卫生考察组一行9人来浙江考察城乡卫生、“三废”处理、卫生防疫。12月1日，由卫生部和联合国开发计划署、世界卫生组织举办的北京国际针灸班在杭州参观浙江省针灸、针麻等技术。12月11日，英国威尔士王子总医院胃镜主任曹直植在浙江医科大学附属第一医院做胃镜示范操作。1979—1981年，浙江省卫生实验院桑国卫赴英国剑桥大学和伦敦大学皇家研究院进修，被英国生殖研究学会吸收为第一位中国会员。

1979年，世界卫生组织(WHO)斯坦利博士、迪克法鲁西教授，美国麦乐斯公司代表团，美国依阿华大学预防医学和环境卫生系徐锡藩教授及其夫人李书颖教授，美国药典会科学部主任邦斯博士，西德药用植物考察组等先后参观访问浙江省卫生实验院。4月5日，瑞士巴塞尔热带研究所安东尼医生等2人来杭州学术交流。4月26日，浙江省卫生局接待联合国人口基金组织副执行主任吉尔哥一行3人，双方初步商讨了合作问题。6月10日，罗马尼亚老年病研究所教授、抗衰老药发明者安娜·阿斯兰一行来杭州讲学。6月19日，联邦德国马克斯·普朗克学会大脑研究所神经学研究室主任、所长齐勒希教授及夫人来杭州讲学。8月，中华医学会浙江分会邀请日本超声波学会主席贺和井敏夫率团来浙，在德清莫干山举办了一次全国性讲习班，学员达200余人，这是国内超声医学界首次对外学术交流。同月，中华医学会浙江分会邀请的美国腹腔镜协会主席乔丹·菲利浦率美国妇科腹腔镜代表团来杭访问，在浙江医科大学附属妇女保健院做了示范手术，并赠送设备。其后，该院成为在国内最早开展妇产科腹腔镜手术的医院之一。8月1日，美国洛杉矶加利福尼亚大学溃疡病研究教育中心主任格罗斯曼教授来杭州讲学。8月28日，奥地利维也纳市威廉米宁医院主治医生海·佩勒尔来杭州学术交流。9月30日，联邦德国药用植物考察组一行4人来杭州参观。10月2日，英国国立生物标准鉴定所激素室主任本干姆教授偕夫人来杭州讲学。10月8—10日，世界卫生组织扩大免疫规划访华组来浙江，参观省卫生防疫站。11月4日，世界卫生组织疟疾行动规划处官员肯特医师等3人来杭州讲学。

1980年，美国洛克菲勒基金会人口委员会主席泽丹斯坦教授夫妇，日本长崎大学热带医学研究所所长片锋大助教授率医学代表团，美国洛克菲勒大学人口委员会生物医学中心主任、博士巴丁，美国北卡罗立纳大学微生物和免疫学主任、教授乔克利克，美国索乐克生物研究所教授吉乐曼，澳大利亚墨尔本大学医学院微生物学系主任、国际微生物学会细菌学分会主席、教授费恩分别访问浙江省医学科学院。2月28日，世界卫生组织西太区办事处支持处访华组唐纳德等一行3人来杭州访问浙江医科大学。3月14日，以德魏克教授为首的欧洲免疫学家代表团一行6人来杭州讲学。3月21日，美国德克萨斯大学医学院外科主任汤姆逊教授夫妇来杭州讲学。4月11日，以奥利·奥尔森为团长的瑞典医学代表团一行18人来杭州讲学。4月17日，美国纽约市蒙特西奈学院美籍内科教授郁采繁来杭州作学术交流。5月6日，美国骨科学会主席克伊文率领的美国骨科学会代表团一行22人来杭州作学术交流。6月6日，美国著名手外科教授寇蒂斯夫妇来杭讲学，并去浙二医院骨外科进行学术交流。7月13日，美国血液学会主席、博士莫尔来杭州学术访问。7月20日，阿根廷癌症协会主席、布宜诺斯艾利斯大学医学院肿瘤名誉教授卡诺尼柯夫妇和该会秘书长阿尔瓦夫妇一行4人来杭州学术访问。7月24日，美国哥伦比亚大学内外科学院、儿科医院院长、儿科系主任卡兹教授来杭州学术访问。8月1日，美籍生化学家何仁杰教授来杭州学术访问。8月3日，澳大利亚神经科学术访问团一行13人来杭州学术访问。8月21日，日本长崎大学医学代表团来杭州学术交流。8月24日，瑞士三太和普泰医疗器械公司经理一行4人来杭州学术交流。8月27日，美国纽约赛克勒医生来杭州学术交流。9月7日，美国赖斯大学范柯特教授来杭州学术访问。10月9日，挪威国家医院神经生理教授伦特伏尔特夫妇来杭州学术访问。美国夏威夷中医药针灸协会访华团来杭州学术访问。澳大利亚墨尔本纳西大学医学院微生物学系主任、国际微生物学会细菌学分会主席费思教授来杭州学术访问。10月10日，日本红十字会血液事业代表团一行6人来杭州学术访问。10月30日，世界卫生组织西太区项目规划管理主任韩相泰及秘书来杭州访问。11月，浙江省卫生实验院寄生虫病研究所胡旭庚副研究员应邀参加在菲律宾马尼拉举办的第十届国际热带病和疟疾学术研讨会，宣读李非白教授的5篇论文。

1981年1月11日，宁波市医学专家吴元章应邀参加在澳大利亚塔斯马尼亚州召开的第六次世界医学大会。3月28日至4月8日，浙江医科大学叶国钦、姜槐应意大利科学文献中心邀请，前往进行学术活动。6月30日，世界卫生组织副总干事兰波来杭州考察。7月5日，世界卫生组织临时顾问奥斯特里恩夫妇由卫生部生物制品检定所袁增玲陪同，参观浙江医科大学，就肺炎球菌血清学分型的合作研究计划进行座谈。7月13日，绍兴地区人民医院副院长兼眼科主任唐国藩应邀赴民主德国参加国际泥炭腐植酸医药专业讨论会。11月13日，美国精神卫生基金会代表团来杭州学术交流。11月15日，英国麻风病协会主席麦克杜加尔来杭州考察。11月17日，英国贝辛斯托克医院弗兰克·托维医师来杭州，在浙江医科大学附属第一医院进行学术交流，并由中华医学会浙江分会组织一次学术报告。11月27日，新西兰针灸考察团一行10人来杭州进行学术访问。

1982年4月10—12日，由腊斯克率领的世界康复基金会代表团来浙江进行学术交流。4月30日，几内亚卫生部部长马马杜·卡迈一行4人来杭州访问。5月8日，由汤钧、马孔阜、徐启彬、刘壮华等组成的中华医学会浙江分会赴日本代表团，前往日本参加日本超声波医学会成立20周年纪念大会。6月12—13日，联合国儿童基金会《绿色药物》电影摄制组在杭州中药二厂拍摄。6月14日至7月3日，卫生部和世界卫生组织在杭州联合举办“国家媒介生物和控制”讲习班。6月24日，美国太平洋医学中心代表团一行6人来杭州学术交流。6月26日，菲律宾药用植物考察组来杭州考察。7月4—9日，世界卫生组织顾问、血吸虫病流行病学专家、美籍华裔博士朱光玉赴嘉兴考察灭螺现场和残存钉螺等滋生地。8月21日，日本针灸、按摩友好访华团一行31人来杭州进行学术访问。9月16—22日，世界卫生组织临时顾问、中国籍昆虫学家、博士周钦来浙江考察。12月12—14日，世界卫生组织一行4人来浙江讲授腹泻疾病研究。

1983年，为了解国际病毒分子生物学领域的新进展，浙江省卫生实验院研究员毛江森应邀赴美国国立卫生研究院(NIH)考察访问。1月10—13日，世界卫生组织生育调节长效药专题小组指导委员会会议在杭州召开。3月12日，世界卫生组织西太区热带医学顾问朱光玉博士来杭州，商议浙江省卫生实验院申请热带病研究基金问题。3月16日，由世界卫生组织西太区办事处规划处主任刘国宾带队的“饮水供应和卫生十年技术”考察组一行8人来浙江考察。3月26日，联合国人口基金会考察团4人来浙江省考察妇幼保健、计划生育工作。4月2日，省卫生厅与澳大利亚新南威尔士自然疗法学院就在浙举办针灸班签署合同。4月15日，美国新泽西州西东大学护理学院肖尔和吉斯特副教授来杭州讲授小儿、外科护理。5月8日，美国夏威夷大学医学院心血管代表团一行16人来杭州讲学并与浙江医科大学附属第一医院合作，开展心冠状动脉分流手术示范操作。5月20日至6月3日，以浙江医科大学副校长金干为团长的中华医学会浙江分会代表团一行16人赴法国参加第四次法中医学日活动。6月，经省政府、卫生部同意，浙江省卫生实验院研究员桑国卫兼任世界卫生组织长效避孕药专题小组指导委员会委员。6月30日，世界卫生组织副总干事兰波来浙江访问。1983年，浙江省卫生系统外事接待外宾130批519人，省卫生厅接待74批，其中15批次为浙江省邀请，其余为卫生部、外省卫生厅(局)邀请。浙江医科大学、中华医学会浙江分会、浙江省卫生实验院、红十字会杭州分会外事接待56批，安排学术报告或座谈会60余场次，与会者4000余人次。

1984年，浙江省中医院医师徐佩莲在日本札幌医科大学作了关于“肥厚性心肌病的超声诊断”的学术报告。3月，浙江中医学院接待以桑木崇秀为团长的日本中医学术研修团一行10人，桑木崇秀对学院学术成就很满意，并表示将带学生来参观学习。7月，浙江省卫生实验院寄生虫病研究所首次确认为世界卫生组织蠕虫病研究合作中心，宋昌存为主任。9月6日，浙江医科大学附属一院代表团赴加拿大开塞林、汉密尔顿医院参观访问，并接受两家医院赠送的4台人工肾设备及附件。10月9—13日，浙江人民卫生实验院桑国卫赴墨西哥参加国际生育调节长效避孕专题小组指导委员会会议。

1985年4月，卫生部顾问马海德博士陪同日本笹川纪念保健协力财团常务理事、医疗部长汤浅洋博士，事务局干事山口和子等一行来浙江省皮肤病防治研究所考察麻风病防治工作，浙江省爱卫会副主任王祥长陪同。4月11日，波兰扎布热市电子医疗器械厂负责人G.朱留兹和P.马列克来华考察有关急救医疗器械和手术室装备，访问省卫生厅。4月23日至5月4日，应省卫生厅及浙江医科大学附属第一医院联合邀请，以安德罗·唐纳利医生为团长的加拿大开塞林“病人之家”医院泌尿科代表团一行8人来杭访问。5月4日，世界卫生组织人类生殖处官员韦伯等一行6人，由卫生部科教司处长顾世光等陪同抵杭，了解和讨论1984年双方合作课题的进展情况并制定新的合作研究课题，以及讨论人员培训、顾问来访和设备供应计划。5月22日，世界银行代表团特纳姆等3人考察5个改水贷款县。8月2—9日，世界卫生组织杜尼博士来浙江访问，为联合国开发计划署资助的初级卫生保健示范县提供咨询服务，考察初级卫生保健服务研究项目的执行情况。9 月 9 日，波兰器官移植考察团来杭州进行学术访问。11 月 14 日，浙江省中医院章松英应邀赴日本东京参加第一届亚太冰冻外科学术会议。

1986 年，加拿大籍华人专家教授、加中儿童健康基金会主席、首创"健商"理念的谢华真来到浙江，参加中加儿童医院院长会议。此后，"健商"理念和方法在浙江省推广。1986—2001 年的 15 年间，谢华真回国访问 129 次，在中国建立 246 个儿童救助和爱幼中心，为中国儿童保健事业捐献几千万元人民币，被卫生部授予"当代的白求恩"称号，获得国家"友谊奖"。同年，浙江省医学科学院宋昌存应邀参加在澳大利亚昆士兰召开的第六届国际寄生虫学学术会议。2 月 15 日，由美国夏威夷红十字代表团莅临指导的浙江省第一期红十字救护师资训练班在杭州举办。6 月 2 日，欧洲经济共同体代表团考察浙江省卫生工作。

1987 年 2 月 2 日，世界卫生组织计划生育科研现场访问团一行访问浙江省医学科学院计划生育研究所。5 月，经省政府批准，浙江省医学科学院与日本静冈药科大学开展蜂花粉合作研究工作。1988 年 2 月，浙江省医学科学院与日本静冈药科大学签订共同研究工作协议书，开展蜂花粉合作研究工作。10 月，联邦德国基尔大学医学院副校长、皮肤病教授、博士伊诺·克里斯托弗斯由浙江医科大学副校长丁德云、教授朱铁成陪同在浙江省皮肤病防治研究所交流访问。12 月 6—16 日，世界卫生组织西太区艾滋病顾问日本病毒学专家木村来浙江省卫生防疫站进行学术交流及实验示范，并帮助建立艾滋病(AIDS)快速诊断实验室。

1988 年 1 月 27 日，世界银行卫生考察团一行到金华市，对金华市发展区域性卫生保健体系等进行实地考察。4 月 17—23 日，国际废弃物处理咨询中心瑞士联邦水资源水污染控制研究所主任雪脱赖勃、工程师鲍乐访问浙江省卫生防疫站，并与该站签订了平流粗滤、农村粪便处理的合作意向书。5 月 24 日，省卫生厅召开与瑞士联邦专题协作项目工作会议。6 月 16 日，应中国科协邀请，由美国国际人民交流协会组织的美国乡村保健代表团一行 25 人到富阳县中医院等进行学术交流和参观访问。10 月，浙江医学科学院计划生育研究所首次被确认为世界卫生组织人类生殖研究合作中心，桑国卫任主任。

1989 年，浙江省医学科学院与日本静冈县立大学建立了合作关系，双方科研工作人员共同开展蜂花粉抗衰老合作研究，1991 年双方签署《浙江省医学科学院药物研究所和静冈县立大学药学部文化科学技术交流协定书》，开展两年一次的药物研究新进展研讨会，1997 年签署了两院校间文化科学技术交流协议书，从先期新药开发研究，扩展至营养食品、环境保护等合作领域，又开展生物工程领域的合作研究，并将学术研讨会更名为健康科学研讨会。1989 年 7 月，浙江省医学科学院研究员桑国卫任世界卫生组织官员。11 月 23 日，欧洲共同体意大利落蒂公司来浙江访问，考察浙江农村改水工作。

1990 年，浙江中医学院接待了日本、美国来访者 8 批 96 人。1991 年，浙江省卫生防疫站接待了世界卫生组织驻亚太地区临时顾问，该顾问对浙江省艾滋病防治和粪管改厕工作进行了考查。浙江省卫生防疫站与瑞士联邦国际废弃物研究中心合作进行"三缸厕所卫生学效果研究"课题，与瑞方作了二次学术交流。1 月 27 日，日本名古屋公众医学研究所理事长加藤胜也先生一行7人来杭州举办寄生虫卵检查讲习班。5月13日，加拿大纽芬兰省杰尼威儿童保健中心肯尼迪教授夫妇来杭州进行学术交流。6月3日，世界银行、卫生部、财政部监督团来浙江省监督检查卫生项目。6月18日，朝鲜显微外科代表团来杭州进行学术访问。7月，日本笹川纪念保健协力财团山口和子女士、松畸孝子小姐在省卫生厅副厅长庄炳瑾陪同下来浙江省皮肤病防治研究所考察并落实中日两国麻风病院护士互访研修事宜。随后，日本国立摩全生园森井和子、吉田辉子、松立真喜子3位麻风病区护士到上柏住院部进行一周的研修。7月20日，韩国仁济大学校总长白乐皖教授来杭州访问农村医疗预防保健网。8月20日，日本厚生省中日石棉研究学术交流团来杭州进行学术交流。9月，加拿大—中国儿童健康基金会为援助中国灾区儿童保健工作，发动和建立了“中国赈灾儿童健康基金”，第一期提供援款20余万元，浙江省红十字会为支持灾区儿童保健工作提供援款15万元，确定湖州市市区、长兴县、嘉兴市郊区、嘉善县、临安县、新昌县、龙游县、江山市为受援县(市)。1991年夏天，浙江省部分地区遭受洪涝灾害期，浙江省5个儿童保健中心都得到了该基金会的赈灾资助。

1991年9月20日，日本国群马中国医疗研究协会町田敏明先生等31人来杭州进行学术访问。9月22日，以董事长凯瑟琳·杜森伯林女士为首的美国亚利桑那大学医学中心代表团一行8人来杭州学术访问，就医院管理、心脏移植、肿瘤防治作学术报告。9月27日，世界卫生组织贾克布逊博士及李恒英等4位专家来浙江考核评估麻风病联合化疗工作，考核评估地点为绍兴、桐庐两县。10月，世界卫生组织顾问汤浅洋博士在中国麻风防治协会申鹏章秘书长、省卫生厅副厅长庄炳瑾陪同下到浙江省皮肤病防治研究所上柏住院部考察麻风病防治工作和麻风病人的治疗和康复情况。10月24日，意大利罗马大学牙科医院院长格里巴多教授夫妇来杭州进行参观访问。11月5日，日本大阪大学访华团来杭州进行学术访问。11月7日，美国海姆立克研究基金会主席海姆立克博士一行3人来杭州进行有关艾滋病及性病防治的学术交流，省卫生厅接待联合国儿童基金会评估组。11月21日，日本川崎汉方研究会中村耕三先生为团长的访华团一行9人来杭州进行参观访问。

1992年，世界卫生组织西太区、日本、菲律宾、美国等外国专家组成的麻风病联合化疗评估组来浙江省皮肤病防治研究所参观访问。4月27日，美国康川大学护理学院博士帕皮特丽和美国麻省大学医学院博士李玲来杭州讲学。5月，省卫生厅邀请日本顺天堂大学眼科教授绀山和一来浙江省考察和指导防盲治盲工作。5月24日，美国麻省总医院护理科学博士葛丽尼斯·哈密尔顿女士来杭州讲学1周。9月20日，浙江省医学科学院与日本静冈县立大学药学部签订《文化科技交流协议》。11月11—12日，应卫生部邀请，加中儿童基金会代表团一行10人来浙江省访问，其中加拿大众议院议长约翰·弗雷泽先生以基金会创始人和董事长身份随团来访，该团成员中还有加拿大卫生部副部长等，该基金会主席谢华真教授协助浙江医科大学附属儿童医院与加拿大纽芬兰儿童医院建立了友好医院关系。

1993年，浙江省医学科学院研究员宋昌存参加在菲律宾召开的世界卫生组织食物源性肺吸虫感染防治研究组会议，并在会上作了题为《中国肺吸虫病的流行病学和防治》的报告。3月13日，美国疾病控制中心和中国预防医学科学院专家一行对浙江省疾病监测工作进行了考察。4月18—27日，美国亚利桑那大学医学院院长达伦博士等一行23人来杭州进行医院管理学术讨论。5月，浙江省人民医院邀请原该院顾问、美籍华人王圣光教授及其随同来访的王涵光教授、王美苓女士及护士尼尔·玛格瑞特·埃尔等4人来杭州进行学术交流。9月23日，浙江省医学科学院邀请美国费城自然科学院贝类学家戴维斯教授来院进行合作研究课题“寄生虫螺类宿主的分类与演化”。10月12—26日，浙江省医院管理专业组参观了加州大学洛杉矶医学中心和加州大学爱尔文医学中心和洛杉矶县医院，就美国卫生保健组织运营机制、疾病相关诊断评价等进行探讨和交流。

1994年6月24日，英国HU基金会特聘顾问Therese Hescks和基金会远东部主任朱伟星在杭州进行项目合作商议。10月，根据国家科委中巴合作项目的安排，浙江中医学院派遣了以朱鹏飞院长为首的团组，对巴西拉那州库里提巴公共卫生学院进行了考察访问，经友好协商，签订了浙江中医学院与巴西库里提巴公共卫生学院在中医、针灸领域进行合作的协议。1994年7月至1996年7月，日本静冈县大学农学部在泡果荠属植物研究方面与浙江省医学科学院进行合作，并提供一定的资金与技术。1994—2010年，浙江大学医学院附属邵逸夫医院与美国Marshfield医学中心合作，建设和开展远程医疗、远程医学教育。同期，邵逸夫医院先后与美国梅奥诊所、Johns Hopkins医院、美国辛辛那提大学、美国密歇根州Genesys医学中心、澳大利亚皇家外科学院、澳大利亚Alfred医院、印度亚洲心脏病研究中心、瑞士Zurich大学、加拿大英属哥伦比亚大学医学院、澳大利亚Cabrini医疗集团和日本静冈综合病医院开展交流合作。

1995年，浙江省与英国国际麻风救济会开展麻风医疗康复和经济康复合作项目，英国国际麻风救济会主席Smith先生、官员Jeffrey Tan先生和Piefer女士、国家麻风控制中心副主任张国成，多次对中英康复合作项目进行督导和检查。同年，卫生部同意浙江医科大学附属第一医院与美国北卡罗来纳州国际商业咨询公司在浙江省杭州市合作兴办医疗机构的立项申请，该医疗机构名称核定为“杭州眼科诊疗中心”。3月，英国Health Unlimited基金会主席Clive. J. Nettleton来杭州考察中英妇幼卫生合作项目。3月6日，英国帮助老年人国际亚洲培训中心专家阿伦·托兰斯等5人来杭州参加敬老院及残疾人康复疗养院的建筑设计和环境规划研讨会，介绍国际建筑领域新进展、适应老年人及残疾人生活的各种建筑设计流派、无障碍建筑的设计以及施工、改造现有建筑以适应老年人及残疾人等。4月26日，印度尼西亚人力资源开发部副部长Soekirman来浙江考察初级卫生保健和治疗系统、营养监测系统以及社会和经济发展的计划机制。10月18日，日本福井县县立综合病院院长齐藤和哉等一行7人来杭州学术访问。

1996年，美国哈佛大学哈佛医学院儿童医院分子神经研究室博士毛子旭、美国国立卫生研究院研究员杨能宇分别来访浙江省医学科学院并作学术交流。同年，泰国卫生部国家医药总局局长来浙江访问，考察浙江中医学院。3月，根据中国和巴西国政府科技交流的协议，浙江中医学院范永升副院长率团出访巴西讲学，并与巴西利亚大学签订了院校交流协议。同年，附属医院与荷兰欧洲中医针灸进修培训中心达成了友好合作意向。4月14日，丹麦皇家畜牧农业大学实验寄生虫学中心亨利克·鲍博士和丹麦血吸虫病研究所玛丽亚·约翰森博士两人来杭州访问，主要与浙江省医科院寄研所商讨进行血吸虫免疫学和药学方面的合作研究，参观血吸虫病流行区及顺访浙江省农科院。4月20日，以美籍学者张惠华教授为首的美国病理毒理学者讲学团一行10人来杭州学术交流，参观浙江省医学科学院等单位。4月23—28日，国际麻风救济会亚洲分会主任桑森医生由全国性病麻风病中心张国成先生陪同，来浙江省进行工作访问，桑森医生访问了浙江省皮防所、桐乡皮防院等单位。10月12日至11月2日，加拿大国际儿童健康交流协会主席刘怡持先生一行10人在浙医大附属儿童医院、温州育英儿童医院进行专题学术讲座，介绍国际儿科技术的新进展，并作相应的医学临床操作示范。10月17日，世界卫生组织官员与卫生部国家脊髓灰质炎实验室主任张礼璧教授代表卫生部对浙江省脊髓灰质炎实验室进行评估考核，六项指标全部符合世界卫生组织要求。11月8日，欧洲联盟技术顾问马西姆·基迪耐利博士与欧盟合作项目中方医疗培训官员王世勇访问浙江省，参加性病/艾滋病流行病学培训班并授课。

1997年，浙江中医学院、浙江省中医药研究院、浙江省中医院、浙江省杭州中西医结合医院、杭州市中医院等家医院被国家中医药管理局定为全国首批对外开办中医进修教育的单位。4月6日，美籍著名血液学者李政道博士夫妇等4人来浙江学术访问。4月8日，泰国精神卫生考察团来杭州学术访问。6月5日，世界卫生组织朝鲜老年病合作中心医生 Ma Gwang、Ho Chol Ryong 来浙江访问，了解浙江省的老年医学现状。10月19日，澳大利亚针灸代表团一行4人来杭州进行专业访问。10月22日，澳大利亚针灸学会来杭州进行学术访问，参观浙江中医学院、浙江省中医院。同年，浙江省对外开办中医进修教育的单位首次组织中医师赴澳大利亚访问团出国考察，并接待了澳方的回访。

1998年9月，中英麻风康复合作项目官员 Piefer 女士来浙江省皮肤病防治研究所上柏住院部开展麻风康复合作项目。澳大利亚墨尔本大学罗宾盖博士来访浙江省医学科学院，并就“钩虫病诊断和种群变异的分子生物学方法研究”项目的合作达成意向。10月，世界卫生组织人类生殖署官员 Kasorde 博士来访，研讨浙江省医学科学院计划生育研究所与世界卫生组织今后的合作事项。1998年，浙江中医学院接待美国、英国、德国、瑞士等16个国家来访者68批161人，其中有巴西格里戈多大学代表团、捷克中医学院代表团、日本齿科技工士专门学院代表团、以色列卫生部官员、“澳机构合作项目”澳方考察小组、英国图腾制片公司龙腾摄制组、荷兰神州中医大学董事长等，还接待了来自美国、日本、意大利等国的学院校友7批7人次。浙江中医学院派出专家学者27批52人赴美国、荷兰、奥地利等13个国家学术交流、考察访问。

1999年，浙江省医学科学院先后接待加拿大卫生部新药评审办公室俞超美博士、美国费城自然博物馆软体动物部主任戴维斯博士、日本静冈县立大学药学部横田正夫教授、美国康州大学材料研究院解向群教授、日本大阪府成人病中心调查负责人森永谦二博士、世界卫生组织官员王一飞教授等。同年，浙江省医学科学院选派毛江森等学者赴加拿大、丹麦、日本、美国、南非、新德里等国家考察访问，成功举办第四届“中日健康科学”研讨会，日本静冈县立大学和省卫生厅、浙江省科学技术委员会、浙江省医学科学院的100余位专家学者就药物、环境、保健食品、生物技术、寄生虫病等进行广泛的学术交流。6月9日，瑞典 Uppsala 省老年痴呆护理专家 Kerstin Lundstrom 女士来浙江省就老年痴呆症的护理、治疗、康复等方面与浙江省精神卫生研究所进行学术交流。6月15日，浙江省人民医院邀请日本脑外科专家有田和德来杭州作学术讲座和手术示范。7月25日，斯洛伐克卫生部心血管病专家菲歇尔博士等人来浙江考察心血管病诊断治疗以及新技术开发应用等。10月25日，日本静冈大学广部雅昭等12人来杭州参加浙江省医学科学院举办的第四届健康科学研讨会。

2000年，温州医学院与日本宫崎大学签订学术交流协议书，开展以基础医学研究和医学教育为主的综合性学术交流，互派访问学者，并选派优秀医生赴日进修学习。温州医学院与美国新英格兰视光学院签署了联合培养视光学博士项目。3月12—19日，英中文化协会邀请科林托梅博士等5名专家来浙江讲学，主要内容有英国医疗卫生制度、全科医师政策和措施、全科医师教育和培训、全科医师临床实验、全科医师诊所管理等。4月，印度Samson博士参加浙江桐乡举办的麻风经济康复培训班，作讲学和指导。温州医学院附属第二医院、附属儿童医院邀请加拿大国际儿童健康交流协会代表团一行10人来温州举办专题学术讲座、进行手术操作示范等学术交流活动。4月2日，英国国际麻风救济会代表萨姆森博士来浙江省皮肤病防治研究所与省卫生厅周坤副厅长签订中英麻风康复合作项目书。4月26日，应省卫生厅邀请，美国马里兰大学人类病毒学研究所主任、诺贝尔生理学/医学奖获得者盖吉赛克博士来杭州与浙江学者交流，中国预防医学科学院病毒研究所主任、中国工程院院士洪涛博士的学生张福萍女士陪同。5月，德国基尔大学医学院口腔医院Kreusch教授和Teerhyden助理教授应邀来浙江大学医学院附属第一医院访问和学术交流。5月10—18日，美国加州兰勃达医疗集团卫生服务部主任凯斯・沃特布鲁克、洛杉矶市流行病项目社区服务顾问托马斯・克莱德等一行3人来浙江访问交流。8月，浙江省医学科学院与中国预防科学院、上海医科大学、瑞典Umea大学的合作研究课题“环境流行病学——中国冶炼厂镉污染健康效应”，历时两年半，按计划完成。9月，西班牙技术研究中心爱德华・罗腾博士来杭州学术访问，帮助浙江省医学科学院解决《生殖医学中受精机理的研究》课题中技术上的疑难问题。浙江省医学科学院副研究员张幸赴日本进行学术交流，与日本冈山劳灾医院共同开展“蔺草作业粉尘与作业工人健康问题”研究，项目获日中医学会资助。10月，日本大阪府立成人病院调查部主任森永谦二博士访问浙江省医学科学院，浙江省医学科学院聘森永谦二博士为客座研究员。浙江省医学科学院寄研所以世界卫生组织蠕虫病合作中心名义举办“全国肠道蠕虫病防治”讲习班，韩国蔡钟一博士到会讲课。11月，浙江省医科院邀请日本冈山劳灾医院内科主任岸本卓已、日本大阪府立成人病中心调查部主任森永谦二、日本劳动部产业医学研究所作业环境监测研究部部长神山宣彦、日本熊本劳灾病院内科部长伊藤清隆一行4人来浙江省医学科学院和宁波卫生防疫站就《中国蔺草作业工人健康影响调查》课题进行合作研究。12月，第五届日中健康科学研讨会在日本静冈县立大学举办，浙江省医学科学院院长张幸等9人参加会议。应国际麻风救济会东南亚主任Samson和康复中心秘书长Heater Smith先生的邀请，浙江省麻风防治协会等8位理事赴新加坡、泰国参加麻风康复研讨和考察。2000年底，省卫生厅组织市、县皮肤病防治站领导共8人赴新加坡、泰国考察麻风康复。省卫生厅报批出国人员106批329人，接待外宾19批64人次。

2001年，浙江中医学院与奥地利多瑙大学保健中心签订合作协议，与波兰克拉克夫市康复中心签订合作意向，与以色列起源中医学院签订中医药教育合作协议。温州医学院与奥地利格拉兹大学医学院签订开展互换学者、学生项目合作意向书。浙江省皮肤病防治研究所姚建军副所长随省卫生厅一行9人赴美国考察艾滋病性病防治工作。余爱如随省科协一行12人赴澳大利亚考察艾滋病性病预防和控制，进行学术交流。1月，温州医学院与美国新英格兰视光学院签署联合培养视光学博士项目协议书，该项目开展以来已为中国培养出10位视光学博士。5月，温州医学院与美国太平洋大学签订交流合作协议，规定两校在互派学者、学术研究、共享信息与教学资源等方面开展交流与合作。2001年，省卫生厅报批出国人员123批396人次，接待外宾17批79人次。2001—2005年，浙江省皮肤病防治研究所与英国国际麻风救济会合作，在桐乡和海宁开展麻风社会经济康复试点合作项目，项目旨在通过向麻风治愈者家庭提供用于发展生产的无息贷款，依靠麻风治愈者及其家庭成员的劳动，增加其经济收入，提高其生活水平，使麻风治愈者及其家庭成员在经济、心理、社会等方面得到康复。

2002年，浙江中医学院与日本东洋医疗学院达成了共同培养中医本科生的协议，与葡萄牙里斯本自然疗法学院签署了两院教学、医疗合作协议书。3月，国际移民组织代表团大众信息处处长劳伦秋、国际移民问题专家赵见及亚太地区实验室专家琼斯等3人到省疾控中心考察开展移民群体中的肺结核、艾滋病等传染病的预防工作。5月17日，美国乔治顿大学医学中心教授杰拉德·桑德勒博士夫妇来浙江访问，并为浙江省输血界做专题讲座。8月，应第16届国际麻风会议组委会主席Marcos Virmond博士邀请，浙江省麻风防治协会4位理事出席在巴西萨尔瓦多举行的第16届国际麻风会议。应美国建筑师学会的邀请，省卫生厅组织医院设计考察组赴美国进行为期12天的医院建筑设计考察，还访问了著名的NBBJ建筑设计公司和RBSD建筑设计公司，就医院的规划设计理念作了交流和探讨。8月，浙江省皮肤病防治研究所姚建军副所长应邀出席了在巴西萨尔瓦多举行的第16届国际麻风会议，并访问了法国等国的麻风救济会、麻风协会。10月，尤卫平所长应邀赴韩国参加中韩双边麻风畸残康复学术研讨会暨管理工作经验交流会。9月12日，日本蓝里医院董事长、日本精神卫生法委员长、日本精神科学学会理事山下刚利来浙江，参加浙江省康复医学会精神康复专业委员会年会。

2003年，浙江中医学院与澳大利亚悉尼科技大学就中医、护理和管理专业方面的合作达成初步意向，皇家墨尔本理工学院签署两校护理专业合作办学协议书，美国五系中医学院就双方合作开展语言培训、护士资格认证签署合作备忘录。3月26—30日，由日本国际协力事业团(JICA)派遣的长期专家贴佐彻等一行2人来浙江省疾病预防控制中心了解计划免疫规范化接种门诊、安全注射及相关工作的开展情况。7月20—25日，世界卫生组织专家林岩和王黎霞在浙江考察加拿大国际开发署援助的结核病控制项目的进展。9月，浙江省麻风防治协会组织麻风防治专业人员一行9人参加中韩双边麻风畸残康复学术研讨会暨管理工作经验交流会，就有关麻风防治和康复进行了研讨、学术交流和考察活动。10月，世界卫生组织临时顾问J. Beyndley博士来访浙江省医学科学院，为“全国血吸虫病快速诊断技术讲习班”提供技术咨询。10月8日，美国艾滋病性病防治专家组、芝加哥霍华德卫生中心主任凯斯·沃特布鲁克等一行4人来浙江工作访问，与省卫生厅、省疾病预防控制中心和有关医院商讨

HIV/AIDS 防治合作项目。12 月，浙江省麻风病研究所所长尤卫平参加在德国举办的麻风实验技术与社会康复管理工作研讨会。应德中合作促进会会长 GruBen 邀请，浙江省麻风防治协会 4 位理事参加了在德国举办的麻风实验技术与社会康复管理工作研讨会。2003 年底，浙江省皮肤病防治研究所实施中国—荷兰麻风合作项目，在全省范围内开展麻风畸残矫形手术，共实施矫形手术 115 例(99 人)，其中防盲、治盲手术 38 例，功能重建术 12 例，防癌变手术 21 例，因溃疡引起的足趾摘除术和植皮术 27 例，其他手术 17 例。

2004 年，浙江中医学院与意大利奥丝塔大区卫生委员会签订有关人员互访、医疗合作方面的合作意向书。同年，泰国 Mahidot 大学热带病学院副所长 Chalit Komalamisra 医学博士等应邀来浙江省医学科学院访问，钱宝珍研究员等 3 人前往泰国执行中泰政府间合作项目“肺吸虫病的研究”科研任务。4 月 17—20 日，浙江中医学院举办的中医中药针灸诊治疑难杂症国际学术会议在杭州召开，会议共收到国(境)外论文 33 篇，邀请国(境)外来宾 47 人，在大会上交流的国(境)外论文有 12 篇。4 月 20 日至 5 月 4 日，浙江省皮肤病防治研究所尤卫平所长率省麻协一行 10 人赴德国参加麻风、皮肤病、性病防治与管理工作研讨班。5 月，美国公共卫生协会主席杰·格拉瑟博士在结束对杭州的考察时，竖起大拇指称赞下城区社区综合性卫生服务做得“非常棒”，认为这是发展中国家开展此类工作的一个范本，格拉瑟博士此次来杭，旨在与浙江省的医学专家共同探求临床医学与公共卫生的结合之路，在下城区，格拉瑟博士考察访问了长庆潮鸣社区卫生服务中心和灯芯巷卫生服务站。同月，温州医学院与泰国东方大学联合创办海洋科学研究所揭牌仪式，次年 3 月，在原有合作基础上签订《谅解备忘录附录》，次年 7 月，东方大学代表团在泰国枢密院大臣 Kasen 教授和总理顾问 Prayoon 教授的率领下回访温州医学院，与温州医学院举行了中泰合作研讨会，围绕中医、眼视光、海洋科学与中文教育等重点项目合作作进一步探讨。6 月 4 日，世界卫生组织总部 Chuck GomaLL 先生、顾问余森海教授等一行 5 人参观杭州市江干区夏衍中学，该校被世界卫生组织评为健康教育促进学校铜奖，世界卫生组织专家一行了解了该校健康政策、物质环境、社会环境、社区关系、个人健康技能和健康服务 6 个方面的情况，对该校在学生健康教育促进方面所做的工作表示满意。6 月 5 日，世界卫生组织健康促进专家卡门女士一行到丽水，参加了世界卫生组织/中国健康促进学校丽水市项目启动仪式，考察了丽水师专附属高中、丽水市实验学校等 5 所省级健康促进学校，她对丽水市健康促进学校总体工作情况非常满意。6 月 21 日，Lucy 女士在中英麻风康复合作项目官员 Piefer 女士陪同下对浙江麻风眼科手术项目实施调研，并考察了浙江省皮肤病防治研究所的麻风康复工作情况。8 月，日本宫崎大学医学部名和行文副校长率领的日本宫崎大学代表团来温州医学院访问，访问期间与温州医学院签订了《温州医学院与宫崎大学医学部学术合作协议》。9 月 6 日，湖州市中心医院和市一院 3 名临床医生骨干赴澳大利亚皇家布里斯医院进行 3 个月的学习，接受心血管内科、外科及重症监护等临床医学培训，这是湖州市通过选拔和考核，第一次选派医生到国外深造。9 月 10 日，英国牛津大学专家、中英合作项目——中国成人慢性病前瞻性研究项目英方负责人理查德以及香港嘉道里基金会主席克里斯多佛一行，对桐乡市项目工作进展情况予以了充分的肯定。该项目在中国有 10 个点，涉及 50 万人，持续时间 15 年，桐乡市是全国第三个启动点，市政府专门成立领导小组，组建项目专业队伍，并确定崇福、高桥、洲泉三镇为抽样社区，并于2004年8月9日正式启动，启动后第一个月，项目专业队伍的工作人员严格按照要求，已完成调查人数1531人，第一个抽样点——崇福镇五丰村的1008名居民调查发现肥胖患者279人(27.68%)、高血压患者124人(12.30%)。9月12—23日，衢州市卫生局副局长郑小瑛率领的医疗卫生体制改革考察团赴法国进行了为期12天的学习、交流和考察。10月，第六届中日健康科学研讨会在杭举行，日本静冈县立大学广部雅昭校长一行来杭参加会议，与会期间，浙江省医学科学院签署了新一轮的合作协议，出席本届研讨会的中外嘉宾还有中科院院士毛江森，省科技厅副厅长王子卿，省外办亚洲处处长虞希华及日方事务局长、药学部部长和营养学部长等。11月5—6日，英国皇家全科医师学会国际发展项目主任、博士嘉斯·马宁一行来杭，访问了省卫生厅、浙江省全科医学教育培训中心、浙大医学院、邵逸夫医院和长庆潮鸣街道社区卫生服务中心等单位。11月6日，省卫生厅国际合作处处长朱耀传与马宁再次进行了座谈会，提议双方合作的第一步。2005年，可组织浙江省内优秀全科医师和部分全科医学教师约20人规模的培训团赴英国接受培训，同时邀请英国全科专家组到浙江省进行调研和讲学。

2005年，浙江大学医学院附属第一医院与日本冈山大学科研合作和与英国帝国大学科研合作，6月国际器官移植领域权威 Ronald. W. Busuttil 教授访问浙江大学医学院附属第一医院。同年，温州医学院与英国伦敦国王大学开展联合培养生殖医学博士项目。2月25日，省卫生厅厅长李兰娟与英国皇家全科医师学会国际项目部主任嘉斯·马宁在杭州签署了为期3年的《关于全科医学合作的谅解备忘录》(以下简称《谅解备忘录》)。《谅解备忘录》的签署为双方全科医学本科生、研究生和住院医师的交流提供了方便。3月31日，美国芝加哥霍华德布朗卫生中心主任凯斯·沃特布鲁克和丹尼尔·保尔两位艾滋病预防专家来浙江访问。4月7日，美国卫生部国际关系顾问慕尚德等2人来浙江友好访问，就如何促进浙江省有关医疗卫生机构与美国开展友好协作关系等事宜进行商谈。5月12日，由美国芝加哥霍华德·布郎卫生中心主任凯斯·沃特布鲁克带领的HIV/AIDS防治合作项目美方工作组抵达浙江，进行了为期11天的工作访问，其间，与浙江省项目协调办公室共同回顾了HIV防治项目的前一阶段开展情况，就下一步工作计划进行了交流。5月26日，浙江省中英艾滋病策略支持项目动员会在杭州召开，国务院防治艾滋病工作委员会办公室主任助理韩梦杰、世界卫生组织代表魏瓦特先生，中国性病艾滋病防治协会会长戴志澄，省卫生厅厅长李兰娟、浙江省防治艾滋病性病协调会议全体成员和联络员等出席项目动员会，浙江省实施中英艾滋病策略支持项目的首个行动为正式组建由15名专家、政府官员组成的省级艾滋病防治策略讲师团，从下半年开始，到全省30个市(县)进行巡回宣讲。在此基础上，各地卫生行政部门也将组建艾滋病防治讲师团，深入乡镇、街道、企事业单位开展艾滋病防治宣讲活动。7月，浙江省医学科学院寄研所与日本名古屋大学医学院签署中日血吸虫病流行态势和对策的研究的合作协议。9月10日，应德国杜塞尔多夫市医院和老年治疗中心管理公司的邀请，浙江省医院财务管理考察团一行9人赴德国进行考察和交流，考察团参观了杜塞尔多夫市医院和老年治疗中心，并就医院财务管理、费用控制等内容与医院管理公司高层和市医院院长进行了交流。10

月 26 日，韩国看护协会一行 5 人来杭州市学术访问，中韩双方探讨 2006 年第七届中韩护理学术会议相关事宜。11 月，浙江省卫生科教考察团赴美国和加拿大，对美国卫生与人类服务部、美国国立卫生研究院(NIH)、美国医学院校联合理事会、乔治·华盛顿大学医学院、加拿大阿尔伯塔大学医学院等进行考察。

2006 年，浙江中医药大学与英国诺汉普顿大学就两校联合培养本科生及师资培训方面的合作签署了两校合作备忘录，与马来西亚国民大学就双方互派学者、学生，互换图书情报资料等方面签订了合作意向书，与匈牙利佩奇大学医学院、波兰华沙路易斯国家大学就合作办学、远程教学等双方共同感兴趣的问题签订了合作意向书。同年，温州医学院与日本常叶学园集团、富士常叶大学签署《温州医学院与学校法人常叶学园合作交流协议书》和《温州医学院与日本富士常叶大学友好交流备忘录》，温州医学院与日本富士常叶学园实施日语专业互认课程学分的合作项目。2 月 22 日，应省卫生厅邀请，英国皇家全科医师学会国际发展项目主任、国际健康顾问嘉斯·马宁博士和利物浦大学全科医学研究生教育处主任托尼·马塞先生来浙江省就全科医学研究与实践进行学术交流和参观访问。3 月 23—26 日，为进一步探讨浙江省人民医院与韩国医疗美容项目的合作事宜，韩国国际美容医学经营研究所何奉様代表一行 5 人来医院访问。4 月，省卫生厅组织浙江省部分结核病控制专业技术人员赴英国考察当地的结核病控制工作，其间，详细了解了英国的结核病监测、诊断和治疗管理体系。省卫生厅新型医疗机构考察团赴澳大利亚考察布里斯班市马特医院和查尔斯王子医院。7 月 1 日，应省卫生厅邀请，英国皇家全科医师学会格兰特·布莱尔医师在杭州、宁波两市就中英全科医学合作项目进行工作访问。9 月，浙江省皮肤病防治研究所副所长严丽英赴日本考察和学习麻风院、村的建设和管理。10 月，温州医学院与澳大利亚迪肯大学签订了开展护理教育、科研合作，师资及学生交流活动的合作备忘录。11 月，浙江省医学科学院院长张幸赴日本参加静冈县立大学建校 20 周年庆典活动。第七届日中健康科学研讨会在日本静冈县立大学举办，浙江省医学科学院派遣副院长陈勇等 13 人参加会议。12 月，温州医学院与泰国国家科学博物馆签署开展科研、交换学者等项目的合作备忘录。

2007 年 2 月，浙江省医疗质量监控管理培训考察团一行 16 人赴德国明斯特大学医院管理中心，进行培训和实地考察，培训考察团认真听取了医院管理专家的授课，实地考察德国医院，对德国的医疗卫生体系、医院内部质量保证及安全风险、医院质量管理技术、医院人事管理、医院后勤采购管理、电子商务及物流管理等作了较为系统的了解。同年 2 月，浙江省数字化医院建设考察团赴德国和英国进行考察学习，考察团先后考察了德国的两家医院和英国利物浦威力尔医院与社区卫生服务中心联网系统。5 月，省卫生厅一行 8 人赴巴西进行考察卫生行政管理和公共卫生。温州医学院与美国俄亥俄州立大学医学院签署了学者交换与科研合作等方面的合作备忘录。义乌市中心医院和美国华盛顿、俄勒冈、加利福尼亚、阿拉斯加等地组成的“生命伴侣”急救医学专家团联合举行浙江省首次中美急救演习。6 月，美国加州大学洛杉矶分校医学院教学访问团访问浙江大学医学院附属第一医院。6 月 4—14 日，省卫生厅组织的浙江省数字化医院建设考察团一行 7 人赴加拿大和美国考察数字化医院建设情况。其间，加拿大艾尔伯塔省卫生部、艾尔伯塔省高教科技部、艾尔伯塔省经济发展部、艾尔伯塔省首府卫生局、艾尔伯塔大学医学院、卡尔加利大学医学院附属足山医院以及美国医疗卫生信息与管理系统协会下属的道伦法斯特医疗信息咨询集团、夏威夷女王医疗中心等有关负责人和技术专家，向考察团分别介绍了加拿大艾尔伯塔省、美国和夏威夷州的医疗卫生信息化建设、医院数字化、电子病历、远程会诊等情况。8月，美国约翰·霍普金斯医院的外科专家Wolfgang医生在浙江大学医学院附属第二医院手术室观摩了6台捆绑式胰肠吻合术之后，提出了中美合作开展关于捆绑式胰肠吻合术的临床研究，计划用2年的时间进行约200个病人的前瞻性随机对照研究，把这一新技术向美国医学界推广。9月，日本东京医科齿科大学熊谷贵、谷口博士访问浙江省医学科学院，开展合作项目"日本血吸虫病流行态势和对策的研究"实验室和现场工作。澳大利亚昆士兰医学研究所张文宝高级研究员、李军博士来浙江省医学科学院访问，讨论日本血吸虫分子生物学研究合作事宜。11月，浙江省人民医院与日本静冈县立综合病院签订了友好医院协议书，日本静冈县石川嘉延知事、省卫生厅副厅长杨泉森、浙江省人民政府外事办巡视员何一枫等领导出席了签约仪式。11月1日，美国哈佛医学院国际创伤与灾难医学研究所和浙江大学医学院附属第二医院合作设立全美培训项目"高级灾难医学救援"中国培训中心。

2008年，浙江中医药大学与英国格拉摩根大学签署合作办学协议，为学校英语专业的学生提供留学英国的机会，与德国墨丘利中医学院签署合作意向书，两校共同在德国建立浙江中医药大学国际教育学院教学基地，与美国安德森大学就双方护理学生互访交流达成合作意向，与以色列Reidman辅助医疗国际学院签署关于中医硕士项目的合作办学协议，与新西兰中医学院就联合培养硕士、师资培训、中医孔子学院联办等达成协议，学校国际教育学院被确定为首批"国家中医药管理局中医药国际合作基地"。3月23日，雷德曼中医学院四年制应届毕业生艾伦·马什来等19人来浙江省中医院进修中医、针灸和推拿，为期3个月。5月，应德国明斯特大学医院管理中心和挪威奥斯陆国家大学医院的邀请，浙江省医院评审与医疗质量管理考察团一行8人应邀赴德国、挪威进行为期10天的考察访问，考察团一行听取了德国明斯特医院管理中心、挪威奥斯陆国家大学医院的情况介绍，并实地考察参观了奥斯陆国家大学医院。9月6日，美国科学院院士、夏威夷大学生物发育研究所所长柳町隆造来杭州学术访问。11月17—20日，浙江省医学科学院与日本静冈县大学在杭州共同举办第八届中日健康科学研讨会，日本静冈县立大学西垣克，韩国、泰国、马来西亚相关科学家参加此次会议，会议期间，中日双方互聘客座教授。

2009年，浙江省医学会等实施"改善中国城乡贫困人群就医环境中英合作项目"，省卫生厅执行中德医疗交流项目(浙江省)合作备忘录，圆满完成第一批21名医务人员赴德培训的组织和派遣工作，启动中澳合作项目"提高应对流感大流行的应急能力"。同年，根据省卫生厅与德国德中科技交流基金会于2008年10月签署的《德中医疗交流项目(浙江省)合作备忘录》所达成的协议，第一批21名临床医生赴德国进修3个月，全部按时回国。德中医疗交流项目是由德国政府、德国科协及德中科技交流协会共同资助，德国医学会支持的国际医疗交流项目，其宗旨是促进德国医疗机构与中国同行间的医疗交流、人才交流以及学术成果交流，并协助中国各地区提升本地卫生医疗系统的技术水平、学术水平和管理水平。同年3月29

日至4月16日,英国皇家全科医师学会中国项目总代表格兰特·布莱尔医师就中英全科医学合作项目访问浙江,省卫生厅厅长杨敬会见布莱尔,并聘请布莱尔为“浙江省社区卫生服务顾问”,双方肯定了过去4年中英全科医学合作项目取得的经验和成果,交流和探讨了未来继续开展合作项目的有关设想,布莱尔在金华和丽水两地进行学术讲座和示范坐诊等活动。2009年底,浙江省卫生厅组织出访团组24批,赴埃及、南非、英国、日本、新加坡、美国、加拿大考察医疗质量管理、艾滋病防控、食品卫生监督、医疗机构创新。审核出国交流团组89批332人次,涉及医院管理、妇幼保健、社区公共卫生服务、区域卫生规划、应急管理、艾滋病防控、精神卫生法制化、食品卫生监督。邀请境外来访团组4批4人,接待法国、加拿大、美国、英国外宾12批33人次。

2010年,省卫生厅与德国有关机构开展两个合作项目——因万特奖学金(医院管理)项目和中德临床医师进修项目。根据省卫生厅与德方达成的协议,经省卫生厅选拔推荐,2010年,浙江省有2人获得因万特奖学金,按计划前往德国参加为期一年的医院管理培训。同年,根据省卫生厅与英国皇家全科医师学会签订的《合作谅解备忘录》,继续选派优秀全科医生赴英国进修,2010年共5名全科医生完成在英国的进修任务。3月,美国加州大学洛杉矶分校(UCLA)肿瘤外科主任James Steven Economou教授来浙江大学医学院附属第一医院学术交流并洽谈合作事宜。4月,世界著名高校、美国常青藤大学联盟成员布朗大学医学院院长Edward Wing教授,专程赴浙江大学医学院附属第一医院进行学术交流和参观访问。5月22—23日,美国罗切斯特大学Robert C. Griggs教授来浙江大学医学院附属第一医院参观并作了学术交流。6月,中法合作区域卫生规划项目正式启动,双方确定精神卫生和妇幼卫生作为2010年试点项目的分规划,首先在湖州地区试行。6月和9月,法国卫生部分别派遣多名精神卫生和围产期保健专家来浙江指导项目工作,双方举办了中法精神卫生规划研讨会和区域规划围产期分规划研讨会。6月4日,英国西南卫生局医学代表团Davinder Sandhu教授一行访问浙江大学医学院附属第一医院。6月和10月,省卫生厅分别派精神卫生规划交流团和围产期及妇幼卫生规划交流团赴法国进行专业访问,参加法国卫生部举办的区域卫生规划精神卫生分规划研讨会和区域卫生规划——围产期保健和妇幼卫生分规划研讨会。

2010年6月10日,世界第一家试管婴儿中心——英国伯恩霍尔生殖医学中心执行总裁Mike Mac Namee博士、质控总监Dawn Course女士一行访问浙江大学医学院附属第一医院,并进行学术交流。10月26—28日,省卫生厅、省医师协会、英国皇家全科医师学会在杭州联合举办医患临床沟通的理论与实践技巧研讨会,来自英国皇家全科医师学会的3名全科医生向200多名浙江省内的社区医务工作者讲述了与患者沟通的相关知识,全面阐述了医患临床沟通的理论与实践技巧,进行现场示范教学,并到当地社区卫生服务中心进行示范坐诊、教学等活动。10月27—29日,哥本哈根大学附属医院院长托本·佩德森率7人代表团访问浙江,省卫生厅副厅长马伟杭会见代表团,双方就医院管理理念、医疗服务、人才培养、科研发展、医院建设等进行交流,并探讨未来合作事项。代表团还访问浙江省人民医院,听取医院介绍并参观新门诊大楼、急救中心以及住院部,双方交流了各自的优势学科,并初步达成合作意向,将在院内感染 控制、消化科、医学核磁共振、微创外科、骨科等领域开展学术交流和人员培训合作。10月，省卫生厅与德国弗伦斯堡大学波罗的海国际学院签订《医疗合作意向书》。双方同意，将在中医药教学和临床、浙江医生赴德国专业培训、留学攻读学位和参加短期管理培训以及建设养老院等方面开展合作。11月8—12日，应省卫生厅的邀请，以院长卡内为团长的马里医院代表团一行29人在杭州进行临床实习。这是省卫生厅首次接待近30人规模的非洲医务工作者来杭实习。在杭期间，代表团实地参观考察浙江省人民医院、浙江大学附属第一医院和浙江大学附属第二医院，并与所在医院相关职能科室负责人进行面对面的互动与交流。12月1—5日，加拿大家庭医师学会代表团一行访问浙江。其间，省卫生厅副厅长马伟杭会见代表团，并向客人介绍浙江省在深入开展的医疗卫生体制改革，特别是社区卫生服务网络建设、全科医生培养以及就此开展的国际合作。在杭州期间，代表团访问了省卫生厅、浙江大学医学院、浙江省人民医院和杭州市北山街道社区卫生中心等，并对社区卫生服务进行深入的交流与探讨。双方商定于2010年签订合作文件，开展全科医学教学、临床技能培训等方面的交流合作。

第二节　与港澳台地区医学交流合作

浙江省与港澳台地区的医学交流原先不多，直到改革开放后逐渐增多，尤其是与台湾地区的医学交流合作增速较快，这主要跟地理区域或文化渊源密切相关。

一、与香港、澳门交流合作

改革开放后，浙江与港澳地区开始开展医学交流合作，在港澳回归、内地经济科技快速发展的推动下，浙江与港澳地区的医学交流合作的内容和形式日益丰富。1984年11月26日，浙江人民卫生实验院伏纬华、张永基赴香港红十字会商谈中草药抗癌研究。2000年10月27日至11月20日，"浙江省名中医学术交流义诊月"活动在香港地区举行。同期，首届浙江省中医药发展成就展、浙江省名医名药展在港举行，省卫生厅厅长李兰娟率领的浙江省中医代表团赴港，先后有25名中医药专家在香港进行学术交流与义诊。2002年，浙江中医学院与香港大学专业进修学院签订了进修生临床实习的合作协议。2003年3月，香港大学教授陈小章来浙江省医学科学院访问。2004年，浙江中医学院与香港中医药科技学院签订了联合培养康复学本科生的合作协议书，香港大学专业进修学院签订了联合开办中医学五年制学士学位课程合作意向书，并得到省教育厅的同意批复。8月22—28日，应香港卫生护理专业人员协会邀请，浙江省社区精神卫生考察团一行12人在港进行专业考察，并与有关精神卫生的管理人员、医生、护士进行了座谈。10月25日，省卫生厅厅长李兰娟接见香港卫生护理专业人员协会副会长、著名护理专家曹圣玉一行，就加强浙江省和香港在护理领域的合作进行了探讨。12月，由郑树森院士为团长的浙江省省级医院院长赴港考察医院管理，听取了香港医院管理局公共事务总经理陈伟莹女士关于香港医疗体制、医院管理局整体管理运作和曾耀荣财务总经理关于医院成本管理运作的介绍，并进行了交流。2007年，浙江大学医学院附属邵逸夫医院首次应邀外派管理人员到澳门镜湖医院进行长期工作指导。2月，浙江省赴港澳健康教育考察团一行10人赴香港和澳门两地考察健康教育，考察团先后考察了澳门疾病预防控制中心、香港医院管理局健康资讯天地、香港卫生署卫生防护中心、卫生署港口卫生处、卫生署长者健康服务、香港吸烟与健康委员会、红丝带中心、卫生署中央健康教育组、香港中文大学医学院健康教育与促进健康中心、香港中文大学保健处10个机构与单位。2010年，浙江省血液中心副主任虞张华等5人赴香港、澳门访问，与当地血液中心与输血志愿者机构进行交流。4月，省卫生厅应急办主任赵峰参加卫生部第七期内地—港澳卫生应急管理干部研讨班。

二、与台湾地区交流合作

20世纪90年代，两岸关系逐步改善，浙江与台湾开展医学交流合作的主要形式为民间交流合作，并以各高等医学院校与卫生社团为主。1990年，温州籍著名学者、人文大师南怀瑾先生及台湾润泰集团总裁、台湾大学教授尹衍梁博士创办"光华教育基金会"，每年向温州医学院杰出学子和学者颁发"光华奖学金"，旨在激励学子"热爱祖国、发奋图强、光大华夏文化"。至2008年，光华教育基金会向温州医学院提供54万元资助，1662名学子受益。2001年，浙江中医学院与台湾中国医药大学达成两校交流与合作的协议。2002年1月7日，台湾中山医学大学与温州医学院双方合作成立温州医学院中山视光学院，一期合作至2020年。该年起，来自台湾的高中毕业生可申请报考温州医学院，统一参加国家港澳台学生高校入学考试，合格者可进入温医中山视光学院就读，根据学习进度分别在温州和台湾完成学业。2004年，浙江中医学院与台湾辅英科技大学就双方联合举办学术研讨会，两校教师、管理人员互相进行考察交流，学生进行互访或共同举办暑假联谊，商讨共同合作研究计划，交换图书、杂志、期刊等方面达成合作意向，并签订意向书。2006年9月，浙江省护理学会学术交流访问团一行14人赴台湾学术交流，访问团历经10天，访问5个主要城市，参观5家台湾医院。2009年，省卫生厅组织浙江省医学会、浙江省优生优育协会等学术团体，与台湾地区开展医疗卫生领域的交流，组织5个代表团97人赴台湾地区学术交流，内容包括放射学交流、卫生学交流、妇幼保健和医院管理等，并为海峡两岸医学文化与发展论坛做前期准备。为配合10月在杭州举行的"首届海峡两岸医学文化研讨会"，省卫生厅组织浙江省医学学术交流团于9月赴台湾地区访问，与台湾地区相关单位洽谈建立长期合作交流关系。在"首届海峡两岸医学文化研讨会"上，浙江省血液中心与台湾地区圣宝血库、浙江省医院协会与台湾地区怡德医院管理集团签订长期合作交流协议，丰富了研讨会所取得的成果。2009年11月，根据国务院台湾事务办公室的统一安排，省卫生厅协助浙江省台办组织42名中医药专业人员组成代表团，访问台湾地区并参加海峡两岸中医药合作发展论坛。2010年，省卫生厅派遣了2批3人次参加卫生部港澳台办公室组织的代表团组赴台交流，省卫生厅与浙江省医院协会、农村卫生协会以及输血志愿者协会组织了6个代表团83人次赴台交流，内容涉及农村医疗、医院管理、输血安全、艾滋病防治等。3月25日，浙江省医学会召开第二届海峡两岸医学发展论坛暨临床医学工程信息化论坛。6月，应台湾中国台海关系研究发展协会的邀请，浙江省麻风防治协会7名理事参加了海峡两岸麻风防治新进展学术交流与合作研讨会，就两岸麻风防治行业新进展进行学术交流，探讨两岸行业发展优势互补及加强专业技术合作的途径等。

第三节 医疗援外

浙江省医疗援外从中华人民共和国成立后不久，即派员参加志愿军医疗队。1964年12月，浙江省又派出内外科医师赴非洲医疗援助。改革开放后，浙江省对非洲的医疗援助其国家越来越多，援非医疗队的人数、队伍规模不断增加，取得的成效也越来越大。

一、赴朝鲜志愿军医疗援助

抗美援朝时期，浙江省各地先后组织多支赴朝鲜志愿军医疗队。1951年4月，省卫生厅会同中国红十字会杭州市分会组织赴朝鲜志愿军医疗队手术队，共分3队。1952年1月，中国红十字会杭州市分会组织赴朝鲜志愿军护士队，队员16人，其中有浙江省立杭州高级医事职业学校52届护士班毕业生王瑛、王雪蕉、吴苏笙、孔繁荣、陈菊华、赵彩凤、王祖京等。6月，温州市赴朝鲜志愿军卫生工作队出发，队员24人。9月9日、11日，浙江省赴朝鲜志愿军卫生工作队11人离杭。1953年8月，温州专区24名医务人员组成的中国人民抗美援朝总会卫生工作委员会国际医疗服务队第八队完成任务胜利返回。1954年2月，浙江省各地医务部门开展支援赴朝鲜志愿军医疗工作，温州区组成2个手术队28人并成立一个血库，乐清、瑞安两县组织医务人员36人，成立手术、包扎和护理等组，宁波、镇海、宁海等市县组织输血队，做好援助工作。1954年12月4日，浙江省援朝医疗手术队被授予朝鲜民主主义人民共和国军功章，授奖大会在杭州举行，有17人受奖。

图79-10-3-1 浙江省立杭州医院抗美援朝医疗队出发时的欢送场景（浙江省卫生厅档案室提供）

二、赴非洲医疗援助

浙江省先后派遣医疗队和卫生科技人员赴非洲几内亚共和国、马里共和国、中非共和国、纳米比亚共和国、科特迪瓦共和国、赤道几内亚共和国，实施医疗援助和疾病防控。

1964年12月16日，浙江省派出内科、外科医师各2名赴几内亚参加援外保健。

（一）援助马里医疗队

1966年11月17日，根据卫生部统一部署，浙江省组建援助马里医疗队。1968年2月，浙江省派出以马振山为队长的22人组成的第一支中国医疗队抵达马里，在马尔格拉医院开展医疗工作。至2009年7月，浙江省派出援助马里医疗队共计21批707人，每批20～40余人，由医政干部为队长，队员有各科医务人员、翻译、厨师、司机等。每队援助时间2年，在卡地、锡加索和马尔格拉3所医院工作。第20批援马里医疗队于2009年7月工作期满。42年间，浙江省援助马里医疗队克服自然条件恶劣、工作条件简陋等种种困难，共救治病人约300万人次，开展各类手术12万多人次，包括各种肿瘤切除、内脏修补、心胸外科手术、断指再植等大手术。2010年，第21批援马里医疗队31人累计完成门诊58504人次，抢救危重病例1831人次，开展各类手术2690人次，麻醉1828人次，住院病例5194人次，检验27136人次，X线摄片和B超检查13851人次，针灸治疗16525人次。

1991年，省卫生厅厅长戴迪出访马里。副厅长喻华芝于1992年、厅长张承烈于1996年出访马里。2001年2月，厅长李兰娟等7人出访马里、中非，考察援外医疗。2003年10月2日，以副厅长杨泉森为团长的浙江省援外医疗队工作组一行6人，对中国援马里医疗队和援中非医疗队进行了为期12天的工作访问，马里卫生部长凯塔女士对工作组的到访表示非常欢迎，对中国政府的援助表示十分感谢，对医疗队的工作给予了高度评价。11月16—18日，应卫生部邀请，以卫生部长凯塔女士为首的马里卫生代表团一行8人来浙江友好访问，11月17日晚，副省长盛昌黎、省外办主任阮忠训、省卫生厅厅长李兰娟等领导会见凯塔女士一行，凯塔女士高度评价了浙江省援助马里医疗队35年来为马里人民的健康和马中友谊作出的卓越贡献，并希望与浙江省在医疗卫生领域的合作和交流不断加强。盛昌黎回顾了浙江省向马里派遣援外医疗队35年的历史，向客人介绍了近年来浙江省经济和社会发展的情况，对今后的合作寄予了厚望。代表团一行还看望了援马里医疗队老队员，拜访了省卫生厅，参观了浙江大学医学院和附属第一医院，并就马里和浙江省在医疗卫生领域的合作和交流与中方有关工作人员展开了深入而富有成效的探讨。

2006年3月24—29日，以省卫生厅厅长李兰娟为团长的浙江省援外医疗队工作组一行7人赴马里访问。其间，对援外医疗队调研慰问，针对援马里医疗队的现状和队员关心的有关问题确定了五个方面的优惠政策。2008年10月21日，中华人民共和国和马里医疗卫生合作40周年庆典活动在马里首都巴马科举行，出席庆典的有中国驻马里大使张国庆、浙江省副省长郑继伟、省卫生厅厅长杨敬、马里卫生部部长杜尔、卫生部有关司局领导、巴马科各大医院院长和中国医疗队代表，共70余人。在庆典仪式上，张国庆和郑继伟分别与马里卫生部长签署了《中国政府向马里政府无偿提供药品和医疗设备交接证书》《中国驻马里使馆向卡地医院赠送X光机交接证书》和《浙江省向马里三所医院赠送医疗设备交接证书》。与此同时，由浙江省和马里医疗专家共同创作、浙江科技出版社和马里撒哈拉出版社合作出版的《非洲常见病防治读本》法文版也在庆典仪式上隆重推出。21日下午，马里总理莫迪博·西迪贝在总理府接见了浙江省政府代表团。张国庆和马里卫生部部长杜尔等一同参加了会见。西迪贝总理高度赞赏中马40年医疗卫生合作取得的成就，总理特别指出，马里十分重视与中国在医疗卫生领域的合作，并十分感谢中方始终遵循平等相待、互相尊重的原则，持续不断地给予马方的支持与帮助。

2009年1月30日至6月10日，为贯彻落实胡锦涛主席在中非合作论坛北京峰会上宣布的援非抗疟举措，根据商务部、卫生部要求，由浙江省疾病预防控制中心寄生虫病防治所所长姚立农为组长的第七批援非抗疟专家组在马里、科特迪瓦、赤道几内亚各工作一个半月，圆满完成了疟疾防治中心组建，各种设备的安装调试，疟疾检验技术、疟疾临床治疗和疟疾预防与控制培训班的培训以及学术交流等任务。7月30日，马里政府在首都巴马科为第20批援马里医疗队举行隆重的颁奖仪式，授予浙江省第20批援马里医疗队总队长熊志明骑士勋章，授予其他30名队员雄狮勋章。颁奖仪式上，马里卫生部部长高度赞扬浙江省第20批援马医疗队为马里医疗卫生事业作出的杰出贡献。中国驻马里大使张国庆致答谢词，中国驻马里大使馆经商处参赞张友华和浙江省第21批援马里医疗队总队长尹来等出席颁奖仪式。

（二）援助中非医疗队

1977年5月28日，根据卫生部指示，浙江省组建援助中非医疗队。1978年5月，浙江省援助中非医疗队第1队16人抵达中非。1985年3月，浙江省援中非医疗队队员程纪中因抢修医院电路不幸殉职。至2010年8月17日，浙江省派出援助中非医疗队共计14队227人，每队6～18人，援助时间2年，在中非首都班吉中国援建的友谊医院等开展工作。2009年，第13批援助中非医疗队16人累计完成门诊14888人次，抢救危重病人43人次，开展各类手术483人次，麻醉342人次，住院339人次，检验3911人次，X线摄片和B超检查4499人次，药房配方10476张。2002年8月，浙江省援中非共和国第9医疗队14名队员回国前，中非共和国卫生部部长卡里特为队员颁发荣誉证书，赠送纪念品。

2002年10月，浙江省副省长盛昌黎会见来浙江访问的中非共和国卫生部部长卡里特，盛昌黎向卡里特介绍了浙江省经济和社会的发展情况，询问了由浙江组派的中国医疗队在中非的工作情况。卡里特对浙江组派的医疗队在中非的工作表示满意，并希望进一步加强该国和浙江省的交流和合作。

2003年8月22日，中非共和国公共卫生和人口部长、教授内斯托·马马杜·纳里代表共和国总统、国家元首弗索瓦·博齐泽少校在中非首都班吉友谊医院举行授勋仪式，浙江省援中非医疗队第10期队长金文伟荣获“国家一级荣誉勋章”，第10期医疗队集体荣获中非共和国荣誉勋章。内斯托·马马杜·纳里部长在授勋仪式上充分肯定了金文伟克服困难，驻守中非三年，为中非人民所作出的贡献，并对其为促进两国在医学领域的学术交流和友好合作表示衷心感谢。金文伟是杭州市第二医院放射科副主任医师，于2000年8月赴中非医疗队工作，并于2002年起担任第10期中国援中非医疗队队长。由于中非社会动荡，战乱不断，3年里，金文伟历经了4次战争，每次他都工作在最危险的第一线，保护队员们的生命安全。为了表彰他的先进事迹，中非总统于8月9日签发了总统令，授予他“国家一级荣誉勋章”，这是自1998年中国与中非恢复外交关系并续派援外医疗队后第一位被授勋的医疗队队长。

2005年9月，中非共和国洛贝耶省比萨市授予浙江省援中非医疗队“荣誉市民”称号。3年来，援中非医疗队在比萨市每月开展一次巡回医疗活动，诊治病人两万余人次。2006年4月，中非共和国总理率政府成员，出席了中非政府为浙江省第11期援中非医疗队举行授勋仪式。第 11 期援中非医疗队共 16 人在班吉友谊医院工作整整两年,在经历多次政局动荡,克服气候炎热、疾病肆虐、生活艰苦等诸多困难的情况下,克服困难,坚守岗位,圆满完成了援外任务。中非总理代表共和国博齐泽总统,向队长赵高高、翻译蒋益华和嵇克建、洪巧银 4 人颁发了共和国军官勋章,向其余 12 人颁发了共和国骑士勋章。中国驻中非何泗记大使、经商处李晶参赞、中非政府各部长、班吉市卫生局、友谊医院全体工作人员和医疗队全体队员参加了授勋仪式。2007 年 8 月 30 日至 9 月 6 日,以绍兴市卫生局局长宋梅玉为团长的浙江省援外医疗队工作组一行 8 人在中非共和国访问,考察援外医疗。

2010 年 8 月 20 日,为表彰浙江省第 13 期援中非医疗队对中非人民健康和中非国家医疗卫生事业发展作出的贡献,中非总统博齐泽亲自签发授勋令,授予全体 16 名队员"中非国家荣誉勋章",并举行隆重的授勋仪式。

(三)援助纳米比亚医疗队

1996 年 4 月 14 日,根据卫生部指示,浙江省派遣第一支援助纳米比亚医疗队。1996 年 4 月至 2010 年 5 月,浙江省派出援助纳米比亚医疗队共计 8 队 32 人,每队 4 人,援助时间 2 年,在纳米比亚首都温得和克的卡图图拉医院工作。2009 年,第 7 批援助纳米比亚医疗队累计完成门诊量 6005 人次。

2007 年,纳米比亚总统萨姆·努乔马(Sam Nujoma)将他的自传《坚定不移》送给浙江第 2 支援纳米比亚医疗队队长骆燕宁,并在扉页上题:To doctor Luo Yanning with revolutionary greetings.(向骆燕宁医生致以革命的敬礼。)Sam Nujoma, 20th October, 2007。7 月 21 日,以省卫生厅副厅长杨敬为团长的浙江省卫生代表团一行 6 人进行为期 12 天的纳米比亚和南非的访问,考察援外医疗。

2008 年 7 月 2—5 日,应卫生部邀请,纳米比亚卫生部副部长海因古拉女士一行 5 人访问浙江,3 日上午,省卫生厅厅长杨敬在省卫生厅会见海因古拉副部长一行。杨敬向海因古拉副部长一行介绍了浙江省经济社会发展现状和卫生事业发展概况,总结并肯定了浙江省与纳米比亚已经开展的卫生合作项目,同时希望双方能够进一步深化友好合作关系。海因古拉女士感谢浙江省提供的医疗援助,特别是 2007 年向纳方赠送了 3 辆救护车。她对浙江省在经济建设和卫生领域所取得的显著成就表示祝贺,代表团将学习浙江的成功经验并应用于纳米比亚卫生事业建设和发展。在杭期间,代表团访问了浙江省中医院、正大青春宝药业有限公司以及浙江残疾儿童康复中心,并与浙江省上一批援纳医疗队队员见面叙旧。

2009 年 9 月 20 日至 10 月 1 日,以省卫生厅副厅长王国敬为团长的浙江省卫生代表团一行 6 人赴纳米比亚看望并慰问浙江省援外医疗队员。访问期间,工作组拜访了中国驻纳米比亚大使,交流了大使馆对浙江省医疗队工作的意见和建议,拜访了纳米比亚卫生部部长卡姆维及常务秘书,听取了纳方关于该国卫生状况的介绍和对中纳卫生合作项目现状的评价及意见建议,参观了医疗队工作的卡图图拉医院,召开了援外医疗队队员座谈会等。

（四）中国政府表彰

1988 年，卫生部在北京举行纪念全国援外医疗队派遣暨表彰大会上，省卫生厅获卫生部颁发的“全国援外医疗队管理先进单位”。1993 年，全国派遣援外医疗队 30 周年纪念暨表彰会上，浙江省援中非医疗队第六期被评为全国援外医疗队先进集体。1998 年，温州医学院、浙江大学医学院附属第一医院获得“浙江省援外医疗工作先进集体”称号。

2003 年 9 月 9 日，省卫生厅召开“浙江省派遣援外医疗队 35 周年纪念暨表彰大会”，回顾总结了自浙江省第一批医疗队奔赴马里工作以来 35 年的援外工作成就，并表彰为援外医疗事业作出突出成绩的先进集体和个人。卫生部国际合作司副司长李万山，浙江省外事办副主任王晓峰，省卫生厅厅长李兰娟等参加大会并讲话，各市卫生局、医学院校、省级医院代表和历任医疗队长、队员代表及家属代表进行了座谈和经验交流。2003 年，浙江省获全国援外医疗队先进集体奖 1 个、先进个人奖 4 个。

2008 年 12 月 26 日，浙江省派遣援外医疗队 40 周年纪念暨表彰大会在省人民大会堂隆重举行，副省长郑继伟出席了大会，并为先进集体和先进个人代表颁奖。省卫生厅厅长杨敬出席会议并讲话，省外办、省发改委、省财政厅、省人事厅有关领导出席了会议。会上宣读卫生部《关于表彰援外医疗工作先进集体和先进个人的决定》，省卫生厅和由浙江省派遣的第 18 批援马里医疗队被评为“全国援外医疗工作先进集体”，骆燕宁、章正会、陈建民、徐熙善被评为“全国援外医疗工作先进个人”。会议表彰了近 5 年来浙江省援外医疗工作中涌现出的先进集体和先进个人，第 6 期援纳米比亚医疗队、杭州市卫生局等 10 个先进集体以及单子昂等 16 名先进个人受到了表彰。会上先进集体和先进个人的代表分别介绍了援外医疗队在受援国艰苦的条件下，冒着传染病、战乱等各种风险，克服困难，忘我奉献，全心全意为受援国人民服务的先进事迹。

2009 年 2 月 13 日，中共中央总书记、国家主席胡锦涛在马里访问期间，专门赴中国援马里医疗队总队驻地卡地，亲切接见浙江省派遣的第 20 批援马里医疗队全体 31 名医疗队员。胡主席对医疗队员给予高度评价，他说：“你们不远万里来到马里，以精湛的医术和崇高的医德，竭诚为马里人民服务，赢得了马里政府和人民广泛赞誉，为国增了光。我代表党、政府和祖国人民，向你们表示衷心的感谢和诚挚的慰问！你们不愧为救死扶伤的白衣天使，是增进中马友谊的友好使者。”全体队员表示，决不辜负主席的殷切希望，不负重托，不辱使命。胡主席还参观了医疗队驻地，并关切地询问队员的工作和生活情况，嘱咐队员们要保重身体，队员们备受感动。

2010 年 3 月 28 日，全国政协主席贾庆林率团访问纳米比亚期间，接见了浙江省援纳米比亚医疗队队员，听取了医疗队的工作汇报，对医疗队的工作给予充分肯定和高度评价。他说：“医疗队的工作非常有特色、有意义，我代表党和国家感谢你们。”他鼓励队员继续努力，为中纳友谊作出贡献。

第十一章 政策法规

春秋时期,越王句践(约前520—前465年)为复国实施养老慈幼、抚孤疗疾的政策。南宋绍兴十三年(1143年),朝廷下令在浙江钱塘、仁和等地开设养济院、安济坊,每有病人,给药医治。民国时期,政府颁布《浙江省各县各级卫生组织大纲》《卫生法令辑要》等。中华人民共和国成立后,浙江省委、省政府及省卫生厅颁布了一系列卫生政策法规,引领医疗卫生事业发展,调整医疗卫生行业结构,规范医护人员服务行为,对浙江省医疗卫生事业发展、繁荣,保障人民群众健康起到重要作用。

第一节 古代卫生政策法规

北宋以前,历代朝廷颁布的卫生政策法规甚少,疫病的防治大多依朝廷诏令,遇事颁行,事过而终。两宋以来,逐步构建常设医药济民机构,如施药局、安济坊、慈幼局,设置翰林局医科、州县医学署,颁布医药卫生法令。南宋时期,浙江借中枢之地利,获益甚多。

一、宋代及其以前卫生政策法规

与浙江有关的古代卫生政策法规,最早为春秋时期的越王句践令,最多为南宋时期,且门类较齐、条款详密。春秋时期,《国语·吴语》记载,越王句践令:“越国之中,疾者吾问之,死者吾葬之,老其老,慈其幼,长其孤,问其病,求以报吴。”东汉元初六年(119年)夏四月,会稽(今绍兴)大疫,遣光禄大夫将太医循行疾病,赐棺木,除田租、口赋(《后汉书·安帝纪》第五)。齐永明九年(491年),都(今南京)下大水,吴兴(今湖州)偏剧,萧子良(齐武帝次子,竟陵郡王、尚书令兼扬州刺史)开仓赈济贫病不能立者,于第北立廨收养,给衣及药(《南史书·列传》第二十一)。唐宝应元年(762年)十月,代宗下诏:“浙江水旱,百姓重困,州县勿辄科率,民疫死不能葬者为瘗之。”[①]唐大和六年(832年)五月,浙西观察使丁公著奏杭州八县灾疫,赈米七万石。文宗诏:“如闻诸道水旱害人,疾疫相继,宵旰罪己,兴寝疚怀。今长吏奏申,札瘥犹甚。盖教化未感于蒸人,精诚未格于天地,法令或爽,官吏为非。有一于兹,皆伤和气。并委中外臣僚,一一具所见闻奏,朕当亲览,无惮直言。其遭灾疫之家,一门尽殁者,官给凶器。其余据其人口遭疫多少,与减税钱。疫疾未定处,官给医药。诸道既有赈赐,国费复虑不充,其供御

① 〔北宋〕欧阳修、宋祁:《新唐书·本纪第六》。

所须及诸公用，量宜节减，以救凶荒。”①

北宋淳化三年（992 年）十一月，禁两浙诸州巫师。太宗诏令：“两浙诸州先有表绯裙、巾单、执刀吹角称治病巫者，并严加禁断，吏谨捕之。犯者以造谣惑众论，置于法。”②这条诏令虽针对两浙地区，却是史书记载中国最早的禁止巫师治病的法令。天圣元年（1023 年）十一月，仁宗诏：“禁两浙、江南、荆湖、福建、广南路巫觋挟邪术害人者。”③《宋史·本纪第十九》记载：崇宁元年（1102 年）八月，置安济坊，养民之贫病者，仍令诸郡县并置。元祐四年（1089 年），苏轼“拜龙图阁学士，知杭州。既至杭，大旱，饥疫并作。轼请于朝，免本路上供米三之一，复得赐度僧牒，易米以救饥者。明年春，又减价粜常平米，多作饘粥药剂，遣使挟医分坊治病，活者甚众。轼曰：杭，水陆之会，疫死比他处常多。乃裒羡缗得二千，复发橐中黄金五十两，以作病坊，稍畜钱粮待之”。④ 大观年间（1107—1110 年），浙江山阴（今绍兴）籍太医裴宗元、提举措置药局陈师文，受敕校订北宋官药局所收集的药方，编制成世界上最早的国家药典《和剂局方》，并颁行全国。⑤

南宋绍兴年间（1131—1162 年），恢复医学科考试。《宋史》记载：“绍兴中，复置医学，以医师主之。翰林局医生并奏试人，并试经义一十二道，取六通为合格。”⑥南宋绍兴六年一月，高宗诏：“熟药局及和剂局令临安府差拨兵级巡防，为和剂局十一人，卖药局各四人。熟药四所逢单双日轮流营业或休业，营业时出售成药与汤药，休业时结算前一天卖药钱，并将卖得药钱五日一次送纳药材所购买药材，剩下的现钱缴纳杂买务。今后交拨到熟药虚称阙绝者，并从太府寺觉察，从杖一百科罪。”十月，高宗诏：“撰合假药，假造贴马、印记冒充官药售卖，并依伪造条法惩处。同日，诏，熟药所和剂局监专公吏轮留宿直。遇夜，民间缓急赎药，不即出卖，杖一百。经时乃坐，许诸色人经部越诉。”⑦

南宋绍兴十三年（1143 年）十月，宋高宗准臣僚之请，钱塘、仁和两院，踏逐近城寺院充安济坊，籍定老疾贫乏不能自存及乞丐的人。十月十四日，宋高宗准臣僚及户部所言：“临安府并诸路常平司，对老疾贫乏不能自存及乞丐的人，依条养济。每有病人，给药医治。如奉行灭裂违例，即仰按治，依条施行。”自十一月一日起，支常平钱米每名日支米一升、钱十文、小儿半之。次年二月终。院方对抚养人员的粮食、生活费和日用品都作出详尽规定。是年秋，临安更有老疾孤害贫乏，不能自存者，州县陈请于朝，即委钱塘、仁和县官，以病坊改作养济院。籍家姓名，每名官给钱米赡的。只有养济院收容路途病人，旅店不能客留者，轮差医生诊治，疾病愈后，再给钱米遣还乡里。政府对养济院的医生和管理人员订有奖惩条例，并置官经常检查。其时，吴山金龙阁，阁外添造济人堂，专舍材施药。差医生一人专门医治，熟药所供给汤

---

① 〔后晋〕刘昫：《旧唐书·本纪第十七》。
② 〔元〕脱脱等：《宋史·本纪第五》。
〔宋〕范质、谢深甫等：《宋会要·刑法》。
③ 〔元〕脱脱等：《宋史·本纪第九》。
④ 〔元〕脱脱等：《宋史·列传第九十七》。
⑤ 《最早的国家药局方——〈和剂局方〉》，《亚太传统医药》2006 年第 2 期。
⑥ 〔元〕脱脱等：《宋史·志一百十·选举三》。
⑦ 〔清〕徐松：《宋会要辑稿·职官二十七》，中华书局 1957 年版。

药，宋高宗诏令各地遵照施行。此外，当时地主官绅也有个人出资建立病坊，从事慈善事业。《宋史·本纪》第三十记载，绍兴二十一年二月乙卯，诏诸州置惠民局，官给医书。绍兴二十一年闰四月二十六日，宋高宗准臣僚言，诏令："诸囚在禁病者，官给药物医治，大理寺医官二员轮日宿狱。"

南宋隆兴元年(1163年)，省并医官而罢局生，续以虞允文请，依旧存留医学科，逐举附试省试别试所，更不置局，权令太常寺掌行。同年，孝宗诏："和剂局所管贵重药材不许偷窃，由监官、亲事官提检罪责，局内若有缘事入局滥用药物时，许人告发，告发者赏钱二十贯，监官不觉察者同罪。"乾道元年(1165年)，养济疾孤展至四月终，恐病者未愈，至七月终，食新方行住支。同年，孝宗令太常寺"考校翰林医官艺术……绌其艺不精者二十二人"。二月，孝宗从中书门下请，诏："临安府见行赈济饥民，访闻其间多有疾病之人，窃虑阙药服饵，令医官局于见赈济去处，每处各差医官二员，将病患之人诊视医治，其合用药，于和剂局取拨，仍日具医治过人并用过药数，申尚书(省)。"五月，孝宗诏："临安府(今杭州)内外有全家患病贫民，令本府差官抄札，予放房钱一月，毋致失实作弊。"

南宋乾道元年(1165年)四月二十二日，宋孝宗从中书门下省请，诏曰："两浙州军去岁水涝，流移缺食人颇众。朝廷措置赈粜，存济甚多。比因疫气传染，间有死亡，深可怜悯。可令行在翰林院差医官八员遍诣临安府城内外，每日巡门体问看诊，随证用药，其药令户部于和剂局应副。在外州军亦仰依法州委驻泊医官，县镇选差善医的人，多方救治。"同日，又诏："临安府城内外见今养济饥民，已降指挥展至四月终。访闻其间多有疾病、残废等人，深虑难以一概便行住罢。令姜诜、薛良朋、韩彦古同本府通判、漕司属官各方一员，遍诣散粥及病坊去处，公共措置，躬亲拣点，将委实疾病残废、癃老羸弱、鳏寡孤独不能自存、见在病坊的人，更展限半月，给散粥药养济。"

南宋乾道年间(1165—1173年)，朝廷对州县医生的考试任职作规定："诸州职医阙，迁助教。助教阙，于本州岛县医生内选术优效著者充。无其人，选能者比试，虽非医生听补……诸职医助教、医生，艺业不精，治疗多失者，长吏验实，听行别补。"当时，浙江余杭医学署在县境新图，昌化县医学署在县城西面约百步距离，宁波有翰林祇候一员驻泊。乾道二年，太府少卿葛洪奏惠民五局以伪药给卖。孝宗诏令监官处罚，或降资一级，或磨勘二年。同年，"东宫医官杜辑除名"。乾道三年，罢局而存御医诸科，后更不置局而存留医学科，令每举附省闱别试所解发，太常寺掌行其事。乾道六年四月，孝宗下诏："自今宰执使相侍从等不许奏试医人，其已奏试中人不得作有官司人取诸路转运司文解。"

南宋淳熙十四年(1187年)一月，孝宗诏："军民多有疾病之人，可令和剂局取拨合用汤药，分下三衙并临安府，各就本处医人巡门俵散。"二月，浙西提举官罗点上奏说："本路州县，疫气大作，居民转染，多是全家病患，臣罗点遂就(和剂)局修制汤剂给散，选官监督各州职医巡门，置历抄病患人数，逐一医治，日具痊可人数，供申本司。"孝宗阅后下诏令执行。淳熙十五年九月，孝宗诏：因近年来医官少精方脉，可自来年为始，令内外州县白身医人，各召文武臣选入医官一员，委保具状，经礼部陈乞，于省试前一年附诠试场。随科目试义一场三道，以二通为合格，就本所拆卷，出给公据照会，赴次年省试场。另诏："今后特补许有司执奉不行，其臣僚已奏试医人更不收试，仍仰礼部太常寺更参照太医局试补旧法条具尚书省取旨。”淳熙十五年，命内外白身医士，经礼部先附铨闱，试脉义一场三道，取其二通者赴次年省试，经义三场一十二道，以五通为合格，五取其一补医生，俟再赴省试升补，八通翰林医学，六通祗候，其特补、荐补并停。绍熙二年（1191 年），复置太医局，铨试依旧格。其省试三场，以第一场定去留，墨义、大义等题仿此。同年，局生以百员为额，馀并依未罢局前体例，仍隶太常寺。①

南宋庆元元年（1195 年），宋宁宗诏曰：“闽浙、淮南、江东路歉、诸州收养遗弃小儿。”嘉泰三年（1203 年）十一月十一日，宋宁宗发布南郊赦文：“临安府仁和县、钱塘县及诸州县养济院每岁收养流寓乞丐要严加检察，须照应条令，从实根括。不得纵容作弊，将强壮有行业住家的人，违法冒滥，支给钱米，而委实老疾孤幼贫乏乞丐的人，正当存恤漏落，致失朝廷存恤的意。时访闻州县养济院违法收养乞丐，往往将强壮慵惰及有行业住家的人计嘱所属，冒滥支给，其委实老疾孤幼贫乏的人，不沾实惠。故重颁赦文，并强调如有违戾去处，提举常平司觉察，按治施行。”

南宋嘉定二年（1209 年）四月，监行在登闻检院陈孔硕等言：“承降指挥，置（局）修合汤药，给散病民。其间请药之人，类皆细民，一染疫气，即便废业，例皆乏食。其间亦有得药病愈之后，因出求趁，再以劳复病患，委是可悯。已具申朝廷，蒙给降会子二千贯、米一千石，除已措置支散外，所存不多，又有增添患民，必是支散不敷。乞照元申尽数给散钱、米，下局接续支散。”宋宁宗诏：“令封桩库更支降会子三千贯，丰储仓取拨米二千石，接续支散，毋得漏落泛滥。”绍定六年六月，萧山竹林寺寺僧静暹（晓庵）禅师治愈理宗皇帝赵昀的皇后谢道清的重病，因“有功掖庭”，理宗赵昀赐封他为“医王”，并作诰曰：“种德种杏，寿国寿人，朕惟赐额晓庵、药室，敕寺惠济，乃祖乃师，尔徒尔孙，建王十世，俾寿千春。”

南宋绍定九年（1236 年），宋理宗诏令临安府（今杭州）创慈幼局收养道路遗弃初生婴儿，仍置药局疗贫民疾药。淳祐七年（1247 年）十二月，有旨令临安府并屋为慈幼局，一应遗弃小儿，民间有愿收养者，月支钱一贯、米三斗，尽三岁止。其无人收养者，官为雇请贫妇，就局乳视，惟谨续有愿子的者，从官请仍给钱米如式。淳祐八年五月，有旨令临安府尹赵与篙，以民间盛暑，病者颇多，因创局制药，命职医分行巷陌，诊视与药，月为费数万，多所治疗。淳祐九年一月，旨准临安府尹赵与筹请，给官田 500 亩，命临安府创慈幼局，收养道路遗弃初生婴儿，仍置药局，疗贫民疾病。慈幼局在戒子桥西施药局侧，官给钱典顾乳妇，养之。月给钱米绢布，使其饱暖，养育成人，听其自便生理，官无所拘。淳祐十年二月，“得旨降钱十万，令多方措置，以赏罚课医者究心医诊。后，都民多赴局请药，接踵填咽，民甚赖之”②。

二、元明及清代早中期卫生政策法规

元明清三朝，医药济民机构、官府医学署、医药卫生法令多承南宋旧例。元大德七年（1303 年），官府拨中统钞本 50 锭，每月规运息钱中统钞 1 锭 25 两，责付庆元路惠民药局的主

---

① 〔元〕脱脱等：《宋史·志一百一十六·职官三》。

② 〔南宋〕陈仁玉等：《淳祐临安志》。

医，修合药饵，惠济孤老病民囚，并发各州县给散。惠民药局承办乡贡药品，规定慈溪县、鄞县各15斤干山药，鄞县骨碎补10斤，由提领赴省衙交纳。

明嘉靖三十二年(1553年)，倭寇大举侵入浙东和江南等地，朝廷命戚继光等入浙御寇。戚继光从浙江义乌募兵，据戚继光《练兵实纪》记载："凡各兵遇有疾病，本日同伙即报本队长，队长亲看缓急，报赴哨官，哨官报本总，本总即日报本府，以凭批医治疗。遇在本戍，本府亲诣赴视……凡报病者，不论大小衙门，启闲冗暇，即时报入。如有人把门阻拦，及将官施行迟误者，罪坐所内。报病迟过一日者，罪在报迟之官，如因迟报致病身死者，究其迟误之人以军法。"明万历四十四年(1616年)，余杭县城瘟疫大作，知县戴日强开局施药救治，设医室于城内外，分立四处，各乡随地设立，令医生置剂调治，民称便焉。

清康熙二年(1663年)，御史姚延启奏：江浙等省，有狱卒苛索不遂，创为木笼，上下分数层，纳囚其中，不能屈伸，天时炎暑，秽气熏蒸，转成疫疠，多致监毙，请敕部严禁。上从之。康熙六年，嵊县疫病四起，知县张逢欢延医施药，用寅宾馆作药局。康熙十年夏，杭州府旱，大疫。浙江总督刘兆麒择名医设药局于(杭州)佑圣观，自八月至九月，活人无算。康熙十年，衢婺(浙江衢州金华)疫病流行，守道梁万骥设局治疫，由名医张友英主持。康熙十一年，湖州知县侯元诺棐设药局。康熙二十二年夏六月，余杭县民苦骄阳，多生疵疠。知县龚嵘开设药局三所，各就医生药室，择儒医沈土璋、许懋庚、吴培宗施药调治，民称便焉。远近大小男女，日奔赴者千余人，捐置药赀俸银四百两，邻邑百姓，就疗日多。康熙二十九年，山阴县(今绍兴)设药局。康熙六十一年，衢州府协镇马璘倡议办育婴堂保护弃婴。乾隆五年(1740年)，诸暨知县秦襄设惠民药局施医，监生赵骧捐田十亩九分作为局址。后被他人占据，经赵氏后裔追回，改为牛痘医局。乾隆三十年，缙云知县令狐亦岱建卫生堂，地处县城北门，有屋五房，募捐三百金生息购药物，免费医治过路病人。

第二节　近代卫生政策法规

清咸丰年间(1851—1861年)，左宗棠入浙巡抚，施行的医药济民、扶弱抚恤、种痘防疫等措施颇为得力。民国时期，受工业化潮流的影响，政府对经济社会的管理日趋常态，行业法律法规竞相出台。其时，浙江颁布的卫生政策法规的重点是省市县卫生组织章程、中西医院诊所和中西医药从业人员规范、抗日战争时期防疫检疫制度、公共卫生规章等。

(一)机构职事

民国13年(1924年)9月，浙江省政府颁布《浙江临时赤十字病院简章》，阐明设置浙江临时赤十字病院以救护"江浙战争"战时伤兵及作战区域受伤人民为宗旨，以战事发生为开始，以战事终了，伤病治愈为结束，拨借省会杭州旧贡院前第一中学校校舍充之，俟战事终了即行缴还，战地分院遇有必要时临时设置，开办费除各慈善家捐集外，请求本省长官量予补助，成立救护队分赴各战地救护受伤军民，必要时得于各地设立妇孺收容所。

民国23年(1934年)4月26日,杭州市政第135次会议议决通过《修正杭州市立病院附设护士科简章》。《简章》要求:杭州市立病院为养成护士人才起见附设护士科,修业年限3年,第3年为实习期间,志愿投考者为女性,30岁以下17岁以上,体格强健康,无不良嗜好,初中毕业后,有同等学力者,入学者须经考试和体格检查,考取入学者须填具志愿书,并觅本市人士填具保证书,缴纳保证金20元,毕业时发还,在学学生概由市立病院供给膳宿、讲义及制服。学科为解剖生理学、实用护病学、药物学、饮食学、绷带学、急救疗法、卫生学、内科儿科学概要、产妇科学概要、眼耳鼻咽喉科学概要、皮肤花柳科学概要、精神病学概要、英文等。每一学年分为两学期,以8月1日至次年1月30日为上学期,2月1日至7月31日为下学期,考试分学期考试、学年考试、毕业考试3种,学年考试及格方得升级,毕业试及格由杭州市立病院给予护士毕业证书,学期、学年考试优异者酌给奖金,怠于学业,致学年考试不及格者,得令留级一次,如违犯市立病院规则或操行失检者,轻者记过,重则令其退学,并追缴退学以前全部膳宿讲义及制服等费,没收其保证金。学生除星期例假外,无寒暑假,在学习期间,非有特别事故经院长许可,不得借故退学,违者追究退学以前全部膳宿讲义及制服等费,并没收其保证金。

民国25年(1936年),杭州市政府公布《修正杭州市卫生委员会章程》。阐明设置杭州市卫生委员会为谋杭州市卫生事业的发展和卫生行政实施的便利,以杭州市市长、卫生科科长、公安局局长和各分局长、各区长、各法团代表为当然委员,另聘杭州市区领有部证的开业医师,热心地方公益人员4～6人为聘任委员。委员长1人,由各委员公推,常务委员3～5人。委员会职责:(1)筹议全市公众卫生应行设计事项。(2)规划全市公共卫生经费事项。(3)督促并协助各项卫生行政实施事项。(4)调查全市人民病类事项。(5)搜集一切卫生统计材料事项。(6)并于杭州市政府交议或咨询事项。委员会各项议决案经市政府核准后,交由本会分别执行。委员会每月工作造具详细报告杭州市政府,转呈民政厅查核,如遇有必要事,得另组特种委员会处理。

民国29年(1940年),浙江省政府颁布《浙江省各县乡镇公立卫生所设置办法》,对本省各县捐资设置的乡镇公立卫生所,予其称谓、董事会设置及任务、经费物资筹集、卫生所设置及任务等厘定11条规定。5月18日,民国政府行政院颁布《浙江省各县各级卫生组织大纲》3章12条,规定浙江各县为改善全县卫生,增进居民健康,依县各级组织区域设置县卫生院、区卫生分院、乡(镇)卫生所、保设卫生员。县卫生院隶属于县政府,兼受省卫生处之指导,办理全县卫生行政及技术事宜。县卫生院职掌:(1)拟具全县卫生事业计划。(2)承办全县卫生行政事务。(3)造报全县卫生经费预算及决算。(4)指导视察并协助各卫生分院及卫生所技术及设施事项。(5)训练初级卫生人员。(6)实施医疗工作。(7)推行种痘及预防注射并办理关于传染预防及遏止事项。(8)办理全县学校卫生及妇婴卫生。(9)改善全县环境卫生及街道房屋清洁事项。(10)管理全县医药事项。(11)办理全县生命统计。(12)研究及防止全县地方病。(13)编制卫生宣传材料并推广民众卫生急救知识。(14)办理其他有关卫生事项。县卫生院应设门诊部及有20～40张病床的病室,办理门诊治疗、住院治疗、巡回治疗等,除直接诊治病人外,并收治各卫生分院及卫生所转送病人。在传染病流行时,得设传染病室实行隔离治疗。其后,浙江省政府颁发《浙江省各县办理卫生行政规则》,对浙江各县及境内抗日游击区的各级卫生机构设置、设备标准、卫生经费、人员任用、会计事务、行政事务、规划实施等厘定22条规则。

民国29年(1940年)6月21日,民国政府行政院颁布《浙江省卫生处组织大纲》12条,明确设置浙江省卫生处,隶属于省政府,掌理全省卫生事务,卫生处处长列席省政府委员会议,卫生处承办省政府一切关于卫生政令,卫生处得设省立医院、卫生试验所、初级卫生人员训练所、卫生材料厂及其他卫生机关,卫生处对于县卫生院、市卫生局(或卫生事务所)负监督指导之责。其后,浙江省政府颁发《浙江省卫生处组织规程》,确定浙江省卫生处下设秘书室,掌理机要及审核统计人事事项。第一科,掌理医事行政事项。第二科,掌理保健行政事项。第三科,掌理防疫行政事项。第四科,掌理总务及不属于其他科室事项。会计室,掌理税计、会计事项。① 浙江省卫生处成立后,颁布《浙江省省会卫生事务所规程》8条,规定事务所直隶于浙江省卫生处办理省会卫生事务。下设第一课,常理保健及防疫事项;第二课,掌握医政及调查统计事项;第三课,掌理人事、文书、出纳、杂务及不属其他各课室事项;诊疗室,掌握诊疗及救护事宜;会计室,掌理税计、会计事项。10月10日,浙江省卫生处编制出版《卫生法令辑要》。

(二)医政药业

清咸丰十一年(1861年)末,左宗棠入浙,任浙江巡抚,请浙江钱塘富商丁丙筹集赈抚资金,在杭州拓地20多亩,建100间房屋,用作医药局、接婴堂、恤灾所等。同治三年(1864年),左宗棠捐买杭州芝松坊佑圣观巷张氏宅为善后局,并设布施医药的机构。同治五年,左宗棠又捐廉四千金,建同善堂,请丁丙掌管一切医药慈善工作,医药局每天医治1000多人,对贫困者施医施药。施材局施给贫困及旅客棺木,掩埋局每年收葬尸体3000多具。同治六年,左宗棠又设牛痘局,每年有1000多人前来种牛痘。

民国19年(1930年)8月29日,浙江省政府委员会议制定《浙江省管理零售药商暂行规则》十三条,9月6日浙江省民政厅发送各县市政府施行。该《规则》认定凡沿途或设摊零售的药商,依本规则管理,凡零售药品须呈该管地方卫生行政官署申领营业执照。零售药商不论设摊或沿途兜售,均须携带营业执照,以备责查验,零售药商不得贩卖春药及违禁药。零售药商所犯事项如有涉及刑事时,送由司法机关依法办理。同年,杭州市政府颁布《修正杭州市政府管理国医规则》二十条,规定凡经杭州市政府核给执照,准许在杭州市区内执行业务的国医均照本规则管理。国医应每年1—4月向杭州市政府卫生科呈验开业执照,申请登记,逾期不申请登记者,虽领有开业执照,不得执行国医业务,并不得接受任何机关的国医聘请书,违者处15元以下的罚金。国医迁移营业地点,应于迁移后15日内申请执照补记。国医不得为人堕胎或用非法行为牟取不正当利益,违者送请司法机关办理,并撤销其开业执照。国医不得无故拒人的召请,违者处10元以下的罚金,其应人召请而故意延迟者,亦同。国医诊断传染病患者,除令速入传染病院或隔离病舍治疗并指导消毒方法外,应立即报告杭州市政府卫

① 《浙江省卫生处组织规程》,浙江省档案馆档案号L029-004-0206。

生科查核。国医不得擅用西药或以听诊器、注射器等为人治病，违者送请司法机关办理，并撤销其开业执照。国医诊所应受杭州市政府卫生科人员的检查，不得拒绝，违者得查核情形，分别罚办。同年，杭州市政府颁布《修正杭州市医院注册给照规则》，称凡在杭州市公、私立医院均应一律遵守，就医院呈请注册、换领医院执照、变更管理换照、逾时或未经呈请执照者惩处等厘定12条规则。同时，杭州市政府颁布《修正杭州市政府发给医师、药师、助产士开业执照暂行规则》，就杭州市区内执行业务的医师、药师、助产士申请或核补执照的资格、程序、必备资料，复业或迁移者执照备案，歇业或死亡者执照注销，遗失或损毁者执照补给，每年一次呈验执照等厘定15条规则。同年，杭州市政府颁布《修正杭州市国医审查委员会暂行简章》16条，宗旨为慎重国医开业。国医审查委员会隶属于杭州市政府，杭州市政府卫生科科长、卫生科第一股主任为当然委员，另聘杭州市区内医学精湛、经验宏富的21名国医，共同组织；设5名常务委员，处理日常事务，指定杭州市政府卫生科科长为常务主席。审查科目为内科、外科、儿科、妇科、喉科、眼科、伤科、针灸科。审查分笔试、口试两种，笔试及格，得应口试。口试及格由委员会申请发给执照。第一届不及格者准予第二届再行申请审查，但以3次为限。

民国23年(1934年)4月26日，杭州市第135次市政会议议决通过《修正杭州市立病院章程》13条。《章程》确定杭州市立病院直隶于杭州市政府。市立病院下设事务股、医务股、药务股。事务股掌理：(1)撰拟文牍，收发文件，保管印信、卷宗、图书等事项。(2)出纳款项，保管契据、编制预算决算、清册、计算书等事项。(3)管理病房、厨房暨日用器物的购备修理及保管等事项。(4)监督院役清洁院等事项。(5)病人入院、出院的登记及收费等事项。(6)编制刊物事项。(7)不属其余两股的事项。医务股掌理：(1)内科门诊及住院病人治疗事项，妇科、小儿科健康检查及预防接种均属此范围。(2)外科门诊及住院病人的治疗事项，皮肤科、花柳科、眼科、耳鼻咽喉科均属此范围。(3)普通内、外科例行检查事宜，如血色素测验血球，检查痰及大小便等。(4)护士的调查事项。(5)编制病人统计分类的表册事项。(6)娼妓健康查验及花柳病预防事项。药务股掌理：(1)调剂、制剂事项。(2)药品制定试验事项。(3)编制药品出纳表册事项。(4)卫生材料调制器具事项。市立病院院长1人，事务员4人，内、外科主任各1人，住院医师1人，住院助理医师5人，调剂员3人，护士生18人。市立病院为便利市民就近治疗，于拱埠、江干酌设分诊所，定名为杭州市立病院城北或城南分诊所，其职员由杭州市立病院各职员兼任或另行补充。市立病院诊疗病人分收费、免费两种。贫苦病人免费诊疗，病人免费额每日门诊暂定120名，住院暂定20名，额满不收。同年，杭州市第135次市政会议议决通过《修正杭州市立病院收费规则》5条。《规则》确定杭州市立病院诊疗收费：(1)门诊号金，初诊铜圆10枚，复诊铜圆5枚，亦贫者免缴。(2)拨号号金，每证小洋2角。(3)特别号金，每证小洋6角，但贫苦急症免收。住院收费：(1)一等病房，每日大洋3元。(2)二等病房，每日大洋1.5元。(3)三等病房，每日大洋3角。药剂收费：(1)普通药剂，每日2角。(2)注射科及贵重药剂，照原价收费。手续费另定。同年，杭州市第135次市政会议议决通过《修正杭州市立病院门诊规则》6条。《规则》确立病人初次来院就诊，应先向挂号处领取就诊券，并付号金铜圆10枚，复诊时付号金5枚，如属施诊者，亦应挂免费号，复诊时均须随带原券,仍向挂号处挂号。上午9—12时、下午2—5时为门诊诊疗时间,但特诊不在此限。同年,杭州市第135次市政会议议决通过《修正杭州市立病院病人住院规则》15条。《规则》称:病人住院须经市立病院主任医师许可,并须本市居民或股资商号,填写保证书方得入院居住。住院病人如有施大手术,必要时须邀同保证人填具手术志愿书。病人住院缴费按照市立病院收费规则办理,膳食、茶水、灯火、普通药品等均由市立病院供给,不另缴费,但施大手术及各种注射等仍须另行缴费。病人住院须于入院时预缴住院费,10天以后继续居住,仍须照此预缴至出院,时亏找盈还。探望病人者除杭州市立病院规定时间外,不得引进,探望病人时间每日下午3—6时止,如有特别事故者须经市立病院医师许可,方得引进。探望病人者,不得在病房内逗留至1小时以上。探望者不得高声谈话,随地涕唾及其他种种有妨碍病人的举动。医师至病室诊疗时,得令探望者退出。同年,杭州市第135次市政会议议决通过《修正杭州市立病院病人死亡处置规则》6条。《规则》称:病人病势危险时,应由主治医师告知伴侣或通知事务股,转邀治疗人来院处理。病人在院中死亡,应由护士督促病房服务工搬入太平室,并转报事务股处理,其备办棺殓时间,最迟不得过24小时。病人死亡在院中,棺殓时该家属不得高声号哭,并不得遇事铺张,违者市立病院得禁阻,如病人死亡已届24小时,尚无人备办棺殓者,由市立病院摄影交由主管公安局报告备案,并备具廉价棺木殓埋或送交研究机关病理解剖。病人死亡后,如该家属欲领取死亡证书者,可由护士通知主治医师办理。

民国27年(1938年)9月29日,浙江省民政厅卫生处颁发《非常时期药剂生领照暂行办法》,规定:(1)曾在医院或药房调剂3年以上,得有学习证书,并经该院或药房领证药师或医师证明确有调剂能力者。(2)曾在地方政府立案药学讲习所或药剂生训练班修业1年以上,毕业得有毕业证书者得依本《办法》请领药剂生执照。民国31年,浙江省卫生处拟订《战时医疗药品售销登记管理办法》,公布施行,对药商囤积药品,实施严格管制。据各县报告,已施行药商药厂管理的县有丽水、镇海、分水、温岭、泰顺等40个县,医药技术人员的调查登记者仅58人,医院诊所的调查登记者仅79所。民国32年,浙江省政府颁布《浙江省巡回卫生工作队组织规程》8条,阐明浙江省卫生处为协助各县实施卫生工作,依照本规程设置巡回卫生工作队,工作队设置队数、地点及工作区域以卫生处以命令定之,按照成立先后冠以番号,称为浙江省第×巡回卫生工作队。工作队职责:(1)一般疫病协助事项。(2)卫生宣传事项。(3)环境卫生之协助事项。(4)妇婴及学校卫生之协助事项。(5)传染病、地方病的调查防治事项。(6)预防接种之实施及推行事项。(7)战时救护及急救工作事项。(8)其他卫生设施的协助事项。同年,浙江省卫生处制定《省政府暨各厅处局员工免费诊疗办法》,省党部员工亦享受救济,减轻公务员医药费负担,这项福利普及各县。5月31日,浙江省政府颁布《浙江省医药人员及医院药商注册规划草案》,对领有证照之医药人员及医院药商欲在本省各县市请求注册给照开业者厘定15条规则,适用牙医师、中医药师、药剂师、药剂生、护士、助产士等领有中央或省颁之证书执照者。

(三)疫情防控

民国15年(1926年)5月，温州瓯海海关公布《温州港暂行卫生章程》，对船舶卫生检疫事项作出规定。民国28—33年，抗日战争期间，日军在浙江萧山、宁波、衢州、义乌、金华、丽水、云和等地行细菌战，投放伤寒杆菌、霍乱弧菌、鼠疫跳蚤。疫情暴露后，浙江省政府委员会第1327次会议通过《浙江省会临时防疫委员会组织规程》13条，阐明为防止鼠疫事宜，特组织浙江省会临时防疫委员会，委员会主任委员会由省卫生处长兼任。委员会办理疫病预防、检验医疗、隔离消毒、技术设计、督导宣传、交通管制及文书等事项。委员会设置各防疫机构：(1)防疫工作队办理预防注射、防疫宣传、清洁检查、疫情情报、防疫检验、防疫工程等事项。(2)检疫站办理交通要道、车辆船只、旅客行李、货品的检疫事项。(3)留验所办理关于可疑疫户及旅客的留验事项。(4)隔离病院办理关于患疫病人的隔离治疗事项。委员会设于浙江省卫生处。之后，浙江省卫生处颁发《浙江省各县临时检疫所组织通则》14条，要求浙江各县于必要时，应遵照省令指示或呈省核准后设置临时检疫所，已设有防疫专业机关之县份，得合并办理。检疫所隶属于县政府，受卫生院之指挥，并同受省卫生处之督导。检疫所设下列四股：(1)检疫股掌理外来舟车、人员之检疫事项。(2)消毒股掌理外来舟车、衣物、器具及其他被污染物件之消毒事项。(3)检验股掌理化学及生物学各项之检验事项。(4)医疗股掌理传染病人之治疗及预防事项。检疫所于水陆交通要道，得分设检疫站，办理检疫工作。检疫所得随时商请就地各机关协助工作，并得呈报县政府，调用军警。检疫所经费由县筹拨，需用药品、器械由县置办。检疫所检疫规则，由省订定通颁遵行。检疫所办事细则，由各县自行拟订。

民国32年(1943年)，浙江省政府颁布《浙西医疗防疫队组织规程(草案)》9条，阐明浙江省卫生处为推进浙西各县医疗防疫工作，设置浙西医疗防疫队，直隶于卫生处，兼受浙西行署之指挥监督。防疫队第一股执掌：(1)传染病之隔离诊疗事项。(2)地方病及一般流行病之研究治疗事项。(3)战时救护工作之实施事项。(4)疫情报告、疫病记录及统计之编报事项。(5)其他疫病医疗事项。第二股执掌：(1)防疫卫生工程之设计实施事项。(2)环境卫生之协导计划改造事项。(3)各项疫病之预防及宣传事项。(4)预防接种及检疫工作之实施事项。(5)其他疫病预防事项。防疫队于必要时得呈准设置门诊部、传染病隔离所、巡回工作组。民国33年3月13日，杭州市政府颁布《种痘条例》七条。《条例》称：在杭州辖区实施免费种痘。每人种痘3次，第一次1岁以内，第二次5～6岁，第三次11～12岁。种痘由县市卫生机关统筹办理，应于春秋雨季规定期间，挨户调查，委托当地医院开业医师、护士及助产士施种，必要时得训练种痘工作员。幼稚园、国民学校及中等学校，对于入学及在校学生，应查明已否种痘，其未种者应报补种。遇有天花流行时，县市卫生机关得施行强迫种痘。不论儿童成人，均应一律受种。县市卫生机关应制备种痘证，交由种痘人员填发。非因疾病或其他正常理由，未于规定时期种痘者，除自请补种外，县市卫生机关得强迫补种。其不补种者，得对其父母或监护人处30元以下罚款。

民国33年(1944年)4月，浙江省政府颁布《浙江省各县防疫实施办法》，要求浙江各县防止疫病蔓延，并切实推动防疫工作，以期迅速实效，防疫工作实施力求迅速，切实有效，尤须于事先订定工作计划，按其性质由当地各机关分别担任，不得推诿，对防疫机构组织、防疫干部人员训练、卫生宣传工作、疫情报告、棺木统制和疾病死亡登记、推行环境卫生、按季普遍注射各种预防疫苗、法定传染病地点与患者隔离、交通检疫、疫情点调查、各种防疫用品设备购贮管理、防疫基金筹储标准、防疫事务劳绩奖惩、拒绝防疫或破坏疫政罚办等 19 条规定。其中，第十一条明确鼠疫疫区内或染疫房屋所居留的人，应暂行迁居留验，并将该项房屋立即灭鼠、灭蚤，必要时得将疫区内房屋焚毁，务使焚毁疫区的疫鼠、疫蚤无法逃窜，一举根除。第十四条明确检验疫患除临床诊断外，更须依取得实验材料，依据细菌学方法作镜检培养的诊断，鼠疫的鉴定，并须采用动物接种。7 月，浙江省卫生处编制出版了《防疫法规法令汇编》，其中规章制度十分详备，对全省各地的卫生防疫工作有重要的指导意义和规范性。

民国 34 年(1945 年)1 月，浙江省政府颁布《修正浙江省医疗防疫组织规程》7 条，规定浙江省医疗防疫队直隶于浙江省卫生处，按成立先后冠以番号，称为浙江省第×医疗防疫队。各队置队长 1 人，医师 4～6 人，医护员 6～8 人，医务助理员 6～8 人，卫生助理员 8～12 人，办事员 3 人，税办会计员 1 人，并得雇用卫生技工。各队于必要时得商同驻在地县(市)政府设置隔离病院、留验所、检疫站等，并得请调有关人员协助办理。民国 36 年，杭州市政府卫生局颁发《杭州市防治传染病暂行办法》，确认对伤寒、斑疹伤寒、抗菌性及阿米巴性痢疾、天花、鼠疫、霍乱、白喉、流行性脑脊髓膜炎、猩红热、回归热等十种传染病施行防治，就疫情报告、派员检验诊断及消毒、调查来源处置、病人隔离治疗、病人排泄物及衣服用具处置、病人居室住所消毒、病人尸体处置，病人家属、接近者及邻居受检处置和预防接种，疫病流行时普遍预防接种，限制或禁止集会及演剧等集团活动，必要时部分或全部停止疫区的交通等事项厘定 15 条规则。

民国 37 年(1948 年)，浙江省政府颁布《浙江省各县市防治霍乱实施办法》4 条，确定各县市防治霍乱实施时间暂定 5—9 月，如必要时可延长。各县市应成立防疫委员会，策划办理防治霍乱事项，所需霍乱疫苗及漂白粉，由浙江省卫生处部分免费拨给，其余经费应在各县市预算所列防疫经费项下开支，如有不敷，得征求国民意见，机关发动，地方力量筹募补充。防治霍乱按 7 项办法实施：(1)各县市应在 5—6 月间举行预防霍乱及其他急性肠胃传染病宣传周。(2)每至夏初应积极推行霍乱预防注射。(3)疫情报告应严密，尤迅速确实。如发现呕吐病人，应立即报告附近卫生机关，派员检验，并加处理。(4)诊断霍乱病人，力求确实，检验霍乱弧菌，以定是否真性，如无检验设备，应于疫情旬报内向上级说明未经检验或“疑似”字样，以资鉴别。(5)发现霍乱及疑似病人，应立即予以留院隔离治疗，如无传染病院或隔离病舍设备者，应立即筹设临时隔离医院，收容治疗。(6)凡发现检验确定的真性霍乱一例，或 5 天内在同一地区发现疑似霍乱 5 例以上时，应立即实施检疫。(7)改善环境卫生，如加强饮水消毒及水源管理、设置沸水供应站、管理饮食店的卫生、开展大扫除运动及清洁检查、举行减蛆灭蝇运动、加强垃圾粪便的处理、做好患者吐泻物的消毒工作。

（四）公共卫生

民国29年（1940年），浙江省政府卫生处颁发《夏令卫生运动实施办法》，要求各地政府为推行夏令卫生，应联合当地各机关团体及开业医药人员等，组织夏令卫生运动委员会。各地委员会应组织宣传队、防疫队、消毒队、清洁检查队，以实施各项夏令清洁卫生、防疫及宣传检查等工作。委员会得视当地实际情形，以推行及于乡村为目标，选择举行夏令卫生运动宣传周（5—8月）、卫生展览会、卫生清洁竞赛运动、卫生讲演会，扑灭各种传染病菌媒介物运动，施行饮用水源地井消毒、沟渠之疏浚、公私厕所及污物渣滓堆集场所之清除，霍乱、伤寒预防注射，露天饮食摊贩之检查、改善与取缔，劝导民众革除饮食生冷物及随地吐痰等不良习惯。同年，吴兴县颁发《乡村卫生公约》，张贴穷乡僻壤，告示村民严格执行，发挥了预防疾病的良好效果。《公约》条例：(1)要防止一切疾病，必须保持环境整洁，改进饮水设施，保持厕所清洁。(2)要保持环境的整洁，必须随时洒扫整理，不可随地吐痰、便溺，任意抛弃垃圾，堆积废物。(3)要维护饮水的清洁，不可在河边、井旁洗刷马桶，抛弃家畜尸体。(4)要将厕所造于屋后，猪圈不宜筑在沿街河边，不可接进厨房。(5)要防止天花、霍乱、伤寒等疫病，必须按时种痘打预防针。(6)要防止疟疾、大脚疯、麻疹、伤寒、回归热、鼠疫、癫痫病等虫媒、兽媒传染病，必须扑灭蚊蝇蚤虫、捕杀老鼠。(7)要防止伤寒、疟疾、霍乱、腹泻等水媒传染病，应该勿饮生水，勿吃冷食。(8)要防止脑膜炎、猩红热、白喉、重伤风等空气传染病，应该勿进戏院、茶坊、酒肆等公共场所。(9)要防止沙眼、疥疮、瘌痢等接触传染病，应该勿用茶坊、酒肆、理发铺的公用手巾，勿与病毒接触。(10)要保持一生肠胃无病，必须从幼养成晨起大便，朝晚刷牙的卫生习惯。(11)得病时必须立刻就医，千万不要求神问卜，错过治疗时机。如果染了疫病更要立刻报告，就近卫生机构或保甲长设法隔离，防止流行全村。(12)要做到有病即医，大家必须捐款办理医疗救济，扶助贫苦病人，胜过吃素念佛。(13)要保护产妇、婴儿安全，必须请助产士新式接生，产前、产后必须请其检查。(14)儿童入学，必须服从老师，实施学校卫生。(15)人要健康长寿，必须遵循上述卫生常识，广为宣传，切实执行。

民国35年（1946年），浙江省政府颁布《浙江省各市县管理饮食业规则草案》30条，其中涉及卫生管理的条款规定：凡开设饮食店铺或制造饮食品厂商应由卫生主管机关发给卫生检验执照，方得开业或制造。卫生主管机关得随时提取货样化验或派员前往制造场所检查。卫生检验执照每年更换一次，概不准转让他人，变更或歇业时须将执照缴销或换领执照。执照须悬挂于营业场所便于阅览之处，以便检查。摊贩须随时携带身边，听候查验。饭食店伙友应每半年施行健康诊查一次。制造或贩卖饮食品内，不得减低其品质或分量，有害健康。全生或半生之烹调物品，不准随意出售。在疫病流行时，得由主管机关随时完全禁止之。民国36年，杭州市政府颁布《杭州市菜酒茶饭面点业管理规则》27条，其中涉及卫生管理的条款规定：各菜、酒、茶、饭、面点店铺应向市卫生局申请登记核发许可证后，始准营业。各业不得贩卖下列各项食品：(1)病死之禽兽类。(2)腐败之水族类。(3)坏烂之蔬菜类。(4)污秽不洁之浆、酪、饮料类。(5)各项生、熟面食已经变色、变味或发生秽气者。(6)各项糖果、食品已经陈蛀或污秽不洁者。(7)各种生、熟饮食品已为蚊蝇及虫类所聚集或黏附尘灰等不洁物者。(8)

添加各种有毒性色素或掺和有害卫生物质者。(9)用污水或生水制造及含有毒性之糖精或防腐药品者。(10)其他认为确与卫生有碍者。

(五)发展规划

民国16年(1927年),杭州建市,邵元冲市长组建卫生局,著名医药学家金宝善任局长。是年,杭州市卫生局拟订《行政计划纲要》。《纲要》申明杭州市卫生局掌理杭州市区内一切公共卫生事业,其与其他机关有密切关系者与该机关合作、共策进行。杭州市卫生局的经常、临时及建设各项经费,依据市政府财政情形审查,缓急先后,呈请拨用,精密预算决算,务期款不虚糜,凡各项卫生事业的办事人员,应具有相当的学术才能与资格,其标准由杭州市卫生局规定。杭州市卫生局必要时得派遣人员赴国内外的学术行政机关,研究专门学术或在本局训练,聘请富有学术经验人员为杭州市卫生局顾问,以备查询建议。《纲要》对一般卫生事项、防止疫疠事项、医务保健事项、化验事项、登记统计事项、卫生教育宣传事项等作出规定①。民国29年,浙江省政府公布《三年施政计划纲领》,对医药卫生事业提出了比较明确的目标和措施。

第三节　现代卫生政策法规

中华人民共和国成立以后,社会主义建设惠及民众,各类卫生政策法规促进了医疗卫生事业发展和保障了人民群众健康。浙江省颁发了一系列卫生政策法规,适应各时期推行社会经济体制,着重于浙江省的医疗卫生建设、初级卫生保健、传染病和地方病防治、疾病防控、公共卫生、职工劳动保护、企事业单位职工医疗保障、贫病医疗救济等。

一、1949—1965年间卫生政策法规

这一时期,浙江省颁布的卫生政策法规立足于公有制建设,对医疗机构进行社会主义改造,对卫生事业发展实施计划经济管理,以政府投入为主。

(一)机构职事

1949年11月19日,浙江省人民政府(以下简称省政府)颁布《浙江省各级卫生业务机构经济制度实施暂行办法》,要求各级卫生业务机构逐步做到自给自足企业化。1951年1月,浙江省卫生厅(以下简称省卫生厅)与浙江省税务局(以下简称省税务局)联合发布《关于医院诊所免征工商业税的四项补充规定》。1953年7月1日,省卫生厅颁发《浙江省卫生事业财务管理规定》。

---

① 中华民国杭州市政府编辑股:《1927年杭州市卫生局行政计划纲要》,《杭州民国日报—市政周刊》1927年第1卷第7期,第6—7页。

1955年6月，省卫生厅颁发《浙江省卫生工作人员奖惩暂行办法》共4章14条，宗旨为鼓励卫生人员的积极性、自觉性与创造性，发扬集体主义和高度为人民负责精神，发挥经验、智慧和创造才能，致力于劳动人民的保健事业，并加强劳动纪律，树立优良作风与先进思想，确立模范标准，鼓励进步，加强团结，以求卫生工作更好地为国家社会主义建设服务，就应予奖励事情、奖励批准权限、应予处分事情、处分批准权限、撤销处分情形与权限作出明确规定。1955年7月1日，省卫生厅、浙江省财政厅（以下简称省财政厅）联合颁发《修订本省卫生事业费财务暂理办法》，及本省卫生事业费开支标准。

1957年，省政府颁发《省政府卫生厅工作细则》6章38条，确定省卫生厅设秘书室、研究室、医政科、保健科、防疫科、人事科、总务科，及各科室的职责、办事章程、文书处理、考勤制度、会议制度。同年，省卫生厅颁发《浙江省工业卫生工作委员会组织办法》，宗旨是加强工业卫生工作，统一工业卫生工作的领导，积极策划开展本省工业卫生工作，以增进工人身体健康，为生产建设服务，便于工业部门以及有关部门的密切配合。委员会由省卫生厅、省工业厅、省劳动局、省工会联合会、省建筑工程局等单位负责人组成，工作任务为加强工业卫生工作的领导，研究解决地方统一领导过程中存在的问题，研究审查工业卫生工作中的重要决议和措施，商议工业卫生工作的年度计划，主要工业部门的卫生事业指标，研究配备医务干部及改进工作。委员会以省卫生厅为办公机关。

（二）医政药业

1949年10月，省卫生厅颁发《浙江省各市、县开业医事人员及医院药商登记暂行办法》11条，申明医事人员及医院、药商在浙江各市县开业者，均应照《办法》的规定办理。人员物业涵盖医师、中医师、牙医师、药剂师、护士、助产士、镶牙生、医院、诊所、化验所、西药房、制药厂、中药铺等，于《办法》公布施行两个月内办理登记，杭州市可经向杭州市人民政府卫生局登记，其余各市县经向本省卫生厅登记。人员物业如有歇业、复业、迁移死亡时，须于半月内呈报。

1951年，省政府颁布《浙江省开业医药事人员管理试行办法》25条，宗旨为管理浙江省开业医药事人员，提高其技术水平，保障人民健康，申明凡已在各市县或申请在浙江开业之医药事人员，包括医师、药师、牙医师、中医师、助产士、护士、药剂生及镶牙生，悉依本办法之规定管理，就医药事人员申请登记临时开业许可证、申领资格，不得申领及开业情形、开业诊疗条件设备、开业人员职责义务、医德医风、传染病及意外灾害处置，不得行为、药剂处方规范等事项作出规定。2月，省政府修订《浙江省开业医事人员管理试行办法》。4月12日，省政府批复省卫生厅同意《浙江省各级卫生机构卫生器材管理办法》试行。5月10日，省卫生厅颁发《省卫生厅办理成药登记暂行办法》。9月，省政府第32次行政会议通过《成药登记暂行办法》。

1952年9月，省卫生厅颁发《浙江省各级卫生机构药房管理暂行规则》。1955年10月22日，省卫生厅发出《医疗卫生单位医师处方必须使用中文的通知》。1956年9月26日，省卫生厅拟订《浙江省联合医疗机构组织办法试行草案》，经修订成稿《浙江省联合医疗机构组织章程》，申明联合医疗机构（包括联合诊所、联合医院、联合妇幼保健站、联合产院、联合镶牙所，以下同）是医务人员自愿组织起来的合作社性质的社会福利事业，是中国城乡基层卫生组织中的一个重要的组织形式。

1961年5月17日，省卫生厅颁发《关于统一医院技术辅导和公费医疗分区负责划分的通知》，目的是为了改变医疗转诊关系的混乱状况，提高医疗质量。1963年3月7日，省卫生厅颁发《浙江省个体开业医药人员暂行管理办法》。

1965年1月29日，省卫生厅颁发《浙江省中西药品生产单位管理暂行办法》《浙江省中西药品新产品审批及临床试验管理暂行办法》《浙江省中西成药管理暂行办法》《浙江省中西药品标准制定暂行办法》及《浙江省中西药品宣传品管理暂行办法》5个法规。

（三）公共卫生

1949年7月l8日，杭州市人民政府夏令清洁卫生运动工作委员会颁发《开展夏令卫生运动通知》。12月30日，省政府颁布《浙江省各市、县疫情报告暂行办法》，确定伤寒、斑疹伤寒、赤痢、天花、鼠疫、霍乱、白喉、流行性脑脊髓膜炎、猩红热、回归热10种传染病疫情报告、检验确认的办理程序。

1950年1月18日，省政府颁布《浙江省1950年推行春季种痘实施办法》。5月5日，省卫生厅颁发《关于1950年预防霍乱流行的指示》。10月12日，省卫生厅颁发《关于种痘暂行办法的指示》。

1952年4月13日，浙江省教育厅（以下简称省教育厅）、省卫生厅发出《关于各级学校加强防疫教育举行定期防疫训练班的决定》。1956年，省卫生厅颁发《浙江省关于各级防疫站若干问题的暂行补充规定》，就防疫站机构性质称谓、任务内容、发展方针、编制职责、毗邻关系、经费开支明确7项规定。5月，浙江省防疫站（以下简称省防疫站）颁布《卫生行业管理规则》《食品规格标准及食物中毒报告制度》。

1957年，省卫生厅颁发《浙江省烈性传染病预防纲要》，划定鼠疾、霍乱、天花3种疾病为烈性传染病，要求严密疫情报告，及时实施预防接种，发现病人及时隔离治疗，疫源地消毒。白喉、流行性脑脊髓膜炎、流行性乙型脑炎、伤寒副伤寒、痢疾、疟疾、猩红热、回归热、疹伤寒9种疾病为一般急性传染病，要求阻断传染媒介，及时实施预防接种，发现病人及时隔离治疗，疫源地消毒。出血性黄疸、血吸虫病、丝虫病、钩虫病、姜片虫病、肺吸虫病6种疾病为地方病，要求扑灭中间宿主，早期治疗病人，管理粪便，管理水源，禁止生食污染食品。同年，省卫生厅颁发《关于杭州市内卫生商业管理规则》17条，申明为保障杭州市民健康，预防疫病发生，对市内有关商业实施卫生管理，涉及食品制造或贩卖业、公众游艺场和影剧院、旅店、游泳池、沐浴业、理发店、美容院、有关卫生摊贩行担和其他有关群众环境卫生的营业，就经营者卫生执照申请登记、场所卫生、从业人员健康检查和卫生习惯、食品卫生、服务卫生明确规则。

1958年，省卫生厅制定并颁发《浙江省传染病管理实施细则》（以下简称《细则》）共4章25条。该《细则》是根据卫生部1955年7月5日公布的《传染病管理办法》，并结合浙江省具体情况而制定的。《细则》中管理的传染病有两类18种，甲类有鼠疫、霍乱、天花3种，乙类有流行性乙型脑炎、白喉、斑疹伤寒、回归热、痢疾(细菌性痢与阿米巴痢)、伤寒及副伤寒、猩红热、流行性脑脊髓膜炎、麻疹、百日咳、炭疽病、波斯热、森林脑炎、狂犬病 15 种,明确由疫情所属地卫生行政与事业机关负责贯彻实施管理措施,所属地文教、行政、公安、交通、机关、部队和群众团体等应予以配合。各地政府应对辖区内贯彻实施的管理措施,经常给予监督,确定有关疫情报告的人员责任义务、疫情上报程序、疫情上报时限、疫情上报内容、疫情处理方法、疫区封锁事宜等规范,另确定疟疾、血吸虫病按《细则》列入旬报。11 月 5 日,省卫生厅党组制订了《浙江省消灭血吸虫病规划(草案)》,提出 2～3 年内消灭血吸虫病。

(四)医疗保障

1950 年 7 月,省卫生厅颁发《贫病医疗救济暂行办法》。8 月,省卫生厅颁发《各级供给制人员保健制度试行办法》,9 月 1 日开始实施。

1952 年 2 月 20 日,省政府发出《关于改善全省缫丝业职工劳动保护工作的指示》。8 月 28 日,省政府第 65 次行政会议通过《浙江省国家工作人员公费医疗实施暂行办法》。9 月 8 日,浙江省民政厅(以下简称省民政厅)、省财政厅、省卫生厅联合发布《浙江省贫苦烈军属与贫苦复员军人减免医疗费暂行实施细则》,涉及文成、平阳、瑞安、永嘉、泰顺、乐清、青田、玉环、丽水、松阳、景宁、庆元、宣平、龙泉、江山、缙云、云和、遂昌等地的第二次国内革命战争时期老根据地。

1954 年,省卫生厅颁发《浙江省公费医疗预防管理办法》41 条,宗旨是加强公费医疗预防经费的管理,保证医疗预防任务的完成,申明浙江省各级政府、公费医疗预防实施管理委员会及经批准自行掌握开支的单位,均依《办法》执行,确定凡人员生活费全部由浙江省财政供给或中央已有明文规定者,均可享受公费医疗预防待遇,其药费由财政开支,享受公费医疗预防待遇范围的具体单位和人员有经济建设类(6 种)、社会文教类(7 种)、行政管理类(2 种)、其他类(2 种)的在编工作人员,及属四类 17 种已改为自给自足、定额补助或企业化管理的事业单位,凡属自给自足、定额补助或企业化管理事业单位,自愿参加公费医疗,应由本单位按规定标准按月付款,不归财政开支。省、市、县(包括专区直辖区)地区享受(参加)公费医疗预防待遇的人员一律凭公费医疗证在指定区域医疗机构按规定手续就医,列定公费医疗预防经费开支范围与项目、公费医疗预防经费领报手续、中外药品限用范围等。12 月 9 日,省卫生厅下达《关于训练国营农场、农业生产合作社保健员工作的指示》。

1955 年 8 月 1 日,省卫生厅颁发《全省公立医疗单位统一收费标准》,降低收费约 8%。1957 年 12 月 25 日,浙江省人民委员会(以下简称省人委)颁发《关于改进公费医疗制度暂行规定的通知》,就管理不善产生严重浪费和混乱现象,限制过分医疗和滥用贵重药品、营养药品,采取国家与个人负担结合的原则作出 7 条规定。

二、"文化大革命"期间卫生政策法规

1971 年 8 月 7 日,浙江省革命委员会发出《关于加强卫生防疫工作的通知》,指出哮喘性肺炎在浙江第一次出现流行。"文化大革命"期间,卫生政策法规的颁布执行基本停滞。

三、改革开放以来卫生政策法规

改革开放后，经济体制与社会建设出现重大转变，浙江省及时地推出一系列适时的卫生政策法规，强化卫生事业以公有制为主体、以公益性为主导，鼓励集体经济、私有经济参与临床医疗，重视初级卫生保健、疾病防控、公共卫生、突发事件应急、农村医疗卫生和农民健康，指导医药卫生体制改革，规划卫生现代化和卫生强省建设。

（一）机构职事

1986年10月15日，浙江省职称改革领导小组批转省卫生厅《浙江省关于执行〈卫技人员职务试行条例〉的实施细则》。

1987年3月28日，省卫生厅、浙江省工资改革领导小组办公室联合下达《关于护士工龄津贴问题的补充规定》。4月18日，浙江省人事厅（以下简称省人事厅）、省财政厅下达《关于重申发放医疗卫生津贴有关规定的通知》。6月4日，省卫生厅颁发《关于医疗卫生机构撤并、成立、转化的审批权限的通知》。8月27日，浙江省机构编制委员会、省卫生厅联合下发《浙江省地方各级药品检验所和药品监督员编制的标准》。

1989年1月25日，省卫生厅颁发《浙江省农村区、乡卫生院承包经营管理试行办法》。3月8日，省卫生厅、省财政厅、浙江省物价局（以下简称省物价局）、省人事厅联合颁布《浙江省医院评审暂行标准》，6月23日成立“浙江省医院评审委员会”，主任庄炳瑾，副主任赵怀峰等。7月17日，省卫生厅下发《浙江省医务人员医德规范实施细则》。8月17日，浙江省爱国卫生运动委员会（以下简称省爱卫会）颁布《浙江省爱国卫生运动委员会的组成、任务、职责及工作规则》。9月14日，浙江省劳动人事厅、省卫生厅、省财政厅转发人事部、卫生部、财政部《关于提高护士工资标准的实施办法》，决定在浙江省医疗单位执行。12月12日，省卫生厅颁布《浙江省社会医疗机构管理暂行规定》，12月12日起执行，规定浙江省社会医疗机构必须登记注册核准，持“社会医疗机构注册证”方可行医。

1990年7月23日，省卫生厅、省财政厅、省劳动人事厅联合下达《关于医疗卫生单位奖金、超额劳动和业余服务收入分配若干具体规定的通知》。

1991年4月9日，省卫生厅下达《关于各市、地、县妇幼保健院办院方向的若干意见》，对各地、市、县妇幼保健机构的办院方向、工作范围、隶属关系等作了具体规定。9月3日，省卫生厅、省财政厅、省物价局联合下发《关于加强卫生财务管理办法》。9月27日，省卫生厅、省物价局、省财政厅联合下达《关于进一步完善〈浙江省医疗收费标准〉的通知》，12月1日执行，此标准对1990年7月1日执行的《浙江省医疗收费标准（试行）》作了补充完善。

1993年8月7日，省卫生厅、浙江省公安厅（以下简称省公安厅）联合下发《关于进一步维护医院秩序的联合通知》。1994年6月7日，经省财政厅同意，省卫生厅下发《浙江省中医医院医疗设备贷款贴息专项资金使用管理办法》。7月13日，省卫生厅下发《关于严禁受收红包的规定》《关于加强医疗收费管理的规定》《关于医疗仪器设备购置管理的规定》《关于加强基本建设的规定》《关于卫生监督机构卫生监督员若干具体规定》等6个规定，8月1日起在浙江省卫生系统执行。9月12日，省卫生厅、浙江省医药管理局(以下简称省医药管理局)联合印发《浙江省药品生产企业更改名称的若干规定》。

1995年，省卫生厅下发《浙江省继续医学教育暂行规定》共6章28条，宗旨是促进浙江省专业卫生技术人员继续医学教育工作的发展，提高专业卫生技术人员的素质，逐步建立连贯性的医学教育完整体系和制度，以适应社会主义卫生事业的发展需要，对继续医学教育作了释义，申明在医疗卫生单位中受聘的各级各类专业卫生技术人员，都有接受继续医学教育的权利和义务。省卫生厅主管全省的继续医学教育工作，厅科教处负责组织协调。在高中等医学院校、科研单位、社会团体或省属医疗卫生机构中设立培训点，作为继续医学教育的重要基地。继续医学教育由国家投入为主，逐年增长，提供财力保证。另就继续医学教育的组织和管理、内容和形式、考核与奖惩、教育与经费等作出规定。5月4日，省卫生厅、浙江省标准计量局联合发布《浙江省卫生标准化审查管理办法》。9月7日，省卫生厅下发《关于加强直属单位职工民主管理工作意见》和《厅直单位职工工作条例》。

2000年12月6日，省卫生厅下发《浙江省社区卫生服务中心省级示范点基础标准》《浙江省社区卫生服务机构管理办法》，8日下发《浙江省社区卫生服务机构建设指导标准》。2001年初，省政府颁布《省政府关于推进城镇医药卫生体制改革的意见》，召开浙江省城镇医药卫体制改革工作会议，浙江省有关部门出台了23个配套性文件。3月2日，省财政厅、省卫生厅联合印发《浙江省城镇医疗机构分类管理实施办法》。3月5日，省财政厅、省卫生厅颁发《浙江省医院药品收支两条线管理办法》。11月21日，《浙江省中医药参与社区卫生服务的意见》在全省执行。12月19日，省卫生厅下发《关于继续做好医疗对口支援和卫生下乡活动的通知》。

2002年3月27日，省卫生厅下发《关于实施经济欠发达县(市、区)农村社区卫生服务发展项目的通知》。3月28日，省卫生厅下发《关于下发〈浙江省省级医疗卫生单位基本建设管理规定〉的通知》。4月17日，省卫生厅下发《关于印发〈浙江省农村中心集镇示范卫生院建设实施方案(试行)〉的通知》。8月5日，省卫生厅下发《关于建立重特大突发事件应急处理协调小组的通知》。8月13日，省卫生厅下发《关于成立浙江省有毒有害化学品生产销售和使用专项整治协调小组的通知》。

2003年3月10日，省卫生厅下发《关于印发2003年浙江省卫生系统党风廉政建设和反腐纠风工作意见的通知》。6月27日，省卫生厅下发《关于做好“五大百亿”工程有关工作的通知》。9月4日，省卫生厅颁发了《关于进一步加强援外医疗队工作的若干意见》。

2004年7月5日，省公安厅、省卫生厅联合颁发《浙江省医疗机构治安防范工作暂行规定》5章24条，宗旨是切实维护本省各级医疗机构正常的医疗和工作秩序，保护医疗机构及其医务人员和患者的合法权益，保障医疗安全和医疗机构内部的治安稳定，促进医学科学的发展，申明医疗机构及其医务人员依法履行职责受法律保护，公民的生命健康权和就诊、医疗权受法律保护，任何单位和个人不得扰乱医疗机构正常的医疗秩序，不得侵害就诊者合法权益，不得侵犯医务人员人身、财产安全及损坏医疗机构的合法财产。《规定》对医疗机构职责、公安机关职责、医患纠纷处置、违法行为追究给予明确界定。

2007年7月，浙江省机构编制委员会、省卫生厅、省财政厅和省民政厅联合出台《浙江省城市社区卫生服务机构设置和编制标准实施意见》，省财政厅、浙江省发展和改革委员会（以下简称省发改委）、省卫生厅联合出台了《关于城市社区卫生服务补助政策的意见》，文件分别对全省城市社区卫生服务机构设置和编制管理的机构设置、编制标准以及补助政策作了明确规定。

2010年6月9日，省卫生厅颁发《浙江省医疗机构等级评审管理办法》，即日起执行，2003年11月22日下发的原管理办法同时废止。《办法》申明，医疗机构等级评审是指对医疗机构的功能定位、医疗质量、服务能力和管理水平等进行综合评价并确定等级的专业技术活动。本省辖区内依法取得《医疗机构执业许可证》的各级各类医疗机构均可申请参加评审。《办法》明确，医疗机构等级评审分为三级四等，即三级甲等、三级乙等，二级甲等、二级乙等和一级医院。根据浙江省医疗机构设置规划的要求，三级甲等、三级乙等、二级甲等综合医院按1∶2∶4比例原则设置。三级甲等、三级乙等、二级甲等中医医院按1∶3∶5比例原则设置。三级甲等、三级乙等、二级甲等妇幼保健机构按1∶2∶3比例原则设置。二级乙等及以下医疗机构暂不定比例。医疗机构等级评审委员会设省、市两级，省级医疗机构等级评审委员会负责全省三级甲等、三级乙等和二级甲等医疗机构等级的评审及认定工作，市级医疗机构等级评审委员会负责辖区内的二级乙等和一级医疗机构的评审及认定工作。医疗机构等级评审结果由相应的医疗机构等级评审委员会确认，并及时抄送同级卫生行政部门。卫生行政部门对评审结果审核后在其门户网站公示，公示期为15天，无异议的，由卫生行政部门公布医疗机构等级名单，同时抄送上级卫生行政部门备案。省卫生厅统一监制医疗机构等级匾牌。

2010年12月8日，省卫生厅颁发《浙江省卫生系统行政处罚自由裁量办法》共5章26条，宗旨是确保卫生行政处罚公平、公正、合理使用裁量权限，促进依法行政。《办法》申明，浙江省各级卫生行政部门及其监督机构，在行使行政处罚自由裁量权时适用。卫生行政处罚自由裁量权指卫生行政部门依法查处违反卫生法律规范行为时，综合考虑违法行为的事实、性质、情节、后果、社会危害程度、主观状态等，依据法律规范决定是否给予行政处罚，以及在法定的行政处罚种类、幅度范围内作出具体行政处罚决定的选择权，行使行政处罚自由裁量权应当遵循处罚法定原则、过罚相当原则，坚持处罚与教育相结合，行使自由裁量权应当遵循公开原则，在实施行政处罚时应当将作出裁量的事实、依据、理由告知当事人，确保当事人知情权、救济权。《办法》就裁量适用程度与情形、监督管理、法律责任作出有关规定。

（二）医政药业

1. “赤脚医生”、乡村医生和个体医生

1979年10月6日，省卫生局颁发《浙江省农村赤脚医生统一考核发证通知》，宗旨是推动“赤脚医生”学习业务，不断提高防治技术水平，以利于稳定“赤脚医生”队伍，巩固发展合作医疗。考核发证的对象是生产大队合作医疗站现任“赤脚医生”，不包括接生员、卫生员及在社办企业或区、社卫生院（所）工作的“赤脚医生”。考核内容包括政治思想表现、实际工作能力、医学理论知识三个方面。考核办法为评议政治思想表现和实际工作能力，笔试医学理论知

识。考核合格者获浙江省统一印制、所在县卫生局签发的《赤脚医生证》。考核不合格者暂不发证,经辅导复训一年后再次考核,如合格可补发《赤脚医生证》,仍不合格,另行安排工作。考核发证工作要求在1980年6月底前基本结束,考核情况总结上报浙江省卫生局医政处。考核结束后,各县应建立"赤脚医生"档案,以备查考。

1982年7月,省卫生厅颁发《浙江省乡村医生考试考核发证通知》,宗旨是稳定"赤脚医生"队伍,进一步提高他们的业务技术水平,更好地完成农村防病治病的任务,申明凡未领有《赤脚医生证》的赤脚医生,均应参加考试考核。考试考核标准相当中专水平,考试考核内容有医学理论、医疗基本技术操作、政治思想表现和服务态度,医学理论由省统一命题,统一时间进行笔试,医疗基本技术操作由省统一制定考核项目和标准,县卫生局指定有条件的公社及公社以上医疗单位进行,每名"赤脚医生"至少须接受两项医疗基本技术操作考核,政治思想表现和服务态度由所在大队党支部根据群众意见作出鉴定,经公社党委审查批准,合格者经县(市)卫生局审查批准,颁发浙江省统一印制的《浙江省乡村医生证》。省卫生厅医政处1982年8月底前汇总报名,发证工作1982年11月底前完成。

1985年10月30日,省卫生厅颁发《关于浙江省个体开业行医规定的通知》,对个体开业行医条件、不准开业行医情形、开业行医手续、开业行医规范作出有关规定。① 同年,省卫生厅颁布《浙江省个体开业医务人员暂行管理条例》5章24条,申明国家鼓励和支持农村集体经济组织、国家企业事业和街道组织举办各种医疗卫生设施,允许符合开业条件的医务人员从事医疗卫生事业。个体开业医务人员是脑力劳动者,是全民所有制和集体所有制卫生事业的补充,是防病治病、保障人民健康的一支力量。个体开业医务人员必须履行开业申请审批手续,领取开业执照或行医许可证后方可行医,服从卫生行政部门统一管理,接受工商行政管理部门、医药管理部门、公安部门和人民群众的监督,遵守国家有关政策、法令和规定。《条例》就申请开业条件、审批手续、医事管理等事项作出规定,其后,又根据国务院批转卫生部《关于卫生工作改革若干政策问题报告》的精神,对各地执行《条例》所遇问题下达《关于浙江省个体开业医务人员暂行管理条例的补充通知》,明确和修正5条事项。1988年6月17日,省卫生厅下发《关于禁止个体行医、个体业余行医者开展节育手术的通知》。1990年6月5日,省卫生厅下发《浙江省个体医疗诊所管理若干规定》。7月9日,省卫生厅下发《关于开设专家门诊有关规定》,在浙江省试行。2003年9月23日,省卫生厅下达《关于进一步做好医师执业注册工作的通知》。

2. 医疗事故、医护和采供用血管理

1980年,省卫生厅颁发《浙江省医疗事故管理暂行办法》,宗旨是积极预防和正确处理医疗事故。《办法》解释了医疗事故的概念,厘定医疗事故的性质、范围和分级,明确当事者的行政处分和经济处罚类别。1984年,省卫生厅颁发《浙江省医疗严重差错范围鉴定暂行办法》。《办法》解释了医疗差错、严重差错的概念,厘定25个类别的严重差错情形,明确一般差错类别情形由各医疗单位自行确定。12月28日,省卫生厅颁布《浙江省职业病诊断管理办法实

① 省卫生厅:《关于浙江省个体开业行医规定的通知》,《浙江省医政工作文件汇编》,第65页。

施细则》，当日起执行。1986 年，省卫生厅颁发《关于严格执行〈浙江省医疗事故处理暂行办法〉的通知》。1989 年 1 月 5 日，省政府颁发《浙江省医疗事故处理实施细则》。1990 年 6 月 11 日，省卫生厅颁发《浙江省医疗事故技术鉴定委员会成员工作守则》和《浙江省医疗事故技术鉴定工作程序》。

1986 年 10 月 22 日，省卫生厅颁发《浙江省护理管理规定》。11 月 5 日，省卫生厅、省计划生育委员会联合下发《关于不得任意进行胎儿性别预测的通知》。11 月 27 日，省卫生厅颁发《浙江省中医医院管理若干规定》。1988 年 5 月 7 日，省卫生厅、省公安厅联合下发《关于使用〈验伤通知书〉的通知》，实行统一的验伤证明书。6 月 4 日，省卫生厅下发《关于实行医用诊断 X 线机使用许可证制度的通知》。11 月 16 日，省卫生厅下发《关于整顿医疗卫生秩序的通知》，在浙江省医疗卫生单位执行。1989 年 6 月 8 日，省卫生厅决定，在浙江省中医院施行《中医内、外、妇、儿科病症诊断疗效标准》。10 月 31 日，省卫生厅印发《浙江省各级医院、麻醉科、病理科、放射科、营养科、仪器设备科管理规定》，1990 年 4 月 1 日起执行。1990 年 1 月 3 日，省卫生厅下发《浙江省新生儿出生证实施办法》，自此日起统一使用新生儿出生证。1 月 18 日，省卫生厅下发《关于加强气功医疗管理的若干规定（试行）的实施细则》，5 月 5 日批准同意成立“省气功医疗资格考评小组”，9 月 3 日组织了浙江省首批医疗气功人员的资格考试。1992 年 10 月 7 日，省卫生厅下发《浙江省卫生系统气功医疗人员资格审批办法》。1993 年 6 月 30 日，省卫生厅下发《关于统一浙江省医院麻醉记录单和麻醉科工作制度的通知》，10 月 1 日起在县及县以上医院使用统一的《浙江省医院麻醉记录单》和执行《麻醉科工作制度》。12 月 29 日，省卫生厅、省公安厅、省民政厅、浙江省残疾人联合会联合下发《浙江省社区精神卫生工作评估标准与方法》。1994 年 1 月 21 日，省卫生厅下发《浙江省高危妊娠管理办法》，决定在浙江省使用统一印制的《新生儿破伤风报告卡》。7 月 10 日，省卫生厅下发《浙江省护士管理办法实施细则》，9 月 1 日起施行。8 月 24 日，省卫生厅下发《关于预防并控制新生儿破伤风发生的紧急通知》。1995 年 1 月 9 日，省卫生厅决定实施《中医内科急症诊疗规定》。1 月 14 日，省卫生厅下发《浙江省临床检验质量控制工作考核办法》。2002 年 6 月 18 日，省卫生厅颁发《浙江省院前急救医疗工作管理暂行办法》。7 月 15 日，省卫生厅下发《关于进一步加强移植技术临床应用管理的通知》。2003 年 8 月 20 日，省卫生厅下发《关于组织开展整顿医疗服务市场严厉打击非法行医的紧急通知》。10 月 31 日，省卫生厅下发《关于印发〈进一步加强中西医结合工作的意见〉的通知》。

1993 年 3 月 22 日，省卫生厅下发《关于统一供应和使用输血诊断试剂的通知》，从 4 月 1 日起，各市地血站和县以上医院血库统一由浙江省血源管理中心供应输血诊断试剂。1994 年 1 月 18 日，省卫生厅颁发《浙江省采供血机构和血液管理办法实施细则》，根据区域医疗用血需求和发展规划，在全省统一设置采血机构，统一管理血源，实行统一采血、统一供血和临床合理用血。1995 年 3 月 31 日，省政府转发省卫生厅《关于进一步加强采供血机构和血液管理的意见》。2001 年 11 月，浙江省人民代表大会常务委员会（以下简称省人大常委会）通过《浙江省实施〈中华人民共和国献血法〉办法》，12 月 1 日起正式实施。2002 年 8 月 5 日，省卫生厅下发《关于在全省卫生系统开展夏季无偿献血活动和加强临床用血管理的通知》。

3. 药品和生物制品管理

1984年3月15日,省卫生厅下发《关于坚决取缔一切非法制售假药活动的通知》。1986年2月24日,省卫生厅颁发《浙江省生物制品冷链管理办法》。《办法》实施产生的一个重要变化是实行按月按周免疫接种制度,改变了20多年来在自然温度较低的春冬季进行接种的情形。6月9日,省卫生厅下发《关于新建和改变医药生产企业名称等有关问题的通知》,对新建医药生产企业和更改医药企业名称申请发证作出了规定。6月10日,省卫生厅颁发《关于开展核发制碘厂药品生产许可证的通知》。11月25日,省卫生厅下发《关于对药品品种和医院制剂品种进行注册登记的通知》。12月30日,省卫生厅颁发《关于建立药品质量信息反馈和违法案件登记制度的通知》,1987年起实行。

1987年1月27日,省卫生厅颁发《浙江省医学科研仪器设备管理试行条例》《浙江省医学科研实验动物管理暂行条例》《浙江省医学科学技术档案管理办法》。3月6日,省政府批准省卫生厅、省公安厅下发《关于开展查禁私种罂粟和加强麻醉等药品管理的意见》。1988年1月12日,省卫生厅、浙江省标准计量局等单位联合下发了《关于一次性输液(血)器生产、使用若干规定》。4月28日,省卫生厅颁发《浙江省基层药品检查员工作条例》。6月20日,为保证人民用药安全有效,抵制假劣药品流入市场,省卫生厅转发国家卫生部《关于实行药品报验制度的通知》,7月1日起实行。7月6日,省卫生厅颁发《药品监督管理行政案件分级办理规定》,明确各级卫生行政部门的相关职责。8月19日,省卫生厅下发《浙江省医院制剂规范》,10月1日起施行。

1989年7月12日,省政府批转省卫生厅等单位《关于整顿医药市场的通知》,对浙江省医药市场实行整顿和监督管理。9月7日,省卫生厅下发《新药审批工作程序》。10月10日,省卫生厅颁发《浙江省医院药剂管理办法实施细则》。1991年第一季度对浙江省医院药剂科检查验收,核发合格证。1991年5月2日,省卫生厅下发《关于加强假药劣药报告制度》。8月11日,省卫生厅、省医药管理局等单位联合下发了《关于加强医药商品产销管理的通知》,对医药商品产销流通渠道等进行监督管理。8月26日,省卫生厅下发《关于加强一次性医疗器具回收管理的通知》。

1993年4月29日,省卫生厅印发《浙江省医疗单位自配制剂管理办法》。5月5日,省卫生厅下发《浙江省消毒药械、医疗卫生用品管理办法》,6月3日起实施消毒药械、医疗卫生用品许可证制度。8月3日,省卫生厅下发《浙江省射线装置工作许可证发放管理办法》,实施射线装置许可证制度,对医用诊断X线机和工业探伤用X线机放射防护监督管理。9月1日,省卫生厅下发《生物制品管理规定》。2001年4月24日,省卫生厅、浙江省药品监督管理局联合下发《浙江省药品集中招标采购管理办法》。

(三)公共卫生

1982年12月30日,省爱卫会第五次会议制订并通过《浙江省城镇爱国卫生运动检查评比方法》《城镇各行各业卫生检查评比标准》《农村文明卫生村基本条件》《文明卫生居民区标准》。1984年6月11日,省卫生厅、商业厅等联合发出《关于加强袋装饮料包装和产销卫生管理的紧急通知》。1986 年 3 月 21 日，省卫生厅、浙江省体育运动委员会发布《浙江省游泳场所卫生许可证发放管理办法》。1988 年 2 月 16 日，省卫生厅、浙江省轻工业厅、浙江省商业局联合下发《关于化妆品生产实行卫生许可证制的通知》，7 月 11 日召开发放《浙江省化妆品生产企业卫生许可证》会议。5 月 14 日，浙江省政府下发《关于进一步贯彻国务院〈公共场所卫生管理条例〉的通知》，对浙江省旅馆、理发、游泳场所、浴室、影剧院 5 个行业实行监督管理。1991 年 6 月 7 日，省卫生厅颁发《浙江省卫生用杀虫药剂、蚊香卫生监督暂行规定》，并在《浙江日报》上公告，对浙江省的卫生用杀虫药剂、蚊香实行卫生许可证制度。11 月 15 日，省爱卫会颁布《浙江省农村自来水厂管理办法》。1992 年 8 月 12 日，省爱卫会、省卫生厅联合下发《关于开展浙江省农村饮水卫生监测工作的通知》，并制定《浙江省农村饮水卫生监测方案规定》，自 1992 年起在浙江省逐步开展农村饮水水质与水性疾病监测。12 月 17 日，省卫生厅、浙江省教育委员会联合印发《浙江省贯彻执行学校卫生工作条例实施办法(试行)》。1993 年 6 月 28 日，省卫生厅印发《浙江省化妆品卫生监督工作程序》。1994 年 9 月 12 日，省政府颁发《浙江省城市市容和环境卫生管理实施办法》。11 月 15 日，省爱卫会、省卫生厅等单位联合下发《关于积极参加全国九亿农民健康教育行动的决定》，制订了《浙江省实施全国九亿农民健康教育行动计划》。

1985 年 10 月 23 日，省卫生厅颁发《浙江省传染病报告程序试行办法》，1986 年 1 月 1 日起执行。1987 年 8 月 13 日，省卫生厅颁发《关于严格执行重大疫情、职业中毒、放射性事故和食物中毒事故报告制度》。12 月 18 日，省卫生厅颁发《关于性病报告办法》，在浙江省建立了性病报告制度。1989 年 4 月 19 日，省卫生厅颁发《浙江省疫情监测哨实施办法》，决定在各市、县、区设置疫情监测哨。1990 年 9 月 11 日，省卫生厅下发《关于对重大事故和突发事件组织医疗救护及上报的通知》，对突发事件、重大事故、疫情报告、处理程序、疫区处理及应急分工等作了具体的规定。1993 年 1 月 30 日，省卫生厅下发《浙江省防疫规范》《卫生防疫职业道德规范》《卫生防疫站业务工作规范》《卫生防疫站管理规范》《镇、乡、街道卫生防疫工作规范》。5 月 19—20 日，在杭州召开浙江省卫生防疫规范试点工作座谈会，会议选择了宁波、杭州、台州、湖州、江东、鄞县、富阳、上城、拱墅、嵊泗、永康、诸暨、江山、遂昌、鹿城、嘉兴郊区 16 个市地县(市、区)站作为浙江省实施卫生防疫规范的试点单位，决定从 1994 年起，在浙江省全面实施。1994 年 6 月 16 日，省卫生厅下发《浙江省医疗单位法定传染病报告管理工作监测实施办法》。

1985 年 11 月 1 日，省卫生厅、浙江省商业厅、浙江省工商行政管理局联合颁发《浙江省饮食行业卫生管理暂行办法》。1987 年 4 月 25 日，浙江省委地方病防治领导小组下发《浙江省关于碘盐管理和监测工作的意见》，对碘盐的加工、储存、销售、食用等环节的管理和监测工作作了具体的规定。7 月 28 日，浙江省人民代表大会常务委员会颁布《浙江省食品卫生管理实施办法》，9 月 1 日起实施。1988 年 5 月 5 日，省卫生厅颁发《浙江省食品卫生检查员管理办法》。8 月 17 日，省政府颁发《关于施行〈浙江省食品卫生监督行政处罚细则〉》。1992 年 1 月 22 日，省卫生厅颁发《浙江省食品采购索证管理办法》，即日起施行，原试行办法废止。1994 年 4 月 11 日，省卫生厅、浙江省教育委员会联合下发了《浙江省学生配餐卫生管理办法》，规定凡在本省境内一切从事生产、加工、销售和组织供应学生配餐的单位，均实行食品卫生许可证制度。12月21日，省卫生厅发布《浙江省外埠食品索证管理办法》。1995年8月22日，省爱卫会、省卫生厅颁发《浙江省农村营运水厂实施水质卫生合格证制度管理办法》。10月25日，省卫生厅下发《浙江省生活饮用水质处理剂、器卫生管理办法》。2002年4月10日，省卫生厅下发《关于规范特殊营养食品审批工作的通知》。7月17日，省卫生厅下发《关于开展全省饮料生产企业卫生整治工作的通知》。2003年2月24日，省卫生厅下发《关于切实加强学校食品卫生安全监督管理工作的通知》。3月5日，省卫生厅下发《关于加强3·15消费者权益日期间食品卫生监督工作的通知》。8月27日，省卫生厅颁发《浙江省实施食品放心工程行动方案》。11月14日，省卫生厅下发《关于印发〈浙江省食品卫生监督量化分级管理工作方案〉的通知》。

1986年1月20日，省政府颁发《浙江省预防和控制狂犬病的暂行规定》。1988年8月17日，省卫生厅、浙江省财政厅、浙江省物价局联合下发《浙江省卫生防疫收费标准》，在浙江省贯彻实施。1989年11月20日，省卫生厅颁发《浙江省乙肝疫苗免疫接种管理暂行办法》。1991年12月9日，省卫生厅颁发《浙江省乙肝疫苗接种实施办法》，1992年1月起推广新生儿乙肝疫苗接种工作。1992年1月28日，省卫生厅颁发《乙肝疫苗供应渠道及价格收费标准》，决定由省防疫站统一订购和发放，对乙肝疫苗实行分片定点定销，按国家统一价格供应质量合格的乙肝疫苗。12月，省卫生厅、浙江省物价局、浙江省财政厅联合颁发《浙江省卫生防疫收费标准(修订本)通知》，12月1日起执行。2001年12月20日，省卫生厅下发《关于切实加强对预防接种工作管理的通知》。2002年7月30日，省卫生厅下发《关于贯彻实施新的〈消毒管理办法〉的通知》。

1987年7月20日，省卫生厅颁发《关于浙江省艾滋病疫情报道等有关问题的规定》，对艾滋病疫情的媒体采访报道、血制品管理、来华定居和留学人员入境检查等作了艾滋病预防管理的具体规定。1989年1月28日，省卫生厅、浙江省公安厅、省政府外事办公室联合颁布《关于浙江省境内外国人发生国境监测疾病处理程序的暂行规定》，对浙江境内外国人发生国境监测疾病(艾滋病、性病、麻风病、开放性肺结核、精神病)的处理程序作出了规定。1991年6月3日，省政府令第7号颁布《浙江省性病防治管理办法》，强调性病防治是全社会的工作，应当贯彻预防为主，防治结合，综合治理的方针。1992年3月11日，省卫生厅转发《中华人民共和国传染病防治法实施办法》，并提出贯彻实施意见。6月1日，省卫生厅、浙江省公安厅、浙江省司法厅、浙江省民政厅、浙江省财政厅联合下发《浙江省性病防治管理办法实施细则》。2003年2月28日，省卫生厅下发《关于进一步加强春季传染病预防控制工作的通知》《关于下发浙江省预防接种管理指导意见的通知》。3月10日，省卫生厅下发《关于进一步加强传染病防治工作的通知》。9月19日，省卫生厅下发《关于印发〈非典医疗救治应急预案〉的通知》。9月23日，省政府颁布《浙江省防治传染性非典型肺炎应急预案》。同年，省卫生厅下发《关于进一步规范和加强性传播疾病医疗服务管理工作的通知》，制定《浙江省艾滋病性病监测方案》，进一步规范性病防治工作。

2004年3月1日，经省政府常务会议审议通过的《浙江省艾滋病性病防治办法》公布施行。《办法》7章46条，包括总则，预防与控制，治疗与管理，疫情的报告和公布，艾滋病、性病病人和艾滋病病毒感染者的权利和义务，法律责任和附则。当日，省政府新闻办公室举行新闻通报会，省政府法制办副主任周小平、省卫生厅副厅长杨敬出席。2005年，省卫生厅下发《浙江省性病监测点监测工作考核方案》，推进全省性病监测点的规范化、制度化建设，有利于性病监测。2006年12月27日，浙江省第十届人民代表大会常务委员会第二十九次会议通过《浙江省艾滋病防治条例》，2007年3月1日起施行，2003年12月29日发布的《浙江省艾滋病性病防治办法》同时废止。《条例》7章60条，为预防、控制艾滋病的发生与流行，保障人体健康，根据《中华人民共和国传染病防治法》和国务院《艾滋病防治条例》等有关法律、法规，结合浙江省实际制定。《条例》申明，在本省行政区域内开展艾滋病防治及其监督管理工作。艾滋病防治工作坚持预防为主、防治结合的方针，建立健全政府组织领导、部门各负其责、全社会共同参与的机制，加强宣传教育，采取行为干预和关怀救助等措施，实行综合防治。艾滋病防治工作实行政府主要领导负责制，纳入各级人民政府目标责任制。开展艾滋病防治以及关怀和不歧视艾滋病病毒感染者、艾滋病病人及其家属的宣传教育活动，提倡健康文明的生活方式，营造良好的艾滋病防治社会环境。各类社会团体应当协助各级人民政府开展艾滋病防治工作。鼓励和支持开展艾滋病防治的社会捐资和慈善活动，鼓励和支持建立关爱场所及志愿者服务组织。省人民政府应当加强艾滋病职业暴露的预防工作，对从事艾滋病防治、科研、教学、管理以及其他相关工作的人员，建立职业意外感染的应急处理、治疗、工作、生活等保障制度。《条例》就艾滋病防治的宣传教育、预防与控制、治疗与管理、保障与救助、法律责任等作出明确规范。2007年，省卫生厅下发《关于进一步加强性病监测工作的通知》，制定《浙江省性病监测方案》，规范浙江省性病监测工作。

（四）医疗保障

1979年7月，浙江省卫生局、浙江省农业局联合颁发《浙江省农村合作医疗管理办法（试行）》7章22条，申明农村合作医疗是按照自愿互利的原则组织起来的社会主义集体福利事业，是农村医疗预防卫生网的组成部分。国家积极支持、发展合作医疗事业，使医疗卫生工作更好地为保护社员身体健康，为巩固发展农村社会主义经济，实现农业现代化服务。《办法》对农村合作医疗的举办形式、管理机构、承担任务、基金来源、财务管理、中草药使用、加强领导等事项作出规定，明确公社社员及其家属子女均可参加合作医疗，凡参加者都要按规定缴纳合作医疗基金，合作医疗基金主要用于社员群众的医药开支，对未参加合作医疗的病人，按国家规定标准收费，不得把合作医疗站办成企业或副业，合作医疗站“赤脚医生”发给《赤脚医生证》，凭证行医，生产大队合作医疗站“赤脚医生”原则上不超过2名，人口较多的原则上不超过3名，“赤脚医生”必须坚持参加农业集体生产劳动，参加集体分配，实行“定工劳动，定额补贴”，规定给予同等劳力的劳动报酬。①

① 浙江省卫生局、浙江省农业局：《浙江省农村合作医疗管理办法（试行）》，《浙江省医政工作文件汇编》，第18页。

1986年3月21日，省卫生厅、省物价局、省外事办公室联合下发《关于调整本省外国人医疗收费标准的通知》，1986年5月1日起执行。1993年8月10日，浙江省物价局、省卫生厅联合下发《关于调整浙江省外国人医疗收费标准的通知》，9月1日起执行，1986年3月21日下发的原标准同时废止。1988年6月23日，省卫生厅、浙江省乡镇企业局、浙江省财政厅联合颁发《浙江省乡镇企业劳动卫生管理办法实施细则》。

1991年8月17日，省卫生厅下发《浙江省预防保健保偿责任制实施办法》。12月5日，浙江省人民代表大会常务委员会通过《浙江省优生保健条例》，1992年6月1日起执行。1992年1月29日，省卫生厅下发《浙江省人群健康检查管理规定》。3月2日，省卫生厅下发《浙江省婚姻保健工作常规》。3月6日，省卫生厅下发《浙江省优生保健技术鉴定委员会管理办法》《浙江省优生保健监督员管理办法》。5月6日，省卫生厅批准成立"浙江省优生保健技术鉴定委员会"。7月15日，省卫生厅下发《浙江省医院健康教育工作规范》。1993年3月16日，省卫生厅颁发《浙江省婚前健康检查管理办法》，在浙江省执行，规定适龄公民结婚前，必须进行婚前健康检查，健康者发给《婚前健康检查合格证》，方可办理婚姻登记手续。6月26日，省卫生厅下发《关于实施浙江省托儿所、幼儿园卫生保健管理办法(试行)意见》。1995年2月8日，省卫生厅、浙江省档案局联合颁发《浙江省妇幼保健档案管理暂行办法》。

1992年11月27日，省政府批转省卫生厅等单位《关于公费医疗管理改革试行意见》，对浙江省公费医疗管理进行改革。1993年6月19日，省政府印发省卫生厅等单位制定的《浙江省公费医疗改革试行办法》，8月1日起在全省执行。

1994年4月8日，省卫生厅、浙江省劳动厅、浙江省财政厅联合颁发《关于企业职工劳保医疗用药规范问题的通知》，5月1日起，浙江省企业职工劳保医疗的西药和中成药报销范围与公费医疗的西药和中成药药品报销范围相一致。1995年9月6日，省卫生厅、浙江省劳动厅、浙江省财政厅联合下发《浙江省公费、劳保医疗西药报销范围(试行)》的通知，规定《西药报销范围》，11月1日起试行。2004年9月3日，省政府下达《关于加快建立和完善医疗救助制度的通知》，决定对城乡"低保"对象、农村"五保"对象、城镇"三无"人员实行医疗救助。

(五)发展规划

1978年3月15日，中共浙江省委转发《浙江省消灭血吸虫病规划(草案)》，提出1980年前浙江省基本消灭血吸虫病。

1987年5月27日，省卫生厅下发《关于进一步加强区(中心)卫生院建设的意见》。《意见》申明，区(中心)卫生院是一个区域内的医疗、预防、保健中心，是农村三级医疗预防网承上启下的重要环节，努力把区(中心)卫生院整顿建设好，充分发挥它们的作用，是加强农村医疗卫生工作的一项重要措施。《意见》提出，总目标是加强(中心)卫生院的建设，逐步做到领导班子健全，技术队伍稳定，人员、房屋、设备与任务相适应，使卫生院充满生机和活力，真正成为一个片的医疗、预防、保健中心。

1995年1月16日，省政府下发《关于加快发展浙江省中医药事业的通知》。1997年4月20日，浙江省人民代表大会常务委员会通过《浙江省发展中医条例》，并正式颁布实施。

2001年12月17日，省政府印发《浙江省卫生现代化建设纲要(2001—2020年)》。《纲要》的指导思想是人人享有卫生保健，不断提高全民健康素质，实现卫生现代化。《纲要》提出，卫生现代化建设的总目标：到2020年，建立适应社会主义市场经济体制和人民健康需求的现代卫生服务体系，较好地适应社会多层次、多样化卫生服务需求，基本消除地区间、人群间健康差异，延长全体居民健康期望寿命。卫生资源配置合理，卫生设施和技术先进，卫生队伍素质优良，运行保障机制完善，国民健康主要指标达到或接近世界中等发达国家水平，卫生服务绩效位居全国前列。

2003年1月6日，省政府颁发《关于进一步深化医药卫生体制改革的若干意见》。《意见》阐明深化医药卫生体制改革的指导思想和基本原则，强调以建立适应社会主义市场经济要求的医药卫生体制为目标，尊重医药卫生事业发展规律，充分发挥市场机制的作用，引入竞争机制，优化卫生资源配置，增强医疗机构的生机和活力，营造公平、有序的竞争环境，促进医疗卫生事业快速发展，使人民群众享有质量优良、费用合理的医疗服务。《意见》指出，深化医药卫生体制改革的重点为：(1)大力深化公立医院管理体制和运行机制改革。(2)积极鼓励发展多种形式的民办医院。(3)采取措施切实降低过高的医药费用。

2004年，省卫生厅颁发《浙江省中医药攀登工程实施方案》，宗旨是进一步继承和发展中医药特色和优势，促进浙江省中医药事业的全面、协调、可持续发展，更好地为人民健康服务。《方案》的指导思想是坚持中西医并重方针，按照政府主导、社会参与、合理布局、突出重点、省地共建的原则，全面实施中医药现代化发展战略，充分发挥中医药资源优势，扶持传统中医药，开展中西医结合，进一步提升中医药的综合实力和服务能力，努力实现浙江省由中医药大省向中医药强省的转变。总体目标力争通过五年建设，初步建立起与浙江省基本实现全面小康社会相适应的、较好满足人民群众健康需求的现代中医药服务体系。中医药服务领域不断拓展，服务能力和可及性明显提高，中医药资源配置优化合理。中医药行业管理规范有力，中医药继承与创新成效显著，中医药事业发展的基础条件较大改善，全省中医药综合实力位居全国前列。

2005年，省卫生厅颁发《浙江省2006—2010年卫生人才队伍建设发展规划》。主要目标：(1)到“十一五”末期，每千人执业(助理)医师数达到2.02人，每千人注册护士数达到1.77人。(2)到2020年，每千人执业(助理)医师数达到2.8人，每千人注册护士数达到3人。(3)全省疾病预防控制机构人员的配置达到每万服务人口1.6人左右，县级卫生监督派出机构的设置，原则上按2～4个乡镇或6万～12万人口设置一个派出机构，每个派出机构的卫生监督员不少于4人。(4)每千城乡居民拥有0.75名以上的社区责任医生，每万居民至少拥有2名全科医师。(5)到“十一五”期末，全省卫技人员大专以上学历的人员比例提高到70%，高、中、初级职称所占比例分别达到9%、35%和56%，有职称无学历者达到中专以上文化程度。(6)县及县以上医院临床医生基本达到大专以上学历，其中城市二、三级医院临床医生学历基本达到本科及以上，注册护士大专及以上学历人员达到50%，乡镇卫生院(社区卫生服务中心)的临床医生80%达到中专以上学历。

同年，省卫生厅、浙江省发展和改革委员会、浙江省财政厅联合发布《浙江省科教兴卫工程实施方案》。《方案》总体目标：到2010年，建立起与浙江市场经济和卫生强省建设相适应的医学科技创新体系、科教管理体系和人才培养体系，以重点学科群、科技创新平台、重大科技项目、高层次人才培养、乡村卫技人员素质提升、专科医师培养、继续医学教育、数字卫生建设八个重点项目为抓手，实现浙江省卫生科技创新能力和人才队伍素质的全面提升，部分优势学科和关键技术领域的研究水平、创新环境和人才队伍等方面达到国际先进水平，卫生信息化达到中等发达国家水平，全省卫生科技综合实力位居全国前列。《方案》确定重点项目：(1)医学重点学科群建设。(2)医学科技创新平台建设。(3)重大科技项目研究。(4)高层次卫生人才培养。(5)乡村卫技人员素质提升。(6)专科医师培养。(7)继续医学教育。(8)数字卫生建设。

2006年，省卫生厅、浙江省发改委、浙江省财政厅联合发布《浙江省农民健康工程实施方案》。《方案》确定，农民健康工程的总体目标是：到2010年，争取在全省建立健全基本适应浙江省构建和谐社会、全面实现小康社会发展水平和新农村建设要求的农民健康保障体系和农村卫生服务体系，农村卫生服务网络更加健全、服务功能更加完善、服务公平性和可及性明显提高，使农村居民人人享有基本卫生保健服务，主要健康指标达到目前中等发达国家的水平。农民健康工程的主要目标是：(1)到2007年和2010年，全省新型农村合作医疗参合率分别达到80%和90%。(2)到2007年和2010年，以县为单位农村公共卫生服务项目达标率分别达到80%和90%。(3)到2007年和2010年，全省参合农民健康体检建档率分别达到70%和80%。《方案》指出，农民健康工程实施的主要任务和要求是全力构建新型农村公共卫生服务体系，建立健全农村居民医疗保障体系，扎实做好农民健康体检工作，大力推进农村社区卫生服务。

2006年9月12日，省政府印发《浙江省卫生强省建设与"十一五"卫生发展规划纲要》。《纲要》指出，卫生强省建设的背景是健康已成为新时期城乡居民追求的重要目标，健康已成为发展生产力的重要因素，健康已成为改善社会公平的重要手段。从总体小康到全面小康，应当更加关注社会公平，特别是健康公平。人人享有卫生保健，使健康不仅成为推动经济发展的重要手段，而且成为经济发展的直接结果，成为全面建设小康社会中公共政策的必然选择。卫生强省建设的目标：(1)总体目标。到2010年，形成与全省基本实现全面小康社会目标相适应、城乡统筹发展相同步的医疗卫生服务体系，较好地满足人民群众多层次、多样化的医疗卫生服务需求，卫生服务公平性、可及性明显提高，绩效水平显著改善，人群主要健康指标接近世界中等发达国家水平。到2020年，建立起与浙江提前基本实现现代化相适应的现代化医疗卫生服务体系，卫生资源配置优化，卫生设施和技术先进，卫生队伍素质优良，运行保障机制完善。全省居民基本形成良好的卫生保健意识，享有公平、优质、高效的卫生保健服务，延长居民健康期望寿命，人群主要健康指标达到世界中等发达国家水平，卫生综合实力位居全国前列。(2)具体目标详见表79-11-3-1。

表 79-11-3-1 浙江省卫生强省建设与“十一五”卫生发展指标一览表

分 类	序号	指 标 名 称	单 位	2005 年	2010 年
健康素质	1	人均期望寿命	岁	76	77
	2	孕产妇死亡率	1/10 万	13.4	12
	3	5 岁以下儿童死亡率	‰	9.88	9
卫生公平与保障	4	城镇职工基本医疗保险参加人数	万人	639	900
	5	新型农村合作医疗参合率	%	71.8	90
	6	农村饮用安全自来水普及率	%	72	85
	7	农村卫生厕所普及率	%	80.1	85
卫生资源配置	8	每千人执业(助理)医师数	人	1.91	2.02
	9	每千人注册护士数	人	1.31	1.77
	10	每千人床位数	张	3.07	3.13
	11	每千城乡居民拥有社区医生数	人	0.71	0.75
	12	居民 20 分钟可达医疗卫生机构比例	%	85	90
居民健康意识	13	居民健康知识知晓率	%	70	80
	14	国民体质监测合格率	%	83	85

资料来源:省卫生厅档案室档案资料。

2007 年 4 月 4 日,省政府办公厅下发《关于进一步完善新型农村合作医疗制度的意见》。《意见》提出:(1)继续高度重视新型农村合作医疗工作。(2)加大政府投入,提高筹资水平。(3)完善合作医疗补偿方案。(4)加强合作医疗管理能力建设。(5)加强对定点医疗机构的监管。(6)做好参合农民的健康体检工作,确保体检工作质量,重视体检后续服务,发挥健康档案的作用。

2009 年 9 月 28 日,中共浙江省委、省政府颁发《关于深化医药卫生体制改革的实施意见》。《意见》指出,深化医药卫生体制改革的总体目标是在 2020 年前率先建立覆盖城乡居民的基本医疗卫生制度。到 2011 年,基本医疗保障制度全面覆盖全省城乡居民,基本药物制度初步建立,城乡基层医疗卫生服务体系进一步健全,基本公共卫生服务全面普及,公立医院改革试点稳步推进,基本医疗卫生服务可及性明显提高,有效减轻居民就医费用负担,切实缓解“看病难、看病贵”问题。在 2009—2011 年,实现以下目标:(1)促进全民健康。强化公共卫生服务,推进全民健康促进行动,居民的健康状况得到有效改善,人均期望寿命达到 77 岁以上,5 岁以下儿童死亡率控制在 9‰以下,孕产妇死亡率控制在 12/10 万以下。(2)减轻群众负担。增加政府投入,规范医疗服务行为,降低药品价格,控制医药费用不合理增长,提高医疗保障水平,个人医疗费用占卫生总费用的比例从 47%下降到 40%左右。(3)提高服务效率。整合资源,优化管理,提高医疗卫生资源服务效率,改善医院服务流程,缩短挂号、取药和候诊时间，病床使用率控制在合理水平，平均住院日进一步缩短。(4)保障卫生公平。强化政府在基本医疗卫生制度中的责任，基本医疗保险覆盖全省90%以上城乡居民，构建20分钟医疗服务圈，推进基本公共卫生服务均等化，提高基层医疗卫生服务可及性和服务水平。《意见》确定2009—2011年重点改革任务：(1)加快推进基本医疗保障制度建设。(2)分步实施基本药物制度。(3)健全基层医疗卫生服务体系。(4)促进基本公共卫生服务均等化。(5)稳妥推进公立医院改革。

2009年10月19日，省卫生厅、浙江省发展改革委员会、浙江省财政厅、浙江省人口和计划生育委员会颁发《关于促进基本公共卫生服务逐步均等化的实施意见》。《意见》提出，到2011年基本公共卫生服务项目和重大公共卫生服务项目得到普及，城乡之间、地区之间和人群之间基本公共卫生服务差距明显缩小，公平性、可及性和效率明显提高，到2020年基本公共卫生服务逐步均等化的机制基本完善，重大疾病和主要健康危险因素得到有效控制，居民主要健康指标达到世界中等发达国家水平。《意见》要求：(1)完善基本公共卫生服务内容，实施基本公共卫生服务项目。(2)扩大重大公共卫生服务专项，实施重大公共卫生服务项目。

2009年11月26日，省卫生厅、浙江省发展改革委员会、浙江省物价局等九个部门联合印发《关于推进国家基本药物制度的实施意见(试行)》。《意见》提出：2009年30%政府举办的城市社区卫生服务机构和县(基层医疗卫生机构)实施基本药物制度，基本药物实行省级集中网上公开招标采购和统一配送，配备使用的基本药物实行零差率销售，到2011年初步建立国家基本药物制度，到2020年全面实施规范的、覆盖城乡的国家基本药物制度。《意见》就确定浙江省基本用药范围、规范基本药物生产流通、促进基本药物的合理使用、加强组织领导和监督管理作出有关规定。

2009年12月1日，浙江省发展改革委员会颁发《浙江省农村医疗卫生服务体系建设和改革的实施方案》。《方案》确定建设的目标：(1)基本建立“20分钟医疗卫生服务圈”。(2)基本建立“大院带小院、县院带乡镇、乡镇带村级”的城乡医疗卫生统筹发展新机制。(3)基本建立“稳得住、下得去、干得好”的城乡基层医疗卫生队伍。城市社区每万名居民有1～2名以上全科医生，农村每个乡镇卫生院有1名以上全科医生，基本满足“小病在基层、大病不出县”的卫生人才支撑要求。《方案》要求：(1)扎实推进农村医疗卫生服务体系建设标准化工程。(2)开展“2＋X”为主要内容的县乡医疗卫生资源统筹配置改革试点。(3)深入开展基层卫生人才素质提升工程。

2010年12月2日，省卫生厅、省编办、省发改委等六部门联合印发《浙江省公立医院改革试点指导意见》(以下简称《意见》)，《意见》旨在通过试点改革，形成浙江省公立医院改革的主体思路和主要政策措施，为全面推动公立医院改革奠定基础。试点改革的主要任务：(1)完善公立医院服务体系。(2)提升县城医疗服务水平。(3)改革公立医院管理体制。(4)改革公立医院法人治理机制。(5)改革公立医院运行机制。(6)改革公立医院补偿机制。(7)加强公立医院内部管理。(8)改革公立医院监管机制。(9)建立住院医师规范化培训制度。(10)积极探索形成多元化办医格局。

大事年表

时　　间	大　事　纪　要	资料来源
跨湖桥文化时期（距今约8000年）	萧山跨湖桥遗址发掘出大量壳斗科等植物种子，主要有杏核、梅核、麻栎果、栓皮果、南酸枣、菱角、芡实等，还有煎药陶釜。该陶釜口径11.3厘米、高8.8厘米，外底有烟火熏焦痕，器内盛有一捆植物茎枝，共20余根。考古发掘者认为，该陶釜为中药罐，罐中标本送浙江省药品检验所中药室检测，定为茎枝类。	《中国文物报》，2002年2月1日
河姆渡文化时期（距今约7000年）	余姚河姆渡遗址中出土的动植物药材有穿山甲、苦槠、细叶香桂、山鸡椒、金粟兰、夜合花、薏米仁、芡实等，还有大量骨器，如骨雕、骨镞、管状针等。这些骨器其用途有针刺、放刺、放血、放脓、放水、挑刺……说明河姆渡人在长期生活中发现患有某种疾病后偶尔食用某种植物和使用简单手术可使疾病得到缓解乃至痊愈。	王勇：《日本文化》，高等教育出版社2001年版，第58—59页
春秋时期（约前490年）	越国出台了浙江有史可考的第一份医政敕令。	朱德明：《浙江医药通史（古代卷）》，浙江人民出版社2013年版，第13页
秦汉时期（约前221—220年）	安吉县天子湖楚文化墓葬的椁东北角考古发掘现场，发现一具保存完好的漆木坐便器，这是迄今全国首次发现的卫生类随葬器物。	《钱江晚报》，2007年1月16日
	龙游出土的陶猪圈，猪圈与厕所连成一块，后面是厕所，厕所的左下角开一洞与猪圈相通，说明秦汉时期浙江出现建厕所的卫生习惯。	朱土生：《浙江龙游县东华山汉墓》，《考古》1993年第四期，第330—343页
晋南北朝时期（265—589年）	东晋著名医学家葛洪，在杭州智果寺西南初阳台炼丹，著有《抱朴子》《肘后备急方》等，流传甚广。	〔明〕田汝成：《西湖游览志》，浙江人民出版社1980年版，第93页
	萧山竹林寺女科，闻名遐迩："自吾真禅师之创兴竹林，至后晋而有师(指高昙)，盖未尝有师，而亦未有寺，所谓竹林者。"	《萧山卫生志》，浙江大学出版社1989年版，第267页
	南朝齐永明九年(491年)，湖州水灾泛滥，萧子良开仓救济贫病交加的人们。他在府第北面建廨，对贫病者布施医药。这是中国私立慈善医院，或可称养济院的肇端。	《二十五史·南史》第4册，上海古籍出版社1986年版，第2790页

续表 1

时　　间	大　事　纪　要	资料来源
隋唐五代时期（581—960 年）	隋唐时期，浙江医事机构十分庞大，仅属于太医署、尚药局和药藏局的医官与医药人员达 500 多人。这一时期，据浙江考古发掘有唾壶、脉枕、石药碾船、药碾壶、瓷药壶、香熏等医药卫生用具。	《二十五史·旧唐史》第 5 册，上海古籍出版社 1986 年版，第 3708 页
	宁波陈藏器（约 687—757 年），曾任三原（西安府辖）县尉。他是一位集本草学、方剂学、海洋生物学和博物学的大家，也是一位在全国医药学界居重要地位的药学家。	朱德明：《浙江医药通史（古代卷）》，浙江人民出版社 2013 年版，第 53 页
北宋时期（960—1127 年）	北宋时期，各府州县设立了惠民药局。北宋天圣年间（1023—1032 年）台州府设医学长官和药局，管理医政和防疫。宋仁宗天圣元年（1023 年）十一月丁酉，政府颁布律令，严禁两浙巫觋挟邪术害人者。	〔民国〕余绍宋：《重修浙江通志稿·大事记》第 2 册，浙江通志馆编印 1943 年版，第 28 页
	北宋著名的医药学家沈括（1031—1095 年）杭州钱塘县（今杭州）人，家风重视医学，家传有《博济方》《苏沈良方》等。沈括在医药学颇有建树，有收集药方、医方的传统，并对收方“目睹其验”进行考证。	张晓丽：《〈梦溪笔谈〉中的医学思想与中药学知识》，《中华医史杂志》2003 年第 2 期，第 71 页
	北宋元祐四年（1089 年），苏东坡出任杭州太守，拨出官缗 2000 贯，连同自己捐出的 50 两银子，在城市中心地带（惠民路附近）建置病坊，取名安乐坊，派寺院僧医管理坊事，聘请名医坐堂治病。	朱德明：《浙江医药通史（古代卷）》，浙江人民出版社 2013 年版，第 72 页
	明州港是宋朝进口香药的重要港口，《中书备对》记载熙宁十年（1077 年）明州市舶所收乳香 4793 斤。天圣六年（1028 年），客商去日本贸易，仅给藤原实资的药品就有麝脐香 50 两、丁香 50 两、沉香 20 两，还有熏陆香、诃黎勒、石金青、朱砂等。	张安如：《宁波中医药文化史》，中国中医药出版社 2012 年版，第 53 页
南宋时期（1127—1279 年）	南宋时期，医学行政机构与医学教育机构分开，纯属医政机构的有翰林医官院、尚药局、御药院、太平惠民局、惠民和剂局、惠民（药）局、施药局及其他保健慈善医疗机构。	朱德明：《浙江医药通史（古代卷）》，浙江人民出版社 2013 年版，第 110 页
	南宋时期出现众多医家学派，钱塘陈木扇女科、宁波宋氏女科、绍兴“三六九”伤科、永嘉医派等。这一时期，医家学派在妇产科和伤科领域的医学较为突出。	朱德明：《浙江医药通史（古代卷）》，浙江人民出版社 2013 年版，第 134—141 页

续表 2

时　　间	大　事　纪　要	资料来源
南宋时期（1127—1279 年）	南宋时期，临安是全国最大的刻书、印书中心。地方密刻医书种类和数量都比北宋多，宋代医家多有私人出资，命工刊刻专著或其他医书，以广流传，主要有史堪的《史载之方》、魏炳的《伤寒总病论》、朱肱的《金匮要略方》等。	〔元末明初〕陶宗仪：《说郛・南宋市肆记》第 60 册，第 113 页
	每当疫病流行时，常有政府向疫区人民施散医药。庆元元年（1195 年）御笔：“访闻民间病疫大作，令内藏库日下支拨钱二万贯付临安府，多差官于城内外询问病家之家，贫不能自给者，量口数多寡支付医药钱；死而不能葬者，给予棺殓。务要实惠及民，毋得徒为文具。”	徐松：《宋会要辑稿・食货》，中华书局 1957 年版，第 5832 页
	南宋时期，东南亚许多国家仍保持着与中国进行医药交流，中国与东南亚诸国间的海上贸易十分发达。邻国的官医、学问僧、医药学家来浙江学习中医药学后携宝回国的大有人在。	朱德明：《浙江医药通史（古代卷）》，浙江人民出版社 2013 年版，第 217—222 页
	绍兴元年（1131 年）在临安府的皇城司内设司指挥，主要负责皇城内的清洁卫生等事项。	〔宋〕潜说友《咸淳临安志》卷十四，影印文澜阁四库全书，台湾商务书馆 1984 年版，第 170 页
	南宋人有良好的卫生习惯，临安城内出现了许多供市民洗澡的澡堂，民间多称为香水混堂，澡堂门前悬挂着瓢杓为标志。浴堂的温水中均加各种香料，肥皂以豌豆和香草混合制成液体。	朱德明：《浙江医药通史（古代卷）》，浙江人民出版社 2013 年版，第 202 页
元明清时期（1206—1911 年）	义乌朱丹溪（1281—1358 年）是这一时期中国医学史上具有开创性学术争鸣的金元四大家之一，世称“滋阴派”鼻祖，他对于“四伤”（即气、血、痰、郁）与养生寿老的研究具有特色。	朱德明：《浙江医药通史〈古代卷〉》，浙江人民出版社 2013 年版，第 255－256 页
	明嘉靖二十四年（1545 年），葡萄牙人在舟山六横双屿港建医院两所，采用传统西医疗法，为海上互市之中的西方商人服务。	《舟山市卫生志》，中华书局 2002 年版，第 192 页
	明嘉靖二十五年（1546 年），证实古典型霍乱由海外经宁波传入浙江。	王毓榛：《建国前我省霍乱资料的整理与分析》，浙江省卫生防疫站编印，1983 年版
	明末清初，杭州出现民间医学教育机构，著名的中医教育机构侣山堂隆重开学，绵延 30 年，讲学论道，著书立说，培养了一批批医学专家，撰写医书近百种，形成了以张志聪为代表的钱塘医派。	朱德明：《浙江医药通史（古代卷）》，浙江人民出版社 1992 年版，第 424 页
	清光绪三十四年（1908 年），嘉兴福音医院凡纳勒医生首次从当地 4 名患者粪便中检出血吸虫卵。	《浙江省血吸虫病防治史》，上海科学技术出版社 1992 年版，第 17 页

续表3

时间	大事纪要	资料来源
民国16年(1927年)初	杭州医药行政管理机构仍沿袭清末时期由警察机构兼管。1927年杭州建市，在邵元冲市长任内组建了卫生局，著名医药学家金宝善荣膺局长。	《杭州卫生志》，杭州市卫生局2015年编印，第7页
民国16年(1927年)7月	浙江民政厅设立五科，主管卫生，内设医政、防疫、保健3股，附设卫生试验所、省立传染病医院和省立助产学校及其附属医院。	《浙江卫生》第五期，正报社印刷部1944年版，第2—4页
民国18年(1929年)2月	民国政府卫生部召开第一届中央卫生委员会会议，会议提出《废止旧医以扫除医事卫生障碍案》。浙江省中医协会等6个部门会同上海总商会在上海召开中医药团体大会和组建请愿团，要求取消“废除中医案”。后“废除中医案”不了了之，并于1936年1月21日，民国政府正式公布《中医条例》。	《申报》，民国18年(1929年)3月17日
民国20年(1931年)1月	浙江省民政厅五科改二科警务科，内设卫生行政股，原五科附设的3个机构由该科接管，同年4月增设省立医院。	《浙江卫生》第五期，正报社印刷部1944年版，第2—4页
民国23年(1934年)	浙江省政府、卫生处、民政厅和龙泉县政府分别发文，要求各地进出口商经营药品者应遵照药商管理规则办理登记注册手续，按照管理办法经营，药房应雇用专任药师或药剂生经营。	《民国档案·管理药品·药商规则卷》，龙泉市档案馆档案号10—1—272号
民国24年(1935年)4月	浙江省民政厅二科警务科改名为浙江省民政厅卫生实验处，内设总务、技术2股，附属机构除沿袭辖原来3个机构外，1936年8月增设绍兴安昌卫生所、嘉兴血吸虫病工作队和1937年9月设置的临时护士讲习所。	《浙江省政府概况·卫生部分》，民国33年(1944年)4月10日，省档案馆档案号36—87
民国27年(1938年)1月	浙江省会城市杭州沦陷，省政府迁往永康方岩，由浙江省民政厅技术室办理一切卫生事宜，新建的浙江省战时救护总队办理军民救护工作，医疗防疫总队办理前后方军民医疗防疫工作。	《浙江省政府概况·卫生部分》，民国33年(1944年)4月10日，省档案馆档案号36—87
民国29年(1940年)9月	浙江省卫生处单独成立，直隶于浙江省政府，首任处长陈万里，内设医政、保健防疫、总务(兼管材料、统计)及人事、秘书、医药器材经理委员会，主要职责办理医药人员及医院、药商注册登记事项等。	《浙江省政府概况·卫生部分》，民国33年(1944年)4月10日，省档案馆档案号36—87
民国29年(1940年)10月4日上午	侵华日机在衢州上空撒下大批麦粒、黄豆、麦麸、碎布、棉花、跳蚤及宣传单等物，随后，陆续出现鼠疫死亡病人。	邱明轩：《罪证——侵华日军衢州细菌战史实》，中国三峡出版社1999年版，第7页

续表 4

时　　间	大　事　纪　要	资料来源
民国 29 年 (1940 年) 10 月 27 日	侵华日机在宁波上空撒下大量面粉、麦粒等，而后出现许多红色跳蚤，3 天后陆续发现鼠疫死亡病人。	黄可泰，吴元章:《惨绝人寰的细菌战——1940 年宁波鼠疫史实》，东南大学出版社 1994 年版，第 2 页
民国 31 年 (1942 年)	浙江省卫生处新设置省立医院、省医疗防疫队和第一、二、三辅助医院及第五区中心卫生院，新成立第一、四、八、十一区中心卫生院，撤销第一、二防疫队，改设为浙江省医疗防疫队。	《浙江省政府概况·卫生部分》，民国 33 年(1944 年)4 月 10 日，省档案馆档案号 36－87
民国 32 年 (1943 年)	浙江省卫生试验所生物制品部已生产牛痘苗，供应全省。同年，还生产出霍乱疫苗、伤寒霍乱混合疫苗并开始研制其他疫苗。	《浙江省政府概况·卫生部分》，民国 33 年(1944 年)4 月 10 日，省档案馆档案号 36－87
1949 年 5 月 7 日	杭州市军事管制委员会成立，该委政务部设立卫生处。5 月 30 日，杭州市军事管制委员会接管了原浙江省卫生处及原杭州市卫生局并成立杭州市防疫筹备委员会。	《浙江省卫生工作大事记(1949—1995 年)》(内部资料)，省卫生厅 1998 年编印，第 1 页
1949 年 6 月	杭州市军事管制委员会开始接管民国政府临时派驻的卫生部医疗防疫总队和原省立杭州、嘉兴、绍兴、金华、衢州、严州、处州医院及杭州市的一些医院、卫生所。	《浙江省卫生工作大事记(1949—1995 年)》(内部资料)，省卫生厅 1998 年编印，第 1 页
1949 年 8 月	浙江省卫生厅成立，省人民政府任命李蓝炎为副厅长，主持工作。	《浙江省卫生工作大事记(1949—1995 年)》(内部资料)，省卫生厅 1998 年编印，第 1 页
1949 年 10 月 17 日	浙江省成立省医疗防疫大队，下设第一、二医疗防疫队及第一、二防疫站和环境卫生队。省卫生厅颁布《浙江省各市、县开业医事人员及医院药商登记暂行办法》。	《浙江省卫生工作大事记(1949—1995 年)》(内部资料)，省卫生厅 1998 年编印，第 2 页
1949 年 11 月 19 日	省政府发布《浙江省各级卫生业务机构经济制度实施暂行办法》，要求各级卫生业务机构逐步做到自给自足企业化。	《浙江省卫生工作大事记(1949—1995 年)》(内部资料)，省卫生厅 1998 年编印，第 2 页
1949 年 12 月 30 日	省政府发布《浙江省各市、县疫情报告暂行办法》，确定伤寒、斑疹伤寒、赤痢、天花、鼠疫、霍乱、白喉、流行性脑脊髓膜炎、猩红热、回归热 10 种传染病暂照本办法办理疫情报告。	《浙江省卫生工作大事记(1949—1995 年)》(内部资料)，省卫生厅 1998 年编印，第 2 页
1950 年 6 月 15 日	浙江省第一次全省卫生工作会议在杭州召开，会期 7 天，出席代表 210 人。会议贯彻落实中央人民政府确定的“面向工农兵、预防为主、团结中西医”的卫生工作总方针和共同纲领规定的“推广医药卫生事业，并注意保护母亲婴儿和儿童健康”的政策。	《浙江省卫生工作大事记(1949—1995 年)》(内部资料)，省卫生厅 1998 年编印，第 2 页

续表 5

时　间	大　事　纪　要	资料来源
1950 年 9 月	温州市扑灭浙江省最后的 4 例鼠疫。	《浙江省卫生工作大事记(1949—1995 年)》(内部资料),省卫生厅 1998 年编印,第 5 页
1950 年 11 月 12 日	浙江省人民政府决定:洪式闾为省卫生厅厅长、李蓝炎为副厅长。泰顺、磐安两县成立县卫生院,至此,浙江省 77 个县都建立了卫生机构。	《浙江省卫生工作大事记(1949—1995 年)》(内部资料),省卫生厅 1998 年编印,第 6 页
1951 年 3 月 9 日	浙江省以省立医学院附属医院、省立杭州医院妇产科及省立杭州高级医事职业学校附设产院的人员、设备为基础成立浙江省妇幼保健院,设床位 100 张。	《浙江省卫生工作大事记(1949—1995 年)》(内部资料),省卫生厅 1998 年编印,第 7 页
1951 年 3 月 16 日	根据省政府办公厅指示,浙江省接管美国等外国医疗机构 11 所(其中美国 6 所),医务人员 323 人,工作人员 86 人、外籍人员 12 人,并接管附设护士学校 6 所,在校学生 298 人。	《浙江省卫生工作大事记(1949—1995 年)》(内部资料),省卫生厅 1998 年编印,第 7 页
1952 年 2 月 20 日	省人民政府发布《关于改善全省缫丝业职工劳动保护工作的指示》。浙江大学医学院与浙江省立医学院合并,改名为浙江医学院。	《浙江省卫生工作大事记(1949—1995 年)》(内部资料),省卫生厅 1998 年编印,第 9 页
1952 年 4 月	浙江省防疫委员会成立,是全省反细菌战爱国卫生运动的组织。	《浙江省卫生工作大事记(1949—1995 年)》(内部资料),省卫生厅 1998 年编印,第 10 页
1952 年 9 月 8 日	省民政厅、财政厅、卫生厅联合发布《浙江省贫苦烈军属与贫苦复员军人减免医疗费暂行实施细则》的通知。国家对文成、平阳、瑞安、永嘉、泰顺、乐清、青田、玉环、丽水、松阳、景宁、庆元、宣平、龙泉、江山、缙云、云和、遂昌等县的第二次国内革命战争时期的老根据地群众实行减免医疗费。	《浙江省卫生工作大事记(1949—1995 年)》(内部资料),省卫生厅 1998 年编印,第 11 页
1952 年 12 月	浙江省扑灭最后一例天花。	《浙江省卫生工作大事记(1949—1995 年)》(内部资料),省卫生厅 1998 年编印,第 12 页
1953 年 8 月	浙江省统一全省中等医学校校名,省立杭州高级医事职业学校及杭州医院护士学校合并改称浙江省杭州卫生学校,同时改名的有杭州、宁波、温州等 11 所护士学校。	《浙江省卫生工作大事记(1949—1995 年)》(内部资料),省卫生厅 1998 年编印,第 14 页
1954 年 8 月 23 日	浙江省召开第一届工业卫生会议。会议传达全国第一届工业卫生会议精神,贯彻积极领导、稳步前进、面向生产、依靠工人和预防为主的工业卫生工作方针,总结检查了全省 5 年来工业卫生情况。	《浙江省卫生工作大事记(1949—1995 年)》(内部资料),省卫生厅 1998 年编印,第 17 页

续表 6

时　　间	大　事　纪　要	资料来源
1954 年 9 月 21 日	浙江省召开全省第一届中医代表会议，参会人员 219 人。会议进一步阐明中国共产党的中医政策，广泛征求中医意见，大力开展中医工作，批判了过去不重视中医中药的错误倾向，提出了贯彻中医方针的指导意见。	《浙江省卫生工作大事记（1949—1995 年）》（内部资料），省卫生厅 1998 年编印，第 17 页
1955 年 5 月 13 日	省卫生实验院在浙江沿海大陈岛及南麂山岛进行恙螨调查，发现国内外尚未报告的新种：浙江恙螨、大陈恙螨、南恙螨，并在大陈岛进行了恙虫病原体调查。	《浙江省卫生工作大事记（1949—1995 年）》（内部资料），省卫生厅 1998 年编印，第 20 页
1956 年 2 月	省委防治血吸虫病五人小组办公室成立。2 月 8—9 日举行全省第一次血吸虫病防治会议。2 月 28 日，全省青年防治血吸虫病积极分子会议在嘉兴县召开，会上奖励了 14 个先进单位。	《浙江省卫生工作大事记（1949—1995 年）》（内部资料），省卫生厅 1998 年编印，第 23 页
1956 年 6 月 28 日	卫生部副部长崔义田和卫生部首席顾问、苏联专家柯切尔金来浙江省检查工作，检查了浙江医学院、省卫生实验院、杭州第三医院、嘉兴市血吸虫病防治医院、嘉兴市东栅乡等卫生工作。省卫生实验院在瓯江流域进行恙虫病调查，结果证明瓯江流域所流行的“六月客”或“恶疮”即为恙虫病。	《浙江省卫生工作大事记（1949—1995 年）》（内部资料），省卫生厅 1998 年编印，第 25 页
1957 年 9 月 4 日	全省第一次少数民族地区卫生工作会议在丽水县召开，会议报告了少数民族地区卫生工作，要求少数民族地区各县选定一个重点，以防治性病为中心，加强妇幼卫生工作，开展爱国卫生运动，创造经验，全面推广。	《浙江省卫生工作大事记（1949—1995 年）》（内部资料），省卫生厅 1998 年编印，第 30 页
1957 年 11 月 5 日	省卫生厅发出《关于加强麻风病防治工作的指示》，决定增设妇幼卫生处、药政处。省防疫站、省博物馆及常山、开化县防疫站开展野生动物血吸虫病感染情况调查。	《浙江省卫生工作大事记（1949—1995 年）》（内部资料），省卫生厅 1998 年编印，第 30 页
1958 年 1 月 5 日	国家主席毛泽东视察杭州小营巷居民区卫生工作。	《浙江省卫生工作大事记（1949—1995 年）》（内部资料），省卫生厅 1998 年编印，第 31 页
1958 年 1 月 15 日	省第一届人民代表大会第六次会议通过“关于开展以除‘四害’、讲卫生为中心的爱国卫生运动的决议”及“关于消灭血吸虫病的决议”。	《浙江省卫生工作大事记（1949—1995 年）》（内部资料），省卫生厅 1998 年编印，第 32 页

续表 7

时　间	大事纪要	资料来源
1958 年 1 月 15 日 至 22 日	全省第一次除“四害”、讲卫生，消灭血吸虫病积极分子大会在吴兴县（今湖州市）南浔镇召开，参会代表 749 人。省委书记处书记霍士廉讲话，中央血防办公室主任白备伍、共青团浙江省委书记李培增、省卫生厅厅长李蓝炎出席会议。	《浙江省卫生工作大事记（1949—1995 年）》（内部资料），省卫生厅 1998 年编印，第 32 页
1958 年 3 月 3 日	省委书记处书记、副省长霍士廉检查绍兴县解放乡血吸虫病防治工作，并在绍兴市检查除“四害”、讲卫生工作。	《浙江省卫生工作大事记（1949—1995 年）》（内部资料），省卫生厅 1998 年编印，第 33 页
1958 年 3 月 6 日	省长周建人检查杭州小营巷等单位的卫生工作。	《浙江省卫生工作大事记（1949—1995 年）》（内部资料），省卫生厅 1998 年编印，第 33 页
1958 年 6 月 15 日	卫生部副部长、中华医学会会长傅连暲来杭州检查医学会、教育、科研和医疗机构等工作，参观了小营巷，并在省市卫生干部会上作报告。	《浙江省卫生工作大事记（1949—1995 年）》（内部资料），省卫生厅 1998 年编印，第 35 页
1958 年 8 月 20 日	省爱卫会发布“基本消灭血吸虫病标准（草案）”和“关于基本四无和整洁户暂行标准（修正草案）说明”。省委、省人委除“四害”、讲卫生鉴定验收团对全省第一个宣布基本“六无”整洁的宁波市进行验收，鉴定认为完全符合“四无”标准。	《浙江省卫生工作大事记（1949—1995 年）》（内部资料），省卫生厅 1998 年编印，第 36 页
1958 年 11 月 20 日	苏联、朝鲜、越南、捷克、民主德国的五国寄生虫病学者，由卫生部血吸虫病防治局局长陪同来浙江省参观。	《浙江省卫生工作大事记（1949—1995 年）》（内部资料），省卫生厅 1998 年编印，第 37 页
1959 年 1 月 24 日	省委批转省卫生厅党组关于在杭地区疗养院统一管理使用的意见，规定省级各部门疗养院由省卫生厅统一管理，杭州市所属的疗养院归杭州市人委统一管理，中央和外地在杭疗养院由省卫生厅管理为主，吸收各疗养院负责人组成疗养院管理委员会，负责对各疗养院的统一管理工作。	《浙江省卫生工作大事记（1949—1995 年）》（内部资料），省卫生厅 1998 年编印，第 38 页
1959 年 5 月 13 日	省委批转省卫生厅党组“关于当前除害灭病情况和预防夏季传染病工作的意见”。意见指出，1958 年除“四害”成果，共消灭鼠、雀近千万只和大量蚊蝇，灭螺 400 多万平方米，治疗血吸虫病 11000 多人，钩虫病 77 万余人，丝虫、疟疾 17 万余人，卫生积肥 13 亿多万担。	《浙江省卫生工作大事记（1949—1995 年）》（内部资料），省卫生厅 1998 年编印，第 40 页
1959 年 5 月 20 日	省卫生厅党组向省委报告发生浮肿病情况，浮肿病于 2 月上旬在龙泉县开始发现，3 月中旬在嘉兴、金华、温州等地也同时发现，至 5 月 17 日，据兰溪、浦江等 10 县统计，发病 9272 人以上，死亡 68 人。	《浙江省卫生工作大事记（1949—1995 年）》（内部资料），省卫生厅 1998 年编印，第 40 页

续表 8

时　间	大　事　纪　要	资料来源
1960 年 1 月 12 日	省卫生厅根据省委指示作出浙江医学院、中医学院、卫生实验院、中医研究所合并成立浙江医科大学和浙江医学科学院的方案。	《浙江省卫生工作大事记(1949—1995 年)》(内部资料),省卫生厅 1998 年编印,第 43 页
1960 年 3 月 11 日	省委决定将省中医院划归浙江医科大学领导,改名为浙江医科大学附属中医院。	《浙江省卫生工作大事记(1949—1995 年)》(内部资料),省卫生厅 1998 年编印,第 44 页
1960 年 4 月 26 日	瑞安县珊溪中学发生"哈哈病",全校师生 447 人,发病 169 人,其中男 124 人、女 45 人,总发病率 37.8%。病情以神经系统障碍为主,持续时间不长,重症或较重的有 38 人,占 22.5%,无死亡。发病原因不明。	《浙江省卫生工作大事记(1949—1995 年)》(内部资料),省卫生厅 1998 年编印,第 45 页
1960 年 11 月 14 日	省委书记江华于 12 日给郑平、李蓝炎同志一封信,对当前发生大批疾病问题作出指示,省卫生厅党组立即组织人员分赴嘉兴、金华、温州等地防治疾病。	《浙江省卫生工作大事记(1949—1995 年)》(内部资料),省卫生厅 1998 年编印,第 47 页
1960 年 12 月 24 日	应朝鲜保健省要求,省卫生厅将 29 种中药药物种子赠送给朝鲜高八榕地区。	《浙江省卫生工作大事记(1949—1995 年)》(内部资料),省卫生厅 1998 年编印,第 48 页
1960 年	全省共组织 22000 多名医务人员深入生产第一线,全年共治疗血吸虫病、血丝虫病、钩虫病、疟疾、麻风病病人 335.8 万人,白喉、流脑等主要传染病的发病率比 1958 年降低 26.4%～98.4%。	《浙江省卫生工作大事记(1949—1995 年)》(内部资料),省卫生厅 1998 年编印,第 48 页
1961 年 4 月 5 日	根据卫生部关于动员应届毕业生到农村的思想教育工作的通知,省计委确定医学院校的应届毕业生 70%到农村,要求其中的 50%保证到县医院工作。	《浙江省卫生工作大事记(1949—1995 年)》(内部资料),省卫生厅 1998 年编印,第 49 页
1961 年 6 月 12 日	省卫生厅通知各地,对防治浮肿病、妇女病、小儿营养不良症的医药费用原则上免费。	《浙江省卫生工作大事记(1949—1995 年)》(内部资料),省卫生厅 1998 年编印,第 49 页
1962 年 4 月 12 日	省卫生干校、省药材学校、杭州卫生学校合并为一所学校,归省卫生厅领导。	《浙江省卫生工作大事记(1949—1995 年)》(内部资料),省卫生厅 1998 年编印,第 51 页
1962 年 6 月 2 日	根据卫生部有关疫情通报,副霍乱已在国内部分省发生,为了防止输入浙江省,省委批转省卫生厅党组关于加强预防防止副霍乱输入浙江省的紧急报告,要求各地采取预防措施。	《浙江省卫生工作大事记(1949—1995 年)》(内部资料),省卫生厅 1998 年编印,第 51 页
1962 年 7 月 1 日	温州瑞安县城关镇发生浙江省第一例副霍乱病人(病人名叫陈阿珠,女,63 岁)	《浙江省卫生工作大事记(1949—1995 年)》(内部资料),省卫生厅 1998 年编印,第 51 页

续表 9

时　　间	大　事　纪　要	资料来源
1962 年 10 月 4 日	省委、省人委批转省防疫指挥部、省卫生厅党组关于副霍乱防治情况和今后意见的报告。报告指出：副霍乱发病已扩大到 24 个县市，累计发病超过 1 万人，省卫生厅组织 4 千多名医务人员，投入抢救和开展卫生防疫工作。	《浙江省卫生工作大事记（1949—1995 年）》（内部资料），省卫生厅 1998 年编印，第 52 页
1963 年 6 月 14 日	省卫生厅和省人委民族事务处联合发出通知，提出了加强少数民族卫生工作的意见。	《浙江省卫生工作大事记（1949—1995 年）》（内部资料），省卫生厅 1998 年编印，第 55 页
1963 年 9 月 24 日	省委批准省卫生厅报告，决定将原杭州市半山医院建立杭州肿瘤医院，并将浙医大附属二院的肿瘤科划归该院，医院由杭州市直属。	《浙江省卫生工作大事记（1949—1995 年）》（内部资料），省卫生厅 1998 年编印，第 55 页
1963 年 11 月 26 日	为加强计划生育工作的领导，省委决定成立省计划生育委员会，其办公室设在省卫生厅归卫生厅领导。	《浙江省卫生工作大事记（1949—1995 年）》（内部资料），省卫生厅 1998 年编印，第 55 页
1964 年 12 月 16 日	省卫生厅选调内、外科医师各 2 名赴几内亚援外医疗工作。	《浙江省卫生工作大事记（1949—1995 年）》（内部资料），省卫生厅 1998 年编印，第 58 页
1965 年 5 月 26 日	省卫生厅决定温州医学院同时挂温州医学进修学院的牌子，之后以进修为主，浙江医科大学增设药学专业，浙江中医学院的学制由 6 年改为 4 年。	《浙江省卫生工作大事记（1949—1995 年）》（内部资料），省卫生厅 1998 年编印，第 59 页
1966 年 1 月 3 日	省人委决定莫干山疗养院划给莫干山管理局管理。	《浙江省卫生工作大事记（1949—1995 年）》（内部资料），省卫生厅 1998 年编印，第 60 页
1966 年 11 月 17 日	根据卫生部指示，浙江组建援马里医疗队，初拟人员为 16 人，每批工作期限为两年。	《浙江省卫生工作大事记（1949—1995 年）》（内部资料），省卫生厅 1998 年编印，第 61 页
1967 年 1 月 16 日	“浙江省卫生厅革命造反总部”宣布接管省卫生厅一切权力。	《浙江省卫生工作大事记（1949—1995 年）》（内部资料），省卫生厅 1998 年编印，第 61 页
1968 年 1 月 5 日	浙江省第一批援马里医疗队总结。在过去的两年多中，在马里的医疗队开展门诊 35 万人次，其中巡回医疗门诊 9 万人次，手术 2700 余例，抢救了大量危重病人。	《浙江省卫生工作大事记（1949—1995 年）》（内部资料），省卫生厅 1998 年编印，第 62 页
1968 年 9 月 28 日	浙江省革命委员会批准成立浙江省卫生厅革命领导小组。	《浙江省卫生工作大事记（1949—1995 年）》（内部资料），省卫生厅 1998 年编印，第 63 页

续表 10

时　　间	大　事　纪　要	资料来源
1969 年 7 月 16 日	省革委会决定派遣省新疗法宣传队，于 7 月 20 日前后奔赴全省各地，培训“赤脚医生”，传授新疗法技术，用新疗法治疗小儿麻痹后遗症、哮喘、支气管炎等疾病。	《浙江省卫生工作大事记（1949—1995 年）》（内部资料），省卫生厅 1998 年编印，第 63 页
1970 年 1 月 27 日	省革委会生产指挥组提出 1970 年国民经济计划纲要。纲要要求，全省每个大队有 2 名“赤脚医生”，加强中西医结合，发展中医、草药，推广新针疗法，广泛开展群众性除害灭病爱国卫生运动。	《浙江省卫生工作大事记（1949—1995 年）》（内部资料），省卫生厅 1998 年编印，第 64 页
1970 年 2 月 9 日	省革命委员会管辖的生产指挥组决定建立省卫生局，规定省卫生局工作范围为卫生防疫和计划生育工作等，明确省中西药公司归省卫生局领导。省卫生局设生产指挥组、斗批改办公室，编制 27 人。	《浙江省卫生工作大事记（1949—1995 年）》（内部资料），省卫生厅 1998 年编印，第 64 页
1970 年 7 月 27 日	省革委会作出“关于调整大专院校的决定”，浙江中医学院并入浙江医科大学。	《浙江省卫生工作大事记（1949—1995 年）》（内部资料），省卫生厅 1998 年编印，第 65 页
1970 年 10 月 28 日	省革委会生产指挥组转发省卫生、内务、农林、商业四局《关于本省麻风病流行情况和防治意见的报告》，要求增设和建立麻防站和麻风村，收治麻风病人。	《浙江省卫生工作大事记（1949—1995 年）》（内部资料），省卫生厅 1998 年编印，第 66 页
1970 年 10 月 29 日	省卫生局报告，全省有 71%的大队实行合作医疗，有 35%的公社实行社办合作医疗，有 21 个县全县实行了合作医疗。全省有“赤脚医生”82000 多名，平均每个大队接近 2 人，有家庭卫生员和其他不脱产卫生员 12 万人。	《浙江省卫生工作大事记（1949—1995 年）》（内部资料），省卫生厅 1998 年编印，第 66 页
1970 年 12 月 9 日	省卫生局报告要求撤销杭州卫生学校，分到丽水、台州各建一所卫校，省革委会生产指挥组党委批复同意。	《浙江省卫生工作大事记（1949—1995 年）》（内部资料），省卫生厅 1998 年编印，第 67 页
1971 年 4 月 22 日	省革委会同意将省属宁波、金华、温州、嘉兴、台州医药商业二级站和舟山地区医药分公司下放给所在地区。	《浙江省卫生工作大事记（1949—1995 年）》（内部资料），省卫生厅 1998 年编印，第 68 页
1971 年 8 月 7 日	省革委会发出《关于加强卫生防疫工作的通知》，通知中指出：哮喘性肺炎是浙江省第一次出现的流行病。	《浙江省卫生工作大事记（1949—1995 年）》（内部资料），省卫生厅 1998 年编印，第 69 页
1972 年 1 月 26 日	省革委会生产指挥组转发省重工业局、轻工业局、科技局、内务局、卫生局“关于工业卫生和防治职业病座谈会情况报告”的通知，要求各级领导必须把这项工作列入议事日程，加强领导，全面开展“三废”综合治理。	《浙江省卫生工作大事记（1949—1995 年）》（内部资料），省卫生厅 1998 年编印，第 70 页

续表 11

时　　间	大　事　纪　要	资料来源
1972 年 3 月 28 日	省革委会生产指挥组下达“关于改变西药工业归口管理的批复”，同意将原省卫生局管理的有关西药生产、建设业务工作，自 4 月 1 日起划归省燃化局统一管理，原经营西药生产的干部同时调燃化局。	《浙江省卫生工作大事记（1949—1995 年）》（内部资料），省卫生厅 1998 年编印，第 71 页
1973 年 1 月 27 日	省卫生局发出《关于加强流行性出血热防治工作的通知》并指出：浙江省自 1963 年发现出血热至 1972 年底，有 27 个县报告发生本病，发生病人 73 例，死亡 4 例。	《浙江省卫生工作大事记（1949—1995 年）》（内部资料），省卫生厅 1998 年编印，第 74 页
1973 年 11 月 24 日	省革委会下文同意筹备恢复浙江中医学院，恢复浙江省中医研究所。	《浙江省卫生工作大事记（1949—1995 年）》（内部资料），省卫生厅 1998 年编印，第 76 页
1974 年 2 月 13 日	省革委会批转省卫生局《关于浙江省海域及内河水质污染调查工作的报告》中指出，浙江省内陆河流调查结果表明：汞、酚、砷、氰化物、铬、铜、油类等超过渔业或卫生水质标准。钱塘江和杭嘉湖的塘河水质污染严重。	《浙江省卫生工作大事记（1949—1995 年）》（内部资料），省卫生厅 1998 年编印，第 77 页
1974 年 10 月 21 日	省革委会同意新建“浙江省卫生学校”，设置卫生医士等 5 个专业，暂定招生 600 名。	《浙江省卫生工作大事记（1949—1995 年）》（内部资料），省卫生厅 1998 年编印，第 78 页
1975 年 1 月 4 日	省卫生局在杭州召开 3 市 10 镇爱国卫生工作会议，推广小营巷经验。	《浙江省卫生工作大事记（1949—1995 年）》（内部资料），省卫生厅 1998 年编印，第 79 页
1976 年 1 月 6—11 日	全省新法接生现场会在嘉善召开，会议提出的任务是：1976 年新法接生率达到 95%以上，新生儿破伤风发生率控制在 1‰以内，两年内开展一次以防治子宫脱垂为重点的妇女病普查普治工作。	《浙江省卫生工作大事记（1949—1995 年）》（内部资料），省卫生厅 1998 年编印，第 80 页
1977 年 3 月 22 日	经省委决定召开的全省“赤脚医生”、合作医疗代表大会在杭州开幕，会议代表 1050 人。	《浙江省卫生工作大事记（1949—1995 年）》（内部资料），省卫生厅 1998 年编印，第 81 页
1977 年 10 月 31 日	省卫生局决定省职业病防治研究所迁到省人民卫生实验院合署办公。	《浙江省卫生工作大事记（1949—1995 年）》（内部资料），省卫生厅 1998 年编印，第 82 页
1978 年 3 月 15 日	省委转发《浙江省消灭血吸虫病规划（草案）》，提出 1980 年前全省基本消灭血吸虫病。	《浙江省卫生工作大事记（1949—1995 年）》（内部资料），省卫生厅 1998 年编印，第 83 页

续表 12

时　间	大事纪要	资料来源
1979 年 1 月 2 日	浙江省中医院划归浙江中医学院作为附属医院。	《浙江省卫生工作大事记（1949—1995 年）》（内部资料），省卫生厅 1998 年编印，第 84 页
1979 年 4 月 20 日	卫生部同意建立中华人民共和国杭州卫生检疫所，自 5 月 1 日对外工作。	《浙江省卫生工作大事记（1949—1995 年）》（内部资料），省卫生厅 1998 年编印，第 85 页
1980 年 1 月 13 日	浙江人民卫生实验院（现省医学科学院）实验感染红面猴、恒河猴和用红面猴分离甲型肝炎病毒研究成功。	《浙江省卫生工作大事记（1949—1995 年）》（内部资料），省卫生厅 1998 年编印，第 87 页
1981 年 3 月 16 日	由世界卫生组织西太区办事处规划处主任刘国宾带队的“饮水供应和卫生十年技术考察组”来浙江考察。	《浙江省卫生工作大事记（1949—1995 年）》（内部资料），省卫生厅 1998 年编印，第 89 页
1981 年 8 月 22 日	舟山沈家门设立中华人民共和国宁波卫生检疫所沈家门卫生检疫站。	《浙江省卫生工作大事记（1949—1995 年）》（内部资料），省卫生厅 1998 年编印，第 90 页
1981 年 9 月 5 日	省委决定建立浙江省计划生育委员会。	《浙江省卫生工作大事记（1949—1995 年）》（内部资料），省卫生厅 1998 年编印，第 90 页
1982 年 3 月 18 日	省人大常委会发布《浙江省计划生育条例》（试行草案）的通知。	《浙江省卫生工作大事记（1949—1995 年）》（内部资料），省卫生厅 1998 年编印，第 91 页
1982 年 12 月 30 日	省爱卫会第五次会议制订并通过《全省城镇爱国卫生运动检查评比方法》《城镇各行各业卫生检查评比标准》《农村文明卫生村基本条件》《文明卫生居民区标准》。	《浙江省卫生工作大事记（1949—1995 年）》（内部资料），省卫生厅 1998 年编印，第 93 页
1983 年 1 月 10 日	世界卫生组织生育调节长效药专题小组指导委员会会议在杭州召开。	《浙江省卫生工作大事记（1949—1995 年）》（内部资料），省卫生厅 1998 年编印，第 94 页
1983 年 3 月 31 日	经国家计委和省计委批准，同意建立浙江省人民医院，规模为 600 张床位，暂定工作人员 130 名。	《浙江省卫生工作大事记（1949—1995 年）》（内部资料），省卫生厅 1998 年编印，第 94 页
1984 年 3 月 24 日	省政府同意望江山医院改名为望江山疗养院。	《浙江省卫生工作大事记（1949—1995 年）》（内部资料），省卫生厅 1998 年编印，第 98 页
1984 年 8 月 31 日	卫生部同意浙江卫生实验院寄生虫病研究所为世界卫生组织蠕虫病合作中心，为期 4 年。	《浙江省卫生工作大事记（1949—1995 年）》（内部资料），省卫生厅 1998 年编印，第 99 页

续表 13

时　　间	大　事　纪　要	资料来源
1985 年 4 月 4 日	中共中央政治局委员、中央地方病防治领导小组组长李德生在副省长李德葆陪同下，前往东阳县考察防治地甲病工作。	《浙江省卫生工作大事记（1949—1995 年）》（内部资料），省卫生厅 1998 年编印，第 102 页
1986 年 3 月 15 日	根据卫生部《卫生技术人员职务试行条例》，浙江省开展卫生技术人员职称评审工作。	《浙江省卫生工作大事记（1949—1995 年）》（内部资料），省卫生厅 1998 年编印，第 106 页
1986 年 10 月 11 日	卫生部顾问马海德陪同笹川保健纪念协力财团代表到武康疗养院视察麻风病防治工作。	《浙江省卫生工作大事记（1949—1995 年）》（内部资料），省卫生厅 1998 年编印，第 109 页
1987 年 1 月 27 日	世界卫生组织确定，浙江医学科学院计划生育研究所为世界卫生组织人类生殖研究合作中心。该中心研制成功的长效避孕药炔诺酮针剂作为世界卫生组织向全世界推荐的两种最佳长效避孕针剂之一。	《浙江省卫生工作大事记（1949—1995 年）》（内部资料），省卫生厅 1998 年编印，第 113 页
1987 年 7 月 28 日	省人大常委会颁布的《浙江省食品卫生管理实施办法》从 9 月 1 日起在全省实施。	《浙江省卫生工作大事记（1949—1995 年）》（内部资料），省卫生厅 1998 年编印，第 118 页
1987 年 9 月 1 日	省委地方病防治领导小组批准，安吉、开化二县达到基本消灭血吸虫病。至此，全省实现了基本消灭血吸虫病的目标。	《浙江省卫生工作大事记（1949—1995 年）》（内部资料），省卫生厅 1998 年编印，第 118 页
1988 年 5 月 14 日	省政府下发《关于进一步贯彻国务院“公共场所卫生管理条例”的通知》，决定从 1988 年起对全省旅馆、理发、游泳场所、浴室、影剧院 5 个行业实行监督管理。	《浙江省卫生工作大事记（1949—1995 年）》（内部资料），省卫生厅 1998 年编印，第 123 页
1988 年 12 月 19 日	根据国务院口岸领导小组、卫生部意见，省卫生厅将杭州、宁波、温州、舟山、海门卫生检疫所（站）自 1989 年 1 月起划归卫生部统一领导。	《浙江省卫生工作大事记（1949—1995 年）》（内部资料），省卫生厅 1998 年编印，第 129 页
1989 年 3 月 31 日	经联合国儿童基金会、世界卫生组织和卫生部联合组成检查组，对浙江省计划免疫第一个 85% 的目标进行全面评审，浙江省提前实现规定的目标。	《浙江省卫生工作大事记（1949—1995 年）》（内部资料），省卫生厅 1998 年编印，第 132 页
1989 年 10 月 30 日	全国农村改水会议在宁波召开，全国人大副委员长廖汉生主持会议。	《浙江省卫生工作大事记（1949—1995 年）》（内部资料），省卫生厅 1998 年编印，第 137 页
1990 年 1 月 15 日	省编委批准，同意省红十字会办事机构独立设置，由省卫生厅代管，人员编制 10 人。	《浙江省卫生工作大事记（1949—1995 年）》（内部资料），省卫生厅 1998 年编印，第 139 页

续表 14

时　间	大 事 纪 要	资料来源
1990 年 9 月 9 日	省政府下发《贯彻国务院关于加强血吸虫病防治工作决定》，在全省贯彻实施。	《浙江省卫生工作大事记(1949—1995 年)》(内部资料)，省卫生厅 1998 年编印，第 143 页
1990 年 12 月 8 日	世界卫生组织顾问、博士马赞达一行来浙江省考察农村改水改厕工作。	《浙江省卫生工作大事记(1949—1995 年)》(内部资料)，省卫生厅 1998 年编印，第 144 页
1991 年 1 月 7 日	省卫生厅、省经贸厅、省财政厅、省民政厅、省计划生育委员会、省妇女联合会联合下发《妇幼卫生、计划生育服务》项目工作实施方案和实施管理办法。	《浙江省卫生工作大事记(1949—1995 年)》(内部资料)，省卫生厅 1998 年编印，第 145 页
1991 年 7 月 10 日	卫生部批准，同意浙江建立麻风康复中心，作为比利时王国援助的麻风康复中心之一。	《浙江省卫生工作大事记(1949—1995 年)》(内部资料)，省卫生厅 1998 年编印，第 149 页
1992 年 6 月 1 日	省卫生厅、省公安厅、省民政厅、省财政厅联合下发《浙江省性病防治管理办法实施细则》，即日起在全省施行。	《浙江省卫生工作大事记(1949—1995 年)》(内部资料)，省卫生厅 1998 年编印，第 157 页
1992 年 11 月 27 日	省政府批转省卫生厅等单位《关于公费医疗管理改革试行意见》，决定在全省试行。	《浙江省卫生工作大事记(1949—1995 年)》(内部资料)，省卫生厅 1998 年编印，第 160 页
1993 年 3 月 16 日	省卫生厅颁发《浙江省婚前健康检查管理办法》并在全省执行，检查合格方可办理结婚登记手续。	《浙江省卫生工作大事记(1949—1995 年)》(内部资料)，省卫生厅 1998 年编印，第 164 页
1993 年 9 月 28 日	浙江省基本消灭疟疾总结表彰大会在杭州召开，卫生部防疫司王钊代表卫生部宣布“浙江省基本消灭疟疾”并颁发证书。	《浙江省卫生工作大事记(1949—1995 年)》(内部资料)，省卫生厅 1998 年编印，第 168 页
1994 年 6 月 24 日	由省医学科学院研究员毛江森等人完成的“甲型肝炎减毒活疫苗毒种”科研成果获得国家发明奖和国家专利。	《浙江省卫生工作大事记(1949—1995 年)》(内部资料)，省卫生厅 1998 年编印，第 175 页
1994 年 7 月 30 日	卫生部正式批准，浙江省卫生防疫站 HIV 检测实验室为国家 HIV 确认实验室。	《浙江省卫生工作大事记(1949—1995 年)》(内部资料)，省卫生厅 1998 年编印，第 176 页
1995 年 1 月 25 日	中央政治局委员、全国人大常委会委员长乔石在省委书记李泽民等同志陪同下视察省医学科学院，参观了该院生产高科技产品的普康生物技术公司。	《浙江省卫生工作大事记(1949—1995 年)》(内部资料)，省卫生厅 1998 年编印，第 181 页

续表 15

时　间	大　事　纪　要	资料来源
1995 年 12 月 30 日	经卫生部组织专家组考核，宣布浙江省达到“基本消灭麻风病”要求。	《浙江省卫生工作大事记（1949—1995 年）》（内部资料），省卫生厅 1998 年编印，第 189 页
1996 年 10 月 17 日	世界卫生组织官员与卫生部国家脊灰实验室主任张礼璧代表卫生部对浙江省脊灰实验室进行评估考核，六项指标符合世界卫生组织要求。	《浙江省卫生工作大事记（1996—1999 年）》（内部资料），省卫生厅 2001 年编印，第 22 页
1997 年 4 月 20 日	浙江省制定颁布《浙江省发展中医条例》，成为全国第三个出台省级中医药法规的省份。	《浙江省卫生工作大事记（1996—1999 年）》（内部资料），省卫生厅 2001 年编印，第 32 页
1997 年 9 月 25 日	省医学科学院教授桑国卫获 1997 年度何梁何利基金科技进步奖。在香港颁奖大会上，桑国卫接受了由国家领导人和香港特区行政长官颁发的奖励证书和奖金。	《浙江省卫生工作大事记（1996—1999 年）》（内部资料），省卫生厅 2001 年编印，第 40 页
1998 年 1 月 23 日	省卫生厅、省人事厅联合下发《浙江省名中医学术经验继承工作管理暂行办法》及《实施意见》，此文自发布之日起实施。	《浙江省卫生工作大事记（1996—1999 年）》（内部资料），省卫生厅 2001 年编印，第 49 页
1998 年 7 月 17 日	美国著名免疫血液学专家李政道博士在浙江省血液中心召开的“HLA（白细胞抗原）与骨髓移植研讨会”上作主题演讲，参加会议的有来自全国各地的专家。	《浙江省卫生工作大事记（1996—1999 年）》（内部资料），省卫生厅 2001 年编印，第 60 页
1998 年 8 月 6—7 日	省政府在青田召开全省农村乡镇卫生院危房改造工作现场会议。会议总结交流各地农村乡镇卫生院危房改造工作经验，研究部署加快农村乡镇卫生院危房改造工作。省政府副省长鲁松庭和省卫生厅厅长李兰娟在会上讲话。	《浙江省卫生工作大事记（1996—1999 年）》（内部资料），省卫生厅 2001 年编印，第 61 页
1999 年 4 月 25—26 日	世界卫生组织（WHO）官员、韩国结核病研究院院长金尚材在卫生部结核病控制中心领导的陪同下，专程赴浙江淳安考察、督导该县结核病耐药监测调查执行情况。这是世界卫生组织首次在浙江、广东两省开展结核菌耐药和原发性耐药的监测。	《浙江省卫生工作大事记（1996—1999 年）》（内部资料），省卫生厅 2001 年编印，第 75 页
1999 年 4 月 28 日	由丹麦驻沪总领事馆与浙江省卫生厅、浙江省医疗卫生国际交流中心联合举办的“丹麦卫生保健研讨会”在杭举行。省政府副省长鲁松庭和丹麦王国卫生大卧卡斯顿、库克分别在研讨会上致辞。	《浙江省卫生工作大事记（1996—1999 年）》（内部资料），省卫生厅 2001 年编印，第 76 页
1999 年 8 月 3 日	经省人事厅同意，省卫生厅印发《浙江省深化城镇医疗机构人事制度改革的若干意见》，决定在全省城镇医疗机构试行人事制度改革。	《浙江省卫生工作大事记（1996—1999 年）》（内部资料），省卫生厅 2001 年编印，第 79 页

续表 16

时　间	大 事 纪 要	资料来源
2000 年 3 月 5 日	省政府召开全省中医药工作会议，出台了《关于加快发展浙江省中医中药事业的通知》等一系列政策措施。	《2000 年浙江省卫生工作大事记》（内部资料），省卫生厅 2001 年编印，第 2 页
2000 年 7 月 20 日	省第二中医院、中医药研究院、精神卫生研究院三家组合成省立同德医院。	《2000 年浙江省卫生工作大事记》（内部资料），省卫生厅 2001 年编印，第 13 页
2001 年 3 月 2 日	省财政厅、省卫生厅联合印发《浙江省城镇医疗机构分类管理实施办法》。规定：浙江省辖区内的医疗机构分为非营利性和营利性医疗机构。	《2000 年浙江省卫生工作大事记》（内部资料），省卫生厅 2001 年编印，第 3 页
2001 年 3 月 5 日	省政府召开“全省城镇医药卫生体制改革工作会议”。会议提出：力争在两至三年内初步建立起适应社会主义市场经济要求的城镇医药卫生体制，促进医药卫生事业良性发展，让群众享有价格合理、质量优良的医疗卫生服务。	《2000 年浙江省卫生工作大事记》（内部资料），省卫生厅 2002 年编印，第 3 页
2001 年 12 月 15 日	浙江大学医学院附属第一医院教授郑树森当选为中国工程院院士。	《浙江卫生》（内部资料），省卫生厅编印，2002 年第 1 期，第 5 页
2002 年 8 月 12 日	省政府决定，自 2002 年 10 月 1 日起，将乙肝疫苗纳入全省儿童计划免疫规划。	《浙江卫生》（内部资料），省卫生厅编印，2002 年第 15 期，第 6 页
2002 年 12 月	浙江省开展合作医疗的乡镇 440 个，行政村 6567 个，参加合作医疗的农业人口数 652.88 万人，占农业人口总数的 19.28%，就地域分布来看，浙江省农村合作医疗主要集中在嘉兴、湖州、杭州、宁波、绍兴等地区。	《浙江卫生》（内部资料），省卫生厅编印，2003 年第 2 期，第 8 页
2003 年 4 月 19 日	杭州市第一人民医院首次发现输入性非典型肺炎 3 例。	《2003 年浙江省卫生工作大事记》（内部资料），省卫生厅 2004 年编印，第 4 页
2003 年 4 月 27 日	省政府召开全省电视电话会议，省长吕祖善主持，省委、省人大常委会、省政府、省政协的领导班子成员和省“非典”防治工作领导小组成员等在主会场参加会议。会上通报浙江省前一阶段非典型肺炎防治工作情况，部署进一步做好非典型肺炎防治和维护社会稳定工作。	《2003 年浙江省卫生工作大事记》（内部资料），省卫生厅 2004 年编印，第 4 页
2003 年 8 月 7 日	作为国家 4 个试点省份之一，浙江省正式在全省启动新型农村合作医疗试点。	《浙江卫生》（内部资料），省卫生厅编印，2003 年第 15 期，第 6 页

续表 17

时　　间	大　事　纪　要	资料来源
2003 年 12 月 19 日	在毛泽东同志诞生 110 周年和视察小营巷卫生工作 46 周年纪念日前夕，省委书记习近平到省卫生厅和小营巷调研卫生工作。他强调，没有人民的健康就没有全面的小康，没有卫生的现代化就没有全省的现代化，必须加快现代化建设步伐，努力打造“卫生强省”。	《浙江卫生》（内部资料），省卫生厅编印，2004 年第 1 期，第 3 页
2004 年 3 月 1 日	省政府审议通过《浙江省艾滋病性病防治办法》并开始施行。	《浙江卫生》（内部资料），省卫生厅编印，2004 年第 5 期，第 5 页
2004 年 9 月 3 日	省政府出台《关于加快建立和完善医疗救助制度的通知》，决定对城乡低保对象、农村五保对象、城镇“三无”人员实行医疗救助。	省政府浙政发〔2004〕28 号
2005 年 4 月 12 日	省委书记习近平、副书记梁平波、省委常委陈敏尔、副省长盛昌黎等一行先后到省血液中心、省医学科学院进行调研，对浙江省的无偿献血工作和甲肝疫苗研究所取得的成绩，给予高度评价。	《浙江卫生》（内部资料），省卫生厅编印，2005 年第 8 期，第 6 页
2005 年 7 月 28 日	省委召开第十一届八次全会（扩大）会议，会议通过《中共浙江省委关于加快建设文化大省的决定》并提出：实施“八项工程”和推进科技、教育、卫生、体育“四个强省”建设作为加快文化大省建设的具体载体和抓手。	《浙江卫生》（内部资料），省卫生厅编印，2005 年第 14 期，第 2 页
2005 年 12 月 13 日	浙江大学医学院附属一院教授李兰娟当选为中国工程院院士。	《浙江卫生》（内部资料），省卫生厅编印，2005 年第 23 期，第 2 页
2006 年 1 月 16 日	在省十届人大四次会议上，省长吕祖善所作工作报告将农民健康工程列入省政府 2006 年为民办十件实事之一。	《浙江卫生》（内部资料），省卫生厅编印，2006 年第 2 期，第 9 页
2006 年 2 月 25 日	卫生部通报浙江省确诊 1 例人感染高致病性禽流感病例。浙江省委、省政府高度重视，全面部署落实防控措施。	《浙江卫生》（内部资料），省卫生厅编印，2006 年第 4 期，第 3 页
2006 年 3 月 20 日	省十届人大常务委员会第 22 次会议通过的《宁波市精神卫生条例》并于 4 月 1 日开始实施。该条例是全国继上海市后第二个地方立法的条例。	《浙江卫生》（内部资料），省卫生厅编印，2006 年第 7 期，第 6 页
2007 年 4 月 4 日	省政府办公厅下发《关于进一步完善新型农村合作医疗制度的意见》提出：要继续高度重视新型农村合作医疗工作，要加大政府投入、提高筹资水平，要完善合作医疗补偿方案，要加强合作医疗管理能力建设，要加强合作医疗费用控制，要做好参合农民健康体检工作。	《浙江卫生》（内部资料），省卫生厅编印，2007 年第 8 期，第 2 页

续表 18

时　　间	大 事 纪 要	资料来源
2007 年 12 月 30 日	全国爱国卫生暨卫生强市强县建设工作会议在杭州召开。省委书记赵洪祝作批示，省长吕祖善、卫生部长陈竺出席会议并讲话。	《浙江卫生》（内部资料），省卫生厅编印，2007 年第 23 期，第 2 页
2008 年 5 月 15 日	中国科学院院士毛江森获浙江省科学技术重大贡献奖。	《浙江卫生》（内部资料），省卫生厅编印，2008 年第 9 期，第 6 页
2008 年 10 月 8 日	中共中央、国务院、中央军委在北京隆重举行全国抗震救灾总结表彰大会，浙江省卫生厅获中共中央、国务院、中央军委颁发的“全国抗震救灾英雄集体”称号。	《浙江卫生》（内部资料），省卫生厅编印，2008 年第 18 期，第 6 页
2008 年 11 月 19 日	中国首届国际健康城市市长论坛在杭州举行，与会市长共同签署建设健康城市《杭州宣言》。	《杭州日报》2008 年 11 月 20 日
2009 年 2 月 13 日	在马里进行国事访问的国家主席胡锦涛和马里总统杜尔同车来到中国援马里医疗队总队驻地，亲切接见浙江省援马里医疗队全体医护人员。	《人民日报》2009 年 2 月 14 日
2009 年 4 月 20 日	为提高卫生监督服务水平和卫生执法效能提供有力保障，省卫生厅向全省卫生监督机构配发 188 辆执法车。	《2010 年浙江卫生年鉴》（内部资料），省卫生厅编印，第 88 页
2009 年 5 月 25 日	浙江省首例输入性甲型 H1N1 流感病例经国家卫生部确诊。省委书记赵洪祝、常务副省长陈敏尔、省委常委李强、副省长郑继伟赴省疾控中心调研防控工作。	《2010 年浙江卫生年鉴》（内部资料），省卫生厅编印，第 102 页
2009 年 8 月 31 日	中共浙江省委召开常委会审议通过《浙江省深化医药卫生体制改革的实施意见》。9 月 1 日，省政府在杭州召开全省深化医药卫生体制改革工作会议，全面动员部署浙江省深化医药卫生体制改革任务。	浙委〔2009〕81 号文件
2009 年 10 月 27 日	胡锦涛总书记为第 42 届南丁格尔奖获得者、浙江省皮肤病防治研究所麻风住院部护士长潘美儿颁奖。	《人民日报》2009 年 10 月 28 日
2009 年 12 月 1 日	在第 22 个“世界艾滋病日”，省委书记赵洪祝赴艾滋病患者收治定点医院——杭州市第六人民医院，看望艾滋病患者，慰问医护人员并考察指导艾滋病防治工作。	《2010 年浙江卫生年鉴》（内部资料），省卫生厅编印，第 93 页

续表 19

时　　间	大 事 纪 要	资料来源
2010 年 1 月 6 日	省政府召开全省农村医疗卫生服务体系建设和改革工作电视电话会议。会议部署全省农村医疗卫生服务体系建设和改革工作，提出着力推进农村医疗卫生体系标准化建设、县乡村医疗卫生资源统筹配置改革试点和农村基层卫生人才素质提升三大工程。	《2010 年浙江卫生年鉴》（内部资料），省卫生厅编印，第 6 页
2010 年 1 月 19 日	《浙江省医疗纠纷预防与处理办法》经省人民政府第 46 次常务会议审议通过，自 2010 年 3 月 1 日起施行。	《2010 年浙江卫生年鉴》（内部资料），省卫生厅编印，第 139 页
2010 年 7 月 1 日	省长吕祖善主持召开省政府会议，研究全省公共卫生和基层医疗卫生事业单位实施绩效工资相关工作，听取基本药物制度实施情况、城镇居民医保和新型农村合作医疗有关情况汇报。	《2010 年浙江卫生年鉴》（内部资料），省卫生厅编印，第 69 页
2010 年 12 月 2 日	省卫生厅会同省编委办、省发改委、省财政厅、省人力社保厅、省物价局等部门制定并下发《浙江省公立医院改革试点指导意见》。	省卫生厅浙卫发〔2010〕266 号

编 后 记

省委办公厅、省政府办公厅印发《〈浙江通志〉编纂工作实施方案》后，省卫生厅领导高度重视，迅速启动《浙江通志·医疗卫生志》(以下简称《卫生志》)的编纂工作。经过七年多的努力，在省人民政府地方志办公室领导关心指导和《卫生志》编纂人员的共同努力下，《卫生志》编纂工作业已完成，累计收集并制成资料卡片 18749 张，总文字量约 380 万字，撰写初稿文字数约 110 万字(不含图照、表格等)。

《卫生志》编纂工作历经五个阶段。第一，研究和启动阶段。省卫生厅召开党组会，专题研究《卫生志》编纂工作的指导思想、基本原则和编纂任务，制定编纂工作实施方案，成立《卫生志》编纂委员会，厅长杨敬任主任。编委会下设《卫生志》编辑部，由厅办公室负责，配备 2 名专职人员、4 名兼职人员开展《卫生志》的编纂工作。第二，篇目设计和论证阶段。编辑部人员先后到兄弟厅局进行调研学习、协调学科分类，邀请方志专家来编辑部指导和讲授篇目设计理念及编志业务知识。《卫生志》篇目设计完成后，广泛征求意见，组织专家对篇目的章、节、目和次序、标题及内容进行审阅并召开了篇目专题论证会。第三，资料收集和卡片制作阶段。省卫生厅召开《卫生志》编纂工作全省电视电话会议，要求各市、县(市、区)卫生局、省级医疗卫生单位积极提供文献史料。为收集和考证资料，编辑部人员赴有关市、县调研，召开座谈会，请当地的老领导、老专家提供和考证医疗卫生史，并将收集的史料制成卡片，上网形成《卫生志》卡片库。第四，长编汇编、资料完善阶段。编辑部通过计算机做成《卫生志》资料长编并印刷成册，组织医疗卫生系统的领导、专家就《卫生志》长编内容的完整性、准确性和规范性进行审查、把关。第五，志稿试写和初稿申报阶段。为使志稿有统一格式，《卫生志》的个别章节先进行试写，确定第三章《疾病防治》和第五章《爱国卫生》为试写章，试写的章节由专家讨论并经省方志办审阅。之后《卫生志》的其他章节由编辑部人员按各自熟悉的专业进行分工编写，第一、第二章由葛忠良编写，第三至第六章由沈家贤编写，第七、第九章由竹剑平编写，第八、第十、第十一章由霍万新编写，概述、大事记由沈家贤编写，图照、编后记和最后统稿由葛忠良承担。在提交初审稿之前，《卫生志》先后形成过征求意见稿一、稿二、稿三，其中的每一稿都分别由医疗卫生系统的老领导、专家、学者进行审阅修改，编辑部收集专家意见后，再对每一稿进行了认真修改。

为确保《卫生志》编纂工作质量，编辑部着重在以下几个方面作出努力。一是注重篇目设计，力争内容全面、结构合理、特色明显。根据 2010 年国家卫生行政部门管理分类，注重中医、西医、中西医结合学科边界，突出政府引导规范医疗卫生市场、提供公共产品与服务、确保广大居民的基本医疗等方面的作用，突出记载浙江特色的医疗卫生事业发展史实。二是采用多方式、多途径收集资料，力争收齐、收全、收准确。编委会采用发文、发通知，召开会议，举办培训班，开辟网站的专栏方式进行史料收集，编辑部人员赴实地调研、考证收集。三是提炼资料，克服制卡困难，努力解决修志信息化建设中出现的问题。编辑部根据编纂人员专业分工来筛选资料，努力学习网络技术，开展网上编辑，力求、力争保持数据卡片的完整性和正确性。四是把握关键，多改不厌，力争把《卫生志》编纂成为合格志稿。编辑部重点把握数据卡片归类和长编编写问题，把握史料类与事、点与面的记述问题，把握内容交叉、用互见法的问题，把握多次改稿中的重点和难点问题，以问题为导向，力求志稿编纂内容的合理性。

在《卫生志》编纂过程中，特别感谢《浙江通志》副总编童芍素、副总纂廖曰文、总编室主任颜越虎、责任编辑汪珏等省方志办领导对本志稿编纂整体工作的指导和帮助；特别感谢省卫生厅原厅长戴迪、省疾控中心原主任丛黎明、省卫生厅医政处原处长赵怀峰、省中医药管理局原副局长熊国治对本志稿在篇目设计过程中的指导和帮助；特别感谢戴迪、省卫生厅原副厅长庄炳瑾、廖曰文、汪珏、丛黎明、赵怀峰、熊国治、省人民医院原院长叶再元、省中医药大学教授李俊伟、浙江医学高等专科学校副教授朱华、省方志办研究室副主任张勤在本志稿初审过程中的指导和帮助；特别感谢戴迪、省中医药大学原校长肖鲁伟、廖曰文、庄炳瑾、丛黎明、汪珏、浙江工商大学副教授白效咏在本志稿复审过程中的指导和帮助；特别感谢各位领导、各位专家对《卫生志》在终审过程中的指导和帮助。

在《卫生志》资料收集、整理和加工中，特别感谢各市、县（市、区）卫生行政部门，省级医疗卫生单位提供地区卫生志和本地、本单位医疗卫生发展史料及图照；特别感谢医疗卫生系统的领导、专家、学者提供个人出版的书籍和保存的资料；特别感谢杭州师范大学人文学院历史系教授朱德明提供相关学术论著，师生们冒着酷暑、利用暑期勤工俭学来编辑部制作《卫生志》数据卡片。值此成稿之际，谨向关心、支持、帮助过《卫生志》编纂工作的单位、部门和个人，尤其是省立同德医院院长柴可群和办公室陈国中同志，表示衷心的感谢！

《卫生志》文献资料源于档案、志书、专著、报刊及医疗卫生部门提供的基础稿和社会调查，经考证核实后载入，未一一注明出处。

基于浙江省医疗卫生发展历史悠久，类多、面广，不少史料难于寻找，某些原始资料残缺不全，给首次编纂《卫生志》增添了不少难度，加上编纂人员初涉方志，学识有限，经验不足，难免留下疏漏、错误之处，恳请各位领导、专家和广大读者批评、指正。

《浙江通志·医疗卫生志》编辑部

2018年6月